기독교문서선교회 (Christian Literature Center: 약칭 CLC)는 1941년 영국 콜체스터에서 켄 아담스에 의해 시작되었으며 국제 본부는 미국 필라델피아에 있습니다.
국제 CLC는 약 650여 명의 선교사들이 59개 나라에서 180개의 서점을 운영하며 이동 도서 차량 40대를 이용하여 문서 보급에 힘쓰고 있으며 이메일 주문을 통해 130여 국으로 책을 공급하고 있는 국제적 문서선교 기관입니다.

# 하나님의 큰 일

헤르만 바빙크 著
김 영 규 譯

기독교문서선교회

*A Survey of Christian Doctrine*

# MAGNALIA DEI

by
Herman Bavinck

**Translated** by
Yong-Kyu Kim

Copyright © 1984
Christian Literature Center
Seoul, Korea

# 머리말

이 작은 책에서 『하나님의 큰 일』(Magnalia Dei)이라는 제목 아래 나는 모든 나라와 세대에 걸쳐 개혁주의 교회가 고백한 대로 기독교 신앙에 대해서 간단하게 설명해 보려 한다.

이 제목은 사도행전 2:11에서 따 왔다. 거기에는 예수님의 제자들이 그들에게 성령이 부어지자 마자 모든 사람들이 이해할 수 있는 말로 하나님의 큰 일을 전파하기 시작하였다는 말씀이 기록되어 있다. 그들이 전하는 하나님의 큰 일이란 다른 곳에서도 종종 그렇듯이, 그리스도의 부활과 같은 특별한 사실에 관한 것이 아니라, 하나님께서 그리스도로 말미암아 성취하셨던 구원의 전 사역에 관한 것이다. 그리고 성령을 부어주시사 이 하나님의 큰 일을 교회로 하여금 깨닫게 하고 이를 자랑하며 하나님께 감사하고 찬양하게 하는 것이다.

기독교는 말씀이나 교리로만 되어 있는 것이 아니라, 말씀과 사실 속에 있는 하나님의 역사로서, 과거에 성취하셨고 오늘날에도 이루시며 미래에 완전히 성취하신다는 사상이 그 속에 있다. 기독교 신앙의 내용은 엄밀한 과학적 이론도 아니요 철학적 세계 해명(解明)의 공식도 아니다. 그러나 온 세상을 포괄하여 영원토록 역사되고, 의가 거하는 새 하늘과 새 땅에서 완전히 성취하시는 하나님의 큰 일에 대한 인식이요 고백인 것이다.

이것은 일반적으로, 그리고 충분히 인식되지 않고 있다. 하나님의 복으로 이끄는 진리에 대한 인식은 줄곧 퇴보하고 있고 기독교 영역 밖은 물론, 그 안에서도 하나님의 나라의 비밀에 대한 관심이 날로 쇠퇴하고 있다. 그리고 전심전력하여 진리 안에 살고 날마다 그 진리를 먹고 자라는 사람들의 수가 점점 줄어들고 있다. 진리를 받아들인 사람의 입장에서 볼 때 믿음에 충실한 자들은 겨우 소수의 제자들에 불과하고, 그들조차도 현실 세계와는 전혀 관계없이 세상 밖에 살고 있을 뿐이다. 이런 슬픈 상황의 원인에는 여러 가지가 있다. 어떤 직업을 갖기 위해 준비중에 있거나 그곳에 종사하고 있는 사람들이 매일매일 해야 할 일은 다른 일에 대한 열망이나 시간을 낼 여지가 없을 만큼 무겁다. 모든 면에서 생이 부요하고 넓어져서 그 전체를 파악하려고 해도 많은 노력이 필요하다. 우리의 시대와 힘에 대한 정치적, 사회적 박애주의적 관심이 날마다 우리의 힘과 시간을 점점 더 요구하고 있다. 일간지, 주간지, 정기 간행물, 팜플렛 등의 문서들이 우리의 여가들을 삼켜 버리고 있다. 성경을 연구하거나 신학적 고전을 공부할 열의나 기회가 없다.

참으로 옛날 저서가 더 이상 우리 시대를 위한 책은 아니다. 그것의 다양한 언어나 스타일, 사고 전개과정, 표현방식의 차이가 그것을 우리에게 낯설게 하고 있다. 전에는 중요하게 생각했던 논점들이 전체적으로 혹은 부분적으로 우리에게 그 의의를 잃었고, 그것들이 취하지 않았던 관심들이 오늘날에는 중요시되고 있다. 싸웠던 적은 이제 없고 다른 적으로 대치되거나 혹은 전혀 다른 갑옷을 입고 우리를 대적해 오고 있다. 우리는 새 시대의 자녀들이고 다른 시대에 살고 있다. 그것이 단지 옛 것이기 때문에 옛 형태를 보존하고자 하고 옛 것을 고집하려고 하는 것은 허망한 노력이다.

그러나 이것은 소용없는 짓일 뿐만 아니라 우리 자신의 고백과도 모순이 된다. 기독교 신앙은 태초에 시작되었고 오늘날에도 진행되고 있는 하나님의 사역에 대한 인식이기 때문에, 그 본질은 시간의 열매이지만 그 형식만은 그 시대의 것이다. 전 시대의 프랑스의 케른(Kern), 마르크의 머그(Merg), 브라켈(Brakel)의 합리적 종교(Redelijke Godsdienst)가 아무리 훌륭하다 할지라도, 오늘날 그들은 새 생활을 일으키지 못하고 젊은 세대를 설득하지 못하며 무의식적으로 기독교가 오늘의 세기에 더 이상 적합치 않다는 생각을 일깨우고 있다. 따라서 이런 조상들의 업적을 대신할 수 있고, 오늘날 시대의 요구에 응하는 형식으로 옛 진리를 제시하는 저서를 급히 필요로 하게 된 것이다.

이러한 방향에서 이미 아주 바람직한 일들이 일어났다. 19세기에 개혁주의 종교와 신학이 재생하여 새롭게 꽃피우게 된 이래, 옛 고백들을 현대 의식에 적합시키기 위한 노력이 사라지지 않고 있다. 카이퍼 박사가 그의 많은 저서에서, 특히 풍부한 요리문답 해석을 통하여 그 일에 공헌하였음은 결코 지나친 평가는 아니다. 그럼에도 불구하고 기독교 신앙의 내용을 평이한 순서로 넓은 대중 앞에 설명하고 분량이 작으면서도 적은 값으로 쉽게 손에 쥘 수 있는 책은 없었다.

이 책에서 교회에 제공되고 있는 기독교의 가르침은 이 결함을 메우고자 하였다. 그 시도는 확실히 개혁주의 신앙 교리에 관한 이런 입문용 소책자를 쓴 저자의 마음에 있는 이상에는 도달하지 못할 수도 있다. 그러나 부족한 점이 있다고 해서 실망과 부담이 되게 할 수는 없고, 오히려 더욱더 전심으로 노력하도록 자극하고 약한 가운데 그의 능력을 행사하시는 주의 도우심을 믿는 신앙으로 유도해야 한다.

　나는 개혁신학에서 공식화되었던 풍부하고 깊은 사상의 높은 곳까지 이를 수 있다고 자처하는 신학도들을 이 책의 독자들로서 생각하지 않았다. 나는 이 책을 집필할 때 성만찬에 참석할 자격을 얻기 위해 요리문답을 이용하여 준비하거나, 그 후 계속 진리의 지식에 관심이 있는 교회의 일반 신도들에게 초점을 두었다. 그들 중에서도 특히 젊은 시절 동안 일터나 공장에서, 상점이나 사무실에서, 초·중·고등 교육기관에서 이미 미래의 직업을 위해서 교육을 받고, 거기에서 자주 자발적인 논쟁을 통하여 기독교가 현시대에 무엇을 나타내고 있는지를 깨닫게 되는 모든 젊은 남녀들을 생각하였다.

　그들 중에는 기꺼이 믿으려고 하지만, 그들이 활동하는 주위 환경과 그들이 듣는 반대와 비난 때문에 그렇게 하기에 어려운 사람들이 심히 많다. 어쨌든 그들의 고백에는 기운과 열심이 없다. 다시 그런 분위기가 와야 하고, 진리가 바르게 이해되면 그렇게 될 것이다. 하나님의 사역이 그들 자신의 빛 속에서 사려될 때, 그들은 자연히 찬양과 경배를 하게 된다. 그때 기독교 신앙이 많은 기쁨을 제공할 수 있을 뿐만 아니라, 내적인 아름다움을 과시하고 그 내적 진리와 영광을 통하여 기독교는 인간의 의식에서 호감을 받는 것을 볼 것이다. 그때 우리는 믿어야 되는 것이 아니라 믿도록 허락되었음을 하나님께 감사하며, 또한 우리는 우리 앞에서 무엇을 생각하고 우리 신앙에 있어서 어떤 삶이 가치 있는가를 단번에 식별하는 것이다. 그리고 그때 우리는 각자 자신의 말로 하나님의 큰 일을 다시 전파하기 시작하는 것이다.

1907년 5월
암스테르담에서
헤르만 바빙크

## 역자 서문

이 책을 한국 교계에 소개하게 됨을 하나님께 감사드립니다. 역자로서 심히 부담이 되는 책이지만 공부하는 마음으로 번역을 시도해 보았습니다. 사실 번역이라 하면 저자의 그런 고백이 있기까지 그의 생의 세계, 곧 그의 인격과 사상 그리고 그런 사상까지의 성장을 밝혀 주는 그의 존재에 대한 존경이 있어야 합니다. 특히 하나님의 백성에 대해서는 그분 안에서 활동하신 성령의 독특하신 역사를 생각할 수 있는 한 최대로 생각하여 나타내는 존경의 표라고도 생각합니다. 역자 역시 이를 위해 계속 공부하여 독자들에게 밝혀 주기를 소원합니다.

이 책의 내용의 특징을 한두 가지 지적한다면, 첫째로 계시역사(historia revelationis)의 유기적 통일성을 보여주고 있다는 것입니다. 둘째로 창조부터 재창조까지의 모든 계시역사를 성삼위일체 하나님의 역사로 나타내었고 그 각 부분이 그 존재로 귀결되는 서술을 하고 있다는 것입니다. 이 점은 사도신경이나 칼빈의 기독교강요, 하이델베르크 요리문답의 방식이라 할 수 있습니다. 따라서 계시 개념 아래 은혜, 언약, 하나님의 나라 등의 개념들이 하나로 통일을 이루고 있습니다. 실로 이런 고백이 성숙된 그리스도인들의 공통된 최소한의 고백이 되기를 소원합니다. 이 번역은 영어 번역판인 *Our Reasonable Faith*에 거의 의존하였으며, 일부 번역에 충실치 못하거나 삭제된 부분은 화란어 본문을 택하였습니다. 이렇게 영어 번역판을 본문으로 사용하게 됨은 순전히 손봉호 교수님의 충고에 의한 것으로 역자의 학문적인 무례함과 오역을 최대한 막아 주셨습니다. 이에 대해서 손 교수님께 깊은 감사를 드리며, 1909년과 1930년 화란어판을 이용할 수 있도록 허락하신 총신대학 도서관측과 은사이신 차영배 교수님, 정성구 교수님 그리고 유영기 교수님께 감사를 드립니다. 마지막으로 이 책의 출판을 위해 수고하신 기독교문서선교회 직원 여러분과 사랑하는 아내와 저를 어릴 때부터 눈물의 기도로 기르셨던 어머님과 기타 역자를 아껴 주시는 모든 분에게 감사를 드립니다.

1983년 8월
김영규

· 차 례 ·

| | |
|---|---|
| 머리말 | 3 |
| 역자 서문 | 6 |
| 제 1 장  최고선 | 9 |
| 제 2 장  하나님에 대한 지식 | 16 |
| 제 3 장  일반계시 | 25 |
| 제 4 장  일반계시의 가치 | 37 |
| 제 5 장  특별계시의 방식 | 53 |
| 제 6 장  특별계시의 내용 | 65 |
| 제 7 장  성경 | 87 |
| 제 8 장  성경과 신조 | 106 |
| 제 9 장  하나님의 존재 | 118 |
| 제10장  삼위일체의 하나님 | 132 |

| 제11장 | 창조와 섭리 | 151 |
| 제12장 | 인간의 근원과 본질과 종결 | 174 |
| 제13장 | 죄와 죽음 | 211 |
| 제14장 | 은혜언약 | 249 |
| 제15장 | 언약의 중보자 | 269 |
| 제16장 | 그리스도의 신성과 인성 | 297 |
| 제17장 | 지상에서의 그리스도의 사역 | 318 |
| 제18장 | 천상에서의 그리스도의 사역 | 344 |
| 제19장 | 성령의 은사 | 373 |
| 제20장 | 소명 | 390 |
| 제21장 | 칭의 | 425 |
| 제22장 | 성화 | 455 |
| 제23장 | 그리스도의 교회 | 499 |
| 제24장 | 영생 | 528 |

# 제1장

# 최고선

인간의 최고선은 하나님이시요 하나님뿐이시다.

일반적으로 하나님은 모든 피조물들의 최고선이라고 말할 수 있다. 이는 하나님이 만물의 창조자이시며 보존자이시고, 모든 존재와 생명의 근원이시고, 모든 선한 것들의 큰 기초가 되시기 때문이다. 모든 피조물들은 매순간마다 영원하고 유일하시며 어디에나 계시는 존재이신 하나님에게만 의존하고 있다.

그러나 최고선이라는 개념은 모든 피조물 스스로에 의해서 역시 그러한 것으로서 인식되고 즐기게 된다는 사상을 항상 내포하고 있다. 물론 그것이 생명이 없는 것들이나 비이성적인 피조물인 경우에도 타당한 것은 아니다. 그들이 소유하는 것이란 항상 실존하기는 하나 생명의 원리에 참여치 못하고, 식물처럼 생명은 가졌으나 모든 빛이 결여되어 있거나, 동물처럼 실존하고 생명도 있고 모종의 의식도 받았으나 그들 주위에 있는 볼 수 있고 감각할 수 있는 것들에 대한 인상만 가졌을 뿐인 것도 있다.

그들이 깨닫는 것이란 땅의 것이지 하늘의 것이 아니다. 즉 그들은 현실적이고 유효한 것들을 알고 기쁨을 느끼는 정도이지 참다운 것, 선한 것, 아름다운 것에 대한 개념은 가지고 있지 않다. 그들이 소유하고 있는 것이란 감각적인 의식이나 욕구이지, 그 간가되인 것을 통해서 만족한다든지 영적인 것에서 이룰 수는 없는 것이다. 인간의 경우에는 전혀 다르다. 인간은 처음부터 하나님의 모양과 형상에 따라 창조되었고, 그의 신적 기원과 신적 유사관계를 지워버리고 파괴할 수 없는 것이다. 그는 그런 하나님의 형상 속에 창조되었지만 죄 때문에 지식과 의와 거룩의 고상한 속성들을 잃어버렸다. 그러나 그에게 주신 선물 중 '작은 잔여물들'이 현재 그에게 남아 있다. 이것들은 그의 모든 직책을 느끼기에 충분할 뿐만 아니라, 그가 이선에는 고귀했음을 승거하고 그의 신적 소명과 하늘의 운명을 계속 상기시킨다.

인간의 모든 사색과 작업 속에서 또한 인간의 전생애와 노력 속에서 인간은 땅에서나 전세계에서 결코 만족할 수 없는 피조물임을 분명히 해 준다. 그는 자연계의 한 시민일 뿐만 아니라, 여기에서 초자연적 세계까지 올라가는 것이다. 그는 두 발로 확고히 땅 위를 딛고 서 있지만 그의 머리는 위를 향해 있고, 그의 눈은 하늘 꼭대기에 향해 있다. 그는 볼 수 있고 시간적인 사물에 대한 지식을 가지고 있을 뿐만 아니라, 보이지 않고 영원히 있는 사물에 대한 지식도 깨닫고 있다. 그의 소원은 감각적이고 일시적인 땅의 것에 미칠 뿐만 아니라, 영적이고 영원한 하늘의 선한 것에까지 미치는 것이다.

동물들이 가지고 있는 감각적인 지식과 감각적인 의식을 인간도 가지고 있다. 그러나 그것을 넘어 인간은 사고할 수 있고, 감각적인 표상의 세계에서 비물질적인 사상의 세계와 영원한 이념의 영역에까지 올라갈 수 있도록 총명과 이성을 부여받았던 것이다. 인간의 사색과 아는 것은 비록 그것이 두뇌에 제한될지라도 그들의 본질에 있어서 전적으로 영적인 활동이며, 그의 눈으로 보고 그의 손으로 만지는 사물들을 훨씬 넘어 올라가는 것이다. 그는 그런 사색을 통하여 볼 수 없고 만질 수 없으나 실제적으로 실존해 있고 땅의 물질보다 더 본질적인 실재를 소유한 세계와 관계를 갖고 있는 것이다. 그가 찾고 있는 것은 혼돈된 실재가 아니다. 그것은 하나요 영원하고 불멸의 진리인 영적 진리인 것이다. 그의 이성은 그런 절대적인 유일한 신적 진리 안에서만 안식을 발견할 수 있는 것이다.

인간 역시 동물과 똑같이 감각적인 욕구를 가지고 있다. 그러므로 인간은 음식에 대한 욕구, 마시고 싶은 욕구, 빛과 공기에 대한 욕구, 일과 휴식에 대한 욕구를 느낀다. 그의 육체가 존재하기 위해서 의존하는 것은 땅이다. 그러나 인간은 이런 욕구의 세계를 넘어 이성과 양심에 의해서 높고 다른 선한 것에 이르고자 하는 의지를 받았다. 즐겁고 유효한 것들은 장소와 때에 따라서 그것들 나름대로의 가치를 가질지라도 결코 그를 만족시키지 못한다. 즉 그가 찾고 있는 선한 것이란 환경을 통하여 만들어지는 은이 아니라, 그 자체로서 영원 불멸한 영적 선인 것이다. 그리고 그의 의지는 계속해서 그런 고귀하고 절대적인 신적 선 안에서만 안식을 누린다. 성경의 표현에 따르면 이성과 의지 모두가 인간의 마음속에 뿌리를 두고 있다고 한다. 그 마음에 관해서는 잠언 기자가 그로부터 생명의 근원이 나오기 때문에 모든 것에 앞서서 보존해야 할 것을 말씀하셨다(잠 4:23). 육체적인 의미에서 심장이 피를 순환케 하는 힘이며 피의 근원점이며 육체적인 생활의 최고 기관인 것처럼, 영적인 면에서나 윤리적인 면에서 마음은 인간의 고상한 생활의 근원이요 우리의 자의식, 우리와 하나님과의 관계, 그의 법에 순종하는 것, 우리의 영적이고 윤리적인 전 본성의 자리인 것이다. 그러므로 우리의 모든 합리적이고 자율적인 생활의 근원이 거기에서 나오고 그것에 따라서 결정된다.

바로 전도서 3:11에 따르면 하나님께서는 사람의 마음속에 세계를 두셨다고 말씀하셨다. 하나님은 그의 때를 따라 모든 것을 아름답게 만드시고, 그분은 작정하신 때를 통하여 그 순간마다 곧장 모든 것이 일어나도록 하셨다. 그래서 역사는 그 전체에 있어서나 그 부분에 있어서 하나님의 계획에 대한 대답이요 그 계획의 영광을 나타낸다. 그 세계 전체 가운데 하나님께서 인간을 두시고 그의 마음에 때를 두셨다. 그리하여 그로 하여금 눈에 보이는 외적 표상들에만 머무르지 않고, 자연과 역사의 시간적인 과정 속에서 하나님의 영원한 사상들을 찾아 알도록 하셨다.

하나님께서 인간의 마음속, 즉 그의 존재의 심층 구석과 그의 인격의 핵심 속에 심어 놓으신 이런 영원한 것에 대한 소원(desiderium aeternitatis)이 바로 모든 시간적인 것들을 통해서는 그가 만족하게 되지 않는다는 자명한 사실의 원인인 것이다. 인간은 감각적인 땅의 것이요 제한된 존재요 죽을 존재이다. 그럼에도 불구하고 영원한 것에 목적을 둔 존재요 영원한 것을 찾도록 의도된 존재이다. 아내와 자식을 얻고 집과 토지를 안고 보화와 부를 얻으며 참으로 천하를 얻을지라도 그 영혼을 불러가시면 인간에게는 아무 소용이 없다(마 16:26). 이는 천하로도 한 인간의 가치와 바꿀 수 없기 때문이다. 그의 형제를 위해서 자신의 보화로 하나님께 속전을 제공해서 형제를 죽음으로부터 구원시킬 만큼 부요한 사람은 없다. 즉 영혼의 구원은 너무 귀해서 어떤 피조물이라도 그것을 성취할 수 없는 것이다(시 49:7-9).

감각적인 쾌락과 땅의 보화에 대한 호기심을 가지고 있을 때 이런 모든 것에 만족하려고 하는 사람들이 지금도 많이 있다. 그러나 그는 이런 것들이 인간을 만족시키기에는 아무런 힘이 없고 그의 높은 운명과는 맞지 않는다는 것을 곧바로 알게 된다. 소위 이상적인 가치들, 즉 과학, 예술, 문화, 진실한 봉사, 선한 것과 아름다운 것, 이웃에 대한 사랑, 휴머니즘에 대한 갈망 등이 사려되었을 때 그 판단이 달라진다. 그러나 이것들 역시 모두 세상에 속해 있어 성경 말씀대로 세상도, 그에 대한 정욕도 다 지나가는 것이다(요일 2:17).

과학은 확실히 빛의 아버지로부터 내려온 선한 선물이요 높은 가치를 지닌 것이다. 바울이 세상 지혜는 하나님 앞에 어리석은 것이라고 하고(고전 3:19; 2:18 하반절과 비교) 다른 곳에서 천하에 대하여 경고했을 내(골 3:8), 그는 일반계시와 특별계시 속에 나타난 하나님의 지혜를 알지 못하고(고전 1:21) 그 모든 생각들이 허망하여지는 거짓되고 속이는 지혜를 염두에 둔 것이다(롬 1:21). 그러나 다른 곳에서 바울은 지식과 지혜를 아주 높은 데까지 올려 놓고 있고 다른 모든 성경 전체가 그렇다. 이 두 가지 사실은 서로 다른 것이 아니다. 성경 전체가 확증하듯이 하나님만이 지혜로우시고 하나님은 그 자신과 만물의 완전한 지식을 가지고 지혜로 세계를 세우셨고 그의 부요한 지혜를 교회에 계시하셨다. 그리고 그리스도 안에 지혜와 지식의 모든 보화를 숨기셨으며, 영은 지혜와 지식의 영이요 하나님의 깊은 것도 통달하신다(잠 3:19; 롬 11:33; 고전 2:10; 엡 3:10; 골 2:3).

이와 같은 사상에서 나온 책은 지식에 대해서 낮게 평가할 수 없고, 과학에 대해서 멸시할 수 없는 것이다. 그 반대로 지혜는 보화보다 귀하고 사람들이 아무리 소원을 두고 있을지라도 그것들과는 족히 비교할 수 없다(잠 13:11). 지혜는 지식의 하나님이신 그분의 산물이다(잠 2:6; 삼상 2:3).

그러나 성경이 요구하는 지식은 그 근본이 여호와를 경외함에 둔 지식이다(잠 1:7). 지식이 이로부터 멀어져 그것과 관련이 없다면 비록 그것이 지식의 이름을 가졌을지라도, 하나님께는 어리석은 것인 세상 지혜로 점점 더 전락하고 말 것이다. 그 자체로서 충분하다고 보는 하나님이 없는 지식은 무엇이든지 그 자신의 뜻과는 반대의 것에 이르고 기대를 가지고 그 위에 세운 모든 사람들이 환멸을 느끼는 것이다.

이것은 이해하기가 쉽다. 그 이유는 첫째로 지식(과학이든 철학이든)은 언제나 특별한 성격을 띠고 있는 소수의 사람들의 것일 수 있기 때문이다. 그들의 전생애를 이 학문에 헌신할 수 있는 자로 선택된 사람들은 그 영역의 적은 부분은 정복하나 그 밖에는 항상 낯설고 이방인이 되는 것이다. 이것이 그들에게 만족을 줄 수 있을지는 몰라도 이런 그의 특별한 성격이 창조 때 인간의 본성 속에 심겼고, 따라서 모든 인간에게 현존하는 보편적이고 깊은 욕구를 충만시킬 수는 도저히 없는 것이다.

둘째로 모든 과학은 몰락의 시기를 지난 후 다시 재생의 시기에 이를 때는 언제든지 특이하고 과장된 기대로 시작하기 때문이다. 그때 그들은 계속되는 진지한 탐구를 통해서 세계와 생의 수수께끼들을 해결할 수 있다는 소망 속에 산다. 그러나 젊은 시절의 흥분하는 때를 지나 다시 환멸을 느끼게 되는 때가 옴이 확실하다. 연구를 하면 할수록 문제점은 감소하지 않고 계속 증가하는 것이다. 자명한 것이라고 생각한 것들이 새로운 신비 속에 머물고 그때 모든 과학의 목적은 우울해지고 인간은 땅에서 수수께끼 가운데 방황하고 생명과 운명은 모두 신비로운 것이라는 절망적인 고백에 이르는 것이다.

셋째로 모든 과학이 사실 지금 성취한 것보다 훨씬 더 확실해질 수 있을지는 모르지만 인간의 마음속에는 항상 불만이 남아 있을 수 있다는 것을 기억함이 좋겠다. 이는 덕과 도덕적 기초가 없는 지식은 좀더 큰 악을 알고 실천하는 데 쓰는 죄인의 손에 있는 기구와 같고, 지식으로 가득 채운 머리란 부패한 마음의 종이 되기 때문이다. 그러므로 사도 바울은 이르기를, 내가 예언하는 능이 있어 모든 비밀과 모든 지식을 알지라도 사랑이 없으면 아무것도 아니라고 했다.

예술의 경우에도 다른 것이 아니다. 이것 역시 하나님의 선물이다. 주님 자신이 진리요 거룩하고 영광스러울 뿐만 아니라, 그의 이름의 영광이 그의 모든 사역 위에 넓게 펼쳐지는 것처럼, 그분이 그의 영을 통해서 예술가들의 모든 행사에 지혜와 총명과 지식으로 무장하게 하시는 것이다(출 31:3; 35:31). 따라서 무엇보다 예술은 능력, 곧 인간의 영적 능력의 증거요 그의 깊은 소원과 높은 이상, 물릴 줄 모르는 조화의 열망에 대한 계시인 것이다. 그러나 거기에다 그것은 모든 행사 속에서 우리 앞에 이상세계를 불러 일으키고 있다. 이 세계 속에서 이 땅의 실존의 부조화가 놀라운 조화로 순화되고 있고 이 타락한 세계 속에서 총명한 자에게는 감추시고 예술가들의 단순한 눈에는 나타내시는 미의 빛에 이르고 있다. 그리고 예술은 그렇게 다르고 높은 실재를 우리의 눈에 그리고 있기 때문에 그것은 우리의 생활 속에 평안을 가져다 주고 우리의 영혼에 경악을 불러일으키며 우리의 마음을 소망과 기쁨으로 충만케 하고 있다.

그러나 아무리 그렇게 할 수 있을지라도, 그것의 미는 그들의 상상력 안에서만 제공되고 있다. 예술은 이상과 그림 사이의 갈증을 충만시킬 수 없다. 예술은 '저편의' 것을 '이편의' 것으로 만들 수 없다. 그것은 멀리 가나안 땅의 영광만 보여줄 뿐, 우리들을 그 안으로 인도한다거나 그 시민으로는 결코 만들지 못하는 것이다. 예술은 유익한 것이 많지만 모든 것은 아니다. 예술이라는 영역 안에서 유명한 사람 앞에서 한 번은 그렇게 불러질지 모르지만, 예술은 결코 가장 거룩하고 가장 고상한 것이 아니며, 인간의 유일한 종교나 유일한 구원이 아니다. 예술은 우리 죄를 위해 화해할 수 없고 우리의 부패로부터 깨끗하게 할 수 없으며 생의 오열 속에서 눈물을 뿌리도록 할 수 없다.

인도주의, 문화, 인간의 봉사, 사회를 위한 생활 혹은 그것이 무엇이라고 불리든지 궁극적으로 이들 역시 인간의 최고선이라 명명할 수 없다. 모종의 인도주의적인 이념에 있어서 진보나 박애주의적인 발전이 있었음은 의심치 않는다. 이전 시대에는 가난하고 병든 사를, 민손하고 궁한 자들, 과부와 고아들, 미친 자들과 죄인들이 얼마나 많았고 그들을 오늘날 일반적으로 어떻게 취급하고 돌보고 있는지를 비교할 때 확실히 기쁘고 감사할 만하다. 잃어버린 자들을 찾고 압제받는 자들에게 동정하는 온순한 마음과 긍휼의 정신이 고양되고 있다. 그러나 우리의 이런 현실 바로 옆에서 배금주의, 매춘행위, 알콜중독, 다른 경악을 주는 일들인 소름끼치는 불의가 보여지고 있다. 따라서 우리가 앞으로 가고 있는지 아니면 뒤로 가고 있는지 하는 의문에 대한 대답에 갈피를 잡지 못하고 있으며, 한때는 낙관주의로 갔다가 다시 비관주의로 기울어지고 있는 실정이다.

이것이 사실일진대, 사회를 위한 생활이나 이웃에 대한 사랑이 하나님의 명령에 그 기초를 두지 않으면, 이것은 그의 힘과 확신을 잃어버린다. 이웃에 대한 사랑은 항상 무언중에 아주 자발적으로 자연스럽게 인간의 마음에서 우러나오는 행위가 아니다. 그 사랑은 무한한 의지의 힘을 요구하고 자기 관심과 이기적인 만만치 않은 힘과 계속해서 싸워야 할 감정이요 행위요 행동이다. 더구나 그것은 이웃 자신에게서 전혀 지지를 받지 못하는 수도 있다. 사람들은 일반적으로 자연스럽게 고충이나 노력 없이 우리 자신처럼 이웃을 사랑할 수 있고 사랑하려고 하는 것이 그렇게 쉽지 않다. 이웃에 대한 사랑이 자활할 수 있는 때는, 다만 한편으로 하나님의 명령에 기초하여 들어 박혀 있을 때요, 다른 한편으로 같은 하나님께서 우리 마음에 그분의 모든 명령에 따라서 바르게 행동하고자 하는 욕망을 주실 때이다.

인간의 마음은 하나님을 위해서 창조되었고 그의 아버지의 마음속에서 안식을 찾을 때까지는 안식하지 못한다는 어거스틴의 말이 역시 그러한 결론이다. 어거스틴이 선포한 대로 엄밀히 말해서 모든 인간은 하나님을 찾고 있지만, 바른 방법과 길에서 찾지 않고 있으며 참된 장소에서 그분을 찾지 못하고 있다. 그들은 그분을 땅에서 찾지만 그분은 하늘에 계신다. 그들은 그분을 멀리서 찾지만 가까이 계신다. 그들은 돈, 부, 명성, 힘, 욕망 등에서 그분을 찾지만 그분은 높고 거룩한 곳에 계시고 통회하고 마음이 겸손한 자와 함께 거하신다(사 57:15). 그러나 혹 더듬어 찾아 발견하려 하면 하나님을 찾는다(행 17:27). 그들은 그분을 찾지만 그분으로부터 멀리 도망간다. 그분의 길에 대한 지식에는 전혀 흥미를 갖지 않지만, 그분을 도저히 없이 할 수 없다. 그들 스스로 하나님께 매력을 느끼지만 동시에 그분에게 반항한다.

파스칼(Pascal)은 인간의 위대성과 안타까운 것은 여기에 있다고 심오하게 지적하고 있다. 그는 진리를 갈구하나 본성이 잘못되었다. 그는 안식을 열망하나 스스로 다른 방향으로 전향하여 달려간다. 그는 영원한 행복에 헐떡이지만 일순간의 쾌락을 잡는다. 하나님을 찾지만 피조물 속에서 스스로 잃어버린다.

집안에서 태어난 자식이지만 낯선 땅에서 돼지의 건초를 먹고 자란다. 생수의 근원을 버리고 물이 고이지 않을 터진 웅덩이를 파고 있는 것이다(렘 2:13). 그는 주린 사람같이 먹고 있는 꿈을 꾸나 깨면 그의 영혼이 비어 있음을 느끼고, 목마른 자와 같이 마시고 있는 꿈을 꾸나 깨면 곤비하며 영혼에 갈증이 있음을 느낀다(사 29:8). 모든 과학이 인간 안에 있는 이런 모순을 설명할 수 없다. 과학은 인간의 위대성만은 고려에 넣지만 그의 빈곤에 대해서는 그렇지 않거나, 그의 빈곤만 고려에 넣고 그의 위대성은 고려에 넣지 않는다. 그것은 인간을 너무 높이 올려 놓거나 너무 아래로 내려 놓거나 한다. 이는 과학이 인간의 신적 기원에 대해서 알지 못함이요, 그렇지 않으면 그의 깊은 타락을 알지 못하고 있기 때문이다. 그러나 성경은 이 두 가지 사실에 대해서 알고 인간과 그의 자손에게 그분의 빛을 비춰셨다. 그리고 그 모순이 화해되고 안개도 걷혀 감추어진 것들이 드러나고 있다. 인간은 그 해결책을 하나님에게서만 발견할 수 있는 수수께끼 같은 존재이다.

# 제2장

# 하나님에 대한 지식

하나님이 인간의 최고선이라는 이것은 성경 전체의 증거다. 인간이 하나님을 창조자로서 올바로 알고 그분을 진심으로 사랑하여 영원하신 축복 가운데 그와 함께 살도록 하기 위해서 하나님은 인간을 그의 형상과 모양을 따라 창조하였다는 설명으로 성경은 시작한다. 그리고 성경은 그의 백성들이 하나님을 얼굴과 얼굴을 대하여 볼 것이고, 그 이마에 그분의 이름의 표를 가질 새 예루살렘에 대한 묘사로 끝난다.

하나님의 계시는 그 길이와 넓이에 있어서 그 사이에 있다. 이 계시는 그 내용으로서 "나는 너희 하나님이 되고 너희들은 나의 백성이 되리라" 하는 크고 하나이며 모든 것을 포괄하는 은혜계약이란 약속을 가지고 있으며, 하나님이 우리와 함께 있는 임마누엘에서 그 중심과 정점에 이르고 있다. 이는 약속과 성취가 서로 맞잡고 가기 때문이다. 즉 하나님의 말씀이 그 행위의 원리요 씨요 배아이며 그 행위로 그 말씀을 완전히 실현한다. 하나님께서 태초에 말씀을 통하여 사물들을 무로부터 존재하게 하신 것처럼 그 말씀을 통하여 하나님의 장막이 인간들 가운데 있을 새 하늘과 새 땅을 이루시는 것이다.

이것이 그분 안에서 말씀이 육신이 되신 그리스도께서 은혜와 진리가 충만하더라(요 1:14)고 말씀하신 이유이다.

그분은 태초에 하나님과 더불어 있었고 그 자신이 하나님이신 말씀이시요 동시에 인간의 생명과 빛이셨다. 하나님께서는 그의 생명을 그리스도께 맡기시고 그의 생각을 그리스도 안에서 표현하시기 때문에 하나님의 충만한 것이 그분 안에서 나타나게 된 것이다. 그분은 아버지를 우리에게 선포하시고 그의 이름을 나타내셨을 뿐만 아니라 그분 자신 안에서 아버지를 보이시고 주신 것이다. 그리스도는 표현된 하나님이요 우리에게 주어진 하나님이다. 그분은 스스로를 계시하시는 하나님이요 스스로를 나누어 주시는 하나님이요, 따라서 진리와 은혜가 충만하신 것이다. 나는 너희 하나님이 되리라는 약속을 처음 말씀하셨던 순간부터 그 자체 안에 나는 너희 하나님임이라 하는 충만을 내포하고 있다. 하나님은 자기 백성이 스스로 그에게 줄 수 있도록 자신을 주신 것이다.

성경에서 우리는 하나님께서 시종 반복해서 나는 너의 하나님이라고 선포하심을 발견한다. 창세기 3:15의 모태적 약속으로부터 족장들의 생활의 매순간마다, 이스라엘 백성의 역사와 신약 교회의 역사 속에서 이런 부유하고 모든 구원을 그 자체에 보장하고 있는 약속이 계속되고 있다. 그리고 감사와 찬양인 "당신은 우리 하나님이요 우리는 당신의 백성이요 당신의 목장의 양입니다"라는 끝없이 다양한 신앙의 말로 교회는 모든 시대를 통하여 그것에 대답하고 있다.

이런 신앙고백은 과학적인 교리나 반복되고 있는 단일 형식이 아니라 깊이 느끼고 생의 경험으로부터 우러나오는 현실에 대한 고백이다. 구약과 신약에서 우리에게 나타나는 선지자들과 사도들, 그 후 그리스도 교회에서 나타나는 일반 성도들은 하나님에 대해 추상적인 개념으로 철학화하지 않았다. 그러나 그들은 하나님이 그들에게 무슨 의미가 있고 그들이 생의 모든 환경에서 하나님께 입고 있는 은혜가 무엇인지를 고백하고 있다. 하나님은 그들에게 있어서 합리적으로 분석해서 나오는 차디찬 개념이 아니라 살아 계시며 인격적인 힘이었고, 그들 주위의 세계보다 무한히 더 본질적인 현실이었으며, 하나요 영원하신 경배의 존재이셨다. 그들은 자신들의 생에 있어서 그분과 함께 생각했고 그분의 장막 안에 거하고 마치 그분 목전에 있는 것처럼 행했고 그분의 뜻에서 봉사했고 그분의 성소에서 그분을 경배했다.

그들의 경험의 순수함과 깊이는 하나님이 그들에게 무슨 의미를 가졌는지를 표현하기 위해서 사용된 말 속에 나타나고 있다. 그들은 언어를 찾으려고 하지 않았다. 이는 그들의 입술에는 마음속에 충만한 것으로 넘쳤고 인간세계와 자연은 그들의 사상을 위한 표상을 제공하였기 때문이다.

그들에게 있어서 하나님은 왕이시요 주님이시요 지도자이시며 목자이시요 구주시요 의사요 보혜사요 사람이요 아버지이시다. 그들의 구원과 축복, 신뢰와 의와 생명과 긍휼, 능력과 힘, 평화와 안식 등 모든 것이 그분 안에서 발견된다. 그분은 그들에게 태양이고 방패시며 빛이시고 불이시며 근원이시고 원천이시며 반석이시고 피난처시며 높은 산성이시요 상이시고 그늘이시며 성이시고 성전이시다. 세상이 따로따로 세분된 물건으로 제공해야 하는 모든 것들은 하나님 안에서 그의 백성에게 유용한 구원의 측정할 수 없는 충만의 모양이다. 그래서 다윗은 시편 16:2에서 여호와께 "주는 나의 주시오니 수밖에는 나의 최고선이 없나이다"(구어체 번역으로)라고 하였고, 아삽은 시편 73편의 하반부에서

"하늘에서는 주 외에 누가 내게 있으리요 땅에서는 주밖에 나의 사모할 자 없나이다. 내 육체와 마음은 쇠잔하나 하나님은 내 마음의 반석이시요 영원한 분깃이시라"고 노래하고 있다. 성도들에게 있어서 모든 축복과 영광을 지닌 하늘은 공허하고 김 빠진 것이다. 그리고 그가 하나님과 교제하고 있을 때는 땅의 것에 마음이 없다. 이는 하나님의 사랑은 다른 모든 소유물을 초월하기 때문이다.

그것은 하나님의 자손들이 느꼈던 경험이니, 하나님께서 스스로 사랑하는 아들 안에서 그들의 기쁨을 위해서 선물하신 것이다. 이런 의미에서 그리스도께서는 인간을 위한 영생, 곧 모든 구원이 유일하신 참 하나님과 그의 보내신 자 예수 그리스도를 아는 데 있다고 말씀하셨다.

그분이 그 말씀을 하셨을 때는 기드온 시내 저편으로 나가 겟세마네 동산으로 가셔서 그의 영혼의 마지막 고통을 견디기 위한 지점에 있을 때였다. 그러나 그 지점으로 나아가기 전에 우리의 대제사장으로서 고난과 죽음을 준비하시고 아버지께 그의 고난 가운데 아들을 영화롭게 하사 죽음에 이르기까지 순종함으로써 지금 성취하려고 하는 그 모든 축복들을 주시어 아들로 아버지를 영화롭게 하옵소서라고 기도하셨으니, 아버지 자신의 뜻과 기쁨이 되는 것 외에 아무 것도 알리고 하지 않으셨다. 아버지께서 아들에게 주신 모든 자에게 영생을 주려고 만민을 다스리는 권세를 아들에게 주셨다. 그런 영생은 오직 예수 그리스도 안에 계시된 유일하고 참되신 하나님, 곧 보냄을 입은 자를 아는 데 있다(요 17:1-3).

예수께서 여기에서 명백히 말씀하신 지식은 특별한 성격을 가지고 있다. 얻을 수 있는 다른 모든 지식과는 다르고, 그 차이는 정도의 차이가 아니라 원리와 본질의 차이이다. 이것은 서로 다른 두 가지 지식을 비교할 때 단번에 나타난다. 예수께서 말씀하신 하나님에 대한 지식은 그 근본과 대상이나, 그리고 그 본질과 효과 면에서 피조물들의 지식과 다르다.

그 근원에 있어서 무엇보다 다른 것은 전적으로 그리스도에게 있다. 확실히 다른 모든 지식은 이성에 의한 통찰과 판단으로, 그리고 우리 자신의 노력과 연구로 얻을 수 있음을 말한다. 그러나 유일하신 참 하나님에 대한 지식을 그리스도께서 자녀인 우리에게 주신 것이다. 그것은 그분 밖에서는 어디에서든 발견할 수 없고, 학문의 전당에서도, 유명한 철학자들 가운데에서도 찾을 수 없다. 그리스도만이 아버지를 아셨다. 그분은 태초부터 하나님과 함께 계셨고 그의 품 안에 누워 얼굴과 얼굴을 맞대어 보셨다. 그분 자신이 하나님이시고 하나님의 영광의 광채시며, 그 인격의 형상이시고 하나님 자신이시며, 독생자이시고 그의 사랑하는 아들이시며 그의 기뻐하는 자이신 것이다(마 3:17; 요 1:14; 롬 8

:12; 히 1:3). 아버지의 본질 안에 있는 아무것도 아들 앞에 감추지 않으셨으니, 이는 아들이 같은 본성과 같은 속성과 같은 지식을 지니셨기 때문이다. 아들 외에 아버지를 아는 자가 없다(마 11:27).

그리고 이 아들이 우리에게 오셨고 아버지를 우리에게 증거하셨다. 그는 아버지의 이름을 인간에게 계시하셨고 이를 위해 육체가 되시고 땅 위에 나타내심으로써 참된 그분을 알게 하신 것이다(요일 5:20). 우리는 하나님을 알지 못하고 그의 길에 대한 지식에 무관심하되 그리스도께서 우리에게 아버지를 알게 하셨다. 그분은 철학자도 아니시요 학자나 예술가도 아니시다. 그분의 사역은 아버지의 이름을 우리에게 계시하시는 것이요 이를 전생애 동안에 완전히 행하셨다. 그분은 그의 말씀, 사역, 삶, 죽으심, 인격 등 나타내 보이셨던 모든 것에서 아버지를 계시하셨다. 아버지가 행하시고 본 것 이외에는 말하지도 않고 행하시지도 않았다. 아버지의 뜻을 행하는 것이 그의 양식이었고 그를 본 자는 누구든지 아버지를 보았다(요 4:34; 8:26-28; 12:50; 14:9).

그분은 보냄을 받으신 예수 그리스도이시므로 이러한 그의 계시에 있어서는 신실하시다. 그분은 예수라는 이름을 하나님 자신으로부터 받았는데, 이는 자기 백성을 저희 죄에서 구원할 자라는 뜻이다(마 1:21). 그분은 또한 그리스도라 하였으니, 이는 아버지의 기름부음을 받은 자요 아버지 자신으로부터 택함 받고 모든 직책을 받았음이다(사 4:21; 마 3:16). 그분은 보냄을 받은 자이되 자신의 이름으로 와서 자기를 높이고 공로를 스스로에게 돌리는 그런 많은 선지자나 제사장들과 같지 않으셨다. 그렇게 하심은 아버지께서 이 세상을 이처럼 사랑하사 독생자를 주셨으니 그를 믿는 자마다 멸망치 않고 영생을 얻게 하려 하심이다(요 3:16).

그때 그를 영접하는 자는 누구든지 하나님의 자녀라 일컬음을 받는 권세와 자격을 받았다(요 1:12). 그들은 하나님으로부터 난 자들이요 신적 본성에 참여한 자들이요 그의 아들인 그리스도를 보고 하나님을 아는 자들이다. 아버지 외에는 아들을 아는 자가 없고 아들과 아들의 소원대로 계시받은 자 외에는 아버지를 아는 자가 없다(마 11:27).

둘째로 하나님의 지식은 그의 대상에 있어서 다른 모든 지식과 구별된다. 다른 모든 지식들은 우리 시대에 무엇보다도 그 영역이 아주 넓어졌더라도 피조물들 둘레를 빙빙 돌고 있고 유한의 것에 제한되어 무한의 것을 발견하지 못하고 있다. 참으로 자연의 움직임에도 하나님의 영원한 능력과 신성에 대한 계시가 있다. 거기에서 얻게 된 하나님에 대한 지식은 미미하고 애매하며 거짓과 혼합되고, 게다가 가치가 없다. 이는 자연으로부터 하나님을 알고 있는 사람들은 하나님으로 영화롭게도 아니하며 감사치도 아니하고 오히려 그 생각이 허망하여지며 썩지 아니하는 하나님의 영광을 피조물 형상의 우상으로 바꾸었으니 세계는 하나님을 계시하면서도 감추인 바 되었기 때문이다(롬 1:20-23). 그러나 여기 대제사장의 기도를 볼 때 우리와 함께 사신 분은 다른 지식을 물리치고 하나님에 대한 지식으로 대신케 하시는 분이다! 하나님을 인간 지식의 대상으로서 어떻게 측량할 수 있겠는가? 무한하시고 불가해하시며 시간과 영원으로도 측정할 수 없으며 천사들도 목전에서 그들의 얼굴을 날개로 가리우게 하는 접근할 수 없는 빛에 거하시는 하나님이시다. 그러한 분이 코로 숨을 쉬고 무(無)나 없는 것과 마찬가지인 인간에게 어떻게 알려질 수 있겠는가? 그의 최고 지식이래야 나부랑이 같은 인간이 하나님을 알 수 있겠는가? 그의 모든 지식에 있어서 무슨 지식을 가지고 있고 그들의 근본과 본질과 목적에 있어서 알고 있는 것이 무엇인가? 인간은 항상 무지 속에 있지 않은가? 모든 곳이 신비로 둘러 싸여 있지 않은가? 과연 그러한 빈약하고 잘못되고 어두워진 피조물인 인간이 높고 거룩하고 당신만이 지혜로우시고 전능하신 하나님을 알 수 있을까?

우리의 이해를 넘는 것이지만, 그리스도만이 아버지를 보이셨고 그분을 우리에게 증거하셨다. 그분에게 우리는 맡길 수밖에 없으며 그분의 증거는 신실하고 모두 받아들일 가치가 있다. 오, 인간들이여 하나님이 누구신가를 알기를 원한다면 지혜자나 서기관들이나 이 시대의 변사에게 묻지 말고 그리스도만 바라보고 그의 말씀을 들을지어다! 당신의 마음에 누가 하늘로 올라가고 누가 깊은 곳으로 내려갈까 의심을 품지 말라. 이는 그리스도께서 증거하신 그 말씀이 바로 당신 가까이에 있음이라. 아버지께서 의롭고 거룩하고 은혜와 진리가 충만하신 것처럼 그리스도도 의롭고 거룩하고 은혜와 진리가 충만하시다. 그분 자신이 말씀이시요 아버지의 완전한 계시이다. 구약 신앙의 충만한 내용을 그의 십자가에서 나타내셨으니, 곧 여호와 하나님은 은혜로우시며 자비하시며 노하기를 더디하시며 인자하심이 풍부하시다는 것이다. 우리의 죄를 따라 처치하지 아니하시며 우리의 죄악을 따라 갚지 아니하셨으니, 이는 하늘이 땅에서 높음같이 그를 경외하는 자에게 그 인자하심이 크심이다. 동이 서에서 먼 것같이 우리 죄과를 우리에게서 멀리 옮기셨으며 아버지가 자식을 불쌍히 여김같이 여호와께서 자기를 경외하는 자를 불쌍히 여기셨다(시 103:8-13). 그의 말씀의 거울 속에서 그리스도의 영광을 보고 외치기를 우리가 그를 아는 것은 그가 먼저 우리를 앎이요 우리가 그를 사랑함은 그가 먼저 우리를 사랑하셨음이라(요일 4:19)고 했다.

세번째로 그 근본과 내용이 특유한 하나님 지식의 본질을 결정한다. 위에서 말한 대제사장의 기도 속에서 예수님이 말씀하신 것이란 정보로서의 지식이 아니라 실제를 대신하는 하나님 지식인 것이다. 이 두 지식 사이에는 큰 차이가 있다. 피조물, 즉 식물, 동물, 인간, 나라, 백성에 대해서 책으로부터 아는 것은 직접적으로 그 대상을 아는 지식과는 전혀 다르다. 정보로서의 지식 (weten)[1]은 어떤 다른 사람으로부터 주어진 묘사에 해당되지만 직관으로부터 온 지식(kennen)은 그 대상 자체에 해당된다. 정보로서의 지식은 머리만의 일이요 직관적인 지식은 개인적인 관심의 요소와 마음의 행사를 내포하고 있다.

그리스도께서 주신 하나님에 대한 지식의 말씀에는 묘사로서의 지식에 대한 말씀이 있다는 것은 사실이다. 이것은 예수께서 직관적인 지식과는 본질적으로 다른 정보로서의 지식을 가질 수 있다는 것을 가리키고 있다. 그래서 주인의 뜻을 알고도 예비치 아니하고 그 뜻대로 행하지 아니하는 그런 정보로서의 지식도 있고(눅 12:47, 48), 주여, 주여 소리지르되 천국에 들어가지 못하는 그런 지식도 있으며(마 7:21), 마귀의 믿음과 같이 사랑을 일으키는 것이 아니라 두려움과 겁을 일으키는 믿음도 있다(약 2:19). 또한 도는 들어도 행하기를 원치 아니하여 중한 채찍으로 맞는 사람들도 있다(약 1:21).

예수께서 여기에서 말씀하신 하나님에 대한 지식은 자신이 소유하신 지식을 마음에 두신 것이다. 그분은 직업적인 신학자나 신학박사도 아니며 신학교수도 아니다. 그러나 그가 하나님을 아는 것은 개인적으로 직접 보고 통찰한 것이다. 그분은 자연 가운데, 말씀 가운데, 섬김 가운데 처처에서 보았다. 누구보다 더 그분을 사랑하셨고 십자가에 죽으시기까지 무엇에든지 순종하셨다. 그분의 진리의 지식은 진리의 행위와 하나가 되었고 지식과 사랑이 병행했다. 예수께서 주신 지식은 그분의 삶과 관련이 있는 그런 지식이다. 실로 하나님을 아는 것은 그 지식의 많고 적음에 있지 않고 우리가 그분 자신을 그리스도의 인격 속에서 아느냐, 그리고 우리가 생의 길에서 구체적으로 그분의 덕과 의와 거룩과 긍휼

---

역주 1) 이 두 가지 지식은 대상의 차이라기보다는 아는 방식의 차이라고 볼 수 있겠다. 같은 물건일지라도 직접 보는 것과 누가 본 것을 들어서 아는 식의 매개(사람이나 언어)를 통해서 아는 것과는 차이가 있을 것이다. 그래서 전자는 직관적(intuitiv) 지식이라 할 수 있고, 후자는 추론적 지식이라 할 수 있겠다. 칸트는 전자를 다시 인간에게서 특유한 파생적 직관(intuitus derivativus)과 신의 인식 방식인 근원적 직관(intuitus originarius)으로 나누기도 한다.. 또한 현대 철학자들은 경험적인 직관(anschauung)일지라도 그것도 선택적이라는 점에서 거의 지향적인 직관(intentionale anschauung)임을 인정하고 있다. 그러나 여기서 바빙크가 쓰고 있는 두 가지 개념은 직접 지식(Knowledge by Acquaintance)과 묘사 지식(Knowledge by Description)의 구별이나 어느 정도 독일어의 Wissen과 Kennen의 구별 정도일 것 같다. 이런 구별은 처음 중세기의 호로테(G. Groote)가 구별했다고 한다(Exploratio Philosophica p. 60).

과 은총을 알았느냐 하는 것에 있다.

그것이 신앙의 이름을 가진 이 지식이 다른 모든 지식과 구별되는 이유이다. 그것은 합리적인 연구나 반성의 열매가 아니라, 어린아이와 같이 순진한 신앙의 열매이다. 이 신앙은 확실한 지식이요 확고한 확신이어서 다른 사람이 아닌 나에게만 그리스도의 공로에 의해서 은총으로 하나님께서 값없이 주신 죄의 용서요 영원한 의요 구원인 것이다. 어린아이들과 같이 되지 아니하면 결단코 천국에 들어가지 못하고(마 18:3) 마음이 청결한 자만이 하나님을 볼 것이다. 물과 성령으로 거듭나지 아니하면 하나님 나라를 볼 수 없으며(요 3:5), 사람이 하나님의 뜻을 행하고자 하면 그리스도의 교훈이 하나님께로서 왔는지 내가 스스로 말함인지 알게 될 것이다(요 7:17). 주의 이름을 아는 자가 주를 믿으리니(시 9:10) 하나님은 그분을 사랑하는 것만큼 알게 하신다.

마지막으로 우리가 하나님에 대한 지식을 그렇게 이해하는 한 그 행사와 열매가 필연 영생이라는 것은 놀라운 것이 아니다. 참으로 지식과 생명은 전혀 이해가 성립되지 않는 것처럼 보인다. 전도서 기자가 "지혜가 많으면 번뇌도 많으니 지식을 더하는 자는 근심을 더하느니라 여러 책을 짓는 것은 끝이 없고 많이 공부하는 것은 몸을 피곤케 하느니라"(전 1:18; 12:12)라고 한 말씀은 참말이 아닌가?

아는 것이 힘이라는 것은 어느 정도까지는 이해가 간다. 모든 지식은 물질보다 위에 선 영혼의 영광이요 땅의 주인인 인간에게 복종한다. 그러나 지식이 생명이 되리라는 사실을 누가 이해할 것인가? 그러나 비록 자연의 영역에 있을지라도 생명의 심오함과 부요함은 지식에 의해서 증가되고 있다. 의식의 이해도가 넓으면 넓을수록 생명력이 더해 간다. 무생물체는 알지도 못하고 사는 것이 아니다. 동물에게 있어서 그 의식의 정도가 어느 만큼이냐에 따라서 그들 나름대로의 생활의 내용과 범위를 갖는다. 인간에게 있어서 가장 부요한 삶은 최대의 것을 아는 자의 삶이다. 참으로 사상가나 시인들과 비교해서 평민의 삶, 소박하고 단순하고 덜 성숙한 사람들은 얼마나 그 삶이 빈약하고 제한적인가! 그러나 여기서 가리키는 차이는 무엇이든지 정도의 차이일 뿐이다. 삶 자체가 그런 차이에 의해서 변화를 받지 않는다. 가장 저명한 학자나 가장 단순한 노동자라도 그 생은 필히 죽음에 이른다. 이는 이 세상의 썩어질 것만으로만 자라나기 때문이다. 그러나 여기 그리스도께서 말씀하신 지식은 어떤 피조물에 관련된 것이 아니고 유일하고 참되신 하나님과 관련된 것이다.

보이는 것들에 대한 지식도 생을 부요하게 한다면 하나님에 대한 지식은 얼마나 삶을 소생케 하는가? 하나님은 죽음과 죽은 자의 하나님이 아니요 생명과 산 자의 하나님이시다. 그것으로 말미암아 하나님께서 그분의 형상대로 재창조하고 그와 교제를 회복케 하신 모든 자들을 죽음과 죽을 수밖에 없는 자리에서 일으키시는 것이다. "예수께서 가라사대 나는 부활이요 생명이니 나를 믿는 자는 죽어도 살겠고 무릇 살아서 나를 믿는 자는 영원히 죽지 아니하리니"(요 11:25-26)라고 하셨다. 그리스도 안에 있는 하나님을 아는 지식은 영생과 한없는 기쁨과 하늘의 축복을 가져온다. 그 결과가 아니라 하나님을 아는 지식 그 자체만이 바로 새롭고 영원한 축복의 생활인 것이다.

이런 성경의 가르침에 따라서 그리스도의 교회는 옛날부터 이런 지식의 특성을 신학이나 종교학이란 이름으로 간직해 왔다. 신학은 하나님에 대한 지식을 성령의 인도하심을 받아 그의 계시로부터 이끌어 왔고 그의 명예를 걸고 기술하여야 할 과학이다. 신학자, 즉 참된 신학자는 하나님으로부터, 하나님으로 말미암아, 하나님에 대해서 항상 그의 이름의 영광을 위하여 말하는 자이다. 그러나 학자와 순박한 신자들 사이는 정도의 차이에 불과하다. 모두에게 한 주요 한 믿음이요 한 세례요 한 하나님이시니, 곧 만유의 아버지로서 만유 위에 계시고 만유를 통일하시고 만유 가운데 계신 자이시다. 그러나 우리 각 사람에게 그리스도의 선물의 분량대로 은혜를 주셨다(엡 4:5-7).

이런 정신에서 칼빈은 제네바 요리문답에서[2] "사람의 중요한 목적은 무엇이뇨?"라는 질문으로 시작했으며, 분명하고 힘있게 그것은 "사람을 창조하신 하나님을 아는 것이다"라고 하였다. 웨스트민스터 요리문답[3]에서도 똑같이 "사람

---

역주 2) 칼빈은 1536년 제네바에 머무르는 동안 교육을 위해서 기독교강요의 간추린 형태를 불어로 썼다(48개 조항). 그 후 21개 조항의 짧은 신앙고백서를 냈다. 이것을 기초로 하여 문답 형식의 요리문답을 냈던 것이다. 이것은 작성 시기가 확실치 않으나, 1541년에 불어판(Le Catechime de L'Église de Genève)이 나오고, 1545년에 라틴어판(Catechismus Ecclesiae Genevensis, Genevae, 4 Calendas Decembris, 1545)이 나왔다. 그 후에 여러 나라 말로 번역되었다. 이 요리문답은 주로 사도신경, 십계명, 주기도문의 형식을 의식하고서 5개 분야(De Fide, De Lege, De Oratione, De Verbo Dei, De Sacramentis)로 나누어 문답하고 있다. 여기 바빙크가 인용한 첫 문답은 이미 1537년 기독교강요 편람에서부터 찾아야 하지만 제네바 요리문답에서 가장 넉넉해지고 있다. 즉,

문답 1 교사: 인생의 최고의 목적은 무엇이뇨?(Quis hamanae vitae praecipuus est finis?)
학생: 사람들을 지으신 하나님을 스스로 깨닫는 것입니다(Ut Deum, a quo conditi sunt homines, ipsi noverint).

역주 3) 이것으로 시작하는 373문 중 첫 3문이 여기 인용한 문답에 해당된다고 할 수 있다 (OS〈Joannis Calvini opera selecta〉ed. Petrus Barth & Dora Scheuner, Ⅰ, pp. 75-144). 이 요리문답의 영어 판은 1556년 제네바에 나타났고 낙스가 이끄는 스코틀랜드 교회에 소개되었다. 이 역판은 여러 판을 찍어 냈었다. 이 요리문답에 기초하였다고 할 수 있는 웨스트민스터 요리문답은 총회에서 이미 1664년 말에 동의를 얻었으나 출판되지는 않았고, 다만 의회에 제출될 것은 이반

의 최고 중요한 목적이 무엇이뇨?"라는 질문으로 그 교훈을 시작한다. 이때 짧고 의미심장하게 "하나님을 영화롭게 하고 그와 완전하게 영원히 즐기는 것이다"라고 대답한다.

---

타일러(Evan Tyler)가 런던에서 인쇄한 것과 에딘버러에서 다시 인쇄된 것이다. 총회의 허락하에 전자는 60부, 후자는 800부가 출판되었다고 한다. 1647년 9월 25일쯤 아니면 그 이전에 성경적 증거가 없는 대요리문답을 처음 작성하여 의회에 제출했고, 소요리문답은 1647년 11월 25일에 제출되었다. 이들은 런던과 에딘버러에서 처음 출판되었다. 대요리문답은 에딘버러 총회에서 1648년 7월 20일, 소요리문답은 1968년 7월 28일에 각각 채택되었다. 그 작성의 대표 인물은 안토니 터크내이(Anthony Tuckney) 박사다. 소요리문답은 아이들 교육용이었고, 대요리문답은 어른들을 위한 것이었다. 여기서 바빙크가 인용한 것은 대요리문답의 첫 문답이다. 이 요리문답은 196개 문답인데 그중 첫 문답은 제네바 요리문답의 영역판 첫 문답과 다른 것이 아니다(Philip Schaff, op. cit., V. I, pp. 783-787; B. B. Warfield, *The Westminster Assembly and its work*〈Mack Pub. Company〉, pp. 379-400 참조).

# 제3장

# 일반계시

실로 인간이 하나님에 대한 지식을 가질 수 있다면, 그때 이해할 것은 하나님은 그분 편에서 자의적으로 자신을 알게 하신다는 사실이다. 우리는 하나님에 대한 지식을 우리 스스로에게나, 우리 자신의 발견과 탐구와 반성의 덕택으로 돌릴 수 없다. 하나님께서 우리에게 자유롭고 선하신 뜻으로 주지 않으신다면 우리 자신의 힘과 노력으로 그것을 얻을 수 있는 가능성은 전혀 없다.

피조물에 대한 지식에 관한 한에 있어서는 그 상황이 상당히 다르다. 물론 이런 지식을 얻음에 있어서조차도 절대적으로 하나님께 의존해야겠지만, 적어도 창조시 하나님께서 사람에게 모든 땅을 다스리고 지배하는 과업을 맡기시고 그것을 할 수 있도록 열의와 힘을 주셨다는 것이다. 인간은 자연 위에 서 있다. 따라서 자연현상을 관찰하고 연구하고 어느 정도까지 인공적으로 사물을 만들어 낼 수 있다. 즉 인간은 자연으로 하여금 그 자신을 나타내고 그의 비밀을 드러내도록 할 수 있다. 하지만 이런 능력 역시 모든 방식에 있어서 손이 닿는 모든 면에서 적용되는 것이 아니다. 과학이 현상에 깊이 파고 들수록, 그리고 사물의 본질에 더 접근할수록 수수께끼는 더 증가하고 알지 못할 것으로 온통 둘러싸임을 볼 것이다. 인간 지식의 한계를 깊이 인지하고 알지 못하겠노라고 고백할 뿐만 아니라, 거기에서 "우리는 알지 못할 것이다"는 서글픈 예감을 느끼는 사람들이 소수가 아니다.

그런 인간 지식의 한계가 이미 생명력이 없는 자연을 연구하는 데서 분명해졌다면 살아 있고 생명이 있는 합리적인 피조물을 연구하는 데서는 그 한계를 더욱더 분명히 느끼게 되는 것이 당연하다.

이는 이 영역에서 우리가 접하는 피조물들은 우리가 멋대로 조작할 (maken of breken) 수 있는 것이 아니고, 우리 앞에 객관성을 띠고 있고 우리 자신 안에서 발견할 수 있는 것과 유사한 것이 있는 한에서 겨우 어느 정도 우리에게 알려질 수 있는 것들이기 때문이다. 생명, 의식, 감각과 지각, 오성과 이성, 욕망과 의지 등은 자신에게서 따로 떼어 분석하고 다시 모을 수는 없다. 그것들은 원래부터 기계적이지 않고 유기적이다. 우리는 그것들을 있는 그대로 놓고 취급해야 하고, 또한 그것들의 신비로운 특성 속에서 존경해야 하는 것이다. 생명을 분할해 분석하려고 하자 마자 곧 죽게 될 것이다.

엄밀히 말해서 이것들은 인간 자신의 진정한 특성이다. 이는 사실상 인간이 육체적인 존재이므로 우리의 지각과 무관하다고는 할 수 없을지라도 우리가 지각하는 것은 외적 표상뿐이기 때문이다. 이런 외적 형식 가운데 아주 불완전하고 불충분하게 표현될 뿐인 신비로운 생명이 감추어져 있다. 제한된 범위에서 인간 자신은 그의 존재의 내적인 면을 다른 사람 앞에 감추는 능력을 소유하고 있다. 그의 내면에 일어나고 있는 일이 밖으로 나타나지 않도록 그의 표정을 마음대로 조정할 수 있다. 언어를 이용하여 그의 생각을 감출 수 있다. 그리고 그의 안에 있는 갈등의 모습을 행동 속에서 가장할 수 있다. 이런 모든 위선을 멸시하는 정직한 사람의 경우에도 역시 그를 알기 위해서는 그 편에서 노출하는 몸가짐에 크게 의존해야 한다. 그는 사실 이런 무의식적인 행동을 자주 행한다. 스스로를 절대적으로 조절하지 못하고 의도하지 않은 본성만 드러내곤 한다. 그러나 어찌하든지 우리가 인간의 있는 그대로를 알 수만 있다면, 뜻이 있든 없든 인간의 생활이나 언어나 행위를 통해서 그의 존재의 비밀을 드러내 공개해야 한다. 인간이 무의식중이나 그렇지 않으면 의식적이고 자발적으로라도 우리에게 자신을 숨김없이 드러낸다면 인간에 대한 지식을 얻을 수 있다.

이런 생각을 가질 때 인간만이 하나님에 대한 지식을 갖는다고 말할 수 있는 조건들을 바르게 이해하게 된다. 하나님은 절대적으로 자유롭고 완전히 독립적인 하나님이시다. 그분은 어떠한 점에서든지 우리에게 의존하시지 않지만, 인간은 절대적인 의미에서 본성적으로는 물론 이성적이고 도덕적으로 그분에게 의존한다. 따라서 우리는 그분을 조정할 아무런 힘이 없다. 동시에 그분을 우리의 탐구와 반성의 대상으로 만들 길이 없다. 스스로 나타내시지 않고는 찾을 수 없고 스스로 주시지 않으시면 받을 수도 없다. 더군다나 하나님은 보이지도 않으신다. 그분은 도저히 가까이 갈 수 없는 빛에 거하셔서 사람들은 그분을 한번도 보지 못했고 볼 수도 없다. 스스로 감추시면 우리의 영적이나 육적인 지각으로는 그분을 알 수 없다. 지각 없이는 물론 어떤 지식도 가능하지 않다. 마지막으로 한 가지 더 말한다면 하나님은 전능하신 분이시다. 그분은 모든 피조물뿐만 아니라 자신도 완전하게 조정하신다. 우리 인간들은 다소의 차이는 있지만 항상 자신을 보여준다. 그러나 하나님만은 우리의 뜻에 따라 또는 우리의 뜻 없이도 자신이 하고자 하시는 것만큼, 그리고 자신이 하고자 하시기 때문에만 자신을 계시하신다. 자신의 의식과 자유 밖에서 무의식적으로 자신을 나타내신다는 것은 생각할 수 없다. 하나님은 스스로를 완전히 지배하시고 그의 기뻐하시는 뜻에 따라서만 자신을 계시하신다.

하나님에 대한 지식은 그렇게 하나님 편으로부터 온 계시의 기초 위에서만 가능하다. 하나님께서 자의로 자신을 인간에게 계시하고자 하실 때에만 하나님에 대한 지식을 인간이 얻을 수 있다. 이런 하나님의 자기계시를 보통 계시라는 명칭과 더불어 생각하여 왔다. 성경은 이것에 대해서 '나타내신다', '말씀하신다', '명하신다', '일하신다', '계시하신다' 등 다양한 명칭을 사용한다. 이것은 계시란 항상 같은 방법으로 일어나는 것이 아니고 다양한 형식 속에서 일어남을 가리킨다. 실로 말씀이 되든 행위가 되든 하나님의 모든 사역은 포괄적이고 항상 계속하시는 하나의 큰 자기계시의 구성품이요 그 요소다. 창조와 보존, 만물을 다스림, 이스라엘의 부르심과 인도하심, 그리스도를 보내심, 성령을 부어주심, 하나님의 말씀의 영감, 교회의 보존과 확장 등 모든 것이 우리에게 하나님의 계시를 주시는 방편이요 형식이다. 그들이 각각 하나님에 대해서 무언가를 우리에게 말하고 있다. 존재하고 일어나는 모든 것들이 영생을 주는 그에 대한 지식으로 인도할 수 있어야 한다. 이 계시는 일반계시이든 특별계시이든 다음과 같은 성격이 있다.

첫째로 이 계시는 항상 자유로이 하나님 자신으로부터 나온다. 다른 모든 곳에서와 마찬가지로 이곳에서도 하나님은 주권적이시고 이것에 완전한 의식을 갖고 자유로이 행하신다. 인격적이고 자의식적인 하나님에 대한 고백 없이 하나님의 계시에 대해서 말하는 사람들이 종종 있다. 그러나 이것은 그의 고유한 의미와의 투쟁 속에서 말에 의미를 주는 것이다. 그의 믿는 것이 비인격적이고 무의식적인 전능의 힘에 불과하다고 보는 사람들의 견해에서는 그 힘으로 무의식적인 모습에 대해서 말할 수 있을지는 모르지만, 본래적인 계시의 모습에 대해서는 말할 수 없고 하나님의 완전한 의식과 자유를 추측할 분이다. 그 명칭에 상당한 모든 계시는 하나님은 인격적으로 존재하시고 스스로를 의식하실 뿐만 아니라 그의 피조물에게 자신을 알리실 수 있다는 생각으로부터 나온다. 인간의 하나님에 대한 지식은 그 기초와 근원점이 하나님은 자신에 대한 지식을 소유하고 계신다는 데에 있다. 하나님 안에 자의식과 자기지식이 없다면 인간에게 있어서 하나님에 대한 지식은 불가능하다. 이 사실을 거절하는 사람은 누구든지 하나님의 지식은 전혀 가능하지 않다거나 하나님은 인간 안에서만이 자의식에 이르고, 따라서 인간이 하나님 대신 행할 수 있었다는 불합리한 결론에 이르게 된다.

성경의 가르침은 전혀 다른 것이다. 비록 접근할 수 없지만 하나님이 거하시는 곳은 빛이다. 즉 하나님은 자신을 완전히 아시고, 따라서 우리에게 자신을 계시할 수 있다. 아버지 외에는 아들을 아는 자가 없고 아들과 아들의 소원대로 계시를 받는 자 외에는 아버지를 아는 자가 없다(마 11:27).

둘째로 하나님으로부터 나온 모든 계시는 자기계시이다. 하나님은 계시의 근원이시고 그 내용이시다. 이것은 그리스도 안에서 우리에게 주신 최고의 계시에 있어서 진리이다. 이는 예수님 자신이 그가 사람들에게 아버지의 이름을 나타냈다고 하셨기 때문이다(요 17:6). 아버지 품 속에 있는 독생자가 우리에게 하나님을 선포하셨기 때문이다(요 1:18). 그러나 그것은 하나님께서 자신에 대해서 주신 다른 모든 계시에 있어서도 진리이다. 자연과 은총, 창조와 재창조, 세계와 역사 속의 하나님의 모든 사역이 우리에게 가르치는 것은 경배의 대상이요 이해할 수 없는 하나님의 존재에 대한 것이다. 그것들이 그것을 행하되 정도와 방법에 있어서 같지 않다. 그것들 사이에는 무한한 차이가 있다. 어느 한 사역은 하나님의 의에 대해서 말하고 다른 사역은 그분의 긍휼에 대해서, 어느 것으로부터는 그분의 전능을 비춰 주고, 다른 것으로부터는 그분의 신적 지혜를 비춰 준다.

그러나 모두가 전체로 그리고 그들 나름대로 각각 하나님의 큰 일을 선포하고 우리에게 그분의 덕과 완전성, 그분의 존재와 자기구별, 그분의 생각과 말씀 그리고 그분의 기뻐하시는 뜻을 알게 한다.

여기에도 물론 하나님의 계시는 그 내용이 아무리 풍부하여도 하나님의 자기지식과는 동일하지 않다는 사실을 잊어서는 안 된다. 하나님의 자기지식이나 자의식은 그 존재만큼 무한하고 그 본질에서 나오기 때문에 어떤 피조물의 이해에 매이지 않는다. 주의 사역 속에든, 주의 합리적 피조물의 의식 속에든, 그의 피조물 속에든 하나님의 계시는 항상 하나님이 소유하신 자신에 대한 무한한 지식 중 적은 부분에 불과하다. 땅 위의 인간들과 하늘의 성도들과 천사들, 인간의 몸을 입으신 하나님의 아들조차도 원리와 본질에 있어서 하나님의 자기지식과는 다른 지식을 갖는다. 그러나 하나님께서 그의 계시 속에 맡긴 지식과 합리적 피조물이 그 계시로부터 얻을 수 있는 지식이 영원한 잔여물로서 제한적이고 유한할지 모르지만 똑같이 실재적인 참 지식이다. 하나님은 그의 존재 속에서와 마찬가지로 그의 사역 속에서도 자신을 계시하신다. 그의 계시로부터 우리는 그분 자신을 알게 된다. 그러므로 인간이 피조물에서 하나님 자신에까지 소급하기 위해서는 그에게 휴식이란 없다. 계시에 있어서 우리의 관심은 하나님 자신을 아는 데 있어야 한다. 이는 그 목적이 어떤 소리들을 가르치고 어떤 말들을 하게 하는 데 있지 않고, 피조물을 통하여 창조자에게 인도하고 아버지의 마음속에서 우리가 안식하도록 함이 첫째 되는 것이기 때문이다.

셋째로 하나님으로부터 나오고 그 내용이 하나님인 그 계시는 목적에 있어서도 하나님 자신에게 있다. 계시는 주에게서 나오고 주로 말미암고 주에게로 돌아감이요 하나님은 온갖 것을 자신을 위해서 지으셨다(롬 11:36; 잠 16:4). 그의 계시 속에서 전달된 하나님의 지식이 비록 하나님의 자기지식과는 근본적으로 차이가 있을지라도, 어떤 합리적인 피조물의 의식 속에서도 완전히 흡수할 수 없을 만큼 풍부하고 넓고 깊다. 이해에 있어서 인간보다 훨씬 능한 천사들이 하늘에서 하늘에 계신 아버지의 얼굴을 항상 뵈올지라도(마 18:10), 복음을 전하는 자들을 통하여 우리에게 고한 것들을 살펴보기를 원한다(벧전 1:12). 그리고 사람들이 하나님의 계시에 깊이 더 사색해 들어갈수록 바울과 같이 "깊도다 하나님의 지혜와 지식의 부요함이여, 그의 판단은 측량치 못할 것이며 그의 길은 찾지 못할 것이로다"라고 외치지 않을 수 없다(롬 11:33). 그러므로 계시의 목적이 인간에게 있을 수 없고 부분적으로 역시 인간을 지나 그 위에 높이 올라가는 것이다.

계시에 있어서 인간이 차지하는 자리는 실로 중요하다. 계시는 인간을 향하여 있어 사람이 하나님을 혹 더듬어 발견하려 하면 찾을 수 있도록 한다(행 17:27). 복음이 모든 피조물에게 선포됨은 믿고 영생을 얻게 하려 함이다(막 16:15, 16; 요 3:16, 36). 그러나 이것이 계시의 최종적인 최고 목적은 아니다. 하나님은 인간에게서 안식하실 수 없다. 오히려 모든 피조물들과 더불어 그 머리로써 인간이 주의 모든 사역에 합당한 존영을 하나님께 돌리도록 하나님을 알고 헌신하신 것이 인간의 본분이다. 그것이 인간을 통과하든 멀리 지나가든 하나님은 그의 계시 속에서 자신의 찬양을 준비하시고, 자신의 이름을 영화롭게 하시고, 그의 피조물 속에서 자신의 뛰어남과 완전성을 눈앞에 펼치신다. 계시는 하나님으로부터 나오고 하나님으로 말미암아 된 것이기 때문에 그 의도와 목적 역시 자신의 영광에 있다.

하나님에게서 나오고 하나님으로 말미암고 하나님께로 돌아가는 이런 전 계시의 중심이 그리스도의 인격 속에 있고 동시에 그 안에서 절정에 이르고 있다. 하나님의 최고의 계시는 찬란한 궁창도 아니요 권위의 자연도 아니요 땅 위의 군주나 천재도 아니요 어떤 철학자나 예술가도 아닌 인자이시다. 그리스도는 육신이 되신 말씀이요 태초에 하나님과 더불어 있었고 하나님이신 자요 하나님의 독생자요 하나님의 형상이요 하나님의 영광의 광채시요 그의 인격의 형체시요 그를 보는 자는 아버지를 보는 자다(요 14:9). 그리스도인은 그 신앙 안에서 있다. 즉 그는 하나님이 보내신 자인 예수 그리스도의 인격 속에서 하나님을 알게 되었다. 어두운 데서 빛이 비춰리라 하시던 그 하나님께서 예수 그리스도의 얼굴에 있는 하나님의 영광을 아는 빛을 우리 마음에 비춰셨다(고후 4:6).

그러나 이런 높은 견지로부터 그리스도인들은 앞, 뒤, 자신의 주위의 모든 면을 바라본다. 그때 그가 그리스도로 인한 하나님의 지식으로 그의 눈길을 자연과 역사 위에, 하늘과 땅 위에 돌릴 때 그는 어느 곳에서든지 그리스도 안에서 아버지로 알고 경배했던 같은 하나님에 대한 흔적을 발견한다. 의의 태양은 땅의 마지막까지 뻗치는 놀라운 조망을 그에게 열어주고 그 빛으로 뒤로 과거 시대의 어두움으로 가서 보며 그것으로 또한 미래의 모든 것들을 꿰뚫어 본다. 구름으로 가끔 하늘이 어두워질지 모르지만 그의 앞과 뒤에 있는 지평선은 분명하다.

하나님의 말씀의 빛으로 모든 것을 보는 그리스도인은 보는 것이 결코 좁지 않다. 그는 마음과 포부가 넓다. 그는 모든 땅을 훑어보고 모든 것을 자기 것으로 간주한다. 이는 그가 그리스도의 것이고 그리스도는 하나님의 것이기 때문이다(고전 3:21-23). 그는 그의 생명과 구원을 근거로 한 그리스도 안에 있는 하나님의 계시는 특별한 성격을 띠었다는 신앙을 버릴 수 없다. 그렇다고 이 신앙이 그를 세상으로부터 격리시키는 것이 아니라, 오히려 그로 하여금 자연과 역사 속에서 하나님의 계시의 흔적을 찾으려는 태도를 취하게 하고 그의 손에 참되고 선하고 아름다운 것을 깨닫게 하고 인간의 잘못과 죄의 혼합과 구별할 수 있도록 하는 수단을 준다.

그렇게 해서 그는 일반계시와 특별계시를 구별하게 된 것이다. 일반계시에서는 하나님은 현상과 사건의 평상적인 과정을 사용하시고, 반면 특별계시에서는 인간이 자신을 알도록 하기 위해서 비상한 수단과 현상, 예언이나 기적을 쓰시곤 한다. 첫번째 것의 내용은 특히 능력과 지혜와 선의 속성이지만, 두번째 것의 내용은 특히 하나님의 의와 거룩, 긍휼과 은혜이다. 첫번째 계시는 모든 인간을 향하여 있고 일반은총에 의해서 죄의 폭발을 억제하게 하지만, 두번째 계시는 복음 아래 생활하는 사람들에게만 미치고, 특별은총에 의해서 죄를 용서해 주시고 중생으로 영화롭게 하는 것이다.

그러나 이 두 가지로 구별될지라도 이것들은 역시 서로 밀접하게 연결되어 있다. 둘 모두가 하나님의 주권적인 선과 기뻐하심 안에 그 근원을 갖는다. 일반계시는 태초에 하나님과 함께 계셨고 만물을 지으시고 어두움에 빛을 비추시며 오는 세계의 모든 사람들에게 비추시는 그 말씀의 은혜를 입고 있지만(요 1:1-9), 특별계시는 그리스도 안에서 육신이 되어 은혜와 진리가 충만한 같은 말씀의 은혜를 입고 있다(요 1:14). 전자는 일반적이고 후자는 특별할 뿐, 두 계시의 내용은 은총으로서 또한 서로에게 없어서는 안 될 절대 필요한 것이다.

특별계시를 가능케 하고 그의 길을 예비하여 후에 그것을 지탱케 하는 것은 일반은총이다. 반면 특별은총은 자기 차례가 되어 일반은총을 자신의 것에 이르게 하고 요긴한 것이 되게 한다. 두 계시의 결국은 인류의 보존에 있으며, 처음의 것으로 인류를 존속시키고 두번째의 것으로 구원하는 그런 식으로 하나님의 모든 덕에 영광을 돌리는 목적에 이바지하는 것이다.

일반계시든 특별계시든 모든 계시의 내용은 성경 속에 내포되어 있다. 일반계시는 그것이 자연으로부터 나올지라도 성경 안으로 흡수되어 있다. 이는 우리의 어두운 이성 때문에 인간이 그것을 완전히 자연으로부터 이끌어 낼 수 없기 때문이다. 있는 그대로 성경은 세계를 통과하는 길에 빛을 비추고 바른 관조에서 자연과 역사를 보도록 해 준다. 그렇지 않으면 어느 곳에서도 볼 수 없는 하나님을 우리가 보도록 한다. 즉 그것으로 조명하여 우리는 그의 손의 모든 사역 속에 넓고 편안한 하나님의 덕을 직관하게 된다.

성경에서 가르치고 있는 창조는 자연에 나타난 하나님의 계시를 증명하고 있다.

이는 창조 자체가 계시의 행위요 따르는 모든 계시의 시작이요 원리이기 때문이다. 세계가 하나님과 따로 영원히 존재했다면 거기에 하나님의 계시란 있을 수 없을 것이다. 즉 그런 경우에 있어서는 세계란 그것을 통해서 계시하시는 하나님께 영원히 방해물이 되었을 것이다. 그러나 성경을 가지고 창조의 세계를 지켜보는 자는 누구든지 즉시 그 전세계 속에서 하나님이 자신을 계시함을 고백한다. 모든 사역은 그 지으신 자를 증거하고 더욱더 그 범위가 증가함에 따라서 세계는 특별한 의미에서 지으신 자의 산물이라 일컬을 수 있다.

절대적으로 세계는 하나님의 사역이기 때문에 그리고 존재자든 존재 자체이든 처음부터 계속해서 하나님께 은혜를 입고 있기 때문에 모든 피조물은 하나님의 덕과 완전성을 나타낸다.

자연 속에 나타난 하나님의 계시가 거절되고, 예를 들어 인간의 마음과 감정에 제한되자 마자 위험이 닥쳐 오는데 창조의 하나님은 알려지지 않을 것이고 인간의 마음을 지배하는 것과는 다른 힘에 의해서 자연이 지배된다고 할 것이며, 이런 식으로 공공연히 혹은 몰래 범신론이 다시 세상에 소개될 것이다. 성경은 창조를 가르치면서 그와 더불어 동시에 하나님의 계시를 보존하고 하나님도 하나요 세계도 하나임을 나타낸다.

더군다나, 성경은 태초에 하나님이 세계를 말씀으로 창조하셨고, 이 세계는 계속해서 매순간마다 그 같은 하나님에 의해서 보존되고 다스려지는 것임을 가르친다. 하나님은 세계를 무한히 초월하실 뿐만 아니라 모든 피조물 가운데 어디에서나 권능으로 거하신다. 주는 우리 각 사람에게서 멀리 떠나 계시지 아니하며 우리는 그를 힘입어 살며 기동하고 있다(행 17:27, 28). 그러므로 세계로부터 우리에게 오는 계시는 오래 전에 성취하셨던 하나님의 사역을 상기시키는 자요 우리의 이 세대에 하나님이 지금 하고자 하시는 뜻이 무엇이고 하시는 일이 무엇인가를 증거하는 증거자다.

우리가 우리의 눈을 높이 들 때, 이 모든 것을 누가 창조하셨고 누가 그 수효대로 만상을 이끌어 내시는가를 볼 것이며, 주는 그의 능력이 강하고 하나도 놓치지 않으시기 때문에 그 크신 권세로 각각 그 이름을 부르심을 직관한다(사 40:25). 하늘이 하나님의 영광을 선포하고 궁창이 그 손으로 하신 일을 나타낸다(시 19:1). 주께서 옷을 입음같이 빛을 입으시며 하늘을 휘장같이 치시며 물에 자기 누각의 들보를 얹으시며 구름으로 자기 수레를 삼으시고 바람날개로 다니시며(시 104:2, 3), 주의 정하신 처소에 산과 골짜기를 세우셔서 그 누각에서 그들에게 물을 주신다(시 104:8, 13). 주의 행사의 결과가 땅에 풍족하니 저가 가축을 위한 풀과 사람의 소용을 위한 처소를 자라게 하시며 땅에서 식물과 사람의 마음을 기쁘게 하는 포도주를 나게 하신다(시 104:13-15). 권능으로 띠를 띠시고 주의 힘으로 산을 세우시며 바다의 흉용(洶湧)을 진정하신다(시 65:6-7). 공중의 새를 기르시고 영광으로 들풀을 입히시며(마 6:26-30), 주는 그 해를 악인과 선인에게 비추게 하시며 비를 의로운 자와 불의한 자에게 내리우신다(마 5:45). 주는 인간을 천사보다 조금 못하게 하시고 영화와 존귀로 관을 씌우시며 주의 손으로 만드신 것을 다스리는 권세를 주셨다!(시 8:5-6)

더구나 자연과 역사 속에서 주의 계획을 행하시고 그의 사업을 이루신다. 하나님은 인류의 모든 족속을 한 혈통으로 만드사 온 땅에 거하게 하셨으나(행 17:26) 처음 인류를 홍수로 멸하셨고 동시에 노아의 가족을 보존하셨다(창 6:6-9). 바벨탑 때문에 사람들의 언어를 혼잡케 하여 그들을 온 지면에 흩으셨다(창 11:7-8). 그리고 지극히 높으신 자가 열국의 기업을 주실 때, 아담의 자손들을 분정(分定)하실 때 저희의 연대를 정하시고 이스라엘 자손의 수효대로 거주의 경계를 한하셨으니(신 32:8; 행 17:6) 이스라엘의 자손들을 주의 특별계시의 전달자로 택하시고 모든 이방인들로 자기의 길로 다니도록 허락하셨을지라도(행 14:16), 그들을 무시하지 않으시고 자신의 길로 내버려두지 않으셨다. 반대로 자기를 증거하지 아니하신 것이 아니니, 곧 저희에게 하늘로서 비를 내리시며 결실기를 주셔서 음식과 기쁨으로 저희 마음을 만족케 하셨으니 이는 주는 선하심이다(행 14:17). 하나님을 알 만한 것을 인간 속에 나타내셨으니 이는 하나님께서 이를 인간에게 보이셨음이다(롬 1:19). 그렇게 하심은 인간으로 혹 더듬어 주를 찾으려고 한다면 발견케 함이다(행 17:27).

이런 일반계시를 통하여 하나님은 때가 찬 경륜의 시대까지 백성들을 보존하고 인도하셨으니 하늘에 있는 것이나 땅에 있는 것이 다 그리스도 안에서 통일되게 하려 하심이다(엡 1:10). 각 나라와 족속과 백성과 방언에서 교회로 모으시사(롬 11:25; 엡 2:14; 계 7:9), 구원받은 백성들이 하나님의 성의 빛 가운데로 다니고, 땅의 모든 왕들과 백성들이 자기들의 모든 영광과 존귀를 가지고 그리로 들어올 세상 끝날을 준비하고 계신다(계 21:24, 26).

신학에서는 자연과 역사 속에 나타난 하나님의 실존과 존재에 관한 이런 모든 증거들을 정돈하여 몇 개의 단위로 나누어 이해해 왔다. 그래서 사람들은 점차 하나님의 존재에 대한 다음 여섯 가지 증명에 대해서 말해 왔다.

첫째로 세계는 아무리 크고 강대할지라도 그 자체가 항상 시간과 공간의 형식에 제한됨을 증거하고 유한하고 우연적이고 의존적인 존재임을 증거한다. 따라서 만물은 최종적인 원인인 영원하고 본질적이고 독립적인 존재를 요구한다. 이것이 우주론적 증명이다.

둘째로 그 법과 질서에 있어서나 그 통일과 조화에 있어서, 또한 모든 피조물들이 갖는 유기적 관계에 있어서 세계는 우연으로써는 도저히 설명될 수 없는 어떤 목적이 있음을 나타낸다. 따라서 무한한 총명을 가지고 그 목적을 성취했던 아주 지혜롭고 전능한 존재를 알도록 재촉하고 또한 그것을 전지전능한 힘으로 성취하였음을 가르친다. 이것이 목적론적 증명이다.

셋째로 모든 인간의 의식 속에 그 이상 더 높은 자는 인식할 수 없고, 누구나 자존하다고 생각하는 초월자에 대한 의식이 있다는 것이다. 만약 그런 자가 없다면 가장 높고 가장 완전하고 가장 필연적인 관념은 환상이 될 것이며, 그의 의식 속에서 증거하는 것에 대한 확신을 잃어버리게 될 것이다.

네번째 증명은 세번째 증명에 곧 바로 연결되는데, 인간은 이성적이고 도덕적인 존재라는 것이다. 인간은 그의 양심 속에서 스스로 그를 초월하고 그에게 무조건적인 순종을 요구하는 법에 제한되어 있음을 느낀다. 그런 법이 그것을 보존하고 파괴할 수 있는 거룩하고 의로운 임명자가 있음을 전제한다. 이것이 도덕적 증명이다.

이 네 가지 증명에 인류역사와 사람들이 일치함에서 오는 다른 두 가지가 더 있다. 그 첫째는 종교 없는 사람들은 없다는 놀라운 사실이다. 몇몇 학자들은 이것을 반대하나 역사적 탐구를 하면 점점 더 그것이 잘못임을 깨닫게 된다.

무신론적인 민족이나 사람들은 없다. 이 현상은 아주 중요하다. 왜냐하면 이런 종교적 감정이 절대적인 보편성이 있음을 증명하고, 여기에서 인간은 일반적으로 미련한 미신으로 알고 있거나 모든 사람들 앞에 왜곡된 형태로 나타나는 하나님에 대한 지식과 숭배는 하나님의 실존에 그 기초를 두고 있음을 깨닫는 그 둘 중 하나이기 때문이다.

같은 식으로 성경의 빛으로 인간의 역사를 볼 때 어떤 절대자가 만물의 다스림을 가르쳐 주는 계획과 그 진행을 보게 된다. 이런 관념은 개인생활에 있어서나 국민생활에 있어서 여러 가지 어려움과 반대에 직면하고 있다는 것이 사실이다. 그러나 놀라지 않을 수 없는 것은 역사를 연구하는 사람은 누구든지 은연 중에 역사란 이념과 계획에 입각한 것이고 그의 과업은 이 이념을 드러내는 것임을 느끼게 된다는 것이다. 역사와 역사적 성찰(geschiedbeschouwing)은 하나님의 섭리를 믿는 신앙에 기초하고 있다.

소위 이런 모든 증명들은 어떤 사람에게 믿도록 하게끔 하는 힘은 없다. 사실 과학에서 그 목적을 이룰 수 있는 증명은 적다. 이런 경우는 수학이나 논리학 같은 형식과학에서 가능하다. 그러나 자연의 실제 현상과 접촉하거나 역사 현상과 접촉할 때 더욱더 법칙으로서 세워진 논증이나 결론이란 여러 가지 의혹을 남기게 된다. 종교나 윤리, 법이나 미학에서 그 사람의 태도 여하에 크게 의존함에 있거나, 그렇지 않으면 그는 그때 전혀 포기하지 않으려고 한다. 그렇지 않다는 모든 증거에도 불구하고 어리석은 자는 그 마음에 이르기를 하나님이 없다고 한다(시 14:1). 또한 이방인들은 그들이 하나님을 알고 있음에도 불구하고 하나님을 영화롭게 하지도 않고 감사하지도 않았다(롬 1:21). 위에서 한 신 존재 논증은 인간이 순전히 지적 존재를 가리키는 것이 아니라, 다분히 합리적이고 윤리적인 존재임을 가리킨다. 그들은 분석적이고 합리적인 오성에 호소할 뿐만 아니라, 마음과 감정, 이성과 양심에 관심을 돌리고 있다. 그리고 믿음을 강하게 하고 인간 밖의 하나님 계시와 인간 안의 하나님 계시 사이의 관계를 굳히는 데 가치가 있는 것이다. 자연과 역사를 통하여 인간에게 온 하나님의 계시일지라도 인간 스스로 그것에 응답하는 한에서 영향을 끼치는 것이다.

자연과 예술의 아름다움이 그의 가슴에 미적 느낌을 갖게 하지 않으면 인간에게 아무런 기쁨을 줄 수 없다. 그 심중에 양심의 소리를 그 스스로 알지 못하는 한 도덕법칙에 반응을 보이지 않는다. 하나님께서 그의 말씀으로 세상에 구현했던 사상들도 그 자신이 사고하는 존재가 아니었던들 그 앞에서는 이해될 수 없을 것이다. 주의 손의 모든 사역 속에 나타난 하나님의 계시 역시 인간의 영혼 속에 하나님께서 그의 근절할 수 없는 실존과 존재를 심어 놓지 않았던들 알려질 수 없을 것이다. 그러나 지금 명백한 사실은 하나님께서 자연의 외적 계시에다가 내적 계시를 덧붙였다는 것이다. 종교에 대한 심리학적이고 역사적인 탐구는 때때로 종교란 그런 생득적인 개념 없이는 설명될 수 없음을 돋보이게 한다. 언제나 그들 연구가 최종적으로 돌아오는 것은 처음에 거절했던 명제, 곧 인간은 근본적으로 종교적 존재라는 사실이다.

성경은 의심할 여지없이 이것을 나타낸다. 하나님은 모든 피조물을 지으신 후에 인간을 창조하시고 직접 그분의 형상과 모양에 따라서 창조하셨다(창 1:26). 인간은 하나님의 소생이다(행 17:28). 모양에 있어서 탕자와 같이 아버지 집을 떠나 아주 멀리서 방탕하고 있을지라도, 원 고향에 대한 향수가 있고 그의 목적지를 그리워한다. 즉 그의 깊은 타락 속에서도 그것에 따라 지음을 받은 하나님의 형상에 대한 조그맣고 확실한 잉여물을 지니고 있다. 하나님은 자신을 인간 밖에서도 계시하시고 인간 안에서도 계시하신다. 즉 하나님은 자신을 계시하시되 인간의 마음과 양심 속에서 증거하신다.

이런 인간 안에 있는 하나님의 계시는 완전히 2차적인 것이거나 처음 것에 보충하는 전혀 새로운 계시가 아니며, 지식의 근원에 있어서 처음의 것에서 분리된 독립적인 지식이 아니다. 그러나 그것은 그분의 사역 속에서 하나님을 발견하고 그의 계시를 이해하고자 하는 능력이요 감수성이며 충동이다. 그것은 눈이 빛과 색깔을 탐지할 수 있고 귀가 소리를 알아들을 수 있도록 갖추어져 있는 것처럼 우리 자신 밖에 있는 신적인 것을 볼 수 있도록 하는 우리 속의 신적인 의식이다. 칼빈이 부른 대로 그것은 신적 감정[1]이며, 바울의 정의대로 그것은 하나님의 보이지 아니한 것들, 곧 그의 영원하신 능력과 신성을 피조물로부터 생각하여 알 수 있는 능력이다(롬 1:20).

이런 생득적인 신적 감정을 우리가 분석하려고 할 때 두 가지 요소가 있음을 발견한다. 첫째로 거기에는 절대적 독립성의 개념이 있다. 우리에게는 모든 이성과 의지, 그리고 사고와 행동에 앞서서 우리의 자존(zelf-zijn)과 내적으로 짜여 있고 그와 부합하는 자의식이 있다. 모든 생각에 앞서 우리는 존재하고 어떤 것을 하려고 하기 전에 우리는 실존한다. 그러나 한정된 방식으로 실존한다. 그리고 우리는 이 존재와 불가분적인 관계를 가지고 우리의 실존과 현실존(zóó-bestaan)에 대한 개념을 갖는다. 우리의 자기존재와 거의 동일한 자기개념의

---

역주 1) 이 신적 감정(divinitatis sensum)이란 표현은 칼빈의 『기독교강요』 제1권 제3장 1절을 참조하라. 이 말은 『기독교강요』 1539년 판부터 나온다. 그리고 제1권 제4장 1절에 나오는 종교의 씨(semen religionis)란 말도 참조하라.

핵심은 의존감정이다. 우리의 가장 깊숙한 내면 속에서 모든 추론에 앞서 직접적으로 우리는 피조되고 제한적이고 의존적인 존재임을 의식한다. 우리는 주변의 모든 것, 즉 영적이고 물질적인 전세계에 의존적이다. 인간은 '우주의 의존적인 존재'(een afhangeling van't heelal)이다. 모든 것이 그렇지만 그는 절대적인 의미에서 유일하시고 영원히 실재하는 존재이신 하나님께 의존한다.

그러나 이 신적 감정에는 아직 두번째 요소가 있다. 그것이 절대 의존감정에 불과해서 인간이 기꺼이 의존케 하는 그 힘이 무한히 남아 있는 존재라면 이런 감정은 그로 하여금 힘 없는 혁명이나 말 없는 무저항의 체념으로 이끌 것이다. 그러나 이런 신적 감정은 인간이 스스로 의존함을 느끼는 그런 존재에 관한한 제한적인 의미를 내포한다. 즉 그것은 좀더 높은 절대적인 힘에 대한 의식이라고 해서 맹목적이고 사리 분별이 없거나 움직이지 않고 무감각적인, 즉 필연적인 운명과 같은 힘에 대한 의식이 아니라, 그것은 완전한 의와 지혜와 선인 최고의 힘에 대한 의식이다. 그것은 '영원한 능력'(eeuwige kracht)이며 하나님의 절대 완전성인 '신성'(Goddelijkheid)의 개념이다. 따라서 이런 의존감정은 낙담과 절망 속에 흔들리게 하는 것이 아니라, 사람으로 하여금 종교에 귀의케 하고 신성을 영화롭게 하고 경배하게 한다. 인간 스스로 신적 존재에 관해서 의식하고 있는 의존성은 아주 특이한 경우의 것이다. 그것은 자유를 내포하고 행동의 자유로 몰고 간다. 그것은 노예로서의 의지가 아니라 자식으로서, 즉 잃어버린 자식이 갖는 의지다. 그래서 칼빈이 기록한 대로 '신적 감정'은 동시에 '종친의 씨'라고 했다.

# 제4장

# 일반계시의 가치

일반계시에 대한 가치를 결정할 때는 그것에 대해서 과대평가하거나 과소평가하는 큰 위험이 있다. 우리가 하나님께서 특별계시 속에서 주신 부유한 은총에 관심을 가질 때 가끔 그것에 몰두하면 일반계시가 우리에게 주는 전체 의미와 가치를 잃어버린다. 다른 한편 인간세계와 자연 가운데서 하나님의 일반계시를 힘입어 만날 수 있는 모든 진리와 선과 미의 지식을 가질 때, 그리스도의 인격과 사역 속에서 나타난 특별은총이 우리의 영혼 앞에서 영광과 광채를 잃게 되는 수가 있다. 오른편이든 왼편이든 어느 한편에 빠지는 이런 위험은 모든 시대에 걸쳐서 그리스도 교회 안에 있어 왔고, 생의 이론과 그 실천에서도 적지 않게 매 분기마다 일반계시와 특별계시 중 어느 하나가 무시되거나 좌절되어 왔다. 오늘날 일반계시의 가치에 대한 부당한 판단을 하게 하는 강한 유혹은 이런 시대보다 더 강하지 않다. 그러나 모든 시대에 걸쳐 우리를 공격한 좀더 강한 유혹은 특별계시를 가능한 한 많이 제한하여, 예를 들어 그리스도의 인격에 제한한다거나, 아니면 그것도 전혀 부정하고 일반계시에 돌려 버리는 것이다.

이 두 가지 편일주의(偏一主義, eenzijdigheden)를 조심해야 한다. 그리고 성경의 빛으로 인간사를 보고 그것으로 인간이 얼마나 일반계시에 빚을 지고 있는가를 가르치도록 하는 것이 가장 안전한 길이 될 것이다. 우리는 그때 어떤 방향에서는 그들이 이 계시의 빛으로 큰 성과를 거둘지 모르지만 다른 점에서 그들의 지식이나 능력이란 피할 수 없는 한계에 제한됐음을 발견한 것이다.

에덴 동산에 있는 첫 사람들이 하나님의 계명을 어겼을 때 그들의 죄로 인하여 스스로 당한 그 형벌이 곧바로 한꺼번에(ten volle) 따르지는 않았다. 그들은 그들이 죄를 범했던 그날에 죽지 않고 살아 있었다. 즉 그들은 지옥에 떨어지지 아니하고 땅 위에서 어떤 과업이 맡겨져 있음을 느꼈다. 그들은 죽어 없어지지 아니하고 여자의 씨에 대한 약속을 받았다. 하나님께서 이미 알고 그로 말미암아 세움을 입었던 어떤 조건이 따르고 있지만, 그러나 그 사람들이 그것을 미리 볼 수도 헤아릴 수도 없었다. 즉 그것은 아주 특별한 성격을 띤 조건이어서 그 안에 진노와 은혜, 형벌과 축복, 심판과 길이 참으심이 서로 결합되어 있었다. 그것은 자연과 인간 가운데 아직도 존재하는 조건이요 그 자체 안에 가장 날카로운 대조로 결합되어 있는 자들 사이에 존재하고 있다.

우리는 우리에게 매우 모순되는 직관을 주는 이상한 세계에 살고 있다. 높고 낮음, 크고 작음, 고상함과 천함, 아름다움과 추함, 비극과 희극, 선과 악, 진리와 거짓 등 이런 모든 것들이 이해할 수 없는 방법으로 뒤죽박죽 혼합되어 있다. 삶의 진정성과 허무함이 번갈아 가면서 우리를 엄습해 온다. 지금 우리는 낙관주의를 향해 있지만 다시 비관주의를 향한다. 울고 있는 사람은 곧장 웃는 사람에게 양보한다. "눈물 가운데 웃음이라"(een lach in een traan)에서 잘 묘사된 대로 전세계가 유머의 전조 속에 있다.

현세계의 이런 상태의 가장 깊은 원인은 하나님은 인간의 죄 때문에 계속해서 그의 진노를 나타내시는 반면, 그의 기뻐하시는 뜻에 따라서 언제나 다시 그의 은총을 계시하시기 때문이다. 우리는 주의 '노에 소멸되며 아침에 주의 인자로 만족케 된다(시 90:7, 14). 그 노여움은 잠시요 그 은총은 평생이다. 저녁에는 울음이 기숙할지라도 아침에는 기쁨이 있다(시 30:6). 진노와 축복이 기적적으로 결합되어 교묘하게 혼합됨으로써 가끔 서로 엇갈리게 보일지 모른다. 이마에 땀을 흘리게 하는 노동은 저주요 동시에 축복이다. 그것은 최고의 심판이요 동시에 최고의 은혜인 십자가를 교시(敎示)한다. 그 때문에 십자가는 역사의 중심점이요 모든 모순대당(矛盾對當, antithesis)의 조화다.

이 조건은 타락하자 바로 세워졌고 아브라함을 부르시기까지의 첫 시기 동안에 그것은 아주 특별한 성격을 띠었다. 창세기 첫 11장까지는 아주 중요하다. 이는 그것이 출발점을 형성하고 전세계 역사의 기초이기 때문이다.

당장 유의해야 할 것은 일반계시와 특별계시는 비록 구별될지라도 서로 나란히 분리되어 있는 것이 아니라, 시종 서로 밀접하게 관련되어 있고 같은 백성, 곧 그때 현존했던 같은 인간들을 향하여 계시하신다는 사실이다. 특별계시는 그때 몇몇 사람에게 주어진 것도, 유일한 한 백성에게 제한된 것도 아니라, 당시에 살았던 모든 사람에게 확장되었다. 세계창조, 인간형성, 낙원 및 타락사, 죄의 형벌, 하나님의 은총의 선포(창 3:15), 종교 예배식(창 4:26), 문화의 시초(창 4:17 이하), 홍수, 바벨탑 건축 등 모든 것들은 인간이 세계 여행 중에 가져왔던 보화들 가운데 속한 것들이다. 따라서 이런 모든 사건들의 전례들이, 비록 가끔 아주 왜곡된 형태일지라도, 땅의 다양한 백성들 사이에 나타났다는 것은 조금도 놀라운 것이 아니다. 인간의 역사란 같은 근원과 공통된 시초를 갖고 공통의 넓은 기초 위에 세워진 것이다.

그런데 이런 획일적인 공통의 기초에도 불구하고 인간들 사이에 곧장 단순한 분리현상이 일어났다(kwam er toch spoedig reeds scheidig tusschen de menschen). 그리고 분리현상은 인간이 하나님과 관련되어 있는 곳, 즉 종교에 근본 원인이 있었다. 그때는 아직 주님께 예배하는 것이 매우 단순했다. 즉 우리가 알고 있는 대로 인간이 단지 몇몇 가족으로 구성되었기에 공적 예배의 가능성은 없었다. 그럼에도 불구하고 하나님께 예배하는 행위가 제사나 기도하는 가운데 제물을 드리는 것, 인간이 가진 제일 좋은 것으로 하나님께 바치는 것 가운데 처음부터 존재했다(창 3:3, 4). 성경은 인간이 어떻게 그런 제사를 드리게 되었는지에 대해서 아무 말이 없다. 그리고 제사의 기원에 대한 학자들의 견해는 오늘날 매우 다양하다. 그러나 분명한 것은 이런 처음 제사들은 하나님께 의존하고 그분께 감사드리는 마음에서 우러나왔던 것이며 그것들은 상징적인 성격을 띠었다는 사실이다. 그것들은 하나님에 대한 인간의 헌신과 복종의 표현으로서 의도되었다. 즉 중요한 것은 제물에 있는 것이 아니라, 제물 가운데 나타난 그 마음(gezindheid)에 있었다. 아벨은 그 마음과 재물에 있어서 가인보다 더 나은 제사를 드렸다(히 11:4). 그래서 주님께서 열납하신 것이다(en werd daarom door den Heere in genade aangezien). 그러나 처음부터 아담의 자손들 사이에 분리현상, 즉 의인과 불신앙의 사람, 순교자와 살인자, 교회와 세상 사이의 분리현상이 이미 있었다. 가인의 살인 후일지라도 하나님은 그를 돌보시고 그를 찾아내 회개할 것을 권고하시고 심판 대신 은총이 임하도록 하셨다(창 4:9-16). 그럼에도 그 파열은 아물지 않았다. 즉 분리현상은 서서히 진행해 나갔고 가인 족과 셋 족의 분리에서 그 절정을 이루었다.

가인 자손에게서는 그때 불신앙과 배교가 이 세대에서 다음 세대로 자꾸 증가해 갔다. 그들은 미신이나 우상숭배에까지는 이르지 않았다. 홍수 전에 인간들 사이에 이런 것이 존재했다는 것에 대해서 성경은 아무 말이 없다. 거짓 종교의 이런 형태들은 원래적인 것이 아니고 후기 발달의 산물이며 종교적인 마음(godsdienstigen zin)에 대한 증거다. 가인 족속은 미신에 빠진 것이 아니라 불신앙에 빠졌다. 즉 이론적으로는 거절하지 않았을지라도 하나님의 존재와 계시에 대해서 실천적인 거절이 이르렀다. 그들은 마치 하나님이 없는 것처럼 행동했다. 즉 인자의 임할 때와 같이 그들은 먹고 마시고 장가가고 시집갔다(마 24:37-38). 그리고 그들은 온 힘을 문화에 쏟아 그 안에서 그들의 구원을 찾았다(창 4:17-24). 가끔 몇 백년 동안의 긴 생애 가운데 기뻐하고(창 5:3), 풍부한 재능과 거대한 육체적인 힘을 소유하고 말의 위력을 자랑하면서(창 4:23-24) 그들은 그들 자신의 팔로 구원할 수 있으리라 상상했다. 참으로 셋 자손의 계보 가운데 하나님의 지식과 경배가 오랫동안 순수하게 잘 보존되었다. 그의 아들 에노스의 때에 여호와의 이름이 불려지게 되었음(창 4:26)을 보는데, 그것은 그때 인간들이 제사와 기도로 하나님께 경배하기 시작했다는 것이 아니다. 이는 전에도 행해졌기 때문이다. 가인과 아벨을 관련시켜 제사들을 읽을 때 기도에 대해서 아무 말이 없어도 의심할 것도 없이 이것은 처음부터 하나님께 대한 경배의 부분을 이루었다. 이는 기도 없이 종교의식을 생각할 수 없기 때문이다. 즉 제사의 제물 자체가 형체를 가진 기도요 항상 어디에서나 그것은 기도를 동반한다. 창세기 4:26에서 사용된 그 표현은 이때 처음으로 인간들이 여호와의 이름을 부르기 시작했다는 말이 아니다. 여호와란 이름이 이미 알려졌느냐 알려지지 않았느냐 하는 의문은 별 문제로 하고, 이 이름이 표현하는 하나님의 본질은 주님으로 말미암아 후에 모세에게 처음 알려졌기 때문이다(출 3:14). 그러나 그때 처음 주님의 이름을 불렀다는 가장 가능한 이해는 셋 족속이 이때 스스로는 가인 족속으로부터 한 그룹으로 구별시켰고, 주님의 이름의 고백을 위한 공적인 모임을 개최했고, 그래서 가인 족속과 구분하여 그들은 공적으로 그리고 공동으로 하나님을 경배하는 것에 대한 그들의 신앙을 증거했다. 그들은 제사와 기도를 개인적으로 혼자 드렸던 것이 아니고 그들의 표현은 공동 증거였다. 가인 족속이 세계 경배에 탐닉하며 거기에서 그들의 구원을 찾았음과 발맞추어, 셋 족속은 자신들을 하나님께 맡기고 그의 이름을 기도와 감사, 설교와 고백으로 악한 세대 가운데에 선포하였다.

이런 공적 설교에 의해서 회개에의 촉구가 가인적 후손들에게 계속되었다. 이는 셋 족속의 종교적, 도덕적 몰락의 때에도 계속되었고 세상에 섞이기 시작했다. 에노스의 증손은 하나님의 찬양의 뜻인 마할랄렐(창 5:15)이라 불리웠다. 에녹은 하나님과 동행했다(창 5:22). 라멕은 그의 아들 노아를 낳았을 때 소원을 표현하기를 여호와께서 땅을 저주하시므로 이 아들이 그들의 손의 수고와 노동으로부터 그들을 안위하리라 하였다(창 5:29). 그리고 노아 자신이 마지막에 의의 설교자로서 활동했다(벧후 2:5). 그는 그 당시 사람들에게 그리스도의 영을 통한 구원의 복음을 선포했다(벧전 3:19-20).

그러나 이런 성도들은 아주 예외적인 것이다. 셋 족속과 가인 족속이 서로 살을 섞어 아들들을 낳으니 이런 세대 사람들보다 더 용맹했다(창 6:4). 인간의 죄악이 관영하였고 그 마음의 생각의 모든 계획이 어려서부터 항상 악할 뿐이며, 그들로 인하여 땅이 패괴함으로 충만하였다(창 6:5, 12, 13; 8:21). 비록 하나님께서 길이 참으신 중에 120년 동안의 연장을 주셨고(창 6:3; 벧전 3:20), 노아의 설교 속에서 몰락에 이르는 길을 증거하였음에도 불구하고 옛날 사람은 그의 운명의 길로 달려가 결국 홍수 속에 사라졌다.

노아와 그의 가족 8명의 영혼만이 구원받았던 이 무서운 심판 후에 여러 가지 점에서 홍수 전보다 다른 경륜이 시작되었다. 성경의 증거에 따르면 홍수는 인류역사에서 전혀 유일한 사실이요 마지막 날 세상의 불심판(wereldbrand)에 견줄 만한 사건(feit)이다(창 8:21 이하). 이것은 세상을 심판하고 신자들을 구원하는 세례에 비교된다(벧전 3:19, 20).

새 경륜이 계약 마지막에 소개되었다. 노아가 홍수 후에 제단을 쌓고 그 제단 앞에서 하나님께 제물을 드리고 심중의 감사와 기도를 아뢸 때 주님께서 그에게 이르기를 땅 위에 다시는 심판을 행하지 않고 고정된 자연의 질서를 도입하리라 하셨다. 이렇게 생각하신 바는 인간의 마음의 계획이 어려서부터 악하기 때문이다(창 8:21). 이 말씀들은 놀랍게도 창세기 6:5의 말씀과 유사하면서도 그것과는 다르다. 창세기 6:5의 말씀에서 읽는 것은 인간의 마음의 생각의 모든 계획이 항상 악할 뿐이라는 것이다. 창세기 6:5에서 사용된 말들은 멸절(verdelging)에 대한 사려에 쓰이고 여기 창세기 8:21에서 사용된 것들은 땅의 보존(behoudenis)에 대한 사려에 쓰여졌다. 전자의 강조점은 옛날 사람의 부패된 마음이 표현되었던 불신앙의 행동에 두었으나, 후자의 강조는 인간 속에 항상, 즉 홍수 후에도 인간 속에 머물러 있는 죄악된 본성(zondigen aard)에 있다.

그래서 주님이 피조물 스스로가 하도록 하게 하셨을 때, 그들로부터 기대하려고 하는 것이 무엇인지를 주님이 알고 계심을 마치 이 말씀 가운데 말씀하려고 하신 것같이 보인다. 그때 인간은 그 마음이 동일하게 남아 다시 놀라우리만큼 다양한 죄들이 쏟아질 것이고 줄곧 주님의 진노가 연기될 것이며 다른 때에 온 땅을 멸할 마음이 일어나게 될 것이다. 그것을 주님은 원치 않으신다. 따라서 지금 주님은 인간과 자연에 대해서 일정한 법칙을 두고 안에서 운행하게 하는 코스(baan)를 정하여 그들을 제한하고 억제하시려는 것이다. 하나님께서 창조와 더불어 홍수 후에 세웠다고 해서 자연계약(natuurverbond)[1]이라 부르는 그 계약 가운데 그 모든 것들이 일어난다.

---

역주 1) 계약신학(Föderal theologie)는 쯔빙글리에게서 그 기원을 찾는다. 불링거(Bullinger)나 부쩌(Butzer)에게서도 그 기원을 찾을 수 있다. 이것을 발전시킨 자는 멜랑톤으로서 창조시 계약과 그 후 계약을·일반계약(foedus generale)과 특별계약(foedus speciale)으로 나누어 그 유명한 3구분(antelegem, sub lege, post legem)을 하였다. 이런 계약론은 개혁교회 신학의 특징이 되었다. 우르신(Ursinus), 올레비안(Olevianus), 롤럭(Rollock), 마르쉬(Maresius), 알스테드(Alsted) 등을 지나 클로펜부르크(Cloppenburg), 칵키우스(Coccejus), 부르만(Buurmann), 빌시

참으로 이 계약 역시 넓은 의미에서 하나님의 은총으로부터 나오지만, 그러나 그것은 일반적으로 그리스도 안에서 교회와 세운 은혜계약(genadeverbond)이라고 부르는 것과는 원리적으로 구별된다.

이는 이 자연계약이 인간의 마음은 어려서부터 악하다는 사색에 의존하고 있으며(창 8:21), 내용으로 창조시 축복인 번성과 동물의 영장의 회복이며(창 9:1-3, 7), 그 종국은 역시 타살(doodslag)의 중지이기 때문이다(창 9:5-6). 그리고 이것을 두번째 인간 세대의 조상인 노아와 세우게 된 것이요 그와 더불어 모든 인간과 생물과 무생물을 포함한 모든 피조물과 세운 것이고(창 9:9 이하) 이것은 자연현상으로 징표되었으며(창 9:12 이하), 그 목적이 홍수와 같은 두번째 심판을 피하고 계속 실존하는 인간과 세계를 보증하기 위함이기 때문이다(창 8:21, 22; 9:14-16). 이리므로 인간과 세계의 존재와 생명은 좀더 확고하고 다른 기초에 의존하게 된 것이다.

그것은 더 이상 하나님의 창조행위와 창조법칙에 있어 고착에 있지 않고 차라리 그것은 하나님의 자비롭고 길이 참으심에 그 기초를 두고 있다. 하나님께서 인간에게 존재와 생명으로 선물하심을 허용하심은 인간이 항상 어기는 창조질서 덕택이 아니라, 그것의 타락과 반역에도 불구하고 피조물을 보존하는 책임을 자신에게 돌리시는 이런 계약으로 말미암은 것이다. 이때로부터 세계의 보존과 통치는 순전한 의지결정에 의존해 있지 않고 계약의무(bondsplicht)에 의

---

우스(witsius), 라이덱커(Leydecker) 등에서 체계를 이룬다. 그러나 이들은 크게 자연계약(Foedus naturae) 또는 행위계약(Foedus operum)과 은혜계약(Foedus gratiae)으로 나누어 은혜계약 안에 여러 경륜시기(oeconomia)로 나누어도 자연계약과 행위계약이란 동일한 의미로 생각한다. 그런데 바빙크는 여기에서 자연계약과 행위계약을 구분해서 사용하고 있다. 카이퍼는 계시역사를 언약이론으로 이해할 때 3단계로 이해한다. 즉 행위 혹은 자연언약(Foedus operum sive naturae), 보통 은혜언약(Foedus gratiae comomunis), 특별 은혜언약(Foedus gratiae spicialis)으로 나눈다. 이때 노아의 언약을 보통 은혜언약의 계시로 본다. 그러나 하나님의 특별 은혜언약 계시가 아브라함으로부터 시작하지 않은 것처럼 이 보통 은혜언약도 노아부터 시작한 것이 아니라, 타락 직후 저주 때부터 있었으며 다만 노아 때에 와서 정상적인 성격을 띠게 되었을 뿐이라는 이론이다(Dogmatiek-College-dicfaat van een der studenten, pp. 91-154). 이 이론은 개혁신학이 자연과 은총의 이원론을 피해서 자연도 은총이라고 보는 데서 왔다. 따라서 세계의 기초전(voor de grondlegging der wereld, 엡 1:4; 요 17:24)이 있고 창조의 계획이 있다. 결국 일반은총은 그 은총이 일반적일 뿐이고 특별은총은 특별할 뿐이다(De Gemeene Gratie II, pp. 60-86). 바빙크의 경우 이미 이 사상이 1894년 전후 분명히 나타나, 모든 계시는 방식의 차이에 불과하며 근원적으로 초자연적임을 강조했고, 창조나 언약은 그 계시의 수단(revelatio mediata)에 불과하며 창조는 따르는 모든 계시의 기초됨을 말했다. 이런 계시역사주의 입장에서 노아와의 언약도 그 수단으로서 자연언약(Foedus naturae)인 것이며(Gereformeerde Dogmatiek I, pp. 278-280), 모든 인류에 미치고 있는 하나님의 값없는 은혜의 산물이라 할 수 있겠다.

존한다. 이런 계약으로 말미암아 하나님은 세계를 그 존재 속에 보존하는 것을 자신에게 돌리셨다. 주님은 이 계약 속에서 피조물에게 그의 존재를 위해서 그분의 이름과 존귀, 그분의 진리와 신실함, 그분의 말씀과 약속을 담보로 주셨다. 따라서 그때 인간과 세계를 지배하는 법칙은 전 자연과 맺은 은혜의 계약 안에 확고히 자리잡고 있다(창 8:21; 욥 14:5, 6; 26:10; 시 119:90, 91; 148:6; 사 28:24 이하; 렘 5:24; 31:35, 36; 33:20, 25).

이 계약은 홍수 전에 존재했던 것과는 전혀 다른 사태(zaken)의 질서를 소개한다. 홍수 이전과 그 자체에도 역시 작용했던 거대한 자연의 힘이 억제되었다. 생물 중에 이전에 살았던 기괴한 괴물들은 이제 없어졌다. 이전에 전 우주를 흔들었던 엄청난 지각운동의 격변은 규칙적인 현상과 사건의 노선으로 바꾸어졌다. 인간의 생존 기간은 짧아지고 그 힘도 약해지고 그의 본성이 부드러워졌으며 한 사회로 질서가 잡히고 한 통치의 기강이 잡혔다. 자연과 인간세계는 그 계약으로 말미암아 금지시켰다. 어디에나 법들이 있고 질서들이 있다. 어디에나 불법자들의 흐름을 막는 댐과 방벽을 두었다. 서열, 치수, 수 등이 창조의 표징이 되었다. 하나님은 인간 속의 야생동물에게 말굴레를 씌우시고 예술과 과학, 국가와 사회, 직업과 산업 속에서 그의 재능과 능력을 발달시킬 수 있도록 하는 기회를 주셨고, 그렇게 하심으로 역사(geschiedenis)를 가능케 하는 조건들을 충만케 하셨다.

그러나 이런 역사는 한 번 더 언어를 혼란시키는 방해공작으로 좌절되었다. 홍수 가운데서 처음 인간은 알메니언(Armenische) 고지에 있는 아라랏 땅에 거했고 거기에서 노아는 농부가 되었다(창 9:20). 사람들의 수가 증가해 가면서 그들 일부가 동쪽으로 티그리스와 유프라테스 강을 따라 퍼졌고 시날 혹은 메소포타미아 평지에 이르렀다(창 10:1). 그들은 여기에 안주했고 힘과 부가 증가함에 따라서, 곧 스스로의 이름을 내고 사람들의 분산을 막기 위해 높은 탑을 건축하고자 하는 계획을 작정했다.

모든 땅을 충만케 하고 지배하라는 하나님의 명령을 어기고 그들은 외적 중심점으로 하나만 보존하고 전인류을 전적으로, 그의 힘을 권력에서 찾고 그 노력의 목적을 인간의 영광에서 찾는, 세계왕국에서 찾으려는 이상을 설정했다. 여기에서 처음으로 인류를 그의 모든 능력과 지혜, 기술과 과학, 모든 문화를 가지고 중앙화해서 체계화하려는 생각이 하나님과 그의 왕국에 반대해서 역사 속에 들어 왔다. 이 생각은 후에 계속해서 일어났고 그것의 실현이 내노라 하는 모든 위대한 사람들이 시대 과정을 통해 갖는 목표가 되어 왔다. 따라서 하나님은 선한 뜻과 기타 모든 것을 위해서 세계왕국 설립의 기도를 간섭하고 불가능하게 할 필요가 있었다. 이때까지는 한 언어밖에 없었기에 언어를 혼란시킴으로 이 일을 행하셨다. 어떤 식으로 그리고 어느 시기에 이런 혼란이 일어났는지에 대해서는 더 이상 묘사되어 있지 않다. 그러나 그 속에 내포된 의미는 사람들이 생리학적으로 그리고 심리학적으로 서로 구별되고 사물들을 서로 다르게 보고 다르게 명칭을 붙이기 시작했으며, 결국 국가와 민족들로 나뉘어지고 그들 스스로 각기 자기 방향으로 모든 땅에 흩어졌다는 것이다. 여기에서 깨닫게 되는 것은, 이런 언어의 혼란이란 노아의 여러 아들들의 후손을 통하여(창 10:1 이하), 그리고 노아의 자손들을 알메니아에서 시날까지 떼어 내보냄으로 말미암아(창 11:2) 준비하셨다는 사실이다. 만약 흩어질 것에 대한 두려움과 위험이 이미 오랫동안 그리고 진지하게 현존하지 않았더라면 바벨탑의 이념은 일어나지 않았을는지 모른다.

성경은 이런 식으로 국가와 민족, 방언과 말이 존재하게 된 것을 설명한다. 참으로 끔찍한 인간의 분산은 기이하고(wonderbaar) 설명할 수 없는 사실이다. 같은 옛 두 조상으로부터 나왔을 뿐만 아니라, 같은 영과 혼 같은 육체와 피를 가진 인간이 이방인처럼 서로 맞대어 서 있다. 그들은 공존할 수 없고 서로 이해하지 못한다. 그것뿐만 아니라 그들은 서로 그 존재를 도전하는 종족으로 나뉘고 서로의 몰락을 꾀했고 세기마다 서로 은밀히 혹은 공공연히 교란상태에서 살고 있다. 종족의 본성, 민족주의 감정, 적의, 증오와 같은 것들이 사람들을 구별한다. 그 모든 것이 놀라운 벌이요 무서운 심판이며 어떠한 사해동포주의(kosmopolitisme)나 평화조약도, 어떠한 세계공통언어(volapuk on pasilalie)[2]로도, 어떤 세계당국 혹은 세계문화로도 원상복귀시킬 수 없다.

언젠가 다시 인간 사이에 통일이 있을 수 있다면, 이것은 바벨탑이나 어떤 다른 것을 중심으로 모이는 외적이고 기계적인 회합으로 성취될 수 있는 것이 아니라, 하나요 같은 머리맡에서의 모임을 통하여(엡 1:10), 모든 백성을 새 사람으로 지어 화평케 하심으로(엡 2:15), 성령을 통하여 중생케 하심과 새롭게 하심으로(행 2:6), 모든 백성이 하나요 같은 빛 안에 걸어가게 하심으로(계 21:24), 안에서 시작함으로 성취할 수 있다.

안에서 시작함으로써만이 회복될 수 있는 인간의 통일은 그 때문에 역시 일찍이 안에서부터 중심으로 언어 혼란 가운데 교란되었다. 거짓된 통일은 참된

---

역주 2) 폴라퓌크(volapük)는 독일 주교인 쉬라이어(J. M. Schleyer)가 만들어낸 1880년대에 널리 유행했던 세계 공통어이고 파실라리아($\pi\tilde{\alpha}\sigma\iota$ + $\lambda\alpha\lambda\iota\alpha$)는 1805년에 생긴 세계 공통어라고 한다. 이외에도 폴란드 사람 자멘호프(Zamenhof)가 만든 에스페란토어(Esperanto)가 있고 그 후에도 이것을 수정해서 만든 논리학자 루이 드 베앙프롱(Louis de Beanfront)의 이도어(Ido)가 있다.

통일의 여지를 남기기 위해서 부서뜨리는 것이다. 즉 하나님의 왕국이 땅 위에 성취될 수 있도록 세계왕국을 흩으셨던 것이다. 그러므로 이때로부터 민족들도 나뉘어 땅 위에 흩어졌다. 이 모든 민족으로부터 이스라엘은 하나님의 계시를 맡을 자로 삼기 위해서 선택된 것이다. 지금까지 함께 결합된 일반계시와 특별계시가 서로 각각 십자가 밑바닥에서 다시 드러나기 위해서 잠시 동안 분리되고 나뉘어진다. 이스라엘은 구별되어 하나님의 길과 정하심에 따라 행하게 하시고, 동시에 주님은 다른 백성들로 하여금 그들 자신의 길을 다니게 하셨다(행 14:16).

 그러나 이것은 하나님께서 이들 백성들에게 전혀 관심을 두지 않고 그들로 자기 운명대로 가도록 내버려두셨다고 해석해서는 안 된다. 이런 생각은 그 자체가 비합리적이다. 왜냐하면 하나님은 창조자시요 보존자시요 만물의 지배자시며, 어떤 것도 그분의 전능하시고 편재하시는 능력 없이 일어나거나 존재하지 않는다. 성경 역시 그 반대에 대한 기록을 확고하게 반복해서 말한다. 지극히 높으신 자가 열국의 기업을 주실 때, 아담의 자손들을 분정(分定)하실 때 이스라엘 자손의 수효대로 민족들의 경계를 정하셨다(신 32:8). 땅을 배당하실 때 하나님은 이스라엘을 계수하셨고 그의 백성을 위해서 한 땅을 계수한 수효와 일치하도록 처분하셨다. 반면에 주님은 모든 백성에게도 그들의 기업을 분정하셨고 그들의 경계를 정하셨다. 주님은 한 피로 전 민족을 지으시고 한 곳에 거하게 하신 것이 아니라 땅의 모든 지역에 거하도록 정하셨다. 이는 땅을 창조하시되 비어 있도록 하지 않으시고 사람들이 거기에 거할 수 있도록 그들을 형성하신 것이다(사 45:18). 따라서 주님은 또한 전에 그들의 생명을 위해서, 동시에 그들의 거주의 경계를 위해서 정하셨던 때를 구분하셨다(윤곽이 그려지고 정해진, afgebakend, vastgesteld). 모든 인류의 생애와 거주지는 그의 경륜으로 정해져서 섭리로 그대로 배정하셨다(행 17:26).

 과거에 주님은 모든 이방인들로 하여금 각기 저희 길로 가도록 내버려두셨을지라도 자신을 증거하지 아니하신 것이 아니라, 비와 결실기를 주시고 저희 마음을 음식과 기쁨으로 만족케 하는, 하늘로부터 선한 일을 하셨다(행 14:16-17). 악인과 선인에게 그 해를 비취게 하시며 의로운 자와 불의한 자에게 비를 내리셨다(마 5:45). 그분은 자연과 역사의 계시를 통하여 모든 마음과 양심에 그의 소리를 발하게 하셨다(시 19:1). 하나님은 창세로부터 피조물 가운데 그의 보이지 아니하는 것들, 곧 그의 영원하신 능력과 신성을 보이셨다(롬 1:19, 20). 이방인들은 이스라엘의 백성과 같은 법을 받지 않았으므로 이런 의미에서 율법은 없을지라도 구체적으로 율법에 명했던 것을 행함으로 그들은 도덕적 본성 가운데 스스로가 율법이 되고 율법이 명한 행위가 그들 마음에 새겨 있음을 보인다. 그리고 행위가 따르는 양심의 소리가 형성하는 생각들이 서로 송사하거나 변명함으로 이것이 확증된다(롬 2:14-15).

그러므로 이방인들의 종교적이고 도덕적인 감정이 하나님께서 그들을 돌보아 오셨음을 증명하고 있다. 태초에 하나님과 함께 계셨고 하나님이신 말씀으로 만물을 지으시고 사람들의 생명과 빛이 그 말씀 안에 있었다. 즉 그들의 존재와 의식, 그들의 실존과 오성이 있게 됨은 그 말씀 때문이다. 그리고 원리와 근원 면에서 그럴 뿐만 아니라 순간순간 시간이 계속됨에 따라서 그것이 하나님의 말씀으로 말미암아 보존되었다는 점에서 그렇다. 이는 하나님의 말씀은 만물을 지으신 자일 뿐만 아니라, 만물의 보존자이며 지배자로 세상 가운데 남아 있었기 때문이다. 그와 같이 그는 사람들에게 생명을 주었고 세상에 출생되어 왔던 모든 사람들에게 양심이나 이성이나 오성을 통하여 빛을 비추셨다(요 1:3-10).

역사가 이런 성경 증거에 대한 징표다. 타락 후 곧 가인 족속들 가운데 다양한 발명들과 산업들이 들어왔다(창 4:17 이하). 홍수 후에도 시날 광야에 거했던 사람들은 비교적 짧은 시기 동안에 고도의 높은 문화를 성취했다. 창세기 10:8-12에 따르면 함의 아들인 구스의 자손 니므롯은 바벨 왕국의 건설자였다. 성경은 그를 여호와 앞에 강한 사냥꾼이라 했는데, 그 이유는 그가 그의 특이한 힘으로 사나운 짐승들을 몰아냈고, 시날 평야를 완전하게 했으며, 그곳을 그들의 거주지로 택할 수 있도록 사람들을 동하게 하고 자극했기 때문이다. 그렇게 해서 그는 시날 평야에 바벨, 에렉, 악갓, 갈라 등 여러 도시를 세웠다. 거기로부터 그는 앗수르 땅까지 나아갔고 거기에서 니느웨, 르호봇, 갈라 등 도시들을 건축했다.

그러므로 성경에 따르면 시날의 최초의 거주자들은 셈 족이 아니라 함 족속이었다. 앗시리아에서 발굴된 설형문자 토서판의 해독과 해석에 열중하고 있는 앗시리아 문명에 대한 최근 학문이 시날에는 원래 셈 족속의 일족이라고 사려될 수 없는 수메르 백성들이 거하였다고 가르치는 점에서 이를 증명하고 있다. 그런데 이 시날의 옛 주민이 후에 셈 족속의 이주민으로 들끓었다. 그리고 이들이 참으로 그들 고유한 언어를 얻었고 수메르 문화를 인계받아 그와 동시에 용해되어 후기 갈대아 민족이 되었다. 특히 셈 족속적인 요소는 아마 창세기 14:1에 있는 아므라벨과 동일한 인물인 바벨의 도시 왕인 함무라비가 바벨을 최고의 도시국가(hoofstad)로 세우고 모든 시날을 그에게 복종케 했을 때 지배적인 것이 되었다. 창세기 10장도 같은 사상을 표현해 주고 있다. 이는 11절에서 함 족속인 니므롯이 앗수르 땅에 이주하여 거기에서 도시들을 건축했음을 읽지만, 22절에서는 앗수르, 즉 앗수르에서 살고 있는 백성이 엘람, 아르박삿, 룻, 아람과 친족 사이이고 셈 차손 중의 하나로 사려되어야 함을 말하고 있기 때문이다.

우리가 시날 땅에서 보는 문명은 과학과 예술, 도덕성과 준법, 상업과 산업에 있어서 유적의 발굴로부터 더 잘 알게 됨에 따라서 좀더 기쁨으로 충만케 하는 고도의 문명에 도달했다.

그것이 언제 어떻게 일어났는지를 우리는 알지 못한다. 그러나 우리가 과거로 돌아가면 갈수록 좀더 거칠고 미개한 민족과 접촉하게 된다는 일반적인 관념은 거기에서 완전히 전복된다. 우리가 소위 원시인들(natuurvolken)의 미개한 상태에 대한 여러 가지 환상적인 관념을 버리고 역사(geschiedenis)의 손을 빌어 과거에로 소급해 통찰할 때, 우리는 노아 당시인간의 최초 시기는 니므롯과 같은 사람들의 발원을 거쳐 높은 수준을 이루었음을 성경을 통하여 확실히 알 수 있다.

그리고 이런 문명이 시날 땅에 제한된 것은 아니다. 인간들이 팽창되어감에 따라서 언어 혼란 후에는 그들의 거주들도 땅의 여러 지역에 분포되었다. 그럼으로써 그 종족들은 문명의 중심지로부터 점점 멀리 이주해 갔고, 아시아, 유럽, 아프리카와 같은 황량한 야생지를 그들의 거주지로 참았다. 이 종족들과 민족들은 그들의 격리된 생활 속에서 다른 민족들과의 모든 교류가 끊어졌고 거칠고 야성적인 자연과의 싸움으로 말미암아 그들이 처음 시작했던 문명 수준에 그대로 머물러 있거나 대부분의 경우에 있어서 더 낮은 수준으로 떨어졌다는 것은 놀라운 것이 아니다. 이런 민족들을 우리는 오늘날 보통 '원시인'이라는 명칭 아래 이해한다. 그러나 이런 명칭은 잘못된 것이고 부당한 것이다. 왜냐하면 이런 모든 민족들 가운데에서 우리는 문명의 기본요소를 이루는 모든 특성들과 소질들을 발견하기 때문이다. 그들은 인간이요, 단순한 자연적 존재가 아니다. 즉 그들 모두가 의식과 의지, 오성과 이성, 마음과 양심, 언어와 종교, 법과 관습, 가족과 사회, 도구들과 장식품들을 소유하는 데 있어서이 차이는 없다.

더구나 그들 사이에 많은 차이가 있다는 것은 미개민족과 문화민족 (cultuurvolken) 사이의 경계선을 긋기에는 불가능한 조건이다. 남아프리카의 부시인(Boschjesmannen)과 폴리네시아(Polynesië) 인종, 그리고 니그로 (negerrassen)들 사이에 문화적인 큰 차이가 있다. 그러나 그들이 아무리 차이가 있을지라도 그들은 서로 같은 관념, 예를 들면 홍수에 관한 같은 전통, 공통된 기억과 기대들을 소유하고 있어서 이들이 동일한 기원을 가졌음을 가리킨다.

이런 모든 양상은 소위 문화민족이라 하는 인도인, 중국인, 페니키아인, 이집트인들 사이에 더 강하다. 우리가 이런 모든 민족들에게서 발견하는 세계직관(wereldbeschouwing)의 정초들은 시날 땅에서 발굴된 유물들이 알려준 바 그것들과 같다. 여기에 모든 문화의 근원이 있고 인간의 요람이요 온상(bakermat)이 있다. 중앙아시아로부터 인간들은 모든 땅으로 퍼져 나갔다. 이 중심으로부터 그들은 모든 문화적인 민족들에게 공통되고 각각 독립적이고 자기 나름대로의 좀더 발전을 이루게 했던 문화의 그런 요소들을 취하였다. 고대 바빌로니아 문화는 서법이나 천문학, 수학, 역법 등에 있어서 아직도 우리의 문화가 딛고 있는 기초이다.

그럼에도 불구하고 이런 문화의 전 역사를 종교적, 도덕적 견지에서 우리가 다시 바라볼 때, 그로부터 깊은 불안과 실망의 인상을 느낀다. 사도 바울은 그것에 대해서 이르기를 이방인들이 자연이 주는 일반계시로부터 하나님을 알고 있음에도 하나님을 영화롭게 하지도 않고 감사하지도 않으며, 오히려 그들의 생각들이 허망하여지고 미련한 마음이 어두워졌다. 스스로 지혜 있다 하나, 우둔하여졌고 썩어지지 않는 하나님의 영광을 섞어질 사람과 새들과 네 발 가진 짐승과 파충류 등 동물들의 형상을 우상으로 바꾸었다(롬 1:21-23). 편견 없는 민족들의 종교사 연구는 같은 결론에 이른다. 잘못된 철학의 도움으로 인간의 마음속에 있는 종교의 잘못된 본질로 돌아가 이런 결론의 진지함을 숨길 수 있다. 그러나 항상 같은 사실로 남아 있는 인간들은 그의 문화의 긴 여정 속에서 하나님을 영화롭게도 하지 않고 감사하지도 않았다.

가장 오래된 시날 광야의 거주자들 가운데에서 창조자 대신에 피조물을 섬기는 이런 숭배가 발견된다. 어떤 사람의 견해에 따르면 바빌로니아인들의 종교에서도 다른 민족들의 종교에서와 같이 하나님의 유일성의 관념이 기초를 이루고 있다고 하여 의심할 바 없이 이런 신의 개념은 피조물들에게 그것이 적용될 수 있기 전에 이미 존재했음에 틀림없다고 한다. 그러나 사실 바빌로니아인들은 그 전 시기부터 다양한 피조물들을 섬겼다. 이들이 신들로 생각되어졌었다. 참되고 유일하신 신의 숭배로부터 피조물 경배로 어떻게 변화되었는지에 대해 역사적 자료의 부족 탓으로 우리는 알 수가 없다.

그러나 종교가 정령숭배(polydaemonisme, 여러 혼과 정령숭배 – 주물숭배, 애니미즘, 토테이즘)로부터 다신론(여러 신 숭배)을 거쳐 유일신(monotheïsme)으로 발전되었을 것이라는 것은 추측이요 가정이다. 어디에서도 그런 발전이 일어나고 있는 곳은 볼 수 없다. 이스라엘은 유일하게 예외다. 그러나 역사가 반복해서 가르치고 있는 것은 인간들은 유일하신 하나님에 대한 고백에서 다신숭배로 전락할 수 있다는 사실이다. 그것을 우리 자신들이 이스라엘 역사 가운데에서, 기독교회사에서 증거했고 우리가 지금 살고 있는 시기에도 증거하고 있다. 왜냐하면 유일신 하나님에 대한 신앙이 포기될 때, 여러 다신론적 관념과 미신적인 관습들이 뒤따르기 때문이다.

더구나 보통 주장되듯이 고등종교와 미신, 소위 미개인과 문화인의 종교 사이에는 절대로 별 차이가 없다. 같은 생각과 행동들이 변형된 형식일지라도 모든 이방민족들 사이에서 되풀이되고 있고, 기독교 국가들 사이에서도 그들이 다양한 미신 형태를 가지고 똑같이 살아 있다. 그들은 현대 기독교의 몰락과 더불어 다시 피어 나오고 있다.

첫째로 우리가 발견하는 것은 여러 민족들의 우상과 형상숭배이다. 우상이란 유일하신 참 하나님 대신 혹은 나란히 다른 것을 올려 놓고 사람들이 거기에 그들의 신앙의 자리를 두는 것을 의미한다.

그때 그 대상은 피조물들이 되되 주로 태양과 달과 별들을 가진 하늘이며, 특히 바빌로니아 종교에서 그러한데 이런 종교를 적당히 성신(星辰)숭배라 할 수 있다. 혹은 신들과 인간들 사이에 중간 역할을 하는 존재로서 생각될 수 있는 천재나 영웅이나 위대한 사람들이 숭배대상인데, 예를 들어 그리스에서 숭배되고 있다. 그렇지 않으면, 그들이 죽은 후 다른 높은 곳으로 데려가는 조상이 숭배대상이고 중국에서는 이들이 경배의 주 대상을 이루었다. 혹은 다양한 동물 형상들, 특히 짐승이나 악어 등의 대상인데, 이것은 이집트에서 신들의 형상들로 숭배되고 있다. 혹은 일반적으로 여러 가지 살아 있는, 혹은 생명이 없는 피조물 가운데 일시적으로 또는 영속적으로 내주한다는 혼이나 정령에 대한 숭배인데, 이들은 문화적 민족이나 비문화적 민족들의 종교에서 똑같이 경배의 대상을 이룬다.

우상이 어떤 형태를 취하든지 항상 창조주 대신에 피조물을 숭배하는 것이다. 하나님과 피조물 사이의 구별을 잃은 것이다. 하나님의 거룩, 즉 모든 피조물로부터 하나님의 구별됨과 모든 피조물 위에 절대적으로 초월함이 이방인에게 잃은 것이다.

둘째로 이런 우상과 더불어 그 자체에 역시 인간과 세계에 대한 여러 가지 잘못된 관념들이 동반하고 있다. 이방인에게 있어서 종교란 그 자체로서 독립되어 있는 것이 아니고, 모든 생활과 국가와 사회, 예술과 과학에 밀접하게 상호 관련되어 있다. 심정과 심상만의 종교는 어디에도 없다. 인간과 하나님과의 관계로써 종교는 역시 여타 다른 모든 관계들을 지배하고, 따라서 인간과 세계에 관한 정확한 견해와 만물의 근원, 본질, 목적에 대한 정확한 견해를 내포한다.

하나님에 대한 신앙을 동반하는 종교적인 관념들은 항상 과거와 미래에 대한 관계를 갖는다. 모든 종교에는 낙원의 향수(paradijsherinneringen)들과 미래에의 기대가 있고 인간과 세상의 근원과 미래에 대한 사상들이 있다. 즉 최초에 있었던 황금시대, 그 후에 은빛시대를 지나 철의 시대, 혼의 시대에 대한 관념이라든지 저 세상에서 인간의 생존에 관한 관념이라든지, 마지막에 만물에게 임할 심판에 대한 관념이라든지, 의인과 불신자 사이에 일어나는 다양한 지위에 대한 관념이다. 여러 종교에서 이런 관념들은 가끔 전혀 다른 다양한 모습을 하고 있다. 중국 종교는 과거로 돌아가 조상숭배에 몰입하고, 이집트 종교는 미래에까지 뻗어 시체에 열심을 보이는 죽음의 종교이다. 모든 종교에는 조금 더 혹은 덜한 정도이지 이 모든 요소들이 들어 있다. 여기에서 이런 모든 관념이 갖는 공통적인 것은 그 종교들은 진리라는 구성요소에 여러 오류와 어리석은 것이 혼합되었다는 것이다. 창조자와 피조물 사이에 한계가 지어져 버렸고, 따라서 세계와 인간 사이, 영혼과 육체 사이, 이곳 땅 위의 생과 사후의 생 사이, 하늘과 지옥 사이의 한계가 분명히 그어진 곳은 어디에도 없다. 도리어 육체적인 것과 윤리적인 것, 물질적인 것과 영적인 것, 땅의 것과 하늘의 것들이 서로 얽혀 혼합되어 있다. 하나님의 성결에 대한 의식의 결여는 곧 죄에 대한 의식의 결여를 의미한다(Aan het ontbreken van het besef van de heiligheid Gods beantwoordt het gemis van het besef der zonde). 이방세계는 하나님을 알지 못하매 세계와 인간도 알지 못하며 또한 죄와 고통도 알지 못하고 있다.

셋째로 모든 민족들의 각 종교들은 인간적인 최대의 노력으로 말미암아 스스로 구원을 얻고자 하는 노력에 의해서 특징지어질 수 있다. 우상은 본래적으로 자기 노력의 종교로 인도한다. 유일한 참된 하나님의 숭배가 포기되고 객관적이고 참된 역사적 계시에 호소됨이 없어질 때 인간은 그가 꾸며낸 신들이나 혼들에게 계시하도록 하는 것이다. 우상이란 항상 미신이나 점복, 주물(呪物)숭배로 말미암아 동반된다. 점복(mantiek)은 스스로 아니면 점장이나 제주(祭主), 신탁 등의 도움으로, 그리고 점성학이나 꿈 해몽, 길흉조(吉凶鳥) 등으로 말미암아 신의 뜻을 알게 되는 노력에 해당하는 말이다. 그리고 주술(magie)은 형식적인 주문을 외우거나 자희생(自犧牲, vrijwillige offeranden), 자학행위를 통하여 신의 뜻을 자기 자신에게, 즉 자기의 행운에 요긴하게 하는 노력이다.

이것 역시 형식에 있어서 여러 가지로 다양하다. 점복행위와 주술행위는 다양한 종교에서 구별된 성격과 다양한 의미를 드러낸다. 그럼에도 그들은 어디에서나 일어나며 이방종교에서 필수적인 구성을 이룬다. 어디에서나 인간이 그것의 중심이고 자신의 구원을 찾고 있다. 구원과 은총의 실제적 본질은 어디에서나 이해되지 않고 있다. 이런 약술 가운데 이방종교의 일반적인 성격을 찾는다 할지라도 이들 중 어떤 것에서는 우리 스스로에게 관심을 일으키고 역시 얼마 되지 않지만 특별한 반성을 주는 개혁이 일어났었다. 민족적 종교가 한편으로는 미신과 주술의 여러 조잡하고 비성숙된 형태 속에서 몰락하고, 다른 한편으로는 문화가 발달함에 따라서 그들 세대에 있어서 여러 모양으로 충돌이 일어났다. 그리고 그 충돌로 인하여 의심할 것도 없이 하나님의 섭리 아래 화해를 시도하고 종교의 깊은 몰락으로부터 구하고자 하는 인물들이 태어나게 되었다. 그런 인물들이 대략 그리스도보다 7세기 앞서서 페르시아에 살았던 짜라투스트라였고 그리스도보다 6세기 먼저 중국에 살았던 공자였고, 그리스도보다 4세기 먼저 인도에 살았던 부처였고, 그리스도보다 7세기 후에 아라비아에 살았던 모하멧이었으며 기타 유명 무명한 더 많은 인물들이 있었다.

    이 인물들이 세운 종교는 여러 가지 점에서 그들의 민족종교보다 훨씬 뛰어났다는 사실에 대해서는 의심할 여지가 없다. 진보니 퇴보니 하는 두 가지 모든 가정이 기타 다른 문화 영역과 똑같이 종교에서도 천편일률적으로 적용이 되지만 이들이 제공하는 풍부한 현상들은 한 공식하에 똑같이 이해한다는 것은 부적당하다. 번영과 몰락, 회복과 쇠퇴의 시기들이 인류의 역사와 각각 서로 다른 영역에서 시종 교대하는 것이다. 우리 역시 이 인물들이 자의적으로 속이는 자들이거나 사단의 도구나 공작인(工作人)들이라 할 수는 없고 그들 자신의 영혼 속에서 대중신앙과 그들의 계몽된 의식 사이에 생긴 충돌로 씨름했던 가장 진지한 인물들이었고 그들에게 주어진 빛으로 말미암아 참된 행복을 얻을 더 좋은 길을 찾았던 사람들이라 할 수 있다.

    그러나 아무리 이런 깨달음을 얻었음에 틀림없다 할지라도 이들의 개혁된 종교들은 다른 대중의 미신과 본질에 있어서 차이는 없고 정도의 문제이다. 사실 이 사람들은 잘못된 종교로부터 거친 가지들을 잘라냈다. 그렇다고 그들이 그의 뿌리를 근절시켰다는 것은 아니다. 짜라투스트라는 그의 설교 가운데에서 악과 선과의 상반을 강조하지만 그는 이 상반을 윤리적이고 일차적으로 물질적인 것으로 알았다. 그래서 그는 선신과 악신 사이를 구별하지 않을 수 없게 되었고, 또한 자연적 세계 즉 인간과 동물세계 뿐만 아니라 만물에 이르기까지 적용되었고 실제적으로 생을 절단하는 일에까지 이른 이원론을 만들게 되었다. 유교(Confucianisme)는 타종교적 요소로 구성된 국교였고, 자연신과 조상신 숭배들이 서로 결합되어 있었다. 불교(Buddhisme)는 처음에 원래 종교가 아니었고, 오히려 악이란 번뇌 가운데 있다고 보고 그 번뇌를 중생의 실존에서 찾은 철학이다. 따라서 금욕과 무상무념(無想無念), 명상(滅相)을 구원의 길로 권한다. 그리고 유대교와 기독교를 알았고, 그의 확신에 따라 물질적인 경향을 가진 같은 시대인들에게 집행해야 할 임박한 심판에 대한 열렬한 신앙으로부터 유일신의 고백에 이르렀던 모하멧은 참으로 종교적 도덕 개혁을 이루었다. 그러나 그의 개인적 생애는 실제로 더 정치인과 입법자로서의 생애임을 종교가(de godsdienstprediker)는 평가하며, 그가 세운 종교는 하나님 안에서 무한한 능력자요 절대적 자유의지자로, 인간 안에서는 노예적 복종을 높이 찬양한다. 이 종교에서는 하나님과 인간 사이에 교제란 말할 여지없이 없고 그렇다고 분리의 원인이나 화해의 길이 전혀 이해되고 있는 것도 아니다. 하늘의 구원이란 감각적인 기분의 충족에 있다.

그러므로 일반계시의 전 영역을 돌아볼 때 우리는 그것들이 한편으로 큰 가치가 있었고 풍부한 열매를 얻었다는 사실을 발견하게 되고, 또 한편으로는 인간은 그의 빛으로 하나님을 발견할 수 없음을 이해하게 된다. 아직도 종교적이고 윤리적 개념들이 인류 가운데 현존하는 것은 일반계시 때문이다. 즉 이것 때문에 그들은 진리와 거짓, 선과 악, 정의와 불의, 아름다운 것과 추한 것에 대한 약간의 의식을 아직도 갖는 것이고, 그들이 결혼과 가족, 사회와 국가의 관계 안에서 사는 것이며, 이런 모든 내적, 외적 조정으로 말미암아 억제해서 짐승으로 몰락되는 것을 방지하며, 이런 한계 내에서 그들 스스로 바쁘게 여러 가지 영적, 물질적인 것들을 생산하고 분배하고 기뻐하는 것이다. 간단히 말해서 인간은 일반계시를 통해서 그의 존재를 보존하고 그의 통일을 유지하고 계속해서 그의 역사를 발전시킬 수 있게 된 것이다.

그럼에도 불구하고 사도 바울의 말처럼 모든 지혜를 가진 세상은 그의 지혜로 하나님을 알지 못했다는 것(고전 1:21)이 진리다. 바울이 들려준 세상 지혜란 충분히 진지한 의미에서 의도된 것이다. 일반계시의 빛으로 세상은 지혜, 곧 이 땅의 생명을 가진 것들에 관한 지혜의 보화를 함께 모았다. 그러나 이런 세상 지혜는 세상으로 하여금 더욱더 변명할 수 없도록 했다. 왜냐하면 그것이, 인간은 하나님의 선물, 즉 오성과 이성, 합리적이고 도덕적 능력에 있어서 부족함이 없었다는 것을 증명하기 때문이다. 그러나 인간은 오성, 즉 총명이 어두워지고 마음이 굳어졌기 때문에 받은 바 선물들을 올바르게 사용하지 못했음을 보여준다. 빛이 어두움에 잘 비취졌으되 어두움이 깨닫지 못했다(요 1:5). 이 세상에 있었으되 세상은 그(로고스)를 알지 못했다(요 1:10). 세상은 그의 모든 지혜를 가지고 하나님을 알지 못했다(고전 1:21).

# 제5장

# 특별계시의 방식

일반계시의 불충분성이 특별계시의 필연성을 명시한다. 그러나 이런 필연성은 올바르게 이해되어져야 한다.

그것이 의미하고 있는 것은 하나님께서 안으로 자신의 존재를 위해서나 밖으로 환경 때문에 특별한 방법으로 계시하셔야 했고 강요되었으리라는 뜻이 아니다. 이는 모든 계시, 특히 그리스도 안에서와 성경을 통하여 우리에게 주신 것은 하나님의 은총 행위시요, 그의 뜻의 값없으신 경륜이며 과분하고 영원히 박탈한 그의 은혜의 표이기 때문이다. 그래서 오직 특별계시의 필연성에 대해서 말할 수 있는 것은, 하나님 자신이 그의 창조를 위해서 설정했던 목적과 이것은 풀 수 없이 연결되었다는 사실이다. 죄로 인하여 황폐된 창조를 회복하는 것과 인간을 그의 형상에 따라 재창조하고 다시 그와 더불어 영원히 하늘의 축복 가운데 살도록 하는 것이 하나님의 기뻐하시는 뜻(welbehagen)인 한, 특별계시는 필요하다. 이는 그런 목적을 위해서는 일반계시가 불충분하기 때문이다.

사실 특별계시가 요청된 것은 먼저 이 목적 때문이 아니다. 이는 우리가 세계와 인간의 이런 목적에 대한 일반계시의 불충분성을 보고 인식할 때의 이런 확신조차도 특별계시 덕택이기 때문이다. 그러나 본능적으로 우리는 우리의 구원을 위해서 자신과 자신의 능력들, 세계와 그의 부하들로 충분하다고 생각한다. 이방종교들은 이런 원칙에 예외됨이 아니라 그것을 공고히 하는 것이다. 참으로 모든 이방종교인들이 호소하고 있는 것은 제주(祭主), 점장이, 신탁 등을 통해서 그들에게 가져올 것이라는 특별계시이다. 이것이 일반계시로서는 불충분하다는 것과 누구나 그의 마음속에 자연과 역사가 그에게 제공해 주는 것보다 더 상세하고 다른 하나님의 선포를 필요로 하고 있다는 논지에 대한 강한 증거를 간접적으로 제공한다. 그러나 이방세계에 있어서의 이 특별계시는 하나님과의 교제를 상실했던 인간이 자연 속에 있는 그의 계시를 이해할 수 없었고, 따라서 하나님을 더듬어 찾아 자신의 길로 갔고, 이것이 계속해서 그를 진리의 지식으로부터 멀리 멀어져 가게 했으며, 멀리 갈수록 미신과 불의를 숭배하는 깊은 수렁으로 몰고감을 분명히 해 주고 있다(롬 1:20-32).

결과적으로 자연과 역사, 마음과 양심 속에 있는 하나님의 일반계시에 대한 올바른 이해를 위해서 그의 특별계시가 필요하게 되었다. 동시에 여러 인간의 오류로부터 그것의 순수한 내용을 벗겨내고, 그래서 그것의 교리를 정당한 가치로 평가하기 위해서 필요하게 되었다. 일반계시로도 인간적인 전 삶은 풍부한 의의를 가지고 있으나, 그럼에도 불구하고 그것은 그의 모든 부를 가지고 인간에게 고유한 운명을 성취하기 위해서는 불충분하고 부적당하다는 것을 알 때, 우리는 성경이 비추는 빛 속으로 가게 된다.

그렇다고 우리가 분명한 통찰과 원활한 순서를 위해서 처음 일반계시에 대해서 이야기하고, 지금은 특별계시를 취급하기 위해 그것의 불충분성을 제시했다고 해서 이것이 마치 우리가 이런 주제에서 특별계시를 따로 분리해 세워 놓거나 그 내용 또한 전혀 무관심한 것처럼 이해해서는 안 된다. 그 반대로 이 특별계시는 계속해서 이전의 것으로 인도하고 우리의 탐구의 길에 빛을 비추어 준다.

그렇다고 계속되는 이 특별계시에 대한 연구에 있어서 우리가 지금 소위 전혀 선입견 없는 탐구를 수행하고 있다는 것이 아니다. 우리는 우리가 필요를 느끼는 특별계시에 대해서 대답을 구하기 위해 우리 시대의 회의주의자들처럼 의심을 가지고 다양한 모든 종교들을 추적하지 않는다. 우리가 거짓종교를 거짓으로 배워 알았다는 것이나 미신과 우상, 운명철학(점)과 신접(무당), 불신앙과 미신 등을 심한 형태이든지 품위 있는 형태이든지 간에 죄요 잘못이요 거짓으로 배워 알았다는 것은 그리스도 안에서 우리에게 주신 특별계시 때문이다. 그러므로 우리가 특별계시를 한편으로만 취급하거나 혹은 비록 일시적이고 방법적일지라도 그것에 전혀 관심을 갖지 않는다면, 우리에게 비추는 빛을 고의로 소멸시키는 것이다. 결국은 우리가 빛보다 어두움을 더 사랑하고 우리의 사상과 생각들이 빛에 견딜 수 없음을 증명할 뿐일 것이다(요 3:19-21).

확실히 일반계시는 우리에게 특별계시에 대한 필요와 필수불가결함을 어느 정도 보여주고 있다. 역시 그것은 그런 특별계시의 가능성에 대한 강력하고 많은 근거를 제공할 수 있다. 이는 물질주의와 범신론에는 동의하지 않되 실천으로는 모든 계시를 부정할지라도, 아직도 실제적으로는 세계를 창조하시고 인간에게 불멸의 영혼을 주시고 그에게 영원한 구원을 주시기로 작정하셨고, 아직도 계속해서 만물을 그의 섭리로 보존하고 지배하시는 인격적인 하나님의 존재를 믿는다면, 특별계시의 가능성에 대해서 반론을 가할 순전히 원리적인 이유는 더 이상 없다는 것이다. 창조는 계시이다. 아주 특별하고 절대적으로 초자연적이며 경이로운 계시이다. 그것을 받아들이는 자는 누구든지 원리적으로 다음에 따르는 모든 계시의 가능성, 곧 성육신의 계시의 가능성까지 인식한다. 그러나 일반계시가 특별계시의 필연성에 대해 공헌할 수 있을는지 몰라도 그것의 현실성에 대해서는 아무 말도 할 수 없다. 이는 그것이 다만 하나님의 값없는 선물에 의존하기 때문이다. 특별계시의 진실성은 다만 그분 자신의 실존으로부터 나타날 수 있다. 오직 그 자신의 빛으로 말미암아 그것은 직관되고 인식된다.

하나님께서 처음에는 선지자들을 통하여, 그 후 아들을 통하여 우리에게 말씀하셨고(히 1:1), 추론과 증명으로는 되지 않고 오직 어린아이와 같은 신앙으로 말미암아 인식하고 영접할 수 있는 이런 특별계시는 계속 일반계시와 아주 밀접한 관계를 가지고 있다. 그러나 특별계시는 일반계시와 본질적으로 구별된다. 이전에 이미 짧게 언급된 대로 이런 차이는 생기지만 지금은 무엇보다 더 특별계시가 일어나는 방식에 있어서와 그것이 내포하는 내용에 있어서 그리고 그것이 목적하는 목적에 있어서 좀더 넓게 전개되어야 한다.

특별계시가 일어나는 방식들과 여기에서 나오는 그 사역의 방식들은 항상 하나요 같은 것이 아니라, 하나님께서 이용하시는 수단에 따라서 달라진다. 그러므로 그것은 역시 다양한 명칭들, 즉 '나타내다', '계시하다', '밝히다', '알리다', '선포하다', '가르치다' 등으로 특징지워진다. 그중에서 특히 '말씀하신다'라는 명칭이 관련될 것이다. 성경은 이 같은 낱말을 창조와 섭리 가운데에 있는 하나님의 사역에도 적용한다. 하나님이 가라사대 빛이 있으라 하시매 빛이 있었다(창 1:3). 말씀으로 주님은 하늘을 지으셨고 그의 입의 기운(Geest)으로 그 만상을 지으셨다(시 33:6). 그가 말씀하시매 이루어졌다(시 33:9). 여호와의 소리가 물 위에 있고 뇌성으로 말씀하시며 백향목을 꺾으시며 광야를 진동하시며 대적을 보응하시며 치신다(시 29:3-9; 104:7; 사 30:31; 66:6). 창조와 섭리에 있어서 이런 하나님의 모든 사역이 말씀하심이라고 일컬음을 받을 수 있으니, 이는 하나님이 인격적이고 의식하며 생각하는 존재이시며, 그의 권능의 말씀으로 만물을 지으시고 인간을 통하여 그의 형상과 모양대로 읽고 이해할 수 있게 하는 그런 사상들을 피조물 가운데 주셨기 때문이다. 하나님은 참으로 그의 사역을 통하여 인간에게 말씀하실 것을 품고 계신다.

하나님께서 그의 손의 사역을 통하여 이렇게 말씀하신다는 사실에 대한 반대는 비교적 적다. 그럼에도 불구하고 특별계시를 부정하는 많은 사람들이 창조 속에 있는 하나님의 계시에 대해서 말한다. 그러나 그렇게 하는 이들 중에도 큰 차이가 있다. 어떤 사람은 이 계시를 대부분 자연 속에서 찾고, 다른 이들은 위대한 인물을 동반하는 역사 속에서 찾으며 또한 다른 이들은 차라리 종교적 인격자들을 동반하는 종교사 속에서 찾는다.

어떤 이는 인간 밖으로부터 자연과 역사 속에 오는 계시에 강력한 역점을 두는 반면에, 다른 이는 인간 자신 속에, 즉 인간의 마음 혹은 양심에서 일어나는 것을 크게 강조한다. 현대에 있어서의 사상은 종교와 계시가 아주 밀접하고 심오한 관련을 가지고 있다는 사상에 기반을 두고 있다. 사실 그 둘은 같은 내용을 갖고 있는 같은 일의 두 국면이다. 계시는 그때 하나님과 인간과의 관계에 있어서 신적인 계기이고 종교는 인간적인 계기이다. 하나님은 인간이 종교를 소유한 만큼 자신을 계시하시고 하나님께서 그에게 계시한 만큼 인간은 종교를 소유한다. 이런 관념이 근원적으로 뿌리를 박고 있는 것은 하나님과 인간을 동일시하고 계시와 종교도 동일시하는 범신론에 있다. 그것에 집착하는 자는 누구든지 엄격히 말하면 하나님의 계시에 대해서 말할 자격이 없다. 물론 자연과 역사 속과 세계와 인간 속에 나타나는 하나님의 계시에 대해서 말할 수 없다. 왜냐하면 우리가 일찍이 진술한 대로 계시란 하나님이 스스로를 의식하고 자신을 잘 아시기 때문에, 그분 자신의 선하시고 기뻐하시는 뜻에 따라서 자신에 관한 지식을 피조물에게 전달하실 수 있다는 올바른 이해를 전제하기 때문이다. 범신론적인 견지에서는 하나님의 인격성이나 자의식이나 자아지식 그리고 합리적인 의지 등이 명백히 부정되고 있다. 하나님은 더 이상 만물 안에서 만물의 본질이나 힘이 아니다. 이런 곳에서는 정당한 의미의 하나님의 계시에 대해서 전혀 말할 수 없고, 최대한 이해를 한다 해도 하나님의 무의식적이고 비자발적인 현현이나 일하시는 것에 대한 말뿐이다.

그런 하나님의 현현과 사역이란 사람의 의식 속에 하나님에 대한 사상들이나 표상들이나 지식을 전혀 가져다 주지 못하고, 다만 그의 마음속에 특별한 성향이나 경향이나 감정을 야기시키는 정도에 불과하다. 그러므로 사람은 이들을 그의 문화와 교육의 정도에 따라서 전혀 독자적으로 해석하고 표현하게 될 것이다. 사실 인간과 개인에 있어서 종교란 그때 일종의 하나님의 행동무대(een process)가 되므로 그것을 통해서 하나님이 자신을 자신으로부터 의식하며 자기 자신을 배워 아는 식이 된다. 하나님이 인간에게 자신을 계시하시고 말씀하시는 것이 아니라, 오히려 인간이 스스로에게 하나님을 계시하는 상태이다.

따라서 이런 범신론적인 사상이 계시나 하나님의 말씀 등의 언어를 아직도 사용할지라도, 그들은 그 자신의 고유한 세계관(wereldbeschouwing)으로부터 나오지 않을 뿐더러 있을 자리가 없다. 이들은 그들과 다른 세계관, 곧 성경 세계관으로부터 나왔고, 따라서 그들은 잘못된 의미를 가질 뿐이다. 성경이 사실 일반계시조차도 일종의 하나님의 말씀이라 하는 것도 하나님이 피조물에게 말씀하실 것을 이런 계시 속에 두시고 실제로 그것을 이런 계시를 통하여 말씀하고 계시기 때문이다. 그러므로 성경이 하나님과 인간 사이, 계시와 종교 사이의 차이를 보존하는 것이다. 이는 하나님께서 자신의 사상을 가지고 자신을 알고 계시고, 이 사상을 다소의 차이는 있을지라도 그의 사역 속에서 나타내실 그 때에, 인간이 그의 어두운 이성 때문에 하나님의 이런 사상들을 잘못 이해하고 그의 생각으로 허망해지게 될 가능성이 보이기 때문이다. 그래서 종교는 이런 경우에 있어서 계시의 배후면이 될 수 없고, 오히려 계시에 대한 잘못되고 죄성이 있는 해석이다.

성경대로 이렇게 하나님의 일반계시를 인식하고 그것을 정의해서 하나님의 말씀이라 부르고, 그렇게 부를 수 있음으로 말미암아 성경은 그의 특별계시 속에서 좀더 본질적이고 다른 하나님의 말씀(spreken)에 대한 길을 열어 주고 있다. 전체 성경이 하나님은 스스로 완전히 자의식하고 생각하시며, 따라서 말씀하실 수 있는 그런 존재로서 우리에게 알려 주고 있다. 귀를 지으신 자가 듣지 아니하시랴, 눈을 만드신 자가 보지 아니하시랴는 시편 94:9의 말씀을 생각해 보라! 이 물음은 성령의 감지(感知, zin en de meening)하심에 비추어 보아 다음과 같이 다른 말로 보충될 수 있다. 즉 자신에 대해서 완전히 아시는 그 분이 자신에 대한 지식을 피조물들에게 전달할 수 없겠느냐? 이 가능성을 거절하는 사람은 누구든지 성경이 계시한 바 그대로의 재창조의 하나님뿐만 아니라 창조와 섭리의 하나님을 부정하는 자다. 즉 선한 지각, 곧 성경의 그런 지각으로 일반계시에 나타난 하나님의 말씀을 이해한 사람은 누구든지 원리적으로 특별계시에 나타난 하나님의 말씀에 대한 반대를 일으킬 권리가 없다. 왜냐하면 하나님이 일반적인 방식으로 계시하시기 때문에 또한 하나님은 자신을 특별한 방식으로 계시하실 수 있기 때문이다. 그분은 비유적으로 말씀하실 수 있기 때문에 본래 그대로 말씀하실 수 있다. 그분은 만물의 창조자이시기 때문에 재창조자일 수 있다.

일반계시 속의 하나님의 말씀과 특별계시 속의 하나님의 말씀 사이에 큰 차이가 있다면, 첫째 경우에 있어서는 주의 손의 사역으로부터 나온 사상들을 발견하도록 인간에게 내버려두셨고, 두번째 경우에 있어서는 하나님 자신이 직접 그들의 사상들을 표현하시고 그와 똑같이 그것들을 인간에게 제공하시고 그의 의식 속에 가져 오셨다는 것에 있다. 이사야 28:26의 말씀을 우리가 읽듯이 하나님께서 농부에게는 그가 그의 일을 수행하는 방식에 따라 지시하고 가르치셨다. 그러나 그런 가르치심은 문자적인 말로나 읽기 학습으로 그에게 주어진 것이 아니다. 오히려 공기와 흙, 장소, 밀과 옥수수의 성질 등 자연의 모든 질서 속에서 그것이 그들 앞에 나타나고 표현되는 그런 가르치심이다. 농부는 하나님께서 그 가운데서 주시는 교훈을 파악하기 위해서 모든 자연의 질서에 대해 세심한 주의를 하여 배워 알아야 한다. 이때 그에게 실수와 잘못이 있을 수 있으나 나중에 그 교훈을 이해했을 때 그로부터 만물이 나오고 그 작성하심이 놀랍고 그 사역하심이 크신 하나님께 그것에 대해서 감사해야 한다.

일반계시 속에 나타난 이런 객관적인 교훈은 그 목적하는 바에 충분하다. 하나님께서 그것으로 의도하신 바는 인간으로 하여금 깨어 하나님을 추구하여 혹 더듬어 그분을 발견케 하기 위함이며(행 17:27), 그분을 발견치 못한다고 해도 핑계치 못하게 하려 함이다(롬 1:20). 그러나 특별계시 속에서 하나님은 방황하여 그분을 발견할 수 없는 인간에게 긍휼을 베푸신다. 거기에서 하나님은 친히 인간을 찾아가서 그에게 자신이 누구이며 어떤 존재인가를 말씀하실 것이다. 하나님은 자신이 누구인가를 일련의 몇 가지 사실들로부터 연역하고 추론하도록 인간을 내버려두신 것이 아니라, 그분이 친히 명백한 말로 "여기 이렇게 나는 존재함이라"고 말씀하신 것이다. 하나님은 특별계시에 있어서도 자신이 지니신 여러 가지 덕(deugd)들을 알리시기 위해서 자연과 역사 속에 있는 사람들을 이용하신다는 것이 진실이다. 가끔 이적을 포함한 이 사실들은 곁에 있는 부수적인 것이거나 추가가 아니다. 오히려 계시에 있어서 절대적인 요소이다. 그러나 그것의 해석과 설명은 우리에게 내버려두어도 되는 적나라한 사실들이 아니다. 오히려 그들은 모든 방면에서 하나님 자신의 말씀으로 말미암아 둘러 있다. 그들에 앞서 그의 말씀이 있고 그 말씀으로 말미암아 동반되고 그 말씀 뒤에 따른다. 특별계시의 중심내용은 그리스도의 인격과 사역이다. 이런 그리스도는 구약에서 수세기 전에 전파되어 기술되었고, 그가 나타나서 그의 사역을 수행하셨을 때 다시 신약의 기록에서 해석되고 설명된다. 따라서 특별계시가 그리스도에게로 인도하고 그것과 병행하고 관련하여 역시 기록(de schrift)으로 인도함으로써 하나님의 말씀에 이른다. 이런 이유 때문에 특별계시가 일반계시보다 더 특징적인 의미에서 말씀하시니라(spreken)란 명칭을 쓸 수 있다. 히브리서 첫 절에서 선지자들과 그 아들을 통하여 신약과 구약에서 나타낸 하나님의 모든 계시를 말씀하시니라란 명칭으로 포괄하고 있다. 그러나 곧바로 이 계시는 여러 번 다양한 방식에서 일어났음을 덧붙이고 있다. 첫째 표현(여러 번)이 의미한 바는 계시란 단 일순간에 완전하게 되어 버린다는 것이 아니라, 계속되는 여러 사건 가운데 처하고, 따라서 긴 역사를 거친다는 것을 의미한다. 두번째 표현(다양한 방식으로)은 다양한 신적 계시가 모두 같은 방식으로 되어진 것이 아니라, 다양한 시기와 처지에 처하면서도 역시 다양한 길을 따라서 다양한 형식들과 방식으로 일어났음을 의미한다.

성경의 많은 곳에서, 예를 들면 창세기 2:16, 18; 4:6 이하; 6:13 이하; 12:7; 13:14 등에서 읽게 되는 것은 주님께서 나타나시고, 말씀하시고, 명하시매 등의 표현뿐이며, 일어나는 방식에 관해서는 더 이상 가리킨 바가 없다. 그러나 다른 본문들이 계시의 방식에 관해서 유일한 빛을 비춰 준다. 이것들은 하나님이 계시하시는 데 이용하시는 두 가지 종류의 수단들을 구별케 한다.

객관적(외부적) 성격을 띤 이 모든 수단들이 첫째 부류에 속하는데 이 수단들을 통해서 하나님은 밖으로부터 온 진리로서 인간에게 오셔서 그에게 나타나시고 말씀하신다. 그와 같이 하나님은 종종 아브라함에게 나타나시고, 모세와 시내산에 있는 이스라엘 백성에게, 장막 위와 지성소(het heilige der heiligen) 등에서 그의 현존의 징표로서 구름 기둥과 불 기둥으로 나타나셨다(창 15:17; 출 3:2; 13:21; 19:9; 33:9; 레 16:2). 혹은 주님이 인간에게 말씀하셔야 할 것을 천사들을 통해서 알리셨다(창 18:2; 32:1; 단 8:13; 슥 1:9 이하; 마 1:20 등). 특히 그의 심중에 주님의 이름을 지닌 계약(verbond)의 사자를 통하여 나타나셨다(출 23:21). 게다가 주님은 이스라엘에게 자신의 뜻을 나타내시는 데에 있어서 종종 제비(het lot, 잠 16:33)와 우림과 둠밈(출 28:30)을 사용하신다. 주님은 몇 번 들을 수 있는 소리로 말씀하시거나(출 19:9; 신 4:33; 5:26; 마 3:17; 벧후 1:17) 자신이 그의 법을 증거판에 새기셨다(출 31:18; 25:16).

계시 수단의 이런 부류에 들어가는 것으로는 역시 기적이 있다. 이것은 성경에서 크고 중요한 자리를 차지하고 있다. 그러나 현 우리 세대에 와서 모든 면에서 심한 공격의 대상이 되고 있다. 그렇다고 성경의 세계관을 거절했던 사람들을 대항하여 성경의 기적들을 옹호하려는 것은 헛수고다. 왜냐하면 무신론과 물질주의가 가르치는 대로 하나님이 존재하지 않는다거나, 범신론이 주장하는 내로 하나님은 유일하고 독립적인 인격적 존재가 아니라 세계와 본질이 하나라고 한다거나, 자연신론이 선포하는 대로 창조 후에 하나님은 세계로부터 철수하여 그 자체의 운영대로 내버려두신 존재라면, 기적들이 불가능하다는 것은 자명한 사실이기 때문이다. 기적의 불가능성이 처음부터 분명하다면 그들의 현실성에 관한 논증은 필요치 않다.

그러나 성경은 하나님과 세계와 그 둘 사이에 성립하는 관계에 대해서 다른 사상을 가지고 있다. 첫째로 하나님은 의식적이고 의지적이며 전능의 존재이시매, 그의 모든 힘과 법칙을 지닌 전세계를 존재(aanzijn)로 부르셨어도, 그때 그의 충만한 능력을 빠짐없이 다 소모했다는 것은 아님을 가르친다. 하나님은 그 자신 안에 생명과 힘의 무한히 충만한 것을 존속시키고 소유한다. 그 앞에 놀라운 것이 없고(창 18:14), 하나님으로서는 만물이 가능하다(마 19:26).

둘째로 성경이 보는 세계는 그의 구성체에 있어서 하나의 같은 본질과 같은 실체로 되어 있고 다만 그 형식에 있어서 차이를 나타내는 그런 전체가 아니다. 오히려 성경은 세계를 그 구성원이 비록 전체에 속해 있을지라도 모두가 구별되는 권위와 소명을 지닌 유기체로서 본다. 하나의 세계 안에는 비록 같은 신적 능력을 통하여 보존되고 다스려지지만, 그럼에도 불구하고 땅에서 서로 구별되는 여러 가지 종류의 존재자의 자리가 있다. 이 풍부한 세계에는 물질과 정신, 영혼과 육체, 하늘과 땅이 있다. 그 안에는 유기체와 비유기체, 생물체와 무생물체, 이성적 피조물과 비이성적 피조물들이 있다. 그리고 무기물, 식물, 동물, 인간, 천사들이 있다. 인간 안에도 다시 머리와 마음, 이성과 양심, 오성과 의지, 표상과 감정들 사이에 구별이 있다. 하나요 같은 세계 안에서 이런 다른 영역들이란 다른 능력에 기초하여 여러 법칙들에 따라서 일한다. 몸의 모든 지체와 같은 보는 것들이 상호 결합상태에 있다. 그러나 전체에 있어서 같은 구성체일지라도 그 자신의 장소와 기능을 가지고 있다.

셋째로 성경은 하나님과 세계는 비록 다를지라도 결코 분리될 수 없음을 우리에게 가르쳐 준다. 하나님은 참으로 본질적으로 유일하고 완전하신 독립적 존재이지만 세계로부터 격리되어 있는 것은 아니다. 그 반대로, 그 안에서 우리가 살며 움직이고 존재하는 것이다(행 17:28). 그분은 태초에 만물을 존재로 부르셨던 창조자이심은 물론이거니와 계속해서 전능하신 능력으로 보존하시고 다스리시는 임자요 소유주 장이시고 주님이시며 계속 그렇게 계신다. 모든 것이 태초에는 물론 그 후에도 계속해서 그 안에 그것의 첫 기원을 갖는다. 하나님께서 그것을 통해서 역사하시는 두번째 원인들은 다르지만 모든 피조물의 첫째 원인은 항상 하나님이고 하나님뿐이다.

이런 기초적 사상들을 가지고 우리가 성경에 동의하고 그런 유신론의 기초 위에 서 있는 한은 기적들의 가능성을 의심하고 반대하는 모든 근거가 소멸된다. 왜냐하면 그때에는 자연과 역사 속에 일어나는 모든 것들이 하나님의 행위요 그분의 사역이며, 이런 의미에서 기적이기 때문이다. 그리고 소위 기적들이란 만물 가운데 역사하시는 동일한 신적 능력의 특별한 표현에 불과하다. 그분은 다양한 길에서 다양한 수단(제2원인)을 통해 다양한 법칙을 따라서, 역시 다양한 결과를 가지고 이 사물 가운데에 역사하신다. 돌에게는 식물이 자란다는 것이 기적이고 식물에게는 동물이 움직인다는 것이 기적이며, 동물에게는 인간이 사고한다는 것이 기적이고 사람에게는 하나님께서 죽은 자를 일으키심이 기적이라고 말하는 것이 부당하지 않다. 하나님께서 그의 전능하시고 편재하시는 능력으로 그의 수단인 모든 피조물을 통하여 역사하실 때, 어찌 그분이 동일한 능력을 가지고 다른 방식과 다른 수단을 통해, 즉 자연과 역사의 정상적인 과정으로부터는 우리와 친밀하지 않은 방식으로 역사하실 수 없겠는가? 따라서 기적들이란 자연법칙을 위반한 것이 아니다. 왜냐하면 이런 법칙들은 비록 성경이 그들을 모두 분류하고 규정하지 않을지라도 성경에서 충분히 인식된다. 즉 성경에 따르면 자연의 모든 질서는 하나님이 노아와 맺으신 자연계약에서 고정된 것이다(창 8:22). 그러나 인간이 그의 이성과 의지를 가지고 땅을 복종시키고 그의 문화를 통해서 자연을 지배하는 것과 똑같이, 하나님은 이 창조된 세계를 그의 작정의 집행에 공헌하게 하는 능력을 소유하고 계신다. 기적들이 증명하는 것은 세계가 아니라, 주님이 하나님임을 증명한다.

인간이 타락하지 않았더라면, 이것이 논증될 필요도 없었을 것이다. 그런 경우에는 하나님의 손의 모든 사역으로부터 그는 하나님을 알고 인식할런지도 모른다. 죄가 없었다면 기적들이 있었을 것인지 아닌지 물을 필요도 없이 기적의 경우 그들은 어떤 다른 성격과 목적을 가졌을 것이라는 진술에서 우리는 충족할 수 있을 것이다. 왜냐하면 성경이 보도하고 있는 실제로 일어났던 기적들이란 그들 자신의 특별한 성질과 의도를 띠고 있기 때문이다.

구약에서는 기적들이 동반하면서 심판과 구원이 서로 꼬리를 물고 진행한다. 홍수는 당시대의 불신앙적인 세대를 파괴하는 수단이요 노아와 그의 가족을 방주 가운데서 보존케 하는 수단이다. 모세와 여호수아라는 인물들 주위에 집중적으로 나타난 기적들, 곧 애굽의 재앙들, 홍해를 건넘, 시내산의 율법 주심, 가나안 침공들은 하나님의 대적들과 그의 백성을 심판하시고 자신의 백성에게 약속의 땅에 있는 안식처를 제공하는 데 그 목적이 있다. 후에는 무엇보다도 엘리야란 인물을 중심해서 형성되는 기적들은 아합과 이세벨의 때에 일어난다. 그 때는 이방세력이 전적으로 여호와께 경배드리는 것을 핍박하여 몰아냈을 때, 갈멜 산의 높은 곳에 이르러 거기에서 여호와의 신과 바알 신 사이의 싸움을 결판하였던 때이다.

구약의 모든 기적들은 공동체적인 표징을 띠어 부정적으로는 불신앙의 백성들에게 심판을 행하시고, 긍정적으로는 이스라엘 백성 가운데 계속되는 하나님의 계시의 여지를 만드시고 보존하기 위한 것이다. 이 가운데 그 목적을 두고, 모든 미신과 우상을 반대하여 언약의 하나님이시요 이스라엘 백성의 하나님이신 여호와를 하나님으로서 알리시고 인식케 하신다. 나 곧 내가 그인 줄 알라 나와 함께 하는 신이 없도다 내가 죽이기도 하며 살리기도 하며 상하게도 하며 낫게도 하나니 내 손에서 능히 건질 자 없도다(신 32:39; 4:35; 사 45:5, 18, 22). 이 목적이 성취되었을 때 곧 그리스도의 인격 가운데 충만한 계시가 따른다.

이런 그리스도의 인격 자체가 그 근원에 있어서나 그 본질에 있어서나 그의 말씀과 사역에 있어서 기적의 하나요 세계사의 유일한 기적이다(het wonder). 결과적으로 그가 행하신 기적들은 특유한 성질을 가지고 있다. 첫째로 그분 스스로가 땅에서의 생애 동안에 많은 기적들을 행하셨다. 즉 자연 위에 그의 능력을 보이신 기적들이 있다(물을 포도주로 만드신 일, 수많은 무리들을 먹이신 일, 풍랑을 잔잔케 하신 일, 물 위를 걸으신 일 등). 그리고 그의 능력을 죄로 인하여 결과된 것들, 즉 병의 질환, 생의 빈고(貧苦)한 것들 위에 보이신 기적들이 있고, 마지막으로 그의 능력을 죄 자체, 즉 죄책과 오염, 사단의 주관 위에 보이신 기적들이 있다(죄 용서하신 일, 사단과 귀신들을 쫓아낸 일). 이런 세 가지 종류의 기적들 가운데 그리스도의 인격의 특이성이 나타낸다. 한 가지 예외, 즉 무화과 나무의 저주 외에 예수님의 모든 기적들은 구원의 기적들이다. 그가 세상에 오심은 세상을 심판하려 하심이 아니요 세상을 구원하기 위함이다(요 3:17). 그분은 선지자로서, 제사장으로서, 왕으로서 이적에 있어서도 적극적이고, 아버지께서 그에게 보이시고 맡기셨던 사역을 행하신다(요 4:34; 5:36; 9:4 등).

그러나 좀더 분명하게 그리스도의 인격이 우리와 만나게 되는 곳은, 그를 통해서 되는 이적에서가 아니라, 그 안에서 그와 더불어 역사되는 이적에서이다. 이적을 통해서 특히 그가 누구시고 어떤 존재인지를 안다. 그의 초자연적인 개념, 즉 그의 기적적인 삶과 죽음, 그의 부활, 승천, 하나님의 우편에 앉아 계심이 모두 유달리 뛰어난 구원의 이적들이다. 그 이적들은, 그분의 절대적 능력이 죄와 그로 인한 결과들과 사단과 그의 전왕국 위에 임함을, 예수님을 통해서 이루신 사역들보다 더 잘 예증하기까지 한다. 그리고 그와 같은 이적들은, 이런 능력이 새 하늘과 새 땅에서만 그것의 최종적인 승리를 얻을 구원의 능력임을 그의 어떤 사역들보다 더 분명하게 밝혀 준다.

사도시대에 첫 증거자들로 말미암아 수행된 이적들은 승천하신 그리스도의 사역들로서 특징지워질 수 있다(행 3:6; 4:10). 그 이전의 사역들은 세상으로 말미암아 거절되어 십자가에 못박혀 죽으시고 지금은 죽은 자로 생각되었던 이 예수가 살아 계시고 하늘에서뿐만 아니라 땅 위에서도 모든 능력을 가졌음을 예증하기 위해서 필요했다. 구약의 이적들은 여호와가 하나님이셨고 그와 더불어 있는 자는 아무도 없음을 보였다. 신약의 이적들은 유대인들이 그를 십자가에 못박았던 나사렛 예수 그리스도가 하나님으로 말미암아 일으키심을 받아 올리우시고 왕과 구주로서 하나님의 우편에 계심을 보인다(행 4:10; 5:30, 31). 이 목적이 달성되고 아버지께서 성령과 교통하심으로 아들 안에 계시하신 이런 계시를 믿고 고백하는 교회가 이 세상에 심어졌을 때 외적으로 볼 수 있는 이적들은 멈추고, 이방인의 충만함이 차고, 전 이스라엘이 구원받을 때까지 중생과 회심의 영적인 이적들이 교회 안에 계속된다. 성경의 증거에 따라, 세상 끝날에는 그리스도가 나타나시고, 죽은 자의 부활, 심판, 새 하늘과 새 땅이 나타나는 미래의 이적들이 올 것이다.

진실로 모든 계시와 이 계시 속의 모든 이적들의 목적은 타락한 인간의 회복과 세상을 재창조하시고 모든 피조물들로 하여금 하나님을 하나님으로서 인식케 함에 있다. 따라서 이적들은 계시의 외래적인 요소나 변덕스러운 추가나 부수적인 것이 아니다. 오히려 그들은 계시에 있어서 필연적이고 필요불가결한 구성을 이룬다. 그들 자체가 계시이다. 하나님은 말과 행동 속에서 모든 그의 덕과 완전성들을 가지시고 자신을 인간에게 알리신다.

하나님께서 그의 계시에 사용하시는, 아직 두번째 계열의 형식과 방식들이 모든 객관적이고 외적인 이런 첫째 부류의 수단들에 뒤따른다. 그것은 주관적인 성격을 띠고, 인간 밖이 아니라 인간 자신 안에 현존하며, 따라서 그것을 통하여 하나님이 밖으로부터가 아니라 안으로부터 인간 안에서 말씀하시는 모든 수단들이 그것에 속해 있다.

이 중에 첫 자리를 차지하는 것이 구약의 중보자인 모세에게 부분적으로 여러 번 계시하신 특별한 계시다. 그것은 그 당시 주님께서 모세와 얼굴과 얼굴을 맞대고, 어떤 사람이 그의 친구와 말하듯이, 말씀하셨던 계시로 묘사되고 있다(출 33:11).

모세는 구약에서 아주 특이한 자리를 차지하고 있고 모든 선지자들 중에 으뜸이다. 하나님은 그에게 환상으로 말씀하시지 않고 애매한 말로 하시지 않고 입과 입으로부터 말씀하셨다. 즉 그는 하나님을 꿈 속에서가 아닌 실제로 그의 모양과 그의 형태를 보았고, 그의 존재나 그의 얼굴을 본 것이 아니라, 그의 눈 앞에 직접 지나가시는 하나님의 영광의 후광을 본 것이다(민 12:8; 출 33:18-33).

이런 계시수단에 속해 있는 것에 역시 꿈이 있다(민 12:6; 신 13:1-6). 즉 육체의 눈은 외부세계에 닫혀 있고, 영혼의 눈은 신적인 것들을 직관하는 데 열려 있는 그런 상태, 즉 선견과 환상들이다(민 12:6; 신 13:1-6). 그리고 무엇보다 더 사람의 의식 속에 하나님의 영의 감동 혹은 내적 소리(inspraak)가 있다 (민 11:25-29; 삼후 23:2; 마 16:17; 행 8:29; 고전 2:12; 벧후 1:21). 인간의 의식 속에 내적 소리의 수단을 통한 이런 마지막 계시는 이미 구약에서 반복해서 일어났지만, 거기에서 그것은 항상 위로부터 잠시 동안 선지자에게 임한 성령의 역사로서 생각되고 있다. 그러나 신약에서는 성령 자신을 부어주심에 따라 영감이 계시의 형식으로 좀더 보편적이 되었을 뿐만 아니라, 그것이 좀더 유기적이고 영원한 한 성격을 취하였다.

이런 두 종류의 계시수단들은 현현(manifestatie)과 영감(inspiratie)이란 명칭 아래 포괄될 수 있다. 그때 기억해야 될 것은, 현현의 내용은 절대적으로 행위에서뿐만 아니라 사고와 말 속에서도 성립한다는 것이다. 그리고 또한 잊지 말아야 될 것은 여기에서 의미했던 영감이란 문서 형태의 기록하는 계시(성경의 영감이나 하나님의 감동) 안에서 선지자들과 사도들이 기뻐함을 입은 성령의 활동이나 모든 신자들의 분깃인 내적 조명과는 다르다.

# 제6장

# 특별계시의 내용

특별계시가 일어났던 다양한 방식에 대해서 언급했으니, 이제 그 내용에 대해서 관심을 기울이자. 일반계시를 취급했을 때와 마찬가지로, 여기에서도 그 내용을 이해하려면 특별계시의 역사[1]를 짧게 훑어보는 것이 최선이다. 개별적인 논평을 하지 않고 이런 식으로 취급할 때 그 목적이 동시에 분명해진다.

특별계시는 아브라함에게서 처음 시작하지 않았다. 오히려 타락 직후부터 이미 시작했다. 따라서 아브라함은 데라의 자손이었고, 그의 하나님이 여호와였고 여호와가 그의 하나님이 될(창 9:26) 셈의 팔대손이라는 사실은 우연한 것이 아니다. 홍수 전 셋의 세대에서와 마찬가지로 셈의 세대에서 하나님의 지식이 가장 오랫동안 가장 순수하게 보존되었다. 그러므로 주님께서 아브라함을 부르실 때, 자신을 다른 하나님으로서 보이신 것이 아니라, 아브라함이 이미 알고 있고 고백했던 같은 하나님으로서 나타내신 것이다. 참으로 성경의 다른 구절로부터, 즉 멜기세덱에 관한 구절로부터(창 14:18-25) 하나님의 참지식은 그때까지 사라지지 않았음을 우리가 안다. 그리고 블레셋 왕 아비멜렉, 헤브론의 헷

---

역주 1) 카이퍼는 3가지 관점에서 성경 이해를 요했다. 이사야 30:8의 말씀을 근거로 하여 책으로서 정경적인 이해, 기록(Geschrift)으로서 주석적인 이해, 증언으로서 선포적인 이해다. 3번째 이해를 역사적이고 통일적인 이해로 특징지우고 다시 3가지로 나누어 성서고고학(Archaeologia sacra), 성서역사(Historia sacra), 계시역사(Historia revelationis)로 이해한다. 특히 계시역사를 성경으로부터가 아니고 성경 안에 있는 성서신학(Theologia Biblica)이라고 한다. 물론 교의신학(Theologia dogmatica)과 성서교의학(Dogmatica biblica) 사이도 구별했다. 그는 그 개념을 가블러(Gabler)에게서 빌어 온 것이지만 그 의미한 바가 전혀 다르다고 볼 수 있다. 이 계시역사의 취급방식이 어떠하냐에 따라서 그는 일반계시 역사와 특별계시 역사로 나누었고 그 계시역사에 있어서도 각 시대를 구분하였다(Encyclopaedie der Heilige Godgeleerdheid, Ⅱ. Afd. 1. Hfst. Ⅲ. § 14). 이런 계시역사주의는 19세기말 화란 개혁신학의 특징이며 보스(Geehardus Vos)도 이 영향을 받은 인물이기도 하다.

족속, 애굽 나라의 바로에 관해서 기록된 바, 그들은 아브라함의 하나님을 알고 있고 그에게 경배드리고 있다(창 20:3; 21:22; 23:6; 26:29; 40:8; 41:16, 38, 39).

언어가 혼란되고 인류가 흩어진 후 불신앙은 더 이상 증가하지 않았으나, 그럼에도 불구하고 미신과 우상이 부쩍부쩍 늘어났다. 애굽의 경우가 그렇고(출 18:9-12), 가나안(창 15:16; 18:1 이하)과 바벨론에서도 역시 그렇다. 셈의 자손들 사이에도 우상이 침투했다. 여호수아 24:2, 14, 15에 따르면 이스라엘의 조상들, 곧 아브라함과 나홀과 하란의 아비, 데라가 강 저편에 거할 때 다른 신들을 섬겼다. 그리고 창세기 31:29, 34과 35:2-4로부터 우리가 아는 것은, 라반은 특별한 가옥의 수호신들인 드라빔을 두고 그들에게 경배했다는 사실이다. 따라서 라반은 역시 아람미(Arammi), 곧 아람 사람, 수리아 사람이라 불려졌다(창 31:20; 신 26:5).

인간이 우상과 불의 속에 빠지는 것을 막고, 노아와 맺으신 자연계약을 깨지 않고 인류를 위한 하나님의 목적이 좌절되지 않도록 하기 위해서, 하나님은 아브라함과 다른 길에 들어섰다. 그분은 다시 인류를 홍수로 멸할 수 없으셨다. 오히려 하나님은, 다른 백성들은 제 길로 가도록 내버려두시고, 한 사람과 이 한 사람 안에 있는 한 백성과 계약을 맺으시고 그런 계약의 길에서 그의 약속을 지속하시고 성취하시며, 그 성취가 이루어졌을 때 그것을 다시 모든 인류에게 확장하실 수 있었다. 한 백성의 일시적인 분리가 전인류와 영원히 하나가 되는 수단이 되는 것이다.

그러므로 아브라함에게서 계시역사의 신기원이 시작된다. 족장들에게 일어났던 특별계시는 이전 계시들과 연하여 이들을 흡수하고, 오히려 그것을 계승하여 좀더 발전시켰다. 그러므로 이 새로운 계시를 자신의 독특성 안에서 올바르게 이해함이 아주 중요하다. 여기에 이어 더 언급될 것은, 즉 아브라함에게 임한 계시와 아브라함의 종교를 구성함이 어디에 있었느냐 하는 문제의 해답이 이스라엘의 계시요 이스라엘 종교의 본질인 다른 해답을 결정한다는 점이다.

지금까지 많은 이들이 이스라엘 종교의 근원과 본질에 있어서 올바른 이해의 길에 방해를 해 왔다. 첫째로 그들은 족장시대의 역사적 가치를 거절하고 아브라함, 이삭, 야곱 등의 인물들을 일리아드(Ilias)에서 호머(Homerus)가 찬양하였던 반신반인(半神半人)이나 영웅으로 생각하고 있다. 둘째로 그들은 이스라엘 종교를 이방종교의 근원 형태인 정령숭배, 주물숭배, 조상숭배, 다신령주의 혹은 다신론 등에 기원이 있는 것으로 생각한다. 셋째로 그들이 보이려고 하는 사실은, 그런 이스라엘 종교의 본질 이후에 점점 선지자들의 시대에 들어오면서 주로 기원전 8세기에 성립한 소위 윤리적 유일신론, 즉 전능하시고 의로우시며 선하신 유일신에 대한 인식에 있다는 점이다.

구약에 대한 이런 현 개념은 이스라엘 종교 전체를 다른 모든 민족에게 있어서와 마찬가지로 특별계시의 도움 없이 순전히 자연적 요인으로부터 점진적으로 천천히 발달한 것으로 설명하려는 시도로 생각할 수 있다. 그러나 성경 전체는 이 견해를 용납하지 않고 이스라엘 종교의 근원을 잘 해명하고 그의 본질을 올바르게 이해하려는 그런 노력인 현 개념을 실패로 정죄한다.

이런 길에서는 결코 이스라엘 종교의 근원을 발견할 수 없다. 선지자들은 언제 어디서든지 다른 새로운 신성을 개입시킨 일이 없고, 오히려 그분의 말씀을 아브라함과 이삭과 야곱의 하나님이며 조상의 하나님일 뿐 아니라, 이스라엘의 하나님이며 그의 백성들이 계약에 힘입어서 예배하고 경배드려야 할 같은 하나님의 이름으로 전파했다. 따라서 이것에 의미심장한 느낌을 가진 많은 사람들이 선지자들로부터 모세에게까지 소급해 올라가 그를 이스라엘 종교의 실질적인 기초자로 생각하게 되는 것이다. 그러나 모세 역시 낯설고 알지도 못하는 신의 이름으로 나타나지 않았고 그럴 수도 없었다. 왜냐하면 이런 경우에는 그가 이스라엘 백성 사이에 신용을 받을 수 없을 것이기 때문이다. 그 대신 그는 자신을 역사에 개입시켜 백성을 소환하고, 족장들과 언약을 맺으셨고 이제 그 약속을 실현시키기 위해 오신 신실한 분이신 그 하나님의 이름과 명을 좇아 출애굽시킬 것이다. 이스라엘 종교의 기원에 관한 신중한 반성의 결과 우리로 하여금 성경의 족장시대에까지 소급해 가게 한다.

이스라엘 종교의 본질을 이해하려고 하면 반드시 이 족장시대로 되돌아가야 한다. 그렇다고 이 본질이 꼭 소위 윤리적 유일신론에 있다는 것은 아니다. 이스라엘 종교에는, 하나님은 유일하시고 전능하시고 의로우시며 거룩한 존재자시라고 하는 요소가 내포됨은 분명하다. 그러나 이스라엘 종교는 거기에 집중되어 있지 않다. 이 요소는 그 내용이라기보다는 전제이다. 이 종교의 핵심은 다른 데 있다. 즉 유일하시고 영원하시며 의로우시고 거룩하신 이 하나님이 친히 그의 하나님으로서 이스라엘과 언약을 맺으셨다는 점에 있다.

그것이 사도 바울이 이해했던 점이다. 로마서 4장(갈 3:5 이하와 비교)에서 바울은 아브라함이 하나님으로부터 받은 특징적인 것이 무엇이냐고 묻는다. 그리고 창세기 15:6을 인용하면서 그 해답을 주기를, 이것은 행위로부터 온 의가 아니라 믿음의 의에 있다고 하였다. 다른 말로 하면 다윗도 후에 죄의 용서가 죄인의 구원임을 보았던 것처럼, 하나님의 값없으신 은총과 축복으로 죄를 용서해 주시는 은혜에 있다는 것이다. 사도는 더 나아가 이르기를, 이 큰 은혜의 선물을 아브라함에게 처음 보내게 된 것은 할례 시가 아니라, 훨씬 오래 전이라 하였다(창 15:6). 그리고 14년 후에 따르는 할례의 제정은(창 17장) 믿음으로 의롭다 여기심이며 그것의 표요 인치심이라 하였다. 따라서 죄의 용서와 더불어 구원은 율법과 그의 모든 요구로부터 독립한다. 이것이 보편적인 모든 은사의 경우에도 타당하다. 율법으로 말미암은 것이 아니라, 율법이 있기 오래 전에 율법과 독립적으로 그는 열국의 아비가 되고 세계의 조상이 될 것이라 약속하셨다.

사도의 이런 모든 논증은 구약 자체의 역사에 의해서 지지되고 있다. 이 역사 속에 나타난 전경이란, 아브라함이 하나님에 대해서 알고 하나님을 위해 행하는 것이 아니라, 하나님이 아브라함에게 주신다는 것이다. 이제 하나님은 첫째로 아브라함에게 찾아가 그를 부르시고 가나안으로 인도하신다. 두번째로 아브라함에게 그와 그의 자손에게 그들의 하나님이 될 것을 약속하신다. 세번째로 모든 기대와는 반대로 한 자손을 줄 것이며 그를 열국의 아비가 되게 하사 그 백성에게 가나안 땅을 줄 것을 약속하신다. 네번째로 하나님이 계속 이르시되, 하나님은 아브라함을 그의 후사 안에서 천하 만민을 위한 복으로 세우실 것이라고 하신다. 마지막 다섯번째로 하나님은 이 약속을 언약에 있어서 보증으로 삼으시고 할례의 표로 인치시며, 아브라함의 신앙 시련을 거쳐 하나님을 통하여 맹세로 확증된다(창 12:1-3, 7; 13:14-17; 15:1 이하, 17-19; 17:1 이하; 18:10; 22:17-19). 이런 모든 약속들이 아브라함에게 주신 하나님의 계시 내용을 형성한다. 나는 너의 하나님이요 너의 자손의 하나님이 될 것이 그들의 중심에 있는 하나의 큰 약속이다. 이 약속들은 이스라엘의 땅과 백성을 통하여 그리스도에게 미치고 그리스도 안에서 전인류와 전세계에까지 미친 것이다(롬 4:11 이하). 율법이 아니라 복음이, 요구가 아니라 신앙이 계시의 핵심이다. 인간 편에서 그것의 대응이란 신앙이요 신앙의 행위(dewandel des geloofs)이다(롬 4:16-22; 히 11:8-21). 이는 신앙으로 말미암지 않고는 어떤 약속도 우리의 것이 될 수 없고, 그 신앙은 그 자체로부터 하나님 앞에 의로운 행위 가운데 있는 것이다(창 17:1). 아브라함은 믿음의 신앙의 모범이요, 이삭은 인내의 신앙의 모범이요, 야곱은 투쟁하는 신앙의 모범이다.

족장들의 역사에서 이미 이스라엘 백성의 성격과 소명이 무엇인지 우리에게 묘사되었다. 땅의 백성들은 그들 자신의 길로 행하여 일반은총의 선물들을 발전시켜 나가는 반면에, 하나님의 창조행위로 말미암아(창 18:10; 신 32:6; 사 51:1, 2) 아브라함으로부터 한 백성이 탄생하게 되었다. 그들은 그들의 조상처럼 신앙으로 행해야 하고 그들이 거하는 땅이 자신의 능력에 있지 않고 하나님의 은혜에 있도록 하셨으며, 다른 민족들을 지배하는 축복을 얻을 수 있는 것은 이삭처럼 주님의 구원의 약속을 신실하게 보존하고, 야곱처럼 그의 성취를 투쟁으로 기다리는 때이다. 인간적인 계획이나 심사숙고함이 이런 성취를 증진시킬 수 없으되, 인간적인 약점이나 죄들이 또한 더 이상 그것을 방해할 수도 없다. 이는 하나님이 약속을 주신 자요 성취하시는 자이기 때문이다. 주님은 죄를 벌하시기도 하시는 반면에, 동시에 그것을 그와 목적 수행에 유익하도록 하신다. 그리고 이스라엘이 옛적의 야곱과 같이 주님의 이런 약속과 축복에 참여케 되는 것은 책벌로 연단되고 자신의 능력에 있어서 깨어져서, 오직 믿음과 기도의 싸움을 통하여 승리를 얻게 되었을 때뿐이다. "당신이 내게 축복하지 아니하시면 가게 하지 아니 하겠나이다"(창 32:26; 호 12:4).

이 약속은 구약에서 이어지는 하나님의 모든 계시의 내용으로 남아 있다. 물론 그 안에서도 그들은 확장되고 발전된다. 그렇더라도 그들은 계속 남아서 이스라엘 종교의 핵심과 본질을 형성한다. 시내산에서 맺은 언약과 거기에서 하나님으로 말미암아 제정된 율법적인 경륜과 더불어 의심할 바 없이 전혀 다른 시대에 들어선다. 그러나 이스라엘 종교의 본질과 구약에서의 경륜을 이해하기 위해서, 전에 아브라함에게 주신 약속이 후에 율법제도로 말미암아 사라지지 않는다는 사실을 우리는 마음 깊숙이 새겨두어야 한다.

바울은 분명히 우리에게 다시 가르친다. 갈라디아서 3:15 이하에서 바울은 아브라함과 그의 자손에게 주신 약속을 계약 혹은 오히려 약정에 비교하여, 서약자가 약정을 일단 끝마치면 누구도 그것을 번복시킬 수 없는 법임을 가르친다. 아브라함에게 주신 하나님의 약속과 그 안에 내포된 모든 유산들에도 같은 법이 적용된다. 그 약속들은 값없이 주신 하나님의 제정이시다. 그들은 하나님으로 말미암아 아브라함과 그의 자손에게 명실화(名實化)되고 언젠가 한번은 하나님의 제정으로 그 자손의 손에 맡겨짐에 틀림없다.

육체를 따라 아브라함으로부터 난 모든 백성들이 그 자손으로 간주되는 것이 아니며, 하갈과 그두라에 의해서 얻은 그 후손들도 마찬가지이다(창 17:20; 25:2). 왜냐하면 성경이 말씀하시는 것은 '자손들', 곧 많은 후손들이거나 백성들이 아니라, 아브라함으로부터 낳을 한 자손, 한 후손이다. 그 후사는 약속의 아들, 곧 이삭으로부터 낳게 될 자손이요 특별한 자손으로서 그리스도에게로 귀착하게 될 그 백성이다.

하나님이 약정방식의 약속으로 그의 구원의 은택을 아브라함과 그의 자손에게 명실화할 때, 이것이 의미하는 바는 이 구원의 은택은 장차 그리스도에게 속해야 함과 그들은 그의 소유가 되어야 함을 의미한다. 전에 아브라함에게 서

약된 약속, 즉 모든 인간적인 조건들이나 인간의 모든 법 이행에 의존됨이 없이 순전히 하나님의 값없는 제정으로 말미암아 주신 약속은 후에 어떤 추가법으로도 효력을 상실케 할 수 없다. 그것이 성취되었더라면 하나님은 자신의 약속과 제정, 자신의 약정과 맹세를 폐지했을 것이다.

항상 가능성은 둘 중 하나다. 즉 우리가 약속 안에 내포된 구원의 은택을 얻는 데는 약속으로부터가 아니면 율법으로부터이고, 은혜로부터가 아니면 공로로부터이고, 신앙으로부터가 아니면 행위로부터이다. 아브라함이 약속으로부터 믿음의 의를 얻게 된 때는 무할례 시임이 분명하다.

이스라엘 사람들은 족장시대에서나 애굽에서나 수백년 동안 아직 율법이 없을 때 율법으로 말미암지 않고 순전히 약속으로 말미암아서만 이 은택을 입었다. 그리고 하나님은 이 약속을 아브라함과 그의 자손에게, 곧 그리스도에게까지 이것을 주시고 그 안에서 전인류에게 주셨다. 따라서 그것을 영원한 언약으로서 주셨고 이것을 값진 맹세로 확증하셨다(갈 3:17, 18; 히 6:13 이하). 이 모든 것이 사실이라면, 후에 하나님께서 이스라엘에게 주신 율법이 그분의 약속을 폐지시킨다는 것은 불가능하다. 그렇다면 좀더 중요하게 되는 물음은, 하나님은 왜 이 율법을 이스라엘에게 주셨는가, 다시 말하면 율법과 더불어 접어드는 이 은혜언약의 경륜은 어떤 의미와 의의가 있는가, 그리고 이스라엘 종교의 본질이 무엇인가 하는 물음이다. 이 물음은 바울 당시에도 중요했지만 우리 시대에도 그때 못지않게 중요하다.

사도들 당시에도 여러 사람들이 이스라엘 종교의 본질을 율법에서 찾았다. 따라서 이방인들이 그리스도인이 되려면 이스라엘을 통해서, 즉 할례와 율법의 보존을 통해서만 되어야 함을 요구했다. 그리고 다른 이들은 율법을 멸시했고, 그것을 차원이 낮은 신의 탓으로 돌리며 저차원적 견해에 속하는 것으로 간주했다. 도덕 지상주의자들(Nomisme)과 신앙 지상주의자(Antinomisme)[2] 들이 서로 극단적인 대조를 이루고 있다.

명칭과 형식은 다를지라도 이와 같은 대조가 우리 가운데 있다. 어떤 이

---

역주 2) 기독교 신앙과 율법을 극단적으로 대조하여 도덕적인 법이나 행위를 배제하거나 무시하는 입장이라고 볼 수 있다. 교회사 속에서 논쟁되었던 문제로 유명하게 된 것은 루터와 아그리콜라(John Agricola)의 논쟁에서부터라고 할 수 있다. 그 후에도 아그리콜라의 제자들인 암스도르프(Amsdorf), 오토(Otto)에게서 찾을 수 있고, 17세기 영국에서는 크리스프(Crisp), 살트마쉬(Saltmarsh), 리차드슨(Richardson) 등의 인물들이 있다(Cyclopaedia of Biblical, Theological and Ecclesiastical Literature V. I〈New York, 1878〉, pp. 264-266; Die Religion in Gesichte und Gegenwart, Bd. I〈1977〉, p. 452).

들은 이스라엘 종교의 본질을 종교적 유일신론, 즉 하나님은 거룩한 하나님이시므로 우리가 그의 계명을 지키기만을 요구한다는 인식에 두고 역시 기독교의 본질을 그 안에서 찾는다. 둘 사이의 구별이 없어지고 계몽된 유대인이나 그리스도인이 완전히 같은 종교를 고백하고 있다. 그리고 다른 이들이 있는데, 그들은 고도의 영적인 자유로부터 율법적인 유대주의를 비열하고 편협하고 옹졸한 것으로 경멸하며, 그들의 최대 고상한 이상이란 인류를 유대의 손으로부터 구원하고 야벳주의로부터 셈주의를 몰아내는 것이다. 즉 모든 부패는 유대주의로 돌리고 모든 구원은 인도 유럽어족으로부터 나온다는 것이다. 셈적 정신과 반셈적 정신이 서로 싸우고 있다. 그러나 극단으로서 그들은 때로 서로 일치하며 같은 실수를 범한다. 바울에게 있어서 율법의 의미와 의도에 관한 물음은 큰 의의를 지녀서 그의 편지에서 여러 번 이 물음으로 돌아갔다. 그가 준 대답은 다음과 같다. 첫째로 율법은 약속에 가외(加外)한 것으로, 후에 덧붙여졌어도 원리적으로 그것과 관련이 없는 것이다. 약속을 받은 수년 후에 율법이 선포되었다. 그러나 그것이 약속에 가외되었을 때는 아직 일시적이고 잠정적인 성격을 띠었다. 약속이나 은혜언약은 영원할지라도, 율법은 아브라함의 특정한 씨, 곧 그리스도가 나타나서 그 안에서 약속이 근본적으로 성취되고 받았던 약속의 내용을 보급해야 할(롬 5:20; 갈 3:17, 19) 그때까지만 계속한다.

둘째로 율법의 이런 일시적이고 잠정적인 성격은 이미 그 근원에 표현되어 있다. 율법은 참으로 하나님으로부터 나오지만, 그것을 직접 이스라엘 백성과 그 백성 각자에게 주신 것이 아니었다. 거기에는 여러 가지 매개물이 현존했다. 율법은 하나님 편으로부터 천사들을 통하여 우뢰와 번개 아래, 어두운 구름 가운데 심히 큰 나팔소리로 주어졌다(출 19:16, 18; 히 12:18; 행 7:38, 53; 갈 3:19). 두려움에 가득하여 산들의 발 앞에 서 있어야 했던 백성 편에서는 모세가 세우심을 입어 봉사하고 하나님과 대화를 나누고 율법을 받았다(출 19:21 이하; 20:19; 신 5:22-27; 18:16; 히 12:19; 갈 9:19, 20). 약속의 경우는 전혀 다르다. 이는 약속이란 천사들로 말미암아 주어지지 않고 바로 하나님의 아들로 말미암아 주어지기 때문이다. 우리 편에서 우리가 임명했던 자 중 누군가, 즉 우리를 위한 중보자로 말미암아 그것이 받아들여지지 않았다. 모든 신자들은 그리스도 자체 안에서 개인적인 분깃을 받는다(요 1:17; 갈 3:22, 26).

셋째로 그것이 하나님으로부터 나온 이상, 율법은 거룩하고 의롭고 선하고 영적이다. 아무리 율법이 죄를 죄 되게 할지라도, 율법은 죄의 동기나 원인이 아니다. 율법 자체는 본질적으로 힘이 없는 것이 아니고 생명에 이르는 명령이다. 그러나 그것은 인간 안에서 죄악된 육체로 말미암아 힘이 없을 뿐이다. 그렇다고 이 모든 것이 정도와 종류에 있어서 율법과 약속은 차이가 있음을 부정하는 것이 아니다. 참으로 율법이 약속과 반대되거나 모순되는 것이 아님은 물론, 약속과 신앙으로부터 나온 것도 아니다. 그러므로 약속을 없이 하기 위해서 율법이 주어졌다는 것은 있을 수 없다. 율법은 약속과 본질적으로 다르므로 약속과는 다른 성격을 띠고 있고, 다른 목적을 가지고 있다(롬 7:11-14; 8:3; 갈 3:17, 21).

넷째로 율법에 고유하고 하나님께서 율법을 주신, 그 특별하신 목적에는 두 가지 성격이 있다. 첫째로 율법은 범법함을 인하여 약속에 더한 것이다(갈 3:19). 즉 범법함을 더 크게 하기 위해서 더한 것이다. 이는 모세의 율법이 있기 전에도 역시 죄가 있었기 때문이다(롬 5:12, 13). 그러나 그 죄는 다른 성격을 띠었다. 그것은, 즉 바울이 그것에 대해서 말한 바는 일반적으로 죄와 구별된 의미에서의 '범법'이 아니다. 생명 아니면 죽음이 따르는 명령을 받았던 아담 안에서나(롬 5:12, 14), 역시 순종과 불순종에 따라서 생명 아니면 죽음을, 축복 아니면 저주를 취하게 될 이스라엘 안에서 죄란 다른 성격을 띠었다.

생명 아니면 죽음이 걸려 있었던 율법을 거스리는 이 죄는 '범법'함이 되었다. 즉 하나님께서 아담과의 행위언약과 이스라엘과의 시내산 언약 안에서 세우셨던 이 특별한 관계를 벗어나 대항하는 입장인 언약파기의 성격이 있다. 그런 율법이 없는 곳에는, 죄는 죄로 머물러 있을지라도 본래 '범법'함이 없다(롬 4:15). 이방인들의 죄들도 죄들임에 아주 확실하나, 이스라엘의 경우처럼 언약파기는 아니다. 하나님이 이스라엘에게 주신 그런 율법이 없이도 이방인들은 이런 율법 없이 망한다(롬 2:12).

따라서 이스라엘 안에서 생명의 약속과 죽음의 위협을 동반하는 한 율법이 하나님으로부터 주어졌기 때문에, 죄들은 다시 '범법' 함이 분명하다. 율법이 그것을 가능하게 했다. 그러한 한에서 바울이 할 수 있는 말은 시내산 율법은, 그것이 비록 거룩하고 절대 죄의 원인이 아닐지라도, '범법'함을 더하기 위해서 약속에 더한 것이라는 말일 것이다. 즉 율법은 죄의 힘이요 욕망을 일깨우고 죄가 계명으로 말미암아 범죄할 기회를 타며 죄는 그런 율법 없이는 자고 죽어 있다. 다시 말하면 율법은 '범죄'(misdaad), 즉 단 한 번의 오도와 타락과 언약파기의 본성이 가져온 특별한 죄를 더하게 하는 것이다(갈 3:19; 롬 5:13, 20; 7:8; 고전 15:56). 그러나 율법이 이 모든 것을 낳기 때문에 율법은 사태의 본질로부터 당연히 진노를 이루게 한다. 즉 율법은 신적 형벌로 위협하며 모든 인간과 그들의 모든 행위에 심판을 선포하며 의인은 없게 하고 모든 이를 저주 아래 두며 모든 이를 지옥에 떨어져야 함에 두며 하나님의 저주에 복종케 한다(롬

3:19, 20; 4:15; 갈 3:10, 11, 22). 따라서 구약에도 죄의 용서함과 영원한 생명에 들어간 사람들이 있다면, 그것은 율법 때문이 아니라 약속 때문이다.

범법함을 증가시키고 심판이 악화되는 이런 부정적인 목적과 관련되었음에도 불구하고, 하나님께서 이스라엘에게 주신 율법은 역시 긍정적인 목적이 있다. 바로 죄에 범법, 언약파기, 불신앙의 성격을 줌으로써 마음의 신비적 욕망을 포함한 모든 죄를 죄로서, 즉 하나님의 율법과 싸우는 상태에 있으며 진노와 죽음의 저주를 받기에 합당한 죄로서 인식케 하므로(롬 3:20; 7:7; 고전 15:56), 율법은 약속의 필요성을 분명하게 하고, 죄인의 칭의가 가능할 수 있다면 행위로부터 온 의와는 다른 하나의 의가 존재함에 틀림없음을 증명한다(갈 3:11). 그러므로 약속과 반대되기는커녕, 율법은 명백히 하나님의 손에서는 약속을 곧장 그것의 성취로 좀더 가깝게 하게 하는 수단으로서 봉사하고 있다. 율법은 행동의 자유를 잃은 죄인처럼 이스라엘을 감금한다. '몽학선생' (paedagoog)과 같이 율법은 이스라엘을 손에 쥐고 항상 어디에 가든지 이스라엘을 동반했고 그의 시야를 잠시도 놓치지 않았다. 안내자요 돌보는 자로서 율법은 이스라엘을 지켜 보아, 이스라엘로 약속이 갖는 필연성과 영광을 배워 알고 사랑하도록 했다. 소위 율법 없이는 약속과 그것의 성취란 아무것도 안 될 것이다. 즉 율법 없는 이스라엘은 곧장 이방 나라로 전락하고 말 것이며, 그와 같이 그 자신의 종교로서 약속을 포함한 하나님의 계시와 이방인 사이의 위치를 잃어버릴 것이다. 그러나 그 율법이 이스라엘을 보호했으며 구별지었고 격리시킴으로써 보존했고 융화됨을 지키며, 따라서 영역을 창조하시고 순화하셔서 그 안에서 하나님은 그의 계시, 곧 그의 약속을 순수하게 보존하고 확장하며 발전시키고 더하게 하시며 오랠수록 더 그 성취함에 가깝게 하실 것이다. 율법은 약속의 성취를 위해서 봉사했다. 율법은 누구든지 하나님의 진노 아래 두고 죽음의 선고 아래 두었으며 율법은 모든 이들을 죄 아래 포괄하였으니, 이는 아브라함에게 주어져 그리스도에게서 성취된 그 약속을 믿는 모든 이들에게 주시고 이 모든 사람들이 아들로서 유업을 얻게 하기 위함이다(갈 3:21-4:7).

우리가 사도 바울의 이런 견해를 취할 것 같으면, 구약에 나타난 하나님의 계시나 이스라엘 종교, 율법의 의의, 역사와 예언, 시편과 지혜서에 관한 놀라운 조명을 얻게 된다.

모세라는 인물과 더불어 하나님의 계시와 이스라엘 역사는 참으로 새로운 시대에 접어든다. 그러나 아브라함에게 주신 계시가 그 전 하나님께서 가르치신 것을 폐지한 것이 아니고 그것을 흡수하고 계속되는 것처럼, 역시 율법 아래 있는 하나님의 은총의 경륜은 율법 이전의 하나님의 은총의 경륜에 이어지고 있다. 약속에 더해진 율법은 이 약속을 힘이 없게 만들거나 없이 하는 것이 아니라, 약속을 흡수하여 그것의 발전과 성취에 봉사하도록 한다. 약속은 중심점이고 율법은 종속적인 것이다. 전자가 목적이라면 후자는 수단이다. 하나님 계시의 핵심과 이스라엘 종교의 심장은 율법에 있는 것이 아니라 약속에 있다. 약속은 하나님의 약속이므로 공허한 소리가 아니라 능력의 말씀으로서 하나님이 기뻐하시는 모든 것을 행하게 한다(시 33:9; 사 55:11). 그러므로 약속은 그것이 그리스도 안에서 성취될 때까지 이스라엘 역사의 원동력이다.

이사야서 29:22 말씀에 따라, 아브라함이 하나님의 부르심으로 말미암아 갈대아 땅으로부터 구속되었고 그 후에 하나님의 자유로운 작정으로 말미암아 언약의 약속을 주신 것처럼, 이스라엘은 처음 주님으로 말미암아 애굽으로 인도되어 바로의 속박 아래 있었으니, 후에 이 곤경으로부터 구속되어 시내산에서 민족으로서 하나님과의 언약 상태로 흡수되게 하기 위함이다. 이 세 가지 사실들, 곧 애굽에서의 속박, 하나님의 강한 손과 펴신 칼로 이 종 되었던 집으로부터의 구속, 시내산에서 세우신 언약 등은 이스라엘 역사의 기초이고, 종교적, 윤리적 생활이 의존하고 있는 기둥이다. 그들은 대대로 기억 속에 살아 있고, 역사서, 예언서, 시서(de psalmodie)에서 계속 상기되었으며, 과격한 비평으로도 그들의 역사적 실재성은 벗겨지지 않는다.

역시 그들은 곧바로 약속을 없이 하기 위해서는 율법이 주어지지 않았고 주어질 수 없음을 사실로써 증명한다. 역으로, 하나님께서 불타는 떨기나무에서 모세에게 나타나시어 그의 직임을 위해 그를 부르실 때, 그는 낯설고 알지 못하는 신으로서 나타나신 것이 아니다. 그는 아브라함의 하나님, 이삭의 하나님, 야곱의 하나님으로서 그의 백성의 압제를 보고 그들의 부르짖음을 들었고 이제, 그는 여호와 곧 신실하시고 영원히 통일하게 계시는 하나님이신 고로, 그의 약속을 성취하고 속박의 곤경으로부터 그의 백성을 구속하기 위해서 내려오신 하나님으로 나타나셨다(출 3:6 이하). 따라서 이스라엘이 처음으로 호렙(Horeb)산에서 하나님의 백성이 된 것도 아니며, 율법을 기초로 하여서는 그의 백성으로 영접될 수 없었다. 그러나 이스라엘은 약속으로 말미암은 그의 백성이고 동일한 약속으로 말미암아 이제 그들의 곤경에서 구속받게 된 것이다. 곤경과 구속은 시내산에서 율법을 주심에 선행한다. 아브라함이 소명으로 말미암아 구원을 얻고 어린아이 같은 신앙으로 하나님의 약속을 받아, 그 기초 위에 하나님 앞에 거룩한 길을 행하게 된 것처럼(창 17:1), 이스라엘 역시 하나님의 오른팔로 애굽의 종 되었던 집으로부터 끌어내어진 후에, 시내산에서 하나님의 길로부터 훈계를 받고 새로운 순종에로 은혜를 입었다. 하나님께서 모세를 통하여 이스라엘에게 주신 율법은 감사의 율법이다. 율법은 그 뒤에 구속이 따랐고 약속을 전제했으며 구속에서 안식했다. 주의 힘으로 하나님께서 그의 백성을 그의 영광의 성결한 처소로 인도하셨다(출 15:13). 주님은 이스라엘을 독수리의 날개로 업어 자신에게로 인도하셨다(출 19:4; 신 32:11, 12). 따라서 율법이 약속과 더불어 소개된 것이다. 즉 "나는 너를 애굽 땅, 종 되었던 집에서 인도하여 낸 너의 하나님 여호와로다"(출 20:2; 신 5:6).

그러나 이런 언약관계는 이제 다른 단계의 규제를 요구한다. 족장시대에는 아브라함의 약속의 축복에 참여했던 가족은 몇몇 가족들뿐인지라, 어떤 약속도 필요로 하지 않았다. 애굽에서는 그 백성이 속박 속에 신음하고 있는 때라, 그것에 대한 가능성이 성립되지 않았다. 그러나 이제 이스라엘은 구속되어 자유롭고 독립된 백성이 되었고 자신의 땅에 거하게 되었다. 이런 환경에서도 민족과 국가로서 하나님의 백성이 되려면, 은혜언약은 민족언약의 형식을 취하여야 했을 것이고 그 자체를 보존하고 좀더 발전시키기 위해서 약속은 율법의 도움을 구해야 했을 것이다.

바울이 역시 나타낸 대로, 이스라엘은 아직 어린아이와 같으므로 이 계명이 더 필요로 했다. 이스라엘은 애굽에서의 어려운 학교를 통과했고 복종으로 말미암아 깊은 의존감을 얻었고 도움과 의지의 필요를 깊이 인식했다. 그러나 당장 이스라엘은 독립을 위한 준비가 되어 있지 않았다. 출애굽과 광야에서 그런 백성을 특별히 지도할 만한, 모세의 모든 지혜와 온유함을 필요로 하고 있었다(민 12:3). 이스라엘은 하나님의 계명에 머리를 숙이지 않으려고 하기 때문에 여러 번 목이 곧은 백성이라고 불려졌다(출 32:9; 33:3, 5; 34:9; 신 9:6 등). 광야에서와 후에 가나안에서 이스라엘은 계속 어린아이와 같은 성격을 드러냈다. 이스라엘은 총명과 지혜의 백성이 아니었다. 즉 이스라엘은 판명한 자의식, 탐구정신, 철학적 지각, 추론적 사고의 힘이 없었다. 도리어 이스라엘은 마음과 심장의 백성이었다.

그러므로 이스라엘은 한편으로 극단적으로 수용적이어서 모든 종류의 인상(印象)을 받아들일 수 있고 감정의 세계에 개방적이며, 특이하게 땅과 하늘의 모든 능력들의 영향을 받을 자격을 갖추었으며, 이 가운데서 하나님 자신으로 말미암아 그의 계시의 수용자요 간직자가 될 모든 조건들이 형성케 되었다. 이 스라엘적인 성격의 이런 면은 성경 속의 남녀 하나님의 종들에게서 만나게 되는데 그들은 주님의 부르심이 임할 때 오직 어린아이와 같이 엎드려서, "내가 여기 있나이다. 주여 말씀하옵소서. 주의 종 혹은 여종이 듣겠나이다. 주의 말씀에 따라서 나에게 행하소서!"라는 말로 응답하였다. 그들은 주의 말씀을 받아

지키고 그들의 마음속에 간직했다. 그러나 다른 한편 출애굽기 32:8에 있는 말씀처럼, 이스라엘은 '그 길을 속히 떠나는' 버릇이 있었으니, 탈선하고 잘 변하며 변덕스럽고 기분파이고 제 마음대로 하고 다른 사람이나 자극에 쉽게 쏠렸다. 또한 정열적이어서 타오르는 증오로 미워하거나 어머니와 같은 사랑보다 더 깊고 온화한 사랑으로 사랑하는 성격이 있다. 이 순간에 죽음에 슬퍼하면서도, 다음 순간에는 하늘을 치솟듯이 기뻐했다. 서양적인 조용함이 아니고 동양적인 정열로 타오르고 있었다. 그들은 마늘과 파와 같은 얼얼한 음식들(민 11:5), 팥(창 25:34), 별미(wildbraad, 창 27:14 이하), 찬란한 색상들, 화려한 옷들, 향료, 보석들(수 7:21; 사 3:18 이하), 태양 빛의 모든 섬광과 광선을 좋아했다. 정치인 다 코스타(Da Costoa)와 시인 하이네(Heine)가 이스라엘 자손들이다.

그런 백성은 약속으로 말미암아 땅의 모든 세대들에게 축복이 되게 하는 그 소명에 부응하려면, 율법의 훈련과 보호 아래 두어야 했다. 율법의 성격은 그것에 응한 성격을 띠었다.

첫째로 율법이란 약속이나 신앙으로부터 나온 것이 아니라, 약속에 가해진 것이고, 약속을 없이 하는 것이 아니라, 약속의 성취를 위한 길을 순탄케 하는 데 봉사한다. 오늘날 율법과 약속과의 관계를 서로 모순되게 보려는 사람들이 많이 있다. 그들이 말하는 순서는 율법과 선지자들이 아니라, 선지자들과 율법이며, 모세의 책에 있는 율법들을 모세 후의 첫 1세기, 그것조차도 많은 양에 있어서 바빌로니아 유수 후에 생긴 것으로 돌린다. 이런 생각을 하고 있는 사람들 중 선한 의지를 가진 자라면 누구나 참으로 율법이 하나님의 계시와 이스라엘의 종교에 있어서 주된 것이었거나 첫째가 되지 않았음을 진리로 깨달을 수 있다. 약속이 그것에 선행했고 첫째 자리를 차지했으며, 율법은 그것의 수단이었다. 따라서 모세의 율법은 후에 두번째 혹은 세번째 편집자들로 말미암아 재조사되어 그 시대의 약속과 관련해서 삽입과 추가로 풍부해졌다는 사실이 상당히 가능하다. 이는 율법은 그 전체에 있어서 일시적이고 잠정적인 성격을 띠었고 신명기에서 이미 모세는 여러 가지 점에서 일부 변경되었기 때문이다. 그러나 위에서 언급된 선지서가 율법에 선행했다는 사상은 사실들과 율법의 성격, 예언의 본성과 기능, 건전한 추론과 반대된다. 왜냐하면 이스라엘은 기원전 8세기 전에 성전과 제사장들, 제사들이 있었으며, 이를 위해서는 물론 사회적, 정치적 생활을 위해서 더욱더 율법들과 규례들을 필요로 했음은 의심할 여지가 없기 때문이다. 의식(cultus)과 제도 없는 종교란 항상 생각할 수 없고, 특히 옛날에는 더욱더 그랬다. 이스라엘도 마찬가지이다. 출애굽기에서 신명기까지 기록된 것 같은, 그런 풍부한 내용을 가진 성문법은 모세시대에 있을 수 없다는 사상은,

제6장 특별계시의 내용  77

기원전 2250년 전에 살았고 55년 동안 바벨(Babel)을 지배했던 왕인 함무라비의 법전이 발견된 후에는 그 힘을 잃었다.

둘째로 율법의 내용은 그것이 하나님으로 말미암아 주어진 목적과 일치하고 있다. 그 가치를 결정하기 위해서 오늘날 기독교 국가에서 실시되고 있는 법들과 비교해서는 안 된다. 왜냐하면 특히 그 원리에 있어서 모세법이 지금까지 계속해서 의의가 있다 할지라도, 그것은 하나님 자신으로 말미암아 일시적인 법전으로 의도되었고, 때가 차 그것의 충만한 것이 이르렀을 때, 그 연약함과 무익성 때문에 버리게 되어 있었기 때문이다.

같은 식으로 이스라엘법과 바벨같은 고대 민족들의 법과의 비교는 판단의 기준이 될 수 없다. 이런 비교가 중요시되고, 따라서 그것이 여러 가지 점들의 유사성과 차이를 가리켜 주고 약간의 점에서 모세법을 좀더 잘 이해할 수 있게 한다. 그러나 이스라엘은 하나님으로 말미암아 따로 구별된 특별한 백성이요, 약속을 맡을 자가 되는 자신의 운명이 있고, 역시 이 목적을 향하여 자신의 생을 꾸려가야 한다.

우리가 이런 점에서 이스라엘에게 주신 하나님의 율법을 볼 때, 다음의 특성들이 구별된다.

첫째, 율법은 아주 철저히 종교적인 법이다. 예를 들어 공중예배를 규정하는 것과 같은 몇 가지 점에서뿐만 아니라, 윤리적, 시민적, 사회적, 정치적 생활법규를 포함한 그 전체에 있어서 종교법이다. 율법 전체 위에 기록된 표지는 "나는 너를 애굽의 종 되었던 집에서 인도하여 낸 너의 하나님 여호와로다"였다. 율법은 추상적인 유일신 사상 위에 기초한 것이 아니라, 하나님 자신으로 말미암아 그와 그의 백성 사이에 세워진 역사적 관계 위에 기초하고 있다. 그것은 언약법이며, 이스라엘이 언약의 요구에 따라서 생을 꾸려나가야 하는 것처럼 항상 생활을 규정하고 있다. 주님이 모든 계명의 입법자요 그를 위해서 그 모든 것이 지켜져야 한다. 전 율법은 다음과 같은 사상이 스며 있으니 여호와께서 너를 먼저 사랑하사 너를 찾으시고 구속하사 너를 그의 언약 가운데 그의 백성으로 그 위에 세웠도다. 그러므로 너는 마음을 다하고 성품을 다하고 힘을 다하여 여호와를 사랑해야 한다(신 6:5; 10:12). 이것이 크고 첫째 되는 계명이다(마 22:37, 38).

둘째, 율법은 아주 철저히 도덕적이다. 사람들은 모세의 법은 세 가지 법, 즉 도덕법, 시민법, 의식법으로 분류한다. 이것은 좋은 분류이다. 그러나 이때 잊어서는 안 될 사실은 전 율법은 도덕적 원리로 말미암아 영감되고 간직된다는 사실이다. 이 도덕적 원리가 구체적인 경우에 적용될 때 그것은 가끔 우리가 지금 적용하는 적용과는 차이가 있다. 예수님 자신이, 모세가 그들의 마음의 완악함을 인하여 결혼한 여인에게 이혼증서를 줄 것을 허락했다고 말씀하셨다(마 19:8). 그러나 모세법을 영감한 정신은 사랑의 정신이다. 이웃을 네 몸과 같이 사랑할지니라(레 19:18). 그것은 둘째 계명이니 첫째 계명과 같다(마 22:39). 그 안에서 전 율법이 충만하여진다(롬 13:8; 갈 5:14; 딤전 1:5). 이 사랑은 연약한 자와 곤궁한 자에게, 가난한 자와 나그네, 과부와 고아, 남종과 여종에게, 벙어리와 소경에게, 늙은이 등에게 고대의 어떤 법도 깨닫지 못한 긍휼이 된 것이다. 이스라엘의 도덕은 속박받은 자의 견해에서 기록되었다는 것은 옳은 말이다. 이스라엘은 애굽에서 나그네 됨과 곤궁함을 잊지 않았다.

셋째, 모세의 법은 거룩한 법이다. 이것은 특히 성결의 법(heiligheidswet)이란 칭호를 붙이는 그 부분(레 17-26장)에 제한한 것이 아니라 전체 모든 부분에서 그렇다. 옛날에는 그렇게 깊고 진지하게 죄를 죄로서 파악했던 법이란 없었다. 죄들은 다양한 명칭이 붙여졌다. 그들은 일반적으로 죄라고 부를 뿐만 아니라 범죄, 죄책, 타락, 반역이라 부르는데 종국에는 항상 하나님을 거역, 즉 언약의 하나님을 거역함이며, 그래서 줄곧 '범법', 언약파기의 성격을 띤다. 엄연히 이런 모든 죄들의 용서가 있지만, 그러나 이스라엘은 자신의 선행이나 혹은 스스로 자신의 제사로 말미암아 이것을 얻어야 한다는 그런 것이 아니다. 왜냐하면 용서는 약속에 있기 때문이다. 이것은 은택이요, 율법으로부터 온 것이 아니라, 복음으로부터 온 것이다. 이것은 제사를 통해서 얻는 것이 아니라, 어린아이와 같은 믿음으로만 취하는 것이다(출 33:19; 34:6, 7, 9; 민 14:18-20).

그러나 그렇게 힘있게 하나님의 값없으신 은총을 반포한, 같은 본문들이 이어서 곧바로 하나님은 무죄자(den onschuldige)를 결단코 무죄하다 하지 않으시고 아비의 불의를 자녀에게 3, 4대까지 보응할 것을 선고하고 계시다. 어느 하나가 다른 것과 서로 상충되지 않는다. 왜냐하면 여호와께서 그의 백성의 죄를 약속 안에서 순전히 은총으로부터 용서하셨으니, 그런 큰 은택은 은총으로부터 받았던 그의 백성들이 역시 그 언약의 길을 따라 행할 것을 소원하시고 계시기 때문이다. 그리고 이스라엘이 이를 행하지 않을 때 범한 죄의 모든 성격에 따라서, 하나님은 이스라엘에게 다음 세 가지 길 중 하나를 취하신 것이다. 어떤 경우에는 모든 제사에 관한 율법이 죄가 더 이상 시민적 결과를 초래하지 않도록, 다시 한 번 화해의 가능성을 열어 주고 있다. 다른 경우에서는 율법은 어떤 시민적 형벌이든지 내릴 것을 정하고 있다. 비교적 드물지라도 가끔 죽음의 형벌까지도 정하셨다. 좀더 많은 경우에는 하나님 자신이 두루 돌아다니사, 그의 백성의 거역에 대해 심판들과 악역, 추방 등으로 오신다. 하나님께서 범법의 경우에 그의 백성에게 간직하신 이런 세 가지 길은 약속을 없이 하는 것이 아니고 그것의 성취도 아니다. 단지 하나님께서 그 백성에게 배교의 경우에도 그 약속을 성취하고 그의 신실성을 보증하는 수단일 뿐이다. 여호와께서는 땅 위의 모든 족속 중에 이스라엘만 알았나니, 그러므로 내가 너희 모든 죄악을 보응하리라(암 3:2).

넷째, 최종적으로 모세법은 역시 자유의 법이다. 그것은 자유를 가정하고 크게 자유함으로 몰고 간다. 이것은 직접 그 백성이 자기 편에서 자발적으로 하나님의 언약에 만족하고 그들의 율법을 떠맡았다는 놀라운 사실로부터 분명하다. 하나님이 그의 언약과 율법을 이스라엘에게 강제로 떠맡긴 것이 아니라, 그들 스스로가 자발적인 만족으로부터 초대에 임하도록 했다(출 19:8; 24:3, 7; 신 5:27; 수 24:15-25). 거기에다가 율법은 기존의 권리와 관계를 간섭하는 것이 아니라, 오히려 그것을 가정하고 인정한다. 시내산에서 규례를 주기 전에 이미 이스라엘은 다소 체계화되어 있었다. 계보적으로 가족들, 종족들(가족 모임), 계통과 지파들로 나뉘었고 족장들을 중심으로 체계화되었다. 백성의 이런 네 가지 분류가 각각 자신의 머리나 대표자를 가진다. 장로 혹은 족장(vorst)이라 부르는 이 회중의 모든 대표자들은 함께 이스라엘 총회를 결성했다(수 7:14). 애굽에서도 이런 장로들의 회합이 있었다(출 4:29; 3:16 이하). 그들은 출애굽 후에도 자주 모여 주님의 말씀을 들었다(출 19:7). 그리고 모세의 제의를 결정하기 위해서 모였고(신 1:9-14), 그들 자신들이 모세에게 안을 제출하기 위해서 모였다(신 1:22-23). 이런 백성의 회합 외에도 이스라엘 백성은 두 가지 종류의 직임을 가지고 있다. 그 첫째가 '관원들'(ambtslieden) 혹은 '서기관들'(schrijvers)이라 하는데, 이 모든 사람들이 시민 질서에 관련된 것을 규정해야 했고 이미 애굽에서 실시되었다(출 5:6, 10, 14, 19; 민 11:16; 신 1:15; 16:18; 수 23:2). 둘째가 '재판장'인데 그들은 모세의 재판하는 일을 돕기 위해서 소개된 자들이었다(출 18:21, 23; 신 1:13 이하). 그러니 후에 유사와 재판장들은 다같이 각 도시의 장로에 의해서 임명되었다(신 16:18).

이런 백성의 체제를 세우는 기점과 그 기초는 가정이다. 오늘날에도 유대인들 사이에 가정이 최고 명예시 되어 있다. 그리고 이스라엘에서는 가정이 그렇게 중요한 위치를 점유하고 있기 때문에, 이 백성들 사이에서는 아내가 다른 어떤 민족들 사이에서보다 더 존중시되었다. 정당하게 관할되는 대로 여기에서 상정된 물음은 무엇보다 남자가 가족의 일원(남편, 아들, 형제)으로 생각되었느냐, 아니면 기초적으로 국가시민 혹은 전사로 생각되느냐 하는 것이다. 예를 들어, 로마와 헬라에서는 후자의 경우이다. 이 결과 여자는 천시되고 차별되었다. 그러나 이스라엘에서 남자는 무엇보다 더 가족 일원이었고 그의 일은 기초적으로 그의 가족을 돌보는 것이었으며 그는 아내를 제쳐놓고 위에 높이 서거나 거슬리거나 하지 않는다. 아내는 남편과 더불어 자식들의 존경과 사랑을 받을 자격이 있고(출 20:2), 자기 자신의 권리에 남편의 찬양을 받을 가치가 있었다(잠 12:4; 31:10 이하). 이미 율법이 있기 전에 이스라엘 가운데 존재했던 이 모든 족장적 귀족정치형태는 율법으로 말미암아 깨닫게 되었고 확증되었다. 다수의 율법이 결혼과 관련되어 있다. 이런 생활상태를 신성하게 보존하고 가정을 보호하기 위해서 봉사했다. 다른 규례들은 족장적 정치형태를 제사장직과 왕직으로부터 방해받지 않게 안전하게 했다. 장로들과 유사들과 재판장들은 제사장과 레위인들과 구별되었다. 최고 법정에서만 역시 제사장들도 자리를 하는데(신 17:8-13; 19:17, 18), 거기에서 막힌 무거운 결정을 위해서 제사장들에게 위탁된 매우 중요한 율법의 참된 해석의 경우다(레 10:8-11; 겔 7:26; 44:23; 렘 18:18).

이스라엘의 전체적 정치형태는 계급체제와는 반대된다. 그와 똑같이 전제주의는 율법에서 들어갈 자리가 없다. 이스라엘이 후에 한 왕을 구하고 하나님으로부터 받으려고 했을 때(삼상 8:7), 그 왕은 다른 민족의 방식을 따르는 왕이 되어서는 안 되었으며, 그는 하나님의 율법에 제한되었고 그의 뜻의 집행자일 뿐이었다(신 17:14-20). 왜냐하면 실제로는 하나님이 왕이시고 이스라엘의 입법자이시고 재판장이시기 때문이다(출 15:18; 19:6; 민 23:21; 신 33:5; 삿 8:22 이하; 삼상 8:7; 사 33:22; 시 44:5; 68:25 등). 이것은 일반적으로 엄격하고 치우침이 없이 재판해야 하고, 사람을 편파적으로 보지 않아야 하고, 다만 율법의 규례에 따라서 재판해야 하는 재판장을 통하여 하나님이 선고를 내리시는 이 사실에서 분명해진다. 더구나 특별한 경우에는 하나님은 그의 뜻을 제비나 우림과 둠밈으로, 혹은 선지자들을 통해서 알리셨다는 사실에서 더욱더 분명하다. 최종적으로 가장 강력하게 표현된 것은 다수의 범죄시 하나님이 친히 형벌을 가하셨다는 사실이다. 대다수 율법의 법규는 그것에 대한 범법으로 여러 가지 시민적 형벌이 내려지는 법조문이 아니라, 단순히 강력한 훈계요 경고이다. 그들은 양심을 향하고 그를 통하여 이스라엘에게 고도의 자유를 허락했다. 형벌의 종류도 역시 소수여서, 주로 태형이고 중죄의 경우(신성모독죄, 우상, 주술, 아비의 저주, 살인, 간음)에는 돌로 쳐 죽일 뿐이다. 종교재판, 고문, 구류, 추방, 재산몰수, 화형, 교수형에 대한 언급은 전혀 없다. 이스라엘이 언약에 따라서 행하면 그 백성은 주님으로부터 부유한 축복을 받을 것이고 그의 말에 불순종하면 저주를 만날 것이고 각종 곤궁을 당할 것이다(신 28:29).

율법의 이런 성격으로부터 하나님께서 이스라엘에게 주셨던 목적이 분명해진다. 시내산에서 주님이 모세를 통하여 백성과 언약을 체결하실 때, 주님이 친히 이스라엘이 그의 말을 잘 듣고 그의 언약을 지키면 이스라엘은 열국 중에서 그의 소유가 되겠고 제사장 나라가 되고 거룩한 백성이 된다고 이 목적을 정의하셨다(출 19:5, 6). 이스라엘은 지상만민 중에서 택하신 하나님의 백성이 되기 위해서 언약의 길에서 자신을 세우고 세워야 했는데, 그 택하심이 그들의 가치나 공로로 인한 것이 아니고 하나님의 값없으신 사랑과 열조에게 하신 맹세로 인하여 된 것이다(신 7:6-8). 그러나 이스라엘이 이 은혜로운 특권을 받은 것은 스스로 이 열방들과 단절해서 그들 위에 높이 올리기 위해서가 아니라, 열방에 대하여 제사장적인 과업을 수행하고 그들에게 하나님의 지식과 예배를 가져다 주며 이런 식으로 열방을 지배하는 제사장 나라가 되기 위해서이다. 이스라엘이 이 소명을 완수할 수 있고 완수하려고 하면, 단지 이스라엘 자신이 거룩한 백성이 될 때이다. 즉 백성으로서 그 자체가 온통 주님께 헌신하고 그의 말을 순종하고 그의 언약에 따라 행할 때이다.

이스라엘이 부르심을 받은 목적인 이 소명은 아직도 이 개념이 신약에서 받는 그런 풍부하고 깊은 의미를 갖지 못한다. 그것은 윤리적인 성결일 뿐만 아니라, 특히 레위기 11장에서 16장까지의 성결법에서 분명한 것같이 의식적인 성결이다. 그러나 율법 안에 있는 이런 도덕적인 요소와 의식적인 요소는 서로 상충되지 않는다. 그들은 같은 사실의 두 가지 다른 면이다. 이스라엘이 내적으로 외적으로, 신앙과 행위 안에서 하나님께서 그들에게 주셨던 도덕적, 시민적, 의식적 내용을 가질 이 모든 율법을 따라서 인도될 때 이스라엘은 거룩한 백성이 된다. 주께서 알고 계시는 것처럼 이 백성이 그 부르심에 신실치 못하고 전 역사를 걸쳐서 매순간마다 불순종과 배교의 죄를 범하면, 주께서 세상의 어떤 다른 민족보다 더 심한 형벌을 이스라엘에게 확실히 임하게 하실 것이다. 그러나 그 저주의 끝날에, 마음을 다하고 성품을 다하여 그들이 하나님 여호와를 사랑하게 하기 위하여, 주께서 마음을 돌이키시고 그들을 긍휼히 여기사 그들의 포로를 돌리시며, 그들의 마음과 그들 자신의 마음에 할례를 베푸실 것이다(신 4:29-31; 30:1 이하). 주께서 자기 백성을 내버려두지 않으셨으니, 이는 원수들이 자신의 성호와 존귀를 대적하여 격동할까 함이다(신 32:26 이하). 이스라엘의 불신앙에도 불구하고 그로 말미암아 주께서는 자신의 신실성, 그의 말씀의 진실성, 그의 계획의 불변성, 언약의 확고부동성을 세우셔야 했다. 주께서는 자신이 하나님이시며 그와 함께 하는 신이 없음을 알리셔야 했다(신 32:39). 율법은 그렇게 약속으로 시작하여 약속으로 끝난다. 율법은 출발로 돌아간다. 율법은 약속을 따라와서 약속을 향하여 간다.

성경은 이런 언약의 입장에서 전 이스라엘 역사를 보여준다. 구약의 역사책에서 성경이 목적하는 바는 이스라엘 백성의 모든 운명에 관한 정확하고 연결된 해설을 주기 위함이 아니요, 모든 사건들의 인과적 관계를 추적하기 위함도 아니다. 그러나 그것은 하나님의 왕국적 점진성을 우리에게 묘사해 주고 있고, 그것과 관련이 없는 것은 조금 다루거나 침묵을 지키고 지나가 버린다. 그와 반대로 그것의 의미에 관한 것일 경우 오랫동안 머문다. 이스라엘 역사에서 성경은 우리에게 그의 백성에 대해서 하나님은 누구시며 어떤 존재이신가를 깨우치려고 한다. 따라서 이스라엘의 역사기록을 '여호와의 일기' 라고 일컬음이 조금도 부당하지 않다. 여호와께서 자신의 경험이 무엇이고 이스라엘을 자신이 어떻게 돌보셨는가를 매일매일 진리대로 기록케 하셨다.

백성이 아직 하나님의 능력적 역사를 체험하는 중에 살았던 초기에 이스라엘은 그의 율법에 신실함이 있었다. 이런 역사를 통하여 여호와께서 그렇게 분명하게 그가 유일한 참 하나님임을 증명했고(출 6:6; 18:18), 그 백성이 다른 신을 전혀 생각치 않도록 하셨다. 모세의 입을 통한 여호와의 말씀을 들었을 때 이구동성으로 이르기를, "주께서 말씀하셨던 이 모든 말씀을 우리가 행하리이다"라고 하였다(출 19:8; 24:3, 7; 신 5:27). 후에 역시 이스라엘이 가나안을 그들의 유업으로 받고, 백발의 여호수아가 그들이 섬겨야 할 신을 택하라 하였을 때, 그들은 조금도 거리낌없이 우리가 여호와를 버리고 다른 신을 섬기는 일은 결단코 하지 아니하겠다고 대답했다(수 24:16; 삿 2:7).

그러나 하나님의 큰 일을 보았던 여호수아와 장로들이 죽고, 여호와를 알지 못하고 그가 이스라엘에게 행하셨던 사역도 역시 알지 못하는 다른 세대가 일어났다. 그들은 그들을 애굽에서 인도했던 그들의 열조의 하나님, 여호와를 버리고 다른 신, 곧 그들 주위에 있었던 이방신을 따랐다(삿 2:6). 이스라엘은 우상에 있어서는 창조적이 아니었다. 그들은 자신의 거짓된 우상숭배를 만든 것이 아니라, 이방인들의 신들을 수용하거나 여호와를 섬기되, 이방인들 식으로 형상의 형태로서 섬겼다. 애굽과 광야에서는 애굽의 우상들을 섬겼고(출 16:28; 수 24:14; 겔 20:7, 13), 그 후 팔레스틴에서는 가나안 민족의 우상과 페니키아 민족의 우상(바알, 아세라, 아스다롯), 앗시리아의 우상(불신과 별신)들을 섬기는 죄를 범했다(삿 10:6; 왕하 21:3, 5, 7; 23:5-15; 렘 7:24-31; 겔 20:21; 22:3 이하). 이스라엘은 계속해서 스스로 하나님의 율법의 첫째, 둘째 계명을 범했고 그렇게 함으로 언약 자체의 기초를 깨뜨렸다.

이 율법의 백성의 영웅들인 사사시대에 있어서 이스라엘 역사는 배교와 형벌과 한편으로는 공포요, 다른 한편으로는 구원과 축복을 통하여 진행되었다(삿 2:11-23). 그 시대는 혼란의 시대인지라, 그때에는 여러 지파들이 국가적 원인에 관한 이상을 잃었고 각기 자신의 정치에 몰두하고 각각 자기 소견에 옳은 대로 행하였다(삿 17:6; 21:25). 이런 상태는 사무엘과 왕제도로 말미암아 끝을 맺었다. 그러나 솔로몬 이후 통일국가는 완전히 깨졌고 다윗 왕가로부터 열 지파가 스스로 분리해 나갔다. 여로보암이 정치적 분립을 종교적 분립으로 만들어, 단에 특별한 성산을 세우고 우상숭배를 끌어들여 율법적인 제사직을 버렸다. 그래서 그는 '이스라엘로 범죄케 한' 왕이 되었다. 에브라임 왕국의 역사는 계속해서 2세기 반 동안 여호와에 대한 배교의 역사 진행이다. 예언은 그것에 대해서 소리를 높였으나 소용이 없었고 그 종국은 열 지파가 사로잡힌 몸이 되었다. 참으로 유다는 계속적으로 같은 다윗 왕가에 의해서 지배를 받았고 율법적인 성소와 율법적인 제사직을 소유하고 있었다는 점에서 이스라엘보다 높은 특권을 누렸다. 그러나 경건한 왕들의 많은 종교개혁에도 불구하고 결국 이 왕국에서도 역시 배교와 불신앙이 커서 심판을 받지 않을 수 없었다. 이스라엘 왕국의 멸망 후 약 140년 후에 유다 왕국도 그의 독립적인 존재를 잃었다.

그러나 이런 이스라엘 백성의 계속된 배교에서 잊어서는 안 될 것은 하나님은 수세기에 걸쳐 그의 기뻐하신 뜻에 따라서 그중에 남은 자들을 보존하셨다는 사실이다. 계속 이스라엘 가운데 여호와의 언약에 신실한 하나의 핵심이 남아 있었다. 어두운 엘리야 시대에도 바알에게 절하지 않았던 7천명의 남은 자들이 있었다. 이들은 경건한 자들이었고 의로운 자들이었으며 믿음의 사람들이었고 궁핍하고 가난한 자들이었으며, 이외에 시편에서 여러 가지로 칭하는 그들은 항상 그들의 신앙을 야곱의 하나님께 두었고 그의 언약을 거슬러 잘못을 행하지 않았다. 그들의 마음이 시냇물을 갈급하는 것처럼 하나님을 갈망했다. 다른 곳에 거하는 것보다 주의 성소에 거하기를 좋아했고, 주의 법을 묵상하고 주의 약속에 굳게 섰다. 그들에게 율법은 짐이 아니라 기쁨이었고 종일 그들의 즐거움이었다. 그들은 모세의 법을 되풀이하여 이 율법을 지킴이 방백들 앞에 이스라엘의 지혜와 지식이 되게 했다. 참으로 이들은 이 규례들을 듣고 소리지르기를, "과연 이 백성은 지혜와 지식이 있는 백성이로다. 우리 하나님 여호와께서 우리가 그에게 기도할 때마다 우리에게 가까이 하심과 같이 그 신들의 가까이 함을 얻은 큰 백성이 어디 있느냐? 오늘 내가 선포하는 이 전 율법과 같이 그 규례와 법도가 공의로운 큰 나라가 어디 있느냐?"(신 4:6-8)라고 했다. 그리고 시대가 더 고통스러움에 따라서 그들은 더욱더 약속에 매달렸다. 하나님은 그의 손의 사역을 단념치 않으실 것이다. 주님은 값없는 은혜로 열조와 세우셨던 언약을 그의 성호와 영광을 위해서 깨뜨릴 수 없으실 것이다. 하나님은 그들의 환경으로부터 이 사람들을 일으켜, 이들이 선지자로서 혹은 시편 기자로서, 현인으로서 하나님의 말씀을 전파했고 항상 좀더 분명한 묘사로 약속을 계시했다. 그들은 고통의 깊음 속에서도 초연히 그들의 머리를 세우고 성령의 빛으로 종말을 바라보면서 새날을 예언하고, 다윗의 자손과 주님을 예언하고, 이새(Isai)의 줄기, 임마누엘, 의의 순(de Spruite der gerechtigheid), 여호와의 종, 언약의 사자, 새 언약, 성령의 부어주심에 대해서 예언했다. 구약은 타락 후 여자의 씨의 약속과 함께 시작해서(창 3:15), 언약의 사자가 임함을 선포함으로 끝마친다(말 3:1).

바벨론 포로생활 후에도 그런 이스라엘의 핵심 인물들은 남아 있었다(말 3:16). 이 포로생활을 통하여 그 백성은 참으로 순수해졌고, 우상과 형상숭배로부터 피하게 되었고, 에스라와 느헤미야를 통한 강력한 율법의 훈련 아래 세워졌다. 이러한 상황이 다른 심각한 문제를 곁들여 가져왔다. 율법의 문자를 꼬치꼬치 캐는데 눈이 어두워 옛 언약의 본질과 정신은 안중에도 없는 성경적 스콜라주의(Scriftgeleerdheid)를 발전시켰다. 신적 계시를 자의로 취급함으로 영적인 이스라엘 대신 육적인 이스라엘로 대치했던, 바리새파(Phariseïsme), 사두개파(Sadduceïsme), 에센파(Essenisme)와 같은 분파들이 일어났다. 그러나 그럼에도 불구하고 말라기와 세례 요한 사이에 경과했던 400년 동안에도 하나님의 그의 백성을 인도하심이 계속되었다. 포로생활 후 이스라엘은 완전한 정치적 독립을 더 이상 만끽하지 못했고 한 지배세력을 통과하면 다른 지배세력이 오고 계속해서 바사와 메대, 마게도니아와 애굽, 시리아와 로마에게 복종하였다. 이스라엘은 자신의 땅에서 종이 되었다(느 9:36, 37).

그러나 이런 정치적인 복종은 약간의 공헌을 하여, 이스라엘은 좀더 자신의 성격과 소명을 반성하기 시작했고, 신적 계시의 영적인 소유 속에서 자신의 특권과 자랑으로 삼았고, 이런 신적 계시의 수집과 보존을 가능한 한 가장 소중히 여겼다. 더구나 이런 영적인 특권의식은 이스라엘의 의식에 그렇게 깊이 파고들어가, 그것을 통하여 그의 성격이 형성되었을 뿐만 아니라, 그것을 통하여 가장 심한 핍박 아래서 자신의 국가적 독립성을 보존시킬 수 있었다. 이스라엘은 세계의 다른 민족들처럼 고난당하고 압제당하지 않았다.

그러나 팔레스틴 밖에서나 안에서나 이스라엘은 그 자체로서 남아 있었다. 이스라엘은 그의 구약에서 이방인들의 모든 지혜보다 더 부유한 한 보물을 소유했다. 예루살렘을 그 수도로 하여 세계적인 공동체를 형성했다. 이스라엘은 회당에서 우상적인 민족들에게 형상과 제단 없는 종교, 제사와 제사장이 없는 종교의 장관을 제공했다. 이스라엘은 어디에서나 이스라엘 하나님의 유일성과 진실성을 설교했다. 그리고 역시 모든 민족들에게 축복이 될 영광스러운 미래에 대한 근절할 수 없는 소망을 그의 가슴에 지니고 다녔다. 그렇게 이스라엘은 이방인 국가들 사이에 있는 기독교의 길을 제공했다. 자신의 영역 안에서 하나님의 은총으로 말미암아, 시므온과 안나와 많은 다른 사람들과 같이, 조용히 체념 가운데 이스라엘의 구속을 기다렸던 믿음의 사람이 많이 보존되었다. 주님의 어머니 마리아는 이런 경건한 자들 중에 가장 영광스러운 예이다. 그녀 안에서 이스라엘은 그의 운명을 성취했으니, 하나님의 가장 높은 계시를 어린아이와 같은 신앙으로 받고 보존하는 것이다. 보라, 주님의 여종을, 당신의 말씀대로 내게 이루어지이다 하도다!(눅 1:38)

그렇게 구약의 전 계시는 그리스도로 이끌어 갔으니, 새로운 율법이나 새로운 교리, 새로운 제도가 아니라, 그리스도의 인격에의 이입(移入)이다. 한 인간이 성취된 하나님의 계시이다. 인자는 동시에 특별한 하나님의 독생하신 아들이다. 신약과 구약은 서로 율법과 복음으로서 있는 것이 아니라, 약속과 성취로서 관계한다(행 13:12; 롬 1:2). 그리고 그림자와 몸으로서(골 2:17), 그림과 현실로서(히 10:1), 진동하는 것과 진동하지 아니하는 것들로서(히 12:27), 종 노릇과 자유로서(롬 8:15; 갈 4장) 관계한다. 그리고 그리스도가 옛 언약적인 계시의 실제적인 내용이었기에(요 5:39; 벧전 1:11; 계 19:10), 신약의 경륜 속에서도 그가 그의 머릿돌이요 면류관이다. 그가 율법의 완성이시요, 모든 의의 완성이시요(마 3:15; 5:17), 그 안에서 예와 아멘인 모든 약속의 완성이시요(고후 1:20), 이제 그의 피 안에서 성취된 전 언약의 완성이시다(마 26:28). 이스라엘 백성 자체, 곧 그의 역사 직무와 제도, 성전과 제단, 제사와 의식, 예언, 시와 지혜론은 그의 운명과 목적을 그리스도 안에서 성취한다. 그 모든 것들의 완성은 그리스도니, 무엇보다 더 그의 인격과 그의 현현에서 완성되고, 또한 그의 말씀과 역사, 그의 탄생과 생활, 그의 죽음과 부활, 그외 승천과 하나님의 우편에 앉아계심에서 완성된다.

그때 그가 나타나시어 그의 사역을 끝맺으셨을 때, 하나님의 계시는 더 이상 확대되거나 증가될 수 없고, 다만 성경의 사도적 증거를 통하여 확증되거나 모든 족속에게 전파될 수 있을 뿐이다. 계시가 완성되었으니, 이제 그 내용을 인간의 소유로 삼게 될 때가 왔다. 구약에서는 모든 것이 그리스도께 인도되었던 반면에, 이제는 그로부터 모든 것이 나온다. 그리스도는 시기들의 전환점이다. 아브라함에게 세우신 약속은 이제 모든 민족들에게 확장되었다. 아래 있는 예루살렘은 우리의 어머니요(갈 4:26) 위에 있는 예루살렘에게 자리를 양보했다. 이스라엘은 모든 방언과 민족들로부터 온 교회로 대체되었다. 지금은 구별하는 중간에 막힌 담이 허물어지고, 유대인과 이방인이 새로운 인간으로 창조되며 머리인 그리스도 아래서 모든 것이 통일되는 때에 찬 경륜의 때이다(엡 1:10; 2:14, 15).

그리고 이 경륜은 이방인의 충만한 것이 차고 이스라엘이 구원받을 때까지 계속한다. 그리스도께서 교회를 모으시고 그의 신부를 예비하여 그의 왕국을 이루실 때, 그는 하나님께서 만유의 주로서 만유 가운데 계시도록 하기 위해서 그것을 드린다(고전 15:28). 나는 너의 하나님이 되고 너희는 나의 백성이 되리라 하는 이것이 약속의 내용이었다. 그리고 이 약속은 전에도 계셨고 이제도 계시고 장차 오실 그리스도 안에서, 그리스도로 말미암아 새 예루살렘에서 그 모든 성취를 완전히 이루게 된다(계 21:3).

# 제7장

# 성경

일반계시든 특별계시든 우리가 계시를 알게 되는 것은 성경으로 말미암아 알게 된다.

계시와 성경, 둘 사이의 구별과 관계를 분명히 보이는 것이 중요하다. 한편 계시와 성경 사이에 중요한 차이가 있다. 계시 기록 전에 긴 시간 동안 계시가 있었다. 예를 들어, 모세 전에 계시가 있었으나 성경은 아직 없었다. 이런 계시가 후에 문서로 기록된 것보다 훨씬 많은 것을 포함하기도 했다. 또한 아모스와 같은 선지서들은 종종 그가 입을 통해서 동시대인들에게 선포했던 것을 간추린 것에 불과했다. 특별계시의 전달기관이었던 구약의 선지자들이나 신약의 사도들은 후에 모두 기록으로 남기지 않았다. 예수님에 대한 것조차도 우리에게 이르는 표현이, 예수께서 다른 많은 표적을 행하셨고 그것들이 낱낱이 기록된다면 세상에 기록된 책을 둘 수 없을 만큼 크다고 말한다(요 2:30; 21:25). 이것과 반대로 하나님은 선지자들과 사도들에게 기록 시에 비로소, 전에는 그들 자신도 알지 못했고 또 그 전에는 다른 사람들에게 전파되지도 않았던 것을 알리시는 경우도 있다. 예를 들어, 요한이 밧모섬에서 받은 미래에 대한 계시의 경우, 적어도 어떤 부분에 있어서 그렇다.

그와 같이 성경은 계시 자체는 아니고 계시가 알려질 수 있는 기록이요 도해(圖解)다. 성경을 계시의 기록이라 했을 때는 언제든지 다른 오류를 범하지 않도록 특히 경계해야 한다. 계시와 성경을 구별할 뿐만 아니라 서로 분리하여 단절시키는 자들이 있다. 이들이 인식하는 것은, 하나님은 성경에 선행하는 계시에는 특별하게 역사하셨으나, 나머지 이 계시의 기록은 전적으로 사람의 인격 자체에 일임해 버리고 이것이 하나님의 특별섭리 밖에서 일어나는 것처럼 생각하고 있다. 그 경우 성경이란 계시의 기록은 기록이되, 우연적이고 유오한 기록이 되고 만 것이다. 그 결과 우리는 성경으로부터 어느 것이 특별계시인지 아닌지를 증명하는 데 큰 고통을 치러야 했다. 이런 견지에서 사람들은 하나님의 말씀과 성경 사이에 큰 구별을 주어 성경은 하나님의 말씀이 아니라, 하나님의 말씀이 성경 안에 내포되어 있다는 표현을 좋아하고 있다.

이러한 생각은 본질적으로 처음부터 있을 수 없다. 왜냐하면 그들은 말과 기록과의 관계를 기계적으로 파악한 것 외에도 하나님께서 전장에서 보았던 대로 아브라함의 후사, 곧 그리스도 안에서 전인류를 위해서 의도된 특별계시를 주려고 하실 때는 언제든지 기록의 수단을 통해서 이 계시를 순수하게 보존하고, 보편적으로 알리시기 위해서는 하나님께서 특별한 단계를 취하셨음을 잊었기 때문이다. 그 때문에 기록 역시 일반적으로 그 유용성을 보인다. 기록된 말씀이 구어적인 말씀과 구별된다는 것은, 그것이 공중에 사라져 버리는 것이 아니고 항상 살아 있다는 점에서이고, 구전처럼 의곡되지 않고 순수하게 보전한다는 점과, 그것을 듣는 소수의 사람들에게 제한되는 것이 아니라, 각 시대의 모든 족속들에게 전파될 수 있다는 점에서이다. 기록은 구어적인 말씀을 보존하고 의곡으로부터 보호하고 보편적인 것으로 만든다.

그렇다고 그런 인간적인 추론에 더 이상 침묵해서는 안 된다. 특별계시는 하나님의 계시이되 성경은 그의 특별한 보호에서 제외되어야 한다는 생각은 성경 자체의 증거와는 전혀 모순된다. 성경은 그 자체가 경(經, schrift)으로서 역시 하나님의 말씀임을 반복 설명하고 강조한다. 성경은 선행하는 계시와는 구별되지만, 그들이 분리되지는 않는다. 성경은 인간적이고 우연적이며 임의로 의곡된 계시의 부가물이 아니라, 그 자체가 계시를 구성하고 있다. 그것은 계시의 결론과 완성이요 계시의 모퉁이돌과 머릿돌이다.

이를 보기 위해서 다음에서 분명한 성경의 자기증거를 찾아보자. 첫째로 하나님께서 자주 선지자들에게 맡기신 일은 주어진 계시를 입으로 선포할 뿐만 아니라, 책에 기록하는 일이다. 출애굽기 17:14에서 모세가 여호와께 받은 명령은, 이스라엘에게 큰 의미를 지닌 아말렉과의 싸움에서 승리에 대한 설명을 하나님의 구원역사에 관해 기록하는 책에 기록하여 기념케 하는 것이다. 출애굽기 24:3, 4, 7과 34:27에서, 하나님께서 이스라엘과 언약을 세우신 것에 따라 모든 말씀과 그 모든 율례를 기록하라고 그에게 맡기셨다. 이스라엘이 광야에서의 방황을 마치고 여리고 맞은 편 모압 평지에 도착했을 때, 명백히 일렀으되 모세는 여호와의 명대로 그 노정을 기록하였다고 하였다(민 32:2). 특히 신명기 32장에서 모세가 노래한 것에 대해서 여호와께서 말씀하신 것은 그것을 써서 이스라엘 자손에게 가르쳐 그 입으로 부르게 하여, 후에 재앙의 날에 그들에게 증거가 되게 하라 하셨다(신 31:19, 22). 이와 같이 받은 계시를 기록하라는 명령은 후에 선지자들도 받았다(사 8:1; 30:8; 렘 25:13; 30:2; 36:2, 27-32; 겔 24:2; 단 12:4; 합 2:2). 비록 이런 명령들이 성경의 적은 부분에 제한될지라도, 사람이 그의 말씀을 가감해서는 안 됨을 강력히 요구하시는(신 4:2; 12:32; 잠 30:6) 하나님은 역시 쓰여진 계시의 기록에 특별한 관심을 더해 갔다.

둘째로 모세나 선지자들 스스로가 구두로 뿐만 아니라 써서 하나님의 말씀을 선포함을 분명히 의식하고 있다. 이 때문에 특별히 모세가 이스라엘의 지도자로 부르심을 받았고(출 3장), 사람이 그 친구와 이야기함과 같이 여호와께서는 모세와 대면하여 말씀하셨으며(출 33:11), 그의 모든 법도와 규례를 그에게 알리셨다. 매순간마다 각 특별한 율법이 주어질 때, "그리고 말씀하사", "그때 여호와께서 모세에게 이르시되"(출 6:1, 10, 13)와 같은 표현을 준다. 모세의 책에서는 물론, 전체 성경에 걸쳐서 전 율법의 기원을 여호와께 돌린다. "여호와께서 그 말씀을 야곱에게 보이시며 그 율례와 규례를 이스라엘에서 보이시는도다. 아무 나라에게도 이같이 행치 아니하셨나니, 저희는 그 규례를 알지 못하였도다"(시 147:19, 20; 103:7). 이같이 선지자들도 스스로 그들이 여호와로 말미암아 부르심을 받았고(삼상 3장; 사 6장; 렘 1장; 겔 1-3장; 암 3:7, 8; 7:15), 그들의 계시를 그에게서 받았음(사 5:9; 6:9; 22:14; 28:22; 렘 1:9; 3:6; 20:7-9; 겔 3:16, 26, 27; 암 3:8 등)을 의식하고 있다. 여호와께서 자기의 비밀을 그 종 선지자들에게 보이지 아니하시고는 결코 행하심이 없으시니라는 아모스의 말(암 3:7; 창 18:17과 비교)이 그들 모두의 확신이다. 그들은 또한 기록할 때 그것이 자신의 것이 아니라 여호와의 말씀을 선포함을 인식하고 있다. 모세가 율법을 기록할 때 행한 것처럼 선지자들 역시 그들의 특별한 예언을 "여호와께서 가라사대", "여호와의 말씀이 내게 임하니라", 혹은 "이상", "말씀"(하나님의 말)(사 1:1; 2:1; 8:1; 13:1; 렘 1:2, 4, 11; 2:1; 겔 1:1; 2:1; 3:1; 단 7:1; 암 1:3, 6, 9 등) 등의 상투적인 문구를 가지고 시작한다.

셋째로 신약의 증거가 있다. 예수님과 사도들이 모세, 이사야, 다윗, 다니엘의 이름 아래 구약으로부터 말씀을 여러 번 인용하고 있다(마 8:4; 15:7; 22:43; 24:15). 그러나 심심치 않게, "기록되었으되"(마 4:4) 혹은 "성경에 이름같이"(요 7:38), 혹 "하나님이 이르셨으되"(마 15:4), "성령이 이르신 바와 같이"(히 3:7) 등 상투적인 문구를 사용한다. 이런 인용방식을 통하여 구약성경은, 비록 여러 부분으로 구성되고 여러 저자들로부터 나왔을지라도 전체가 유기적으로 통일을 이루어, 기록된 형태에 있어서도 그것의 저자가 하나님임을 분명히 알려 준다. 이런 확신을 예수님과 사도들이 직접 분명한 말로 표현하고 있다. 예수님은 성경은 파기하지 못하나니, 즉 폐하여 그 권위를 빼앗을 수 없다고 선포하셨다(요. 10:35). 그리고 그분 자신이 개인적으로 율법이나 선지자나 폐하러 온 것이 아니라 완전케 하려고 오셨음을 선포하셨다(마 5:17; 눅 6:27). 사도 베드로는 예언의 말씀은 확실하고 신실하여 우리의 길에 빛이라고 말했다. 그 말은 구약성경에 내포된 예언들이 자신의 것, 즉 선지자 자신들로 말미암아 주어진 미래의 선포나 해석에 의존하는 것이 아니기 때문에, 항상 예언은 옛날 어떤 사람의 뜻으로 낸 것이 아니요, 성령의 감동하심을 입은 하나님의 거룩한 사람들이 한 것이라는 말이다(벧후 1:19-21; 벧전 1:10-12과 비교). 같은 의미에서 바울은, 구약이 함께 이루는 성경은 그것을 우리가 그리스도 안에 있는 신앙으로 말미암아 탐구하고 읽을 때 구원에 이르는 지혜가 있게 할 수 있음을 증거했다. 왜냐하면 성경에 포함된 매성경마다 하나님의 감동으로 된 것(theopneustos: '하나님으로부터 불어 넣어진')으로 교훈과 책망(확신과 징계)과 바르게 함과 의로 교육하기에 유익하기 때문이다(딤후 3:16).

마지막으로, 신약신경에 대해서 예수님 자신이 뒤에 기록문서를 남기지는 아니하셨으나, 그가 떠나시기 직전에, 특히 그의 증인으로서 세상 한 가운데로 들어가게 하기 위해서 사도들을 택하시고 부르시고 자격을 주셨다(마 10:1; 막 3:13; 눅 6:13; 9:1; 요 6:70). 이를 위해서 주님은 특별한 은사와 권능으로 그들을 갖추게 하셨다(마 10:1, 9; 막 16:15 이하; 행 2:43; 5:12; 롬 15:19; 히 2:4) 특히 예수께서 말씀하신 모든 것을 생각나게 하시고(요 14:26), 장래 일을 그들에게 알리시며, 모든 진리 가운데로 인도하실(요 16:12) 성령으로 갖추게 하셨다. 그때 그리스도의 증거자는 본래 사도들 자신이 아니라, 그들 안에서 그들을 통하여 예수님의 증거자로서 인도하시는 성령이다(요 15:26-27). 아버지를 영화롭게 하기 위해서 아들이 온 것처럼(요 17:4), 아들을 영화롭게 하기 위해서 성령이 오셨고, 이를 위해서 그가 말하고 행하는 모든 것을 아들로부터 취하신다(요. 16:14).

이 그리스도의 증거를 사도들이 예루살렘과 유다와 사마리아에 있는 그들의 민족들과 그 당시 사람들에게만 가져가는 것이 아니라, 모든 인류와 땅끝까지 가져갈 것이다(마 28:19; 막 16:15; 행 1:8). 그들이 직접 많은 말로 하지 않았을지라도, 온 천하로 나가라는 위임명령 속에는 글로 써서 예수님에 대해서 증거하라는 명령이 있다. 그러나 아브라함과 세우실 약속이 그리스도 안에서 인류에게 와야 한다면, 역시 그것이 기록되어 모든 시대 동안에 보존되고 모든 족속들에게 전파되지 않으면 복음은 그 목적에 이를 수 없다. 그러므로 사도들은 그들의 전도에 있어서 성령의 인도하심을 받아서 펜을 들었고 그리스도 안에 나타났던 은혜와 진리의 충만한 것을 복음서들과 서신들을 통해서 증거했다. 그들의 구두설교에서나, 그들의 기록문서에서나 그들이 참으로 의식하고 있는 목적은 하나님께서 그리스도 안에서 계시하시고 그의 영을 통해서 그들에게 알리셨던 진리를 나타내는 일이다.

마태는 계보의 책, 즉 다윗의 아들 예수 그리스도의 역사를 기록했다(마 1:1). 마가는 하나님의 아들 예수 그리스도와 더불어 복음이 어떻게 시작되었고, 그 근원이 주님으로부터 취해졌음을 말하였다(막 1:1). 누가는 성도들 가운데 사도들의 증거의 근원으로 완전히 확실함을 가졌던 모든 일에 관해서 자세히 미루어 살핀 후 데오빌로에게 얻은 바 확실함을 순서대로 설명하려고 했다(눅 1:1-4). 요한은 우리가 예수 그리스도이시고 하나님의 아들이심을 믿고, 믿은 우리가 그 이름을 힘입어 생명을 얻게 하기 위해서 복음서를 기록했다(요 20:32). 그와 같이 첫째 편지에서도 우리가 사도들과 사귐이 있고 그들이 역시 아버지와 그 아들 예수 그리스도와 이런 우리의 사귐을 취할 수 있도록, 자신이 생명의 말씀에 관해서 보고 듣고 주목하고 손으로 만진 바를 선포했음을 말하고 있다(요일 1:1-3). 바울이 확실히 하는 바, 자신은 예수 그리스도로부터 사도로 부르심을 입었고(갈 1:1), 자신의 복음은 주님의 계시로 말미암아 받은 것이며 (갈 1:12; 엡 3:2-8; 딤전 1:12), 뿐만 아니라 자신은 말과 펜으로 하나님의 말씀을 전파했으며(살전 2:13; 살후 2:15; 3:14; 고전 2:4, 10-13; 고후 2:17), 다른 복음을 전하는 자는 저주를 받을지니라 함이다(갈 1:8). 모든 사도들이 인간의 영원한 생명과 죽음을 그들의 말을 받아들이느냐 거절하느냐에 관련시킨 것처럼, 사도 요한도 요한계시록 마지막 장에서 누구든지 이 책의 예언의 말씀에 더하거나 제하여 버리는 자는 심한 형벌을 받을 것이라고 경고했다(계 22:18, 19).

계시의 기록을 이루신 성령의 특별한 활동은 일반적으로 영감(inspiratie, theopneustie)이란 이름으로 칭하여 가리킨다(딤후 3:16). 이 영감의 본질에 대해서는 자연으로부터의 비교와 성경에 있는 설명을 통하여 밝혀진다. 일반적으로 사람은 다른 사람의 사상들을 그의 의식에 받아들일 수 있고 사고 과정에서 다른 사람으로 말미암아 인도될 수 있다. 이런 가능성 위에 모든 가르침과 교육과 지식과 학문이 의존하고 있다. 보통 다른 사람을 통하여 사상이 우리에게 전달될 여지는 기호나 몸짓, 구어나 문어 등의 수단을 통해서다. 우리 편에서 그때 우리는 의식적이고 의도적으로 큰 노력을 기울여서 이 사상들을 표상화하고 사려하여 우리의 영적 생활의 일부가 되게 한다. 그러나 최면, 암시 등의 현상들은 우리 편에서 스스로의 자기 활동 없이도 다른 사람의 관념이나 사상들이 우리 의식에 소개될 수 있고 명령으로 지배하는 힘으로써 우리의 의지와 행위를 속일 수 있다는 것을 증명한다. 인간은 이런 식으로 다른 사람(최면술자)이 명한대로만 행하는 수동적인 기구로 변화될 수 있다. 성경과 경험은 인간이 이와 같은 방식으로 악령의 영향과 조작을 받을 수 있음을 가르친다. 동시에 그 자신은 스스로 말하거나 행할 수 없고, 그의 사고와 행위에 있어서 악령으로 말미암아 지배될 수 있다. 예를 들어, 마가복음 1:24에서는 소유된 자를 통하여 말하고 예수님을 하나님의 거룩한 자로 인식하였던 더러운 영도 있다.

성령의 영감의 성격을 조명해 줄 수 있는 다른 현상은 소위 예술가들에게 있는 영감이다. 위대한 사상가들이나 시인들은 누구나 그들이 경험했던 가장 선하고 아름다운 것을 자력 탓이 아니라, 갑자기 돌발하는 생각 탓임을 경험한다. 자연히 그런 경험은 선행하는 탐구나 반성을 배제하는 것이 아니며, 천재란 노력과 열심을 불필요하게 여기지 않는다.

그러나 그런 규칙적인 연구가 경험을 얻는 데 절대 필요불가결한 조건이지만, 그런 경험은 논리적인 연구의 결론이거나 풍성한 열매가 아니다. 천재에게 있어서 어떤 추론으로도 얻을 수 없는 신비적인 힘이 작동하고 있다. 니체는 그의 누이에게 보내는 편지에서 "당신은 그와 같은 창조의 맹위(猛威)를 이해할 수 없을 것입니다. 누구든지 황홀경에 빠지고 매혹과 긴장으로 가득 차고, 듣기만 하고 아무것도 보지 않으며 단지 취하기만 합니다. 생각이 번개와 같이 떠오릅니다. 자유감, 독립성, 힘, 신성 등 모든 것이 높은 수준에서 강제로 일어납니다. 그것이 나의 영감의 경험입니다."

이와 같은 현상이 사람들이나 예술가들의 정상적인 생활에서도 일어난다면, 하나님께서 그의 피조물의 생각과 의지에 영향을 끼치는 일에 대해서 공격할 아무런 근거가 없다. 그의 영으로 말미암아 하나님은 모든 피조물 가운데 거하시며(창 1:3; 시 33:6; 104:30), 특별히 하나님의 영으로 말미암아 지으셨고 전능자의 기운으로 말미암아 살리신 피조물이 인간이다(욥 33:4; 시 139:1-16). 우리가 그를 힘입어 살며 기동하며 있느니라(행 17:28). 우리의 사고와 의지와 행동은 그들의 죄악의 길에 있어서도 하나님의 지배 아래 있게 되고 그의 예지와 작정 밖에서는 아무것도 일어나지 않는다(엡 1:11). 왕의 마음이 여호와의 손에 있음이 마치 보(洑)의 물과 같아서 그가 임의로 인도하시느니라(잠 21:1). 하나님이 인간의 마음과 모든 기동을 움직이신다(잠 5:21; 16:9; 19:21; 21:2). 다른 방식에 있어서 아주 친밀하게 하나님은 그의 영으로 더불어 그의 자녀들의 마음속에 거하신다. 이 영을 통해서 하나님은 그들이 그리스도를 주로서 고백케 하신다(요일 4:3). 그가 그들에게 주신 것들을 그들로 알게 하신다(고전 2:12; 요일 2:20; 3:24; 4:6-13). 그가 지혜와 지식의 은사를 그들에게 선물하시고(고전 12:8), 그들 가운데 행하시는 이는 하나님이시니 자기의 기쁘신 뜻을 따라 너희로 소원을 두고 행하게 하신다(빌 2:13).

세상과 교회 가운데 이런 하나님의 영의 행하심은 선지자들과 사도들에게 임했던 영감과는 동일하지 않으나, 그것은 해명과 설명에 도움을 줄 수 있다. 하나님의 영이 특별한 의미에서 하나님의 자녀들 가운데 거하시는 것과 같이 이름만이 아니라 참된 실제로 같은 영의 거하심과 일하심이 모든 피조물 가운데 있다면, 영감의 이름 아래 표시되는 이런 특징적인 활동이 불가능하거나 있을 성싶지도 않다고 생각할 이유가 없다. 그러나 역시 세상과 교회 안에서의 하나님의 영의 사역과 선지자들과 사도들 안에서의 사역 사이에 구별함이 그때 필요하다. 그 차이는 로마서 8:14과 베드로후서 1:21을 비교할 때 분명히 드러난다. 첫째 구절에서 바울은 무릇 하나님의 영으로 인도함을 받는 그들은 곧 하나님의 아들이라 이르고, 반면 베드로는 두번째 구절에서 거룩한 하나님의 사람들, 곧 선지자들은 성령의 감동하심을 입고서 예언하였다고 설명한다. 모든 성도들의 분깃인 성령의 인도하심은 그들이 하나님이 기뻐하시는 일을 행하기 위해서 지식과 기쁨과 능력을 받게 되는, 이성의 조명과 의지와 감정의 지배와 경영을 이룬다. 반면에 성령의 감동은 선지자들과 사도들에게만 주어지고, 그들이 받았던 하나님의 작정의 계시를 인류에게 알리기 위해 마음을 격동시키고 흥분시킨다.

이 영감의 성격은 신약에서 구약에서 말씀하신 것을 인용하여 "주께서 선지자로 말씀하신 것이다"(마 1:22; 2:15, 17, 23; 3:3; 4:14)라는 자주 일어나는 상투문구를 통하여 더 잘 제공된다. 주님께서 헬라어로 사용한 명제는 그가 말씀의 근원임을 표시하기 위함이고, 반면에 선지자들이 사용한 명제는 그들은 하나님께서 말씀하시는 수단, 즉 기관(organen)들임을 표시한다. 하나님께서 그의 선지자들의 입을 통해서 말씀하셨음을(눅 1:70; 행 1:16; 3:18; 4:25) 읽는 곳곳마다 이런 구별이 좀더 분명해진다. 그러므로 성경이 우리에게 가르치는 진리는 이것이니, 하나님 혹은 그의 영이 말씀의 본 구술자이시고 주님이 그렇게 말씀하실 때 선지자들과 사도들을 그의 기관들로서 사용하셨다 함이다.

우리가 이러한 가르침으로부터 추론할 때, 선지자들과 사도들이 무의식적이고 의지 없는 기관으로 있고 성령의 손에 단지 '통화관'(通話管)으로 사용되는 것으로 성경을 오해해서는 안 된다. 이는 하나님은 항상 자신의 사역을 예우(禮遇)하시고 이성적 피조물들을 비이성적인 것처럼 취급하지 않으실 뿐만 아니라, 성령의 영감에 대한 이런 기계적인 이해와는 명백히 모순되기 때문이다. 참으로 선지자들이 성령에 의해서 감동을 받을지라도, 역시 그들 스스로가 말하여 왔다(벧후 1:21). 그들이 기록하였던 말씀들이 여러 번 자신의 말들로서 인용되었다(마 22:43, 45; 요 1:23; 5:46; 롬 10:20 등). 선지자나 사도의 직임을 위해서 그들은 여러 번 젊을 때부터 구별하고 준비하여 자격을 갖추었다(렘 1:5; 행 7:22; 갈 1:15). 계시를 받을 때도 그렇게 의식한 것처럼 계시의 기록 시에도 그들은 완전한 자기의식이 있다. 자신의 활동이 성령의 감동으로 압제당하는 것이 아니라, 부풀고 힘이 솟고 순화된다. 그들은 스스로 탐구에 부지런해지고(눅 1:3), 그들은 이전에 받았던 계시를 반성하고 회상한다(요 14:26; 요일 1:1-3). 그들은 역사적 자료를 이용하기도 하고(민 21:14; 수 10:13 등), 예를 들어 시편 기자와 같이 자신들의 경험 속에서 그들의 노래의 자료를 찾았다. 성경을 구성하는 모든 기록문서에는 저자들의 성향과 성질, 개인의 발달과 교육, 개인적으로 함구하는 기록자의 언어와 문체들이 나타난다. 성경을 연구하면 하나님의 말씀만 우리에게 가르치는 것이 아니라, 성경 기록자들의 다양한 인물들도 알게 된다. 열왕기와 역대기 사이, 이사야와 예레미야 사이, 마태와 누가 사이, 요한과 베드로와 바울 사이에 얼마나 차이가 있는가!

하나님의 모든 역사에서와 마찬가지로, 여기에서도 역시 통일 속에서 차이가, 차이로부터 통일이 나타난다. 하나님께서 선지자들과 사도들을 통하여 우리에게 말씀하실 때, 주님 자신이 형성했던 그들의 전인격을 사용하셨고 자기의식과 자기활동을 위해서 자신의 영감의 기관으로 만드셨다. 그러므로 이런 영감은 전혀 기계적인 성격을 띠지 않고 '유기적' 성격을 띠었다.

영감에 대해 이렇게 이해할 때 성경의 인간적인 측면을 완전히 정당하게 이해할 수 있다. 성경은 일순간에 완전히 나타난 것이 아니라, 점진적으로 생겼다. 지금 우리가 사용하고 있는 구약성경은 39권으로 되어 있다. 5권이 율법서요, 12권이 역사서요(여호수아에서 에스더까지), 5권이 시서요(욥기에서 아가서까지), 17권이 예언서이다. 이 순서는 연대적이지는 않다. 예를 들어 에스라, 느헤미야, 에스더는 시서나 선지서들보다 훨씬 후대이다. 그리고 선지서 중에서도 요엘, 오바댜, 아모스, 호세아 등의 소신지서들은 이사야, 예레미야, 에스겔, 다니엘서인 대선지서들보다 더 오래되었다. 그러나 그 순서는 객관적이고 같은 내용의 책들을 함께 모았다. 이런 모든 책들의 발생은 여러 시대 과정 속에서, 아주 다른 환경 속에서도 여러 다른 사람들의 작업을 통하여 점진적으로 일어났다.

신학에서 개개의 성경책이 어떤 환경에서 생겼고, 누구에 의해서 쓰여졌으며, 누구에게 보내는 것인지에 대한 탐구를 추구하는 특별한 분야가 있다. 이런 분야의 오용 때문에 그것은 불쾌한 이름이 붙여졌고 "소위 고등 비평은 성경을 한장씩 한장씩 찢어 내버렸다"는 소리를 듣는 것이 한두 번이 아니다. 그러나 오용이 여기에서도 그 사용을 없이 하지 못한다. 그 전체에 있어서나 그 각 부분에 있어서나 성경에 대한 올바른 이해에 앞서서 그들이 어떻게 점진적으로 일어났으며, 어떤 환경 속에서 각 성경책이 이루어졌는가를 정확하게 이해함이 아주 중요하다. 이런 지식은 결국에 가서 하나님의 말씀의 해석에 유익을 가져온다. 그로부터 우리는 하나님의 영의 영감이 깊고 넓게 하나님의 거룩한 자들의 생과 사상 속에 침투했음을 배운다.

수세기 동안, 즉 모세의 때까지 성경, 곧 기록된 하나님의 말씀은 존재하지 않았다. 적어도 그것에 대한 지식은 전혀 갖지 못하고 있다. 후에 모세의 책 속에서 흡수되고 보존되었던 특별계시사에 있어서 아주 중요한 어떤 말씀이나 사건에 대한 기록문서가 모세 이전에 이미 있었다는 것이 본래 전혀 불가능한 것은 아니다.

모세의 시대에는 아직 필서법이 알려지지 않았다는 이유로, 이런 주장을 어리석은 것으로 비난하였던 것도 오래 전이 아니다. 그러나 이제 바빌로니아와 애굽에서의 발굴로 말미암아 더 잘 알려진 바 우리는 필서법이 모세보다 더 오래 전에 알려졌고 넓게 사용되고 있었음을 알게 되었다.

우리는 기록으로 보존되었던 법과 역사들을 알고 있고, 모세보다 수백년 전에 사람들은 기록했었다. 모세가 역사를 기록하고 율법을 받기 전에 이미 옛 기록문서를 사용했다는 주장을 전혀 모순된다고 생각할 수 없다. 예를 들어 창세기 14장의 설명은 당연히 유전문서(遺傳文書)를 의존할 수 있다.

그러나 이것을 우리가 확실하게 할 수 없고, 따라서 일반적인 의미에서 모세 전에는 기록된 하나님의 말씀이 없었다고 말할 수 있다. 물론 하나님의 말씀은 있었다. 이는 특별계시가 타락 직후부터 시작되었기 때문이다. 그러므로 이런 의미에서 규범(Kánon), 즉 신앙과 생활의 규칙과 같은 그런 것이 있었다. 인류에게 하나님의 말씀이 없었을 때는 없었다. 항상 그 첫 근원으로부터 그는 본성과 양심 속에 하나님의 일반계시를 소유하고 있었고, 말씀과 역사 속에 특별계시를 소유하고 있었다. 그런 하나님의 말씀이 바로 문서로 기록된 것이 아니었고, 가족과 종족 가운데에서 장로들로부터 자녀들에게 구전으로 전달되었다. 땅의 인구는 제한되었고, 아직도 사람들은 긴 생의 축복을 누렸으며, 혈연관계, 가족관, 전통에 대한 존경심이 훨씬 더 했던 옛적에는, 이런 전래 형식으로도 하나님의 말씀의 순수한 보존과 전달을 위해서 충분했다.

그러나 결국 인류가 퍼져 가고 여러 우상과 미신에 빠져 들어감에 따라서 이런 형태가 더 이상 존립할 수 없었다. 하나님의 말씀의 기록은 모세가 시작했다. 아마 모세가 취해서 포괄했던 기존 서목(書目)이 있었을 것이다. 이미 언급했던 바와 같이 이것을 확실하게 알 수 없으나, 소위 모세의 다섯 권의 책 중에 소수의 구절에서만(즉 출 17:14; 24:4, 7; 34:27; 민 33:2; 신 31:9, 22) 모세 자신의 기록에 대해서 언급되었음을 생각할 때, 그것에 대한 가능성은 짙어진다. 그러므로 모세의 다섯 권의 책 중 여러 부분들이 어느 정도 모세 전 시대의 것이며, 역시 그들이 모세 자신에 의해서, 혹은 모세의 명에 의한 다른 사람에 의해서, 혹은 모세의 죽음 후에 그의 정신 아래 편집되고 기존의 부분에 더했을 가능성이 있다. 이런 마지막의 가능성은 모세의 죽음에 관해서(신 34장) 일찍이 일반적으로 받아들여졌다. 그러나 창세기 12:6 하반절, 13:7, 36:31 하반절 등에서와 같이 추가의 목적을 가지고 다른 단편들로 확장되어야 했다. 이것은 절대 신적 권위에 저해되는 것이 아니다. 이것은 성경에서 자주 통용하고 있는 표현인 모세의 율법, 혹은 모세의 책(왕상 2:3; 왕후 14:6; 말 4:4; 막 12:26; 눅 24:27, 44; 요 5:46, 47)이란 표현으로 말미암아 모순을 일으키지 않는다. 왜냐하면 비록 모세가 약간의 부분들은 다른 자료들에서 가져오고, 그의 명령에 의해서 그의 직책맡은 자로 기록케 하였고, 혹은 그의 정신을 가진 후계 인물을 통하여 편집되었다 할지라도, 모세의 다섯 권의 책들은 모세의 책, 혹은 율법으로 남아 있다. 바울 역시 일반적으로 그의 서신을 그 자신이 직접 쓰지 않았고 그들의 기록을 다른 사람들의 손에 맡겼다(고전 16:21). 시편의 책도 종종 그 전체에 있어서 다윗에게 돌린다. 이는 여러 편의 시가 다윗의 것이 아니고 다른 사람들의 산물일지라도 그가 시행의 기초자이기 때문이다.

이런 모세율법을 기초로 하여, 즉 하나님께서 열조와 세우셨고 시내산에서 이스라엘과 더불어 확인하셨고 모세의 율법 속에 '규정된' 하나님의 언약에 기초하여 후에 이스라엘 역사에 있어서 성령의 인도하심에 따라 세 가지 성문형이 생겼으니, 즉 예언, 시형식, 예언문이다. 이런 성령의 은사들이 셈족에 특이한, 그 중에서 이스라엘 민족에서 특이한 자연적 재능과 조화를 이루면서도, 이것을 훨씬 뛰어 넘어온 인류의 은택을 위하고 하나님의 왕국에 봉사하는 소명을 맡기셨다. 예언은 아브라함에게서 시작하여(창 18:17; 20:7; 암 3:7; 시 105:15) 야곱(창 49장), 모세(민 11:25; 신 18:18; 34:10; 호 12:14)와 미리암(출 15:20; 민 12:2)에게서 나타나고, 특히 사무엘과 그 후 왕국시대와 바벨론 포로 후의 무시하지 못할 시기까지 이스라엘 역사에 동반한다. 히브리 구약성경에서 예언의 책들은 두 가지 그룹, 즉 '초기'와 '후기' 선지서들로 나눈다. '초기' 선지서들 아래에 여호수아서, 사사기, 사무엘서, 열왕기 등의 책들이 있다. 이 책들에 '초기 선지서들'이란 칭호를 붙이는 이유는, 그것들은 선지자들에 의해서 기록되었고 후기 성경 선지서들에 선행한 선지자들의 행적이기 때문이다.

그렇게 그들의 책이 성경에 보존된 네 분의 대선지자와 열두 분의 소선지자들보다 더 많은 선지자들이 이스라엘에는 존재했다. 위에서 언급한 역사서들에는 선지자들의 이름이 꽉 차 있고, 종종 그들의 활동에 관해서 꽤 긴 묘사를 하고 있다. 그들이 다룬 선지자들은 드보라, 사무엘, 갓, 나단, 아히야, 스마야, 아사랴, 하나니, 하나니의 아들 예후, 엘리야, 엘리사, 훌다, 유대왕국의 선지자들 중 첫 순교자인 사가랴 등이며, 그 외에 이름도 없는 많은 선지자들이 있었다(대하 25장). 이런 모든 사람들의 기록문서들은 우리에게 전혀 없다. 종종 선지학교에 대한 말도 있다(삼상 10:5-12; 19:19 이하; 왕하 2:3, 5; 4:38, 43; 6:1). 이곳에서 많은 선지자들의 아들이나 제자들이 영적인 훈련으로 함께 담화를 나누고 신정왕국에 참여하여 활동했다. 여호수아, 사사기 등에서 우리에게 보존되어 온 선지자적 역사 기록들은 필경 이런 학교로부터 나왔으리라 믿는다. 특히 역대서에서 선지자들의 역대지략이란 말이 여러 번 언급되었다(대상 29:29; 대하 9:29; 20:34 등).

역사서에서 그들의 활동이 기록된 선지자들이 오늘날 후기 기록의 선지자들과 구별하여 행동의 선지자란 이름으로 종종 받아들여지고 있다. 이런 명칭은, 초기와 후기의 모든 선지자들이 말씀의 선지자들이었다는 견해를 취하는 한 부당하지는 않다. 그러나 그들은 말할 뿐 아니라 증거했다. 히브리어로 그들의 명칭인 선지자(Nabi)란 말이 이미 이 사실을 지적하고 있고(출 4:16; 7:1), 가장 오래된 선지자들의 증거 속에서 이미 예언적 선포의 근본 특징이 내포되어 있다. 그러나 옛날 선지자들은 두 가지 점에서 후기 선지자들과 구별된다. 첫째로 그들의 초점은 이스라엘 백성의 내적인 문제에 제한되어 있고 다른 민족들은 그들의 시야에 들어오지도 않았다. 둘째로 그들은 미래보다 현재에 더 관심이 많았다. 그들의 경고와 위협의 말은 대체로 직접적이고 실천적인 목적을 갖는다. 그때 다윗과 솔로몬의 통치기간 동안과 그 후 일정한 기간 동안에도, 이스라엘은 하나님의 언약을 지킬 것이고 그의 길을 행할 것이라는 소망이 항상 생생하였던 시대이다.

그러나 기원전 9세기 이스라엘이 외국과의 정치에 말려들어 자신의 사명과 목표도 무시하고 점점 죄악에 빠지게 될 때, 선지자들도 주위 민족들에게 눈을 돌렸고, 현금 몰락상태에서는 더 이상 하나님의 약속의 완전한 성취를 기대할 수 없게 되자, 하나님 자신에 의해서만 성취되는 메시야적인 미래 속에서 그런 성취를 기대했다. 이들 후기 선지자들은 그들의 망대 위에서 온 땅을 멀리서부터 두루 관망하고 자신의 이해와 해석에 의하지 않고 성령의 조명에 의해서 시대의 징조들을 지적했다(벧전 1:4; 벧후 2:20, 21). 그리고 그들은 종교적,

윤리적, 정치적, 사회적 영역에서 이스라엘이 처한 모든 상황과 다른 민족들, 에돔, 모압, 앗수르, 갈대아, 애굽 등과 이스라엘과의 관계를 여호와께서 그의 백성과 세우신 중심 언약과 비교했다. 그들은 각각 자신의 방식으로 그의 성품과 그 시대 조류에 따라서 선포할지라도, 본질적으로 같은 하나님의 말씀만 선포했다. 즉 그들은 이스라엘에게 그들의 죄악들과 하나님의 형벌을 알렸다. 그리고 그들은 주님의 백성에게 그의 언약의 불변성, 그의 신실한 약속, 그들의 모든 불의에 대한 용서 등으로 그들을 위로했고, 하나님 자신이 다윗의 집으로부터 난 왕으로 이스라엘과 모든 민족들에게 그의 지배를 확장하실 기쁜 미래로 모든 눈길을 돌렸다.

그러나 그들이 하나님의 이름으로 선포한 말씀의 의미는 그 시대를 넘어 먼 훗날까지 포괄한다. 그 말씀은 그 한계와 목적이 더 이상 옛날 이스라엘에게 머물지 않았다. 오히려 그 내용과 성격이 땅끝까지 확대되고 인류 안에서만 성취될 수 있다. 그때 예언의 말씀의 기록이 역시 허락되었다. 기원전 9세기로부터, 즉 요엘 혹은 오바댜의 시대부터 선지자들은 종종 명백한 하나님의 명령에서 그들의 설교의 내용을 기록하기 시작했고(사 8:1; 합 2:2; 사 36:2), 그들의 이런 말씀이 후세에 영원히 영원에 이르기까지 있도록 하여(사 30:8), 후세대로 말미암아 진리로 깨닫게 되도록 하는(사 34:16) 분명한 목적을 지시하기 위해 기록했다.

시 형식도 예언과 같은 과정을 거친다. 그것도 역시 유래가 오래되었다. 이스라엘에서는 노래와 음악이 애호되었다(삼상 18:7; 삼하 19:35; 암 6:5 등). 다양한 주제를 지닌 노래들이 역사서에서 우리에게 보존되고 있다. 즉 칼의 노래(창 4:23-24), 우물의 노래(민 21:17-18), 헤스본 정복의 노래(민 21:27-30), 홍해(de Schelfzee) 도섭(徒涉)의 노래(출 15장), 모세의 노래(신 32장), 드보라의 노래(삿 5장), 한나의 노래(삼상 2장), 사울과 요나단의 죽음에 대한 다윗의 애가(삼하 1장), 아브넬을 위한 애가(삼하 3:33-34), 야살의 책(수 10:13; 삼하 1:18)에 있는 여러 노래들 등이 기록되어 있다. 무엇보다 역시 선지자들의 책에서 노래들이 많이 나타난다. 예를 들면, 포도원의 노래(사 5장), 타락한 바벨론 왕에 대한 조소의 노래(사 14장), 히스기야의 시(사 38:9 이하), 요나의 기도(욘 2장), 하박국의 찬양의 노래(합 3장) 등을 들 수 있다. 이런 노래 중 많은 것들이 시편과 밀접하게 관련되어 있으며 이것을 넘어서는 자각될 수 없다. 예언과 시편 사이에 내적 관계가 있음은 그 형식에서 나타난다. 즉 둘은 모두 성령의 강력한 영감으로부터 일어나고, 자연과 역사의 온 세상을 그들 시야 안으로 두고 생각하며, 만물을 하나님의 말씀의 조명 아래 생각하고, 그

초점이 메시야 왕국의 선포에 있으며, 모두가 시 언어와 형식을 사용하고 있다. 시편의 시인이 하나님의 작정의 신비 안으로 인도될 때 그는 선견자가 되고, 선지자가 하나님의 약속으로 그의 영혼을 새롭게 할 때 그는 시가락을 읊었다(대하 25:1-3). 아삽은 선견자라 했고(대하 29:30), 다윗은 선지자라 했다(행 2:30).

그럼에도 불구하고 차이가 있다. 시편들의 시는 미리암의 노래(출 15장), 모세의 노래(신 32장), 모세의 시(시 90장)로 말미암아 준비되었고, 시가의 최고 전성기는 사무엘 아래 여호와께 예배의 갱신 후, 이스라엘의 노래 잘하는 자인(삼하 23:1) 다윗의 때다. 다윗의 시형은 그 후 솔로몬, 여호사밧, 히스기야의 시들과 포로시대와 그 이후 시대에 나온 시들의 기초형식을 이룬다. 시편 72편 마지막에서 다윗의 모든 시들을 '기도'라 칭하였다. 이것이 모든 시편들의 특이한 성격이다. 시편들은 서로 차이가 많다. 그중 어떤 것은 찬양과 감사의 노래요 탄원과 간청의 노래이며, 약간은 그 내용이 찬송이요 애가요 예언적이고 교훈적인 것이다. 약간은 자연 속에서의 하나님의 사역과 역사 속에서의 하나님의 행위를 노래하고 과거, 현재 또 미래를 다룬다. 그러나 기도의 양태는 항상 시편 기자에게 특이한 것이다. 예언시에 성령이 그들을 사로잡아 기능하는 반면, 같은 성령이 그 시인을 자신의 영적 체험의 깊은 곳으로 인도한다. 그가 노래할 경우 그는 항상 독특한 영적 상태에 있었다. 그러나 이런 영적 상태는 여호와의 영으로 말미암아 형성되고 자랐다.

다윗이 그런 성격과 이런 풍부한 생활체험의 사람이 아니었더라면, 그는 이스라엘의 노래 잘하는 자(Psalmen)가 아니었을 것이다. 이런 영혼의 상태와 풍부하고 다양한 슬픔과 걱정, 시험과 중지, 핍박과 구원 등이 자연과 역사, 제도와 설교, 심판과 구원 속에 있는 하나님의 모든 객관적인 말씀들과 행위들의 멜로디를 연주하는 현악기들이다. 주관 가운데 있는 하나님의 객관적인 계시와 그의 주관적인 인도하심 사이의 하모니가 노래로 불려졌으니, 하나님의 면전에 서와 같이 노래하고 그의 존귀에 헌신했고, 이 찬양에 동참시키기 위해서 모든 피조물을 초대했고 하늘과 땅 위의 만물들이 함께 찬양을 올릴 때까지 계속 노래했으며, 따라서 이 노래들이 고금의 모든 세대에 걸쳐 가장 깊은 영적 생활체험의 가장 풍부한 표현들이다. 시편들이 우리에게 가르쳐 이르는 것은 하나님께서 우리의 마음의 비밀 가운데 계속 체험하고 있고 그리스도 안에서 성령으로 말미암은 그의 계시와 관련된 것이다. 이런 의의 때문에 이런 시편들이 시편 기자들로 말미암아 읊어졌고 수세기 동안 교회의 입술들 위에 오르내리도록 하셨다.

예언과 시형 다음에 지혜문(智慧文), 즉 잠언 혹은 지혜문학이 있다. 이것 역시 자연적 재능에 그 기초를 두고 있으니, 요담의 우화(삿 9:7 이하), 삼손의 수수께끼(삿 14:14), 나단의 비유(삼하 12장), 드고아 여인의 슬기(삼하 14장) 등에서와 같이 그것이 분명하게 드러난다. 그러나 지혜문이 성스러운 성격을 띤 것은 특히 솔로몬으로 말미암고(왕상 4:29-34; 잠 10-22장; 25-29장) 다른 현인의 잠언(잠 23:17 이하; 30-31장)에서 계속되었으며 욥의 책, 전도서, 아가서, 바벨론 포로 이후 오랫동안까지 계속된다. 이스라엘 역사와 다른 민족사에서 보여주는 것과 같이 예언은 하나님의 작정을 계시한다. 반면 시형은 이런 하나님의 작정의 집행이 성도들의 영적 생활에서 야기시킨 메아리이다. 지혜문은 이런 하나님의 작정을 실천적 생활과 행동에 관련시킨다. 이것 역시 신적 계시에 기초를 둔다. 그것의 출발점은 여호와를 경외하는 것이 지혜의 근본이라는 것에 있다(잠 1:7). 그러나 지혜문은 이런 계시를 민족들의 역사나 자신의 의식체험과 관련시키는 것이 아니라, 일반적인 일상생활, 남녀의 생활, 부모와 자녀, 친우관계와 대인관계, 직업과 사업 등의 실천적인 것에 적용될 수 있도록 지은 것이다. 그것은 예언처럼 그렇게 높이 올라가 있거나 멀리 가지는 않는다. 또 시형처럼 깊은 데까지 내려가지 않는다. 그것은 인간이 절망적으로 따라 내려가다가 하나님의 섭리로부터 의에 이르는 신앙으로 말미암아 다시 일으킴을 받는 운명의 변화무쌍함에 유의한다. 그렇게 지혜문은 인류 보편적인 의미를 얻고 있고 성령의 인도 아래 성경 가운데 오랜 세기 동안 보존되었다.

계시, 율법, 하나님의 작정은 원리적으로 모세의 책 가운데 세워져서 구약시대의 선지자의 설교와 노래하는 자의 노래, 현자의 규범에서 완성된다. 선지자는 머리요, 노래하는 자는 마음이요, 현자는 손이다.

이렇게 함으로 선지직, 제사장직, 왕직이 갖는 이스라엘과 인류에 대한 그의 소멸은 옛 언약 아래 성취됐다. 귀중한 보물인 이런 성문학은 그리스도 안에서 세계의 공동재산이 되었다.

약속은 그 성취에 있는 것처럼 구약성경의 결론을 신약성경이 짓는다. 어느 하나가 다른 것이 없이는 불완전하다. 옛 언약은 새 언약 안에서만 계시되고 새 언약의 핵심적 본질은 이 옛 비밀 가운데 있다. 그들은 서로 받침대와 조상(影像), 자물쇠와 열쇠, 몸체와 그림자를 구성한다. 구약과 신약의 칭호는 그리스도 전과 후에 하나님으로 말미암아 그의 백성에게 주신 은혜언약의 두 경륜을 가리킨다(렘 31:31 이하; 고후 3:6 이하; 히 8:6 이하). 그러나 이 칭호들은 점점 이 언약의 두 경륜에 대한 묘사와 해석을 주는 기록문서들에로 전용된 것이다. 출애굽기 24:7에서는 이스라엘과 하나님 언약의 선포였던 율법을 이미 언약의 책이라 했다(왕하 23:2과 비교). 그리고 바울은 고린도후서 3:14에서 그가 언약서들을 염두에 두고 구약을 읽는다는 말이 있다. 이런 예로 보아 언약(Testament)이란 언어는 성경으로 포괄되고, 옛 은총의 경륜과 새 은총의 경륜에 대한 해석을 주는 기록문서 혹은 책들을 가리키는 데 점차적으로 쓰여졌다. 구약과 마찬가지로 신약은 여러 책으로 구성된다. 그 안에 5권의 역사책들이 있고(4권의 복음서와 사도행전), 21권의 교리서(사도들의 서신들)와 한 권의 예언서(요한계시록)가 있다. 그런데 구약의 39편은 천년 이상의 시대과정에서 생겼던 반면, 신약의 27권은 우리의 그리스도 기원 1세기 후반기에 모두 기록되었다. 복음서들은 신약의 첫 부분에 있다. 그러나 이 순서는 연대적 성격을 띤 것이 아니라, 자료적인 성격을 띠고 있다. 사도들의 많은 서신들이 더 오래 되었을지라도 복음서들을 처음에 두는 이유는 그것들이 그리스도의 인격과 역사에 관한 행적들이고, 그 후 모든 사도적 유업의 기초를 이루기 때문이다. 복음이란 말은 처음에 그 일반적인 의미가 기쁜 소식이란 의미를 가졌다. 신약시대에는 예수 그리스도로 말미암아 선포된(막 1:1 등) 기쁜 소식에 대해서 사용되어 왔고, 후에 이그나티우스(Ignatius), 저스틴(Justinus) 등 기타 교회사 인물들을 통해서만 그 의미가 그리스도의 기쁜 소식을 내용으로 갖는 책 혹은 기록서로 전용되고 있다.

우리의 신약에는 사복음서들이 처음에 있다. 그러나 이 네 가지 기록들이 네 가지 다른 '복음' 혹은 기쁜 소식을 내포한 것이 아니다. 왜냐하면 예수 그리스의 복음, 곧 한 복음만 있기 때문이다(막 1:1; 갈 1:6-8). 그런데 이 한 복음, 곧 구원의 기쁜 한 소식은 네 가지 다른 방식에서 네 명의 다른 인물들로 말미암아 기록된 것이고, 네 가지 다른 양태들을 나타내며, 네 가지 다른 관점에서 본 것이다. 이런 관념은 우리의 복음서들 위에 표현된 표제에 있다. 즉 그들은 모두 같은 복음으로서 묘사되었으되 네 가지 다른 기록들인 마태에 의한 복음, 마가에 의한 복음, 누가에 의한 복음, 요한에 의한 복음으로 묘사되었다. 그와 더불어 우리의 네 복음서들은 본질적으로 이 네 사람으로부터 기원한 것이 아니라, 그들 기록들의 수정판들이었다고 진술하려는 사람은 없다. 그런데 그것을 통하여 복음서들에서 한 복음, 즉 그리스도의 인격과 사역에 관한 한 형상이 묘사되었고, 그러나 여러 면에서 기록되었다는 사상이 있었다. 따라서 고대교회에서 네 명의 복음서 기자들을 요한계시록 4:7에 있는 스랍과 비교했다. 즉 마태는 사람으로, 마가는 사자로, 누가는 송아지로, 요한은 독수리로 비유했다. 왜냐하면 첫째 기자는 그리스도의 인성, 둘째 기자는 그의 선지직, 셋째 기자는 그의 제사장직, 넷째 기자는 그의 신성을 묘사했기 때문이다.

마태는 그리스도로 말미암아 사도직을 위해 선택된 세리 레위와 같은 인물인데(마 9:9; 막 2:14; 눅 5:27), 이레니우스(Irenaeus)에 따르면 본래 그의 복음서를 기원 후 62년쯤에 팔레스틴에서 아람어로 썼고, 특히 팔레스틴에 있는 유대인들과 유대 그리스도인에 대해서 예수가 참 그리스도였으며 구약의 모든 예언들이 그 안에서 성취되었음(마 1:1)을 그들에게 증명하기 위해서 기록했다고 한다. 마가는 예루살렘에 그녀의 집이 있었던(막 14:14; 행 1:13; 2:2) 마리아의 아들이었다(행 12:12). 그는 처음 바울을 도왔다가 후에 베드로를 도왔고(벧후 5:13), 전통에 따르면 예수 그리스도의 복음의 시작에 대해서 설명하기 위해서(막 1:1) 로마에 있는 그리스도인들에 의해서 초대되었다. 왜냐하면 그가 예루살렘에 거했고 베드로와의 교제를 통하여 그것에 대해서 잘 알고 있었기 때문이다. 그가 그 초대에 응한 것은 로마에서 아마 기원후 64년에서 67년 사이였을 것이다. 바울이 사랑하는 의사라고 불렀던(골 4:14) 누가는 아마 안디옥 출신인 것 같고, 기원후 40년, 일찍이 안디옥에 있는 그리스도 교회에 속해 있었다. 그는 바울의 여행 동료요 동역자였고 끝까지 남아 그에게 충성했다(딤후 4:11). 그는 그리스도의 생과 역사에 관한 역사책(그의 복음서)을 썼을 뿐만 아니라, 팔레스틴, 소아시아, 그리스, 로마까지의 첫 복음전파에 대한 역사책을 기록했다(사도행전에서). 이때가 대략 70년에서 75년 사이이다. 그리고 이것을 복음에 관심 있는 저명 인물인 데오빌로에게 보냈다.

이 세 권의 복음서들은 서로 밀접하게 연결되어 있다. 그들은 예수님의 가르침과 생애에 대해서 첫 제자들 가운데서 생생했던 전통에 입각한 것이다. 네 번째 복음서는 다른 성격을 띠고 있다. 예수님이 사랑하셨던 제자인 요한은 예수님의 승천 후 예루살렘에 머물렀고 거기에서 야고보와 베드로와 함께 교회의 세 기둥 중 한 사람이 되었다(갈 2:9). 그는 후에 예루살렘을 떠났고 말년에 바울의 계승자로서 에베소에 왔는데, 95년에서 96년 사이 도미티안(Domitianus) 황제 때 그곳으로부터 밧모섬으로 유배되어 100년에 순교자로서 죽었다. 요한은 선교사업에 있어서 강력히 지배적인 인물은 아니었다. 그는 새로운 교회를 개척하지 않았고 다만 기존의 교회들을 순수한 진리의 지식으로 보존하려고 했다. 세기 말로 가까이 갈수록 교회는 점점 다른 상황으로 들어갔다. 이스라엘, 율법, 할례와 그리스도 교회와의 관계에 관한 논쟁은 끝났다. 교회는 유대와 관련하여 독립적인 존재로 나갔고 좀더 멀리 헬라와 로마세계에까지 깊이 들어갔다. 거기에서 교회는 다른 영적 조류, 특히 성장하는 영지주의(Gnosticism)와 만났다. 이제 요한의 목적은 교회를 적그리스도, 곧 말씀의 성육신을 부정하는 (요일 2:22; 4:3) 조류의 이런 위험을 안전하게 통과시키는 것이었다. 이런 적그리스도적 조류를 반대하여 요한은, 모든 때의 징조로부터 80년에서 95년에 해당된 그의 기록문서 가운데에서 그리스도를 성육신한 말씀으로서 충분한 이미지를 그렸다. 그의 복음서에서 그는 그리스도가 땅 위에서 체류하는 동안에 성육신된 말씀이었음을 보였고, 서신에서 그리스도는 지금도 교회 안에서 성육신한 말씀임을 보였다. 그리고 요한계시록에서 그는 미래에도 성육신한 말씀이 될 것임을 보였다.

신약서에서 그렇게 먼 미래에까지 언급된 모든 기록들은 성령의 인도하심 아래 그와 같은 역사적 사건들을 갖는다. 이 경우는 바울이나 베드로, 야고보, 유다 등 다른 기록문서에도 마찬가지이다. 그들은 예수님의 부활과 예루살렘교회의 핍박 후에 유대인들과 이방인들에게 복음을 전파하기 위해서 흩어졌고, 그들의 말씀으로 세워진 교회들과는 계속 교제하고 체류했다.

그들은 교회들의 영적 상태에 대하여 구두 혹은 기록으로 보고를 받았고 교회의 성장에 관심을 가졌으며, 사도적인 마음에서 온 교회를 걱정했다(고후 11:28). 그와 같이 그들은 소명을 느껴 가능한 한 개인적으로 교회로 찾아갔거나 서신을 통하여 그들의 필요에 맞게 권고하거나 위로하고 경고하거나 격려하였으며, 이런 식으로 모두 그들을 구원에 이르는 진리로 깊숙이 인도했다.

일반 사도적 사역과 마찬가지로 그들은 역사적이고 유기적이며 본질적인 구성을 이루고 근본적인 성격을 띤 기록 작업도 행했다. 사도들의 복음서들과 서신들은 선지자들의 책들과 같이 우연한 문서들이라고 할 수 있으나, 그들은 당시 교회의 일시적이고 지엽적인 관심을 초월해서 모든 세기의 교회를 향한다.

모든 성경은, 비록 역사적인 것이지만, 어거스틴이 말한 것과 같이 하늘로부터 땅 위의 교회에게 보내신 하나님의 편지다. 성경책의 성립에 관한 역사적 탐구는 그것을 오용할 수 있는 경우를 제외하고 본질적으로 성경의 신적 성격을 해롭게 하기는커녕, 오히려 더 그 신적 성격을 따라서 하나님께서 그의 예술작품을 이루시는 경이로운 경영과 질을 알리시는 데 아주 적합하다.

이런 다양한 성경책의 발생에 관한 탐구와 더불어 성경연구는 도외시된 것이 아니고 그 발걸음을 시작하게 됐다. 성경 주위에는 그것의 의미를 좀더 잘 이해시키는 데 그 목적을 둔 재과학의 영역들이 점점 형성되어 왔다. 여기에서 이런 연구에 대해서는 다음의 몇 가지 경우만 말해도 충분하다.

첫째로 여러 성경책들은 각각 자체의 기원을 가질 뿐만 아니라, 하나로 모아 정경(kánon), 곧 신앙과 생활의 규범으로 만든 문서목록 혹은 문집으로 결정되었다. 그런 문집 형성이 그때그때 단일 성경책 안에서 이루어졌었다. 예를 들어, 시편과 잠언은 그 기원이 여러 인물이지만 점점 단일 뭉치로 결합된 것이다. 마치 교회가 이 성경을 만든 것처럼 이것을 이해해서는 안 된다. 즉 교회가 선지자들과 사도들의 기록문서들에 정경의 권위를 준 것처럼 이해해서는 안 된다. 차라리 이 문서들은 작성된 순간부터 교회 안에서 권위를 가졌고 신앙과 생활규범의 역할을 했다. 처음에 기록되지 않았다가 후에 기록된 하나님의 말씀의 그 권위의 발생은 인간에게 있지 않았고 성도들에게도 있지 않았으며, 오직 그것을 지켜 보시고 그것에 대한 지식을 일으키시는 하나님께 있다.

그러나 후에 선지자와 사도들의 문서의 수가 증가되면서, 뒤따라 선지자들과 사도들로부터 기원하지 않았으나 그들의 명의로 되어 있거나 이 때문에 어느 곳에서는 그렇게 받아들였던 다른 문서들이 생겼을 때, 교회는 명백히 정경인 책들과 가짜문서나 위장문서, 외경, 위조제명(僞造題銘)문서 등과 구별하고 정경인 책 목록을 세우는 것이 필요하게 된 것이다. 구약에 대한 이런 경우는 예수님 전 시대에 일어났고 신약의 경우는 주후 4세기에 일어났다. 그리고 이런 모든 문제를 정확하게 탐구해서 성경의 정경성을 밝히고자 하는 특별한 학문이 있었다.

둘째로 선지자들과 사도들의 친필로 쓴 원본은 예외없이 다 잃었다. 우리에게 있는 것은 다만 사본뿐이다. 이들 사본들 중 가장 오래된 것은 구약의 경우 주후 9세기와 10세기[1]에서 비롯되었고 신약의 경우 4세기와 5세기에서 비롯되었다. 이렇게 원본과 지금 존재하는 사본 사이에는 수세기가 있고 그 동안 그 본문은 역사를 가지고 다소의 변경을 겪게 되었다.

예를 들어 한 가지만 말하면, 히브리어 원본에는 모음표나 구두점이나 구분[2]이 없었는데 후세기 사본에서 이들이 들어왔다. 우리가 지금 사용하고 있는

---

역주 1) 오래 전부터 혹은 마카베오 시대 이후부터(Kahle, Cross, Freemann 등의 주장) 모음 발음을 표시하기 위해서 네 가지 자음이 사용되었음은(scriplioplena) 잘 알려진 사실이나(8세기 이후의 비문, 사해사본, 무라바트(Murabba'ât) 사본의 예), 오늘날의 모음표시의 기원은 주후 5세기 이후 마소라 학자들에 의해서 발전했다고 볼 수 있겠다. 그러나 이들 마소라 학자들 사이에도 읽는 법이 조금씩 다르기 때문에 사본비평을 통해서 원본의 읽기를 추론해 가야 할 것이다. 그렇다고 오래된 사본이 꼭 정확한 사본이라고 볼 수는 없다(사해사본의 예).

역주 2) 벤아셀(ben Asher) 가족의 읽기법에 근거한 사본이라고 하는 레닌그라드 사본(1319ᴬ)이나 기타 마소라 사본들에서도 두 문자(m, p)나 소문자로 구분이(장절) 있었고 사해사본 가운데에도 공간 구분은 있으나 명확하지 않고, 따라서 전통적인 구분법은 알려지지 않고 있다. 탈무드에 의하면 매회년마다 율법서를 2번 읽기 위해서 나눈 54구분(Parᵉshiyŏt)이 있다. 이 각 구분은 열림(Pᵉtûhôt)과 닫힘(Sᵉtûmôt)을 가지고 있다. 선지서는 소구분(hapᵉțārôt)으로 나누어 읽었다고 한다. 그러나 시편도 편구분을 이미 하였고(행 13:33) 예레미야서를 기록할 당시부터 두루마리 책에 첫째, 둘째의 구분(delet: LXX에서 σελίς로 번역)을 하여 기록하였고 그렇게 읽혀졌음을 알 수 있다(렘 36:23). 적어도 모세 이전부터 글자의 성격에 따라서 글쓰는 도구나 글판(혹은 파피루스)도 함께 생각할 수 있는 것처럼, 이런 장구분도 문장기법, 사고방식 및 정신구조와 함께 생각할 수 있다고 본다.

대로의 장(chapter) 구분은 13세기에 처음 시작했고, 절 구분은 16세기 중엽에 시작했다. 이런 모든 이유 때문에 사용할 수 있는 모든 보조 수단을 가지고 원본을 세우기를 꾀하고 이들을 해석의 기초로 하는 특별한 과학을 필요로 하고 있다. 셋째로 구약은 히브리어로, 신약은 헬라어로 쓰여졌다는 사실이다. 따라서 이런 말들을 이해하지 못했던 사람들 사이에 성경책이 퍼지자 마자 번역을 필요로 하게 되었다. 주전 3세기에 벌써 헬라어로 구약의 번역이 시작되었다. 후에 많은 고대어로 그 같은 신구약의 번역이 있었고 잠시 후에 현대어로 번역이 계속되었다. 19세기 이방나라의 선교부흥 후 이런 작업이 활기를 띠었고 지금은 성경이 전체 혹은 부분적으로 약 400가지 방언으로 번역되었고 전체 번역은 100가지 방언으로 번역되었다. 특히 고대로부터 이런 번역에 대한 연구에 대한 그 최대의 관심이 성경의 올바른 이해에 있었다. 왜냐하면 결국 모든 번역은 성경의 해석이기 때문이다.

    마지막으로 유대시대로부터 여러 시대를 걸쳐 오늘의 시대에 이르기까지 굉장히 많은 주의와 노력을 부여했던 것은 성경해석이다. 참으로 모든 주석과 해석은 자기 이해이며 편견일지라도, 성경의 해석사는 각 세기마다 자기의 몫에 상당히 놀라운 진보를 보여주고 있다. 결국 인간의 여러 오류로 말미암아 종종 자신의 말씀을 보존하시고 자신의 사상으로 세상 지혜에 승리케 하시는 이는 하나님 자신이시다.

# 제8장

# 성경과 신조

사도시대와 그 직후 기독교의 본질과 유대인과 이방인 사이에 성립했던 관계에 관해서는 거의 일치하였다. 그런데 좀더 놀라운 사실은 만장일치로 성경이 하나님의 말씀으로 전체 그리스도 교회 안에서 받아들여졌다는 사실이다.

첫째, 구약이 그렇다. 예수님과 사도들의 교시에서 계속 언급되었고 강조되었다. 예수님과 사도들의 교시와 더불어 구약의 권위는 마치 세상에서 가장 자연스러운 것처럼 눈에 띄지 않게 유대적 교회로부터 그리스도 교회로 양도되었다. 복음은 구약을 내포하며, 이것 없이는 받아들일 수도 인식될 수도 없다. 복음은 항상 구약의 약속 성취이고, 그것 없이는 공중에 매달려 있는 것과 같다. 구약은 복음이 근거하고 있는 대들보요 그로부터 자라는 뿌리이다. 어느 곳에서든지 복음이 받아들여지자 마자 동시에 그와 더불어 거기에 모순됨이 없이 구약성경이 하나님의 말씀으로 받아들여진다. 따라서 일순간도 신약적 교회는 성경책 없이 존재하지 않는다. 즉 처음부터 율법과 시편의 선지서를 소유하고 있었다.

곧바로 사도들의 기록들이 이것에 더해졌다. 부분적으로 복음서들과 일반 서신들과 같은 이런 기록문서들은 전체 교회를 위해 의도된 것이었다. 또한 부분적으로는 로마와 고린도, 골로새 등에 있는 특정한 교회에 보낸 다른 서신들이 있다.

이런 모든 기록문서들은 사도들과 사도적 인물로부터 나왔기 때문에 처음부터 그리스도 교회 안에 큰 권위를 가지고 회중 가운데 읽혀졌고, 역시 읽히기 위해 다른 교회들에게 보내졌던 것은 명확한 사실이다. 그렇게 사도 바울 자신이 그가 골로새교회에 보낸 회람서신이 완전히 읽혀진 후에 라오디게아교회에서도 읽게 할 것을 요구했고, 또한 골로새에 있는 사람들도 그가 라오디게아로부터 썼고 아마 에베소에서 보낸 편지일 것 같은 서신에 대해서 알기를 요구하고 있다(골 4:16). 베드로후서 3:15, 16에서 베드로 역시 얼마 전에 그의 독자들이 바울로부터 받았던 어떤 회람서신에 대해서 언급할 뿐만 아니라, 베드로가 전하고 있는 것과 같은 교리를 가르친 바울의 다른 서신들에 대해서 말하면서, 이것은 더러 이해하기 어렵지만 무식한 자들과 굳세지 못한 자들로 말미암아 왜곡되지 않게 할 것을 말하고 있다. 이것으로부터 그때 이미 바울의 서간집이 존재했다고 추론할 수는 없다. 그러나 분명히 추론할 수 있는 것은 바울의 기록문서들은 그들이 각자 특별한 입장에 처해 있었던 지엽적인 교회 안에서보다 훨씬 폭넓은 영역에서 알려졌다는 사실이다. 1세기의 교회들은 전 복음의 지식을 자연스럽게 대부분 사도들과 그의 제자들의 구두설교로부터 얻었다.

그런데 이들이 죽고 그들의 설교가 끊어졌을 때, 사도들의 기록문서들은 그 자체가 오래면 오랠수록 더욱더 가치를 불러 일으켰다. 약 2세기 중엽의 증거로부터 복음서들, 그리고 그 직후 서신들은 규칙적으로 성도들의 집회 시에 읽혀졌고, 어떤 진리 혹은 다른 진리의 증거를 위해 인용되었으며 구약성경과 나란히 두었다. 2세기 말을 향하면서 신약의 기록문서들은 구약의 문서들과 더불어 '전체 성경'으로서, '우리 신앙의 기초와 기둥'으로서, 종교적 모임에서 규칙적으로 읽혀졌던 그 성경으로서의 역할을 했다(이레니우스, 알렉산드리아의 클레멘트, 터툴리안). 약간의 문서들(히브리서, 야고보서, 유다서, 베드로후서, 요한이서, 요한삼서, 요한계시록, 바나바의 편지, 헬메의 목양서 등)은 오랜 시기 동안까지도 의견차이가 있었고 그들 모두가 성경으로서 간주되지 않는 경우도 있었다. 그러나 이것에 대해서 점점 더 분명해졌고 만장일치에 이르렀다. 즉 일반적으로 알려진 문서들은 정경(진리와 신앙의 규범)이라는 이름하에 모아졌고, 360년 라오디게아의 종교회의, 399년 누미디아에 있는 힙포 레기우스의 종교회의, 397년 카르타고 종교회의에서 그와 같이 공인되고 채택되었다.

이런 신구약성경은 모든 그리스도 교회들이 서로 교제하는 가운데 근거하고 있거나 적어도 근거하고 있다고 주장하는 선지자들과 사도들의 기초를 이루고 있다. 모든 교회들이 공적 고백에서 이 성경들의 신적 권위를 깨달았고 믿음과 생활의 규범으로서 신앙하는 것으로 받아들였다. 이런 교의에 대해서 그리스도 교회들 서로간에 의견차이나 논쟁이 일체 없었다. 그런데 일찍이 하나님의 말씀으로서의 성경에 대한 반대논쟁은 외부로부터, 즉 켈수스(Celsus)와 폴피리우스(Porphyrius)와 같은 이방 철학자들의 편으로부터 왔다. 기독교 안에서는 처음으로 18세기로부터 비롯되었다.

그러나 지금 교회가 하나님으로부터 기원한 이 성경을 받아들이는 목적이 적어도 교회가 기초하기 위해서는 물론이거니와, 이 보물을 땅에 심기 위해서는 더욱 아니다. 반대로 교회의 소명은 이런 하나님의 말씀을 보존하고 해석하여 설교하고 적용하며 번역도 하고 전파하며 권고하고 변호하는 일이다. 한마디로 말해서 어디서든지 모든 시대에 걸쳐 사람들의 생각을 초월한 성경 속의 하나님의 뜻에 영광을 돌리는 것이다. 교회가 소명받은 모든 활동이란 하나님의 말씀에 대한 일이요 하나님의 말씀에 관한 헌신이다. 하나님의 말씀에 관한 헌신이란 성도들의 집회에서 그것이 설교되고 해석되며 적용될 때요, 언약의 표징에서 그것이 분배되고 훈련 가운데 보존될 때이다. 좀더 넓은 의미에서 말씀의 헌신에 속해 있는 것은 우리 자신의 마음과 생활에서, 직책과 생업에서, 가정과 일터에서, 과학과 예술에서, 국가와 사회에서, 구제와 선교사업에서와 같은 생의 모든 영역과 방향에 따라 이 말씀이 적용되고 효력을 발생하며 지배케 하는 것이다. 교회가 진리의 기둥과 터가 되어야 한다(딤전 3:15). 다시 말하면 진리는 그 자체에, 즉 하나님에 근거하기 때문에 교회가 그 자체로 그렇다는 것이 아니라(niet op zichzelve, want dan rust de waarheid in zichzelve, dat is in God), 여기 땅에서 세상에 대항하여 진리를 나타내고 보존하며 세우는 대들보요 기초란 말이다. 교회가 이것에서 이탈하였을 때 교회는 그의 소명을 잃는 것이고 그 자신의 존재를 없이 하는 것이다.

교회가 바로 이 모든 소명을 어기기 시작하자 마자 일반적으로 곧장 하나님의 말씀에 대한 의미에 대해서 의견차를 드러낸다. 비록 성령이 교회에 약속했고 모든 진리의 인도자로서 선물했던 것일지라도, 그렇다고 교회가 그 전체에서나 그 특별한 부분에 있어서 무오의 선물로 갖춘 것은 아니었다. 사도적 교회에서 이미 유대주의나 세속주의에 그 근원을 둔 여러 이단들이 일어났다. 이들이 모든 세기에 걸쳐 교회가 계속해서 위험의 궁지에 빠졌고 최대의 경계와 주의를 기울여 피해야 할 두 가지 암초들, 곧 장애물들이다.

오른편에서든 혹은 왼편에서든 이런 이단들을 대항하여 그리스도의 교회가 단호하고 분명하게 말할 책임이 있다. 그리고 하나님으로 말미암아 그의 말씀 안에서 주신 바, 진리가 무엇인지를 말할 책임이 있다. 크고 작은 회의(종교회의, synoden)들에서 그들의 확신에 따라서 어떤 점에서든지 신적 진리로 생각하고, 그러므로 교회의 교리로 생각하는 것을 함께 모여 세움으로 말미암아 교회의 책임을 행한다. 따라서 성경 안에 담겨 있는 진리는 그 자체로부터 그를 믿고 교리로 받드는 모든 이들의 입장인 고백으로 이끈다. 고백은 모든 신자들의 의무요 그들 자신의 마음의 명령이다. 신령과 진정으로 참되게 믿는 자는 누구든지 고백하지 않을 수 없으니, 그 고백은 그를 자유롭게 하는 진리의 증언이요 이런 진리로 말미암아 그의 마음속에 심은 소망의 증언이다(마 10:38; 롬

10:9, 10; 고후 4:13; 벧전 3:15; 요일 4:2, 3). 따라서 신자마다, 교회마다, 성령의 증거가 현존하는 곳마다 하나님의 말씀이 진리임을 고백한다. 그리고 그 오류들이 좀더 미미해짐에 따라, 교회는 그가 고백하는 진리의 내용에 관한 생각을 좀더 조심스럽게 하지 않을 수 없고, 그가 믿고 있는 것을 명확하고 애매함이 없는 낱말로 진술하지 않을 수 없다. 그와 더불어 구두 고백은 당연하게 환경들의 충격으로 말미암아 성문화된 고백(신조, 고백서)이 된다.

다방면에서 그런 교회적 고백의 조성과 보전에 대한 반대가 있어 왔다. 예를 들어, 네덜란드의 항론파들(De Remonstranten)은 어떤 고백이든 성경의 배제적 권위를 방해했고 양심의 자유를 빼앗아 갔으며 지식의 성장을 훼방하였다고 믿었다. 그러나 이러한 반대는 오해에 근거한다. 신조의 기능이란 성경을 뒤로 밀어내기 위한 것이 아니라, 그것을 보존하고 그것의 개인적인 자유분방한 사용에 대한 보호에 있다. 신조는 양심의 자유를 훼방하기는커녕 약하고 굳세지 못한 영혼들의 유혹을 꾀하는 여러 이단 영들을 대항하여 양심의 자유를 지지한다. 또한 지식의 발달을 방해하는 것이 아니라, 오히려 이를 바른 궤도로 유지, 인도하고 그들 자체는 모든 세대에 걸쳐 부조리할지라도 신앙의 유일한 규범인 성경에 비교하여 수정되어야 한다.

사도신경(열 두 조항)은 가장 오래된 신조다. 그것은 사도들 자신들이 규정한 것은 아니지만 일찍이 2세기 초에도 존재했다. 그리고 그것은 그리스도 자신이 주신 삼위일체적인 세례명령으로부터 발전되었던 것이다(마 28:19). 근원에 있어서는 우리가 지금 알고 있는 것보다 더 짧지만 기초형태는 같았다. 즉 그것은 기독교가 의존하고 있는 그 큰 사실들의 짧은 요약이었고 그와 같이 계속해서 그것은 공동체적인 근원이 되어 왔고 모든 그리스도 왕국의 통일의 끊을 수 없는 줄이 되고 있다. 이 사도신경에 네 가지 다른 고백서가 따르는데 이들은 보편적인(oecumenisch, algemeen) 성격을 띠었고 모든 교회들로 말미암아 받아들여졌다. 예를 들면 325년 니케아 공의회의 고백, 니케아 신조라 하는 네덜란드 신앙고백 제9조항에 있는 신조(그러나 이 신조는 비록 그 자체에 니케아 신조를 흡수했을지라도, 이것이 퍼지고 나서 처음 상당한 기간 후에 존재한 신조임), 다음에 451년 칼케톤 공의회의 고백, 마지막으로 역시 네덜란드 고백서 제9항에서 신조로 받아들인, 아직도 명칭이 잘못된 아타나시우스의 신앙고백 등이다. 이런 모든 신조에서 그리스도와 삼위일체에 관한 교리가 세워져 있다. 그러나 첫 세기부터는 그것에 대한 큰 논쟁이 있었다. 당신은 그리스도를 누구라 하느냐? - 이것은 교회가 주님의 말씀 자체로부터 모든 세계에 대하여 대답해야 할 전지배적인 물음이었다.

유대주의를 따르는 무리들이란 예수를 하나님이 보내신 하나의 인간, 기이한 재주를 가지고 태어난 인간, 선지자적 영으로 영감된 인간, 말에나 역사에 능력 있는 인간, 그러나 그 나머지에 있어서는 하나의 인간에 불과한 것으로 인식하려는 모든 사람들이다. 그리고 이교주의 편에서는 예수 안에서 신들의 아들, 하늘로부터 온 신형체(Godsgestalte)로 보려는 자들, 구약의 천사들과 같이 잠시 땅에 나타나 그림자의 몸을 취하였던 인물로 보려는 자들이 있다. 그러나 이들은 그를 육신이 되신 아버지의 독생자로서는 고백하려고 하지 않았다. 이 두 이단들을 대항하여 교회는 성경에 맞게 그와 같이 그리스도는 참으로 육신으로 오신 것과 마찬가지로 그리스도는 하나님의 참된 독생자이심을 주장해야 했다. 이것을 교회는 긴 싸움 끝에 위에서 말한 신앙고백서들로 고백했고, 사도 요한과 더불어 하나님의 아들이 육체로 오신 것을 부정하는 모든 교리를 거절했다(요일 2:18, 22; 4:2, 3). 그와 같이 그리스도적 교회는 그의 본질이요 핵심이 기독교의 특별한 전체 특성을 주장했다. 이것이 이 큰 일을 행한 공의회와 종교회의가 전체 기독교에 있어서 근본적이고 커다란 의의를 가진 이유다. 사도신경에서 요약하고 있는 기독교의 사실들, 그리스도의 인격과 하나님의 삼위적 본질 속에 그리스도 교회들 사이에 존립하는 통일점이 있으니, 이 통일점은 그들 모두가 서로 유대주의와 이교주의를 반대하는 데 하나가 되게 하고 교회를 분리하는 무서운 의견차이에서도 잊게 되거나 무시될 수 없게 한다.

그러나 그 공동적인 기초에도 불구하고 계속해서 분열과 분파가 일어났다. 권징의 실천에 있어서 분리된 파가 몬타니즘[1] (2세기 후반), 노바티아니즘[2] (3세기 중엽), 도나티즘[3] (4세기) 등이 있다. 훨씬 심각한 분파주의가 동방교회와 서

---

역주 1) 2세기 중엽 프리지아(Phrygia)의 몬타누스(Montanus)에 의해 일어난 종말론적 운동으로 영적 은사 강조, 임박한 재림의 강조로 페푸자(Pepuza)와 티미움(Tymium)에 새 예루살렘 건설을 주장했다. 그러나 이들은 2세기 전후 아시아 여러 종교회의에서 정죄되었다.

역주 2) 로마의 장로 노바티아누스(Novatianus)를 중심으로 한 이들은 자기들을 순수파(καθαροί)라 하여 데카우스 황제 때 배교자들(Libellatici)을 정죄할 뿐만 아니라, 이와 관련하여 죄를 범한 자들(Sacrificati, Thurificati)과 세례 후에 죄를 범한 자들도 교회 밖의 사람들로 교제까지 거절했던 엄격한 파였다. 그러나 251년 로마 종교회의에서 거절되었다.

역주 3) 이들도 노바티아니즘처럼 교회 순수성을 강조한 분파이다. 황제 디오클레시안 박해 시(503/5년) 교회가 파괴되고 성경이 압수당했을 때 성경을 태우도록 건네다 준(Traditio) 사람들 중 한 사람(Traditor)인 펠릭스(Felix)에게 안수받은 카르타고 감독 케실리안(Caecilian)을 거부했던 아프리카 교회 분파를 말한다. 이 명칭은 누미디아(Numidia) 감독들이 케실리안 대신 메이저리누스(Majorinus)를 세웠는데 그 후계자가 도나투스(Donatus)였다. 여기에서 소위 도나투스당(pars Donati)이라 하게 된 것이다. 그러나 316년부터 핍박을 당했으나 줄리안 황제 때 완화되었고, 처음 성 옵타투스(St. Optatus)에 의해서 공격받았고 후에 성 어거스틴에 의해서 공격당했다.

방교회 사이에 점점 발전되었다. 그런 일을 일으키게 하는 여러 가지 원인이 있다. 첫째로 그리스계와 라틴계 사이의 미움, 콘스탄티노플과 로마 사이의 적의, 주교들과 교황 사이의 권력 다툼 등이다. 그 외에 교리와 예배에 있어서 아주 소수의 차이들이 있다. 이 중 가장 중요한 것은 헬라교회의 고백 가운데, 하나님의 존재에 있어서 성령은 아버지 그리고 아들(filioque)로부터 유출되었다는 서방교회의 가르침과 달리 아버지로부터만 유출되었다는 주장이다. 때때로 이미 일시적으로 일어났던 분리가 1054년에 그 절정을 이루었다. 자기들의 생각에 로마교회보다 초대교회의 교리에 더욱 참되게 남아 있기 때문에 스스로 정통이라고 생각하기를 좋아했던 동방교회는 스스로 분리해 나갔던 여러 분파(알메니아의 교도[4], 시리아의 네스토리우스파[5], 페르시아의 도마교도[6], 시리아의 야곱교도와 이집트의 꼽트교도의 본성일원론파[7], 레바논의 마로파[8]로 말미암아, 특히

---

역주 4) 이들은 아르메니아 국가의 기독교인들로서 갑바도기아(Cappadocia)의 소속인 아르메니아의 사도 그레고리(Gregory)에 의해서 개종되었던 기독교인들로서 아르메니아의 왕 티리데이트 3세(Tiridates Ⅲ)가 개종함으로 아르메니아의 국교가 되었다. 그러나 가이사랴의 교회에 소속되었다가 국가적 상황의 변화와 함께 374년에 독립교회가 되었다. 5세기 초 성 이삭(Isaac)과 성 메스롭(St. Mesrob)에 의해 개혁되어 성경과 예배 의식이 수리아어로 번역되었다.

역주 5) 수리아의 네스토리우스(Nestorjus)에서 기원한 파로서 마리아를 그리스도의 신성과 인성의 두 근원으로 보는 데오토코스(θεοτόκος)설을 거절하고 크리스토토코스(χριστοτόκος)설을 주장함에 그 특징이 있다. 한 인격 안에서의 두 인격적 통일(θεοφόρος, θεοδόλος)을 거절하고 공존(συνάφεια)을 주장하는 입장을 취했고, 따라서 신성은 인성으로 입혀져 있을 뿐이라(de persona divina assumente, de natura humana assumpta)는 가상의 관념(πρόσληψις, ἀνάληψις)을 사용했다. 그리고 신성과 인성이 하나라는 것도 도덕적임(Deus et homounum tantum moraliter)을 주장했다. 그러나 430년 교황 케레스틴에 의해서 거절되었다.

역주 6) 인도 남서부 지역의 기독교인들로서 그 기원이 사도 도마의 전도에까지 올라간다. 그러나 1490년에 와서 비로소 네스토리우스파 바그다드 페트리아크로부터 새 주교직을 얻었다.

역주 7) 이 이름은(μονοφυσῖται) 451년 동방교회의 칼케톤 회의의 정죄 결과로 생겼다. 즉 유티케(Eutyches)에 기원하여 알렉산드리아의 페트리아크 디오스코루스(Dioscorus)의 지지를 얻은, 성육신 시 두 본성이 아니라 한 본성(μόνηφύσις)뿐이라는 설은 이 칼케톤 회의에서 정죄되었다. 이 설은 하나님은 우리로 인하여 십자가에 못박히셨다(θεὸς σταυρωθεὶς δι᾿ ἡμᾶς)로 표현되었다. 그러나 6세기에 와서는 그리스도의 인성의 부패성까지 주장했다. 이 설을 지지했던 알렉산드리아를 중심한 본성일원론파가 꼽트교도이고 수리아의 경우 미약했으나 야곱(Jacob)이 다시 일으켜 야곱교도라 한다.

역주 8) 624년 동방교회 황제 헤라클리우스(Heraclius)는 본성일원론파와 회합 결과 두 본성에 대한 하나의 행동양식(μία ἐνέργεια)을 주장했으나, 동 콘스탄티노플 종교회의에서 638년, 639년에 교황 호노리우스(Honorius)를 지지하는 한 의지설(ἔκθεσις ἐν θέλημα)이 채택되었다. 그런데 그 후에 황제 헤라클리우스가 죽은 후 논쟁이 되어 680년 콘스탄티노플 종교회의에 다시 이 의지일원론파(μονο θελῆται)가 정죄됨으로 끝났는데, 이때 레바논 지역의 의지일원론파가 정죄되어 분리된 것이 마로파다. 마로파의 분리는 이런 이유가 있었으나 그들의 독립적인 지위를 성 마로(St. Maro)에게서 찾았다 하여 마로파라 한다.

1453년에는 콘스탄티노플도 정복했던 모하멧교도로 말미암아 큰 손실을 초래했다. 그와 반대로 슬라브계가 돌아오는 중요한 소득을 얻었고 계속 정통교회로서 그리스, 터어키, 러시아 그리고 불가리아, 유고슬라비아(Servie), 루마니아(Rumenie)와 같은 좀더 작은 땅에서도 존립했다. 러시아에서는 수많은 아주 다른 분파들이 들어옴으로 인하여 그 존재가 전복되었다. 국가와 똑같이 교회 역시 아주 심각한 위기 속에 변하게 되었다.

서방에서 카톨릭교회의 힘은 로마 주교의 지도 밑에 세기를 따라서 커져 갔다. 콘스탄틴 대제가 기독교로 개종한 후에는 핍박과 증오의 긴 시기에서 휴식과 특권과 위세의 시기로 접어들었다. 세속화는 부쩍부쩍 증가했음에도 불구하고 교회는 콘스탄틴의 개종으로부터 종교개혁까지의 시기 동안에 좀더 큰 성공을 거두었다. 교회가 1세기에 이교주의를 저항해서 극복했던 것과 같이 후에도 역시 교회는 유럽의 백성들과 문화의 개조에 열심이었고, 기독교의 위대한 진리들과 교회의 독립성을 찬양할 만한 견고성을 가지고 보존했으며, 기독교적 예술과 과학의 발전에 기여한 바가 크다. 그러나 그런 공헌과 달리, 부정할 수 없는 사실은 교회가 그의 확장과 힘의 축적에 있어서 본래 사도적 기독교가 가리킨 방향과 다른 방향으로 움직였다는 점이다. 그리고 이것이 특히 3가지 면에서 나타났다.

첫째로 카톨릭교회는 성경을 제쳐 놓고 그 위에 성경에 반대하기까지 하여 독립적인 신앙규칙보다 전통을 더 앞세웠다. 예를 들어 미사, 성직을 위해서 독신, 성자숭배, 마리아의 무죄론(de onbevlekte ontvangenis van Maria) 등 많은 로마 교리와 실천들은 성경으로부터 증거의 말씀이 없고 전통의 기초 위에서 주장되었던 것들이었다. 이런 전통에 관해서는 "어디서든 항상 모든 사람으로 말미암아 신앙한 것만을 포함할 수 있다"고 하였으나, 그 결국은 항상 그것이 전통인지 아닌지를 결정하는 것은 교황으로 말미암아 되었다는 것이다.

그렇게 하여 성경과 교회와의 전체 관계는 로마에서 변경되었다. 즉 성경은 교회의 필수물이 아닌 유용물일 뿐, 교회는 성경의 필수물이다. 왜냐하면 성경은 그것을 신앙할 가치 있는 것으로 해석하는 교회로 말미암은 외에는 그 권위를 갖는 것이 아니기 때문이다. 성경은 그 자체로서는 애매하여 처음 교회의 해석으로 말미암아 명백하게 되었다. 그것은 교회를 선행하지 않고 교회의 기초가 아니라, 교회가 첫째로 꼽고 그것이 성경이 의존하는 기초를 이룬다. 선지자들과 사도들이 영감의 은사를 받았을지라도, 교황 역시 그가 교황직권 안에서 '명령으로' (ex cathedra) 말했을 때 성령의 특별한 지지와 인도가 있고 무오하다. 그와 같이 교회는 그 자체로서 충분하며 경우에 따라서 성경 없이 해낼 수 있다. 즉 교회가 유일하고 참되고 완전한 구원의 수단이요, 성례를 통한 은총의 모든 축복의 소유자요 분배자며, 탁월한 은혜의 정한 방편(het middel)이요 땅 위에 있는 하나님의 국가요 나라라는 것이다.

둘째로 카톨릭교회는 복음의 핵심, 곧 하나님의 값없으신 은총, 율법의 행위에 의하지 않고 오직 믿음으로 말미암은 죄인들의 칭의를 완전히 잃지는 않았을지라도, 그것을 아주 순수하지 못한 구성원들과 혼돈했고 율법과 복음 사이에 차이 없이 뒤섞여 있었다. 이런 원 복음에 대한 왜곡은 이미 1세기에도 있었다. 그러나 그 후 확장하여 공공연히 공인되었다. 원리적으로는 항상 계속된 어거스틴과 펠라기우스와의 논쟁에서, 특히 종교개혁 후 더욱더 로마교회는 명칭뿐 아니라 행동으로 후자 편을 동조했다. 즉 하나님은 참으로 복음을 듣는 자에게 회심하게 하고 회심 가운데 지속하게 하는 능력을 주신다. 그러나 하려는 의지와 완수는 인간 자신들에게 달려 있다. 선행으로 말미암아 하나님의 왕국으로 입국 허가를 얻어야 한다는 것이다. 이런 선행은 로마교회에서 두 가지 큰 그룹으로 나누어지는데, 보통 만민에게 적용되는 계명을 지키는 행위와 그리스도로 말미암아 이 계명에 덧붙여진 교훈(raadgevingen)을 완수하는 행위(독신, 가난, 순종)다. 첫째 길도 좋으나 두번째 길이 더 좋고, 비록 짧고 더 안전할지 모르지만 더 어렵다. 전자는 평신도를 위한 길이요 후자는 성직자, 곧 신부와 수녀들을 위한 것이다. 이런 선행의 길을 행하는 자는 누구든지 그가 상받을 만큼많은 은총을 교회로부터 성례의 수단으로 말미암아 받는다. 결국 그가 최종까지 보존되는 한에 있어서 중생 시나 죽음의 순간도 아닌 연옥에서의 수년 동안 체류 후에만이 그는 천국에 들어가게 될 것이라는 것이다.

셋째로 카톨릭교회는 곧 성직자와 평신도 사이를 구별하기 시작했다. 일반적인 신자들이 제사장들이 아니라, 본래 성직자들만이 제사장들이라는 것이다. 그리고 이런 성직층에서도 다시 여러 계층으로 구별지워졌다.

신약에는 같은 청지기의 표현인 장로와 감독이란 이름들이 있다. 그러나 이미 2세기에 이 통일성이 간과되었으니, 감독(주교, episcopus, bisschop)은 집사와 장로(혹은 사제, presbyters, priests) 보다 높은 지위로 올라갔고, 점점 더 사도들의 계승자 그리고 전통의 보존자로 생각되었다. 이 주교들은 그 아래 신부들(domheeren), 사제들(pastoors), 전속 신부들(kapelanen)이 있고 그 위에 대주교들(aartsbisschopen), 부주교들(父主敎, patriarchen), 최종으로 교황이 있다. 1870년 로마의 바티칸 공의회에서 무오하다고 선언된 교황에 가서 이런 광범위한 전체 교회 계급제도(hierarchie)의 최절정에 이른다. 그는 전체 교회의 '아버지'(papa, paus)요 '최고 제사장'이요 베드로의 계승자요 '예수님의 대리인'(plaatsvervanger van Christus)이며, 교황청(Curie: 추기경들〈kardinalen〉, 고위성직자들〈praelaten〉, 집행관들〈procuratoren〉, 비서관들〈notarii〉 등)의 큰 평의회의 도움으로 전 교회를 다스리는 최고의 법 제정 집행자이다. 처음에는 조금 치우쳐 시작되었던 이런 잘못들이 여러 세기를 걸치면서 점점 더 큰 차이를 일으켰다. 이들은 발전해 왔고 지금도 이런 방향으로 계속 발전하고 있으니, 옛날 그리스도적 카톨릭 교회가 시간이 지나면 지날수록 점점 더 그리스도의 어머니이신 마리아와 그리스도의 대리인인 교황이 강제로 그리스도의 인격과 사역을 뒤로 밀어내는 과격 몬타니즘적인 로마(로마교회에 분리될 수 없이 연결되는)교황교회로 되고 있다. 위에서 말한 세 가지 오류들이 그리스도의 선지자직, 제사장직, 왕직의 삭감이요 해방이다.

    교회의 이런 부패는 계속 시도된 강력한 개혁 없이 발전되지 않았다. 특히 중세시대에는 개혁하려고 하는 인물들이나 운동들이 없었던 것이 아니다. 그러나 이런 모든 운동들은 그때에는 성공을 거두지 못했다. 부분적으로는 후에 아무런 열매도 남기지 않고 지나갔고 약간은 맹렬한 핍박을 받아 피로 덮혀 버렸다. 16세기의 종교개혁에 대해서도 이런 핍박과 멸절의 수단들이 적용되었으나, 그것들이 그때는 용이하지 않았다. 그때는 개혁이 무르익었을 때였기 때문이다. 그 자신의 백성도 더 이상 믿지 못할 만큼 교회는 종교와 도덕적으로 깊이 몰락상태에 있었다. 어디에서나 그런 상태는 계속될 수 없다는 생각이 있었고 무엇인가 일어나야 한다는 갈망이 있었다. 적지 않은 사람들이, 예를 들어 이탈리아 사람들은 모든 종교와 기독교에 조소를 보냈고 완전히 불신앙으로 떨어졌다. 교회가 종교개혁 없이 잘됐을 것이라고 말하기는 어렵다. 종교개혁이 오늘날에도 로마교회에게 축복이 되는 것처럼 종교개혁은 그때 로마교회에게 축복이었다. 거기에다가 종교개혁은 그때 새 시대를 선포했던 하나의 강력한 운동에 불과한 것이 아니었다. 각각 종교개혁에 있어서 중요했던 다른 운동들이 그것에 선행했거나 동반했으며 뒤따랐다. 인쇄술과 화약의 발명, 중산계급의 부흥, 아메리카의 발견, 문예 '부흥'(wedergeboerte), 새로운 자연과학과 철학 등 이런 모든 중요한 운동과 사건들이 자의식의 재각성의 표징이다. 중세시대에서 새 시대로 넘어가는 전환의 표징이다.

    그리고 종교개혁은 비록 자신의 원리에서 나와서 자신의 목적을 향했을지라도, 이런 모든 운동으로 말미암아 나왔고 지지되었다.

    그보다 더 무시하지 못할 사실은 종교개혁은 로마교회를 대항할 때 그 사악성의 뿌리를 손상시켰다는 것이다. 그들은 외부적 형태의 개선에 만족하지 않고 부패의 원인을 없애려고 했다. 이를 위해서 당연히 확고한 출발점과 믿을 만한 기준, 적극적인 원리를 필요로 하였다. 그것을 로마교회의 전통과는 대조적으로 그리스도의 말씀에서 찾았는데 이 말씀은 그 자체적으로, 그리고 그 자체를 위해서 가신적(可信的)이었고, 교회의 생명과 안녕을 위해서 필요로 할 뿐만 아니라, 완전히 충족하며 명백하다고 하였다. 이는 로마교회가 구원과 관련시킨 선행과는 대조적으로 성취되었고 인간의 공로는 전혀 필요하지 않았던 그리스도의 사역에서 찾았다. 그리스도의 무오한 대리인이라고 주장하는 교황과 대조적으로 교회 안에 부어주셔서 하나님의 모든 자녀들을 진리로 인도하는 그리스도의 영에서 찾았다.

종교개혁의 이런 적극적인 원리는 과학적인 탐구와 반성으로 말미암아 온 것이 아니라, 결국 그것의 화해와 용서를 하나님의 값없으신 은총에서 찾았던 죄책에 사로잡힌 마음을 경험함에서 왔다. 종교개혁은 결단코 철학적이거나 과학적인 운동이 아니라, 종교적이고 도덕적인 운동이었다. 많은 사람들이 같은 분리와 분파의 경우에서 일어났던 것과 같이 불순하고 천한 동기로부터 나온 것으로 종교개혁과 연결시키고 있다. 그러나 종교개혁의 심장과 핵심 인물들은 로마의 압박에 신음하고 그들의 영혼의 안식을 주님의 발 앞에서 찾았던 피로에 지친 사람들과 무거운 멍에를 진 사람들이었다.

이런 죄 용서의 경험에 처했던 인물이 루터다. 그가 '은혜로우신 하나님'을 발견했던 것은 그에게 족했다. 그가 취했던 이런 견지로부터 이제 참으로 그는 자연적인 것은 항상 세속의 성격을 띠었던 로마적인 그리스도인보다 더 자유롭고 더 넓게 범세계적으로 보았다. 그러나 그는 신앙으로만 얻었던 칭의에 의거하면서 모든 세속적인 것, 즉 예술과 과학, 국가와 사회는 제 갈 길을 가도록 했다. 루터적인 개혁이란 설교직의 회복에 제한되었다. 인간은 어떻게 구원되느냐라는 물음의 대답을 성경에서 찾을 때 모든 노력은 중지했다.

스위스에서 종교개혁을 주동했던 쯔빙글리와 칼빈의 경우에 그와 같은 명백한 작업을 처음 시작했다. 그들도 합리적 추론으로 한 것이 아니고 죄와 은혜, 죄책과 화해의 경험으로 개혁케 되었다. 그러나 이런 경험은 참으로 그들의 출발점이었지, 목표나 안식처가 아니었다. 그로부터 더 깊이 파고들어 갔고 더 멀리 돌아갔다. 죄책의 용서 속에 나타난 하나님의 은총의 배후에는 모든 덕과 완전성을 지니신 하나님의 무한하시고 경배받으실 존재이신 하나님의 주권이 있다. 하나님은 구원사역에 있어서 주권적일 뿐만 아니라 항상 어디에서나 주권적이었고, 재창조에서 주권적인 것과 똑같이 창조에 있어서 주권적이었음을 깨달았다. 그가 마음속에서 왕이 되셨다면 머리와 손, 가정과 일터, 국가와 사회, 과학과 예술에서도 왕이 되셨다. 그는 "인간이 어떻게 구원을 받았느냐?" 하는 물음에 만족하지 않았다. 오히려 "하나님이 어떻게 영광을 받으셨느냐?" (hoe komt God tot zijneeer?) 하는 높고 깊으며 포괄적인 다른 물음으로 환원되어야 했다. 그래서 쯔빙글리와 칼빈은 더욱더 십자가의 피에서 그들의 마음의 평화를 발견하였을 때 처음 개혁의 작업이 시작되었다. 다시 말하면 온 세상은 그들 제멋대로 내버려지는 것이 아니라, 하나님의 말씀과 기도를 통하여 꿰뚫어 보고서 거룩히 여김을 받도록 그들 앞에 열려져 있었다. 그들은 자신들이 거하는 교회와 도시가 있는 그들의 가장 직접적인 환경에서부터 시작했다. 그리고 그들은 설교직만 회복할 뿐만 아니라, 예배와 권징도 역시 회복했다. 주일날의 종교적 생활뿐만 아니라, 일주인 동안의 시민적, 사회적 생활을 회복했고 시민의 사적인 생활 뿐만 아니라, 국가의 공적 활동을 회복했다. 그리고 나서 그들의 종교개혁을 다른 지역으로 확대하였다. 루터의 종교개혁은 주로 독일과 덴마아크, 스웨덴과 노르웨이에 제한되었지만, 칼빈의 종교개혁은 이탈리아와 스페인, 헝가리와 폴란드, 스위스와 불란서, 벨기에와 네덜란드, 영국과 스코틀랜드, 미국과 캐나다에서 일어났다. 이 개혁이 많은 땅에서 제주이트 교단 (Jezuïten)의 '반개혁운동'으로 말미암아 저지되고 뒤로 물러나고 파괴되지 않았더라면, 이 개혁은 로마의 세계 지배를 영원히 종국시켰을 것이다.

그것은 그렇게 될 수가 없었다. 처음부터 종교개혁은 트리엔트 공의회에서 고의적으로 스스로 그와 싸움을 일으켜 꾀했던 방식에서 진행했던 로마교회로 말미암아 공격을 받았다. 종교개혁은 내적인 분열과 끝없는 논쟁으로 말미암아 약화되었다. 그것과 나란히 같은 16세기만 하여도 소시니아니즘과 재세례파가 나타났다. 이들은 모두가 같은 기초 사고에서 나왔는데, 즉 자연과 은총 사이에 조화할 수 없는 모순대당의 관계로부터 왔다. 따라서 자연에 은총을, 또는 은총에 자연을 희생시켰다. 창조와 재창조, 인간적인 것과 신적인 것, 이성과 계시, 땅과 하늘, 인간성과 기독교, 혹은 아무리 대조의 명칭을 붙일지라도 이런 대조는 그 후에도 계속 살아 있었고, 오늘날까지도 계속되고 있다. 16세기에 일어났던 분리와 분파는 멈추지 않았다. 그 후의 각 세기마다 그 수가 증가해 갔다. 17세기에는 네덜란드의 항론파(het Remonstrantisme)[9], 영국의 독립교회주의(Independentisme), 독일의 경건주의(Piëtisme)가 발생했다. 이것에 덧붙여서 18세기에는 헤른후트파(Herrnhuttisme)[10], 감리교도(Methodisme)와

---

역주 9) 항론파는 칼빈주의 5대교리를 부정하는 화란의 알미니안주의자들이다. 그들은 현재 정치 단체로까지 남아 있다. 그러나 이들은 도르트 신조에서 정죄되었다.

역주 10) 드레스덴(Dresden)의 남쪽 40마일에 있는 헤른후트(Herrnhutt) 마을에 있는 모라비안 형제단(Morabian Brethern)으로부터 나온 이름이다.

스웨덴버그파(Swedenborgianisme)[11]가 있었고, 그리고 모든 교회가 이신론(Deïsme)의 물결에 휩쓸렸다. 19세기 초 불란서 혁명 후 로마교회와 개신교회에 강력한 종교적 각성이 일어났다. 그러나 그럼에도 불구하고 분열은 항상 계속되었다. 즉 스스로 내적으로 종종 회의의 정신과 무관심으로 말미암아 약화되고 낭비된 교회로부터 다비즘(Darbysme)[12], 어빙이아니즘(Irvingianisme)[13], 몰모니즘(Mormonisme), 강신술파(Spiritisme)[14] 등 여러 다른 분파들로 떨어져 나갔다. 교회 밖에서 기독교 신앙에 대한 최종적인 멸망의 공격을 위해 물질주의 혹은 범신론적인 형태에서 일신론의 세력을 구축했다. 따라서 그리스도의 교회의 통일성과 보편성에 대한 모든 소망을 잃어버린 것처럼 보인지 모른다(세계 인구 중 각종 종교의 통계와 기독교의 통계 비교). 위안은 하나 있으니, 그리스도는 그의 백성을 모든 족속과 방언, 모든 민족과 나라로부터 모으신다는 사실이다. 그가 그들 모두를 인도하실 것이고, 그리고 한 양떼와 한 목자가 있게 될 것이다(요 10:16).

---

역주 11) 스웨덴의 과학자이며 신비적 사상가인 스웨덴버그(Emanuel Swedenborg, 1688-1772)가 일으킨 교회 내 종교단체이다.
역주 12) 19세기 초 영국의 다비(Daby, John Nelson)가 일으킨 형제단을 가리키는데 위클로우(Wicklow), 플리마우스(Plymouth), 브리스톨(Bristol)에 있다.
역주 13) 19세기 초 영국의 유명한 설교자였고, 후기에 16세기 재세례파처럼 천년주의에 빠졌던 어빙(Irving)을 따르는 자들을 가리키는데, 일명 그들은 카톨릭 사도교회라 불리었다. 이 분파가 스코틀랜드에 세워졌었다.
역주 14) 물질주의에 반대해서 19세기 초에 일어났던 운동으로 영매를 통하여 죽은 영과 대화하는 운동이다. 영국, 미국 대륙에서 일어났다.

# 제9장

# 하나님의 존재

    지금까지 우리는 은혜로 하나님께서 우리에게 주셨던 계시의 성격에 대해서 언급했고 계시가 일어난 방식과 성경 속에서 신조의 교훈적 지도 아래 우리가 알게 되는 방식에 대해서 기록했다. 이제 우리는 이 계시의 내용을 밝혀야 하겠고 우리의 이성과 마음, 우리의 의식과 생 앞에 이 계시에 해당된 것을 체계적으로 보여야 한다. 말하자면 우리가 처음 외부로부터 온 계시의 건축물을 보고 그 안에서 일으켰던 스타일에 대한 인상을 받았다면, 이제 성소 자체 안으로 들어가 그 안에 우리의 눈앞에 진열된 지혜와 지식의 보물을 나타내 보자.

    우리가 이 계시의 풍부한 내용을 다양한 방식에서 발전시킬 수 있으며, 각 부분도 다양한 형식에서 우리 자신 앞에 전개시킬 수 있는 것은 말할 것도 없다. 이 모든 것을 제한할 필요는 없으나, 기독교 신앙의 내용을 취급될 수 있고 역시 여러 번 취급되고 있는 두 가지 방법, 혹은 방식에 관심을 기울여 보자.

    첫째로 우리는 참된 신앙으로 계시의 내용을 마음에 두었던 그리스도인들에게 고개를 돌려 그가 어떤 길에서 진리의 지식에 이르렀고, 이런 지식은 어떤 내용으로 구성되어 있고, 이 지식이 그의 의식과 생에 어떤 열매를 가져다 주었는가를 물을 수 있다. 이것이 우리의 하이델베르크 요리문답이 취했던 방법이다. 여기에서 말하고 있는 화자는 그리스도인들이고 그의 삶과 죽음에 있어서 그의 목적인 특별한 위로와 이런 위로 속에서 누구나 기쁨으로 살고 죽을 수 있도록, 알 필요가 있는 여러 가지 내용에 대해서 포괄적이고 분명한 설명을 준다. 이것은 실천적 교리책을 위해서 따스한 해설을 준 매력적인 취급 방법이다. 그것은 여러 가지 장점들이 있다. 즉 그들은 진리를 직접 기독교인의 생활에 관련시키고 있고, 학술적인 논증과 무익한 사색에 대해서 보장하며, 각 교리에서 인간의 머리와 마음에 무슨 유익이 있느냐를 가르쳐 준다. 이 모든 것을 믿는 것이 너에게 무슨 이익과 위로를 주는가? 나는 그리스도 안에서 하나님 앞에 의롭다함을 받고 영생의 후사가 됨이라. 그러나 아직 진리의 신앙을 취급할 수 있는 다른 방식이 있다. 우리는 그리스도인들에게 고개를 돌려 우리의 물음에 그가 믿고 있는 것을 대답하도록 할 수 있다. 동시에 우리 스스로가 그리스도인의 입장에 서서 우리의 신앙의 내용에 관한 우리 자신들과 다른 사람들의 해설을 주고자 할 수 있다. 그때 우리는 그것에 따라 우리에게 지시한 바와, 게다가 물음에 따라 그때 대답되어진 바, 물음으로 말미암아 우리 신조의 발전이 고정되지 않도록 하자. 그러나 그 경우 우리 스스로가 우리의 신앙의 내용이 무엇인지를 적극적으로 설명하는 것이다. 우리의 많은 관심은 우리가 점진적으로 진리의 지식에 이르게 되는 서정에 있지 않다. 그 대신 진리의 신앙 자체에는 어떤 서정이 객관적으로 현존하여 있고, 그들이 서로 어떻게 관련하고 있으며, 전포괄적인 원리가 무엇인지를 발견하려고 하는 것이다. 이 서정을 네덜란드 신앙고백이 따르는 것이다. 그 안에서의 화자는 그리스도인들이지만 그에게 먼저 오는 의문을 기다리지 않고 그 대신 그 스스로가 그의 신앙의 내용을 설명하는 것이다. 즉 그는 하나님께서 그의 말씀 안에서 그의 영으로 말미암아 교회에 말씀하신 것을 진정으로 믿고 입으로 고백하는 것이다.

이런 두 가지 취급방식이 당연히 서로 대치되고 서로 거부하는 짓이 아니라, 하나가 다른 것을 보충하고 모두가 큰 가치를 지녔다. 신앙고백 곁에 요리문답을 소유하고 요리문답 곁에 신앙고백을 고유하는 것이 개혁교회와 개혁주의의 매우 귀중한 특권이다. 그로 말미암아 객관적이고 주관적인 입장, 신학적이고 인류학적인 입장이 종합되고 있고, 머리와 마음이 조화되고 있으며, 하나님은 우리의 의식과 생활 모두에 축복이 되고 있다.

계시의 내용을 발전시키기 위한 이런 두 가지 방도가 서로 대치되는 것이고 서로 보충하고 균형을 이룬다는 사실은, 신앙고백은 물론이거니와 요리문답에서도 화자는 성도들이라는 사실과 성도란 각각 개개인들이 아니고 모든 형제자매들과 교제상태에 있다는 사실로 말미암아 풍성히 증명되고 있다. 그것은 스스로 표현하는 교회이다. 네덜란드 신앙고백이 시작한 대로, "우리 모두가 진정으로 믿고 입으로 고백한다"로 시작하여, 그와 같이 진행하여 그것으로 끝마친다. 그리고 그때 적어도 그 이상의 의미 있는 표제가 있으니, 참된 기독교인의 고백은 하나님에 대한 교리와 영혼의 영원한 구원의 요약을 내포한다는 표제다.

이런 두 가지, 하나님에 대한 교리와 영혼들의 영원한 구원에 대한 교리는 두 가지 독립적인 내용을 이루는 것이 아니어서, 서로 관련이 없는 것이 아니고 뗄 수 없는 관계에 있다. 즉 하나님에 대한 교리는 동시에 영혼들의 영원한 구원에 관한 교리요 후자는 다시 전자를 내포한다. 하나님에 대한 지식은 그의 아들 예수 그리스도 앞에서 영생이다(요 17:3).

그럼에도 불구하고 이런 하나님의 지식은 우리가 매일의 생활과 학교에서의 가르침과 학문으로부터 얻은 지식과 정도에 있어서는 구별되지 않으나 본질에 있어서는 구별이 된다. 그것은 전혀 특이한 지식이다. 앞의 두 장에서 폭넓게 가리켰던 것과 같이 원리와 대상은 결과에 있어서 다른 지식과는 상이한 지식이다. 이것은 머리와 마음 두 가지의 문제이다. 그것이 우리로 '좀더 학식 있게' 하지는 않아도 적어도 맨 먼저는 아닐지라도, 우리로 좀더 지혜롭게 하고 참되고 행복하게 한다. 그것은 차후에뿐만 아니라 여기 땅에서도 우리를 구원케 하시고 영원한 생명을 주신다. 우리가 꼭 알아야 할 이 세 가지 지식을 취함이 우리로 꼭 한 번 축복 있게 죽도록 하기 위함뿐만 아니라, 여기 땅에서 그때로부터 계속해서 살도록 하기 위함이다. 아들을 믿는 자는 영생이 있다(요 3:36). 마음이 청결한 자는 복이 있나니, 비록 약속으로 말미암을지라도 여기 땅에서도 하나님을 볼 것임이라(마 5:8). 그것은 소망으로 구원이 됨이라(롬 8:24).

그렇게 우리 마음에 영생의 원리를 받은 즉시 언제나 우리에게 그 생명을 주신 그를 좀더 알기를 추구할 뿐이다. 우리 스스로가 구원의 기초이신 그를 점점 더 바라본다. 우리의 마음속에서 누리는 위로와 하나님에 대한 지식이 우리 자신의 인격과 생에 맺은 열매와 유익으로부터 우리는 항상 영원한 존재에 대한 경배에로 돌아간다. 우리는 그때 더욱더 하나님이 우리를 위해서 존재하는 것이 아니요, 우리가 그를 위해서 존재함을 확신하게 된다. 하나님에 대한 지식이 우리에게 생명을 주고 그 생명만이 우리로 그의 진리로 인도하며 하나님 안에서 우리의 거룩과 영광이 발견된다. 그분이 우리 경배의 대상이요 우리 노래의 내용이며 우리의 생의 힘이다. 하나님으로부터, 하나님으로 말미암아, 하나님에게로 만물이 감이 우리의 마음의 선택이요 우리 행위의 표어다. 우리들 자신과 우리 주위의 모든 피조물들이 그의 영광의 수단들이 된다. 우리가 맨처음 우리에게 생명을 주기 때문에 사랑했던 진리가 그 후에 그것이 영원한 존재에 관해서 우리에게 계시하고 알리기 때문에, 더욱더 그 자체 때문에 사랑스러워진다. 그 전체에 있어서나 그 부분에 있어서나 신앙의 모든 교리는 하나님의 찬양의 선포요 그의 덕의 전파요 그의 이름의 영광이다. 요리문답은 우리로 하여금 신앙고백으로 인도한다.

아주 빈곤하고 약하고 죄 많은 피조물인 우리가 무한하고 영원하신 존재이신 하나님을 인식한다는 것이 무엇을 의미하는지 생각해 보려고 할 때 깊은 경외의 거룩한 부끄러움이 우리의 감정을 휩싼다. 죄로 부패된 인간의 어두운 의식 속에서 인간은 아무도 본 사람이 없고 볼 수도 없으며 가까이 가지 못할 빛에 거하시고(딤전 6:16) 어두움이 조금도 없는 순수한 빛이신(요일 1:5) 그에 대한 어떤 빛줄기가 비추인다는 것이 참으로 가능할까?

이 물음에 부정적인 대답을 주었던 사람들이 과거에 많이 있어 왔고 아직도 있다. 하나님에 대한 인식 가능성에 대한 이런 부정은 전혀 다른 두 가지 사람의 태도로부터 나올 수 있다. 현대에 있어서 그런 대부분의 경우는 순전히 합리적이고 추상적이고 과학적인 추론의 결과다. 인간의 오성의 지식은 경험할 수 있는 현상에 제한된다고 말하며, 한편 하나님의 인격성과 의식, 의지를 묘사하려고 한다든지, 다른 한편 그는 무한하시고 영원하시며 절대 자존하시다고 말하려고 하는 것은 그것과 모순이 된다고 말한다.

이것에 대해서 우리는 하나님께서 자연과 역사 속에서의 일반적인 방식 혹은 특별한 방식으로 아들로 말미암아 우리에게 계시하지 않으셨다면 참으로 인간에게 하나님에 대한 지식은 있을 수 없다고 쉽게 대답할 수 있다. 하나님께서 자신을 엄연히 계시하셨다면 그분이 자신을 계시하셨던 것과 같은 정도로 역시 그분이 알려질 수 있다는 것은 말할 것도 없다. 그러나 하나님은 어떤 방식으로나 어떤 수단으로든지 자신을 계시하지 않으셨다고 주장할 것 같으면, 이것은 세계는 영원히 하나님과 나란히 그리고 독립적으로 존재했으며, 그분은 그 안에서 그로 말미암아 자신을 계시하실 수 없다는 것이 된다. 그리고 그로부터 더 나아가 우리는 하나님에 대해서 말해서는 안 된다는 결론에 이른다. 이는 이런 언어란 현실에 어떤 기초가 없이 공허한 것에 불과하기 때문이다. 소위 불가지론주의(하나님의 불가지성 이론)는 실제로 무신론(신존재 부정)과 동일한 입장이다.

그러나 신지식의 가능성에 대한 부정은 역시 자신의 근소성(僅小性)과 허무성의 깊은 깨달음과 그와 비교하여 하나님의 무한히 크심과 불가항력적인 위엄에 대한 깊은 느낌으로부터 나올 수 있다. 이는 우리는 아무것도 알지 못하고 지식은 우리에게 경이로운 것임을 인식함이 모든 경건한 자들의 고백이었음을 보여준다. 교부들이나 교회사의 위대한 선생들 가운데 하나님에 대해서 숙고하면서 결론적으로 말할 수 있는 것은 그가 존재한다(wat Hij wel is)는 것 이상으로 그에 대해서 말할 수 없음이 종종 표현되고 있다는 것이다. 칼빈은 어디에선가 우리의 어두운 이성의 능력을 훨씬 초월한 신비의 하나님을 자신의 힘으로 왜곡시키려고 하지 말도록 그 독자들에게 경고했다. 예를 들어 폰델(Vondel)과 빌더다익(Bilderdijk)과 같은 시인들은 종종 이런 하나님이 이루 말할 수 없이 크심을 아주 숭고하게 시로 노래했다.

하나님의 지고하신 위엄과 인간의 허무함에 대한 이런 겸손한 고백이 어떤 의미에서는 하나님의 가지성(可知性)의 고백이라 불려질 수 있을지라도 아직 성경과 일치하여 하나님에 대한 이해 가능성(de begrijpelijkheid)과 가지성(de kenbaarheid) 사이를 구별함이 오해를 피하기 위해 더 좋을 수 있다. 그렇다 하더라도 성경에서와 같은 정도와 방식에서 모든 피조물 위에 하나님의 절대적인 지고성과 동시에 피조물과 창조자 사이의 내적인 관계와 밀접한 친분을 보존하는 책은 세상에 없다.

이미 성경의 첫 페이지에서 모든 피조물 위에 있는 하나님의 절대적 지고성을 우리가 만난다. 그는 힘씀이나 애씀이 없이 오직 말씀으로 말미암아 온 세계를 산출하셨다. 여호와의 말씀으로 하늘이 지음이 되었으며 그 만상이 그 입 기운으로 말미암았도다(시 33:6). 저가 말씀하시매 존재하였으며 명하시매 섰도다(시 33:9). 하늘의 군대에게든지 땅과 거민에게든지 그는 자기 뜻대로 행하시나니, 누가 그의 손을 금하든지 혹시 이르기를 네가 무엇을 하느냐 할 자가 없도다(단 4:35). 열방은 통의 한 방울 물 같고 저울의 적은 티끌 같으며 섬들은 떠오르는 먼지 같도다. 보라 저는 성들을 먼지와 같이 던지시느니라. 레바논은 화목 소용에도 부족하겠고 그 짐승들도 번제 소용에도 부족할 것이라. 그 안에는 모든 열방이 아무것도 아니니, 그는 그들을 없는 것같이, 빈 것같이 여기시느니라. 저는 누구와도 같다고 할 수 없으며 저를 무슨 형상으로든지 비길 수 없도다(사 40:15-18). 대저 궁창에서 능히 여호와와 비교할 자 누구며 권능 있는 자 중에 여호와와 같은 자 누구리이까?(시 89:6) 참으로 저가 불리워질 수 있는 이름이 없으니 그의 이름은 기묘라(창 32:29; 삿 13:18; 잠 30:4). 여호와께서 폭풍 가운데 욥에게 말씀하시며 그 앞에 당신의 사역의 크심을 펼치시매 그가 겸손히 머리 숙여 가로되 주여 나는 미천하오니 무엇이라 주께 대답하리이까 손으로 내 입을 가릴 뿐이로소이다(욥 40:4). 하나님은 크시니 우리가 그를 알 수 없도다(욥 36:26). 그 지식이 우리에게 너무 기이하니 높아서 내가 미칠 수 없나이다(시 139:6).

그럼에도 불구하고 이런 지극히 높으신 하나님이 가장 미천하고 아무것도 아닌 그의 모든 피조물과 아주 친밀한 관계를 세우신 것이다. 성경이 주는 것은 철학자들이 행하는 것처럼 추상적인 신 개념이 아니라 참으로 살아 계신 하나님을 우리 앞에 세우시고 그의 손의 모든 사역 속에서 우리로 그를 보게 한다. 우리는 우리의 눈을 쳐들고 만물을 지으신 자가 누구인가를 보아야 한다. 모든 것이 그의 손으로 지어졌고 그의 뜻과 경륜대로 된 것이다. 모든 것이 그의 능력으로 보존된다. 그러므로 모든 것이 그의 덕의 인표(印標)요 선과 지혜와 권능의 표징이다. 그리고 모든 피조물 가운데 인간이 그의 형상과 모양대로 창조되었으니 그만이 하나님의 소생이라 함이라(행 17:28).
 이런 친밀한 관계 때문에 그분 역시 그의 피조물을 따라 부를 수 있게 되었으며 그에 대해서 인간적인 방식으로 말할 수 있게 되었다. 하나님의 비교할 수 없는 크심과 위엄을 지극히 높으신 방식으로 그런, 같은 성경이 동시에 생에 번쩍이는 형상과 모양으로 하나님에 대해서 말씀하신다. 또한 그의 눈과 귀, 손과 발, 입과 입술, 심장에 대해서 말씀하신다. 그것은 지혜와 지식, 의지와 능력, 의와 궁휼 등 그의 모든 속성들을 묘사하고 기쁨과 슬픔, 염려와 상하심, 열심과 열의, 후회와 진노, 증오와 화와 같은 감정들도 그에게 돌려진다. 같은 성경이 그의 연구와 사색, 듣고 보심, 맛과 향기, 앉으시고 일어나심, 찾아오시고 떠나가심, 기억하심과 잊으심, 축복과 징벌 등을 언급하고 있다. 그리고 그를 태양과 빛, 기초와 샘, 바위와 피난처, 칼과 방패, 사자와 독수리, 영웅과 군사, 예술가와 건축가, 왕과 재판관, 농부와 목자, 남자와 아버지로 비교한다. 인간세계에서 발견할 수 있는 모든 것이 다 지지와 보호와 도움의 방식에 있으니 그것의 근원적이며 완전하고 넘침은 하나님 안에서 발견할 수 있다. 그로부터 하늘과 땅의 모든 족속이 이름을 받았다(엡 3:15). 그는 '존재의 태양'이요 모든 피조물들은 '그의 지나가는 광선'이다.
 따라서 하나님의 존재에 관한 이런 두 가지의 선언을 동등하게 보존하고 그것을 각각 정당하게 평하는 것이 하나님의 지식에서 중요하다. 우리가 모든 피조물 위에 하나님의 절대적 초월성을 버린다면 우리는 다신론(여러 신의 이방 종교) 혹은 범신론(모두가 신인 종교)에 떨어진다. 역사의 교훈에 따르면 이들은 밀접하게 관련되어 있고 서로 쉽게 통한다. 그리고 우리가 피조물과 하나님과의 관계를 없애버리면 이신론(理神論: 계시 없는 유일신 신앙)이나 무신론(하나님 존재의 부정)이란 암초에 빠진다. 이들은 똑같이 서로 여러 가지 공통된 특징을 가지고 있다.
 성경에서는 두 가지 특징이 달라붙어 있다. 그리고 기독교 신학은 그 궤도를 따른다. 하나님은 본래 그것을 따라서 우리가 참으로 그를 부를 수 있는 단순한 칭호를 갖고 계시지 않고, 그분은 스스로 이름지어 우리로 하여금 많은 칭호로 부르게 하셨다. 그는 지극히 높으신 분이요 항상 살아 계시고 모든 피조물들과 더불어 공존하시는 하나님이시다. 한편 그의 모든 속성들은 전혀 공유할 수 없을 뿐만 아니라, 다른 한편으로는 모든 것이 공유적이다. 우리의 이성으로 이것을 헤아릴 수 없다. 충족한(동일한 가치의) 하나님의 개념이란 없다. 하나님에 대해서 그의 본질에 상당한 하나의 명확한 정의란 줄 수 없다. 그가 어떤 존재인가를 완전히 표현하는 명칭이란 발견될 수 없다. 그러나 하나가 다른 하나와 모순되지 않는다. 바로 하나님은 지존무상(至尊無上)하시고 영원히 거하시기 때문에 역시 그분은 통회하고 겸손한 영혼들과 함께 거하신다(사 57:15). 하나님은 스스로 계시하시되 우리가 그의 계시로부터 철학적인 신 개념을 이끌어 내게 하기 위함이 아니요, 우리로 하여금 그분을 참되시고 살아 계시고 우리의 하나님으로 받아들이고 깨닫고 고백하게 하기 위함이다. 이것들은 지혜롭고 슬기 있는 자들에게 숨기시고 어린아이들에게 나타내심이라(마 11:25).

그러므로 우리가 이런 식으로 하나님에 대해서 얻은 지식들은 신앙의 지식이다. 즉 그것은 하나님의 본질에 충족하거나 동일한 것이 아니니, 하나님은 그의 모든 피조물보다 무한히 높으시기 때문이다. 그런 지식은 순전히 상징적이다. 다시 말해서 그것은 우리로 말미암아 자의적으로 형성되고 전혀 실재와 일치하지 않는 표상화된 것이다. 그러나 그것은 하나님의 절대적 지고성에도 불구하고 그분과 그의 손의 모든 사역 사이에 존재하는 유사와 관계에 기초하기 때문에 모형적(van ectype)이고 유사적(van analogie)이다. 하나님께서 본성과 성경에서 우리에게 제공하신 지식은 제한적이고 유한하고 부스러기일지라도 참되고 순수하다. 하나님은 그의 말씀 가운데 특히 그리스도 안에서 그리스도로 말미암아 그와 같이 자신을 계시하셨고, 오직 그분만이 우리의 마음이 요구하는 그런 하나님이시다.

하나님의 교리 가운데 성경의 모든 소여(所與)를 상고하고 피조물과의 관계로서 그분의 지고성을 보존하고자 하는 기도는 기독교 안에서 일찍이 심적 본질에 있어서 두 가지 속성들의 구별로 인도했다. 이런 두 그룹은 옛날부터 다양한 명칭으로 칭하여 왔고, 아직도 로마 카톨릭 신학은 부정적인 속성과 긍정적인 속성(onkennende en Stellige), 루터파에서는 정적 속성과 동적 속성(rustende en werkende), 개혁파에서는 비공유적 속성과 공유적 속성을 즐겨 쓴다. 그러나 실상은 모든 구분이 같은 점에서 구분되고 있다. 그것은 항상 하나님의 초월성(하나님의 세계로부터의 구별과 지고성)과 하나님의 내재성(그분의 세상과의 교제와 거하심)을 똑같이 주장하는 경향을 띠었다. 개혁주의의 비공유적 속성과 공유적 속성이란 명칭은 로마교회와 루터파에서 사용되고 있는 그것보다 이 성격을 더욱더 명백하게 드러낸다. 첫번째 속성의 주장은 다신론(이방적인 다신론)과 범신론(algodendem)으로부터 보호하고, 두번째 그룹의 주장은 이신론(계시 없는 유일신 신앙)과 무신론(신의 존재의 부정)으로부터 보호한다. 우리의 모든 명칭은 부적당할지라도 개혁주의적 구분을 계속 사용하는 데 있어서 현저한 반대는 없다. 그때 우리가 꼭 기억해야 될 것은 비공유적 속성과 공유적 속성, 두 구분이 서로 따로 떨어져서 분리되어 있는 것이 아니라는 사실이다. 당연히 우리는 그들 둘을 동시에 취급할 수는 없지만 어느 것이나 다 중히 여겨야 한다. 그러나 구분하는 의도가, 하나님은 그의 모든 공유적 속성을 적대적인 방식에서 무한하고, 따라서 비공유적인 정도로 소유하심을 항상 우리의 마음에 바르게 새겨야 한다는 것이다. 하나님의 지식, 지혜, 선(善), 의 등은 피조물이 갖는 이와 같은 속성들과 공통적인 어떤 특성을 지녔다. 그러나 그들은 독립적이고 불변하시며 영원히 편재하시며 단순한 방식, 한마디로 말해서 절대적인 신적 방식에서 하나님께 고유한 것들이다. 따라서 피조물의 경우에도 그들의 존재와 그들의 속성들을 구별할 수 있다. 즉 인간은 그가 인간 됨을 멈춤이 없이 그의 팔과 다리를 잃을 수 있고, 수면이나 병든 상태에 있을 때 그의 의식을 잃을 수 있다. 그러나 하나님의 경우 이것이 불가능하다. 그의 속성들은 그의 존재와 일치하고 그의 속성이 그의 존재다. 그는 지혜로우시며 참되시고 선하시고 거룩하시고 의롭고 자비로우시다. 그러나 그는 지혜요 진리요 선이요 거룩이요 의요 자비 자체이시며, 그와 똑같이 피조물 가운데 현존하는 이런 덕들이 무엇이든지 그들의 근원이요 기초다. 그의 존재는 그가 소유한 모든 것이며 피조물들이 소유한 모든 것들의 원천이다. 즉 모든 선한 것들의 풍부한 기초다.

그러므로 하나님 안에 있는 모든 것이 그분 안에 절대적 신적 방식에서 존재하고, 따라서 피조물들이 공유할 수 없는 이런 하나님의 덕들은 비공유적 속성 아래 이해될 수 있다. 이런 그룹의 속성들은 높고 비교할 수 없는 하나님의 절대성을 보존하고, 가장 분명한 표현은 신의 성호인 엘로힘(Elohim)에서 발견할 수 있다. 참으로 신이란 이름은 피조물들에게도 적용된다. 성경은 이방인들의 우상을, 예를 들어 우리 앞에 다른 신들을 두지 말라고 명하셨을 때(출 20:3)와 같이 종종 신들이라고 언급할 뿐만 아니라, 하나님은 모세를 아론 앞에 (출 4:16), 바로 앞에(출 7:1) 신이라 칭하였다. 재판장들은 신들이라 표현하였으며(시 82:1, 6), 그리스도께서는 자기 변명을 위해서 그 귀절에 호소했다(요 10:33-35). 그러나 이런 언어 사용이란 비유저이고 파생적이다. 신의 명칭은 근원적이고 본질에 있어 오직 하나님에게 속해 있다. 우리는 이런 명칭으로 항상 인격이시며, 그러나 모든 피조물보다 지극히 높으시고 무한한 능력에 대한 표상 (denkbeeld)을 이룬다. 하나님만이 신이시다. 그와 같이 비공유적 속성들은 그분께 돌려야 한다. 그것들은 오직 그분께 고유한 것이고 어떤 피조물 속에서도 찾을 수 없고 그 자체가 어떤 피조물과도 공유할 수 없다. 왜냐하면 모든 피조물들은 의존적이고 변할 수 있고 구성체이며 시공에 의하여 지배받기 때문이다. 그러나 하나님은 어떤 것을 통하지 않고 절대적으로 모든 것이 그를 통하여 결정되는 의미에서 독립적이시며(행 17:25; 롬 11:36) 영원히 동일하시다. 모든 전환이란 피조물 편과 이 피조물이 그분을 대적하는 입장을 취하는 관계에서 해당한다는 의미에서 불변하시고(약 1:7), 모든 영과 물질, 사고와 외연(外延), 존재와 속성, 이성과 의지 등의 구성으로부터 완전히 자유로우시고, 순수한 진리, 생명과 빛, 그분이 소유한 것이 존재하는 모든 것이라는 의미에서 단순하시다(시 36:10; 요 5:26; 요일 1:5). 그분은 모든 시간을 초월하시되 시간의 매 순간을 그의 영원성으로 통찰하신다는 의미에서 영원하시며(시 90:2), 그분은 모든 공간을 초월하시되 공간의 매 점들을 그의 전능하시고 편재하시는 능력으로 운행하신다는 의미에서 편재하신다(시 139:7; 행 7:27, 28). 현대에는 이런 비공유적 속성에 대한 종교적 생활의 모든 가치를 부정하고 형이상학적(초자연적) 추상물 이상의 것을 그 안에서 보지 못하는 사람들이 적지 않다. 그러나 그 반대를 증명하니, 이런 속성들의 포기는 직접 범신론과 다신론에 대한 문호를 개방하는 것이기 때문이다.

하나님께서 독립적이고 불변하시며, 영원하시고 편재하시며, 단순하시고 모든 합성으로부터 자유롭지 않으시다면, 그는 피조물로 밀려 나가게 되며, 그 전체 속에 세계 혹은 그 힘의 하나와 동일시된다. 그래서 계시의 하나님을 내재적 세계의 힘으로 교체하거나 유일하시고 참된 하나님을 고백하기보다는 다신론을 고백하기를 좋아하는 자들의 수가 계속 증가하고 있다. 비공유적 속성들은 직접 하나님의 단일성과 유일성으로 연결되어 있다(신 6:4; 막 12:29; 요 17:3). 하나님은 그분 위에, 혹은 그분과 나란히, 혹은 그분 아래에 어떤 자나 어떤 것들도 하나님의 존재(wat Hij is)가 아닐 때에만 단일하시고 유일하신 하나님이시다. 또한 그가 독립적이고 불변하시고 영원하시며 편재하실 때에만 그분은 우리의 무조건적인 믿음과 우리의 절대적 신앙과 우리의 완전한 구원의 하나님이 되실 수 있다.

그러나 우리가 이런 비공유적 속성에 만족하지 못한다는 것은 진실이다. 하나님은 자비로우시고 은혜로우시며 그 인자하심이 크심에 대한 지식을 없이 한다면, 하나님께서 독립적이시고 불변하시며 영원하시고 편재하신다는 지식이 무슨 소용이 있겠는가? 비공유적 속성은 우리에게 참으로 하나님 안에 있는 것은 무엇이든지 그분 안에 존재하는 방식에 관해서 알려 준다. 그러나 그들은 신적 존재의 내용에 관해서 우리를 어둠 가운데 그대로 있게 한다. 그러나 공유적 속성의 경우는 다르다. 그들이 우리에게 이르는 것은, 하나님은 그렇게 지극히 높으신 하나님임에도 불구하고 그의 모든 피조물 안에 거하시고 모든 그의 피조물과 관련하여 파생되고 제한된 방식에 있어서 피조물에게 역시 고유한 이런 모든 덕들을 소유하신다는 사실이다. 그분은 멀리 있는 하나님이실 뿐만 아니라, 가까이 있는 하나님이시다. 그분은 독립적이시고 불변하시며 영원하시고 편재하실 뿐만 아니라, 지혜로우시고 능력이 많으시며 의로우시고 거룩하시며 은혜로우시고 자비로우시다. 그분은 엘로힘의 하나님이실 뿐만 아니라 여호와의 하나님이시다. 비공유적 속성들은 엘로힘 하나님의 이름 안에서 더 잘 표현되는 것처럼 공유적 속성들은 여호와의 이름 속에서 돋보인다. 이 이름의 파생적 의미나 근원적 의미는 우리에게 알려지지 않았다. 참으로 그 이름은 모세시대 오래 전, 예를 들어 고유명사 요게벳(Jochebed)에서 암시되는 바와 같이 오래 전에 이미 존재했다. 그러나 그때까지 하나님은 자신을 이 이름으로 그의 백성들에게 알리지 않으셨다. 그분은 아브라함에게 자연의 모든 힘을 복종케 하고 은총에 봉사할 수 있게 하는 전능하신 하나님, 곧 엘솨다이(El-Schaddai)로서 (창 17:1; 출 6:2) 계시하셨다. 그러나 수백년이 지났으므로 하나님은 조상들과의 언약과 약속을 잊었으리라 생각하시고 그분 자신이 모세에게 여호와로서, 즉 이 하나님은 조상들에게 나타내셨던 같은 하나님으로서 그의 언약에 성실하시고 그의 약속을 성취하시고 수세기를 걸쳐 그의 백성에 대해서 자신을 언제나 동일하셨던 하나님으로서 알리셨다. 여호와는 스스로 있는 자(스스로 있을 자)란 의미를 주고 그와 이스라엘과의 관계에 있어서 불변하시는 하나님의 신실하심을 표현하고 있다. 여호와는 그의 주권적 사랑을 따라 그의 백성을 택하시고 그의 소유로 삼으셨던 언약의 하나님이시다. 엘로힘 하나님이란 성호는 주권적이고 세상 위에 높이 계신 영원한 존재를 나타내는 반면, 주 여호와의 성호 속에서는 지극히 높으신 같은 하나님이 자의로 그의 백성에게 거룩과 은혜와 성실의 하나님으로 계시하셨다는 의미가 내포한다.

이스라엘뿐만 아니라 우리의 세대에까지 우리들의 전 논쟁점은 원리적으로 여호와 엘로힘 혹은 주 하나님에 대한 물음에 관련되어 있다. 이방인들과 전대와 후대의 모든 철학자들이 이르는 말은 여호와는 이스라엘의 하나님일 뿐이요 제한적이고 지엽적이며 국민적인 하나님이라는 것이다. 그러나 모세와 엘리야와 모든 선지자들과 그리스도와 그의 모든 사도들은 그 반대 입장에 서 있었으며, 이스라엘의 열조들과 백성들과의 계약상태에 들어간 주님(de Heere)만이 유일하시고 영원하시며 참 하나님이시며, 그분 외에는 다른 신이 없음(사 43:10-15; 44:6)을 주장했다. 따라서 여호와가 하나님의 참되고 구별되는 이름이다(사 42:8; 48:11). 스스로 낮추셔서 그의 백성들에게 내려오셔서 통회하고 겸손한 영혼의 사람들 안에 거하시는 언약의 하나님은 동시에 영원히 거하며 거룩하다 이름하는 지존무상한 자(de Hooge en Verhevene)이시다(사 57:15).

그러므로 비공유적 속성들과 공유적 속성들은 서로 모순되는 것이 아니고, 오히려 전자가 후자를 조명하고 보강한다 할 수 있다. 예를 들어 하나님의 사랑을 생각하여 보라. 사람들이 참으로 사랑이라 부르는 그것은 어떤 의미에서 하나님 안에 현존하는 사랑의 모형(ectype)과 형상과 모양이 아니었다면 그것에 대해서 말하도록 해서는 안 되고, 할 수도 없다. 신적인 사랑과 인간의 사랑 사이에는 어떤 일치성이 있다. 왜냐하면, 그렇지 않으면 하나님의 사랑에 대한 우리의 모든 생각과 말들이 거짓이요 공허한 소리에 불과한 것이 될 것이기 때문이다. 그러나 이런 일치란 전적으로 동일한 것을 의미하지 않는다. 인간들 사이에 가장 순수하고 가장 강한 사랑도 하나님 안에 있는 사랑의 아주 약한 반영에 불과하다. 그리고 그것은 우리로 하여금 비공유적 속성들을 이해하게 한다. 그로 말미암아 우리는 하나님 안에 있는 사랑은 모든 피조물들의 사랑을 훨씬 무한히 초월함을 알게 된다. 왜냐하면 하나님의 사랑은 독립적이고 불변하시며 단순하시고 영원히 편재하시기 때문이다. 그것은 우리에게 의존하지 않고 우리로 말미암아 일어나는 것이 아니라, 자유롭고 순수하게 신적 본질의 심층으로부터 흘러나온다. 그것은 변화가 없고 떨어지거나 일어나지도 않고 나타났다가 사라지지도 않고 그 자체의 회전하는 그림자조차도 없다. 그것은 신적 본질 안에 다른 속성들과 더불어 있는 한 속성이 아니고 다른 것들과 결코 모순됨이 없고, 오히려 그것은 신적 본질 자체와 동질성을 지닌다. 즉 하나님은 사랑 자체요 전체요 전존재로 완전하다. 이것은 시간과 공간에 의해서 제한을 받지 않지만, 거기 높은 곳에 있으면서 영원으로부터 하나님의 자녀들의 마음속에 내려온다. 그런 사랑은 절대적으로 믿을 수 있다. 모든 갈구나 죽음 속에 있는 우리의 영혼이 거기에서 안식할 수 있다. 그런 사랑의 하나님이 우리 앞에 계시니, 누가 우리를 대적하리요?

모든 공유적 속성에 관해서도 같은 것을 말할 수 있다. 하나님께서 가지신 지식과 지혜, 선과 은혜, 의와 거룩, 뜻과 능력에 관한 어떤 희미한 유사성이 피조물 가운데 있다. 잠정적인 모든 것은 상(像)이다. 보이는 것들은 눈에 나타나지 않는 것으로 말미암아 된 것이다(히 11:3). 그러나 하나님 안에 현존하는 모든 속성들이 근원적이고 독립적이며 불변하고 단순하고 무한한 방식에서 존재한다. 주님(De Heere)만이 하나님이시요 그분이 우리를 그의 백성으로 삼으시고 그의 기르시는 양으로 삼으셨다(시 100:3).

공적 속성들은 그 수가 너무 많아 그들 모두를 헤아리거나 묘사할 수는 없다. 우리가 그것들을 완전히 다루고자 한다면 우리는, 하나님은 그의 피조물, 특히 그의 백성 앞에 누구며 어떤 존재인가에 대해서 우리에게 단일한 상념(想

念, denkbeeld)을 주기 위해서 성경이 사용하였던 명칭들이나 형상들이나 유사물들 등 이런 모든 것들을 묘사해야 한다. 위에서 몇 마디로 가리킨 것과 같이 성경에서는 눈과 귀, 손과 발 등 육체의 모든 기관들을 하나님께 해당시켰다. 즉 성경은 인간적인 모든 지각, 성향, 감정, 결단, 행위들을 하나님께 해당시키고, 그분을 인간 안에서 찾는 직책과 사명의 모든 명칭으로 표시하며, 따라서 그를 왕과 법률가와 재판관, 군사와 영웅, 주인과 목자, 사람과 아버지라고 한다. 그리고 하나님을 우리에게 계시하는 데 돕도록 유기적 그리고 비유기적인 전세계를 불러냈으며, 따라서 사자와 독수리, 태양과 불, 산성과 반석과 방패 등으로 비교한다. 그 경우 모든 것이 하나님께서 우리에게 그의 존재의 충만함에 관해서 알리시고 깊은 인상을 주고자 하는 수단이 되고 있다. 우리 인간은 우리의 영적, 육적 실존을 위해서 우리 밖의 온 세계를 필요로 한다. 왜냐 하면 우리는 본질이 빈곤하고 약하며 아무것도 아니며 아무것도 없기 때문이다. 영혼과 육체를 따라 시간 세계와 영원한 세계에 우리가 필요로 하는 모든 것이 예외 없이 근원적으로 완전하고 무한히 충만한 가운데 하나님 안에 우리를 위해 현존하여 있다. 그는 최고선이요 모든 선한 것들의 넘치는 기초이다.

성경이 신적 본질에 대한 이런 명칭들과 묘사에서 목적하는 바의 첫째는 이스라엘에게, 그리고 그리스도 안에서 계시하셨던 여호와 하나님은 참되시고 진실하시며 살아 계신 하나님이라는 없앨 수 없는 인상을 주기 위함이다. 이방인들의 우상과 (범신론적이고 다신론적이며 이신론적이고 무신론적인) 철학자들의 우상은 인간수(人間手)의 소치다. 그들은 말할 줄도 모르고 보지도 못하고 듣지도 못하고 맛보지도 못하고 가지도 못한다. 그러나 이스라엘의 하나님은 하늘에 계시고, 그가 하고자 하시는 것은 무엇이든지 행하신다. 그분은 오직 하나이시며(신 6:4) 참되시며(요 17:3) 영원히 살아 계신 하나님(신 5:26; 수 3:10; 단 6:27; 행 14:15; 고후 6:16; 딤전 3:15; 6:17)이시다. 인간들은 하나님을 그들이 좋아하는 대로 다룰 수 있도록 하기 위해서 죽으신 하나님으로 만들기를 원한다. 그러나 성경은 인간을 불러내 이르기를 너희는 잘못 행하도다. 하나님은 존재해 계신다. 그는 참된 하나님이시요 지금과 영원히 살아 계신다. 살아 계신 하나님의 손에 빠져 들어가는 것이 무서울진저(히 10:31).

순수한 생명이요 모든 생명의 원천(시 36:10; 렘 2:13)인 그런 살아 계신 하나님인 것과 같이 그는 영(Geest)이시고(요 4:24), 비록 몸의 여러 지체들과 행동들을 그분께 돌릴지라도(신 4:12, 16) 육체가 없다. 그러므로 묘사할 수 없고(신 4:15-19) 볼 수 없다(출 33:20; 요 1:18; 6:46; 딤전 6:16). 영으로서 그분은 좀더 의식, 곧 자신에 대한 완전한 지식을 가지고 계시고(마 11:27; 고전

2:10), 아무리 그 존재가 감추어지거나 적든 간에 자신으로부터 자신으로 말미암은 시간 속에 존재하고 일어나는 모든 것에 대한 지식을 가지고 계신다(사 46:10; 렘 11:20; 마 10:30; 히 4:13), 뜻을 두고 그것으로 말미암아 자신이 하고자 하시는 모든 것(감추어진 뜻 혹은 영원한 의논의 뜻)을 행하시며(시 115:3; 잠 21:1; 단 4:35), 무엇을 우리에게 규범으로서 명령(계시된 뜻 혹은 금령)이라 생각해야 하는가를 결정하신다(신 29:29; 마 7:21; 12:50). 그리고 능력을 가지셔서 모든 반역에도 불구하고 그것으로 말미암아 그가 계획했던 것을 집행할 수 있고, 그 앞에 불가능한 일이란 없다(창 18:14; 렘 32:27; 슥 8:6; 마 19:26; 딤전 6:15). 그러나 이런 지식과 뜻과 능력은 제멋대로 된 것이 아니고 그 모든 부분에 있어서 도덕적으로 결정되어 있다. 이것은 이미 성경에서 하나님께 돌리고(잠 8:22-31; 욥 28:20-28; 롬 16:27; 딤전 1:17), 그분이 창조와 재창조 때 세운 바 목적에 모든 것이 일치하도록 정돈하시고 지시하시는(시 104:24; 롬 11:33; 엡 3:10) 지혜에 나타나 있다. 그러나 무엇보다 더 이것은 한편으로 선과 은혜에 선명하고 분명하게 표현되어 있고, 이들과 함께 다른 한편 하나님께 돌리는 거룩과 의에서 표현되어 있다. 하나님은 전지전능하신 분일 뿐만 아니라, 전선(全善)하신 자요, 선한 분은 오직 그분뿐이며(막 10:18), 온전하시고(마 5:48), 피조물들의 선한 모든 것들의 근원이시다(시 145:9). 이런 하나님의 선하심은 온 세상에 퍼져도(시 145:9; 마 5:45), 향하는 대상에 따라서 바꾸어지고 참으로 다양한 형식을 취한다. 그것은 징벌에 나타나는(롬 3:25) 길이 참으심, 죄의 용서함을 받는 죄책에 보이는 은총(엡 2:8), 하나님께서 은총으로 피조물들 자신들에게 나눠 주시고 보내 주시는 사랑(요 3:16; 요일 4:8), 하나님의 선하심이 그의 긍휼함을 입은 자들에게 나타나는 인자(仁愛, 창 39:21; 민 14:19; 사 54:10; 엡 2:7), 모든 은택이 지닌 이런 선하심은 값없으신 선물임을 강조하는 기뻐하심(welbehagen, 마 11:26; 눅 2:14; 12:32; 살후 1:11)이라 일컫는다.

하나님의 거룩과 의는 그의 선하심과 은혜와 밀접해 있다. 하나님을 거룩한 자라고 부르는 것은 그분이 피조물의 모든 것 위에 높이 계시기 때문일 뿐만 아니라, 특히 그분은 세상에 있는 죄악되고 불순한 모든 것들로부터 구별되기 때문이다. 그러므로 하나님은 값없으신 은총으로 자신의 것으로 택함을 입은 그의 백성이 거룩하기를 바라신다(출 19:5, 6; 11:44, 45; 벧전 2:9). 또한 그분은 그리스도께서 그들을 진리 가운데 거룩하게 하기 위해서(요 17:19) 자신을 그들 앞에 거룩하게 하셨던 것처럼, 그리스도로 말미암아 그들 가운데 자신을 거룩히 하셨다(엡 5:26, 27). 그리고 하나님의 거룩은 그의 의와 밀접하게 관련되어 있다. 왜냐하면 거룩한 자로서 주님은 죄와는 전혀 관계가 없기 때문이다. 주님은 죄를 미워하시고(시 45:7; 욥 34:10), 그것에 대해서 진노하시며(롬 1:18), 질투하시기까지 명예를 존중하시고(출 20:5), 따라서 조금도 죄인을 죄 없다 하실 수 없으시다(출 20:5, 7). 주님의 거룩한 본성이 소원하시는 바는 자신 밖에 있는 피조물들의 세계에서도 의로움이 보존되고 사람에 관계없이 각자 그들의 행위에 따라 상 주시는 것이다(롬 2:2-11; 고후 5:10). 요사이는 자신뿐만 아니라, 다른 사람들도 하나님은 인간의 죄악된 생각들과 행동들과 같은 그런 사소한 일에 관심이 없다고 믿도록 유혹받고 있다. 그러나 성경이 우리에게 알려 주는 참되고 살아 계신 하나님은 이것에 대해서 전혀 다르게 생각하신다. 주님은 원죄와 자범죄 모두에 대해서 무섭게 진노하시고, 공의로운 심판으로 말미암아 일시적으로 그리고 영원히 벌하기를 원하신다(신 27:26; 갈 3:10).

주님은 이런 의에 따라서 불신자들을 벌하실 뿐만 아니라, 그가 성도들에게 구원을 베푸신 것도 같은 의에 따름이 성경의 놀라운 가르침이다. 참으로 이 성도들 역시 본래는 죄인들이고 다른 사람들보다 더 낫지 않다. 불신자들이 그들의 죄들을 감추거나 교묘히 꾸미는 반면에, 신자들은 그들의 죄를 깨닫고 고백하는 것에 불과하다. 그러나 이것이 그들 사이를 구별한다. 그들이 비록 개인적으로 죄 많고 불순하다 할지라도, 그 원인만은 적어도 세상을 등지고 하나님 편에 있다. 그래서 그들은 주의 은혜언약의 약속과 그의 진리의 말씀과 하나님 자신이 그리스도 안에서 성취하셨던 의를 구할 수 있는 것이다. 이런 의에 따라서 하나님은 그의 백성들의 죄를 용서하시고 영원한 생명을 주실 책임이 있음을 외람되이 말할 수 있다(시 4:2; 7:10; 31:2; 34:23; 35:23; 51:16; 103:17; 요일 1:9). 그리고 하나님은 종종 그의 성도들로 하여금 자신을 기다리게 하시고, 잠시 동안 그들의 신앙에 시련을 주시며 그 후 완전한 구원이 따르게 하고 하나님의 진실하심과 신실하심을 좀더 찬란하게 증거하시는 것이다(창 24:27; 32:10; 수 21:45; 삼하 7:28; 시 57:4; 105:8). 여호와는 그의 백성에 관계된 것을 완전케 하실 것이며, 주의 인자하심은 영원하시다(시 138:8). 주님은 자비로우시며 은혜로우시며 노하기를 더디하시며 인자하심과 진실하심이 크시도다(출 34:6; 시 86:15; 103:8; 145:8).

혹은 병거, 혹은 말을 자랑하나 우리는 여호와 우리 하나님의 이름을 자랑하리로다(시 20:7; 렘 9:23, 24; 고전 1:31; 고후 10:17). 왜냐하면 이런 하나님은 영영히 하나님이시니 우리를 죽을 때까지 인도하실 것이기 때문이다(시 6:15). 그는 구원의 하나님이시요 영광의 하나님이시다(딤전 1:15; 엡 1:17). 그리고 여호와를 자기 하나님으로 삼은 백성은 복이 있다(시 33:12).

# 제10장

# 삼위일체의 하나님

영원한 존재는 속성에서보다 삼위적 실존의 계시에서 더 풍부하고 생생하게 깨닫게 된다. 거룩한 삼위일체 속에서 신적 본질과 그 본질 안에 있는 각 완전성이 소위 처음으로 본연의 것을 충분히 보이고, 그것의 가장 풍부한 내용을 얻고 가장 심오한 의미를 취한다. 우리가 주님을 언약의 삼위일체 하나님, 곧 아버지, 아들, 성령으로서 깨닫고 고백할 수 있을 때 비로소 우리는 무엇보다 더 죄악되고 상실된 인간성을 위하신 하나님이 누구시며 어떤 존재인가를 이해하게 된다.

우리가 이런 부분적인 고백을 취급할 때는 무엇보다 우리 마음의 태도는 거룩한 존경과 어린아이와 같은 경외의 태도가 되어야 한다. 모세의 경우 여호와께서 광야에 있는 그에게 떨기나무 불꽃 가운데에서 나타나실 때가 두렵고 잊을 수 없는 시간이다. 모세가 불이 붙었으나 사라지지 않고 타는 불을 멀리서 보고 그곳으로 서둘러 가려고 했을 때 여호와께서 그를 멈추게 하시고 그를 불러 이르시되, "이리로 가까이 하지 말라 너의 선 곳은 거룩한 땅이니 네 발에서 신을 벗으라" 하셨다. 모세는 그 소리를 듣고 크게 두려워 그의 얼굴을 가리우고 여호와 바라보기를 두려워하였다(출 3:1-6).

하나님께서 스스로 그의 말씀 가운데 삼위일체 하나님으로 우리에게 계시하실 때는 언제든지 그런 거룩한 존경심이 우리에게 따른다. 그럼에도 우리가 항상 명심해야 할 것은 그때 우리는 신에 대한 교리나 추상적인 신 개념이나 어떤 하나님에 대한 철학적 명제를 취급하는 것이 아니라는 사실이다. 우리는 우리 자신 혹은 다른 사람들이 고안해 내었고 이제 우리가 세세히 분석하려고 하고 논리적으로 파악하려고 하는 하나님에 대한 인간적인 표상을 다루지 않는다. 오히려 우리는 삼위일체를 취급할 때 하나님 자신, 곧 자신이 말씀 가운데 계시하셨던 유일하시고 참된 하나님을 다룰 것이다. 주님이 모세에게 나는 아브라함의 하나님이요 이삭의 하나님이요 야곱의 하나님이라(출 3:6)고 이른 대로 그는 자신을 역시 그의 말씀 가운데 계시하시고 아버지와 아들과 성령으로 알리셨다.

이런 의미에서 그리스도의 교회는 항상 하나님에 대한 계시를 삼위일체의 하나님으로 받아들였다고 고백했다. 이것을 사도신경의 12개 조항에서 찾는다. 이 안에서 그리스도인이 말하는 것은 그는 이러이러한 분으로 하나님에 대해서 생각하고 있는 것이 아니다. 그는 신의 개념을 주는 것도 아니고 하나님은 이런 이런 속성들을 가졌고, 이러이렇게 존재한다는 신앙을 설명하지 않는다. 그러나 그는 "나는 아버지 하나님과 그의 독생하신 아들 예수 그리스도와 성령을 믿는다. 나는 삼위일체 하나님을 믿는다"고 고백한다. 그 가운데서 그는 하나님은 살아 계신 참된 하나님이요, 아버지, 아들, 성령으로서의 하나님이요, 그 자신을 완전히 복종시키고 전심을 다하여 의지하는 확신의 하나님임을 표현한다. 즉 하나님은 그의 생명과 구원의 하나님임을 표현한다. 아버지와 아들과 성령으로서 하나님이 그를 창조했고 그를 구원했으며 그를 거룩히 하고 영화롭게 하였다. 그리스도인은 그에게 그 모든 것을 감사한다. 그가 이런 하나님을 신앙하고 믿으며, 그로부터 온 모든 것을 기대할 수 있는 것이 그의 즐거움이요 위로다.

그리스도인이 항상 이런 하나님에 관해서 고백하는 것은 어떤 추상적인 낱말로 열거된 것이 아니라, 옛부터 오늘과 미래에서 하나님으로 말미암아 행해지는 행위의 같은 연속으로서 묘사되어 있다. 그리스도인의 고백을 구성하는 것은 주님의 사역과 기사들이다. 즉 그가 그의 신조에서 고백하는 것은 하나의 길고 넓고 커다란 역사다. 그것은 세계의 길이와 넓이에 있어서, 그리고 그것의 시작과 과정과 끝, 근원과 발전과 종말에 있어서 창조 때부터 시대들의 마지막에 이르기까지 온 세상을 포괄한다. 교회의 고백은 하나의 하나님의 큰 일의 선포이다.

이런 모든 사역은 그 수에 있어서 많고 큰 상이한 점이 있는 것이 그 특징이다. 그럼에도 불구하고 그들은 강력한 통일을 이루고 있다. 즉 그들은 서로 관련이 있으며 서로 보완하고 서로 예비적이며 상호 의존적이다. 거기에는 순서와 과정이 있고 발전과 진보가 있다. 그것은 창조부터 구원으로 말미암아 성화와 영화로 진행한다. 종점은 출발점으로 돌아가고 동시에 출발점 위에 높이 있는 꼭대기다. 하나님의 사역은 싸이클을 형성하여 나선형으로 위를 향한다. 즉 그들은 수평, 수직선적인 선의 어떤 연결이며 동시에 앞으로 위로 움직여 간다.

하나님은 이런 모든 사역의 기술자요 건축자며 근원이요 종국이다. 즉 만물이 그로부터 그로 말미암아 그에게로 간다. 그가 그들의 창조자요 재창조자며 완성자다. 하나님의 사역에 있어서 통일성과 다양성은 신적 본질 안에 존재하는 통일성과 다양성으로부터 진행하여 그것으로 돌아간다. 그 본질은 하나요 유일하며 단순하다. 그럼에도 그의 인격, 그의 계시, 그의 활동에 있어서 삼위 동시적이다(is het tegelijk drievuldig). 하나님의 전 역사는 하나의 깨지지 않는 전체이면서, 가장 풍부한 다양성을 내포하고 있다. 교회의 고백은 전 세계사를 포괄하고 창조와 타락, 화목과 용서, 재생과 회복의 매 계기들을 그 안에 내포한다. 그것은 삼위의 하나님으로부터 진행하여 모든 것이 그에게로 돌아간다.

따라서 성삼위일체의 신앙조항이 우리 고백의 핵심이요 기독교의 구별되는 표요 모든 참된 기독교인들의 영광이요 위로다.

수세기에 걸쳐 이것 주위에는 논쟁이 있어 왔고 영혼들의 갈등이 있어 왔다. 삼위일체의 고백은 보존과 옹호를 위해서 기독교에 맡겨졌던 값진 진주다.

이런 삼위일체 하나님에 대한 고백이 기독교 신앙에 있어서 중심을 차지한다면 그것이 어디에 근거하고, 교회로 흘러 들어오는 근원이 어디인가를 아는 것이 중요하다. 우리 시대에서 그것은 인간적인 추론과 학술활동의 열매라고 생각하고서 종교적 생활은 무가치한 것으로 간주하는 사람들이 소수가 아니다. 그들에 의하면 예수님으로 말미암아 전파된 원 복음은 이런 삼위일체 하나님에 대해서 알지 못했다. 즉 이런 신앙조항의 표현을 위해서 사용되었던 낱말에 대해서는 물론, 그 낱말이 표현하고자 하는 사실에 관해서 알지 못했다는 것이다. 그때 처음으로 예수에 관한 단순한 원 복음이 헬라 철학과 결합함으로 말미암아 잘못되어 기독교는 그리스도의 신적인 속성 가운데 인성을 취하게 했고, 성령 역시 신적 본질 속에 흡수했으며, 한 신적 본질 속에 구별된 삼위(drie onderscheiden personen)에 대한 고백에까지 이르렀다는 것이다.

그러나 기독교 자체는 항상 그것에 대해서 다르게 생각했다. 교회는 삼위일체에 있어서 날카로운 신학자들의 발견이나 복음과 결속한 헬라 철학의 산물이 아님을 보았고, 또 객관적으로 복음 속에서와 전체 하나님의 말씀 속에 내포되었고 하나님의 계시로부터 그리스도적 신앙으로 말미암아 추론된 고백임을 보였다. "신적 본체가 하나라면 왜 당신은 그를 아버지와 아들과 성령이라 하는가?"라는 물음에 대해서 하이델베르크 요리문답은 간결하게 결론적으로 하나님 자신이 그의 말씀 가운데 그렇게 계시하셨기 때문이라고(25번째 문답) 대답한다. 하나님의 계시는 역시 이런 교회 고백이 의존하고 있는 확고한 근거요, 그로부터 이런 하나요 거룩하고 보편적인 그리스도 교회가 성장하고 세워지는 원리다. 하나님은 그와 같이 자신을 계시하셨고 그가 자신을 삼위일체 하나님으로서 그렇게 계시하신 것은 이런 방식으로 존재하기 때문이며, 또한 그와 같이 존재하는 것은 그가 그와 같이 자신을 계시하셨기 때문이다.

하나님의 계시에 있어서 삼위일체성은 배후로 그의 존재에 있어서 삼위일체성을 가리킨다.

이런 계시는 단번에 일어나는 것이 아니고 일순간에 나타나고 성취되는 것이 아니다. 그러나 이것은 긴 역사 과정이 있고 수세기에 걸쳐 편 것이다. 이런 계시는 창조와 함께 시작하여 타락 후 이스라엘과의 성약(聖約)과 이스라엘에게 하신 성사(聖事, heilsdaden) 속에서 계시되었고, 그리스도의 인격과 사역, 성령을 부어주심, 교회를 세우심에서 그 절정에 도달하였다. 즉 그것은 지금까지의 모든 세기에 걸쳐 모든 대적에 대항하여 성경의 근절할 수 없는 증언과 교회의 반석 위에 있는 것과 같은 확고한 고백 가운데서 보존되었다. 계시는 이렇게 긴 역사를 갖기 때문에 신존재의 삼위일체에 대한 고백 역시 진보와 발전이 있다. 하나님은 결코 변치 아니하시고 영원히 동일하시지만, 계시의 전진 속에서 스스로 자신을 항상 좀더 분명하고 좀더 영광스럽게 인간들과 천사들에게 알리셨다. 즉 그의 계시와 더불어 우리의 지식이 자란다.

옛 언약의 시기에 하나님께서 자신을 계시하시기 시작하실 때 이런 계시의 초기 전경을 이루는 것은 확실히 하나님의 유일성이다. 이는 인간의 죄로 말미암아 하나님에 대한 순수한 지식이 상실되었기 때문이다. 바울의 의미심장한 말씀에 의하면, 진리는 불의 가운데 유지되었고 그의 피조물 가운데 하나님을 알 만한 그것조차도 생각으로 말미암아 허망하여지고 미련한 마음으로 말미암아 어두워졌나니, 인간이 모든 면을 우상과 미신으로 전락시켰다(롬 1:18-23).

따라서 하나님의 유일성이 돋보이도록 계시가 시작되어야 하였다. 그것이 진리로서 인간에게 외치는 것은 너희를 그 앞에 절하는 신들은 참된 신이 아니라 함이요, 유일하시고 참된 하나님만 존재함이니, 즉 이 하나님은 태초에 하늘과 땅과 만군을 창조하셨고(창 1:1; 2:1), 아브라함에게 자신을 전능하신 하나님으로 알리셨으며(창 17:1; 출 6:2), 모세에게는 여호와, 즉 스스로 있는 자(de IK ben die IK ben)로 보이셨고(출 3:14), 값없으신 은총으로부터 이스라엘 백성을 택하시고 부르시고 그의 언약 가운데 세우셨던 하나님이라 함이리(출 19:4 이하). 그러므로 무엇보다 계시의 내장은 여호와만이 하나님(Elohim)이요 주님(de Heere)만이 신(God)이시니 그분 외에 다른 신이 없다는 것이다(신 4:35, 39; 23:39; 수 22:22; 삼하 7:22; 22:32; 왕상 18:39; 사 45:5, 18, 21 등).

이스라엘 백성에게는 역시 하나님의 유일성에 대한 계시가 절대로 필요하였다. 이는 모든 방면에서 이스라엘은 이방민족으로 둘러싸여 있기 때문인데, 이들 이방인들은 계속해서 이스라엘을 주님께 대한 배교와 불신앙으로 유혹하려고 했으며, 더구나 바벨론 포로에 이르기까지 대부분의 백성들은 이방인들의 미신과 우상의 유혹을 느꼈고, 율법의 명령과 선지자들의 경고에도 불구하고 계속 반복하여 거기에 빠졌다. 그 때문에 하나님 자신이 모세에게 보이시고 모세를 통하여 그의 백성을 구원하고자 하시는 주님이란 아브라함과 이삭과 야곱에게 자신을 전능하신 하나님으로 알리셨던, 그 하나님임을 강조해 두셨다(출 3:6, 15). 주님은 이스라엘에게 그의 율법을 주실 때 서두에 기록하시기를, 나는 너를 애굽 땅, 종 되었던 집에서 인도하여 낸 너의 하나님 여호와(de Heere)라 하셨고, 첫째와 둘째 계명에서 모든 미신과 우상을 엄격히 금지하셨다(출 20:2-5). 우리 하나님 여호와는 한 분이신 여호와(een eenig Heere)시니, 이스라엘은 마음을 다하고 성품을 다하고(met zijne gansche ziel) 힘을 다하여 그를 사랑해야 했다(신 6:4, 5). 여호와만이 이스라엘의 하나님이요, 따라서 이스라엘은 역시 그에게만 예배할 수 있었다.

그러나 하나님의 유일성이 그렇게 강하게 강조되었고, 사실 이스라엘 기본법의 첫 조항에 명시되었음에도 불구하고, 계시 진행 가운데 신적 본질의 완전성 속에서의 다양성, 하나님의 유일성 안에서의 인격적 독특성(de persoonlijke zelfonderscheiding)이 나타난다. 보통 히브리어로 불리는 하나님의 명칭은 여기에서 독특한 의미를 갖는다. 이런 명칭에 해당되는 엘로힘(Elohim)은 복수 형태이고, 이전에 종종 이해되었듯이 신적 본질에 있어서 삼위 인격들을 가리킨다고 하지는 못할지라도, 그러나 소위 강의(强意)의 복수로서 하나님 안에 현존하는 생명과 능력의 충만함을 가리킨다. 하나님께서 자신에 대해서 말씀하실 때 흔히 사용하셔서 그것을 통하여 자신 속에서 인격적 성격을 띠게 구별하시는 복수 형태도 그와 관련됨이 분명하다(창 1:26, 27; 3:22; 사 6:8).

좀더 의미 있는 것은 하나님께서 만물을 창조하시고 섭리하실 때 그의 말씀(Woord)과 영(Geest)으로 말미암아 이루신다는 구약의 가르침이다. 그분은 기존의 자료로부터 큰 어려움과 노력을 기울여, 다른 어떤 것을 형성하는 분이 아니다. 오히려 그분은 순전히 말씀하심으로만 무로부터 만물을 산출하셨다.

창세기의 첫 장에서 가장 고상한 방식으로 그것을 우리에게 그려주고 있고, 다른 곳에서도 적지 않게 그것이 영광스럽게 선포되고 노래하여지고 있다. 즉 하나님께서 말씀하시매 존재하고, 저가 명하시매 견고히 섰도다(시 33:9). 저가 그의 말씀을 보내사 그 얼음조각들을 녹이시도다(시 147:18). 저의 소리가 물 위에 있고 광야를 진동하심이여 산들을 송아지같이 뛰게 하시며 산림을 말갛게 벗기시도다(시 29:3-10). 하나님의 사역에 대한 이러한 고상한 묘사는 두 가지 회의를 내포한다. 첫째는 하나님은 전능하신 분이므로 순전히 말씀하심으로 만물을 존재에로 부르시며 그의 말씀은 명령(gebod)이고, 그의 소리는 능력(kracht)이라 함이요(시 23:4). 둘째로 하나님은 무의식적이고 생각 없이 이루는 것이 아니라, 높은 지혜로 그의 모든 사역을 이루셨다는 것이다. 하나님께서 이르신 말씀이 능력이요, 역시 사상의 전달자이시다. 주님은 그의 능력으로 땅을 지으셨고 그의 지혜로 세계를 세우셨고 그의 명철로 하늘을 펴셨다(렘 10:12; 51:15). 주께서 지혜로 그의 일을 다 하시고 주의 부요(goederen)가 땅에 가득하나이다(시 104:24). 그리고 이런 지혜는 하나님 밖으로부터 온 것이 아니라, 영원 전부터 그와 더불어 있었고, 주께서 임하시기 전에 그것을 주의 길의 원리로서 소유하셨다. 주께서 하늘을 준비하시고 깊음의 표면 위에 원을 그리며 운행케 하시고 위로 높은 구름을 견고케 하시며 깊음의 샘들을 힘있게 하시고 바다에 한계를 정하시고 땅의 기초를 놓으실 때, 지혜는 이미 거기에 있었고 그는 그분 곁에서 양육받는 아이였으며 날마다 그의 기뻐하신 바가 되었으며 항상 그 앞에서 즐거워하셨다(잠 8:22-31; 욥 28:20-28). 하나님께서 그것을 통하여 세상을 창조하셨던 지혜 안에서 즐거워하셨다.

말씀과 지혜와 하나님의 영이 나란히 창조의 중보자로서 뒤따라 나타난다. 하나님은 지혜시요 동시에 지혜를 소유하신 것대로, 하나님은 그것을 전달하실 수 있고 그의 사역 가운데 소리로 전파하실 수 있다. 그와 똑같이 하나님 자신은 그 본질에 있어서 영이시고(신 12:15) 그것을 통해서 하나님이 세상에 거하실 수 있고 항상 어디서든지 그 세계 안에 현존하실 수 있는 영을 소유하신다(시 139:7). 무인지경에서 그의 모사가 되셨고 주께서 그 자신의 영으로 말미암아 만물을 산출하셨다(사 40:13 이하). 그 영이 태초에 수면에 운행하셨고(창 1:2), 모든 피조물 가운데 머물러 활동하셨다. 하나님은 이 영으로 말미암아 하늘을 단장하셨고(욥 26:13), 지면을 새롭게 하셨으며(시 104:30), 그분이 인간을 살리시고(욥 33:4), 그리고 인간의 코의 기운을 보존하시며(욥 27:3), 그에게 총명과 지혜를 주시고(욥 32:8), 또 풀을 마르게 하시며 꽃을 시들게 하신다(사 40:7). 한마디로 말해서, 주의 말씀으로 하늘이 지음을 받았으며 그의 입의 영으로 말미암아 만상이 이루어졌다(시 33:6).

이런 하나님의 자기구별은 재창조의 사역에서 더 풍부하게 나타난다. 그때의 하나님은 엘로힘의 하나님이 아니요 여호와 하나님이시며, 보편의 하나님이 아니요 자신을 구속과 구원의 기적들 가운데서 계시하시고 알리시는 언약의 하나님이신 주님이시다. 그와 같이 주께서는 그들에게 말씀하시거나 전달하신 말씀으로만 그의 백성을 구원하시고 인도하시는 것이 아니라, 주께서는 그들에게 언약의 사자(주의 사자)도 보내셨다. 이 사자는 이미 족장들의 역사 속에서 하갈에게(창 16:6 이하), 아브라함에게(창 18장 이하), 야곱에게(창 28:13 이하) 나타나셨으며 또한 이스라엘을 애굽의 속박으로부터 해방하는 데서 그의 은혜와 능력을 계시하셨다(출 3:2; 13:21; 14:19; 23:20-23; 32:34; 33:2; 민 20:16). 이 주의 사자는 피조된 천사들과 같은 선에 있지 않고 하나님의 특별계시요 현현이다. 그는 한편으로는 명백히 자신의 천사들에 대해서 말씀하신 것처럼 그에 대해서 말씀하시는 하나님과 구별됨은 물론, 다른 한편으로는 이름과 능력, 구속과 축복, 경배와 존영에 있어서 하나님 자신과 하나이시다. 그는 감찰하시는 하나님(창 16:13), 벧엘의 하나님(창 31:13)이라 불리고, 그는 하나님이나 주님 자신과 교대로 엇갈리며(창 32:28, 30; 출 3:2, 4), 주의 이름을 그의 깊은 곳에 두고(출 23:21), 모든 악으로부터 구원하시며(창 48:16), 이스라엘을 애굽인의 손으로부터 구원하셔서(출 9:8) 물을 갈라 바다를 마르게 하셨고(출 14:21), 하나님의 백성을 길에서 보존하고 그들을 안전하게 가나안으로 인도하여 그들의 대적 위에 영광스럽게 하셨으니(출 3:8; 23:20), 그는 하나님 자신처럼 순종해야 할 대상이었고(출 23:20), 주를 경외하는 자들을 둘러 항상 진을 치신다(시 34:7; 35:5).

그리고 재창조에 있어서 여호와께서 그의 구원하시는 행위를 이 언약의 사자로 말미암아 행하시는 것처럼 그는 그의 영으로 말미암아 여러 가지 은사들과 능력들을 그의 백성에게 분배하셨다. 구약에 있어서 주의 영은 모든 생명과 복락과 재주의 원천이다. 그가 사사들, 곧 옷니엘(삿 3:10), 기드온(삿 6:34), 입다(삿 11:29), 삼손(삿 14:6; 15:14)에게 용기와 힘을 주시고 제사장의 옷, 성막, 성전을 만드는 자에게 기술 솜씨를 주시며(출 28:3; 31:3-5; 35:31-35; 대상 28:12) 모세와 함께 백성의 짐을 담당하였던 재판관들에게 지혜와 총명을(민 11:17, 25), 선지자들에게 예언의 은사를(민 11:25, 29; 24:2, 3; 미 3:8 등), 모든 하나님의 자녀들에게 새롭게 하심과 거룩하게 하심과 인도하심을(시 51:10-14; 143:10) 주신다.

한마디로 말해서 주께서 출애굽 시 이스라엘에게 보이신 말씀과 약속과 언약, 주께서 이스라엘에게 보내신 영은 모든 세기를 걸쳐 존재하였고 바벨론 포로 후 스룹바벨의 때까지도 백성들 가운데 굳게 서 있었으니 백성들은 두려워할 필요가 없었다(학 2:5, 6). 주께서 애굽 왕으로부터 이스라엘을 인도하실 때는 그들에게 구주가 되셨다. 그리고 그의 백성에 대해서 하나님의 이런 뜻은 이렇게 표현되었으니, 그들이 모든 학대 가운데 있음은 그 자신이 학대받음이었으며(그의 백성의 고난을 그 자신의 고난으로 생각하시는 것), 따라서 그들을 보존하기 위해서 자기 앞의 사자를 그들에게 보내셨고 그들은 그의 사랑과 은혜로 구원하시며 옛적 모든 날에 드시며 앉으셨도다. 그리고 주께서는 역시 그들에게 성결의 영을 보내주셨으니 그들을 주의 길로 인도하기 위함이라(사 63:9-12). 옛 언약의 시대에 주께서 대제사장을 통하여 이스라엘 백성 위에 세 가지 축복을 두었으니, 지키시는 경계의 축복과 은혜의 축복과 주의 평강의 축복이다(민 6:24-26).

그렇게 신적 본질과 사역에 있어서 세 가지의 구별은 이미 이스라엘을 인도하시는 하나님의 역사 속에서 나타났고, 더 지나면 지날수록 판명하게 나타났다. 그러나 구약에는 아직도 장차 좀더 높고 부요한 계시가 따를 것이라는 약속이 내포되어 있다. 그럼에도 불구하고 이스라엘은 주의 말씀을 버리고 그의 성령을 근심케 하였다(사 63:10; 시 106:13). 언약의 사자와 주의 영으로 나타내신 하나님의 계시가 불충분한 듯하였으니 하나님께서 그의 언약을 확증하고 그의 약속을 성취하기를 원하셨다면, 다른 더 높은 계시를 필요로 하였을 것이다.

이런 계시가 선지자들을 통하여 선포되었다. 장차 마지막 날에 주께서 이스라엘 가운데 모세와 같은 한 선지자를 일으키고, 주께서 그의 말씀을 그 입에 두실 것이요(신 18:18), 멜기세덱의 반차를 좇아 영원한 제사장이 될 한 제사장(시 110:4), 다윗의 집으로부터 한 왕(삼하 7:12-16), 이새의 잘린 그루터기로부터 한 싹(사 11:1), 한 순, 곧 그가 왕이 되어 형통하며 세상에서 공평과 의를 행할 것이라(렘 23:5). 그가 사람이 될 것이니 곧 한 처녀의 아들이요(사 7:14), 고운 모양도 없고 풍채도 없도다(사 53:2 이하). 그러나 동시에 그가 임마누엘이 될 것이요(사 7:14), 여호와 우리의 의라 할 것이요(시 23:6), 언약의 사자요(말 3:1), 그의 백성에게 나타내신 여호와 자신이요(시 45:8; 110:1; 호 1:7; 말 3:1), 그 이름을 기묘자라, 모사라, 전능하신 하나님이라, 영존하시는 아버지라, 평강의 왕이라 할 것임이라(사 9:5).

그리고 주의 종의 이런 현현에 좀더 풍부한 성령의 경륜이 뒤따를 것이다. 특별히 이 성령은 지혜와 총명, 모략과 전능, 지식과 여호와를 경외하는 영으로서 메시야에게 의존할 것이다(사 11:2; 42:1; 61:1). 그때는 그가 모든 육체 위에, 즉 너희 자녀들과 너희 늙은이나 젊은이, 너희 남종이나 여종 위에 부어질 것이다(요 2:28, 29; 사 32:15; 44:3; 겔 36:26, 27; 슥 12:10). 그리고 그가 모든 이에게 새 마음과 새 영을 줄 것이니 그러므로 그들이 그의 율례 가운데 행하며 그의 규례를 지켜 행할 것이다(겔 11:19, 20; 36:26, 27; 사 31:31-34; 32:38-41).

그렇게 구약 자체가 가리키는 것은 하나님의 충만한 계시는 그의 삼위일체의 존재의 계시에 있을 것이라는 것이다.

이런 약속과 선포의 대답은 신약에서의 성취가 한다. 여기에서도 하나님은 하나님이심이 모든 계시의 출발점이다(요 17:3; 고전 8:4; 딤전 2:5). 그러나 이런 하나님이심으로부터 이제 좀더 분명하게 신적 본질에 있어서의 다양성이 나타난다. 우선 성육신, 만족(voldoening, satisfactio), 부어주심이라는 큰 구원의 사실들에서 그렇고, 또한 예수님과 그의 사도들의 가르침에서 그렇다. 구원의 사역은 전체가 하나로서 처음부터 끝까지 하나님의 사역이다. 그럼에도 그것은 세 가지의 높은 계기, 즉 선택, 용서, 새롭게 함이 내포되고 거기에는 신적 본질에 있어서 세 가지 원인, 즉 아버지요 아들과 성령을 지적해 준다.

그리스도의 수태가 이미 하나님의 세 가지 모양의 활동을 보여준다. 즉 아버지는 아들을 세상에 주시고(요 3:16), 아들 자신은 하늘로부터 내려온(요 6:38) 반면에, 그 자신은 성령으로 마리아의 몸에서 수태되었다(마 1:20; 눅 1:35). 세례 때 예수님은 성령으로 기름부음을 받고 아버지에 의해서 공식적으로 그의 사랑하는 아들이요 그의 기뻐하시는 자임이 선포되었다(마 3:16, 17). 예수님께서 행하신 사역은 아버지로 말미암아 그에게 보여졌고(요 5:19; 8:39), 성령의 능력으로 그로 말미암아 성취되었다(마 12:28). 그의 죽음에 있어서 그는 영원하신 성령으로 말미암아 자신을 하나님께 흠없이 드렸고(히 9:14), 부활은 아버지로 말미암은 일으키심이며 동시에 그로 말미암아 그가 성결케 하시는 영을 따라서 하나님의 아들임을 능력 있게 증거한 예수님 자신의 행위이다(롬 1:3). 부활 후에도 그는 40일 되던 날에 그를 살리신 영으로 하늘 높은 곳으로 승천하셔서 천사들과 권세들과 능력들을 복종케 하셨다(벧전 3:19, 22).

예수님의 가르침과 사도들의 가르침은 이와 전적으로 일치한다.

예수님은 아버지를 선포하고 그의 이름을 인간에게 알리기 위해서 땅에 오셨다(요 1:18; 17:6). 만물의 창조자로서의 하나님에 대해서 사용되었던 아버지의 이름이 역시 이방인에 의해서도 사용되었고, 같은 의미에서 성경에서도 지지를 얻고 있다(눅 3:38; 행 17:28; 엡 3:15; 히 12:9). 게다가 구약은 여러 번 하나님을 이스라엘과의(신정정치적인) 관계에서 아버지로서 표시함에는 주께서 그 관계를 그의 기적의 능력으로 말미암아 창조하고 주장하였기 때문이다(신 32:6; 사 63:16). 그러나 신약에서는 하나님에게 적용되었던 이런 아버지의 이름 위에 새롭고 영광스러운 빛을 비춰 준다. 예수님은 항상 그 자신과 하나님이 처해 있는 관계와 다른 사람들, 곧 유대인들이나 제자들이 아버지와 처해 있는 관계는 근본적인 차이가 있음을 가리킨다. 예를 들어 그가 제자들의 요구에 의해서 그들에게 우리 아버지를 가르쳤을 때, 그가 명백하게 너희가 기도할 때에 이렇게 하라고 이르셨고(눅 11:2), 그가 부활 후 막달라 마리아에게 앞으로 그의 하늘 승천을 알리실 때, 그는 내가 내 아버지 곧 너희 아버지, 내 하나님, 곧 너희 하나님께로 올라간다고 하였다(요 20:17). 즉 하나님은 그의 친 아버지이시다(요 5:18). 주가 아들을 그러한 정도와 방법으로 알고 사랑하시는 것처럼 역으로 아들만이 아버지를 알고 사랑한다(마 11:27; 막 12:6; 요 5:20). 따라서 사도들 사이에 하나님은 항상 우리 주 예수 그리스도의 아버지로 불려졌다(엡 1:3). 아버지와 아들(그리스도) 사이의 이런 관계는 시간상에 그 시초를 갖는 것이 아니고, 영원 전부터 존재했다(요 1:1, 14; 17:24).

첫째로 그는 아주 독특한 의미에서 아들의 아버지이기 때문에 하나님은 아버지이시다. 이런 아버지 되심은 그의 근원적이고 특별하며 인격적인 속성이다.

파생된 의미에서 좀더 하나님은 그가 그들의 창조자요 보존자이시기 때문에 모든 피조물의 아버지다(고전 8:6; 엡 3:15; 히 12:9). 그리고 그것이 선택과 부르심으로 말미암은 그의 수공물이기 때문에 이스라엘의 아버지요(신 32:6; 사 64:8) 교회와 모든 신도들의 아버지이시니, 이는 아들에 대한 아버지의 사랑이 그리스도로 말미암아 그들에게 미쳤기 때문에 그렇고(요 16:27; 17:25), 그들이 그의 자녀들로 받아들여졌고 그들이 그로부터 영으로 말미암아 태어났기 때문이다(요 1:12; 롬 8:15).

그렇게 아버지는 항상 제1위이신 아버지로서 하나님의 존재에 있어서, 하나님의 성정에 있어서나 밖으로 향하는 모든 사역, 곧 창조와 보존, 구속과 거룩하게 하심에 있어서 발단은 그로부터 발출된다. 그가 아들을 주어 그 자신 안에 생명이 있게 하였고(요 5:26) 그 자체로부터 성령을 발출케 하였다(요 15:26). 그렇게 됨이 그의 뜻이요 선택이요 기뻐하심이다(마 11:26; 엡 1:4, 9, 11). 그로부터 창조와 섭리, 구원과 새롭게 하심이 나온다(시 33:6; 요 3:16). 특별한 의미에서 주께 나라와 권세와 영광이 있다(마 6:13). 특히 그는 주 예수 그리스도와 성령을 구별짓기 위해서 하나님이란 이름을 가져왔다(고전 8:6; 고후 13:13). 참으로 중보자로서 예수님 스스로 그를 그의 아버지라 하였을 뿐만 아니라, 그의 하나님이라 하였고(마 27:46; 요 20:17), 자신을 또한 하나님의 그리스도시라 하였다(눅 9:20; 고전 3:23; 계 12:10). 한마디로 말해서 신적 존재에 있어서 제1위이신 분은 아버지이시니, 그로부터 만물이 나왔기 때문이다(고전 8:6).

하나님이 아버지시라면, 역시 그로부터 생명을 받고 그의 사랑을 나누시는 이들이 계신다는 것은 당연한 귀결이다. 하나님의 아들이라는 이름은 역시 구약에서 천사에 대해서(욥 38:7), 이스라엘 백성에 대해서(신 1:31; 8:5; 14:1; 32:6, 18; 호 11:1), 특히 신정국가의 왕에 대해서(삼하 7:11-14; 시 2:7;

82:27, 28) 사용되었다. 그러나 신약에서는 이러한 이름은 아주 깊은 의미를 갖는다. 이는 그리스도는 전혀 독특한 의미에서 하나님의 아들이기 때문이다. 즉 그는 천사들이나 선지자들보다 지극히 높으신 분이시고(마 13:32; 21:27; 22:2), 스스로 이르시기를 아버지 외에는 아들을 아는 자가 없고 아들 외에는 아버지를 아는 자가 없다고 하셨다(마 11:27). 그는 천사들과 인간들과 구별되어 친아들이고(롬 8:32), 아버지의 기뻐하시고 사랑하는 아들이요(마 3:17), 아버지께서 주셔서 그 안에 생명이 있게 하신(요 5:26) 독생자이시다.

아버지와 아들과 이런 독특한 관계는 많은 사람들이 주장하듯이 성령으로부터의 초자연적인 잉태나 세례 때의 기름부음을 받으므로나 부활과 승천으로 말미암아 시간 세계 안에서 발생한 것이 아니라, 그는 영원 전부터 존재한다. 그리스도 안에 인성을 입으신 아들은 태초에 말씀으로서 하나님과 더불어 존재했고(요 1:1), 그때 이미 하나님의 본체 가운데 있었고(빌 2:6), 부유하시고 영화로 옷 입고 있었고(요 17:5, 24), 하나님의 영광의 광채시요 그의 자존성의 표현된 형상이시니(히 1:3) 그러므로 때가 차매 바로 보내지고 주어지고 세상에 들어오시게 될 수 있었다(요 3:16; 갈 4:4; 히 1:6). 그러므로 역시 창조와(요 1:3; 골 1:16) 보존과(히 1:3), 전 구원의 이름(고전 1:30)이 그에게 돌려지게 된 것이다. 그는 피조물들과 같이 만들어지거나 창조된 것이 아니라, 오히려 모든 창조물보다 먼저 나신 자, 즉 모든 피조물에 대해서 먼저 나신 자로서의 우선과 권리를 소유하신 아들이다(골 1:16). 역시 그가 죽은 자들 가운데서 먼저 나신 자인 것처럼 많은 형제 중에서 맏아들이 되고 만물 가운데 으뜸이시다. 역시 그가 때가 차매 그때 종의 형체를 입었을지라도, 그는 하나님의 본체로서 존재했고 그는 또한 모든 것에 있어서(빌 2:6), 즉 생명에 있어서(요 5:26), 지식에 있어서(마 11:27), 능력에 있어서(요 1:3; 5:21, 26), 공경에 있어서(요 5:23) 하나님 아버지와 동등하시다. 그 자신이 만물 위에 계셔서 세세에 찬양을 받으실 하나님이시다(요 1:1; 20:28; 롬 9:5; 히 1:8, 9). 만물이 아버지로부터 나온 것처럼 또한 만물이 아들로 말미암아 나온다(고전 8:6).

아버지와 아들, 두 분은 자체로 하나가 되시고 성령 안에서 동등함을 종결하시며 그로 말미암아 모든 피조물 가운데 거하신다. 참으로 하나님은 그 존재에 있어서 영이시고(요 4:24) 거룩하시지만(사 6:3), 성령은 영으로서 하나님과 명백히 구별된다. 유사방칙에 있어서 인간이 볼 수 없는 면에 있어서는 영이고 그로 말미암아 자신을 아는 한 영을 소유하는 것과 똑같이, 하나님 자신은 그의 본질에 따라서 영이시고, 역시 그 본질의 깊은 것들을 감찰하시는 한 영을 소유하신다(고전 2:11). 그와 같은 자로서 천사나 인간이나 다른 피조물의 영과는 구별하여 이를 하나님의 영 혹은 성령이라 한다(시 51:13; 사 63:10, 11). 그러나 하나님, 곧 아버지와 아들과는 구별될지라도, 그는 두 분과 가장 깊은 교통 가운데 있다. 그는 전능자의 기운(욥 33:4), 그의 입의 영(시 33:6)이라 불리고 아버지와 아들의 보냄을 받았으며(요 14:26; 15:26), 두 분으로부터 나왔으니, 곧 아버지뿐만 아니라(요 15:26) 아들로부터 나왔다. 이는 그가 기꺼이 아버지의 영으로서 그리스도의 영 혹은 아들의 영이라 불리기까지 하기 때문이다(롬 8:9).

비록 성령이 이런 식으로 아버지와 아들로부터 주어지거나 보내지고 발출되거나 부어주신 바 되었을지라도, 그는 여러 번 인간에게 그의 소명과 직책을 주는 능력 혹은 선물로서 나타난다. 예를 들면 사도행전의 여러 곳에서의(8:15; 10:44; 11:15; 15:8; 19:2) 성령의 경우 방언이나 예언의 선물과 관련하여 사려될 수 있다. 그러나 부당하게도 그로부터 많은 사람들이 성령은 하나님의 한 선물 혹은 능력에 불과하다고 추론하고 있다. 이는 다른 곳에서는 명백히 그가 인격적 이름을 취하고 인격적인 속성을 가지며 인격적인 사역을 행하는 한 인격체로서 나타나기 때문이다. 그리스도께서는 요한복음 15:26과 16:13, 14에서 그렇게, 비록 우리 말로 영으로 번역된 헬라어는 중성일지라도, 남성적인 성격의 언어로 말씀하고 계신다. 즉 그가 나를 증거하실 것이요 나의 영광을 나타내리라. 또한 같은 곳에서 그리스도께서는 그를 위로자와 다른 위로자(보혜사-역자주)라는 이름, 즉 요한이서 2:1에서 그리스도께서 사용하시고 화란어로 중재자(Voorspraak, 한국말로는 대언자 - 역자주)로 번역된 이름으로 칭하고 있다.

이런 인격적인 이름 외에도 아성(我性, 행 13:2), 자기의식(행 15:28), 자결정 혹은 의지(고전 12:11)와 같은 여러 가지 인격적인 특성들과, 감찰하고(고전 2:11) 듣고(요 16:13) 말하고(계 2:7), 가르치고(요 14:26) 기도하는(롬 8:27) 등의 여러 가지 인격적인 활동들이 성령에게 속해 있다. 반면 의심할 수 없이 인격체들인 아버지와 아들과 성령을 동일 선상에 놓고 있다는 사실에서 이 모든 것들이 가장 분명하고 가장 탁월하게 드러난다(마 28:19; 고후 13:13).

이 마지막 것은 그 의미가 더 깊고 그런 이해를 넘어 성령은 인격체일 뿐 아니라, 참된 하나님이심을 가리킨다. 이와 관련하여 성경은 이런 강력한 고백에 필요로 하는 모든 자료를 제공한다. 꼭 주의해야 할 것은, 위에서 지적한 하나님과 그의 영 사이에 존재하는 차이에도 불구하고 두 분은 성경에서 자주 서로 교대하고 있어서, 어떤 것을 말하거나 행동하는 이가 하나님이시든 그의 영이시든 완전히 같은 분이라는 사실이다. 사도행전 5:3, 4에서는 성령에 대한 거짓이 하나님에 대한 거짓이라 하였다. 고린도전서 3:6에서는 하나님의 영이 신자들 가운데 거하기 때문에 그들이 하나님의 성전이라 불려지고 있다. 이것에 덧붙여서 영원성(히 9:18), 편재(시 139:7), 전지(고전 2:11), 전능(고전 12:4-6)과 같은 여러 가지 신적 속성들과, 창조에서(시 33:6), 보존에서(시 104:30), 재창조에서(요 3:3)의 여러 가지 신적 사역들도 역시 아버지와 아들에게 적용된 것처럼 성령에게도 똑같이 적용되고 있다. 따라서 그는 두 분과 같은 영광을 나누고 있다. 그는 구원의 원인자로서 아버지와 아들과 나란히 같은 자리를 차지하고 있고(고후 13:13; 계 1:4), 그의 이름으로 우리는 세례를 받고(마 28:19) 축복을 받는다(고후 13:13). 그리고 성령을 훼방하는 것은 사할 수 없는 죄이다(마 12:31-32). 즉 만물이 아버지로부터 나오고 아들로 말미암아 될지라도, 그들 모두가 성령 안에서 존재하고 그를 의존하고 있다.

성경 전체를 통하여 퍼져 있는 삼위일체에 대한 이 모든 요소들은 예수님의 세례명령과 사도들의 축복기도에서 진리로서 집약되어 있다. 그의 부활 후 승천에 앞서서 그리스도께서는 사도들에게 가서 모든 족속으로 제자를 삼아 한 이름으로 세례를 주라고 명하셨는데, 그 한 이름에는 다른 세 주체가 계시되고 있다. 아버지와 아들과 성령이 하나이시고 구별됨에 하나님의 종결된 완성계시가 있다. 그와 같이 사도들에 따르면, 인간을 위한 모든 구원과 축복은 아버지의 사랑과 아들의 은혜와 성령의 교통하심에 내포한다(고후 13:13; 벧전 1:2; 요일 5:4-6; 계 1:4-6). 행복과 예지와 권세와 사랑과 왕국과 능력이 아버지의 것이요, 중보직과 화해와 은혜와 구원은 아들의 것이요, 중생과 재생과 성화와 교통은 성령의 것이다. 그리스도께서 아버지와 처해 있는 관계는 성령께서 그리스도와 처해 있는 관계와 완전히 일치된다. 아들이 스스로는 아무것도 말하거나 행하지 않고 아버지로부터 모든 것을 받는 것처럼(요 5:26; 16:15), 성령 역시 그리스도로부터 취한다(요 16:13, 14). 아들이 아버지를 증거하고 아버지를 영화롭게 하는 것과 같이(요 1:18; 17:4, 6), 성령 역시 아들을 증거하고 아들을 영화롭게 한다(요 15:26; 16:14). 아들을 통하지 않고는 아버지께로 올 자가 없는 것처럼(요 14:6), 성령을 통하지 않고 예수님을 주라 할 수 없다(고전 12:3). 성령으로 말미암아 우리는 아버지와 아들과 교통하였다. 성령 안에서 하나님 자신이 그리스도로 말미암아 우리의 마음에 거하신다. 이 모든 것이 사실일진데, 성령은 아들과 아버지와 더불어 영원히 사랑하고 찬양할 수 있는 유일한 참된 하나님이시다.

기독교회는 그의 삼위일체 하나님에 대한 고백에 있어서 이런 성경의 가르침에 대해서 예와 아멘으로 답했다. 교회가 이런 풍부하고 영광스러운 고백에 이르기까지는 고되고 긴 영혼들의 싸움이 있었다. 이런 점에서의 성경 계시를 완전히 이해하고 순수히 고백으로 재생하기 위해서 수세기 동안 하나님의 자녀들의 영적 생활의 심오한 경험과 교부들과 교회 교사들의 담대한 사고력이 크게 활동하여 왔다. 그리고 교회가 성령으로 말미암아 진리로 인도함을 받지 못하고 또한 터툴리안[1], 이레니우스[2], 아타나시우스[3], 세 사람의 갑바도기아 교부들[4], 어거스틴, 힐라리우스 등의 특별한 신앙심과 지혜로 태어나 순수한 발걸음을 옮겼던 사람들을 받아들이지 않았더라면, 의심할 것도 없이 교회는 이런 기초를 이루는 작업에 있어서 성공하지 못했을 것이고 좋은 결과에 이르지 않았을 것이다.

기독교의 본질에 못지 않는 것들이 이런 영혼들의 논쟁에서 위태해졌다. 두 가지 면에서 교회는 그 위에 세워진 그 확고한 기초로부터 의곡되고 스스로 세상에 빠질 뻔한 위험을 드러냈다.

한편은 336년에 죽었던 알렉산드리아의 장로 아리우스(Arius)에서 연유하여 그렇게 불려지는 아리안주의[5]의 경향에 있었다. 아리우스의 주장은, 아버지는 그 완전한 의미에서 발생되거나 변화되지 않는 한, 그만이 영원하고 참된 하나님이시라는 것이다. 아들, 곧 그리스도 안에서 육체가 되셨던 로고스에 관해

---

역주 1) 터툴리안의 삼위일체론은 주로 『프락세아에 대한 변증서』에서 나타난다. 그가 처음 삼위성(trinitas)과 일체성(unitas)을 명확히 규정하고 있다. 이것은 거룩한 경륜(οἰκονομία) 가운데 있을지라도 혼합된 것이 아니며 삼위의 구별(distinctio, dispositio)이란 것도 분리(diviso, separatio)가 아님을 명시했고, 지위, 실체, 능력에 있어서 삼위가 아니라 순서, 정체, 양상에 있어서 삼위이며 실체, 지위, 능력은 하나임을(tres autem non statu, sed gradu' nec substantia, sed forma. nec potestate, sed specie, unius autem substantiae et unius status et potestatis) 명시했다. 이외에도 다른 개념들(persona, natura 등)을 사용하여 삼위일체에 대한 변증과 자기 고백을 하였다.

역주 2) 이레니우스는 삼위일체의 하나님에 대해서는 계시의 영역에 못박아 놓고 성경에 있는 것 이외에 더 나아가지 않았다고 볼 수 있다. 따라서 삼위성(τρίας)이란 말을 쓰기 꺼려하였으며 성경대로 아버지와 더불어 항상 실존한다(existens semper apud patrem)든지 아버지와 공존한다(coëxsistens)는 개념 정도라 할 수 있겠다.

역주 3) 오리겐(Origen) 등의 알렉산드리아의 전통 속에 있었던 아타나시우스는 대략 주후 290년대에 태어나서 373년에 죽었다. 아리안주의가 문제가 되었을 때 그는 알렉산드리아 교회의 집사로 있었고 알렉산드리아의 주교인 알렉산더의 비서로서 아리안주의를 배격한 인물 중 하나였다. 그의 강력한 아리안주의 반대로 328년에 주교가 된 후에도 세 번이나 위배되기도 했다.

역주 4) 가이사랴 주교였던 성 바실 대주교(330-370년경)와 그의 동생인 니사의 주교 성 그레고리(330-395년경), 바실 주교의 동료인 나시안수스의 주교 성 그레고리를 가리킨다. 이들은 아리안주의를 배격하는 데 큰 공헌을 한 인물들이다.

역주 5) 아리안주의의 큰 잘못은 독생자(μονογενῆ)나 성부 하나님으로부터 발생된 자(γεννηθέντα)를 피조물(κτίσμα)이나 조성물(ποίημα)로 취급한 데 있다. 따라서 그들의 주장에

서 그가 가르친 것은, 아들은 발생되었기 때문에 이분은 하나님일 수 없고 다른 모든 피조물보다 먼저 창조된 한 피조물이었으며, 또한 이분은 무에서 하나님의 뜻으로 말미암아 생성되었다는 것이다. 그와 똑같이 성령에 대해서도 생각하여, 그는 피조물이었거나 하나님의 능력 혹은 선물에 불과하였다는 것이다.

다른 한편으로는 3세기 초 로마에서 살았던 사벨리우스(Sabellius)라는 어느 한 사람에서 연유하여 그렇게 불려졌던 사벨리안주의라는 일파가 있다. 사벨리우스는 계시의 진행에 있어서 계속적으로 자신을 여러 가지 형식과 형체로 알리셨던, 하나요 같은 하나님에 대한 세 명칭으로서 아버지, 아들, 성령을 생각하였다. 아버지의 형체에서 하나님은 처음 창조자와 법 제정자로서 일하셨고, 그 후에는 아들의 형체에서 그는 구속자로서 활동하셨으며, 이제는 그가 성령의 형체에서 교회의 재창조자로서 일하신다는 것이다.

아리안주의가 아들과 성령을 신적 본질 밖으로 내보내고 피조물들로 전락시킴으로써 하나님의 유일성을 주장하고자 하는 반면에, 사벨리우스는 세 인격들의 자존성들을 없애 버리고 그들을 같은 신적 본질의 계속되는 계시의 세 형식으로 변경시킴으로 말미암아 같은 목적에 이르려고 했다. 첫번째 경향에는 유대적, 유일신론적(deistische), 합리적 사고방식이 표현되어 있고, 두번째 경향에는 이교적인 범신론과 신비주의의 사고를 더 표명하고 있다. 교회가 후에 삼위일체 교리고백으로 세우게 된 진리에 대해서 판명하게 설명을 주고자 할 때마다 좌우에서 이런 경향들이 일어났다. 그들은 오늘날까지도 교회고백에 따라 다니고 있다. 교회와 그의 각 개인은 한편에서 하나님의 유일하신 존재, 다른 편에서 그 신적 존재 안의 세 인격에 대해서 부당하게 침해하는 것을 언제나 계속해서 경계해 왔다. 단일성이 다양성에게 희생될 수 없고 다양성이 단일성에게 희생될 수 없다. 이론적인 사색에 있어서나 실천적인 생활에 있어서나 이 두 가지가 분리할 수 없는 결합과 순수한 관계에 있다고 주장하는 것이 모든 신자들의 소명이다.

이 소명에 응하기 위해서 그리스도 교회와 신학은 그 처음 시기부터 성경에서 문자적으로는 발견할 수 없는 여러 가지 언어와 표현들을 사용했다. 교회는[6] 하나님의 본체, 그 본체 안에 있는 세 인격들(personen) 혹은 세 존재 방

---

는 "성자는 없었던 때가 있었다"($\tilde{\eta}\nu$ ποτέ ὅτε οὐκ $\tilde{\eta}\nu$)든지, "발생되기 전에는 그가 없었다" (πρὶν γεννῆθηναι οὐκ $\tilde{\eta}\nu$)든지, "그는 무에서 지어졌다"(ἐξ οὐκ ὄντων ἐγένετο)라는 사상이 그 뿌리라고 할 수 있다. 그들은 더 나아가서 성자를 성부와 동일본체(ὁμοούσιον τῷ πατρί)로 보지 않고 '다른 것에서 나온 실체 혹은 본체'($\hat{\eta}$ ἐξ ἑτέρας ὑποστάσεως $\hat{\eta}$ οὐσίας)로 본다.

6) 4세기의 아타나시우스 신조에서 이런 개념들이 가장 명백히 규정되어 있다.

식들(bestaanswijzen)에 대해서, 삼위일체성[7](drieëenheid)과 삼위성(drievuldigheid)에 대해서, 본체적(wezens) 속성들과 인격적(personeele) 속성들에 대해서, 성자의 영원한 발생[8](eeuwige generatie)과 성부와 성자로부터의 성령의 발출(uitgang) 등에 대해서 말하기 시작했다.

교회와 신학이 왜 그런 말들과 언어방식을 사용해야 했을까에 대한 이유는 전혀 없다. 왜냐하면 성경이 하나님에 의해서 교회에 주어진 것은 아무 생각없이 그들을 단순히 반복하라고 주어진 것이 아니라, 성경의 모든 충만함과 부요를 이해하고 의식 속에 받아들여 자신의 말로 다시 재현하여 그와 같은 하나님의 큰 일을 전파하게 하기 위해서 주어진 것이기 때문이다. 더구나 그러한 낱말들과 표현들이 필요로 하는 것은, 그의 대적자에 대해서 성경의 진리를 보존하고 모든 오해와 잘못에서 안전하게 하기 위함이다. 그때 역시 모든 세기를 걸쳐 역사가 가르치는 것은 이런 명칭들과 언어방식들을 가볍게 생각하여 비난하고 거절함은 여러 가지 이탈된 고백으로 인도한다는 것이다.

그럼에도 불구하고 다른 한편 우리가 이런 명칭들을 사용함에 있어서 항상 기억해 두어야 할 것은, 그것들은 그 근원이 인간에게서 왔고 따라서 제한적이고 결점이 있으며 유오하다는 사실이다. 교부들은 이것을 항상 인식했다. 예를 들면, 신적 본질에 있어서 세 가지 존재방식을 표시하는 데 사용되었던 품격들(personen)이란 말이 같은 가치로 사실을 표시하는 것은 아니고, 다만 진리를 보존하고 오류를 근절하기 위한 방편으로서 봉사할 뿐이라고 생각했다. 이런 말이 사용된 것이 모든 면에 있어서 정확하기 때문이 아니라, 다른 더 좋은 것을 발견할 수 없었기 때문이다. 역시 여기에는 언어가 사상 위에 멀리 있고 사상은 다시 사실 뒤에 멀리 있다. 이런 불충분한 형식 외에는 다르게 어떻게 사실을 보존할 수 없을지라도, 우리가 잊어서는 안 될 것은, 첫째로 문제되는 것이란 말이 아니라, 사실(de zaak)이라는 것이다. 영광의 경륜 가운데 다른 어떤 더 좋은 명칭들을 우리의 입술에 두실 것이다.

성삼위일체에 대한 고백과 관련된 실재 자체는 이성과 마음 모두에게 아주 중요하다. 이는 처음에 교회가 하나님의 본체에 있어서 단일성과 다양성 모두를

---

[7] 삼위성이란 표현을 변증가인 데오빌로(Theophilus)에게서 처음 찾을 수 있다(…τῆς τριάδος τοῦ θεοῦ καὶ τοῦ λόγου αὐτοῦ καὶ τῆς σοφίας αὐτοῦ)고 하나 사도적 전통의 삼위일체성을 변증하기 위한 최소한의 표현이라 할 수 있겠다.

[8] 성자의 성부로부터의 발생(γεννηθέντα, natum, genitum), 성령의 성부와 성자로부터 발출(ἐκπορευόμενον, procedens)이란 개념은 325년 니케아 신조와 381년 콘스탄티노플 신조에서 확고히 규정하였다.

보존하게 된 것은 이런 고백으로 말미암아 된 것이기 때문이다. 신적 본체는 하나다. 즉 하나님이시고 하나님이라 불리워질 수 있는 것은 한 본체뿐이다. 창조와 재창조, 자연과 은총, 교회와 세상, 국가와 사회 어디에서도 항상 우리는 하나요 동일하시고 살아 계신 참된 하나님과 관계하고 있다. 세계의 통일성, 인간의 통일성, 진리, 덕, 정의, 미의 통일성들은 이 하나님의 유일성에 의존해 있다. 하나님의 유일성이 거절되거나 약화되자 마자 다신론의 문이 열린다.

그러나 하나님의 유일성은 성경의 계시와 교회 고백에 따라, 전혀 내용이 없는 추상적인 유일성이나 외로이, 홀로(eenzaamheid)가 아니라, 생명과 권세의 충만이다. 그것에는 별차(別差, verscheidenheid)가 있다. 그런 별차가 하나님의 본체에 있어서 세 인격체들 혹은 존재 방식으로 표현된다. 이런 세 인격체란 단순히 계시의 양태들이 아니고 하나님의 본체에 있어서의 존재 방식들이다. 성부, 성자, 성령이 하나요 같은 신적 본성과 속성들을 나눈다. 즉 그들은 한 존재다. 그럼에도 각각 자신의 이름을 갖는다. 즉 그들은 각각 서로 구별되게 하는 특별한 속성을 갖는다. 다만 성부직은 성부에게, 발생은 성자에게, 두 분으로부터의 발출은 성령에게 속해 있다.

신적 본체에 있어서 이런 존재 순서의 답은 모든 신적 역사에 있어서 세 인격들의 순서가 한다. 만물이 성부 곧 그로부터 존재하고, 성자 곧 그로 말미암아 만물이 존재하며, 성령 곧 그 안에 만물이 존재한다. 창조와 재창조에 있어서 만물이 성부로부터 성자, 성령으로 말미암아 발생한다. 만물이 또한 성령 안에서 성자로 말미암아 성부에게로만 돌아간다. 이렇게 우리는 특별히 선택의 사랑에 대해서 성부께 은혜를 입고, 그의 구원의 은혜에 대해서 성자께 은혜를 입고 있으며, 중생과 새롭게 하시는 능력에 대해서는 성령께 은혜를 입고 있다.

둘째로 교회는 그의 이런 고백을 통하여 이신론(계시 없는 유일신앙)과 범신론, 유대주의와 세속주의의 잘못에 대해서 강력히 반대하는 태도를 취했다. 인간의 마음속에는 항상 그런 이중적인 경향이 있다. 즉 하나님은 멀리 있다고 생각하고 스스로를 온 세계와 더불어 하나님으로부터 격리시키려는 경향과 역시 그와 결들어 하나님을 세계로 끌어내려 그를 세계와 동일시하여 세계와 더불어 자신을 신성시하는 경향이다. 첫째 경향이 우리 안을 지배하면, 우리의 본성, 직업, 사업, 과학, 기술 혹은 구원의 사역에 있어서도 하나님을 없이 하여 스스로 구원할 수 있다는 생각에 우리는 이른다. 그와 반대로 두번째 경향이 우리 마음에 있어서 가장 강력한 것이 될 때는 언제든지, 하나님의 영광을 다른 피조물의 형상으로 바꾸어 버리고 세계와 해, 달, 별들과 기술, 과학, 국가를 신성시하며 피조물, 종종 우리 자신의 피조물 가운데서 우리 자신의 위대성을 숭배한다. 전자의 경우는 하나님이 멀리 떨어져 있을 뿐이요, 후자의 경우는 하나님이 가까이 곁에 있을 뿐이다. 전자의 경우는 그가 세계를 초월하여 세계 밖에 세계로부터 격리되어 있고, 후자의 경우는 그가 세계 안에 세계와 동일시될 뿐이다. 그러나 교회는 두 가지를 고백한다. 즉 하나님은 세계를 초월하여 본질에 있어서 세계와 구별됨에도 불구하고, 그는 그의 존재와 더불어 세계 안에 현존하며 공간의 어느 점에서든지, 시간의 어느 순간에 대해서든지 세계로부터 결코 분리되지 않는다. 그분은 멀리 떨어져 계시며 동시에 가까이 곁에 계신다. 지극히 높으시고 동시에 그의 모든 피조물들 속 깊이 내려가시는 존재이시다. 그분은 본질로부터 그와 구별된 우리를 그의 뜻으로 말미암아 산출한 우리의 창조주시다. 그분은 우리의 행위로 말미암지 않고 그의 부유하신 은혜로 말미암아 우리를 구원하여 주신 우리의 구주시다. 그분은 그의 성전에 거하시듯이 우리 안에 거하시며 우리를 성결케 하시는 분이시다. 그분은 삼위일체의 하나님으로서 우리를 초월하여, 우리를 위한, 우리 안에 계시는 유일한 하나님이시다.

마지막으로 이런 교회의 고백은 영적 생활을 위해서 가장 중요하다. 아주 부당하게 가끔 삼위일체 교리는 철학으로 추론된 도그마(dogma)에 불과하며 종교와 생활을 위해서는 전혀 가치가 없다고 주장되고 있다. 개혁주의 신앙고백은 전혀 다른 태도를 취하고 있다. 그 고백의 제9항에서 교회가 증언하기를, 하나님은 본체에 있어서 한 분이시고 위격에 있어서 세 분이시니, 이 모든 것을 알게 됨은 역시 성경의 증언들과 세 분의 활동, 특히 우리가 우리 안에서 느꼈던 것으로부터 안다고 하였다. 참으로 우리의 삼위일체 신앙은 느낌이나 체험에 기초하지 않는다. 그러나 우리가 그들을 신앙할 때 인지하는 사실은 그것이 하나님의 자녀들의 영적인 경험과 밀접하게 관련되어 있다는 것이다.

즉 성도들이 스스로 생명과 기운과 만물을 보내시며 만물의 창조주이신 아버지의 활동을 깨닫게 되고, 하나님을 그의 거룩한 명령을 주셔서 그들이 그 안에서 행하도록 하신 입법자로서 깨닫게 되며, 또한 그분을 인간의 모든 불의에 대해서 무서운 진노를 내리시며 죄인을 결코 죄 없다 하지 않으시는 심판자로서 깨닫게 된다. 결국은 그들이 하나님을 깨닫되, 그들이 믿으며 그가 그들에게 육체와 영혼의 모든 필요한 것들을 공급하시고 역시 이 눈물의 골짜기에서 그들에게 생긴 그들의 모든 죄악을 선으로 변경시키실 것이라는 것을, 그들이 조금도 의심치 않는 그들의 하나님과 그들의 아버지, 그리스도를 위하시는 성부이심을 깨닫게 된다. 즉 그는 전능하신 하나님으로서 그런 일을 하실 수 있고 신실하신 성부로서 하실 것이기 때문이다. 따라서 "나는 하나님을 믿사오니 전능하시고 하늘과 땅의 창조자이신 성부를 믿사옵나이다"가 그들의 고백이다.

또한 그들은 스스로 성자에 대해서 깨닫되 성부의 독생자이시며 성령으로 말미암아 마리아에게 잉태되었음을 알게 된다. 그들은 그들의 구원에 관한 하나님의 감추어진 경륜과 뜻을 완전하게 계시하신 가장 높은 선지자요 교사로서 그를 알게 된다. 또한 그들의 유일한 대제사장으로서 그의 육체를 단번에 드린 제사로 말미암아 그들을 구했고, 그들을 위해서 하나님 사이에 계속해서 중보기도를 하시는 자로 깨닫게 된다. 그리고 그들의 영원한 왕으로서 그의 말씀과 성령으로서 다스리시고 성취된 구원으로 그들을 보호하고 보전하시는 자로 깨닫게 된다. "나는 예수 그리스도를 하나님의 독생자이시며 우리의 주님이심을 믿사옵니다"가 그들의 고백이다.

또한 그들을 중생시키고 모든 진리 가운데로 인도하시는 성령의 활동을 그들 자체 내에서 깨닫게 된다. 그들의 신앙의 주역자(主役者, werkmeester)로서 그런 신앙으로 말미암아 그들을 그리스도와 그의 은택에 참여케 하시는 자이심을 깨닫게 된다. 그리고 그를 그들 안에서 말할 수 없는 탄식으로 간구하시고 그들의 영혼과 더불어 그들이 하나님의 자녀임을 증거하시는 보혜사로서 깨닫게 된다. 그리고 그를, 구원의 마지막 때까지 그들을 보증하시는 그들의 영원한 기업의 분깃으로서 깨닫게 된다. 따라서 "나는 성령을 믿사옵니다"가 그들의 고백이다.

그와 같이 삼위일체에 대한 고백은 전체 기독교의 핵심이요 총체다. 그것 없이는 창조는 물론 구속, 거룩하게 하심이 보존될 수 없다. 이러한 고백으로부터의 모든 이탈이 다른 교리 내용에 있어서 잘못 인도한다는 것은, 반대로 이런 신앙 조항들에 대한 잘못된 표상이 삼위일체 교리의 오해로 되돌려 놓을 수 있는 것과 같다. 우리가 하나님의 큰 일을 참되게 전파할 수 있는 것은 우리가 그들을 성부와 성자와 성령의 큰 역사로 인식하고 고백할 때뿐이다.

인간의 모든 구원과 축복은 성부의 사랑과 성자의 은혜와 성령의 교통하심에 종결되어 있다.

# 제11장

# 창조와 섭리

　　삼위일체 교리는 그리스도인의 생활에 실제적으로 어떤 의미를 갖는가에 대한 의혹은, 성경이 우리에게 추상된 신 이해를 주려고 하지 않고, 우리 모두를 인격으로 살아 계시고 참된 하나님과의 접촉과 교통을 갖게 하고자 한다는 사실에서 사라진다. 성경은 우리의 표상들이나 개념들을 깨뜨리고 우리를 하나님 자신께 돌아가게 한다. 따라서 성경은 하나님에 대해서 논하지는 않고 오히려 그분을 우리에게 보이며 주의 손의 모든 사역 속에서 그분을 증거한다. 너희 눈을 뜨고 보라, 이 모든 것들을 어떻게 이루셨는가를. 태초로부터 그의 보이지 아니하는 것들, 곧 그의 영원하신 능력과 신성을 그 만드신 만물로부터 깨달아 알게 하셨도다. 그의 역사 밖에 나가 사색과 논증으로 말미암아 하나님을 알아 영화롭게 한 것이 아니라, 자연과 은총 가운데 있는 그의 사역으로부터 하게 하였도다.

　　그 때문에 성경은 하나님의 큰 일에 대해서 계속 우리에게 보인다. 동시에 성경이란 하나님의 사역에 대한 묘사요 찬양이다. 성경이 바로 살아 계시고 참된 하나님을 우리에게 알리시려고 하기 때문에, 성경은 거의 매 페이지마다 그의 능력 있는 행위에 대해서 언급했다. 살아 계신 하나님은 동시에 일하시는 하나님이시다. 주는 일 이외에 다른 것을 하실 수 없고 항상 일하신다(요 15:7). 이는 모든 생명, 특히 완전한 축복이요 영원한 하나님의 생명은 능력이요 에너지요 생동이기 때문이다. 하나님은 만물을 지으신 자요 창조자이시기 때문에 그의 행사는 크고 기이하시다(시 92:6; 139:14; 계 15:3). 그리고 주의 행사는 진실하시고 신실하시며(시 33:4; 111:7), 의로우시고 은혜로우시다(시 145:17; 단 9:14). 확실히 만물의 창조와 보존, 하늘과 땅, 인간과 그의 백성, 이스라엘에게 행하신 이적들과 그의 종으로 말미암아 이루셨던 역사 등이 이런 행사에 속해 있다(창 2:2, 3; 출 34:10; 욥 34:19; 사 19:25; 요 9:4). 그리고 이런 모든 행사가 주를 송축하며(시 145:10), 여호와는 자기 행사로 인하여 즐거워하신다(시 104:31). 주는 그의 행사를 완전케 하시는 반석이시다(신 32:4).

이런 모든 사역들은 참으로 하나님으로 말미암아 지각 없이 된 것이거나 강요된 것이 아니라, 높은 의식과 자유의사로 성취된 것이다. 그가 그의 말씀으로 만물을 창조하시고 보존하시며 다스리신다는 사실로부터 아주 분명해진다. 주는 말씀하시고 명하심으로 만물은 존재로 부르신다(시 33:9). 태초에 하나님과 함께 계셨고 자신이 하나님이셨던 말씀 없이는 지은 것이 하나도 된 것이 없다(요 1:3). 욥기 28:20 이하와 잠언 8:22 이하에서 이러한 진리가 나타났으니, 하나님은 세상을 창조하실 때 처음 지혜로 두루 살피시고 지혜를 보시며 궁구하고서 비로소 만물을 지혜로 지으셨다(시 104:24; 렘 10:12). 이런 사실을 성경이 또 다시 다르게 표현하기를 하나님은 그와 성정(raad)에 따라서 만물을 이루셨다 한다. 이 안에서 좀더 분명하고 강력하게 표현된 것은, 창조의 사역이든 재창조의 사역이든 하나님의 모든 사역은 그의 생각의 계시일 뿐만 아니라, 그의 뜻의 산물이라는 것이다. 인간적인 방식으로 말하면 하나님의 모든 행사는 마음의 성찰과 의지의 결정에 따라서만 진행되고 있다고 말할 수 있겠다. 예를 들어서 시편 33:11; 잠언 19:21, 이사야 46:10; 사도행전 2:23에서 나타나는 여호와의 성정에 대한 명칭이 달라, 결정(창 41:32; 고후 25:16; 시 2:7; 사 10:23; 14:27)이라든지, 예정(렘 51:12; 롬 8:28; 9:11; 엡 1:11; 3:11; 딤후 1:9)이라든지, 작정(행 10:42; 13:48; 17:26, 31; 롬 8:29, 30; 엡 1:5, 11)이라든지, 기쁘신 뜻(사 49:8; 53:10; 6:10; 61:2; 마 11:26; 엡 1:5, 9)이란 명칭으로 바꾸어 쓰고 있으며 바울은 하나님의 성정과 기쁘신 뜻에 대해서 밝혔다(엡 1:5, 11).

이외에 더 이런 하나님의 성정에 대한 성경의 가르침은, 그것은 크고 기묘하며(사 28:29; 렘 32:19) 오직 자기 뜻이고(마 11:26) 변치 아니하시며(히 6:17) 파기할 수 없다는 것이며(사 46:10), 만물 위에, 예를 들면 그리스도를 십자가에 못박아 죽인 불의의 죄 위에도 미친다(엡 1:11; 행 2:23; 4:28). 사물들과 인간의 죄악된 사상과 행위를 포함한 사건들은 하나님의 이런 성정 안에 영원 전부터 알려지고 정해져 있다고 해서 그 사실이 그들 자체의 성격을 없애 버리는 것이 아니라, 오히려 그들 자신의 유형과 본성, 그들과의 관계와 환경 속에 있는 모든 것을 세우고 보증하시는 것이다. 이런 모든 하나님의 경륜에는 죄와 형벌, 그뿐만 아니라 자유와 책임, 의무감과 양심, 율법과 공의가 내포된다. 존재하고 일어나는 것은 무엇이든지 여호와의 이런 경륜 가운데 상호 같은 관계에 놓여 있고 그런 관계에서 그것은 현실적으로 우리 눈에 나타난다. 그 안에서 정의될 때는 조건들이 결과들과 똑같고, 수단들이 목적들과 똑같으며, 길의 종착과 같고, 기도가 응답과 같으며, 신앙이 칭의와 같고, 성화가 영광과 같다. 이런 경륜에 따라서 하나님은 그의 독생자를 주셨고, 그러므로 그를 믿는 자는 누구든지 멸망치 않고 영생을 얻는다. 성경의 의미와 성령의 생각에 따라서 그렇게 이해될 때 항상 지혜로우신 하나님의 경륜에 대한 고백은 풍부한 위로의 샘이다. 이는 우리가 그것을 통하여 공허한 우연이나 어두운 운명, 불합리하고 사악한 의지나 빗나갈 수 없는 자연의 힘이 세계와 인간을 절대 지배하지 못하고 만물의 통치란 전능하신 하나님과 긍휼하신 성부의 손에 의존함을 알기 때문이다. 확실히 이것을 이해하기 위해서 신앙은 필요불가결하다. 왜냐하면 우리가 종종 그것을 보지 못하고 땅에 있는 인간은 수수께끼 속에서 방황하기 때문이다. 그러나 그 신앙이 우리를 생활의 싸움에서 계속 지키고 우리의 미래를 믿을 만하고 소망 있게 행진케 한다. 왜냐하면 항상 지혜로운 여호와의 경륜은 영원히 곧게 서서 영속적인 힘을 갖기 때문이다.

하나님의 이런 경륜으로부터 세계창조는 그 집행이 시작되었다. 성경만이 하나님의 성정을 우리에게 알려주는 것처럼 그들만이 우리에게 만물의 근원을 보여주고 창조하시는 하나님의 전능하심에 대해서 말하는 것이다. 인간과 동물, 식물과 온 세계, 즉 만물이 어디에서 왔는가 하는 물음은 오래된 물음이지만, 그것은 시계(時界)에 항상 존재해 왔다. 이는 과학은 결코 대답을 제공하지 못하기 때문이다. 과학 전체는 창조요 시간 안에서 일어난다. 즉 과학은 피조된 것의 기초 위에 서 있고, 그것이 탐구하는 대상인 이런 사물들의 존재를 가정한다. 그리고 과학은 사태의 본질로부터 그렇게 사물이 존재케 된 시기까지 돌아갈 수 없고, 역시 사물들이 실재함을 얻는 순간까지는 과학이 통찰할 수 없다.

경험, 즉 경험적인 탐구는 사물의 근원에 대해서 아무것도 말하지 않는다. 철학적 성찰도 모든 세대에 걸쳐 공허하게 세계에 대한 해석을 추구했다. 사색에 지쳤을 때 결국 세계의 근원이란 없고, 그러나 세계는 영원히 존재했고 또 영원히 존재할 것이라는 사실에 의존하게 된다. 이런 사상은 철학자들에 의해서 다시 여러 가지 다른 방향에서 발전하였다. 그들 중 소수만이 우리가 지금 알고 있는 이 세계는 영원적이었고 영원히 계속해서 존재할 것이라고 가정했다. 이런 소수의 생각은 그렇게 많은 어려움에 봉착하여, 그것은 현재 일반적으로 거절되고 있다. 그와 반대로 요즘 진화 혹은 발전의 사상이 지배하고 있는데, 그 사상에 의하면 그대로 있는 것은 하나도 없고 모든 것이 되어지고 있다는 것이며, 전 우주는 그 안에 있는 것은 예외됨이 없이 결코 시작이 없었고 끝이 없는 진보과정 속에 있다는 것이다.

오늘날에 와서 발전은 영광스러운 것이 되었어도 그것은 항상 어떤 것을 가정하고 들어가는데, 그것은 스스로 발전하고 발전의 배아는 그 자체 안에서 가져온다는 것이다. 발전이란 자연히 사물들을 야기하고 산출하는 창조적인 능력이 없으며, 있을 수가 없다. 그러나 그것은 사물들이 일단 존재하자 마자 통과하는 진보과정에 대한 최선의 표현이다. 그렇게 진화는 사물의 근원을 해석하는데 무능하다. 즉 그 이론은 이런 사물은 발전되지 않는 상태에서 영원히 존재했다는 생각으로부터 침묵을 지키며 진행해 왔다. 절대 증명할 수 없는 가정 중 하나에서 시작하고 있고, 그렇게 만물이 하나님의 손으로 말미암았다는 창조 이론과 똑같은 신앙에 의존하고 있다.

그러나 진화론은 이런 임의의 자유로운 가정을 가지고는 그 정당성을 입증하지 못한다. 그들이 사물이란 어떤 발전되지 않았던 상태에서 영원히 존재했다고 주장할 수 있다. 그러나 그 안에서 사물이 존재하고, 그로부터 현재의 세계가 스스로 형성되었던 근원적 상태에 대한 어떤 설명을 주어야 한다. 의존하는 정신성향에 따라서 각각 두 가지 대답들이 주어지고 있다. 세계 안에서 일반적으로 우리는 두 그룹 혹은 두 계열의 전상들을 인지하고 있는데, 우리는 이들을 흔히 정신과 질료, 영혼과 육체, 가시적인 것과 불가시적인 것, 심리적인 현상과 육체적인 현상이라 부른다. 그러나 그런 이원론은 만족될 수 없다. 현대인들이 원하는 것은 일원론적인 것이요 모든 것이 한 원리로부터 이끌어낸다. 이와 같은 사람들은 자연히 두 가지 경향 중 하나로 시작할 수 있다.

첫째로 주장할 수 있는 것은, 물질이 첫째였고 그것은 영원하며 마치 한 성질처럼 잠재적인 힘을 원래부터 가졌다는 주장이다. 이것은 물질주의(물질적 이론)의 경향인데, 즉 물(物, stof)은 영원한 것이고 원래 불변하는 세계의 구성체라 생각하며, 힘은 물질로부터, 영혼은 육체로부터, 심리현상은 물리현상으로부터 해석하려고 한다. 반면에 다른 입장에 서서 다른 주장을 할 수 있는데, 물질이 아니라 힘이 첫째였고 그것은 모든 존재물의 기초이고 기초로 남아 있으며, 물이란 이런 힘의 발현이라는 주장이다. 즉 육체가 영혼을 창조한 것이 아니라, 영혼이 육체를 창조한다는 주장이다. 이런 주장은 범신론인데, 힘이 영원하고 만물의 기초라고 생각하며 이런 힘으로부터 현세계를 이끌어 내려고 한다. 범신론에 의하면 이런 원초적이고 전세계에 퍼져 있는 힘을 정신, 이성, 의지 등의 아름답고 현란한 말로 칭하였다. 그러나 그런 경우에 흔히 이런 명칭으로 이해되는 것보다 전혀 다른 어떤 것을 염두에 두고 있다. 역시 그 경우 범신론은 명철과 지혜, 이성과 의지를 가지신 인격적인 하나님을 생각치 않고, 그것이 아무리 이런 정신 혹은 이성, 의지를 취할지라도, 이 영원한 힘을 무의식적이고 이성도 없으며 의지도 없는 충동으로 생각하며, 이것은 진화의 과정에서 인간의 경우에만 의식과 이성과 의지로 변화되었다는 것이다. 영원한 힘은 정신이 아니고 그것이 그의 발전에 있어서 정신으로 될 수 있기 때문에 그렇게 부를 뿐이다.

　물질주의와 범신론의 두 경향의 경우 세계 발전 초기에 있어서 그것이 한편에서는 물로, 한편에서는 힘으로 생각되어지는 두 경우에 있어서도 그것에 대한 분명한 표상을 형성할 수 없는 하나의 원리가 가정되고 있다. 그것은 적극적이라기보다 훨씬 부정적인 어떤 것이다. 그것은 원래 명확한 것이 아니라, 모든 것이 되게 하는 가능성만 내포한다. 그것은 존재한 것이 아니라 불가지한 것, 모든 것이 존재할 수 있는 것, 절대 능력(무한한 가능성), 신격화되고 추상된 사유물이다. 즉 그 근저에 있는 것은 유일하시고 전능하신 하나님 대신에 과학적 인간이 세계를 설명하는 데 그의 신앙으로 두고 있는 창작된 어떤 것이니, 이방의 신들에게처럼 그것에 대한 실재성은 전혀 찾을 수 없다.

　성경은 전혀 다른 입장을 취한다. 성경이 만물의 근원에 대해서 말씀하시는 것은 과학적 탐구의 결과로서 우리에게 제공된 것도 아니고 철학적 세계 해명을 위함도 아니요, 우리가 그것을 통하여 유일하시고 참된 하나님을 깨닫고 우리의 모든 신앙을 그분에게만 두도록 하기 위함이다. 그것은 세계로부터 나온 것이 아니고 하나님께로부터 나왔다. 세계가 영원한 것이 아니라, 하나님이 영원하시다. 산이 생기기 전, 땅과 세계도 주께서 조성하시기 전, 즉 영원부터 영원까지 주는 하나님이시다(시 90:2). 주는 존재하셨고 존재하고 존재하실 여호와시니 모든 것 위에 뛰어나시고 불변적 존재의 충만이시다. 그리고 주와 구별하여 세계가 되었고 항상 되고 있다. 성경이 처음 주의를 주는 것은 하나님과 피조물과의 혼돈이다. 성경은 모든 불신앙을 근절할 뿐만 아니라 모든 우상과 미신을 근절한다. 하나님과 세계는 그 존재에 있어서 창조자와 피조물로서 서로 구별된다.

　피조물로서 온 세계는 하나님 안에서만 그 원천을 갖는다. 거기 하나님과 나란히 물이나 영원한 힘이란 것은 없다. 그러나 하늘과 땅과 만물이 그로 말미암아 존재로 부르심을 입었다. 성경은 그것을 '창조하다'라는 말로 표현한다. 넓은 의미에서 성경은 이 낱말을 보존의 역사의 경우에도 사용한다(시 104:30; 사 45:7). 그러나 좁은 의미에서 표시하는 것은 하나님께서 만물을 무(無)로부터 산출하셨다는 의미이다. 사실 하나님이 만물을 무로부터 창조하셨다는 표현은 성경 안에서 나타나지 않고 마카비하서(7:28)에서 처음 나온다. 역시 이런 낱말은 오해를 수반할 수 있다. 왜냐하면 무란 그것으로부터 사물들이 생기는 원리나 원천이 아님은 물론, 원리나 원천일 수 없기 때문이다. 그것은 항상 무로부터 무밖에 될 수 없다. 그와 반대로 성경이 말하는 것은, 세계는 하나님의 뜻으로 말미암아 존재로 부르심을 입었다고 하고(계 4:11), 또한 보이는 것들이 눈에 나타난 것으로부터 된 것이 아니라고 한다(히 11:3). 그럼에도 불구하고 무로부터라는 표현은 좋은 의미에서 이해될 수 있고 마치 세계가 어떤 다른 물이나 영원히 하나님과 나란히 존재해 왔던 힘으로부터 형성된 것처럼 생각하는 여러 가지 잘못에 대해서 특별한 유용성을 준다. 성경에 따르면 하나님은 세계의 조성자일 뿐만 아니라 창조자이시다. 인간적인 방식으로 말하면 하나님만이 처음 존재하였고 그 후에 온 세계가 그의 경륜에 따르고 그의 뜻으로 말미암아 생겼다는 말이다. 세계의 존재에 앞서 절대적 존재무(存在無, niet-zijn)가 선행하고 그런 한에서 하나님이 세계를 무로부터 창조하셨다고 정당하게 말할 수 있다는 것이다.

그럼에도 하나님은 영원 전부터 존재하셨고(시 90:2), 세계는 그 시작을 갖는다(창 1:1)는 사실은 성경의 명확한 교리다. 세계를 기초하기 전에, 예를 들어 택하고 사랑하셨다(요 17:24; 엡 1:4)와 같은 어떤 다른 일을 하나님이 행하셨다고 여러 번 말씀하신다. 주는 그렇게 능하셔서 그만이 어떤 것이 존재하도록 명하시기를 원하시고(시 33:9), 존재하지 않는 것들을 마치 존재했던 것처럼 부르실 수 있다(롬 4:17). 주는 오직 그의 뜻으로만 세계에 실재성을 주셨다(계 4:11). 그가 모든 것을 조성하셨고 하늘과 땅과 그 안에 있는 무엇이든지 조성하셨다(출 20:11; 느 9:6). 만물이 주에게서 나오고 주로 말미암고 주에게로 돌아감이라(롬 11:36). 그러므로 그 역시 하늘과 땅의 전능하신 주재시니(창 14:19, 22), 그는 기뻐하시는 모든 것을 행하시고 그의 능력에 한계를 정함이 없으며 그에게 모든 피조물들이 절대적으로 의존하고, 따라서 그가 없이는 만물이 동하거나 움직일 수 없다(단 4:35; 시 115:3). 성경은 영원하고 형성되지 않은 어떤 물에 대해서 아는 바가 아무것도 없다. 주는 존재하고 일어나는 무엇이든지 그것의 유일하고 절대적인 원인이시다. 보이는 것은 나타난 것으로 말미암아 된 것이 아니라, 모든 세계가 하나님의 말씀으로 지어졌다(히 11:3).

영원하시고 만복의 존재이신 하나님께서 그의 뜻으로 세계를 창조하셨다고 할 때, 자연히 주께서 왜, 무슨 목적에서 세계를 존재로 부르셨을까 하는 의문이 일어날 것이다. 이런 의문에 대답을 찾기 위해서 과학과 철학은 계속해서 세계를 필연적이게 하고, 역시 하나님의 존재로부터의 파생을 시도해 왔다. 그에 대해서 그들은 줄곧 두 가지 입장을 제공하였다. 약간의 사람들이 생각하는 바는 하나님은 그렇게 너무 완전하시고 너무 풍부하셔서 자신을 지배할 수 없고, 자신의 존재에 넘치는 힘을 가늠하지 못하여서 샘으로부터 넘쳐 시내가 흐르고 항아리로부터 물이 넘치듯이 세계가 그로부터 흘러나왔다는 것이다. 다른 사람들은 그 반대 입장에서 생각하기를, 하나님은 본래 가난하고 공허하셨고 굶주리고 욕망에 찬 의지뿐이어서 자신을 충만시키고 자신의 필요를 공급하기 위해서 세계를 산출하셨다고 한다. 이 두 경우에 있어서 세계는 하나님을 위해서 필연적이어서 자신을 그의 넘침으로부터 해방하고자 하거나 자신의 필요를 보상하고자 하였다는 것이다.

두 생각은 성경과는 모순이 된다. 성경은 전혀 다르고 정면으로 반대되는 입장을 취하고 있다. 이 두 생각에 따르면 세계 안에서 하나님으로부터의 무게중심이 없어지고 하나님은 세계를 위해서 있다. 즉 하나님은 좀 덜한 존재이고 세계는 좀더 나은 존재로서, 세계가 넘치거나 부족함으로 말미암아 스스로 불행에 처한 하나님을 구원하고 구제하기 위해서 봉사한다는 것이다. 이런 사상은 오늘날에도 저명한 사상가들에 의해서 언급될지라도, 그것은 참으로 불경한 성격을 띠고 있다. 성경은 처음부터 마지막까지 하나님을 대신하는 역할을 하고 하나님의 말씀인 성경은 명백하고 큰 소리로 강력하게 반대하여 선언하기를, 하나님이 세계를 위해서 있는 것이 아니라, 모든 피조물들을 포함한 온 세계는 하나님, 곧 그 자신을 위하고 그의 영광을 위해서 있다고 한다.

진실로 하나님은 그 자체로서 자족하고 만복하신 존재자이시다. 주는 어떤 방식으로든지 자신의 완전을 위해서 세계와 피조물을 전혀 필요로 하지 않는다. 사람이 어찌 하나님께 유익하게 하겠느냐? 네가 의로운들 전능자에게 무슨 기쁨이 있겠으며, 네 행위가 온전한들 그에게 무슨 유익이 있겠느냐?(욥 22:2-3) 인간의 의가 그에게 아무런 유익을 주지 못하고 인간의 불신앙이 그에게서 아무것도 빼앗아 가지 않는다. 무엇이 부족한 것처럼 사람의 손으로 섬김을 받으시는 것이 아니니, 만민에게 생명과 호흡과 만물을 주시느니라(행 17:25). 따라서 성경이 강력히 강조하는 사실은 하나님은 만물을 그의 뜻으로 산출하였다는 것이다. 세계를 산출하기 위해서 어떤 충동이나 필연성도 하나님의 존재 안에는 없었다. 창조는 완전히 하나님의 자유로운 행위이다. 비록 세계 안에는 역시 하나님의 의가 계시될지라도 창조가 하나님의 의로부터 설명될 수 없으니, 이는 하나님은 누구에게도 빚진 것이란 있을 수 없기 때문이 아닌가? 역시 세계 안에는 하나님의 선하심과 사랑하심이란 두 가지가 의로부터 들어왔을지라도, 창조는 하나님의 선하심과 사랑으로부터 추론될 수 없으니, 이는 삼위일체 하나님의 사랑의 생명은 자신 밖으로부터의 사랑의 대상이 필요로 하지 않기 때문이다. 창조는 오직 하나님의 자유능력, 그의 영원하심, 기뻐하심, 그의 절대주권에만 의존한다(계 4:11).

그렇다고 세계의 창조가 비합리적이고 변덕의 행위였다는 의미가 절대 아니다. 다른 경우와 마찬가지로 여기에서도 모든 모순된 것의 종결로서 하나님의 자유능력에 우리는 의존해야 하고, 그로 말미암아 항상 신실하고 어린아이와 같이 순종함에 이른다. 그러나 그럼에도 불구하고 하나님은 이런 행위에 앞서 그의 지혜롭고 거룩하신 계획들(redenen)을 가지셨다.

성경은 창조를 삼위일체 하나님의 사역으로 묘사함으로써 처음으로 성경이 이를 증명하고 있다. 하나님은 인간을 지으실 때 처음 삼위 하나님이 함께 의논하여 가라사대, 우리의 형상을 따라 우리의 모양대로 우리가 사람을 만들자고 하였다(창 1:26). 그와 같이 하나님의 모든 사역은 하나님의 의논에 의존한다. 주께서는 창조에 앞서 지혜로 의논에 임하신다(욥 28:20 이하; 잠 8:22 이하). 그리고 시간세계 안에서 주께서는 만물을 태초부터 하나님과 함께 계셨고 자신이 하나님이셨던 말씀으로 말미암아(요 1:1-3; 엡 3:9; 골 1:16; 히 1:2), 하나님의 깊은 것이라도 통달하시고 피조물들을 살리시며 하늘들을 단장하시는 성령 안에서 창조하셨다(욥 26:13; 33:4; 고전 2:10). 그래서 시편 기자는 외치기를, "여호와여 주의 하신 일이 어찌 그리 많은지요! 주께서 지혜로 저희를 다 지으셨으니 주의 부요가 땅에 가득하니이다"라고 하였다(시 104:24).

성경은 또한 다른 사실을 가르치기를, 하나님은 만물을 창조하시고 자신의 영광을 위해서 또한 보존하시고 다스리신다는 것이다. 피조물들이 창조되었던 목적이 그런 창조 자체 안에 있을 수 없다는 것은 당연하다. 왜냐하면 목적을 세우는 것이 수단들에 선행하기 때문이다. 그리고 성경이 역시 일반적으로 말하는 바는 만물이 하나님으로부터 나온 것처럼, 역시 만물이 하나님으로 말미암고 하나님께로 돌아간다(롬 11:36)는 것이다. 그리고 이보다 훨씬 발전하여 성경에서 이르기를, 하늘이 하나님의 영광을 선포하고(시 19:1), 하나님은 스스로 바로(Pharao)로 인하여 영광을 얻으시며(출 14:17), 또한 소경으로 난 것으로 인하여 영광을 얻으시고(요 9:3), 주께서는 자신의 이름을 위해서 은혜의 영광을 주시며(사 43:25; 엡 1:6), 그리스도께서는 아버지를 영화롭게 하기 위해서 오셨고(요 17:4), 장차 모든 무릎을 꿇게 하시고 그의 영광을 시인케 하실 것이라(빌 2:10)고 한다. 삼위일체 하나님의 존재의 속성들이 피조물 가운데 계시되도록 하고, 또한 스스로 영화와 영광을 모든 피조물로부터 조성케 하는 것이 하나님의 기뻐하신 뜻이다. 이런 자신의 영광을 위해서 역시 하나님은 세계를 필요로 하지 않으셨다. 왜냐하면 피조물이 자립자존하게 자신의 영광을 높이게 하는 것이 아니라 주는 피조물이 있으나 없으나 자신의 이름을 영화롭게 하실 뿐만 아니라, 그 자체 안에서 즐거워하시는 항상 스스로 있는 자이시기 때문이다.

그러므로 하나님은 마치 세계가 그에게 결여된 어떤 것을 보충할 수 있고, 그가 소유한 어떤 것을 빼앗아 갈 수 있는 것처럼 피조물을 결코 찾지 않으신다. 그러나 그 길이에 있어서나 그 넓이에 있어서 모든 세계는 하나님이 자신의 속성들을 반영케 하는 자신을 위한 한 거울이다. 주는 항상 최고선으로서 자신을 의존한 채로 남아 있고 그 자신의 축복을 통하여 영원히 축복된 채로 남아 있다.

성경은 우리에게 하나님은 세계를 그의 뜻으로 무로부터 존재로 부르셨다는 사실을 말씀하실 뿐만 아니라, 이런 창조가 어떻게 일어났는가 하는 방식에 관해서도 말하여 주고 있다.

성경은 하나님께서 태초에 하늘과 땅을 창조하셨다는 말씀으로부터 시작한다(창 1:1). 그 시작은 창조함을 입은 사물들이 언제부터 존재하게 되었는가 하는 그 순간을 지시한다. 세계가 시작되었을 때는 시작도 없었고, 시작이 있을 수 없는 하나님께서는 물론 하나님과 함께 있었고, 자신이 하나님이신 말씀 역시 이미 영원히 존재하셨고(요 1:1), 그 안에서 모든 피조물들이 존재하기 시작하였다. 시간과 공간도 역시 그때에 시작을 가졌다. 진실로 이들은 전혀 독자적인 피조물들은 아니고 하나님의 특별한 권능행위로 발생된 것이다. 창조 이야기에 있어서 그들에 대한 한마디의 말은 없으나, 적어도 시간과 공간은 피조물들의 필연적인 존재 형식들이다. 하나님만이 영원하시고 편재하시지만, 매우 다양한 방식일지라도 피조물들은 그런 피조물들이기 때문에 시간과 공간의 제한을 받는다. 시간은 한 사물이 계기의 연속 가운데 생존하고, 따라서 한 사물이 다른 사물 후에 존재함을 가능케 한다. 그리고 공간을 생각하면 한 사물이 사방으로 퍼지는 것을 가능케 하고, 따라서 사물들이 다른 사물들과 더불어 존재할 수 있다. 그런 같은 순간에 시간과 공간은 필연적인 존재형식으로서 피조물들과 같이 존재하기 시작했다. 그들은 피조물들로 가득 채워야 할 공허한 형식으로서 앞서 선재하지 않았다. 왜냐하면 아무것도 없을 때는 시간과 공간도 역시 존재하지 않기 때문이다. 그들 역시 독립적이지 않고 피조물들과 더불어 곁에 창조된 것들이고 외부로부터 그것에 더해진 것들이다. 그러나 그들은 피조물들 가운데 그리고 함께 형식들로서 창조되어 제한되고 유한한 존재로서 필연적으로 존재한다. 그 때문에 어거스틴도[1], 하나님은 세계를 마치 기존의 한 형식이나 조건 안에 지으신 것처럼 시간 안에서 지으신 것이 아니라, 세계를 시간과 함께 그리고 시간을 세계와 함께 산출하셨다고 바르게 말하였다.

무엇보다 창세기의 첫 절이 우리에게 말하는 것은 하나님은 태초에 하늘과

---

역주 1) 어거스틴의 『참회록』(Confessionum XI. xiii-xiv)을 참조하라.

땅을 지으셨다는 것이다. 하늘과 땅이란 말로 성경이 여기에서 이해하는 것은 다른 구절과 같이(창 2:1; 출 20:11 등) 전세계, 온 우주를 의미하고, 태초로부터 하나님의 뜻대로 두 구분, 즉 땅, 곧 그 위에와 그 안에 있는 것은 무엇이든지 포함하는 땅과 땅 밖과 땅 위에 있는 모든 것을 포함하는 하늘로 나뉘어지고 있다. 이런 성경의 의미에서 하늘에 속한 것은 공기와 구름을 가진 중창이고(창 1:8, 20), 특히 하늘군을 구성하는 뭇별들(신 4:19; 시 8:3)과 마지막으로 하나님과 천사들의 거하는 곳인 셋째 하늘, 곧 하늘들의 하늘(왕상 8:27; 시 2:4; 115:16; 마 6:9 등)이다. 창세기의 첫 절이 "태초에 하나님이 천지를 창조하시니라"고 기록하였을 때, 이것이 한편으로는 마치 2절이 따르는 모든 내용의 서두요 요약일 뿐이었다고 이해될 수 있고, 다른 한편으로는 마치 창세기 1:1에서 선포된 하나님의 행위 시 하늘과 땅이 직접 완전한 상태로 창조되었다고 해석될 수 있다.

첫번째 해석은 2절이 그리고로 시작하는, "그리고 땅이 혼돈하고 공허하였다"는 기록을 통해서 거절된다. 이런 접속사를 통하여 내용이 연결되고 있고, 두번째 사실은 처음 1절에서 말한 사실에 부가되고 있다. 두번째 해석이 받아들여질 수 없는 것은, 공기와 구름의 하늘로서의 하늘은 창세기 1:8에서 처음 생기며, 하늘과 땅이 모두가 창세기 2:1에서 처음 완성되고 마쳤다 하였기 때문이다.

여기에서 우리가 매우 확신하여 말할 수 없을지라도, 짐작컨대 하나님의 거하신 장소인 하늘들의 하늘은 창세기 1:1의 첫 창조행위 때에 이미 완성되었고 그때 역시 천사들도 존재하게 되었다고 사려될 수 있을 것 같다. 그 이유를 찾는다면 욥기 38:4-7에서 여호와께서 폭풍 가운데 욥에게 대답하시기를, 땅의 기초를 놓고 주초를 세웠을 그 당시에 인간은 없었고 별들의 찬양과 하나님의 아들들, 즉 천사들의 환호 가운데서 완성하셨다고 하였기 때문이다. 땅의 완성과 인간의 창조 때에 이미 천사들이 그렇게 현존해 있었다.

그러나 그 나머지 하늘들의 하늘과 천사들의 창조에 대해서 우리에게 준 메시지는 아주 적다. 첫번째 절에서 짧게 언급한 후, 두번째 절에서 창세기 안의 이야기는 땅의 완성에 관한 폭넓은 묘사에 이른다. 그런 채비는 필요하였으니, 그 이유는 땅은 이미 지어졌어도 아직 잠시 동안은 혼돈하고 공허한 상태에 놓여 있었고 어두움에 덮여 있었기 때문이다. 어떤 사람들이 생각하였듯이 땅은 혼돈되어 있거나 황폐되어 있었다는 말은 없다. 그들은 거기에서 천사들의 타락 때문에 하나님으로 말미암아 처음 이미 완성된 땅에서 생겼던 심판을 생각하고 있는 것이다. 그러나 창세기 1:2이 말하는 것은 땅이 혼돈하였다, 다시 말하면 어떤 형체가 없는 상태에 있었다는 것뿐이다. 즉 거기에는 아직도 빛과 어두움 사이, 물들과 물들 사이, 땅들과 바다들 사이에 전혀 구별되어짐이 없었다는 말이다. 창세기 1:3-10에서 기록된 하나님의 사역들이 처음 땅의 이런 혼돈함에 종지부를 찍었다. 그와 똑같이 원래의 땅은 공허하였다고 기록되어 있다. 즉 그것은 아직 식물과 나무의 모든 단장함이 없었고, 또 하나의 생존물도 서식함이 없었다는 말이다. 그리고 창세기 1:11 이하에서 요약된 하나님의 사역들은 땅의 공허함을 종결하였으니, 이는 하나님이 땅을 창조하심이 땅이 공허하게 있도록 함이 아니라, 인간이 그 안에 거할 수 있도록 하기 위함이기 때문이다(사 45:18). 그와 같이 땅을 채비하시는 하나님의 사역들은 두 그룹으로 나뉘어짐이 분명하다. 첫째 그룹의 사역들은 빛의 창조를 선두로 하여 차별과 구별, 형상과 형태, 색조와 격조가 있게 하였다. 두번째 그룹의 사역들은 광명체들, 곧 해와 달과 별들의 형성을 시작으로 하여 그 다음에 땅을 채우고 새들과 물고기들, 동물들과 인간들과 같은 주거물들을 제공한다.

성경의 반복된 증거에 따르면(창 2:1, 2; 출 20:11; 31:17), 전 창조사역은 6일 동안에 다 이루어진다. 그러나 이 날의 해석에 있어서 많은 자유로운 사색과 현저한 견해 차이가 있어 왔다. 어거스틴보다 못지 않은 많은 사람들이 하나님은 단번에 그리고 동시적으로 완전하게 창조하셨고, 6일이란 결코 계속되는 시대구분들이 아니라, 그로부터 피조물들의 계열이 사려될 수 있는 각 관점들이라고 판단하였다. 또 다른 입장에서 창조의 날들의 경우를 24시간 단위보다 더 아주 긴 시기들로 생각하는 자들이 적지 않다.

성경은 날에 대해서 아주 명백하게 아침부터 아침까지로 계산하고 있으며, 이것은 이스라엘에 있는 주일과 성력 구분의 기초가 되고 있다. 그럼에도 불구하고 성경 자체의 날들은 우리의 일반적인 땅의 회전운동으로 말미암아 야기된 것과는 다름을 생각케 하는 자료들을 내포한다. 첫째로 창세기 1:1-2에서 선포된 것이 첫째날보다 선행했는지 첫째날 안에 포괄되는지가 확실치 않다. 첫째 입장을 지지하는 것은, 5절에 따라서 첫째날에는 빛이 창조되고 저녁과 밤을 지나 다음 아침이 되니 끝났다는 사실이다. 그러나 창세기 1:1-2을 첫째날로 계산할지라도, 그를 통해서 얻는 것은 잠시 동안 처음에는 어두움이 있었던 아주 이상한 날임에 틀림없다는 사실이다. 반면에 빛의 창조에 선행하고 있었던 어두움의 계속은 한마디 말도 언급됨이 없다.

둘째로 창세기 1:3-13의 첫 3일은 우리의 것과는 아주 같지 아니함이 틀림없다. 왜냐하면 우리의 하루 24시간은 지축을 중심으로 한 땅의 자전과 그와 연결하고 있는 태양과의 여러 가지 다른 입장에 의해서 정해진 것이기 때문이다. 그러나 첫 3일은 이런 방식으로 형성될 수 없었다. 이는 그것의 빛의 출현과 사라짐으로 말미암아 서로 바꾸어지기 때문이다. 그러나 창세기는 우리에게 해와 달과 별들은 적어도 넷째날까지는 형성되지 않았다고 전하고 있다.

세번째로 명백히 가능한 것은 3일의 제2계열은 보통의 방식으로 형성되었다는 것이다. 그러나 우리가 천사들과 인간들의 타락과 역시 그 후에 따르는 홍수가 우주까지도 여러 가지 변화들을 야기했음(창 3:14 이하; 8:21 이하; 마 4:8, 9; 롬 9:20 이하)을 고려하고, 또한 모든 영역에 있어서 되어져 가고 있는 시기가 놀랍게도 정상적인 성장의 시기와는 차이가 있다는 것을 생각한다면, 3일의 제2계열도 많은 점에서 우리의 날들과 차이가 있음직하다.

마지막으로 상고해 볼 만한 것은, 창세기 1장과 2장에 따르면 여섯째날에 생겼던 모든 것들이 가능한 한 우리의 날과 완전히 동일한 시간의 기한 안에 제한될 수 있었다는 것이다. 왜냐하면 성경에서 이 하루 동안에 짐승들의 창조(창 1:24, 25), 아담의 창조(창 1:26; 2:7), 동산의 식수(植樹, 창 2:8-14), 시험 명령의 선포(창 2:16, 17), 동물들이 아담에게 인도되어 이름을 지음받는 일(창 2:18-20), 아담의 잠과 하와의 창조(창 2:21-23)가 일어났기 때문이다.

아무리 이런 모든 것이 가능하다고 할지라도, 6일은 창조 주일로서 그 동안에 하늘과 땅과 그 만군이 완성되었다. 그것은 피조물들이 존재함을 얻었던 시간적인 순서를 가리키고 동시에 그들이 서로에 대해서 처해 있는 계층 관계에 대한 암시를 내포한다. 그리고 이것은 우리가 그들을 아직도 매일 지각하는 현실과 일치한다. 어떤 과학적 탐구도 이를 전복할 수 없다. 왜냐하면 계열에 있어서 무형체가 유형체를, 무기체가 유기체를, 식물이 동물을, 동물이 인간을 선행하기 때문이다. 그리고 인간이 창조의 왕좌이고 왕좌로 남아 있다. 즉 땅의 준비는 인간에게 와서 끝난다. 그 때문에 성경에서는 하늘들과 천사들의 창조에 대한 말이 적고 주로 땅에 제한하고 있다. 천문학적인 의미에서는 땅이란 작고 없는 것이나 마찬가지일지도 모른다. 크기와 무게 면에서 땅은 수천의 항성들과 태양과 별들에게 압도될 수 있다. 그러나 종교적, 도덕적인 면에서 우주의 중심으로 남아 있다. 땅과 땅만이 인간을 위한 거주지로서 선택되었다. 그 안에서 모든 악의 권세에 대해서 대전쟁이 치루어지는 투기장으로 선택되었고, 하늘 왕국의 설립 장소로서 선택되었다.

성경 안에서 모든 피조물들은 하늘과 땅과 만군이란 이름(창 2:1) 또는 세계라는 이름 아래 포섭된다. 우리말 성경에서 세계로 번역된 원래 언어들은 종종 땅을 지구 혹은 지원(地圓)이라 칭하고(삼상 2:8; 잠 8:31), 때로는 땅을 인간의 거주지로서, 그리고 인간이 거하게 된 곳까지로서 표시하며(마 24:14; 눅

2:1), 가끔은 세계를 일시적이고 변화무쌍하게 지나가는 모습에서 보며(시 49:2; 눅 1:70; 엡 1:21), 또는 모든 피조물들의 획일성과 전체성으로서의 세계에 관심을 갖는다(요 1:10; 행 12:24). 특히 마지막 두 가지 의미들은 풍부한 내용을 갖는다. 사실 누구나 두 가지 관점에서 세계를 볼 수 있다. 즉 그것을 넓이와 길이에 있어서 관찰할 수 있다.

첫번째 경우에 세계는 한 통일체로서 묶여진 전체임에도 불구하고 이런 통일성에서 측량할 수 없이 풍부한 다양성을 나타낸다. 그것이 창조되고 형성된 처음부터 그것은 그 자체 안에 하늘과 땅, 가시적인 것과 불가시적인 것들, 천사들과 인간들, 동물들과 식물들, 생물과 무생물, 영적 존재와 비영적 존재들을 내포한다. 이런 피조물들은 또다시 상호 무한히 나뉘어진다. 천사들 가운데는 보좌들과 주관자들, 정사들과 전제들이 있고, 인간들 가운데는 남자들과 여자들, 늙은이들과 젊은이들, 지배자들과 피지배자들, 민족들과 국가들, 언어와 방언들이 있다. 상당히 유사한 방식에 있어서 식물들과 동물들, 어떤 의미에서 무기물조차도 다시 계층과 그룹별로, 군과 계통으로, 종류와 기타 변종들로 나뉘어진다. 이런 모든 피조물들은 정확한 한계 내에서 하나님으로부터 받았던(창 1:11, 21 이하) 자체의 특유한 성질을 갖고 보존하며, 이로써 모든 자신의 법칙에 복종한다. 그들이 서로 계통적으로 창조되고 계속해서 높거나 큰 계열 안에 생존한다는 의미에서 그들이 다른 것 뒤에 존재할 뿐만 아니라, 그들은 서로와 더불어 생존하며 서로 공존하여 오늘날까지 그 현실을 지켜 왔다. 창조는 일률적인 것이 아니고 다형적(veelvormig)이고, 그 전체에 있어서나 그 모든 부분에 있어서 가장 풍부하고 아름다운 변화의 음색을 펴고 있다.

동시에 세계는 긴 시간 동안에 계속해서 그의 존재를 지속하고 발전한다. 하나님께서 지으신 모든 것이 보기에 아주 좋았다고 할지라도(창 1:31), 될 수 있고 되어야 할 모든 것들이 이미 존재하였다는 의미는 아니다. 인간이 하나님의 형상대로 창조되었을지라도 하나님께 역사의 길에서 성취해야 할 소명과 운명을 받았던 것처럼, 세계 역시 창조되었을 때는 그 종국에 있는 것이 아니라, 그 시작에 들어선 것이다. 세계는 그 동안에 항상 좀더 부유하고 좀더 분명한 하나님의 속성들을 계시해야 할 긴 역사, 곧 자신 앞에 수세기의 역사를 가졌다. 창조와 발전은 그렇게 서로 배제하지 못한다. 창조는 모든 발전의 시작이요 출발점이다. 하나님으로 말미암아 다양한 종류의 피조물들이 자신의 본성을 얻고, 이 성질에 따라서 자신의 고유한 생각과 능력과 법칙을 얻게 되는 한 세계가 측량할 수 없이 풍부한 다양성을 지니도록 창조되었기 때문에, 어떤 발전이 가능하다. 모든 발전은 이런 창조로부터 그 출발점과 동시에 그 방향과 그 목표를 가져온다. 비록 죄가 이런 발전에 방해와 혼란을 야기시켰음에도, 하나님은 그의 경륜을 완성하고 세계를 보존하시며 세계를 인도하여 그 종국의 운명과 만나게 하신다.

성경이 이런 식으로 세계에 대해서 말씀할 때, 암암리에 그것은 오직 한 세계만 있다는 생각에서 나온다. 철학자들의 체제에서는 종종 전혀 다르게 생각되고 있다. 서로 병존하는 여러 세계들이 있었고 지구뿐만 아니라 다른 항성들에도 살아 있고 생각하는 존재들이 거하고 있다고 생각하는 사람들이 많이 있어 왔으며, 아직도 있다. 그뿐만 아니라, 특히 여러 세계들이 서로 전과 후로(na elkander) 존재하고 있다고 주장했다. 따라서 현세계는 유일한 세계는 아니고 셀 수 없는 많은 세계를 지나 진화되었고, 역시 다른 많은 세계들이 따를 것이라는 것이다. 약간의 사람들은 그것에 이 사상을 연결하여, 지금 존재하고 있는 모든 것들이 완전히 동일한 방식으로 이전에 이미 존재했고, 정확히 동일한 방식으로 후에 다시 돌아와 존재할 것이라는 생각을 가지고 있다. 즉 존재하는 모든 것들이 계속되는 과정으로 윤회한다고 한다. 즉 모든 것이 나타났다가 사라지고, 일어났다가 꺼지고, 올라왔다가 내려가고 하는 영원한 법칙에 복종한다는 것이다.

성경은 이런 모든 가설과 상상력들에 대해서 아무 말도 없이 지나쳐 간다. 성경은 우리에게 이 세계는 태초에 하나님에 의해서 창조되었고 수세기의 역사를 지났으며, 그런 과정 후에 하나님의 백성을 위해서 남기신 영원한 안식에 들어간다고 말한다. 그리고 땅 외에 다른 항성들의 거주 가능성에 대해서는 아무것도 가르치지 않는다. 성경이 확실히 가르치는 것은 세계는 끝이 없이 다양하다는 것, 인간뿐만 아니라 천사들도 존재한다는 것, 땅에 덧붙여 하늘이 있다는 것이다. 그 나머지는 인간만이 하나님의 형상으로 창조되었다는 것, 하나님의 아들은 천사들의 본성을 입은 것이 아니라, 인간의 본성을 입었다는 것, 하늘의 왕국이 이 땅에서 펼쳐지고 실현된다는 입장을 유지한다.

그와 똑같이 성경은 우리에게 세계가 유한하다고 말한다. 그 안에 첫째로 내포된 것은 세계는 시작을 가졌고 동시에 시간과 함께 창조되었다는 의미다. 여기에서 세계가 얼마 동안 존재해 왔느냐는 아무런 문제가 되지 않는다. 세계가 실재의 경우보다 수천 혹은 수만년, 더 오랫동안 존재해 왔을지라도 하나님이 영원하신 것만큼 영원히 존재하였거나 존재할 수는 없을 것이다. 그런 경우에도 세계는 유한할 것이요 제한되어 있으므로 시간 안에 그리고 시간과 더불어 공존한다. 이것을 지적하는 것은 중요하다. 그 이유는 세계의 시작을 가르친 성경이 그럼에도 불구하고 다른 한편으로는 세계는 결코 종말을 갖지 않을 것이라는 사실을 계속 가르치기 때문이다. 물론 현 형태에 있어서 세계는 종말에 이를 것이다. 이는 이러한 세계의 모습은 사라지나 그의 실체와 본질에서는 그렇지 않기 때문이다. 그럼에도 불구하고 역시 끝이 없는 미래에 세계는 물론 인간들과 천사들이 계속 존재하게 된다고 할지라도, 세계는 피조물들로 남아 있고 하나님께서 소유한 것과 같은 영원성을 나누지 못한다. 지금 여기 땅에서보다도 다른 경륜 속에서는 시간도 전혀 다른 기준에 따라서 측정된다 할지라도 세계는 시간 안에 존재하고 그 안에 계속 존재하게 된다. 그리고 시간에 대해서와 똑같이 세계는 공간에 대해서 계속해서 존재한다. 참으로 새로운 과학은 우리의 시야를 끝없이 멀리 확대시켰다. 세계는 우리의 선조에 비해서 우리에게 보다 엄청나게 커져 있다. 각각 그 자체로 하나의 세계인 거대하고 수많은 별들에 대해서는 현기증을 느낄 정도이고 이런 별들이 우리 땅에서 발견될 수 있는 거리들은 우리의 상상으로는 헤아릴 수 없을 만큼 멀다. 그럼에도 불구하고 하나님만이 무한하시며, 그 세계는 무한한 것으로 생각될 수 없다. 세계는 그렇게 말할 수 있을 만큼 끝없이 존재할 수 있을지는 모르나, 끝이 없다는 것과 무한하다는 것은 정도의 차이가 아니라, 본질에 있어서의 차이다. 세계 밖에서 시간과 공간이란 찾을 수 없다. 우리가 우주의 한계에 있는 어디엔가에 이르러 그때 우리 앞에 빈 공간을 응시할 수 있을런지 모른다는 것은 도저히 상상할 수 없다. 그러나 세계가 멀리 가는 한에서 시간과 공간도 펼쳐질 것이요 그와 똑같이 이렇게 존재하는 한에서 세계 역시 피조물들로 채워져 있다. 아무리 우리의 이성과 우리의 상상력을 초월할지라도, 그 모든 전체는 유한하다. 이는 유한한 부분들의 합은 아무리 말할 수 없을 만큼 커다랗다고 할지라도 결코 무한성이 될 수 없다. 하나님만이 영원하시고 편재하시며 무한하시다.

　　마지막으로 성경은 역시 세계는 선하다는 신앙을 가르친다. 오늘날에 있어서, 이것을 선포한다는 것은 상당한 용기에 해당된다. 이는 18세기에는 비록 그 경향이 아주 낙관적이어서 모든 것들을 좋게 보았고, 따라서 하나님은 모든 세계 중 가장 좋은 세계로 지으셨으며 이보다 좋은 세계란 있을 수 없다고 가르쳤을지라도, 19세기와 역시 오늘의 20세기는 생과 세계와 사회에 대한 전혀 다른 입장을 견지하고 있다. 우리 시대의 시인들, 철학자들, 예술가들이 만물은 끝나고 있고 세계는 최악의 상태에 있으며 세계가 한 단계 더 나빠진다면 존재할 수도 없을 것이라고 가르친다. 존재하는 모든 것들이 파멸될 만하다고 많은 사람들이 생각하고 말한다. 그 때문에 어떤 사람들은 즐길 수 있는 대로 생을 즐기려고 하여 다음과 같이 가치를 들고 이르기를, "우리는 내일 죽기 때문에 먹고 마시자"고 한다. 반면에, 다른 사람들은 좌절과 생의 권태에 빠지거나 미래나 사회주의적인 유토피아, 무덤 저편, 니르바나 등 현실로 주어질 수 없는 것에 대한 환상적인 희망에 빠져 있다.

성경 안에는 이 문제와 관련된 자신의 입장이 있다. 성경이 첫째로 말하는 것은 세계가 처음 하나님의 손으로 나온 만큼 아주 선했다는 것이다(창 1:31). 두번째로 이것에 첨가하는 것은 안으로 들어온 죄 때문에 땅은 저주받고, 인간은 부패와 죽음에 복종케 되고, 모든 피조물은 허망한 것에 복종케 되었다는 것이다. 성경에서만큼 생에 대한 덧없음과 약함, 존재하는 모든 것의 허무함과 연약, 고난의 깊이와 아픔을 그렇게 효과 있고 생생하게 묘사한 데는 없다. 그러나 성경은 여기에 머물지 않고 세번째로 나아가 설명하기를, 이 타락하고 죄악되며 허망한 세상에서 하나님의 기쁘신 뜻이 성취되고 있으며, 세계가 움직여지는 운명으로부터 이 세상 역시 그래도 좋다고 부를 수 있다고 한다. 즉 죄에도 불구하고 세상은 하나님께서 자신의 속성들(deugden)을 영화롭게 하는 수단이요 자신의 이름의 영광에 봉사케 하시는 도구가 되고 있고, 그렇게 계속될 것이라고 한다. 그리고 마지막으로 성경은 이런 자신의 교훈을 다음과 같은 영광스러운 약속으로 종결하였으니, 이 세상은 그의 모든 고난과 압제를 당하고서 우리를 위해서 다시 선하여지되, 우리가 우리의 의지를 하나님의 영광에 복종하고 헌신케 할 때라 한다. 하나님을 사랑하는 자들에게는 모든 것이 합력하여 선을 이루게 하시고(롬 8:28), 그들은 환난 가운데서도 스스로 찬양함을 배우며(롬 5:3), 세상을 이긴 이김은 그들의 믿음이라(요일 5:4).

이런 모든 생각들은 자연히 창조로부터 섭리로 인도한다. 진실로 무엇보다 세계가 피조물 전체에 있어서나 각각에 있어서 하나님의 창조 행위로 말미암아 존재로 부름을 입은 순간부터 직접 세계는 하나님의 섭리의 손안으로 도래한다. 여기에는 점진적인 도약이나 틈새나 단절이란 전혀 없다. 왜냐하면 피조물은 그들이 바로 피조물이기 때문에 그 자체로부터 유출될 수 없는 것처럼, 자체로 말미암아서는 일순간도 실존할 수 없기 때문이다. 섭리는 직접 창조와 결합되어 있고, 창조는 곧바로 직접 섭리로 건너간다.

둘 사이에 존재하는 내적인 결속과 밀접한 관계란 거기로부터 항상 나온다. 그리고 모든 이신론과는 달리 창조와 섭리와의, 이런 뗄 수 없는 결합을 굳게 주장하는 것이 아주 중요하다. 즉 이신론은 이렇게 이해하는 경향을 가졌으니, 곧 태초의 창조는 기꺼이 받아들이되, 특히 창조 후 바로 하나님은 세계로부터 완전히 철수하였고 이를 자신의 운명에 완전히 맡겨 버렸다는 견해를 가지고 있다. 여기에서 창조는 세계에 그의 독립적인 존재를 부여하는 단 한번의 봉사를 행한다. 이런 의미에서의 창조의 개념이 칸트와 다윈에 의해서 아직도 받아들여지고 있다. 그 창조 시에 하나님은 세계 자체로 하여금 완전한 독립성과 충분한 재능과 능력을 구비케 하셨고, 따라서 세계는 자신으로부터와 자신으로 말미암아 완전하게 계속 존재할 수 있고 모든 경우에 있어서도 스스로를 완전하게 구원할 수 있다는 것이다. 일반적인 비유에 따르면, 여기에서의 세계란 태엽이요 일단 감기우면 자신의 길을 자동적으로 가는 시계와 같이 생각되어지고 있다. 자연히 인간 이성이 그로부터 초래하는 귀결은 어떤 계시도 필요치 않고, 모든 필연적인 진리란 자신의 능력으로부터 자신의 수단으로 말미암아 발견할 수 있다는 것이다. 이신론은 본래 합리주의, 즉 이성은 모든 진리를 그 자체로부터 그 자체를 통해서 발견할 수 있다는 경향을 내포한다. 그와 똑같이 이신론으로부터 인간의 의지에 대한 소위 펠라기우스주의, 즉 스스로 구원에 이를 수 있는 능력은 인간의 의지에 달려 있다는 교리가 따른다. 이는 이신론에 따르면 이성의 경우와 마찬가지로 인간의 의지란 독립하도록 창조되었고 그런 상실할 수 없는 재능과 능력들을 갖추었기 때문에 그는 구원의 사역을 위한 중보자란 더 이상 필요가 없다는 것이다.

그러므로 이런 경향에 반대하여 창조와 섭리 사이의 관계를 굳게 유지하는 것이 문제다. 성경은 이를 행하여 섭리의 사역을 살리심(욥 33:4; 느 9:6), 새롭게 하심(시 104:30), 보존하심(시 36:6), 말씀하심(시 33:9), 뜻(계 4:11), 일하심(요 5:17), 그의 능력의 말씀으로 붙드심(히 1:3), 보살핌(een zorgen, 벧전 5:7), 지으심(시 104:30; 사 45:7; 암 4:13)이라고까지 부르고 있다. 이런 모든 표현에 내포된 의미는 하나님께서는 세계를 창조하신 후에 그 세계를 그 자체로 내버려두신 것이 아니요, 멀리서 바라만 보시는 것도 아니시라는 것이다. 섭리라는 말도 그렇게 이해될 수 없고 살아 계신 하나님과 그분의 활동을 옆으로 밀어내거나 뒤로 돌리게는 할 수 없다. 섭리(Voorzienigheid)는 세계가 제 길을 갈지라도 하나님은 사물을 예견하고 그들의 전과 앞을 내다보신다는 사실을 말하려고 할 뿐만 아니라, 하나님께서는 세계에 필요로 하는 모든 것으로 미리 준비하신다는 사실을 내포한다(창 22:8; 삼상 16:1; 겔 20:6; 히 11:40). 그것은 하나님의 명철의 행위이실 뿐만 아니라, 그의 뜻의 행위이심은 물론 그의 경륜의 집행이시다. 즉 주께서 세계를 순간순간마다 보존하시는 활동이시다.

일반적으로 섭리의 첫째 활동으로서 생각되어지는 보존(onderhouding)은 전혀 수동적인 보살핌, 즉 존재하도록 내버려두는 것이 아니라, 존재하도록 하는(doen), 즉 언어의 아주 본래적인 의미에서의 보존이다. 매우 아름답게도 하이델베르크 요리문답은 섭리를 하나님께서 그로 말미암아 마치 주의 손으로 보존하시는 것과 똑같이, 만물과 더불어 하늘과 땅을 보존하시는 하나님의 전능하시고 무소부재하신 능력으로서 정의하고 있다. 태초에 세계를 존재케 하신 것과 똑같이 세계를 계속 존재케 하는 능력, 곧 전능하신 신적 능력은 하나님으로부터 나온다. 그런 능력이 없으시다면 단 하나의 피조물도 존재케 할 수 없을 뿐만 아니라, 일순간도 존재할 수 없다. 하나님께서 그의 손을 도로 옮기시고 그의 능력을 거두시면 피조물은 무로 돌아간다. 하나님께서 그의 말씀과 그의 영을 보내시고(시 104:30; 107:26) 말씀하시며 명하시고 뜻하시지 않으시면(시 33:9; 147:15; 계 4:11) 아무것도 생기지 않고 존재하지도 못한다.

그리고 이런 능력은 멀리에서부터 역사하는 것이 아니고 가까이에서부터 역사한다. 곧 그것은 편재하는 능력이다. 하나님은 그의 모든 속성들과 그의 전 존재와 더불어 온 세계와 온 피조물 가운데 현존하신다. 그 안에서 우리는 살고 움직이고 존재한다(행 17:28). 그는 우리 각 사람에게서 멀리 떠나 계시지 않는다(행 17:27). 그는 가까이 계신 하나님이시니 사람이 내게 보이지 아니하려고 아무도 자기를 은밀한 곳에 숨길 수 없도다. 그는 하늘과 땅에 충만하시도다(렘 23:23-24). 주의 영을 떠나 어디로 가며 주의 앞에서 어디로 피하리이까? 주는 하늘에도 계시고 음부(het doodenrijk)에도 계시며 바다 끝에도 계시고 흑암에도 계시나이다(시 139:7 이하). 그의 섭리, 곧 그의 보존하시는 능력은 모든 피조물들에게 미치니 들의 백합화에도 미치고(마 6:28), 공중의 새들에게도 미치며(마 6:26), 머리털까지에도 미친다(마 10:30). 모든 피조물들은 하나님의 능력으로 말미암아 그의 본성에 따라 존재하고 그만큼 생존하며 그와 같이 존재한다. 만물이 주에게서 나온 것처럼 만물이 주로 말미암는다(롬 11:36). 그로 말미암아 세상을 지으신 성자가 그의 능력의 말씀으로 말미암아 만물을 계속해서 붙드심이라(히 1:2-3). 만물보다 먼저 계셨던 그로 말미암아 만물이 함께 존재하였고(골 1:17), 그의 영으로 말미암아 창조되고 새롭게 되었다(시 104:30).

창조와 섭리와의 이런 내적인 관계 때문에 섭리는 가끔 계속적인 창조(voortdurende schepping)[2] 혹은 진행하는 창조(voortgaande schepping)라

---

역주 2) 바빙크가 사용하는 계속적인 창조(creation continua 혹은 creation continuata)라는 말은 쉴라이엘마허(Schleiermacher)가 쓰기 훨씬 전에 루터교회와 개혁교회 신학자들에 의해서 쓰여졌던 말이다. 아브라함 카이퍼(A. Kuyper)도 바빙크와 거의 같은 입장에서 썼으되 섭리와 창조와의 닮은 요소와 다른 요소를 명백히 했다(Locus de Providentia-college-Dictaat van eender Studenten, 1899/1900, p. 37). 바빙크나 카이퍼가 이런 언어를 씀으로 창조의 연속성을 특히 많이 강조한다고 볼 수 있다. 그러나 벌카워(G. C. Berkouwer)는 섭리의 위대성과 신성을 표시하기 위해서 이런 주장을 하였으나 한편으로 새창조(nova creatio)라는 개념을 버렸다고 평가하면서, 이런 말을 사용하지 않고도 섭리의 위대성을 강조할 수 있다고 결론짓는 것을 볼 수 있다(De Voorzienig heid Gods, Uitgave J.H. KoK, N.V. Kampen, 1950, p. 70/71). 그러나 앞의

불려진다. 그 말은 아주 좋은 의미에서 이해될 수 있지만 그럼에도 불구하고 오해에 대해서 보호해야 한다. 왜냐하면 우리가 창조와 섭리 사이의 연관과 관계를 강력히 주장하는 같은 진지함을 가지고 둘 사이의 차이도 인식되고 존중시되어야 하기 때문이다. 첫번째 경우에 있어서 우리가 이신론에 빠지곤 하는 것처럼, 두번째의 경우에 있어서는 우리가 둘 사이의 차이에 대해서 잘못 깨달을 때, 범신론이라는 암초에 오도 가도 못하곤 한다. 이런 오해는 하나님과 세계 사이에 본질의 차이가 없어져, 둘은 서로 동일화하거나 같은 사실의 두 면으로서 생각하는 경향을 갖는 데서 비롯된다. 그때의 경우 하나님은 세계의 본질로서 생각되고 세계는 하나님의 현상으로서 생각되어진다. 그들과의 관계는 해양과 파도들, 존재와 그 존재의 형식들, 같은 존재의 불가시적인 면과 가시적인 면의 관계와 같다.

성경은 이신론의 잘못을 피하듯이 보다 조심성 있게 이런 잘못을 피하고 있다. 그것은 하나님께서 태초에 창조의 사역으로 시작하셨을 뿐만 아니라, 그 창조사역 후에 안식에 들어가신 것으로서 표상되고 있다는 사실에서 아주 분명해진다(창 2:2; 출 20:11; 31:17). 그 후에 끝나게 되는 어떤 것이 창조 때에 이루어졌다. 참으로 앞에서 분명히 가리킨 바대로 하나님의 안식은 모든 사역의 정지가 아니니, 이는 섭리도 일하심이기 때문이다(요 5:17). 그럼에도 그것은 창조라고 표시된 그런 특별한 지역의 정지다. 창조와 섭리와의 관계가 일과 안식의 관계로 생각될 수 있다면, 그들 둘 사이가 아무리 연관되고 연결되었다고 할지라도 역시 차이가 있다는 것은 전혀 의심할 수 없다. 창조가 무로부터의 산출이라면, 보존은 일단 주어진 존재 안에서 간직하고 존속케 하는 것이다. 그와 같이 창조로 말미암아 세계가 독립적인 것이 되지 못함은, 독립적인 피조물이란 자체 내에서의 모순을 품고 있기 때문인 것이 사실이다. 그러나 피조물은 하나님의 본질로부터는 구별된 본질과 존재를 부여받고 있다. 하나님과 세계는 명칭이나 형식에 있어서 구별되는 것이 아니라, 본질에 있어서 서로 구별된다. 그들은 서로 영원성과 시간성으로서, 무한과 유한으로서, 창조자와 피조물로서 다르다.

자체를 위해서 이러한 하나님과 세계 사이의 본질의 차이를 확고히 하는 것이 아주 중요하다. 왜냐하면 이 차이를 잘못 깨닫거나 부정하는 자는 누구든지 종교를 어긋나게 하고 하나님을 피조물로 전락시키며 바울이 이방인들에게 책망하여, 그들이 하나님을 알되 그를 하나님으로 영화롭게 하지도 아니하며 감

---

두 개혁자는 새 창조를 섭리 안에 포함하여 포괄적으로 이해한다.

사치도 아니한다(롬 1:21)고 이를 때와 원리적으로는 같은 죄목의 죄가 되기 때문이다. 더구나 필연적으로 하나님과 세계 사이, 창조와 섭리 사이의 차이를 결코 잊어서는 안 될 다른 생각할 점이 있다.

하나님이 명목상 세계와 동일하고 그와 같이 본질적으로 인간과 구별됨이 없다면 인간의 모든 생각과 행동이 곧바로 하나님께 직접 책임이 온다. 그렇다면, 죄는 그의 소산이요 죄란 본래 없는 것이 된다. 한편 성경에서는 참으로 강력하게 인간은 그의 모든 생각과 행위가 그의 모든 죄와 더불어 하나님의 경영 하에 있음을 선포하고 있다. 여호와께서 하늘에서 감찰하사 모든 사람의 아들들을 보심이여(시 33:13), 저는 모든 마음을 지으시고 저희 모든 행사를 감찰하시는 자로다(시 33:15). 저가 모든 거주의 경계를 정하시며(신 32:8; 행 17:26), 모든 걸음을 경영하시고(잠 5:21; 16:9; 렘 10:23), 하늘의 군사에게든지 땅의 거민에게든지 그는 자기 뜻대로 행하시며(단 4:35), 저희는 토기장이의 손에 있는 진흙 같고 그것을 다루는 사람의 손에 있는 톱과 같이 그의 손에 있다(사 29:16; 45:9; 렘 18:6; 롬 9:20, 21). 사람이 죄인이 되었을 때, 그가 그로 인하여 하나님으로부터 자유로워지는 것이 아니라, 그의 의존성은 아주 다른 성격을 띠게 된다. 그의 하나님 의존성은 합리적이고 도덕적인 본성을 잃고 피조물적인 맹신이 된다. 죄의 노예가 된 인간은 하나님의 손안에 있는 자신을 말끔한 도구로 떨어뜨렸다. 그 경우에도 성경은 하나님께서 인간을 강건케 하시고 완강케 하시며 눈을 멀게 하심이라(출 4:21 이하; 신 2:30; 수 11:20; 롬 9:18)고 말씀하고 있다. 또한 저가 거짓의 영을 선지자들의 입에 넣으시고(왕상 22:23), 저가 또한 사단을 통하여 인구를 조사하도록 다윗의 마음을 불러일으키시며(삼하 24:1; 대상 21:1), 저가 시므이에게 다윗을 저주하라 명하셨고(삼하 16:10), 하나님은 인간을 그들의 죄대로 내버려두시며(롬 1:24), 저가 거짓의 권세를 보내시고(살후 2:11), 그리스도는 부활을 위해서는 물론 많은 사람들의 타락을 위해서 세움을 입었노라 함이라(눅 2:34).

그러나 하나님의 섭리가 아무리 죄 위에서 행사될지라도, 그것과 병행하여 성경은 확고하고 단호하게 죄의 근원은 하나님 안에 있지 않고 인간 안에 있고 하나님으로 인하여 온 것이 아니라, 인간으로 인하여 온 것임을 주장한다. 여호와는 의로우시며 거룩하시고 불신앙으로부터 멀리 계신다(신 32:4; 욥 34:10). 주는 또한 어둠이 없는 빛이시요(요일 1:5), 아무도 시험하지 아니하시는 자요(약 1:13), 모든 선하고 정한 것들의 풍성한 원천이시다(시 36:10; 약 1:17). 저는 그의 율법 가운데서 죄를 금하시고(출 20장), 각 사람의 양심 속에서 죄를 금하시며(롬 2:14, 15), 불신앙을 기뻐하지 않으시고(시 5:5), 오히려 그들을 미워하시고 저주하시며(롬 1:18), 일시적이고 영원한 형벌로 그들을 위협하신다(롬 2:8).

죄란 처음부터 마지막까지 하나님의 경륜 가운데 있되, 그럼에도 불구하고 인간으로 인하여 들어왔다는 이런 성경의 두 가지 입장이 연결될 수 있을 때는 하나님과 세계가 서로 분리되지 않고, 본질에 있어서는 구별되어 있을 때만이다. 하나님의 섭리에 있어서 보존 다음으로 두번째 단계로서 공동사역(medewerking)이라 하는 사역을 신학은 인정하려고 한다. 이는 그들이 이런 개념으로 말미암아 정당화하려고 하는 사실은, 하나님은 존재하며 일어나는 모든 것들의 제1원인이고, 반면 그분 아래서와 그분 안에 있고, 그분으로 말미암은 피조물들은 제1원인과 공동사역하는 제2원인으로서 활동한다는 사실이기 때문이다. 생명이 없는 피조물의 경우에까지도 제2원인에 대해서 그렇게 말할 수 있다. 왜냐하면 비록 하나님께서 그 빛을 악인과 선인에게 비취게 하시며 비를 의로운 자와 불의한 자에게 내리실지라도, 저는 태양과 구름들을 빛을 비취게 하고 비를 내리게 하는 데 수단으로서 사용하신다. 그러나 이러한 구별은 이성적 피조물들의 경우에는 아주 중요하다. 왜냐하면 이들은 하나님으로부터 자신을 인도하고 통치하기 위해서 이성과 의지를 받았기 때문이다. 그렇다. 이성적 피조물의 경우에 있어서 모든 존재와 생명, 모든 재능과 능력들도 하나님으로부터 나왔고 아무리 그들이 이런 재능과 능력을 그렇게 사용한다 할지라도 항상 하나님의 섭리의 경륜 아래에 있다. 그럼에도 불구하고 제1원인과 제2원인 사이와 하나님과 인간 사이에는 구별이 있다. 선한 일에 있어서 그의 선하시고 기쁘신 뜻대로 뜻하시고 성취하시고자 하는 일을 인간 가운데 행하시는 이는 하나님이시지만 인간은 스스로 원하고 스스로 행한다. 그와 똑같이 오히려 더 강력하게 악한 일에 있어서 그런 목적에 대해서도 생명과 능력을 허용하시는(verleent) 이는 하나님이시나 죄로서 죄를 행하고 그로 인하여 범죄한 자리에 있는 이는 인간이고 인간뿐이다. 우리는 하나님의 섭리가 우리의 생활에서 항상 던지는 수수께끼들을 해결할 수 없다. 그러나 하나님과 세계는 결코 분리되어 있지 않으나 항상 구별되어져야 한다는 고백은 그런 성격에도 불구하고 해결이 추구되어져야 할 방향을 가리키고 있음은 물론, 우리로 하여금 좌우로 치우치지 않도록 보호한다.

그렇게 이해될 때 창조와 섭리의 교리는 풍부한 용기와 위로의 교리가 된다. 압제하고 살 힘과 행동할 힘을 빼앗아 가는 것들이 많이 있다. 우리의 인생길에서 직면하는 역경과 실망, 수백의 인간 생명들을 이름도 없는 고통 가운데서 죽게 한 무서운 재난과 참화, 그뿐만 아니라 인생 행로에 있어서 여러 번 하나님의 섭리에 대한 의심을 일으키게 하는 것이 생이다. 신비는 모든 인생들의 삶과 운명이 아닌가? 모든 존재를 갉아먹는 공포와 불안이라는 벌레가 있지 않은가? 참으로 하나님은 그의 피조물과 싸우고 있고 우리는 그의 진노로 없어지고 그의 화로 인하여 떨고 있지 않은가? 그렇다. 불신자들과 하찮은 자들은 물론, 하나님의 자녀들까지도 그들 대부분이 가장 심각하게 엄위하고 진지한 현실성으로 사로잡혀 있다. 종종 인간은 아마 하나님으로 말미암아 공허하게 창조되지 않았는가 하는 의문이 마음으로부터 입술로 엄습하기도 한다.

그러나 이런 의심으로부터 그들은 바로 다시 하나님의 창조와 섭리의 신앙으로 말미암아 머리를 위로 치켜드는 것이다. 악마가 아닌 전능하신 하나님이신 우리 주 예수 그리스도의 아버지께서 세상을 창조하셨다. 그것은 그 전체에 있어서 모든 부분에 있어서 그의 손의 사역이요, 오직 그의 손의 사역일 뿐이다. 주는 세계를 창조하신 후에도 그것을 그대로 내버려두지 않으셨으니 그의 전능하시고 무소부재하신 능력으로 그것을 보존하고 계신다. 주는 그의 능력으로 모든 피조물 속에서 감화를 끼치고 그들 모두가 주께서 세우신 목적에도 개입하여 공역하도록 하는 그런 식으로 세계를 다스리시며 경영하신다. 하나님의 섭리에는 보존과 공동사역과 더불어 세번째로 통치(regeering)라는 것을 내포한다. 하나님은 다스리시니 주님 만왕의 왕이시며 만주의 주시요(딤전 6:15; 계 19:6), 그의 왕국은 세세토록 있으시다(딤전 1:17). 자연과 역사, 인류의 생과 운명을 지배하심에는 우연도 없고 필연도 없으며, 변덕이나 강요도 없으며 일시적인 변덕이나 족쇄로 채인 운명도 없다. 그러나 모든 제2원인들의 배후에는 전능하신 하나님과 신실하신 성부의 전능하신 뜻이 감추어 역사하고 있다.

스스로 하나님의 자녀임을 아는 자 외에는 어느 누구도 이를 참으로 그의 마음으로 신앙할 수 없고 그의 입으로 고백할 수 없다는 것은 당연한 말이다. 섭리에 대한 신앙은 구원의 신앙과 아주 밀접하게 연결되어 있다. 진실로 하나님의 섭리란 어느 정도로 자연과 역사 속에 나타난 일반계시로부터 깨달을 수 있는 이런 진리들에 속해 있다. 이방인들도 여러 번 이것을 아름답게 표현하고 묘사해 왔다. 그들 중 어떤 사람은 신들은 모든 것을 보고 들으며, 어디에나 있으며 동시에 모든 것을 돌본다고 말하며, 다른 사람은 우주의 질서와 배열은 하나님으로 말미암아 자신을 위해서 보존되고 있다고 증언한다. 그러나 그들 중 어느 누구도 기독교인들의 고백인, 만물을 보존하시고 다스리시는 이 하나님이 그의 아들인 그리스도를 위하시는 그의 하나님이시고 그의 아버지이심을 깨닫지는 못했다. 따라서 하나님의 섭리에 대한 신앙은 의심으로 말미암아 흔들리기도 했고 가끔은 희미하게나마 생의 영고(榮枯)에 직면하여 증명되었다. 18세기에는 아주 낙관적이어서 하나님이 모든 세상을 가장 좋게 창조하셨다고 생각하였다. 그러나 1755년 리스본(Lissabon) 시가 무서운 지진으로 말미암아 대부분이 파괴되었을 때, 많은 사람들이 하나님의 섭리를 모독하고 그 실제를 부정하기 시작했다. 그럼에도 불구하고 죄의 용서와 그의 영혼의 구원을 체험했던 그 리스도인들은 사도 바울과 같이 자랑하였으니, 누가 우리를 이런 사랑에서 끊으리요 환난이나 곤고나 핍박이나 기근이나 적신이나 위험이나 칼이랴(롬 8:35). 그렇게 하나님이 우리를 위하시니, 누가 우리를 대적하리요?(롬 8:31) 비록 무화과나무가 무성치 못하며 포도나무 열매가 없으며 감람나무에 소출이 없으며 밭에 식물이 없으며 우리에 양이 없으며 외양간에 소가 없을지라도 나는 여호와를 인하여 즐거워하며 나의 구원의 하나님을 인하여 기뻐하리로다(합 3:17-19).

이런 기쁜 마음으로 그들은 온 땅에서 주를 찬양하여 외쳤으니, 여호와께서 통치하시나니 땅은 즐거워하며 허다한 섬은 기뻐할지어다(시 97:1).

# 제12장

# 인간의 근원과 본질과 종결

창세기 1장에서 하늘과 땅의 근원에 대한 설명은 인간의 창조로 전개되어 간다. 천지와 해와 달과 별들, 식물들과 동물들, 기타 다른 피조물에 대한 창조는 짧게 몇 마디로 기록되어 있고 천사의 창조에 대해서는 아예 침묵하고 있다. 그러나 성경이 인간에 이르렀을 때는 거기에서 오래 머물러 창조의 사실뿐만 아니라, 창조의 방식까지도 기록하고 있고 창세기 2장에서 폭넓게 그 주제로 돌아간다.

인간의 근원에게 돌려진 이런 특별한 관심 그 자체로도 인간이 모든 창조 사역의 결말과 목적이요 주제와 핵심이라는 사실을 증명하기에 족하다. 그러나 모든 피조물보다 월등한 인간의 지위와 가치를 나타내는 여러 가지 세세한 요소들이 더 있다.

첫째로 인간창조 전에 선행하는 하나님의 특별하신 의논이 있다. 다른 피조물들을 산출하실 때는 다만 하나님께서 말씀하시매 그대로 여러 피조물들이 존재하게 되었다고 언급되었지만, 하나님께서 인간을 창조하려고 하실 때에는 먼저 자신들과 서로 의논하시고 인간을 그의 형상과 모양대로 지으실 마음을 일으키셨다. 이것이 의미하는 바는 무엇보다 인간 창조는 심사숙고와 심적 지혜와 선과 능력에 의존하고 있다는 말이다. 물론 우연히 존재하게 된 것이란 아무것도 없다. 그러나 인간의 경우 하나님의 의논과 결정이 다른 피조물들의 경우보다 훨씬 더 분명하게 나타났다.

더구나 하나님의 이러한 의논에서 인간은 하나님의 형상과 모양대로 창조되었다는 사실에 특별한 관심을 두고 있다. 따라서 다른 모든 피조물들보다는 하나님과 전혀 다른 관계에 서 있다. 성경에서는 다른 피조물은 물론 천사들에 대해서까지도 그들이 하나님의 형상으로 창조되었고 그의 모양을 나타낸다는 언급이 없다. 그들은 하나 혹은 더 많은 하나님의 속성들에 대한 표들을 소유하나 인간만이 하나님의 형상과 모양대로 창조되었다 한다. 그리고 성경이 더 강조하고 있는 사실은 하나님은 단 하나의 인간을 창조하신 것이 아니라, 인간들을 그의 모양대로 창조하셨다는 사실이다. 그리고 창세기 1:27 하반절에 이 사람들이 남자와 여자로서 표시되었다. 이들은 남자만도 아니고 배제적으로 여자만도 아닌, 두 사람이 상호결합되고 상호의존하는 상태에서 하나님의 똑같은 모양의 전달자이다. 그리고 그들이 형상의 전달자가 됨은 자신들에 대해서만 그런 것이 아니라, 28절에서 그들에게 선포된 번성의 축복에 따르면 그들의 모든 후손들과 더불어 그렇다는 것이다. 인류는 그 각 부분에 있어서나 그 전체에 있어서나 근원적으로 하나님의 형상과 모양대로 창조되었다.

마지막으로 성경은 하나님의 형상에 따른 인간의 이런 창조가 무엇보다 모든 살아 있는 존재의 재창조에서와 모든 땅을 복종케 하심에 표현되어야 함을 명백히 언급하고 있다. 인간은 하나님의 아들이기 때문에 동시에 그는 땅의 왕이다. 하나님의 자녀됨과 만물의 후사됨은 창조에서 이미 분리됨이 없이 서로 연결되어 있었다.

창세기 1장에서의 인간창조에 대한 말씀은 2장에서 더 확대되고 상세히 설명된다(창 2:4 하-25). 어떤 사람들이 종종 창세기 2장을 두번째 창조설화로 칭하는 것은 잘못이다. 왜냐하면 천지창조는 전제되었고 4절 하반절 이하에서 하나님께서 인간을 땅의 흙으로부터 형성하셨던(7절 이하) 방식에 대한 설명의 여백을 할애하기 위해서, 다만 한마디 말로 상기하였기 때문이다. 그리고 이 1장에서의 모든 관심은 인간의 창조와 이것이 이루어진 방식에 있다. 인간의 형성에 관해서 전달된 이런 세분에 있어서 역시 창세기의 첫 장과 둘째 장 사이에 큰 차이가 있다.

제1장은 천지창조에 대해서 말하면서 이를 인간에게까지 이끌어 간다. 여기에서 마지막 피조물은 인간이고 하나님의 능력으로 말미암아 생명이 되었다. 그가 피조계의 마지막이요 만물의 영장이요 땅의 왕이다. 그러나 창세기 2:4 하반절 이하에서는 인간으로 시작하여 그로부터 나오고, 또한 그를 중앙에 세워두고 그 인간을 창조할 때 무슨 일이 일어나고, 이 일들이 남자와 여자의 경우에 어떻게 이루어졌으며, 인간은 그의 거주지를 어디에서 얻었고, 그에게 맡기신 사명은 무엇이며, 그에게 처한 운명은 어떤 운명인가 하는 이야기를 한다. 1장의 내용은 창조 사역이라는 명칭 아래 포괄될 수 있고 2장의 제목은 낙원이라 함이 적절할 듯하다.

인간의 근원에 관한 세 가지 특이한 사실이 2장에서 전달되었고, 1장에서 일반적인 말로 언급했던 것을 상세히 설명한다.

첫째로 인간의 첫 거주지에 대해서 상당히 광범위하게 다루고 있다. 제1장은 인간이 하나님의 형상대로 창조되었고 온 땅의 주인으로 임명되었다는 일반적인 말로만 진술하였다. 그러나 인간은 그 거대한 땅 어디에서 생명의 빛을 보았고, 그는 처음 어디에서 거하였는가에 대해서는 일체 언급이 없다. 그러나 여기 2장은 이런 점에서 창조 이야기를 상세히 설명하고 있다. 하나님께서 천지를 지으시고 해와 달과 별들과 식물들과 새들, 물과 땅의 생물들을 존재하게 하실 때 인간을 위해서 그가 거할 일정한 지점이 아직 정해지지 않았다. 거기에서 하나님께서는 쉬시고 인간을 지으셨으며 동산, 곧 낙원을 팔레스틴의 동쪽 에덴 지역에 준비하셨다. 이 동산은 특별한 형식으로 배열되어 있다. 하나님께서는 보기에 아름답고 먹기에 좋은 각종 나무들을 그 땅에서 나게 하셨다. 이들 나무 중 두 나무가 이름이 붙여졌으니, 하나는 동산 중앙에 심어진 생명나무요, 다른 하나는 선악을 알게 하는 나무다. 결국 동산은 저 높이 에덴 지경에 발원한 한 줄기의 강이 그곳을 통과하여 흐르고 그것을 따라 네 지류, 즉 비손 강, 기혼 강, 힛데겔 강, 유브라데 강으로 나뉘어지도록 설계되었다.

수세기를 지나는 동안 에덴과 에덴 안의 동산이 위치했던 장소를 결정하는 데 많은 노력과 노동력을 소모했다. 에덴에서 발원하여 그 동산을 통과하였던 한 강줄기에 대해서, 또한 그 한 줄기에서 갈라졌던 네 강에 대해서, 그 안에서 다시 세분된 영토를 이루었던 에덴과 그 동산 지경에 대한 명칭에 대해서 여러 가지 가정들을 추정했다. 그러나 이런 모든 가정들은 가설로 남아 있을 뿐, 어느 하나도 엄격한 증명을 성립시키지 못하고 있다. 그러나 두 가지 해석이 확실히 바람직하다. 첫째 해석은 에덴은 좀더 북쪽으로 알메니아(Armenie)에 위치했다는 해석이고, 둘째는 이 지경은 더 남쪽으로 바벨로니아에서 찾아야 된다는 해석이다. 이 둘 중 하나를 결정하기는 어렵다. 성경에서 주어진 자료들은 확실하게 바른 위치를 가리켜 주는 데는 우리에게 불충분하다. 그러나 아담과 하와로부터 출생한 사람은 비록 에덴으로부터 쫓겨났을지라도 그 주위에서 계속 거했고(창 4:16), 홍수 후 노아방주는 동부 알메니아에 있는 아라랏 산에 계속 놓여 있으며(창 8:4), 새로운 인류는 바벨로부터 온 땅으로 퍼졌다(창 11:8-9)는 사실을 고려해 볼 때, 거의 의심될 수 없는 사실은 인류의 요람은 북쪽 알메니아와 남쪽 시날(Sinear)로 둘러싸인 지역에 있었다는 사실이다. 그리고 과학은 최근에 성경의 이러한 가르침을 강화시키고 있다. 이전의 과학은 참으로 인간의 원거주지에 관한 여러 가지 추측을 언급했고, 이를 세계 곳곳에서 교대로 찾았으나 그곳으로 다시 돌아왔다. 인종학, 문화사, 언어학과 역사학은 한때 인류의 요람이었던 대륙으로서 아시아를 가리키고 있다.

창세기 2장에서 관심을 일으키는 두번째 특성은 최초 인간에게 주어졌던 금지령이다. 이 최초 인간은 단순히 인류, 곧 하-아담이라 불리웠으니, 이는 그가 잠시 동안 홀로 있었고 그 자신 외에 그와 닮았던 자는 한 사람도 없었기 때문이다. 창세기 4:25에서 정관사 없는 아담이라는 명칭이 처음 나오고 그것이 그의 고유명칭이 된 것이다. 이로부터 명백해진 것은 잠시 동안 유일한 인간이었던 최초 인간은 인류의 원천이요 근원이며 머리였다는 사실이다. 그러한 자로서 그는 두 가지 일을 맡았다. 첫째는 에덴 동산을 가꾸고(bebouwen) 지키는 일이며, 둘째는 동산에 있는 모든 나무에 대해서 임의로 먹되 선악을 알게 하는 나무 열매는 먹지 않는 일이다.

첫째 일은 그와 땅과의 관계를 정의하고 있고, 둘째 일은 그와 하늘과의 관계를 정의하고 있다. 아담은 땅을 복종시키고 다스리되, 두 가지 의미에서 행해야 한다. 하나는 그의 땅을 경작하고 개발하여 그로부터 하나님께서 인간을 위해서 지금까지 속 깊숙이 묻어 놓았던 모든 보화들을 캐내야 한다. 또 하나는 땅을 지키고 돌보며 그것을 위협하는 모든 악한 힘으로부터 보호해야 한다. 즉 그는 지금도 그 밑에서 모든 피조물이 신음하고 있는 부패의 종노릇에서 그를 보호해야 한다.

그러나 땅의 이런 사명은 인간이 하늘과 연결된 띠를 끊어버리지 않고, 계속해서 말씀 가운데 있는 하나님을 신앙하며 모든 유혹에도 불구하고 그의 계명에 순종할 때만이 성취할 수 있다. 두 가지 일이란 근본적으로는 하나이다. 아담은 땅을 지배하되 게으름이나 나태함으로 하지 않고 머리와 마음과 손으로 일을 해야 한다.

그러나 그가 지배할 수 있기 위해서는 그의 창조자시요 율법을 주신 자이신 하나님께 헌신해야 한다. 노동과 휴식, 지배와 종, 땅의 사명과 하늘의 사명, 문명과 종교, 문화와 의식(cultus)은 처음부터 동행하고 서로에게 속해 모두 하나의 크고 거룩하고 영화로운 인간의 종결 안에 모아진다. 모든 문화, 즉 인간이 땅을 복종시키기 위해서 착수한 모든 일, 곧 농업, 목축, 상업, 산업, 과학, 기타 인간이 생각할 수 있는 모든 이런 일들은 신적 소명의 성취다. 그러나 그가 현실적으로 존재하고 계속 존재하는 한, 그는 하나님의 말씀에 의존하고 그것에 순종하는 가운데 진행되어야 한다. 종교는 전 생활에 생명을 불어 넣고 거룩하게 하여 하나님께 경배하게 하는 원리이어야 한다.

세번째 특성으로서 관심을 끄는 것은 여자라는 선물과 결혼의 제정이다. 아담은 많은 것을 받았다. 비록 그가 땅의 흙으로부터 형성되었을지라도 그는 하나님의 형상의 전달자이다. 하나님은 그를 매력의 장소였고 보기에 아름답고 먹기에 좋은 모든 것들로 풍성히 준비된 일정한 동산에 두었다. 그는 즐거운 노동을 통해서 동산을 가꾸고 땅을 복종시키라는 소명을 받았고, 그를 위해서 단 하나의 나무에 대해서만 예외로 하고 모든 나무에 대해서는 임의로 먹으라는 하나님의 명령에 따라서 행하여야 했다. 첫 사람은 아무리 풍성한 은택을 입었고 감회적이었을지라도 그는 완성되지 않았다. 그 원인이 하나님에 의해서 발견되었으니 그것은 그의 독처에 있었다. 인간은 홀로 있는 것이 좋지 못하다. 그는 그렇게 지어진 것이 아니고 그것을 위해 창조된 것이 아니다. 그의 본성은 사회적 본성이다. 그는 자신을 표현해야 하고 자신을 계시하여야 하며 자신을 알려야 한다. 그는 그의 마음을 쏟아 놓을 수 있어야 하고 그의 감정을 표명할 수 있어야 하며 그를 이해하고 그와 공감하며 그와 함께 살 수 있는 존재에게 그의 인지(認知)를 전달할 수 있어야 한다. 독처야말로 빈곤이요 고독이며 애틋한 그리움과 허탈이다. 홀로 있다는 것은 얼마나 고독하겠는가?

    인간을 그렇게 지으시되 그런 인격적 연락과 외현(外現)을 요구하는 인간으로 지으셨던 주께서는 역시 그의 크신 은총과 능력에 따라서만 그런 요구를 충족시킬 수 있다. 주만이 그와 상반되되 그와 친숙하고 항상 그를 보필하는 배필(eene hulpe)을 지으실 수 있으시다. 19-21절에서 여호와께서 땅의 모든 육축과 하늘의 새들을 지으시고 마치 혹시나 이 모든 피조물들 중에 인간의 동반자요 배필이 될 수 있을 만한 존재가 있는지 보기 위해서 이들을 인간에게 이끄신 것처럼 기록되어 있다. 이 구절들의 목적은 동물들과 인간들이 창조된 연대적인 순서를 가리키기 위함보다는 두 종류의 피조물 사이에 존재하는 즉물적(即物的, zakelijke) 순서, 곧 계열관계, 등급관계를 알리기 위함이다. 이런 계열관계는 첫 사람이 동물들에게 이름을 짓는 사실에서 보여주고 있다.

    따라서 아담은 이런 모든 피조물들을 알았고 그들의 본성을 통찰했으며, 그들을 분류하고 나누며 모든 사물 속에서 그들에게 적합한 각각의 모든 장소에 배치할 수 있었다. 그래서 그때까지 그가 그 자신과 상관이 있는 존재를 모든 피조물 가운데에서 발견치 못하였다는 이것은 무지의 결과이거나 어리석은 자만과 교만의 결과가 아니라, 그와 다른 모든 피조물들 사이에 종의(soortelijk) 차이가 있으니 이것은 정도의 차이가 아니라 본질의 차이라는 사실에 의존한다. 동물과 인간 사이에는 여러 가지 일치점이 있다. 둘은 모두 육체를 가진 존재이고 먹고 마시고자 하는 여러 가지 본능적인 필요와 욕구가 있으며, 자기의 자손을 번식시키고 확장한다. 그리고 후각, 미각, 촉각, 시각, 청각 등 오감을 소유하고 있으며, 역시 좀더 낮은 인식능력의 활동들, 즉 지각, 표상능력과 표상들의 결합능력을 서로 나누어 갖고 있다. 그럼에도 불구하고 인간은 동물과는 전혀 다른 존재이다. 그는 오성과 이성과 의지를 소유하고 있고, 이 결과 언어와 종교, 도덕과 법, 과학과 예술을 소유하고 있다. 사실 그는 땅의 흙으로부터 지어졌지만 위로부터 생명의 기운을 받았다. 그는 육적인 존재이지만 또한 영적 존재이고 합리적, 도덕적 존재이다. 따라서 아담은 그와 상관하고 그의 배필이 될 수 있는 존재를 이런 피조물 가운데에서 하나도 발견치 못했다. 그가 그들 모두에게 적당한 이름을 주었으나, 인간이라는 고귀하고 왕적인 이름을 줄 만한 존재는 하나도 없었다.

그리고 인간이 그가 찾고 있는 것을 발견치 못하자 하나님은 전혀 인간의 지식이나 뜻이나 노력에 의하지 않고 인간이 스스로는 도저히 제공할 수 없는 것을 인간에게 주셨다. 수고도 없고 값도 없이 최고의 선물이 무릎 위에 선물로서 떨어졌다. 우리는 그것을 빌지도 못하고 얻지도 못한다. 우리는 없는 데서 그것을 받았다. 땅에서 남자에게 선물이 될 수 있는 가장 고귀하고 값진 선물이 여자다. 그는 이를 의지의 노력이나 손의 노고 없이 무의식적인 깊은 잠 속에 있는 동안에 받았다. 그것을 받으려면, 구함과 신중함과 탐구와 필요성과 기도가 선행되어야 한다. 그러나 하나님은 우리의 도움 없이 오직 주권적으로 선물을 주셨다. 하나님은 손수 남자에게 여자를 건네 주셨다.

아담이 깨어서 그 앞에 여자가 서 있는 것을 보았을 때 그의 마음을 지배했던 첫 감정은 놀라움과 감사함이다. 그는 그녀에 대해서 낯설은 감정을 느낀 것이 아니라, 직접 그와 같은 본성을 가진 존재로서 그녀를 인식했다. 그의 인식(erkennen)이란 그가 만나지 못했으며, 찾고 있으나 그 스스로는 도저히 제공할 수 없다고 느꼈던 동일한 존재에 대한 확증(een herkennen)이었다. 그리고 그의 놀라움을 말로 나타낸 것이 땅에서 계속 울려 나오는 첫 결혼의 노래였으니, 이는 내 뼈 중의 뼈요 살 중의 살이라 이것을 남자에게서 취하였은즉 여자라 칭하리라 하니라. 그래서 아담은 모든 인류의 근원이요 머리가 되어 왔다. 여자는 남자와 더불어 창조된 것이 아니라 남자에게서 창조되었다(고전 11:8). 아담의 육체를 위해서 쓰인 재료가 땅에서 취해진 것처럼 아담의 갈비뼈가 이브의 존재의 기초를 이루었다. 그러나 첫 사람은 처음 땅의 흙으로부터 나와 위로부터 온 생명의 기운으로 말미암아 인간이 된 것처럼, 첫 여자는 아담의 갈비뼈로부터 하나님의 창조적인 능력으로 말미암아 처음 인간이 된 것이다. 그녀는 아담으로부터 나왔으되 아담과는 다른 존재이다. 그녀는 그와 상관있지만 그와 구별된다. 그녀는 같은 존재에 속하지만 그녀의 독특한 자리를 점유하고 있다. 그녀는 의존적이지만 자유롭다. 그녀는 아담을 따르고 아담으로부터 나왔지만 그녀의 존재는 하나님에게만 달려 있다. 그녀는 역시 남자가 땅을 지배하는 소명을 가능케 하기 위해서 그를 돕는 배필로 봉사한다. 배필로 봉사하되, 하녀나 노예와 같은 자로서 봉사하는 것이 아니라, 그 존재성이 남자로부터 얻은 것이 아니고 하나님으로 말미암아 얻었으며, 하나님께 책임이 있고 남자에게 값없이 공로도 없는 선물로서 덧붙여 주신, 고유하고 자존하며 자유로운 존재로서 봉사한다.

성경은 이와 같은 인간, 곧 남자와 여자의 근원을 기록하고 있다. 그와 같은 것이 결혼의 제정과 인류의 시초에 관한 사상이다. 그러나 이 모든 것에 관해서 현대 과학이라는 이름 아래, 그리고 과학의 권위를 등지고 전혀 다른 관념을 우리에게 주고 있다. 이것은 오래면 오랠수록 점점 더 대중의 영역에도 파고 들어가 세계관과 인생관에 가장 큰 의미를 갖기 때문에, 잠시 동안이라도 이것에 우리의 관심을 집중하여 그것이 근거하는 기초를 판단하여야 할 필요가 있다.

인류의 근원에 관한 성경의 이야기를 버리면 이것에 관한 다른 해명을 주고자 시도해야 한다. 인간은 존재한다. 따라서 그가 어디서 왔는가 하는 물음을 아무도 피할 수 없다. 그가 그의 근원을 전능하신 창조주 하나님께 돌리지 않는다면 그는 전혀 다른 방식에서 발생했어야 한다. 인간은 점점 더 선행된 낮은 존재로부터 발전하였고, 그와 같이 하여 현재의 높은 단계까지 나아갔다는 생각 외의 다른 해결들은 대부분 남아 있지 않다. 이 경우 발달이란 오늘날 피조물들의 근원과 존재에 대한 모든 문제에 있어서 해결해야 할 마력적인 단어이다. 창조의 교리가 버려짐에 따라서 당연히 태초에 어떤 것이 존재했다는 가정을 해야 했다. 왜냐하면 무에서 무가 될 수 없기 때문이다. 그러나 그들은 그런 견해를 물질과 에너지와 운동은 영원히 계속한다는 전혀 돌발적이고 불가능한 가정으로부터 진행하고 있고, 우리의 태양계에 앞서 세계는 혼돈되고 가스 형태와 같은 덩어리에 불과한 어떤 상태가 선행했다는 생각을 덧붙인다. 그리고 그로부터 이런 진화는, 점점 더 모든 피조물들을 포함한 우리 세계가 존재하게 되었던 시작을 취하였고 진화를 통하여 태양계와 땅이 발생하였다는 것이다. 진화가 지층과 무기물을 형성시켰고 진화로 말미암아 끝없는 시대 동안에 무생물로부터 생물체가 발생하였으며 진화에 의해서 점점 더 식물들, 동물들, 인간이 존재하게 되었고 인간세계 안에서 다시 같은 진화가 있었으니, 성의 구별, 가족, 가문, 사회, 국가, 언어, 종교, 도덕, 법, 과학, 예술, 기타 문화의 다른 모든 산물들이 규칙적인 질서로 발생하였다는 것이다. 어떤 이가 물질과 에너지와 운동은 영원히 계속한다는 가정으로부터 진행하는 한, 그는 무엇보다 더 하나님을 전제해야 할 필요가 전혀 없다. 세계는 그 자신의 해명을 그 자체에 지니고 있다.

## 제12장 인간의 근원과 본질과 종결  181

과학이 하나님을 아주 불필요하게 만들었다고 생각하고 있다.

진화론은 인간의 발생에 관해서 좀더 발전하여 주로 다음과 같은 관념을 나타냈다. 땅이 식고 생물체가 발생될 조건이 되었을 때 그런 환경 아래서 생명체가 발생할 수 있는 가상적인 방식은 처음 다양한 성질을 취했던 생명이 없는 단백질 결합체가 자연히 형성되었고, 다음에 이런 단백질 물질들이 결합과 혼합으로 말미암아 최초의 생명의 핵인 원형질이 발생하며, 이것으로 생태학적 진화, 곧 생명체의 진화가 시작하는데, 이런 과정은 수백만년이 걸렸다는 것이다.

이 원형질이 이제까지 일반적으로 모든 생명체, 즉 식물, 동물, 인간의 기초 구성체로서 알려져 있는 단백질 합성체인 독립세포를 형성하였으며, 단세포인 원생동물, 혹은 단세포 동물(가장 최초의 생명체의 존재의 이름)들이 가장 오래된 유기체라는 것이다. 이것은 움직일 수 있느냐 움직일 수 없느냐에 따라서 점점 더 식물로 혹은 동물로 진화하였고, 동물 중에서 적충류(de infusoriën)가 가장 작은 것이고 그로부터 계속해서 여러 가지 돌연변이와 중간형태를 걸쳐 고등동물, 즉 척추동물, 무척추동물, 연체동물, 방사형동물 등으로 진화하였다는 것이다. 척추동물은 다시 네 가지 종류, 즉 어류, 양서류, 조류, 포유동물로 나누어진다. 포유동물은 다시 오리너구리류, 유대동물, 젖먹이동물로 나누어지고, 이 젖먹이 동물은 다시 설치류동물, 유제류(有蹄類)동물, 포식동물, 영장동물로 나누어지며, 영장동물은 다시 반원숭이, 완전원숭이, 유인원으로 나누어진다.

몸 구조에 있어서 이런 여러 가지 동물들과 인간을 비교하였을 때, 진화론에 따르면 인간은 연속적으로 척추동물, 포유동물, 젖먹이동물, 영장동물과 좀더 밀접한 유사관계를 보였고 아시아에 있는 성성(猩猩)이와 긴팔 원숭이, 아프리카에 있는 고릴라와 침팬지 등의 유인원과 가장 밀접한 유사관계를 보인다는 것이 그 주장이다. 따라서 이들이 인간의 가장 가까운 친척이다. 즉 그들은 크기나 형태 등에서는 인간과 구별이 되지만 몸 구조의 근원에 있어서는 인간과 일치한다는 것이며, 그럼에도 불구하고 인간은 지금도 살아 있는 이 같은 원숭이 종류에서 나온 것은 아니고, 이미 오래 전에 멸종되었고 그 이상 인간도 아니고 그 이하로 원숭이도 아니라고 할 수 있는 유인원으로부터 나왔으며 그것은 인간과 원숭이의 공통된 조상이라는 것이다. 따라서 원숭이와 인간은 혈족관계이고 같은 종족에 속해 있으나, 서로의 관계가 형제들이나 오누이의 관계가 아니고 조카나 질녀관계로 생각되어지고 있다.

이것이 진화사상이다. 이 이론에 따르면 그런 사건들의 과정이 있었다는 것이다. 그러나 그들도 당연히 이 모든 일이 일어났던 방식에 대한 어떤 해명이 필요하다는 것을 느꼈다. 식물과 동물과 인간은 끊기지 않고 점점 더 올라가는 계열들을 형성한다고는 말할 수 있다. 그러나 그들은 진화라는 것이 사실에 있어서 가능하였는지를 뚜렷이 증명해야 했다. 예를 들어, 원숭이가 스스로 점점 더 인간으로 변하였는지를 증명해야 했다. 그런 해명을 주기 위해서 찰스 다윈(Charles Darwin)은 1859년에 그런 증명을 시도했다. 그는 장미와 비둘기 같은 식물들과 동물들은 인위적인 도태로 말미암아 점점 더 상당히 변형될 수 있다는 사실을 깨닫자 그로 말미암아 자연에서도 역시 전혀 인간의 손으로 간섭되는 인위적인 도태가 아니라, 무의식적이고 우발적이며 자연적인 그런 도태가 작용하고 있지 않을까 하는 생각에 이르렀던 것이다. 이런 생각은 그에게 빛을 비춰 주었다. 왜냐하면 그런 자연도태의 가정으로 말미암아 식물들과 동물들이 스스로 점점 더 변형하고 변화한다는 사실과 그들이 그들의 조직체 안에서 결점들을 극복하고 잇점들을 얻을 수 있었고, 따라서 생존경쟁을 위해서 그들이 계속해서 더 잘 무장하며 다른 것들보다 더 우월하게 보존할 수 있었는지를 해명해야 할 위치에 있다고 생각했다. 왜냐하면 생명은 어디에서나 항상 전 창조에 있어서 존재를 위한 투쟁이기 때문이라는 것이다. 피상적으로 관찰하면 자연에는 참으로 평화가 존재한다고 보일지 모르나, 이것은 속이는 가상이며 땅은 너무 작고 가난하여서 태생하는 모든 생명체에 필수적인 음식을 제공할 수 없기 때문에, 차라리 거기에는 항상 생명에의 투쟁과 생존의 필연성이 있다는 것이다. 따라서 수백만의 유기체들은 그 때문에 사라졌고 다만 가장 강력한 존재만 계속 생존하였으며, 약간의 성질로 말미암아 다른 존재보다 뛰어났던 이런 강자들은 그들을 통하여 점점 더 후에 형성되었고 유리한 성질들은 그들 후대에 유전되었다는 것이다.

그와 같이 진보와 항상 더 높은 발달이 있다. 다윈에 따르면 자연도태, 적자생존, 옛 것과 새로 얻은 속성들의 유전이론이 새로운 종의 발생을 설명하고 동물에서 인간으로의 변이를 설명하고 있다.

이런 진화론을 평가할 때는 무엇보다 그 이론이 호소하는 사실(feiten)과 그 이론과 관련된 철학적인 관점(wijsgeerige beschouwing) 사이를 날카롭게 구별함이 필요하다. 사실들이 성립하는 것은, 인간이 다른 살아 있는 피조물, 즉 고등동물과 명백히 일치점이 있고, 특히 이 중에서 다시 원숭이와 여러 가지 점에서 일치한다는 것이 모두다. 이 사실들 대부분이 좀더 이전에도 알려졌던 것은 당연했다. 왜냐하면 몸의 구조, 몸의 여러 가지 기관, 그들의 활동, 오감, 통각과 지각, 표상과 표상의 결합에 있어서 일치함이 누구나 직접 눈에 띄고 전혀 부정할 수도 없기 때문이다. 그러나 최근에 와서 해부학, 생물학, 생리학,

심리학들이 이런 모든 일치성들을 아주 깊고 정확하게 탐구했고, 그로 인하여 일치하는 수가 더 많아졌고 의미에 있어서 중요해졌다. 다른 여러 과학들도 인간과 동물 사이의 이런 일치점을 탐구하고 확장하는 데 공헌하였다. 출생 전 태반에 있는 인간의 몸에 관한 연구는 인간이 그 존재와 맨처음부터 어류와 양서류가 낮은 포유동물과 닮았음을 가리켜 주고 있다. 고대의 환경연구를 탐구하는 고생물학은 유골, 뼈대, 두개골, 도구들, 장식물들, 거주지 등 인간의 흔적들을 발견하였는데, 이들이 인간은 수세기 전에 일정한 땅의 영역에서 아주 단순한 방식으로 살았다는 사실을 가리켜 주고 있다. 인종학은 또한 문명국가들로부터 아주 멀리 떨어진 관계로 정신적으로 육체적으로 차이가 있는 종족과 민족들을 알려 주고 있다.

다양한 분야에서 모아진 이런 사실들이 알려지자 마자 철학적 관조는 그들을 서로 연결하고 결합하여 하나의 가설을 세우는 데 급급하였으니, 모든 만물 특히 인간에 대한 긴 진화의 가설을 세웠다. 이 진화사상은 처음 그 사실들이 발견된 후 그들로 말미암아 일어났던 것이 아니고 오랫동안 존재했으며[1] 여러 철학자들로 말미암아 지지되어 이제 부분적으로 새롭게 발견된 사실들에 적용된 것이다. 옛 가설이 이제 짐작한 대로 튼튼한 사실들에 의존하게 되었다. 영원한 물질과 에너지의 수수께끼 하나를 제외하고는 모든 세계의 수수께끼들이 해결되었고 모든 신비가 벗겨졌다는 환호성이 울려 퍼졌다. 그러나 이 진화론이라는 자만스러운 건축물이 완공되자 마자 공격과 파괴가 시작되었다. 어떤 유명한 철학자는 말하기를 다윈주의는 1860년대에 기치를 들었고, 1870년대에는 그의 영광된 활동무대가 되었고, 1880년대에는 그 꼭대기에 서 있었으며, 그 후 1890년대에 몇 사람들이 이 이론을 의심하였고, 동세기말에 많은 사람들에 의해 강하게 공격을 당했다고 한다. 다윈이 시도해 주었던 다양한 종들이 어떻게 발생되었는가 하는 방식에 관한 설명에 대해서 처음으로 가장 날카로운 공격이 행해졌다. 적자생존과 자연도태란 해결을 바라는 수요공급에 충분치 못하다. 실제로 식물세계와 동물세계와 인간세계 안에는 그들의 본성과 존재에 신가한 영향을 미치는 맹렬한 싸움이 종종 존재한다. 그러나 이런 싸움이 새로운 종을 산출할 수 있다는 것은 도저히 증명되지 않는다. 생존의 싸움은 단련과 노력을 통해서 경향과 능력, 기관과 힘을 강력하게 하는 데 공헌할 수는 있다. 그것은 존

---

역주 1) 예를 들어, 보댕(Bodin), 홉스(Hobbes), 몽테뉴(Montesquien), 볼테르(Voltaire), 루소(Rousseau), 칸트(Kant), 실러(Schiller) 등이다(*Gereformeerde Dogmatiek*, p. 545; *The Philosophy of Revelation*, p. 34).

재하는 것을 발달시킬 수는 있으나 존재하지 않는 것을 산출할 수 없다. 또한 각자가 참으로 자신의 경험으로부터 알고 있듯이 어디에서나 항상 경쟁 외에는 존재하지 않는다는 것은 과장이다.

 세상에는 증오와 적의만 있는 것이 아니라, 사랑과 협력과 조력이 있다. 서로 적대시하는 약육강식의 싸움 이외에 다른 것은 없다는 이론은 자연 속에서 어디서든지 안식과 평화를 찾는 18세기의 낭만적인 관조와 똑같이 일방적이다. 자연이라는 큰 탁자에는 여러 사람이 앉을 자리가 있고 하나님께서 인간에게 거주지로 주신 땅은 그 부요가 무진장하다. 역시 많은 사실들과 현상들도 생존경쟁과는 전혀 무관한다. 예를 들어 달팽이의 색깔과 모양, 많은 척추동물에 있어서 하복부의 검은 색깔, 나이가 먹음에 따라 희어지는 머리털, 가을의 단풍잎이 되는 것이 생존경쟁과 무슨 관계가 있는지를 지적할 수 있는 사람은 없다. 이 싸움에서 항상 유일하게 강자가 승리를 얻고 약자는 항상 소멸된다. 소위 우발적인 사건, 행복한 혹은 불행한 환경은 종종 우리의 모든 추정을 조롱한다. 강한 사람이 가끔 가장 건장한 연령에 죽고, 약자나 병자 혹은 여자가 오히려 고령에 이르기까지 생존한다.

 그러므로 화란 학자 한 사람은[2] 다윈의 자연도태설 대신 돌연변이설을 가정했는데, 그것에 따르면 종의 변화는 규칙적이고 점진적으로 일어났던 것이 아니고 종종 갑자기 그리고 도약에 의해서 일어난다는 것이다. 그러나 이 경우에 그런 변화들만이 종에 있어서 변형이며, 혹은 새로운 종을 존재케 하는지 아닌지 하는 의문이 생긴다. 그것에 대한 대답은 항상 종이라는 개념에 대해서 주는 정의에 달려 있다. 다윈이 제안한, 고도로 진화하게 된 이유인 생존경쟁과 자연도태, 적자생존과 후천적 성질들의 유전 사상은 다수의 사람에게서 신뢰감을 잃었다. 자연적이고 후천적인 속성들이 조상에게서 후손에게 전도된다는 사실은 그 자체의 성격에서 다윈주의를 찬성한다기보다는 반대하는 입장이다. 그 이유는 종의 고정을 의미하기 때문이다. 모든 인간들은 계속 영원히 인간으로부터 나온다. 그러나 후에 생존 가운데 얻은 후천적인 속성들에 대해서는 현재에도 확실하게 무엇이라고 말할 수 없을 만큼 많은 견해 차이가 있다. 후천적인 속성들은 가끔 조상으로부터 후손에게 유전되지 않는다는 사실도 확실하다. 예를 들어, 어떤 민족들에게는 할례가 수세기 동안 행해졌지만 그 후손들에게서는 흔적이 전혀 없다. 그것은 각 자손에게 항상 적용되어야 한다. 그런 유전이란 아주 제한된 경우에만 일어나고 종에 있어서 변화는 없다. 변형이 인위적으로 생겼다

---

역주 2) *Gereformeerde Dogmatiek*, p. 551. note. 3-Hugo de Vries를 가리킨다.

면 그것 역시 인위적으로 보존되며 그렇지 않으면 소멸된다. 유전과 변화란 다윈주의에 의해서는 설명되지 않는다. 두 가지는 사실로서 그 존재가 의심될 수는 없지만, 그러나 그들의 결합과 관계는 아직까지도 우리의 지식의 한계 밖에 있다.

더구나 그 때문에 독특한 다윈주의, 즉 좀더 좁은 의미에 있어서 종의 변화를 생존경쟁, 자연도태, 후천적 속성들의 유전으로 말미암아 설명하려고 하는 시도인 다윈주의는 많은 과학자들에 의해서 포기되어졌다. 처음이요 가장 유명한 다윈 이론의 반대자들 중 한 사람[3]의 예언, 곧 생명의 수수께끼들을 설명하고자 하는 이런 기도는 이 19세기를 넘기지 못할 것이라는 예언이 문자 그대로 이루어졌다. 그러나 더 중요한 것은 그 비평이 다윈의 해석방식에만 가한 것이 아니라, 진화론 자체에 대해서 전복한 것이라는 사실이다. 당연히 사실들은 사실로 남아 있고 부정될 수도 부정적어서도 안 된다. 그러나 이론이란 이 사실들 위에 사색으로 말미암아 건축된 어떤 것이다. 그리고 시간이 지나면 지날수록 점점 더 진화론은 사실에 맞지도 않고, 오히려 대치되기까지 한다는 사실이 분명해졌다.

지질학은 하등동물과 고등동물이 서로 순서대로 뒤따르지 않고, 오히려 이미 고대로부터 서로 병존하여 왔음을 밝혀 주었다. 고생물학이 아주 작은 변화를 통하여 심히 긴 점진적인 진화라는 다윈의 이론에 따르면 아직도 대다수가 현재 존재해야 할 여러 종의 유기체들 중에서 중간단계 형태의 존재에 대한 단 하나의 결정적인 증거도 제공하지 못하고 있다. 열심히 찾고 부지런히 추구했던 인간과 원숭이의 중간형태는 지금까지 발견되지 않았다. 태반에서의 인간의 몸의 진화에 대한 연구가 출산 전 다른 동물들의 몸의 진화 사이에 있는 어떤 외부적인 유사성을 지적하였다. 그러나 이런 유사성은 외형적이어서 태반에 있는 동물의 몸으로부터 인간이 진화될 수 없고, 반대로 그런 인간의 몸체로부터 동물이 진화될 수 없다. 비록 우리로서는 내적인 차이를 지각할 수는 없을지라도 잉태에서부터 인간과 동물은 이미 다른 방향에서 진행한다. 생물학은 지금까지 생명은 저절로 발생되었다는 가설에 거의 도움을 제공하지 못했기 때문에 이제 많은 사람들이 그것의 불가능성을 받아들이고 특별한 생명력에 대한 이전의 사상을 재생하였다. 물리학과 화학은 그 탐구를 계속함에 따라서 무한히 작은 입자의 세계에 가면 갈수록 더 많은 신비들과 기적들을 발견하였고, 많은 사람들이 물질의 최종 구성체가 질료가 아니라, 에너지라는 생각에까지 되돌아 가고

---

역주 3) Wigand의 말(*The Philosophy of Revelation*, p. 35.)

있다. 그리고 더 이상 말할 것도 없이, 의식과 자유의지, 이성, 양심, 언어, 종교, 도덕 등을 진화로부터만 해석하고자 하였던 모든 기도들은 성사되지 못했다. 과학의 경우 이런 모든 현상들의 근원이 만물의 근원에 대해서와 똑같이 어두움으로 가리워졌다.

여기에서 최종적으로 지적해야 할 중요한 사실은, 인간이 역사 속에 출현하였을 때 그는 육체와 영혼으로서의 전 인간이며 이미 이런 인간적인 특성들과 활동들을 어디에서나 언제나 소유하고 있고, 과학은 이 근원을 탐구하려고 한다는 사실이다. 오성과 의지, 이성과 양심, 사상과 언어, 종교와 도덕, 결혼과 가족 등을 갖지 않는 인간은 없고 과거에도 없었다. 이런 모든 특성들과 현상들이 점진적으로 진화했을 것 같으면, 각 경우에 있어서 이런 진화가 선사시대, 즉 우리가 그것에 직접적으로 아무것도 알지 못하고 다만 후대에 남겨진 몇 가지 자료들에 의해서만 되돌아보는 이런 시대에서는 일어나지 않았을 것이다. 그렇게 이런 선사시대에까지 간파하여 사물의 근원을 찾으려는 과학은 사태의 본성에서부터 추측과 억측과 가정에 호소해야 한다. 이것은 가장 엄밀한 증명이 될 수 없다. 역사시대에서 나온 사실을 가지고는 진화론과 특히 동물로부터 인간의 파생이론이 조금도 지지되지 못한다. 그 이론이 세워지는 모든 요소들 중에서 결국 남는 것은 모든 사물과 현상들을 하나님 없이 그 자체로부터 그 자신으로 말미암아 해석하려고 하는 철학적 세계관뿐이다. 그 이론의 주창자 중 한 사람이 태생이론과 기적 중 하나의 선택만 남아 있으나, 후자는 과학적으로 절대 불가능하기 때문에 우리는 첫째 입장을 취하도록 강요받는 것이라고 솔직하게 말하였다. 그럼에도 불구하고 그 사실은 태생 이론이 엄밀한 과학의 결과가 아니라 물질적인 혹은 범신론적인 철학의 가정임을 인정한 것이다. 누군가가 수년 전에 이미 거칠게 표현했던 것과 같이 그 이론은 사실을 해석하는 가정이 아니라, 오히려 사실들을 어떠한 가정의 강화를 위해서 구성한 것이다.

이런 그의 본질에 관한 생각은 인간의 근원에 관한 생각과 아주 밀접하게 연결되어 있다. 요즘은 많은 사람들이 다르게 말하여, 세계와 인간을 과거에 있어서 그들의 근원과 발전에 대해서 어떻게 생각하든 간에, 지금 있는 그대로의 것이며 앞으로 계속 그럴 것이라고 생각하고 있다. 물론 이런 입장은 아주 바르다. 우리가 그것에 대해서 옳은 관념을 갖든 그른 관념을 갖든 상관없이 현실은 전혀 동일한 상태다. 물론 동일하게, 인간의 근원에 대해서도 타당하다. 우리가 아무리 세계와 인간이 이렇게 혹은 이런 방식으로 되었다는 생각, 예를 들어 수 세기 동안에 점진적으로 아주 작은 변형을 통하여 자체에서 발달하였다고 상상할지라도, 이런 사물 자체의 근원은 결단코 변치 않는다. 세계는 되었던 대로 되고 있지 그렇게 되리라고 우리가 생각하거나 원하는 대로 되는 것이 아니다. 그러나 사물의 근원에 관한 사상은 사물의 본질에 관한 사상과 분리될 수 없이 관련되어 있다.

첫째가 그를 때 두번째도 옳지 않다. 땅과 자연의 모든 부요, 또한 모든 피조물, 특히 인간이 하나님 없이 세계 내에 있는 힘의 발달로만 발생하였다고 생각하면, 그런 사상은 세계와 인간의 본질에 대한 이해에 아주 큰 영향을 끼친다는 사실은 당연한 말이다.

세계와 인간은 본질적으로 아주 동일해 왔고 우리의 해석(voorstelling)과는 독립적이다. 그러나 우리에게 그것이 다른 것이 되었고 우리가 그들의 근원과 발생에 대해서 다른 생각을 갖게 됨에 따라 세계는 그 가치와 의미에 있어서 증대하였거나 감소하였다.

그것은 좀더 확대하는 조명이나 확증을 전혀 필요로 하지 않는다는 사실도 역시 분명하다. 그러나 사물의 본질은 우리에게 항상 동일한 이상, 우리가 사물의 근원에 관해서 우리 마음대로 생각할 수 있다는 견해는, 예를 들어 성경이나 이스라엘의 종교, 그리스도의 인격, 종교, 도덕 등의 이론에 있어서 계속 되풀이되고, 그런 이유 때문에 인간의 본질에 관한 이론에 있어서의 이런 견해의 잘못을 좀더 증명하는 것이 유익할 수 있다. 그 일은 어렵지 않다. 왜냐하면 인간이 동물로부터 하나님 없이 오직 맹목적으로 역사하는 자연의 힘을 통해서만 자체적으로 점점 진화하였다면, 인간은 본질적으로 동물과 차이가 있을 수 없고, 인간이 최고로 진화된 상태에서도 언제나 동물이라는 것은 당연한 말이기 때문이다. 육체와 구별된 영혼, 도덕적 자유, 인간의 영원불멸에 대한 자리가 전혀 없다. 종교, 진리, 도덕성, 미(美)란 그 절대적 의미를 잃는다.

이러한 결과들은 우리가 진화론의 주창자들에게 강요시킨 것이 아니라, 그들 스스로가 그 이론으로부터 연역한 것들이다. 예를 들어, 다윈 자신이 우리의 미혼여성들이 꿀벌과 아주 동일한 환경 아래서 교육받았다면, 일벌과 똑같이 그들의 형제들을 죽이는 것을 신성한 의무로 생각하였을지도 모르고, 어머니들은 어느 누구도 감히 그것을 간섭함이 없이 성숙한 딸들을 죽이려고 했을지도 모른다고 말하였다. 따라서 형식이든 내용이든 전체 도덕법이란 환경의 결과이며 이런 환경의 변화에 따라 변한다는 것이다. 선과 악은 진리와 거짓과 같이 그것의 의미와 가치가 양상과 동일하게 시대와 장소의 변화에 복종하는 상대적 개념들이라는 것이다. 그와 똑같이 다른 사람에 의하면 종교도 일시적인 수단(hulp)으로서 인간이 자연과의 투쟁에 있어서 무능할 경우에 사용하였던 것이고, 지금도 민중의 마약으로서 봉사하고 있으나, 결국 인간이 완전한 자유에 이르렀을 때에는 자연히 없어지고 사라진다는 것이다. 죄와 범죄, 간음과 살인이 인간을 죄악되게 하는 것이 아니고, 인간이 이전에 살았던 비문명적인 환경의 여파이므로 인간이 진화하고 사회가 개선됨에 따라서 감소한다는 것이다. 그러므로 범죄자는 어린아이와 같이, 동물과 같이 혹은 미친 사람과 같이 보아야 하고 이와 동일하게 취급되어야 한다. 그리고 감옥을 감화원으로 만들어야 한다는 것이다. 한마디로 말해서 인간은 신적인 기원이 아니라 동물적인 기원이고, 스스로 점점 더 고등화되는 한 인간의 모든 책임이 자신에게 있고, 그가 자신의 입법자요 주인이요 영장이라는 것이다(물질적이거나 범신론적인). 진화론의 이런 결과들은 오늘날의 과학 안에서는 물론 문학, 기술, 실천생활에서도 아주 명백하게 표현되어 있다.

그러나 현실은 전혀 다르게 가르친다. 인간은 그의 모든 것이 자체로 말미암아 되었고 어떤 것으로도 매어 있지 않다고 스스로 상상할 수 있다. 그러나 그는 모든 면에서 독립적인 피조물이다. 그는 그가 뜻하는 대로 행할 수 없다. 그의 육적 생활에서 항상 법칙, 곧 호흡과 피순환, 소화와 생식의 법칙에 제한되어 있다. 그가 그들에 대해서 역행하고 이 법칙들에 관심이 없다면 그는 그의 건강을 해치고 자신의 생을 손상시킨다. 이 경우는 영적 생활에서도 마찬가지이다. 인간은 그가 뜻하는 대로 생각할 수 없고 오히려 법칙에 매여 있으니, 그 스스로 그 법칙을 고안해 낼 수 없었고 스스로 준 것이 아니라, 그의 사고 속에 내포되어 있고 계시된 것이다. 그 스스로가 이 법칙에 충실하지 않을 때 스스로 오류와 잘못의 함정에 빠진다. 인간은 역시 자기가 소원하는 대로 뜻하거나 행동할 수 없다. 그의 의지란 이성과 양심에 억제되고 있다. 그가 이런 억제를 무시하고 그의 뜻과 행동을 방종으로 떨어뜨리면 그 뒤에는 자책과 자학(自劾), 후회와 회개, 고뇌와 양심의 가책이 따른다.

따라서 육적 생활과 못지 않게 영적 생활도 변덕(willekeur) 위에 지어졌다. 그것은 법 없는 무정부상태가 아니라 모든 면에서와 모든 활동에 있어서 법으로 제한되어 있다. 그것이 진리와 선과 미의 규율에 종속하여 그로 더불어 영적 생활이 저절로 발생한 것이 아님을 증거한다. 간단하게 말하여 인간은 본래 처음부터 위반하면 반드시 벌을 받는다는 자신의 본성, 곧 고유한 본질을 함유하고 있다. 그리고 여기에서 그 본성은 이론보다 훨씬 강력하여 진화론을 지지하는 자들도 자주 사람의 본성, 불변하는 인간의 성질, 사람으로부터 규정된 사유법칙과 도덕법, 생득적인 종교성향에 대하여 말을 한다. 그때 인간의 본질에 대한 생각이란 그의 근원에 대한 사상과는 모순이 되는 것이다.

성경에서는 엄연히 본질과 근원은 아주 일치한다. 인간의 근원에 그의 본질이 상응한다. 인간이 비록 육체를 따라서 땅의 혼으로부터 형성되었을지라도, 위로부터 생기를 받았고 하나님 자신에 의해서 창조되었기 때문에 그는 고유한 존재이고 자신의 본성을 갖는다. 그의 본질은 그가 하나님의 형상이고 그의 모양을 나타낸다는 것에 있다.

이러한 하나님의 형상으로 말미암아 인간은 천사와 구별됨과 똑같이 동물과 구별된다. 인간은 자신의 본성으로 말미암아 두 피조물과 일치하기도 하고 차이가 나기도 한다.

모든 피조물과 같이 동물들도 하나님으로 말미암아 창조되었다. 그들은 저절로 생긴 것이 아니고 특별하신 말씀, 곧 하나님의 전능의 행위로 말미암아 존재하게 되었다. 더구나 그들은 직접 그 종류대로 창조되었고 식물들도 마찬가지다. 모든 인간은 최초의 한 쌍의 부부의 후손들이고, 따라서 한 종족을 이룬다. 그러나 그것은 동물의 경우와는 다르다. 동물들은 소위 여러 원종들이 있다. 그러므로 오늘날까지도 동물학은 모든 동물 위에 한 형태의 동물을 연역하는 데 성공하지 못하고 있다는 사실은 놀라운 것이 아니다. 그것은 처음 시작부터 직접 분류되어 그 본래의 그룹 혹은 기본형태가 일곱 가지 혹은 네 가지다.

그것과 관련하여 또한 확실한 것은 대부분 각종 동물들이 전 땅에 퍼졌던 것이 아니라, 제한된 구역에 살았다는 사실이다. 물고기는 물에서 살고 새들은 공중에 살며 육축들은 대부분의 경우에 있어서 일정한 땅에 국한되어 있다. 즉 백곰은 북극에서만 발견할 수 있고, 오리너구리는 오스트레일리아에서만 발견된다. 창세기에서도 식물과 동물을 그들 본성에 따라서 그 종류대로 창조하셨다(창 1:11)고 명확하게 언급되어 있다. 하나님께서 원래 창조하셨던 종류들은 오늘날 동물들이 과학, 특히 린네(Linnaeus)에 의해서 분류된 종류들과 전혀 동일한 것이라는 말은 아니다. 왜냐하면 첫째로 우리의 분류는 항상 유오할 수 있고 수정될 수 있으며, 아직도 동물학은 오류가 있으며 다른 종의 것들을 같은 종의 다양성(같은 종 안에서의 다양성)으로 생각하거나, 그렇지 않으면 그 반대로 생각해 버리기 때문이다. 인위적이고 과학적인 종의 개념이란 세우기도 아주 어렵고, 우리가 아직도 항상 찾고 있는 자연적 종의 개념과는 전혀 다른 것이다. 둘째로는 수세기 동안에 대다수의 동물들은 죽어 없어졌거나 멸종되었다는 것이다. 지층 속에서 고스란히 혹은 파괴된 것으로 주어진 화석으로부터 이제 더 이상 존재하지 않는 맘모스, 하이에나, 물도마뱀(vischhagedis)과 같은 각종 여러 동물들이 이전 시대에는 많은 수가 존재하였다. 셋째로 동물 세계 안에서 다양한 영향의 결과로 종종 그들의 원형을 찾기에 어렵거나 아주 불가능할 만큼 큰 변형과 변화가 일어났다는 사실이 기억되어야 한다.

그러나 무엇보다 식물의 창조는 물론 동물들의 창조에 있어서 그들은 특별하신 권능행위로 존재하게 되었다. 그래서 자연이 매개적인 봉사를 한다는 사실은 놀라운 것이다. 창세기 1:11의 말씀처럼 땅은 식물과 씨맺는 채소와 열매나무들을 내게 하는 등 12절 이하와 같다. 마찬가지로 창세기 1:20에서 기록하기를, 물들이 움직이는 생물을 그 종류대로 내라 하시매 그렇게 되었고(21절 이하), 24절 이하에서는 땅이 생물을 그 종류대로 내되 육축과 기는 것과 짐승을 내라 하시매 그렇게 되었다고 기록하고 있다. 그와 같이 모든 동물과 식물에 있어서 자연 자신이 하나님에 의해서 기구로 사용되고 있다. 비록 하나님의 말씀으로 말미암아 조건을 이루고 구비케 했던 것이 당연할지라도 아주 다양한 종류의 이런 모든 생물체들을 낸 것은 땅이다.

이런 동물들의 독특한 근원은 역시 그들의 본질에 빛을 비춘다. 이런 근원은 동물들이 인간보다는 땅과 자연과 아주 밀접하게 관련되어 있음을 보여준다. 동물들은 참으로 생물체들이고 비유기체 피조물들과 무생물체들과 구별이 되고 있다. 따라서 자주 그들은 살아 있는 혼들(levende zielen)이라 불린다(창 1:20, 21, 24). 생명의 일반적인 원리에서는 동물들도 혼을 갖는다(창 2:19; 9:4, 10, 12, 16; 레 11:10; 17:11 등). 그러나 이러한 혼이라는 생명의 원리는 동물의 경우에 있어서도 자연, 곧 신진대사와 아주 밀접하게 관련되어 있기 때문에 전혀 독립하거나 자존할 수 없고, 신진대사와 분리되어서는 생존할 수 없다. 따라서 죽음과 동시에 동물의 혼도 없어진다. 이로부터 더 나아가 비록 동물들이, 특히 고등동물들이 인간과 같은 기관들을 소유하고 지각하며(듣고, 보고, 냄새를 맡고, 맛보며, 느끼는 것), 표상들을 형성하고 그 표상들을 결합할 수 있을지라도 동물들은 이성을 갖지 않으며, 또한 그것에 붙어다니는 특별하고 개별적이고 구체적인 것과 표상들을 구별할 줄 모른다고 결론내릴 수 있다. 즉 그들은 표상들을 변형하거나 개념화시킬 수 없고 이 개념들을 다시 결합하여 판단을 형성하고 이런 판단으로부터 결론을 이끌어내며, 이 결론을 의지로 수행할수 없다. 동물들은 지각들과 표상들과 그 표상들의 결합을 갖는다. 즉 본능과 욕망들과 감정들은 있으나, 인간에게 고유한 더 높은 인식능력과 욕구력이 없다. 그들은 이성도 의지도 없다. 그 모든 것이 동물들은 언어도, 종교도, 도덕도, 미감도 소유하지 않았다는 사실과 그들은 하나님이나 불가시적인 것들, 진리, 선, 미에 대한 관념이 없다는 사실에서 밝혀 준다.

이 모든 점에서 인간은 동물보다 훨씬 뛰어나다. 둘 사이에는 점진적인 변이가 아니라 깊은 단절이 있다. 인간의 독특한 본질을 구성하는 것, 즉 이성과 의지, 생각과 언어, 종교와 도덕 등은 동물에게는 멀다. 그러므로 동물은 인간을 이해할 수 없고, 인간 역시 동물을 파악할 수 없다. 오늘날 심리학이 인간의 영혼을 동물의 혼으로부터 해석하려고 하나, 이것은 그에 대한 역행의 길을 걸어가는 것이다. 인간의 영혼이 동물의 혼에 대한 해석의 열쇠다. 동물은 인간이 소유하고 있는 것은 없으나, 인간은 동물에게 고유한 것도 소유하고 있다.

이것은 인간이 실제로 지금 이미 동물의 본질에 대해서 속속들이 알고 있다는 말은 아니다. 전세계가 인간에게 있어서 그 해결을 찾고 있고 찾을 수 있는 문제 덩어리이다. 그와 똑같이 각 동물은 살아 있는 수수께끼이다. 동물의 의의는 결코 인간에게 유용하고 그에게 음식과 커버, 옷과 장식물을 제공하는 데 있지 않다. 인간이 이기적으로 모든 것들을 자기 이익을 위해서 멋대로 이용하는 것보다 자연을 복종시키고 지배하는 것을 내포한다. 동물세계는 역시 우리의 과학과 예술, 종교와 도덕을 위해서 의미를 갖는다. 하나님은 그를 통해서 우리를 위해 준비하시고 많은 것들을 말씀하신다. 식물과 동물세계를 포함한 온 세계로부터 우리에게 말하는 것이 주의 생각이시요 그의 말씀이시다. 식물학과 동물학이 그의 생각의 흔적이라면, 전체 자연에 관한 학문과 더불어 그들은 인간뿐만 아니라, 특히 어떤 그리스도인들도 무시할 수 없는 영광스러운 과학들이다. 그렇다면 인간을 위한 동물세계의 윤리적 의의란 얼마나 풍부하겠는가? 동물이 그 위로 인간이 올라가야 하고 거기까지는 그가 다시 내려가서는 안 되는 아래 한계를 지시해 주고 있다. 인간이 이성의 빛을 어둡게 하고 하늘에 매어 있는 띠를 잘라내고 땅에서 그의 모든 즐거움과 기쁨을 찾는다면, 인간은 동물이 될 수 있고 그보다 못할 수도 있다. 동물은 우리의 덕과 부도덕의 상징들이다. 개는 충성의 상을, 거미는 산업의 상을, 사자는 용기의 상을, 양은 양순의 상을, 비둘기는 순결의 상, 곧 하나님을 갈구하는 영혼의 마음을 그려 주고 있다. 그러나 그와 마찬가지로 여우는 계교의 상을, 벌레는 빈곤의 상을, 호랑이는 잔인의 상을, 돼지는 비열의 상을, 뱀은 사악한 속임의 상을 그려주고, 그 형상이 인간에 가장 가까운 원숭이는 위로부터 온 영이 없는 육체적 기관의 독특성이 무엇을 의미하고 있는지를 선포한다. 원숭이에게서 인간은 자기 자신의 풍자그림을 직관한다.

인간이 하나님의 형상으로 말미암아 그 아래로 동물들과 구별되는 것과 똑같이 그는 그로 말미암아 위로 천사들과 구별된다. 그런 존재의 존재성을 성경 밖에서 과학적 근거로는 증명할 수 없다. 과학은 이 점에 있어서 아무것도 아는 바가 없고 그것이 존재한다는 것도 증명할 수 없을 뿐만 아니라, 그것이 존재하지 않는다는 것도 증명할 수 없다. 그러나 놀랍게도 인간보다 높은 존재에 대한 신앙이 모든 대중과 모든 종교에서 일어나고 천사들의 존재에 대한 성경의 증거를 거절하는 사람들조차도 여러 가지 미신적인 형태에 있어서 초자연적인 존재에 대한 신앙에로 돌아가고 있다. 오늘날 우리의 세대는 그것에 대한 풍부한 증명들을 제공하고 있다. 천사들과 마귀들의 존재는 많지 않으나, 그 대신 잠재능력, 신비한 자연의 능력, 유령, 영적 상들, 죽은 혼들의 계시(openbaringen van afgestorvenen), 혼백이 있는 별들, 사람이 사는 혹성들, 살아 있는 원자 등에 대한 신앙이 많은 영역 내에 복귀하고 있다. 성경이 이런 모든 옛 것과 새 현상들에 대해서 적대하고 있다는 입장이 특이하다. 그 기초한 바가 기만이든 현실이든 상관없이 성경은 모든 복술행위(레 19:31; 20:27; 신 18:10-14), 요술(신 18:10; 렘 27:10; 계 21:8), 점성술(레 19:26; 사 47:13; 미 5:11), 죽은 혼이나 귀신과의 접신행위(신 18:11), 점이나 주술행위(레 19:26; 신 18:10), 주문으로 귀신을 부르는 행위(신 18:11; 사 47:9) 등을 거절하고 그로 인하여 모든 불신앙은 물론 모든 미신을 없앤다. 기독교와 미신은 적대적인 사이이다. 미신에 대해서 우리를 방어하는 힘은 과학이 아니요 계몽이나 문화도 아니며, 오직 하나님의 말씀에 대한 신앙뿐이다. 성경은 인간으로 하여금 깊이 하나님을 의지하게 하고 따라서 그를 모든 피조물로부터 자유케 한다. 그것은 인간을 자연과 올바른 관계에 있게 하고 그로 말미암아 참된 자연과학을 가능하게 한다.

그러나 성경은 참으로 천사들이 있다고 가르친다. 인간적인 상상의 신비적 창조물이나 신비한 힘의 인격화나 높은 수준까지 올라간 사자가 아니라, 하나님으로 말미암아 창조되었고 그의 뜻에 복종하며 그의 종으로 부름을 받은 영적 존재가 있다고 가르친다. 그와 같이 천사들에 대해서 우리는 성경의 빛 안에서 분명한 개념을 형성할 수 있고 그 존재는 이방종교의 신비적인 형태와는 일치하지 않는다. 천사는 인간보다 지식에 있어서(마 18:10; 24:36)와 능력에 있어서(시 102:20; 골 1:16) 우위에 있음에도, 그것은 같은 하나님과 같은 말씀으로 말미암아 창조되었고(요 1:3; 골 1:16) 동일한 합리적 도덕적 본성을 가졌다. 예를 들어, 하나님의 말씀에 순종하고 그의 기뻐하신 뜻을 행하는 선한 천사들에 대해서 언급되어 있고(시 103:20, 21), 진리에 서지 못하고(요 8:44) 대적하며(엡 6:11) 범죄하는(벧후 2:4) 악한 천사들에 대해서 언급되어 있다.

그러나 이런 일치에도 불구하고 천사들과 인간들 사이에 큰 차이가 있다. 이 차이는 첫번째로 천사들은 영과 육으로 구성된 것이 아니라 순전히 영물(히 1:14)이라는 것이다. 계시할 때는 종종 그것은 육체와 모양으로 나타나지만, 그것은 그가 나타내는 다양한 형체이다(창 18:2; 삿 18:3; 계 19:14). 이 사실은 이런 형체들이 현상의 일시적인 형태들이었고 임무의 성격에 따라서 변한다는 것을 가리킨다. 천사들은 동물들이나 인간과 같이 혼들, 즉 살아 있는 혼들이라 하지 않는다. 왜냐하면 영과 혼은 다음과 같이 구별되기 때문이다. 즉 혼은 본성적으로 영적이고 비물질적이며 볼 수 없고, 인간의 경우에도 영적인 독립성을 이루고 있다. 그러나 혼은 항상 육체에 맞도록 지은 영적 능력이나 하나의 영적 독립체여서 육체에 적당한 존재이며 그런 육체 없이는 불완전하고 미완성적이다. 혼이란 육체적 생활을 위해서 조직된 영이다. 그런 혼은 동물들과 특히 인간에게 고유한 것이다. 인간이 죽음으로 인하여 그의 육체를 잃었을 때 혼은 생존하나 빼앗겨 결핍된 상태 속에 있기 때문에 마지막 때의 부활은 결핍의 회복이다. 그러나 천사들은 혼들이 아니다. 그들은 육체적 생활을 위해서 의도되었던 것이 결코 아니며, 따라서 거주지가 땅이 아니라 하늘이다. 그들은 순전히 영물들이다. 이것 때문에 인간보다는 아주 큰 잇점들을 가지고 있다. 왜냐하면 그들은 지식과 능력에 있어서 더 높기 때문이다. 또한 시간과 공간에 대해서 인간보다 훨씬 더 자유로운 관계에 있다. 따라서 좀더 자유롭게 움직일 수 있어서 여기 땅 위에서 하나님의 명령을 이루는 데 아주 적절하였다.

그러나 — 천사와 인간의 두번째 차이점 — 이런 잇점들은 그 반대로 약점을 가지고 있다. 천사들은 순전히 영물들이기 때문에 그들은 모두가 상대적으로 서로 결별된 상태다. 그들은 모두가 태초에 함께 창조되었고 계속해서 서로가 나란히 병존해 왔다. 그들은 유기적인 전체나 한 종족을 이루지 못한다. 그들 사이에는 자연적인 질서가 있을 뿐이다. 성경에 따르면 천천의 천사들이 있고(신 33:2; 단 7:10; 계 5:11), 이들은 다시 여러 계급들로 나누어진다. 즉 그룹들(Cherubijnen, 창 3:24), 스랍들(Serafijnen, 사 6장), 보좌들, 주관들, 정사들, 권세들(엡 1:21; 3:13; 골 1:16; 2:10)이 있고 서로간에는 계급과 질서로 구별된다. 그들 중에서 가브리엘(Gabriel)과 미가엘(Michael)의 위치가 특별하였다(단 8:16; 9:21; 10:13, 21; 눅 1:19, 26). 그러나 그림에도 불구하고 그들은 하나의 종족을 이루지 못하며 서로 혈연관계도 아니고 서로로부터 산출되지도 않는다. 우리는 인간이라 할 수 있지만 같은 의미에서 '천사' (engelheid) 라 할 수 없다. 그리스도께서 인성을 취하셨을 때 육체를 따라서 그는 단번에 모든 인간과 친화하셨고 그들의 혈친(血親)과 형제가 되었다. 그러나 천사들은 서로 병존하고 있고 각자가 자신을 위하는 입장이다. 따라서 그들 일부는 타락할 수 있고 다른 일부는 계속 하나님께 충성할 수 있다. 그리고 두번째 차이와 관련하여 세번째 차이가 있다. 천사들은 영물들이기에 땅과는 관계가 없고 역시 서로서로는 혈친관계가 아니며, 따라서 남녀나 어른이나 아이들, 형제나 누이 등의 구별을 알지 못하기 때문에, 상관관계가 주는 감정들, 욕망과 의무라는 그런 세계 전체에 관해서 천사들은 전혀 아무것도 체험적으로는 알지 못한다. 그들은 인간보다 더 능력이 많을 수 있다. 그러나 그들은 다변할 수 없다. 그들의 관계는 극소수의 관계 속에 있고 정서생활의 부요와 심오함에 있어서는 인간이 천사들보다 월등하다. 마태복음 22:30에서 예수님께서 이르시기를, 결혼은 이 세상적 경륜으로 끝날 것이라고 했으나, 땅에서의 가족관계들은 중요하게 인간적, 영적 보고들을 증가시키고 이 보고들은 부활 때에도 잃지 않고 영원히 보존되고 있다.

하나님께서 우리에게 주신 가장 부요한 계시는 성부의 이름과, 우리와 동일하시며 우리의 선지자이시고 우리의 제사장이시며 왕이 되시는 성자의 이름과, 교회 안에 부어 주셨고 하나님 자신이 우리 안에 거하게 되신 성령의 이름에 있음을 생각해 볼 때, 하나님의 형상으로 창조된 것은 천사가 아니라 인간임을 느끼게 한다. 천사들은 그의 능력과 지혜와 선하심을 체험하지만 인간은 그의 영원하신 인자하심에 동참한다. 하나님은 그들의 주시지만 주는 그들의 아비가 아니시다. 그리스도는 그들의 머리시지만 그들의 화목자나 구주는 아니시다. 성령은 그들을 보낸 자이시고 인도자이시지만, 그는 그들의 영과 더불어 그들이 하나님의 자녀이고 후사며 그리스도와의 공동된 후사라고 증거하시지 않는다. 따라서 천사들의 눈길은 땅에 있으니, 이는 거기에 하나님의 부요하신 은총이 나타나고 거기에서 하늘과 땅 사이의 싸움이 일어나며 거기에서 교회가 아들의 몫으로 이루어 가고 거기에서 일시에 결정적인 강타가 때려지며 하나님의 대적자들 위에서 최종적인 영광을 나타내신다. 그러므로 그들은 여기에서 계시되는 구원의 비밀을 살펴보기를 원하며, 교회로부터 하나님의 충만한 지체가 알려지기를 원한다(엡 3:10; 벧전 1:12).

따라서 천사들은 우리를 위해서 있고, 우리는 그들과의 여러 관계 가운데 놓여 있다. 천사들의 존재와 활동에 대한 신앙은 우리가 하나님을 신앙하고 전심으로 그를 사랑하며 두려워하고 영광을 돌리는 신앙과 동일한 가치를 지닌 것은 아니다. 천사들을 포함한 어떤 피조물도 우리의 신앙의 자리에 놓을 수 없다. 우리는 그들을 경배할 수 없고 어떤 식으로든 종교적으로 섬길 수 없다(신 6:13; 마 4:10; 계 22:9). 그리고 인간 각자에게 특별히 보내셨다는 수호천사들(beschermengelen)이나 우리를 대신하는 천사들의 도고(voorbede)에 대한 말은 성경에서 한마디도 없다. 그러나 그 때문에 천사들에 대한 신앙은 무관심해야 하고 무가치하다는 것은 아니다. 오히려 그 반대로 계시가 임할 그때에 중요한 역할을 담당하고 있다. 그리스도의 생애에 있어서 대단히 중요한 시점에 그들이 나타났고, 그들이 언젠가 그리스도와 더불어 하늘의 구름 위에 나타날 것이다. 그리고 항상 구원의 유산을 얻을 자들을 위해서 섬기라고 보냄을 입은 무리는 영들이 된다(히 1:14). 그들은 죄인이 돌아오는 것을 기뻐하고(눅15:10), 경외하는 자들을 둘러 지키며(시 34:7; 91:11), 소자들을 보호하며(마 12:10), 역사를 통한 교회의 행진을 따라 교회를 따르며(엡 3:10), 하나님의 자녀들을 아브라함의 품으로 인도한다(눅 16:22).

그러므로 우리는 그들에게 존경의 마음을 가질 수 있고 경애하는 말을 할 수 있다. 우리의 회심으로 말미암아 그들의 기쁨을 더하게 할 수 있으며, 하나님을 경배하며 그의 말씀을 순종하는 데 있어서 그들의 예를 따를 수 있고, 또한 우리 자신의 마음과 생활, 교회 전체 속에서 하나님의 다양한 지혜를 그들에게 내보일 수 있으며, 그들의 고통을 잊지 않으며 그들과 함께 하나님의 크신 사역들을 선포할 수 있다. 그와 같이 천사들과 인간들은 차이가 있으나 결코 분쟁하지 않는다. 다양성이 있는 반면 통일성이 있고, 구별이 있되 사귐이 있다. 우리가 시온 산, 곧 살아 계신 하나님의 도성인 하늘의 예루살렘에 이르렀을 때, 우리는 동시에 천천만만의 천사들을 향해 가서 죄로 인하여 끊겼던 통일과 사랑의 띠를 다시 연결하는 것이다(히 12:22). 하나님의 크시고 부유하신 창조 속에서 그들과 우리는 고유한 각자의 자리가 있고 자신의 임무를 이룬다. 천사들은 하나님의 아들들이요 하나님의 힘있는 용사들이며 능력 있는 군사들이다. 반면에 인간들은 하나님의 형상으로 창조되었고 하나님의 종족(geslacht)이다.

하나님의 형상이 인간의 특징적인 귀표라면 그 내용에 대한 명확한 개념을 얻는 것이 당연하다.

창세기 1:26에서 하나님은 인간을 모든 피조물, 특히 살아 있는 모든 피조물 가운데 영장으로 삼기 위해서 그의 형상과 모양대로 창조하셨음을 읽는다. 여기에서는 세 가지 사실이 귀추된다. 첫째로 하나님과 인간 사이의 일치성이 형상과 모양이라는 두 낱말로 표시되어 있다. 이 두 낱말은 많은 사람들이 생각하듯이 즉물적인 내용에 있어서 구별되는 것이 아니라, 서로를 보완하고 강조하는 데 기여한다. 그들은 인간이 다소 같은 점이 있다거나 좀 비성공적인 초상화가 아니라, 그는 완전하고 아주 동일한 하나님의 형상임을 동시에 깨닫게 한다. 인간이 축소형이라면 하나님은 대형으로 무한히 큰 대형이다. 이는 인간이 하나님과 같기 때문이다. 인간은 무한히 하나님 아래에 위치하고 있지만 하나님과 관계하고 있다. 그는 피조물로서 절대적으로 하나님께 의존해 있지만, 인간으로서 자존적이고 자유로운 존재이다. 종속과 자유, 의존과 자존, 하나님으로부터의 측량할 수 없는 거리와 하나님과의 밀접한 내적 관계들이 경이롭고 이해할 수 없는 방식으로 인간 속에서 서로 하나가 되어 있다. 무의미한 피조물이 어떻게 하나님의 형상일 수 있겠는가? 그것은 우리의 이해를 초월하는 것이다.

둘째로 성경에는 하나님께서 인간들을 그의 형상과 모양대로 창조하셨다고 언급되고 있다. 처음부터 하나님께서 의도하신 것은 단 하나의 인간을 그의 형상대로 창조하시는 것이 아니라, 많은 인간들을 창조하시는 것이다. 그 때문에 하나님은 직접 인간을 남자와 여자로 창조하셨고 둘을 서로 분리되게 창조하신 것이 아니라, 서로 결합되고 동반자의 상태로 창조하셨다(27절 이하). 하나님의 형상은 남자에게서만도 아니고 여자에게서만도 아닌, 동시에 둘 가운데에서 나타나며 둘 각자에게서 독특한 방식과 독특한 면으로 나타난다.

바울이 고린도전서 11:7에서 말한 것처럼 남자가 하나님의 형상이요 영광이며, 여자는 남자의 영광이라는 데 대한 반대가 종종 주장된다. 그리고 종종 이 본문이 여자를 하나님의 형상에서 제외시키고 여자를 멀리 남자 아래로 전락시키는 데 오용되고 있다. 그러나 사도 바울은 거기에서 본래 남자와 여자에 대해서 말한 것이 아니고, 결혼 후 둘 사이의 관계에 대한 말이다. 그리고 그가 그때 말한 것은 여자가 아니라 남자가 머리라는 사실이다. 그는 이 사실을 남자가 여자로부터 나온 것이 아니고, 여자가 남자로부터 나왔다는 것으로부터 추론했다. 남자가 처음 창조되었고 그가 처음 하나님의 형상으로 지음을 받았으며, 하나님은 그 안에서 처음 그의 영광을 계시하셨다. 그리고 여자가 이 모든 것에 참여한다면 그것이 간접적으로 남자로부터 남자로 말미암아 일어나는 두번째의 일이다. 참으로 그녀는 하나님의 형상을 얻었고, 그러나 남자 다음으로 그리고 그와는 독립적으로 그의 매개 아래 된 것이다. 따라서 남자가 직접 근원적인 하나님의 형상이요 영광이다. 반면에 여자는 추론적으로 남자의 영광이란 점에서 하나님의 형상이요 영광이다. 창세기 1장과 2장께서 읽는 것들이 서로 연결됨에는 틀림없다. 창세기 2장에서 여자가 창조되는 방식은 그녀가 남자와 함께 하나님의 형상을 얻는 방식이다(창 1:27). 여기에는 좀더 나아가서 하나님의 형상은 종족의 차이, 재능과 능력의 차이가 있는 인간의 다양성 속에서 나타나고 타락 후 새로운 인간, 그리스도의 교회에서 그것의 충만한 전개를 이룬다는 의미가 내포된다.

셋째로 창세기 1:26은 우리에게 하나님은 그의 형상대로 인간을 창조함과 동시에 목적을 가지셨다는 것, 즉 인간이 모든 살아 있는 피조물 가운데 영장이 되게 하며 생육하고 번성하여 땅에 충만하고 정복하도록 하셨다는 사실을 가르친다. 우리가 이런 땅의 정복을 지금까지 사용된 문화라는 이름 아래 이해한다면, 넓은 의미에서 이 문화가 바로 하나님께서 인간을 그의 형상대로 창조하셨던 목적이 된다. 의식과 문화, 종교와 문명, 기독교와 인간성이 거의 충돌됨이 없고 오히려 온 땅의 영장이 됨으로 인간이 하나님의 형상을 계시하도록 하기 위해서 인간에게 하나님의 형상을 주셨던 것이다. 사냥과 고기잡이, 농사와 목축 등 가장 오래된 소명들이 이렇게 인간이 땅의 영장이 되게 하기 위함이며 상업과 산업, 금융과 신용업, 광산개발과 토지개발, 과학과 예술들이 마찬가지다. 이런 모든 문화는 인간에서 끝나는 것이 아니라, 하나님의 형상이요 그의 모든 산업 위에 하나님의 영의 인을 찍은 인간으로 말미암아 처음이요 마지막이신 하나님께 돌아간다.

이 하나님의 형상의 내용은 계시의 계속된 진행에서 더 넓게 계시된다. 거기에서 흥미 있는 사실은 인간은 타락 후에도 계속 하나님의 형상이라 부를 수 있다는 것이다.

창세기 5:1-3에서 하나님이 인간을 창조하시되 남자와 여자를 함께 창조하셨고 그들에게 복을 주셨으며, 따라서 아담은 자기 모양과 똑같은 형상인 아들을 낳았다고 상기되고 있다. 창세기 9:6에서 인간의 살인은 하나님께서 그를 자기의 형상대로 지으셨기 때문에 금지되고 있다. 아름다운 시편 8편의 시편 기자는 하늘과 땅, 특히 아무것도 아닌 인간과 하나님의 손의 모든 사역 위에 영장으로 그를 삼으심에서 나타난 가장 큰 영광 가운데 계시되는 여호와의 영화와 존귀를 노래하고 있다. 바울이 아레오바고에서 아덴 사람들에게 말할 때 그가 그 시인들 중 한 사람의 말을 찬양하여 인용하기를, 우리가 하나님의 소생이기 때문이라고 하였다(행 17:28). 야고보서 3:9에서 사도는 혀의 악함을 증명하면서 우리는 그것으로 하나님 아버지를 찬송하기도 하고, 그의 형상대로 지음을 받은 인간을 저주하기도 한다는 대조를 제공한다. 성경은 타락된 인간을 하나님의 형상이라 부를 뿐만 아니라, 성경은 항상 인간을 그렇게 생각하기도 하고 취급하기도 한다. 성경은 항상 인간을 그의 모든 생각들과 말들과 행위들에 대해서 하나님 앞에 책임이 있으며 그를 경배하지 않으면 안 될 합리적이고 도덕적인 존재로 본다.

그럼에도 불구하고 그와 동시에 우리는 인간이 죄로 말미암아 하나님의 형상을 상실하였다는 관념을 찾을 수 있다. 이러한 관념이 직접적으로 많은 말로 언급된 곳은 없지만, 죄악된 인간에 관한 성경의 전체 가르침으로부터 추론될 수 있다. 뒤에 좀더 자세히 생각될 것이지만 무엇보다 죄는 인간의 순결, 의, 거룩을 빼앗아 갔고 그의 마음을 부패시켰으며 그의 이성을 또한 어둡게 하였을 뿐만 아니라, 악한 의지를 가지게 하며 그의 경향들을 바꾸어 놓았으며 모든 지혜를 포함한 그의 몸을 불의의 종이 되게 하였다. 따라서 그는 변하여 중생해야 하였으며 의롭게 되며 깨끗하게 되고 성화되어야만 하였다. 이런 모든 은택들을 그가 공유할 수 있는 때는 오직 하나님의 형상이시고(고후 4:4; 골 1:15) 우리가 그의 형상이 되어야 하는(롬 8:29) 그리스도와의 교통 가운데 있을 때이다. 믿음으로 말미암아 그와 교통 가운데 입은 새 사람은 하나님의 뜻에 따라 참된 의와 거룩으로 창조되었고(엡 4:24) 계속 그를 창조하신 자의 형상을 좇아 지식에까지 새롭게 되며(골 3:10) 그리스도와의 교통으로 말미암아 신자들이 얻는 지식과 의와 거룩의 덕들이 그 근원과 전형과 최종목적을 하나님 안에서 취하며 다시 신적 본성(Goddelijke natuur)에 참여케 한다(벧후 1:4).

개혁신학에서 일반적으로 넓은 의미에 있어서의 하나님의 형상과 좁은 의미에 있어서의 하나님의 형상 사이를 구별하게 되는 것은 이런 성경의 가르침에 기초한다. 한편으로 인간이 그의 타락과 불순종 후에도 하나님의 형상과 소생(geslacht)이라 계속 불리고 다른 한편, 특별히 그와 하나님과 닮게 하는 이런 덕들을 죄로 말미암아 상실하였다가 오직 그리스도와의 교통 가운데서 다시 얻었다면, 하나님의 형상이 적어도 지식과 의와 거룩의 덕들을 제외한 다른 어떤 것 혹은 그 이상의 어떤 것을 내포할 때만이 서로 모순됨이 없다. 개혁주의자들은 이것을 깨달았고 루터주의자들이나 로마 카톨릭의 입장을 반대하여 이를 주장하였다.

루터주의자들은 넓은 의미에 있어서 하나님의 형상과 좁은 의미에 있어서 하나님의 형상 사이를 구별하지 않는다. 만약 그들이 구별을 한다 할지라도 그것을 거의 중요시하지 않거나 그에 대한 의미를 파악하지 못하고 있다. 그들에게 있어서 하나님의 형상이란 원의(原義), 즉 지식과 의와 거룩의 덕들 그 이상도 그 이하도 아니다. 그들은 하나님의 형상을 좁은 의미에서만 깨닫고 이 하나님의 형상이 전체 인간본성과 연결되어야 한다는 생각은 하지 않고 있다. 종교적이고 도덕적인 인생은 고유하고 독특한 영역을 형성하고 있다. 즉 그것은 인간이 사회와 국가, 예술과 과학 안에서 부름을 입은 목적이 되는 그 일과는 아무 관련이 없고 영향을 행사하지 않게 된 것이다. 신앙으로 말미암아 죄의 용서함을 받고 하나님과의 교통 가운데 들어간 루터교 신자들은 여기에 족했다. 즉 그는 그 안에서 안식하고 즐거워하되 이런 영적 생활을 그 뒤로 하나님의 경륜과 선택에, 앞으로는 땅에서의 전체 인간의 소명과 관련시키는 데는 관심이 없다.

다른 방향에서 인간이 죄로 말미암아 원의를 잃었을 때 그는 하나님의 전체 형상을 빼앗겼다는 사실이 이로부터 결론된다. 그는 그것에 대한 아무것도 가지고 있지 않으며 전혀 남아 있는 것이 없다. 그럼에도 불구하고 아직은 그의 소유인 합리적이고 도덕적 본성에 있어서도 똑같이 소홀히 여기고 경시되고 있다.

이와 반대로 로마 카톨릭은 비록 일반적으로 꼭 이와 같은 언어방식은 아닐지라도 넓은 의미에서의 하나님의 형상과 좁은 의미에서의 하나님의 형상 사이를 구분한다. 그리고 그들의 관심은 이 둘 사이의 어떤 관계를 찾는 데 있다. 그러나 그들에게 있어서 이런 관계란 내적이지 않고 외적이다. 즉 둘 사이의 근원적 기초가 아니라 피상적인 관계이고, 유기적인 것이 아니라 기계적이다. 로마 카톨릭주의자들은 좁은 의미에 있어서 하나님의 형상인 지식과 의와 거룩의 덕이 없는 인간이 생각될 수 있고 현실적으로도 존재할 수 있다고 생각하기 때문인 것 같다. 그런 경우 역시 인간은 아직도 어떤 종교적, 도덕적 생활을 할지라도 자연종교와 도덕적 본성으로부터 나올 수 있는 정도일 뿐이다. 말하자면, 이 세상에 제한되어 있고 하늘의 축복과 하나님을 직접 보는 길이 그에게 열려질 수 없다. 더구나 그런 자연인이 좁은 의미에 있어서 하나님의 형상이 없이도 자연종교와 자연 도덕법에 대한 의무들을 어느 정도로 수행할 수 있다는 것이 추상적으로 가능할지는 모르나, 현실적으로 이것은 인간이 물질적이고 육체적이며 감각적인 존재이기 때문에 매우 어렵다. 항상 아직도 이런 인간이라는 도덕적 존재에 고유한 것은 욕망이며 비록 이런 욕망은 그 자체가 죄는 아닐지라도 아주 쉽게 죄악으로 인도하는 동인(aanleiding)이다. 왜냐하면 그것은 본래부터 육체적인 것으로서 영과는 대적하고 있고 영에게는 항상 위협되어 육체의 힘으로 말미암아 이성과 의지를 지배하고자 하기 때문이다.

　　이런 이유로 해서 하나님은 그의 주권적인 은총으로 자연인에게 좁은 의미에 있어서의 하나님의 형상을 덧붙였다는 것이다. 하나님은 참으로 이런 형상 없는 인간을 창조하셨을지는 모르나, 하나님은 인간이 아주 쉽게 육체적 욕망의 희생이 될 것을 예지하셨고 인간을 여기 땅에서 가능한 것보다 더 높은 축복된 상태, 즉 주께서 직접 현존해 있는 모습인 하늘의 영광으로 올리시기를 원하셨기 때문에 원의를 자연인에게 덧붙이셨고, 그로 말미암아 자연적인 상태로부터 더 높고 초자연적인 위치로 올리셨다. 이로 인하여 두 가지 목적이 성취된 것이다. 첫째로 인간은 이제 이런 초자연적인 부가의 도움으로 자연의 육체에 고유한 욕망을 아주 쉽게 조절할 수 있고 억누를 수 있게 된 것이다. 둘째로 인간은 원의(좁은 의미에 있어서의 하나님의 형상)로 말미암아 그에게 규정된 초자연적인 의무들을 수행함으로써 역시 그것에 대응하는 초자연적인 축복을 안을 수 있게 된 것이다. 이와 같이 로마 카톨릭의 경우 원의의 초자연적인 첨가란 두 가지 목적에 봉사한다. 즉 그것은 육체에 대한 억제로 봉사하고 동시에 하늘에 이르는 선행의 길을 연 것이다.

　　개혁신학자들의 고유한 입장은 루터파와 로마 카톨릭 사이에 있다. 성경에 따르면 하나님의 형상은 원의보다 크고 더 넓다. 왜냐하면 후자가 죄로 말미암아 상실되었을지라도 인간은 아직 하나님의 형상과 자손이라는 이름을 취하고 있기 때문이다. 인간이 원래 그것을 따라 창조되었던 하나님의 모양 중 적은 잔여물이 아직도 그 안에 남아 있다. 따라서 원의는 그 자체가 완전히 분리되어 있고 인간적인 본성과 일반적인 방식으로 결합되어 있는 그런 선물이 될 수 없다. 인간은 처음에는 생각에 있어서나 현실에 있어서나 순전히 자연적인 존재로서 존재하였다가 나중에 외부로부터 그것에 원의를 부과했거나 위로부터 첨가된 것이 아니다. 오히려 인간은 이런 원의와 하나로 생각되고 창조되었다. 인간이라는 관념 안에 이러한 원의라는 관념이 본래 내포하고 있다. 그것 없는 인간이란 생각될 수도 없고 존재할 수도 없다. 좁은 의미에 있어서 하나님의 형상은 넓은 의미에 있어서 하나님의 형상과 아주 밀접하게 결합되어 있다. 인간이 하나님의 형상을 띠고 있는(draagt) 것이 아니라, 그런 존재가 하나님의 형상이다(is). 하나님의 형상은 인간 자신과 동일한 것이고 인간 안에 있는 인간성만큼 아주 포괄적이다. 인간이 죄악의 상태에서도 인간으로 남아 있는 한 그 역시 하나님의 형상의 잔여물을 보유하고 있으며, 그가 하나님의 형상을 상실한 만큼 같은 정도에서 그는 계속 인간, 곧 참되고 완전한 인간으로 존재한다.

좁은 의미에서의 하나님의 형상은 인간의 영적인 건전성에 불과하다. 인간의 육체와 영혼이 병들었을 때는 물론 정신 이상이 되었을 때도 그는 인간으로 남아 있되, 그는 인간의 조화에 속해 있는 어떤 것을 상실하였고 그 대신 이런 조화와는 모순되는 어떤 것을 받았다. 그와 똑같이 인간이 죄로 말미암아 원의를 상실하였을 그때에도 그는 인간으로 남아 있지만, 그는 인간이라는 관념과는 분리할 수 없는 어떤 것을 상실하였고 그 대신 이런 관념과는 동떨어진 어떤 것을 받았다. 따라서 하나님의 형상을 상실하였던 인간은 기둥과 석재에 불과한 것이 아니라, 합리적이고 도덕적 본성을 보존하고 있다. 그리고 그는 본질적으로 그의 본성에는 속하지 않은 어떤 것을 잃지 않았으나 그 대신 그의 전 본성을 감염시키고 부패시키는 어떤 것을 받았다. 원의가 인간의 영적 건강이었던 것과 같이 죄가 그의 영적인 병이다. 죄란 성경이 묘사한 대로 도덕적 부패요 영적 죽음, 곧 죄와 범죄로 인한 죽음이다.

하나님의 형상에 대한 이런 관념은 성경의 모든 가르침에서 충분하게 정당함을 얻고 있다. 이것은 동시에 자연과 은총 사이, 창조와 재창조 사이의 관련과 차이를 보존하고 있다. 이것은 타락 후에도 인간은 인간으로 남아 있고 계속해서 합리적이고 도덕적이며 책임 있는 존재로서 그를 생각하고 취급하는 하나님의 은총에 대한 감회와 거리낌 없는 인지요, 동시에 이런 인간은 하나님의 형상이 결여되었고 완전히 부패하여 모든 악으로 기울어졌다는 사실을 보존하는 것이다. 이것을 확증하기 위해서 생활과 역사가 있다. 왜냐하면 가장 깊은 타락에도 인간의 본성은 보존되어 있기 때문이다. 그리고 강대한 땅 가운데 그 꼭대기에 인간이 도달할 수 있을지라도 그는 여전히 작고 연약하며 죄악되고 부정하다. 하나님의 형상만이 인간을 참되고 완전한 인간으로 만든다.

우리가 하나님의 형상의 내용에 대해서 짧게 간추려 주려고 할 때 무엇보다 더 인간의 영적 본성을 생각하게 된다. 인간은 육체적 존재일 뿐 아니라 영적 존재이다. 그는 그 본질이 영인 혼을 지니고 있다. 이것은 인간의 혼의 근원과 본질과 생존에 대한 성경의 가르침에서 분명하다. 근원과 관련된 아담에 대한 기록을 보면 그는 동물들과 달리 위로부터 생기를 받았고(창 2:7), 이것은 모든 인간의 경우에도 마찬가지임이 확실하다. 왜냐하면 각인에게 영을 주시고(창 12:7), 그의 가장 깊숙한 곳에 인간의 영을 지으시며, 따라서 육신의 아비들과는 구별하여 영의 아버지라 불려지시는(히 12:9) 분은 하나님이시기 때문이다. 인간의 혼의 이런 특별한 근원이 동시에 그 본질을 결정하고 있다. 비록 성경은 여러 번 동물들에게도 혼이 있다고 하지만(창 2:19; 9:4 등) 그 말은 생명의 원리라는 넓은 의미에서 사용되고 있다. 인간은 명백히 더 높고 다른 혼, 곧 그 중심과 본질이 영인 혼을 지니고 있다. 이것은 성경이 어떤 독특한 영을 동물이 아니라, 인간에게 돌리고 있다는 사실에서 분명하다. 동물들은 모든 피조물과 더불어 하나님의 영으로 말미암아 창조되고 보존되나(시 104:30) 자존적인 독특한 영은 소유하고 있지 않다는 의미에서 영을 지니고 있다. 반면에 인간은 자기 고유한 영을 가지고 있다(신 2:30; 삿 15:19; 겔 3:14; 눅 23:36; 행 7:59; 고전 2:11; 5:3, 4). 이런 영적 본성 때문에 인간의 혼은 역시 불멸하다. 혼은 동물들의 경우와 같이 몸과 함께 없어져 버리는 것이 아니라, 영을 주셨던 하나님께로 돌아가며(전 12:7), 몸처럼 인간들이 이것을 죽일 수는 없으며(마 10:28) 영으로서 계속 존재한다(히 12:13; 벧전 3:19).

이런 혼의 영성은 인간을 동물보다 높이며 그를 천사와 동등하게 한다. 그는 참으로 감각적 세계에 속하고 땅에서 나서 땅에 속한 사람이지만 생득적이고 불멸한 그의 영으로 말미암아 위로 땅을 초월하며 당당하고 자유롭게 영계에 들어간다. 그의 영적 본성으로 말미암아 인간은 영이시며(요 4:24) 영원히 거하시는(사 57:15) 하나님과 관계한다.

둘째로 하나님의 형상은 인간의 영에게 주신 능력과 힘에서 나타난다. 고등동물들은 지각을 통하여 표상들을 비교하고 이들은 서로 결합할 수는 있지만 그 이상 더 가지는 못한다. 반면 인간은 이 표상들의 세계를 넘어 개념들과 이념들의 세계까지 올라간다. 즉 두뇌의 작용이나 분석으로 이해될 수 없고 영적 활동인 사고를 통하여 인간은 개별로부터 보편을 끌어내고(afleiden) 가시적인 것들로부터 불가시적인 것으로 올라가며(opklimmen) 참과 선과 미의 이념들을 형성하고 피조물들로부터 배워 하나님의 영원하신 능력과 신성을 이해한다. 역시 감각적인 욕망과는 구별되는 의지로 말미암아 인간은 스스로 물질세계로부터 이탈하여 불가시적이고 초감각적인 선한 것에게까지 뻗친다. 그의 감정 자체도 물질세계의 영역 안에 있는 유용하고 즐겁게 하는 것들로 말미암아 움직여지기만 하는 것이 아니라, 수학적인 산정(算定)을 전혀 할 수 없는 이상적이고 영적인 선물들로 말미암아서도 자극을 일으킨다. 이런 모든 능력들과 활동들은 인간의 자의식의 출발점이요 절정이다. 인간은 이것들로 말미암아 자신을 알고 자신의 존재와 그의 합리적이고 도덕적인 본성의 특성에 관한 불멸의 의미를 품게 된다. 그리고 언어와 종교, 도덕과 법, 예술과 과학에서 이런 특별한 능력들이 외부적으로 나타난다. 아직 더 많은 다른 것을 포함하여 이 모든 것들이 인간세계 안에서의 현상들이지 동물들의 경우에는 생기지 않는다.

이런 모든 능력들과 활동들이 하나님의 형상의 특징들이다. 왜냐하면 자연과 성경에 나타난 계시에 따라 하나님은 무의식적이고 눈먼 힘이 아니라, 자의식하시고, 아시며, 하고자 하시는 존재이시기 때문이다. 성경에서는 진노, 열망, 긍휼, 자비, 사랑 등과 같은 감정들, 성향들, 열정들을 하나님께 돌리기를 주저하지 않는다. 그렇다고 그것은 하나님께서 수동적으로 받는 감동으로서가 아니라, 전능하시고 거룩하시며 사랑이 많으신 존재의 활동으로서다. 만약 인간이 이런 모든 능력들과 활동에 있어서 그의 형상을 따라 창조되지 않았다면 성경이 이런 인간적인 방식으로 하나님에 대해서 말할 수 없다.

셋째로 그것은 인간의 몸에 대해서 마찬가지이다. 이것 하나만은 적어도 하나님의 형상에서 제외되는 것이 아니다. 성경은 참으로 분명하게 하나님은 영이시라(요 4:24)고 말씀하시고 어디에서나 그분을 하나의 몸으로 돌리고 있다. 그럼에도 불구하고 하나님은 몸과 전 영적 세계의 창조자이시다. 즉 물질적인 것은 물론 만물들이 하나님과 함께 계셨던(요 1:3; 골 1:15) 말씀 안에 그 근원과 존재성을 갖고, 따라서 성찰과 영 안에서 안식한다. 무엇보다 몸은 기구이지 인간이 행하는 이런 모든 활동의 원인이 아니다. 즉 듣는 것은 귀가 아니라, 귀를 통해서 듣는 인간의 영혼이다.

그 때문에 우리가 몸을 통해서 행하는 이 모든 활동들과 심지어 우리가 그것을 통해서 그들을 행하는 모든 몸의 기관들이 하나님께도 있는 것으로 돌리고 있다. 성경은 그의 손과 발, 그의 눈과 귀, 기타 더 많은 것들에 대해서 말씀하셔서 인간이 몸의 수단을 통해서 할 수 있고 행하는 것은 무엇이든지 근원적이고 절대적인 사고방식으로 하나님께 있는 것으로 돌리고 있음을 깨닫게 한다. 귀를 지으신 자가 듣지 아니하시랴 눈을 만드신 자가 보지 아니하시랴(시 94:9). 따라서 몸이 영의 활동을 위한 도구로서 봉사한다는 것과 같은 한도 내에서 그것은 하나님께서 세계 내에서 활동하시는 방식과의 유사성을 나타내고 우리에게 어떤 사상을 준다.

이런 모든 것들이 넓은 의미에 있어서 하나님의 형상에 속해 있다. 이보다 훨씬 강력하게 하나님과 인간의 모양은 최초의 인간이 생득하고 좁은 의미에 있어서의 하나님의 형상이라 부르는 원의 속에 나타난다. 성경이 이 원의를 강조할 때 그와 더불어 알려 주는 것은 하나님의 형상에 있어서 중요한 것은 우선 존재한다는 그것(dat)이 아니라, 주로 그것이 무엇(wat)이냐는 것이다. 이 요점은 우리가 생각하고 하고자 하며 사랑하고 미워한다는 그것(dat)이 아니다. 인간이 하나님과 같은 모양을 가졌다는 것은 무엇보다 우리의 사상과 의지의 내용이 무엇이며 우리의 미움과 사랑의 대상이 무엇이냐에 그 의미가 있다. 이성과 의지, 성향과 혐오라는 형식적인 능력들을 인간에게 주신 것은 바로 그가 이것들을 올바르게 하나님의 뜻을 따르고 하나님의 영광을 위해서 사용하도록 하기 위함에 있다. 마귀들도 역시 지적 능력과 의지력을 보유했지만 그것들은 이들로 하여금 하나님에 대한 그들의 증오와 대적에 봉사하게 하였다. 본질적으로 선한 것인 하나님의 존재에 대한 신앙조차도 마귀에게는 그의 심판에 대한 떨림과 두려움을 줄 뿐이다(약 2:19). 한번은 예수님께서 스스로 아브라함의 자손이며 하나님을 아버지라 부르는 유대인에게, "이것이 사실이라면 그들이 아브라함의 행사들을 할 것이고 하나님으로부터 나온 그를 사랑하였으리라. 그러나 그들이 바로 그 반대되는 일을 행하고 예수님을 죽이고자 함으로 그들이 아비 마귀에게 났으며 아비의 욕심을 행하고자 함을 드러냈다"고 말씀하셨다(요 8:39-44). 유대인들의 모든 예리함과 열심에도 불구하고 그들이 품은 욕심들과 또한 그들이 행한 행위들이 그들로 하여금 마귀와 같이 만들었다. 이와 마찬가지로 인간이 하나님과 닮았다는 것은 인간이 오성과 이성, 마음과 의지를 소유하고 있다는 사실에서 나온 것이 전혀 아니다. 그것은 다같이 좁은 의미에서의 하나님의 형상을 구성하고 이것들로 말미암아 인간이 하나님의 창조 가운데 특권을 누리고 돋보이게 되는 순수한 지식과 완전한 의와 거룩에서 주로 나타난다.

최초 인간에게 주신 지식은 그가 모든 것을 알고 있었고 하나님과 그들 자신과 세계에 대해서 더 이상 배울 것이 없었다는 사실에 있지 않다. 왜냐하면 천사들과 성도들(de zaligen)에 대한 지식은 적어도 성장이 항상 허락되어 있고 땅에 있는 그리스도에 대한 지식도 그의 생애의 마지막까지 허락되었기 때문이다. 오히려 그것은 아담이 그의 환경과 소명에 충분한 지식을 받았고, 이 지식은 순수한 지식이었다는 의미이다. 그는 전심으로 진리를 사랑하였다. 잘못과 의심과 불신앙과 불확실성 같은 저주스러운 모든 결과들을 초래하는 거짓들은 아직 그의 마음속에 자리를 얻지 못했다. 그는 진리 가운데 있었고 참으로 있었던 그대로 모든 것을 보았고 인지하며 인식하였다.

이러한 진리의 지식은 열매로서 의와 거룩을 동반한다. 거룩은 최초의 인간이 모든 죄의 오염이 없이 창조되었음을 깨닫게 해 준다. 그의 본성은 부패되지 않았고 그의 마음으로부터 악한 사상이나 모략이나 욕망이 생기지 않았다. 그는 아무것도 알지 못한 자처럼 순진한 것이 아니라, 그는 하나님을 인지하였고 그의 마음에 새겨진 하나님의 율법도 깨달았으며 그것들을 전심으로 사랑하였다. 그리고 의란 그의 오성 가운데서 진리를 깨닫고 그의 의지와 모든 성향이 거룩하였던 인간이 이로 말미암아 하나님의 율법과도 완전히 일치하였고 그의 모든 공의의 요구에 완전히 응하였으며 조금도 죄책감이 없이 하나님 앞에 섰었다는 사실을 의미한다. 진리와 사랑은 화평, 곧 하나님과 우리들 자신들과 온 세계와의 화평을 가져왔다. 바른 장소, 곧 그가 서 있어야 할 장소에 서 있는 인간은 하나님과 모든 피조물들과도 바른 관계 속에 서 있는 것이다.

최초의 인간이 창조되었던 것과 같은 그런 상태와 환경에 대해서 이 이상 더 표상할 수는 없다. 완전히 순수하고 전혀 죄가 없는 마음과 머리, 오성과 의지란 우리의 모든 경험의 영역을 넘어 멀리에 있다. 우리의 모든 사고와 언어들, 그리고 우리의 모든 의지와 행동들 속에 죄들이 얼마나 얽혀 있는지를 우리가 반성할 때 그러한 진리와 사랑과 화평의 상태가 인간에게 가능한지 우리의 마음속에서 의심이 일어날 수도 있다. 그러나 성경이 이런 의심을 극복케 하고 몰아낸다. 왜냐하면 첫째로 성경은 역사의 시작에 있어서나 그 절정에 있어서나 그의 대적자들에게 아주 당당히 너희 중에 누가 나를 죄로 책잡겠느냐(요 8:46)라고 물을 수 있는 어떤 인물을 우리에게 보여주고 있기 때문이다. 그리스도는 참되셨고 죄를 범치 아니하셨고 그 입에 궤사가 없었던 완전한 인간이셨다(벧전 2:22). 둘째로 성경은 한 쌍의 첫 인간들이 하나님의 형상에 따라서 알려진 열매로서 의와 거룩으로 창조되었음을 가르치고 있기 때문이다. 따라서 성경은 죄는 인간본성의 본질에 속해 있지 않고, 바로 그 때문에 이런 인간본성으로부터 죄는 제거될 수 있고 떼어 내버릴 수 있다고 주장한다.

가장 최초의 원천으로부터 그 자신의 본성의 힘으로 인간에게 죄가 붙어 있었다면 그런 사태의 본질로부터는 죄에서 구원이란 불가능하다. 그때 죄에서의 구원이란 인간본성의 허무성과 동일한 상태가 될 것이다. 그러나 이제 추상적으로 죄 없는 인간이란 생각할 수 있을 뿐만 아니라, 그런 거룩한 인간이 현실적으로 존재하였다. 그리고 인간이 타락하여 범죄하고 죄로 오염되었을 때 이로 인하여 죄 없는 다른 인간, 곧 두번째 아담이 타락한 인간을 모든 죄책으로부터 자유롭게 하고 모든 오염으로부터 깨끗하게 하기 위해서 일어났다. 하나님의 형상을 따른 인간창조와 그의 타락의 가능성은 그의 구원의 가능성과 재창조의 가능성을 내포한다. 그러나 첫 사람을 부정하는 사람은 누구든지 두번째 사람을 인정하지 않으며, 역으로 타락의 부정은 위로 없는 인간의 구원 불가능성의 설교를 취한다. 타락할 수 있기 위해서는 인간이 처음부터 존재했어야 했고, 하나님의 형상을 상실할 수 있기 위해서는 그는 처음부터 그것을 소유했어야 한다.

창세기 1:26, 28에 의하면 인간을 하나님의 형상으로 창조하시는 당장의 목적은 인간이 그 땅에 충만하고 땅을 정복하며 다스리기 위함이다. 그렇다고 이런 지배가 하나님의 형상의 요소이거나 어떤 사람들이 주장하듯이 그 형상의 전 내용을 구성하는 것도 절대 아니다. 더구나 우발적이거나 사소한 가미(加味)가 아니다. 그 반대로 이런 지배와 하나님의 형상에 따른 창조와의 그런 밀접한 관계에 강조를 두고 있다는 사실은 결론적으로 하나님의 형상은 이런 지배 속에서 표현되고, 시간이 지나면 지날수록 그 가운데서 형상의 내용을 더 많이 나타내고 밝혀져야 함을 가리킨다. 더구나 이런 지배에 대한 묘사에서 그 내용의 어느 정도까지는 천성으로서 인간에게 직접 주어졌지만, 더 중요한 것들은 미래에서만 성취될 것이라는 것이 명백히 진술되어 있다. 무엇보다 하나님은 주의 형상과 모양대로 사람을 만들 것이라(창 1:26)는 일반적인 말뿐 아니라, 주께서 첫 부부인 남자와 여자를 창조하셨을 때 그들을 축복하여 이르시되, 생육하고 번성하여 땅에 충만하고 땅을 정복하라(창 1:28)고 하셨고, 아담에게 동산을 가꾸고 지키라는 특별한 일을 주셨다(창 2:15).

이 모든 것들이 인간은 놀기 위해서 창조된 것이 아니고, 일하기 위해서 창조되었음을 분명하게 가르쳐 준다. 그의 영광의 자리에 앉아 쉬도록 하신 것이 아니고, 그의 말씀과 뜻의 능력 아래 그들을 복종시키기 위해서 그는 넓은 세계로 들어가야 한다. 그에게 땅에서의 크고 넓으며 풍부한 과업이 주어졌다. 수세기 동안의 노력이 드는 일이 그에게 맡겨졌다. 그가 끝까지 추구해 나아가야 할 까마득한 먼 길이 그에게 있다. 한마디로 말해서 최초 인간의 창조된 조건(toestand)과 그가 부름을 받은 운명(bestemming) 사이에는 큰 차이가 있고 긴 간격이 있다. 인간의 본질이 인간의 근원과 밀접한 관계를 맺고 있는 것처럼 이런 그의 운명도 그의 본질과 밀접한 관계를 맺고 있다. 그럼에도 불구하고 구별지어져 있는 것이다. 인간의 본질, 곧 그가 그것에 따라서 창조된 하나님의 형상은 그 운명을 향하는 역투 가운데서 계속해서 좀더 부요하고 좀더 완전하게 그 내용을 전개해 가야 한다. 다시 말해서 하나님의 형상은 인류로 말미암아 땅끝까지 퍼져 나가야 하고 그들의 손의 사역들 위에 새겨져야 한다. 세계가 인간으로 말미암아 경작되어야 한다. 그래서 그것이 시간이 지나면 지날수록 더 하나님의 속성의 계시가 되도록 해야 한다.

그 때문에 땅을 지배한다는 것은 인간이 부름을 받은 가장 가까운 목적이지 최종적인 목적은 아니다. 그 사태의 본성이 이것을 이미 가르치고 있다. 참된 사역의 일은 끝날 수 없고 본질적으로 최종목적이 없고 항상 무엇인가를 이루고자 하며 이 목적이 성취되었을 때 멈춘다. 생각도 없이 계획도 없이 목적도 없이 단지 일하기만 하는 것은 소망이 없고 합리적인 사람에게는 무가치한 것이다. 항상 진행하고 있는 어떤 발전은 발전이 아니다. 소위 발전이라 함은 의도이며 진행이며 과정이며 목적이며 운명이다. 인간의 창조 때에 그가 일하기로 부름을 입었을 때 그것은 그 자신과 그로부터 나올 인류는 이 일을 마친 후에 안식에 들어갈 것임을 의미한다.

7일이라는 일주일의 제정은 그 사실 자체에서 초래된 바 이런 생각을 확증케 하고 강화시킨다. 창조의 사역에서 하나님은 6일 동안 일하셨고 일곱째 날에 모든 그의 사역으로부터 안식하셨다. 하나님의 형상에 따라 창조된 인간은 이 점에 있어서 신적 모범을 따라야 할 권리와 특권을 창조 때에 직접 가지고 있다. 그에게 맡겨진 일, 곧 땅을 충만케 하고 복종케 하는 일은 하나님의 창조적 활동에 대한 희미한 모방이다. 인간의 사역도 역시 성찰을 한 후에 들어갈 사역이요 명확한 과정으로 진행되며 일정한 목적을 향하여 가는 사역이다. 인간은 무의식적으로 움직여 가는 기계가 아니다. 그는 변치도 않고 단조로이 돌아가는 물레방아와 같지 않다. 그는 그의 일에서도 인간이요 하나님의 형상이요 생각하면서 의도하고 일하는 존재이며 그의 일에서 무엇인가 창조를 찾고 마지막에 가서 그 손수한 일을 보고 기뻐하는 존재이다. 하나님 자신의 경우와 같이 그의 일도 안식과 기쁨과 즐거움으로 끝난다. 안식일로 끝나는 6일, 주일은 인간의 사역을 고귀하게 하고 혼이 없는 자연적 단조로운 운동에서 보다 높은 차원으로 높이고 거기에 신적 소명의 날인을 한다. 그러므로 주의 목적하신 바에 따라서 안식일에 하나님의 안식에 들어간 자는 누구든지 하나님께서 자기 일을 쉬심같이 동일한 방식으로 자기 일을 쉰다(히 4:10). 이런 경우가 단지 한 사람에게만 타당한 것이 아니라, 교회와 인류에게 타당하다. 세계 역시 세계 안식으로 말미암아 따르고 결과되는 자신의 세계 사역을 갖는다. 하나님의 백성에게는 아직

한 안식이 남아 있다. 각 안식일은 그 안식의 예표요 표징이며 동시에 그 안식의 예언이요 보증이다(히 4:9).

그러므로 하나님께서 인간을 선하게 창조하시고 그의 형상대로 창조하신 것은 하나님을 그들의 창조주로 바르게 인식하고 진심으로 그를 사랑하며 그와 더불어 그를 찬양하고 영광을 돌리는 영원한 축복 가운데 살도록 하기 위함이라고 말한 하이델베르크 요리문답(de Catechismus van Heidelberg)의 말은[4] 정당한 말이다. 인간의 마지막 운명은 하늘에 있는 영원한 복과 하나님의 영광 가운데 있지 땅에 있는 것이 아니다. 그러나 이런 최종 목적에 달하기 위해서 그는 첫째로 땅에서 그의 소명을 성취해야 한다. 하늘에 이르는 길은 땅을 지나 땅 위로 가는 데 있다. 안식에 들어가는 입구는 6일 동안의 노동을 통하여 열린다. 영생은 일을 함으로 이르게 된다.

지금까지 인간의 종국에 관한 이런 가르침은 창세기 1:26-3:3에서 표현된 사상들에 전적으로 의존하고 있다. 그러나 여기 제2장에서 나머지 아직 중요한 부분을 더 첨가시키겠다. 하나님께서는 인간을 낙원에 두실 때 동산에 있는 각종 나무들의 열매들을 임의로 먹을 수 있는 권리를 주셨다. 그러나 한 나무, 곧 선악을 알게 하는 나무만은 그로부터 제외시켰다. 즉 그 나무의 열매는 사람이 먹지 말지니 먹는 날에는 정녕 죽으리라(창 2:16, 17). 이렇게 모든 명령들에 단 한 가지 금령(verbod)을 더하셨다. 아담은 이 명령들을 부분적으로는 자신의 마음속으로부터 인식하고 부분적으로는 하나님께서 이르신 말씀으로부터 깨닫는다. 이 명령들은 아담으로 말미암아 고안된 것이 아니고, 하나님으로 말미암아 그 안에 창조되고 그에게 전달된 것이다. 인간은 종교적으로든 도덕적으로든 자율적이지 않다. 그는 그 자신의 입법자가 아니며 그가 원하는 것을 행할 수도 없다. 다만 하나님만이 유일한 입법자이시요 재판장이시다(사 33:22; 요 4:12). 아담이 받은 이 모든 명령들은 이제 하나님의 형상으로 창조되었던 그가 그의 모든 생각과 행위, 그의 모든 생활과 노동 가운데 하나님의 형상을 남겨야 한다는 이것에 귀속되었다. 그가 인격적으로 자신에 대한 하나님의 형성을 남겨야 될 뿐만 아니라, 특히 그의 결혼생활, 그의 가정생활, 6일 동안의 노동, 일곱째 날의 휴식, 그의 확장과 번성, 그의 땅의 정복과 지배, 동산을 갖추고 지키는 일에 있어서 남겨야 한다. 아담은 자기 임의대로 가서는 안 되고 하나님이 그를 위해서 정하신 길로 걸어가야 한다.

다시 말해서 활동을 위한 전 공간을 아담에게 허락하고 온 땅을 그의 영역

---

역주 4) Heidelbergische Catechismus Fr. 7.

으로서 지시하는 이 모든 명령들은 한 가지 금령으로 증보되었고, 혹은 차라리 한 가지 금령으로 말미암아 제한되었다. 왜냐하면 선악을 알게 하는 나무를 먹지 말라는 금령은 하나님의 형상에 속해 있지도 않고 그 구성요소를 형성하지도 않지만 오히려 그 반대로 그것의 한계이기 때문이다. 아담이 이 금령을 어겼을 때 그는 하나님의 형상을 잃고 하나님과의 교통 밖으로 스스로 떨어지며 죽는다. 따라서 이 금령으로 인간의 순종이 시험받는다. 이 금령은 인간이 하나님의 길을 따를 것인지 자신의 길을 따를 것인지, 혹은 그가 정도를 유지할 것인지 배회할 것인지, 혹은 아버지 집에서 하나님의 아들로 남아 있을 것인지 그에게 주어진 분깃을 취하여 먼 이방 땅으로 갈 것인지를 증명할 것이다. 일반적으로 이런 금령에 시련의 명령(het proef gebod)이라는 이름을 붙이기도 한다. 그 때문에도 어떤 의미에서 그것은 전형적인 내용을 취한다. 아담과 이브는 왜 이 한 나무의 열매를 먹는 것이 금지되었는지 그 이유를 발견할 수 없었다. 즉 그들이 그 금령을 지켜야 했던 것은 그 안에 있는 합리적인 내용을 헤아리고 이해했기 때문이 아니라, 단지 하나님께서 그것을 말씀하셨기 때문에 그의 권위에 근거하여 순진한 순종에서와 의무에 대한 순수한 생각에서 지켰던 것이다. 그리고 그 때문에 그 열매를 먹는 것이 금지되었고, 나무는 선악을 알게 하는 나무라 하였다. 이 나무는 인간이 자발적이며 스스로 자진하여 선이 무엇이고 악이 무엇인지를 정의하여 결정하고자 할 것인지, 그렇지 않으면 이 문제에 있어서 전적으로 하나님께서 주셨던 명령을 통하여 인도함을 받고 그 명령에 충실한 것인지를 증명할 것이다.

그렇게 첫 인간은 행해야 할 어떤 것들을 많이 받았지만, 역시 적을지라도 금할(to laten) 어떤 것도 받았다. 후자의 것이 일반적으로 전자보다 훨씬 더 어렵다. 예를 들어, 많은 사람들이 그들의 건강을 위해서는 지극히 많은 것을 행하고자 하여도 건강을 위해서 조금이라도, 혹은 어떤 것들을 금하려고는 하지 않는다. 그들은 아무리 작은 자기 부정일지라도 그것만은 견딜 수 없는 짐으로 생각하고 있다. 금지선, 그것으로부터 어떤 신비스러운 끄는 힘이 나온다. 그것은 왜, 무엇을, 어떻게에 대한 물음을 일으키게 한다. 그것은 의심을 일깨우고 상상력을 자극시킨다. 최초의 사람은 금령으로부터 나오는 이런 유혹에 대항해야 했다. 이것은 싸우도록 그에게 주신 신앙의 싸움이다. 그러나 그는 그것대로 창조함을 받은 하나님의 형상 속에서 역시 그가 계속 서서 이겨낼 수 있도록 하는 모든 힘을 얻었다.

그럼에도 불구하고 인간의 종국은 그들의 창조와는 구별된다는 사실이 7일 동안의 주일의 제정으로부터보다는 이런 시련의 명령으로부터 더 분명하게 되었다. 첫 사람 아담에게는 아직 그가 마지막에 무엇이 될 수 있고 무엇이 되어야 하는가가 없었다. 그는 낙원에 거하였지만 아직 하늘에는 있지 않았다. 그가 마지막 목적에 도달하기 전까지는 그에게 긴 행로가 있었다. 행할 것과 금할 것을 통하여 그는 영생을 얻어야 한다. 한마디로 말해서 최초의 인간이 창조되었던 무죄의 상태와 그가 마지막에 처하게 될 영광의 상태 사이에는 큰 차이가 있다는 것이다. 이 차이가 무엇인지에 대해서는 추후 계시에서 우리에게 좀더 밝혀지게 된다.

아담은 낮과 밤, 잠이 들고 잠이 깨고 하는 변화에 의존했을지라도 우리가 하늘의 예루살렘에 대해서 읽는 것은, 거기에는 밤이 없을 것이고(계 21:25: 22:5), 어린양의 피로 구원받은 자들이 하나님의 보좌 앞에 있고 그의 성전에서 밤낮 하나님을 섬길 것이다(계 1:15). 첫 인간은 1주일을 6일의 노동일과 하루의 휴일로 나누임에 매어 있었지만, 하나님의 백성은 그 이후로 영원하고 영속적인 안식 속에 남아 있게 된다(히 4:9; 계 14:13). 무죄상태에서의 인간은 매일매일 먹을 것과 마실 것을 필요로 하였지만, 미래에 하나님은 배와 식물 모두를 폐할 것이다(고전 6:13). 첫 인간의 한 쌍은 남자와 여자로 되어 있고 생육하고 번성하라는 축복이 동반되었지만, 부활의 때에는 결혼하지도 않고 결혼생활도 없고 하늘의 천사들과 같다(마 22:30). 첫 사람 아담은 땅으로부터 나서 땅에 속하며 자연의 몸을 입고 산 영이 되었지만, 신자들은 부활 때에 신령한 몸을 얻고 하늘에 속한 인간의 형상, 그리스도의 형상, 하늘에서 나신 주님의 형상을 입을 것이다(고전 15:45-49). 아담은 그가 잘못하여 죄를 지을 수 있고 타락하고 죽을 수 있도록 창조되었지만, 원리 면에서 신자들은 이 땅에서도 그 모든 것을 넘어 올라간다. 그들은 더 이상 죄를 지을 수 없으니, 이는 하나님께로서 난 자마다 죄를 짓지 아니함이 그의 씨가 그의 속에 거함이요 그가 죄를 지을 수 없는 것은 그가 하나님께로서 났기 때문이다(요 3:9). 그들은 그 마지막까지도 타락할 수 없으니 이는 그들이 말세에 나타내기로 예비하신 구원을 얻기 위해서 믿음으로 말미암아 하나님의 능력으로 보호하심을 입기 때문이다(벧전 1:5). 그들은 또한 결코 죽을 수 없으니, 이는 그리스도를 믿는 자들은 이 땅에서 이미 부패할 수 없는 영생을 얻었고 그들은 영원히 죽지 아니하며 죽어도 살 것이기 때문이다(요 11:25-26).

따라서 우리가 첫 사람에 대해서 볼 때 두 가지 독특성을 주의해야 한다. 먼저 우리는 성경에 근거하여 아담이 직접 하나님의 형상과 모양대로 참된 지식과 의와 거룩으로 창조되었다고 주장해야 한다. 즉 아담은 스스로 발달해야 할 천진한 어린아이가 아니었다. 그는 몸으로는 성숙하였을지라도 영적으로는 독특한 내용이 없었고 진리와 거짓, 선과 악의 중립적인 위치를 취하는 그런 인간 존재가 아니다. 그는 원래 동물적인 존재였고, 그 동물로부터 점점 진화하여 오랜 시간이 지나 약육강식으로 말미암아 인간이 되어야 했던 그런 존재가 아니다. 이런 생각은 성경과 건전한 이성에 조화될 수 없다.

다른 한편에서는 첫 인간의 상태는 기독교 교리와 설교에서 가끔 일어나듯이 지나치게 영화로운 상태가 아니었다. 하나님께서 인간을 아무리 높이 올려놓았을지라도 아직은 가장 높지 않다. 그는 죄를 짓지 않을 수 있는 상태(het kunnen-niet-zondigen)였지만 죄를 지을 수 없는 상태(het niet-kunnen-zondigen)는 아니었다. 그는 부패될 수 없고 죽을 수 없는 영생은 아직 소유하지 않았지만, 그 대신 그 존속(存續)에 어떤 조건의 성취에 달려 있었던 과도기적인 불멸성을 받았다. 그는 직접 하나님의 형상으로 창조되었으나 아직은 이 형상과 그의 모든 영광을 상실할 수 있다. 그는 낙원에 거하였으나 이 낙원은 하늘이 아니었고 그것은 모든 아름다움을 지녔어도 그를 통하여 잃게 될 수 있다. 영적으로나 육적으로나 아담이 소유했던 모든 풍부한 것 중에 부족한 것 하나가 있었으니 그것은 절대적 확실성(de volstrekte zekerheid)이다. 우리가 이것을 소유할 수 없는 한 우리의 안식과 우리의 기쁨은 아직 불완전하다. 인간이 소유한 것은 무엇이든지 사회와 정치에서 보증하고자 하는 많은 노력을 기울이는 현시대가 이에 대해 만족하게 하는 증거를 제공하고 있다. 신자들은 이생과 미래의 생에 있어서 보증되었으니 이는 그리스도께서 그 보증자이시고 아무도 그의 손에서 빼앗지 못할 것이며 잃지 않을 것이기 때문이다(요 10:28). 온전한 사랑은 그들 안에 있는 두려움을 내어쫓고(요 4:18) 아무것도 예수 그리스도 안에 있는 하나님의 사랑에서 끊을 수 없다고 그들을 보증케 한다. 그러나 이런 절대적 확실성이 낙원에 있는 인간에게 결여되었다. 그는 하나님의 형상대로 창조됨과 동시에 영원히 변치 않는 선한 것으로 고정되지 않았다. 그가 가진 것이 아무리 많을지라도 그는 자신과 그의 후손을 위하는 모든 것들을 잃어버릴 수 있었다. 그의 기원도 신적이었고 그의 본성도 신적 본성과 관계되었고, 그의 종국도 하나님의 직접적 현존 안에 있는 영원한 축복이었다. 그러나 이런 종국에 그가 도달할 수 있을지는 그 자신의 선택 속에 놓여 있었고 그 자신의 뜻에 달려 있었다.

# 제13장

# 죄와 죽음

　창세기 3장에서 이미 인간의 타락과 불순종에 대해서 이야기하고 있다. 추측컨대 창조된 후 얼마 되지 않아서 그는 스스로 신적 명령을 어기는 죄를 지었다. 창조와 타락은 공존하지 않으며 서로 동일시될 수도 없다. 이렇게 그것들은 본질적으로 구별이 되나 연대적으로는 서로 밀접해 있다. 그것이 인간의 환경이었고 천사들의 세계에서도 동일했을 것 같다. 천사들의 창조와 타락에 대해서는 성경이 우리에게 자세한 이야기를 해 주지 않는다. 인간과 그의 타락에 대한 올바른 이해를 위해서 꼭 알 필요가 있는 것에 대해서만 많이 말하고 있다. 그것은 좀더 깊은 모든 생각을 배제시키고 있고, 우리의 호기심을 만족시킬 만한 점은 전혀 비추어 주지 않고 있다. 그럼에도 불구하고 우리는 천사들이 있다는 것과 그 대다수가 그들 중에서 타락하였고, 이 타락 역시 세상의 초기에 일어났음을 깨달을 수 있다. 어떤 사람들은 천사들의 창조와 타락의 시기를 창세기 1:1보다 훨씬 선행하는 시기에 두고 있으나 이것에 대한 성경적 근거는 없다.
　창세기 1:1이 전 창조사역의 시작이요, 창세기 1:3에서 하나님이 그 지으신 모든 것을 보시니 보시기에 심히 좋았더라고 하셨을 때, 그것은 땅에 대한 것만이 아니라 아마 전 창조사역에 대한 말일 것이다. 이런 경우 천사들의 반역과 불순종은 6일 창조 바로 후에 일어나야 한다.
　다른 한편 천사들의 이런 타락이 인간의 타락보다 앞서는 것은 분명하다. 죄는 땅에서 처음으로 발단된 것이 아니라, 하늘에서 직접 하나님의 면전과 그의 보좌의 발 아래서 시작되었다. 하나님을 반항하고자 하는 생각과 소원과 뜻은 처음 천사들의 마음속에서 생겼다. 아마 교만이 첫째 죄요 그들의 타락의 시초요 원리였을 것이다. 디모데전서 3:6에서 바울은 새로 입교한 자를 바로 감독으로 택하지 말 것을 권고하였는데, 이는 그런 사람은 교만하여져서 그가 마귀를 정죄하는 그 정죄에 빠질까 함이었다. 이런 마귀의 정죄는 삽입된 말대로 마귀가 하나님을 대적하여 자신의 지혜보다 자신을 높였을 때 빠지는 그런 정죄일진데, 우리는 이 가운데서 마귀의 죄란 자고함과 교만으로 시작되었다는 암시를 얻는다.

어떻든 간에 천사들의 타락이 인간의 타락보다 앞섰다. 왜냐하면 인간은 어떤 외부적인 동기 없이 그 자신 스스로 하나님의 명령을 어긴 범죄에 이른 것이 아니라, 다만 뱀의 간계로 미혹되어 죄에 빠졌기 때문이다(고후 11:3; 딤전 2:14). 확실히 우리는 이 뱀을 상징적인 표현으로 생각해서는 안 되고 실질적인 뱀으로 생각해야 한다. 왜냐하면 뱀은 모든 들짐승보다 더 간교하고 지혜롭다고 분명히 언급되어 있기 때문이다(창 3:1; 마 10:16). 그러나 좀더 발전된 계시가 주는 확실한 이해는 마귀의 힘이 인간을 속이고 배교케 하는데 이 뱀을 사용하였다는 것이다. 이미 구약에서 여러 번 사단은 인간을 참소하는 자요 유혹자로 말하고 있다(욥 1장; 대상 21:1; 슥 3장). 그러나 그리스도 안에서 하늘의 신적 빛이 세상에 일어났던 것처럼 무서운 어둠의 권세 잡은 자가 처음 계시되고 있다. 이제 여기 땅 위에서와는 다른 죄악의 세계가 있다는 것이 분명해졌다. 수많은 귀신들과 악하고 부정한 영들과 저들보다 더 악한 자들(마 12:45)은 수종자들이고, 그 우두머리가 사단인 영적으로 악한 세계가 있다. 이 사단은 여러 가지 이름으로 불려지는데, 그는 대적자, 곧 사단이라 불리울 뿐만 아니라, 마귀, 곧 참소하는 자(마 13:39), 원수(마 13:39; 눅 10:19), 악한 자(마 6:13; 13:19), 참소하는 자(계 12:10), 시험하는 자(마 4:3), 무의미함 혹은 무가치함 이라는 뜻인 벨리알(Belial, 고후 6:15), 원래 에그론(Ekron)에서 숭상되는 비상(飛翔)의 신(vliegengod)의 별칭인 바알세불 혹은 바알세붑(왕하 1:2; 마 10:25), 귀신의 왕(마 9:34), 공중의 권세 잡은 자(엡 2:2), 세상 임금(요 12:31), 세상 신(고후 4:4), 큰 용과 옛 뱀(계 12:9)이라 부른다.

이런 어둠의 왕국은 창조의 처음부터 존재한 것이 아니었고, 사단과 그의 천사들의 타락을 통하여 생겼다. 베드로는 일반적으로 천사들이 죄를 지었고 따라서 하나님이 이들을 벌하신다고 말하고 있지만(벧후 2:4), 유다는 그의 편지 6절에서 좀더 특별하게 그의 죄의 본성을 가리켜 말하기를, 그들은 자신의 원리, 즉 하나님께서 그들에게 주신 권세를 지키지 않고 하늘에 있는 그들 자신의 처소를 떠났다고 말하고 있다. 하나님께서 그들에게 주신 지위에 만족하지 못하고 다른 것을 구했다. 그리고 이런 일은 이미 초기에 일어났으니, 이는 마귀가 태초부터 죄를 지었고(요 3:8) 처음부터 사람의 타락을 계획했기 때문이다. 또한 예수님께서 사단은 처음부터 인간을 살인한 자요 그 안에는 진리가 거하지 않고 거짓이 거하기 때문에 처음부터 진리 가운데 있지 않다고 분명히 말씀하시기 때문이다(요 8:44).
　그로부터 인간의 시험이 나왔고 그가 하나님께서 주셨던 선악을 알게 하는 나무의 열매를 먹지 말라는 명령에 그 시험을 밀착시켰다. 사도 야고보는 하나님은 모든 시험에 초월하시고 친히 아무도 시험하지 않으신다고 증거하고 있다(약 1:13). 이것은 하나님께서 아무도 테스트하거나 시험해 보지 않으신다는 의미가 아님이 분명하다. 성경에서 여러 번 아브라함, 모세, 욥, 그리스도 자신과 이미 최초 인간의 경우에도 직접 이런 취급에 대한 기록이 있다. 그러나 이 시련에 실패했을 때 그는 직접 그의 타락의 책임을 하나님께 돌려 하나님께서 그를 시험했고, 즉 그를 타락시키려는 목적을 가지고 그를 시험해 보거나, 그가 반드시 실패하는 시련을 그에게 주었다고 말하는 경향이 있다.
　우리는 아담이 타락 후 직접 그런 진행을 담당했음을 본다. 그것은 각 사람의 은밀한 갈망이다. 야고보는 그것을 반대하여 하나님 자신은 모든 시험을 초월하고 아무도 시험하지 않음을 분명하고 명확하게 진술하고 있다. 그는 시험하실 때 타락시킬 의도는 없으시고 사람이 감당하지 못할 시험은 하지도 않으신다(고전 10:13). 아담에게 준 시련의 명령은 그의 순종을 나타내게 하기 위한 의도는 아니었고, 그의 능력을 결코 넘어서는 시험도 아니었다. 인간적으로 말해서 아담은 그 명령을 쉽게 지킬 수 있었다. 왜냐하면 그것은 가벼운 명령이었고 그에게 허락되었고 주어졌던 모든 것들과는 전혀 비교할 수 없었기 때문이다.
　그러나 하나님에게서 선하게 의도되었던 것들이 사단에게는 항상 악하게 의도되어졌다. 그는 시련의 명령을 시험, 곧 첫째 인간의 순종에 대한 은밀한 공격으로 이용하였으며, 그것을 통하여 그를 타락시키고자 하는 의도를 분명히 가졌다. 그래서 처음에 하나님이 주셨던 명령이 변덕으로 부과된 짐으로서 그리고 감추어진 인간 자유와 한계로서 생각되어지고, 이브의 영혼 속에 그 명령의 신적 기원과 정당성에 관한 의심의 씨가 뿌려졌다. 다음으로 그 의심은 선악을 아는 데 있어서 하나님과 같은 인간이 될까봐 하나님께서 명령을 주셨다는 생각으로 인하여 불신앙으로 발전되었다. 이런 불신앙은 그 차례대로 상상력을 일으켰고, 그 명령을 어기는 것은 죽음에 이르는 길보다 참된 생명, 신과 같이 되는 길로 인도될 것으로 보이게 하였다. 후에 상상력은 그 영향력을 인간의 경향과 욕구에로 행사하여 금지된 나무는 다른 구실을 만들게 하였고, 눈에는 보암직하고 마음에는 열망이 생겼다. 그렇게 품은 열망은 의지를 추방하였고 죄의 행동을 야기시켰다. 하와는 그 열매를 취하여 먹고 자기와 함께 한 남편에게도 주매 그도 먹었다(창 3:1-6).

성경은 이런 단순하고 깊은 심리학적인 방식으로 타락사와 죄의 근원에 대해서 말하고 있다. 이런 식으로 죄는 아직 계속 발생하고 있다. 즉 죄는 이성을 어둡게 함으로 시작하여 계속 상상력을 자극시켜 심령에 욕망을 일깨워 주고 의지적 행동에서 절정을 이룬다. 참으로 첫 죄의 발생과 그 후 모든 죄의 발생 사이에는 큰 차이가 있다. 후의 모든 죄들은 인간 안에 있는 죄악된 본성을 이미 가지고 있다고 보아 거기에는 연결점을 발견할 수 있을지라도, 아담과 하와는 하나님의 형상으로 창조되었기 때문에 그런 본성이 존재하지 못한다. 그러나 그들이 모든 완전성으로 창조되었을지라도 타락할 수 있는 그런 방식으로 창조되었음을 명심하는 것이 좋고, 특히 죄는 항상 그 본성에 의해서 비합리적이고 변덕적인 성격을 띠고 있다는 사실을 고려해야 한다. 누구나 죄를 지을 때는 항상 자신을 변명하거나 정당화하려고 한다. 그러나 그는 그것에 성공하지 못한다. 죄의 경우에는 항상 합리적 근거가 없다. 그 존재가 비합법적이며 항상 비합법성으로 남아 있다. 우리 시대의 어떤 사람들은 과실자가 죄를 범하게 되는 것이 환경이나 그 자신의 성향으로 말미암아 어쩔 수 없이 된 것이라고 주장하고자 하나, 사람들이 외적 혹은 내적 필연성을 과실자에게 덮어씌운 것이요 과실자 자신들의 양심 속에서 가장 강한 갈등을 발견한다. 합리적으로든 심리학적으로든 죄는 존재할 만한 이유와 합법성을 갖는 어떤 성향과 행동으로 되돌아 가고자 하지 않는다.

이런 경우는 낙원에서 범했던 첫 죄의 경우에 가장 강하게 나타난다. 왜냐하면 요즘은 종종 죄를 정당화하지 못하게 하고 그의 죄책의 수단을 제한하는 환경들이 완화되고 있기 때문이다. 그러나 첫 두 인간의 죄의 경우 변명할 만한 완화된 환경들이 전혀 없다. 오히려 그 반대다. 거기에서 전달될 수 있는 모든 것, 그들에게 시련의 명령을 알려 주는 특별계시, 부정할 만한 것이 거의 없는 시련의 명령 내용, 범죄에 이르지 못하게 하는 그 위협의 심각성, 그 결과의 무서움, 그의 본성의 거룩성 등 이런 모든 환경들이 그들의 죄책을 크게 할 뿐이다.

타락의 가능성을 비출 수 있어도 현실성으로의 전환이란 어둠 속에 감추어져 있었다. 성경은 이런 전환을 우리에게 이해시키기 위한 시도를 일체 하지 않고 있다. 그러나 성경은 죄를 그 죄악된 성격 속에 감추어둔 채로 그대로 내버려두고 있다. 즉 죄는 있다. 그러나 그곳에 죄가 없을지도 모르며 없을 수도 있다(de zonde is er, maar zij mocht en mag er niet zijn). 그런데 죄는 있었고 지금도 있고 영원히 하나님과 율법과 우리 양심의 증거와 싸움을 계속한다.

이런 두 가지 것들이 서로 결합하기 위해서, 즉 한편으로는 그것에 대한 진리성은 우리 각자가 자신의 생애 속에서 매순간마다 느끼는 죄의 발생에 대한 심리학적인 묘사를 주고, 다른 한편 죄를 비합리적이고 비합법적인 본성대로 완전히 내버려둠으로써 창세기 3장에 나타난 죄에 대한 이야기는 수세기에 걸쳐서 인간의 지혜가 악의 근원에 관해서 제시했던 모든 것보다 뛰어나 하늘 높이 높일 것이다. 죄가 있고 고통이 있다는 것은 우리가 성경에서 알 뿐만 아니라, 우리 각자가 매일 매순간마다 갈구하는 전 피조물을 통해서 선포된다. 온 세계가 타락의 상징이 되고 있다. 우리 주변세계가 우리에게 그것을 선포하지 않을 것 같으면 매순간마다 계속적으로 우리를 송사하는 양심의 소리와 형언할 수 없는 비애로 증거하는 마음의 빈곤을 통하여 아직도 그것을 기억해야 할 것이다.

그러므로 죄악과 비천의 악이 어디에서 왔느냐는 물음이 언제 어디서든지 인간에게 들이닥치지 않는가? 그것은 그의 존재의 근원에 대한 수수께끼보다 더 인간의 사색을 강요하고 매시간마다 그들의 마음과 머리를 압박한다. 그러나 이런 인간의 지혜가 시도했던 해결과 성경에서 주는 단순한 대답과 비교해 보라!

당연히 이런 해결들은 결코 서로 같지 않으나 그들은 어떤 관련이 있고, 따라서 하나로 정리될 수 있다. 그들의 가장 전제되는 생각은 죄는 인간 안에 거한 것이 아니고 그로부터 나온 것도 아니며, 밖으로부터 그에게 부착되어진 어떤 것이라는 것이다. 즉 인간은 본성적으로 선하고 그의 마음은 부패되지 않았다. 악은 인간이 태어나서 자라는 환경과 주변과 사회 속에만 있다. 그러므로 이런 환경들을 없애고 사회를 개혁하면, 예를 들어서 재산을 모든 사람들에게 공동분배를 하면 인간이 자연히 좋아질 것이다. 그가 악을 행할 더 이상의 이유가 있겠는가!

죄의 근원과 본질에 대한 이런 생각은 인간이 항상 그의 죄책을 환경들에 돌리려는 경향이 있기 때문에 모든 시대에 있어서 많은 지지를 얻었다. 특히 18세기 이후 정치적, 사회적 부패에 눈뜨게 되었을 때 그 생각이 영위(榮位) 되었고, 국가와 사회의 근본적 전복이 모든 악에 대한 유일한 치료로서 환영받았다. 그러나 19세기에는 인간의 본성이 선함에 대해서 꽤 냉정함을 되찾았다. 인간을 본성적으로 악하다 하고 그의 구원에 대해 절망을 느끼는 사람들의 수가 적지 않다.

그러므로 옛부터 죄의 근원을 인간의 감각적 본성에서 찾았던 이러한 설명이 다시 영위하게 되었다. 인간은 혼을 가졌을 뿐만 아니라 몸도 가졌다. 즉 그는 영이지만 또한 육체이다. 그리고 이 육체는 항상 본성적으로 감각적 성향을 지녔고 다소 불순한 욕망들과 속된 정욕들이 있으며, 따라서 본성적으로 표상들, 관념들, 이념들을 포함한 영과 대치하고 있다. 인간이 태어났을 때 수년 동안 계속해서 식물과 같고 동물적인 생을 살다가 해를 더 거듭하여 감각적 직관 가운데 머무는 유아로 남게 된다. 스스로 인간의 육체가 해를 거듭하여 지배권을 얻고 영을 복종시킨다고 생각한다는 것이다. 아주 오랜 기간에 영은 육체의 힘에서 떨어져 나오나 아직도 계속해서 인류와 인간 개개인 안에서 발전을 계속한다는 것이다.

그와 같이 사상가들과 철학자들은 반복해서 죄의 근원에 대해서 이야기하였다. 그러나 20세기에 와서 인간은 동물에게서 나왔고 그의 마음에 있는 본래적인 것은 동물적이라는 것이 강력한 지지를 받고 있다.

어떤 사람들은 이 사실로부터 인간은 영원히 동물로 남아 있을 것이라고 추론한다. 그러나 다른 사람들은 인간이 지금까지 그렇게 아주 영광스럽게 발전한 만큼 미래에 더 발전할 것이고 잘하면 적어도 천사가 될 것이라는 소망을 품고 있다. 아무튼 인간의 동물적인 근원 이 죄 문제에 대한 놀라운 해답을 얻을 것같이 보였다. 인간이 동물로부터 나왔다면 그것은 완전히 자연적이며, 그런 동물성이 아직도 그 안에서 느껴지고 종종 품위의 견제를 도발시킨다는 것에 대해서 전혀 놀라울 것이 없다.

그러므로 많은 사람의 생각에 따르면 죄는 이전의 동물적인 환경의 여파와 잉여에 불과하다는 것이다. 즉 욕망이나 간음, 도둑, 강도, 살인 등이 매일 동물에게 고유한 것들인 것처럼 가장 원시 인간에게 고유한 습관들이었고, 현재에 아직도 진화가 덜 된 개인, 즉 소위 범죄자들 사이에 발견된다. 그러나 원시적이고 근원적인 습관들에 다시 빠진 이러한 사람들은 특별히 범죄자들로 생각될 수 없고, 진화가 덜 되었으며 약하고 병들고 다소 미친 사람들로서 생각할 수 있다. 또 이들은 감옥 속에 넣어 벌할 수 없고 차라리 병원에서 치료되어야 한다는 것이다. 상처는 몸에 있는가 하면 범죄자는 사회에 있다는 것이다. 죄는 인간이 그의 동물적인 상태에 기인하여 가져왔고 다만 점진적으로 회복되는 일종의 병이라는 것이다.

사람이 이런 생각에 흠뻑 젖고 감각성이나 육체나 동물로부터의 죄에 대한 해명을 종국으로 생각한다면 저절로 그는 과거에 종종 가르쳤던 학설인 죄를 그 근원이 물질, 혹은 좀더 일반적으로 표현한다면 모든 피조물의 제한 존재에서 발견하는 학설에 이르게 된다. 옛날에는 이런 생각이 아주 인기였다. 영과 물질은 빛과 어둠처럼 영원히 서로 반대된 상태에 있고 참되고 완전한 조화에는 이를 수 없다. 물질은 창조되지 않았고 빛과 하나님으로 말미암아 창조될 수 없다. 그러나 그것은 영원 전부터 하나님과 더불어 존재하였고, 형체도 없고 어둡고 모든 생명과 빛으로부터 단절된 상태였다. 역시 그들이 하나님을 통해서 후에 형성되고 이 세계의 건축에 이용되었을 때에도 그것은 계속 남아 영적인 관념 자체의 충만을 채택하여 그것으로 되돌아갈 수 없다. 어두움 그 자체는 관념의 빛을 인정하지 못할 것이다.

어떤 사람들은 이 어두운 물질을 고유한 자체의 신적 근원으로 돌린다. 즉 영원 전부터 두 신, 즉 빛의 신과 어둠의 신, 선한 신과 악한 신이 서로 공존하여 왔다는 것이다. 다른 사람은 이 두 가지 영원한 선과 악의 원리들을 한 신성으로 돌렸고, 그때 신에 대해서 이중적인 존재로 만들었다. 즉 그 안에는 무의식적이고 어둡고 숨겨진 기초가 있어서 그 기초로부터 하나의 의식이고 밝은 빛의 본성이 위를 향하여 높이 있다. 전자는 어둠과 세상 안의 악의 가장 깊은 근원이고, 후자는 모든 생명과 빛의 원천이다. 아직 한 단계를 더 높인다면 이 새 시대에 와서 약간의 철학자들에 의해서 다시 논술된 학설인 신 그 자체, 오직 어두운 본성, 맹목적인 힘, 영원한 갈함, 비이성적인 의지이고 다만 인간성 안에서 의식되어 빛이 되었다는 학설에 이르게 된다. 이것은 확실히 성경계시의 정면적인 도전이다. 후자는 말하기를 하나님은 일호의 어두움이 없는 순수한 빛이고 태초에 만물이 그 말씀으로 지어졌다고 말한다. 그러나 새 시대의 철학은 하나님 그 자체가 어두움이요 본성이요 혼돈이요, 빛이 그를 위해서 세계와 인간 속에서만 들어온다고 말한다. 그러므로 하나님에 의한 구원을 필요로 하는 것은 인간이 아니며, 구원받지 못한 것이 하나님이요, 그는 인간에게서 그의 구원을 찾아야 한다는 것이다.

물론 이런 궁극적인 결론이 참으로 많은 사람들에 의해서 그렇게 표현되었던 것이 아니고 그렇게 직접적으로 표현된 것도 아니지만, 그럼에도 불구하고 그런 결론은 위에서 언급한 죄의 근원에 대한 모든 관점을 고수하는 사람들이 가는 종착지이다. 아무리 그들의 견해가 서로 다를지라도 모두가 이것만은 일치하는데, 그것은 죄의 근원과 자리를 피조물의 의지에서 찾는 것이 아니고 사물의 존재와 본질에서 찾고 있고, 따라서 그 존재와 본질의 원인인 창조주에게서 찾는다. 만약 죄가 환경과 사회, 욕망과 육체와 물질에 감추어져 있다면, 그것에 대한 책임이 만물의 창조자요 보존자인 그분에게 돌려질 수 있고 인간은 자유로워진다. 그러면 죄는 타락으로 시작하지 않고 창조의 순간부터 새겨지는 것이다. 그때는 창조와 타락이 하나이며 그 존재, 곧 존재성이 죄다 도덕적 불완전이란 유한과 같다. 그리고 구원이란 절대적으로 불가능하거나 그것은 존재의 멸상(滅相)인 니르바나(Nirvana)에서 절정을 이룬다.

이런 인간의 사상보다 하나님의 지혜는 훨씬 높다. 전자는 책임을 하나님께 돌리고 인간을 변호하지만, 후자는 하나님을 의롭게 하고 죄책을 인간에게 돌린다. 성경은 처음부터 마지막까지 하나님이 옳고 인간은 옳지 않음을 증명하는 책이다. 그것은 일종의 크고 능력 있는 신정론이요, 하나님과 그의 모든 속성들과 사역들을 의롭다고 하는 것이다. 그리고 그것과 더불어 모든 인간들의 양심의 증거로 모아졌다. 죄는 참으로 그의 섭리 밖에서 진행하지 않는다. 타락은 그의 예지 밖에서 일어나지 않았고 그의 경륜과 뜻 밖에서 일어나지 않았다. 죄의 발전과 전 역사도 그로 말미암아 인도되고 그 종국에 이르기까지 그의 경영에 매인 채로 남아 있을 것이다. 죄가 하나님을 무계획적이게 하거나 무력하게 하지 못한다. 그와 반대로 오히려 하나님은 지혜와 선과 능력에 있어서 완전한 하나님으로 남는다.

    사실 하나님은 그렇게 지혜롭고 선하시며 능하셔서 악으로부터 선을 산출하게 할 수 있고, 그 본성과 달리 죄로 하여금 자신의 이름의 영광과 그의 왕국의 설립에 공역케 할 수 있다. 그럼에도 불구하고 죄는 죄악된 성격을 계속 유지한다. 하나님의 뜻 외에는 아무것도 일어날 수 없고 존재할 수 없는 한 어떤 의미에서 하나님이 죄를 의도하셨다고 생각할 수 있다. 그러나 이 경우에도 잊어서는 안 될 것은 하나님이 그것을 의도하시되 항상 죄로서, 즉 비본질적이고 따라서 항상 비합법적이며 그의 계명과 모순되는 상태에 있는 어떤 것으로서 의도하셨다는 것이다.

    그와 같이 하나님이 바르다 하면서도 동시에 성경은 죄의 본성을 주장한다. 죄가 그 근원이 창조자의 뜻에 있지 않고 그의 뜻에 선행하는 존재에 있다면, 그것은 도덕적, 윤리적 성격을 직접 잃어버리고 물질적, 자연적 악, 즉 사물 존재와 본성과는 분리될 수 없는 악이 된다. 그때 죄는 자존적 존재요 근원적 원리요 이전 시대에는 병이라고 생각하였던 일종의 어떤 악이다. 그러나 성경이 우리에게 가르치는 것은 죄는 이런 종류의 것이 아니고 이런 종류의 것이 될 수 없다고 한다. 왜냐하면 하나님은 물질을 포함한 만물의 창조주이시기 때문이다. 그리고 창조사역이 완성되었을 때 그가 지으신 만물을 보시니 보시기에 심히 좋았더라고 하셨기 때문이다.

    그러므로 죄는 물질의 본성에 속하지 않는다. 그것은 존재 안에 있지 않고, 도덕적 본성의 현상이요 도덕적 영역에서 동인하며, 하나님께서 합리적 피조물에게 주셨고 그의 뜻에서 세웠던 도덕법칙에서 파생됨으로 존재하는 것이다. 최초의 죄는 시련의 명령을 어기는 데 있었고, 따라서 시련의 명령과 더불어 같은 신적 권위의 자리를 갖는 전 도덕법을 어기는 데 있다. 성경이 죄를 표시하여 사용하는 많은 명칭들인 범죄, 불순종, 불의, 불경건, 하나님께 대한 대적 등의 모든 명칭들이 같은 방향을 가리킨다. 바울은 명백히 율법으로 죄를 깨달음이라 하였고(롬 3:20), 요한도 가장 작은 죄든 가장 큰 죄든 모든 죄가 불의요 무법이요 불법이라(요일 3:4) 하였다.

범법이 죄의 성격인 한 그 성격은 물질이든 정신이든 사물의 본질이나 존재에 있지 않는다. 그 이유는 사물들의 존재와 본질이 모든 선물의 기초이신 하나님께 달려 있기 때문이다. 그러므로 선한 것을 뒤따라서만 악이 올 수 있고, 선한 것으로 말미암아 선한 것에만 존재할 수 있으며, 역시 선한 것의 부패로만 구성될 수 있다. 죄가 그들의 전 본성을 부패시킬 만큼 사악한 천사들조차도 피조물로서 선하고, 선하게 남아 있다. 더구나 선한 것이 사물의 본질과 존재 안에 있는 한 그것은 죄로 말미암아 없어지지 않는다. 그러나 그것이 다른 방향에서 움직여지고 있고 다른 목적으로 이용될 뿐이다. 인간은 죄로 말미암아 그 본질을 상실하거나 그의 인간적인 본성을 상실하지 않는다. 그는 여전히 같은 영혼과 몸을 가졌고 같은 이성과 의지를 가졌으며 여러 가지 감정들과 관심을 가지고 있다.

그러나 그 자체가 선하고 빛의 아버지로부터 내려온 이 모든 선물들이 인간을 통하여 하나님을 대적하는 전쟁도구로 사용되거나 불의에 봉사하고 있다. 그러므로 죄는 단순히 결함이거나 부족이 아니며 원래 인간이 소유한 것의 결함도 아니다. 그것은 부자였다가 가난하게 된 사람처럼 상실하여 공허하고, 그가 그 전에 가졌던 것보다 많은 것을 잃어야 하는 것과 같지 않다. 사실 죄는 인간이 참된 인간이 되기 위해서 반드시 소유해야 할 것을 빼앗음이며 동시에 그것은 인간이 소유해서는 안 될 소재다.

현대과학에 따르면 병이란 어떤 특별한 물질이 아니라 변경된 환경에서의 삶이며, 생명의 법칙이 건강한 몸에서와 똑같이 있는 것이 아니라 그 생명의 기관들과 기능들이 그들의 정상적인 활동에 있어서 교환된 상태이다. 죽은 몸에서조차도 기능들은 멈추지 않으나 그때 시작하는 활동은 파괴적이고 분열하는 활동이다. 이와 같은 의미에서 죄란 그 자체가 물질이 아니라, 인간에게 보내주신 모든 재능과 능력들의 어떤 혼란, 즉 그것이 하나님을 향하지 않고 그로부터 멀어지는 다른 방향에서의 활동이다. 이성, 의지, 관심들, 감정들, 정열, 영혼의 능력들과 육체의 힘 등의 모든 것들이 근원적으로 의의 도구들이다. 그러나 이 모든 것이 죄의 신비한 힘으로 말미암아 불의의 도구로 변하였다. 인간이 창조 때에 받았던 하나님의 형상은 결코 실체가 아니지만 그의 본성에 본질적인 것으로서, 그가 이것을 상실했을 때 기형이 되고 흉하여진다.

외적이든 내적이든 인간을 있는 그대로 볼 수만 있다면 그의 본질 속에서 하나님보다는 사단을 더 닮은 특질들을 발견할지 모른다(요 8:44). 영적인 병과 죽음은 영적인 건강을 대신한다. 그러나 전자보다 못지 않게 후자도 그 본질의 구성요소를 이룬다. 성경은 죄의 도덕적 본성을 주장할 때마다 동시에 인간의 구원 가능성을 주장한다.

죄는 세계의 본질에 속하지는 않지만 인간을 통하여 세상에 들어온 것이다. 그 때문에 모든 창조보다 더 강력한 신적 은총의 능력으로 말미암아 죄가 세계로부터 다시 추방될 수 있다.

인간이 범한 최초의 죄는 그 자체로 계속 가만히 있지 못했다. 죄란 인간이 일단 그것을 범한 후에 그것을 스스로 고칠 수 있는 행동이 아니다. 죄를 지은 후에는 그가 마치 아무 일도 없었던 것처럼 더 이상 그대로 있을 수 없다. 인간이 그의 생각과 상상, 그의 욕망과 의지 속에 죄를 품은 그 순간부터 그 안에는 놀라운 변화가 일어났다. 이는 타락하자 마자 아담과 하와가 하나님 앞과 서로간에 자신을 숨기려고 하는 사실에서 분명하다(창 3:7). 일순간에 그들은 서로 어떤 다른 관계 속에 대치하여 있었다. 그들은 마치 전에 전혀 본 적이 없었던 것처럼 서로를 보았다. 그들은 자유롭게 마음을 터놓고 감히 서로를 눈으로 보지 못했고 볼 수도 없었다. 그들은 스스로 죄책과 불결함을 느꼈고, 또한 서로에 대해서 자신들을 감추기 위해서 무화과 잎으로 함께 꿰맞추어 입었다. 그럼에도 불구하고 그들은 공동 운명이었고 그들은 함께 두려움을 느꼈고, 동산 중앙에 있는 하나님 앞에서 자신을 감추었다는 점에서 같은 것을 느꼈다.

무화과 잎들로 부분적으로 그들 서로의 부끄러움과 수치를 감출 수는 있었다. 그러나 그것으로는 하나님 앞에 존재할 수 없었기 때문에 동산에 있는 깊은 숲으로 도망쳤다. 그들은 하나님의 형상을 잃어버렸고 하나님 앞에서 스스로 죄책과 불순함을 느꼈기 때문에 수치와 두려움이 그들을 지배하였다.

그러나 죄의 결과는 항상 그런 것이다. 우리는 하나님과 우리 자신들과 우리 이웃사람들에 대해서 이런 내적이고 영적인 솔직성을 잃었으니, 이런 솔직성은 우리 마음속에 있는 무죄하다는 의식에서만 일어날 수 있다. 그러나 최초의 죄의 무서움은 그 영향이 첫 두 인간으로부터 온 인류에게 퍼졌다는 사실에서 더 생생하게 나타나고 있다. 첫번 발걸음이 잘못된 방향으로 들어서자 아담과 하와의 모든 후손들도 같은 궤도를 따라 걸었다. 죄의 보편성은 각자의 의식에 억지로 강요된 사실이요 경험의 증거와 성경의 가르침에 따라서 두 말할 필요 없이 확증되는 사실이다.

세계의 모든 공간들과 시간으로부터 이런 죄의 보편성을 나타내는 증거들을 모은다는 것은 결코 어렵지 않다. 가장 단순한 사람이든 가장 학식이 많은 사람이든 이 점에 있어서는 일치한다. 즉 죄 없이 태어나지 않는 사람은 없다고 말한다. 누구나 약점과 결점이 있다. 죽을 수밖에 없는 인간의 병 중에는 이성의 어두움도 있고 죄를 지을 수밖에 없는 필연성도 있을 뿐만 아니라, 죄를 사랑하는 것도 있다. 아무도 양심에 있어서 자유롭지 않다. 양심이 우리 모두를 배반자로 만들고 있다. 인간이 져야 할 가장 무거운 짐이 죄책의 짐이다. 그것은 인류역사로부터 사방에서 다양한 소리로 우리에게 들려 온다. 인간의 선한 본성으로부터 나온 그들조차도 그 탐구의 마지막에 필연적으로 이르는 인식은 모든 죄와 과오들의 씨가 각 개인의 마음속에 감추어져 있다는 것이다. 그리고 철학자들도 모든 인간은 본성이 근본적으로 악하다고 불평을 해 왔다.

인간이 자신에 대해서 설파한 이런 판단을 성경이 확증한다. 성경은 창세기 3장에서 타락을 이야기하고서 그 다음 장부터는 죄가 인류 가운데 어떻게 퍼졌고 증가했는지를 이어 이야기하였고, 마지막으로 홍수의 심판이 필연적이었다는 그런 절정에 도달하였다. 이 홍수 전의 세대에 대해서 사람의 생각의 모든 계획이 항상 악할 뿐이었고 인간으로 말미암아 땅에 원망이 충만하였고 하나님 앞에서 부패하였다고 기록하고 있다(창 6:5, 11, 12). 그러나 대홍수가 인간의 마음속에 전혀 변화를 가져다 주지 못했다. 그 후에도 하나님은 노아의 가족으로부터 생긴 새로운 인간성에 대해서 사람의 마음의 계획하는 바가 어려서부터 악하다는 판단을 내리셨다(창 8:21).

구약의 모든 성도들이 이런 신적 증거에 임했다. 욥은 "누가 더러운 것으로부터 깨끗한 것을 낼 수 있느뇨?"라고 탄식하였다(욥 14:4). 성전봉헌식 기도에서 솔로몬은 범죄치 않는 사람이 없다고 고려하였다(왕상 8:46). 우리는 시편 14편과 53편에서도 읽는다. 하늘에서 인생을 굽어 살피사 지각이 있어 하나님을 찾는 자가 있는가 보려 하신즉 그의 눈에 배교와 불의만 보이도다. 다 치우쳤으며 함께 더러운 자가 되도다. 선을 행하는 자 없으니 하나도 없도다. 주의 목전에 아무도 서 있을 수 없으니 이는 주의 목전에는 의로운 인생이 하나도 없음이니라(시 3:2). 내가 내 마음을 정하게 하였다. 내 죄를 깨끗하게 하였다 할 자가 누구뇨(잠 20:9). 한마디로 말해서 선을 행하고 죄를 범치 아니하는 의인은 세상에 전혀 없었다(전 7:20).

이런 모든 진술들은 예외가 없을 정도로 일반적이다. 이들은 자신의 죄뿐만 아니라 다른 사람의 죄에 대해서 종종 전혀 관심을 갖지도 않는 불신앙자들의 입으로부터 나온 것이 아니고, 하나님 앞에서 자신을 죄인으로 깨닫게 되었던 경건한 자들의 마음속에서 나온다. 그리고 그들은 처음부터 다른 사람들, 즉 명백한 죄 가운데 생활하거나 이방인처럼 하나님의 지식으로부터 단절된 그런 자들에 대해서 이런 판단을 내리는 것이 아니라, 자신들과 그들 자신의 백성 안에서 시작한다.

　성경은 우리에게 성도들을 땅에서 완전한 성결 가운에 살았던 사람들로서 기록하여 주지 않고, 종종 스스로 매우 심각한 죄악으로 죄책을 느끼는 죄인들로서 그려 주고 있다. 그들이 그들로 기인한 의에 대해서는 계속 의식하였을지라도, 그들의 깊은 죄책을 느끼고 주의 목전에서 겸손한 고백으로 나타났던 자들이 바로 성도들이다(시 6; 25; 32; 38; 51; 130; 143편). 그들이 백성을 책망하여 그들의 배교와 불신앙을 지적하였을 때라도, 결국 그들 스스로 그 백성과 다시 함하여 공동고백을 선포하기를, 우리가 우리의 부끄러움과 수치로 우리를 덮고 있으니, 이는 우리가 우리 열조와 함께 어릴적부터 오늘날까지 우리 주 하나님을 대적하여 죄를 지었음이라 하였다(렘 3:15; 사 6:5; 53:4-6; 64:6; 단 9:5 이하; 시 106:6).

　신약도 역시 전인류의 이런 죄악된 상태를 조금도 의심치 않고 인정한다. 전 복음선포는 이런 가정 위에 세워졌다. 세례 요한이 하나님의 나라가 가까이 왔음을 선포하였을 때, 그는 사람들이 회개하여 세례받기를 요구했다. 왜냐하면 할례나 제사나 율법을 지킴이, 비록 하나님의 나라에 들어가는 데 필요할지라도, 이스라엘 백성에게 의를 줄 수는 없었다. 그래서 예루살렘과 유대 온 땅에서 그에게 다 나아와 그들의 죄를 고백하면서 요단 강에서 그로부터 세례를 받았다(마 3:5, 6). 이와 같은 하나님의 나라의 선포와 동시에 그리스도께서 나타나셨고 그가 역시 중생과 신앙과 회개만이 하나님의 나라에 들어가는 문을 열 수 있다고 증언하였다(막 1:15; 6:12; 욥 3:3). 마태복음 9:12, 13에서 예수께서 말씀하시기를, 건강한 자에게는 의원이 쓸데없고 그가 온 것은 의인을 부르러 온 것이 아니라 죄인들을 회개케 하기 위해서 왔다고 하였다. 그러나 그 문맥에서 예수님은 온전한 사람과 그들의 의에 대해서 말하였을 때 바리새인들을 생각하고 있음을 가리킨다. 이 바리새인들은 세리들과 죄인들과 함께 앉아 있는 그를 비난하고 스스로 이들보다 높혀 그들의 거만한 의로 인하여 예수님의 사랑을 추구하고자 하는 필요를 느끼지 아니하였던 자들이다. 실제로 예수님께서 13절에서 분명히 말씀하신 것은, 하나님은 율법에서 외적인 제사를 원하지 않고 내적인 영적 자비를 원하신다는 것을 바리새인들이 이해했을지라도, 세리들과 죄인들과 같이 그들도 죄악되고 정결하지 못하고 그의 이름으로 회개함이 필요하다는 확신에 이르게 될 것이라는 말이다. 그리스도께서는 스스로 그의 일을 이스라엘 집의 잃어버린 양들에게만 제한하였다(마 15:24). 그러나 부활 후 그의 제자들에게 준 가르침은 온 천하에 다니며 만민에게 복음을 전하라는 것이니, 이는 모든 사람의 구원이 그의 이름을 믿는 믿음과 결합되어 있기 때문이었다(막 16:15, 16).

이와 동일하게 사도 바울은 로마서를 시작할 때 온 세상이 하나님 앞에 죄인이며, 따라서 율법의 행위로 의롭다 하심을 얻을 육체가 없다는 포괄적인 진술로부터 시작했다(롬 3:19-20). 하나님을 알되 하나님으로 영화롭게도 아니하는 이방인들뿐만 아니라(롬 1:18-39), 스스로 그들의 유익에 자만하나 근원에 있어서 같은 죄로 자신들을 죄악되게 하니(롬 2:1-3:20), 다 죄 아래 있다고 결론지었다(롬 3:9; 11:32; 갈 3:22). 이는 그들의 구원에 있어서 모든 입을 막고 하나님의 자비만이 영광 돌려지도록 하기 위함이다.

참으로 이런 죄의 보편성 때문에 세상이라는 낱말이 아주 나쁜 개념을 취할 만큼 신약에 있어서 복음선포의 기초는 근본적으로 이런 죄의 보편성이다. 본래 세계와 그 안에 있는 만물이 하나님으로 말미암아 지은 바 되었으되(요 1:3; 골 1:16; 히 1:12), 죄로 말미암아 그것이 부패되어 이제 대적하는 힘으로써 대적하고 있다. 세상은 그를 존재케 하였던 말씀을 알지 못했고(요 1:10), 온 세상이 악한 자 안에 처하여 있으며(요일 5:19), 사단 아래 있는 군주로서 있으며(요 14:30; 16:11), 그것은 그 안에 있는 모든 정욕과 함께 지나가며(요 2:16), 세상을 사랑하는 자는 누구든지 아버지의 사랑이 그 안에 있지 않음을 증명하고(요일 2:15), 세상과 벗 되고자 하는 자는 누구든지 하나님의 원수가 된다(약 4:4).

인간과 세상이 처한 이런 무서운 상황은 당연히 그 근원과 원인이 무엇인가 하는 의문을 일으킨다. 과연 최초의 죄는 어디에서 왔으며 보편적 죄는 어디에서 왔는가? 그리고 그리스도만 제외하고 각자가 태어날 때부터 복종해야 할 인류의 죄책과 부패성은 어디에서 왔는가? 에덴 동산에서 범한 최초의 죄와 그 후 온 땅을 쉽쓸었던 불의의 홍수 사이에 무슨 관계가 있는가? 그것이 있다면 이 관계의 본성은 무엇인가?

펠라기우스와 같이 그런 관계를 전적으로 부정하는 사람들도 있다. 그들에 따르면 모든 죄악행위는 그 자체 그대로 남아 있고 인간본성에 전혀 변화를 야기하지 않는 행동이다. 그러므로 그 다음 순간의 최상의 선한 행위로 말미암아 대치될 수 있다. 아담은 하나님의 명령을 어긴 후에도 그의 내적 본성과 성향과 의지에 있어서 아주 동일하게 남아 있다. 그리고 이 첫 한 쌍의 인간으로부터 나온 모든 자녀들이 아담이 원래 취했던 것과 똑같은 무죄하고 무차별한 본성으로 태어났다는 것이다.

죄악된 본성이나 성향이나 습성이란 없다. 왜냐하면 모든 본성은 하나님으로 말미암아 창조되었고 선하게 남아 있기 때문이다. 그러나 죄악된 행동들만 있다. 이런 행동들은 끊어짐이 없이 결속되는 계열을 형성하는 것이 아니고 계속 선한 행실로 말미암아 교차될 수도 있고, 완전히 자유 선택으로만 인격 자체들과 결합되어 있다. 죄악된 행위로부터 그 인격 자체나 그의 이웃하는 다른 사람에게 끼치는 유일한 영향이란 악의 모범이다. 우리가 일단 죄악을 행하면 다시 그 행위를 하고 싶고 다른 사람들도 이 모범을 따르기 쉽다. 인류의 보편적인 죄는 이와 같이 설명됨에 틀림없으니, 즉 모방으로부터라고 한다. 유전된 죄와 같은 그런 것은 전혀 없다. 각 사람은 무죄상태로 태어나나 사람들이 일반적으로 주는 악한 모범이 그와 동시대인들과 후손들에게 악한 영향을 끼친다고 한다. 여기저기서 어떤 독특한 개인은 이런 습관의 힘에 대해서 반응하고 자신의 길을 갔고 땅에서 완전히 거룩하게 사는 것이 전혀 불가능하거나 틀리다고는 할 수 없을지라도 습성과 관습으로부터 동일한 죄악의 길을 걷고 있다고 한다.

보편적 죄악성을 설명하기 위한 이런 시도는 각 점에서 성경과 충돌할 뿐만 아니라, 그것은 역시 그렇게 피상적이고 불충분하여 적어도 이론에 있어서는 거의 전적으로 지지받지 못하고 있다. 우리 자신의 경험과 생으로부터 온 사실로 말미암아 그들은 논박된다. 우리 모두 경험으로부터 죄악된 행위는 벗어버릴 수 있는 더러운 옷처럼 우리 밖에 있는 것이 아니라는 것을 알게 된다. 그러나 그들은 우리의 내적 본성과 밀접하게 결합해 있고 그 위에 지울 수 없는 흔적을 남겼다. 각 죄악의 행동 후에는 우리는 이런 때의 경우와 같지 않다. 죄는 우리를 악하고 더럽게 하고 우리의 마음의 평화를 빼앗아 가고 후회와 가책을 수반하며 우리 속에서 악의 경향과 기호를 강화하고 마지막에는 우리가 죄의 힘에 대해서 저항할 수 없고 가장 적은 유혹에도 떨어지는 상태로 만든다.

특히 그것은 죄들이 오직 외부로부터 인간 속에서 발현되었다는 모든 경험과 모순된다. 참으로 악한 모범은 강력한 영향을 끼칠 수 있다. 우리는 그것을 나쁜 부모에게서 나서 불신앙적이고 부도덕한 환경에서 자란 아이들에게서 본다. 반대로 경건한 부모들로부터 태어나서 종교적이고 도덕적인 환경에서 자란다는 것은 충분히 식별될 수 없는 축복이다. 그럼에도 불구하고 그 모든 것이 문제의 일률적인 한 면이다. 어린아이 자신이 그 마음속에 악에 대한 성향을 갖지 않는다면 그런 나쁜 환경이 어린아이에게 그런 악한 영향을 끼칠 수는 없을 것이다. 따라서 좋은 환경도 종종 그 어린아이가 태어날 때 모든 선을 행하기 쉬운 순수한 마음을 받았다면 어린아이에게 영향을 끼치는 데 결코 실패하지 않았을지도 모른다.

그러나 우리가 더 잘 아는 다른 점은, 환경이란 죄가 우리 안에서 발전하게 되는 동기에 불과하다는 것이다. 죄의 뿌리는 좀더 깊이 있고 우리 마음속에 숨어 있다. 예수님은 인간의 마음 깊숙한 곳으로부터 나오는 것은 악한 생각, 곧 음란과 도적질과 살인과 다른 여러 가지 불의라고 말씀하셨다(막 7:21). 이 말씀이 또한 각자의 경험을 통하여 확증된다. 거의 우리의 인식이나 의도함이 없이 더러운 생각들과 개념들이 우리 의식 속에서 일어난다. 어떤 경우에는 우리가 대적자나 반대자와 맞섰을 때에 우리 마음속 깊이 숨어 있는 사악성이 밖으로 튀어 나온다. 가끔 그것에 대해서 우리 스스로가 놀라고 우리 자신을 도피하고 싶어한다. 만물보다 거짓되고 심히 부패한 것이 마음이라 누가 능히 이를 알리요(렘 17:9).

마지막으로 악한 선례의 모방이 인간에 있어서 죄의 유일한 근원이라면, 그 절대적 보편성은 설명될 수 없다. 그런 경우에 펠라기우스는 여기저기에 죄 없이 생활하였던 사람들이 있었다고 말한다. 그러나 거기에서 그 설명의 비견고성이 거의 분명하게 드러난다. 왜냐하면 땅에서 그리스도를 제외하고 단 한 사람도 모든 죄로부터 자유로운 사람은 없었기 때문이다.

우리가 이런 판단을 하는 모든 사람 하나하나를 꼭 알아야 할 필요는 없다. 왜냐하면 성경이 이런 정신 아래서 분명하게 말하고 전인류역사가 그것에 대해서 계속 증명해 왔으며, 우리 자신의 마음이 다른 사람들 속에 있는 마음의 올바른 이해의 열쇠이기 때문이다. 우리 모두는 성정이 같고 자연적으로나 도덕적으로나 하나의 통일체제를 이루고 있다. 거기에는 모든 인간에 공통적인 한 본성이 있다. 그리고 이런 본성은 악하고 더럽다. 나쁜 나무는 나쁜 열매로부터 나오지 않지만, 나쁜 열매가 나쁜 나무로부터 나옴을 설명할 수 있다.

다른 사람들은 이런 생각들의 정당성을 깨달았고, 따라서 펠라기우스 교리에 있어서 어떤 변형을 소개하였다. 이들은 죄의 절대적 보편성을 나쁜 예의 모방으로부터 순전히 초대될 수 없고 도덕적 부패도 단순히 외부로부터 인간 안에 들어오지 않았음을 인정한다. 또한 그들 스스로가 죄가 인간의 잉태와 탄생의 때로부터 그 안에 거하고 이런 부패된 본성이 그의 부모로부터 취하였음을 고백하지 않을 수 없음을 본다. 그러나 그들은 본능적으로 인간이 갖는 이런 도덕적 부패성은 죄책의 성격을 띤 본질적인 죄는 아니고 그러므로 어떤 형벌도 받지 않는다고 주장한다. 인간이 그 성장에 따라 그 안에 자발적으로 만족하고 그들을 추론에 의해서 진리로서 받아들이며 자유의지로 말미암아 그 부패를 죄악된 행위로 바꿀 때만이, 이런 도덕적 부패성은 악하고 죄책과 형벌을 받을 만한 것이라고 한다.

이런 반펠라기우스의 견해는 상당한 양보라 할 수 있을지라도, 그러나 그것은 반성에 있어서 아주 불충분해 왔다. 왜냐하면 죄는 항상 불법과 하나님께서 합리적이고 도덕적 피조물에게 정하신 법을 어기는 것과 이탈에 있기 때문이다. 그런 법으로부터의 이탈은 인간행동에서 일어날 수 있지만 역시 그의 성향과 경향, 즉 그가 잉태하여 탄생 때부터 공유하는 본성에서 일어난다. 반펠라기우스주의는 이것을 인식하였고 인간의 의지행위에 선재하는 도덕적 부패성에 대해서도 말하였다. 그러나 이것을 진지하게 다룬다면 누구나 인간의 본성에 생득적인 이런 도덕적 부패성 역시 실제는 죄요 죄책이며, 따라서 형벌을 받을 수밖에 없다는 결론을 피할 수 없다. 둘 중에 하나다. 즉 하나는 인간의 본성은 하나님의 율법과 일치한다. 그러므로 그것은 그것에 일치해야 한다는 것이다. 그러나 그때의 경우 그것은 도덕적으로 부패하지 않는다. 다른 하나는 그것이 도덕적으로 부패한 경우다. 그러나 그때의 경우 그것은 역시 하나님의 율법과 일치하지 않고 불법적이고 이치에도 맞지 않으며, 결과적으로 인간을 유죄하며 형벌받을 수밖에 없는 존재가 되게 한다.

이런 강한 논증에 반박을 일으킬 만한 것은 거의 없다. 그럼에도 불구하고 많은 사람들은 인간이 태어날 때부터 지닌 도덕적 부패성을 정욕이라는 애매한 낱말을 가지고 묘사함으로써 그 필연성으로부터 도피하려고 한다. 이 낱말의 사용이 본래 잘못된 것은 아니다. 성경에서도 여러 번 사용되고 있다(롬 1:24; 2:7; 13:14; 갈 5:16; 약 1:14; 벧전 1:4; 요일 2:16 등). 그러나 기독교 안에서 차츰 일어난 금욕적 경향의 영향을 받은 신학에서 종종 아주 제한된 의미로 이 낱말을 사용하였다. 신학에서는 그 언어를 거의 배제적으로 인간의 선천적인 생식욕(voortplantingsdrift)과 관련시켰고, 따라서 이런 정욕이 비록 창조 시에 인간에게 주어졌을지라도 그 자체가 죄악된 것은 아니었으나 그에게 죄짓기 아주 쉬운 동인이 되었다는 생각에 이르렀다.

이런 모든 생각에 대해서 문제 삼은 사람이 칼빈이었다. 그는 인간이 태어나게 되는 도덕적 부패를 정욕이라는 이름과 관련하여 생각하는 것을 반대하지 않았다. 그러나 이 언어가 올바른 의미로 이해되어야 할 목적 때문에 첫째로 필요하게 된 것이 욕구(begeerte)와 정욕 사이의 구별이었다. 욕구는 본래 죄악된 것이 아니고 창조 시에 하나님 자신으로 말미암아 주어졌다. 인간으로서 그가 제한되고 유한하며 독립적인 피조물이라면, 그는 셀 수 없이 많은 결핍들이 있고 따라서 수많은 욕구들이 있다. 그가 굶주릴 때 음식의 욕구가 있고 목이 마를 때는 물을 찾으며, 피곤할 때 휴식의 욕구가 있다. 성적인 것에서도 마찬가지이다. 인간의 이성은 그렇게 창조되었기 때문에 진리에 대한 욕구가 있고, 인간의 의지도 하나님으로 말미암아 창조된 그의 본성 때문에 선에 대한 욕구가 있다. 의의 욕구는 항상 선함을 잠언 11:28에서 읽는다. 솔로몬이 부를 구하지 않고 지혜를 구한 것, 이것이 하나님 보시기에 좋았다(왕상 3:5-14). 시편 42편의 시인은 사슴이 시냇물을 찾기에 갈급함같이 하나님을 갈급해 하였을 때, 이것은 아주 선하고 값진 욕구였다.

그러므로 욕구는 본래 악한 것은 아니나, 마음과 의지와 같이 그들이 죄에 의해서 부패되었고 그로 말미암아 하나님의 율법과 충돌하게 되었다. 엄밀하게, 본능적 욕구가 아니고 죄로 말미암아 부패되고 무질서하며 과장되고 과도한 욕구들은 죄가 된다.

둘째로 이것 이외의 욕구들은 결코 인간의 감각적이고 물질적인 본성에 속한 것만이 아니라 영적인 본성에도 해당된다. 생식욕은 유일한 본능적 욕구가 아니라 아주 많은 욕구 중 하나다. 이런 욕구 자체가 죄는 아니다. 왜냐하면 이것은 인간이 창조될 때부터 인간에게 주어졌기 때문이다. 그리고 그것이 죄에 의해서 부패된 유일한 욕구가 아니다. 왜냐하면 자연적이든 영적이든 모든 욕망들은 죄 때문에 무질서하게 거칠어졌고 교육이 덜 되었기 때문이다. 인간의 선한 욕망들은 나쁜 정욕들로 변화된다.

인간의 도덕적 부패성이 이런 의미에서 정욕이라 불려진다면, 그것의 죄되고 죄책적인 성격은 의심할 것도 없이 확고하다. 주님의 특별한 명령 가운데 분명하게 금지된 것이 이런 정욕이다(출 20:17). 바울은 또한 많은 말로, 율법이 탐내지 말라 하지 아니하였더면 내가 탐심을 알지 못하였으리라고 말한다(롬 7:7). 바울이 자신을 알게 되고 그의 행동들뿐만 아니라 하나님의 율법의 시금석을 어기는 경향과 욕망들을 헤아렸을 때, 이들도 역시 부패되었고 더러우며 금지된 것을 향하여 손을 뻗는다는 사실이 그에게 분명해졌다. 바울에게는 하나님의 율법이 죄에 대한 지식의 유일한 원천이요 그것의 유일한 척도였다. 원하거나 상상에 의해서 죄가 무엇인가에 대해서 알려지는 것이 아니라, 인간이 내적·외적으로, 육체적·영적으로, 말과 행동에 있어서 그리고 사고와 성향에 있어서 하나님의 목전에서 어떤 태도를 취해야 하는가를 결정하는 것은 이런 하나님의 율법이다. 이런 율법과 비교될 때 의심할 것도 없이 인간의 본성은 부패되고 정욕은 악한 것이다. 인간은 잘못된 생각을 하고 그렇게 행동할 뿐만 아니라 잉태될 때부터 그릇되었다.

참으로 심리학적으로 정욕 자체는 죄가 되지 않으나 의지로 말미암아 죄가 되었다는 것은 불가능한 생각이다. 왜냐하면 이런 입장은 인간의 의지가 중립적이고 이런 정욕과 나란히 병존하는 입장을 취하고 있으며, 그 자체가 아직은 죄로 말미암아 부패되지 않았기 때문에, 그가 본능의 욕정을 따를 것인가 따르지 않을 것인가를 자유롭게 결정할 수 있다는 모순된 생각에서 나온 것이기 때문이다. 여러 경우의 경험에서 인간은 건전한 품행, 문화인의 덕 등에 대한 여러 가지 사색에 기초하여 이성과 의지를 가지고 그의 마음속에 솟아오르는 악한 정욕을 반발하고 그들이 악한 행동으로 넘어가지 않도록 방해가 가능함이 확실하다. 자연인 속에도 충동과 의무, 그의 성향과 양심, 그의 정욕과 이성 사이에 갈등이 있다.

그러나 이런 갈등은 원리적으로 중생한 자 안에서 육체와 영, 옛 사람과 새 사람 사이에 취하는 갈등과는 구별된다. 즉 그것은 외부로부터 정욕의 폭발에 대해서 반항하는 싸움이지, 요새의 심장부 안으로 침투해 들어간다든지 그 뿌리에 있는 악을 공격하는 싸움은 아니다. 그러므로 이런 갈등이 악한 정욕을 억제하고 제한시킬 수는 있으나 내적으로 깨끗하게 하거나 새롭게 할 수는 없다. 정욕의 죄악된 성격은 그런 식으로 변화되지 않는다. 그리고 그것으로 그치는 것만이 아니라 이성과 의지는 그 정욕을 억누를 수 있을지 모르나, 반대로 그들이 이 정욕으로 말미암아 오히려 지배되고 봉사하게 된다. 그것은 원리적으로 대적상태는 아니지만 본능적으로 스스로 그것을 기뻐한다. 그들은 정욕을 보양하고 양육하며 변증하고 정당화한다. 인간의 모든 자존성을 빼앗아 가고 그를 정열의 노예로 만들기까지 이성과 의지가 정욕으로 말미암아 결코 휩쓸려 들어가도록 해서는 안 된다. 악한 생각과 악한 정욕들이 마음으로부터 우러나와 이성을 어둡게 하고 의지를 부패시킨다. 마음은 그렇게 미묘하여서 가장 명석한 머리를 속인다.

인류의 죄의 보편성을 설명하고자 하는 이 두 가지 기도는 그들이 그 원인을 독특하게 각자 인간의 타락에서 찾았다는 점까지 내려왔다. 펠라기우스주의에 따르면 각 개인이 제 힘으로 타락하여 그는 오로지 자의적으로 다른 사람의 악한 모범을 따른다는 것이다. 반펠라기우스주의에 따르면 각 개인이 제 힘으로 타락하여 그는 오로지 자신의 선택에 의해서 생득적인 것을 취했으나, 그의 의지 안으로 악한 정욕을 채택한 것이 아니고 정욕을 악한 행동으로 바꾸었다는 것이다. 모두가 각 사람의 양심에 확실한 도덕적 사실을 명백히 오해하고 있고, 인류의 절대적 죄의 보편성이 수백만 번의 결정으로부터 어떻게 생기게 되었는가를 설명하지는 못했다.

그럼에도 불구하고 이런 시도들이 새롭고 다른 형태를 취할지라도 최근에 다시 수많은 사람들에게 받아들여졌다. 역시 좀더 일찍이 인간의 전생을 신앙했던 사람들이 있었다. 그런데 최근 몇 년간 불교의 영향이 이 신앙에 큰 충격을 주었다. 그 가정은 인간은 영원히 혹은 그가 땅에 나타나기 수세기 전에 이미 땅에 존재하였다는 것이다. 그렇지 않으면 좀더 철학적 이론 형태로서 땅에서의 인간의 감각적인 생은, 상상될 수는 없지만, 생각할 수 있는 인간의 전생과는 구별됨에 틀림없다는 것이다.
 그리고 여기에 좀더 생각을 진행하여 현실적이든 상상적이든, 전생의 존재로서 있는 동안 인간은 모두 개인적으로 타락하여 그 진노로 이 땅에서 거칠고 물질적인 육체를 가지게 되었고, 이후에 행위에 따라서 다시 보상을 받을 다른 생을 준비하면서 살아야 한다고 생각하였다. 그러므로 이 땅에서의 전생과 이생과 후생의 전 인생을 지배하는 것은 다만 한 가지 법만 있는데 그것은 보상법이다. 즉 각자 행한 대로 받았고 받으며 받을 것이다. 곧 각자가 심은 것을 거둔다는 것이다.
 이러한 인도철학적 생각은, 이 땅의 생에서 홀로 각자가 전생의 타락을 깨달아 알 수 없다는 미묘한 인식에서 진행하기 때문에 놀라운 것이다. 그러나 나머지 보편적 죄성에 대한 설명을 펠라기우스 이론 이상으로 설명해 주지 못하고 있다. 그 이론은 어려움을 땅의 이생으로부터 전생으로 미루어 버렸다. 이 전생에 대해서 아무도 기억하는 사람이 없으며 그것에 대해서 단 하나의 근거도 존재하지 않으며, 사실 순전한 환상에 불과하다는 것이다. 더구나 보상의 법칙만 존재하며 이것이 모든 것을 지배한다는 이론은 사람들 가운데 가난한 자들과 병든 자들, 곤비한 자들과 궁핍한 자들에게는 자비가 없는 잔인한 이론이다. 그 안에는 성경이 말씀하고 계시는 신적 은총의 빛과 대조적인 어두움이 깔려 있다.
 그러나 여기에서 특별히 주시되는 것은 이 인도철학이 보편적 죄성의 원인을 독특하게 각 개인의 타락에서 찾고 있다는 점에서 펠라기우스 이론과 완전히 일치하고 있다는 점이다. 이 두 가지 이론이 의존하는 사상은 인간을 제멋대로 모인 영혼의 무리로 구성하며 이 무리들은 영원히 혹은 수세기 전부터 병존하여 생활했고, 근원에 있어서나 본질에 있어서 서로 아무런 관계를 갖지 않으며 각자가 자활한다는 사상이다. 각자가 제 힘으로 타락하였고, 각자가 자신에게 주어진 운명을 받으며, 각자가 자신을 구원할 수 있는 만큼 최대로 노력한다. 인간을 결속시키는 것은 본래 그들 모두가 함께 고통받게 되는 빈곤뿐이다. 그러므로 함께 고통하는 것을 최고의 덕이라 부른다. 그러나 그것의 좀더 명백한 의미는 이 땅에서 행복하고 안락한 생활을 하는 자들은 보상의 법칙에 따라서 그들의 덕의 보상으로 당연하게 생각하였고, 같은 법에 따라서 그들이 얻은 것을 받는 빈곤자들을 높은 곳에서 내려다 볼 수 있다는 것이다.
 성경과 그것이 인류의 보편적 죄에 대해서 비춰 주는 빛을 올바르게 인식한다면 이 모든 것을 좀더 분명하게 볼 수 있음에 틀림없다. 성경은 허탄한 사색을 하지 않고 모든 의식과 양심이 우리에게 확증하는 사실들을 인식하고 존중

한다. 성경은 영혼들이 땅의 몸을 입기 전에 영들의 전쟁에 대해서 환상을 그리지 않는다. 전생에 있어서나 이생 동안 개개인의 생에서 일어났던 타락에 대해서 알지 못한다. 개인주의적이고 원자론적인 개념 대신에 성경은 인류의 유기적 견해를 취하고 있다.

인간은 사방에서 우연히 함께 모여서 좋아지든 나빠지든 여러 가지 약정을 통하여 최선을 다해 함께 살아가는 무더기 영혼들로 이루어진 것이 아니다. 인간은 한 통일체요 많은 지체를 가진 한 몸이요 많은 가지를 가진 한 나무며 많은 시민들로 이루어진 왕국이다. 그리고 인간은 외적인 결합으로 말미암아 미래에만 그런 통일체가 되는 것이 아니다. 육체적으로 인간은 하나다. 이는 한 피로부터 나왔기 때문이다. 법적으로 윤리적으로 인류는 하나다. 이는 자연적 통일의 기초 위에 동일한 신적 법, 즉 행위언약의 법 아래 있어 왔기 때문이다.

이 성경으로부터 인간은 그 타락에 있어서도 하나였다는 사실이 연역된다. 성경은 첫 페이지에서 마지막 페이지까지 인류를 항상 그렇게 본다. 인간들 사이에 계급, 신분, 직업, 명예, 재능 등에 있어서 차이가 있다면, 혹은 다른 민족 위에 이스라엘이 주님의 기업으로 선택되었다면, 그것은 오직 하나님의 은혜 때문이다. 차별을 행한 것은 이 은혜뿐이다(고전 4:17). 그러나 본래 모든 인간은 하나님 앞에 동일하다. 왜냐하면 그들 모두가 죄인들이어서 공통된 죄책을 나누고 동일한 더러움으로 부패되어 있으며 같은 죽음에 복종하며 같은 구원을 요구하기 때문이다. 하나님이 그들 모두를 순종치 아니하는 가운데 가두어 두심은 그들 모두에게 긍휼을 베풀려 하심이다(롬 11:32). 누구에게든지 자만할 이유가 없고 역시 누구에게든지 스스로 절망에 빠질 근거가 없다.

이것은 더 이상 논증할 필요도 없이 인류에 대한 성경의 계속적인 견해이다. 즉 그것은 위에서 주장된 인간의 보편적 죄에 대한 것으로도 충분하다. 그러나 법적이고 도덕적인 측면에서의 인류의 이런 유기적 통일에 대한 취급은 사도 바울에게 있어서 독특하고 심오하다.

그는 처음 로마서에서 온 세상이 하나님 앞에서 멸망받을 수밖에 없는 사실들을 밝혔고(롬 1:30-3:20), 그 후 그리스도로 말미암아 모든 죄의 용서, 모든 화해와 용서가 어떻게 성취되었고 신자를 위해서 그리스도 안에 무슨 유익이 있는가를 설명하고 나서(롬 3:21-5:11) 5:12-21 사이에서 결론을 내렸다(6장에서 이신칭의의 도덕적 열매들을 계속 묘사하기 전에). 여기 결론에서 그는 한 번 더 짧게, 우리가 그리스도께 감사드릴 전 구원에 대해서 간추리고 있다. 그리고 그는 그것을 세계 역사적인 맥락 안에서 아담으로부터 우리에게 부과된 모든 죄책과 비천을 대조시키고 있다.

한 사람을 통하여 죄가 세상에 들어왔고 사망이 모든 사람에게 이르렀다. 왜냐하면 첫 사람이 범죄한 이 죄는 아주 특별한 성격을 띠고 있기 때문이다. 이 죄를 아담 때부터 모세 때까지 사람들이 지었던 그런 죄들과는 본질적으로 다르게 위범(違犯)[1]이라 부르고(롬 5:12), 실족 혹은 과실[2]이라고도 하며(롬 5:15 이하) 불순종이라 부른다(롬 5:19). 이와 같이 이것은 그리스도께서 죽음으로 보여주신 순종과 비교되는 절대적인 것과의 가장 날카로운 대조를 이루고 있다(롬 5:19). 그러므로 아담이 범했던 죄는 그 자신의 인격에만 제한되어 있었던 것이 아니었다. 그것은 전인류 안에서 인류를 통하여 역사하였다. 그 이유는 한 사람으로 말미암아 죄가 그 자신의 인격에만 들어온 것이 아니고 세상에 들어왔고(롬 5:12), 그 결과로서 사망도 그 자신에게만 들어온 것이 아니고 세상에 들어왔기 때문이다. 한 사람 안에서 모든 사람이 죄를 범하였기 때문에 사망이 모든 사람에게 이르렀고, 그렇게 이를 수 있는 것이 정당하다.

바울의 이런 사상은 그가 아담으로부터 모세까지 (이 시기에는 적극적 율법, 곧 특별한 조건과 위협이 뒤따랐던 언약의 율법이 없었기 때문에) 아담의 범죄와 같은 죄를 지을 수 없었던 사람들의 죽음을 아담의 범죄에서 추론하였다는 사실에서 증명된다. 그러나 로마서 5:12 이하에서 이것에 대한 어떤 의심이 아직 있을 수 있을지라도, 이것은 바울이 고린도전서 15:22에서 말한 것을 통해서 완전히 해결된다.

여기에서 또한 모든 사람들이 죽은 것은 그들 자신들이나 조상들 혹은 선조들 안에서가 아니라 아담 안에서라는 사실을 찾는다. 즉 그것이 말하고자 하는 것은 사람들이 처음 죽음에 복종하게 된 것이 그들 자신이 개인적으로 혹은 그들의 조상들이나 선조들이 죄를 범하기 때문이 아니라, 그들 모두가 아담 안에서 죽게 되었다는 점이다. 그들의 죽음의 원인과 원리는 이미 아담 안에서 찾을 수 있다. 이 한 사람 안에서 그들이 죽어야 할 것만은 아니고 그들 모두가 이미 객관적인 의미에서 죽었다. 그 형의 집행은 언젠가 후에 따를지라도 그 죽음의 선고는 이미 선포되었다. 지금 바울은 죄의 결과인 죽음 이외에 다른 죽음을 인간 안에서 인식하지 않고 있다(롬 6:23). 모든 사람들이 아담 안에서 죽었다면 그들 모두가 그 안에서 죄를 지었다. 죄와 죽음은 아담의 범죄로 말미암아 세상에 들어왔고 모든 사람에게 이르렀다. 이는 이 범죄가 특별한 성격을 띠었

---

역주 1) 롬 5:14의 "헤 파라바시스"(ἡ παραβάσις)를 "eene overtreding"으로 번역하였다.
역주 2) 롬 5:15의 "토 파라프토마"(τὸ παράπτωμα)를 "eenmisdaad" 혹은 "vergrijp"로 번역하였다.

기 때문이다. 즉 이것은 특별한 법의 어김이었고 아담 개인으로서만이 아니라, 인류의 머리로서의 아담으로 말미암은 범죄였기 때문이다.

로마서 5:12-14에 나타난 바울의 사상이 이런 식으로 이해될 때만 이 다음 절에 언급되는 아담의 범죄의 결과에 대한 모든 것들이 아주 유용하게 된다. 그 모두가 같은 기초 사상으로부터의 발전이다. 한 사람(아담)의 실족으로 말미암아 많은 사람들(즉 모든 후손들)이 죽게 되었고(15절), 한 사람의 범죄로 인하여 죄책(하나님께서 심판주로 선포한 정죄)은 전인류에게 미치는 심판에 이르렀다(16절). 한 사람의 실족 혹은 과실로 죽음이 세상에 있는 모든 사람을 지배하였다(17절). 한 실족으로 많은 사람들이 심판에 이르렀다(18절). 결론적으로 모든 것이 이 한 선고에 압축되었으니, 곧 한 사람의 순종치 아니함으로 많은 사람이(즉 아담의 모든 후손들) 죄인이 되었고 그들 모두가 하나님 앞에서 죄인들로서 서게 되었다(19절). 바울의 사고 과정에 대한 이런 해석 위에 찍은 낙인은 그가 소개한 아담과 그리스도의 비교로 말미암아서이다. 사도가 로마서 5장의 문맥에서 다루는 것은 아담 안의 죄의 근원에 대한 것이 아니라, 그리스도로 말미암아 성취된 구원의 충만에 관해서이다. 모든 영광 가운데 있는 이 구원을 나타내기 위해서 그는 그것을 아담으로부터 인류에게 퍼진 죄와 죽음과 비교하기도 하고 대조시키기도 한다. 여기에서 아담은 오실 자의 표상 혹은 예표로서 봉사하고 있다(14절).

한 사람 아담 안에서와 그의 한 범죄로 말미암아 인류가 심판을 받게 되었고, 한 사람 예수 그리스도 안에서 하나님의 의로운 선포로 인하여 인류가 자유롭다 함과 의롭다 함을 입었다. 한 사람으로 인하여 죄가 힘으로 세상에 들어왔고 모든 사람을 지배하였다. 그와 마찬가지로 한 사람이 인간 가운데 신적 은총의 통치를 성취하였다. 한 사람으로 인하여 죽음이 죄의 통치의 증거로서 세상에 들어왔고 한 사람, 곧 우리 주 예수 그리스도로 말미암아 영생으로 인도하는 의의 길에 은총이 지배하기 시작했다. 아담과 그리스도 사이의 비교는 모든 경우에 적용될 수 있다. 그것에는 이런 차이만 있다. 즉 죄는 힘있고 강하지만 은총은 그보다 훨씬 부유하고 풍부하다.

기독교 신학은 이런 성경의 사상을 원죄의 교리에서 요약하였다. 누구든지 이 교리를 반론할 수 있고 부정할 수 있으며 조롱할 수도 있다. 그러나 그것이 성경의 증거를 못하게 할 수 없고 이 교리가 세워지고 있는 사실들을 없이 할 수는 없다. 세계의 모든 역사가 증거하는 사실은 인간이 그 전체에 있어서나 그 개개 일원에 있어서나 하나님 앞에 죄책 상태에 있고 도덕적으로 부패된 본성을 지녔다는 것이다. 그리고 언제든지 파멸과 죽음에 복종하였다. 그러므로 원죄는

제13장 죄와 죽음  233

우선 원시죄책을 포함한다. 첫 사람 안에서 그의 불순종 때문에 그로부터 나온 많은 사람들이 하나님의 의로운 심판으로 말미암아 죄인들이 되었다(롬 5:19).

두번째로 원죄는 원시오염(erfsmet)을 포함한다. 모든 인간들은 죄 가운데 잉태되어 불의 가운데 태어났다(시 51:7). 어려서부터 악하니(창 6:5; 8:21; 시 25:7), 이는 깨끗한 것이 더러운 것에서 나올 수 없고 육으로 난 것은 육이기 때문이다(욥 14:4; 요 3:6). 이 부정한 것이 모든 인간들에게 뻗쳤을 뿐만 아니라, 각 개인에 있어서도 그의 존재의 모든 부분에 퍼졌다. 그리고 그것이 마음을 공격하여 만물보다 거짓되고 죽음에 이르는 병에 걸리고 그 궤사를 헤아릴 수 없게 되었다(렘 17:9). 그리고 마음은 생명의 근원이며(잠 4:23) 또한 모든 불의의 근원이다(막 7:22). 그리고 이 중심점으로부터 부패는 이성을 어둡게 하였고(롬 1:21; 엡 2:18), 의지를 악으로 기울게 하며 참된 선을 행하기에 무력하게 만들고 있으며(요 8:34; 롬 8:7), 양심을 더럽게 하며(딛 1:15), 모든 지체, 곧 눈과 귀, 손과 발, 입과 혀를 지닌 육체를 불의의 도구로 만든다(롬 3:13-17; 6:13). 이 죄가 하는 일은 개개인을 자기의 매일매일의 죄로 말미암아 그럴 뿐만 아니라, 그가 잉태될 때부터 파멸과 죽음의 종이 되게 하는 것이다(롬 5:14). 즉 모든 사람들이 이미 아담 안에서 죽었다(고전 15:22).

이런 원죄가 아무리 심각하게 보일지라도 그것은 율법에 의존한다. 이 율법이 전 인간생활을 지배하고 그것이 그의 판단 안에 있는 한 그것의 존재를 아무도 부정할 수 없고, 그것에 대해서 아무도 반대를 일으킬 수 없다.

부모들이 자녀들을 위해서 재산을 모았을 때, 그 자녀들은 부모들의 임종시에 받은 재산을 전유(傳遺)하는 것을 싫어하지 않는다. 그들이 그 모든 것을 벌지는 아니하였을지라도 참으로 종종 그들의 불명예스러운 행동으로 스스로가 그것의 무가치성을 증명하고 과도한 생활을 하면서 불의하게 그것들을 탕진해 버릴지라도 그것을 싫어하지 않는다. 그리고 자녀가 없는 경우, 가장 먼 친척인 조카의 자녀들이 양심의 가책도 없이 아는 바도 없고 무시되었던 가족이 남겨 놓았던 유산의 몫을 타기 위해서 모습을 드러낸다. 그것은 물질적인 재산들이 경우에 해당된 것이다. 그러나 영적인 재산들도 있다. 즉 자녀들이 어떤 식으로든지 벌지 않았으나 이의 없이 전유할 수 있고 쾌히 전유할 수 있는 부모의 유산들인 계급과 지위, 명예와 명문가의 이름, 과학과 예술 등의 재산들이 있다. 그런 상속법이 가문이나 가계나 종족이나 민족, 국가와 사회, 과학과 예술 등 모든 인류에게 어디에서나 지배하는 법이다. 후세대들은 전세대가 모았던 재산으로 생활한다. 후손들은 생의 모든 영역에 있어서 조상들의 일의 뒤를 잇는다. 그에게 유익만 된다면 하나님의 은혜로운 섭정에 대해서도 반대를 일으킬 사람은 없다.

그러나 이 동일한 상속법이 어떤 이의 손실에 적용된다면 모든 것이 달라진다. 자녀들이 그들의 가난한 부모들을 부양해야 할 처지에 있을 때 그들은 직접 부모와의 모든 관계를 끊고 그들을 교회 구제기관이나 양로원에 위탁한다. 어떤 가족이 그들의 생각에 하류 계급인 사람과 결혼하거나 불명예스러운 일을 저질렀을 때 그 혈족들은 스스로 상처를 받았다고 느끼고 갑자기 그로부터 손을 끊고 그에게 냉대를 보인다. 누구나 크든 작든 공동체의 혜택을 누리기는 좋아해도 해당된 책임은 거절하는 경향을 가지고 있다. 그러나 이 경향 자체가 그런 공동체적인 특권들과 의무들이 사람들 사이에 있다는 사실에 대한 힘있는 증거이다. 아무도 그 존재와 기능을 부정할 수 없는 통일성과 공통성과 연대성이 거기에는 있다.

참으로 우리는 이런 연대책임이 어떻게 기능하고 그 영향력을 행사하는지에 대해서 알지 못한다. 예를 들어서 그것에 따라서 부모의 물질적, 정신적 재산들이 자녀들에게 양도되는 상속법은 아직까지도 전혀 알려지지 않고 있다. 어떻게 개개인이 공동체로부터 태어나 자라서 독립적이고 자유로운 신분으로 성장하며, 공동체 안에서 자신의 지위를 취하여 종종 힘있고 영향력 있는 지위를 취하는지에 대한 비밀을 이해하지 못하고 있다. 우리는 공동체나 연대성이 미치는 한계와 개인적인 독립과 책임이 시작하는 한계를 가리킬 수 없다. 그러나 이 모든 것은 그런 공동체가 있다는 사실이나 크고 작은 영역 안에서 인간들은 서로 연대적으로 결합되어 있다는 사실을 침해하지 않는다. 거기에는 개인들이 있지만, 가족, 혈통, 종족, 민족 등의 강력한 통일체로 결합시키는 보이지 않는 끈이 있다. 거기에는 개인적인 영혼이 있지만, 형이상학적인 의미에 있어서 '민족혼'이란 것이 있다. 그리고 개인적인 특성들이 있지만, 역시 공적인 영역에 속한 사회적인 특성들이 있다. 거기에는 개인적인 죄가 있지만, 일반적인 민족의 죄들도 있다. 개인적인 죄책이 있지만, 공동체적인 죄책도 있다.

사람들 사이에 수천의 방식으로 존재하는 이런 연대성은 계속 반복하여 아주 자연스럽게 소수로 말미암은 다수의 대의를 의미한다. 우리 스스로는 모든 것을 나타낼 수 없고 개인적으로 다 행할 수 없다. 사람들은 온 땅에 퍼져 있고 먼 거리를 두고 서로 떨어져서 살고 있다. 그들은 동시에 한꺼번에 사는 것이 아니고 세대를 통해 서로 뒤따른다. 더구나 그들 모두가 동등한 능력과 지혜를 가진 것이 아니다. 그들은 재능과 능력에 있어서 무한한 차이가 있다. 그와 같이 매순간마다 소수가 부름을 받아 다수의 이름과 다수 대신에 생각하고 말하며 결정하고 행동한다. 재능과 소명에 있어서 비동등성 없이, 그리고 대치와 종속 없이 실질적인 공동체조차도 불가능하다. 수많은 다른 지체들이 없다면, 그리고 이 모든 지체들이 그 모두를 위해서 생각하고 모두의 이름으로 결정하는 머리에 의해서 경영되지 않는다면 몸은 불가능하다. 가장이 가족에 대해서 같은 역할을 하고, 사장이 회사나 기업에 대해서 경영자의 역할, 군대에 대해서 장군의 역할, 선거권자들에 대해서 의회의 역할, 왕이 왕국에 대해서 같은 역할을 한다. 그들의 지도자들이 수반하는 귀결을 부하직원들이 분담한다.

그러나 이 모든 것들은 인간의 작고 제한된 써클에만 타당하다. 여기에서 한 사람은 많은 사람에게 축복이 될 수 있고 저주가 될 수 있다. 그럼에도 불구하고 항상 그에 대한 영향은 좁은 영역에 제한되어 있다. 나폴레옹과 같은 위대한 인물조차도 그의 지배력과 영향이 아무리 컸다 할지라도 세계역사에 있어서 조그맣고 덧없는 존재일 뿐이었다. 그러나 성경은 독특하고 전 위치를 점유하고 있는 두 인간에 대해서 말한다. 이 두 인간은 머리에 서 있고 그들의 능력과 영향은 하나의 민족과 민족 단위나 한 지역과 세계 구역 및 한 세기나 수세기에 미치는 것이 아니라, 전인류와 땅끝과 영원까지 미친다. 이 두 인간이 바로 아담과 그리스도이시다. 한 사람은 역사의 시작에 서 있고 다른 한 사람은 역사의 중심에 서 있다. 한 사람은 옛 사람의 머리요 다른 사람은 새 사람의 머리다. 한 사람은 세상에 있는 죄와 죽음의 근원이요 다른 한 사람은 의와 생명의 원천이요 근원이다.

인류의 머리로 두 사람이 점유하고 있는 절대유일한 위치 때문에 그들만이 비교될 수 있다. 인간들 사이에 가족과 혈통과 민족 등에서 나타나는 모든 형태의 연대성에 있어서 장소나 의미나 영향의 유사성이 그들 사이에 있다. 그리고 이런 모든 유사성들이 아담과 그리스도로부터 발원하여 모든 인류에게 미친 영향을 밝히는 데 봉사할 수 있다. 그들이, 상속법이란 것이 우리의 고도의 높은 생활, 즉 종교 도덕적 생활에서도 적용된다는 사실에 어느 정도 일치시키는 것은 여기에서 상속법이 그 자체로 고립되어 있는 것이 아니라, 어디에서든지 지배하며 인류의 유기적 존재 안에 내포하고 있기 때문이다. 그럼에도 불구하고 아담과 그리스도는 독특하고 절대유일한 자리를 차지하고 있다. 그들은 인류에 대한 의미를 갖는다. 어떤 사람도 어떤 세계 정복자나 일급 천재도 그런 의미를 얻을 수 없다. 우리는 그리스도 안에서만 아담의 범죄로 우리가 빠진 운명과 완전히 화해된다. 무엇보다 첫 사람 안에서 우리를 정죄하였던 법과 둘째 사람 안에서 우리를 구원하는 법은 같은 법이었다. 우리의 사형선고의 지식 없이 우리가 아담 안에 참여될 수 없었다면, 같은 방식으로 우리가 그리스도 안에 있는 은혜에 이르는 데 불가능하였을지도 모른다. 우리가 우리 편에서의 어떤 공헌 없이 재능이나 기업을 통해서 우리에게 보내주신 선물을 받는 것을 전혀 싫어하지 않는다면, 그것이 오히려 악을 가져다 주었을 때, 이 율법에 반대를 일으킬 권리를 잃어버린다. 우리가 하나님께 선한 것을 받았은즉 악한 것을 받지 않겠느냐?(욥 2:10) 그러므로 우리가 아담을 죄책하지 말고 그렇게 큰 사랑을 우리에게 주셨던 그리스도께 감사하자. 우리는 에덴 동산을 되돌아보지 말고 십자가를 향하여 전진하자. 그 십자가 뒤에 쇠하지 않는 면류관이 있다.

인간이 그 안에서 잉태되어 태어나는 원죄는 장식품이나 부동의 성질이 아니라, 각종 죄가 나오는 뿌리요 죄가 계속적으로 흘러나오는 부정한 샘이요 인간의 마음을 항상 잘못된 방향, 곧 하나님과의 교통에서 멀어지고 자신의 부패와 몰락을 향하도록 강요하는 힘이다. 그러므로 원죄로부터 구별될 수 있는 이런 죄들을 자범죄(dalijke zonden)라고 불렀고, 다소의 의식과 강약의 의지를 가지고 개개인이 신적 법을 어기는 모든 범죄들을 포함한다. 그런 모든 개인적인 죄들은 공통된 근원을 갖는데, 즉 사람의 마음으로부터 나온다는 것이다(막 7:23). 그런 마음은 중생에 의해서 변화되고 새롭게 되지 않는 한 모든 장소, 모든 시대, 모든 사람에 대해서 동일하다. 아담의 모든 후손들에게 공통된 한 인성이 있고 모든 사람에 있어서 이런 인성은 죄악되고 더럽다. 그러므로 어떤 이가 자신을 다른 사람으로부터 구별하여 "나로부터 떨어져라 나는 너보다 거룩하다!"라고 말할 만한 근거가 전혀 없다. 자기 의를 높이는 것, 귀족의 교만, 현자의 자고함은 모든 사람들이 소유한 인간본성에 비추어 볼 때 절대 근거가 없는 것이다. 수천의 죄들 중에서 어떤 사람이 나는 그것에 외인이요 그것과는 무관하다고 말할 수 있는 죄란 단 하나도 없다. 모든 불의, 역시 가장 흉악한 것도 그 씨가 각자의 가슴에 자리잡은 마음에 있다. 과실자들은 특별한 종족이 아니라, 우리 모두가 그 지체들인 사회로부터 나왔다. 그들은 단지 각자의 숨은 본질 속에 무엇이 계속 요동하며 격동하고 있는지를 나타낸다.

모든 죄들은, 공통적인 뿌리에서 나온다 할지라도, 각 개인의 생에 있어서 나 가족, 혈통, 민족, 사회와 전인류에 있어서 서로 유기적으로 연결되어 있다. 죄들은 그 수가 셀 수 없이 많아서 어떤 이도 그것들을 나누거나 분류할 수 없다. 어떤 사람은 일곱 가지 주요 죄에 대해서 말한다(교만, 탐욕, 무절제, 부도덕, 나태, 시기, 분노). 혹은 그들이 범하게 된 도구에 따라서 사상적인 죄, 말과 행위의 죄, 육체적·정신적인 죄들로 분류한다. 또 그들이 역행한 명령에 따라서 첫번째 돌판과 두번째 돌판, 즉 하나님에 대한 죄와 우리 이웃들에 대한 죄로 분류한다. 혹은 그 죄들이 표현된 형식에 따라서 부주의한 죄와 고의적인 죄로 분류한다. 혹은 그 정도에 따라 구별되어 은닉죄와 공공연한 죄, 은밀한 죄와 공인된 죄, 흔히 있을 수 있는 죄와 극악무도한 죄 등으로 분류된다.

그러나 그들이 서로 아무리 구별될지라도, 순전히 전횡적(專橫的)인 행동으로서 각각 고립되어 있지 않고 항상 그 근원에 있어서는 결합되어 있으며 계속해서 상호 영향을 주고 받는다. 병에 있어서 건전한 생명의 법칙이 계속 작용해도 뒤섞이게 활동하는 것처럼, 죄에서도 인간과 인류의 유기적인 생이 나타난다. 그런데도 이 죄로 말미암아 그의 근원적인 운명에 직접 반대되는 방향으로 발달하고 있다.

죄란 미끄럼판이라는 유명한 격언 속에 이 사상이 표현되어 있다. 우리는 목적된 한 방향을 따라갈 수 없고, 어떤 임의의 점에 가만히 있거나 빙빙 돌고 있다. 심오하고 아름답게도 악한 자의 저주는 악은 계속 악을 낳아야 한다는 데 있다고 말했던 유명한 시인도 있다. 그러나 성경은 이에 대해서 우리에게 충분히 밝혀 준다. 야고보서 1:14, 15에서 인간 속에 죄악의 행위가 어떻게 유기적으로 생기는지에 대하여 설명하고 있다. 누구나 죄의 유혹을 받을 때 그 원인은 하나님께 있는 것이 아니라, 그 자신의 욕심에 있다. 이 욕심이 죄의 모체다. 그러나 이 욕심이 본질적으로 죄(죄악행위, 즉 사상이든, 언어든, 행위든)를 낳기에는 불충분하다. 먼저 욕심을 품게 되면 자연히 욕심이 잉태된다. 그것은 이성과 의지가 그 욕심에 결합될 때 일어난다. 그와 같이 의지를 통하여 정욕이 잉태되었을 때 그것은 죄악행위를 낳는다. 이런 죄가 스스로 자라 발전하고 그 성숙에 이르렀을 때 그것은 죽음을 잉태하여 낳는다.

그와 같이 특별한 죄에 대해서도 마찬가지이다. 그러나 같은 방식에 있어서 여러 가지 죄가 상호 결합되어 있다. 야고보가 이 사실을 지적하여 이르기를, 누구든지 온 율법을 지키다가 그 하나에 거치면 모두 범한 자가 된다고 하였다. 이는 한 계명을 멸하셨던 같은 입법자께서 그 모든 계명을 주셨기 때문이다. 한 계명에서 어기는 자는 그 모든 계명을 주신 자를 공격하는 것이고, 따라서 모든 권위와 능력을 손상시키는 것이다. 율법은 그 근원에 따라서나 그 본질에 따라서 하나다. 율법은 한 유기체다. 그러므로 그 지체들 중 하나가 마비되면 전체가 기형이 된다. 체인의 연결고리 하나가 떨어져 니기면 진체가 부서진다. 명령 하나를 어긴 사람은 원리적으로 모든 명령을 버리는 것이고, 따라서 악으로부터 악에 이른다. 예수님께서 말씀하신대로 그는 죄의 종 혹은 노예가 된다(요 8:34). 바울이 표현한 대로 그는 죄의 지배 아래 팔렸다. 그러므로 노예가 그를 샀던 주인에게 속한 것처럼 그도 죄로부터 독립하지 못한다(롬 7:14).

이런 유기적 견해는 인간생활의 제한된 영역에서 나타나는 죄에 대해서도 적용된다. 개인들의 죄들도 있지만 사회적인 죄들, 즉 가족이나 혈연, 민족 등의 죄들이 있다. 사회의 각계 각층, 각 생업과 사업, 각 직무와 직업은 그 자체의 도덕적 위험과 죄악들을 지니고 있다. 도시인들의 죄는 시골 사람들의 죄와는 다르고, 농부들의 죄는 상인들의 죄와 다르며, 지식인들의 죄는 교육을 받지 못한 자들의 죄와 다르며, 부자의 죄는 가난한 자의 죄와 다르고, 어린아이들의 죄는 어른들의 죄와 다르다. 그러나 이것이 바로 각 영역에 있어서 이런 모든 죄들은 상호 결합되어 있다는 사실을 보여준다. 통계학이 특별한 범죄는 특별한 시대, 계절, 세대, 계층, 모임과 분야에서 어떤 규칙적인 리듬을 타고 일어난다는 사실을 가리켰을 때 이를 확증하고 있다. 우리는 우리의 제한된 영역과 결합된 죄들의 이런 유기적 결합에 관해서 아주 적은 부분들만 지각하고 있고 그것은 아주 피상적으로 지각하고 있다. 그러나 우리가 현상의 본질까지 통찰할 수 있고 사람의 마음속에 있는 죄의 근원을 들춰낼 수 있다면, 아마 이르게 될 결론이란 죄 안에는 역시 통일성, 사상, 계획, 과정형태가 있다는 사실일 것이다. 한마디로 말해서 죄 안에는 체계가 있다는 사실일 것이다.

성경이 인간 속에 있는 죄를, 그것의 근원과 발전과 완성이란 모든 면에서 사단의 왕국과 관련시켰을 때, 성경이 들춰낸 것은 베일의 끝을 비춘 것이다. 사단이 사람을 시험하여 타락케 한 이래(요 8:44), 그는 도덕적 의미에서 세상의 제왕이요 이 시대의 신이 되었다(요 16:11; 고후 4:4). 그리스도로 말미암아 심판을 받고 쫓겨났을지라도(요 12:31; 16:11), 따라서 주로 이방세계에서 활동하고 있을지라도(행 26:18; 엡 2:2) 그는 계속 밖에서 전신갑주를 입고 그를 대적하여 싸우는 데 열심인 교회를 공격하고 있다(엡 6:12). 그리고 그는 마지막 날에 그리스도와 그의 왕국에 대한 최종적이고 결정적인 공격을 위해서 그의 온 힘을 조직화하고 있다(계 12장). 성경이 비춰 주는 빛에 의해서 단 하나의 죄나 단 한 사람 혹은 한 민족의 죄들에 대해서 관심을 집중할 때가 아니라, 우리가 인류 안에 있는 죄의 왕국 전체를 훑어볼 때, 처음으로 우리는 죄의 본질적인 본성과 목적이 무엇인지를 이해한다. 그 원리나 본질에 있어서 죄는 하나님의 대적 외에 다른 것이 아니며, 세상 안에서 주권적 지배에 목적이 있다. 아무리 적은 죄라도 신적 법을 어기는 것으로서 전체와 관련해서 이런 최종목적에 봉사하게 한다. 세계역사는 맹목적으로 흐르는 진화과정이 아니라 엄숙한 드라마요, 위의 영과 아래 영, 그리스도와 적그리스도, 하나님과 사단 사이의 수세기 동안 계속되는 영적인 전쟁이다.

그러나 이런 죄관이 지배적인 사상임에는 틀림없을지라도, 우리를 일방적으로 유인하여 여러 가지 죄들 사이에 있는 모든 차이를 망각케 해서는 안 된다. 덕과 같이 죄도 하나요 분리될 수 없어서, 그중 하나를 어긴 사람은 누구든지 원리적으로 그 모든 것을 어기는 것이 된다는 것은 사실이다(약 2:10). 그러나 모든 죄들이 종류와 정도에 있어서 같다고 말할 수 없다. 그릇 행한 죄[3]와 짐짓 행한 죄[4] 사이에 구별이 있고(민 15:27, 30), 무지한 가운데서의 죄와 완전한 의식과 의도를 가지고 행한 죄 사이에 구별이 있으며(마 11:21; 눅 12:47; 23:34; 행 3:17; 17:30), 첫째 돌판을 어기는 죄와 둘째 돌판을 어기는 죄 사이에 구별이 있고(마 22:27, 28), 도덕적, 영적 죄와 흔히 있을 수 있는 죄와 극악무도한 죄 사이에 구별이 있다. 한 율법 중에서도 여러 가지 다른 명령들이 있고 이런 명령들을 어기는 행위도 매우 다른 환경들에서 다소의 의식과 의지의 재가를 얻어 일어날 수 있기 때문에, 모든 죄들이 다 무겁고 같은 형벌을 받을 만한 것이 아니다. 도덕법을 어긴 죄가 의식법을 어긴 죄보다 과중하다. 이는 순종이 제사보다 낫기 때문이다(삼상 15:22). 굶주려서 도적질하는 사람은 욕심으로 행한 죄보다 죄책이 적다(잠 6:30). 노(怒)에 따른 등급들이 있다(마 5:22). 부녀에 대한 음욕을 품는 자마다 마음에 이미 간음함일진대 그 정욕에 대해서 싸우지 않고 순응하는 자도 행위로 이미 간음함이다(마 5:28).

우리가 이런 죄들 사이의 구별을 잘못 깨달으면, 성경과 실재 사이에 심한 모순을 일으키게 될 것이다. 도덕적 의미에서 인간들은 동등하게 태어남이 사실이다. 그들은 그 근원에서 같은 죄책을 가지고 나오고 같은 오염으로 부패되어졌다. 그러나 성장함에 따라 그들의 차이는 서로 넓혀진다. 신자들도 종종 중한 죄에 빠져 계속해서 옛 사람과 싸우고 있음에 틀림없고, 이는 거의 완전한 순종을 성취할 수 없다. 그리고 그리스도의 이름을 알지 못했고 그를 믿지도 않았던 사람들 중에 가장 최고의 불신앙에 빠져 죄를 물처럼 들이키는 사람들이 많이 있다. 그러나 그들 중에서도 존경할 만한 시민생활과 높은 도덕생활을 통하여 그들 사이를 구별하고 그리스도인들에게도 덕의 모범이 되는 많은 사람들이 있다. 진실로 모든 악의 씨는 각자 인간의 마음속에 있다. 우리의 자기의식이 점점 증가하면 할수록, 우리가 본성적으로 하나님과 우리 이웃을 미워하기 쉽고 어떤 선도 행할 수 없으며 모든 악으로 기울어져 버린다는 참된 고백을 깨닫게 된다. 그러나 모든 사람에게 있어서 같은 정도로 이 악한 경향이 악한 행동으로 옮겨지는 것은 아니다. 넓은 길을 가는 자 모두가 똑같이 빨리 가는 것이 아니고 모두 그 진행하는 정도도 같은 것은 아니다.

---

역주 3) 민 15:27의 "테헤타 비쉐가가" (תֶּחֱטָא בִשְׁגָגָה)를 "Zonden door afdwaling"으로 해석하였다.
역주 4) "아쉐르-타아쉐 베야드 라마" (אֲשֶׁר־תַּעֲשֶׂה בְּיָד רָמָה) (민 15:30)는 "Zonden met opgehevene hand"로 번역되어 있다.

이런 차이의 원인은 인간 안에 있는 것이 아니라, 억제하시는 하나님의 은 총 속에 있다. 마음은 모든 인간의 경우에 있어서 동일하다. 항상 모든 사람에게 어디에서나 이런 악한 사념과 정욕들은 떠오른다. 마음의 계획하는 바는 어릴 때부터 항상 악할 뿐이다.

하나님께서 인간들을 버리시고 그들 마음의 정욕대로 내버려두신다면, 땅은 지옥이 될 것이고 어떤 인간적인 사회나 역사는 불가능할 것이다. 그러나 땅 속에 있는 불이 딱딱한 지표로 말미암아 조절되며, 때때로 어떤 장소에서만 무서운 화산 폭발로 터지는 것처럼 사람의 마음의 악한 생각과 정욕이 사회의 사방으로부터 억눌리고 억제되고 있다. 하나님은 인간을 그대로 내버려두신 것이 아니라, 그 안에 있는 야생동물성을 억제하여, 인류를 위한 그의 경륜을 보존하시고 집행하도록 하신 것이다. 그는 인간 속에 본능적 사랑과 서로 사귐에의 열망, 종교와 도덕의 관념, 양심과 정의감, 이성과 의지가 약동하게 하셨다. 그리고 하나님은 그를 가족과 사회와 국가 안에 두셨으니 이것들이 그들 여론이나 체면의식, 강제노동, 교육, 형벌 등을 통하여 인간을 억제하며 존경할 만한 문화인다운 생활을 강요하고 기른다.

이런 아주 다양하고 힘있는 모든 영향을 통하여 악한 인간이 아직도 많은 선을 성취할 수 있게 된 것이다. 하이델베르크 요리문답이 인간은 전적으로 선을 행하기에 무능하며 모든 악으로 기울어진다[5]고 말하였을 때, 항론파에 대한 반박문(de Artikelen tegen de Remonstranten)에서 분명하게 언급하고 있는 바와 같이 이 선으로 말미암아 우리는 구원적 선을 이해하게 되는 것이다.

이런 구원적 선에 대해서 인간은 본성적으로 전적으로 무능하다. 그는 내적, 영적인 어떠한 선도 행할 수 없으며, 마음을 감찰하시는 하나님이 보시기에 완전히 정결하며 영적으로나 문자적으로나 율법에 완전히 부합하고, 따라서 영생과 하늘의 축복을 얻을 수 있는 그런 선을 전혀 행할 수 없다. 그렇다고 해서 사람이 하나님의 일반은총을 통해서 많은 선을 이룰 수 없을 것이라고 절대 말해서는 안 된다. 그는 그의 개인적인 생활에서 이성과 의지를 통해서 악한 생각과 정욕을 백제하고 덕에 전념할 수 있다. 즉 가정생활에서 그는 그의 아내와 자녀들, 부모들과 형제 자매들을 사랑할 수 있고 그들을 위한 선을 추구할 수 있다. 사회생활에서도 그는 정직하고 신의 있게 그의 맡긴 책임을 완수할 수 있고 복지와 문화, 과학과 예술의 증진에 이바지할 수 있다. 한마디로 말해서 하나님께서 본성적으로 악한 인간을 에워싸게 한 모든 능력으로 말미암아 그는 아

---

역주 5) 하이델베르크 요리문답 문8.

직도 이 땅에서 인간적인 생을 꾸릴 수 있도록 하였다.

그러나 이 모든 능력들이 인간을 내적으로 새롭게 할 수 없고, 종종 불의를 억제하는 데도 불충분하다. 우리가 꼭 어느 사회에서나 발견되며 그 자체의 생이 있는 범죄세계와 관련하여 생각할 필요는 없다. 그러나 정복과 식민지화, 종교와 인종전쟁, 민중폭동, 국가적 혁명, 부정사건 등에서도 종종 무서운 불의가 인간의 마음속에 있음을 나타낸다. 문화의 정화가 그것을 제거하지는 못하나, 불의를 집행하는 가운데 수치를 증진시킨다. 의견상 가장 고상한 행위도 깊이 조사하여 보면, 가지각색의 이기적이고 야망적인 생각을 통해서 흔히 동기되어지고 있다. 인간의 마음의 악과 속임을 약간 이해하는 사람은 누구나 세상에는 아주 많은 죄악이 있다는 사실에 조금도 놀라지 않는다. 오히려 그는 그렇게 많은 선이 아직도 세상에서 발견될 수 있다는 사실에 놀란다. 그리고 그는, 그런 인류와 더불어 아직도 그렇게 많은 것을 어떻게 이루었는지를 알고 계신 하나님의 지혜를 경애한다. 우리가 없이 하지 못하는 것은 여호와의 자비이니, 이는 그의 긍휼은 영원무궁하기 때문이다(애 3:22). 파괴하려고 하는 인간의 죄와 그것을 결합하여 인간의 생각과 행위들을 그의 경륜을 이루는 데 이바지할 수 있도록 하시는 하나님의 은총 사이에 계속적인 싸움이 있다.

이런 하나님의 은총은 아합이나(왕상 21:29) 니느웨 백성들의 마음속일지라도(욘 3:5 이하) 인간을 겸비하게 할 수 있다. 그러나 인간은 계속적으로 이런 은총을 반역할 수 있다. 그때 성경에서 강퍅하여짐이란 명칭으로 표시된 무서운 현상이 내입(內入)한다. 그중에 바로가 전형적인 예다. 성경에는 다른 사람에 대해서도 나오지만 강퍅하게 되는 일의 본성과 과정이 바로의 경우에 가장 명백하게 나타나고 있다. 그는 대왕국의 수뇌의 자리에 앉아 있는 권력 있는 제왕으로서 하나님의 권세의 징표 앞에서 자고하며 머리를 숙이려고 하지 않는다. 이런 징표들은 연달아 규칙적으로 뒤따랐고, 기적적인 능력과 파괴적인 활동 가운데서 그것들이 증가해 갔다. 바로도 같은 정도로 악해졌다. 굴복하고 부복하고자 하는 충동은 점점 그 순수한 그대로 남아 있지 않다. 결국 그는 넓게 눈이 열린 채 파멸로 줄달아쳤다.

이는 바로의 인격 속에서 우리의 눈앞에 발생되고 하나님 편에서뿐만 아니라, 인간 편으로부터도 보여질 수 있는 놀라운 영혼 드라마이다. 여호와께서 바로의 마음을 강퍅케 하였다 하기도 하고(출 4:21; 7:3; 9:12; 10:20, 27), 다른 곳에서는 그 자신이 자신의 마음을 강퍅케 하였다고 하며(출 7:13, 22; 8:15, 19, 32; 9:34), 혹은 그 마음을 완강케 하였다고 말하고 있다(출 7:14; 9:7; 9:35). 이 강퍅케 됨에는 신적인 활동과 인간적인 활동이 있다. 그 안에는 점점 더 어떤 심판에 이르게 되는 신적 은총의 역사가 있고, 점점 더 하나님에 대한 의식적이고 결정적인 대적행위의 성격을 띠는 인간적인 반항이 있다. 이런 식으로 강퍅케 됨을 성경은 다른 곳에서 묘사해 주고 있다. 즉 여호와께서 강퍅케 하셨다(신 2:30; 수 11:20; 사 63:17). 인간이 자기 마음을 강퍅케 하였다(삼상 6:6; 대하 36:13; 시 95:8; 마 13:15; 행 19:9; 롬 11:7, 25)고 묘사하였다. 신적 은총의 계시로부터 분리될 수 없는 이 둘 사이에는 상호작용과 비꼬임과 싸움이 있다. 그런 작용은 일반은총과 관련되지만, 특별히 특별은총이 이런 특성을 가지고 있어, 그 작용이 사람들 사이에 정죄와 분파와 분리를 일으킨다(요 1:5; 3:19; 9:39). 그리스도는 타락과 부활을 위해서 세움을 입었다(눅 2:34). 그는 구원의 반석이요 부딪치는 돌이요 거치는 반석이다(마 21:44; 롬 9:32). 복음은 사망에 이르게도 하고 생명에 이르게 하기도 한다(고후 2:16). 그것을 지혜롭고 슬기 있는 자들에게는 숨기시고 어린아이들에게는 나타내신다(마 11:25). 그리고 내 모든 것 안에 하나님의 기뻐하신 뜻과 동시에 종교적이고 도덕적인 생명의 법이 계시되고 있다.

강퍅케 되는 죄는 그 최절정으로 성령의 훼방죄에 이른다. 예수님께서 바리새인들과의 심각한 비꼬임으로 인하여 그것을 말씀하셨다. 그가 귀신 들려 눈멀고 벙어리 된 자를 고쳐 주셨을 때 무리가 다 놀라 이 사람이 다윗의 자손, 곧 하나님께서 조상들에게 약속하신 메시야가 아니냐고 하며 소리질렀다. 그러나 그리스도께 주어진 이런 경의는 바리새인들에게 다만 증오와 적의를 일으켜서, 이것과 반대로 예수는 귀신의 왕 바알세불을 힘입지 않고는 귀신을 쫓아내지 못한다고 선포하였다. 그렇게 그들은 직선적으로 대적의 위치에 섰다. 그들은 그리스도를 하나님의 영으로 말미암아 귀신들을 쫓아내시고 땅 위에 하나님의 왕국을 세웠던 하나님의 아들, 곧 메시야로서 인식하기는커녕, 예수는 사단의 앞잡이요 그의 사역은 마귀적인 사역이라고 말하고 있다. 이런 무서운 훼방죄에 대해서 예수님은 자신의 권위를 보존하사 그들을 반박하셨고 그것의 모순성을 가리켰다. 그러나 마지막으로 그는 말씀에 이어 이런 엄한 훈계를 하셨으니, 사람의 모든 죄와 훼방은 사하심을 얻되, 성령을 훼방하는 것은 이 세상과 오는 세상에서도 사하심을 얻지 못할 것이라(마 12:31, 32)고 하셨다.

그 말 자체들과 이것들이 나타내는 문맥이 성령 훼방죄는 죄의 길의 초기나 그 중간에 일어나는 것이 아니고 그 마지막에 일어남을 분명히 보여주고 있다. 그것은 하나님께서 계시하신 진리에 대한 의심이나 불신앙 가운데 존재하지 않고 성령에 대한 저항이나 성령을 슬퍼하게 함에 있지 않다. 왜냐하면 이것들은 신자들이 지을 수 있는 죄들이고 종종 그들이 여겨지기 때문이다. 그러나 성령 훼방죄는 의식 속에 그런 풍부한 하나님의 계시와 그런 성령의 능력 있는 조명이 선재하여 사람이 그의 마음과 양심 속에서 신적 계시의 진리에 대해서 완전히 확신하였을 때만 일어난다(히 6:4-8; 10:15-29; 12:15-17).

그리고 그 죄는 객관적인 계시와 주관적인 조명은 물론 그가 진리를 진리로서 깨닫고 맛보았음에도 불구하고, 사람이 완전히 의식적이고 고의적인 의도를 가지고 그 진리를 마음과 입으로 거짓 증거하며 그리스도를 사단의 도구로 악평함에 있다. 그 안에서 인간적인 죄는 악마적인 죄로 된다. 그것은 의심이나 불신앙으로 구성된 것이 아니고, 모든 양심의 가책과 기도와 같은 이런 것들의 가능성을 전혀 허용치 않는다(요일 5:16). 그것은 모든 의심과 불신앙, 모든 양심의 가책과 기도를 초월해 버린다. 성령을 아버지의 영과 아들의 영으로서 신앙하고 깨닫기는커녕, 그를 악마적인 악으로서 훼방한다. 그런 절정에서의 죄는 너무 불신앙적이고 뻔뻔스러워서, 모든 부끄러움을 떼어 내버리고 모든 덮개를 벗어 던지며 모든 명백한 이유를 멸시하고 순전히 악의 쾌락으로부터 하나님의 진리와 은총을 대적하고 있다. 그러므로 성령 훼방죄에 대한 이런 가르침에서 예수님은 가장 엄한 훈계를 우리에게 주시고 있다. 그러나 우리는 그 안에 내포한 위로를 잊어서는 안 된다. 왜냐하면 이 죄 하나만 용서받을 수 없는 죄라면 아무리 크고 잔인한 죄일지라도 다른 모든 죄들은 용서받을 수 있다. 그들이 용서받을 수 있는 것은 인간적인 고해성사를 통하여 되는 것이 아니라, 하나님의 부유한 은총으로 말미암은 것이다.

만일 죄가 은총을 통해서만 용서받을 수 있고 씻어버릴 수 있다면 죄는 본질적으로 형벌을 받는다는 말이다. 성경은 죄가 세상에 들어오기 전에, 하나님의 진노도 이미 죄를 위협하였을 때 이 가정으로부터 진행한다(창 2:17). 더구나 그 심판이 이생해서 일어날지(출 20:5) 혹은 심판의 마지막 날에(롬 2:5-10) 일어날지는 관계하지 않고, 계속해서 죄에 대한 하나님의 심판을 선포하고 있다. 왜냐하면 하나님은 모든 불신앙을 미워하시며(욥 34:10; 시 5:5; 45:8), 죄악을 결코 무죄하다 하지 않으시고(출 34:7; 민 14:18), 모든 불의에 대해서 그의 분노(롬 1:18)와 저주(신 27:26; 갈 3:10)와 진노로 찾아오며(나 1:2; 살전 4:6), 각 사람을 그 행위에 따라서 보응하시는(시 62:12; 욥 34:11; 잠 24:12; 렘 32:19; 겔 33:20; 마 16:27; 롬 2:6; 고후 5:10; 벧전 1:17; 계 22:12) 의로운 자시요 거룩한 자이시기 때문이다. 양심이 그의 악한 생각들과 언어들과 행위들 때문에 그를 정죄하고 그것이 종종 죄책감, 양심의 가책, 뉘우침과 심판에 대한 두려움으로 몰았을 때, 각 사람의 속에서 양심이 이를 증거해 준다. 그리고 모든 민족들 사이의 재판행위는 죄에 대한 이런 형벌 가능성 위에 세워져 있다. 그러나 인간의 마음은 언제나 스스로 정죄됨을 느끼기 때문에 이런 강한 심판에 대해서 반발이 생긴다. 그리고 과학과 철학은 이런 마음에 시중을 들었고 매혹적인 근거 아래 선을 모든 보상으로부터, 악을 모든 형벌로부터 분리하려고 하였다. 예술이 그 자체를 위해서 숙련되어져야 하는 것처럼, 이런 생각에 따라 선도 그 자체를 위해서만 실행되어야지 보상의 소망으로 실행되는 것이 아니다. 그리고 악도 그 자체 때문에 피해야지 심판에 대한 두려움에서 피해야 하는 것이 아니다. 죄와 맺어 있는 유일한 형벌은 그것이 그 본성 때문에 자연법의 필연성과 더불어 동반하는 결과다. 덕망이 높은 사람은 그 마음에 화평이 있는 것처럼, 죄인은 죄책감, 불안과 두려움으로 고통을 받으며 술취함과 쾌락 같은 많은 죄로부터 초래된 이런 육체 악들(die lichaamskwalen)로 내방받음이 사실이다.

    12세기에 와서 이런 죄악되고 악을 저지르는 마음의 철학은 그 근거를 진화론에서 찾는다. 이 이론에 따르면 인간은 동물로부터 나왔고, 그의 본질의 중심 안에는 항상 동물성이 머무르고 있으며, 필연적으로 동물이 존재하는 그대로 존재하고 동물이 행한 그대로 모든 것을 행한다. 인간은 자유롭거나 합리적, 도덕적 존재가 아니며, 그는 그 행위에 대해서 책임질 필요가 없고 그들의 행동들은 그의 죄책으로서 생각될 수 없다. 그는 단지 존재해야 한다는 것이다. 유쾌한 향기가 나는 꽃들이 있고 불쾌한 향기가 나는 꽃들도 있는 것처럼, 그리고 온순한 짐승들이 있고 살륙하는 짐승들이 있는 것처럼, 사회에 유익한 사람들이 있고 무익한 사람들도 있다. 사회는 자기보존으로 인하여 이런 무익한 개인들을 분리하여 가두어 둘 권리는 있으나 형벌할 권리는 없다. 어떤 사람도 다른 사람을 재판할 자리에 서거나 심판할 권리가 없다. 살인자들은 행악자들이 아니라 정신병자다. 이들은 유전적 결함으로 고통하거나 사회 자체로 말미암아 길러지고 산출되며, 따라서 본질적으로 감옥에 있어야 될 것이 아니고 병원이나 요양소 안에 있어야 하며, 인도적이고 임상적이거나 교육적인 치료를 요구할 권리가 있을 수 있다.

    이런 새로운 형법이론은 부분적으로 사람들이 과거에 향하여 나아갔던 다른 극단에 대한 반동임을 깨달아야 한다. 오늘날은 범죄자들에게서 일종의 정신병을 볼지라도 이전 시대 사람들은 정신병들과 다른 여러 가지 불행한 자들을 범죄자들로 주장하였고, 그의 이지(理智)를 날카롭게 하여 범죄할 만한 사람들에게 여러 가지 고문도구를 통하여 가장 무서운 고통을 주었다. 그러나 이것이 정상참작에 이바지하였을지라도 그 새로운 이론을 변명하지는 못했다. 이 이론은 과거의 이론처럼 일방적이어서, 그것은 죄의 심각성을 무시하였고 인간으로부터 도덕적 자유를 빼앗아 갔으며 인간을 일종의 기계로 전락시켰고 양심과 죄의식을 포함한 인간의 도덕적 본성을 대담하게 거부하였으며 원리적으로 모든 권위와 정치와 법집행의 근거를 없앴다.

과학이 착수하기 시작한 죄의 자연적 필연성을 증명하고자 하는 기도들과 상관없이, 양심이 아직은 무감각하게 되어 버리지 않은 어떤 사람은 스스로 선을 행하고자 하는 의무를 느끼며 잘못된 행위들에 대한 책임을 느끼고 있다. 확실히 보상의 소망은 선을 행하게 하는 유일한 동기도 아니고 가장 중요한 동기도 아니다. 또한 심판에 대한 두려움들이 악을 없애는 데 유일한 동기가 아니다. 그러나 이런 종속적인 동기 때문에 선행을 행하고 악을 제어하는 자는 누구든지, 외적 의미에서라도 이들 동기들을 무시하면서 자기 마음의 기호에 따라서 계속 살아가는 사람보다 항상 더 좋은 환경에 있다. 더구나 외적인 추론의 결과에 따라서 뿐만 아니라 처음부터 도덕적 의식 속에는 덕과 복, 역시 죄와 형벌이 분리될 수 없이 서로 관련을 갖고 있다. 선을 향하는 참된 사랑, 곧 하나님과의 완전한 교통은 인간이 내적이든 외적이든 전적으로 모두가 이런 교통 가운데 흡수되는 것을 의미한다. 죄도 그 절정에 있어서 죄가 인간, 곧 영육 모두를 부패시킴을 의미한다.

하나님께서 죄에 대해서 정하신 형벌은 죽음이다(창 2:7). 그러나 이런 일시적이고 육체적인 죽음으로 고립되어 있는 것이 아니라, 그것은 다른 많은 형벌들이 선재되고 뒤따른다.

인간은 죄를 짓자 마자 그의 눈들이 열렸다. 즉 그는 자신의 벗었음을 스스로 부끄러워하였고 두려워 하나님의 낯을 피하였다(창 3:7, 8). 인간에게 있어서 부끄러움과 두려움은 죄로부터 분리될 수 없으니 이는 그가 스스로 죄로 말미암아 직접 죄책과 부정함을 느끼기 때문이다.

형벌에 대한 동의인 죄책이나 도덕적 부패인 부정함은 타락 후 직접 들어온 결과들이다. 그러나 이런 자연적 형벌들 위에 하나님은 여러 가지 적극적인 형벌들을 덧붙였다. 여자는 여자로서, 그리고 어머니로서 형벌을 받았다. 즉 그녀는 고통 가운데 자식을 낳을 것이되 항상 남편을 사모할 것이다(창 3:16). 그리고 남자는 그에게 특별히 더 맡겨진 소명에서나 땅을 경작함에 있어서나 그의 손의 사역에서 벌을 받았다(창 3:17-19). 확실히 죽음은 죄를 범하자 마자 직접 일어나지 않았다. 그것은 오히려 연기되기까지 하여 하나님은 인류와의 그의 의도를 버리지 않으셨다. 그러나 인간에게 주신 생활은 고난의 생활이요 아픔과 슬픔으로 가득하였고, 죽음에의 준비요 계속적인 죽음이다. 인간은 죄로 인하여 멸절되어져 버린 것이 아니라 죽어가게 되었다. 그는 요람에서 무덤까지 항상 죽어가고 있다. 그의 생활이란 죽음과의 짧고 허무한 싸움일 뿐이다.
　이것이 성경 안에서 인생의 덧없음과 무상함과 허무함에 대해서 토해낸 많은 탄식들 가운데서 표현되어 있다. 인간은 타락 전에도 흙이었다. 즉 몸에 따르면 그는 땅의 흙으로 되어 있었고, 따라서 땅으로부터 났으니 땅에 속한 자이며 산 영이었다(고전 15:45, 47). 그러나 첫째 사람의 생은 신적 법을 지키는 길에 있어서 영으로 말미암아 지배되고 영화되고 영광되도록 의도되었다. 범죄의 결과 이제 율법이 활동하고 있다. 즉 너는 흙이니 흙으로 돌아갈 것이니라(창 3:19).
　영이 되는 대신에 인간은 죄로 인하여 육체가 되었다. 이제 그의 생이란 그림자요 꿈이요 밤의 경점이요 한 뼘의 생이요 일보의 생이며, 올라갔다가 깨져버리는 대양의 파도요 비쳤다가 사라지는 광선이요 피었다가 지는 꽃이다. 그것은 실질적으로 생의 충만하고 영광스러운 이름의 가치가 없다. 그는 계속 죄 가운데 죽어가고 있고(요 8:21, 24), 죄와 허물로 죽은 자이다(엡 2:1).
　이와 같은 것이 죄로 말미암아 내적으로 부패되고 무익하며 훼손된 그대로, 내부로부터 보여진 인생이다. 인간은 외부로부터도 역시 계속 위협받고 있다. 범죄하자 마자 인간은 낙원으로부터 쫓겨났다. 그는 자력으로 그곳에 돌아갈 수 없다. 왜냐하면 그는 생명에 이를 권리를 박탈당했기 때문이다. 그런 안식과 평화의 장소는 타락한 인간에게 더 이상 적합할 수 없다. 그는 이마에 땀을 흘려야 빵을 얻고, 따라서 그의 소명을 성취하기 위해서 넓은 세계로 나가야 했다. 타락하기 전의 인간은 낙원에 속하여 안식하였고 축복된 사람은 하늘에 거하였으나, 죄인이나 구원을 받을 수 있는 인간은 타락을 함께 나누었고 그 때문에 저주도 받았으며 그와 더불어 허무한 것에 굴복하게 된(롬 8:20) 땅을 그의 안식처로 삼았다.
　그와 같이 내적인 것과 외적인 것이 다시 일치하고 있다. 즉 거기에 인간과 그의 환경 사이에 조화가 있다. 우리가 살고 있는 땅은 하늘도 아니고 지옥도 아니다. 그것은 그 둘 사이에 있고 두 부분의 성격을 지니고 있다. 우리는 특별히 인간들의 죄들과 생의 재난들 사이의 관계를 지적할 수 없다. 예수님 자신이 이를 행함에 대해서 경계하고 있다. 빌라도가 그들의 피를 저희의 제물에 섞었던 갈릴리 사람들이 다른 사람보다 나은 죄인들은 아니며(눅 13:1-3), 나면서 소경된 아들이 그 자신의 죄 때문도 아니고 그의 부모들의 죄 때문에 형벌받은 것이 아니며 하나님의 하시는 일을 나타내고자 고난받았다(요 9:3). 어떤 사람에게 닥친 불행이나 재난 때문에 욥의 친구들과 같이 우리가 그것을 특별하고 개인적인 죄책으로 귀착시킬 수 없다.

제13장 죄와 죽음  247

그러나 성경의 모든 가르침에 따르면 한편에 타락한 인류와 다른 한편에 타락한 땅 사이에 어떤 내적인 관계가 있음은 의심할 수 없다. 그들은 서로 조화 가운데 창조되었고 함께 허무한 것에 굴복하였고 원리적으로 그리스도로 말미암아 구원받으며 장차 함께 일으킴을 받아 영광을 받을 것이다. 현세계는 가장 좋아질 가능성이 있는 것도 아니고 가장 나빠질 가능성도 없다. 그러나 타락한 인간에게는 좋은 세계이다. 그것은 그 자체로부터 가시덤불과 엉겅퀴가 나오기 때문에, 인간으로 하여금 일하도록 강요하고 그를 파멸로부터 보존하며, 그의 마음 밑바닥에 앞으로 영속적인 선과 영원한 행복이 있을 것이라는 꺼지지 아니하는 소망을 유지시킨다. 비록 날은 짧고 안식이 없는 한 생애에 불과할지라도 이 소망이 그를 살도록 한다.

왜냐하면 아직은 본래 인간에게 속한 모든 생이 죽음 가운데 사라져 가고 있기 때문이다. 강하였을 때는 70년 혹은 80년 동안 싸움에 이겨내지만 대부분 그보다 훨씬 빨리 힘이 센 나이나 꽃다운 젊은 나이에, 태어난 지 얼마 되지 않거나 혹은 출생하기도 전에 죽는다. 성경은 이 죽음이 하나님의 심판이요 죄의 형벌과 죄책이라고 말한다(창 2:17; 롬 5:12; 6:23; 고전 15:21; 약 1:15). 그리고 이 진리가 온 인류와 각 개인의 마음속에 느껴지고 있다. 소위 원시 인간들도 인간은 본질적으로 죽을 수밖에 없고 불멸은 증명되지 못하나 죽음은 설명되어짐에 틀림없다는 사상을 가지고 있었다. 그럼에도 불구하고 과거와 후대의 많은 사람들은 죽음은 외부로부터의 침입으로 말미암은 것이 아니라, 내적인 생의 분해과정으로서 완전히 자연적이고 필연적인 현상이라고 생각하였다. 즉 죽음은 본질적으로 무서운 것이 아니라, 생명의 본능이 그것과 싸우고 있기 때문에 인간에게 그렇게 보일 뿐이다. 과학이 진보하여 좀더 정복할 때 그것은 때 아닌 죽음을 점점 더 감소시킬 것이며, 더 높은 에너지 유지의 실패로 자연적 죽음이 일어날 것이다. 그때는 시들어 가는 식물이나 소멸되어 가는 동물들처럼 인간도 평화롭고 조용하게 죽을 것이다.

그러나 이런 식으로 말하는 사람들이 몇 사람 있을지라도 전혀 다른 견해를 말하는 사람들이 있다. 과학자들은 죽음의 원인과 본질에 대해서 결코 일치해 본 적이 없다. 죽음에서 생명의 필연적이고 자연적인 종말을 보는 사람들과는 반대로 죽음을 생명보다 더 수수께끼로 보는 사람들이 많다. 그런 사람들은 솔직하게 생명체들이 왜 내적인 필연성에 의해서 죽어야 하는지 그 단 하나의 이유도 없다고 선포하고 있다. 그들은 우주가 근원적으로 측정할 수 없는 생명체였고 죽음은 후에 비로소 들어왔으며, 아직도 약간의 죽지 않는 동물들이 있다고까지 말한다. 그런 사상은 현재 영혼의 선재성을 믿고, 죽음을 나비로 변하는 애벌레처럼 더 높은 생명으로 탈바꿈하기 위해서 인간이 거치는 변태로서 생각하는 사람들에 의해서 받아들여지고 있다.

이런 견해의 차이는 그 자체가 과학은 현상들의 깊고 최종적인 근원까지는 통찰할 수 없고 생명을 해명할 수 없는 것처럼 죽음을 해명할 수 없다는 증거다. 두 가지 다 과학에서는 신비로 남아 있다. 그가 해명을 시도하자 마자 생명의 실재나 죽음의 실재성을 부당하게 취급하는 위험으로 달린다. 과학은 생명이 원래 영원한 것이었다고 하면 죽음이 어디에서 왔는지에 대해서 대답해야 한다. 이때 과학은 그것을 현상, 단순한 변태로 대답한다. 그렇지 않으면 전혀 자연적인 것으로 이해하려고 한다. 그러나 그때 생명이 어떻게 되어 있는지를 알지 못하고 강제로 불멸성을 부정하게 됨을 본다. 두 가지 경우에 있어서의 과학은 죽음과 생명 역시 죄와 거룩 사이의 경계선을 삭제해 버렸다.

그것이 과학에 의해서 증명되지 않을지라도 죄에 대한 보응이라는 고백은 결코 파기되지 않는다. 그것은 단지 과학적 탐구의 울타리 밖에 있고 그의 능력을 넘어선 것이고 과학의 증명을 필요로 하지 않는다. 왜냐하면 그것은 신적 증거에 근거하고 인간들이 그들의 일생을 통하여 매어 종노릇하게 하는 죽음의 두려움 가운데서 (히 2:15) 매시마다 확증되기 때문이다. 아무리 그것의 필연성에 대한 증거를 제출하고 그것의 합법성에 대해서 옹호할지라도 죽음은 부자연스러운 것으로 남아 있다. 인간이 하나님의 형상대로 창조되었음과 관련하여, 죽음은 인간의 본질과 운명과는 부자연스럽다. 왜냐하면 하나님과의 교통이 죽음과 모순되기 때문이다. 즉 하나님은 죽은 자의 하나님이 아니라, 산 자의 하나님이시다(마 22:32). 반대로 죽음은 타락한 자에게 전혀 자연스러운 것이다. 왜냐하면 죄는 장성하여 사망을 낳기 때문이다(약 1:15). 특히 성경에서는 생명이 적나라한 존재에 불과한 것이 아닌 것처럼 죽음도 멸종과 동일시될 수 없다. 오히려 생은 즐거움이요 축복이요 과잉이지만, 죽음은 곤비요 가난이요 굶주림이요 정화와 축복의 결핍이다. 하나님의 형상대로 창조된 인간은 하나님과의 교통에서 안식한다. 거기에서 그는 충족하고 영원하며 복되게 산다. 그러나 그의 이 교제가 깨뜨려지면, 그는 그 순간에 죽고 그는 항상 죽어간다. 그의 생명은 즐거움과 평화와 복을 빼앗기고 죄 가운데 죽음에 이르게 된다. 그리고 이런 영적인 죽음인 하나님과 인간 사이의 이런 분리는 몸 안에서 계속되고 영원한 죽음에서 그 절정에 이른다. 왜냐하면 몸과 영혼 사이의 분리와 인간의 운명은 결정되었으나, 그의 존재는 없어지는 것이 아니기 때문이다. 한 번 죽는 것은 사람에게 정하신 것이요 그 후에는 심판이 있다(히 9:27).

그리고 그 심판에 누가 설 수 있겠는가?

# 제14장

# 은혜언약

　　이 물음에 대해서 모든 시대와 모든 장소에 있는 온 인류가 준 대답은, 인간들의 모습 그대로는 하나님의 면전 앞에 설 수 없고, 하나님이 현존하시는 그 곳에 거할 수 없다는 것이다. 내가 내 마음을 정하게 하였다, 내 죄를 깨끗하게 하였다 할 자는 아무도 없다(잠 20:9). 모든 사람들이 스스로 죄악되고 부정함을 느끼고, 다른 사람들에 대해서 그렇게 인식하지 못할지라도, 적어도 내적으로 자신에 대해서 그가 존재해야 할 그런 존재가 아님을 인식하고 있다. 완강한 죄인에게 불안이 그의 마음을 지배하는 순간들이 있다. 스스로 의롭다 하는 자도 결국에는 항상 하나님께서 결함을 못본 체 하시고 행위의 의도만 보시기를 희망한다.

　　참으로 많은 사람들이 이러한 엄연한 사실들을 그 뇌리에서 사라지게 하고 마치 하나님도 없었고 명령도 없었던 것처럼 생을 던져 버리려고 한다. 그들은 스스로 속여 하나님이 없다는 소망을 갖고(시 14:1), 주는 인간의 죄악에 대해서 괴로워하지 않으시니, 이는 모든 행악하는 자가 여호와의 눈에 선히 보이시기 때문이다(말 2:17). 주는 죄를 기억지 아니하시고 보지 아니하시며(시 10:11; 94:7), 절대적 사랑으로 악을 감찰하지도 않으시고 벌하지도 않으신다고 한다(시 10:13). 그러나 이런 모든 추론들에 대해서 성경은 말하기를, 그들은 어리석은 일이요(시 14:1) 하나님의 거룩한 이름을 모욕하는 내용이라고 하였다(시 10:13). 그리고 도덕법의 요구를 당연히 생각하고 도덕적 이상을 높은 가치로 두는 자들은 누구든지 이런 하나님의 징벌의 사실에 완전히 동의한다. 참으로 하나님은 사랑이시다. 그러나 이런 영광스러운 고백이 완전히 정당한 고백이 되는 때는, 하나님의 존재에 있어서 사랑은 거룩한 사랑으로서 이해되고 공의와 완전한 조화 가운데 있을 때뿐이다. 먼저 하나님의 공의가 확고히 세워졌을 때만 비로소 하나님의 은혜의 여지가 있다.

진실로 모든 세계역사가 이런 하나님의 공의에 대해서 반박할 수 없는 증거를 주고 있다. 우리는 세계로부터 우리에게 하나님의 사랑을 알리신 그리스도 안에 있는 특별계시를 다른 생각으로 잊어버릴 수 없다. 왜냐하면 그러할 경우에 은혜와 축복을 동반하는 일반계시도 바로 붕괴되기 때문이다. 그러나 우리가 한 순간이라도 우리의 생각 가운데서 그리스도 안에 있는 계시를 잃어버린다면, 사랑의 하나님에 대한 신앙의 어떤 근거도 남아 있지 않을 것이다. 이는 세계역사가 우리에게 분명히 어떤 것을 가르친다면, 하나님은 그의 피조물과 다투신다는 것이기 때문이다. 거기에는 일치가 없고 분리가 있으며, 하나님과 그의 세계 사이에 싸움이 있다. 하나님은 인간과 하나가 아니며, 인간은 하나님과 하나가 되지 않고 있다. 각자 제 길로 가고 만물에 대한 자신의 사랑과 뜻을 갖는다. 하나님의 생각은 우리의 생각과 다르며 주의 길은 우리의 길과 다르다(사 55:8).

따라서 세계사 역시 일종의 세계심판이다. 그것은 시인의 말대로 그런 세계심판이 아니다. 이는 이 심판은 오직 마지막 날에 이르기 때문이요, 동시에 그것은 유일한 심판은 아니니, 이는 하나님의 부요가 땅에 가득하기 때문이다(시 104:24). 그럼에도 불구하고 세계사는 일종의 심판이요 심판이 가득한 역사요, 전쟁과 투쟁, 피와 눈물, 재난과 정죄의 역사다. 모세가 광야에서 이스라엘 민족이 눈앞에서 죽어가는 것을 보고서 했던 말로서 우리는 주의 노에 소멸되며 주의 분내심에 놀라나이다는 말씀이 그에 대한 기록이다(시 90:7).

이런 역사의 증거는 인류가 계속해서 잃어버린 낙원이나 영속하는 축복, 이것을 압제하는 모든 악으로부터 구원을 찾아왔고 찾고 있다는 사실로부터 확증된다. 모든 인간에게는 구원의 필요와 추구가 있다. 특히 이것이 종교에서 표현되어 있다. 참으로 구원이라는 낱말은 인간이 땅 위에서 행하는 모든 노동을 포함하는 그런 넓은 의미에서 사용할 수 있다. 왜냐하면 인간이 그 손의 사역으로 그의 생에 필요한 모든 것을 제공하고자 했을 때와, 그가 자연과 인간세계의 여러 적대적인 힘에 대항하여 자신을 보호하고자 하였을 때와, 그가 과학과 예술을 가지고 온 땅을 지배하고자 하였을 때, 그 모두가 역시 악으로부터 해방되고자 하고 선에 참여하고자 하는 목적을 갖는다.

그럼에도 불구하고 구원의 개념은 이런 종류의 인간 노동에 적용되지 않는다. 아무리 그런 노력이 인생을 좀더 즐겁고 부유한 것으로 만든다 할지라도, 이런 모든 진보와 문화가 그의 심층적인 요구를 만족시키지 못하며 그의 가장 큰 고뇌로부터 구출하지 못한다는 지각이 인류 안에 살아 움직이고 있다. 구원이라는 것은 종교적 개념이며 종교영역 안에서만 인식된다. 종교는 모든 문화와 문명에 선행하였고 오늘날까지 줄곧 종교는 과학과 예술과 공학과 병존하여 자신의 위치를 점유해 왔다. 그것은 위대한 인간 노력의 결과로 말미암아서도 대신되거나 보상될 수 없다. 종교는 인간 안에 있는 독특한 필요를 공급하고 있고 타락 후에도 역시 어떤 특별한 고뇌로부터 자신을 구원하고자 한다.

따라서 구원의 관념은 모든 종교들 안에서도 생긴다.

종종 종교는 자연종교, 도덕종교, 구원의 종교로 구분되고, 이 마지막 종교는 특별한 종류로서 다른 종교와 구별이 된다는 것은 사실이다. 그러나 이런 구분은 곧바로 다른 구분과 상충이 된다. 일반적으로 구원의 사상은 모든 종교가 가지고 있는 바이다. 민족들의 모든 종교들은 구원의 종교가 되기를 원한다. 그로부터 구원이 필요하게 된 악에 대해서나 구원을 얻게 되는 길에 대해서나 힘써야 될 지고의 선에 대한 견해가 있다. 그러나 악으로부터 구원과 지고의 선의 취득에의 목적이 모든 종교 안에 있다. 종교에서 큰 문제는 항상 내가 어떻게 하면 구원을 얻을 수 있는가이다. 인간이 문화나 문명으로나 땅을 복종케 하고 지배로도 성취할 수 없는 것, 즉 바로 인간이 종교 속에서 추구하고 있는 것은 영속한 행복과 영원한 평화, 완전한 축복이다. 종교 속에서 인간은 항상 하나님에 대해서 관심이 있다. 인간은 그 죄악된 상태에서 하나님을 항상 주께서 현실적으로 존재하고 있는 상태와 전혀 다르게 나타내고, 또한 잘못된 목적을 가지고 잘못된 길을 따라 잘못된 장소에서 그를 추구하고 있다. 그럼에도 불구하고 인간이 항상 하나님을 추구하면, 그는 그를 맛볼 수 있고 발견할 수 있다 (행 17:27).

전인류가 소유하고 있고 열방의 자의적인 많은 종교 속에서도 만족을 추구하는 구실에 이르고자 하는 이런 요구는 본질적으로 기독교에서는 아주 중요하다. 왜냐하면 하나님 자신으로 말미암아 이런 요구가 인간의 마음속을 계속 일깨우게 하였고 계속 생동하게 하였기 때문이다. 그것은 하나님께서 아직도 타락한 인류를 자신의 길로 가도록 내버려두지 않으셨다는 사실에서 예증되고 있다. 이것이 인류가 세계를 두루 도는, 길고 무서운 여정에서도 살아 일하게 하는 뿌리 깊은 소망이다. 그리고 그것은, 거기에 그런 구원이 있다는 사실과 인간들이 허무하게 그것을 찾지만, 그것은 순전히 하나님의 자비로 주어진다는 사실에 대한 보증과 예언으로서 이바지한다.

그리스도 안에 있는 하나님의 은혜가 예비했던 그 큰 구원에 대해서 올바로 이해하고 더 잘 터득하기 위해서, 특별계시 외에 악으로부터 구원받고 최고선에 참여하기 위해서 인류가 사용하였던 시도들의 경우는 일순간이라도 무시하는 것이 좋다. 우리가 이를 행하자 마자, 우리는 큰 차이와 동시에 이 모든 시도들로부터의 특징적인 커다란 일치점에 충격을 받는다.

커다란 차이점이란 수세기 동안 존재해 왔고 지금도 인류 가운데 존재하고 있으며, 많은 민족들과 방언들의 수보다 능가하고 있는 수많은 종교들에서 이미 나타나고 있다. 땅으로부터 가시와 엉겅퀴가 생기는 것처럼, 잘못된 종교가 인간본성으로부터 야생하고 있다. 그들은 수도 많고 그들 사이에 차이도 많아, 개관될 수도 없고 만족할 만한 분류도 할 수 없다. 종교가 중심적인 위치를 차지하고 있는 한, 그것은 하나님과 세계, 자연과 정신, 자유와 필연성, 운명과 죄책, 역사와 문화 사이의 관계를 어떻게 보느냐에 따라서 다른 성격을 띠고 있다. 악을 긍정적으로 혹은 부정적으로 생각하느냐에 따라서, 자존성으로서 혹은 역사 발전의 지나가는 순간으로서, 자연적 혹은 도덕적, 감각적 혹은 영적으로 생각하느냐에 따라서 구원의 개념이 변화하고 이런 구원이 추구되는 방향에 있어서 변화가 있다.

그럼에도 우리가 이런 모든 종교들의 본질들을 자세히 들여다 보고자 했을 때 그들은 여러 가지 특징적인 유사성과 관계를 가지고 있는 것 같다. 첫째로 종교는 하나님과 세계, 영들과 인간들, 영혼과 육체, 물질들의 근원과 본질과 목적에 대한 전체관념들을 이해하려고 하고 있다. 각 종교는 이것에 따라서 교리와 세계관과 교의를 가지고 있다. 둘째로 어떤 종교도 단순히 이런 관념의 합리적인 이해에 그치지 않고, 인간은 이런 관념들을 수단으로 혹은 그것의 도움을 얻어서 신성과 영물들의 초자연적 세계까지 결속해 들어가 그들과 더불어 교통 가운데 있는 데까지 계속 몰아간다. 종교는 교의나 교리뿐만이 아니다. 그것은 역시 감정의 영향과 마음의 태도, 신적 성은(聖恩)에 대한 즐거움을 항상 포함한다. 그러나 모든 시대의 지상 사람들이 아는 바는 이런 신의 성은이 본래 그들의 것이 아니라는 사실이다. 한편으로 그들은 자신들의 영원한 행복과 영혼의 구원을 위해서는 이런 성은을 소유해야 한다는 생각을 가지고 있다. 그러나 다른 한편으로는 그들에게 이런 은총이 없다는 것과 그들의 죄 때문에 하나님과 교통하지 못함을 깊이 느끼고 있다. 따라서 각 종교마다 세번째 구성 내용을 포함하는데, 즉 이런 저런 방법에 의해서 이런 은총과 교통함을 얻고 미래에도 계속 그것을 보증하고자 하는 노력이 있는 것이다. 각 종교는 일련의 관념체계를 동반하고 특별한 감정을 육성하고자 하고 일련의 실천규율을 묘사하고 있다.

이런 종교적 실천들은 다시 두 종류로 구분된다. 첫째 그룹에 속한 것은 예배라는 명칭으로 포괄될 수 있고 주로 종교적 회집들, 제사들, 기도들, 노래들로 구성되는 실천들이다. 그러나 종교는 이런 직접적인 종교적 행사들에 제한되어 있지 않다. 종교는 생활의 중심이고 그것은 그 생활 전체를 포괄하기 때문에, 그것 역시 모든 생활 속에 침투해 있고 이것을 그 자체와 일치시키려고 한다. 각 종교는 어떤 도덕적 이상을 높이 들며 도덕법을 선포하는데, 각 개인은 그의 개인적 생활, 가정생활, 시민생활, 사회생활에 있어서 이것들에 따라서 스스로 행동해야 한다. 각 종교 안에 있는 관념들, 감정들, 실천들은 부분적으로 예배와 관련되어 있고 부분적으로는 도덕생활과 관련되어 있다. 그러므로 그것들은 제의식적인 것과 윤리적인 것으로 구분된다.

이러한 구성을 이루지 않는 종교는 단 하나도 없다. 그러나 각 요소들 안에 내포된 내용에 대해서나, 그들이 각각 처하는 관계에 대해서나, 그들의 각각이 갖는 가치에 대해서는 많은 차이가 있다. 바울은 이방인의 본질은 인간이 썩어지지 아니하는 하나님의 영광을 이런 저런 피조물들의 형상으로 바꾸어 버린 데 있음을 말하고 있다(롬 1:23). 이것으로 이방세계의 원리를 묘사하였고 어떤 종교에 대한 연구도 이런 원리에 대한 진리를 거절할 수 없다.

그러나 이런 원리는 다양한 결과를 인정하고 있다. 사도 자신이, 이방인들이 하나님의 영광을 단번에 썩어질 인간 형상의 우상과 금수의 우상과 네 발 가진 짐승과 기어다니는 짐승의 우상으로 바꾸었다고 말하고 있다. 신성이 우주나 자연이나 영물들, 혹은 영혼들이나 인간, 혹은 동물들과 동일시됨에 따라 종교적인 관념들도 변화하고 있고, 특히 종교적인 감정들과 행사들이 변하고 있다.

그 안에서 세 가지 주요 형태가 구별될 수 있다. 신적인 것이 신비적인 자연의 힘과 동일시되어졌을 때, 종교는 터무니없는 미신과 무서운 마술로 전락한다. 점술가들과 마술사들은 인간에게 볼 수 없는 신적인 존재를 마음대로 하는 능력을 제공하는 데 이바지한다.

신적인 것을 인간과 같이 생각한다면, 종교는 좀더 인간적인 성격을 띠게 되나, 동시에 그것은 쉽게 제의식적인 형상숭배나 단순히 도덕주의로 떨어진다. 그리고 신적인 것이 세계관념 혹은 세계영혼, 세계의 실체로서 인식될 때, 종교는 사물들의 현상들로부터 마음의 신비주의로 퇴각하고 금욕주의(절제)나 무아지경에 의해서 하나님과의 교통을 추구한다. 여러 종교에서 이 주요형태 중 어느 하나가 현저하게 나타나나, 그것은 전적으로 다른 것을 배제한다는 것은 아니다. 구원은 항상 이해와 지식, 의지와 행동, 마음과 느낌의 형식으로 추구되고 있다.

철학은 여기에 결속한다. 철학도 근원의 문제에 전념하고 항상 이성과 감정을 만족시키는 세계관을 추구해 간다. 참으로 철학은 종교로부터 일어나고 계속해서 종교로부터 온 요소들을 취하며 대부분의 경우 일종의 종교로서 이바지한다. 그 모든 성찰에도 불구하고 철학은 종교의 기초 이념들을 넘어서지 못하고 있다. 철학이 그의 세계관으로부터 생의 규범을 연역하자 마자, 그것은 이성의 지식 속에서나 의지의 도덕적 행위나 마음의 경험 속에서 항상 구원에 이르는 길을 열려고 한다. 특별계시 없이는 인간의 종교나 선각자들의 철학도 하나님에 대한 바른 지식을 갖지 못하며, 인간과 세계에 대해서와 죄와 구원에 대해서 바른 지식도 갖지 못한다. 참으로 두 가지로 하나님을 찾으면 그들이 그를 맛보고 발견할 수 있으나 그들은 그를 발견하지 못하고 있다.

그러므로 특별계시가 일반계시에 덧붙여졌다. 그러한 계시를 통하여 하나님은 자신 편에서 그의 비밀한 곳으로부터 나타내시사 친히 알리시고 인간 속에 그의 거주지를 준비하셨다. 민족들의 자기 기원 사상과 자력종교들과 이스라엘에게 주시고 그리스도 안에 있는 특별계시에 기초한 종교 사이에는 근원적인 차이가 존재한다. 전자의 경우에 있어서는 하나님을 발견하려고 하는 자는 항상 인간이지만, 그는 줄곧 하나님에 대한 잘못된 관념을 형성함으로써 죄의 본질과 구원의 길에 있어서 바른 통찰을 얻지 못한다. 그러나 후자의 경우인 성경의 종교에 있어서는 인간을 찾으시고 그의 목전에 있는 인간의 죄와 더러움을 덮으실 뿐만 아니라, 그것과 반대로 은총과 자비의 하나님으로 자신을 알리시는 이는 하나님이시다. 전자에서는 인간 마음 깊숙한 곳으로부터 "오, 하나님이 하늘을 찢고 내려오셨으면!" 하는 탄식을 높이지만, 후자에서는 하늘이 열리니 하나님 자신이 땅에 내려오셨다는 것이다. 전자의 경우 우리가 항상 인간이 활동하는 것을 보는데, 지식의 취득을 통하여 여러 가지 명령들을 지킴으로, 혹은 세상을 떠나 자신의 내적인 비밀 가운데 들어감으로 악으로부터의 구원과 하나님과의 교통에 참여할 수 있으리라는 것이다. 그러나 후자의 경우 인간의 모든 사역들은 무용지물이고 활동하시는 분은 하나님 자신이시다. 그가 역사에 개입하여 그리스도 안에서 구원의 길을 여시고 그의 은혜의 능력을 통하여 인간을 그 구원으로 인도하여 행하도록 하신다. 특별계시는 자기 자신의 인도로 말미암아 인간의 마음속에 일어나는 물음에 대한, 하나님 자신이 말과 행동으로 듣게 하신 응답이다.

우리는 타락하자 마자 이미 하나님이 인간에게 오셨음을 본다. 인간은 죄를 지음과 동시에 부끄러움과 두려움으로 사로잡혀 있었다. 그는 그의 창조자를 피하였고 동산 어두운 숲에 숨었다. 그러나 하나님은 인간을 잊지 않으셨다. 하나님은 그를 제 길로 내버려두지 않으시고 가까이 가시사 그를 찾으시며 그와 말씀하시고 그를 그와의 교통 가운데 되돌리셨다(창 3:7-15).

그리고 타락 직후 일어났던 일이 역사 속에서 세대를 따라 계속 일어났다. 거기에서 일어났던 같은 일이 항상 다시 일어나고 있음을 본다. 전 구원의 역사에 있어서 찾으시고 부르시며 말씀하시고 행하시는 자로서 나타나신 분은 오직 하나님뿐이시다. 전 구원은 그로부터 나와서 그에게로 돌아간다. 하나님은 아벨 대신에 셋을 세우시고(창 4:25), 노아에게 그의 은총을 나누게 하시며(창 6:8), 그를 또한 홍수의 심판에서 보존하시며(창 6:12 이하), 아브람을 부르시사 그와 언약을 세우시고(창 12:1; 17:1), 오직 은총으로부터 이스라엘 백성을 그의 기업으로 선택하셨으니(신 4:20; 7:6-8), 때가 차매 그의 독생자를 세상에 보내시사(갈 4:4), 이제 이 경륜의 때에 전인류로부터 그가 영원 전부터 택하신 교회를 모으시고 하늘의 기업을 위해서 마지막까지 그들을 보전하신다(엡 1:10; 벧전 1:5). 창조와 섭리의 사역에서와 마찬가지로 재창조의 역사에서도 하나님은 알파와 오메가이시고, 처음과 마지막이시며, 시작과 끝이시다(사 44:6; 계 22:13). 그는 다른 존재가 될 수 없고 덜하지도 않으시니, 그는 하나님이시다. 즉 만물이 그에게서 나오고 그로 말미암고 그에게로 돌아간다(롬 11:36).

하나님이 구원의 사역에 있어서 처음이시라는 것은, 특별계시가 전적으로 그로부터 나온다는 사실에서 분명할 뿐만 아니라, 그런 구원의 전 사역은 구원의 영원한 의논에 의존하고 있다는 사실에서 분명하게 나타난다. 우리는 전에는 하나님의 전 창조와 섭리가 그런 의논으로부터 나온다는 사실을 지적하였다. 그러나 가능한 한 좀더 분명한 말과 좀더 강한 억양으로 우리가 성경을 통하여 가르침을 받는 것은 그런 영원하고 변치 않는 의논이 역시 재창조의 전 사역에 기초를 두고 있다는 사실이다.

성경에는 이런 성정에 대한 여러 가지 언급이 있는데, 그 의논은 만물에 선행하고(사 46:10) 만물을 경영하며(엡 1:11), 특히 구원의 역사를 그 내용으로 가지고 있고(눅 7:30; 행 20:27; 히 6:17) 무엇보다 하나님의 명철의 의논으로서(엡 1:5, 11) 폐할 수 없고(사 14:27; 46:10) 변치 않으며(히 6:17) 영영히 설 것이다(시 33:11; 잠 19:21). 다른 명칭들이 이 사상을 더 부가하여 밝혀 준다. 우리가 발견하는 것 중에는 하나님의 의논 외에도, 그리스도 안에서 하나님께서 인간을 향하여 계시하셨고(눅 2:14) 그들을 그의 아들로 삼으시고 입히시기를 기뻐하시는(엡 1:5, 9) 기쁘신 뜻이 있고, 택하셔서 일해 가시고(롬 9:11; 엡 1:9) 그리스도 안에서 행하셨으며(엡 3:11) 부르심에서 현실화되는(롬 8:28) 예정이 있다. 또 은총 속에 그 기원이 있고(롬 11:5) 그리스도 안에 그 중심이 있으며(엡 1:4) 제한된 사람들이 그 대상이며(롬 8:29) 그들의 축복을 그 목적으로 갖는(엡 1:4) 선택과 예지가 있고, 마지막으로 하나님의 지혜의 선포의 수단을 통해서(고전 2:7) 자녀들로 삼고 그리스도와 동일한 형상을 이루며 영생으로 달려가는(행 13:48; 롬 8:29; 엡 1:5) 작정이 있다.

우리가 이런 성경의 모든 자녀들을 모을 때, 하나님의 의논은 특히 세 가지 사실이 그 내용으로 되어 있음이 분명해진다.
첫째로 그것은 선택을 포함한다. 선택은, 그것에 따라서 하나님께서 미리 아신 자들로 그의 아들의 형상을 본받게 하기 위하여 미리 작정하신 하나님의 은혜로운 예정이다(롬 8:29). 어떤 민족의 선택에 대해서도 이야기할 수 있다. 왜냐하면 구약시대에 여호와로 말미암아 이스라엘만이 모든 민족들 중에서 그의 기업으로 선택되었기 때문이다. 신약의 경륜 시기에도 어떤 민족보다 먼저 복음으로 전파되었다. 그럼에도 불구하고 이런 민족의 택함이 성경 전체의 선택은 아니다. 선택은 인류 중에서 민족에게 임하고 민족 중에서 개인에게 임한다. 에서는 버림을 받고 야곱이 택함을 입었으며(롬 9:13), 미리 아신 자들로 때가 되매 부르시고 부르신 그들을 또한 의롭다 하시고 의롭다 하신 그들을 또한 영화롭게 하신다(롬 8:30).
그러나 선택이 제한된 사람들을 대상으로 취하지만, 선택은 이 사람들 자체에 그 기초가 있는 것이 아니라, 하나님의 은혜 안에만 그 기초가 있다. 여호와께서 긍휼히 여길 자를 긍휼히 여기고 불쌍히 여길 자를 불쌍히 여기시니, 그런즉 원하는 자로 말미암음도 아니요 달음질하는 자로 말미암음도 아니요 오직 긍휼히 여기시는 하나님으로 말미암음이다(롬 9:15, 16). 신앙도 이 경우에 고려되지 않는다. 왜냐하면 신앙은 선택의 조건이나 기초가 되지 않기 때문이다. 오히려 그것의 결과요 열매다. 진정 신앙은 하나님의 선물이다(엡 2:8). 신자들은 세상을 기초하기 전에 그리스도 안에서 택함을 입었고, 따라서 그들은 때가 되매 신앙에 이르게 되었고 그 신앙으로 말미암아 하나님 앞에서 거룩하고 책망할 것이 없을 것이다(엡 1:4). 그와 같이 항상 하나님으로 말미암아 영생을 주시기로 작정된 자는 다 믿는다(행 13:48). 하나님의 뜻이 우리에게 존재하고 일어나는 모든 것의 마지막 근거요, 그의 기뻐하심이 인간의 영원한 운명에 있어서의 차이가 연역될 수 있는 가장 깊은 원인이다.
둘째로 구원의 의논 안에는 하나님께서 택자에게 주시기를 원하시는 이런 전 구속에 대한 성취가 내포된다. 구원의 계획 안에는 영원한 축복의 유업을 얻을 사람들이 포함될 뿐만 아니라, 그들을 위해서 이 구원을 준비할 중보자가 명시되어 있다. 그 범위 안에서 그리스도 자신이 하나님의 선택의 대상이라 불려질 수 있다. 당연히 그가 그의 교회의 일원들과 같이 죄와 비천한 상태에서 구원과 축복의 지위로 선택되었다는 의미에서 이렇게 불려지는 것은 아니다. 그러나 창조의 중보자이셨던 그가 역시 재창조의 중보자가 되실 것이고 그 모든 것을 그의 고난과 죽음을 통하여 성취하실 것이라는 의미에서 그렇게 불려질 수 있다. 그래서 그리스도께서는 하나님을 통하여 택함을 받은 여호와의 종(사 42장 이하; 마 12:18)이라 불리며 중보자로서 아버지께 복종하고 순종한다(마 26:42; 요 4:34; 빌 2:8; 히 5:8). 그는 아버지께서 그에게 맡기셨던 명령과 사역을 성취해야 한다(사 53:10; 요 6:38-40; 10:18; 12:49; 17:4). 그의 성취된 사역의 보상으로서 그는 그 자신의 영광과 그의 백성의 구원과 하늘과 땅에서 지극히 높임을 받는다(시 2:8; 사 53:10; 요 17:4, 24; 빌 2:9).

그러므로 창조와 섭리의 경륜과 마찬가지로 재창조에 대한 경륜도 아들과 관련된다. 진실로 우리는 영원히 예정하신 바 된 사실과(엡 3:11) 때가 되면 신앙에 이를 자들이 그리스도 안에서 세상을 기초하기 전에 택함받았다는 사실(엡 1:4)을 분명하게 읽는다. 그것은 당연히 그리스도가 선택의 기초와 원인이라는 말은 아니다. 왜냐하면 그 자신조차도 위에서 제한된 의미에서 아버지의 선택 대상이고, 따라서 창조와 섭리의 경우처럼 재창조에 있어서도 기초와 근원으로 나타날 수 없다. 하나님의 경륜은 만물들의 출발점과 기초를 아버지 안에 둔다. 그러나 결정에 있어서나 현실화에 있어서나 창조와 섭리는 성자를 통하여 아버지로부터 나오는 것처럼, 구원의 계획도 성자 안에서 성자와 더불어 성부로 말미암아 이루어진다. 성부와 더불어 그는 자신을 구원의 중보자와 그의 교회의 머리로서 칭한다. 그리고 이로부터 선택이란 제한된 사람들이 그 대상일지라도 모든 자의적이고 우연적인 선택을 배제한다는 사실을 추론할 수 있다. 왜냐하면 선택의 목적은 몇 사람을 임의로 구원받게 하고 개인 단독으로서 서로 병행하여 내버려두시는 것이 아니기 때문이다. 거기에서 하나님께서 목적하는 바는 중보자 그리스도를 교회의 머리로 세우기 위함이며 그리스도의 몸으로 교회를 형성하기 위함이다(고전 12:12, 27; 엡 1:22, 23; 4:16). 유기적 의미에서 인류는 교회 안에서 보존이며 세계는 새 하늘과 새 땅에서 회복된다.

따라서, 셋째로 하나님의 의논 안에는 그리스도로 말미암아 성취된 구원의 결과와 적용이 내포된다. 구원의 계획은 성자 안에서 성부로 말미암아 세워졌지만, 또한 성령의 교통 안에서 세워졌다. 창조가 성부로부터, 성자로 말미암아 성령 안에서 섭리 가운데서 이루어지는 것처럼, 재창조도 역시 성령의 적용하시는 활동으로 말미암아 일어난다. 성령은 실로 그리스도를 통하여 얻고 약속되었으며 보내어지고(요 16:7; 행 2:4, 17), 그리스도를 증거하며 그리스도로부터 모든 것을 받으며(요 15:26; 16:13,14), 이제 교회 안에서 중생의 사역을 하시고(요 3:3), 신앙과(고전 12:3) 양자로의 선택(롬 8:15), 새롭게 하심과(딛 3:5) 구원의 날까지 인치시는 일을 하시는 자이시다(엡 1:13; 4:30). 그리고 이 모든 것을 성령이 수행할 수 있고, 성취할 수 있는 이유는 성부와 성자와 더불어 영원히 살아 지배하시는 유일하고 참된 하나님이시기 때문이다. 주의 백성을 위한 아버지의 사랑과 아들의 은총과 성령의 교통하심이 하나님의 영원하시고 변치 않으시는 경륜 가운데 확고히 서 있다.

결론적으로 이런 하나님의 의논은 말로 할 수 없는 부유한 위로다. 자주 그것은 아주 다르게, 즉 실망과 절망의 원인으로서 표현되고 있다. 이런 도모에 반대하여 모든 것이 영원 전부터 결정되었다면, 인간은 신적 변덕의 손 안에 있는 장난감에 불과한 것이 아닌가? 사람이 스스로 노력하여 덕 있는 생활로 이끌어가는 것이 무슨 소용이 있는가? 그가 버림을 받았다면 그는 어쨌든 멸망을 받지 않겠는가? 반대로 그가 죄 안에서 생활하고 가장 무서운 신앙심과 불멸성에 복종하는 것이 인간을 얼마나 해롭게 하겠는가? 그가 선택되었다면 그는 어쨌든 보존될 것이다. 그런 하나님의 경륜은 인간의 자유와 책임에 대한 여지가 조금도 없다. 그때는 그의 마음의 기호에 따라 살고 더 은혜가 되도록 죄를 짓고자 한다.

하나님의 성정에 대한 고백이 자주 이런 식으로 오용되고 있다는 사실은 솔직히 인정한다. 어거스틴과 칼빈 이래로부터는 적어도 그런 오용이 실천되어 오지 않았지만, 이미 예수님과 사도시대에 일어났었다. 왜냐하면 바리새인들과 율법사들이 요한의 세례에서 계시된 그들 자신에 관한 하나님의 경륜을 거절하였고, 따라서 회심의 수단으로 그들에게 이바지해야 했던 것이, 그들로 말미암아 파멸에 이르는 도구로 변하였기 때문이다(눅 7:30). 사도 바울은 그가 선을 이루기 위하여 악을 행하자 한다고 비방받았을 때, 이를 정죄받을 일이라 하였다(롬 3:8). 그는 감히 하나님을 힐문하는 하찮은 인간의 입을 손으로 막았다(롬 9:19, 20). 그는 이를 행할 만한 충분한 권리를 가졌다. 왜냐하면 하나님의 경륜은 종국만을 결정한 것이 아니고, 모든 수단과 방법들을 세웠기 때문이다. 그것은 결과뿐만 아니라 원인을 포함하며 그 둘 사이에는 생 자체의 현실 속에서 비춰 주는 그런 관계에 있다. 따라서 하나님의 성정은 인간의 합리적이고 도덕적 본성을 폐하는 것이 아니라, 오히려 항상 역사가 우리에게 그것에 대해서 알려 주는 만큼 그것을 창조하고 그것을 보증한다.

이런 고백에 대한 오용이 너무 심각하여 성경 속에 하나님의 성정이 계시되고 서술되었으니, 우리가 이런 현실을 부정하거나 그것에 대해서 완강하게 하기 위함이 아니라, 그 반대로 죄책과 무능을 느끼는 어린아이와 같은 신앙을 가지고 우리가 그런 하나님의 성정에 의존하고 모든 궁핍과 죽음 속에서도 마음의 완전한 확신을 가지고 그것을 신뢰하도록 하기 위함이다. 왜냐하면 크든 적든 구원이 인간이나 그의 신앙과 선행에 의존한다면 구원은 영원히 그에게 상실될 것이다. 그러나 하나님의 경륜은 구원의 사역이 처음부터 마지막까지 하나님의 사역이요 가장 독특한 신적 사역임을 가르친다. 창조의 섭리와 똑같이 재창조도 오직 하나님의 사역이다. 인간은 아무도 그의 모사가 되거나 그에게 드려서 보상을 다시 받을 사람이 없다(롬 11:34, 35). 성부, 성자, 성령이 함께 구원의 전 사역을 고안해 내어 결정하였고, 그것은 역시 실행되고 완전히 성취될 것이다. 인간은 그것에 있어서 아무것도 행하지 않는다. 만물이 하나님으로부터 나와서 하나님으로 말미암아 하나님에게로 간다. 그러므로 우리의 영혼은 흐트러지지 않는 확신을 가지고 그 안에서 안식한다. 교회 안에서 인류가 회복되고 구원을 받는 것이 하나님의 영원하시고 독립적이고 불변하신 뜻이다.

우리가 하나님의 경륜은 그의 명철의 사역일 뿐만 아니라, 그의 의지의 사역이요, 영원의 영역에 속해 있는 사상일 뿐만 아니라, 때가 되면 현실화될 전능이시라는 사실을 기억할 때 이런 선택의 위로가 더 강하게 확신된다. 참으로 그와 같이 모든 하나님의 속성과 완전성이 함께 한다. 그 속성들은 쉬고 침묵하며 게으른 속성들이 아니라, 생명과 행위로 충만한 전능이다. 각 속성이 그의 본질이다. 하나님이 의로운 자요 거룩한 자라는 것은 자신을 그렇게 하셨다는 의미일 뿐만 아니라, 그의 의를 세계와 세계의 역사와 각 개인의 양심 속에 침투시켜 보존시켰다는 뜻이다. 그가 사랑이시라는 것은 그가 그리스도 안에서 우리를 어여삐 생각하시고 이 사랑을 나타내시며 성령으로 말미암아 우리의 마음 속에 부어 주셨다는 말이다. 그가 우리 아버지라 함은 그가 우리를 중생시키고 우리를 그의 자녀로 택하시어 그의 성령으로 말미암아 우리 영으로 더불어 우리가 그의 자녀들임을 증거하신다는 의미다. 그가 자신을 은혜롭고 자비로우신 자로 알리셨을 때, 그것은 이런 사실만을 말할 뿐만 아니라 그는 실제로 우리의 죄를 용서하시고 모든 곤비 가운데 있는 우리를 위로하신다는 것이다. 성경이 우리에게 하나님의 경륜에 대해서 말씀하신 것과 똑같이 그것은 우리에게 하나님이 친히 이 경륜을 집행하시고 완전하게 실현시키신다는 사실을 선포한다. 구원의 경륜은 결론으로서 그 자체가 영원한 하나님의 사역이지만 동일하게 때가 되면 있을 축복의 사역의 원초요 원동력이요 보증이다. 그 때문에 세계와 인류와 우리 자신의 인격과 상관없이 여호와의 영원히 지혜로운 경륜은 영원히 보존되며 항상 능력을 갖는다. 어느 것도 그의 높으신 결정을 변경할 수 없고 그것은 세대를 따라 그대로 남아 있을 것이다. 실망이나 낙망할 근거가 전혀 없다. 하나님께서 그의 지혜와 사랑으로 정하신 것인 만큼 모든 것이 확실하고 분명하다. 그의 전능하시고 은혜로운 뜻은 인류의 구속의 보증과 세계의 구제다. 가장 큰 고뇌 가운데 있는 우리의 마음은 주 안에서 언제나 안식하는 것이다.

인간이 타락하자 마자 구원의 경륜이 역사하기 시작한다. 전혀 자발적으로 하나님은 내려오셔서 인간을 찾으시고 자신에게 돌아오도록 그를 부르신 것이다. 그때 훑어보시고 귀를 기울이시며 죄책의 선포와 형벌의 선고가 일어난다. 그러나 뱀과 여자와 남자에게 선포된 진노가 동시에 축복과 보존의 수단이다. 창세기 3:14, 15의 모약속(母約束)에서 뱀은 격하될 뿐만 아니라, 이를 수단으로 하였던 악한 힘도 심판받았다. 그러나 그때로부터 여자의 후손과 뱀의 후손 사이에 대적이 있을 것이라는 것과 이런 대적이 활동하도록 부르시고 세우실 분은 하나님 자신이심이 선포되어 있다. 그리고 이런 대적과 싸움의 절정이 뱀의 후손이 여자의 후손을 상하게 할 것이고 또한 여자의 후손이 뱀의 후손의 머리를 상하게 할 것이라는 것임을 선포하였다.

이 안에는 은혜언약의 선포와 제정이라 할 만한 것을 내포하고 있다. 사실 언약이라는 말은 이 문맥에 없다. 그 말은 노아, 아브라함, 기타 다른 사람들과 관련된, 즉 인간이 자연과 동물들의 다양한 싸움 속에서 실제적 생활 경험으로 말미암아 약정들과 언약들의 필요성과 유용성을 알게 되었을 때인 후대에서만 사용될 수 있는 말이다. 그러나 원리적으로나 근원적으로나 모약속 속에 은혜언약의 내용을 구성하는 모든 것들이 나타나 있다. 인간은 범죄로 말미암아 곧바로 하나님께 순종하는 것으로부터 떠났고 그와의 교통을 피하였고, 그 대신에 사단과의 친분을 추구하였고 그와의 동맹관계에 들어갔다. 이제 하나님은 그의 은총 가운데서, 사단과 인간 사이의 이런 동맹관계를 다시 깨뜨리고 그들 사이에 맺은 친분 대신에 대적관계가 되게 하기 위해서 오셨다. 하나님은 여자 안에서 사단에게 복종하셨지만 그의 은혜로운 뜻인 한 전능한 행위로 말미암아 자기 편으로 돌아오게 할 여자의 후손을 데려오시고 그것에 약속을 하나 더했으니, 여자의 후손은 많은 반대와 압제에도 불구하고 뱀의 후손에게 단번에 완전한 승리를 얻을 것이라는 약속이다. 여기에는 조건적인 것이나 불확실한 것이 없다. 하나님이 친히 인간에게 오셨고 그가 친히 대적을 세우시며 또한 전쟁을 개시하셨고 그가 승리를 약속하셨다.

인간은 그것을 듣고 그것을 어린아이 같은 신앙으로 받아들이는 것 이외에 아무런 역할이 없다. 약속과 신앙은 지금 인간과 더불어 인간을 위해서 세워졌고, 타락하고 방황하는 자에게 아버지의 집에 이르는 길을 열어 주며 영원한 축복에 이르는 입구를 여는 은혜언약의 내용이다.

따라서 타락 전에 인간이 영생에 참여할 수 있는 방식과 타락 후 이제 그가 그것을 얻을 수 있는 방식에 있어서는 큰 차이가 있다. 그전의 법은 "이것을 행하라 그러면 너희는 살 것이다"이다. 그는 하나님의 명령에 대한 절대 순종에 의해서 영생을 상속받기를 꾀해야 한다. 본래 그 자체가 선한 길이어서 인간이 그것을 끝까지 지켜 행하면, 그를 하늘의 축복으로 인도할 것이 절대 확실하다. 하나님은 자기 안에서 이 법을 폐하신 일이 없고 아직도 계속 보존되어 있다. 하나님의 율법을 완전히 지킬 수 있는 사람만 있다면, 그는 아직도 영생을 그 보상으로 받을 수 있을런지도 모른다(레 18:5; 겔 20:11, 13; 마 19:16 이하; 롬 10:5; 갈 3:12).

그러나 인간은 스스로 제 힘으로 생명에 이르는 이런 길을 불가능하게 만들었다. 그는 하나님과의 교통이 끊어졌고 하나님의 율법을 사랑하기보다는 미워하기 때문에(롬 8:7) 율법을 더 이상 지킬 수 없다. 이제 은혜언약은 그에게 더 안전한 다른 길을 열었다. 그 길에서는 인간이 영생에 들어가기 위해서 더 이상 일할 필요가 없고, 그는 처음 들어가자 마자 영생을 얻었고 이를 어린아이와 같은 신앙으로 받으며 이제 그런 신앙으로부터 선행들을 이룬다. 따라서 순서가 반대가 되었다. 즉 타락 전에는 행위로 말미암아 영생에 이르렀지만, 이제 타락 후에는 은혜언약 안에서만 영생을 얻고 이런 생명으로부터 신앙의 열매로서 선행을 얻는다. 그전에는 인간이 하나님께 올라가고 그의 완전한 교통에 이르러야 했지만, 이제는 하나님이 인간에게 내려오셔서 그 거함을 인간의 마음에서 찾으셨다. 그전에는 노동의 날들이 안식일을 앞서지만, 이제는 주일이 안식일로 시작되며 그 모든 날이 안식일로 말미암아 거룩해진다.

타락한 인간에게 이제 하늘의 성소에 이르게 하는 길이요 새롭고 새로 놓은 길이며 절대 확실하게 목적으로 인도하는 길이 있게 될 것이다(히 10:20). 그것은 하나님의 은혜와 구원의 의논 덕택이다. 인간의 타락 직후에 알리셨고 그와 더불어 세운 은혜언약과 영원한 구속의 의논은 서로 가장 밀접하게 연결되어 있다. 그들은 아주 밀접하게 연결되어 함께 서 있고 함께 무너진다. 다른 관념에 연결하는 사람들이 많이 있다. 그들의 요점을 은혜언약에서 취하여 구속의 언약을 부정하고 공격한다. 그들은 복음의 순수성이라는 이름으로 선택의 교리를 버리고 있다. 그러나 실제로 그들은 은혜언약을 파괴하고 있고 복음을 다시 새 율법으로 변경시키고 있다.

무엇보다 은혜언약이 선택으로부터 분리되었을 때, 그 자체는 은혜언약이 되지 않고 다시 행위언약이 된다. 그런데도 선택은 하나님께서 인간에게 그가 박탈당했고, 다시 그 자신의 힘으로써는 도저히 성취할 수 없는 구원을 값없이 은혜로 주셨다는 의미를 갖는다. 그러나 이런 구원이 순전한 은혜의 선물이 아니라, 어떤 식에 있어서 인간의 행위에 의존한다면, 은혜언약은 행위언약으로 바꾸어진다. 즉 그때 인간은 영생의 몫을 얻기 위해서 어떤 조건을 만족시켜야 한다. 여기에서 은혜와 행위는 서로 대치하고 상호 배타적이다. 구원의 은혜로 말미암았으면 더 이상 행위로부터가 아니니, 그렇지 않으면 은혜가 은혜 되지 못한다. 그리고 구원이 행위로부터라면 더 이상 은혜가 아니니, 그렇지 않으면 행위가 더 이상 행위가 되지 않기 때문이다(롬 11:6). 기독교는 이런 독특한 성격을 가졌는데, 곧 구원의 종교요 순전한 은혜요 순수한 종교다. 그러나 그것이 하나님의 경륜으로부터만 나온 값없으신 선물일 때만 그것은 그와 같이 인식되고 주장될 수 있다. 선택과 은혜언약은 그와 같이 조금도 모순되지 않고 오히려 선택이 은혜언약의 기초요 보증이며, 심장이요 핵심이다. 그리고 이런 밀접한 관계를 확고하게 하는 것이 아주 중요하다. 왜냐하면 그것에 대한 약화는 구원의 성취와 적용에 있어서 바른 통찰을 빼앗아 가는 것일 뿐만 아니라, 신자들의 영적 생활의 실천에 있어서 유일하고 확실한 위로를 빼앗아 가는 것이기 때문이다.

은혜언약이 선택과 전 구원의 경륜의 문맥에서 보여질 때 이 관계에 대한 좀더 풍부한 빛을 비춰 준다. 선택이란 구원의 전 경륜은 아니지만, 그것의 일부이며 첫째요 원리적인 부분이다. 그런 경륜 안에는 역시 이런 선택이 현실화되는 방식인 구원의 성취와 적용이 내포되어 있고 세워져 있다. 선택은 그리스도 안에서 이루어지고 하나님의 경륜은 성부의 사역일 뿐만 아니라, 성자와 성령의 사역, 즉 전 성삼위일체 하나님의 사역이다. 구원의 경륜 그 자체가 언약의 다른 명칭이다. 즉 언약 안에서 삼위가 각자 자신의 일을 받아 자신의 사역을 수행한다. 그리고 때가 되면 세대를 통하여 계속 세워지고 전가될 은혜언약은 영원한 분 안에서 고정되어 있는 그 언약의 결과요 인상에 불과하다. 하나님의 성정에서와 똑같이 역사선상에서도 삼위가 각각 개입하여 일하신다. 성부는 우리 구원의 근원이시요, 성자는 그것의 성취자시요, 성령은 그것을 적용하시는 분이시다. 따라서 각자가 시간상에 영원한 기초를 밀어내고 역사를 은혜롭고 전능하신 신적 의지에서 분리하였을 때, 그는 직접적이고 같은 정도에서 성부, 성자, 성령의 사역에 부당한 취급을 행하는 것이다.

그러나 시간이 영원에 미칠 수 있고 역사가 하나님의 생각과 뜻과 밀접한 관계를 맺는다 할지라도 둘은 모든 면에서 같은 것이 아니다. 시간의 역사 속에서 영원한 하나님의 생각이 계시되고 실현되는 그 사이에는 아주 큰 차이가 존재한다. 구원의 경륜과 은혜언약은 분리될 수 없고 분리되지도 않으나, 그들은 후자가 전자의 실현이라는 점에서는 서로 다르다. 구원의 계획은 충분한 것이 아니고 역시 그것이 실행되어야 한다. 결정으로서 그 자체가 이런 실천을 부대(附帶)하고 이것을 그 자체로부터 산출한다. 그것이 시간적으로 나타나지 않거나 현실화되지 않는다면 성정과 결정으로서의 성격을 스스로 잃게 될 것이다. 그러므로 그대로 일어나서 인간의 타락 직후 은혜언약은 인간에게 알려졌고 인간과 더불어 맺었으며, 그 후 역사선상에서 세대에 따라 계속 진행하고 있다. 결정된 한 가지는 넓은 세계로 퍼져나가고 수세기 동안 발전한다. 우리가 은혜언약의 이런 역사적 발전에 관심을 기울일 때, 그 안에서 세 가지 특성들을 관찰할 수 있다.

첫째로 은혜언약은 모든 시대 어느 곳에서든지 본질적으로 하나이지만, 항상 새로운 형식을 드러내고 여러 경륜들을 거친다. 본질적으로나 사실적으로나 그것은 하나였고 율법 전이나 율법 아래서나 율법 후에도 하나다. 동시에 그것은 항상 은혜언약이다. 즉 그것은 하나님의 은혜로부터 발전하였고 은혜를 그 내용으로 갖고 그 목적도 하나님의 은혜의 영광에 있기 때문에 그렇게 부른다.

그 첫 선포에서 하나님은 대적을 세우시고 싸움을 시작하셨고 승리를 약속하셨던 것처럼, 다른 모든 은혜언약의 경륜들인 노아와 아브라함, 이스라엘과 신약교회에서도 처음이요 마지막이시다. 약속과 은택과 은혜가 그 내용이고 그 내용으로 계속 남아 있다. 시간이 지나면서 이 약속에 내포된 것들과 이 은혜가 포함하는 그 풍부한 내용들이 아주 더 명백하게 드러난다. 그러나 원리적으로 모든 것이 이미 모약속에 내포되어 있다. 은혜언약의 전포괄적인 하나의 큰 약속은 이것이니, 나는 너의 하나님이 될 것이요 또 네 후손의 하나님이 될 것이다(창 17:7, 8). 이 안에 구원의 성취와 적용, 그리스도와 그의 모든 축복, 성령과 그의 모든 은사들 모두가 포괄되어 있다. 창세기 3:15의 모약속으로부터 고린도후서 13:13의 사도적 축복기도까지 일진선상에 놓여 있다. 즉 성부의 사랑과 성자의 은혜와 성령의 교통하심 안에 죄인을 위한 모든 구원이 포함되어 있다.

그 때문에 우리가 지적해야 할 것은 이 약속은 조건적이 아니라, 아주 결정적이고 적극적으로 가능적이라는 사실이다. 하나님은 우리가 이런 저런 것을 행하면 우리의 하나님이 될 것이라고 말씀하지 않으셨다. 그러나 그가 대적을 세우실 것이고 우리의 하나님이 될 것이며 그리스도 안에서 우리에게 만물을 주실 것이라고 말씀하셨다. 은혜언약은 하나님에게만 의존하고 그 하나님은 불변하시는 자요 신실하신 자이기 때문에 본질적으로 모든 세기들을 통하여 동일하다. 타락 전에 인간과 맺은 행위언약은 변하는 인간에게 의존하였기 때문에 깨어질 수 있었고 깨어졌다. 그러나 은혜언약은 하나님의 자비 안에만 고정되어 있다. 인간들은 신실치 못할 수 있으나 하나님은 그의 약속을 잊지 않으신다. 그는 그의 언약을 파기할 수 없고 파기되지 않도록 하시며 자의적이며 값진 맹세로 그것을 보전하기로 하셨다. 그의 이름과 그의 영광과 명성이 거기에 걸려 있다. 그가 그의 백성의 범죄를 도말하시고 그들의 죄들을 기억지 않으심은 그 자신을 위함이시다(사 43:25; 48:9; 렘 14:7, 21). 따라서 산들이 떠나며 야산들은 옮길지라도 그의 인자하심은 우리에게서 떠나지 아니하며 그의 화평의 언약은 옮기지 아니하리라 우리를 긍휼히 여기시는 자이신 여호와의 말씀이니라 (사 54:10).

그러나 은혜언약은 그 본질에 있어서 변할 수 없을지라도, 그 형식에 있어서는 변화하고 여러 경륜들에 따라서 다른 형태를 취한다. 대홍수 전 시대에 있어서도 이미 셋 족속과 가인 족속의 구별이 일어났지만, 약속이 개인이나 종족에게 제한되지는 않았고 모든 인류에게 넓혀져 있었다. 형식적인 구별은 이루어지지 않았고 일반계시와 특별계시는 아직 한 강으로 흘러가고 있었다. 그러나 그런 환경 속에서는 약속이 소멸될 위협이 있자 홍수가 필요하게 되었고 노아는 방주 속에서 그가 더불어 약속을 행하였다. 역시 이 약속은 시간이 지남에 따라서 보편적이 되었고 홍수 후에도 은혜언약의 진보에 대한 새로운 위험이 일어났을 때, 하나님은 인간을 더 이상 멸하지 않으시고 그는 민족을 자신의 길로 가도록 내버려두셨고 그는 아브라함을 약속의 간직자로서 구별하였다. 그때 은혜언약은 할례를 통하여 믿음으로 의롭다 하는 표로서, 그리고 마음의 할례의 징표로서 다른 민족으로부터 구별된 족장들의 가족들 안에서 현실화되었다.

은혜언약은 시내산에서 아브라함의 씨로서 이스라엘과 맺어졌다. 그러나 이스라엘이 한 민족이 되고 하나님 앞에 거룩한 백성으로 살아야 했던 이래, 은혜언약은 국가적 성격을 띠었고, 몽학선생으로서 그 민족을 그리스도에게로 인도하기 위한 법, 즉 도덕법은 물론 여러 가지 시민법과 의식법들을 이용하였다. 약속이 이런 법들보다 더 오래되었고 율법은 약속 대신에 오지 않았고 이것을 좀더 발전시켜 때가 차면 그 성취를 준비하기 위해서 약속에 첨가하였다. 그리스도 안에서 약속은 그 성취를 얻고 그림자는 그 몸을 얻으며 의문은 그 영을 얻고 종노릇하다가 자유함을 얻는다. 그와 같이 약속은 모든 외적 국가적인 한계로부터 자유롭게 하고 초기에서와 같이 다시 전인류에까지 미친다.

그러나 은혜언약은 어느 형식을 취하든지 항상 같은 본질 내용을 갖는다. 그것은 항상 같은 복음이요(롬 1:2; 갈 3:8) 같은 그리스도요(요 14:6; 행 4:12) 같은 신앙(행 15:11; 롬 4:11; 히 11장)이요 용서와 영생의 같은 은택이다(행 10:43; 롬 4:3). 신자들이 행하는 빛은 다르지만 그들이 걸어가는 길은 항상 같다.

은혜언약의 두번째 특성은, 은혜언약은 모든 경륜에서 유기적인 성격을 띠고 있다는 사실에 있다.

　　선택은 하나님을 통하여 미리 알려지고 따라서 때가 되면 부르심을 입고 의롭게 되며 영화롭게 될 각 개인에 관심이 있고, 아직 이 사람들 사이의 관계를 본질적으로 가리키지는 않는다. 그러나 성경은 좀더 말하기를, 선택은 그리스도 안에서 하신 것이고(엡 1:4; 3:11), 그러므로 그리스도는 그의 교회의 머리로서 나타나고 교회는 그리스도의 몸으로서 형성할 수 있다는 그런 식으로 선택이 실시됨을 말하고 있다. 그래서 선택자들은 서로 나란히 내버려 지는 것이 아니라, 그리스도 안에서 하나이다. 구약시대에 이스라엘 백성은 하나님의 거룩한 백성이었던 것처럼, 신약의 교회도 택하신 족속이요 왕 같은 제사장들이요 거룩한 나라요 소유된 백성이다(벧전 2:9). 그리스도는 신랑이요 교회는 신부다. 그는 모퉁이 돌이요 교회는 하나님의 집의 산돌들이다. 그는 왕이시고 그들은 수종자들이다. 바울이 그리스도와 교회를 그리스도라는 이름으로 포괄할 만큼 그 둘은 이렇게 밀접한 통일을 이루고 있다. 몸은 하나인데 많은 지체들이 있고 몸의 지체가 많으나 한 몸임과 같이 그리스도도 그러하다(고전 12:12). 교회는 한 공동체이니, 이를 성령의 하나 되게 하심이 평안의 매는 줄로 지킨다. 몸이 하나이요 성령이 하나이니 이와 같이 너희가 부르심의 한 소망 안에서 부르심을 입었다. 주도 하나이요 믿음도 하나이요 세례도 하나이요 하나님도 하나이시니, 곧 만유의 아버지시라 만유 위에 계시고 만유를 통일하시고 만유 가운데 계시도다(엡 4:3-6).

　　따라서 선택이 변덕과 우연의 행위일 수 없다. 선택이 그리스도를 머리로서 교회를 그의 몸으로서 형성하고자 하는 목적으로 주도된다면, 그 자체가 유기적인 성격을 띠고 거기에 이미 언약의 관념이 포함되어 있다.

　　그러나 선택이 그리스도 안에서 이루어진다는 증거 속에는 아직 다른 어떤 것이 표시되어 있다. 무엇보다 한 머리 아래 인류의 유기적 통일은 처음 그리스도 안에 나타난 것이 아니라 아담 안에 나타났다. 바울은 아담을 오실 자의 표상이라고 분명히 부르고 있고(롬 5:14), 그리스도는 그로 말미암아 마지막 아담이 되고 있다(고전 15:85). 그와 동시에 은혜언약은 행위언약의 기본사상들과 선을 따르고 있다. 신앙이 율법을 없이 하는 것이 아니고 그것을 확증하는 것처럼(롬 3:21), 은혜언약도 행위언약의 폐기가 아니라, 오히려 그것의 성취이다. 행위언약과 은혜언약은 한편으로 위에서 언급한 대로 아주 날카롭게 구별되어 있지만, 다른 한편으로 그들은 아주 내적으로 밀접하게 연결되어 있다. 그 큰 차이란 인류의 머리로서의 아담이 그 자리를 빼앗겼고 잃어버렸지만, 이제 그리스도로 말미암아 대체되었다는 것에 있다. 그러나 그리스도는 스스로 첫 사람이 잘못한 것은 물론 그가 행해야 할 것의 성취를 떠맡았고, 도덕법이 우리에게 요하는 요구를 우리 대신 이루셨으며, 새롭게 된 인류로서 그의 전 교회를 머리로서의 자신 아래 다 모았다. 때가 찬 경륜의 시기에 다시 하나님으로 말미암아 하늘 아래와 땅 위의 모든 것들이 그리스도 안에서 하나로 모아졌다(엡 1:10).

그러므로 이런 모임은 오직 유기적인 방식으로만 일어날 수 있다. 은혜언약 자체가 그리스도 안에 유기적인 것으로 생각되어지는 것처럼, 그것도 역시 유기적으로 세워지고 진행된다. 그와 같이 그 언약은 역사 속에서 단 한 사람, 고립된 개인과 세워지는 것이 아니라, 항상 인간과 그의 족속, 즉 아담과 노아와 아브라함과 이스라엘과 교회와 그의 후손과 세워지는 것이다. 약속은 단 한 사람의 신자에게만 관심을 갖는 것이 아니고 항상 그와 함께 있는 그의 집에도 관심을 갖는 것을 본다. 하나님은 인류 중에서 몇 사람들을 제멋대로 취하여 세계 밖에 따로 이름을 결합시키는 식으로 그의 은혜언약을 실천하시지 않는다. 오히려 그는 그것을 인류 속에 끌어들여 세계의 구성체로 만들고 이제 이 세계 속에서 그것이 악으로부터 보존됨을 본다. 재창조자로서 그는 그가 창조주요 보존자이시며 다스리는 자로서 만물을 운행하셨던 그런 길을 따라 행하고 있다. 은혜는 자연과 다른 것이고 더 높은 것이다. 그럼에도 불구하고 자연과 결합되어 있고 그것을 파괴하는 것이 아니라 그것을 회복하고 있다. 은혜는 자연적 태생을 따라서 전가되는 어떤 유산이 아니고 인류의 자연적 관계 속에서 파헤쳐 내어진 강바닥 속에 도도히 흐르고 있다. 은혜언약은 제멋대로 만보(漫步)하는 것이 아니고 가족과 종족, 민족 가운데서 역사적이고 유기적으로 진행하여 간다.

그와 동시에 마지막 세번째 특성을 수반한다. 즉 은혜언약은 인간의 도덕적이고 합리적인 본성을 충분히 존귀하게 하는 방식으로 실현되어진다. 진정 은혜언약은 하나님의 의논에 의존하고 이 사실로부터 아무것도 공제할 수 없다. 은혜언약 뒤에는 하나님의 주권적이고 전능한 뜻이 있다. 이 뜻은 신적 에너지로 진행하며 또한 죄의 모든 힘 위에 하나님 나라의 영광을 보증한다.

그러나 이 뜻은 위로부터 인간 위에 내려진 필연적 운명이 아니다. 그것은 창조와 섭리 속에서의 자신의 사역을 부정할 수 없고, 도덕적이고 합리적인 존재로 창조하셨던 인간을 막대기나 석재처럼 다룰 수는 없으신 천지의 창조자의 뜻이다. 더구나 그 뜻은 야만적인 힘으로 강요하지도 않고 계속적으로 영적인 사랑의 능력을 통하여 우리의 모든 대적을 극복하시는 자비로우시고 긍휼하신 아버지의 뜻이다. 하나님의 뜻은 맹목적이고 비합리적인 힘이 아니요, 의지요 방식이며 은혜롭고 자애로우며 동시에 자유롭고 전능한 뜻이다. 따라서 하나님은 참으로 우리의 어두운 이성과 죄악된 의지와 싸우면서 일하신다. 그래서 바

제14장 은혜언약   267

울은 복음에 대해서 그것은 사람의 뜻을 따라, 즉 타락한 인간의 어리석은 통찰과 그릇된 정욕과 일치하는 것이 아님을 말할 수 있었다(갈 1:11). 그러나 그와 같이 하나님의 뜻이 행해져야 하는 것은 그가 모든 허물과 죄로부터 우리를 구속하고자 하시고 우리의 합리적이고 도덕적 본성을 그의 멸망할 수 없는 조건으로 회복하고자 하시기 때문이다.

은혜언약은 본래 요구나 조건이 있는 것이 아닐지라도 이로부터 다시 우리 앞에 명령의 형식으로 나타났고 우리를 신앙과 회개에 이르도록 타이르고 있음을(막 1:15) 설명할 수 있다. 그 자체로 보면 은혜언약은 순수한 은혜요 모든 행위를 배제한다. 그것은 그것이 요하는 것을 주고 그것이 지시하는 것을 성취한다. 복음은 순전히 복된 메시지요, 요구가 아니라 약속이며, 의무가 아니라 선물이다. 약속과 선물로서 그것이 우리 안에 실현될 수 있도록 하기 위해서 그것은 우리의 본성과 일치하는 한 도덕적 교훈의 성격을 띠고 있다. 그것은 우리를 강제로 강요하고자 하지 않고 우리가 자의적이고 자유롭게 하나님께서 우리에게 보내 주시고자 하는 것을 신앙으로 받아들이는 것 외에 아무것도 원하지 않는다. 하나님은 그의 뜻을 우리의 이성과 의지에 의하지 않는 어떤 식으로도 실현하지 않으신다. 그 때문에 인간은 그가 주신 은혜로 말미암아 스스로 믿고 스스로 다시 돌아온다는 말이 바른 말이 되는 것이다.

은혜언약이 이런 역사적이고 유기적인 방식으로 인류 안에 들어오기 때문에, 그 언약은 이 땅 위에서 어떤 하나의 형태를 가지고는 그 본질에 상당한 것을 나타낼 수 없다. 참 신자들에게도 나의 목전에서 바르게 행하여 내가 거룩하니 거룩하라는 언약의 요구에 일치하지 않고 직접 충돌하는 생활이 많이 있다. 그뿐만 아니라 또한 우리의 눈에 나타나는 대로는 은혜언약에 참여한 것 같으나, 그들의 불신앙적이고 회개치 않는 마음 때문에 모든 영적 언약의 은택들에 결핍한 사람들도 있을 수 있다. 그런 경우는 현재뿐만 아니라 모든 시대를 통하여 그래 왔다. 구약시대에 모든 이스라엘이 이스라엘에 속한 것이 결코 아니다(롬 9:6). 왜냐하면 씨로 여기심을 받는 자는 육신의 자녀가 아니라, 약속의 자녀이기 때문이다(롬 9:8; 2:29). 신약시대 교회에도 곡식에 가라지가 있으며 포도나무에 악한 가지들이 있으며 금그릇도 있고 질그릇도 있다(마 3:12; 13:29; 요 15:2; 딤후 2:20). 경건의 모양은 있으나 경건의 능력을 부인하는 사람들이 있다(딤후 3:5).

본질과 가상 사이의 이런 상충에 근거하여 어떤 사람들은 참된 신자들만 맺고 있는 내적 관계와 형식적으로 고백한 자들이 맺고 있는 외적 관계 사이를 구별하고 분리해 버리고 있다. 그러나 그런 분리는 성경의 교리에 일치하는 것이 아니다. 하나님이 하나로 한 것을 인간이 나눌 수 없다. 본질과 가상이 서로 상응하려고 하고 입으로 시인한 자와 마음으로 믿는 자가 서로 일치하고자 하는 성향(eisch)을 그만두게 할 수 없다(롬 10:9). 그러나 비록 서로 나란히 제 길로 가는 그런 두 가지 언약이란 없을지라도 한 은혜언약 안에 두 가지 면들이 있다. 즉 그중 하나는 우리가 볼 수 있고, 다른 하나는 하나님께만 완전히 보여질 수 있다. 우리는 마음의 심판은 행할 수 없고 외부적 행위들에 대해서 적어도 잘못된 행위에 대해서만 판단할 수 있다는 규칙을 지켜야 한다. 우리의 눈에 언약의 길로 행하는 자는 누구든지 사랑의 심판에 따라서 우리로 하여금 동료로서 여겨지고 취급되어져야 한다. 그러나 최종적으로 결정하는 것은 우리의 판단이 아니라 하나님의 판단이다. 그는 마음을 아시는 자요 기질을 시험하는 자이시다. 그가 보는 것은 사람과 같지 아니하니 사람은 외모를 보거니와 여호와는 마음을 보신다(삼상 16:7).

그러므로 각자가 스스로 믿음에 있는지, 그리스도께서 자신 안에 있는지를 시험하라(고후 13:5).

# 제15장

# 언약의 중보자

구원의 의논은 그 집행이 예측할 수 없는 여러 환경들에 의존하고, 따라서 아주 불확실한 인간적인 계획이 아니다. 오히려 그것은 하나님의 은혜로우시고 전능한 의지의 결정이기 때문에 절대적 확실성을 가지고 실행되는 성정이다. 따라서 신앙의 교리가 좀더 다루어야 할 것은 그의 자녀들의 구원에 관한 여호와의 성정이 진행되고 적용되는 길에 대한 묘사다. 그리고 이 성정 안에 주로 세 가지 큰 중심 문제, 즉 그로 말미암아 구원이 이루어지는 중보자, 그로 말미암아 그 구원이 적용되는 성령, 그 구원이 주어지는 사람 등에 대해서 다루어져 있기 때문에, 기독교 교리에 있어서 가르침은 앞으로 세 가지 문제에 집중되어야 한다.

첫째로 그의 죽음과 고난으로 말미암아 구원을 성취할 그리스도의 인격에 대해서 다루어야 한다. 다음으로 성령이 선택자들에게 그리스도의 인격과 그의 모든 은택에 참여하게 하는 방식을 보여주어야 한다. 세번째로 그리스도로 말미암아 성취된 이 구원이 분배되는 사람에 대해 관심을 보여야 하고, 따라서 그리스도의 몸으로서의 교회에 대해서 다루어야 한다. 마지막으로 이 가르침은 이후로 신자들이 바라보고 있는 구원의 완성으로 절정을 이룬다. 앞으로 구원의 성정은 모든 부분에 있어서 참으로 작정되었고 확증되었음을 논증해 보일 것이다. 하나님의 말로 할 수 없는 은혜와 지혜와 전능이 계시되어진다.

그리스도의 인격 안에서 이미 이런 모든 속성들이 직접 가장 명백하게 나타나고 있다. 중보의 신앙은 기독교에만 고유한 것이 아니다. 모든 인간들과 민족들은 그들이 구원에 참여하지 못하고 있다는 현실에서 살아 가고 있을 뿐만 아니라, 그들 모두가 마음속에 이런 구원은 이런 저런 방식으로 특정한 사람으로 말미암아 가르쳐지고 주어져야 한다는 확신을 하고 있다. 인간이 지금 있는 그대로 하나님께 가까이 갈 수 있고 하나님의 현존 속에서도 거할 수 있다는 생각이 넓게 펴져 있다. 인간은 그에게 신적 존재에 이르는 길을 열어 주는 중간 인격의 존재를 필요로 하고 있다. 따라서 모든 종교에 있어서 한편으로 신적 계시를 인간에게 알려 주고, 다른 한편으로 신적 존재에게 인간의 기도와 선물들을 전달하는 중보자들이 있다.

종종 낮은 신들이나 영들이 그런 중보자로서 역할을 하나 가끔 중보자는 초자연적인 지식과 능력을 지니고 특별한 거룩의 영기(靈氣) 가운데서 있는 인간들이 되고 있다. 그들은 민족의 종교생활에 있어서 중요한 역할을 한다. 재난, 전쟁, 질병, 장례 등 특별하고 일반적인 생활에서의 중요한 경우에 있어서 자문에 임한다. 그러나 그들이 점술가나 마술사이든, 거룩한 자나 제사장이든, 어떤 자로서 나타나든지 그들은 그들 나름대로 신의 은총에 참여하기 위해서 걸어가야 할 길을 제시한다. 그러나 그들 스스로가 그런 길은 아니다. 민족종교들은 그들의 인격과 독립적이다. 이것은 특별한 사람들에 의해서 기원된 종교들에도 타당하다. 부처와 공자, 짜라투스트라와 마호멧 등은 참으로 그들 각각에 의해서 세워진 종교의 첫 고백자들이나 그들 스스로가 그런 종교의 내용은 아니다. 그들의 종교와의 관계란 어떤 의미에서 우연적이고 외래적인 것이다. 그들의 종교는 그들의 이름이 없어지거나 다른 이름에 의해서 대신된다 할지라도 동일하게 존속할 것이다. 그러나 기독교에서는 그 모든 것이 전혀 다르다. 참으로 때때로 그리스도로 유일한 중보자가 되기를 원치 않으시고 그는 그의 원리와 영이 교회 안에 살아 있기만 하면 아주 기꺼이 그의 이름이 망각되는 것조차도 만족하신다는 관념이 표현되어 있다. 그러나 스스로 기독교와의 모든 관계를 단절하는 다른 사람들은 공명정대하게 이 관념을 공격하고 거절하였다. 기독교와 그리스도의 인격과의 관계는 다른 종교가 그 종교의 창시자와 갖는 관계와는 전혀 다른 관계에 있다. 예수는 그의 이름을 따라 지은 종교의 첫 고백자가 아니다. 그가 첫 기독교인이거나 가장 중요한 그리스도인이 아니다. 그는 기독교에 있어서 아주 유일한 자리를 차지하고 있다. 그는 보통의 의미에서 창시자가 아니라, 그리스도요 아버지에 의해서 보냄을 받은 자요 땅에 그의 왕국을 세워 그것을 마지막 시대까지 넓히고 보증하는 자이다. 그리스도 자체가 기독교다. 그가 그것 밖에 있는 것이 아니라 그것 안에 있다. 그의 이름이나 인격체나 그의 사역 없이는 기독교는 존재하지 않는다. 한마디로 말해서 그리스도는 기독교에 이르는 길을 가리키는 자가 아니요 그 길 자체다. 그는 하나님과 인간 사이의 유일하고 참되고 완전한 중보자이다. 다양한 종교들이 그들의 중보의 신앙에서 추측하고 기대하였던 것이 그 안에서 본질적이고 완전하게 성취되었다.

이러한 그리스도에 대한 독특한 의미를 완전히 이해하기 위해서는 그리스도가 우리와 같이 잉태와 탄생으로 존재하기 시작하였고, 수세기 전에 존재하였으며 영원 전부터 아버지의 사랑하시는 독생자였다는 성경의 사상으로부터 진행하여야 한다. 구약시대에 이미 메시야는 그의 백성에게 영원하신 아버지이신 영존하시는 아버지로서 표시되었고(사 9:6), 그의 발생(기원과 원천)은 상고에 영원한 때이다(미 5:2). 신약도 그 관념을 그대로 가져오지만, 그리스도의 영원성으로 더 분명히 표현해 주고 있다. 그것이 이미, 그리스도의 땅의 전 생활이 하나님께서 그에게 하도록 맡기신 일의 성취로서 표현되어 있는 이 모든 곳에 내포되고 있다. 참으로 세례 요한에 대해서도 그가 제2의 엘리야로 와야 하고, 왔다고 언급되어 있다(막 9:11-13; 요 1:7). 그러나 그리스도께서 그의 사역을 성취하기 위해서 세상에 오셨다는 사실에 대한 빈번한 강조는 여기에서의 표현이 어떤 특별한 의미에서 의도되었음을 지시하여 주고 있다.

일반적인 의미에서 그가 아버지로부터 나오신 것은 전파하기 위해서이고(막 1:38), 죄인들을 부르사 회개케 하기 위해서와 자기 목숨을 많은 사람의 대속물로 주기 위해서였음을(막 2:17; 10:45) 보여주고 있다. 그뿐 아니라, 그가 복음을 전하기 위해 보내심을 입었다고(눅 4:43) 분명히 언급되어 있고, 그를 보내신 자는 아버지시요(마 10:40; 요 5:24, 30, 36 등), 그가 아버지로부터 나왔고 그의 이름으로 오셨고(요 5:43; 8:42; 13:3 등), 그는 하늘에서 내려왔고 세상에 왔다(요 3:13; 6:38; 12:46; 18:37)고 언급되어 있다. 그와 같이 예수님은 자신이 아버지의 사랑을 입은 자요 다른 많은 종들 후에 포도원에 보내심을 입은 독생자임을 알았다(막 12:6). 다윗의 자손인 그가 이미 다윗의 주였고(막 12:36) 이미 아브라함 전에 존재하였으며(요 8:58) 세상이 있기 전에 이미 아버지와 영화를 함께 가졌다(요 17:5, 24).

그의 영원한 존재성에 관한 예수님의 이런 자기의식은 좀더 특별히 사도적 증거에서 나타나 있다. 그리스도 안에서 태초에 하나님과 함께 계셨고 그 자체가 하나님이셨던 영원한 말씀이 육신이 되셨다(요 1:1, 14). 그는 하나님의 영광의 광채시요 그의 자존의 형상이요 천사들보다 뛰어나며 그들의 경배를 받을 자격이 있으며 영원한 하나님이요 영원한 왕이시니, 주는 항상 여전하시며 연대가 다함이 없다(히 1:3-13). 그는 부유하시며(고후 8:9) 스스로 하나님의 형체임을 알았으니, 본체에 있어서나 형체와 지위와 영광에 있어서 하나님과 동등하셨지만, 이러한 하나님과 동등됨을 그가 자신을 위해 보존하며 사용하여야 할 어떤 것으로 생각하지 않으시고(빌 2:6), 그 대신 인간과 종의 형체를 입도록 내버려두셨다(빌 2:7, 8). 이런 식으로 하늘로부터 나왔고 땅에서 난 아담과 대조를 이루었던 주님으로 올라가셨다(고전 15:47). 한마디로 말해서 아버지와 같이 그리스도는 알파와 오메가요 처음과 나중이고 시작과 끝이다(계 1:11, 17; 22:13).
 인간이 되신 이런 하나님의 아들의 활동은 땅에 그가 나타남으로써 시작하지 않고 창조로 돌아간다. 말씀으로 말미암아 만물이 무로부터 창조되었다(요 1:3; 히 1:2, 10). 그가 모든 피조물보다 먼저 나신 자요 머리요 근본이시고(골 1:15; 계 3:14) 만물보다 먼저 계신 자다(골 1:17). 피조물들이 그로 말미암아 창조되었을 뿐만 아니라 그들이 계속해서 함께 그 안에서와 그로 말미암아 존재한다(골 1:17). 그리고 그들이 매순간마다 그의 능력의 말씀으로 붙들려진다(히 1:3). 피조물들이 결국 그를 위해 창조되었으니(골 1:16), 하나님은 아들이었던 그를 만유의 후사로 세우셨음이다(히 1:2; 롬 8:17). 그와 같이 처음부터 아들과 세계는 밀접한 관계를 가졌고 아들과 인간은 더 밀접한 관계에 놓여 있었다. 왜냐하면, 그 안에 생명이 있었으니 충만하고 부유하며 소멸되지 않는 생명이요 세상에 있는 모든 생명의 원천이기 때문이다. 그러나 그 생명은 하나님의 형상으로 창조되었고 합리적이고 도덕적 본성을 지닌 인간을 위한 빛으로 인간이 알아야 하고 실천해야 할 신적 진리의 샘이다(요 1:14). 참으로 인간이 죄로 말미암아 어두워졌지만 말씀의 빛이 이 어둠 속에 비춰었다(요 1:5). 그 빛은 세상에 왔던 각 사람들을 밝히셨으니(요 1:9) 이는 말씀이 세상에 계속 있었고, 비록 이 세상으로 알려지지 않았을지라도 세상에서 역사하셨기(요 1:10) 때문이다.
 따라서 때가 차매 땅에 나타나신 그리스도는 그에 대한 성경의 묘사에 따라, 다른 인간과 나란히 그들 사이에 있는 인간이 아니고 종교와 창시자도 아니며 어떤 새로운 도덕론을 전파하는 전도자가 아니라, 그는 전혀 독특하고 유일한 자리를 차지하고 있다. 그는 영원 전부터 아버지의 독생자였다. 그는 만물의 창조자요 보존자며 통치자였다. 그 안에 생명이 있었고 그것은 사람들의 빛이었다. 그가 세상에 나타나셨을 때 세상에 낯선 자로 오신 것이 아니라, 그는 세상의 주요 세상을 알고 세상과 친밀한 자로 오셨다. 재창조는 창조와 관련되고 은혜는 자연과, 성자의 사역은 성부의 사역과 관련된다. 구속은 창조 속에서 놓은 기초 위에 세워진다.
 그리스도의 의미는 우리가 이스라엘과의 관계를 연구하면 우리에게 더 명백해진다. 온 세상과 모든 사람 속에는 말씀(로고스)의 내재와 내적 사역이 있다. 그러나 빛이 어두움 속을 비출지라도, 어두움이 그것을 깨닫지 못하고 말씀이 세상에 있었어도 세상은 그를 알지 못했다(요 1:5, 10). 그 말씀은 이스라엘과 아주 밀접한 관계에 있었다. 왜냐하면 이스라엘은 주로 말미암아 모든 민족 가운데 소유된 백성으로 삼아졌고, 따라서 요한복음 1:11에서 이른 대로 태초에 하나님과 함께 계셨고 하나님 자신인 말씀의 소유였기 때문이다. 이스라엘은 그분의 것이었다. 그러나 그가 세계 안에 있었던 것처럼 그는 이스라엘 중에 있지 않았다. 그는 의도적으로 그리고 수세기 동안 준비하신 후에 그 이스라엘에게 오셨다. 그리스도는 육체에 따라서는 조상들로부터 나왔다(롬 9:5). 참으로 그는 자신의 것으로 말미암아 거절되었고—세계로 말할 것 같으면 세계는 그를 알지 못했고(요 1:10), 유대로 말할 것 같으면 더 강하게 유대는 그를 영접하지 않았고 그를 멸시하고 거절하였다—그러나 그 때문에 그의 오심은 헛되지 아니하였으니, 이는 그를 영접하는 무수한 사람들이 하나님의 자녀가 되는 권세를 그로부터 받았기 때문이다(요 1:12).

요한복음 1:11에서 말씀에 대해서 그가 자신의 것으로 오셨다 함을 읽을 때, 의심할 것도 없이 그 말씀은 성육신, 곧 그리스도가 육체로 오심을 가리킨다. 그럼에도 불구하고 말씀과 이스라엘의 소유관계는 성육신으로 말미암아 그 후에 성립되었던 것이 아니라, 이미 오래 전에 존재하였다는 의미를 포함하고 있다. 이스라엘은 그 자신의 것이었고, 따라서 말씀은 때가 차매 자신의 땅에 오셨다. 여호와께서는 이스라엘을 그의 소유로 삼음과 동시에 그 백성과 말씀(로고스)을 특별한 관계를 갖도록 만드셨다. 특히 그가 이스라엘이 찾는 주님 자신이며 갑자기 그의 성전에 오실 것이고(말 3:1), 상고부터 이스라엘 가운데 거하셔서 역사하셨던 언약의 사자다. 구약의 여러 곳에서도 이 언약의 사자 혹은 여호와의 사자에 대해서 언급되어 있다. 삼위일체 교리와 관련해서 이미 지적하였듯이, 이 사자로 말미암아 여호와는 특별하게 자신을 그의 백성에게 계시하셨다. 그는 여호와와 구별될지라도 그와 하나이어서 하나님 자신에게 주어지는 같은 이름과 같은 속성들, 같은 사역과 같은 영광이 부여되고 있다. 그는 벧엘의 하나님이요(창 31:13), 조상의 하나님이시요(출 3:2, 6), 하갈과 그의 후손이 무수히 많을 것을 약속하신 자요(창 16:10; 21:18), 족장들을 인도하시고 건지신 자요(창 48:15, 16), 이스라엘 백성을 애굽으로부터 구하여 가나안 땅으로 안전하게 인도하셨던 자다(출 3:8; 14:21; 23:20; 33:14). 언약의 사자는 이스라엘에게 주님 자신이 그 사이에 구속과 보존의 하나님으로서 있다는 확증을 주셨다(사 63:9). 그의 나타나심은 때가 차면 성육신으로 일어날 하나님의 완전한 자기계시에 대한 준비요 선포다. 전 구약적 경륜은 항상 하나님이 그의 백성에게 가까이 오심이다. 결국 그리스도 안에서 영원히 그들 가운데 거하심이다(출 29:43-46).

그리스도 안에 육신으로 나타나시기 전 말씀의 존재와 활동에 대한 이런 교리는 인류역사의 올바른 해석과 이스라엘 백성과 종교에 대한 바른 견해를 위해서 아주 중요하다. 왜냐하면 그것을 통하여 이방세계에서도 만날 수 있는 참되고 선하며 아름다운 모든 것을 인식하고 동시에 이스라엘 백성에게 주어진 특별계시의 주장이 가능할 수 있기 때문이다. 하나님의 말씀과 지혜가 온 세상에 활동하고 있었음과 동시에 언약의 사자로서, 여호와의 이름의 현상으로서 이스라엘 중에 그것이 나타났다. 구약이나 신약이나 은혜언약은 하나다. 구약의 성도들이 우리와는 전혀 다른 방식으로 구원된 것이 아니고, 우리도 그들과는 전혀 다른 방식으로 구원받는 것이 아니라, 약속에 대한 같은 신앙과 하나님의 은혜에 대한 같은 믿음이 그때나 오늘이나 구원에 이르는 문을 연다. 그때에 신자들에게 용서와 중생, 새롭게 함과 영생의 같은 은택들이 주어졌고 오늘날도 그들에게 주어지고 있다. 구약의 신자들과 신약의 신자들에게 비추는 빛의 밝음에서 차이는 있을지라도 그들 모두가 같은 길을 거닐고 있다.

이것과 병행되는 다른 중요한 특성이 있다. 바울은 에베소 사람들에 대해서 이전에 그들이 이방인으로 살았을 때 그들은 그리스도 밖에 있었고 이스라엘 나라 시민의 외인들이요 약속의 언약들에 대하여 외인이요 세상에서 소망이 없고 하나님도 없는 자였다고 말하고 있다(엡 2:11, 12). 이때에 그들은 그리스도가 오시기 전 유대와는 전혀 다른 환경 속에 있었다. 왜냐하면 그들은 매어 달릴 수 있는 하나님의 약속이 없었기 때문이다. 그들은 세상에서 소망 없이 살았고 그들 마음에 그들이 깨달아 헌신할 수 있는 하나님이 없었다. 당연히 거기에서 사도가 말하고자 하는 것은 이방인들이 전혀 신을 믿지 않았다는 말은 아니다. 왜냐하면 그는 다른 곳에서, 예를 들어 아테네 사람들이 범사에 종교성이 많다고 말하였고(행 17:22), 계시에 대해서는 하나님이 그들에게 부분적으로 나타나도록 허락하셨다고 말하였다(행 17:24 이하; 롬 1:19 이하). 그러나 그들은 하나님을 알면서도 그를 하나님으로서 영화롭게도 하지 아니하고 감사하지도 아니하였다. 그들은 그들의 생각이 허망하여지며 본래 하나님이 아닌 신을 섬겼다(롬 1:21 이하; 갈 4:8). 그와 같이 바울은 이방인들이 무덤 저편과 이편의 미래에 관한 모든 기대들을 마음에 품고 있다는 사실을 부정하지는 않았으나, 그들이 섬기고 있는 신들과 같이 이런 모든 기대들은 그리스도 안에서 하나님의 확고하고 의심할 수 없는 약속으로 그것들이 기초하지 않았기 때문에 허망하여졌다는 사상으로 표현하였다.

이것이 이스라엘의 경우에는 다르다. 이 민족에게 하나님은 그의 말씀을 맡기셨다(롬 3:2). 그는 그들을 그의 자녀로 삼으셨고 그들 사이에 그의 영광으로 거하셨으며 그들에게 연속적으로 이어지는 언약의 경륜들, 율법, 예배, 특별히 메시야의 오심을 보고, 육신을 따라서는 이스라엘에서 나오실 것으로 그를 보이시는 이런 약속을 주셨다(롬 9:4, 5). 그러나 그리스도가 육체에 관한 한 조상들로부터 나왔을지라도 그는 인간보다 더 한 존재이시다. 즉 그는 만물 위에 계셔 세세에 찬양을 받으실 하나님이시고(롬 9:5), 구약시대에도 존재하셨고 일하셨다. 에베소에 사는 그리스도인들은 그들이 이방인들이었던 만큼 그리스도 밖에 있었지만 옛날 이스라엘 사람들은 그리스도와 관계를 가졌다. 즉 그때도 이미 중보자로서 존재하셨고 활동하셨던 약속된 그리스도와 관계를 하고 있었다. 그의 은택의 경륜 속에서 활동하였으나 그는 그의 말씀과 행위, 예언과 역사를 통하여 그 자신이 육체로 오심을 준비하셨고 이스라엘의 온 백성 안에서 때가 되면 그 자신이 성취하여 가져올 이런 영적 선물들의 실체의 그림자를 내보였다는 점에서 활동하셨다.

사도 베드로는 이 사상을 그의 서신의 첫 장에서 분명하고 확실하게 말하였다. 그가 거기에서 원리적으로 지금 이미 신자들이 참여하고 있고 앞으로 장래에 완전히 기대되는 큰 구원에 대해서 다루었을 때, 그는 이런 구원의 영광을 특별히 구약의 선지자들이 그들의 연구와 반성의 대상으로 하였다는 사실을 진술함으로 보여주었다. 특히 모든 선지자들이 공통적으로 오늘날 신약시대의 신자들에게 주어졌던 은총에 대해서 예언하였다는 사실이다. 그들이 계시로 이런 지식을 얻었지만 이 계시가 그들을 수동적으로 만들지 않았으며 오히려 소위 그들 스스로 일하도록 하였다. 계시가 그들을 자극하였고 자신들의 이성에 의해서 창조의 신비들을 이해하고자 하였던 철학자들을 따르게 하지 않고 특별계시, 곧 그리스도 안에 있는 미래의 구원을 그들의 탐구의 대상으로 삼았던 하나님의 거룩한 사람들처럼, 그들로 하여금 스스로 부지런히 연구하고 탐구하도록 일깨웠다. 또한 그들은 그런 탐구를 할 때 그들 자신의 사상을 통하지 않고 하나님의 영으로 말미암아 인도되도록 허락되었다. 그들은 연구하고 살면서 그들 속에 있었던 그리스도의 영이, 그리스도가 받으실 고난과 그 고난 후에 얻으실 영광을 미리 증거하여 그들에게 알리실 때가 어느 시, 어떠한 때인지를 상고하였다(벧전 1:10, 11). 구약시대에 그의 영을 선지자들에게 보내시고 그의 영으로 말미암아 그 자신의 오심과 사역, 그의 고난과 영광을 전파하고 예시하도록 할 자는 그리스도 자신이다. 그 자신의 마음속에서의 자신에 관한 예수의 증거는 그들이 예언의 영을 나누어 가지고 있다는 사실의 증명이다(계 19:10).

이런 영의 계시를 통하여 이스라엘은 메시야적 기대의 이름 아래 포괄되어 있는 이런 풍부하고 영광스러운 기대들에 도달하고 있다.

이러한 메시야적 기대들은 일반적으로 두 가지로 구별된다. 첫째 그룹의 기대는 일반적으로 하나님의 나라의 미래와 관련된 기대들이다. 역시 이들은 아주 중요하고 은혜언약의 약속과 가장 밀접하게 관련되어 있다. 이 약속은, 하나님은 그의 백성과 그들의 후손의 하나님이 될 것을 포함한다. 따라서 이 약속은 과거와 현재와 미래와 관련된다. 참으로 그 백성은 계속해서 주님을 향하여 불충성과 이탈과 언약파기의 죄책감을 갖는다. 그러나 그것이 은혜언약이기 때문에, 백성들의 신실치 못함이 하나님의 신실성을 없이 하지 못한다. 은혜언약은 사태의 본성으로부터 세대에 따라 발전하는 영원한 언약이다. 따라서 그 백성이 언약의 길에서 행하지 않을 때 하나님은 잠시 동안 그대로 내버려두셨고 징벌과 심판과 포로에 복종하도록 하셨으나 그 언약을 파기할 수 없으니, 이는 인간의 행위에 의존하지 않고 오직 하나님의 긍휼에 의존하는 은혜언약이기 때문이다. 그는 언약을 파기할 수 없으니 이는 자신의 이름과 영광과 존귀에 의존하기 때문이다. 그러므로 진노 후에는 다시 하나님의 긍휼이 비추고 심판 후에는 다시 그의 자비가 비추며 고난 후에는 그의 영광이 나타난다.

이 모든 것에 있어서 이스라엘은 그의 역사의 과정에서 예언을 통하여 가르침을 받았다. 예언으로 말미암아 다른 민족의 경우에는 전혀 찾을 수 없는 역사의 본질과 목적에 있어서 통찰을 얻고 있다. 구약은 우리에게 하나님의 뜻의 실현, 즉 하나님의 왕국이 역사의 내용이요 과정이며 목적이라는 사실을 이해시켜 준다. 그것이 그의 의논이요 영원 전부터 존재했고 모든 대적에도 승리할 그의 기뻐하시는 구원의 의논이시다. 고난으로 말미암아 영광에 이르고 십자가 뒤에 면류관이 걸려 있다. 하나님은 종종 모든 그의 대적들 위에 계셔 영광을 받으실 것이고 그의 백성으로 그의 모든 약속의 성취에 참여할 수 있게 하실 것이다. 거기에 의와 평화의 왕국, 영적, 물질적인 번영의 왕국이 임할 것이다. 그런 왕국의 영광을 이스라엘은 물론 다른 열방들도 나눌 것이다. 왜냐하면 하나님의 단일성은 인류의 통일성과 역사의 통일성을 동반하기 때문이다. 그때 땅은 주님의 지식으로 충만하며 언약의 약속은 그의 완전한 성취함에 이르게 된다. 즉 나는 너희의 하나님이 될 것이고 너희는 나의 자녀들이 될 것이라는 약속의 성취다.

예언서들과 시편들은 이런 기대에 충만해 있다. 그러나 이것으로 멈추어 있는 것이 아니고, 좀더 하나님의 왕국이 미래에 세워지고 성취될 방식까지도 말하여 주고 있다. 그리고 이런 기대가 좁은 의미에서 메시야적 기대들이 되고 우리에게 미래에 하나님의 땅의 통치는 어떤 특정한 사람, 곧 메시야로 말미암아 성취될 것을 말하여 주고 있다. 우리 시대의 어떤 사람들은 이런 모든 메시야적 기대를 이스라엘의 근원적 종교로부터 분리시키고 바벨론 포로 이후 시대로 옮겨 버렸음이 사실이다. 그러나 다른 한편 이것은 맹렬히 공격받았고 단호히 거절되었다. 메시야적 기대들은 두 개념 주위를 움직이는데, 즉 이스라엘과 열방들의 심판의 날인 여호와의 날과, 그 후 구원을 가져올 것이고 땅에 하나님의 왕국을 세우실 메시야의 두 개념이다. 이 두 개념은 세기의 선지자들로부터 처음 나온 것이 아니라, 이보다 더 오래 전부터 있어 왔고 그들의 책들이 우리에게 보존되어 온 선지자들로 말미암아 좀더 발전되고 적용되었다.

성경 자체가 이를 보여주어 미래에 대한 기대들은 가장 오래된 시기로까지 되돌아가고 있다. 자연히 그때의 그것들은 아직 일반적인 성격을 띠고 있으나 이것이 바로 그것의 상고성에 대한 증거이며, 이어서 거기에 이런 기대에 있어서 특징이 되는 점진적인 발전이 이런 증거를 힘있게 강화시켜 준다. 창세기 3:15의 모약속(de moeder belofte)에서 여자의 후손과 뱀의 후손 사이에 대적이 있고 전자가 후자의 머리를 상하게 할 것이라는 약속이 행해졌다. 여자의 후손의 경우 칼빈과 같이, 우리는 맨 먼저 하나님 편에서 세우신 은혜언약 안에서 하나님을 대적하는 모든 힘과 싸워야 하고 그리스도 안에서 머리와 주로 영접하는 온 인류를 생각해야 한다. 역사는 뱀의 후손과 싸우는 이런 인류가 모든 열방을 포함하는 것이 아니라, 훨씬 더 축소되고 제한된 인류를 의미함을 보여준다. 그 약속은 셋 계열에서만 이어졌다.

첫 인류가 홍수에 의해서 파멸되었을 때, 함과 야벳의 가족과 셈 가족 사이에 구별이 이루어졌다. 이제 약속은 여호와가 셈의 하나님이 되고 야벳이 처음 창대하고 후에 셈의 장막에 거하게 되며, 가나안은 그 둘의 종이 되는 그런 식으로(창 9:26, 27) 특별해졌다. 후에 하나님의 참된 지식과 예배가 소멸될 위협을 받자 셈의 종족으로부터 아브라함이 선택되었고 그는 여호와로 말미암아 축복을 받아 많은 사람에게 축복이 될 것이다. 땅의 모든 족속들이 하나님께서 아브라함과 그의 후손에게 주신 이 축복을 원하고 찾고자 하며, 따라서 그들 모두가 그 안에서, 즉 그의 후손 안에서 축복을 받을 것이라는 약속을 받았다(창 12:2, 3). 야곱의 아들과 이스라엘의 지파들 가운데 후에 유다가 그의 모든 형제들 중에서 선임자리를 누리는 자로서 기록되었다. 유다는 그의 이름과 일치하게 찬송받을 자요(창 29:35), 그의 형제들 중에 능력자다(대상 5:2). 그들은 그를 찬양하고 섬겼고 그의 대적자들도 스스로 복종하였다. 이런 유다의 지배는 그에게 열방들이 복종할 자가 오기까지 미칠 것이다(창 49:8-10). 10절의 실로라는 이름은 이해하기 어렵고 다양하게 해석되나 유다에 관한 언급 중 축복의 관념임이 분명하다. 유다가 이스라엘의 모든 지파 중에 첫 자리에 있다. 그는 그의 형제들의 지배자요 그로부터 미래에 열방의 치리자가 나올 것이다.

이 약속은 최초로 다윗에게서 성취되었으나, 그와 동시에 그에게서 새로운 발전단계로 들어간다. 왜냐하면 다윗은 그의 모든 대적들로부터 휴식을 얻었을 때, 여호와의 집을 짓고자 하는 계획이 마음에 일어났기 때문이다. 그러나 다윗이 여호와의 집을 건축하는 대신 여호와께서 나단의 입으로 주가 다윗의 계보에서 왕위를 계승케 함으로 그의 집을 세울 것을 선포케 하였다. 여호와께서 땅 위에서 존귀한 자의 이름같이 다윗의 이름을 존귀케 만들어 줄 것이다. 주께서는 다윗이 죽은 후 그의 아들 솔로몬을 보좌에 세우시고 그의 아비가 되셨으며, 마지막으로 그의 집과 그의 왕권을 주의 목전에서 계속하게 하실 것이다. 즉 다윗의 위를 영원히 견고케 하리라(삼하 7:9-16; 시 89:19-38). 이때로부터 이스라엘 성도들의 머리는 다윗의 집에 세워졌고 종종 일반적인 예언도 이런 기대에 머물러 있다(암 9:11; 호 3:5; 렘 19:25; 22:4).

그러나 역사는 다윗의 집에서 난 어떤 한 사람의 왕도 기대에 미치지 못하였음을 가르쳤다. 이런 역사와 관련하여 예언은 점점 더 분명하게 미래를 향하여 다윗의 참된 아들이 나타나야 하고 그가 그의 아비의 위에 영원히 앉아야 함을 가리켰다. 점점 더 이런 미래의 다윗의 아들 주 메시야라고 일정한 이름에 의해서 표시되기 시작하였다. 메시야는 처음 오랫동안 일반적인 통칭으로 사용되어 왔고 이스라엘 안에서 택함을 받아 기름부음을 받은 몇 가지 직책의 모든 사람을 통칭하였다. 기름을 붓는다는 것은 근동 사람들에게 일반적인 습관이었다. 태양으로 태워진 피부를 부드럽게 하고 신체를 다시 신선하고 유순하게 한다(시 104:15; 마 6:17). 그것은 기쁨의 표였고(잠 2:9), 슬픔의 때는 생략되었다(삼하 14:2; 단 10:3). 그것은 환대와 친절의 증거로서 이용되었고(시 23:5; 대하 28:15; 눅 7:46), 병 치료의 수단으로서 이용되었으며(막 6:13; 눅 10:34; 약 5:14), 죽은 자에 대한 존경의 표현으로서의 역할을 하였다(막 16:1; 눅 23:56; 요 19:40).

이런 기름붓는 일은 예배 시에도 채택되어 그 일은 종교적 의미를 얻었다. 야곱은 브엘세바에서 그가 머리의 베개로 삼았던 돌을 세워 그에게 나타나셨던 여호와께 대한 헌신의 표로서 그 위에 기름을 부었다(창 28:18; 31:13; 35:13). 후에 모세가 준 율법에 따라서 하나님의 제사용으로 거룩히 구별하기 위해서 장막, 제사 기구들, 제단에도 기름이 부어졌다(출 29:36; 30:23; 40:10). 이 같은 일이 특별한 제사에 부름을 입은 사람들에게도 일어났다.

성경 중 단 한번 선지자의 기름부음 받음에 대해서 나온다. 엘리야가 엘리사에게 기름을 부었고(왕상 19:16), 시편 105:15에서는 기름부음을 받은 자와 선지자를 바꾸어서 사용하고 있다. 더구나 제사장들과 특히 대제사장들도 기름부음을 받았다(레 8:12, 30; 시 133:2). 그래서 대제사장을 기름부음을 받은 제사장이라 부를 수 있다(레 4:3, 5; 6:22). 특별히 왕들에 대한 기름부음이 나온다. 즉 사울(삼상 10:1), 다윗(삼상 16:13; 삼하 2:4), 솔로몬(왕상 1:34), 기타 다른 왕들이 기름부음을 받았다. 그래서 왕들이 여호와의 기름부음을 받은 자로 불려지고 있다(삼상 26:11; 시 2:2). 그러나 이보다 그 사용이 넓다. 성경에서 문자적으로 기름을 붓는 행위는 자주 일어나지 않을지라도 하나님께서 택하시고 예배를 위해 준비하는 이런 사람들도 역시 기름부음을 받는 자라 부르고 있다. 시편 105:15에서 기름부은 자와 선지자라는 말로 족장들을 표시하고 있다. 다른 곳에서 이스라엘 백성 혹은 아마 그들의 왕이 기름부은 자로 불려지고 있다(시 84:10; 89:39, 52; 히 3:13). 이사야 45:1에서는 그 말이 고레스에게 적용되고 있다. 그럼에도 불구하고 기름을 붓는 것은 한편으로 하나님의 경배에 대한 헌신을 표시하는 표요, 다른 한편으로 이런 예배를 위해서 하나님 자신으로 말미암은 선택과 부르심과 준비를 표시하는 표이다. 다윗이 사무엘로 말미암아 기름부음을 받았을 때, 여호와의 영이 그에게 임하였고 이때로부터 계속 임하였다(삼상 16:13).

이런 의미에서 기름부은 자, 곧 메시야라는 말은 특별히 미래 다윗의 집으로부터 나오는 왕에 대해서 사용되었다. 유독 그만이 기름부은 자다. 이는 그가 인간으로 말미암은 것이 아니고 하나님 자신으로 말미암아 임명되고 기름의 표로서가 아니라, 제한 없이 성령 자신으로 기름부음을 받기 때문이다(시 2:2, 6; 사 61:1).

메시야(기름부은 자)란 이름이 언제 고유명사로 관사 없이 다윗의 집으로부터 온 미래의 왕에게 사용되었는지는 확실하게 말할 수 없다. 그러나 다니엘 9:25에서 이미 그 이름이 이런 형태로 나타난 것 같고 예수님께서 땅에 행하실 때에 그 말이 이런 의미에서 일반적으로 사용되었다. 요한복음 4:25에서 사마리아 여자가 예수님께 가로되, "(관사 없이) 메시야가 오실 것을 내가 안다"고 하였다. 처음에는 기름부음을 받은 자란 일반적인 의미를 가졌고 여러 사람들을 가리킬 수 있었을지라도, 점점 더 고유명사가 되었고 다윗의 집으로부터 나온 미래의 왕에게만 적용되었다. 그만이 메시야요 기름부음을 받은 자다. 메시야는 그분뿐이시다.

이런 메시야의 형상은 구약의 예언에서 여러 가지 방식으로 발전되었다. 그 배후에 있는 관념은 항상 그의 왕직이다. 기름부음을 받은 자라 하는 것은 그가 왕으로 기름부음을 받았기 때문이다(시 2:2, 6). 그에게 줄 약속에 근거하여 다윗 자신이 그의 집으로부터 의로 다스릴 인간의 지배자가 나올 것을 기대하였다. 하나님이 그로 더불어 영원한 언약을 세우사 만사를 구비하시고 견고케 하셨다(삼하 23:35). 그리고 이것이 모든 선지자들과 시편 기자들의 기대들이다. 미래 이스라엘의 구원은 다윗 왕가와의 영원한 언약이고, 그 집으로부터 오는 미래의 왕은 동시에 하나님 나라의 왕이다. 하나님의 나라는 시적인 개념이나 철학적인 관념도 아니다. 그것은 역사의 현실이요 구성요소다. 그것은 위로부터 오고 영적이며 이상적임에도 불구하고 때가 되면 다윗의 집으로부터 난 한 왕 아래 임하게 된다. 그것은 하나님의 나라임에도 철저히 인간적이고 땅의 것이며 역사적인 왕국이다. 그와 같이 미래의 하나님의 나라를 당시의 환경에서 온 명암과 색조를 이용하여 예언적으로 우리에게 그려 주고 있고, 이 예언은 문자적 의미로서는 이해할 수 없는 그 왕국의 실재에 대한 깊은 인상을 준다. 그것은 꿈의 모양이 아니라, 여기 땅의 역사 속에서 다윗의 집에서 난 한 왕 아래 실현될 것이다.

그러나 이러한 메시야의 왕국은 현실적인 감촉에 있어서 다른 땅의 왕국보다 덜 하지 않을지라도, 현저한 차이가 있다. 비록 모든 대적들과 대항하여 싸우고 그들로부터 승리를 얻을지라도(시 2:1 이하; 72:9 이하; 110:2), 그 왕국은 완전한 의와 평화이므로(사 32:1; 시 45:7, 8; 72:7) 무엇보다 그것의 의는 궁핍한 자가 구원되며 가난한 자가 도움을 받을 것이라는 사실에 있다(시 72:12-14). 더구나 그 왕국 자체가 모든 대적 위에 서서 땅끝까지 퍼져 나가며 그리고 영원히 계속 존속될 것이다(시 2:8; 45:7; 72:5, 8, 17; 110:2, 4).

진실로 하나님의 나라의 위는 참으로 인간이지만 존귀에 있어서 모든 인간보다 승한 한 군주가 있다. 그는 다윗의 집으로부터 난 사람이요 다윗의 한 아들이며 인자라 불린다(삼하 7:12 이하; 사 7:14; 9:5; 미 5:1; 단 7:13). 그러나 인간보다 승하다. 그는 하나님의 우편에 있는 존귀한 자리에 앉아 계시고(시 110:2), 다윗의 주요(시 110:1) 특별한 의미에서 하나님의 아들이다(시 2:7). 그는 임마누엘, 곧 우리와 함께 계신 하나님이요(사 7:14), 하나님 자신이 그의 은혜로 그의 백성에게 오셔서 그들과 함께 거하시는 주님, 곧 우리의 의다(렘 23:6; 33:16). 예언에 있어서 그의 백성을 지배하는 이는 여호와요 그의 메시야로 같은 분이다. 종종 여호와께서 때로는 그의 기름부음을 받은 왕이 나타나서 열방을 심판하고 이스라엘을 구원하실 것이라고 언급되고 있다. 그와 같은 예가 이사야서 40:10, 11에서 나타난다. 즉 여호와께서 능력으로 임한 것이요 그의 팔로 다스린 것이며 그가 목자같이 양무리를 먹이실 것이다. 에스겔 34:23에서 여호와께서 한 특별한 목자, 곧 그의 종 다윗을 일으키실 것이고 그가 그의 백성을 먹일 것이며 그들의 목자가 될 것이다. 새 예루살렘에 대해서 선지자 에스겔이 그의 이름은 여호와께서 거기 계심이 되리라 하였다(겔 48:35). 이사야는 같은 사실을 표현하여 메시야 안에 하나님이 우리와 함께 거하신다고 말하였다 (사 7:14). 에스겔은 그가 말한 대로 두 사상을 결합하여, 나 여호와는 그들의 하나님이 되고 내 종 다윗은 그들 중에 왕이 되리라고 하였고(겔 34:24), 미가도 똑같이 이르기를, 메시야는 이스라엘 백성을 여호와의 능력과 그의 하나님 여호와의 이름의 위엄으로 기르실 것이라고 말하였다(미 5:4). 이것이 신약 본문의 두 맥이 메시야적 의미에서 해석될 수 있는 이유와 메시야 안에서 하나님 자신이 그의 백성에게 오시고 그는 인간보다 승하며, 그가 하나님의 계시요 거하심이며, 따라서 역시 신적 이름들을 취하고 있다. 즉 그는 기묘자요 모사요 전능하신 하나님이요 영존하시는 아버지요 평강의 왕이시다(사 9:5).

그러나 이 메시야의 존귀가 지극히 큼에도 불구하고 예언은 매우 놀라운 특징 하나를 더 첨가하였다. 즉 그는 아주 초라한 환경과 아주 위험한 시기에 태어나리라는 것이다. 아마도 이 사상은 이사야의 말에 내포되어 있다. 곧 어떤 자세한 설명 없이 처녀, 곧 젊은 여자가 아들을 낳을 것이다. 그리고 이 아들이 그의 백성의 곤란에 참여할 것이니, 이는 그가 황폐되어 버리고 재건되지 않은 나라의 주요 산물들인 버터와 꿀만을 먹을 것이기 때문이다(사 7:14-15). 그러나 어쨌든 이사야 11:1에서 이것이 분명히 표현되어 있다(사 53:2과 비교). 여기에서 선지자는 이르되, 이새의 그루터기에서 한 싹이 나며 그 뿌리에서 한 가지가 돋을 것이다. 즉 메시야가 태어날 그때에 다윗 왕가는 계속 존속할 것이지만 왕위는 끊길 것이고, 잘려진 그루터기와 같은 존재이지만 새 가지가 나올 것이다. 미가는 같은 사상을 다른 방식으로 표현하여 이르기를, 에브라다의 집, 곧 다윗의 왕가는 유다 족속 중에 가장 작을지라도 거기에서 다스릴 자가 나와 그 위대함이 땅 끝까지 미칠 것이라고 하였다(미 5:2). 에브라다는 다윗이 태어난 장소인 베들레헴이 있는 지역이다. 따라서 예레미야(렘 23:5; 33:15)와 스가랴(슥 3:8; 6:12)를 통하여 순이라는 이름으로 표현되었다. 이스라엘이 멸망되고 유다는 환란 가운데 빠지고 거의 모든 기대는 사라지고 모든 소망이 끊어졌을 때, 여호와께서 몰락한 다윗 왕가로부터 여호와의 성전을 세우고 그의 왕국을 땅에 세우실 순이 올라올 것이다. 그러므로 메시야가 아무리 능력과 영광으로 나타날지라도 역시 겸손히 나타나사, 군마를 타지 않고 평화의 상징으로서 나귀를 타시나니, 나귀의 작은 새끼 곧 망아지니라(슥 9:9). 그는 왕이시고 제사장이시다. 이 두 직임이 멜기세덱의 경우와 같이 그 안에서 조화될 것이고 그가 영원히 그 두 직임을 취하실 것이다(시 110:4; 슥 6:13).

메시야의 이런 낮아지심에 대한 이런 사상은 다른 형태, 특히 이사야에 의해서 사려된 여호와의 고난의 종의 형상으로 전환되고 있다. 이스라엘 백성은 제사장 나라가 되어야 하고(출 19:6), 그 백성은 인간이 근원적으로 하나님의 형상으로 창조되고, 따라서 온 땅의 지배권을 얻은 것처럼 제사장으로서 하나님을 섬겨야 하고 왕과 같이 땅을 지배해야 한다. 따라서 미래의 그림에 있어서 이때의 한 운명과 저때의 다른 운명이 전경을 이루고 있다. 선지서들과 시편에서 자주 우리는 하나님께서 그의 백성에게 정직히 행하시며 그들의 모든 대적들 위에 승리를 주심을 읽는다. 종종 이런 승리를 아주 강한 말로 묘사하고 있다. 하나님은 일어나사 원수를 흩으시며 주를 미워하는 자로 주의 앞에서 도망하게 하소서. 연기가 몰려감같이 저희를 몰아내소서 불 앞에서 녹아지는 것같이 악인이 하나님 앞에서 망하게 하소서. 그의 원수의 머리, 곧 죄 가운데 행하는 자의 정수리를 하나님께서 쳐서 깨뜨리시도다. 주께서 그들을 바다 깊은 데서 도로 나오게 하사 그들을 그의 원수의 피로 잠기게 하고 그것으로 그들의 개들의 혀가 빨갛게 물들여질 것이라(시 68:2, 3; 22-24; 시 28:4; 31:18; 55:10, 16; 69:23-29; 109:6-20; 137:8, 9 등). 이런 모든 진노들은 개인적인 복수의 표현이 전혀 아니고, 구약적 언어로 그와 그의 백성의 대적들 위에 내리시는 하나님의 진노에 대한 묘사다. 그러나 그와 같이 악인들에게 진노하시는 같은 하나님이 그의 모든 백성들에게 의와 평화와 기쁨을 주실 것이고 그의 백성은 전적으로 그를 섬길 것이다. 핍박과 고난으로 여호와께서 그들로 새 언약을 세우신 바 영광과 구원의 자리에 그들이 이를 것이고 그의 법을 그들 속에 두며 그들에게 새 마음과 새 영을 주실 것이니, 그들로 그의 율례를 행하게 하고 그의 규례를 지켜 행하게 하려 함이다(렘 31:31 이하; 겔 36:25 이하 등).

미래 이스라엘의 모습에 대한 이런 두 가지 특징은 메시야에게서도 동일하게 발견되고 있다. 그는 그의 대적을 철장으로 깨뜨리시고 질그릇같이 부술 한 왕이 되실 것이다(시 2:9; 110:5, 6 등). 이사야 63:1-6보다 더 사실적으로 하나님의 대적들에 대한 승리를 표현한 곳은 없다. 거기에서 홍의를 입고 오신 주께서 얼마나 그의 의복이 화려하며 그의 능력의 충만함으로 걸으시고 의로 말하시며 구원하시기에 얼마나 능하신지를 묘사하고 있다. "어찌하여 당신의 의복이 붉으며 당신의 옷이 포도즙 틀을 밟은 자 같으십니까?" 하는 선지자의 물음에 여호와께서 대답하시기를, "내가 홀로 포도즙 틀을 밟고 만민 중에 나와 함께 한 자가 없도다. 내가 노함으로 그들을 밟았고 내가 분함을 인하여 짓밟았으므로 그들의 선혈이 내 옷에 튀어 내 의복을 다 더럽혔음이니, 이는 원수갚는 날이 내 마음에 있고 내 구속할 해가 왔기 때문이라"고 하였다. 요한계시록 9:13-15에서 마지막 날 그리스도가 재림하셔서 그의 모든 대적들을 멸하실 때, 이런 묘사의 특징들이 그리스도에게 적용되고 있다. 그리고 이것은 매우 정당하니, 이는 그가 구주시며 동시에 심판자이시요, 어린양이시며 동시에 사자이시기 때문이다. 그러나 역시 그는 구속주시요 구주이시다. 여호와께서 의로우시고 자비로우신 것처럼, 그의 날은 원수갚는 날이고 구속의 날인 것처럼, 이스라엘이 왕과 같이 그의 대적들을 다스리고 제사장과 같이 하나님을 섬기는 것처럼, 메시야도 동시에 하나님의 기름부음을 받은 왕이요 여호와의 고난의 종이다. 이사야서에서 주님은 자신을 이런 후자의 직분으로 나타내시고 있다. 선지자는 처음 그런 관계에서 이스라엘 백성을 생각하여, 그들은 포로상태가 되어 이런 고난의 길로만 이방에 대항하여 소명을 이루어야 했다. 그러나 그의 예언의 발전에 있어서 이런 고난의 상태는 점점 더 특정한 사람의 성격을 띠었으니, 그는 제사장과 같이 그의 고난으로 말미암아 그의 백성의 죄를 유화하고, 선지자로서 이런 구원을 땅끝까지 전파하며, 왕과 같이 존귀한 자들 중에 분깃을 얻으며 강한 자와 함께 탈취를 나눈다(사 52:13-53:12).

기름부음을 받은 왕에서 하나님은 그의 영광과 능력과 그의 이름의 위엄과 지극히 높음을 계시하신다(미 5:3). 여호와와 고난의 종 안에서 그는 그의 은혜와 부유하신 그의 긍휼을 계시하신다(사 53:11). 이스라엘 중에서의 예언은 이 두 신분으로 종결한다. 이러한 예언은 역사 안에 뿌리 박고 있다. 이스라엘 그 자체가 백성으로서 하나님의 아들이요(호 11:1) 제사장 나라요(출 19:16) 주의 영광으로 입혀져 있으며(겔 16:24), 동시에 하나님의 종이요(사 41:8, 9) 여호와의 대적자들이 훼방하는 훼방에 참여하는 자요(시 89:50-51) 주를 위하여 종일 죽음을 당하고 도살할 양같이 여김을 받는다(시 44:23). 백성으로서 이스라엘 그리고 특별한 의미에서 다윗과 욥과 기타 다른 사람들과 같은 종들의 영광과 고난, 이 두 가지는 선지자적인 성격을 가지고 있다. 모두가 그리스도를 가리킨다. 율례와 법도, 직책과 직무, 행사와 약속들을 포함한 전 구약은 그리스도에게 임할 고난과 그 후에 따르는 영광에 대한 예표다(벧전 1:11). 그리스도 안에 한 식물이 된 신약시대의 교회가 그의 죽음에 연합하고 동시에 그의 부활에도 연합한 것과 같이(롬 6:11), 교회가 그의 몸에 그리스도의 남은 핍박을 채우며(골 1:24), 또한 그리스도의 형상으로 화하여 영광에서 영광에 이르는 것과 같이(고후 3:18), 구약의 교회도 그의 고난과 영광 속에서 그의 때에 하나님의 나라를 땅 위에 세우실 그 제사장이요 왕이신 자의 낮아지심과 높아지심의 준비요 예표였다.

의심할 것도 없이 신약도 자신을 이런 빛에서 보고 이런 식으로 구약과의 관계를 이해하고 있다. 예수께서 말씀하신 성경이 그에 대해서 증거한다(요

5:39; 눅 24:27)는 것은 전 신약이 기초로 하고 있는 사상이요 동시에 분명하게 표현된 사상이다. 처음 제자들이 그를 그리스도로 깨달았던 것은 그들이 그 안에서 모세와 선지자들이 그에 대해서 말하였던 그것을 발견하였기 때문이다(요 1:46). 바울이 증거하기를, 그리스도께서 죽으시고 장사지낸 바 되었다가 다시 살아나심은 성경대로니라고 하였고(고전 15:3, 4), 베드로가 이르기를, 그리스도의 영이 선지자들로 그리스도가 받으실 고난과 그 후에 얻으실 영광을 미리 증거하였다고 하였다(벧전 1:11). 신약의 모든 책들은 직접적으로 혹은 간접적으로 전 구약이 그리스도 안에서 그 성취함에 이르렀다고 지시하고 있다. 즉 도덕적, 의식적, 시민적 명령을 포함하여 성전과 제단, 제사장직과 제사를 포함한 율법과 다윗의 집으로부터 난 기름부음을 받은 왕뿐만 아니라, 여호와의 고난의 종에 대한 약속을 포함하는 예언이 그리스도 안에서 성취되었다. 이스라엘 백성과 그의 역사 안에서 미리 보여주었고, 율법 안에서 국가적 형태로 미리 묘사되었고, 예언을 통하여 구약적 언어로 선포되었던 전 하나님의 왕국은 그리스도 안에서 가까이 왔고 그와 그의 교회 안에서 하늘로부터 땅에 내려왔다.

구약과 신약의 이런 관계는 기독교 신앙의 진리성에 있어서 가장 중요하다. 왜냐하면 예수 그리스도가 이스라엘에게 약속하셨던 메시야라는 고백은 기독교의 핵심을 이루고 거기에서 다른 모든 종교로부터 구별되기 때문이다. 따라서 그것은 유대인들과 마호멧교도들과 모든 이방 사람들에 의해서 심한 공격을 받았고, 현재까지도 그리스도의 이름을 가진 많은 사람에 의해서도 거절되고 있다. 이런 사람들은 예수가 자신을 메시야로 생각하지 않았고 자신을 그렇게 나타내지 않았다고 하기도 하고, 혹은 예수는 기껏 내적 종교의식과 높은 도덕적 소명을 표현하였어도 그 당시의 양식일 뿐, 오늘날 이런 양식은 소위 우리에게 아무런 의미가 없다고 논증하고자 한다. 그러나 신약성경의 증거들은 너무 많고 강해서 그런 태도는 더 이상 오래 지속할 수 없게 한다. 따라서 가장 최근에 다른 사람들은 좀더 나아갔다. 그들은 예수가 자신을 메시야로 생각하였고 여러 초인적인 성격과 능력을 자신에게 부여하였다는 사실을 부정할 수 없었다. 그러나 그것에 굴복하고 예수가 자신에 대해서 준 그대로 예수를 받아들이지는 않고, 그들은 예수가 상상과 열광주의와 여러 가지 광란에 빠졌던 인간이었다는 사실을 그 사실로부터 추론하고 있다. 사실 그 공격이 더 나아가서 어떤 사람들은 예수를 각종 영육의 질병들을 가진 자로 보고 그가 자신에 대해서 품고 있는 높은 관념들을 그 사실로부터 해석하기까지 이르고 있다.

최근 몇년 동안 다시 그런 이상한 성격을 가졌던 예수의 인격에 대한 이런 논쟁은 재생하여 그리스도를 너는 누구라 하느냐 하는 의문은 과거의 세기에 있어서와 마찬가지로 사람들의 마음을 아직도 주장하고 분열시키고 있음을 나타내고 있다. 유대인들이 예수에 대해서 다양한 생각을 가져서 어떤 사람들은 그를 세례 요한이라, 다른 사람은 엘리야라, 어떤 다른 사람은 예레미야나 선지자 중의 하나라고 생각하였던 것처럼(마 16:13), 그리고 그를 미쳤고 귀신 들렸다고 생각하는 사람들이 있었던 것처럼(막 3:21, 22), 모든 세기를 통하여 그러하였고 아직도 그러하다. 우리가 그리스도는 환상주의자요 광란주의자라고 주장하는 사람들은 한 쪽으로 제쳐 둔다 할지라도, 아직 그를 하나의 선지자로서 생각하고 그를 하나님의 그리스도로 고백하지 않는 사람들이 수천이 있다.

그럼에도 예수님은 그리스도의 이름으로 자신을 충분히 주장하셨고 이런 고백 이외엔 어떤 것에도 만족하지 않으셨다. 그는 한 사람의 인간이셨고 신약의 각 페이지마다 이렇게 기록되어 있다. 그는 영원한 말씀일지라도 때가 되매 육신이 되셨고(요 1:14; 빌 2:7), 우리와 한 모양으로 혈육에 함께 속하시고 범사에 형제들과 같이 되셨다(히 2:14, 17). 그와 같이 육신으로는 조상들에게 나셨으며(롬 9:5) 아브라함의 씨요(갈 3:16) 유다의 줄기에서 나왔고(히 7:14; 계 5:5) 다윗의 혈통에서 나셨으며(롬 1:3) 한 여자에게서 나셨다(갈 4:4). 또한 완전하고 참된 의미에서 육체를 가진 인간이요(마 26:38) 혼(마 26:30)과 영(눅 23:46)과 인간적 명철(눅 2:52)과 인간적 의지(눅 22:42), 기쁨과 슬픔, 노하심과 긍휼의 인간적 감정을 가지시며(눅 10:21; 막 3:5 등), 안식과 쉼, 음식과 마실 것 등의 인간적인 욕구를 가지셨다(요 4:6, 7 등). 복음서 어디에서나 항상 예수님은 자신을 인간으로서 이상할 것이 없는 한 인간으로 나타내시고 있다. 그는 모든 일에 있어서 우리와 같은 분이시되 죄는 없으셨고(히 4:15), 육체로 계실 때에 심한 통곡과 눈물로 간구와 소원을 하나님께 드렸고 그가 고난받는 그것으로 순종함을 배웠다(히 5:7, 8).

그러므로 그의 동시대인들은 그때 한순간도 그의 참된 인성을 의심치 않았다. 습관적으로 복음서에는 그가 단순하고 역사적인 예수라는 이름으로 표시되었다. 참으로 이 이름이 천사의 명확한 교시에서 그에게 주어졌고 그 뜻은 자기 백성을 구원할 자라는 의미이다(마 1:21). 그러나 본래 이런 이름은 옛날부터 이스라엘 중에 알려졌고, 그는 많은 사람들의 세대를 지나 태어났다. 예수는 히브리적 이름으로 여호수아 혹은 예수아의 헬라 이름이며, 그것은 '구원하다', '구제하다' 라는 뜻인 동사에서 파생되었다. 모세의 후계자가 처음 호세아라 불려졌으나 후에 모세에 의해서 여호수아라 불려지고 있다(민 13:16). 그리고 사도행전 7:45; 히브리서 4:8에서도 예수라는 이름이 나온다. 이와 같이 신약에서도 예수라는 이름을 가진 다른 사람들에 대해서도 나온다(눅 3:29; 골 4:11).

그러므로 이름만 가지고 유대인들이 마리아의 아들이 그리스도라고 생각하였다 할 수 없다.

그들은 예수라는 일반적인 이름을 가진 사람으로서 예수에 대해서 말하고 있다. 즉 그는 우리가 그의 부모들이 누구이며 그의 형제 자매들이 누구인지를 알고 있는 목수인 요셉의 아들이요(마 13:55; 막 6:3; 요 6:42), 나사렛의 요셉의 아들이며(요 1:45), 나사렛 사람 예수요(마 2:23; 막 10:47; 요 18:5, 7; 19:9; 행 22:8), 갈릴리 사람 예수요(마 26:69), 갈릴리 나사렛에서 나온 선지자(마 21:11)라 하였다. 그리고 예수님이 칭함을 받은 일반적인 칭호는 교사, 선생의 뜻인 랍비 혹은 나의 선생님이라는 뜻인 라보니이다(요 1:39; 20:16). 이런 이름들은 그 당시 서기관들과 바리새인들에게 일반적으로 붙여진 이름들이다(마 23:8). 그는 이 칭호를 빌어 썼음은 물론, 그것을 자신에게만 사용하도록 요구하고 있다(마 23:8-10). 이런 칭호와 명칭 속에는 사람들이 그를 그리스도로 인식하였다는 의미가 내포되지 않는다. 일반적으로 그를 주라(막 7:28), 다윗의 아들이라(막 10:47), 선지자 중의 하나라(막 6:15; 8:28)고 부르는 경우에도 그 의미는 포함되지 않는다.

그러나 예수는 참되고 완전한 인간일지라도 처음부터 스스로 인간보다 승함을 의식하였고, 모든 제자들도 점점 더 분명한 의미로 그렇게 깨달았고 고백하였다. 이런 고백은 종종 그렇게 주장되는 대로 요한복음과 사도들의 서신들의 경우만 그런 것이 아니고 마태, 마가, 누가복음에서 이미 읽을 수 있다. 참으로 오늘날 사람들이 역사적 예수와 교회의 예수 사이를 대조시키려는 그런 대조는 전혀 생각할 수 없다. 그들의 주장은 예수는 경건한 이스라엘이 종교적 천재, 뛰어난 도덕선생, 과거 수없이 이스라엘 가운데 나타났던 선지자의 하나 이상이 아니었고, 그 이상이 되기를 원하지 않았다 한다. 그리고 여기에서 더 나아가 이런 역사적 예수에 관한 교회의 모든 고백들, 곧 그의 초자연적인 잉태, 그의 메시야직, 그의 속죄의 죽음, 그의 부활, 그의 하늘의 승천 등은 상상의 산물이며, 그의 제자들에 의해서 그들의 선생의 원 모습에 첨가시킨 것들이라는 것이다.

그러나 이런 전체 생각에 대한 아주 심각하고 많은 반대점을 일으키는 그런 생각은 어느 누구든지 만족시킬 수 없다. 정말 위에서 언급한 사실들이 일어나지 않았는데 후에 창작하여 예수의 생애 안에 포함시켰다면, 예수의 제자들이 왜 그런 창작들을 하게 되었고 그들이 이런 예술적인 창작우화를 위한 자료를 어디에서 가져 왔는지를 조금이라도 설명해 주어야 한다. 예수의 이상한 인격이 그들에게 끼친 인상은 그런 환상에 전혀 도움이 되지 못한다. 왜냐하면 그런 인

제15장 언약의 중보자 287

상이란 사람을 지극히 높이게 만들 수 있을지라도, 교회가 그에게 고백하는 것과 같은 그리스도에 대한 단 하나의 구성요소도 포용하지 못하기 때문이다. 그래서 사람들은 이런 구성요소들을 찾아야 했고, 실제적으로 그 당시의 유대분파들이나 헬라종교, 페르시아종교, 인도종교, 애굽종교, 바빌로니아종교에서 찾았고 그로 말미암아 기독교가 갖는 독립성과 독창성을 빼앗아 갔고 유대적, 이방적인 이단들의 잡동사니 가운데 하나가 되게 하였다.

그러나 첫 세 복음서들은 스스로 예수는 그리스도였다는 확고한 확신을 가진 사람들에 의해서 기록되었다. 그들이 그것을 기록한 그때는 교회가 이미 상당한 기간 동안 존재하였고, 사도들의 설교는 그때까지 알려진 세계의 모든 곳에 퍼져 있었으며, 바울이 이미 여러 서신들을 기록하였을 때다. 그럼에도 불구하고 이 복음서들은 일반적으로 받아들여졌고 인식되어져 있었다. 초대교회시대에 그리스도의 인격에 관한 사도들과 그들의 동역자들 사이의 논쟁은 전혀 알려진 바가 없다. 그들 모두가 예수는 그리스도시요 유대인들이 십자가에 못박은 이 예수를 하나님이 주와 그리스도가 되게 하셨으며, 그의 이름으로 회심과 죄의 용서함을 얻는다(행 2:22-38) 신앙을 가지고 있었다.

이러한 신앙은 처음부터 그리스도 교회의 기초였다. 바울은 고린도전서 15장에서, 성경대로 죽으시고 장사지낸 바 되었다가 다시 살아나신 그리스도가 사도적 설교의 내용이요 기독교 신앙의 대상이었음을 논증하였고, 이 두 가지 사실들이 없는 그런 설교와 신앙은 헛것이며, 그리스도 안에서 잠자는 자들의 구원도 환상이 될 것이라고 논증하였다. 이 둘 중 어느 것의 선택이 있을 뿐이다. 즉 사도들이 하나님의 잘못된 증인들이든지, 아니면 그들이 처음부터 생명의 말씀에 관하여 보고 주목하고 만진 바 그대로 증거하였고 전파하였든지 이 둘 중 하나다. 그와 똑같이 예수는 거짓 선지자이든지, 아니면 그는 충성된 증인이요 죽은 자들 가운데 먼저 나신 자요 땅의 임금들의 제왕으로서 우리를 사랑하사 그의 피로 우리 죄를 씻으시고 우리를 나라와 제사장으로 삼으사 하나님과 성부에게 이르게 한 자이든지 이 둘 중 하나다(계 1:5, 6). 역사적 예수와 교회의 그리스도 사이에는 논쟁이 없다. 사도들의 증거는 성령의 인도함을 받아 주어진 그리스도의 자증에 대한 계시요 해석이다. 교회의 건축물은 그리스도가 머릿돌이 되신 사도들과 선지자들의 기초 위에 의존하고 있다(엡 3:20). 그들에 의해서 닦아둔 것 이외에 능히 다른 터를 잡아둘 자가 없다(고전 3:10).

무엇보다 이 문제가 매혹적일지라도, 이제 더 이상 이 점에서 그리스도에 의한 자신에 대한 증거와 사도들을 통한 그들의 선생과 주님에 대한 증거들의 내용에 대한 발전을 충분히 제시할 기회가 없다. 그러나 몇 가지 특별한 점에 잠시 관심을 기울이고자 한다.
세례 요한이 증거한 대로, 예수님 역시 하나님의 나라가 가까왔고 그 나라의 시민권은 신앙과 회개의 길에서만 얻을 수 있다(막 1:15)는 설교로 등장하셨다. 그러나 그는 자신과 그 왕국과의 관계를 요한이나 다른 선지자들과는 전혀 다른 관점에서 관련시키고 있다. 이 모든 사람들이 그것을 예언하였지만(마 11:11-13) 예수는 그것의 주인이요 소유자다. 참으로 그는 그를 위해서 영원한 의논 가운데 작정하신 아버지로부터 그것을 받았다(눅 22:29). 그 때문에 그것은 주권적인 능력으로 그의 제자들의 편을 들어 마음대로 지배하시는 자신의 왕국이다. 그 아들을 위해서 혼인잔치를 베푸시는 이는 아버지이시지만(마 22:2), 그럼에도 불구하고 신랑은 아들이고(막 2:19; 요 3:29) 미래 자신의 것과 연합할 시 자신의 혼인잔치를 축하할 자는 아들이다(마 25:1 이하). 아버지는 포도원의 주인이시지만 상속자는 아들이다(마 21:33, 38). 그래서 예수님은 하나님의 나라를 자신의 왕국이라 부르고 그의 교회를 그에 대한 고백의 반석 위에 세워진 것으로 말하고 있다(마 16:18). 그는 요나나 솔로몬보다 더 크다(마 12:39, 42). 그를 위해서 모든 것, 부모와 형제 자매, 집과 들과 자신의 목숨까지도 버리고 거절하여야 한다. 아비나 어미를, 아들과 딸을 나보다 더 사랑하는 자는 그에게 합당치 아니하다. 누구든지 사람 앞에서 그를 시인하거나 부인하면, 그와 동일하게 하늘에 계신 그의 아버지 앞에서 그를 시인하거나 부인하실 것이다(마 5:11; 10:32 이하; 막 8:24).
하나님의 왕국에 있어서 예수님이 자신에게 돌리신 이런 높은 지위에 그의 모든 말과 행동들이 일치한다. 그것들이 주의 아버지의 뜻에 완전히 일치한다. 예수님은 결코 죄가 없다. 그는 단 한 번도 하나님의 뜻을 어긴 일이 없다고 말씀하시며, 어떤 잘못이나 죄도 없다고 고백하고 있다. 그가 요한의 세례를 받은 것은 사실이나, 다른 사람들과 같이 자신이 그것으로 죄의 용서함을 받기 위해서 그렇게 받은 것은 절대 아니다(마 3:6). 왜냐하면 그의 세례가 죄의 용서함에 이르는 회개의 세례이므로 요한은 예수님께 세례 주기를 꺼려하였기 때문이다. 예수는 반대를 받았으나, 즉시 자신의 세례를 허락하도록 한 것은 개인적으로 죄의 용서함을 받기 위함이 아니라, 모든 의를 이루기 위함이라고 말하여 무마시켰다(마 3:14, 15). 역시 그는 어떤 젊은 부자가 선한 선생이라 함을 거절하였다. 그러나 그것은 자신의 도덕적 완전성을 거절한 것이 아니다. 그 젊은 부자는 그 당시 사람들이 여러 가지 문안과 존경으로 서기관들과 바리새인들에게 찾아갔던 것처럼(마 23:7) 예수님께 왔다. 그는 예수님께 아첨하기를 원했고, 그를 선한(혹은 차라리 최고로 좋은) 선생이라 함으로 환심을 사려고 했다.

예수님은 이런 아첨으로 섬겨지는 것이다. 그러나 그는 서기관들에게 하는 방식으로 문안받거나 존경받기를 원하지 않으셨다. 그가 모든 축복과 은택의 원천이라는 절대적 의미에서 하나님만이 선하시다. 따라서 예수님은 여기에서 결코 그의 도덕적 완전성을 거절한 것이 아니고 젊은 부자의 아무 생각 없는 아첨에 대해서 반대를 행한 것이다. 겟세마네 동산에서도 그의 인성은 그를 기다리고 있는 그 고난까지 내다보았고 이 잔이 지나가기를 허락받고자 기도함으로 그 실재성을 증명하였고, 동시에 그는 절대순종과 복종을 보여, 나의 원대로 마옵시고 아버지의 원대로 하옵소서라고 청원하였다(마 26:39).

그러나 그 무서운 시간에도, 겟세마네에서든지 골고다에서든지, 단 하나의 죄의 고백도 그의 입술에서 나오지 않고 있다. 그 반대로 그가 존재하고 말하고 행하는 모든 것은 하나님의 거룩한 뜻에 완전히 일치하고 있다. 그가 하나님과 그의 왕국에 대해서 말과 행위로 계시하신 모든 것들이 아버지로부터 그에게 주어졌다(마 11:27).

그의 가르침은 무미건조하고 재담적이며 스콜라적인 서기관들과 같지 않고, 권위 있는 자와 같고 하나님 자신으로부터 완전한 예언적 권위를 받았던 자와 같다(마 7:29). 그 같은 권위가 그의 행위 안에 명백해졌다. 그는 하나님의 영을 힘입어(마 12:28), 하나님의 손을 힘입어 귀신을 잡아내며(눅 11:20), 죄를 사하는 권세가 있고(마 9:6), 자신의 생명을 버릴 권세도 있고 그것을 다시 얻을 권세도 있다(요 10:18). 그는 이런 모든 권세를 아버지로부터 받았다. 예수님이 이르는 모든 말씀과 그가 행하는 모든 역사들은 하나님의 명령대로이다(요 5:19, 20, 30; 8:26, 28, 38; 12:50; 17:8). 아버지의 뜻을 행하는 것이 그의 양식이다(요 4:34). 그래서 그는 그의 생애의 마지막에 그가 아버지를 영화롭게 하였고 그의 이름을 나타냈고 그의 사역을 끝마쳤다(요 17:4, 6)고 말할 수 있었다. 예수님이 자신을 그의 인격과 말과 역사와 그의 왕국 안에 둔 이런 관계는 그의 메시야적 성격에 표현되어 있다. 오늘날까지 오랫동안 예수님은 자신을 약속된 메시야로 생각하였는가, 그리고 그렇다면 그가 어떻게 이런 의식에 도달하였는가에 대한 많은 탐구가 있어 왔다.

아무런 편견 없이 요한복음뿐만 아니라, 마태, 마가, 누가복음 등 복음서들을 읽는 사람들은 누구든지 이 첫번째 사실에 대해서 그들의 마음에 의심하지 않는다. 그러나 몇 가지 말한다면, 나사렛 회당에서 그는 이사야의 예언이 오늘날 이루어졌다고 전파하였다(눅 4:16 이하). 그가 약속된 메시야이신지에 대한 세례 요한의 물음에 대답하여, 그는 자신의 행위를 가리키면서 확증하였다(마 11:4 이하). 그는 주는 그리스도시요 살아 계신 하나님의 아들이시니이다라는 베드로의 고백을 받아들였고 그 안에서 주님의 아버지의 계시를 보았다(마 16:16, 17). 세베대의 아들의 어미의 기도는 예수님은 메시야라는 신앙에서 나왔고, 이런 의미에서 예수님도 그것을 받아들였고 대답하셨다(마 20:20). 시편 110편의 해석(마 22:42), 그의 예루살렘 입성(마 21:2 이하), 성전에서의 행동(마 21:12 이하), 성만찬의 제정(마 26:26 이하) 등 모든 것들이 그는 메시야이시고 다윗의 아들이시며 다윗의 주시라는 것과 옛 언약을 새 언약으로 대체할 수 있는 말이라는 가정 위에 의존하고 있다. 모든 결론이 되는 것으로, 그가 멸시당하고 죽임을 당하게 되심은 그가 그리스도시요 하나님의 아들이었다는 고백 이외에 다른 이유가 없다(막 14:62). 십자가 위에 기록된 유대왕 나사렛 예수라는 기록이 그에 대한 증거의 표다.

다른 문제는 예수님이 어떻게 어떤 길을 따라서 그가 메시야였다는 이런 의식에 이르렀는가이다. 그러나 오늘날 일반적으로 상정되고 있는 가정은, 예수는 처음 자신이 이것에 대해 아무것도 알지 못했고 이 사상은 후에 그의 세례 후, 혹은 그보다 더 뒤인 베드로의 고백 뒤 그것으로 말미암아 그에게 형성되었다는 것이다. 그리고 그는 그 사상을 강제적으로 받아들였거나, 혹은 완전히 수동적인 것은 아니었으나 그의 종교적, 도덕적 소명의 피할 수 없는 형식으로서 견디어 냈다는 것이다. 이런 동일한 모든 가정들은 성경의 증거나 예수님의 인격성의 본질과 직접적으로 모순이 되고 그 현실성과는 거리가 멀다. 거기에 의심할 것도 없이 그리스도의 인간적인 의식의 어떤 발전이 있었다. 왜냐하면 분명히 그가 그 지혜와 그 키가 자라가며 하나님과 사람에게 더 사랑스러워 가시더라고 하였기 때문이다(눅 2:52). 그 자신의 인격과 아버지께서 그에게 하라고 맡기신 사역과 그가 세우러 왔던 왕국에 대한 그의 인간적인 통찰은, 나사렛에 있는 조용한 그의 가정 속에서 그의 어머니의 지도 밑에 구약성경의 도움으로 점점 더 조명되었고 깊어졌다.

그러나 소년으로서 그는 성전에서 이미 자신이 그의 아버지의 집에 있어야 할 줄을 알았다(눅 2:49). 그 스스로 요한에 의해서 세례받기 전에 그는 그의 죄의 용서를 위해서 이를 필요로 하였던 것이 아니고 범사에 하나님의 뜻에 순종하기 위해서 받았음을 알고 있었다. 그때 이 세례는 예수님에 있어서 죄악된 과거와의 결별이 아니었다. 왜냐하면 그에게는 그런 과거가 없었기 때문이다. 그러나 그의 편에서는 아버지께서 그에게 하라고 맡기신 역사에 대한 완전한 복종과 헌신이었고, 하나님 편에서는 그 사역을 위한 전체 모든 준비요 채비였다. 요한은 이미 그를 메시야로 깨달았고 그날 이후로 그가 택하였던 제자들도 그렇게 깨달았다(요 1:29-52).

그러나 소위 이런 고백은 예비적인 것이었다. 그 ▫ ▫ 하고 고백되어질 것은 그런 고백의 정도가 아니었다. 그것은 메시야직의 본질에 관한 여러 가지 오류들을 수반하고 있었다. 제자들도 부지불식간에 그 당시 유대인들이 일반적으로 생각하였듯이, 메시야이신 예수님은 이방민족들과 싸워 이스라엘을 여러 나라들의 머리로 영화롭게 할 한 왕일 것이라고 생각하였다. 예수님이 나타나신 후 이런 기대에 부합하지 않았을 때 세례 요한조차도 의심으로 실족하였다(마 11:2 이하). 제자들도 매순간마다 예수님에 의해서 고쳐졌고 더 좋게 교시되었다. 유대적인 기대는 그들 영혼 속에 그렇게 깊이 새겨져 있어서 부활 후에도 예수님에게 그가 이제 이스라엘 나라를 회복할 것인지를 물었다(행 1:6).

일반적으로 그의 제자들의 영역에서도 메시야직에 대해서 품고 있는 이런 잘못된 이해는 예수님으로 하여금 그의 설교에서 그에 대한 특별 교육적인 행동 지향을 필연적이게 만들었다. 예수님은 공생애 초기에 그가 그리스도이시라는 말씀을 그렇게 많이 하지 않으셨다는 것은 잘 알려진 사실이다. 그의 선포 내용은 하나님의 나라이고 그는 하나님 나라의 본성과 근원과 진행, 마지막에 대해서 광범위하게, 특히 뛰어난 비유로 해석하셨다. 그리고 그의 사역은 백성 중에 있는 여러 가지 질병을 고치는 긍휼의 사역들이었다. 이 역사들이 그에 대해서 증거하였고 그로부터 그의 제자들과 세례 요한도 그가 누구시고 어떤 분이시며 그의 메시야적 성격이 무엇에 있는가를 깨달아야 했다. 아직은 강하게 그의 메시야직은 대중화될 수 없는 신비인 것 같았다. 종종 그의 역사가 그가 그리스도임을 생각하도록 하였으나, 그때 그는 이를 아무에게도 말하지 말라고 날카롭게 명하셨다(마 8:4; 9:30; 12:16; 막 1:34-43; 3:12; 5:43; 7:36; 8:26; 눅 5:13). 참으로 그의 생애 마지막을 향하여 가는 시기에 제자들은 그에 대해서 더 잘 알게 되어 가이사랴 빌립보로 가는 도상에서 베드로의 입으로 그를 그리스도시요 살아 계신 하나님의 아들이라고 고백할 때까지도, 그는 그들에게 날카롭게 이를 아무에게도 알리지 말라고 명하셨다(마 16:20; 막 8:30). 예수님은 그리스도이셨지만 그는 그때 유대인들이 생각하였던 것과는 다른 의미에서 메시야이셨다. 그는 그들의 기대와 일치되는 것을 원하지 않았고 그것을 좋아하지 않았다. 그때 그는 적어도 강제로 끌려가 왕으로서 추대되지 않도록 하기 위해서 그들을 피하셨다(요 6:14, 15). 그는 메시야이시고 메시야가 되기를 원하셨지만 백성의 뜻과 기호에 조화되지 않았다. 그는 아버지의 뜻과 성정에 일치되고 구약의 예언에 일치되기를 원하셨다.

그 때문에 그는 자신을 나타내기 위해서 복음서에서 반복하여 그의 입술에서 나오는 인자라는 독특한 이름을 택하셨다. 의심할 것도 없이 그 이름은 세계

왕국이 동물의 형상으로, 그의 백성 위에 하나님의 지배는 인자의 모양으로 나타났던 다니엘 7:13에서 나온 것이다. 그 구절은 어떤 유대인 그룹에서도 메시야적 의미로 해석되었고, 따라서 그 이름이 어떤 사람들의 경우 메시야의 칭호로서 알려졌다(요 12:34). 또한 그것은 평범한 명칭은 아니었던 것 같고, 그렇다고 고정된 의미를 갖는 것도 아니었던 것 같다. 그런 세상적인 기대들은 다윗의 아들, 이스라엘의 왕이란 명칭과 같이 이 명칭과 관련될 수 없다. 따라서 이런 명칭은 예수님께 가장 적당한 명칭일 수 있었다. 왜냐하면 그것은 한편으로 그가 예언에서 약속된 메시야라는 관념을 표현하였고, 다른 한편으로는 그가 유대 백성의 사상에 따른 메시야가 아니었다는 관념을 표현하였기 때문이다.

이것은 예수님이 그 명칭을 사용하신 후에 증명된다. 주님은 두 계열의 본문, 즉 자신의 가난함과 고난, 낮아지심에 관해서 말하신 그런 본문과 자신의 능력과 권위, 높아지심에 관해서 말하신 본문에서 이 칭호를 사용하여 자신을 가리키시고 있다. 그가 이렇게 말씀하신 첫째 경우의 예를 들면, 인자가 온 것은 섬김을 받으려 함이 아니라, 도리어 섬기려 하고자 자기 목숨을 많은 사람의 대속물로 주려함이니라(마 20:28)고 하였다. 다른 경우 그는 대법정 앞에서 자신이 바로 메시야임을 선포하고서 덧붙여 진술하시기를, 이후에 인자가 권능의 우편에 앉은 것과 하늘 구름을 타고 오는 것을 너희가 보리라 하셨다(마 26:64). 우리가 마태복음 8:20; 11:19; 12:40; 17:12; 18:11; 20:18 등의 구절들을 마태복음 9:6; 10:23; 12:8; 13:41; 16:27; 17:9; 19:28; 24:27, 30, 37, 39; 25:30, 31 등의 구절과 비교할 때, 위와 같은 사상이 우리에게 떠오르는 것이다. 예수님은 그의 충만한 메시야 의식과 그의 낮아지심과 높아지심, 그의 은혜와 능력 안에서 이 명칭을 사용하여 구주와 심판자로서 자신을 묘사하고 있다.

그리고 그 안에 그는 메시야에 관한 구약적인 전 예언을 포용하고 있다. 우리가 이전에 보았던 바대로 이것은 두 경향으로 발전하였는데, 하나는 다윗의 집으로부터 난 기름부음을 받은 왕과 여호와의 고난의 종의 경향으로 발전하였다. 이 두 가지 줄기는 구약에서 서로 평행하게 줄곧 내려왔지만, 다니엘에서 다시 서로 만났다. 하나님의 나라는 참되고 충만한 의미에서 하나의 지배일 것이지만, 이 지배는 인간적인 지배, 곧 인자의 지배일 것이다. 그와 같이 예수님께서 당시에 그가 진실로 한 왕, 곧 이스라엘의 왕이요 하나님을 통하여 약속되었고 기름부음을 받은 왕이심을 말씀하셨다. 또한 그는 유대인들과는 다른 의미에서 왕이시다. 그는 망아지, 곧 나귀의 어린 새끼를 타신 왕이시요 의와 화평의 왕이시요 제사장이신 왕이시요 역시 구주이신 왕이시다. 권세와 사랑, 의와 은혜, 높아지심과 낮아지심, 하나님과 인간이 그 안에서 일치되고 있다.

그는 전 구약적 율법과 예언, 이스라엘 가운데에서 예비되고 예표되었던 모든 고난과 영광, 이스라엘의 왕들과 제사장들과 같은 모형, 제사장 나라요 왕 같은 제사장이어야 했던 이스라엘 백성 자체와 같은 모형의 완전한 성취요 원형이다. 그는 왕 같은 제사장이요 제사장적인 왕이요, 임마누엘 곧 우리와 함께 있는 하나님이시다. 따라서 그가 오셔서 전파하고 세우고자 하셨던 나라는 동시에 내적이고 외적이며, 불가시적이고 가시적이며, 영적이고 육적이며, 현재적이고 미래적이며, 제한적이고 보편적이며, 위로부터 온 것임에도 불구하고 아래에 내려왔고, 하늘로부터 와서 땅 위에 있는 것이다. 그리고 예수님은 장차 돌아오신다. 그는 세상을 보존하기 위해서 오셨고 그것을 심판하기 위해서 돌아오신다.

복음서가 우리에게 제시해 준 대로의 예수님의 이런 모습에 아직 한 가지 특징이 더 첨가될 수 있음에 틀림없다. 이것은 그가 전혀 특별한 의미에서 하나님의 아들로 의식하고 있다는 사실이다.

구약에서 이런 명칭들은 이미 천사들에 대해서(욥 38:7), 이스라엘 백성에 대해서(출 4:22; 신 14:1; 사 63:6; 호 11:1), 그리고 다시 그 백성 안에 있는 재판장들에 대해서(시 82:6), 왕들에 대해서(삼하 7:11-14; 시 2:7; 89:27, 28) 사용되었다. 신약에서 아담이 하나님의 아들이라 불려졌고(눅 3:38), 하나님의 자녀들은 이런 명칭이 붙여졌고(고후 6:18), 특히 그것이 그리스도에게 주어졌다. 다양한 측면과 아주 많은 계층의 사람들에 의해서 그는 이런 명칭으로 칭하여졌는데, 세례 요한과 나다나엘에 의해서(요 1:34, 50), 사람과 귀신들린 자들에 의해서(마 4:3; 8:29; 막 3:11), 대제사장과 다수의 유대인들과 백부장에 의해서(마 26:63; 27:40, 54), 제자들에 의해서(마 14:33; 16:16) 그리고 복음서 기자들에 의해서(막 1:1; 요 20:31) 칭하여졌다. 예수님은 자신을 일반적으로 이런 명칭으로는 칭하지 않았으나, 그의 하나님의 아들직에 대한 이런 고백을 반대하지 않고 받아들였고, 어떤 경우는 공공연히 그가 하나님의 아들이라고 진술되었다(마 16:16, 17; 26:63, 64; 27:40, 43).

물론 예수를 그렇게 칭하였던 여러 사람들이 모두 이런 명칭을 동일하게 심오한 의미에서 사용하지 않았음은 의심할 수 없다. 백부장과(마 27:54), 대제사장과(마 26:63) 베드로(마 16:16)의 입들에서 동일한 명칭이 같은 내용과 같은 의미를 갖는 것은 아니다. 백부장은 이방인이었고 역시 예수님을 유일한 하나님의 아들이 아니라, 신의 아들 중 하나로 칭하였다. 대제사장은 그 경우 특히 메시야 작위(爵位)를 생각하고 있었기 때문에 그가 그리스도와 하나님의 아들인지를 예수님께 물었다. 그러나 오랫동안 예수님과 같이 있으면서 따라다녔던 베드로가 그를 그리스도요 영생의 말씀들을 가진 살아 계신 하나님의 아들로서 강조하여 고백하였을 때 다른 사람보다 그의 진술에는 좀더 심오한 의미가 있다. 즉 제자들이 부활 후에 점점 더 충만하게 부요하게 이해하였던 의미임에 틀림없다.

사실 예수님은 구약적이고 신정정치적인 의미에서 하나님의 아들이라 칭하여질 수 있다. 하나님에 의해서 기름부음을 받은 왕으로서 그를 그의 아들이라 부를 수 있고 그렇게 불러도 좋다. 주 하나님께서 그 조상 다윗의 위를 저에게 준 지극히 높으신 이의 아들이다(눅 1:32). 그는 마리아에게서 난 거룩한 씨요(눅 1:36), 귀신들린 자가 그를 불렀던 대로 하나님의 거룩한 자요(막 1:24), 대제사장이 메시야에 대한 좀더 가까운 정의로서 이런 표현을 사용한 대로 찬송을 받은 하나님의 아들이다(막 14:62). 그러나 이런 신정정치적인 아들직은 예수님의 경우 좀더 깊은 의미를 가지며 그의 경우 아버지와의 다른 관계로부터 나온다. 그가 초자연적으로 마리아의 몸에 잉태되었기 때문에 하나님의 아들이 된 것이 아니었고(눅 1:35), 그가 세례받을 때에 넘치도록 성령을 받았기 때문에 하나님의 아들이 되었다(마 3:16). 더욱이 하나님에 의해서 부활하심으로 그는 주와 그리스도가 되셨다(행 2:36). 참으로 이 경위로 그는 아버지로 말미암아 그리스도 안에서 그의 아들로서 깨달았고 경배되었지만, 그의 메시야 작위가 그때 처음 주어졌던 것은 아니다. 이것은 이보다 훨씬 멀리 돌아간다. 성경이 우리에게 가르치는 바는, 그리스도가 이스라엘의 기름부음을 받은 왕, 곧 메시야이기 때문에 그는 본래 하나님의 아들이라 불려졌던 것이 아니라, 아주 그 반대로 그가 전혀 독특한 의미에서 그의 아들이었기 때문에 그는 하나님으로 말미암아 왕으로 세워졌다는 것이다.

성경 어디에서나 이 문제는 바로 이런 식으로 나타나 있다는 것은 의심할 수 없다. 미가 5:2에서 이미 다스릴 자가 다윗의 집으로부터 나올 것은 상고부터이고 영원한 때부터임을 읽는다. 히브리서 1:5과 5:5에서, 시편 2:7의 "오늘 내가 너를 낳았다"는 말씀은 그리스도가 아들로서, 하나님의 영광의 광채와 그 본체의 형상으로서 아버지로 말미암아 발생되었을 때는 영원 전부터라고 해석되고 있다. 로마서 1:4에서도 사도는 그리스도가 죽은 자 가운데서 부활하심으로 능력 있게 하나님의 아들이심을 증명하였다(bewezen is)고 증거하였다. 그는 특별한 의미에서 영원 전부터 하나님의 아들이었으나(롬 6:32; 갈 4:4; 빌 2:6), 이것이 초자연적인 잉태와 세례, 부활로 점점 더 분명하게 계시되었다.

마태, 마가, 누가복음에서도 이미 같은 가르침을 발견할 수 있다. 예수님은 아버지와의 관계에 있어서 다른 모든 사람들의 관계와는 근본적으로 다른 관계에 있음을 의식하고 있다. 소년으로서 이미 그는 자기가 아버지의 집에 있어야 될 줄을 알았다(눅 2:49). 세례 때와 그 후 산에서 영광스럽게 변화된 후 하나님은 공공연히 하늘로부터 온 소리를 통하여 이 사람이 사랑하는 유일한 아들이요 그가 기뻐하는 자임을 선포하였다(마 3:17; 17:5). 그는 자신을 천사들보다 훨씬 승한 아들로서 말씀하고 있다(마 24:36; 막 13:32). 하나님께서 보내신 다른 사람들은 종들에 불과하였지만, 그만이 유일한 아들이고 아버지를 사랑하였고 그의 상속자였던 아들이다(막 12:6, 7). 그가 다스리는 나라는 그의 아버지로 말미암아 그에게 맡겨졌다(눅 22:29). 그는 그의 제자들에게 그의 아버지의 약속한 것을 보내주시고(눅 24:49), 장차 아버지의 영광 가운데 올 것이 다(막 8:38). 그는 우리의 아버지에 대해서 말씀하신 것이 아니고 자기의 아버지에 대해서 항상 말씀하셨으며, 따라서 그의 제자들의 모든 입술에 우리 아버지의 기도를 두셨다(마 6:9). 한마디로 말해서 그는 그 아들이요, 반면 그의 모든 제자들은 그들 아비의 자식들이다(마 5:45). 아버지께서 모든 것을 그에게 주셨으니 아버지 외에는 아들을 아는 자가 없고 아들과 또 아들의 소원대로 계시를 받는 자 외에는 아버지를 아는 자가 없기 때문이다(마 11:27). 부활 후 그는 그의 제자들에게 모든 족속을 가르칠 권세를 주어 아버지와 아들과 성령의 이름으로 그들에게 세례를 주고 그가 그들에게 분부한 모든 것을 그들로 가르쳐 지키게 하였다(마 29:19).

복음서 기자일 뿐만 아니라 말하고 있는 그 사도인 요한의 복음서는 본질적으로 여기에 새로운 것을 더 첨가하지 않았으나 모든 것을 더 깊고 폭넓게 발전시켰다. 여기에서도 하나님의 아들이라는 명칭은 종종 아직도 신정정치적인 의미를 가지고 있지만(요 1:34, 50; 11:27; 20:31), 일반적으로 그것은 더 깊은 의미를 가지고 있다. 예수님은 다른 사람들을 통하여 종종 하나님의 아들이라 칭함을 받았을 뿐만 아니라(1:34, 50; 6:68), 그 자신이 그렇게 칭하였고 (5:25; 9:35; 10:36; 11:4) 아직 더 많은 경우들에 있어서 더 정의함이 없이 자신을 아들로서만 말하고 있다. 그와 같이 그는 기적들을 행할 수 있는 권세 (9:35; 11:4), 영적으로 육적으로 죽은 자를 일으키고 살게 하는 권세(5:20 이하)를 자신에게 돌렸고, 유대인들이 그렇게 이해한 대로 그는 자신을 하나님과 동일시하였다(5:18; 10:33 이하). 그는 하나님이 전혀 특별한 의미에서 그의 아버지일 때, 그가 그의 유일한 아버지일 때만 이 말들이 제 권리를 얻을 만큼 친밀하게 아버지와 아들로서의 자신에 대해서 말씀하셨다(요 5:18). 그가 아버지에게 돌린 모든 것들을 역시 자신에게 돌리고 있다. 아버지가 만민을 다스리는 권세를 그에게 주셨으므로(17:2), 그 모든 인간들의 운명은 그들이 그와 처한 관계에 의존하고 있다(3:17; 6:40). 아버지와 같이 그가 원하는 자들을 살리시고(5:21), 모든 것을 심판하며(5:27), 아버지께서 맡기신 모든 것을 행하며(5:19), 아버지 자신에게서 받아 생명이 자신 속에 있게 하였다(5:26). 그와 아버지는 하나이고(10:30), 그가 아버지 안에 있고 아버지는 그 안에 있다(10:38). 그를 보는 것이 아버지를 보는 것이다(14:9). 참으로 아버지는 그보다 크시니(14:28) 이는 예수님이 반복해서 이르신 대로(5:24, 30, 27) 아버지가 그를 보내셨기 때문이다. 그러나 이것은 그가 육체가 되시기 전에 이미 하나님의 영광 가운데 있었고 지금 곧 그 영광으로 되돌아간다(요 17:5)는 사실에서 나왔다. 그의 아들됨은 그를 보내심에 의존하고 반대로 그를 보내심은 그의 아들 되심에 의존한다(3:16, 17, 35; 5:20; 17:24). 그 때문에 그는 그 아들이요 독생한 아들이시요(1:18; 3:16, 18; 요일 4:9) 아버지의 독생자시며(1:14), 태초에 하나님과 함께 계셨으며 자신이 하나님이셨던 말씀이며(1:1), 도마가 대답한 그의 주시요 그의 하나님으로서 고백한 자는(20:28) 세상의 구주이시다(4:42).

# 제16장

# 그리스도의 신성과 인성

　　복음서들의 기록대로 그리스도께서 자신에 대해서 제시하였던 증거는 사도들의 설교를 통해서 발전되고 확증된다. 예수라 칭하는 인간이 그리스도시요 아버지의 독생자시라는 고백은 우리의 모든 경험과 우리의 모든 생각과 모순이 되고, 특별히 우리의 마음의 경향과는 직접 충돌이 된다. 왜냐하면 성령의 증거가 없이는 아무도 그것을 진실하고 전심으로 받아들일 수 없기 때문이다. 누구든지 본성적으로 이런 고백과 적대관계에 있는 것은, 그것이 인간에게 자연스러운 고백이 아니기 때문이다. 성령을 통하지 않고는 아무도 예수를 주라 시인할 수 없으나, 성령으로 말하는 자는 누구든지 예수를 저주할 자라 할 수 없고 필히 그를 그의 주와 왕으로서 깨닫는다(고전 12:3).

　　따라서 그리스도께서 땅에 나타나사 스스로 하나님의 아들이라 고백하셨을 때, 그것을 그대로 내버려두시지 않고 조심하고 또 조심하여 이런 고백이 세상에 들어오게 하셨으며 교회로 하여금 믿게 하셨다. 그는 먼저 사도들을 부르시고 가르치셨으며, 그의 말씀과 행위, 그의 죽음과 부활을 증거하게 하셨다. 그는 그들에게 성령을 주셔서 개인적으로 예수가 그리스도시요 살아 계신 하나님의 아들이시라는 고백에까지 이르게 하셨다(마 16:16). 그 후 오순절로부터 생명의 말씀에 관하여 그들의 눈으로 보고 그들의 손으로 만진 바 된 그것을 전파하는 자로서 일하게 하셨다(요일 1:1). 사도들은 실질적인 증인들이 아니었다. 아버지로부터 나오신 진리의 영이 그리스도에 대한 근원적이고 무오하시며 전능한 증인이시다. 사도들은 다만 그 안에서 그로 말미암은 증인이다(요 15:26, 27; 행 5:32). 그리고 모든 시대의 교회로 하여금 사도들의 증거를 통하여 "주여 우리가 뉘게 가오리까? 주는 영생의 말씀이시니이다. 우리가 주는 그리스도시요 살아 계신 하나님의 아들이심을 믿고 알았삽나이다"(요 6:68, 69)라고 고백하게 하고 그 안에 보존하시는 이는 같은 진리의 영이시다.

사복음서 기자들은 예수님의 생애로부터 사건들을 순서적으로 기록하였을 때, 어느 것을 더 수정하거나 첨가함이 없이 줄곧 예수님의 이름으로만 돌려 표시하였다. 그들은 우리에게 예수님은 베들레헴에서 태어났고, 예수님은 광야로 인도되었고, 예수님은 무리를 보고 산으로 올라갔다고 말한다. 팔레스틴에서 살았다가 죽었던 역사적 인물인 예수님이 그들의 이야기의 대상이다. 그와 같이 사도들의 서신들 안에서도 나타난다. 예수님은 역사적인 낱말로만 표시된다. 예를 들자면 바울은 이르기를, 성령으로 아니하고는 누구든지 예수를 주시라 할 수 없느니라고 하였다(고전 12:3). 요한은 예수를 그리스도라고 믿는 자마다 하나님께로 난 자라 증거하였다(요일 5:1-2:22; 4:25과 비교). 요한계시록에서도 예수의 믿음, 예수의 증인들과 예수의 증거가 더 자세히 정의됨이 없이 언급되어 있다(계 14:12; 17:6; 19:10; 20:4).

그러나 이렇게 더 설명 없는 단순한 명칭을 사용한 예는 사도들의 서신들 안에서 드물다. 일반적으로 예수라는 이름은 주, 그리스도, 하나님의 아들 등과 관련하여 일어나고 보통 완전한 이름은 우리 주 예수 그리스도이다. 예수라는 이름만 사용되었든, 다른 이름들과 관련하여 사용되었든 항상 베들레헴에서 태어나서 십자가에 달려 죽으셨던 역사적 인물과 관련하여 표현되어 있다. 서신들은 물론 복음서들을 포함한 전 신약은 역사과학적인 사실의 기초에 의존하고 있다. 과거에 많은 사람들이 주장하였고 오늘날에도 어떤 사람들이 주장하듯이, 예수라는 인물은 인간 두뇌의 이념이나 이상이 아니다. 그는 일정한 시기에 어떤 특별한 인물, 곧 인간 예수로 우리에게 나타내 보였던 실제 인물이다.

참으로 예수의 생애에 있어서 다양한 사건들이 서신들 속에 배후배경이 되고 있다. 이들 서신들은 복음서들과는 다른 목적을 가지고 있다. 그들은 연대적으로 예수의 생애사를 그려 주는 것이 아니고 그의 전생애가 인간의 구원을 위해서 어떤 의미를 갖는가를 지적한다. 그러나 모든 사도들은 예수라는 인물과 생애, 그의 말씀과 행위들을 알고 있었고 우리에게 지금 이 예수가 그리스도임을 보여주고 있고, 회개케 하사 죄사함을 얻게 하시려고 하나님으로 말미암아 그의 우편으로 올리워 가셨음을 보이고 있다(행 2:36; 5:31).

그래서 종종 예수의 생애의 사건들이 사도들의 선포 속에 언급되고 있다. 그들은 그들의 청중들과 읽는 자들의 눈앞에 그를 그려 주고 있다(갈 3:1). 그들은 세례 요한이 그의 앞서 행하는 자요 길을 넓히는 자였다고 하였고(행 13:25; 19:4), 그분은 유다 지파와 다윗의 뿌리에서 나왔고(롬 1:3; 계 5:5; 22:16), 여자에게서 나셨고(갈 4:4), 8일 만에 할례를 받으셨고(롬 15:8), 나사렛에서 자랐으며(행 2:22; 3:6), 형제들이 있었다(고전 9:5; 갈 1:19)고 하였다. 특별히 그분은 온전히 거룩하셨고 죄가 없으셨으며(고후 5:21; 히 7:26; 벧전 1:11; 2:22, 요일 3:5), 스스로 우리의 본이 되셨고(고전 11:1; 벧전 2:21), 우리에게 권위 있는 말씀을 하셨다(행 20:35; 고전 7:10, 12). 그러나 특별히 그의 죽음은 우리에게 의미 있는 죽음이었다. 십자가가 사도들의 설교의 중심을 이루고 있다. 그가 선택한 열두 사도 중 한 사람에 의해서 배신당하셨고(고전 15:5와 고전 11:23), 세상의 관원들에게 영광의 주로서 알려지지 못하고(고전 2:8), 유대인들에게 죽임을 당하셨으며(행 4:10; 5:30, 살전 2:15), 십자가의 저주받은 나무에 못박히셨다고 하였다(갈 3:13, 골 2:14; 벧전 2:14). 그러나 겟세마네와 골고다에서 고난을 받으셨을지라도(빌 2:6; 히 5:7, 8; 2:2; 13:12) 피를 쏟으심으로 화해와 영원한 의를 이루셨다(행 20:28; 롬 3:25; 5:9; 골 1:20). 그 때문에 하나님은 그를 일으키셨고, 그의 오른편으로 올리셨으며, 주와 그리스도로 인정하셨으며, 모든 열방들의 주권자요 구주로 삼으셨다(행 2:32, 33, 36; 5:30, 31; 롬 8:34; 고전 15:20; 빌 2:9 등).

이런 몇 가지 자료들만 가지고도 사도들이 기독교의 역사적 사실들(de feiten van het Christendom)을 부정하거나 무시한 것이 아니고, 오히려 충분히 인식하였고 그들의 영적 의미를 깊이 통찰하였음을 증명하기에 충분하다. 과거와 현재의 많은 사람들이 시도하듯이, 사도들 사이에 구원적 사실과 구원적 언어 사이의 분리나 모순 같은 그런 흔적이란 전혀 발견할 수 없다. 구원의 역사적 사실이 구원적 말씀의 현실상이요, 후자는 전자 속에서 그것의 구체적이고 실제적인 양태를 얻으며 동시에 바로 그 때문에 전자의 조명과 해명이다.

이에 대한 어떤 의심이 현존하였을지라도, 그것들은 사도들이 활동하였던 그 당시에 이미 논쟁들을 통하여 완전히 사라졌다. 2, 3세기 그리고 그 후에도 계속 나타났을 뿐만 아니라, 사도시대에도 기독교의 종속적이고 잠정적인 사실들을 중요하게 생각하거나 그렇지 않으면 기독교의 사실들을 전혀 무시하고 관념이 주된 것이며, 혹은 그 자체로서도 충분하다고 생각하였던 사람들이 나타났다. 중요한 사실은 그들이 예수가 육체로 부활하셨는지를 논증하였다는 사실이다. 그만이 영으로 살아 있는 한 우리의 구원은 그것으로 충분하게 확증되지 않는가! 그러나 사도 바울은 그것에 대해서 전혀 다르게 생각하였다. 그는 고린도전서 15장에서 육체 부활의 현실과 의미를 가장 밝게 보이게 하고 있다. 그는 성경대로 그리스도를 선포하여 이르기를, 아버지의 뜻에 따라서 죽으시고 장사지낸 바 되시고 다시 일어나신 그리스도께서 부활 후 많은 제자들에게 보이시고 그의 부활을 우리의 구원의 기초와 보증이 되게 하셨다고 하였다. 요한도 자기가 눈으로 보고 손으로 만진 바 된 생명의 말씀에 관하여 전하는 전파자임을 가능한 한 강하게 강조하였다(요일 1:1-3). 그리고 그는 강조하기를 적그리스도의 원리는 말씀의 육체가 되심을 부정하는 것이고, 반대로 기독교의 고백은 말씀이 육체가 되시고 하나님의 아들이 물과 피로 오셨음을 고백하는 신앙에 있다고 하였다(요일 1:14; 요 3:2, 3; 5:6). 복음서와 서신서, 곧 전 신약성경에 있는 모든 사도적 설교는 예수님이 마리아로부터 나서 십자가에 죽으시고 그의 높아지심을 증거하는 그리스도요 하나님의 아들이시다로 요약된다(요 20:31; 요일 2:22; 4:15; 5:15).

우리가 주시할 점은, 서신서에서 사도적 설교의 내용과 목적과 관련하여 설명 없이 예수란 이름만으로는 거의 사용되지 않고 있다는 사실이다. 일반적으로 사도들은 예수 그리스도, 혹은 그리스도 예수, 혹은 더 완전하게 주 예수 그리스도, 또는 우리 주 예수 그리스도에 대해서 말한다. 예수님에 대해서 연대기적으로만 말하는 복음서 기자들조차도 예수 그리스도라는 완전한 이름을 그 복음서의 초두나 중요한 전환점에서 사용하여 그들의 복음에 관하여 쓰고 있는 그 분이 어떤 분인가를 알려 준다(마 1:1, 18; 16:21; 막 1:1; 요 1:17; 17:3). 사도행전과 서신서 안에도 이런 사용이 일반적이다. 사도들이 말하는 한 사람에 대해서 예수란 이름만 말하지 않고 그 이상 그리스도나 주란 말을 첨가하여 그 분이 그들에게 어떤 분인가에 대한 가치관을 서술하고 있다. 그들은 복음, 곧 인간 예수 안에 하나님의 그리스도가 땅에 나타나셨다는 사실의 선포자들이다.

그들은 예수님과 동행하면서 점점 더 그를 그렇게 깨달아 알았고, 특별히 가이사랴 빌립보에서 중요한 시간 이후에 그들의 인격 속에 빛이 비춰졌고 그들 모두가 베드로의 입을 통해서 그는 그리스도시요 살아 계신 하나님의 아들이심을(마 16:16) 고백하였다. 예수님 자신이 그들에게 그렇게 계시하셨다. 처음에는 인자의 이름 아래 다소 감추셨으나 그의 생의 마지막에 가까워지면서 더 명백하고 분명해졌다(마 16:21). 대제사장적인 기도에서 그분은 자신을 아버지께서 보내신 예수 그리스도라는 이름으로 칭하고 있다(요 17:3). 그분은 바로 그리스도요 하나님의 아들로서의 태도를 취하였기 때문에, 유대법정으로부터 참람된 자로 정죄되었고 죽음에 선고되었다(마 26:23). 그의 십자가 위의 죄패에는 유대인의 왕 예수라 기록되었다(마 27:37; 요 19:19).

제자들은 이런 예수님의 메시야적 주장과 다가오는 고난과 죽음을 조화시키지 못했다는 것은 사실이다(마 16:22). 그러나 부활을 통하여 그 후 그들은 십자가의 필연성과 의미를 이해하게 되었다. 그때야 비로소 유대인들이 죽였던 이 예수를 하나님께서 부활을 통해서 주와 그리스도로 삼으셨고, 높이사 왕과 구주로 삼으셨음(행 2:36; 5:31)을 깨달았다. 이 말은 예수님이 부활에 앞서 그리스도와 주가 아니셨다는 의미가 아니다. 이는 이전에 이미 예수님 자신이 그리스도로 선포하셨고 제자들에 의해서도 그렇게 인식되었고 고백되었기 때문이다(마 16:16). 그러나 부활하시기 전에는 그가 종의 형체, 곧 하나님의 아들로서의 그의 권위가 사람들의 눈에 감추어진 형체를 가진 메시야였다가, 부활 당시와 부활 후 그분은 종의 형체를 벗었고 창세 전에 아버지와 더불어 누렸던 영광을 다시 입었다(요 17:5). 그러므로 그 안에 거하시는 성결의 영에 따라서 능력으로 하나님의 아들로 인정되었다(롬 1:3).

따라서 하나님의 기뻐하신 뜻에 따라 그의 아들을 그에게 계시하신 후 그때부터 바울은 그리스도를 육체대로 알지 않는다고(고후 5:16) 말할 수 있게 된 것이다. 그가 회개하기 전에는 그리스도를 육체를 따라 알았고 외적인 모습, 곧 그분이 땅에서 돌아다니셨던 그때의 종의 형체에 따라서만 그를 판단하였다. 그때까지 영광도 없었고 십자가에 달리셨으며 죽기까지 하였던 이 예수님이 그리스도이셨음을 믿을 수 없었다. 그러나 그의 회개함을 통하여 그 모든 것들이 변하였다. 그때부터 그는 그리스도를 가현적으로나 외형적, 그리고 잠정적인 종의 형체를 따라 판단하거나 알지 않고, 영을 따라서 그리스도 안에 있었던 것을 따라 참된 내적인 것, 곧 그의 부활 시에 외적으로 증명되었던 것을 따라 판단하고 안 것이다.

확실히 모든 사도들의 경우도 같다. 그들은 이미 그리스도의 고난과 죽음 전에 메시야적 권위의 참된 신앙고백에 이른 것이 사실이다. 그러나 그들의 의식 앞에는 이런 실제 권위와 고난과 죽음과의 부조화가 있어 왔다. 그런데 부활이 그들에게 느껴졌던 모순을 해소시켰다. 땅의 가장 낮은 곳까지 내려가셨던 그가, 곧 모든 하늘 위로 올라가셨던 그리스도와 같은 분이시니, 이는 그가 만물을 충만케 하려 함이다(엡 4:9). 그리스도에 대해서 말할 때 사도들은 비하의 그리스도와 승귀의 그리스도, 십자가에 달린 그리스도와 같은 분이시니, 영광받으신 그리스도를 동시에 생각하였다. 그들은 그들의 복음을 몇 년 동안 팔레스틴 뒷전에 살았다가 죽은 역사적 예수와만 관련시켰던 것이 아니다. 그들은 높아지사 지금은 하나님의 권능의 오른편에 앉아 계신 같은 예수와 관련시켰다. 즉 그들은 과거의 역사에 매여 있는 수평선과 하늘에 살아 계신 주님과 관련된 수직선과의 교차점에 있다. 그 때문에 기독교는 역사적 종교이면서도 영원까지 살아 있는 종교다. 예수의 제자들은 그의 역사적인 이름을 따른 예수파가 아니고 그의 직임의 이름을 따른 그리스도인이라 부른다(행 11:26).

부활 이후 사도들이 그들의 설교에서 취한 이런 특별한 입장은 그들이 예수를 역사적 이름에만 관련하여 말하지 않고 항상 그에 대해서 예수 그리스도,

그리스도 예수, 우리 주 예수 그리스도 등으로 말하는 이유를 밝혀 준다. 그리스도란 이름조차도 곧바로 제자들 사이에서 그 통칭적인 의미를 잃어버렸고, 고유명칭의 의미를 취하였다. 예수는 그리스도였다는 확신이 너무 강하여 그만이 그리스도라 불려졌고 선행하는 관사조차도 없다. 복음서들 가운데서도 이미 몇 번 일어나고 있다(마 1:1, 16, 17, 18; 27:17, 22; 막 1:1; 9:41; 눅 2:11; 23:2; 요 1:7). 사도들의 경우, 특히 바울의 경우에 이것은 일반적인 것이 되었다. 더구나 예수 그리스도란 두 이름들은 사도행전 3:20과 5:31 등에서, 그보다 더 특히 바울의 경우에 그리스도의 메시야직의 위엄을 더 강조한 나머지 여러 번 뒤바뀐다. 그래서 그 명칭은 그리스도 예수가 되었다.

예수 그리스도나 그리스도 예수나 이런 칭호는 초대교회에 있어서 두드러진 이름이었다. 구약 안에서 그 칭호의 사용과 의미는 신약에서 그리스도에게 전용되었다. 주란 칭호 혹은 그 칭호만이 구약책에서 계시된 하나님의 영광의 표현이다. 신약시대에 하나님의 영광은 예수 그리스도의 인격 속에 나타났다. 그래서 이제부터 교회의 능력은 그의 이름 속에 있다. 이 이름으로 세례받고(행 2:38), 말하고 가르치며(행 4:18), 앉은뱅이를 고치며(행 3:6), 죄 용서함(행 10:43)을 받았다. 이 이름은 대적받고 공격받았다(행 26:9). 역시 이 이름 때문에 고난받고(행 5:41), 부르심을 입으며(22:13), 높임을 받았다(행 19:17). 이런 의미에서 예수 그리스도란 이름이 교회고백의 짧은 내용이 되고 그의 신앙의 능력과 그의 소망의 닻이 된다. 옛적 이스라엘이 여호와의 이름으로 영광스러웠던 것처럼 신약교회의 능력은 예수 그리스도의 이름 속에 있다. 이 이름 속에서 여호와의 이름은 완전한 계시에 이르렀다.

신약시대에 곧바로 예수 그리스도의 이름과 연결되는 주란 이름은 같은 방향에서 가리키고 있다.

복음서에서 여러 번 그의 제자들에 속하지 아니하였으나 그에게 도움을 구했던 그런 사람들에 의해서 주란 이름이 불려졌다(마 8:2, 6, 21; 15:22; 16:22; 17:4, 15 등). 그 당시 이 명칭은 일반적으로 랍비나 선생 그 이상의 의미를 갖지 않았다. 그러나 이 칭호가 여러 번 제자들의 입에서도 발견된다(마 14:28, 30; 26:22; 요 16:68; 11:3; 21:15, 16, 17, 21). 특별히 누가와 요한의 복음서에서는 예수라는 이름이 종종 주란 이름으로 교차되고 있다(눅 1:43; 2:11, 38; 7:13, 31; 10:1; 11:39; 17:6 등; 요 4:1; 6:23; 11:2; 20:2, 13, 18, 25, 28 등). 마지막으로 예수님 자신이 이 이름을 사용하여 자신을 주로서 나타냈다(마 7:21; 12:8; 21:3; 22:43-45; 막 5:19; 요 13:14 등).

예수님 자신과 제자들의 입에서 사용된 이 주란 칭호는 일반적인 랍비 혹은 선생이란 칭호 속에 담긴 의미보다 훨씬 더 깊은 의미를 담고 있다. 예수님께 도움을 구하러 와서 주란 이름으로 그를 불렀던 모든 자들이 사용한 의미는 무엇인지는 확실히 말할 수 없다. 그러나 예수님은 자기의 의식 속에서는 교사요 랍비요 참으로 우월하신 주이셨고, 서기관들의 권세보다 훨씬 뛰어난 권위를 자신에게 돌리셨다. 예수님이 다른 모든 사람보다 승한 오직 한 분의 선생으로서 자신을 높이셨던 본문들인 마태복음 23:1-11과 마가복음 1:22, 27에서 아주 분명하다. 그러나 그가 자신을 안식일의 주인(마 12:8)이라 하고 다른 곳에서는 다윗의 자손이요 다윗의 주라 하였을 때(마 22:43-45) 가장 강하게 표현되어 있고 의심하려고 해도 할 수 없다. 여기에서 보여주는 것이 하나님의 오른편에 앉아 계시고 그의 능력에 함께 참여하고 산 자와 죽은 자의 심판자이신 메시야가 그분이라는 주장보다 결코 못하지 않다(마 21:4, 5; 13:35; 24:42 이하; 25:34 이하).

구약의 여호와와 아도나이라는 이름들이 헬라말인 주($\kappa\acute{u}\rho\iota o_S$), 즉 그리스도에게 적용되었던 같은 말로 번역되었기 때문에 더구나 이런 깊은 의미가 곁으로 보아 어느 정도 주란 말에 부속하였다. 그리스도 자신이 그가 누구신지를 더 분명하게 설명하고 제자들도 하나님의 어떤 계시가 그리스도 안에서 그들에게 오게 되었는지를 점점 더 이해함에 따라서 주란 이름은 점점 더 풍부한 의미를 갖게 되었다. 주에 관한 말이었던 구약의 본문들이 주저 없이 그리스도에게 적용되고 있다. 그래서 마가복음 1:3에서 이사야 본문이 인용되고 있다. 즉 세례자 요한을 통해서 주의 길을 예비하고 그의 길을 곧게 하며 그리스도의 길을 예비함에 있어 주를 그 예언의 성취자로 보인 것이다. 그리스도 안에서 하나님 자신, 곧 주님이 그의 백성에게 오셨다. 예수님을 주라 고백하는 제자들도 하나님 자신이 그리스도의 인격 안에서 그들에게 자신을 계시하셨고 보내셨음을 점점 더 분명하게 표현하였다. 예수님의 생전에 이런 고백의 최고절정은 도마의 고백인데, 그는 부활하신 그리스도의 발에 꿇어 엎드려 나의 주시며 나의 하나님이시라는 말로 대답하였다(요 20:28).

부활 이후에 예수님의 제자들 가운데서 주란 이름은 일반 칭호가 되었다. 사도행전과 서신, 특히 바울서신 어디에서나 그것이 발견된다. 가끔 주란 이름만 사용되기도 하지만 대부분 다른 말과 결합하여 나타난다. 즉 예수, 혹은 주 예수 그리스도, 혹은 우리 주 예수 그리스도, 우리 구주 예수 그리스도 등이다. 이런 주란 명칭을 사용하여 신자들은 자기 신앙을 표하는데, 죽음과 십자가까지 낮아지신 예수 그리스도가 그의 완전한 순종에 의해서 주와 왕으로 일어나시사(행 2:35; 5:31), 하나님의 우편에 앉아 계시고(행 2:34), 만물의 주가 되셨다

(행 10:36). 첫째로 그의 피로 사신 교회(행 20:28)와 다음으로 특히 장차 산자와 죽은 자의 심판자로 심판받을 모든 피조물의 주가 되셨다(행 10:42; 17:31).

그러므로 예수의 이름을 그리스도와 주로 부르는 자는 누구든지 구원을 받을 것이다(행 2:21; 고전 1:2). 그리스도인이 되는 일은 입으로 주 예수를 고백하고 하나님께서 그를 죽은 자 가운데서 일으키셨음을 마음으로 믿는 것이다(롬 10:9; 고전 12:3; 빌 2:11). 선포의 내용은 주 예수 그리스도이다(고후 4:5). 기독교의 본질이 이런 고백으로 압축되었기 때문에 바울의 경우 주란 칭호는 성부와 성령과 구별하여 그리스도에게 돌리는 고유명사로 거의 사용되고 있다. 우리 그리스도인에게는 만물이 그로부터 나오고 우리는 그에게로 돌아가는 성부이신 하나님 한 분이 계시고, 만물이 그로 말미암았고 우리도 그로 말미암은 예수 그리스도이신 한 분 주님이 계시며, 한 분이요 같은 성령께서 여러 지체로 각각 동등하게 나누신다(고전 8:6; 12:11). 바울에게 있어서 하나님이란 이름은 성부에 대한 가장적인(oeconomische) 칭호인 것처럼, 주란 이름도 그리스도에 대한 가장적인 칭호이다.

따라서 교회에 대한 사도들의 축복기도는 주 예수 그리스도의 은혜와 하나님의 사랑과 성령의 교통하심이다(고후 13:13). 하나님 한 분의 이름은 스스로 성부, 성자, 성령의 삼위로 따로 구별된다(마 28:29).

사도들의 증거에 따라 그리스도께서 그렇게 높은 곳에 거처하신다면, 좀더 여러 가지 신적 속성들과 역사들, 즉 그야말로 신적 본성이 그에게 있다는 사실은 별로 놀랄 것이 없다.

그것이 그리스도의 인격에 있어서 성경의 매장마다 우리가 직면하는 유일무이한 모습이다. 한편으로 그는 참된 인간, 곧 육체가 되었고 육체로 오셨으며(요 1:14; 요일 4:2, 3), 죄 있는 육신의 모양으로 태어나셨다(롬 8:3). 육체로 보면 조상들에게서 났고(롬 9:5), 아브라함의 씨요(갈 3:16) 한 여자에게서 났고(갈 4:4), 유다지파요(히 7:14) 다윗의 자손이시다(롬 1:3). 혈육으로는 우리에게 속하였고(히 2:14) 영을 가지셨으며(마 27:50), 혼과(마 26:28) 몸을 가지셨고(벧전 2:24) 완전하고 참된 인간이어서 어린아이로서 자라며 지혜와 키에 있어서도 성장하여 하나님과 사람에게 사랑스러웠으며(눅 2:40, 52), 주리시고 목마르시며, 슬퍼하고 기뻐하시며 감정을 나타내고 분히 여기셨다(마 4:2; 26:38; 요 1:33, 35; 19:28 등). 그리고 자신을 율법 아래 두시고 죽기까지 순종하셨으며(갈 4:4; 빌 2:8; 히 5:8; 10:7, 9), 고난을 받으사 십자가에 죽으셨고 고운 모양도 없고 영화도 없이 무덤에 묻히셨다. 우리의 보기에 흠모할 만한 아름다운 것이 없었다. 그는 무시를 받아 사람에게 싫어버린 바 되었으며 간고와 질고의 사람이었다(사 53:2, 3).

그럼에도 불구하고 이분은 모든 인간과 구별되셨고 만물보다 높이 계셨다. 인성에 따라 그분은 성령으로 잉태되셨고, 그의 전생애를 통해 갖은 시험에도 불구하고 죄가 없으셨으며, 죽으신 후에도 다시 부활하시사 하늘로 올라가셨다. 그러나 지극히 낮아지시사 종의 형체를 입으시고 십자가에 죽기까지 순종하셨던 같은 주체, 같은 인격, 같은 자아는 그가 인간이 되고 낮아지시기 전에 다른 존재양식으로 이미 존재하셨다. 그때 그는 하나님의 본체이셨으나 하나님과 동등됨을 취하지 않으셨다(빌 2:6). 그가 부활하시고 승천하신 후에야 창세전 아버지와 함께 가졌던 영화를 다시 얻었다(요 17:5). 그는 하나님 자신과 같이 영원하시며 태초에 그와 더불어 있어 왔고(요 1:1; 요일 1:1), 그는 알파와 오메가시요 처음과 나중이시며 시작과 끝이시다(계 22:13). 그는 편재하시기 때문에 땅의 표면에 두루 행하실지라도 동시에 하늘에 계신 아버지의 품에 계시고(요 1:18; 3:13), 그의 영화 후 교회와 더불어 계시사 만물 안에서 만물을 충만케 하신다(마 28:20; 엡 1:23; 4:10). 그는 불변하시고 신실하시며 어제나 오늘이나 영원토록 동일하시다(히 13:8). 그는 전지하시기 때문에 모든 기도를 들으시며(행 1:24; 7:59, 60; 6:13; 롬 10:12, 13 등), 사도행전 1:24에서 보듯이(여기에서 아버지와 관련된 말이 아니라면) 뭇사람의 마음을 아시는 자일 듯하다. 그는 전능하시기 때문에 만물을 그에게 복종케 하시고, 하늘과 땅에 있는 모든 권세가 그에게 있으며 만왕의 왕이시다(마 28:18; 고전 15:27; 엡 1:22; 계 1:4; 19:16).

그는 이런 모든 신적 완전성을 지녔을 뿐만 아니라 모든 신적 사역에도 참여하고(요 1:3; 골 1:5), 모든 피조물의 처음 난 자요 근본이시요 머리이시다(골 1:15; 계 3:14). 그는 만물을 그의 능력의 말씀으로 보존하시사 만물이 그로부터 뿐만 아니라 계속 그 안에서 그로 말미암아 존재하도록 하신다(히 1:3; 골 1:17). 무엇보다 더 그는 만물을 보존하시고 화해하시며 복구하심은 물론 자신을 머리로 하여 하나로 모으신다. 그렇게 하셔서 특히 세상의 구주라 칭함을 얻으신다. 구약에서는 구주나 구원자란 하나님께 돌린 칭호다(사 43:3, 11; 45:15; 렘 14:8; 호 13:4). 그러나 신약에서는 하나님과 성자에게 다같이 붙인다. 디모데전서 1:1; 2:3; 디도서 1:3, 2-10에서는 하나님에게, 디모데후서 1:10 ; 디도서 1:4; 2:13; 3:6; 베드로후서 1:11; 2:20; 3:18에서는 그리스도에게 칭한다. 어떤 경우에는 하나님께 관련된 칭호인지 그리스도에게 관련된 칭호인지 분명치 않을 때도 있다(딛 2:13; 벧후 1:1). 그러나 그리스도 안에서 그리스도로 말미암아 하나님의 구원사역은 완전히 성취되었다.

　이런 모든 것들이 성부와 성자, 하나님과 그리스도 사이는 하나임을 가리키는데, 그런 관계는 창조자와 피조물 사이의 다른 어떤 곳에도 존재하지 않는다. 그리스도는 인성을 입으사 유한하시며 제한적이고 인격과 자아로서 시간적으로 존재의 시작을 갖지만, 성경의 그리스도는 피조물 편에 있는 것이 아니라, 하나님 편에 서 있다. 그는 하나님과 같은 속성들을 지녔고 그의 모든 사역에 참여하는 같은 신적 본성을 소유하고 있다. 이런 사실은 그리스도에게 돌린 세 이름, 곧 하나님의 형상, 말씀과 하나님의 아들이란 칭호에서 특히 분명하다.

　그리스도는 하나님의 형상이요 하나님의 영광의 광채이시며 그의 본체의 표현된 형상이다(고후 4:4; 골 1:15; 히 1:3). 그리스도 안에 볼 수 없는 하나님이 볼 수 있게 되었으니, 그를 보는 자는 곧 아버지를 보는 것이다(요 14:9). 하나님은 누구시고 어떤 분인가를 알고자 하는 자는 그리스도를 보아야 한다. 그리스도는 곧 아버지와 같다. 특별히 그리스도는 하나님의 말씀이시다(요 1:1; 계 19:13). 그 안에서 아버지는 그분의 지혜, 그분의 뜻, 분의 모든 속성들과 전 존재를 완전히 표현하셨다. 아버지께서 자기 속에 생명이 있음같이 아들에게도 생명을 주어 있게 하셨다(요 5:26). 인간과 세상을 향한 하나님의 생각과 성정과 뜻을 깨달아 알고자 하는 자는 누구든지 그리스도의 말을 들으라(마 17:5). 마지막으로 그리스도는 하나님의 아들이시다. 이런 칭호는 특히 요한에게서 어떤 수식이 없이 아들(de Zoon)이라 불려지고 있다(요일 2:22 이하; 히 1:1, 8 등). 또는 아버지께서 기뻐하시는 독생자, 사랑하는 자신의 아들이라 불려진다(마 3:17; 17:5; 요 1:14; 롬 8:32; 엡 1:6; 골 1:13). 하나님의 자녀가 되고자 하는 자는 누구든지 그리스도를 영접하라. 이는 그를 영접하는 자는 누구든지 하나님의 자녀가 되는 권세를 얻기 때문이다(요 1:12). 성경은 결국 그리스도에 관하여 그에게 신적 이름을 부여하는 이런 증거 위에 그 핵심을 두고 있다. 도마는 승천 전에 그를 자신의 주요 하나님이라 고백하였다(요 20:28). 요한은 그에 관하여 그는 태초에 말씀으로서 하나님과 함께 계셨으며, 곧 하나님 자신이었다고 증거하였다. 바울은 그가 육신으로 하면 조상들에게서 나셨으나 그의 본질에 따라서는 만물 위에 계셔 세세에 찬양을 받으실 하나님이심을 밝혔다(롬 9:5). 히브리서도 그는 천사들보다 지극히 높으신 분이시고 하나님 자신에 의해서 하나님이라 칭함을 입는 분이심을 말하고 있다(히 1:8-9). 베드로도 그를 우리 하나님이요 구주 예수 그리스도로서 말하였다(벧후 1:1). 예수님의 세례명령과(마 28:19) 사도들의 축복기도에서(고후 13:13; 벧전 1:2; 계 1:4-6) 아들인 그리스도를 아버지와 성령과 동등시하고 있다. 신적 칭호와 본질, 속성, 사역들을 아버지에게 부여하는 것과 똑같이 아들(과 성령)에게도 부여하고 있다.

예수는 그리스도시요 살아 계신 하나님의 아들이시라는 이 반석 위에 교회가 세워졌다. 그리스도에 대한 유일한 의미가 처음부터 모든 신자들에게 확고히 서 있다. 모든 사람을 통하여 그는 구주로 고백되었으니, 그는 그의 가르침과 생애를 통해서 구원과 죄의 용서와 영생을 이루셨고, 그 후 아버지를 통해서 그의 오른편에 올리우셨고, 심판자로 산 자와 죽은 자를 심판하시기 위해서 곧 다시 오실 것이다. 사도들의 서신에서 나타나는 그리스도, 주, 하나님의 아들, 하나님 등의 여러 이름들이 가장 오래된 교부문서들 가운데서도 그의 칭호가 되었고 기도와 찬송에서 그렇게 불려졌다. 한 분 하나님이 계셔서 모두가 그의 자녀들이며, 하나님의 사랑을 그들에게 보증하시고 주셨던 주는 한 분이시며, 그들 모두를 새 생명의 원리로 인도하시는 성령도 한 분이심을 이 모두를 통해 확인하고 있다. 사도시대 말까지 일반적으로 사용되었던 마태복음 28:19의 세례명령은 그것에 대한 확실한 증거다.

그러나 이런 고백의 내용에 대하여 성찰하기 시작하자 마자 여러 가지 견해 차가 일어났다. 전에 유대나 이방 땅에서 교육을 받았고 대부분은 순박한 그 지역사람들이었던 교회지체들은 사도적 교훈을 직접 그들의 의식 속에 고스란히 받아들일 만한 상태에 있지 않았다. 그들은 여러 가지 사고형태와 경향들이 혼탁해 있는 사회 가운데 살고 있었고, 따라서 계속 많은 시험과 오류의 함정에 빠지게 되었다. 사도들이 살던 시기에도 이미 교회 안으로 파고들어와 교회의 견고한 신앙으로부터 교회를 떼어 내려고 하였던 많은 이단 교사들을 우리는 알고 있다.

예를 들어, 골로새에는 그리스도의 인격과 사역에 대해서 잘못 행하여 복음을 새로운 율법으로 바꾸려고 한 지체들이 있었다(골 2:3 이하, 16 이하). 고린도에는 그리스도인의 자유를 오용하여 어떤 규칙에도 매이지 않으려고 하였던 자유분방주의자들도 있었다(고전 6:12 이하; 8:1 이하). 사도 요한은 그의 첫 서신에서 그리스도가 육체로 오심을 부정하고 그의 인성의 실재성을 오해하였던 소위 가현설주의자들과 싸우고 있다(요일 2:18 이하; 4:1 이하; 5:5 이하 등).

속사도시대에도 그 경우는 마찬가지다. 2세기로부터 비로소 잘못된 이단설들이 점점 다양해졌고 강해졌으며 확장되었다. 실제적인 인성을 믿고 그의 초자연적인 탄생과 그의 부활과 승천을 믿었지만 그 안에 있는 신성은 성령의 은사와 능력의 이상한 수단에 불과하다고 생각했던 자들이 있었다. 이런 것들은 그가 세례받을 때 하나님에 의해서 그에게 주신 것이고 그의 종교적, 도덕적 과업에 유익하게 하셨다는 것이다. 이런 경향을 따르는 자들은 하나님과 세계와의 관계에 관한 이신론적이고 유대적인 관념하에 살았다. 그들은 하나님과 인간과의 친밀한 관계를 은사에 참여하는 일 이상으로 생각하지 않았다. 따라서 예수는 풍부한 은사를 가진 사람, 종교적인 천재이기는 하였으나, 인간이었고 언제나 인간으로 남아 있다는 것이다.

그러나 전에 이방 땅에서 자랐던 다른 사람들은 스스로 다신론 관념에 익숙해 있었기 때문에 그리스도가 그의 내적 본성에 따라서 많은 신적 존재들 중 하나거나, 그중에 가장 높은 자였음을 잘 이해할 수 있다고 생각하였다. 그러나 그들은 그런 신성인 순수한 존재나 인성이나 물질적, 육체적 본성을 입었다는 사실을 믿을 수 없었다. 그 때문에 그들은 그리스도의 실제적인 인간을 버리고, 그는 다만 일시적으로 땅에 가현상태에서 두루 행하신 것이 마치 구약에서 천사들이 여러 번 행했던 것과 같다고 말하였다. 이 두 경향은 현재까지 계속되고 있다. 어느 때는 그리스도의 신성이 인성에게 희생되고 다른 때는 인성이 신성에게 희생되었다. 관념이 사실에 희생되든, 사실이 관념에 희생되든 항상 그들은 극단이었다. 그들에게는 두 가지가 통일과 조화를 이루지 못했다.

그러나 그리스도 교회는 처음부터 다른 기초 위에 세워졌고 그리스도의 인격 속에서 가장 밀접하고 가장 심오한, 따라서 전혀 유일한 하나님과 인간의 교통을 고백하였다. 제일 처음에는 그런 표상들을 종종 매우 어색하게 표현하였다. 처음에는 그들의 의식 속에 사실에 대한 좀더 분명한 표상을 얻기 위해서 싸워야 했고, 그 후에는 이런 표상을 어느 정도 명확한 말로 표현하기 위해서 싸워야 했다. 이런 모든 것들 때문에 오히려 교회는 그 기초에서 떨어질래도 떨어지지 못할 상태가 되었다. 즉 교회는 한 극단으로부터 피했고 그리스도의 인격에 대한 사도들의 가르침에 견고해졌다.

그러나 하나의 같은 인격체가 동시에 신적 본성에 참여하고 동시에 실제 인간이었다면, 그 다음에 따르는 문제는 그 안에 신성과 세상이 동시에 구성되어 있는 상태를 보이고, 그들 사이의 관계를 날카롭게 정의하고자 하는 노력이 따른다. 여기에서도 다시 왼편과 오른편으로 잘못된 탈선이 생겼다.

즉 기독교의 기본진리인 하나님의 일체성을 이런 식, 즉 신성의 본체가 성부의 인격과 완전히 일치한다는 식으로 이해할 때는, 신성 안에 그리스도의 자리는 없게 되고 신성 밖으로 밀려나와 결국 피조물의 영역에 두게 된다. 왜냐하면 창조자와 피조물 사이에는 점진적인 전환이란 없기 때문이다. 그래서 아리우스(Arius)를 따르는 자들은, 그는 시간적으로 지위적으로 온 세계를 초월하였던 것이며, 그가 모든 피조물 중 처음 창조된 자였고 위치와 명예에 있어서 모든 것보다 승하였을 뿐, 어디까지나 그리스도는 피조물로 남아 있고 그가 없었던 때가 있었으며 다른 모든 피조물들과 똑같이 하나님의 뜻으로 말미암아 존재로 부르심을 입은 때가 있었다고 말한다.

반면 하나님의 일체성을 보존하고 그러면서도 그리스도에게 합당한 자리와 영광을 그의 인격에 보증하기 위해서 노력했을 때 역시 다른 오류에 빠지기 쉽다. 그것에 가장 유명한 교사 사벨리우스의 이름을 따서 오류의 이름을 붙인다. 아리우스는 소위 신성의 본체를 성부의 인격과 동일시하였던 반면, 사벨리우스는 세 인격체 모두를 그 본질에 희생시켰다. 그의 가르침에 따르면 세 인격체인 성부, 성자, 성령이 영원하고 신적 본체 안에 독립하여 존재하는 것이 아니라, 하나의 신적 본체가 자신을 시간이 지남에 따라서 계시하였던 양태들이요 현현들이라는 것이다. 즉 구약시대에 나타나시고 땅에 내려오셨던 그리스도로, 그리고 오순절 이후에 계시된 상태들이란 것이다. 이 두 가지 오류는 모든 시대들을 통하여 그들의 지지를 얻어 왔다. 예를 들면, 그로닝거 신학(de Gröninger Theologie)은 근본적으로 아리우스 교리를 새롭게 하였던 것이고, 신신학(de Moderne Theologie)은 처음부터 사벨리우스의 길을 걸었다.

교회가 이런 모든 이단들로부터 올바른 길을 걸어가기 위해서는 많은 기도와 싸움이 요구되고, 특별히 이런 이단들은 여러 다른 형식으로 변형되고 뒤섞여 있다. 그러나 그들의 경건과 그들의 사고의 힘 때문에 유명하여 바로 그 때문에 교부라 불렀던 위대한 인물들의 지도 아래서 교회는 사도들의 교리에 신실히 남아 있었다. 325년 니케아 신조에서 교회는 전능하신 자요, 볼 수 있고 볼 수 없는 만물의 창조자요, 아버지이신 한 분 하나님과 독생자로서 아버지로부터, 즉 아버지의 본체로부터 발생하신 하나님의 아들이요, 하나님으로부터의 하나님이요, 빛으로부터의 빛이요, 참된 하나님으로부터의 참된 하나님이요, 지으신 자가 아니라 발생된 자요, 아버지와 같은 본체시요, 그로 말미암아 하늘과 땅의 만물이 지으신 바 된 주 예수 그리스도 한 분과 성령을 신앙고백하였다.

이런 결과가 아무리 의미 있다 할지라도 교리논쟁은 결코 끝나지 않았다. 오히려 그 반대로 니케아 고백은 새로운 의문들과 다양한 대답을 야기하는 기회를 열어 주었다. 왜냐하면 그리스도와 하나님의 존재와의 관계, 그리스도와 세계와 인간과의 관계가 그분의 인격 안에는 두 부분이 함께 참여하고 한 인격 안에 하나님과 인간이 있었다는 의미에서 그때 완전하게 정의되었을지라도, 두 본성의 관계가 한 인격 안에서 어떻게 사상(思像)되어야 하는가 하는 문제는 없이 할 수 없었다. 이 문제에 대한 대답 역시 여러 가지 길을 취하였다.

네스토리우스는 만약 그리스도 안에 두 본성이 있었다면, 젊은 남녀들이 결혼할 때 얻는 것과 같은 어떤 도덕적 끈에 의해서만 하나가 될 수 있는 두 인격체, 곧 두 자아가 있어야 한다고 결론을 지었다. 유티케(Eutyches)는 본성과 인격 사이의 같은 일치성에서 출발하여, 만약 그리스도 안에 한 인격, 한 자아만 현존한다면 신인(神人) 한 본성만이 이런 혼합에서 나올 정도로 그렇게 혼합되고 융합되어야 한다고 본다. 전자에서는 인성의 통일성의 희생으로 본성들의 구별이 보존되고, 후자에서는 두 본성의 희생으로 인격의 통일성이 보존되고 있다.

그러나 교회는 길고 격렬한 싸움 끝에 이 쟁론에서 벗어났다. 451년 칼케돈 회의에서는 그리스도의 한 인격 안에 두 본성이 있고 무변하며 혼합된 것도 아니며(유티게에 대한 반대) 분리나 나누어진 것도 아니며(네스토리우스에 대한 반대), 이 두 본성들이 서로 병존하여 있고 한 인격 속에서 통일성을 이루고 있다고 진술하였다. 후에 680년 콘스탄티노플 회의에서 어떤 세세한 점이 더 자세히 설명되고 완성되었던 이런 결정으로 해서 그리스도의 인격에 대한 긴 논쟁은 일단락되었다. 이런 논쟁 속에서 교회는 기독교의 본질이요 기독교의 절대적 특성을 보존하였고, 동시에 그 자체의 독립성을 보존하였다.

물론 이런 니케아와 칼케돈의 고백이 무오하다고 주장할 수 없는 것은 자명한 사실이다. 교회와 그 신학이 사용하였던 인격이니 본성이니 본체의 일체성이니 하는 언어들은 성경에 없는 말이지만, 기독교가 점진적으로 이런 구원의 신비에 대해서 헌신해야 할 반성의 한 열매이다. 교회는 교회 안과 밖의 모든 방면에서 희미하게 드러내는 이단들에 의해서 이런 반성을 강요받아 왔다. 교회의 고백과 신학용어들에서 사용되는 이런 모든 표현들과 묘사들은 여기에서 직면하는 신비를 판명하기 위해서 의도된 것이 아니라, 그것을 약하게 하거나 그것을 부정하고자 하는 자들에 대해서 그 순수성이 혼탁되지 않도록 보존하고자 하는 목적이 있다. 말씀의 성육신은 우리가 해결해야 할 문제가 아니며 해결할 수 없는 문제다. 오히려 하나님 자신이 그의 말씀 가운데서 우리 눈에 보이신 그대로 우리가 기쁘게 고백하는 경이로운 사실이다.

그러나 그렇게 이해하는 데는 교회가 니케아와 칼케돈에서 견고히 세웠던 고백이 매우 가치가 있다. 많은 사람들이 그리스도 안에 있는 두 본성의 교리를 깔보아 왔고, 다른 언어나 낱말로 대체하고자 하는 사람들이 있어 왔고 지금도 있다. 먼저 그들은 이런 교리에 우리가 동의를 구하는 것이 실제 중요한 것이냐고 말한다. 중요한 것은 우리가 이런 어색한 고백을 뛰어넘어 지극히 높이 계시는 그리스도의 인격 자신을 소유했다는 사실이라고 한다. 그러나 그들은 그들이 영접한 이런 그리스도의 인격을 세세히 묘사하기 위해서 자신의 말과 언어를 바로 즉시 소개하기 마련이다. 아무도 이를 피할 수 없다. 왜냐하면 우리가 알 수 없는 것을 취할 수는 없기 때문이다. 우리가 그리스도를 소유하고 그와 교통하며 동시에 우리는 그의 소유인 이상, 그 신앙을 입으로 고백해야 하고 말이나 용어들, 그리고 표현과 묘사에서 그 안식을 찾아야 한다는 것이다. 그런데 역사는 두 인성의 교리를 공격하는 자들의 표현들이 가치와 힘의 면에서 훨씬 더 빈약하였으며, 어떤 경우에는 성경이 우리에게 가르쳐 주는 대로의 성육신의 사실을 잘못 이해하여 이단행위를 하였음을 가르쳐 왔다.

예를 들어, 현대에도 두 인성 교리를 비합리적인 것의 첨단으로 생각하여 그 마음속에 전혀 다른 그리스도의 인격에 대한 표상을 그리고 있는 자들이 많다. 그들이라고 해서 예수 안에 모든 사람들과는 구별되고 그들을 초월하는 어떤 무엇인가가 있다는 사실을 부정할 수는 없다. 그들은 그리스도 안에서 인식하는 이런 신적인 것들을 신적 본성 자체에 참여하는 것으로 보지 않고 특별히 그리스도에게 주어진 신적 은사 혹은 능력으로 생각하고 있다. 그리고 그리스도에게는 두 면, 즉 신적인 면과 인적인 면이 있다고 말한다. 그렇지 않으면 그가 그런 두 가지 관점에서 보여질 수 있다거나, 그는 두 가지 계속적인 지위, 즉 낮아지고 높아졌던 지위에서 살았다거나, 혹은 그는 다만 인간에 불과하였을지라도 하나님의 사랑을 설교하고 그의 왕국을 세움으로 말미암아 하나님의 계시의 특별하고도 완전한 기관이 되었기 때문에 우리에게 하나님과 같은 가치를 얻었다고 한다. 그러나 아무 편견 없이 읽는 자는 누구든지 이런 관념들은 교회의 고백에 있어서 아주 많은 변형들일 뿐만 아니라, 사도들의 증거에 기초하여 오랫동안 교회가 고백해 왔던 것과는 전혀 다른 그리스도의 인격에 대한 개념들이다.

더구나 신적 은사들과 능력들은 어떤 의미에서 각 사람에게 내려보내신 것이다. 왜냐하면 모든 좋은 은택들이나 완전한 재능들은 빛의 아버지로부터 내려왔기 때문이다. 특별은사들, 예를 들어 선지자들의 분깃이었던 은사들까지도 그 사람을 인간 위에 초월시키지 못한다. 선지자들과 사도들은 우리와 성정이 같은 인간들이었다. 그렇게 그리스도가 받은 은사들이 특별은사나 능력에 불과하다면, 그는 인간 존재에 불과한 것이며 그 안에서 말씀이 육신이 되셨다는 언급이 있을 수 없다. 그럼에도 불구하고 그들은 그가 죽음 이후 부활과 승천을 통해서 하나님으로 승격되었거나 우리에게서 하나님의 의미를 얻었다고 하는데, 그것은 불가능하다. 왜냐하면 하나님과 인간의 차이란 정신적인 차원이 아니라, 깊은 단절이기 때문이다. 그 관계는 피조물과 창조자의 관계이고 피조물은 본질적으로 창조자가 될 수 없다. 우리 인간들이 절대적으로 의존하는 창조자의 가치와 의미를 가질 수 없다.

그래서 현대의 어떤 사람들은 이런 모든 새로운 그리스도의 인격에 관한 표상들을 교회와 성경의 가르침과 비교한 후, 그 최종적인 분석에 있어서 교회의 교리란 성경의 교리를 가장 정당화하고 있다는 가장 정직한 고백에 이르고 있음은 놀라운 일이다. 그리스도는 한 인격 안에서 하나님과 인간이었다는 교리는 이방철학의 산물이 아니고, 사도의 증거에 기초하고 있는 것이다.

말씀으로서 태초에 하나님과 함께 있었고 자신이 곧 하나님이셨으며(요 1:1), 하나님의 형체 가운데 있었으되 하나님과 동등됨을 취하지 않으시며(빌 2:6), 하나님의 영광의 광채시고 그의 본체의 표현된 형상이신(히 1:3) 그분이 때가 차매 육체가 되셨고(요 1:14), 여자에게서 나시사(갈 4:4) 자신을 무(無)로 하시고 종의 형체를 입었으며 인간과 같이 되셨다(빌 2:7)는 구원의 비밀이 여기에 있다.

여기에 첫째로 포함된 의미는 그리스도는 하나님이셨고 지금 하나님이시고 영원히 하나님으로 남아 있을 것이라는 말이다. 그분은 성부도 아니셨고 성령도 아니셨으며 다만 아버지의 기뻐하시는 독생자이시다. 신적 본체도 아니고 성부나 성령도 아닌 성자의 인격이 때가 차매 인간이 되신 것이다. 그가 인간이 되실 때는 물론 땅에서 인간으로 거니실 때나 겟세마네 동산에서 죽을 힘을 다하고 십자가에 달리실 때조차도, 그는 아버지께서 그로 인하여 기쁨을 얻으셨던 그분의 아들로 남아 있었다. 물론 사도의 말대로 하나님의 형체 가운데 있으시면서 하나님과 동등됨을 취하지 않으시고 자신을 없이 하셨거나 찢으셨다(빌 2:6, 7).

그러나 어떤 사람들이 하듯이 이것을 그리스도가 성육신되어 낮아지신 분으로서는 온전히 혹은 부분적으로 신성을 스스로 박탈하셨고 그의 신적 속성들을 버리셨고, 높아지신 신분에서는 그 위에 다시 점점 그것들을 입으셨다는 의미로 취급하는 것은 잘못이다. 하나님은 자신을 부정할 수 없는데 어떻게 이런 일이 있을 수 있으며, 그는 본질적으로 무변한 자로서 모든 되는 것과 변화하는 것을 초월하고 있지 않은가? 그렇다. 그는 자기 신분이 아닌 신분이 되었을 때도 아버지의 독생자 신분 그대로 남아 있다. 그러나 사도가 말한 것은 사실 그리스도께서 자신을 없이 하셨고, 하나님의 형체 가운데 있었던 그분이 인간의 형체와 종의 형체를 입으셨던 것이라는 의미에서였다. 그것을 고상하면서 단순하게 표현한다면, 그의 성육신 전에 그리스도는 본체와 속성에 있어서 성부와 동일할 뿐만 아니라 하나님의 형체를 가졌다. 그는 하나님같이 보였고 그의 영광의 광채였으며 그의 본체의 표현된 형상이었다. 누구든지 그를 볼 수 있었다면, 그를 직접 하나님으로서 알았을 것이다. 그러나 성육신되었을 때 신분이 바꾸어졌다. 그때에는 그가 인간의 형체요 종의 형체를 입었다. 그때 그를 보았던 자는 누구든지 신앙의 눈을 통하지 않고는 그를 아버지의 독생자로서 볼 수 없었다. 그는 그의 신적 형체와 영광을 벗고 그의 신적 본성을 종의 형체 뒤에 감추었다. 땅에서 그는 우리와 같은 사람이었고 우리와 같이 보였다.

따라서 역시 성육신이 의미하는 것은 있었던 모습 그대로 남아 있었던 그분이 자기 모습이 아닌 형체가 되었다는 말이다. 이 일이 시간의 한 시점, 역사의 어떤 한 순간, 즉 성령이 마리아에게 임하시고 지극히 높으신 이의 능력이 그녀를 덮는 그 시간에 되었다(눅 1:35). 그러나 동시에 그 일은 수세기 전에 준비되었던 일이다.

그것을 우리가 바르게 이해하려고 할 것 같으면, 성자의 계보와 세상창조는 말씀이 육체가 되심의 준비였다고 말할 수 있다. 그렇다고 계보와 창조가 성육신 안에 원리적으로 포함된다는 말은 아니다. 왜냐하면 성경이 아들의 성육신을 항상 죄로부터의 구속과 구원의 성취와 관련시키고 있기 때문이다(마 1:21; 요 3:16; 롬 8:3; 갈 4:4, 5 등). 그러나 계보와 창조, 특히 하나님의 형상을 따른 인간의 창조, 이 두 가지 사실이 가리키는 것은 절대적 의미에서의 신적 본체 안에서와 상대적 의미에서의 그 밖으로 하나님이 교통하실 수 있다는 사실이다. 그렇지 못한 경우에는 하나님의 성육신의 가능성이 없을 것이다. 하나님의 성육신을 불가능하다고 생각하는 자마다 원리적으로 세계의 창조와 성자의 계보를 부정한다. 창조와 계보를 헤아리는 자는 누구든지 원리적으로 하나님의 성육신을 반대할 수 없다.

그럼에도 불구하고 직접 말씀의 육체가 되심은 타락 직후로부터 시작하여 이스라엘 역사 속에 계속되었고 마리아의 축복에서 절정에 도달한 계시(de openbaring) 속에 준비되었다. 전 구약은 하나님께서 때가 차면 인간 안에 계속 거하기 위해서 그에게 계속적으로 접근한 역사이다.

마리아를 통해서 인성을 입으신 하나님의 아들은 이미 영원 전부터 성부의 인격으로서 존재하였기 때문에, 그의 마리아의 몸에서의 잉태는 육체의 생각과 사람의 뜻으로 말미암은 것이 아니고, 성령이 덮으심으로 된 것이다. 성육신은 그 이전 계시와 연결되어 있고 그것을 완성한 것이며 자연의 산물이나 인간의 산물이 아니다. 그것은 하나님의 사역이요 계시이며 가장 높은 계시이다. 그의 아들을 세상에 보내신 이는 아버지이셨고 마리아를 덮은 이도 성령이었던 것처럼 우리의 육체와 피를 취하신 분도 아들 자신이셨다(히 2:14). 성육신은 자기 자신의 사역이었지 그것에 대해서 수동적 입장이 아니었다. 그는 자신의 뜻과 행위에 의해서 육체가 되셨다. 그렇게 해서 육체의 뜻과 인간의 뜻을 그의 성육신 시에 없이 하고 자신에 의해서 마리아의 몸 속에 성령을 덮음으로 말미암아 인성을 준비하셨다. 그런 인성은 전에 존재하지 않았다. 그것은 하늘로부터 그리스도와 더불어 내려온 것이 아니고 외부로부터 마리아 속으로 가져온 것도 아니며, 그녀로 말미암아 이루어진 것도 아니다. 재세례파들은 그리스도 안에서의 인성의 무죄성을 설명하기 위해서 이를 가르쳤다. 그러나 이 점에 있어서 그들은 옛날 영지주의를 따르고 있으며 육체와 물질은 본래부터 악하다는 생각에서 나온 것이다. 그러나 성경은 성육신할 때도 창조의 선과 물질의 신적 기원을 보존하고 있다.

그리스도는 인성을 마리아에게서 취하셨다(마 1:20; 눅 1:52; 2:7; 갈 4:4). 육체로 말하면 그는 다윗으로부터 왔고 조상으로부터 나왔다(행 2:30; 롬 1:3; 9:5). 그러므로 그 안에 있는 이 본성은 모든 점에서 우리와 똑같은 참되고 완전한 인성이었고 죄가 없으셨다(히 2:14; 17; 4:15). 인간적인 것은 어떤 것도 그리스도에게 예외가 되지 않았다. 그리스도의 육체로 오심을 부인하는 것이 적그리스도의 근원이다(요일 2:22).

그리스도의 인성이 마리아의 잉태 전에는 존재하지 않았던 것처럼, 탄생 전이나 그 후에도 그것은 잠시도 그리스도와 분리하여서는 존재하지 않는다. 마리아에게서 잉태된 씨와 그녀로부터 낳은 어린아이가 처음에는 그리스도와 독립하여 자라 인간과 사람과 자아가 된 후, 그리스도로 옷 입고 자신과 결합하는 것이 아니다. 이런 오류 역시 옛날부터 지지자들이 있었으나, 성경에는 그런 생각이 없다. 마리아의 몸에 잉태된 거룩한 자는 처음부터 하나님의 아들이었고 그렇게 일컬었다(눅 1:35). 아버지가 보낸 아들이 여자에게서 나게 된 것이다 (갈 4:4). 말씀이 처음에는 육신이 아니었다가 후에 인간을 자신으로 취하신 것이 아니라, 말씀이 육신이 되어진 것이다(요 1:14). 그래서 그리스도의 교회는 그 고백할 시에 성자의 인격은 인간인격(een menschelijke persoon)을 입은 것이 아니고, 인성(eene menschelijke natuur)을 입었다고 하였다. 그러한 한에서만 인격의 통일성 안에서 본성의 이중성이 보존될 수 있다.

왜냐하면 ― 그리고 이 점과 관련된 우리의 관심의 세번째가 되는 것인데 ― 성경이 가능한 한 명백하게 그리스도가 말씀이셨다가 육체가 되셨으며, 육체를 따라 조상에게서 나왔지만 그 본체에 따라서는 만물 위에 계셔 세세에 찬양을 받으실 하나님이셨음을 말할지라도, 그런 그리스도 안에서 항상 우리에게 한 인격으로 나타나고 계시기 때문이다. 그리스도에게서 나온 말씀과 행동은 항상 같은 자이다. 태어난 아이에게 전능하신 하나님이요 영존하시는 아버지라 이름하였다(사 9:5). 다윗의 아들이 동시에 다윗의 주요(마 23:43), 내리셨던 그가 곧 모든 하늘 위에 오르신 자다(엡 4:10). 육체에 따라서 조상들에게서 나신 그가 그 본질에 따라서 만물 위에 계셔 세세에 찬양을 받으실 하나님이시다(롬 9:5). 땅에 머물러 계셨을지라도, 그는 하늘에 계셨고 거기에 남아 있었고 아버지의 품안에 있었다(요 1:18; 3:13). 시간 속에 태어나 살았을지라도, 그는 아브라함보다 먼저 있었다(요 8:58). 그 안에서 신성의 모든 충만이 육체로 거하셨다(골 2:9).

한마디로 말해서 신적 속성과 역사, 인적 속성과 역사, 영원성과 시간성, 편재와 제한성, 창조하는 능력과 피조물적인 연약성이 같은 주체와 같은 사람에게 있었다. 이런 관계로 그리스도 안에서의 두 본성이 하나가 됨은 두 인격 사이의 하나와는 다르다. 왜냐하면 두 인격체들은 깊은 사랑을 통해서 서로 결합되어 있을지라도, 그럼에도 불구하고 그들은 한 인격체, 곧 한 자아가 될 수 없다. 사랑은 바로 이중성을 의미하고 어떤 신비적 통일과 윤리적인 통일을 이룰 뿐이다. 하나님의 아들과 인성과의 하나 됨이 이런 성격을 띠었다면, 하나님과 피조물, 특히 그의 자녀들과의 하나되는 것과 이것과의 차이란 크게 정도의 차이이지, 본질의 차이가 아니다. 그러나 그리스도는 독특한 자리에 있다. 그는 자신을 도덕적으로 인간과 연합시키지 않았고 존재하는 인간을 그와의 교제로 끌어들인 것도 아닌, 자신을 마리아의 몸에서 준비하셔서 인간이 되셨고 종이 되셨다. 인간이 한 생명상태에서 다른 생명상태로 갈 수 있고, 동시에 혹은 곧 이어서 두 의식 영역, 곧 하나님의 형체 속에 있었던 그리스도가 땅에서 종의 형체로서 행하셨던 것과 유사한 방식으로 살 수 있다. 그의 성육신에서 이루어진 연합은 두 인격 사이의 도덕적 연합이 아니라, 같은 한 인격 안에 두 본성의 연합이다. 남녀가 아무리 밀접하게 사랑으로 결합되어 있을지라도 역시 두 인격으로 남아 있다. 하나님과 인간이 아무리 가장 깊은 사랑으로 연합될지라도 근본적인 차이는 남아 있다. 그러나 그리스도 안에 있는 인간은 태초에 하나님과 함께 있었고 그 자신이 곧 하나님이셨던 말씀으로 같은 주체요 그 말씀이 육체가 된 같은 주체다. 여기에 하나님과 인간 사이의 독특하고 비교할 수 없고 이해할 수 없는 연합이 있다. 그리고 모든 지혜의 처음과 끝이 여기에 있다. 즉 말씀이 육신이 되어 우리 가운데 거하시매 우리가 그 영광을 보니 아버지의 독생자의 영광이요 은혜와 진리가 충만하더라(요 1:14).

이런 연합을 통하여 그리스도는 그의 인격의 통일성 안에서 두 본성에 합당한 모든 속성들과 능력들을 마음대로 드러내신다. 어떤 사람들은 두 본성의 연합을 내적으로 강하게 강조하려고 하여, 두 본성이 성육신 직후 하나의 신인적인 본성으로 혼합하였다고 하거나, 신성의 속성들은 박탈당하였고 인성의 한계까지 내려왔다고 하기도 하고, 그렇지 않으면 인성이 자기 속성들을 잃고 신성의 속성들(그들 전부나 그중 편재, 전능, 전지, 살리는 능력 등 일부)의 주인 자리를 얻었다고 가르친다. 그러나 개혁주의 고백은 두 본성의 그런 화합과 한 본성의 다른 본성으로의 속성전달이란 이론을 항상 거절하고 배척했다. 왜냐하면 그런 화합과 전달은 두 본성의 혼란과 혼합에서 초래되었고, 따라서 하나님과 인간 창조주와 피조물 사이의 본질적인 차이를 부정하는 범신론 사상에서 나왔기 때문이다.

두 본성과 그들의 속성들과 능력들 사이에 긴밀한 관계가 있다는 것은 사실이다. 그러나 이렇게 하나가 됨은 인격의 통일성 안에서 이루어진다. 그리고 더 강하고 더 깊고 더 심오한 연합은 사려될 수 없다. 비교는 하되 동일시하지는 않은 영혼과 몸이 한 인격 안에 연합되어 있음에도 그 본질과 속성에 있어서 서로 구별되어 있는 것처럼, 그리스도 안에 하나의 같은 인격이 자기의 속성과 능력들을 가진 두 본성의 주체이다. 영혼과 몸의 차이가 한 사람 안에 두 내적인 연합에 대한 전제요 조건인 것처럼, 신성과 인성 사이의 차이도 그리스도의 인격 안에 두 연합의 기초이다. 두 본성의 화합과 한 본성의 다른 본성에의 속성전달은 전혀 내적인 연합을 이루지 못하고 이 연합을 혼동 가운데서 해결하고 있고, 사실 그리스도 안에 있는 충만함을 약화시키고 있다.

그들은 그리스도 안에 있는 신성, 혹은 인성, 혹은 두 본성 모두를 제하여 버리고 그 안에 신성의 충만함이 육체적으로 거하신다는 성경의 말씀(골 2:19)을 흐리게 한다. 그런 충만함은 두 본성들이 서로 구별이 되되 자신의 속성들을 각기 자기대로가 아니라, 하나의 인격으로 전달하고 그 안에 종속한다는 한에서만 주장되어진다. 비하의 때나 승귀의 때나 항상 같은 부유하신 그리스도로서 두 본성의 속성들과 능력들을 마음대로 드러내시고, 바로 그것을 통해서만 그의 사역, 곧 중보의 사역으로써 한편으로 하나님의 사역과 구별되고 다른 한편으로 인간의 역사와 구별되어 세계사에 있어서 독특한 자리를 차지하는 그 일을 성취하실 수 있다.

이 두 본성 교리를 통해서 성경이 그리스도의 인격에 대해서 말하고 그에게 돌리는 모든 것들은 자기 자신의 바른 자리를 얻을 수 있도록 하는 큰 유익이 있다. 즉 그는 한편으로 아버지와 성령으로 더불어 만물을 창조하고 보존하시며 다스리시는(요 1:3; 골 1:15, 16; 히 1:2) 영원하시고 유일하신 하나님이시며 앞으로도 그렇게 계실 것이다. 그리고 바로 그 때문에 우리의 경배의 대상이 되시는 것이다. 그는 사도시대에도 이 경배의 대상이셨고(요 14:13; 행

7:59; 9:13; 22:16; 롬 10:12, 13; 빌 2:9; 히 1:6), 그때에나 이제나 그의 모든 제자들의 신앙과 믿음의 대상이셨던 것과 똑같다(요 14:1; 17:4; 롬 14:9; 고후 5:15; 엡 3:12; 5:23; 골 1:27 등). 그러나 이 두 가지 사실은 그가 참된 하나님이 아니시라면 있을 수 없고 있을 리도 없을 것이다. 왜냐하면 주 너의 하나님께 경배하고 다만 그를 섬기라고 기록되어 있기 때문이다(마 4:10). 그리스도에 대한 종교적 경배와 헌신의 기초는 다만 그의 신성에 있다. 따라서 이를 부정하고 경배를 한다고 하는 자는 피조물을 신성시하고 우상을 섬기는 죄가 된다. 그리스도의 신성은 추상적인 교리가 아니라, 교회의 생명을 위한 가장 중요한 것이다.

다른 한편 그리스도는 참되고 완전한 인간으로 모든 점에서 우리와 같이 되셨으되 죄는 없으셨다. 그는 우리와 같이 유아였고 아이도 되었으며 소년이기도 했으며 장정이 되었고 지혜가 자라 하나님과 사람 앞에 사랑스러웠다(눅 2:40, 52). 이 모든 것들은 신적 속성들이 인성에 속해 있다고 말하는 자들처럼, 가현적인 것이거나 환상이 아니다. 그것은 진실이다. 그리스도에게는 긴 성장 기간이 있었으며, 육체의 자람과 영혼의 능력과 하나님과 사람 앞의 총애가 점점 자란 과정이 있었다. 성령의 은사들은 그에게 단번에 주어진 것이 아니었고 점점 더 연속적으로 크게 임하셨다. 그가 배워야 할 것도 있었고 처음에는 그가 알지 못한 것도 있었다(막 13:32; 행 1:7). 그는 죄를 지을 수 없는 상태의 신분일지라도, 그의 연약한 인성 때문에 시험과 고통과 죽음의 가능성이 그 속에 있었다. 그가 땅 위에 있는 한, 그는 하늘에 있는 그의 인성을 따른 것이 아니었고, 따라서 직관(aanschouwen)에 의해서 살지 않았고 믿음에 의해서 살았다. 그는 싸우고 고통하였으되, 이 모든 것들 가운데서 하나님의 말씀과 약속에 확고히 부착하였다. 그렇게 해서 그가 고난당했던 것들로부터 순종함을 배웠고 계속 자신을 순종 가운데 세웠으며 이런 식으로 또한 자신을 거룩히 하였다(요 17:19; 히 5:8, 9). 그러나 동시에 이와 더불어 모범을 보이셨고 그에게 순종하는 모든 사람들에게 영원한 구원의 구원이 되셨다(히 5:9).

# 제17장

# 지상에서의 그리스도의 사역

성육신은 지상에서의 그리스도 사역의 시작이요 개시이지만, 그 사역의 전체 내용도 아니고 가장 중요한 내용도 아니다. 이에 대한 바른 생각과 명확한 관념을 형성하고자 하는 것이 중요하다. 왜냐하면 인성을 입을 시에 이미 근본적으로 하나님과 인간 사이의 완전한 화해와 연합이 이루어졌다고 생각하는 사람들이 있기 때문이다. 종교란 하나님과 인간 사이에 서로 필요로 하는 것을 완성하는 것과 같은 공동교제라고 생각하여 이런 교제는 죄로 말미암아 혼란되었거나 낮고 감각적인 수준의 사람에게는 적용될 수 없고, 그리스도를 통해서 역사 속에 처음 나타났으며 실현되었다고 생각하는 사람들이 있다. 기독교의 독특성이란 인간본성에 본능과 핵으로서 주어진 종교에 대한 관념이 그리스도의 인격 속에서 그 성취를 보았다는 데 있다고 한다.

의심할 것도 없이 하나님의 형체 가운데 있었고 아버지의 가슴 속에 있었던 독생자가 인간의 형상을 입었다는 것은 인류에게 큰 명예일 것이다. 왜냐하면 그를 통해서 그리스도께서 모든 인간과 상관하고 있기 때문이다. 즉 그분은 그들과 살과 피를 함께 나누었고 그들과 같이 영혼과 몸, 머리와 심장, 이성과 의지, 생각과 감정들을 가졌다. 그리스도는 이런 자연적인 의미에서 우리 모두의 형제요, 우리의 육체 중 육체요, 우리의 뼈 중 뼈다. 그러나 이런 자연적인 (육체적인) 교제가 아무리 중요하다고 할지라도, 그것은 영적이고 도덕적인 교제와 혼동될 수도 없고 일치될 수도 없다. 사람들 사이에는 아무리 가족간이고 혈족간일지라도 영적인 면에서 서로 멀리 떨어져 있고, 서로 날카롭게 대립될 수 있는 것은 흔히 있는 일이다. 예수님은 사람이 그 아비와, 딸이 그 어미와, 며느리가 시어머니와 불화하게 하려 친히 땅에 오셨고 사람의 원수가 자기 집안 식구일 것이라고 하셨다(마 10:35, 36). 그러므로 자연적인 혈통은 영적인 관계와는 무관하다. 혈연적 교제와 영혼의 교제는 흔히 분리된 기둥들이다.

결과적으로 예수님께서 하나님과 인간 사이의 통일을 표현하기 위해서 인성을 입은 일 이외에 다른 일을 행하지 않으셨다면, 우리가 어떻게 그와 교제에 들어갈 수 있고 하나님과 화목할 수 있는지는 전혀 이해할 수 없었을 것이다. 더구나 죄 없는 인성을 입으시고 하나님과의 결코 혼잡되지 않은 교제 가운데 살지라도, 그분은 아직도 우리 자신으로부터 멀리 떨어져 있을 것이고 우리와 같은 연약하고 죄악된 피조물들은 그 높은 모범에 미칠 수 없기 때문에 우리의 무기력함 속에 깊이 좌절되어 버릴 것이다. 그러므로 하나님의 아들의 성육신은 더 말할 것도 없이 화목하고 구원하는 행위가 될 수 없다. 즉 그것은 그런 행위의 시작이요 준비이며 개시이지 이런 행위 자체는 아니다.

진실로 성육신 자체로 이미 하나님과 인간 사이의 화목과 연합을 이루었다면, 예수님의 생애, 특히 예수님의 죽음은 전혀 의미가 없을 것이다. 잉태와 탄생의 방식이 아닐지라도 그가 인성을 입어 더 짧게 혹은 길게 땅에 머물러 있다가 승천하는 것으로 그분에게 충분하였을런지도 모른다. 그리고 그리스도께서 전적으로 낮아져야 할 필요가 없었을 것이다.

그러나 성경은 우리에게 전혀 다르게 가르친다. 하나님의 아들이 모든 것에 있어서 우리와 같은 인간이 되셨으나 죄는 없으셨다고 말할 뿐만 아니라, 종의 형체를 취하사 자신을 낮추셨으며 죽기까지 순종하여 십자가에서 죽으셨다고 (빌 2:7-8) 말씀한다. 그리고 율법의 모든 의를 이루고(마 3:15) 스스로 고난을 통해서 거룩히 되셨다(히 2:10). 그것이 꼭 들어맞게 적연(的然)한 일이었을 뿐만 아니라 그래야 했다. 거기에 그리스도께서 고난을 받으사 죽으신 지 사흘만에 다시 일어나야 됨이 기록되어 있다(눅 24:46; 고전 15:3, 4). 아버지께서 그의 사역을 땅에서 성취하도록 하기 위해서 그를 보내셨고(요 4:34), 또한 그에게 생명을 버릴 권세와 다시 취할 권세를 주셨다(요 10:18). 그러므로 그리스도께서 경험하신 모든 것들이 하나님의 권능과 의논에서 하도록 이미 결정하였던 것들의 실현이었다(행 2:23; 4:28). 십자가상에서 처음 그리스도는 다 이루었고 아버지께서 그에게 하라고 주신 일을 그가 이루었다고 말할 수 있다(요 17:4; 19:30). 복음서들에 나타난 예수님의 생애는 비교적 짧게 묘사되어 있을지라도, 그의 마지막 고난과 죽음은 광범위하게 언급되어 있다. 그와 같이 사도들의 설교는 예수님의 잉태와 탄생으로까지 돌아가는 일은 드물고, 모든 강조가 그리스도의 십자가, 죽음, 피에 있다. 우리가 하나님과 화목하게 되는 것은 그의 아들의 탄생으로 말미암지 않고 그의 죽음으로 말미암았다(롬 5:10).

이런 성경의 입장을 통해서 그리스도의 전생애는 우리에게 전혀 독특한 의미와 모든 것을 뛰어넘는 가치를 갖는다. 그것은 아버지께서 하라고 그에게 주신 완전한 사역이다. 누구나 그것을 다양한 관점에서 볼 수 있고 다른 입장에서 관망할 수 있다. 그래서 우리가 그의 사역의 내용과 범위를 요약할 수 있도록 해야 한다. 그러나 그것은 사역의 일부임을 잊어서는 안 된다. 즉 그것은 잉태로부터 십자가에서 죽기까지의 그의 모든 생애를 총망라한 것이다. 그의 본성과 구별되어 그리스도의 인격이 하나인 것처럼, 그의 사역도 하나이다. 그것은 지상에서의 특별한 하나님의 그런 사역이다. 더 뒤로 돌아가 보면, 하나님의 작정과 예지, 이스라엘에게 하신 그의 계시와 그 백성의 인도와 관련되어 있다. 그리고 앞으로 보면, 그리스도께서 그것을 변형하여 지금도 그의 승귀의 신분으로서 이루고 계시는 사역으로 계속되고 있다. 그것은 시간적으로 그 중심이 땅에 있는 사역이지만, 영원으로부터 나와 영원한 것에 뿌리를 두고 영원한 곳까지 이르고 있는 사역이다.

    옛부터 그리스도의 이러한 사역은 그의 세 가지 직책교리에 의해서 이해되었고, 특히 칼빈 때문에 그리스도의 사역을 다루는 이런 도식은 구원교리의 일반적인 접근법이 되었다. 그럼에도 불구하고 그것에 대한 반대가 계속 일어났고, 특히 예수님의 생애에 있어서 세 직책은 구별될 수 없고, 그들의 사역들은 서로 합류하여 흐르고 있다는 생각이 생겼다. 이런 생각은 세 직책에 대한 오해를 반대하는 것이지 그 자체를 반대하는 행위가 아니다.

    즉, 만약 예수께서 선지자직, 제사장직, 왕직의 삼직을 서로 완전히 병존시키거나 시간적으로 서로 잇달아 수행하였다고 생각한다면, 참으로 그리스도 사역의 그런 분류와 구분은 오해된 것이다. 왜냐하면 한때는 이 직책이, 다른 때는 다른 직책이 드러날지라도, 예를 들면 그의 공설교는 선지자직을, 그의 마지막 고난과 죽음은 제사장직을, 아버지 우편에 앉아 계심은 왕직을 더 상기시키기는 하나, 본질적으로 예수님은 항상 그의 삼직을 동시적으로 수행하셨기 때문이다.

    그가 말씀하실 때 선지자로서 하나님의 말씀을 선포하였고 동시에 제사장적인 긍휼과 그의 왕권을 나타내셨으니, 이는 그가 말씀을 통하여 병자를 고치시며 죄를 용서하시고 풍랑을 잠잠케 하셨기 때문이다. 즉 그는 진리의 왕이셨다. 그의 이적은 하나님이 보내셨다는 표요 그의 말씀의 진리성의 표징이었지만, 동시에 각종 곤고한 자들에 대한 그의 자비의 계시요, 질병과 죽음과 사단의 권세에 대한 그의 주권의 증거다. 그의 죽음은 그의 생명의 인표가 되었지만, 완전한 순종의 제사요 생명을 내어버리는 의도적인 능력행위다. 한마디로 말해서 그의 모든 현현과 말씀과 사역은 동시적으로 항상 선지자직, 제사장직, 왕직의 성격을 띠고 있다.

## 제17장 지상에서의 그리스도의 사역

그러나 이것을 배후로 두고 그리스도의 인격과 사역을 삼직의 견지에서 바라보는 것이 가장 중요하다. 다른 방식으로 접근하면 놓칠 유익들이 여기에 있다.

첫째로 이런 취급은 직접적으로 그리스도의 오심과 땅에서의 전생애가 아버지께서 그에게 맡기신 직임의 수행이 된다는 유익을 준다. 예수님과 관련해서 우리는 그 자신이 택했던 사업, 직업과 특히 윤리적 직업을 생각해서는 안 된다. 성경에 의하면 그에게 한 직임이 위탁되어 있었다. 거기에서의 직임은 직업과 구별되어 있기 때문에 누구나 스스로 선택하거나 취할 수 없고 우리 위에 있는 한 권세로부터 임명받을 수 있다. 참으로 그는 모세의 직임과는 구별되어, 그는 종과 같지 않고 하나님 자신의 집 맡은 아들로서 모든 것에서 아버지께 충성하셨던 자이다(히 3:5, 6). 그럼에도 불구하고 그는 그때 그를 우리의 믿는 도리의 사도시며 대제사장으로 세우셨던 바로 그분에게 충성하셨다(히 3:2). 스스로 대제사장이 되는 영광을 취하지 않으셨다. 그래서 그는 하나님 자신에게 영광을 얻으셔서 "너는 내 아들이니 내가 오늘날 너를 낳았다"는 말씀을 들으셨다(히 5:5). 따라서 예수님께서 계속 강조하시는 사실은 아버지께서 자기를 보내셨다는 데 있다. 즉 아버지의 뜻을 행하는 것이 그의 양식이고 그가 무엇을 행하고 말할 것인가를 아버지로부터 명령을 받았으며 그가 땅에서의 아버지의 사역을 성취하였다는 등의 사실에 있다(요 4:34; 5:20, 30; 6:38; 7:16; 8:28; 10:18; 12:49, 50; 14:10, 24; 17:4).

이런 직임의 임명은 그리스도께서 인간이 되시기 전에 이미 일어났음이 명백하다. 왜냐하면 성경은 그리스도께서 이미 태초에 하나님과 함께 있었고 하나님 자신이셨다고 가르치고 있을 뿐만 아니라, 히브리서 10:5-7에서는 명확하게 기록되기를, 그가 세상에 임하실 때, 즉 세상에 오실 시점에 임박하였을 때 이미 "하나님이 제사와 예물을 원치 아니하시고 나를 위하여 한 몸을 예비하셨도다(이 몸 안에서 죽음에 복종시킴을 통하여 하나님의 뜻을 이루기 위해서). 전체로 번제함과 속죄제는 기뻐하지 아니하시나이다. 이에 내가 말하기를 하나님이여 보시옵소서 두루마리 책에 나를 가리켜 기록한 것과 같이 하나님의 뜻을 행하러 왔나이다"라고 하였기 때문이다. 그렇기 때문에 세상에 오시는 성육신은 이미 아버지께서 그에게 하라고 말기신 사역의 실행에 속해 있었다. 임무부여가 그에게 선행하였고 성육신 이후에 적당한 때에 이루어진 것이 아니며 영원 전에 이루어졌다.

따라서 어디에서나 그리스도는 창세 전에 미리 알리신 바 되었고(벧전 1:20), 창세 전에 그리스도 예수 안에서 선택되었고, 은혜가 우리에게 주어졌으며(엡 1:3; 딤후 1:9), 창세 전부터 하나님 앞에 있었던 생명책은 죽임을 당한 어린양의 것이라고(계 13:8; 17:8) 하였다. 그리스도의 사역을 직책수행으로서 이해하는 것은 그 사역을 하나님의 영원한 의논에 관련시키는 일이다. 그가 메시야, 그리스도, 기름부음을 받은 자란 이름을 취하신 것은 그가 영원 전부터 아버지에 의해서 작정되었으며 때가 되매 그가 성령으로 기름부어졌기 때문이다.

두번째로 그리스도에게 맡기신 삼직은 인간의 근원적 소명과 목적에 관련된 것이다. 그리스도께서 선지자, 제사장, 왕의 삼직으로만 세우고 다른 더 많은 직임으로 세우지 않는 것이 결코 우연한 일이거나 우발적인 것이 아니다. 오히려 인류와 인간본성에 대한 하나님의 목적에 기초하고 있다. 아담은 선지자로서 하나님의 말씀을 선포하고 왕으로서 모든 피조물들을 의로 다스리고 제사장으로서 그 자신과 그의 모든 소유를 기뻐하시는 제사로 하나님께 드리도록 참된 지식과 의와 거룩인 하나님의 형상으로 창조되었다. 그는 깨달을 머리를 받았고 다스릴 손과 만물을 사랑으로 감쌀 마음을 받았다. 인간의 목적은 하나님의 형상의 전개와 그의 모든 재능의 조화 있는 발달, 선지자와 제사장과 왕의 직책들의 수행에 있다. 그러나 사람들은 이 소명을 무시했다. 그리스도는 바로 그 때문에 땅에 오셔서 다시 인간의 참된 형상을 나타내시고 그의 목적을 완전히 이루셨다. 삼직교리는 자연과 은총, 창조와 재창조, 아담과 그리스도 사이를 확고히 연결시킨다. 첫째 아담은 마지막 아담의 예표요 준비요 예언이다. 반면 후자는 전자의 한 짝이요 성취다.

세번째로 그리스도 안에 있는 삼직교리는 직접 구약의 계시와 연결되어 있다. 아담 안에 타락한 인류가 점점 더 부패하자, 하나님은 그의 소유로 특별한 민족을 선택하였다. 그런 소명과 관련하여 이스라엘은 민족으로서 선지자적, 제사장적, 왕적 과업을 다시 받았다. 즉 이스라엘은 주께 대하여 제사장 나라가 되고 거룩한 백성이 되어야 했다(출 19:6). 그러나 특별한 의미에서 이런 과업은 하나님으로부터 부르심을 받아 이스라엘 중에 선지자들과 제사장들과 왕들로서 활동하였던 사람들에게 맡겨진 것이다. 이스라엘은 그 민족 전체로서 여호와의 기름부음을 받은 자라 칭하여졌을지라도, 이 이름은 특별히 선지자들과 제사장들과 왕들에게 사용되었다(시 105:15; 출 28:41; 삼상 2:10 등). 그러나 이런 모든 사람들은 죄인들이었고, 따라서 그들의 직책을 참으로는 성취할 수 없다. 즉 전체 민족과 더불어 그들은 자신들로부터 돌아서서 동시에 선지자요 제사장이요 왕이시며, 아주 독특한 의미에서 하나님의 기름부음을 받는 자라고 하는 다른 사람을 향하고 있다(사 61:1). 그리스도는 전 구약계시의 완성이다. 즉 그는 전 이스라엘과 그들의 모든 선지자들과 제사장들과 왕들의 원형이다.

그들 안에서 그들을 통하여 자신을 증거하고 자신의 도래를 준비하였던 분은 그 분 자신이셨다(벧전 1:11).

마지막으로 삼직 중 한 직책의 방향에서만 다루어 그리스도의 사역이 완전히 정당화되고 있다. 합리주의자들처럼 그 안에 선지자만 보거나, 신비주의자들처럼 그의 제사장적인 고난 안으로만 깊이 들어간다든지, 천년설주의자들(de chiliasten)처럼 그를 왕으로만 인식한다든지 하는 일방적인 경향들이 있어 왔다. 그러나 우리는 동시에 삼직 모두를 가진 그리스도를 필요로 한다. 우리는 하나님을 우리에게 선포하는 선지자가 필요하고, 우리와 하나님을 화목시키는 제사장도 필요하며, 하나님의 이름으로 우리를 다스리고 보호하는 왕이 필요하다. 인간 속에 있는 하나님의 형상, 곧 지식과 거룩과 의가 회복되어야 한다. 몸과 영혼, 머리와 마음과 손, 즉 전 인간이 구원받아야 한다. 우리 전체를 완전히 구원하고 우리 안에 있는 원 목적을 완전히 실현시킬 구주가 필요하다. 그런데 그리스도가 이를 행하였다. 그 자신이 선지자요 제사장이요 왕이셨기 때문에, 그가 우리를 다시 하나님과 그의 아버지 앞에 선지자들과 제사장들과 왕들로 삼으셨다(계 1:6).

영원 전부터 기름부음을 받았고 구약시대에 이미 은혜언약의 중보자로서 예비적으로 활동하셨을지라도, 그리스도께서 선지자와 제사장과 왕의 직책을 처음 실제로 완전히 취하심은, 그가 세상에 오셔서 "하나님이여 보시옵소서 내가 당신의 뜻을 행하러 왔나이다"라고 말씀하셨을 때이다. 그때 처음으로 그는 그의 중보사역의 수행을 위해서 인성을 취하여 갖추셨다. 그가 인간이 되어야 했던 것은 하나님의 이름을 인간들에게 계시하기 위해서였고 고난을 받으사 십자가에 죽으시기 위해서였으며 진리의 왕으로서 진리를 증거하기 위함이었다.

따라서 동시에 성령으로 잉태됨은 이미 그가 후에 부르심을 입을 과업에 앞서 그리스도의 인성을 예비하는 준비였다. 그리스도는 성령으로 잉태되었고 동정녀 마리아에게서 태어났다는 신앙고백을 반대하는 여러 이론들이 현대에 와서 일어나고 있고, 마태와 누가의 이런 설명들을 원 복음에 대한 유대적 혹은 이방적 삽입으로 설명하고자 시도하는 자들이 많아졌다. 그러나 오히려 이런 역사의 진리성은 전보다 더 확증되었고 더 분명해져 버리는 결과만 낳았다. 그것은 유대인들이나 이방인들로부터 나올 수는 없다. 역시 마태와 누가가 기록한 언어로부터 분명한 대로, 그것은 요셉과 마리아 자신들의 증거에 기초한 이야기이다. 자연히 이런 경이로운 잉태는 요셉과 마리아, 그리고 아마 몇 사람 더 신실한 자들에게만 간직되던 상당한 기간이 있었다. 그 자체의 성격에서 공공연히 전달될 것이 아니었다.

그의 사역과 말씀, 특별히 그리스도의 부활로 그가 누구시고 어떤 분인지가 알려진 이후에 처음으로 마리아는 제자들의 조그만 무리들에게 예수님의 잉태의 비밀을 전달하기 시작하였다. 그 후에도 이런 성령의 잉태 사실은 사도들의 설교의 배경이 되지 못했다. 그 사실은 아마 마가복음 6:4; 요한복음 1:13(7:41, 42); 로마서 1:3, 4; 9:5; 빌립보서 2:7; 갈라디아서 4:4 등의 구절에서 가정될 수 있으나, 마태나 누가의 경우처럼 분명하게 기록된 곳은 없다. 그럼에도 불구하고 그것은 복음의 기본요소이고 성경이 가르치고 있는 그리스도의 인격에 관한 전 교리와 일치한다. 그는 이미 태초에 말씀으로서 하나님과 함께 있었고 그 자신이 하나님이셨으며 그 자신이 잉태 시에 능동적으로 들어오셔서 마리아의 태에서 성령의 역사로 말미암아 참되고 완전한 인성을 스스로 준비하셨다(빌 2:6, 7). 처녀(젊고 결혼하지 않은 여자)가 잉태하여 아들을 낳을 것이요 그 이름을 임마누엘이라 할 것이요, 기묘자라, 모사라, 전능하신 하나님이라, 영원하신 아버지라, 평강의 왕이라 할 것이라는 이사야 7:14과 9:5(마 1:28과 비교)의 예언을 그 안에서 성취하였다.

성령으로 잉태함으로 인하여 그리스도의 인성은 처음부터 모든 인간의 죄로부터 자유하였다. 하나님의 아들은 한 인격으로 이미 전부터 존재해 왔고 그 인격이 기존의 인간과 결합한 것이 아니었고, 성령의 역사로 말미암아 마리아의 몸에서 그의 인성 자체를 스스로 준비하셨기 때문에, 그는 행위언약 아래 포괄되지 않았으며 원죄를 입지 않았고 어떤 죄의 부패로부터도 오염될 수 없었다. 마리아가 이미 흠 없이 잉태하였고 무죄의 생활을 하였다는 로마 카톨릭의 교리는 불필요하고 근거가 없으며 성경이 마리아에 관해서 증거한 것과 모순된다(요 2:4; 막 3:31; 눅 11:28). 마리아는 높은 명예를 누렸고 과거 선지자들과 사도들이 누렸던 것보다 더 큰 명예를 누렸다. 그녀는 여자 중 은혜를 입은 자요 주의 어머니가 되었다(눅 1:42, 43). 그러나 그녀는 본래 다른 모든 사람과 똑같았다. 그녀로부터 나신 거룩한 자는 그녀 본성의 순수성 때문이 아니라, 그녀의 태 중에서의 성령의 창조적이고 성결케 하는 역사 때문이었다.

그리스도께서 마리아로부터 입은 인성은 거룩하였을지라도, 그 인성은 연약한 인성이었다. 성경 속에 이 사실이 표현되기를, 그는 인간이 되었을 뿐만 아니라 육체가 되었고(요 1:34), 그를 죄 있는 육체의 모양으로 보내셨으며(롬 8:3), 그는 종의 형체를 취하셨고(빌 2:7), 그는 범사에 우리와 같이 되셨으되 죄는 없으셨다(히 2:7; 4:15)고 하였다. 그리스도께서 그런 인성을 취하셔야 했던 것은 시험을 받기 위함이요, 고난으로부터 순종을 배울 수 있기 위함이요, 싸울 수 있고 그 싸움 자체 속에서 거룩히 여김을 받기 위해서요, 우리의 연약함을 함께 나눌 수 있고 긍휼하시며 신실하신 대제사장이 되기 위함이니, 짧게 말해서 고난받고 죽을 수 있기 위함이다. 무죄상태에 있었다는 점에서는 그는 타락 전 아담과 같았다고 할 수 있지만, 다른 면에서 그와 전혀 다르다. 왜냐하면 아담은 단번에 어른으로 창조되었고, 그리스도는 마리아의 몸에서 잉태되어 무력한 어린애로서 태어났기 때문이다. 아담이 왔을 때 그 앞에 모든 것 들이 준비되어 있었지만, 그리스도께서 땅에 오셨을 때는 아무도 그를 아는 자가 없었고, 사관에 그가 있을 자리도 없었다. 아담은 모든 땅을 다스리고 복종시키기 위해 왔지만, 그리스도는 섬김을 받으러 오신 것이 아니며 섬기러 오셨고, 많은 사람들을 위한 속전으로 자기의 생명을 주기 위해서 오셨다.

그러므로 지금도 승귀의 신분에서 하시는 것처럼 하나님의 아들의 성육신은 자신에 대해 겸손한 선한 행위일 뿐만 아니라, 그것은 동시에 깊은 비하의 행위였다. 비하의 행위는 잉태 자체로부터 시작하여 죽음과 무덤에 이르기까지 그의 전생애를 통해서 계속되었다. 그리스도는 모든 장애를 극복하고 결국 그의 영광은 최고점에 이르며 뛰어난 자, '높이!'(Excelsior)란 구호를 가진 인간 영웅이 아니셨다. 오히려 그 반대로 그는 항상 점점 더 깊이 낮추셨던 점점 더 우리와의 친밀한 교제에 들어가신 자다. 그가 점점 내려갔던 지나간 발걸음들은 잉태와 탄생으로부터 시작하여 나사렛에서의 숨어 낮추시는 생활, 세례와 시험, 저항, 오해와 핍박, 겟세마네 동산에서의 고통, 가야바와 빌라도 앞에서의 재판, 십자가에 달리신 일, 죽음과 장사가 그것들이다. 그가 아버지의 집으로부터 멀리 떨어지면 떨어질수록 우리와 점점 더 가까워 우리의 죄와 죽음과 교제하셨고, 결국 그는 고통의 깊은 심연 속에서 하나님께서 자기를 버리심에 대해서 불평을 토했지만 그때도 다 이루었다는 승리의 소리를 입 밖에 내셨다.

잉태와 탄생 자체들 외에도 예수님이 베들레헴 말구유에 태어난 단순한 환경들, 그가 헤롯에 의해서 당한 핍박, 그와 그의 양친들에게 강요된 애굽의 피난생활, 특히 예수님께서 어린 시절과 젊은 시절들을 지냈던 나사렛에서의 아직도 감추어진 생활들도 이런 비하의 상태에 속해 있다. 복음서 가운데에는 이것에 대한 기록이 아주 적다. 왜냐하면 그들은 예수의 한 생애를 새로운 식으로 쓰고자 하는 의도가 전혀 없고 예수를 그리스도요 하나님의 아들이요 세계의 구주와 아버지의 독생자이심을 우리로 알게 함에 있기 때문이다. 예수님의 유년시절에 대해서 우리에게 알려준 것이 적을지라도, 이 목적과 관련해서는 충분했다.

마태는 우리에게 예수님이 애굽에서 돌아온 후 갈릴리 나사렛에 가서 살았다고 말하고 있다(마 2:23). 그리고 그의 어머니는 일찍부터 거기에 거주하였고 (눅 1:26), 예수님도 이스라엘 안에서의 공사역 전까지 거기에서 생활하셨다(눅

2:39, 51; 막 1:9). 그 후 처음 거기 회당에 섰으나 그 마을 사람들에게 배척을 당하자 그는 가버나움에 가서 거주하였다(눅 4:28 이하; 마 4:13). 그러나 항상 그는 나사렛 사람이라고 칭하여졌다. 그에 대해서 마태는 구약예언의 성취로 보았다(마 2:23). 비록 구약의 어느 곳에도 나사렛과 나사렛 사람에 대해서 나오지 않기 때문에 하나의 독특한 말씀의 성취는 아닐지라도, 모든 선지서들에서 찾을 수 있듯이, 즉 그리스도는 온유하고 겸손한 근원을 가질 것이고(사 11:1), 이방의 갈릴리의 흑암 속에 거하는 백성들에게 빛을 비출 것이라는(사 8:23; 9:1) 전체 예언에 대한 성취로 보았다. 오랫동안 나사렛에서 조용한 생활을 하였던 예수는 그의 부모에게 순종하였던 어린아이였다(눅 2:51). 어린아이로서 그의 육체와 정신이 자라면서 그는 지혜로웠고 하나님과 사람 앞의 총아였다(눅 2:40, 52). 12살 때, 처음인지 여러번째인지 모르나 유월절을 지키기 위해서 그의 부모와 함께 예루살렘에 올라갔다. 거기에서 그는 묻고 대답함으로 유대 서기관들 사이에서 자기의 지혜를 나타냈고 그의 부모들에게도 아들로서 자기가 자신의 아버지의 집에 있어야 한다는 자기 소명에 대한 의식을 표현하였다(눅 2:49). 안식일 날 그는 습관대로 회당에 가셨고(눅 4:16) 일주일 동안은 아마 그의 아버지의 업을 도왔을 것이다. 그 후에도 그는 목수라 불려졌다(막 6:9). 이런 조용한 시절에 대한 설명에는 그의 후대의 생활이 도움을 준다. 거기에서 우리는 그가 구약을 읽을 수 있었고 쓸 수도 있었으며 그것에 능통하였음을 보고, 바리새파나 사두개파들의 중심을 꿰뚫어 보았으며 무리들의 도덕적인 문제점을 알았고, 그가 또한 높은 시민생활과 사회생활을 하였으며 자연을 사랑하였고 종종 홀로 떨어져 하나님과의 영적 교제를 가졌음을 알게 된다. 이 모든 자료들로서는 빈약할지 모르지만 예수님의 이런 은둔생활이란 후에 그에게 일어날 것으로 기대되는 과업의 준비였음을 이들이 가리켜 준다. 인간으로서 그는 자신이 누구였으며 자신이 행할 일이 무엇인가를 점점 더 분명하게 의식하게 되었다. 그의 영혼 속에서는 그의 아들 됨과 메시야 됨과 이들과 관련되고 이들로부터 나온 모든 것들이 점점 더 명확해졌다. 결국 30세가 되어 자신을 이스라엘에게 계시할 때에 이른 것이다(요 1:31).

이렇게 공적으로 나타내기 위한 전초가 유대 광야 남쪽에서 세례 요한이 시작했던 설교였다. 아브라함의 씨로부터 나왔고 할례를 행하며 스스로 의롭다 할지라도 죄악되고 불결하며 죄를 용서받는 회개의 세례가 필요함을 이스라엘에게 말하기 위해서 하나님으로부터 보냄을 입은 이 하나님의 사자는 그의 속죄설교로 유대 백성들 가운데 큰 운동을 일으켰고 오는 메시야의 길을 준비하였다. 예루살렘과 유대와 요단 강 근처의 모든 땅에서 온 많은 무리들이 그에게 와서 세례를 받고 그들의 죄들을 고백하였다. 그가 예수를 보고 그만이 참으로 성령과 불로 세례를 줄 수 있고 그의 인격으로서는 결코 세례를 받을 필요가 없었던 메시야로 알았을 때 세례 요한은 세례를 반대하였지만, 예수님은 그것을 그에게 종용하여 이르기를, 자신에게 세례를 베풀어 모든 의를 이루는 것이 합당하다고 하였다(마 3:15).

예수님은 자신에게 회개와 용서가 필요했기 때문에 세례받으셔야 했다고 말씀하지 않으셨다. 그는 요단 강에서 다른 사람과 같이 죄를 고백하지 않으셨다. 오히려 그는 요한을 선지자로 보았으니, 요한은 선지자 이상인 그 자신의 사자요 길을 예비한 자였다(마 11:7-14). 요한의 세례는 우발적인 것이거나 그 자신이 고안한 의식이 아니라, 하늘로서 받았던 것이라고 하셨다(막 11:30). 그러므로 그것은 하나님의 뜻에 의존하였고 예수님이 성취하셨던 의의 일부였다. 예수님께서는 그 세례를 강요하였을 때 그 스스로를 아버지의 뜻에 복종시켰을 뿐만 아니라, 다른 한편으로는 그 세례로 회개와 죄 용서함을 받을 백성들과 가장 밀접한 교통 가운데 스스로 들어가셨다. 예수님에게 있어서 요한의 세례는 하나님의 전 뜻에 대한 장엄한 복종이요, 그의 모든 백성과의 공식적인 교제에 들어감이요, 메시야적 활동무대에 들어서는 왕적 입어(入御)이다.

따라서 그의 세례는 다른 사람들의 세례와는 다른 의미를 갖는다. 예수님 개인적으로는 회개와 용서의 인표를 받지 않았지만, 그러나 그는 자신만이 이들을 줄 수 있는 것처럼 거기에서 성령과 불로 세례를 받았다. 후대에 어떤 분파들은, 그의 세례 시에 처음(그리스도의) 신성 혹은 능력이 인간 예수와 결합하였다고 생각하였다. 이런 관념들은 일종의 이단들의 생각들이다. 왜냐하면 그것은 잉태로 말씀이 육체가 되심에 대한 잘못이기 때문이다. 그럼에도 불구하고 예수님의 세례는 그의 사역을 위한 완전한 준비였음이 분명하다. 왜냐하면 그가 물에서 올라왔을 때 하늘이 열리고 하나님의 영이 그 위에 내려오시니 하늘로서 소리가 들려 말씀하시되 이는 내 사랑하는 아들이요 내 기뻐하는 자라 하셨기 때문이다(마 3:16, 17). 그것이 소수에게만 이해되었을지라도 예수님의 세례의 날은 이스라엘에게 자신을 나타내는 계시의 날이요 메시야로서의 그의 공적 사역의 시작이었다.

그러나 이 사역을 시작하시기 전에 며칠 동안 황량한 광야로 그는 물러가셨다. 그는 한 사람도 만나지 못하고 다만 조용한 자연과 야생동물들만 주위에 있었고 자신을 금식과 명상과 기도에 복종시켰다(마 3:2; 막 1:13; 4:2). 이런 명상의 내용이 무엇인지는 시험에 대한 설명에서 상당히 분명해진다. 40일 마지막에 일어났던 사단의 시험은 예수님이 행하셨던 싸움의 절정을 이루었고 세세한 설명이 마태에 의해서 주어지고 있으나 그것만이 유일한 것은 아니었다. 누가는 분명하게 그분은 40일 내내 마귀의 시험을 받았고(4:2), 모든 시험을 끝 마친 후 마귀는 얼마 동안 그를 떠났다고 말하고 있다(4:13). 예수님은 특별히 모든 점에서 우리와 같이 시험을 받았으나 죄는 없으셨다(히 4:15).

그러나 광야의 시험은 그의 공적 사역의 계획에 관한 것이었다. 세례를 받은 후 그는 줄곧 성령으로 충만하였고(눅 4:1), 마귀로 시험을 받기 위해서 그를 광야로 이끌었던 분은 성령이었다(마 4:1). 이제 예수님은 자신이 하나님의 아들인 메시야였고 신적 권능을 부릴 수 있다는 사실을 완전히 분명하게 의식하게 되었다. 그러나 그는 이런 권능을 어떻게 사용하셨는가? 이적적으로 자기의 필요를 공급하기 위해서 그것을 사용하고자 했는가? 아니면 땅의 권세를 굴복시키는 수단으로 땅의 왕국을 취하기 위해서 사용하고자 하는가? 혹은 희한한 이적과 표적을 통하여 그 백성을 자기 편으로 끌어들이는 데 사용하고자 하는가? 시험하는 자는 이런 세 가지 모든 점에서 그를 계속 시험하였다. 그러나 예수님은 이 모든 시험에서 견고히 서 있었다. 즉 그는 하나님의 말씀에 견고히 붙잡혀 그 모든 것들을 거절하였고 자신을 아버지의 뜻과 길에 복종시켰으며 그의 순종으로 자신을 세웠으며 하나님께 드리는 제사로 자신을 성결케 하였다. 그래서 그는 자신의 경험으로부터 시험받음이 무엇인지 알았고 우리의 연약에 긍휼을 베풀 수 있었다. 그러나 아담이 빠진 것처럼 그는 유혹에 빠지지 않으셨기 때문에 시험받는 자들을 도울 수 있다(히 2:18; 4:15).

이런 식으로 예수님은 그의 공적인 직책 수행을 준비하셨고, 그 사역의 이행을 시작하셨다. 이 첫 시대에 이들 직책 중에서 가장 강조되었던 직책이 선지자직이었다. 그가 공적인 사역을 시작한 직후에도 이미 그는 백성에 의해서 교사(랍비, 선생)로서 인식되었을 뿐만 아니라 선지자로서도 존경을 받았다. 나인 성에서 죽은 청년을 그가 일으키자 무리들이 소리지르기를, 큰 선지자가 우리 가운데 일어나셨고 하나님께서 자기 백성을 돌아보셨다고 하였다(눅 7:16). 그의 생의 마지막까지 그런 이름으로 남아 있었다. 그들은 비록 그의 제사장직과 왕직에 대한 관념이 전혀 없었고 오히려 증오까지 하고 있었을지라도, 그의 말씀들과 이적들 때문에 많은 사람들이 그를 선지자로 생각하였다. 참으로 선지자로서, 한 인간으로서, 즉 어느 누구보다도 하나님과 하나님의 일에 관해서는 더잘 가르칠 수 있는 분으로서, 오늘날까지 그분은 종교에 적어도 가치를 부여하고자 하는 모든 이에게 존경을 받아 왔다. 실제 그리스도가 제사장이고 왕이라는 사실은 이들에게 배척되었고 케케묵은 유대 관념으로서 생각되었으나, 적어도 선지자로서는 지극히 높임을 받았고 모하멧까지도 코란에서 그에게 이런 권위를 주었다.

그러나 예수님 자신은 유대인들이 인식하였던 것과는 전혀 다른 의미에서 선지자가 되기를 원하셨다. 그가 요한에 의해서 세례를 받고 광야에서 시험을 받으신 후 갈릴리로 돌아왔을 때, 곧바로 나사렛 회당에서 그의 모습을 나타냈고, 거기에서 이사야 11:1의 예언을 자신에게 적용하셨다. 주의 영이 그 위에 임하셨던 것은 가난한 자에게 복음을 전하고 깨어진 자의 마음을 고치기 위함이셨다(눅 4:16 이하). 그는 자신을 선지자와 동등히 하신 것이 아니라, 다른 모든 선지자들 위에 높이 계신 자로 보이셨다. 앞선 선지자들은 종들이었지만 그는 아들이셨다(마 21:37). 그는 유일한 선생이셨다(마 23:8, 10; 요 13:13-14). 모든 선지자들과 마찬가지로 그에게 소명과 기름부음의 은사와 하나님의 말씀의 계시와 선포의 은사, 예지와 이적 능력의 은사가 있었음은 사실이다. 그럼에도 불구하고 그는 그들 모두보다 뛰어나 지극히 높이 구별되셨다. 그의 소명과 기름부음은 영원 전부터였고 그의 구별과 준비는 일찍이 성령으로 잉태될 때부터 시작되었다. 세례 시에 성령을 넘치게 받았고 하늘로부터 소리가 나서 아버지께서 기뻐하시는 사랑하는 아들로서 부르심을 입었다. 그는 단 한번에 계시를 받은 것도 아니고 때에 따라서 받으신 것도 아니라, 그 자체가 하나님의 충만한 계시인 말씀이시며 하나님과 함께 있었고 하나님 자신인 그분이 때가 되매 육체가 되신 것이다. 그는 아버지 품안에 있었고 계속 그렇게 남아 있었으며, 그의 전생애를 통해서 그가 하라고 받은 명령 외에는 아무것도 말하거나 행치 않으셨다. 따라서 그가 받은 것은 후에 다른 사람들에 의해서 확장되어야 할 계시의 부분이 아니라, 그는 한 번 있는 하나님의 완전한 계시요 이전 모든 예언을 완성하고 결론짓는 하나님의 계시이다. 그러므로 하나님은 옛적에 선지자들로 여러 부분과 여러 모양으로 조상들에게 말씀하셨고, 이 모든 마지막 날에 아들을 통하여 우리에게 말씀하셨다(히 1:1). 참으로 구약시대에 조상들의 입에서 나왔던 예언은 그로 인한 것이다. 선지자들 속에 계셔 증거하셨던 분은 그리스도의 영이셨다(벧전 1:11). 그의 증거의 내용도 그리스도에 관한 내용이었다(계 19:10).

그렇기 때문에 가장 깊은 의미에서는 그리스도의 설교는 자신에 관한 설교요 자신의 인격과 사역에 관한 선포였다. 그는 자신을 나타내셨을 때, 요한과 구약 선지자들과 결부하여 시작하였다. 즉 하나님의 나라가 가까웠으니 너희는 회개하고 복음을 믿으라고 하였다(마 3:2; 4:17). 그러나 옛적 선지자들과 세례 요한은 길을 예비한 자들이었고 미래의 하나님의 나라를 보았다(마 11:10, 11). 지금은 때가 완전히 찼고 하나님의 나라 자체가 그리스도의 인격 가운데 하늘에서 땅으로 내려왔다. 참으로 하나님이 그것의 왕이요 아버지이시지만(마 5:16, 35, 45 등), 아버지께서 그리스도에게 그의 나라를 맡기셨으니, 이는 그가 아버지의 기쁘신 뜻에 따라서 그의 제자들에게 그 나라를 주도록 하기 위함이었다(마 11:27; 눅 12:32; 22:29).

그리스도는 그의 설교에서 그 왕국의 근원과 본질, 인도되는 길, 그것이 포괄하는 은택들, 그것의 점진적인 발전과 최종적인 성취를 밝히셨다. 이를 위해 철학적인 논증이나 신학적인 논술을 행하신 것이 아니고 교훈과 비유로 하셨고, 그것의 표상들은 자연의 현상에서 끌어왔거나 혹은 일상생활의 사건들에서 끌어왔다. 그리고 그는 항상 많은 사람들이 듣고 이해할 수 있도록 생생하고 분명하게 말씀하셨다(막 4:33). 그럼에도 불구하고 많은 사람들이 그의 말씀을 이해할 수 없었고 반대도 하였는데, 그것은 그들의 마음의 강퍅함의 증거였고, 그 나라의 일을 지혜롭고 명철한 자들에게는 감추시고 어린아이들에게는 나타내시는 아버지의 기뻐하신 뜻의 증거였다(마 11:25; 13:13-15). 그러나 그의 말씀은 하나님의 나라의 깊은 비밀에 관한 것일지라도, 본래 그것들은 어느 때든 항상 단순하고 이해할 수 있는 것들이었다. 왜냐하면 그 자신이 그의 인격 안에서 아들이요 후사요 명령자요 분배자며 계시자요 해석자이기 때문이다. 그의 현현이나 그의 말씀과 사역에서 예수님은 아버지를 우리에게 선포하셨고(요 1:18), 그를 보았던 자는 누구든지 아버지를 본 것이었다(요 14:9).

따라서 본래 그리스도께서 선포하셨던 말씀은 구약시대에 이미 알리셨던 말씀과 다른 것이 아니다. 그 말씀에는 율법과 복음이 다 포함되어 있되, 그렇다고 예수님은 새로운 법을 주신 것이 아니라, 구약의 하나님의 율법을 확장하고 개선하였다. 그리고 그리스도께서 선포하셨던 복음은 처음 에덴 동산에서부터 계시되었던 복음과 같다. 예수님이 땅에 오신 것은 율법이나 선지자들을 폐하러 오신 것이 아니라, 완전케 하려 함이다(마 5:17). 그리고 그것을 잘못된 해석과 인간적인 첨가로부터 정화함으로써, 또한 자신의 인격과 사역 안에서 완전히 실현케 함으로써 완성하였다. 그러므로 그리스도의 율법과의 관계는 모세의 관계와는 전혀 다른 관계이고, 복음과의 관계도 선지자들의 관계와는 전혀 다르다. 왜냐하면 율법은 모세를 통하여 주어졌고 복음은 선지자들을 통하여 주어졌지만, 은혜와 진리는 예수 그리스도로 말미암아 주어진 것이기 때문이다(요 1:17). 모세는 그의 손으로 율법의 두 증거판을 가지고 내려왔지만 이 일은 다른 사람에 의해서 얼마든지 대신할 수 있었다. 그와 마찬가지로 선지자들도 복음의 선포자들이었으나, 복음 자체는 아니었다. 그러나 그리스도는 자기 내부 깊은 곳에 율법을 품고 하나님의 뜻을 흠 없이 완전히 이루셨다. 그리고 그는 복음의 선포자일 뿐만 아니라, 복음의 내용이며 하나님께서 세상에 보내셨던 가장 큰 선물이었다. 은총과 진리는 그로 말미암아 왔고 그의 인격과 분리할 수 없다.

예수님의 말씀은 그의 사역을 동반하였고 그것으로 말미암아 확증되었다. 이 사역 역시 아버지의 뜻을 이루는 그의 직책에 속해 있다(요 4:34). 그분은 자신에게서 비롯하여 행하신 것이 아니라, 아버지께서 만물을 다 그의 손에 주셨고(마 11:27; 요 3:35), 아들이 아버지의 하시는 일을 보았던 것 외에는 아무 것도 스스로 행하지 아니하였으며(요 5:19), 이 일을 이루시는 분은 아들 안에 계시는 아버지 자신이셨다(요 14:10). 그리고 그 사역들의 근원이 신적이었던 것처럼, 역시 그 일들은 전체적으로 신적 성격을 지녔다. 왜냐하면 그 일들은 기적들이었으되 평범한 자연의 질서로부터 야기되었기 때문일 뿐만 아니라, 그들은 이적들이었고 다른 사람들이 행하지 못하는 일이었기 때문이다. 실로 사람들은 항상 자신의 뜻을 따라 행하지만, 예수님은 결코 자신을 추구하거나 자신을 기쁘게 하지 아니하였고(롬 15:3), 오직 자신을 부정하면서 아버지의 뜻을 이루었다. 그럼에도 불구하고 이 모든 사역 중 이적들이 가장 큰 몫을 차지하고 있다. 그것들은 한편 예수님이 하나님께서 보낸 자시라는 사실과 그의 능력에 대한 표요 증거이며(요 2:11, 24; 3:2; 4:54; 7:31; 9:16; 10:37; 11:4 등), 다른 한편 사람들의 육체적, 영적 구원에 목적을 두었던 행위였다. 예수님의 이적들은 거의 모두 구원과 치유의 이적들이었고 그의 제자직의 수행이었다.

이 사실은 예수님께서 이적들을 행하실 때 스스로 제한하신 사실로부터 분명하다. 광야에서 그는 자신의 신적 능력을 자신의 육체의 유익을 위해 사용하라고 하는 사단의 시험을 이겨냈다. 겟세마네 동산에서 그가 아버지께 구하여 지금 열두 영이 더 되는 천사들을 보내시게 할 수 없는 줄 아느냐고 말씀하신 것은(마 26:53) 그의 공적 활동의 전체에 적용할 수 있다. 그는 백성의 호기심을 만족시키기 위한 표적은 계속 거절하셨다(마 12:38; 16:1; 요 4:48). 이는 그가 맞서는 불신앙으로 인하여 제한된 능력의 계시를 보이신 것이 결코 아니었고(마 13:58), 기적적으로 그에게 치유함을 받은 사람들은 그것에 대해서 아무 말도 하지 말라는 명령을 계속 받았다(막 1:34, 44; 3:12 등). 예수님은 민중 가운데 메시야와 그의 사역에 관해서 잘못된 관념을 품는 것을 원치 않으셨다.

무엇보다 더 예수님이 행하셨던 사역들은 그의 내적인 긍휼의 표현들이기 때문에 그의 제사장직에 속한 사역들이었다. 이런 사실이 여러 번 기록되어 있고(마 9:36; 14:14; 15:32 등), 마태라는 복음서 기자는 이런 치유를 이사야 예언의 성취로 보고 그가 우리의 연약한 것을 친히 담당하시고 병을 짊어지셨도다라고 하였다(마 8:17). 다른 곳에서는 이 예언이 우리의 죄를 속죄하는 방식이었던 그리스도의 죽음에 적용되고 있다(요 1:29; 벧전 2:24). 그러나 죄와 병은 같은 것이다. 자비로우신 대제사장으로서 그리스도는 우리의 죄뿐만 아니라, 우리의 모든 곤고한 것의 근원을 치료하셨다. 그가 수행하신 여러 기적들인 귀신을 쫓아내고, 소경과 귀머거리를 고치시며, 앉은뱅이와 불구자를 고치고, 죽은 자를 일으키시며, 자연을 다스리시는 중에, 그는 우리의 모든 곤고한 가운데서 우리를 구원하실 수 있다는 사실에 대한 결정적인 증거를 제공하고 있다. 그의 제사장적인 긍휼과 그의 왕적인 능력으로도 없앨 수 없을 만큼 그 죄책은 무거웠고 그 죄악은 그렇게 컸으며 그 곤고함은 그렇게 깊었다.

따라서 제사장적인 활동은 특별히 그의 마지막 고난과 죽음에서 표현되었지만, 그의 영혼을 많은 사람의 대속물로 드리는 일이 그가 땅에 오셨던 목적인 섬김의 종국이요 그의 전생애를 통해서 성취되었다(마 20:28). 그는 하나님의 어린양으로서 세상 죄를 짊어지셨다(요 1:29). 그의 낮추심은 성육신과 더불어 시작하여 고난으로 순종의 생활을 계속하고 십자가에 죽음으로써 끝마쳤다(빌 8:8; 히 5:8). 그리스도는 아버지로 말미암아 선지자와 제사장으로 작정되었다. 그의 전생애를 통해서 그의 선지자직을 이루셨던 것처럼, 그의 제사장직도 그의 전생애를 통해서 이루셨다. 그럼에도 불구하고 놀라운 사실은, 그리스도가 신약에서 히브리서 외에 어느 곳에서도 제사장의 이름을 갖지 않았다는 사실이다. 그의 생과 죽음이 계속 반복하여 하나의 희생으로 표현되었던 것은 사실이나, 제사장이란 이름은 히브리서에서만 사용되고 있다. 그럴 만한 충분한 이유가 있다. 그리스도가 제사장인 것은 확실하나, 구약과 모세의 율법에서의 제사장들과는 전혀 다른 의미에서 제사장이었다. 왜냐하면 여기에서의 제사장들은 아론의 자손과 레위 지파에서 나왔기 때문이다. 그들은 제사장들이었지 선지자나 왕들이 아니었다. 그들은 잠시 동안 섬기면서 살았다가 그 후 다른 사람들에 의해 대체되어야 했다. 그들은 죄를 없이 할 수 없는 황소와 염소의 제물을 가져왔다. 그러나 이 모든 것들을 그리스도에게 적용할 수 없다. 그 자신은 유다의 지파로부터 나왔고, 따라서 모세의 율법을 따라서는 제사장직에 해당될 수 없다(히 7:14).

히브리서에 따르면 그리스도는 아론의 반차를 따른 제사장이 아니라, 멜기세덱의 반차를 따른 제사장이었다. 시편 110편에서 이미 이것이 미리 언급되어 있었다. 즉 메시야는 왕의 권위를 자신과 결합하는 제사장이 되어 영원한 제사장으로 남아 있을 수 있다는 말을 하였다. 히브리서는 이 사상을 좀더 발전시켜 그리스도는 아론의 반차를 따른 것이 아니고, 멜기세덱의 반차를 따른 제사장임을 광범위하게 논증하였으니, 이는 그가 동시에 왕이었기 때문이다. 즉 그는 완전히 의롭고 죄 없는 의의 왕이었고, 영원히 제사장으로 남아 다른 사람에 의해서 결코 대체되지 않았으며 희생을 드리는 자이되, 황소나 염소로 하지 않고 자신의 몸과 피로 하였고 그로 인하여 그의 백성을 위한 완전한 구원을 이루셨으며, 따라서 영원한 평화를 이루는 평강의 왕이었기 때문이다(히 7-10장). 배교의 위험에 처했던 유대적 그리스도인들을 위해서 이로부터 연역된 실제적인 권고는 그들에게 퇴보할 이유는 전혀 없고, 오히려 앞으로 전진해야 할 소명이 있다는 교훈이다(6:1). 구약의 제사장들이 그들의 제사와 중보기도를 통해서 다만 상징적이고 예표적으로 나타내고자 하였던 것, 곧 백성이 하나님의 면전으로 나아가는 길을 여는 일이 그리스도를 통해서 영원하고 완전하게 이루어졌다. 그가 새롭고 산 영생에 이르는 길을 열어 놓으셨기 때문에 그리스도인들은 아주 담대하게 믿음의 보증을 가지고 은혜의 보좌로 나아갈 수 있게 되었다(4:16; 10:19 이하).

제사장직이 선지자직과 관련되어 있는 것처럼 또한 그리스도의 왕직과도 아주 밀접하게 연결되어 있다. 그리스도 안에 있는 제사장직의 독특성 중 하나가 그의 왕직과의 관계다(시 110:4; 히 7:17). 참으로 여호와께서 이스라엘을 부르신 것은 그를 제사장 나라로 삼는 일이었다(출 19:6). 비록 이스라엘 안에서 여러 직책들이 구별되었을지라도, 자기 곳에서 돋아나서 여호와의 전을 건축할 순이라 하는 메시야가 면류관(왕적 권위)을 쓰고 위엄 있게 그의 보좌에 앉아 다스릴 것이다. 그는 자기 보좌 위에서 한 제사장이 될 것이니, 이 두 본질 사이에 평화의 의논이 있으리라. 즉 그의 제사장직과 왕직이 완전히 하나가 될 것이고 그의 백성에게 요구되는 평화에 대해서 만장일치의 심의가 일어날 것이라고 예언되어 있다. 메시야는 자신 안에서 왕직과 제사장직을 하나가 되게 하여 그의 백성이 필요로 하는 그런 완전한 평화를 이루실 것이다(슥 6:13).

제사장직과의 이런 관계는 메시야의 왕직에 독특한 성격을 준다. 그는 다윗의 집에서 나올 것이지만(삼하 7:16), 그의 집이 망하게 되었을 그때에 나올 것이다(미 5:1). 그 자신이 왕이 될 것이고 그는 공의로우며 하나님으로 말미암아 도우심을 입어 구원을 베풀 것이지만, 겸손하시사 그의 낮아지심의 표로 나귀를 타나니 나귀의 작은 것, 곧 나귀 새끼를 탈 것이다(슥 9:9). 메시야께서 자신을 나타내실 때 세상 영광과 권세로 나타내시지 않을 것처럼, 그의 나라 역시 광포와 무기로 세우지 않을 것이다. 그 반대로 주께서 자기의 때에 에브라임에 병차를 끊겠고 예루살렘에 말을 끊을 것이며 전쟁하는 활도 끊을 것이니, 메시야는 그 백성에게 화평을 전할 것이요 그의 정권은 바다에서 바다까지 이르고 강에서 땅의 끝까지 이르리라(슥 9:10; 시 72편과 비교).

오는 메시야에 대한 이런 예언은 그리스도 안에서 완전히 성취되었다. 신약은 계속 강조하여 그는 다윗의 집으로부터 나왔고 이스라엘 나라의 법에 따라서도 그의 왕위는 당연하다고 말한다. 마태복음 1장과 누가복음 3장의 두 계보는 그가 다윗의 자손임을 가리킨다. 천사가 마리아에게 주 하나님께서 지극히 높으신 이의 아들이라 일컬을 그녀의 아들에게 그 조상 다윗의 위를 줄 것이고 그가 영원히 야곱의 집에 왕노릇하실 것을 알리셨다(눅 1:32, 33). 일반적으로 그는 다윗의 아들로 인식되었다(마 9:27; 12:23; 15:22; 20:30; 21:9; 롬 1:3). 그리고 다윗의 씨로부터 나왔다는 관념은 그가 왕이시고 그의 나라는 정당하다는 관념과 관련되어 있다(눅 23:42).

그 자신의 의식에서도 예수님은 왕이셨다. 참으로 그는 하나님의 나라의 선포와 동시에, 계속 반복하여 하나님이 그 나라의 왕이심을 말씀하셨다(마 5:35; 18:23; 22:2). 그러나 그때에도 종과 구별하여 왕의 아들(마 21:27), 곧 자신이 왕이셨다(마 25:31 이하). 의심할 것도 없이 그분은 그때 다윗의 아들이란 이름과 결부시켰을 것이다. 즉 그는 자신의 의식 속에 다윗의 아들과 다윗의 주임을 동시에 의식하였다(마 22:42 이하). 주께서 재림할 시에 그 왕국을 제자들에게 주시는 것처럼, 아버지께서 그에게 그 나라를 맡기셨던 것이다(눅 22:29).

그러나 그는 그 당시 유대인들이 기대하였던 메시야와는 전혀 다른 의미에서 왕이셨다. 그분은 그의 조상 다윗의 위에 대한 법적인 주장을 유대 백성의 지도자들 앞에서, 헤롯 왕 앞에서나 로마의 가이사 앞에서는 하지 않으셨다. 그는 세상 정권의 수단을 통하여 세상을 지배하라는 시험을 이겨내셨다(마 4:8-10). 오병이어의 이적 후에 무리들이 그를 강제로 잡아 왕으로 추대하려고 했을 때, 그는 그들을 회피하였고 산에서 기도의 고백을 찾았다(요 6:15; 마 14:23). 그는 계속 그의 왕적 권세를 나타내셨지만 열방의 군주들이 하는 것처럼 지배의 시위로 그 권세를 나타낸 것이 아니고, 섬겨 그의 영혼을 많은 사람의 대속물로 주기 위해서 한 것이었다(마 20:25-28). 그의 왕권은 그가 말씀하시사 하늘나라의 법을 선포하고 자연을 그에게 복종시키며 병든 자와 죽은 자가 명령에 굴복하고 스스로 십자가에 자기 생명을 버리셨다가 다시 일어나시사 장차 왕과 심판자로서 죽은 자와 산 자를 심판하실 그 권세에서 나왔다.

그러나 그리스도께서 구약의 예언과 결부하여 그의 왕권에 부여한 이런 영적인 의미는 마치 그가 실제적으로 왕은 아니었고, 다만 비유적인 의미에서 이런 명칭을 가져온 것처럼 생각하는 유혹에 빠지지 못하게 한다. 그분이 아론의 반차를 따른 것이 아니고 멜기세덱의 반차를 따른 제사장이었기 때문에 구약의 제사장들보다 훨씬 승하였던 것처럼, 열방의 군주들과는 다른 왕이었기 때문에 그들보다 덜하기보다는 훨씬 더 승하였던 것이다. 그는 참되고 진실한 왕이셨고 땅의 왕들은 형상과 모양에 있어서만 왕들이었다. 그는 왕 중 왕이요 땅의 왕들의 머리시요 안과 밖으로, 영적으로나 육적으로 하늘과 땅에서, 땅의 이 끝에서 저 끝까지 영원히 다스리는 왕이시다.

그의 이런 완전하고 영원한 왕권에 대한 합법적인 주장에 관한 한 어떤 것도 하나님과 사람 앞에 결코 떨어지지 않도록 하셨다. 땅에서 머무른 동안에도 신적 권리든 인적 권리든 어떤 권리도 양보한 일이 없었다. 그는 힘으로 그 권리를 취하고자 한 것이 아니고 하나님에 대한 절대적 순종에 의해서만 얻고자 하였다. 오히려 그것을 통하여 그는 자신의 주장들을 강화시켰다. 그는 그의 겸손 속에서 하나님의 아들이 됨을 증명하였고, 따라서 만물의 후사가 되어야 했다.

그가 참된 왕임을 증명하기 위해서 그는 고난의 주일을 여는 일요일에 영광스러운 예루살렘 입성을 하였다. 그때는 그의 왕국의 중요한 면이 오해될 위험은 없어졌다. 왜냐하면 말씀과 행위로 모든 땅의 권세를 자신으로부터 배제시키는 섬김과 순종의 생활만이 그 뒤에 남아 있기 때문이었다. 그와 백성 사이의 적대사태는 이미 최절정에 도달하였다. 이 마지막 주일 안에 자신을 광포한 손에 맡기고 죽음으로 내놓은 것이다. 전에는 자신을 왕으로 삼고자 하는 일을 피했지만, 이제는 자진하여 왕으로서 예루살렘에 입성하셨다(마 22:1). 그는 죽기 전에 한 번 더 공공연히 모든 백성 앞에, 자신이 하나님에 의해서 보냄을 받아 다윗의 자손으로 태어난 메시야임을 알려야 했다. 그러나 그때에도 선지자의 예언에 일치하도록 겸손하여 나귀 새끼, 곧 망아지를 탄 왕으로서 자신을 알리셨다. 그가 산헤드린과 빌라도에게 판결받았던 이유는 그가 메시야요 하나님의 아들이며 다윗의 집의 왕이었기 때문이다. 그는 왕이었다(마 27:11). 유대인의 생각과는 반대로 십자가 위에 있는 패가 그에 대한 증거이다(요 19:19-22).

선지자, 제사장, 왕으로서의 예수님의 전생애는 죽음이 그 완성이었다. 예수님에게 죽음이 왔다. 그 자신이 분명히 그것을 의식하고 있었다. 공생애 처음 나사렛 회당에서 이미 여호와의 고난의 종에 대한 예언을 자신에게 적용하였고 (눅 4:16 이하), 역시 자신이 어린양으로서 죽게 될 것이라는 사실을 분명하게 의식하고 있었다. 그는 세상 죄를 지고 가는 어린양이었다(요 1:29). 그의 몸인 성전은 무너지지만 사흘 후에 다시 일어날 것이다(요 2:19). 모세가 광야에서 뱀을 든 것처럼 인자도 하나님의 뜻에 따라 십자가에서 들려야 했다(요 3:14-

12:32, 33과 비교). 그는 땅에 떨어져서 열매를 맺기 위해서 죽어야 할 한 알의 밀이었다(요 12:24).

그렇게 이미 예수님은 공생애 초기부터 여러 이미지와 비유로 그 죽음을 자신의 생의 목적으로 나타내고 있다. 그 목적에 도달하면서 더 분명하고 직접적으로 표현해 주고 있다. 특별히 모든 제자들을 대표하여 베드로가 결정적인 순간에 가이사랴 빌립보에서 예수님을 그리스도시요 살아 계신 하나님의 아들로 고백한 이후부터, 그는 자신이 예루살렘에 올라가 장로들과 대제사장들과 서기관들에게 많은 고난을 받고 죽임을 당하고 제삼일에 살아나야 할 것을 그들에게 나타내기 시작하였다(마 16:21). 제자들은 이것을 이해하지 못했고 그것을 인정하려고도 하지 않았다. 베드로는 스스로 친밀하게 그를 붙들고 간하여 가로되, "주여 그리 마옵소서. 이 일이 결코 주에게 미치지 아니하리이다"라고 하였다. 그러나 예수님은 그 말을 시험으로 보고 강하게 대답하여, "사단아, 내 뒤로 물러가라. 너는 나를 넘어지게 하는 자로다. 네가 하나님의 일을 생각지 아니하고 도리어 사람의 일을 생각하는도다"라고 말씀하셨다(마 16:22, 23). 그리스도께서 자신을 죽음에 복종시키고자 하는 이런 확고한 뜻은 며칠 후 변화산에서 하나님의 인허표를 받았다. 그의 예루살렘 입성은 율법과 선지서들(모세와 엘리야)의 내용과 조상들의 뜻에 합하고 있다. 그는 언제나 하나님께서 기뻐하시는 사랑하는 아들로 남아 있었고, 제자들은 그에게 베드로처럼 간해서는 안 되고 도리어 존경하고 엎드려 그의 말을 들어야 한다(마 17:1-8).

그러나 이 죽음은 예수님이 추구하였던 것이 아니다. 그를 붙잡는 바리새인들과 서기관들에게 도전하지 않았다. 비록 그의 때가 이르렀음을 알았을지라도(요 12:23; 17:1) 자진해서 그를 팔고 배반한 자는 유다요, 그를 붙잡아 넘기는 자들은 대제사장들과 바리새인들이며, 그를 재판하여 죽게 한 이들은 산헤드린 회원들과 본디오 빌라도 총독이었다. 하나님의 경륜은 역사적인 상황을 제하여 버리지도 않고 인간의 죄책을 없이 하지도 않는다. 오히려 그 반대로 하나님의 정한 경륜과 예지로 말미암아 그는 버림을 당했고, 그런 식으로 유대인들은 그를 취하여 불의한 자들의 손을 통하여 십자가에 못박아 죽였다(행 2:23; 4:28).

그리스도의 이런 죽음은 사도적 설교의 중심을 이루고 있는데, 후에도 계속 그러했지만 맨 처음부터 그러했고(행 2:23 이하; 3:14 이하; 4:10 이하 등), 바울의 경우뿐만 아니라 모든 사도들의 경우에 그러하다. 그리스도의 부활 후 성령의 가르침을 통하여 처음 예수님의 고난과 죽음의 필연성과 그 의미를 이해하게 되었다. 그런 고난과 죽음이 또한 선지자적 사역의 성취요 그의 가르침이 진리였음의 증거요 그의 전생애의 인표임이 확실시되었다. 빌라도 앞에서 그는 선한 증거로 증거하셨고(딤전 6:13) 무죄하고 쓴 고난 속에서 우리의 본이 되셨으니, 이는 우리도 그 자취를 따라오게 하려 함이다(벧전 2:21). 그는 사도와 대제사장으로서 성취자요 우리의 고백의 내용이며(히 3:1), 우리 안에 신앙을 야기하고 이루시는(히 12:2) 충성된 증인이시다(계 1:5; 3:14). 그와 똑같이 그리스도의 죽음은 그의 왕적 권위의 계시였으니, 이는 그의 죽음이 꼭 치러야 할 운명이 아니었고 스스로 자진해서 이룬 한 행위였기 때문이다(요 10:17, 18). 십자가에 달리시는 일은 땅 위에 지극히 높아지는 일이었고 그의 대적들에 대한 승리였으니(요 3:14; 8:28; 12:32, 34), 이는 그것이 아버지의 명령에 순종하는 가장 완전한 순종이었기 때문이다(요 14:31). 그럼에도 불구하고 사도적 가르침에 따라 우리는 그리스도의 죽음에 대한 이런 이해에 머무를 수 없다. 예수님은 그의 죽음에서도 증인과 인도자였고 순교자요 영웅이었으며 선지자요 왕이셨다. 그보다 더 그는 제사장으로서 일하고 계셨다. 그의 대제사장직은 그의 죽음에 있어서 가장 강하고 분명한 배경을 이루고 있다. 모든 성경의 가르침에 의하면 그의 죽음은 자발적으로 자신을 아버지께 가져온 제물이었다.

    신약에서 그리스도의 죽음을 이런 말로 표현하였을 때, 그것은 직접 구약에 관련된다. 가장 오래된 시기부터 제사들은 있어 왔다. 가인과 아벨도 행하였고 노아와 족장들도 행하였다. 모든 나라와 종교에서도 발견할 수 있다. 일반적으로 말해서 그 목적은 산 것이든 죽은 것이든 어떤 물질을 일정한 의식에 따라서 엄숙하게 파괴시켜 드림으로 신의 총애와 그와의 교제를 확실시하거나 새로이 구함이다. 그의 백성 이스라엘에 대해서도 여호와께서는 그의 율법 안에 제사법을 포함시켰다. 그러나 이스라엘의 제사법은 다른 역할을 하고 그 의미가 변형되었다.

    첫째로 이스라엘에서의 희생들은 동물들(소, 양, 어린양, 염소, 숫소, 비둘기)과 땅의 소산들(밀가루, 기름, 포도주, 유향)에 제한되었고 그것들만을 이스라엘의 하나님 여호와께 가져올 수 있다. 사람의 희생 피를 마시는 것, 몸을 베는 것이 금지되어 있었고(창 22:11; 신 12:23; 14:1; 18:10 등), 역시 우상들과 죽은 자들과 신성한 동물들에게 드리는 제사들은 하나님의 뜻에 어긋나는 것들이었다(출 32:4 이하; 민 25:2 이하; 호 11:2; 렘 11:12; 겔 8:10; 시 106:28). 둘째로 이스라엘에서의 제사는 도덕법보다는 못했다. 순종이 제사보다 낫고 듣는 것이 수양의 기름보다 나았다. 주께서는 인애를 원하고 제사를 원치 않으셨으며 번제보다 하나님을 아는 것을 원하였다(삼상 15:22; 호 6:6; 14:2; 미 6:6, 8; 시 40:7; 50:7-14; 51:18, 19; 잠 21:3). 셋째로 이스라엘의 제사는 제사장직이나 성전, 제단 등 모든 의식율법과 마찬가지로 약속을 돕는 일을 한다. 이것들은 은혜언약을 야기하지는 않았는데, 이는 은혜언약이 하나님의 은혜로운 선택에 달려 있기 때문이다. 그러나 그것들은 이스라엘에게서 이 언약을 보존하고 굳게 하는 데 이바지하였다.

하나님의 선택과 부르심에 따라서 모든 이스라엘 백성이 제사장 나라(출 19:6)가 되고 제사장직은 다만 종속적이고 일시적인 제도였던 것처럼 제사제도(특히 번제, 속건제, 속죄제)는 이스라엘 사람들이 언약 안에서, 즉 고의가 아니고 이탈로(부지불식간에) 범과하였던 죄들이 어떻게 화해될 수 있는지 그 길을 제시할 뿐이다(레 4:22, 27; 5:15, 18; 민 15:25 이하; 35:11, 15; 수 20:3, 9). 언약을 어긴 죄로서 하나님의 진노를 일으켜 종종 시민 전체가 형벌을 받기도 하였던 무겁고 고의적인 죄들의 경우 오직 하나님의 긍휼에 호소하였는데, 이 경우 아브라함(창 18:23-33), 모세(출 32:11-14; 민 14:15-20), 비느하스(민 25:11) 아모스(암 7:4-6; 렘 15:1과 비교)와 같은 사람들의 중재를 통할 경우에도, 오직 그의 이름의 뜻으로 용서받았다(출 33:19; 34:6; 시 78:38; 79:8, 9; 사 43:25; 겔 36:52 이하; 미 7:18 등).

이런 모든 의식을 통하여 하나님께서 첫째로 그의 백성에게 가르치셨던 것은, 모든 은사와 은혜를 포함하는 은혜언약은 오직 그의 긍휼 때문이라는 사실이다. 즉 그 근원과 기초는 측량할 수 없는 사랑에 기초하였으니, 나는 은혜 줄 자에게 은혜를 주고 긍휼히 여길 자에게 긍휼을 베푸느니라고 하였다(출 33:19). 여호와께서는 의식제도들과 율법을 통하여 특별히 그의 백성 이스라엘로 하여금 자신이 죄 용서의 축복을 주실 때 화목의 방식으로 주신다는 사실을 깨닫게 하였다. 죄의 본성 속에는 항상 하나님의 진노를 일으키고 인간을 죄악되고 부정하게 하는 특성이 있다. 그 때문에 일반적으로 하나님의 진노를 진정시키고 인간을 그의 죄책과 부정으로부터 자유롭게 하여 다시 그로 하여금 하나님의 총애와 교통에 참여하도록 하기 위해서 제사가 필요하였다. 율법이 그에 대해서 속죄의 수단으로서 일정한 제사를 드리도록 하지 않는 죄들의 경우에 속죄는 진정 하나님 자신에게 맡겨졌다. 즉 죄를 속하고 그 방식으로 또한 죄를 용서하시는 분이 그 자신이다. 용서는 속죄를 전제하고 그것으로 끝마친다(시 65:4; 78:38; 79:9; 잠 16:6; 사 27:9; 렘 18:23; 겔 16:63 등). 더구나 부지불식간에 지은 죄들이나 특별한 제사가 율법에 표시되어 있는 죄들의 경우에도 하나님 자신이 제사와 제사장과 제단의 수단을 통해서 죄를 덮고 없에신다는 것이 결론이다(레 17:11; 민 8:19). 모든 속죄의 예식은 그로부터 나왔고 그로 말미암아 정해진 것이다.

참된 화목의 수단은 희생동물의 피다. 피가 영혼의 자리요 살아 있는 생명의 근원의 자리이다. 따라서 그것이 영원의 속죄를 위해서 여호와의 제단에 드려졌다(레 7:11). 그러나 속죄의 수단이 되기 위해서는 죄를 지은 사람이 희생동물을 성전에 가져와 그 위에 자기 손을 얹고 잡아 그 피를 쏟고 그 피는 제사장에 의해서 단 사면에 뿌려져야 한다(출 29:15, 16, 19, 20 등). 안수하는 것, 잡는 일, 제단에 뿌리는 일은 영혼의 좌소인 그 피가 화목의 수단이 되는 방식을 제시해 주고 있다. 이런 식으로 그 피가 죄를 속죄하고 덮어 없앨 때 죄책은 용서받고 부패한 것이 정화되고 하나님과의 언약의 교제가 회복된다. 제사장직과 백성, 성전, 제단 및 제사에 필요한 모든 기구들이 피로 말미암아 여호와께 소속되었으니, 여호와께서 이스라엘 자손 중에 거하시고 그들의 하나님이 되시기 위해서 그들 모두가 거룩하게 되어야 했다(출 29:43-46).

그러나 이전 모든 희생제사는 예비적이었고 장차 오는 좋은 일의 그림자일 뿐이었다(히 10:1). 광야에 있는 성막은 참 성소의 모형일 뿐이었다(히 8:5). 제사장들 자신들도 죄인들이어서 백성은 물론 자신들의 죄를 속죄해야 했고(히 7:27; 9:7), 역시 죽음을 인하여 항상 있지 못했다(히 7:23). 황소와 염소의 피가 죄를 없이 하지 못했고 양심을 정결케 하지 못했다(히 9:9, 13; 10:4). 따라서 제물들은 늘 가져와야 했다(히 10:1). 한마디로 말해서 전에 것은 모두 외적이고 연약하며 무익하고 흠이 있고(히 7:18; 8:7) 더 좋은 미래를 가리킨다. 경건한 이스라엘 사람들은 수세기 동안 이 더 좋은 것을 알고자 하였고, 주께서 새 언약을 세우시고 자신을 참 화목제물로 가져와 그 백성으로 하여금 용서와 중생의 충만한 축복에 참여하게 하는 그 날들을 갈망하였다(렘 31:33 이하; 33:8; 겔 11:20; 36:25 이하). 특별히 이사야의 경우 이런 기대가 아름답게 표현되었다. 그의 위로의 책은 그 복역의 때가 끝났고 그 죄악의 사함을 입었으며 그 모든 죄에 대하여 여호와의 손에서 배나 받았다는 예루살렘을 향한 외침으로 시작하여(사 40:2), 우리의 허물과 죄악을 스스로 담당하여 나음과 평화를 우리에게 가져오실 여호와의 종에 대한 예언이 펼쳐지고 있다(53:2 이하).

구약의 경우와 아주 동일하게 신약도 그리스도의 죽음 속에서 우리의 죄를 지신 제사로 보이고 있다. 예수님이 직접 자신은 율법과 선지자와 하나님의 모든 의를 이루기 위해서 오셨다고 말씀하였을 뿐만 아니라(마 3:15; 5:17), 이사야의 예언을 자신에게 적용하였으며, 자신이 하나님의 영으로 기름부음을 받아 가난한 자들에게 복음을 전파할 여호와의 종임을 보여주었다(눅 4:17 이하). 그는 아버지의 명령에 따라 자신의 생명을 버리고 다시 취하기 위해서 오셨고, 자기 양떼를 위해 생명을 주기 위해 오셨으며 죽음을 통해서 그의 살과 피를 영생에 이르는 양식과 음료로서 준비하기 위해서 오셨다(요 2:19; 3:14; 6:51;

10:11, 15, 18; 13:24; 15:13). 그의 죽음은 참된 희생이요 구약시대의 율법에 따라 드린 모든 제사들의 완전한 완성이었다. 무엇보다 더욱 그리스도의 죽음은 아버지의 뜻에 따른 가장 완전한 순종이요, 그가 섬김을 받으러 오신 것이 아니라, 섬기러 오셨다는 증거요, 많은 사람들을 포로와 같이 그것에 매어 있는 죄의 힘으로부터 구속하기 위한 독특한 속전이요 속량이었다(마 20:28). 그것은 옛 언약의 시작인 언약의 피의 성취요(출 24:7), 새 언약의 기초를 놓았던 것이며(마 26:28; 히 9:15-22), 제물과 제사였고(엡 5:2; 히 9:14, 16), 유월절 제사의 관념(요 1:29; 고전 5:7; 벧전 1:19; 계 5:6 등), 속죄제과 속건제의 관념(롬 8:3; 고후 5:21; 히 13:11; 벧전 3:18), 속죄의 큰 날에 드리는 제사의 관념(히 2:17; 9:12 이하)을 실현시킨 것이다. 그리스도 안에서 성취했던 것은 구약의 제사들만이 아니다. 그 제사들이 해결해야 할 모든 요구들과 이에 동반하는 모든 행위들을 이루었던 것이다. 제사를 주도하였던 제사장은 흠 없는 사람이어야 했고(레 21:17 이하), 그래서 그리스도는 대제사장이었고 거룩하고 악이 없고 더러움이 없고 죄인에게서 떠나 계셨다(히 7:26). 제사드리는 동물도 완전하고 흠이 없어야 했다(레 22:20 이하). 그리스도는 이에 합당한 흠 없고 점 없는 어린양이었다(벧전 1:19). 희생의 제물이 제사장의 손에 의해서 죽여졌던 것처럼(출 29:11 이하) 그리스도도 어린양으로 죽임을 당하였고, 그의 피로 우리를 사서 하나님께 드리셨다(계 5:6, 9).

유월절 양의 뼈는 꺾지 않도록 하였다(출 12:46), 그래서 그리스도도 뼈가 꺾이지 않고 죽으셨다(요 19:36). 제사장은 동물을 잡아 그 피를 취하여, 속죄제일 경우 그것을 성소에 뿌리고(레 16:15; 민 19:4), 언약의 제사일 경우 백성 위에(출 24:8) 뿌렸다. 그리스도는 역시 단번에 그 자신의 피로 참 성소에 들어가셨고(히 9:12), 그 피를 백성 위에 뿌렸다(벧전 1:2; 히 12:24). 속죄제의 경우 동물의 피는 성소에 들어갔고 그 몸은 성 밖에서 불로 태워졌다(레 16:27). 이와 같이 그리스도도 자신의 피로 백성을 거룩히 하기 위해서 문 밖에서 고난 받으셨다(히 13:12). 그리고 구약 의식에서 생명의 좌소인 그 피는 죽을 시 쏟아 그것을 제단에 뿌림으로 구별된 속죄 수단이 되었던 것처럼, 신약에서도 그리스도의 피가 효력 있는 속죄와 용서와 우리 죄들의 정화의 원인이 되었다(마 26:28; 행 20:28; 롬 3:25; 5:9; 고전 11:25; 엡 1:7; 골 1:20; 히 9:12, 14; 12:24; 벧전 1:2, 19; 요 1:7; 5:6; 계 1:5; 5:9 등).

이런 의미로 신약이 그리스도의 고난과 죽음을 제사로서 말하였을 때, 비유를 사용하고 낱말과 표현들도 구약의 제사의식에서 가져오고 있다. 그렇다고 해서 이 때문에 이 표상들이 우연적이고 비실제적이며 우리가 안심하고 부담 없이 버릴 수 있다고 추론해서는 안 된다. 그 반대로 성경은 명백히 구약시대의 제사가 형상이며 그림자였고, 그리스도의 제사에서 그 완성을 보았다는 관념으로부터 진행한다. 그리스도가 유추의 방식에서가 아니라 참된 의미에서 선지자요 제사장이며 왕인 것처럼, 그의 죽음에의 복종은 비유적인 의미에서 제사가 아니라 그 말씀에 대한 가장 본질적이고 참된 의미에서 제사였다. 그 때문에 우리는 그리스도의 죽음을 제사로 부르지 않을 수 없다. 바로 그 말을 버린 것이 실재를 버린 것이다. 그리고 그 실재가 우리에게 모든 실재 중 가장 중요하고 구원의 샘이다.

그리스도의 죽음을 제사라 불렀을 때 무엇보다 더 첫째로 내포된 의미는, 그가 자신을 제물과 희생으로 드려 하나님께 향기로운 냄새가 되게 하셨다는 의미이다(엡 5:2). 참으로 그리스도는 선물이었고 하나님의 사랑의 증거였다(요 3:16). 우리가 아직 죄인 되었을 때에 그리스도께서 우리를 위하여 죽으심으로 하나님께서 우리에게 대한 자기의 사랑을 확증하셨다(롬 5:8). 그는 자기 아들을 아끼지 아니하시고 우리 모든 사람을 위하여 그를 내어 주셨다(롬 8:32). 그리스도의 탄생과 삶과 고난과 죽음이 하나님의 사랑을 우리에게 증거하고 보증하고 있다. 그렇다고 이런 하나님의 사랑이 그의 공의를 한 쪽으로 팽개칠 것이 아니다. 오히려 잘 관찰하면 그 공의가 그 안에 내포되어 있다. 그 사랑은 죄로부터 죄로서의 그 성격을 도말하는 사랑이 아니라, 속죄 속에서 그 용서의 길을 찾는 것이다. 그리스도께서 죽어야 했던 것은 아버지의 명령에 따른 것이었고(마 26:54; 눅 24:25; 행 2:23; 4:28), 그의 죽음을 통하여 하나님의 의를 만족케 한다(마 3:15; 5:17; 요 10:17, 18; 롬 3:25, 26). 그리스도의 죽음 안에서 하나님께서 전에 길이 참으시는 중에 허용하셨던 죄들을 용서하시면서 그의 완전한 공의를 보존하셨고, 동시에 그 스스로 공의를 보존하심과 더불어 믿음 안에서 예수님께 속해 있는 모든 사람들을 의롭다 하시는 방식을 공개하셨다.

둘째로 그리스도의 제사는 그의 수동적 순종과 능동적 순종에 대한 표시이다. 초반에는 능동적인 순종이 실질상 그 뒤에 희미하게 사라질 만큼 수동적인 순종이 지배적인 배경이 되었지만, 후에는 오히려 수동적인 순종은 무시되고 능동적인 순종이 아주 강하게 강조되었다. 그러나 성경에 따르면 두 가지 순종이 병행하고 있고 한 사건에서 두 면을 다 볼 수 있다. 그리스도는 잉태와 탄생으로부터 언제나 아버지께 순종해 왔다. 동시에 그의 전생에는 하나님의 의와 그의 율법과 명령에 대한 성취로 볼 수 있다(마 3:15; 5:17; 요 4:34; 6:38; 롬 9:19). 세상에 오시면서 그는, "하나님이여 보시옵소서 내가 당신 뜻을 행하러 왔나이다"라고 하였다(히 10:5-9). 그러나 그런 순종들은 처음 그의 죽으심, 특별히 십자가의 죽으심에서 완전하게 증명되었다(빌 2:8). 신약은 그것으로 가득 차 있다. 즉 그리스도의 고난과 죽으심을 통하여 처음 죄가 속죄되고 용서되었으며 없이 되었다는 사실로 가득 차 있다. 율법을 완성할 뿐만 아니라 죄책을 담당하시는 일은 아버지의 뜻에 속한 것으로서 그리스도께서 이루셨던 것이다.

따라서 셋째로 그리스도의 제사는 우리의 죄와 관련된다. 구약에서 이미 아브라함이 그의 아들 대신 수양을 번제로 드렸고(창 22:13), 이스라엘로 하여금 손을 얹어 그를 대신하여 희생동물을 취하도록 하였으며(레 16:21), 여호와의 종은 우리의 죄악을 위하여 상함을 입었으며 우리의 불의를 인하여 찔림을 당하였다고 기록되어 있다(사 53:5). 동시에 신약도 그리스도의 제사와 우리 죄 사이에 아주 밀접한 관계를 성립시키고 있다. 인자가 세상에 온 것은 자기 영혼(목숨)을 많은 사람의 대속물로 주려고 오셨다(마 20:28; 딤전 2:6). 그는 우리 범죄함을 위하여 내어줌이 되었고(롬 4:25), 우리의 죄와 관련하여(롬 8:3; 히 10:6, 18; 벧전 3:18; 요일 2:2; 4:10), 혹은 가장 일반적인 표현에 따르면 우리와 우리 죄를 대신하여(눅 22:19, 20; 요 10:15; 롬 5:8; 8:32; 고전 15:27; 고후 5:14, 15, 21; 갈 3:13; 살전 5:10; 히 2:9; 벧전 2:21; 요일 3:16 등) 죽으셨다.

이런 성경의 증거에서 나타낸 대로 그리스도께서 우리와 더불어 들어가신 관계는 어떤 개념이나 표상으로도 그릴 수 없을 만큼 그렇게 밀접하고 깊다. 이런 교제가 대속의 고난이란 말로 표현되나, 그러나 아직 잘못되었고 부족한 표현이며, 우리의 상상과 생각을 훨씬 초월하고 있다. 우리 인간사회에는 이런 교제에 대한 가능성을 확신할 수 있는 몇 가지 예가 있다. 자기 자녀들을 위해 그들과 함께 고난을 겪는 부모들에 대한 이야기, 자기 조국을 위해서 몸을 바친 영웅들의 이야기, 다음 세대의 풍성을 위해서 씨를 심은 귀인들의 이야기가 있다. 다른 사람들이 그 노고에 대한 효과를 얻고 그 열매를 누릴 수 있도록 소수의 사람들이 일하고 참고 견디며 싸우는 사실은 어디에서나 볼 수 있다. 한 사람의 죽음은 다른 사람을 위한 빵이다. 한 알의 밀이 죽어야 열매를 거둘 수 있다. 어머니는 진통 속에서 한 아기를 탄생시킨다. 그러나 이런 모든 표상들은 유추만 제시할 뿐 실제 그리스도와 우리 사이의 관계와는 비교할 수 없다. 왜냐하면 우리가 아직 죄인 되었을 때에 그리스도께서 우리를 위하여 죽으심으로 하나님께서 우리에게 대한 자기의 사랑을 확증하셨기 때문이다(롬 5:7, 8).

본래 그리스도와 우리 사이에는 교통이 없었고 다만 단절과 대적이 있었다. 왜냐하면 그분은 독생자였고 아버지의 사랑하는 아들이었고 우리 모두는 탕자였기 때문이다. 그분은 의롭고 거룩하고 죄가 없으신 분이었으나 우리는 하나님 앞에 죄책이 있고 머리에서 발끝까지 부정한 죄인들이었다. 그럼에도 불구하고 그리스도께서 스스로 물질적인(자연적인) 의미에서 우리와 같은 본성을 지닌 육체와 피로 우리와 교통하셨을 뿐만 아니라, 법적인 의미와 윤리적(도덕적) 의미에서 우리의 죄와 죽음과 고통에 들어감으로써 우리와 교통하셨다. 그는 우리를 대신하셨다. 그분은 우리와 같이 스스로 하나님의 율법과의 관계를 가지셨다. 그는 우리의 죄책과 우리의 병고와 슬픔과 형벌을 담당하셨다. 죄를 알지도 못했던 그가 우리를 대신하여 죄를 삼으신 것은 우리로 하여금 저의 안에서 하나님의 의가 되려 하심이다(고후 5:21). 율법의 저주에서 우리를 속량하시기 위해서 그는 우리를 위하여 저주를 받은 바 되었다(갈 3:13). 저가 모든 사람을 대신하여 죽으심은 산 자들로 하여금 다시는 저희 자신을 위하여 살지 않고 오직 저희를 대신하여 죽었다가 다시 사신 자를 위하여 살게 하려 함이다(고후 5:15).

여기에 구원의 신비가 있고 하나님의 사랑의 신비가 있다. 하나님과 서로를 미워하고 있는 우리는 사랑이 무엇을 행할 수 있고 영원하고 무한하신 신적 사랑이 성취할 수 있는 것이 무엇인지를 가장 가깝게 헤아릴 수 없기 때문에 그리스도의 대속의 고난을 이해하지 못한다. 그렇다고 이런 신비도 이해해야 하는 것은 아니다. 오히려 우리는 그것을 감사히 신앙할 수 있고 거기에서 안식과 영광과 기쁨을 갖는다. 그가 상함은 우리의 죄악을 인함이요, 그가 찔림은 우리의 허물을 인함이라. 그가 징계를 받음으로 우리가 평화를 누리고 그가 채찍에 맞음으로 우리가 나음을 입었도다. 우리는 다 양 같아서 그릇 행하여 각기 제 길로 갔거늘 여호와께서는 우리 무리의 죄악을 그에게 담당시키셨도다(사 53:5, 6). 그런즉 이 일에 대하여 우리가 무슨 말하리요. 만일 하나님이 우리를 위하시면 누가 우리를 대적하리요. 자기 아들을 아끼지 아니하시고 우리 모든 사람을 위하여 내어 주신 이가 어찌 그 아들과 함께 모든 것을 우리에게 은사로 주지 아니하시겠느뇨? 누가 능히 하나님의 택하신 자들을 송사하리요? 의롭다 하신 이는 하나님이시니 누가 정죄하리요? 죽으실 뿐 아니라 다시 살아나신 이는 그리스도 예수시니, 그는 하나님 우편에 계신 자요 우리를 위하여 간구하시는 자시니라(롬 8:31-34).

# 제18장

# 천상에서의 그리스도의 사역

　그의 크신 사랑으로 그리스도께서 우리를 위해 성취하셨던 은택들은 헤아릴 수 없고 그 가치를 충분히 평가할 수 없을 만큼 부유하다. 그것들은 모든 완전한 구원을 포함한다. 그것들은 죄악으로부터의 구속, 곧 따르는 모든 빈곤과 죽음을 포함한 죄로부터의 구속과 최고의 선인 하나님과의 교통과 그 모든 축복들을 주시는 것으로 이루어져 있다. 차후에 이 축복을 자세히 이야기하게 될 것이다. 그러나 그리스도의 사역에 대한 그 깊은 의미를 더 잘 이해하기 위해서 여기에서도 지나가는 말로 언급되어야 할 것이다.

　그리스도의 깊은 비하의 덕택으로 우리에게 주어진 모든 축복 중에서 가장 위에 있는 것이 속죄이다. 신약에서는 이것이 두 가지 말로 표현되어 있다. 그 하나가(말은 다르지만 어근이 모두 같다) 로마서 3:25; 히브리서 2:17; 요한일서 2:2; 4:10에 나타나고 있고, 그것의 원 의미는 덮는다는 말이었으나 후에 제사를 통하여 이루어지는 속죄를 나타내는 히브리 말의 번역이다. 제사 혹은 피는 생명의 좌소로서 그것이 쏟아 뿌려졌을 때 독특한 속죄수단이 되기 때문에, 차라리 희생의 피라고 하는 그것이 하나님 앞에 제사드리는 자의 죄(죄책, 부정)를 덮고 하나님께서 진노를 일으키는 그 힘과 활동을 유화시킨다는 의미가 있다. 피를 쏟고 뿌릴 때 그 흠 없고 정결한 동물의 생명이 쏟아졌기 때문에 하나님은 그의 진노를 그만두시고 죄인을 향하신 적의를 돌리시며 그들의 죄악을 용서하심은 물론, 다시 그의 면전으로 인도하여 교제토록 하셨다. 속죄 이후에 일어나는 용서는 그렇게 완전하여 도말하였다고 부르고(시 51:2, 11; 사 43:25; 44:22), 등 뒤로 돌리셨다고 하였으며(사 38:17), 죄를 깊은 바다에 던지셨다고 부르고 있다(미 7:19). 죄를 없이 하는 그 속죄가 그렇게 완전하여서 마치 죄를 범하지 않는 것과 같다고 하였고, 그것은 진노를 사라지게 하며 부모와 같이 사랑에 차고 기뻐하시는 하나님의 얼굴을 그의 백성에게 비추게 하고 있다.

　구약에서의 이 모든 것들이 미래의 그리스도의 제사를 가리키고 있었다. 신약에서 이 모든 것들은 그리스도 안에서 성취되었다. 그는 그의 희생의 피로 말미암아 하나님 앞에서 우리의 죄악을 덮으시고 그의 진노를 돌이키며 우리로 하여금 그의 은혜와 은총에 참여케 하시는 대제사장이셨다. 그는 화목제물이요 (롬 3:25), 우리를 위한 대제사장으로서 하나님과 함께 일하시며 백성의 죄들을 속죄하는(히 2:17) 화목제였다(요 2:2; 4:10). 그리스도로 말미암은 하나님과 우리 사이의 그런 객관적인 화해를 부정하고 하나님은 사랑이시기 때문에 화해란 필요하지도 않았고, 그런 화해란 하나님에 대한 진부하고 율법적인 구약의 관념이며 신약에 와서 그런 관념은 버려졌고 무시되었다고 말하는 자들이 많다. 그러나 그들이 잊고 있는 사실은 죄란 그 자체의 죄악되고 성결치 못한 성격 때문에 모세의 시대나 그전과 이후의 시대나 신약시대에도 하나님의 진노를 일으키며 형벌을 받기에 충분하다는 사실이다(창 2:17; 3:14 이하; 롬 1:18; 5:12; 6:23; 갈 3:10; 엡 2:3). 그리스도와 그의 제사는 은혜요 하나님의 사랑의 계시일 뿐만 아니라, 그의 의의 계시라는 사실(눅 24:46; 행 4:28; 롬 3:25), 하나님의 용서의 사랑은 화해를 배제시키는 것이 아니라, 오히려 굳게 하고 세운다는 사실을 잊고 있다. 왜냐하면 용서란 항상 전혀 자유롭고 은혜로운 하나님의 행위이기 때문이다. 즉 그것이 근거하는 사상은, 형벌할 권한은 하나님에게 있다는 사상이고, 또한 그런 권한의 보존과 인정에 합일한 공의로부터의 일종의 탕감을 의미하기 때문이다. 그 반대로 형벌할 권한이 하나님께 있음을 부정하기 시작하면, 죄 속에 있는 죄악되고 부정한 성격에 대한 부당한 취급이 되며 하나님의 은혜로운 용서의 사랑이 가져야 할 정당한 자리를 빼앗을 수 있다. 또한 인격적이고 자유로우며 은혜로운 행위가 되기보다는 자연적인 과정으로 변하게 된다. 그러나 성경은 오히려 시온은 공평으로 구속이 되고 그리스도는 그의 제사를 통하여 하나님의 그런 공의를 만족시키고 죄에게 임하시는 그의 진노를 유화시켰다(사 1:27; 롬 5:9, 10; 고후 5:18; 갈 3:13).

　그리스도께서 우리를 위해서 하나님과 더불어 이루셨던 이런 객관적인 속죄와 구별된 화목의 개념이 있다. 신약에서도 특별히 전자와 다른 말로 사용되고 있다. 원 의미는 바꾸다, 교환하다, 계산하다, 치루다는 뜻으로 대부분 하나님께서 그리스도께서 드리신 제사에 기초하여 세상을 향하여 취하시는 새롭고 은혜로운 성향을 가리키는 말로서 로마서 5:10; 고린도후서 5:18, 19, 20에 나타나고 있다. 그리스도께서 죽으심을 통하여 우리의 죄를 덮으시고 하나님의 진노를 돌리셨기 때문에, 세상을 향하여 하나님은 화목의 태도를 취하시고 화목의 말씀이라고 부를 수 있는 그의 복음 속에서 이것을 우리에게 말씀하셨다.

이런 화목 역시 객관적인 것이다. 즉 그것은 우리의 신앙과 회개로 말미암아 존립된 것이 아니라, 그리스도께서 이루신 화목(만족)에 의존하고 있고 하나님과 우리와의 화목과 은혜로운 관계를 이루는 데 있으며 그것을 신앙을 통하여 수용하고 받아들인다(롬 5:11). 하나님께서 우리를 향하신 적대의 성향을 그리스도의 죽음에 기초하여 바꾸셨기 때문에, 우리 편에서 우리의 적의를 버리고 자신을 하나님과 화목케 하고 하나님께서 우리를 향하여 맺으신 새로운 화목의 관계 속에 들어갈 것을 경고받고 있다. 모든 것이 성취되었다. 우리가 행해야 할 것은 아무것도 남아 있지 않다. 우리는 전심으로 온 시간을 그리스도께서 성취하신 완전한 구원의 사역에서 인식할 수 있다. 하나님께서 그의 진노를 버리셨고 그리스도 안에서 그분은 악하고 부정한 죄인들을 위한 화목의 하나님과 아버지가 되셨다는 사실을 신앙으로 받아들일 수 있다.

이 화목의 복음을 신실하게 믿는 자는 누구든지, 원리적으로 그리스도로 말미암아 얻게 되는 다른 모든 축복들을 직접 받는다. 왜냐하면 그리스도 안에서 하나님께서 세상을 향하여 취하시는 화평의 태도 안에는 다른 모든 은혜언약의 은사들을 포함하기 때문이다. 그리스도는 하나이시요 분리될 수 없으며 부분적으로 받아들일 수 없다. 구원의 쇠사슬은 끊어질 수 없다. 하나님께서 미리 정하신 그들을 또한 부르시고 부르신 그들을 또한 의롭다 하시고 의롭다 하신 그들을 또한 영화롭게 하신다(롬 8:30). 그러므로 그의 아들의 죽으심을 통하여 하나님과 화목하게 된 모든 자들이 죄 용서와 자녀 됨과 하나님과의 화평과 영생과 하늘의 기업을 얻을 권리를 받는다(롬 5:1; 8:17; 갈 4:5). 그들은 그리스도와 교통 가운데 있고 그와 함께 십자가에 못박혔으며 장사되었다가 부활하였으며 하늘에 앉아 있고 더욱더 그의 형상을 닮아가게 되었다(롬 6:3 이하; 8:29; 갈 2:20; 엡 4:22-24). 그들은 그들을 새롭게 하고 진리 가운데 인도하여 그 아들 됨을 증거하고 구원의 날까지 그들과 동행하는 성령을 받았다(요 3:6; 16:13; 롬 8:15; 고전 6:11). 이와 같이 아버지와 아들과 성령의 교통 가운데서 신자들은 율법으로부터 자유하며(롬 7:1 이하; 갈 2:19; 3:13, 25; 4:5; 5:1), 세상의 모든 권세와 죽음과 지옥과 사단보다 뛰어나게 되었다(요 16:33; 롬 8:38; 고전 15:55; 요 3:8; 계 12:10). 하나님이 그들을 위하시면 누가 그들을 대적하겠는가(엡 4:30).

그리스도께서 십자가상에서 이루신 완전한 제사는 무한한 능력과 가치를 가졌으며 세상의 모든 죄를 화목하기에 충족하다(도르트 규범 2조 3항). 특별히 성경은 항상 이런 전세계를 구원과 재창조에 관련시키고 있다. 세계가 하나님의 사랑의 대상이었고(요 3:16) 그리스도께서 땅에 오신 것이 세상을 심판하려 하심이 아니라, 세상을 구원하기 위함이었다(요 3:17; 4:42; 6:33, 51; 12:47). 그리스도 안에서 하나님은 세상, 곧 하늘과 땅의 만물을 자신과 화목시키셨다(요 1:29; 고후 5:9; 골 1:20). 따라서 그리스도는 정해진 시간에 그를 신앙하는 자들의 죄와 온 세상을 위한 화목제였다(요 2:2). 세상이 아들을 통하여 창조된 것처럼, 세상은 아들을 위해서 그 유산으로서 정해진 것이다(골 1:16; 히 1:2; 계 11:15). 때가 차면 만물, 곧 하늘에 있는 것이나 땅에 있는 만물을 그리스도를 머리로 하여 다시 하나로 모으는 것이 아버지의 기뻐하시는 뜻이다(엡 1:10). 만물을 회복하실 때가 있고(행 3:21), 우리는 역시 하나님의 약속대로 의가 거하는 바 새 하늘과 새 땅을 바라본다(벧후 3:13; 계 21:1).

온 세상을 위하시는 그리스도의 제사의 이런 충족성 때문에 화목의 복음은 모든 피조물에게도 전파되어야 한다. 십자가에 못박히실 그리스도를 믿는 자는 누구든지 멸망치 않고 영생을 얻으리라는 것이 복음의 약속이고, 이런 복음은 하나님의 기뻐하신 뜻대로 그의 복음이 미치는 모든 족속과 사람들에게 차별 없이 전파되고 제시되어야 하고 회개와 신앙이 동반되어야 한다(도르트 규범 2조 5항). 성경은 이 점에 있어서 조금도 의심이 없다. 구약에서도 이미 여호와는 악인의 죽음을 기뻐하지 아니하고 회개하여 다시 사는 것을 기뻐하신다고 하였고(겔 18:23; 33:11), 장차 모든 족속들이 이스라엘의 축복에 참여할 것이라고 말씀하셨다(창 9:27; 12:3; 신 32:21; 사 42:1, 6 등). 선교사상은 이미 구약의 은혜언약의 약속 안에 포함되어 있다. 그러나 그것이 분명하고 판명하게 표현된 것은 그리스도 자신이 땅에 나타나사 그의 사역을 이루셨을 때이다. 그는 특별히 세상의 빛이셨고 세상에 생명을 주신 구주셨으며(요 3:19; 4:42; 6:33, 51; 8:12), 이스라엘 밖에 그가 역시 이끌어야 할 다른 양들이 그에게 있었다(요 10:16). 따라서 그는 복음이 온 땅에 선포될 것을 미리 보고 명령하셨다(마 24:14; 26:14; 28:19; 막 16:15).

오순절 이후 사도들은 이 복음을 유대인들과 이방인들에게 전달하여 곳곳에 교회들을 세웠을 때, 그들의 소리가 온 세상에 퍼져 나갈 것이고 그들의 말은 땅 끝까지 이르며 하나님의 구원의 은총은 만민에게 나타날 것을 계속 언급할 수 있었다(롬 10:18; 딛 2:11). 참으로 만민을 위한 중보, 특별히 높은 자리에 있는 자들과 왕들을 위한 중보는 여호와께 기쁘고 좋은 일이다. 왜냐하면 주께서는 모든 사람들이 구원을 받으며 진리를 아는 데 이르기를 원하시기 때문이다(딤전 2:4). 그리고 그리스도의 재림의 연기는 하나님의 길이 참으심의 증거다. 이는 아무도 멸망치 않고 다 회개하기에 이르는 것이 주의 뜻이기 때문이다

(벧후 3:9).
　복음선포의 이런 보편성은 세계 전체와 그리스도를 구주로 믿으려고 하지 않는 자들을 위해 유익을 끼치는 것이다. 그는 성육신을 통하여 모든 인류를 영화롭게 하였고 육체에 따라서 만민의 형제가 되었다. 그 빛이 어두움에 비추고 그가 세상에 오심으로 말미암아 각 사람을 조명하고 있다. 세상은 그로 말미암아 지은 바 되었고, 비록 그를 알지 못했을지라도 그 사실은 그대로 남아 있다 (요 1:3-5). 그리스도께서 복음 아래 사는 모든 사람들에게 미치게 하시는 신앙과 회개에의 부르심을 통해서 그는 가정과 사회, 교회와 국가 가운데 많은 외적 축복들을 주시사, 그 자신의 마음에 그 부르심을 듣지 못했던 자들을 또한 기쁘게 한다. 그들은 말씀의 영역 안에 있고 무서운 죄로부터 보호되며 이방 나라들과는 구별되게 외적인 많은 축복에 참여한다. 더구나 그리스도께서 그의 고난과 죽음을 통하여 썩어짐의 종노릇한 데서 피조물을 해방시킨 것, 하늘과 땅을 새롭게 하는 일, 천사들과 인간들을 포함한 만물의 하나 되게 함과 상호화목을 이루셨다는 사실을 간과해서는 안 된다. 그리스도 안에서 인류는 유기체가 되었고 세계는 하나님의 피조물로서 보존되고 회복되었다(엡 1:10; 골 1:20).
　그러나 아무리 복음선포와 은총의 부여에 대한 이런 절대적 보편성이 확고하게 주장되어야 함이 틀림없다 할지라도, 그리스도의 은택들이 모든 사람을 위해서 성취되었고 설정되었다고는 추론할 수 없다. 이것은 이미 구약시대에 하나님께서 이방인들을 제 길로 가도록 내버려두시고 유독 이스라엘 백성만 자기 백성으로 선택하셨다는 사실에서 충분히 거절된다. 또한 복음선포의 원리적인 보편성과 관계없이 때가 차매 주의 은혜의 약속들을 여러 세기를 통하여 소수의 사람들에게 제한시켰다는 사실에서 거절된다. 그러므로 성경에서 나타나는 일반적인 표현들, 예를 들면 로마서 10:18; 디모데전서 2:4; 디도서 2:11; 베드로후서 3:9 등의 말씀을 절대적 의미에서는 어느 누구도 이해할 수 없고 제한적 의미(상대적 의미)에서는 모든 사람들이 이해할 수 있다. 그 모든 말씀들이 구약과 신약의 경륜 사이의 깊은 인상의 구별 아래서 기록된 것이다. 우리는 그 이상 더 상상할 수는 없지만, 유대주의의 선민사상 가운데서 자랐던 사도들은 민족관계에서 그리스도가 보이신 커다란 변화에 대해서 깊이 느꼈다. 그들은 계속 수세기 동안 비밀로 남아 있었지만 이제 성령으로 말미암아 그의 거룩한 사도들과 선지자들에게 계시된 큰 신비라고 말하고 있다. 그들은 이방인들도 함께 후사된 자들이고 같은 몸에 속해 있고 그리스도 안에서 약속을 함께 나누는 자들이라는 사실이 큰 비밀에 해당된다고 생각하였다. 중간에 막힌 담이 헐어졌다. 십자가의 피가 평화를 이루었다. 그리스도 안에서 유대인이나 헬라인이나 야만인이나 스키티안인이 없다. 나라와 방언, 종족과 피부색, 나이와 가문, 시간과 장소의 모든 한계가 없어졌다. 그리스도 안에서 모두가 새로운 피조물이고, 교회는 모든 족속과 방언과 나라와 백성으로부터 모아진다(롬 16:25, 26; 엡 1:10; 3:3-9; 골 1:26, 27; 딤후 1:10, 11; 계 5:9 등).

그러나 "그리스도께서 그의 은택들을 성취하셨던 것은 누구를 위해서이고 누구에게 그것들을 주시고 적용하시는가?" 그리고 "실제로 그것들에 참여하는 자들은 누구인가?" 하는 물음에 있어서 언제든지 성경은 그의 사역을 교회와 관련시키고 있다. 구약에서 하나님은 특별한 백성을 그의 후사로 택하셨던 것처럼, 신약에서도 하나님의 특별한 백성에 대한 이런 사상이 계속되고 있다. 확실히 이런 백성은 이제 육체적으로 아브라함의 자손들과 더 이상 동일시되지 않았다. 오히려 그 반대로 유대인들과 헬라인, 모든 나라와 백성으로부터 부르심을 받았고 모아졌다. 그런데도 이제 신약의 교회는 하나님의 백성의 독특한 모임이요(마 16:18; 18:20), 신약의 이스라엘이요(고후 6:16; 갈 6:16), 참된 아브라함의 씨다(롬 9:8; 갈 4:29). 그리고 이 백성을 위해서 그리스도께서 자기 피를 쏟으셨고 구원을 이루셨다. 그가 오신 것은 그의 백성을 구원하기 위함이요(마 1:21), 그의 양들에게 생명을 주기 위함이며(요 10:11), 모든 하나님의 백성을 하나로 모이게 하기 위함이요(요 11:52), 아버지께서 그에게 주신 모든 사람에게 생명을 주고 마지막 날 그들을 다시 일으키기 위함이요(요 6:39; 17:2), 하나님의 교회를 그의 피로 사서 그들을 물로 씻어 말씀으로 깨끗하게 하시기 위함이다(행 20:28; 엡 5:25, 26). 대제사장으로서 그리스도 자신은 세상을 위해 기도하는 것이 아니고, 아버지께서 그에게 주신 자들과 사도들의 말씀을 통하여 그를 신앙할 자들을 위해서 기도하신다(요 17:9, 20).

따라서 아버지의 사역과 아들의 사역과 성령의 사역 사이에 가장 완전한 일치가 있다. 아버지께서 택하신 만큼 그들을 아들이 사서 성령을 통하여 중생하고 새롭게 한다. 이들은 허다한 무리들이라고 성경은 우리에게 분명히 말하고 있다(사 53:11, 12; 마 20:28; 26:28; 롬 5:15, 19; 히 2:10; 9:28). 그리고 성경이 이 모든 것들을 가르칠 때, 우리가 이 수를 우리의 결핍된 통찰과 우리 마음대로 정한 기준에 따라 제한하고 삭감하도록 하기 위함이 아니요, 싸움과 배교가 무르익을 때 구원은 처음부터 끝까지 하나님의 사역이며, 그러므로 이 사역은 모든 반대에도 불구하고 계속될 것을 확고히 보증받기 위함이다. 여호와의 기뻐하신 뜻이 그의 종의 손을 통하여 계속 성취되고 있다(사 53:10).

구원의 사역은 하나님의 사역이요 오직 그의 사역이기 때문에 그리스도께서 죽은 자 가운데서 다시 일어나지 않으시고, 하나님의 우편에 올라가지 않으셨다면, 그리스도의 축복들은 우리에게 도달할 수 없을 것이다. 만약 기독교와 우리의 구원에 필요한 것이 우리 마음속에 담아 이해해야 될 교리나 우리가 따라야 할 도덕적 교훈과 그 예에 불과하였다면 죽으셨던 예수로 우리는 족하였을 것이다. 그러나 기독교는 그와는 전혀 다른 것이다. 그것은 전인의 완전한 구원이요 인류의 전 유기체와 온 세계에 대한 완전한 구원이다. 그리스도께서 땅에 오신 것은 이런 충분한 의미에서 세상을 구원하시기 위함이다. 그가 오신 것은 우리 모두를 위한 구원의 가능성을 이루고, 따라서 우리가 그 가능성을 실현시킬지 아닐지는 우리의 자유의지에 맡기기 위함이 아니었다. 그러나 그가 자신을 낮추시고 십자가에 죽으시기까지 순종하셨던 것은 실제적이고 완전하며 영원한 우리의 구원을 이루기 위함이다.

그렇기 때문에 그의 사역은 그의 죽음과 묻힘으로 끝나지 않았다. 그가 대제사장적인 기도 속에서 자신이 아버지께서 그에게 하라고 주신 일을 완전히 이루었다고 말씀하신 것이(요 17:4) 참이며 십자가상에서도 다 이루었다(요 19:30)고 소리치셨다. 그러나 이것도 그리스도께서 땅에서 행하셔야 했던 사역에 관련된 것이었다. 그것은 우리의 구원의 사역인 그의 낮아지시는 사역에 관계된 것이었다. 이 사역은 끝났고 그것은 완전한 성취였다. 그의 생과 죽음으로 말미암아 구원은 완전히 성취되었기 때문에 어떤 피조물도 그것에 더할 필요가 없고 그렇게 할 수도 없다. 그러나 구원의 성취는 그것의 적용과 분배와는 엄연히 구별된다. 이것도 처음 것과 같이 필연적이다. 아무리 좋은 보물일지라도 우리의 영역 밖에 있고 우리의 소유가 되지 못한다면 무슨 소용이 있겠는가? 참으로 우리의 죄를 위해서 죽으셨던 그리스도가 우리의 의롭다 하심을 위해서 다시 일어나지 않았다면 우리에게 무슨 소용이 있겠는가? 아버지의 우편으로 올라가시지 않은, 죽은 주님은 무슨 유익이 있겠는가?

그러나 그리스도인으로서 우리는 십자가에 달리신 주님이 바로 올라가신 주님이요, 낮아지신 구주가 바로 영광을 받으신 구주시요 처음과 나중이시며 죽었다가 이제 영원히 살아 계시고 지옥과 죽음의 열쇠를 가지신(계 1:18) 왕으로 고백하고 그 안에서 즐거워하는 것이다. 산 자와 죽은 자를 다스리기 위해서(롬 14:9) 죽으신 후 그리스도는 일어나시사 다시 사셨다. 그의 죽음에서 그 기초를 놓았던 그 건물을 그가 승천함으로 완성하였다. 그가 다시 일어나시사 모든 정사와 권세와 능력 위에 뛰어나시고 교회의 머리로 주셨으니 그가 만물 안에서 만물을 충만케 하려 함이다(엡 1:10-23). 그는 부활로 말미암아 주와 그리스도가 되게 하셨고 임금과 구주로 삼으셨으니, 그가 이스라엘로 회개케 하사 죄사함을 얻게 하시려 함이요 모든 원수들을 그 발 아래 두기 위함이다(행 2:36;

5:31; 고전 15:25). 하나님은 그를 지극히 높이사 모든 이름 위에 뛰어난 이름을 주셨으니 이는 하늘에 있는 자들과 땅에 있는 자들과 땅 아래 있는 자들로 모든 무릎을 예수의 이름에 꿇게 하시고 모든 입으로 예수 그리스도를 주라 시인하여 하나님 아버지께 영광을 돌리려 함이라(빌 2:9-11).

그러므로 그리스도의 높아지심은 주의 육체의 날에 고통하셨던 낮아지심에 우연히 첨가된 부록이나 돌발적으로 더해진 첨부가 아니다. 그것도 낮아지심과 같이 그리스도께서 이루셔야 할 구원의 사역의 필연적인 구성체다. 그의 낮아지심은 그의 높아지심에서 그 좌소와 면류관을 얻는다. 땅의 낮은 곳으로 내려오셨던 같은 그리스도께서 모든 하늘 위에 오르셨으니, 이는 만물을 충만케 하려 하심이다(엡 4:9-10). 비하의 사역이 그에게 맡겨졌던 것처럼, 그의 승귀의 사역도 그에게 맡겨졌다. 그는 그것을 행해야 하고 그것이 자신의 사역이다. 다른 사람이 그것을 행할 수 없다. 아버지께서 그를 지극히 높이신 것은 그리스도께서 스스로 지극히 낮추셨기 때문이다(빌 1:9). 아버지께서 아들에게 모든 심판을 맡기셨던 것은 그가 인자가 되고자 하였기 때문이다(요 5:22). 그리고 아들은 높아지시사 그 승귀의 신분으로 그의 사역을 계속하였으니, 그가 완전하고 참되며 전능한 구주임을 증명하기 위함이다. 그가 나라를 완성하여 아버지 하나님께 바치고 신부로서 교회를 흠 없이 그에게 바칠 때까지 그는 쉬지 않으실 것이다(고전 15:24; 엡 5:25). 그리스도 자신의 영광은 이런 구원의 사역의 완성에 달려 있다. 그 자신의 이름도 같이 따라 가며 그 자신의 명성도 붙어 있다. 그가 자신을 높이사 그 자신이 있는 곳으로 그들을 데려가심은 그들에게 자신의 영광을 보여주기 위함이요(요 17:24), 시대의 마지막에 다시 강림하시사 그의 성도들에게 영광을 얻으시고 모든 믿는 자들에게 기이히 여김을 얻으시기 위함이다(살후 1:10).

개혁신앙의 고백에 따르면 그리스도의 승귀는 그의 부활로 시작하지만, 더 일찍 시작하였던 다른 고백에 따르면 지옥으로 내려감으로 시작한다. 이런 비하는 매우 다양하게 해석되고 있다. 동방교회는 그리스도께서 그의 신성과 인성적인 영혼을 지니고 지하의 세계로 내려가 죽은 성도들의 영혼들을 해방시키고 십자가상의 한편 강도와 함께 낙원으로 데려오기 위함이라는 의미로 받아들이고 있다.

서방교회에서는 그리스도께서 실제로 그의 영혼으로서 지하의 세계로 내려가 구원이 성취될 때까지 고통 없이 거기에 남아 있었던 성도들의 영혼들을 죽음의 상태에서 구출하여 하늘로 데려가 그들로 하나님을 직접 보는 축복에 참여하도록 하기 위해서 그의 몸이 무덤에 머무른 동안 만큼 거기에 남아 있었다는 것이다. 루터교회는 그리스도의 실제적인 소생과 그의 부활, 혹은 무덤에서 나오는 현상을 구별하여 이런 두 그리스도 사이의 짧은 기간 동안에 육체와 몸을 다 가지고 마귀들과 참소하는 자에게 그의 승리를 선포하기 위해서 지옥에 내려갔다고 가르친다. 그리고 다수의 신학자들이, 특히 현대에 사는 신학자들이 그리스도는 그의 부활에 앞서 영혼만으로, 혹은 몸까지 지니고서 지하의 세계로 내려가 자신들의 죄 가운데서 죽었던 자들에게 복음을 선포하고 그들에게 회개하고 믿을 기회를 주었다고 생각하고 있다.

이런 견해차가 크게 나타난 것은 지옥에 내려갔다는 말의 원 의미를 잃어버렸다는 사실을 증명한다. 그 조항이 어디에 근거하고 동시에 실제적으로 그 의도한 바가 무엇인지는 우리가 알 수 없다. 그리고 그리스도께서 지옥에 내려갔다는 사실에 대해서 성경이 문자적으로든 실제적으로든 공간적으로든 아무것도 말한 바가 없다. 사도행전 2:27에서 베드로는 시편의 말씀을 그리스도에게 적용하고 있다. 즉 "주께서 내 영혼을 음부에 버리지 아니하시며 주의 거룩한 자로 썩음을 당치 않게 하실 것임이로다"라는 인용이다. 그러나 여기에서 음부는 무덤의 의미로 받아들였음이 분명하다. 비록 그리스도께서 영으로는 낙원에 있었지만 몸으로는 무덤에 누워 있었고 그의 죽음과 부활 사이에는 죽음의 상태에 있었다. 에베소서 4:9에서 올라가셨던 그분이 땅의 낮은 곳으로 내려오셨다고 바울은 말하고 있다. 그러나 이것은 지옥에 내려갔다는 말이 아니고 그리스도께서 땅에 오셨던 성육신이나 그가 무덤에 내려가셨던 죽음에 관계된 말이다. 베드로전서 3:19-21에서 사도는 어느 곳에서도 그의 죽음과 부활 사이에 그리스도께서 행하신 것에 대해서 말이 없다. 오히려 성육신 전 노아시대에 그리스도께서 성령을 통하여 행하셨던 것이나 그의 부활 이후 이미 영으로 살아 있었을 때 그가 행하셨던 것에 대해서 말하고 있다. 공간적으로 그가 지옥에 내려갔다는 근거는 성경에 전혀 없다.

따라서 개혁교회는 그 조항에 대한 이런 해석을 버리고 그리스도께서 그의 죽음 전에 겟세마네와 골고다에서 당하였던 지옥과 같은 고통과 쓰라림에 관련된 말로 해석하거나 그리스도께서 그의 몸으로 무덤에 누워 있는 동안의 죽음의 상태와 관련시켜 왔다. 이 두 가지 해석은 그리스도께서 죽음에 복종하는 시간은 대적의 때요 어둠의 권세자의 때였다(눅 22:53)는 성경적인 사상에 그 근거를 발견하고 있다. 그리스도는 이 시간이 가까이 옴을 알았고 그는 자발적으로 자신을 넘겨 주었다(요 8:20; 12:23, 27; 13:1; 17:1). 그의 사랑과 순종의 가장 높은 영적인 권세를 나타냈던 그 시간에(요 10:17-18) 그는 전혀 무기력하게 보였다. 대적들은 그들이 좋아하는 대로 그에게 행하였다. 어둠이 그 위에 영광을 얻었다. 공간적인 의미에서가 아니라, 영적인 의미에서 참으로 그는 지옥으로 내려갔다.

그러나 어둠의 권세는 그 자신의 것이 아니었다. 그것은 아버지에 의해서 주어진 것이다(요 19:11). 예수의 대적자들은 단지 도구들에 불과하였으며 자신들의 지혜와 의지에 상관없이 하나님의 권능과 뜻대로 이루려고 예정하신 그 것을 그들이 행하고 있다는 사실을 이해하지 못했다(행 2:23; 4:28). 그의 낮아지심에서도 그리스도는 권세 있는 자로서 스스로 자신의 생명을 자유롭게 버리셨고 그의 영혼을 많은 사람의 대속물로 주었다. 어둠의 권세자의 시간도 주님 자신의 시간이었다(요 7:30; 8:20). 그의 죽음에서도 그는 사랑의 힘과 완전한 자기부정과 아버지의 뜻에 대한 절대적 순종으로 말미암아 죽음을 정복하였다. 그러므로 거룩한 자인 그가 죽음으로부터 매이거나(지배되거나), 하나님으로 말미암아 버린 바 되고 썩도록 내어주게 됨이 불가능하다(행 2:25, 27). 그 반대로 아버지께서 그를 일으키셨고(행 2:24; 3:26; 5:30; 13:37; 롬 4:25; 고전 15:14 등) 그리스도 스스로 자신의 권한과 자신의 능력으로 일어나셨다(요 11:25; 행 2:31; 롬 1:4; 14:9; 고전 15:21; 살전 4:14 등). 죽음의 고통은 참으로 새로운 생명의 진통의 고통이었다(행 2:24). 그리스도는 죽은 자들 가운데서 먼저 나신 자다(골 1:18).

이런 부활은 죽은 몸의 소생과 무덤에서 일어나는 것으로 이루어진다. 부활을 반대하는 자들은 이 사실에 적지 않게 당황한다. 전에는 이런 사건에 대한 이야기를 설명하기 위해서 그들은 예수의 죽음이 가현적이었다고 가정하거나, 그의 시체가 제자들에게 도둑맞았다거나, 제자들이 자기 망상에 빠져 그를 보았다는 상상을 했다고 가정한다. 그러나 이런 모든 가정들은 서서히 하나씩 버려졌다. 최근에 많은 사람들이 신령주의(het spiritisme)로 흘러 그리스도의 부활에 대한 해석을 그것으로 보는 것이 환영받고 있다. 그들은 객관적인 사건은 일어나지 않았다고 말한다. 제자들은 사실 무엇인가를 보았는데 그것은 육체로는 죽었지만 영으로는 계속 살아 있는 그리스도에 대한 현현이었다는 것이다. 그리스도의 영이 그들에게 나타났고 그들에게 자신을 계시하였다는 것이다. 어떤 사람은 여기에 경건한 손질을 더하여, 그들의 슬픔을 달래고 그들로 죽음에 대한 승리와 빼앗을 수 없는 생명을 보증하기 위해서 하나님 자신이 그리스도의 영을 나타냈다고까지 말한다. 그래서 그리스도의 현현들은 아주 많은 '하늘에서 온 전보', 즉 그리스도의 영적인 힘에 대한 신적 메시지였다는 것이다.

그러나 이 모든 영적인 해석은 성경에 무가치한 것이고 그 증거에 직접 상충이 된다. 모든 복음서에 따르면 제삼일에 무덤이 비어 있었고 처음 나타난 것은 그 당일이었다는 것이다(마 28:6; 막 16:6; 눅 24:3; 요 20:2; 고전 15:4, 5). 규칙적인 순서를 따르거나 완전한 개요를 주지는 않지만, 예수님이 여자들, 특별히 막달라 마리아에게, 베드로에게, 도마를 제외한 다른 제자들에게, 도마를 포함한 모든 제자들에게, 허다한 사람들, 한번에 오백여 형제들에게 나타나셨다고 복음서 기자들과 바울은 말하고 있다. 처음 나타나신 것은 예루살렘 근처와 예루살렘 안에서였고, 갈릴리에 나타나셨는데 마가의 표현으로 보면 그가 그들보다 먼저 가셨다(막 16:7). 모두가 그리스도는 그가 무덤에 누워 있었던 그 몸으로 나타났다는 사실에 일치한다. 그는 영이 갖지 않은 살과 뼈를 가진 몸이었다(눅 24:39). 그는 만질 수 있었고(요 20:27), 음식을 잡수셨다(눅 24:41; 요 21:10).

그럼에도 불구하고 부활 이후 그리스도는 그 전보다 전혀 다른 인상을 사람들에게 남겼다. 그를 보았던 자들은 다 놀라고 두려워하였고 자신을 던져 그의 앞에 엎드렸고 그를 경배하였다(마 28:9, 10; 눅 24:37). 그는 전에 나타났던 것과는 전혀 다른 양태로 나타났고(막 16:12), 가끔 바로 그를 알아 보지 못했다(눅 24:16, 31). 나사로의 부활과 예수의 부활은 큰 차이가 있었다. 전자의 부활은 죽음에서 전의 몸, 곧 땅의 생명 영역으로 되돌리는 것이고, 예수님은 되돌아가는 것이 아니라 부활에서 승천으로 인도되는 그 길로 앞으로 나아갔다. 마리아가 그녀의 선생과 주님을 죽음에서 되돌려 받았다고 생각하여 전과 같이 그와 사귐을 나누고자 하였을 때 예수님께서 비끼시면서 이르시되, "나를 만지지 말라 내가 아직 아버지께로 올라가지 못하였노라 너는 내 형제들에게 가서 이르되 내가 내 아버지 곧 너희 아버지, 내 하나님, 곧 너희 하나님께로 올라간다 하라"고 하셨다(요 20:17). 부활 이후에는 그리스도가 땅에 속한 것이 아니었고 하늘에 속하였다. 비록 그가 무덤에 누웠던 같은 몸을 입었을지라도 그 모습이 변하였던 이유가 그것이다. 그가 죽으실 때 육의 몸으로 심었지만 부활 시에는 그리스도의 경우나 신자들의 경우나 신령한 몸으로 다시 살았다고 바울은 요약하였다(고전 15:44). 영적인 상태는 물질적인 상태와 반대되는 것이 아니고 자연적인 상태와 반대되는 것이기 때문에, 두 상태 속에 있는 한 몸이다. 그러나 처음 사람이 받았던 자연적인(육체적인) 몸 속에는 영의 주도권에서 벗어나 다소 독립적으로 존재하는 생명의 큰 영역이 있다. 그와 대조적으로 영적인 몸 속에서 식물과 배가 폐하여질 것이고(고전 6:13), 물질적인 것은 무엇이든지 완전히 영에 굴복하고 봉사할 수 있도록 하였다.

그리스도의 육체적 부활은 고립된 역사적 사실이 아니라, 그리스도 자신과 그의 교회와 세계에 대해서 무진장한 의미를 가지고 있다. 일반적으로 그것은 죽음에 대한 승리를 의미한다. 한 사람으로 말미암아 죽음이 세상에 들어왔고, 죽음은 죄의 대가이기 때문에 하나님의 율법을 어기는 것이 인간에게 죽음의 길을 열어 주었다(롬 5:12; 6:23; 고전 15:21). 그러므로 죽음의 정복은 한 사람으로 말미암아 이루어질 수 있고 이루어져야 한다. 한 사람이 죽음으로부터 부활을 성취해야 한다. 죽음의 세계로 내려와 거기에서 다시 하늘로 돌아간 분이 천사나 아버지의 친아들일지라도 우리에게 아무런 유익이 없다. 그러나 그리스도는 아버지의 독생자였고 참되고 완전한 인간이었으며 하나님인 동시에 사람의 아들이었다. 인간으로 그는 고난받으셨고 죽어 장사지낸 바 되었고, 인간으로서 그는 일어나 죽음의 영역에서 다시 돌아왔다. 죽음으로 제한할 수 없고 죽음의 권세를 지닌 사단도 그를 지배할 수 없으며 무덤과 지옥과 죽음보다 강한 인간이 존재함을 그리스도의 부활에서 증명하였다. 따라서 사실 원리적으로 사단이 죽음의 권세와 죽음의 지배권을 가진 자가 아니라, 그리스도께서 죽음의 수단을 통하여 그에게 승리하였다(히 2:14). 비록 그리스도만이 부활하였고 어떤 누구도 무덤에서 일어날 수 없었을지라도, 어느 경우든 그보다 강한 한 사람이 있다. 그에게 닫혔던 죽음의 세계의 문들이 그의 명령에 따라 열려져야 했다. 이 세상의 임금은 그에게 관계할 것이 없었다(요 14:30).

이런 관계로 그리스도의 부활이라고 했을 때는 다만 육체적인 부활에 관한 것임이 자명해진다. 영적인 부활로는 불충분하고 반승리이다. 오히려 전체적으로는 승리가 아니라 패배이다. 그 경우에 전인, 곧 영과 육을 가진 인간은 죽음의 권세로부터 해방되지 않았을 것이다. 또한 사단은 다른 좀더 큰 영역에서는 승리자로 남아 있을 것이다. 우선 영적인 부활, 곧 중생과 새로워지는 것은 그리스도 안에서 일어날 수 없다. 왜냐하면 그는 거룩하셨고 모든 죄책과 죄의 부패로부터 자유하였기 때문이다. 그가 죽음보다 강하심을 증명하려고 할 것 같으면, 오직 죽음의 영역으로부터 육체적으로 돌아옴으로 말미암아 그렇게 행할 수 있다. 그때야 비로소 물질세계에서도 그의 영적 권능을 나타낼 수 있다. 그의 육체적 부활로 그는 처음 자신이 십자가와 무덤까지 이르는 순종으로 죄와 그것에 따르는 결과, 특별히 죽음을 완전히 정복하였고 인간세계 밖으로 내던져지고 그 대신 부패할 수 없는 새로운 생명이 여명함을 증명하였다. 그러나 죽음은 한 사람으로 말미암아 세계에 들어올 수 있었지만, 죽음에서 부활이 한 사람으로 말미암아 다시 왔다(고전 15:21). 그리스도 자신이 부활이요 생명이다(요 11:25).

이것으로도 그리스도의 부활의 의미를 증명하기에 충분하지만, 그것은 좀 더 밀접하고 세세하게 확증될 수 있다. 특별히 그리스도 자신에 관해서 그렇다.

십자가에서 죽으심이 예수님의 생애의 끝이 되었고 부활이 따르지 않았더라면, 유대인들이 그들의 심판 시에 변명할 수 있을런지도 모른다. 신명기 21:23에 나무에 달린 자는 하나님께 저주받는 자라고 기록되어 있다. 그 본문에서 하시는 말씀은, 형벌당한 몸은 죽은 후에 그 매달려 있는 대로 밤새 나무에 두지 말고 당일에 가져다가 묻으라는 말씀이다. 매달린 채로 그대로 내버려두면 주께서 자기 백성에게 주실 그 땅을 더럽게 할 것이기 때문이다. 그때의 모세법은 십자가에서의 죽음의 형벌을 알지 못하고 있다. 그러나 예수님이 이방인들에게 넘겨져(마 20:19) 불의한 자의 손을 빌어 십자가에 못박히실 때(행 2:23), 그 죽음 후뿐만 아니라 죽음 전과 죽으실 때도 그의 율법이 엄격히 금하는 예였고 하나님 앞에 저주받는 일이었다. 율법을 알았던 유대인들에게는 십자가에서의 죽음이 혹독하고 쓰라린 형벌이었음은 물론, 십자가에 달린 자는 하나님의 진노와 저주를 입은 자라는 사실의 증명이었다. 십자가에 달리신 예수님은 유대인들의 눈에 형벌이요 저주였다(고전 1:23; 12:3).

그러나 이제 부활이 왔고 전 판단을 뒤엎었다. 하나님께서 우리를 위해서 죄인 되게 한 자는 개인적으로 죄를 전혀 알지 못했던 자였다. 우리를 위해서 저주받았던 그는 아버지로부터 축복을 받았다. 십자가상에서 하나님으로부터 버림을 받았던 자는 아버지께서 기뻐하시는 아들이었다. 땅에서 거절받은 자는 하늘에서 면류관을 받은 자다. 그러므로 부활은 그리스도가 하나님의 아들임을 증명한 것이었다. 그것을 통하여 육체로는 다윗의 씨로부터 난 그가 자신 속에 있었던 성결의 영을 따라서는 능력 있는 하나님의 아들임이 증명되었다(해명되었다, verklaard; 롬 1:3, 4). 그리스도는 진리를 말씀하셨고 가야바와 본디오 빌라도 앞에서 자기가 하나님의 아들 됨을 증거하였을 때 선한 고백을 하였다. 유대인들과 로마인들이 그들의 재판과 선고에서 바름이 증명되었던 것이 아니었고, 불의한 자의 손을 빌어 십자가에 못박혀 죽으셨던 그리스도가 의로우신 자였다. 부활은 세상이 예수님에게 돌렸던 선고에 대한 신적 파기였다.

그리스도의 부활은 그의 아들직과 메시야직의 증명으로만 적용될 수 없다. 그것은 그에게 있어서 생의 상태로 가는 도약이요 계속 약진하여 가는 승귀의 시작도 된다. 영원 전부터(히 1:5)와 제사장직의 임명 시는 물론(히 5:5), 부활 시에(행 13:33) "너는 내 아들이니 내가 오늘날 너를 낳았다"고 하나님께서는 그에게 말씀하셨다. 부활은 그리스도의 영광의 날이다. 그는 성육신되기 전에 이미 아들과 메시야였다. 그의 비하의 신분에서도 그러하였다. 그러나 그때는 그의 내적 존재가 종의 형체 아래 감추어졌었다. 그러나 이제 하나님께서 공공연히 그는 주와 그리스도요 임금과 구주라고 선포하였고 외치셨다(행 2:36;

5:31; 빌 2:9). 이제 그는 전에 아버지와 함께 가졌던 영광을 다시 취하였다(요 17:5). 그는 '다른 모양', 다른 형체, 다른 존재 방식을 입었다(막 16:12). 죽음에 있었으나 살아났고 이제 영원히 살아 계시며 지옥과 죽음의 열쇠를 갖고 계신다(계 1:18). 그는 생명의 왕이요 구원의 원천이요 하나님으로 말미암아 산 자와 죽은 자를 심판하기로 작정된 자다(행 3:15; 4:12; 10:42).

더구나 그리스도의 부활은 그의 교회와 온 세계를 위한 구원의 샘이다. 그 것이 아들의 성취에 대한 아버지의 아멘이다. 그리스도는 우리 죄를 위해서 내 어줌이 되었고 우리의 의를 위해서 살아나셨다(롬 4:25). 우리의 죄와 그리스도의 죽음이 아주 밀접히 관련되는 것처럼, 그리스도의 부활과 우리를 의롭게 하심은 아주 밀접히 관련되어 있다. 우리의 죄가 그의 죽음의 근원이었던 것처럼, 우리의 의가 그의 부활의 원인이다. 그는 그의 부활로 말미암아 우리의 의를 이루신 것이 아니고 그의 죽음으로 말미암아 이루셨으니(롬 5:9, 19), 이는 이 죽음이 죄를 완전히 속죄하고 영원한 의를 가져오는 제사였기 때문이다. 그러나 그의 고난과 죽음으로 우리의 모든 죄를 위한 완전한 화목과 용서를 이루셨기 때문에 그는 일어났고 일어나셔야 했다. 부활로 그는 스스로 의롭게 되었고 우리도 그 안에서 그와 더불어 의롭게 되었다. 그의 죽음으로부터의 부활은 우리의 무죄에 대한 공적 선포이다. 그리고 이것만이 아니라, 그리스도께서는 우리의 의를 위해서 이와 다른 의미와 목적에서 일어나셨는데, 그것은 그의 부활 속에 담겨 있는 무죄석방을 우리 개개인에게 적용할 수 있기 위해서였다. 부활하지 않았다면 그의 죽음을 통해서 이루어졌던 속죄가 펼쳐지거나 적용될 수 없었을 것이다. 그것은 한 조각의 죽음의 장과 비교될 수 있을런지 모른다. 그러나 이제 그리스도는 그의 부활로 말미암아 주와 임금과 구주로 올라가셨고 성취된 속죄를 믿음의 방식에 의해서 우리에게 나누어 줄 수 있게 되었다. 동시에 그의 부활은 우리의 의의 증거요 원천이다.

그러나 그리스도께서 올라가셔서 그 성취된 화목과 용서를 우리 개개인의 소유가 되게 하기까지는 직접 다른 은택이 거기에 포함되어 있다. 왜냐하면 선행하는 속죄 없이는 용서도 없었던 것처럼, 뒤에 따라야 할 성화와 영화 없이는 용서도 없기 때문이다. 칭의와 성화 사이의 분리할 수 없는 관계의 객관적인 근거는 그리스도 자신 안에 있다. 그는 죽었을 뿐만 아니라 일어나셨다. 그가 죽었던 것은 죄에 대하여(즉 그것을 속죄하고 소멸하기 위하여) 단번에 죽으신 것처럼, 그가 사신 것도 하나님에 대하여 사셨다(롬 6:10). 그의 죽음을 통하여 죄의 권세를 완전히 깨뜨린 후 이제는 그의 생명이 하나님에게만 속해 있다. 그리스도께서는 믿음으로 인간에게 그의 죽음의 열매, 곧 죄에 대한 속죄와 용서

롤 보내자 마자 그로 하여금 새로운 생명을 소유케 하셨다. 그는 자신을 나눌 수 없었고 그의 죽음과 부활을 분리할 수 없었다. 그가 스스로 일어나셨기 때문에 그만이 그의 죽음의 열매들을 분배하며 적용할 수 있다. 생명의 왕으로서 오직 그가 그의 죽음의 은택들에게 명령하신다. 그리므로 그가 스스로 단번에 죄에 대해서 죽으셨다가 그 후 오직 하나님께 대하여 살으셨던 것처럼, (그리스도와 함께 죽었다가 함께 부활함으로 말미암아) 산 자들이 다시는 저희 자신을 위하여 살지 않고 오직 저희를 대신하여 죽었다가 다시 사신 자를 위하여 살게 하기 위해서 그의 죽음 안에서 모든 사람을 대신하여 죽으셨다(고후 5:15; 갈 2:20).

그와 똑같이 주관적인 입장에서도 죄 용서와 생명의 새롭게 하심 사이는 분리될 수 없이 연결되어 있다. 왜냐하면 마음에 신앙을 가지고 죄 용서함을 받은 자는 누구든지 예수님이 그의 죽으심에서 행하신 것처럼, 그 순간에 죄와의 모든 관계를 끊었기 때문이다. 그가 죄와의 모든 관계를 작별했던 것이다. 왜냐하면 용서되었고 믿음 안에서 기쁨으로 그 용서를 받아버린 죄는 그에게 경멸될 수밖에 없기 때문이다. 그런 사람은 바울의 경우와 같이 죄에 대하여 죽었고(롬 6:2), 따라서 더 이상 그 안에서 살 수 없다. 믿음과 그것의 인표인 세례로 말미암아 그는 그리스도와 교통에 들어 갔고, 그 이후로는 새로운 생명의 길을 걷도록 그리스도와 함께 십자가에 못박혀 죽고 그와 함께 장사지낸 바 되었다(롬 6:3 이하).

이런 성화에 영화도 더 밀접히 연결되어 있다. 부활하심으로 말미암아 신자들은 거듭나 산 소망이 있게 되었다(벧전 1:3). 그것으로 그들은 구원의 사역이 시작되어 계속되었고 마지막에는 성취될 것이라는 확고한 확신을 얻었다. 하늘에는 썩지 않고 더러워질 수 없으며 쇠하지 않는 기업이 그들을 위해 보존되어 있고, 땅에서도 그들은 마지막 날 계시될 구원을 위해서 신앙으로 말미암아 하나님의 능력 안에 보존된다(벧전 1:4, 5). 이것 이외에 어떤 다른 방식이 있을 수 있는가? 하나님께서는 우리를 향한 그의 사랑을 나타내실 때, 우리가 아직 죄인 되었을 때 그리스도께서 우리를 위해서 죽으심으로 나타내셨다. 그래서 그리스도의 피로 말미암아 의롭게 된 우리는 더욱더 하나님으로 말미암아 그의 진노, 곧 특별히 마지막 심판에서 계시될 그 진노로부터 보존될 것이다.

그리스도 안에 있는 자들에게는 진노나 정죄가 없고 하나님과의 평강과 그의 영광의 소망이 있을 뿐이다. 처음에 그들이 아직 죄인 되었을 때 그의 진노에 복종케 하여 하나님 자신이 그의 아들의 죽음을 통하여 그들과 화목하셨고, 이제 그들을 향한 그의 진노를 버리시고 그들에게 평화와 사랑을 주셨으며 더욱

더 그리스도께서 이제 그의 부활로 말미암아 취하신 생명으로 그들을 보존할 것이고, 그리고 그 안에서 그들의 대면자인 그가 아버지와 더불어 역사하실 것이라(롬 6:8-10). 따라서 그리스도의 부활의 역사는 영원까지 계속될 것이니, 때가 되면 그것과 연합하여 모든 신자의 부활과 중생, 하늘과 땅 위의 승리를 가져올 것이다(행 4:2; 롬 6:5; 8:11; 고전 15:12 이하).

우리가 그리스도의 부활에 대한 이런 풍부하고 영원한 의미를 이해할 때만 비로소 왜 사도들이 특히 바울이 부활의 역사적 성격을 강조하는지를 또한 이해할 수 있다. 모든 사도들이 부활의 증인들이다(행 1:21; 2:32). 바울도 부활 없는 사도들의 설교란 헛 것이며 거짓이라고 주장하고 있다. 즉 속죄에 의존하고 있고 신앙으로 받아들이는 죄 용서란 일어나지 않을 것이요, 축복된 부활의 소망도 그 기초를 완전히 잃을 것이라고 주장하고 있다. 부활과 더불어 하나님의 아들 되심과 그리스도의 메시야 되심이 참되게 될 것이고, 그는 더 이상 도덕선생으로 머물진 않을 것이다. 오히려 부활이 있자 마자 동시에 아버지께서 그리스도를 죄인들과의 화목자요 생명의 왕이요 세상의 구주임을 선포하고 영화롭게 하셨다.

부활은 예수님의 승귀의 시작이요 40일 후 승천으로 이어진다. 그 사건의 기록은 매우 짧다(막 16:19; 눅 24:51; 행 1:1-12). 그러나 그리스도로 말미암아 선포된 것이고(마 26:64; 요 6:62; 13:3, 33; 14:28; 16:5, 10, 17, 28), 사도적 설교의 내용을 이루고 있다(행 2:33; 3:21; 5:31; 7:55, 56; 엡 4:10; 빌 2:9; 3:20; 살전 1:10; 4:14-16; 딤전 3:16; 벧전 3:22; 히 4:14; 6:20; 9:24; 계 1:13 등). 어디서든지 사도들은 그리스도께서 영혼과 육체를 지니신 인성으로서 지금 하늘에 계신다는 사상으로부터 진행한다. 부활 이후 그리스도께서 땅에 계셨던 40일간은 참으로 승천에 대한 준비요 전환점이었다. 그때부터 모든 것이 그가 땅에 속한 분이 아니었음을 보여주었다. 그의 모습은 죽기 전의 모습이 아니었다. 그는 신비하게 나타났다가 사라졌다. 제자들이 당시 그와 함께 서 있었던 모습은 이전의 동역간의 관계와는 전혀 다른 것이었다. 그의 생명은 더 이상 땅에 속한 것이 아니었고 하늘에 속하였다.

승천 시에도 그가 영적 존재화 혹은 신적 존재화의 과정을 통하여 볼 수 없게 된 것이 아니고, 그것은 다만 장소의 변화였다. 그는 땅에 있었고 하늘을 향해 갔다. 그는 특별한 장소, 곧 예루살렘에서 베다니를 향하여 1마일도 못된 감람산에서 승천하셨다(눅 24:50; 행 1:12). 그는 제자들과 헤어지기에 앞서 그들을 축복하셨다. 그는 축복하시는 모습으로 땅을 떠나 축복하시면서 승천하셨다. 그와 같이 그는 오셨다가 그와 같이 살으셨고 이제 그와 같이 돌아가셨던 것이다. 바로 그 자신이 하나님의 모든 축복의 내용이요, 그 모든 것의 성취자요 소유자며 분배자이셨다(엡 1:3).

그 때문에 승천은 그 자신의 독특한 행위이기도 하였다. 그는 그럴 권세를 가지고 있었으니 자기 자신의 능력으로 승천하신 것이다(요 3:13; 20:17; 엡 4:8-10; 벧전 3:22). 그의 승천은 적어도 부활보다는 더 강한 의미에서 영광의 여정이다. 이는 그때 그가 온 땅 위에는 물론, 모든 자연법과 물질의 온 중력 위에 영광을 얻으신 것이기 때문이다. 더구나 그의 승천은 그리스도의 십자가 안에서 그들의 갑옷을 하나님께 빼앗기며 그들의 무능을 나타내 그리스도의 승전가에 매어 있고(골 2:15), 이제 그리스도 자신으로 말미암아 포로들로 잡히게 된(엡 4:8) 마귀와 인간의 모든 대적의 힘에 대한 영광이다. 베드로도 같은 사상을 표현하여, 그리스도께서 영으로 살리심을 받은 후 하늘에 오르사(베드로전서 3:19과 22의 간다는[1] 말과 오른다는 말의 헬라어는 같은 말이고, 22절에서 그가 오르신 장소를 설명하는 "하늘에"가 첨가되어 있다), 그 승천과 동시에 감옥에 있는 영들에게 그의 승리를 선포하였고 하나님 우편에 계시니 천사들과 권세들과 능력들이 그에게 복종하게 될 것이라고 하였다.

그리스도 자신의 행위인 승천이 동시에 하나님에 의해서 하늘에 올리심을 입은 사건이다(막 16:19; 눅 24:51; 행 1:2, 9, 11, 22; 딤전 3:16). 그리스도께서 아버지의 사역을 온전히 이루셨기 때문에 아버지에 의해서 일으킴을 받으셨고, 그의 직접 현존 안에서 인정되셨다. 그를 위해 하늘이 열리고 천사들이 그를 영접하러 왔으며 그를 수종들었다(행 1:10). 그 스스로 하늘을 지나 모든 하늘 높이 오르셨으니(히 4:14; 7:26; 엡 4:10), 하나님의 권위의 보좌 오른편에 그의 자리를 취하기 위함이다. 하나님 곁 가장 높은 자리가 그리스도의 자리다.

부활이 승천을 준비한 것처럼, 승천은 하나님 우편에 있는 자리로 인도했다. 구약에서 이미 이 자리는 메시야에게 속해 있었다(시 110:1). 예수님은 자신이 곧바로 그의 영광의 보좌 위에 앉을 것을 여러 번 말씀하셨고(마 19:28; 25:31; 26:64), 승천 후에 그 자리에 앉았다(마 16:19). 사도들의 설교에서도 하나님 우편에 앉아 계시는 사실이 종종 언급되어 있고 그 의미를 크게 강조해 주고 있다(행 2:34; 롬 8:34; 고후 5:10; 엡 1:20; 골 3:1; 히 1:3, 13; 8:1; 10:12; 벧전 3:22; 계 3:21 등).

예수님의 승귀의 이런 과정에 대해서 성경이 사용하고 있는 표현들 중에는

---

역주 1) πορεύω의 과거수동형 분사를 19절에 썼으나, 우리말에는 번역되어 있지 않다.

약간의 다양성이 발견될 수 있다. 부활과 승천의 경우와 마찬가지로 이 경우도 종종 그리스도 자신이 내려앉으셨다(히 1:3; 8:1 - 앉았다의 더 좋은 표현으로 '앉으러 가셨다', 또는 '앉으셨다'), 다시 아버지께서 그에게 말씀하시되, 내 우편에 앉아 있으라는 기록이 있는 반면(행 2:34; 히 1:13), 그를 그곳에 앉히셨다는 기록도 있다(엡 1:20). 또한 종종 자리에 앉는 행위가 강조되기도 하고(막 16:19), 그 앉아 있는 상태가 강조되기도 한다(마 26:64; 골 3:1). 그리스도께서 앉아 계신 자리도 여러 가지 말로 표현되어 있다. 즉 권능의 우편에(마 26:64), 하나님의 권능의 우편에(눅 22:69), 높은 하늘에 계신 위엄의 우편에(히 1:3), 하늘에 있는 위엄의 보좌 우편에(히 8:1), 하나님의 보좌 우편에(히 12:2) 등이다. 이렇게 그리스도께서 거기에 앉아 계신다는 표현이 일반적이지만 그가 하나님의 우편에 있다(롬 3:34), 혹은 거기에 서 있다(행 7:55, 56), 혹은 일곱 금촛대 사이에 다니신다(계 2:1) 등의 표현들도 있다. 그러나 부활과 승천 후 그리스도께서 온 우주 중에서 가장 높은 하나님 곁에 계신다는 사상은 항상 일치하고 있다.

이런 사상은 꼭 땅의 것과의 관계에서 이끌어진 유사(een beeld)의 형식으로 표현되어 있다. 하늘의 것에 대해서 우리는 인간적인 표현방식에 불과한 유사형식으로 말할 수 있다. 솔로몬이 자기의 모친 밧세바를 자기 우편에 있는 의자에 앉힘으로 존귀케 하였던 것처럼(왕상 2:19; 시 45:9; 마 20:21과 비교), 아버지께서 그의 아들을 그와 함께 그의 보좌에 앉힘으로 영화롭게 하셨다(계 3:21). 하나님 우편에 앉았다는 말은 그의 완전한 순종에 근거하여 그리스도께서 지극히 높은 권세와 위엄과 존귀와 영광으로 높아지셨다는 말이다. 그가 신성으로서 창조 전에 하나님과 더불어 가졌던 영광을 다시 받았다는 것이 아니다(요 17:5). 오히려 그때부터 인성을 지닌 그가 존귀와 영광으로 관 쓰셨음을 본다(히 2:9; 빌 2:9-11). 그에게 만물을 복종케 하신 그분만을 제외한 모든 만물을 그 발 아래 복종케 하였고(고전 15:27), 비록 지금은 만물이 그에게 복종하는 것을 보지 못할지라도, 저가 모든 원수를 그 발 아래 둘 때까지는 그가 왕노릇 하실 것으로 안다(히 2:8; 고전 15:25). 그 일은 그가 다시 돌아와 산 자와 죽은 자를 심판하실 때 일어난 것이다. 그가 하나님 우편에 앉아 계신 일과 그의 모든 높아지는 일은 심판하러 재림하실 때 끝나고서 그 절정에 이른다(마 25:31, 32).

승귀의 신분에서도 그리스도는 땅에서 시작하였던 그 사역을 계속하였다. 그리스도의 비하의 신분에서 이루셨던 사역과 승귀의 신분에서 성취하시는 사역 사이에는 큰 차이가 있다. 그의 인격이 다른 모양을 나타낸 것처럼, 그의 사역도 다른 형식과 형태를 취하였다. 부활 이후에는 그는 종이 아니었고, 주요 왕이었다. 지금의 그의 사역은, 그가 십자가상에서 완전히 이루셨던 순종의 제사가 아니다. 그의 중보의 사역이 다른 형식으로 계속되고 있다. 그가 승천하실 때 공허한 안식에 들어간 것이 아니고 아버지께서 항상 일하시는 것처럼 아들도 항상 일하였으니(요 5:17), 지금도 그는 그가 이루신 충만한 축복들을 그의 교회에 적용하고 계신다. 그리스도께서 그의 고난과 죽음을 통하여 부활과 승천으로 교회의 머리가 되신 것처럼, 이제 교회가 그리스도의 몸으로 형성되고 하나님의 충만으로 충만되고 있다. 중보의 사역은 크고 위대한 신적 사역으로서 영원 전부터 시작하여 영원히 계속될 것이다. 그러나 부활을 기점으로 하여 두 부분으로 나뉘어졌다. 즉 그 순간까지 그리스도의 낮아지심이 있어 왔고 동시에 그 시점으로부터 그의 높아지심이 시작되었다. 그리고 둘은 구원의 사역에 피할 수 없는 것들이다.

그리스도는 승귀의 신분에서도 선지자요 제사장이요 왕으로서 역사하시고 계신다. 그런 존재로 이미 영원 전부터 그는 기름부음을 입었다. 이런 공직의 활동을 비하의 신분에서 수행하셨고, 다른 의미에서 이 사역을 하늘에서도 그는 계속하고 있다.

부활 이후 그가 선지자로서 계속 활동하셨다는 사실은 그의 설교에서 아주 분명하다. 그는 승천의 때까지 제자들에게 설교를 계속하셨다. 예수님이 부활 이후 땅에서 보낸 40일 동안은 그의 생과 가르침에서 중요한 부분을 이루고 있다. 일반적으로 이것에 별로 관심이 없다. 그러나 우리가 예수님께서 이 40일 동안 행하시고 말씀하셨던 것을 정확히 주시했을 때, 이들이 그의 인격과 사역에 대한 전혀 새로운 빛을 던져 준다는 사실을 바로 간파하게 될 것이다. 우리가 사도들을 따라 살고 그들의 가르침을 받았기 때문에 이것을 사도들만큼 그렇게 깊이 깨닫지 못하는 것이 당연하다. 그러나 예수님과 동행하였다가 그가 죽자 모든 희망을 잃어버렸던 제자들은 이 짧은 기간 동안에 전혀 다른 사람들이 되었고 전에는 이해할 수 없었던 예수님의 인격과 삶을 깨달아 알게 되었다.

부활 자체는 그리스도의 죽음과 지난 모든 생애에 놀라운 빛을 던졌다. 그러나 이 구원의 사건 역시 그 자체로만 남아 있지 않았다. 오히려 그것이 선행되었기에 이제 구원의 말이 동반하였고 뒤따랐다. 무덤에서 천사들이 예수님을 찾는 여자들에게 직접, 그는 여기에 없고 그 자신의 말씀대로 일어나셨다고 선포하였다(마 28:5, 6). 그리고 예수님 자신이 엠마오로 가는 제자들에게 그리스도가 고난을 받고 그의 영광에 들어가야 할 것을 설명하면서, 그들에게 성경 안에서 그에 대해서 기록한 모든 말씀으로부터 이것을 보였다(눅 24:26, 27, 44,

47과 비교).

　제자들은 이제 전에 그들과 함께 거닐었던 그의 모습과는 전혀 다른 모습을 깨닫게 되었다. 이제 그는 섬기기 위해서 오셨던 겸손한 인자가 아니었고 섬김을 받고 그의 몸을 많은 사람들의 속전으로 드리기 위해서 오셨던 존재가 되었다. 그는 종의 형체를 버리고 자신을 영광과 권세의 형체로 보였다. 그때부터 그는 다른 세계에 속해 있었다. 그는 아버지께로 갔지만 제자들은 여기에 남아 있어야 했고 땅에서 이루어야 할 사명이 있었다. 이전의 그 두터운 교제는 더 이상 돌아오지 않았다. 곧바로 예수님과 그의 제자들 사이는 그전과는 다르면서도 더 밀접한 관계가 이루어질 것이고 후에 예수님의 승천하심이 그들의 유익이 었음을 이해하게 될 것이었다. 이전에 예수님과 함께 누렸던 교제와는 모든 점에서 차이가 있는 영으로의 교제가 될 것이었다. 부활 이후부터 예수님 자신이 그런 큰 영광과 지혜로 그의 제자들에게 나타내셨기 때문에 어느 누구도 해 본 적이 없었던 고백인 예수님은 그의 주요 그의 하나님임을 도마는 고백하게 되었던 것이다(요 20:28).

　이 40일 동안에 예수님은 자신의 인격과 사역에 더 많은 빛을 비추어 주었다. 그러나 그는 그의 제자들에게 그들의 사명과 과업이 무엇인지를 자세히 설명하셨다. 예수님을 장사지내고 모든 것이 끝난 듯하자 제자들 사이에는 아마 갈릴리로 돌아가 다시 이전 직업에 종사하자는 계획이 이루어진 듯하다. 그런데 3일째 되는 날에 막달라 마리아와 다른 마리아들에게(마 28:1, 9; 요 20:14 이하), 베드로에게(눅 24:34; 고전 15:5) 그리고 엠마오로 가는 제자들에게(눅 24:13 이하) 일어났던 것에 대한 소식을 듣고 잠시 예루살렘에 머물렀다. 이 날 저녁에 도마를 제외한 모든 제자들이 있는 곳에 나타나셨고, 8일 후 다시 나타나셨는데 이때는 도마도 있었다. 그 후 그들은 그들보다 앞서 갈릴리로 가셨던 예수님을 따랐고(마 28:10) 여기에서 여러 번 나타나셨다(눅 24:44 이하; 요 21장). 그러나 동시에 그는 그들에게 예루살렘에 돌아가 자신의 승천을 증거하라는 명령을 주었다.

　이런 모든 현현에서 제자들에게 그들의 미래 사명이 어떠해야 될 것을 설명하셨다. 그것은 그들의 옛 사명으로 되돌아가야 한다는 것이 아니라, 그의 증인들로서 나아가 예루살렘으로부터 시작하여 모든 족속들에게 그의 이름으로 죄를 회개하고 용서받을 것을 선포하도록 하신 것이다(마 28:19; 막 16:15; 눅 24:47, 48; 행 1:8). 그래서 사도들은 여러 가지 명령들을 받았고(행 1:2), 하나님 나라의 일에 대해서 가르침을 받았으며(행 1:3), 그들의 능력이 묘사되어 있음은 물론(요 20:21-23; 21:15-17), 모든 피조물들에 대한 복음의 선포가 그들의 마음에 결합되었다. 이제 그들은 자신들이 무엇을 해야 할 것인가를 알게 되었다. 첫번째로 그들은 위로부터 내려오는 능력을 입기 위해서 예루살렘에 머물러야 하였다(눅 24:49; 행 1:4, 5, 8), 그 후에 예루살렘과 온 유대와 사마리아와 땅 끝까지 증인으로서 나아가야 했다(행 1:8).

40일 동안의 이런 전 가르침이 예수님께서 제자들에게 말씀하신 마지막 말씀에 집약되어 있다(마 28:18-20). 그 첫째 내용이 자신에게 하늘과 땅의 모든 권세를 주셨다는 것이다. 그는 그 전에도 이런 권세를 받았지만(마 11:27), 그의 공로에 근거하여 이제 그것을 소유하였고, 그가 이룬 은택들을 그의 피로 사신 교회에 나눠 주기 위해서 그것을 사용하실 것이라는 것이다. 이런 완전한 권세에 의해서 그 다음 그는 사도들에게 모든 족속으로 제자를 삼아 성부와 성자와 성령의 이름으로 세례를 주고 그들로 하여금 그가 명하신 모든 것들을 지키도록 가르치라는 지상명령을 주신 것이다. 그에게 하늘과 땅의 모든 권세가 주어졌기 때문에 예수님은 모든 족속으로 제자를 삼는 권리를 주장하고 계신다. 그리고 그는 세례를 통해서 그의 완전한 계시인 성부와 성자와 성령으로 자신을 알리셨고, 지금도 계속 그의 계명 속에서 역사하시는 그 하나님과 교제상태에 들어간 자들을 자기의 제자로 인정하신다. 마지막으로 격려의 말을 첨가하여, 그가 그들과 항상 함께하여 세상 끝까지 함께하실 것을 말씀하셨다. 육체로는 그가 그들을 떠나 있지만 영적으로는 그들과 함께하고 있고, 따라서 그의 교회를 모으시고 그들을 다스리시며 보호하시는 사람은 그들이 아니라 그분 자신이시다.

승천 이후에도 그리스도는 선지자로 남아 활동하고 계신다. 구두든 서신의 기록이든 간에 사도들의 설교들은 예수님의 가르침, 곧 그의 죽음 이전에 받은 것은 물론 부활과 승천 사이 40일 동안에 그로부터 받은 가르침과 결합되어 있다. 이 마지막 사실이 간과되어서는 안 된다. 그것을 통해서만 모든 사도들이 처음부터 그리스도께서 죽으셨을 뿐만 아니라 하나님에 의해서 부활하셔서 주와 그리스도요 왕과 구주로서 하나님 우편으로 올라가셨으며, 성부의 사랑과 성자의 은혜와 성령의 교통의 이름 안에 죄인을 향한 모든 구원이 귀착된다는 사실 위에 어떻게 그렇게 확고하게 서 있을 수 있었는가 하는 이유가 설명이 된다.

더구나 사도들의 선포는 예수님의 가르침에 연결되어 있을 뿐만 아니라, 그에 대한 해석이요 확장이다. 예수님은 그 영 자신에 의해서 그의 제자들의 마음속에서 선지자 사역을 계속하셨다. 진리의 영으로 말미암아 그는 그들을 모든 진리로 인도하셨으니 그 영이 자신의 것을 증거하는 것이 아니라, 그리스도를 증거하고 그가 말씀하셨던 것을 기억나게 하고 그들로 앞으로의 일을 선포하도록 하였기 때문이다(요 14:26; 15:26; 16:13). 그렇게 사도들은 구약책에 첨부하여 모든 시대의 교회의 발걸음에 빛이 되고, 그 발 앞의 등불이 되는 그런 신약성경이 나올 준비가 되어 있었다. 이 말씀을 교회에 주시고 그것으로 말미암아 점진적으로 그의 직책을 수행하신 분은 그리스도 자신이었다. 그분이 그것을 보존하시고 펴시며 그분이 그것을 설명하시고 해석하신다. 그것이 바로 그리스도께서 모든 민족으로 제자를 삼고 그들로 삼위일체 하나님과 교제에 들어가게 하시며, 그들로 하여금 그의 계명 안에 거하도록 하는 기구다. 그의 말씀과 그의 영을 통하여 그리스도는 항상 우리와 함께 하시고 세상 끝까지 함께하실 것이다.

그리스도의 선지자직에 해당된 것이 그의 제사장직에도 적용될 수 있다. 그는 이 직책을 한때를 위해서만 받으신 것이 아니고 영원히 그것을 사용하시는 것이다. 구약에서 이런 제사장직의 영원한 성격이 성전의 예배를 위해서 아론의 집과 레위 지파를 구별하는 가운데 예표되어 있다. 이 예배를 수행하였던 어떤 사람들이 죽게 되었을 때, 다른 사람들이 바로 그 일을 대신하였다. 즉 제사장직만은 남아 있었다. 오는 메시야는 한때 봉사하다가 다른 사람으로 대체되는 그런 평범한 제사장이 될 것이 아니고 영원히 멜기세덱의 반차를 따르는 제사장이 될 것이다(시 110:4). 항상 제사장만은 남아 있는 일이 죽음에 의해서 방해받지 않도록 그로부터 많은 제사장들이 나왔던 아론과 레위의 자손들과는 달리(히 7:24), 멜기세덱은 신비적인 인물로서 그리스도 대제사장직의 영원한 계속성의 상을 보여주고 있다. 그는 의의 왕이었고 동시에 평강의 왕이었으며 전 계시사에서 그의 족보와 출생과 그의 죽음에 대해서 전혀 언급이 없는 독특한 인물이다. 그렇기 때문에 예표의 의미로 그는 하나님의 아들과 방불하였고 영원히 제사장으로 남아 있다(히 7:3).

그러나 멜기세덱은 예표에 불과하였고 실제는 그리스도에게 있다. 그리스도는 영원 전부터 존재해 온 하나님의 아들이기 때문에(히 1:2, 3) 참된 의미에서 영원한 대제사장이다. 그는 땅에서 한때 자신을 제물로 드리셨을지라도, 그는 위에서 왔고, 그 본질에 있어서 영원한 것에 속하였으며, 그 때문에 한때 영원하신 성령으로 말미암아 자신을 드릴 수 있었던 것이다(히 9:14). 그리스도께서 하나님의 아들로서 세상에 오셔서 하나님의 뜻을 이루기 위해서 영원 전부터 준비되어 있었던 한, 이미 영원 전부터 제사장이었다(히 10:5-9). 이런 하나님의 뜻을 그의 육체의 날에 성취하였다는 눈으로 보면, 그리스도의 제사장직은 땅에서 시작하였다고 말할 수 있다(히 2:17; 5:10; 6:20; 7:26-28). 그리고 이런 땅에서의 제사장직은 그리스도께서 그의 부활과 승천으로 말미암아 다시 하늘의 성소에서도 대제사장이 되고 영원히 이렇게 남아 있기 위한 수단이요 길이었다. 땅에서의 그리스도의 생과 사역을 최종목적으로 보지 않고 하늘에서의 영원한 제사장 직책 수행을 위한 준비로서 보는 것이 히브리서의 독특한 사상이다.

그래서 어떤 사람들은 히브리서의 내용에 따라 그리스도께서 땅에 있는 동안 제사장이었던 것이 결코 아니고, 그가 승천하여 하늘의 성소에 들어갔을 때 처음 그 직책을 입었다고 추론한다. 그들은 이 사상을 특별히 땅에서의 제사장들은 레위 지파로부터 나왔고 율법에 따른 제사장들이었지만, 그리스도는 레위 지파에서 나온 것이 아니고 유다 지파에서 나왔으며 예루살렘의 성전에서 섬기는 제사장으로 섬겼던 것이 아니라는 사실(히 7:14; 8:4)에 기초하고 있다. 그럼에도 불구하고 그리스도께서 제사장이었다면, 그는 하늘에서 제사장일 수 있고 거기에서 그 직책으로 섬겨야 한다(히 8:3). 그리고 그때 그가 거기에서 드리는 것은, 그것으로 하늘의 성소에 들어간(히 9:11, 12) 자신의 피일 것이라고 주장한다.

그러나 이런 결론은 확실히 부정확하다. 왜냐하면 다른 모든 사도들의 기록과 마찬가지로 이 히브리서에서도 그리스도께서 자신을 십자가상에서 단번에 드리셨고 그것으로 또한 영원한 구원에 이르게 되었다고(히 7:27; 9:12, 26, 28; 10:11-14) 아주 강조하고 있기 때문이다. 신약의 가장 큰 축복인 죄의 용서는 이 제사로 말미암아 완전히 이루셨고 그의 피에 함양된 신약은 구약을 종식시켰다(히 4:16; 8:6-13; 9:14-22). 죄와 죽음과 마귀가 그의 피로 말미암아 멸해졌고(히 2:14; 7:27; 9:26, 28), 그에게 속해 있는 모든 사람들을 그의 피를 통해서 거룩히 하고 온전케 하였다(히 10:10, 14; 13:12). 바로 그리스도께서 이런 안전한 제사를 십자가상에서 드리셨기 때문에, 그가 대제사장으로서 하나님 우편에 앉으실 수 있었다(히 8:1). 그에게는 더 이상 고난과 죽음이 없고 그는 다만 승리자로서 보좌에 앉아 계신다(히 1:3, 13; 2:8, 9; 10:12). 사도의 언변에 있어서 가장 중요한 핵심점은 바로 우리에게는 하늘에 있는 엄위의 보좌 오른편에 앉아 계시는 대제사장이 있다는 사실이다(히 8:1). 이제 하늘에서는 땅에서 그리스도께서 행하셨던 것과 같은 제사에 대한 말은 더 이상 있을 수 없다.

그럼에도 불구하고 하늘에서 그리스도는 대제사장이시고 대제사장으로 남아 있을 것이다. 즉 그런 분으로서 하나님께서 그를 그의 우편에 앉히셨다. 확실히 이 서신에서 말씀하신 대로 그는 그곳에서 먼저 멜기세덱의 반차에 따라서 대제사장이 되셨고 그의 영원한 대제사장직을 입으셨다(히 21:7; 5:10; 6:20).

그리스도의 모든 땅에서의 생은 지금 하늘에서 우리를 대신하는 영원한 대제사장으로서 활동하시기 위한 준비였다. 참으로 그분은 아들이셨고 우리의 대제사장이 되실 수 있기 위해서도 그런 존재여야 했다(히 1:3; 3:6; 5:5). 그럼에도 불구하고 충분하지 않으셨으니, 그분이 아무리 아들이셨을지라도 고난으로 말미암아 순종함을 배워야 했다(히 5:8). 그분이 여기 땅에서도 아들로서 소유하고 계신 그 순종을 인성으로서 고난 중에 나타내야 했고, 따라서 우리의 대제사장이 되실 수 있었다(히 2:10 이하; 4:15; 5:7-10; 7:28). 그리스도께서 극복하셨던 모든 고난과 그가 접하셨던 시험과 그가 복종하셨던 죽음, 이 모든 것들이 하나님의 손에서 지금 그가 하늘에서 하나님 앞에서 성취해야 할 제사장직을 위해서 그리스도를 거룩히 하고 온전케 하는 수단으로 봉사하였다. 자연히 이런 그리스도의 성화와 완전케 되심이 마치 그가 싸움을 통하여 점진적인 과정을 따라서만 순종하게 되었던 것처럼 그런 도덕적인 의미에서 이해될 수 없다. 그 경우 사도들은 그 성화를 적극적이고 직임적인 의미에서 생각하였다. 그리스도는 아들로서의 그의 순종을 모든 시험에 대해서 극복함으로 보존해야 했고, 동시에 그렇게 하여 하늘에서의 영원한 대제사장직을 위해서 온전히 준비해야 했다.

순종의 방식에 의해서 그리스도는 하나님의 엄위의 보좌 오른편에서 이런 대제사장직을 완전히 얻으셨다. 그의 고난과 죽음에 근거하고 한 완전한 제사에 근거하여 이제 그는 지극히 높은 엄위의 하늘 보좌에 앉으셨다. 그는 (그 자신의 피와 더불어서가 아니라) 그 자신의 피로 말미암아 단번에 성소에 들어가셨고(히 9:12), 지금 그곳의 참되고 하나님 자신이 지으신 장막에서 (제전) 부리는 자로서 활동하고 계신다(히 8:2). 특별히 그는 지금 멜기세덱의 반차에 따른 충만하고 영원한 제사장으로 계신다(히 5:10; 6:20). 구약에서 대제사장이 일년에 한 번 속죄의 큰 날에 자신과 백성을 위해서 잡은 염소의 피를 가지고 지성소에 들어가 궁휼의 자리 주위를 뿌렸던 것처럼, 그리스도께서 그의 십자가 제사의 피로 하늘에 있는 참된 성소에 이르는 길이 열렸다(히 9:12). 그는 문자적인 의미에서 하늘에 올라가실 때 그가 골고다에서 흘렸던 피를 가지고 가셨다는 것이 아니고 실제적으로 거기에서 그것을 드려 뿌렸다는 것이 아니라, 자신의 피로 말미암아 참된 장막으로 들어가셨다는 말이다. 지금 하늘에 돌아가신 자는 죽었다가 살아나셨던 그리스도로서 전에 죽었던 자라, 이제 세세토록 살아 계시고(계 1:18) 보좌 중에 일찍 죽임을 당한 어린양으로서 계신다(계 5:6). 그는 그 인격 전체로 화목제물이니, 우리만 위할 뿐 아니라 온 세상을 위한 화목이시다(요 2:2).

따라서 하늘에서의 그의 대제사장직은 우리를 위하여 하나님 앞에 나타나심에 있고(히 9:24), 백성의 죄를 구속하기 위해서 하나님과 더불어 행하시는 모든 일에 있어서 자신을 자비하고 충성된 대제사장으로 나타냄에 있으며(히 2:17), 시험받는 자들을 능히 도우심에 있으며(히 2:18; 4:15), 많은 아들들을 영광으로 인도함에 있다(히 2:10). 순종의 길로 자신이 그로 말미암아 하나님께 이르는 많은 사람들을 위한 지도자가 되셨다. 그는 믿음의 지도자시니 이는 저가 스스로 믿음을 실천하셨고, 따라서 다른 사람들을 믿음으로 인도하실 수 있고 끝까지 그 믿음을 보존하실 것이다(히 12:2). 그는 그들의 생명의 지도자시니(행 3:15; 헬라어로 같은 말로 사용하였고 히브리어에서 그것이 지도자로 번역되어 있다), 이는 그가 처음 그 생명을 자신의 죽음으로 얻으셨고 이제 다른 사람들에게 선물하실 것이기 때문이다. 그는 그들의 구원의 지도자시니(히 2:10), 이는 그 자신이 구원의 길을 여셨고 그 길을 걸으셨으며 따라서 다른 사람들을 그 길로 인도하여 성소로 그들을 데리고 가실 수 있기 때문이다(히 10:20).

그러므로 항상 모든 일에 있어서 그리스도는 아버지에 대한 우리의 대언자이시다. 땅에서 그가 자기 제자들을 위해서(눅 22:23), 그리고 자신의 대적자를 위해서(눅 23:34) 기도하셨고, 중보기도로 자신의 온 교회를 아버지께 바쳤던 것처럼(요 17장), 이 중보기도를 하늘에서도 모든 피조물을 위해서 계속하고 계신다. 우리는 이것을 마치 하늘에서 그리스도가 아버지께 긍휼을 얻기 위한 탄원으로서의 무릎을 꿇는 것처럼 그렇게는 도저히 이해할 수 없다. 왜냐하면 아버지 자신이 우리를 사랑하셨고 그 증거로 아들을 우리에게 주셨기 때문이다. 그러나 이런 아버지의 사랑은 십자가에 죽기까지 순종한 아들 안에서만 우리에게 주어졌다는 것을 의미한다. 따라서 그리스도의 중보기도는 은혜를 바라는 기원이 아니라, 권세 있는 의지의 표현이요(요 17:24) 열방을 그의 유업으로 주시고 땅 끝까지 자기 소유로 주실 것을 바라는 아들의 소원이다(시 2:8). 복종하여 엄위의 보좌에 높아지셨던 분은 십자가에 달리셨다가 영광을 받으셨던 그리스도요 아버지의 친 아들이다. 자신이 이 헌신을 하늘에서 성결케 하고 완전케 하였으며, 그로 말미암아 아버지께 중보기도가 드려지게 되었던 분이 바로 자비롭고 신실하신 그 대제사장이시다.

율법과 사단과 우리의 마음이 우리에 대해서 행하는 모든 참소에 대해서 그가 스스로 우리를 옹호하신다(히 7:25; 요 2:2). 그는 우리의 모든 시험에서 우리의 도움이 되시며 우리의 모든 연약함에 대해서 긍휼을 베푸신다. 그는 우리의 마음을 청결케 하시고 그를 통하여 하나님께 이르는 모든 자들을 성화하여 완전히 구원하신다. 그는 그들을 위해 거할 집도 많고 거할 방도 많은 아버지의 집에 처소를 예비하고 계시고(요 14:2, 3) 그들을 위해 하늘의 기업을 보존하고 계신다(벧전 1:4). 그러므로 신자들은 두려워할 아무런 이유가 없다. 그들은 담대하게 은혜의 보좌 앞으로 갈 수 있고(히 4:16; 10:22), 그들 자신이 하늘의 그리스도로부터 자녀로 택함의 영을 받았고 그 영으로 말미암아 그들은 아버지라 부를 수 있으며·그 영을 통하여 하나님의 사랑이 그들 마음속에 부어지는 것이다(롬 5:5; 8:15). 하늘에서는 그리스도가 아버지에 대한 그들의 대언자이신 것처럼, 성령이 우리 마음속에 있는 아버지의 대언자이시다(요 14:16, 26; 15:26; 16:7). 우리 그리스도인들의 중요한 고백 중의 하나가 우리에게는 하늘의 위엄의 보좌 오른편에 앉아 계신 그런 대제사장이 있다는 사실이다(히 8:1). 땅에 있는 우리에게는 제사장이나 제단이나 제사나 성전이 더 이상 필요가 없다.

또한 그리스도는 부활 이후 하늘에서 왕직을 계속 수행하고 계신다. 그의 부활과 승천으로 그리스도는 아버지에 의해서 주와 그리스도요 왕(지도자)과 구주로 높아졌고 보좌 오른편에 계시며 모든 이름 위에 뛰어난 이름을 받으셨기 때문에(행 2:36; 5:31; 빌 2:9-11; 히 1:3, 4), 이에 대한 견해차는 적다. 그리스도의 왕권은 비하의 신분에서보다는 승귀의 신분에서 더 분명하게 나타나고 있다. 그러나 이 왕권에 있어서 성경은 명백한 구별을 해 주고 있다. 하나는 시온과 그의 백성과 그의 교회 위에 미치는 그리스도의 왕권이 있고(시 2:6; 72:2-7; 사 9:5; 11:1-5; 눅 1:33; 요 18:33), 또 하나는 그가 모든 대적자들 위에 수행하시는 왕권이 있다(시 2:8, 9; 72:8; 110:1, 2; 마 28:18; 고전 15:25-27; 계 1:5; 17:14 등). 전자는 은혜의 왕권이고 후자는 권세의 왕권이다.

교회와 관련하여 왕이란 이름이 신약에서 머리라는 이름과 종종 병행하여 사용되고 있다. 그리스도는 그의 피로 사신 교회에 그렇게 밀접히 관계하고 있기 때문에 단 하나의 명사로는 우리가 그 내용에 대한 사유 표상을 얻는 데 충분하지가 않다. 그래서 성경은 여러 가지 표상들을 써서 그리스도는 그의 교회에 대해서 어떤 관계에 있는가를 더 분명하게 제시하고 있다. 즉 신부와 신랑과의 관계(요 3:29; 계 21:2), 남편과 아내와의 관계(엡 5:25; 계 21:9), 맏아들과 다른 형제들과의 관계(롬 8:29; 히 2:11), 머릿돌과 건물과의 관계(마 21:42; 행 4:11; 벧전 2:4-8), 포도나무와 가지와의 관계(요 15:1, 2), 머리와 몸과의 관계 등, 이 모든 것들이 그리스도와 교회와의 관계를 더 분명히 해 주고 있다.

특별히 마지막 표상은 여러 번 반복되고 있다. 예수님 자신이 마태복음

21:42에서 시편 118:22의 말씀이 자기에게 이루어졌음을 말씀하셨다. 즉 건축자의 버린 돌이 모퉁이의 머릿돌이 되었다는 말씀이다. 머릿돌이 건물의 벽들을 이어주고 든든하게 해 주는 것처럼, 유대인들에 의해서 버린 바 된 그리스도일지라도, 하나님에 의해서 머릿돌로 택하여져서 신정정치, 곧 그의 백성을 하나님이 다스리는 일이 그 안에서 현실화되도록 하였다. 사도 베드로는 이 사상을 사도행전 4:11에서 이미 선포하였으나 특별히 그의 첫 서신에서 더욱더 발전시키고 있다. 거기에서는 그것이 시편 118:22에만 연결된 것이 아니고, 이사야 28:16에도 연결시키고 있다. 그는 그리스도를 하나님에 의해서 시온에 주신 산 돌로서 나타내고 있고 그것에 신자들도 산 돌로서 첨가되고 있다(벧전 2:4-6). 바울도 사도들과 선지자들이 복음의 선포로 놓은 그 기초 위에 교회가 세워졌으며 그리스도께서 친히 그 기초 위에 일어선 교회라는 건물의 모퉁이돌이 되셨다는 그런 의미에서(엡 2:20) 이 전 표상을 발전시키고 있다. 다른 곳에서는 그리스도 자신이 교회의 터라 하고 있다(고전 3:10). 그러나 에베소서 2:20, 여기에서 그리스도를 모퉁이돌이라 함은 건물이 모퉁이돌로 인하여 확고히 기초되는 것처럼 교회가 살아 계신 그리스도 안에서만 존립하기 때문이다.

그리스도가 이미 모퉁이의 머릿돌로서 표상되어 있을지라도 건물의 표상으로서는 그리스도와 교회가 하나 되는 밀접성을 표시하기에 불충분하다. 모퉁이돌과 건물의 벽 사이의 연결은 인위적인 연결에 불과하지만, 그리스도와 그의 교회와의 통일성은 생명의 연결이다. 그러므로 예수님께서는 자신에 대해서 하나님으로 말미암아 모퉁이의 머릿돌로 일으켜 세워진 돌로서 말하셨을 뿐만 아니라, 가지를 소생시키고 그들에게 자양분으로 먹이시는 포도나무로서 비유하셨다(요 15:1, 2). 베드로는 대담하게 산 돌에 대해서 말하고 있고, 바울은 성장해 가는 성전과 세워져 가는 몸에 대해서 언급할 뿐만 아니라(엡 2:21; 4:12), 계속 반복해서 그리스도를 교회의 몸의 머리로서 나타내고 있다.

각 지교회는 그리스도의 몸이요, 교회의 지체는 모두가 서로 필요로 하고 서로 봉사해야 할 같은 몸의 지체로서 서로 연결되어 있다(롬 12:4, 5; 고전 12:12-27). 그러나 역시 그리스도의 전 교회는 그 전체로, 그리스도께서 그의 부활과 승천을 통하여 머리로서 그 위에 곧게 서 있는 자신의 몸이다(엡 1:22, 23; 4:15, 16; 5:23; 골 1:18; 2:19). 그와 똑같이 그는 교회의 생명의 원리다. 그는 처음부터 교회에 생명을 주셨을 뿐만 아니라, 계속 먹이시고 돌보시며 보존하시고 그 생명 역시 보호하신다. 그가 교회를 성장시키고 번영케 하며 각 지체마다 자신의 완전한 성숙에 이르게 하시고 또한 그 모두가 하나가 되게 하시며, 각각 자기 일이 서로 유익을 끼치도록 한다. 간단히 말해서 그가 하나님의 충만한 데까지 교회를 충만케 하신다.
　사도 바울 당시에도 하나님 본체의 깊은 곳에서 각종 모든 영적 존재들이 연달아 유출하여 이들이 함께 그의 충만(플레로마)을 이루었다고 말하는 거짓 선생들이 있었다. 이에 반대하여 바울은 하나님의 모든 충만이 그리스도 안에만 거하고 그 안에 육체로 거하며(골 1:19; 2:9과 요 1:14과 비교), 또한 그리스도께서 이번에는 이 충만을 교회에 거하게 하셨으니, 그 교회가 그의 몸이요 만물 안에 만물을 충만케 하시는 자의 충만(그리스도로 말미암아 충만케 된 몸)이라(엡 1:23)고 하였다. 그리스도로부터 이 충만함이 오지 않는다면 교회 안에는 아무것도 없게 된다. 은사도 없고 능력도 없으며, 직임도 없고 봉사도 없으며, 신앙도 없고 소망도 없으며, 사랑도 구원도 축복도 없다. 그리고 이런 충만하게 하심(완전케 하심; 골 2:10)으로 교회가 부분에 있어서나 전체에 있어서나 하나님의 충만한 데 이르기까지 계속 충만케 하신다(요 1:16; 엡 3:19; 4:13). 그 후 교회는 완전히 이루게 될 것이고 하나님은 만유 안에 만유의 주로 계실 것이다(고전 15:28).
　그러나 그리스도는 다른 의미에서 머리로 불려지기도 한다. 고린도전서 11:3에서 바울은 각 사람의 머리가 되신다고 하였고, 골로새서 2:10에서 그는 모든 정사와 권세의 머리, 곧 그가 모든 피조물보다 먼저 나신 자이시기 때문에 모든 천사들의 머리시라(골 1:15)고 하였다. 에베소서 1:10에서 그는 때가 차면 하늘에 있는 것이나 땅에 있는 것이나 다 그리스도 안에서 통일되게 하시는(헬라어의 의미는 한 머리 아래 하나로 묶다, 총괄갱신한다는 의미) 하나님의 경륜에 대해서 말하고 있다. 여기에서 그리스도를 머리라 함은 그가 교회의 머리라고 부를 때와는 전혀 다른 의미를 가짐에 분명하다. 바울은 이 마지막 구절에서 특별히 그리스도가 그의 교회와 갖는 유기적 관계, 즉 생명의 관계를 염두에 두고 있다. 그러나 그리스도를 인간이나 천사들, 세계의 머리라고 불렀을 때, 그 배후에 있는 사유의 상은 주권과 왕이다. 그리스도 자신이 중보자로서 아버지에게 종속하는 것처럼, 모든 피조물들도 예외 없이 그리스도에게 종속되어 있다(고전 11:3). 주께서 은혜의 왕권을 그의 교회 위에 행사하고 계시기 때문에 그는 교회의 머리라 불려지는 한편, 역시 그의 능력의 왕권을 모든 피조물들 위에 행사하시므로 그런 관계에서 이제 머리라 불려지지 않고 왕과 주로 불려지고 있다. 그는 만왕의 왕이시며 만주의 주이시고 땅의 모든 왕들의 머리가 되시니, 모든 원수들을 그 발 아래 둘 때까지 불가불 왕노릇하실 것이다(고전 15:25; 딤전 6:15; 계 1:5; 17:14; 11:16).
　이런 능력의 왕권은 그리스도께서 그의 신성에 따라서 성부, 성자와 공유하고 계시는 절대주권과는 동일시될 수 없다.

영원 전부터 아들의 소유였던 전능은 그리스도께서 마태복음 28:18에서 말씀하셨고, 특별히 중보자로서 두 본성에 따라 그에게 주어진 모든 능력과는 구별된다. 중보자로서 그리스도는 그의 교회를 모으시고 다스리시며 보호하셔야 했고 이를 할 수 있기 위해서는 그가 모든 존재자들과 교회의 모든 원수들보다 능력이 많아야 했다. 그럼에도 불구하고 이것이 그리스도께 능력의 왕권을 주신 유일한 이유가 아니다. 다른 또 하나의 이유가 있다. 즉 그는 중보자로서도 모든 그의 원수들 위에 영광을 받으셔야 했다. 주께서 그들을 맞아 그의 신적 전능으로 그들을 패배시키는 데 있지 않고 그의 고난과 죽음으로 말미암아 취하셨던 이 능력을 그에게 보이시는 데 있다. 하나님과 그의 피조물들과의 싸움이란 공의와 의의 싸움이다. 교회가 공의의 길에서 구원되는 것처럼, 그리스도의 원수들도 장차 공의의 길에서 정죄될 것이다. 하나님은 그렇게 하실 수 있지만, 그들을 대항하여 그의 전능을 사용하시고자 한 것이 아니고 그들 위에 십자가로 말미암아 영광을 받고자 하신다(골 2:15). 하나님께서 그의 전능으로 그의 원수들을 추적하셨을 것 같으면 그들은 일순간도 존재할 수 없을 것이다. 그러나 그분은 대대로 시대시대마다 그들로 하여금 생육하고 번성하도록 내버려 두셨고, 그들에게 그의 축복으로 부어주시며 그들이 영육간에 소유하고 있지만 제멋대로 그의 이름을 대적하여 오용하고 있는 그 모든 은사들을 그들에게 주고 계신다.

하나님께서 이 모든 것들을 행하실 수 있고 지금 행하고 계시는 것은 그리스도께서 중보자이시기 때문이다. 지금은 만물이 그에게 복종하지 않을지라도, 그분은 존귀와 영광의 면류관을 쓰시고 계시며, 모든 원수들이 스스로 그에게 가식적으로 복종하기까지 불가불 왕노릇하실 것이다. 끝으로 마지막 날 주께서 온 세계사와 특별히 각자의 생애사를 보이시고 거기에서 하나님이 중보자로 인하여 물질적인 은사나 영적인 은사로 각자에게 주셨던 모든 것들을 지적하실 때, 각자가 자기 양심을 따라 그리스도에게 동의할 것이다. 장차 자의든 타의든 모든 무릎을 그의 이름에 꿇게 하시고 모든 입으로 그리스도를 주라 시인하여 하나님 아버지께 영광을 돌리게 할 것이다(빌 2:10, 11). 장차 그리스도께서 인자로서 모든 피조물에 대한 마지막 심판을 선고하실 것이다. 그리고 그는 성령으로 말미암아 자신의 양심 속에서 이미 심판받은 자들 외에 아무도 정죄하지 않으실 것이다(요 3:18; 16:8-11).

# 제19장

# 성령의 은사

그리스도께서 아버지 우편으로 올라가신 후 첫번째 하신 일이 성령을 보내신 일이다. 그 승귀와 함께 그 자신이 구약시대에 약속하였던 성령을 아버지로부터 받았고, 따라서 그 자신의 약속대로 이제 그 성령을 땅에 있는 제자들에게 전달하실 수 있었다(행 2:33). 그가 보내신 성령은 아버지로부터 나와 그를 통하여 아버지께 받은 것이요, 따라서 그 자신으로 말미암아 그의 교회에 나누어지게 된다(눅 24:49; 요 15:26). 성령을 예수님의 이름으로 보내시는 분은 아버지 자신이시다(요 14:26).

오순절 날 일어났던 성령의 임재는 기독교 역사상 유일한 사건이다. 창조와 성육신과 마찬가지로 그것은 오직 단 한 번 일어났다. 즉 그와 동일하게 중요한 의미를 가졌던 어떤 성령의 임재도 그것에 선행했던 일이 없었고 더 이상 반복될 수 없다. 그리스도께서 잉태 시 더 이상 분리될 수 없는 인성을 입으신 것처럼, 오순절 날 성령은 교회를 결코 자신과 분리될 수 없도록 그의 거처와 전으로 선택하셨다. 성령은 오순절 날 사건에 대한 이런 독특한 의미를 성령을 부어주시다(uitstorting) 혹은 쏟으시다(uitgieting)라는 말을 사용함으로 명백히 표시하고 있다(행 2:17, 18, 33; 10:45; 딛 3:6).

그렇다고 이것이 오순절 날 이전에 행하신 성령의 다양한 활동과 은사에 대한 언급이 없다는 말이 아니다. 이미 앞서서 우리는 성령께서 아버지와 아들과 더불어 만물의 창조자이시며, 재창조의 영역에서는 모든 생명과 구원, 모든 은사와 재능의 주역자이심을 보였다. 그러나 구약과 신약시대에 있어서 성령의 활동과 부어주심 사이에는 중요하고 본질적인 차이가 있다. 이 차이는 무엇보다 더 구약의 경륜이 항상 기대하는 바가 지혜와 총명의 신이요 모략과 재능의 신이요 지식과 여호와를 경애하는 신으로서 여호와의 영이 그의 모든 충만에 있어서 의존하고 있는 그 여호와의 종의 나타나심이라는 명백한 사실에 있다(사

11:2). 다음으로 비록 구약시대에 이미 성령의 보내심과 활동이 있었을지라도 마지막 날에 비로소 모든 육체와 자녀들과 늙은이와 젊은이, 남종과 여종에게 부어주실 것을 구약 자체가 예언하고 있다(사 44:3; 겔 39:29; 욜 2:28 이하). 두 가지 약속이 신약에서 성취되었다. 예수님은 그리스도시요 하나님의 기름부음을 받은 빼어난 자시다. 그는 마리아의 몸에서 성령으로 잉태되었고 세례 시 같은 성령으로 말미암아 기름부음을 받았을 뿐만 아니라, 계속해서 같은 성령으로 말미암아 생활하고 일하셨다. 같은 성령으로 말미암아 그는 광야로 인도되었고(눅 4:1), 다시 갈릴리로 돌아왔으며(눅 4:14), 복음을 선포하시고 병을 고치시며 귀신들을 쫓아내셨고(마 12:28; 눅 4:18, 19), 자신을 죽음에 내버리셨으며(히 9:14) 부활하시사 능력으로 하나님의 아들임을 계시하셨다(롬 1:3). 부활과 승천 사이인 40일 동안에 성령으로 말미암아 그의 제자들에게 계명들을 주셨다(행 1:3과 요 20:21, 22과 비교하라). 그리고 그가 모든 원수들을 복종케 하시고 천사들과 권세들과 능력들이 자신에게 순복케 하실 때인 승천 시(엡 4:8; 벧전 3:22) 성령을 모든 선물들과 함께 충만히 떠맡으셨다. 지극히 높은 곳으로 오르신 후 사로잡을 자를 사로잡고 인간들에게 선물들을 주셨으며 모든 하늘 위에 오르셨으니 이는 만물을 충만케 하려 하심이다(엡 4:8-10).

그리스도로 말미암아 성령의 소유되심이 그렇게 절대적이기 때문에 사도 바울이 고린도후서 3:17에서 주는(즉 지극히 높은 주로서 그리스도) 영이시라고 말할 수 있었다. 그와 동시에 바울이 둘 사이의 차이를 혼동하지 않을 것임은 당연하다. 왜냐하면 다음 절에서 바로 주의 영(다른 번역에 따르면 영의 주로 번역)에 대해서 다시 말하고 있기 때문이다. 그러나 성령은 전적으로 그리스도의 소유가 되었고 진실로 그리스도로 말미암아 그 자신 안에 흡수되었다. 부활과 승천을 통하여 그리스도는 살리는 영이 되었다(고전 15:45). 그가 일곱 별을 소유하고 계신 것처럼 이제 일곱 영(모든 충만 가운데 있는 영)을 소유하고 계신다(계 3:1). 아버지 하나님의 영은 아들의 영, 곧 신적 본질에 있어서뿐만 아니라, 그와 조화되어 구원의 경륜에서도 아버지와 아들 모두로부터 발생하였고 아버지로 말미암은 만큼 아들로 말미암아 보내심을 입은 그리스도의 영이 되었다(요 14:26; 15:26; 16:7).

그리스도는 그의 완전한 순종에 근거하여 충만하고 값없이 주시는 성령과 모든 선물들과 능력들에 관한 명령을 받으셨다. 이제 아버지와 성령 자신들의 뜻에 모순됨이 없이 당연히 완전한 일치 속에서 그가 원하시는 자에게 그가 원하시는 방식으로 각자에게 나누어 주실 수 있다. 이는 아들이 아버지의 영을 보내셨기 때문이요(요 15:26), 아버지가 그 영 자신을 그리스도의 이름으로 보내셨기 때문이다(요 14:26). 성령도 자신의 것에서 자신으로부터 말씀하고자 하시는 것이 아니라, 그가 들었던 그것을 말씀하실 것이다. 그리스도 자신이 땅에서 계속 아버지께 영광을 돌렸던 것처럼, 성령은 자기 차례에 그리스도께 영광을 돌릴 것이고, 모든 것들을 그로부터 받아 그에 따라 그의 제자들에게 전파할 것이다(요 16:13, 14). 그와 같이 성령은 자발적으로 그리스도를 위해 헌신하고, 그리스도는 그 안에서 그를 통해서 자신과 자신의 모든 축복들을 교회에 주신다.

그러므로 그리스도가 아버지께서 주신 왕국을 지배하시는 방식은 힘이나 폭력이 아니다. 그분은 낮아지신 신분에서도 이런 방식으로 일하지 아니했고, 높아지신 신분에서는 더구나 아니다. 그는 그의 전 선지자직, 제사장직, 왕직의 사역을 하늘로부터 온 영적 방식으로 수행하고 계신다. 그는 항상 영적 무기들을 가지고만 싸운다. 그는 은혜의 왕이시고 능력의 왕이시지만, 이 두 가지 의미에서 통제를 수행하시는 방식은 말씀을 은혜의 수단으로 사용하시는 성령으로 말미암아서이다. 이 성령으로 말미암아 그는 그의 교회를 가르치시고 위로하시며 인도하시고, 이 성령을 통하여 그 자신이 교회 안에 거하신다. 그리고 같은 성령으로 말미암아 그는 죄에 대하여, 의에 대하여, 심판에 대하여 세상을 책망하신다(요 16:8-11). 그리스도께서 그의 모든 원수들에게서 얻을 최종적인 승리는 성령의 영광일 것이다.

그리스도께서 하나님 우편에 올라가신 후 구약의 두번째 약속, 곧 성령을 모든 육체에 부어 주신다는 약속이 실천될 수 있다. 그리스도께서는 성령을 그의 교회에게 보내시기 전에 그 성령을 우선 자기 자신에게 충만히 받아들이셔야 했고 자기의 소유로 삼아야 했다. 이 시기 전, 곧 승천 전에는 성령이 아직 없었으니 이는 그리스도께서 아직 영광을 받지 못하였기 때문이다(요 7:39). 물론 그리스도께서 영광을 받기 전에 성령이 존재하지 않았다는 말은 아니다. 왜냐하면 구약에서 여러 번 성령이 언급되어 있고, 복음서들 역시 세례 요한은 성령으로 충만되어 있었고(눅 1:15), 시므온은 성령으로 말미암아 성전에 인도되었고 (눅 2:26-27), 예수님도 그로 말미암아 잉태되었고, 그를 통하여 기름부음을 입었다고 기록하고 있기 때문이다. 제자들이 오순절 전에 성령이 존재한다는 사실을 알지 못했다는 말은 아니다. 왜냐하면 구약과 예수님 자신을 통해서 전혀 다르게 가르침을 받았기 때문이다. 에베소에서 바울에게 그들은 세례 시 성령을 받지도 않았을 뿐만 아니라, 성령이 있는지도 듣지 못했다고 말했던 요한의 제자들까지도(행 19:2) 성령의 존재에 관한 그들의 무지를 가리키는 것이 아니고, 그들이 성령의 특별한 활동, 곧 오순절 사건에 대해서 알지 못했다는 의미에 불과하다. 이는 그들이 요한은 선지자였고 하나님에 의해서 보냄을 받은 자였으며 그의 영으로 소명을 얻은 자였음을 알고 있었기 때문이다. 그러나 그때까지 요한의 제자들로서 남아 있었고 예수님과 연결시키지 못하여 오순절에 성령을 받았던 교회 밖에서 생활하고 있었다. 그날에 성령이 부어졌는데 전에는 결코 일어나지 않았던 일이다.

구약에서 이미 이 약속을 선포하였고, 예수님 역시 그것을 인수하여 그의 가르침에서 여러 번 다시 반복하여 가르쳤다. 세례 요한은 이미 그의 뒤에 오시는 메시야는 자기와 같이 물로 세례를 주시지 않고 성령과 불(정결케 하고 태우는 성령의 불)로 세례를 주실 것을 말하였다(마 3:11; 요 3:11). 이와 똑같이 예수님은 제자들에게 자기가 높아지신 이후에 모든 진리로 인도할 성령을 아버지로부터 보낼 것을 약속하였다. 여기에서 명백히 성령의 두 가지 사역을 구별하고 있다. 그 한 사역은 성령이 제자들의 마음속에 부어져서 그들을 위로하고 진리로 인도하며 영원히 그들 가운데 거하실 사역이다(요 14:16; 15:26; 16:7). 그러나 이런 위로와 인도의 영은 예수님의 제자들에게만 보내졌다. 세상은 이 영을 받을 수 없으니, 이는 세상은 그를 보지 못하고 알지 못하기 때문이다(요 14:17). 그와 상대적으로 세상에서 성령은 전혀 다른 사역을 수행하시니, 이것은 성령께서 교회 안에 거하시면서 이로부터 세상에 영향력을 행사사 죄에 대해서, 의에 대해서 그리고 심판에 대해서 세상을 책망하시어 세 가지 모든 점에서 정죄하신다는 사실이다(요 16:8-11).

예수님은 이 약속을 좁은 의미에서 제자들에게, 즉 아직 승천 전의 사도들에게서 이루셨다. 그가 부활한 그날 저녁에 처음 제자들에게 나타났을 때, 그는 그들에게 위엄 있게 사도적 소명을 소개하고 숨을 내쉬며 가라사대, "성령을 받으라 너희가 뉘 죄든지 사하면 사하여질 것이요 뉘 죄든지 그대로 두면 그대로 있으리라" 하셨다(요 20:22, 23). 바로 그들이 수행해야 할 사도직을 위해서 그들에게 성령의 특별한 은사와 능력이 필요하였다. 예수님 자신이 승천하시기에 앞서 이것을 지금 그들에게 주셨으니 바로 오순절 날 모든 성도들과의 교제 가운데서 받을 그것과는 구별되고 있다.

부어주시는 본래의 것은 40일 후에 일어났다. 오순절 축제 때 유대인들은 끝마친 수확과 시내산에서 율법을 주신 것을 기념하여 축제를 열고 있었다. 제자들은 예루살렘에서 예수님의 약속의 성취를 기다리고 있었고, 성전에서 내내 하나님을 기뻐 찬양하고 있었다(눅 24:49, 53). 그러나 계속 그들만이 있었던 것이 아니고 여자들과 예수의 모친 마리아와 예수의 아우들과 기타 다른 사람들을 포함하여 한 120명의 사람들이 마음을 같이 하여 전혀 기도에 힘쓰고 있었다(행 1:14, 15; 2:1). 그렇게 함께 모여 있었을 때 홀연히 하늘 위로부터 급하고 강한 바람 같은 소리가 내려와 제자들이 머문 방뿐만 아니라, 그 온 집에 가득하여 충만하였다. 동시에 작고 빛나는 불의 꽃과 같이 보이는 혀들이 나타나 모인 무리의 머리 위에서 갈라져 거기에 머물러 있었다. 정결하게 하고 조명하는 성령의 사역을 뚜렷이 보이는 이런 표징들 아래 부어주시는 일이 일어났다. 그들 모두가 성령의 충만함을 받았다(행 2:4).

같은 표현이 오래 전에 이미 나타났으나(출 31:3; 미 3:8; 눅 1:41), 그 차이는 명백하다. 일찍이 성령은 소수의 독특한 사람들에게, 그리고 일시적으로 특별한 목적에서 임하였지만, 이제 교회의 모든 지체 위에 내려오셨고 그들 모두 가운데 영원히 거하여 역사하신다. 하나님의 아들이 구약시대에도 여러 번 땅에 나타났고 마리아의 몸에 잉태할 때 처음 인성을 거주의 장소로 선택하였던 것처럼, 좀더 일찍이 여러 가지 성령의 역사와 은사들이 있었고 오순절 날에 비로소 교회를 그의 전으로 삼으사 그것을 그가 점진적으로 거룩히 하고 세워 나가며 결코 버리지 않으실 것이다. 성령의 거하심이 그리스도 교회에 독립적인 존재성을 부여하고 있다. 그런 교회는 이제 더 이상 이스라엘 민족 내나 팔레스틴 지경 내에 종속되지 않고 그 안에 거하는 성령으로 말미암아 이제 독립적으로 존속하고 온 땅에 퍼져 나간다. 하나님은 시온에 있는 성전으로부터 진행하여 이제 성령으로 말미암아 그리스도의 몸인 교회 안에 거하셨고, 이와 때를 같이 하여 교회는 사명의 교회(zendinskerk)로서 또한 세계교회로서 태어나게 되었다. 그리스도의 승천은 필연적인 결과였고 그 현실을 성령의 강림으로 증명하였다. 이 성령이 처음 고난을 통하여 그리스도를 거룩히 하고 완전케 하였으며 지극히 높은 곳으로 인도하였던 것처럼, 이제 그와 같은 방식과 길을 따라 그리스도의 몸을 형성하여 그것의 완전한 성숙에 이르고 만물 안에서 만물을 충만케 하시는 그의 충만(het pleroma)을 이루어야 한다.

초기의 이런 성령의 부어주심과 더불어 그리스도의 제자들을 위해서 여러 가지 특별한 능력들과 역사들이 동반되었다. 오순절에 성령으로 충만되지 미자 그들은 성령이 말하게 하심에 따라 다른 방언으로 말하기 시작하였다(행 2:4). 누가의 표현에 따르면 여기에서 일어난 이적은 듣는 이적이 아니라, 말의 이적, 언어의 이적이라 할 수 있다. 누가는 바울의 친구요 동역자였기 때문에 고린도에서 일어났던 이런 예와 같은 방언(de glossolalie)에 대해서 잘 알고 있었다. 그 자신이 직접 그 현상에 대해서 말을 하고 있다(행 10:46, 47; 19:6). 의심할 것도 없이 오순절에 일어났던 현상은 방언에 관한 것이었다. 그렇지 않다면 베드로가 우리와 같이 고넬료와 그와 함께 있는 자들도 성령을 받았다고 말할 수 없었을 것이다(행 10:47과 행 11:47; 15:8과 비교). 그럼에도 불구하고 그들 사이에는 차이가 있다. 왜냐하면 사도행전 10:46과 사도행전 19:6과 마찬가지로 고린도전서 14장에서는 형용사 '알지 못하는'이란 말이 없이(흠정역에서 잘못 번역됨) 그냥 방언으로 말하는 것에 대해서 말하고 있는 반면, 사도행전 2:3에서는 표현 그대로 다른 방언에 대해서 말하고 있다. 고린도교회의 성도들이 방언을 말하였을 때 후에 해석이 따르지 않으면 이해되지 않았다(고전 14:2 이하). 그러나 예루살렘의 제자들은 많은 무리들이 올라와서 그들의 말을 듣기 전에 이미 다른 방언으로 말하였다. 따라서 듣는 기적과는 아무런 상관이 없다(행 2:4). 그리고 무리들이 그들의 말을 들었을 때 말한 것을 이해하였다. 왜냐하면 그들 각자가 제자들로부터 자기의 방언, 곧 자기의 모국어로 들었기 때문이다 (행 2:6, 8). 그러므로 4절이 말하는 다른 방언이란 의심할 것도 없이 6절에서 듣는 자들의 자기의 방언이라 하였고, 8절에서 특별히 더 그들 각자가 난 곳의 방언이라 한 그것과 동일한 것이다. 즉 제자들이 말한 소리들은 이해할 수 없는 소리가 아니라, 다른 방언들, 곧 마가복음 16:17에서 말했듯이 무식한 갈릴리 사람들에게는 기대되지 않은 새로운 방언들이다(행 2:7). 이 모든 방언으로 하나님의 크신 사역을 선포하였다. 특별히 최근 그리스도의 부활과 승천에서 일어났던 일들을 선포하였다(행 2:4과 14절 이하).

    이에 대한 누가의 설명을 마치 예수님의 제자들이 그때 모든 나라의 방언을 알았고 말하였다는 의미로 생각할 수는 없다. 그렇다고 그들 모두가 각각 다른 외래어로 말하였다는 의미도 아니다. 외지인들도 복음을 이해할 수 있도록 하기 위해서 제자들이 외지인들의 말로 선포하였다는 것이 방언 이적의 목적은 아니었다. 왜냐하면 9-11절에서 열거된 열네 개의 이름들은 전혀 다른 방언들을 가리킨 것이 아니고, 오순절을 기하여 예루살렘에 왔던 외지인들의 고향의 칭호들이기 때문이다. 거기에 명기된 지방 나그네들은 모두 아람어나 헬라어를 이해하였고, 따라서 사도들이 외래어를 말하는 은사를 받았다는 것이 별로 필요가 없다. 이후 외래어를 말하는 은사에 대한 신약성경의 말은 다시 찾을 수 없다. 그때 누구보다 더 그런 은사를 많이 받았을 듯한 이방인의 사도 바울도 그에 대한 말이 없다. 즉 그는 그 당시 세계 어느 곳에서든 아람어와 헬라어로 통용할 수 있었다.

    오순절 날 낯선 방언으로 말한다는 것은 그렇게 독특한 사건이었다. 즉 그것은 일반적인 방언에 관계되지만 그럼에도 불구하고 그것은 특별한 종류요 높은 형식이었다. 사도 바울도 예언보다 덜 중요하다고 평가할 만큼 비록 방언이 열등하고 감쇠(減衰)한 것으로 생각될 수 있을지라도, 예루살렘에서 말한 방언은 방언과 예언의 결합체이고 외래어로도 깨달을 수 있는 하나님의 큰 일에 대한 선포였다. 비로소 처음 충만히 부어주신 성령의 역사는 그때 아주 강하여 그들의 전 의식을 지배하였고, 듣는 자들이 그들 자신의 언어로 인식할 만큼 문자화된 소리로 표현되었다. 그리고 방언 이적의 목적도 제자들로 하여금 외래어에 대한 지식을 습득케 하기 위함이 아니었고, 다만 이적적인 방식으로 지금 일어나고 있는 위대한 사실에 대한 강한 인상을 주기 위함이었다. 작지만 새롭게 세워진 세계교회를 통하여 여러 가지 말로 하나님의 큰 일을 선포하는 일보다 더 좋은 일이 있겠는가? 창조 시에 새벽별들이 함께 노래하며 하나님의 아들들이 다 기쁘게 소리하였다. 역시 그리스도의 탄생 시 허다한 천군들이 하나님의 축복에 대한 찬양을 올렸다. 교회의 탄생 시에도 그 자신이 여러 어조로 하나님의 큰 일을 노래하였다.

    비록 오순절 날 방언 말하는 사건이 독특하다 할지라도, 성령의 부어주심이 처음으로 많은 기이한 능력과 역사로 계시되었다. 일반적으로 성령의 선물은 어떤 사람이 믿음에 이른 후에 주어졌고, 종종 세례 시나(행 2:28) 세례 직전에 손을 얹었을 때(행 6:5; 11:24) 혹은 세례 직후 손을 내렸을 때 주어졌다(행 8:17; 19:6). 그러나 보통 그런 선물이란 특별한 능력의 선포에 있다. 그래서 우리는 성령님이 제자들에게 말씀을 선포할 담력(행 4:8, 31)과 특별히 강한 신앙심(행 6:5; 11:24), 위로와 기쁨(행 9:31; 13:52), 지혜(행 6:3, 10), 방언을 말하는 일(행 10:46; 15:8; 19:6), 예언(행 11:28; 20:23; 21:11), 현현과 계시(행 7:55; 8:39; 10:19; 13:2; 15:28; 16:6; 20:22), 이적적인 치유(행 3:6; 5:5, 12, 15, 16; 8:7, 13 등) 등을 주셨음을 발견한다. 예수님이 행하신 사역들과 같이 교회 안에 계시된 이런 특별한 능력들도 두려움과 무서움을 야기시켰다(행 2:7, 37, 43; 3:10; 4:13; 5:5, 11, 13, 24). 한편으로 그들은 반대를 불러 일으켜 대적들의 마음을 적의와 핍박으로 몰고 갔다. 그러나 다른 한편 그들은 복음의 씨앗을 수용할 만한 토양을 준비하였다. 그들은 첫 시대에 있어서 세계 속으로의 입성과 정착을 기독교 고백에 제공하기 위해서 필요로 하였다.

    전 사도시대를 통하여 이런 특별한 성령의 역사는 계속 남아 존속하였다. 이것을 특별히 사도 바울의 증거를 통해서 안다. 그는 그 자신의 인격 속에 성령의 특별은사로 은혜를 입었다. 특별하게도 예수 그리스도 자신의 계시를 통해서 그는 다마스커스로 가는 중 회개에 이르렀고 사도로 부름을 받았다(행 9:3 이하). 그 후에도 계시들이 계속 부분적으로 임하였다(행 16:6, 7, 9; 고후 12:1-7; 갈 2:2). 그 스스로 지식과 예언과 가르치는 은사를 소유하고 있음을 알고 있었다(고전 14:6, 18). 사도직의 증거가 되는 표적과 기사와 능력들이 그를 통해서 수행되었다(고후 12:12). 그는 성령과 능력의 나타남으로 설교하였다(고전 2:4). 그리스도 자신이 이방인들을 순종케 하기 위하여 그로 말미암아 말과 일이며, 표적과 기사의 능력이며, 성령의 능력으로 역사하셨다(롬 15:18, 19). 그러나 비록 바울이 그의 사도적 권위를 충분히 의식하였고 이것을 가능한 한 아주 엄격하게 보존하고 있지만, 성령의 은사들은 그에게뿐만 아니라 모든 성도들에게 보내졌다. 고린도전서 12:8-10(롬 12:6-8과 비교)에서 그는 여러 가지 은사들을 열거하였고, 그리고 그것들에 대해서 이르기를, 그것들은 성령을 통하여 다양하게 분배되고 그의 원하시는 대로 각 지체에게 특별한 은사를 주신다고 하였다. 사도는 이 모든 은사들에 아주 높은 가치를 부여하고 있다. 이것이 성도 자신들의 뜻으로 말미암은 것이 아님은 그들이 받았던 것 어느 것도 자신들에게 없었고, 따라서 그들 자신을 높이고 다른 사람들을 무시할 아무런 근거가 없기 때문이다(고전 4:6, 7). 그러나 이 모든 은사들과 능력들은 하나요 같은 성령에 의해서 역사된 것이다. 그것들은 이미 구약에서 이루어졌던 약속의 성취들이요(갈 3:14), 또한 큰 수확을 보증하는 첫 열매로서 생각할 수 있고 미래 하늘의 기업의 보증물로서 제공된 것이다(롬 8:23; 고후 1:22; 5:5; 엡 1:14; 4:30).

그럼에도 불구하고 사도는 이 모든 특별한 은사들에 대해서 많은 교회 지체들의 은사들과는 중요하게 구별된 것으로 판단하고 있다. 고린도에는 성령의 계시로 말미암아 그들에게 주신 은사에 근거하여 자신을 높이고 적은 은사를 받았거나 전혀 은사를 받지 못한 자들을 얕보는 사람들이 있었다. 이들은 그들의 은사를 다른 사람들의 유익에 쓰지 않고 오히려 그것들을 과시하고 무엇보다 더 신비적이고 이해할 수 없는 방언을 크게 중요시 하였다. 그러나 바울은 그들에게 전혀 다르게 가르쳤다(고전 12:14). 첫째로 그는 모든 영적 은사들을 판별하는 기준을 제시하였다. 그에 의하면 이 기준은 예수를 주로 고백하느냐에 달려 있다고, 즉 하나님의 영으로 말하는 자는 누구든지 예수를 저주받은 자로 부를 수 없으며, 오직 예수를 주로 고백하는 자만이 성령으로 말하는 자임을 증명한다는 것이다. 성령과 모든 그의 은사들과 역사들에 대한 귀표는 예수님을 그리스도로 고백하는 그 고백과 관련되어 있다(고전 12:3).

다음으로 그가 지적해 주는 것은 성령의 은사들이란 모두가 한 원칙에 관련되어 있을지라도, 서로가 아주 구별되어 있고 각자 자기에게 특별한 은사들은 자신의 공로나 가치에 의한 것이 아니고, 성령의 자유로운 기쁜 뜻을 따라 나눠 주신 것이요(고전 12:4-11), 따라서 그것들은 자만이나 다른 사람들을 멸시하는 동기나 근거가 될 수 없고 아주 진실되고 자발적인 마음으로 이웃의 유익에 사용되어야 하니, 이는 모든 신자들은 한 몸의 지체들이요 서로를 필요로 하고 있기 때문이라는 것이다(고전 12:12-30). 은사들이 그런 목적에 사용되고 유익되게 하였을 때(고전 12:7), 즉 이웃의 유익과 고린도전서 14:2에서 가리키는 대로 교회를 세우도록 하였을 때, 자연히 그들 은사들 사이에는 등급이 있게 마련이다. 왜냐하면 어떤 것은 다른 은사들보다 교회를 세우는 데 유익할 수 있고, 역시 좋은 은사도 있고 더 좋은 은사들도 있으며 아주 좋은 은사도 있기 때문이다. 그래서 사도는 고린도전서 12장 마지막 구절에서 특별히 제일 좋은 은사를 부지런히 사모하라고 권고하고 있다.

부지런히 더 큰 은사를 사모할 때 가장 좋은 길은 사랑이다. 이는 아무리 큰 은사일지라도 사랑이 없으면 무가치하기 때문이다(고전 13:1-3). 사랑은 다른 모든 덕 중 가장 높은 덕이다(고전 13:4-7). 영속성에 있어서도 모든 덕에 뛰어났으니, 이는 모든 은사들은 일시적이지만 사랑은 영원하기 때문이다. 믿음, 소망, 사랑, 세 가지 덕 중에서 제일은 사랑이다(고전 13:8-13). 비록 영적 은사에 대한 사모는 본질적으로 무시될 수 없는 것이지만 앞선 이유 때문에 무엇보다 더 사랑이 추구되어야 한다. 역시 이런 관점에서 볼 때 예언이 방언보다 더 높은 위치에 있다. 왜냐하면 방언으로 말하는 자마다 그 말하는 것을 알지 못하며 듣는 자들이 이해할 수 없는 비밀한 것들을 말하고 허공에다 말하며 이성의 역할은 정지되고, 오히려 믿지 않는 자들을 믿게 하는 것이 아니라, 그들에게 정신이상의 인상만 남기기 때문이다. 교회 지체 중에 이런 능력을 소유한 자가 있다면, 그것을 억제하여 사용해야 하고 해석을 동반하는 것이 바람직하다. 만약 통역하는 자가 없으면 교회에서는 잠잠하도록 하라! 그와 대조적으로 예언을 하거나 성령의 계시를 통하여 하나님의 말씀을 전파하는 자마다 사람에게 말하여 덕을 세우며 권면하며 안위시킨다. 그는 교회를 세우고 믿지 않는 자들을 이긴다. 그러므로 그가 어떤 은사를 받았든 간에, 그것은 그 기준이 예수를 주로 고백하는 데 있고, 그 목적은 교회를 세우는 데 있다. 하나님은 어지러움의 하나님이 아니시요 오직 화평의 하나님이시다(고전 14장).

영적 은사들에 대한 이런 아름다운 태도는 그 열매가 고린도교회의 경우에만 맺게 된 것이 아니고, 모든 시대의 교회를 위해서 그 의미가 존속되어 오고 있다. 왜냐하면 역사 속에는 항상 중생, 회심, 생의 갱신 가운데 역사하시는 성령의 활동보다 이상한 신의 현현이나 계시, 기적 등을 더 가치 있게 생각하였던 개인이나 집단이 있었기 때문이다. 비정상적인 것에 관심을 갖고 정상적인 것에는 별 관심이 없다. 사람은 신의 현현이나 영혼의 황홀경, 극적인 망동(妄動)에는 열심이고, 하나님의 나라의 점진적이고 계속적인 성숙에는 귀를 닫는다. 그러나 바울은 전혀 다른 마음을 가지고 있었다. 그는 성령의 기적인 은사들을 아주 존경하면서도 고린도교회 형제들에게 "지혜(verstand)에는 아이가 되지 말고 악에는 어린아이가 되라, 지혜에 장성한 사람이 되라"고 권고하고 있다(고전 14:20). 그에게 있어서는 이런 모든 능력들과 역사들보다 예수를 주로 고백하고 교회를 세우며 사랑을 실천하는 것이 더 가치 있었다.

그래서 사도는 그 무게 중심을 성령의 일시적이고 초월적인 계시보다는 질서 있고 계속적으로 교회 안에서 성취되는 종교적이고 도덕적인 역사에 두고 있다. 이런 성령의 사역의 개념은 구약시대에 이미 준비되었다. 그때에도 역시 여러 가지 이적적인 은사들과 능력들이 성령의 역사로 돌려졌지만 선지자들과 시편 기자들이 이스라엘 백성의 배교와 인간의 마음의 음흉함과 사악성 속으로 깊게 내도(內道)됨에 따라서 좀더 강하고 분명하게 오직 성령의 새롭게 하심이 이스라엘 백성을 참된 의미에서 하나님의 백성으로 만들 수 있다고 선포하였다. 구스인이 그 피부를, 표범이 그 반점을 변할 수 없다. 그와 마찬가지로 악에 익숙한 너희도 선을 행할 수 없다(렘 13:23). 하나님은 그의 영으로 말미암아 백성의 마음을 변케 하시사 그들로 주의 길을 걸으며 주의 율례와 규례를 지킬 수 있도록 하셨다. 주의 영만이 참되고 영적이며 도덕적인 생의 주인이시다(시 51:13, 14; 3:10; 사 32:15; 겔 36:27).

요한복음에서 나타난 예수님의 선포가 이를 가리켜 준다. 왜냐하면 니고데모의 대화 중에서 예수님은 중생을 통하지 않고는 하나님의 나라에 들어갈 수 없고 참여할 수 없으며, 이런 중생은 오직 성령으로 말미암아 일어날 수 있다고 설명하고 있다(요 3:3, 5). 고별사에서도(요. 14-16장) 그는 그가 영광을 받은 이후 아버지로부터 보내질 성령이 제자들 가운데에 그의 처소를 삼으실 것이라는 관념을 세세히 전개시키고 있다. 그러므로 예수님 자신이 가는 것이 그들에게 유익이다. 이는 그렇지 않으면 보혜사가 그들에게 올 수 없기 때문이다. 오히려 그 자신이 아버지께 올라갔을 때 그가 성령을 그들에게 보낼 수 있고 보낼 것이다. 왜냐하면 그리스도께서 아버지께로 올라가셨을 때 자신이 맡으신 사역을 땅에서 완전히 이루셨다는 증거가 되었기 때문이다. 그때 그는 땅에 있는 교회를 위한 대제사장과 대언자로서 하늘에 있는 아버지 우편으로 들어갈 수 있었고, 교회가 필요로 하는 모든 것은 아버지로부터 구할 수 있게 되었다. 그때 그는 성령의 그 충만함으로 제자들에게 보내주실 것을 아버지께 기도할 수 있었다. 그리고 그때 이 성령께서 그들 중에 그의 거처로 삼으셨다. 장차 성령께서 그들의 위로자가 되시며 인도자가 되시며 대언자가 되시며 보혜사가 되실 것이다.

그 경우에도 제자들은 손해를 보지 않으려고 한다. 왜냐하면 그리스도께서 땅에 머물러 계실 때 제자들과 함께 동행하였지만, 그들 사이에는 여러 가지 거리감과 오해가 있었기 때문이다. 그럼에도 불구하고 그들에게 임할 성령은 그들 밖에서 그들과 나란히 서 있을 것이 아니고 그들 중에 거하실 것이다. 그리스도께서 땅에 머무르신 것은 일시적이었지만 그가 보내실 성령은 결코 그들을 떠나지 않을 것이고, 그들 중에 영원히 머무르실 것이다. 참으로 그리스도 자신이 이 성령으로 다시 오실 것이다. 그들을 고아와 같이 버리시는 것이 아니고, 그들에게 다시 오셔서 전에는 결코 불가능하였던 방식으로 그의 제자들과 이 성령 안에서 하나가 되실 것이다. 그때 그들은 주님을 다시 볼 것이요, 지금 살고 있는 그대로 살 것이며, 그리스도가 아버지 안에 있음을 고백할 것이다. 그들이 그분 안에, 그분이 그들 안에 있음을 알 것이다. 그리고 그리스도 안에서 아버지 자신이 그들에게 오실 것이요, 성령으로 말미암아 아버지와 아들이 그들에게 오셔서 그들로 거처를 삼으실 것이다. 성령께서 첫째로 이루실 것은 아버지와 아들 사이의 교통이요, 다른 한편 제자들 사이의 교통이다. 이런 교통은 이전에 결코 존재하지 않았던 것이다.

그리고 제자들이 이런 교통에 참여하여 그로 인하여 살고, 그들이 또한 가지가 포도나무와 하나 됨과 같이 그리스도와 하나가 되었을 때, 그리고 그들이 종이 아니라 자유인들이 되었을 때, 그들로 이런 교통 가운데 참여케 하였던 같은 그 성령이 진리의 영으로서 장차 모든 진리로 인도할 것이다. 그가 그들로 하여금 그리스도께서 개인적으로 말씀하시고 가르치셨던 것이 무엇인지 생각나게 할 뿐만 아니라, 계속해서 그들 중에 그리스도에 관해서 증거할 것이다. 성령은 그리스도로부터 들은 것을 말하고 그로부터 취했던 것을 말한다. 그리고 자신이 미래의 일을 그들에게 선포할 것이다. 제자들은 그리스도와 아버지 두 분과 교통할 뿐만 아니라, 그런 교통함을 의식할 것이다. 성령께서 그리스도에 대해서, 그와 아버지와의 하나 됨에 대해서 그리고 역시 그 두 분과 그들의 교통에 대해서 조명할 것이다. 그리스도께서 직접 하신 말씀과 같이, 즉 아버지여 당신이 내 안에, 내가 당신 안에 있는 것같이 저희도 다 우리 안에 하나가 되게 하여 세상으로 당신이 나를 보내신 것을 고백케 하옵소서 하였듯이 모든 목적은 모든 신자들이 하나 되게 함에 있다 (요 17:21 이하).

오순절 날 성령을 부어주시는 일이 일어났을 때, 첫 시기로서는 아주 당연하게도 성령 전달의 이런 부요성이 나타내는 특별한 현상이 관심을 불러 일으켰다. 그렇다고 그 때문에 다른 본질적이고 아주 중요한 사실인 성령의 선물로 인하여 가장 밀접히 독립되고 거룩한 하나의 교회로 모아졌다는 사실을 도외시할 수 없다. 그리스도는 그런 교회의 구주셨고, 모든 신자들은 사도들의 교리와 교제와 떡을 뗌과 기도 가운데 상호 굳게 하였다(행 2:42). 그들은 한 마음, 한 뜻이 되어 모든 것들을 서로 통용하고 제 재물을 조금이라도 제 것이라 하는 이가 하나도 없었다(행 4:32). 그리스도께서 말씀하셨던 통일이 잠시 동안 예루살렘교회에서 현실화되었다. 첫 사랑의 열렬함이 후에 좀더 조용한 마음 상태로 대치되고 다른 장소와 다른 민족들 가운데 교회들이 증가하였을 때, 그리고 후에 여러 분파 분립이 기독교 안에 생겼을 때, 모든 성도들을 결합한 통일이 다른 형태를 띠게 되었고 깊고 생생한 면이 감소되었으며, 종종 아주 약해졌거나 전혀 통일을 느끼지 못할 정도까지 되었다. 그러나 모든 차이와 논쟁 속에서도 잊어서는 안 될 사실은 본질적으로 교회의 통일성은 오늘날까지 여전히 존속해 왔다는 사실이다. 장차 그 통일성은 짧은 기간 동안의 예루살렘에서 보다 더 영광스럽고 분명하게 나타날 것이다.

모든 사도들 중에서 특별히 바울이 이런 교회의 통일성의 이상을 우리에게 제시하였고 그 자신이 그 시대에도 이미 여러 분립현상에도 불구하고 그 통일성을 굳게 주장하였다. 교회는 모든 지체가 서로 필요로 하고 봉사해야 하는 한 몸이다(롬 12:4; 고전 12:12 이하). 그러나 그런 통일성이란 교회가 그리스도의 몸이기 때문이다(롬 12:5; 엡 1:23; 골 1:24). 교회의 통일은 그리스도와의 연합에 그 뿌리를 두고 있고 그로부터 나온다. 이분이 각 신자들의 머리요 각 지교회의 머리요 전체 교회의 머리시다. 모든 신자들은 선한 일을 위하여 그리스도 안에서 하나님께서 지으신 새로운 피조물들이니, 그들로 그 가운데 행하게 하려 하심이다(고후 5:17; 엡 2:10). 그리스도는 그들 중에 살고 거하시며 그들은 또한 그리스도 안에서 살려 기동하며 존재하니, 그리스도는 그들의 생명 자체다(롬 6:11; 8:1, 10; 고후 13:5; 갈 2:20; 빌 1:21; 골 3:4). 그리스도 안(주 안, 그분 안)이란 구절은 신약에서 150번 이상 나타난다. 그만큼 그리스도는 영적 생명의 영속적인 선전일 뿐만 아니라, 그런 존재자로서 직접 신자들 사이에 거하신다는 사실을 가리킨다. 그 통일성이란 모퉁이돌과 성전 사이, 신랑과 신부 사이, 머리와 몸 사이, 포도나무와 가지 사이 만큼이나 밀접한 통일성이다. 만물이 창조와 섭리를 통하여 하나님 안에 있는 것처럼, 신자들은 그리스도 안에 있다. 그들은 물속의 고기와 같이, 공중의 새와 같이, 직업 속에 있는 사람같이, 연구 속에 사는 학자와 같이 그분 안에 산다. 그들은 그와 화합하여 십자가에 달려 죽고 그와 화합하여 장사지낸 바 되었다가 부활하여 하나님 우편에 앉았으며 그와 더불어 영광을 얻을 것이다(롬 6:4 이하; 갈 2:20; 6:14; 엡 2:6; 골 2:12, 20; 3:3 등). 그들은 그로 옷 입고 그들 속에서 그의 형상을 이루며 그들의 육체 속에서 그리스도의 고난과 생명을 나타내고 그 안에서 완전케 된다(충만해진다). 한마디로 말해서 그리스도는 만유시요 만유 안에 계신다(롬 13:14; 고후 4:11; 갈 4:19; 골 1:24; 2:10; 3:11).

이런 내적인 연합은 그리스도께서 그의 영으로 말미암아 스스로 신자들과 동참하신다는 사실에 의해서 가능케 된다. 그리스도께서는 그의 고난과 죽음을 통하여 그의 모든 은혜와 능력들과 함께 성령을 그렇게 완전하게 취하시고 그의 소유로 삼으셨기 때문에, 그 자신이 성령이라 불려질 수 있었고(고후 3:17), 그 것을 통하여 이 성령을 그의 원하시는 대로 분배할 수 있는 권리를 얻으셨던 것 이다. 하나님의 영은 그리스도의 영이요 아들의 영이요 주님의 영이 되었다(롬 8:9; 고전 2:16; 고후 3:18; 갈 4:6; 빌 1:19). 그 영을 받았다는 말은 누구든 지 그 안에 그리스도가 있다는 말이다. 왜냐하면 누구든지 그리스도의 영이 없 으면 그리스도에게 속해 있지 않고 그의 소유가 아니기 때문이다(롬 8:9, 10). 하나님께서 그의 영으로 말미암아 세계에 동참하시는 것처럼, 그리스도 자신이 그의 영으로 말미암아 교회에 동참하신다. 신자들은 그와 합한 한 영이요(고전 6:17), 그들은 하나님 자신이 그를 통하여 그들 가운데 거하시는 성령의 전이다 (롬 8:4, 9, 15; 14:17; 고전 12:3). 그들은 성령 안에서 존재하고 고백하며 행 하고 기도하며 즐거워한다(롬 8:4, 9, 15; 14:17; 고전 12:3). 그들은 성령에 속한 것을 깨닫고 분별하는 신령한 사람들이다(롬 8:2; 고전 2:14). 그들은 계 속 성령을 통하여 인도되고 구속의 날까지 인침을 받는다(롬 8:15, 16; 고후 1:22; 엡 1:13; 4:30). 이 한 성령으로 말미암아 그들 모두가 아버지께 나아감 을 얻고 그들은 서로 사도들과 선지자들의 터 위에 하나님의 거하실 처소(eene woostede Gods)로 지어져 가게 된다(엡 2:18, 22).

이런 말씀으로 성경은 그리스도와 교회 사이에 존재하는 이런 경이로운 연 합을 묘사해 주고 있고 후에 신비적 연합(unio mystica: 신비적, 은밀한 연합) 이란 말로 표시하고 있다. 우리로서는 참으로 이런 연합의 깊이와 밀접성을 이 해할 수 없다. 이것은 우리의 사고를 훨씬 초월해 있다. 본질적으로 이런 통일 성은 신적 본체 안의 삼위 사이에 존재하는 그런 통일성과는 구별됨이 아주 분 명하다. 왜냐하면 이 삼위 모두가 하나의 같은 본체 가운데 참여하지만 그리스 도와 신자들은 본질에 있어서 적어도 구별되어 남아 있기 때문이다. 그리스도와 교회 사이의 연합은 그리스도와 아버지 사이의 연합과 여러 번 비교되고 있다 (요 10:38; 14:11, 20; 17:21-23). 그러나 그때 그리스도께서는 자신을 아들로 서, 독생자로서 말하시지 않고 하나님 우편으로 올라가셨고 아버지께서 그로 말 미암아 그의 모든 기뻐하시는 뜻을 수행하실 중보자로서 말씀하신다. 아버지께서 그의 자녀들을 창세 전에 그리스도 안에서 선택하시고(엡 1:3), 그의 사랑하시는 자 안에서 그들에게 은혜를 주시고 구속하신 것처럼(엡 1:6, 7; 행 20:28), 그분은 역시 그리스도 안에서 그들 모두를 하나로 모으실 것이다(엡 1:10). 아버지께서 중보자로서 그리스도 안에 거하시고 그 자신과 그의 축복들을 교회에 주신 것이다.

아버지와 중보자 사이의 관계가 그렇게 밀접하고 분리할 수 없는 만큼이나 그리스도와 신자들 사이도 그렇다. 그 내적인 연합의 힘에 있어서 피조물들 사이에 존재할 수 있는 모든 연합의 종류나 하나님과 그의 세상 사이에 존재하는 연합보다 더 깊다. 한편으로 모든 범신론적인 혼합상태와 구별되는 반면, 또 다른 한편으로는 이신론적인 모든 병행 대치상태나 서로 모순적인 결합을 훨씬 초월하여 있다. 성경은 무엇인가 그 본체에 대해서 포도나무와 그 가지, 몸의 머리와 그 지체, 남자와 여자 사이의 관계와 비교함으로써 우리에게 깨닫게 해 주고 있다. 그 연합은 그리스도의 몸 전체가 그의 교회와 그의 지체와의 가장 깊은 본질에 있어서, 그들의 인격성의 핵심에 있어서 충만히 그리고 영원 전부터 결합하고 있는 연합이다. 그 연합은 영원 전, 곧 하나님의 아들로 하여금 그의 중보직을 준비하도록 선포하였을 때 이미 시작되었다. 때가 차매 그 객관적인 실효성을 거두어 그리스도께서 인성을 입으셨으며, 그의 백성과 교제 가운데 들어가 그 자신의 백성을 위해 죽음에 내주셨다. 그 연합은 각 사람 안에서 인격적으로 현실화되었으니, 먼저 성령께서 그에게 임하시고 그리스도를 그에게 화합시켜 그 편에서 그는 그리스도와의 이런 통일을 신앙 안에서 깨닫고 확신한다.

그러나 이런 그리스도의 인격과의 교제는 이제 특별히 그의 모든 축복들과 은택에 대한 교제를 동반한다. 우리가 그의 인격에 동참함이 없으면 그리스도의 은택들에 대한 분깃도 없으니, 이는 축복들이 그의 인격과 분리될 수 없기 때문이다. 만약 그리스도께서 주신 은택들이 물질적인 것이었다면, 어느 정도까지는 그것이 이해될 수 있을런지는 모른다. 사람은 자신을 우리에게 주지 않고도 돈이나 재산을 줄 수 있다. 그러나 그리스도께서 주시는 은택들은 영적인 성질의 것이다. 이 은택들은 특별히 그의 은총과 그의 긍휼과 그의 사랑 가운데 존재하며, 이들은 철저히 인격적인 성격을 지녔으며 그리스도로부터 분리될 수 없다. 따라서 '공은(功恩)의 보고'는 그리스도를 통하여 교황, 혹은 제사장의 손이나 교회, 혹은 성례에 맡겨진 것이 본래 결코 아니다. 오히려 공은의 보고는 오직 그리스도 자신 안에 있다. 그 자신이 이런 보고다. 그 안에서 아버지는 그의 친절하고도 은혜로우신 얼굴을 우리에게 돌리셨고 그것이 우리의 모든 구원이다.

역으로 그의 보고와 은택에 참여함이 없이는 그리스도의 인격과의 교제가 없다. 다시 여기에서 아버지와 그리스도와의 관계는 그리스도와 교회와의 관계의 기초요 모범이다. 아버지는 자신을 아들에게 특별히 하나님과 인간의 중보자로서의 아들에게 주셨다. 아버지는 자신을 위해 아무것도 남김이 없이 모두를 그리스도에게 주셨다. 아버지께서 모든 것들을 그에게 주셨으며(마 11:27; 요 3:35), 아버지의 것은 다 그의 것이며(요 16:15; 17:10), 아버지와 그리스도는 하나이시니, 아버지가 그 안에 있고 그는 아버지 안에 있다(요 10:38; 14:11, 20; 17:21-23). 그러나 그리스도는 그와 반대로 자신과 그의 모든 것을 성령으로 말미암아 교회에게 나누어 주셨다(요 16:13-15). 그는 자신을 아무것도 남기지 않으셨다. 그 안에 신성의 충만이 육체적으로 거하시는 것과 같이(골 1:19; 2:6) 그가 교회를 충만케 하시니, 그의 충만의 큼에 따라서 하나님의 모든 충만한 것에 이르러 그 충만으로 충만하게 하려 함이다(엡 1:23; 3:19; 4:13, 16). 그는 만유 안에 만유이시다(골 3:11).

그리스도로부터 우리가 받은 충만은 신적 충만이요, 은혜와 진리의 충만이요, 결코 소멸되지 않는 충만이요, 은혜 위에 은혜의 충만이다(요 1:14, 16). 그 충만은 그리스도 자신, 곧 그의 인격과 그의 신성과 인성, 계속해서 그의 비하의 신분과 승귀의 신분 안에 거한다. 성육신 안에 은혜의 충만이 있다. 왜냐하면 그는 부요하신 자로서 너희를 위하여 가난하게 되심은 그의 가난함을 인하여 너희로 부요케 하려 함인 우리 주 예수 그리스도의 은혜를 받기 때문이다(고후 8:9). 그는 그의 생과 죽음에서 은혜의 충만이시니, 이는 그가 육체로 계실 때에 그가 받으신 고난으로 순종함을 배워서 거룩하게 되었은즉 자기를 순종하는 모든 자에게 영원한 구원의 원천이 되셨기 때문이다(히 5:7-9). 그의 부활에 있어서는 그는 은혜의 충만이셨으니, 이는 그가 그 일을 통하여 능력으로 하나님의 아들로 인정되셨고 우리로 거듭나게 하사 산 소망이 있게 하셨기 때문이다(롬 1:3; 벧전 1:3). 그는 승천에 있어서도 은혜의 충만이셨으니, 이는 그것을 통하여 사로잡을 자를 사로잡고 사람들에게 선물을 주셨기 때문이다(엡 4:8). 그는 그의 중보기도에 있어서도 은혜의 충만이셨으니 이는 그것을 통하여 자기를 힘입어 하나님께 나아가는 모든 자들을 온전히 구원하실 수 있기 때문이다(히 7:25). 그 자신 속에 은혜의 충만이 있었으니 용서와 중생, 새롭게 함과 위로, 보존과 인도, 성화와 영화에 이르게 한다. 그것은 신자들이 처음부터 마지막까지, 그리고 영원에 이르기까지 떠 가는 길고도 넓고 깊은 은혜의 강물이다. 은혜를 위해 은혜를, 은혜 대신에 은혜를 주시는 충만이요, 한 은혜 뒤에 다른 은혜로 보충하고 그것에 다른 은혜로 혼합하여 다른 은혜 속에 교차케 하는 충만이다. 거기에는 정지도 없고 단절도 없다. 그리스도로부터 교회로 흘러가는 것은 모두가 은혜요 오직 은혜뿐이다.

　그와 같이 그리스도께서 그의 자녀들과의 교제 가운데서 주시는 은택들은 모두가 은혜라는 하나의 말로 쉽게 포괄될 수 있다. 그러나 그때 그 하나의 명칭이 충만, 곧 헤아릴 수 없는 축복의 부요를 포괄하고 있다. 앞장 서두에 이미 그리스도께서 그의 만족케 하는 제사를 통해서 아버지와 더불어 성취하셨던 화목에 대해서 이야기한 바가 있다. 하나님은 그리스도 안에서 그의 진노를 버리시고 세상을 자기와 화목하게 하셨다(고후 5:19). 그러나 이런 화목을 신앙의 마음으로 받아들인 자들의 경우, 그로부터 영속적인 축복, 즉 전 구원이 흘러 나온다. 성경은 소명, 중생, 신앙, 회심, 칭의, 죄의 용서, 자녀로 삼으심, 율법으로부터의 구원, 영적 자유, 사랑, 소망, 화평, 기쁨, 즐거움, 위로, 성화, 보증, 견인, 영화 등 많은 것들을 언급하고 있다. 그 전체를 모은다는 것은 실질적으로 불가능하다. 왜냐하면 그 안에는 각 지교회에 있어서, 모든 시대들을 통하여, 모든 환경 안에서, 그리고 순행과 역행에 있어서, 생과 죽음에 있어서 이편에 있는 무덤과 그 후 영원에 이르기까지 각각의 신자들과 모든 신자들로 구성되는 교회가 그리스도의 충만으로부터 받았고 받았으며 앞으로 받을 모든 것들을 포함하기 때문이다.

　이런 은택들의 다양성과 부요성 때문에 그들을 충만히 발전시킨다는 것은 불가능하다. 이에 대한 참된 요약을 얻는다는 것은 극히 어려운 일이다. 이들을 하나하나 단계적으로 다루고 각 축복이 차지하는 전체적인 의미를 가리킨다는 것은 아주 힘든 일이다. 그 분류도 학자들 사이에 아주 많은 차이를 나타내고 있다. 그러나 적어도 주로 세 가지 종류의 축복은 아주 명백히 구별되고 있다. 첫번째 축복은 사람을 준비하시고 은혜의 언약으로 이끌어들여 그에게, 자기 편에서 자발적인 마음을 가질 때 그 언약의 축복을 받을 수 있고 취할 수 있는 능력을 주시는 축복이다. 그 은택이 소명, 중생(좁은 의미에 있어서), 신앙과 회심 등이다. 두번째 축복은 하나님 편에서 인간의 신분을 변경시키고 직책으로부터 자유롭게 하시며 그의 의식을 새롭게 하시는 축복이다. 특별히 이런 은택들이 칭의, 죄의 용서, 자녀로 삼으심, 우리의 영과 더불은 성령의 증거, 율법으로부터의 영적 자유, 화평과 덕의 축복이다. 마지막으로 세번째 축복은 인간의 조건에 있어서 변화를 가져오는 것인데, 그를 죄의 오염으로부터 구속하고 그를 새롭게 하사 하나님의 형상을 이루게 하는 축복이다. 특별히 그 은택에 속한 것들은 중생(넓은 의미에 있어서), 그리스도와 더불은 죽음과 부활, 계속적인 회심, 성령 안에서의 거동, 마지막까지 견고케 하심 등이다. 이 모든 축복들은 하나님께서 자신을 위해 준비하신 천상의 영광과 구원에서 완전히 성취된다. 이에 대해서는 이 기독교 교리 마지막 다른 장에서 언급될 것이다. 이런 세 가지 그룹의 은택들에 대해서 각각 세세히 관심을 기울이기 전에 꼭 주시해야 할 것은, 그리스도 자신의 인격의 경우와 똑같이 그들은 성령에 의해서만 우리에게 주어진다는 사실이다. 우리가 이미 위에서 언급했듯이, 아버지는 그리스도 안에 있고 그리스도 안에서만 그의 은혜로우신 얼굴을 우리에게 나타내 보이시며 오직 그 안에서와 그를 통해서만 우리 중에 거처를 삼으신다. 그와 마찬가지로 그리스도는 성령 안에 있고 그는 오직 이 성령을 통해서만 우리에게 오실 수 있고 오시고자 하신다. 그를 통해서 그는 자신을 우리에게 전달하시고 그의 축복들을 그를 통해서 우리에게 전달하신다. 그 영을 바로 성령이라 함은 그가 아버지와 그리스도와의 특별한 관계 안에 있고, 이에 따라서 우리로 아버지와 그리스도와의 특별한 관계 안에 있게 하기 때문이다. 그러므로 성령으로 말미암은 외에 한 가지 혹은 몇 가지 방식으로 하나님과 그리스도와의 교제에 들어갈 수 있다고 생각해서는 안 된다. 주의 이름을 부르는 자마다 불의에서 떠날지어다(딤후 2:19).

그럼에도 불구하고 성경에 따르면 성령은 중생과 신앙의 주역이시다(요 3:5; 고전 12:3). 그는 진리의 영이시니, 모든 진리로 인도하시고 아버지께서 우리에게 주신 것을 알게 하신다(요 16:13; 고전 2:12). 또한 우리의 의식 안에서 우리를 의롭다 하시고 우리의 아들 됨을 증거한다(롬 8:15; 고전 6:11; 갈 4:6). 그는 우리의 마음속에 하나님의 사랑을 부어 주시고 평강과 희락을 보내 주시고 율법과 육체, 죄와 죽음으로부터 우리를 자유롭게 하신다(롬 5:5; 8:2; 14:17). 그는 우리를 위해 옹호하시는 보혜사와 대언자요 우리를 보호하시고 지지하시며 인생에 있어서의 그리스도의 경우와 같이 우리를 내버려두시지 않으시고 항상 우리 곁에 계시며 우리를 위로하시고 우리를 위해 간구하신다(요 14:16; 행 9:31; 롬 8:26). 영적 생명은 그에 의해서 일깨워지며 계속해서 그에 의해서 보존되며 인도되니, 그가 바로 율법이요 규범이다(롬 8:2, 14; 갈 5:18). 그가 그 생명을 새롭게 하시고 거룩히 하며 열매를 맺게 하고 하나님을 기쁘시게 한다(롬 15:13, 16; 갈 5:22; 살후 2:13; 딛 3:5; 벧전 1:2). 그리스도인의 전생애는 성령 안에서 행해진다(롬 8:4 이하; 갈 5:16, 25). 그가 모든 신자들을 모아 한 몸이 되게 하고 그들 모두를 하나의 성전, 곧 하나님의 처소로 지어져 가게 한다(엡 2:18-22; 4:3, 4). 그가 그들에게 하늘의 유산을 보증하시고(고후 1:22; 5:5; 엡 1:13; 4:30), 장차 그들의 부활과 영광을 이루게 한다(롬 8:11; 고전 15:44).

한마디로 말해서 그리스도와 그의 모든 은택들, 하나님의 사랑과 아들의 은혜는 다만 성령의 교통 가운데서만 우리에게 분배된다.

# 제20장

# 소명

우리를 이렇게 그의 인격과 그의 축복의 교통에 참여시키기 위하여 그리스도께서는 교회 안에 부어 주셨던 성령을 사용하시고 동시에 지침으로 보내 주셨던 말씀을 또한 사용하신다. 이 두 가지를 그분이 결합하여, 그 모두가 그의 선지자직, 제사장직, 그의 왕직의 수행에 봉사하도록 하였다. 그러나 이 결합을 바르게 이해하고 명백히 규정하기가 그렇게 쉬운 일은 아니다. 말씀과 성령과의 관계에 대해서 전혀 다양한 사상을 형성하였고 오늘날까지도 계속 이런 다양한 관념들이 서로 병존해 왔다.

한편 말씀의 설교는 그 자체로 충분하다고 생각하고 성령의 사역에 대해 잘못 이해하는 사람들이 있다. 일찍이 이런 잘못을 범하였던 자들이 펠라기우스 파들로서 현재까지 남아 있다. 이들은 기독교를 다만 하나의 교조(敎條)로 생각하고 그리스도 안에서만 고양된 모습을 보고 복음을 단지 새로운 율법으로 만들었다. 인간은 죄로 말미암아 연약한 상태에 있을지라도 결코 영적으로 죽은 것이 아니며, 복음의 설교는 그 자체로 충분하여 그 자신이 하려고 하면 그를 회개시킬 수 있으며, 예수님의 형상에 따라 행할 수 있게 한다는 것이다. 성령의 중생시키는 사역이 더 이상 필요하다고 느끼지 않는다. 그의 인성과 신성이 부정되고 공격받고 있다. 그들은 성령이 아버지로부터, 특별히 더 예수님의 인격으로부터 유출되었고, 교회 안에 도덕적 성향과 이상적인 의지방향을 토로한 일종의 힘이라는 정도로 생각하고 있다.

그와 전혀 대조적인 입장을 취하는 자들이 있다. 이들을 광신주의자들(반율법주의자, 열렬주의자, 신비주의자)이라 이름하는데, 그들은 성령에 대해서 강조하고 인간의 회심에 있어서 말씀의 의미를 과소평가한다. 말씀(성경, 복음의 선포)은 그들의 생각에 그 자체가 신령한 것은 아니고 그것의 징표요 상징에 불과하며, 그것은 본래 죽은 문자에 불과하여 인간의 마음을 꿰뚫지 못하며 새 생명의 원리를 심어 주지 못한다는 것이다. 높이 올라가 보았자 이성에게 가르치는 사역에 불과하고 그의 마음을 변화시키고 방향을 돌리게 하는 힘은 없다는 것이다. 그 일은 오직 직접 하나님으로부터 인간 내면 깊은 곳을 꿰뚫고 들어가 그로 하여금 말씀이 그것의 표징인 그 일에 참여케 하시는 성령으로 말미암아 이루어질 수 있고 이루어지고 있으며, 따라서 신령한 자는 직접 하나님으로부터 태어나며 하나님으로부터 가르침을 받는다는 것이다. 그만이 성경을 이해하고 문자 뒤에 있는 그 말씀의 핵심과 본질을 얻을 수 있고 그것을 잠시 동안만 규범과 기본원리로서 사용할 뿐이라는 것이다. 그러나 성경은 본질적으로 그의 종교적 지식의 원천은 아니다. 왜냐하면 그는 내재적으로 하나님의 영으로 말미암아 가르침을 받고 점점 자라 성경을 넘어서기 때문이라는 것이다. 인간의 마음에 내재하는 성령의 사역을 점점 더 성경에 독립되게 하면 할수록, 점점 더 그리스도의 인격과 전 역사적 기독교와는 독립되게 된다. 그때 좀더 발전함에 따라 신비주의는 합리주의로 돌변한다. 왜냐하면 성령의 내적 사역이 성경의 말씀과 분리될 때, 그것이 갖는 특별한 성격을 상실해 버리는 것이고 인간의 이성과 양심 속에서 역사하시는 하나님의 영의 일반사역과 더 이상 구별될 수 없기 때문이다. 그런 입장에서는 각 사람 안에 자연적으로 성령과 더불어 하나님이 거하며, 탄생 때부터 각자의 마음속에 내적인 말씀이 새겨지며 그리스도는 다만 이것에 어떤 억양만 주었다는 식이 된다. 어떤 것이 성경 안에 있기 때문에 진리가 아니라, 그것이 진리이기 때문에 성경 안에 있다. 기독교는 근원적인 자연종교다. 그것은 세계만큼 오래되었고 그 본질에 있어서 모든 역사적 종교들에 기초하고 있다. 신비주의는 항상 합리주의로 진행하고 합리주의는 점점 신비주의로 전락해 간다. 극단들은 서로 접근하고 손을 맞잡는다.

그리스도의 교회는 항상 이런 이단들을 피하고 말씀과 성령을 상호 연결시키고자 노력해 왔다. 이것에 있어서도 여러 가지 다른 고백에서 각각 다른 방향으로 나아갔다. 예를 들어, 로마 카톨릭은 성경과 교회 전통을 은혜의 실제적인 수단으로 보지 않고 진리의 원천으로 보고 있다. 이런 진리의 합리적인 취득을 신앙이라 한다. 그러나 이런 신앙은 순수히 하나의 찬동(een toestemmen)이기 때문에 그것은 구원에 이르기에는 불충분하고, 따라서 그것에 대한 준비적인 의의에 불과하다. 실질적인 구원의 은혜는 성례 안에서만 전달된다고 생각하여 로마 카톨릭은 무엇보다 더 성령의 사역을 교훈과 목양과 제사직을 가지고 교회를 세우고 보존하는 데서 찾고, 성례의 수단을 통하여 신자들에게 전달되는 초자연적인 은혜와 덕과 선물들 가운데서 찾는다.

성령의 구원의 사역을 말씀으로부터 분리하고 성례와만 결합하려고 하는 이런 노력에 반대하여 종교개혁이 일어났다. 종교개혁은 전통을 제외하고 성경을 진리의 유일하고 명백하며 충분한 원천으로서 회복하였고, 그것을 은혜의 수단으로서 다시 받들게 하였고 성례의 자리를 말씀에 다시 주었다. 따라서 종교개혁은 성경과 성령과의 관계를 깊이 반성해야 할 필요성을 느꼈다. 더구나 이런 작업을 해야만 하였던 이유는, 사방에서 옛날 이단들이 다시 들고 일어났고 그것의 강력한 옹호자들이 발견되었기 때문이다. 소시니안파가 복음을 새로운 율법으로 생각하고 성령의 특별사역을 더 이상 필요로 하지 않았던 아리우스나 펠라기우스의 교리에 다시 돌아갔던 반면에, 재세례파들은 신비주의의 전철을 다시 밟아 내적 말씀을 찬양하였고 성경을 하나의 죽은 문자요 공허한 상징으로 생각하였다.

이때 바른 길을 찾기 위해서 많은 노력들이 소모되었다. 루터파와 개혁파도 이 점에 있어서 급격히 빗나갔다. 루터파는 말씀과 성령을 너무 밀접히 연결하여 그들 사이를 동일시하는 위험에까지 이르렀고 그들 사이의 구별을 완전히 잃어버렸다. 그들은 성령의 구원적 사역은 말씀 안에 제한시켜 말씀을 통해서만 인간 속에 들어오실 수 있다는 견해에까지 이르렀다. 성경이 성령으로 말미암아 존립하게 된 이래 성령께서 회심에 이르게 하는 그의 능력을 그 말씀 안에 기탁하여, 마치 항아리 안에서처럼 그 안에 쉬고 있다는 것이다. 빵이 영양이 되는 자연적이고 내적인 힘을 소유하고 있는 것처럼, 성경도 이를 존립케 하신 성령으로 말미암아 내재적이고 영적인 능력을 받았기 때문에 사람을 구원시킬 수 있다. 따라서 이성을 가르치고 의지에 방향을 정해 주는 도덕적 역사를 성경에 돌리는 것은 물론, 성경은 성령의 거하심으로 말미암아 내재적으로 마음을 새롭게 하는 구원의 능력을 가지고 있다. 성령은 그것을 통하지 않고 다른 방식으로 일하시지 않는다는 입장이다.

개혁파는 결코 이런 입장을 취할 수 없다. 왜냐하면 유한자가 무한자를 포용하거나 이해할 수 없다는 이런 그들의 원리가 중요시되기 때문이다. 따라서 말씀과 성령은 서로 밀접하게 연결되어 있으면서도 구별되어 있다. 성령은 말씀 없이도 역사하실 수 있고 종종 그것 없이 역사하신다. 성령이 스스로 말씀과 결합하였을 때는 그의 자유로운 선택에 의해서 그렇게 된 것이다. 그의 기쁘신 뜻에 따라서 일반적으로 성령은 말씀과 관련하여, 그리고 말씀이 현존하고 그것이 선포되는 곳에, 즉 은혜언약의 영역에서 교회의 교통 가운데 역사하신다. 그러나 그때에도 성령께서 루터파에서 생각하듯이 성경이나 선포된 말씀에 거하시는 것이 아니라, 그리스도의 살아 있는 몸으로서 교회 안에 거하신다. 성령은 그의 능력의 기구를 통하여 역사하듯이 말씀을 통하여 역사하시는 것이 아니다.

그는 그의 활동과 말씀의 활동을 결합할지라도, 그 자신은 인격적으로 인간의 마음속으로 들어가 새롭게 하여 영생에 이르게 한다.

우리가 말씀과 성령 사이에 존재하는 관계에 관해서 올바른 이해를 얻기 위해서는 우선 하나님께서 그리스도와 그의 은택들을 제공함에 있어서, 그리고 외부로 향한 그의 모든 사역에 있어서 말씀을 수단으로서 사용하신다는 사실에서 출발해야 한다. 성경 속에 있는 말씀은 공허한 소리나 무의미한 기호가 아니라, 항상 능력과 생명이 있다. 그 자체 안에 화자의 인격성과 혼에 관한 어떤 것을 담고 있고, 따라서 항상 어떤 영향을 끼친다. 하나님 그 이름에 합당하게 저가 말씀하시매 이루어졌다(시 33:9). 그의 말씀은 헛되이 돌아오지 아니하고 그에게서 나간 모든 것을 이루며 그가 보낸 일에 형통한다(사 55:11). 태초에 그의 말씀으로 만물이 무로부터 존재하게 되었고(창 1:3 이하; 시 33:6), 그의 능력의 말씀으로 그들을 계속 붙드신다(히 1:4). 따라서 이 말씀은 창조와 섭리의 능력을 가졌으니, 하나님께서 그것을 아들 안에서(요 1:3; 골 1:15), 성령으로 말미암아(시 33:6; 104:30) 말씀하시고, 이 두 분 안에서 스스로 피조물에게 동참하신다. 모든 피조물 안에는 하나님의 소리가 있다. 그들 모두가 그분을 통해 선포된 사상들 위에서 안식한다. 그들 모두가 그들의 존재와 그들의 존재성 그대로 하나님의 말씀의 탓으로 돌려야 한다.

그러나 하나님을 통해 세계 속에 구현된 이 사상들은 모든 피조물들에게 이해되는 것이 아니고 합리적인 존재들, 즉 인간에게 이해된다. 인간은 하나님의 형상대로 창조되었기 때문에 그 스스로 사고할 수 있고 말할 수 있으며 창조 때 내려놓으신 하나님의 사상들을 그의 의속 속에 취득하여 이를 자신의 영적 소유물로 삼아 그 후 다시 자신의 말로 재현시킬 수 있다. 그가 처음 창조자의 손으로부터 완전하게 창조되어 나왔던 것만큼, 그는 마음속에 새겨진 도덕법 안에서 그에게 내적으로 나타나는 하나님의 말씀과, 그 도덕법에 첨가된 시련의 명령 안에서 외부로부터 그에게 밀려오는 하나님의 말씀을 이해할 수 있다. 다른 피조물과는 전혀 교제할 수 없는 바, 그때 하나님은 인간과 교제하셨다. 그리고 그와 언약의 상태에 들어가셨고 그와의 교통에로 끌어올리시며, 그가 의식적이고 자발적으로 그분의 길을 따라 거동할 것을 요구하셨다. 도덕법은 하나님께서 새로운 피조물과 맺으신 근원적 언약관계의 내용이요 선포요 규칙이며 규범이다.

인간은 고의적인 불순종으로 그 언약을 파기하였고, 하나님의 율법을 보존하고 영생을 얻을 영적인 능력을 스스로 박탈하였다. 그러나 하나님은 그 스스로 자기 편에서 창조로부터 퇴각하지 않으셨고, 그의 손이 전적으로 인간으로부터 철수하신 것이 아니다. 비록 이방인에 대해서 하나님께서 이스라엘과 구별하여 그들 자신의 길로 가도록 내버려두셨을지라도, 그분은 그의 영원하신 신성을 그들에게 분명히 보여 알게 하셨고 그가 그들에게 자신을 증거하신 것이 아니니, 저희의 연대를 정하시며 거주의 경계를 한하셨음은 그가 주를 혹 더듬어 찾아 발견케 하려 하심이다(행 14:17; 17:26, 27; 롬 1:20).

그러므로 하나님의 말씀을 계속적으로 각 사람에게 나타내셨다. 개혁파 신앙고백자들은 항상 이것을 기독교 세계 밖에서도 희우하게 되며 모든 사람들과 민족들의 특권인 '사실적 소명'(zakelijke roeping)에 대해 말함으로써 인식하였다. 이방인들은 복음의 말씀을 통한 소명에는 참여하지 못하나, 절대적으로 모든 소명으로부터 박탈된 것이 아니다. 하나님은 그들에게 자연을 통하여(롬 1:20), 역사를 통하여(행 17:26), 이성을 통하여(요 1:9), 양심을 통하여(롬 2:14) 아직도 말씀하신다. 참으로 이 소명은 구원에 이르기에는 불충분하니, 이는 아버지께 이르는 유일한 길이요 천하에서 구원을 얻을 만한 유일한 이름이신 (요 14:6; 행 4:12) 그리스도에 대해서 알지 못하기 때문이다. 그럼에도 불구하고 그것은 커다란 가치가 있고 그 의미에 있어서 평가절하될 수 없다.

참으로 하나님께서 아직도 그의 일반은총 속에서 모든 사람에게 미치게 하시는 이 소명은 결코 복음의 선포가 될 수 없다. 다만 율법의 선포이다. 비록 인간이 그것을 여러 번 이성의 어두움 때문에 잘못 이해하고 해석하며 잘못 적용하였을지라도, 그것은 원천적으로 하나님께서 인간에게 주셨고, 그의 마음에 새겨 놓으신 그것과 내용에 있어서 객관적으로, 그리고 본질적으로 같은 도덕법이다. 그러므로 그 소명은, 아무리 부패되고 변질되었을지라도, 아직 그 자체 안에 만물보다 하나님을 더 사랑함과 이웃을 내 몸처럼 사랑하라는 요구를 내포하고 있다. 왜냐하면 이방인들은 후에 다시 하나님께서 이스라엘에게 보내 주신 그런 완전한 형식으로서의 율법을 소유하고 있지 않지만, 그럼에도 불구하고 그들은 율법의 일을 행하고 있고 또한 모든 사고와 행위에 있어서 도덕적 원칙에 의해 스스로 제한받고 있으며, 그와 아울러 율법의 이런 말들이 그들 마음속에 새겨져 있음을 스스로 증명하고 그들 스스로 그들의 양심 속에서 그것에 매여 있음을 느끼기 때문이다(롬 2:14, 15).

그렇게 하나님과 인간 사이의 띠는 죄에도 불구하고 한 번도 끊겨진 일이 없다. 하나님은 인간을 그대로 내버려두지 않으시고 인간은 결코 하나님을 떠나버릴 수 없다. 그는 항상 그의 계시의 고리와 그의 율법의 띠 아래 있다. 하나님은 항상 자연과 역사 속에서, 이성과 양심 속에서, 축복과 심판 속에서, 생의 인도와 영혼의 경험 속에서 인간에게 말씀하신다. 그런 부유하고 능력 있는 소리를 통하여 하나님은 인간 안에 그의 의존의식과 그의 책임관념을 보존하신다. 그는 인간으로 하여금 종교적이고 도덕적인 생을 추구하게 하고 범죄 이후에 그 자신의 양심을 통하여 징책받도록 하신다. 그것은 외적인 협박이 아니라, 인간을 하나님과 그의 계시에 굳게 매게 하는 내적이고 도덕적인 끄나풀이다. 그것은 타락한 인간 속에서도 선한 일을 듣게 하고 그런 일을 행하도록 경고하는 성령의 증거다. 왜냐하면 하나님의 일반적인 소리가 있고 인간 속에 말씀(로고스)을 통한 일반적인 조명이 있는 한, 역시 일반적인 성령의 사역이 존재하기 때문이다. 그 성령으로 말미암아 하나님은 모든 피조물 가운데 거하시고 우리가 하나님 안에서 살고 거동하며 존재한다(행 17:28). 보편 '사실적' 소명이란 자연과 역사를 통해서, 이성과 양심을 통해서 하나님의 계시와 특별히 그의 율법을 인간에게 알리신다는 점에서 외적이고 객관적일 뿐만 아니라, 그것이 각 사람에게 그의 편에서 하나님의 이런 계시에 대한 도덕적인 책임을 지우며 그 자신의 확신 가운데서 그에게 하나님의 율법을 보존토록 의무화한다는 점에서 내적이고 주관적인 면이 있다.

물론 하나님께서 이런 율법선포로 말미암아 인간을 새롭게 하는 것은 아니다. 왜냐하면 율법이 육신으로 말미암아 연약하여 할 수 없기 때문이다(롬 8:3). 그러나 하나님은 그것으로 죄를 제재하고 그를 통하여 정욕을 억제하며 불의의 흐름을 저지한다. 그를 통하여 인간사회와 공의가 가능하게 되고 도리어 높은 문명, 풍성한 문화, 찬란한 예술과 과학의 길을 열어 준다. 사실 땅은 아직도 하나님의 선한 것들로 가득 차 있다. 주는 모든 것에 선하시고 그의 긍휼이 그의 모든 사역 위에 있다. 그는 악인과 선인 위에 그의 태양이 떠오르게 하고 의로운 자와 불의한 자에게 그의 비를 내리신다. 그분은 자기를 증거하지 않으신 것이 아니니, 하늘로서 선한 일을 하사 비를 내리시며 결실기를 주시며 음식과 기쁨으로 우리의 마음을 만족케 하신다(시 104:24; 145:9; 마 5:45; 행 14:17).

자연과 양심 속에서 우리에게 임하시는 하나님의 일반적인 말씀은 복음의 말씀 속에 내포하고, 기독교 테두리 안에 사는 모든 사람을 향하는 그런 특별소명과는 구별된다. 그러나 일반소명은 이런 특별소명 안에서 폐기되고 없어져 버린 것이 아니라, 오히려 포괄하고 강화된다. 이것은 특별계시의 말씀인 성경이 자연과 역사 속에 나타나는 일반계시를 인정하고 확증하고 모든 잘못된 혼화(混化)로부터 정화시키고 있다는 사실에서 증명된다. 하늘이 하나님의 영광을 선포하고 궁창이 그의 손으로 하신 일을 나타내신다는 것(시 19:2), 창세로부터 하나님의 보이지 않는 것들이 피조물에 분명히 보여 알게 된다는 것(롬 1:20), 율법의 일이 사람의 마음에 새겨져 있다는 것(롬 2:15) 등 성경으로부터 그리스도인이 가르침을 받는 것들이, 오직 이성의 빛에서 살아야 하는 자들로 말미암아 이해되는 것보다 더 잘 이해된다.

그러나 더 강한 증거는, 이방인들에게는 다만 불완전하고 불분명하게 알려졌던 도덕법이 다시 시내산에서 하나님으로 말미암아 분명하고 완전하게 선포되었고 그의 백성 이스라엘에게 생의 규범으로서 세워졌다는 사실이다. 그리스도께서 땅에 임하였을 때, 그는 이 율법을 폐기하신 것이 아니고 완성시키셨다 (마 5:17). 무엇보다 더 그의 인격과 생애 속에서 더구나 역시 그의 발자취를 따르고 성령 안에서 행하는 모든 사람들의 생애 가운데서 완성시키셨다(롬 3:31; 8:3; 11:8-10; 갈 5:14). 이 모범에 따라서 기독교는 그의 고백과 설교와 가르침 속에 복음을 주는 자리만큼 율법에 한 자리를 주었다.

율법과 복음은 하나님의 말씀의 두 구성 부분이다. 두 가지는 서로 구별되지만 결코 분리되지도 않는다. 그들은 성경 전체를 통하여 계시의 처음부터 끝까지 서로 동반한다. 율법과 복음의 차이란 신약과 구약 사이의 차이와는 전혀 다른 것이다. 참으로 그것은 많은 사람들에 의해서 혼동되거나 동일시되어 율법 속에서 불완전한 복음을 보고 복음 속에서 완전한 율법을 본다. 그러나 이 점에도 불구하고 두 구절은 상호 아주 다르며, 따라서 서로로부터 거리를 분명하게 유지하여야 한다. 구약과 신약이란 하나의 은혜언약 안에 두 가지 연속된 경륜에 대한 명칭이요, 이에 따른 성경책의 두 그룹에 대한 명칭이다. 이들은 각각 같은 은혜언약의 경륜을 내용으로 가지고 있다. 반면 율법과 복음의 차이란 전혀 다른 영역 위에서의 차이다. 이들의 명칭은 같은 언약의 두 경륜을 표시하는 것이 아니라, 두 가지 전혀 다른 언약을 표시한다. 율법은 본래 첫째 사람과 체결되었고 그에게 완전한 순종하에 영생을 약속하였던 소위 행위언약 안에 속한다. 그러나 복음은 타락 후에 비로소 인간에게 알려졌고 그에게 은혜로부터 그리스도를 믿는 신앙으로 말미암아 영생을 주신다는 은혜언약에 대한 선포다.

그럼에도 불구하고 은혜언약은 행위언약의 폐기나 무효가 아니라, 그것의 완성이다. 둘 사이의 차이란 주로 그리스도께서 행위언약에 따라 하나님이 우리에게 요구하실 수 있는 그것을 우리 대신 이루셨다는 점에 있다. 바로 그 때문에 은혜언약이, 비록 본질적으로 순수히 은혜라 할지라도 행위언약의 율법을 처음부터 돕는 것이며 그 율법과 연결되어 있고, 그리고 그리스도의 영으로 말미암아 신자들 안에서 성취될 수 있는 것이다. 율법이 은혜언약 안에 그 자리를 보유하고 있는 것은, 그것을 지킴으로 영생을 얻도록 하기 위함이 아니니, 이는 육체에 따라서는 연약하여 그것을 행할 수 없기 때문이다(롬 8:3). 그 목적은 첫째로 그것을 통하여 우리의 죄와 우리의 죄책, 우리의 곤비함, 우리의 무력함을 알리기 위함이고 죄책의식을 통하여 좌락(挫落)하고 절망상태에서 그리스도 안에 있는 하나님의 은혜로 안식하기 위함이다(롬 7:7; 갈 3:24). 둘째로 그리스도와 함께 죽었다가 다시 살아난 우리로 새 생명 가운데 행하게 하고 율법의 요구(het recht der wet)를 이루게 하기 위함이다(롬 6:4; 8:4).

그렇기 때문에 기독교 안에는 반율법주의나 율법경시론이나 율법파기론에 대한 여지가 없다. 율법과 복음은 성경에서와 마찬가지로 설교와 교훈, 교리와 생활에서도 서로 결합되어야 한다. 그 두 가지는 하나의 완전한 하나님의 말씀의 필요불가결하고 근본적인 구성요소들이다. 그러나 여기에서 그들을 완전히 일치시키는 것은 분리해 버리는 것만큼 나쁘다. 복음을 새로운 율법으로 변경시킨 율법주의는 반율법주의 못지 않은 잘못이다. 율법과 복음은 정도에 있어서 서로 구별되는 것이 아니고, 본질에 있어서 구별되는 것이다. 그들은 요구와 은혜의 차이요 명령과 약속의 차이며 의문과 제공의 차이다. 복음과 똑같이 율법은 하나님의 뜻을 내포하고 있고 그것은 거룩하며 지혜로우며 선하며 신령하다(롬 2:18; 7:12, 14; 12:10). 그러나 죄로 말미암아 연약하게 되었고 죄를 정당화하는 것이 아니라, 죄를 죄 되게 하며 진노와 심판과 죽음을 야기시킨다(롬 3:20; 4:15; 5:20; 7:5; 8:9, 13; 고후 3:6 이하; 갈 3:10, 13, 19). 복음은 그와 대조적이다. 그것은 그 내용이 그리스도시요(롬 1:3; 엡 3:6), 오직 은혜와 화목과 용서와 칭의와 화평과 영생을 가져온다(행 2:38; 20:24; 롬 3:21-26; 4:3-8; 5:1, 2 등). 율법이 우리에게 요구하는 것을 복음 안에서 우리에게 거저 주셨다.

율법과 복음이 이런 식으로 구별될 때, 그 결과 자연과 양심 속에서 모든 사람을 향하여 오는 일반소명과 기독교 아래 삶을 사는 모든 자들에게 미치는 특별소명 사이의 차이란 정도의 차이가 아니라, 본질의 차이라는 결론에 이른다. 그 차이란 결코 기독교가 우리에게 이방인들에게 알리신 그것보다 더 좋고 완전한 율법을 알렸다는 데 있지 않다. 그 차이는 무엇보다 더 기독교가 새로운 것을 우리에게 선포하였다는 것, 우리에게 복음을 가져왔다는 것 그리고 그 복음 안에서 그리스도의 인격을 가지고 우리에게 알렸다는 것에서 나타난다. 율법 안에서는 물론, 특별히 하나님의 은혜의 복음 안에 이방나라와 기독교의 차이가 있고, 일반계시와 특별계시의 차이가 있으며, 모든 사람들이 참여하는 소명과 그리스도인들만이 참여하는 소명 사이의 차이가 있다.

이 두 소명들이 초기에는 일반적으로 '사실적'(zakelijke) 소명과 '언어적'(woordelijke) 소명으로 구별되었다. 모든 사람들에게 향하는 일반소명은, 즉 문자적이고 분명하고 판명한 하나님의 말씀 안에 내포하지 않고, 하나님께서 아직도 이방인들에게 그들의 손으로 하는 일과 그들 자신의 이성과 양심 속에 분담하시며 이로부터 그들 자신의 탐구와 반성에 의해 추론되어지는 계시 속에 뒤얽혀 있다. 그러나 그들이 그것을 시도하자 마자 종교와 도덕법에 있어서 오류에 빠졌다. 특별계시 밖에서도 인간이 하나님을 인식할지라도, 그에게 영화롭게도 아니하고 감사치도 아니하며 오히려 그 생각이 허망하여지며 미련한 마음이 어두워졌다. 즉 그들은 여러 가지 우상과 부도덕성으로 전락하였다(롬 1:21 이하).

그러므로 자연 속의 계시와 인간의 이성과 양심에 있는 소리(de noeping)는 전적으로 불충분함을 보여준다. 그 때문에 특별계시에 있어서 하나님은 더 이상 '사실'(zaken), 즉 피조물들의 자연성을 통하여 인간에게 말씀하시지 않고 하나님 스스로 인간이 자기 사상들에 대한 최고 좋은 표현으로서 소유하고 있는 독특한 문자언어를 사용하셨다. 특별계시에 있어서 이런 문자언어 사용은 참으로 좀더 다른 이유 때문에 필요하였다. 인간 밖에서나 인간 안에서나 자연은 항상 동일한 상태다. 하늘은 지금도 수천년 전에 했던 대로 하나님의 영광을 말한다. 그리고 모든 발달과 문화에도 불구하고 인간은 지금까지도 그의 본질과 본성에 있어서, 그리고 그의 마음과 양심에 있어서 고대 선조들과 매우 동일하다.

그러나 특별계시는 자연의 질서 안에 포함되어 있지 않다. 그것은 역사적 방식에 따라서 수세기 동안의 역사 속에서 일어났고 그리스도의 역사적 인격에서 최절정에 이르렀다. 자연은 우리를 구원할 수 없고 다만 한 사람만이 할 수 있다. 그러나 자연과 같이 항상 우리를 둘러싸고 있지 않고 오고 가며 나타났다가 사라지는 역사적인 사실과 인물에 대해서 우리는 하나님의 계획에 따라, 이것이 구두로 기록되었든 문자기호로 기록되었든 다른 기호로 기록되었든지 간에, 말씀의 수단에 의하지 않고는 알 수가 없다. 따라서 특별한 역사적 계시의 성격으로부터 그 말씀을 세대를 따라, 그리고 장소마다 알릴 수 있도록 그것을 사용해야 한다는 결과가 나온다. 일반소명은 자연을 통하여 일어나고, 특별소명은 말씀을 사용한다. 전자는 그 내용으로 율법을 갖고, 후자는 특별히 복음을 그 내용으로 갖는다.

복음의 말씀은 그 과정을 이미 에덴 동산에서부터 시작하였다. 처음 하나님은 그곳에서 계시하셨고 족장들과 선지자들에 의해서 선포되었으며 제사와 율법의 다른 의식들을 통하여 예표되었고, 마지막으로 독생하신 아들을 통하여 충만해졌다. 그것은 여기에서 머무르지 않았다. 그는 그런 복음의 말씀을 신구약 책에 기록하셨고, 특별히 모든 피조물들에게 알려지도록 그것의 보존, 선포, 해석, 변호, 보급을 교회에 위탁하셨다.

그리스도의 교회가 이 과업을 받아 그 일을 수행하기 시작했던 같은 날에 성령의 부어 주시는 일이 일어났다. 반대로 성령께서 교회를 그 거주로 삼은 같은 순간에 교회는 독립된 신자들의 연합체로서, 복음의 말씀을 맡은 자로서, 진리의 기능과 터로서 태어났다. 예비적으로 이미 그 전에 연합되어 있었지만, 말씀과 성령께서 오순절 날 명확하고 완전하게 서로를 결합시키셨다. 교회의 왕이시요 성령의 주시며 말씀 속에서 우리 앞에 그려 주고 성령을 통하여 우리에게 전달된 그리스도의 섬김에 있어서 그들은 함께 일한다. 진리와 은혜가 함께 수반하니, 이는 진리와 은혜가 그리스도에게 충만하기 때문이다(요 1:14).

말씀을 통한 소명은 자연을 통한 소명을 훨씬 초월한다. 왜냐하면 후자는 사람으로 하여금 율법의 소리만 듣도록 하고 그에게 "그것을 행하라 그러면 너는 살 것이다"라는 요구를 앞세우는 반면, 말씀으로 말미암은 소명은 그리스도로부터 진행하여 하나님의 은혜를 그 내용으로 하며 인간에게 가장 부요한 축복들, 곧 죄 용서와 영생을 신앙과 회개의 길에서 거저 제공하기 때문이다. 이 소명의 내용에 관심을 갖는 자는 누구나 금방 그 소명이 청취되자 마자 모든 사람에 의해서 기쁨으로 받아들여지고 마음의 즐거움으로 영접되리라는 기대를 품을 수 있다. 사실 죄인이요 멸해져야 할 인간이, 어린아이와 같은 신앙으로 이 반가운 메시지를 받는 것 외에는 할 일이 없는 자신에게 하나님의 은총으로 보증되고 완전한 구원을 주실 복음을 어떻게 마다할 수 있는가?

그러나 우리의 현실은 전혀 다르게 가르친다. 모든 세기에 걸쳐 주님께 헌신하는 자들과 그에게 헌신하지 않는 자들로 구분되어 왔다. 아담의 가족 중에 아벨과 가인은 각각 다른 길을 갔다. 홍수 전의 인류는 셋의 계열과 가인의 계열로 나뉘었다. 홍수 이후에는 이 구별이 셋의 계보와 그 형제들의 계보에서 계속 이어졌다. 족장들의 가족들은 그 대조를 이삭과 이스마엘, 야곱과 에서, 그 후 이스라엘과 이방인들 사이에서 나타내 보였다. 언약의 백성 중에서도 육체로 아브라함으로부터 난 모든 이가 이스라엘이 아니라, 약속의 자녀가 그 씨로 여김을 받는다(롬 9:6-8). 신약시대에도 같은 사실을 만나게 된다. 청함을 받는 자는 많되 택함을 받는 자는 적다(마 22:14). 교회와 세상 사이에 날카로운 대조가 있을 뿐만 아니라, 교회 자체 안에도 말씀을 듣기는 들어도 그것을 행하지 않는 자들이 수천이 있다(약 1:22). 사람들이 기독교 전체를 거절할지 모르지만 이 대조를 없애지는 못한다. 왜냐하면 어디에나 선과 악, 의와 불의가 있고 계속 남아 있기 때문이다. 사람들 사이에는 계급과 신분, 재능과 힘, 부와 명예에 있어서 차이가 있을 뿐만 아니라, 그들 사이에는 아주 깊이 종교적이고 도덕적인 차이가 존재하고 있다.

이런 불균등의 사실은 아주 명백하고 동시에 누구나 생각해야 할 진지한 성격을 띠고 있다. 그러나 많은 사람들이 항상 이런 도덕적인 불균등성을, 인간들 사이의 다른 모든 차이와 마찬가지로, 그들에게 주어진 자유의지로부터 해석하려고 해 왔다. 죄에도 불구하고 인간의 의지는 자유롭게 남아 있었고 선을 행할 수 있는 능력을 보유하고 있다고 생각하거나, 그렇지 않으면 그가 죄로 다소 약해졌지만 일반적인 말씀(로고스)의 조명을 통하여(요 1:9), 혹은 세례 이전이나 세례 시에 보내 주시는 성령의 은혜를 통하여 강해졌고 복음의 청함의 소리를 따를 수 있는 충분한 능력을 받았다고 생각한다.

성경의 가르침과는 먼 이런 해석은 이미 본질적으로 절대 받아들일 수 없다. 이 견해에 따르면, 자신들 사이를 구별케 하는 자가 하나님이 아니라 인간 자신들이 될 것이다. 그러나 하나님은 하나님이시라고 하였을 때는, 그가 만물을 작정하시며 그는 천지의 창조주시요 그의 섭리로 모든 피조물을 보존하시고 다스리신다는 것을 의미한다. 그가 전 자연을 지배하시고 만물, 곧 아주 세세한 것에 이르기까지 다스리시되, 만물을 지배하시며 영원까지 계속 역사되어지는 위대한 사실인, 인간들 사이의 영적인 불균등에 관한 사실들을 그의 작정과 섭리로부터 배제하며 인간 자신의 결정에 맡겨 버렸을 것이라는 사상은 비합리적인 가정이다. 이런 생각을 가진 자는 원리적으로 하나님의 작정과 섭리를 파괴하고 있는 것이고, 전 세계사를 하나님의 손에서 벗어나게 하며 그것의 미래를 불확실하게 만들며 그것의 운명과 목적을 빼앗아가며 하나님을 자기 존재와 역사에 대한 갈등을 가진 분이요. 참고 기다리는 태도를 취하시는 분으로 돌리는 것이다.

사람들 사이의 이런 영적인 차이가 가장 중요하다 할지라도, 그것이 그들 사이의 유일한 차이는 아니다. 그 외에 피조물들 사이, 특별히 이성을 가진 피조물 사이에는 다양한 차이가 있다. 사람들은 지위와 신분에 따라, 성별과 나이에 따라, 재능과 육체의 힘에 따라 차이가 있다. 그들은 또한 기독교 영역 안이나 영역 밖에서 태어난다는 점에서, 그리고 복음의 소리를 들을 수 있다는 점에서 차이가 있다. 이런 모든 차이들은 사람들의 의지결정과 태도에 의해서 해명되지 않는다. 왜냐하면 그 차이들이 이들보다 선행하고 자주 좀더 약하게, 혹은 더 강하게 영향을 끼치고 있기 때문이다. 이 문제에 있어서 하나님의 기뻐하시는 뜻에 안심하지 못하고 인간의 변화무쌍한 것 속에서 그 해명을 계속 찾으면,

불가능한 가정을 피난처로 삼아야 한다. 예를 들어, 루터파 사람들은 복음의 빛 아래 태어난 사람도 있고 그렇지 않은 사람도 있다는 사실에서 나타나는 하나님의 주권성을 인정하려고 하지 않았고, 그 대신 아담의 때와 노아 당시와 사도시대의 말씀에 의한 소명은(특별히 롬 10:18과 골 1:23의 소명) 모든 열국에게 선포하셨던 것인데 다만 그들의 죄책 때문에 잃어버렸다고 주장했다. 이와 같은 사상이 일찍이 오리겐(Origen)의 사상이었고 현재에도 많은 사람들이 동조하고 있는 바, 원래 인간의 영혼들은 하나님에 의해서 동일하게 일시에 창조되었고 자신들의 선(先) 존재 시 다양한 행동양식에 따라서 이 땅에서 다양한 육체와 운명을 받았다는 사상도 있다.

이런 모든 가정들은 문제의 어려움을 더할 뿐, 본질적인 해결에는 아무 공헌을 못한다. 인간이 하나님의 정성어린 마음(het vaderhart)에 안식하고 피조물들 사이의 불균등에 대한 가장 깊은 근거를 주권적이고 이해할 수 없는 기뻐하신 그의 뜻에서 깨달을 때까지 인간에게는 결코 안식이 없다. 일반소명과 특별소명의 구분에 대한 근저는 어떤 백성이 다른 백성보다 우월하다는 가치성이나 자연의 빛을 사용한 효용도에 있지 않고, 전적으로 자유로운 하나님의 뜻과 값없으신 하나님의 사랑에 있다(도르트 신조 제3장 4절 7항). 신앙의 마음으로 복음의 소리를 듣는 자들과 그것을 멸시하고 제 마음대로 선택하여 가는 자들 사이에 이루어지는 영적인 불균등의 경우에도 이와 마찬가지이다. 여기에서 구별하시는 이는 인간이 아니라 하나님이시다. 소명 자체의 다양성은 어떤 한 사람에게 임하게 하는 방식과 다른 사람에게 임하게 하시는 방식의 차이이다. 성경은 말씀을 통한 소명 안에서도 다시 외적 소명과 내적 소명 사이를 더 구별한다.

그러나 이런 구별에 대한 정당한 근거를 증명하기 전에 소위 외적 소명이 갖는 능력과 가치를 어떤 식으로든 결코 빼앗을 의도는 없음이 강하게 강조되어야 한다.

왜냐하면 첫째로 이 소명은 언제나 하나님 편으로부터 진지하고 신가하기 때문이다. 많은 사람들이 복음에 부르심을 받았을 때 진지하게 부르심을 받았다. 왜냐하면 하나님은 그의 말씀 안에서 심각하고 진실하게 그에게 기쁨이 되는 것, 곧 부르심을 받는 자가 그에게로 오는 것을 보이기 때문이다. 그리고 그는 진지하게 그에게 와서 믿는 모든 자들에게 영혼의 안식과 영생을 약속하셨기 때문이다(도르트 신조 제3장 4절 8항). 외적 소명과 내적 소명을 구별하는 자마다 이 구별을 반대하는 자들이 전체 소명에 붙이는 것과 같은 힘과 의미를 항상 전자에 둔다. 그들은 인간을 이런 구별로 말미암아 이를 거절하는 자들에 의해서 온 인류가 처하게 되는 조건보다 더 불행한 조건에 유치(留置)하는 것이 아니다. 왜냐하면 이런 내적 소명을 그들 중에 일으키는 복음의 말씀은 결코 죽은 문자가 아니라, 믿는 자마다 구원에 이르는 하나님의 능력이기 때문이다(롬 1:16). 그리고 살아 있고 능력이 있어 좌우에 날선 어떤 검보다도 예리하며(히 4:12), 거듭나게 하는 수단이기 때문이다(벧전 1:23). 그것은 하나님께서 내적 소명에서 사용하신 것과 같은 말씀이고 그 자체가 성령의 모든 사역으로부터 결코 배제되는 것이 아니다. 왜냐하면 성령은 신자들의 마음속에서, 그가 하나님의 아들임을 증거할 뿐만 아니라(롬 8:16), 그가 죄에 대하여, 의에 대하여, 심판에 대하여 증거하는 자들의 양심 속을 꿰뚫어 책망하시기 때문이다(요 16:8-11). 그 때문에 외적 소명과 더불어 병행해 가는 성령의 하급한 사역에 대한 칼빈의 말은 결코 부당한 말이 아니다.

　둘째로 이 결과 이런 소명을 거절하는 일은 반드시 죄책이 따른다. 복음을 멸시하는 자는 자기의 무능에 호소할 수 없다. 왜냐하면 그가 거절한 것이 그의 무능으로 인한 것이 아니기 때문이다. 그때에 적어도 복음이 그들에게 제공하는 하나님의 은혜를 평계로 삼을 것이다. 그러나 그들이 복음을 거절하는 이유는 차라리 그들 스스로를 구원할 수 있다고 강하게 느끼기 때문이요, 그들은 하나님의 은혜 없이도 구원받을 수 있다고 생각하기 때문이다. 복음에 부름을 받은 많은 자들이 돌아오지 않고 회개하지 않은 것은 복음의 잘못도 아니요, 그 책임이 복음을 제공하신 그리스도에게 있지 않고, 복음을 통하여 부르시고 친히 여러 가지 은사들을 부름을 입은 자들에게 전달하시는 하나님에게도 있지 않다. 부르심을 받아 그중 어떤 이들은 무관심하여 생명의 말씀을 받아들이지 않는 그 사람들에게 잘못이 있다. 어떤 사람들은 영접하기는 하되, 그들의 마음 깊숙한 곳에서 영접하지 않아, 일시적인 신앙의 짧은 기쁨에 젖었다가 다시 넘어지는 사람들이 있다. 다른 사람들은 세상의 근심과 쾌락의 목마름에 말씀을 질식시키고 열매를 맺지 못하는 사람들이 있다. 이런 것들이 씨 뿌리는 비유에서 가르친 주님의 가르침이다(도르트 신조 제3장 4절 9항).

　셋째로 이런 외적 소명은 열매가 없는 것이 아니다. 일반적으로 하나님은 수단을 사용하여 꼭 복적을 이루신다고 말할 수 있다. 이 외적 소명에 있어서 말씀의 경우도 마찬가지로 그것이 헛되이 돌아오지 않고 그에게 기쁘신 일을 이루며 그가 보낸 일에 형통하신다고 말할 수 있다(사 55:11). 그로 말미암아 피조물에 대한 그의 주장을 보존하시고 그것을 통하여 그의 이름의 영광을 이루신다. 그러나 무엇보다도 인간이 그 외적 소명에 대해서 어떻게 임하고 있는지를 결코 무시하지 않는다. 이방인들 사이에도 그들이 자연의 소명에 반응하는 방식에 있어서 큰 차이가 있다. 소크라테스(Socrates)와 플라톤(Plato)은 칼리굴라 (Caligula)나 네로(Nero)와 같은 맥락에서 취급될 수 없다. 그와 같이 복음이 조롱받고 모독되는 것과, 역사적 신앙이나 일시적인 신앙으로 받아들이는 것은 결코 같은 것이 아니다. 참으로 이런 두 가지 종류의 신앙과 구원의 신앙 사이에는 근본적인 차이가 존재한다. 그러나 그 때문에 적어도 그들을 완전한 불신앙과 같은 맥락에 두지 않는다. 그 반대로 그들은 하나님의 일반은총의 열매요 그로 말미암아 일시적인 축복들을 누린다. 그들은 인간으로 하여금 진리에 대한 의무를 감당하게 하고 무서운 많은 죄악으로부터 그들을 보존하여 그들로 겸손하고 덕스런 삶을 살도록 하며 인류생활과 교회의 영향에 있어서 가장 중요한 기독교 사회를 형성하는 데 크게 기여한다.

게다가 이런 외적 소명은 종종 하나님의 손에서 자신의 마음속에 있는 은혜의 사역을 준비하는 수단으로 이바지하게 하신다는 사실이 언급될 가치가 있다. 외적 소명이 도약 없이 내적 소명으로 전개해 간다거나, 자연인이 점진적으로 하나님의 자녀로 성장해 간다는 의미에 있어서 준비적 은혜가 결코 아니라는 것이 아주 확실하다. 왜냐하면 자연에서와 같이 은혜에 있어서는 죽음에서 생명으로, 혹은 어둠에서 빛으로의 점진적인 전화(轉化)가 아니기 때문이다. 그러나 참으로 모든 은혜의 주인이신 하나님이 동시에 자연의 창조주시요 그 둘 사이에 그가 계속 보존하시는 어떤 연결 띠를 두셨다는 사실 아래 이해될 때의 준비적 은혜다. 구원적 작정을 수행함에 있어서 창조와 섭리의 사역에서 친히 그리셨던 선상을 따르신다. 삭개오의 마음속에 그가 예수를 보고자 하는 욕망을 일으켰고 (눅 19:3) 베드로의 설교를 들었던 무리들 사이에 마음에 찔림을 일으켰던 것처럼(행 2:37), 그는 자신의 백성들을, 그가 그들 사이에 주신 은총을 영광스럽게 할 그 시간을 위해서 돌보시고 다스리시며 그때까지 그의 전능의 손으로 친히 그들을 인도하신다.

그러나 이런 외적 소명이 그만큼 힘있고 가치 있다 할지라도, 인간의 마음을 변화시키고 그로 하여금 강력하게 복음을 신앙적으로 영접하는 마음을 일으키게 하는 데는 본래 불충분하다. 외적 소명의 이런 불충분성이 바로 잘 이해되어야 한다. 그것이 선포하는 복음은 복음으로서 불충분한 것이 아니다. 왜냐하면 그것은 구원의 전 경륜을 포괄하며 그리스도를 그의 은혜들과 더불어 우리 눈에 보이시며 그 내용에 대한 확장은 더 이상 필요치 않기 때문이다. 역시 그것은 성령에 의해서 소생되어야 할 죽은 문자가 아니고 그것이 표시하는 사실과는 실제적으로 아무런 관계가 없는 공허한 소리나 뜻 없는 상징도 아니다. 왜냐하면 바울이 종에 대해서 그가 다른 사람에 의해서 보완될 수 있고 그렇지 않면 그 자체가 완전히 소멸될 수도 있기 때문에 그는 아무것도 아니라고 말하였으나(고전 3:7), 복음에 대해서는 결코 그렇게 말하지 않았기 때문이다. 그 반대로 그것은 구원에 이르는 하나님의 능력이요(롬 1:16; 고전 15:2), 사람의 말이 아니라 하나님의 말씀이요(살전 2:13), 살아 있고 능력이 있으며(요 6:63; 히 5:12; 벧전 1:25), 어떤 의미에서는 항상 그 일을 행하니, 이는 생명으로 생명에 이르는 냄새요 죽음으로 죽음에 이르는 냄새이기 때문이라고 하였다(고후 2:16). 복음의 내용이신 그리스도는 중립적인 분이 아니시다. 그는 세상에 위기와 심판과 분리를 가져왔고(요 3:19; 9:39), 인간의 가장 깊은 곳까지 꿰뚫는 말씀을 통하여 마음의 경향과 생각을 드러내게 한다(눅 2:35; 히 4:12). 그는 구원의 바위로서 그를 멸시하는 자들에게는 한 비방의 돌이 되셨고, 지혜로서 그를 거절하는 자들에게는 미련한 것이요, 부활에 이르지 못할 자들에게는 내팽개쳐졌다(눅 2:34; 고전 1:18; 벧전 2:7).

    그러나 복음의 이런 이중적인 역할이, 바로 그것을 받아들이는 자들과 그것을 거절하는 자들 사이의 최종적인 차이란 단순히 그 말씀 자체에 의해서나 또 외적 소명에 의해서는 해명이 될 수 없음을 증명한다. 참으로 복음의 말씀은 누구에 의해서, 누구에게 주어지든 관계없이 하나님의 말씀이요 살아 있고 능력이 있다. 그러나 성경에서 하나님의 말씀이란 표현은 항상 같은 의미가 아니다. 어떤 경우에는 세계를 창조하시고 보존하시는 하나님의 능력을 표시하기도 하고(창 1:3; 시 33:6; 마 4:4; 히 1:3), 어떤 다른 경우에는 하나님께서 선지자들에게 어떤 것을 알리시는 특별계시에 대한 명칭이 되기도 하고(렘 1:24; 2:1 등), 역시 이것이 율법으로 되어 있든 복음으로 되어 있든 상관없이 이런 계시의 내용을 표시하는 데 종종 사용된다(출 20:1; 눅 5:1 등). 최종적으로 그 말씀은 내용에 관계하는 한 항상 하나님의 말씀이나, 그럼에도 불구하고 창조와 섭리에 있어서 그의 입으로부터 만물을 내신 그 말씀과 같이 직접 바로 하나님을 통하여 말씀하여진 것이 아니다. 오히려 그것은 인간의 말의 형식을 입어 사람을 통하여 선포되었고 기록되었으며, 따라서 그대로 독립적인 존재물로 화했다. 이런 경우에 있어서도 그 내용 때문에 항상 살아 있고 능력 있는 말씀으로 남아 있으나, 그럼에도 말로서 모든 인간적인 언어의 특성들을 띠고 있고, 그렇기 때문에 다만 도덕적인 역할을 수행할 수 있다. 이런 도덕적인 역할을 가볍게 생각할 수 없다. 그것은 순수 이성적인 가르침보다 훨씬 강하다. 왜냐하면 복음의 말씀은 하나님과 신적인 사실에 대한 우리의 지식의 원천이요 은혜의 수단이기 때문이다.

    그렇지만 복음의 합리적이고 종교 도덕적인 역할로도 충분하지 않다. 인간이 만약 타락하지 않았거나, 그 타락을 통하여 그의 영적인 자유를 상실하지 않았더라면, 그것으로 충분하였을 것이다. 그러나 성경이 증거하고 매일 경험이 확증하는 바는, 사람의 총명은 어두워져 있고(엡 4:18; 5:8), 그의 의지가 죄로 매여 있고(요 8:34; 롬 6:20), 허물과 죄로 죽었다(엡 2:1-2)는 것이다. 그 때문에 하나님의 나라를 볼 수 없고(요 8:3), 하나님의 영의 일을 깨달을 수 없으며(고전 2:14), 하나님의 법에 굴복치도 않을 뿐만 아니라(롬 8:7), 본질적으로 선한 것을 깨닫거나 행할 수 없다(요 15:5; 고후 3:5). 복음은 인간을 위한 것일지라도 사람을 따라 된 것이 아니고, 그의 소원과 생각에 일치하여 된 것도 아니다(갈 1:11). 그 때문에 그가 자신의 길로 내버려두었을 때도 그는 복음을 거절하고 반대하는 입장이 된 것이다.

그럼에도 불구하고 하나님의 은혜의 부유성은 그가 영생에 이르도록 택하신 자들을 위해서 말씀을 통한 소명에다가 성령의 역사를 결합한 이 사실에 있다. 구약에서도 이미 주님의 영이 신령한 생활의 주인이요 인도자이시지만(시 51:12; 143:10), 특별히 신약시대에 모든 사람들을 가르치고 새 마음을 주시며, 그 마음에 주님의 법을 기록하실 그런 분으로서 약속되셨다(사 32:15; 렘 31:33; 32:39; 겔 11:19; 36:26; 욜 2:28). 그 결과 성령이 오순절 날 부어졌다. 그는 사도들과 더불어 그들을 통하여 그리스도를 증거해야 했고 특별히 교회를 거듭나게 하고(요 3:5), 교회로 하여금 예수를 주로 고백하도록 하며(고전 12:3), 그를 위로하며 인도하며 영원히 그와 더불어 남아 있기 위해서(요 14:16; 롬 8:14; 엡 4:30 등), 그리고 교회로부터 나와 세계 속에 침투해 들어가 그로 죄에 대해서, 의에 대해서, 심판에 대해서 깨닫게 하기 위해서(요 16:8-11) 교회 안에 거하셨다.

객관적으로나 주관적으로나 구원의 사역은 하나님의 사역이요 그만의 사역이다. 그것은 원하는 자로 말미암음도 아니요 달음질하는 자로 말미암아서도 아니요 오직 긍휼히 여기시는 하나님으로 말미암는다(롬 9:16). 많은 사람들을 청하는 외적 소명도 있으나(마 22:14), 선택의 결과인 내적이고 유효적인 소명이 있다(롬 8:28-30). 하나님은 복음을 주셨을 뿐만 아니라, 그것을 능력과 성령으로 선포하셨고(고전 2:4; 살전 1:5, 6), 친히 성장을 주시며(고전 3:6-9), 그는 그 마음을 열게 하시며(행 16:14), 이성을 밝히시고(엡 1:18; 골 1:9-11), 의지를 굽히시며(행 9:6), 자기의 기쁘신 뜻을 행하고자 하는 소원을 두시고 행하게 하신다(빌 2:13).

그와 같이 부르심을 입은 자들이 그리스도에게 돌아오고 회개하게 된다는 사실을, 마치 그가 자신을 자신의 자유의지를 통하여 다른 사람들과 구별할 수 있는 것처럼, 사람의 공로로 돌려서는 안 된다. 자신의 백성을 영원 전부터 그리스도 안에서 택하시고 때가 되매 그들을 유효적으로 부르시고 신앙과 회개를 주시며, 어둠의 권세로부터 구원한 자들을 그의 아들의 나라로 이끄시사 그들을 어둠으로부터 놀라운 빛으로 부르신 그분의 덕을 그들이 선포하고 사도적 문헌들이 항상 증거하는 대로 그들 자신 안에서가 아니라, 주님 안에서 자랑하도록 하신 하나님께 그 공로를 돌려야 한다(도르트 신조 제3장 4절 7항).

이런 내적 소명의 성질에 대해서 성경은 여러 가지 방식으로 설명하고 있다. 그 말 자체는 성경에 없지만 그것에 의해서 표시되는 실재는 여러 번 언급되어 있다. 자연이 이미 은혜의 영역 안에서 일어나는 것이 무엇인가를 조명해 준다. 재창조가 창조에 대해서 조명해 주는 것처럼 역으로 창조가 재창조를 밝혀 준다. 예수님은 자연과 일상 생활에서 자료를 가져온 비유에서 하나님의 나라의 본성, 특성, 법칙들을 설명하셨다. 특별히 씨 뿌리는 비유에서 복음의 말씀으로 인하여 사람의 마음속에 일어나는 여러 가지 역사에 대해서 밝혀 주고 있다.

자연영역에서 모든 지각과 인식에 앞서 사람과 그가 지각하고 알고자 하는 대상 사이의 명확한 관계가 필요함은 일반적인 법칙이다. 보기 위해서는 대상이 있어야 하고 열린 눈이 필요하며, 특별히 둘을 비추는 빛이 필요하다. 듣기 위해서도 공기 파동과 소리가 있어야 하고 사람이 귀를 열고 이 소리를 받아들여야 한다. 우리가 보고자 하는 대상과 우리가 듣고자 하는 소리의 의미를 이해하기 위해서 이 두 가지 지각기관 이외에, 알고자 하는 마음이 필요하다. 우리가 그 실재를 우리 안에 취하고 영적인 소유로 삼기 위해서는 우리가 지각하고자 하는 그것과 관계가 있어야 한다. 맹인은 볼 수 없고 귀머거리는 들을 수 없지만, 무관심하는 자는 이해할 수 없다. 음악적인 감수성이 없는 사람은 음의 세계를 이해하지 못하며, 심미적 감각이 없는 사람은 누구든지 시나 그림을 즐거워할 수 없다. 지식과 지식에 대한 이야기가 있으려면, 인간과 세계 사이에 명확한 관계가 이루어지고 조화의 관계가 성립되어야 한다.

자연의 영역에서는 일반적으로 그런 관계가 항상 존재해 왔다. 참으로 이 영역 안에서 죄가 그 활동의 흔적을 남겼기 때문에, 그 관계가 맹인이나 귀머거리, 미치광이, 기타 많은 불행한 자들의 경우 완전히 파괴되어 있고 다른 모든 사람의 경우에도 차이 없이 다소 약화되거나 혼란되어 있다. 그럼에도 일반적으로 자연 안에서 하나님은 그 관계를 아직도 지속하도록 하셨다고 말할 수 있다. 사람은 아직도 볼 수 있고 들을 수 있으며 지각과 사고를 할 수 있으며 배우고 알 수 있다.

그러나 영적인 영역에서는 이 관계가 죄에 의해서 전적으로 파괴되어 버렸다. 사람의 마음의 계획하는 바가 어려서부터 악하다(창 8:21). 소는 그 임자를 알고 나귀는 주인의 구유를 알건만 이스라엘은 알지 못하고 주의 백성은 깨닫지 못하였다(사 1:3). 이 세대의 사람들은 마치 장터에 앉아 제 동료를 불러 이르되 "우리가 너희를 향하여 피리를 불어도 너희가 춤추지 않고 우리가 애곡하여도 너희가 가슴을 치지 아니하였다" 하는 어린아이들과 같다(마 11:16, 17). 그들은 볼 눈이 없고 들을 귀가 없으며 깨달을 마음이 없다(사 6:9; 마 13:14). 하나님이 자연 속에 자신을 계시하였을 때조차도 그들은 그를 알지도 못하고 감사치도 아니하였다(롬 1:21). 복음 안에서 그들에게 자신을 계시하였을 때, 그들은 하나님의 영의 일들을 이해하지 못했고 십자가의 어리석음에 분을 내며 쓸데없는 일에 저항하여 부딪친다(행 9:5; 고전 1:23; 2:14). 본성에 따라 사람은 하나님과 그의 계시와 모든 신령한 것들과 하늘의 일에 대하여 죽은 존재다. 그는 그들에 대해서 무관심하고 그들에게 흥미도 없으며, 다만 아래 있는 것들을 생각하고 주의 길을 아는 일에 즐거움도 없다. 하나님과 인간 사이의 관계가 깨어졌다. 그들 사이에는 더 이상 영적인 관계나 교제가 없었다.

따라서 내적 소명은 일반적으로 그들 사이의 이런 깨어진 관계를 다시 회복하고 인간으로 하여금 하나님과 영적인 친분을 다시 갖도록 하여 그가 하나님의 말씀을 다시 듣고자 하고 이해할 수 있도록 하는 데 있다. 성경은 외적 소명 자체 안에서의 성령의 이런 사역을 계시란 이름으로 표시하고 있다. 시몬 베드로가 가이사랴 빌립보 근처에서 예수님은 그리스도요 살아 계신 하나님의 아들이라고 고백했을 때, 구주께서 그에게 이르기를 "바요나 시몬아 네가 복이 있도다. 이를 네게 알게 한 이는 혈육이 아니요 하늘에 계신 내 아버지시다"라고 하였다(마 16:17). 그와 똑같이 사도 바울이 그의 회심 당시 하나님께서 자기 속에 그의 아들을 나타내시기를 기뻐하셨다고 증거하고 있다(갈 1:16). 이런 계시를 그리스도의 객관적인 현현으로 이해할 수 없다. 즉 베드로가 그를 그리스도로 고백하였을 때, 주님은 여러 해 동안 살아서 일하셨기 때문이다. 역시 그분 자신이 이미 여러 번 메시야로 알리셨고(예를 들면, 마 11:5 이하), 그런 분으로서 이미 다른 사람이 알고 있었다(마 8:29; 14:33). 그러나 그때 베드로를 통하여 하신 것만큼 더 분명하고 결정적으로 이전에 예수님이 메시야와 하나님의 아들로 고백되지 않았고, 따라서 그때 그가 말씀하신 것도 베드로의 마음과 의식에 나타난 주관적 계시만이 그런 대담하고 분명한 고백에 이르게 할 수 있다는 말이다. 하나님 자신이 사도들에게 내적으로 지금 그들이 그리스도 안에서 보았던 것은 전에는 결코 그렇게 명백하게 그 안에서 보지 못했다는 그런 식으로 조명하셨다.

그러므로 여기에서 의미하는 계시는 다른 말로 내적 조명 안에 있다. 자연의 영역에서는 우리의 눈에 태양에 의해서 빛이 비추어지고 촛불이 집안을 비추며, 그리고 나서 그것은 온 몸에 빛을 비춘다(마 6:23). 인간 속에 있는 오성과 이성은 하나님과 함께 계셨고 만물을 지으셨으며 사람의 빛이셨고 아직도 세계 속에 오는 각 사람에게 빛을 비추시는 말씀을 통하여 조명된다(요 1:1-9). 그의 의식 속의 이런 조명을 통하여 사람은 세계를 지각하고 그것을 탐구하며 깨닫는다. 그렇게 하여 사람의 지혜가 그의 얼굴에 빛을 내게 한다(잠 8:1). 그와 같이 영적인 영역에도 조명이 있다. 시인은 이미 구약시대에 이를 위해 기도하여 이르기를, "내 눈을 열어서 주의 법의 기이한 것을 보게 하소서"라고 하였다(시 119:18). 신약시대에도 바울이 계시에 대해서 말했고(갈 1:16), 다른 곳에서도 그에게 해당된 조명에 대해서 말했다. 빛의 창조자이신 하나님께서 그의 마음속에도 빛을 비추시사, 사도로서 그가 그리스도를 설교함에 있어서 하나님의 영광을 다른 사람들에게 비추게 하며 역시 그들을 그것에 관한 지식으로 인도하도록 하셨다(고후 4:6과 엡 3:9과 비교).

다른 곳에서는 내적 소명에서의 성령의 이런 활동을 주 그리스도를 통하여 마음(행 6:14) 혹은 총명(het verstand, 눅 24:45)을 열어 하나님의 말씀을 논리적인 의미에서 이해하고 받아들이도록 하였다고 묘사되어 있다. 혹은, 그것이 하나님께서 사도들을 통하여 선포된 말씀에게 주시는 성장으로서 표상되어 있다(고전 3:5-9). 왜냐하면 사도들은 다만 하나님의 종들이요 동역자들이며 그의 손의 기구들이니, 수고하는 이는 사실 내가 아니요 그와 함께 하신 하나님이시기 때문이다(고전 15:10). 그렇다. 그는 본래 아무것도 아니요 하나님이 모든 것이니, 이는 그가 말씀의 씨에 성장을 주셨고, 따라서 전적으로 모두가 그의 경작이요 그의 건물이다. 진실로 죽은 죄인을 살게 하는 데 필요한 그런 능력은 단순한 피조물이나 천사들이나 사도의 손에 있지 않다. 이에 필요한 것은 오직 예수님을 죽은 자 가운데서 다시 일으키신 같은 능력인 신적이고 전능한 능력이다.

그렇기 때문에 에베소에 있는 성도들을 위해서 사도 바울이 기도한 것은, 장차 하나님께서 그들에게 지혜와 계시의 영을 주시사 그들이 그를 알게 하시고 그들의 오성(그들의 마음)의 눈을 밝히사, 첫째로 하나님께서 그가 부르신 자들에게 갖는 지극히 크신 소망과 기대가 어떠한지를 알게 하시기를 구하는 기도였고, 둘째로 장차 성도 안에서 기대하는 그 기업의 영광과 풍성이 무엇이며, 셋째로 주께서 성도들에게 그 처음 부르실 때부터 그들의 전생애를 지나 영광에 이르기까지 모든 힘을 초월하여 베푸시는 능력의 지극히 크심이 어떠한 것인지를 알게 하시는 기도였다. 이런 능력의 지극히 크심에 대해서 그들이 어떤 관념을 형성할 수 있는 길은, 하나님께서 그리스도 안에서 그를 죽은 자 가운데서 다시 일으키사 모든 권세와 이름 위에 뛰어난 하늘의 그의 오른편에 앉게 하셨을 때 이루셨던 그것과 비교함으로써 형성된다. 그리스도의 부활과 승천과 지극히 높이심에서와 같은 하나님의 능력이 성도들을 부르고 거듭나게 하며 보존하고 영화롭게 하는 가운데서 계시되고 있다(엡 1:17-20).

그러므로 성경에 있는 그대로 개혁교회는, 하나님은 택한 자 안에서 그의 기뻐하신 뜻을 행하시고, 그들 안에 참된 회개를 역사하실 때마다 주님은 복음이 외부적으로 그들에게 선포되게 하셨고, 성령을 통하여 능력 있게 그들의 마음을 조명하시사 그들이 하나님의 영의 일을 바르게 이해하고 분별하도록 하셨을 뿐만 아니라, 새롭게 하는 같은 영의 능력 있는 역사로 사람의 가장 깊은 부분을 사무치게 한다고 고백한다. 그리고 같은 고백의 말대로 이 역사는 전적으로 초자연적인 것이고 매우 능력 있고 동시에 매우 감미롭고 경이로우며 신비한 말할 수 없는 역사로 성경의 증거(이 사역의 장본인으로부터 주어진)에 따르면 그 능력에 있어서 창조나 죽은 자의 부활보다 결코 못지 않는 역사다(도르트 신조 제3장 4절 11, 12항).

이런 성령의 역사를 통하여 일어나는 변화에 중생이란 이름을 붙인다. 이 말은 성경에 나타나지 않을 뿐만 아니라, 처음 사용한 말이 아니다. 이 말은 고대로부터 인도종교에서 각 영혼이 죽음과 동시에 겪는 그런 변화를 표현하는 데 사용했던 말이다. 인도종교에 따르면, 죽음 이후 영혼이 분리의 상태로 계속 살아 있는 것이 아니라, 직접 다른 몸으로, 즉 전생에서의 그의 행위에 따라서 어떤 이는 사람으로, 어떤 이는 동물이나 식물로 전환한다는 것이다. 각 탄생은 죽음으로 인도하고, 다시 각 죽음은 새로운 탄생으로 인도한다. 각 사람은 세기를 따라 이어지는 '중생'(wedergeboorten)의 교리, 즉 같은 영혼이 그때마다 다른 몸에 거하는 영겁회귀에 복종한다. 불교에 따르면 이런 무서운 범처과 세상의 모든 고난으로부터의 구원은 오직 사람이 스스로 존재에의 열망을 평정하는 이치를 알고 여러 가지 절제 행위를 통하여 자기 멸상이나 적어도 의식의 무아지경에서 일할 때뿐이라는 것이다. 인도에서 온 이런 '중생'의 교리가 고대에 있었고 다시 마지막 세기에 유럽으로 들어왔다. 지금까지도 그 속의 모든 지혜의 정수를 보는 사람이 적지 않다.

그러나 성경은 중생에 대해서 전혀 다른 의미에서 말한다. 그것은 두 장소에서 이런 독립적인 명사를 사용한다. 하나는 마태복음 19:28에서 예수님이 중생을 영광의 왕국에 선행하는 세계 갱신으로 생각하는 경우이고, 다른 하나는 디도서 3:5에서 바울이 하나님께서 우리를 구원하심이 우리의 행위로 말미암지 않고 오직 그의 긍휼하심을 좇아 중생의 씻음과 성령의 새롭게 하심으로 하신다고 말하고 있는 경우이다. 바울이 이 씻음에서 중생의 인표로서 세례를 생각하고 있는지, 아니면 그가 중생의 은택들과 성령 자신의 새롭게 하심을 그것에 비유하여 신자들이 내려가는 하나의 목욕의 그림 아래 표상하고 있는지를 가려내기는 어렵다. 그렇다 할지라도, 첨부된 성령의 새롭게 하심이란 말은, 우리가 여기서 중생에 대해서 신자들의 회심에서 일어났던 어떤 영적이고 도덕적인 변화를 생각해야 함을 증명하고 있다. 그 문맥이 이런 관념을 확증해 준다. 왜냐하면 이제는 신자들이 된 그들이 전에는 어리석었고 순종하지 않았으며 속은 자였으나(딛 3:3), 이제 구원함을 받아 중생으로 새롭게 되었고 소망 안에서 영생의 후사들이 되었으며(4-7절), 따라서 선한 일을 옹호하도록 경고되었으며(8절), 바로 이를 위해 중생과 새롭게 하심을 통하여 능력과 소원을 가지게 되었기 때문이다.

성경 안에 중생이란 말이 독립적으로 두 번밖에 나타나지 않지만, 그 사실 자체는 다른 말과 표상으로 자주 언급되어 있다. 이미 구약에서 이스라엘 백성에게 할례라는 외적 표시 안에서 그들이 영화로워진 것이 아니라, 그들 마음의 표피에 할례를 행하고 목을 곧게 하지 말라고 경고하고 있다(신 10:16). 구약은 또한 그들의 하나님 여호와께서 친히 그들의 마음과 그들 자손의 마음에 할례를 베푸사, 그들도 마음을 다하며 성품을 다하여 그들의 하나님 여호와를 사랑하게 할 것(신 30:6)을 약속하였다. 이 약속은 이스라엘 역사 속의 성도들 안에서 성취되었다(시 51:12). 그러나 그 약속은 미래에 있어서 그의 백성과 하나님이 새 언약을 맺으시고 모든 이에게 성령을 주시며 그들에게 새롭고 부드러운 마음을 주시고 그들의 깊은 곳에 그의 법을 새길 그때에 더 풍부함에 이르리라는 것이다(렘 24:7; 31:31-34; 32:39; 겔 11:19; 36:26-28; 욜 2:28 이하 등). 그 미래가 가까워지고 하늘 나라가 임박하였을 때, 세례 요한이 나타나 그 나라에 들어갈 조건으로서 회개를 외쳤다. 그런 모든 외적인 특권에도 불구하고 이스라엘 백성은 계속해서 부패하여 갔다. 할례 대신에 죄의 용서함에 이르는 회개의 세례, 곧 다른 사람으로서, 새 생명으로 일어나기 위해서 그 몸을 완전히 잠그는 세례를 요구하였다(마 3:2 이하). 예수님은 그런 회개와 신앙에 대한 같은 설교를 행하시고 친히 세례에 복종하시며 그의 제자가 되고자 하는 모든 사람들에게 세례를 베푸셨다(막 1:14-15; 요 4:1, 2). 그 나라에 들어가고자 하는 자는 누구든지 그의 이전의 모든 생활을 버리고 자기 목숨을 잃어야 하며

(마 10:39; 16:25), 모든 것을 버리고(눅 14:33), 자기 십자가를 지고 그를 따라야 하며(마 10:38), 어린아이와 같이 되고(마 8:3), 죄의 고백으로 아버지께 돌아와야 하며(눅 15:18), 좁은 문과 협착한 길을 통하여 영생에 이르러야 한다(마 7:14). 그러므로 이를 행하는 자는 누구든지 하나님 자신에 의해서 준비되었으니 이는 사람은 악하기 때문이다(마 7:11). 그들의 마음속에서 나오는 것은 불의뿐이다(마 15:19). 못된 나무로서 좋은 열매를 맺을 수 없다(마 7:17 이하). 그러므로 좋은 열매를 맺을 수 있으려면, 첫째로 나무가 좋아야 하는데 하나님만이 그렇게 할 수 있다(마 19:26). 식물로서 하늘의 아버지에 의해서 심어진 자들이 하나님의 아들들이요 천국의 시민들이다(마 15:13). 아들이 아버지를 계시하고 아버지가 아들을 계시하신 것은 그들에게이다(마 11:27; 13:11; 16:17). 전에는 그들이 영적으로 죽었지만 이제 참된 생명에 참여하고 영생을 기다려야 한다(마 8:22; 눅 15:24; 18:30).

첫 세 복음서들이 우리들에게 전달한 대로 이런 그리스도의 모든 가르침 중에 중생이란 말이 나타나지 않지만, 그 사실 자체는 분명하게 표상되어 있다. 그래서 니고데모와의 대화 중에 예수님께서 물과 성령으로 거듭(위로부터) 나지 않은 자는 누구든지 하나님의 나라를 볼 수 없고 들어갈 수 없다고 말씀하셨을 때(요 3:3-8), 그것은 다른 복음서들의 가르침과 결코 모순되지 않고, 오히려 니고데모의 가르침에 직면하여 다른 곳에서 좀더 폭넓고 좀더 대중적인 형식으로 설명하였던 것을 짧고 날카롭게 요약하고 있다. 니고데모는 짐작컨대 유명한 이스라엘 선생이었고 산헤드린의 한 회원이었다. 그는 예수님의 기적에 대한 소문을 들었고, 그래서 그를 하나님으로부터 보냄을 입은 선생으로 생각하였다. 그러나 아직도 그는 명확하지는 않았고 아직 의심이 남아 있었기 때문에, 유대인들의 불신과 적의를 불러일으키지 않도록 밤에 예수님께 찾아와 그와의 진실된 대화를 통해서 그가 참으로 메시야인지를 확신하고자 하였던 것이다. 그래서 니고데모는 예수님을 하나님으로부터 보내심을 받은 선생이요, 그의 사역에 하나님이 함께 하고 있다는 인식을 가지고 대화를 시작하였다. 그 대화의 시작으로 사람이 하나님의 나라에 들어가기 위해서 무슨 일을 해야 하는지에 대한 물음으로 이어지게 하려고 했음이 분명하다. 그러나 예수님은 그에게 물을 여유도 주지 않고 직접 "진실로 진실로 네게 이르노니 사람이 거듭나지 않으면 하나님의 나라를 볼 수 없느니라"고 대답하셨다. 이것으로 단번에 니고데모에게서 하나님의 나라에 들어가는 길로서의 모든 인간적인 노력이나 바리새적인 모든 율법준수의 의식을 갈라내어 버리셨다.

그러므로 예수님의 말씀은 문자적으로 다시(거듭 새로) 태어난다는 것이 아니라, 위로부터 태어난다는 말이다. 여기서 강조하고 있는 사실은 그 나라에 들어가기 위해서 거듭나는 것이 필연적이라(비록 중생이란 말이 자연스럽게 불러질지라도)는 사실에 있지 않았다. 예수님이 니고데모에 대해서 특별히 보이고자 하신 것은 오직 위로부터(3절), 물과 성령으로(5절), 성령으로부터(8절) 태어나는 일만이 그 나라에 들어갈 문을 연다는 사실이다. 이렇게 태어나는 일은 육으로 태어나는 일과 대조적이다. 왜냐하면 육으로 태어나는 것은 육이기 때문이다(6절). 그것은 혈통으로나 육정으로나 사람의 뜻으로 나지 않고 하나님으로부터 나기 때문이다(요 1:13). 따라서 바람과 같이 그 근원과 방향은 이해할 수 없을지라도 그런 일이 가능하니, 이는 그런 탄생은 성령으로부터 나는 일이기 때문이다(8절).

예수님은 처음에는 일반적으로 물과 성령(두 말에 관사가 없다)으로 나는 것을 말씀하신 후에(5절), 7, 8절에서 분명하게 그 성령(관사가 있다)에 대해서 말씀하시사, 하나님의 영인 이 성령이 위로부터 나는 위대한 사역을 이루실 수 있음을 깨닫게 하셨다. 5절에 물이라고 말씀하셨을 때, 예수님께서는 세례를 생각하신 것이 아니고 위로부터 나는 일의 본성을 묘사하신 것이다. 즉 새롭게 하심과 정결의 성격을 띤(겔 36:25에서 물로 표상됨 - 마 3:11의 성령과 불과의 표상과 비교하라) 태어남이요, 새로운 영적 생명의 존재성을 부여한 태어남이다. 그리고 그것이 이렇게 위로부터 태어남을 유발할 수 있는 것은, 그것이 그 성령, 곧 하나님 자신으로부터의 태어남이기 때문이다(6-8절).

신약의 다른 본문들은 그리스도의 이런 기초적인 말씀을 확대시킨 것이다. 중생은 하나님의 사역이다. 그로부터 신자들이 태어나고(요 1:13; 요일 3:9; 5:18), 그분이 그들을 유효하게 부르시며(롬 8:30), 그들을 죽음으로부터 살리시며(엡 2:1), 그들을 발생하시며(약 1:17), 거듭나게 하신다(벧전 1:3). 그러나 그가 이런 은택을 주시는 것은 그리스도와의 교제 안에서만이다. 하나님은 그리스도에게 자신의 백성들을 주셨고(요 6:37, 39), 그들을 그에게 인도하시며(요 6:44), 또한 그 안에서 그들이 연합케 하셨다(롬 6:4; 엡 2:1; 갈 2:20). 인간의 마음속을 감찰하시고 새 생명의 원리이신(요 3:3, 5, 8; 6:63; 롬 8:9; 고전 12:3; 벧전 1:2) 성령의 은사로 말미암아 주신다. 이렇게 하나님으로부터 태어나므로 신자들은 그리스도 안에서 지음을 받은 그의 만드신 바요(엡 2:10), 그의 밭이며 그의 집이요(고전 3:9), 새로운 피조물이다(고후 5:17). 중생은 사람의 힘의 역사이거나 길고 점진적인 자연생명의 발전의 소산이 아니라, 옛 존재를 버리고 새로운 영적 생명으로 탄생하는 창조적인 시작이다. 옛 사람이 죽고 새 사람이 일어나는 것이다(롬 6:3 이하).

그러나 다른 한편 전적으로 무로부터 창조되는 제2의 창조가 아니라, 출생을 통하여 그의 부모로부터 존재하게 된 사람의 재창조이다. 중생에서도 그는 본질적으로 같은 인간, 같은 자아, 같은 인격으로 남아 있다. 바울은 자신에 대해서 그가 그리스도와 함께 십자가에 못박혔나니 그런즉 더 이상 자기가 산 것이 아니요, 자기 안에 있는 그리스도가 산 것이라고 말했다. 그리고 이어서, 내가 이제 육체 가운데 사는 것은 하나님의 아들을 믿는 믿음으로 말미암아 산다고 하였다(갈 2:20). 그의 자아는 그리스도와 함께 십자가에 못박혀 죽었으나, 바로 그리스도와 함께 다시 일어섰다는 것이요, 다른 사람에 의해서 없이함을 받고 대신되었지만 그것은 다시 태어났고 새롭게 되었다는 것이다. 그와 같이 고린도에 있는 어떤 신자들에 대해서 이르기를, 그들이 처음에는 음란하는 자들이요 우상 숭배자들이며 간음하는 자들이었으나, 주 예수 그리스도의 이름과 우리 하나님의 성령으로 말미암아 씻음과 거룩함과 의롭다 하심을 얻었다고 말한다(고전 6:10, 11). 중생을 통하여 인간존재의 연속성, 통일성과 연대성이 깨어졌으나, 거기에는 중요한 변화가 일어났다.

이 변화는 그 성격이 영적이다. 영으로 난 것은 영이니(요 3:6), 성령으로부터 살고 그를 따라서 행한다. 중생은 성령께서 그로부터 모든 것을 받은 그리스도의 부활과 관련하여 창조적으로 산출하신 새 생명의 원리를 심는 것이다(벧전 1:3). 그는 그로부터 전혀 새로운 인간이 싹터 오는 씨를 그 마음에 심는다(벧전 1:23; 요일 3:9). 중생은 완전히 신비하고 은밀한 방식으로 시작하여 그 중심을 인간의 인격성의 핵심, 곧 그의 자아성 자체에 두고 있지만(갈 2:20), 그로부터 인간의 모든 능력들, 곧 그의 이성(롬 12:1; 고전 2:12; 엡 4:23), 그의 마음(히 8:10; 10:16; 벧전 3:4), 그의 의지(롬 7:15-21), 감정(롬 7:22), 그의 영과 혼과 몸에 퍼진다(롬 6:19; 살전 5:23). 아직은 성숙되지 않아 여전히 육체의 여러 가지 죄악들과 싸우고 있을지라도(갈 5:17), 성령의 새로운 것 안에서 행하려는 전인이 태어난다(롬 6:4; 7:6).

그런 새로운 인간에 따르면 신자들은 참된 의와 거룩으로 된 그리스도의 형상대로 재창조된다(롬 8:29; 엡 4:24; 골 3:10). 그들은 땅에 속한 사람, 곧 첫째 아담의 형상을 입지 않고 두번째 사람, 곧 하늘로부터 난 주님의 형상을 나타낸다(고전 15:48, 49). 그들은 세상에서 십자가로 못박힘을 당하였고 더 이상 자신들이 산 것이 아니요, 그들을 위해서 죽으시고 부활하셨던 그리스도가 사신 것이다(고후 5:15; 갈 2:20; 6:14). 그들은 그들의 모든 사고와 행위에 대한 다른 중심을 받았다. 왜냐하면 그들은 그리스도 안에 살고 거동하며 존재하고, 세례 시에 그리스도로 옷 입고 그의 모양을 나타내며, 점점 그의 형상대로 변화되며 영광에서 영광에 이르러 주님의 형상같이 되기 때문이다(고후 3:18; 갈 3:27; 4:19). 그리스도와 연합 가운데 있는 그들은 하나님과 형제들을 사랑하는 하늘의 아버지의 자녀들이요 하나님같이 될 것이니, 이는 그들이 그가 계신 그대로 볼 것이기 때문이다(요일 3:2; 5:2 등). 이와 같이 성경은 부유하고 영광스럽게 중생에 대해서 말씀하며, 처음으로 이렇게 기록한 것은 우리가 그 교리에 대해서 바르게 생각하도록 하기 위함이 아니라, 우리가 개인적으로 하나님의 은혜의 이런 크신 축복에 참여하고, 이 악한 세상에서 하나님의 자녀들로 행하게 하려 함이다. 교회가 그리스도의 형상을 자신의 고백 안에 쓰고 실천적인 생활에서 자신의 주위에 있는 모든 자들에게 나타내 보인다면, 그로부터 얼마나 힘이 있겠는가!

아주 확실한 것은 나무는 그 열매에 의해서 안다는 사실이다. 좋은 나무가 아름다운 열매를 맺고 선한 사람은 그 마음의 선한 보고에서 선한 것을 낸다(마 7:17; 12:33, 35). 중생이란 새로운 생명원리를 심어 주는 것이라면 그런 영적 생명으로부터 나오는 행위들 속에서 그것이 나타나야 하고 나타나게 될 것이다. 특별히 두 가지가 나타난다. 그의 지성 편에서는 신앙이, 그의 의지 편에서는 회심이 나타난다.

전혀 일반적으로 일상생활에서 그에 대해 말한다면 신앙이란 증거를 받아들이는 일이다. 우리가 직접 보거나 지각하지는 못했을지라도, 다른 믿을 만한 사람들이 구두나 문서로 과거뿐만 아니라 현재에도 그것에 대해서 말해서 보증을 받았을 때 그러한 것을 우리가 믿는 것이다. 그 말의 기본 의미는 그것이 종교적인 영역에서 전승되었을 때 복음의 전 내용, 곧 그리스도의 인격과 사역에 대해서 사도들의 증거를 통한 것 이상을 알지 못하기 때문에 잘 보존되어야 한다. 그들의 말을 통해서만 우리는 그리스도를 신앙할 수 있고(요 17:20), 사도들과 교제를 통해서 우리는 아버지와 그의 아들 예수 그리스도와 교제에 이를 수 있다(요일 1:3).

그럼에도 불구하고 신앙이란 종교적인 영역에서 사용되고 특별히 성경에서 하나님의 나라에 들어갈 길로서 표상되었을 때, 이런 특별한 사용에 따라서 상당히 한정된다. 어떤 사람이 어떤 역사적인 인물이나 사건에 관한 증거를 받아들이듯이 그런 식으로 복음을 받아들일 수 있다. 그러나 복음을 복음으로 받아들이는 것이 아니다. 그런 식으로 복음을 받아들이는 신앙은 진실한 신앙이 아니다. 선지자들, 사도들, 교회와 이방세계 안에서의 말씀의 종들을 포함한 모든 선포자들의 경험, 참으로 예수님 자신의 경험 중에는 항상 듣는 많은 사람들의 경우 그 말씀이 영접되지 않고 효과가 없다는 이 경험이 있다. 우리의 전한 것을 누가 믿었느뇨 여호와의 팔이 뉘게 나타났느뇨(사 53:1). 복음을 듣는 사람마다 그에 대한 여러 가지 아주 다른 심적 태도를 취하고 그에 대한 반대도 아주 구별된 입장을 취한다.

예수님은 이런 다양한 태도와 입장들을 씨 뿌리는 비유에서 묘사하셨다. 어떤 사람들의 경우, 말씀의 씨가 밭의 경계를 이루는 길가에 떨어져 새들이 와서 먹어 버리는 수가 있다. 이들은 무관심하고 무감각하며 무반응적인 사람들인데 듣기는 들어도 자신들과 관계없는 일로서 듣는 사람들이다. 그들은 개인적으로 그것에 조금도 관심이 없고 그것이 그들을 향하여 말한 것이 아니라고 생각한다. 그들의 경우 말씀이 그들의 마음 밭에 떨어지는 것이 아니고, 밭의 가장자리인 굳어 있고 편편하며 메말라 있는 길 위에 떨어진 것이다. 종종 그들의 기억 속에 남아 있지도 않아 한 귀로 듣고 한 귀로 흘려보낸다. 잠시 후에 그들은 그것을 전혀 듣지 않은 것처럼 된다. 악한 자의 수단으로 사용되는 새들, 곧 여러 가지 모순, 얕보는 일, 불신앙, 훼방 등이 말씀을 그들의 의식에서 빼앗아간다. 그들은 그것을 듣기는 들어도 그것이 무슨 말인지 알지 못한다(마 13:4, 19).

다른 사람들의 경우는 말씀의 씨가 토양이 깊지 않은 돌밭에 떨어지는 것이다. 땅이 깊지 않기 때문에 곧바로 자라나, 태양이 내리쬐였을 때 뿌리가 없으므로 타서 시들어 버린다. 이들은 피상적이고 깊지 못하며 변덕스러운 감정태도를 가진 자들이다. 그들은 말씀을 들을 뿐만 아니라, 직접 기쁨으로 받아들인다. 복음이 그들에게 호소력이 있는 것은 그것의 미와 단맛과 단순성과 친근성 때문이요 그들에게 어떤 인상만 준다. 그들은 그것에 의해서 마음이 움직이고 자극을 받으며 그 안의 어떤 힘을 지각하여 각종 모든 좋은 결심까지 이룬다. 그러나 진리에 깊은 인상을 남기지 않고 그 뿌리가 마음 깊숙이 박히지 않는다. 그들의 기억이나 상상력, 이성과 오성에 그에 대한 좌소를 주었으나, 그에 대한 그들 존재의 심연을 열지 않는 자들이다. 거기에는 그 말씀이 떨어진 표면에 얇은 층의 토양이 있으나, 그 밑에는 바위와 같이 모든 것이 차고 생명이 없으며 단단하다. 따라서 압제와 시험을 견디지 못하고 핍박과 환난을 이길 수 없다. 그것들이 오자 마자 좌절되어 떨어진다. 그들은 일시적일 뿐이다(마 13:5, 6, 20, 21).

게다가 거기에는 말씀의 씨가 가시떨기에 떨어지매 가시들이 그 씨와 함께 자라(눅 8:7), 그들이 기운을 막아 열매를 맺을 수 없는 다른 사람들이 있다. 이들은 말씀을 세상적인 마음을 가지고 듣는 자들인데, 그들의 마음은 가시들, 곧 세상의 염려와 재리의 유혹으로 가득하고 땅의 생활에 대한 근심이나 유혹에 사로잡혀 있는 자들이다. 그들은 말씀을 듣고 받아들이기도 한다. 종종 그것은 이런 모든 세상적인 걱정들과 쾌락 사이를 뚫고 그들의 마음에까지 이른다. 그때에 그들은 마음속에서 세상과 결별하고 하나님의 왕국을 추구하는 것이 좋을 것 같다는 생각까지 이른다. 심판에 대한 두려움이 한때 그들의 마음을 사로잡는다. 그러나 말씀의 씨가 싹이 날 즈음에 가시들, 곧 세상의 근심과 정욕이 일어나 태어날 때 그것을 질식시킨다. 이런 사람들은 그들의 십자가를 지고 예수님을 따르기 위해서 모든 것을 버리는 데까지는 도달하지 못한다. 세상 권세가 그들에게는 너무 강하다(마 13:7, 22).

그와 같이 복음에 찬동하고 받아들이는 일은 있으나, 그것이 참된 신앙은 아니다. 확실히 빌라도와 같이 거만하고 멸시의 미소를 머금고 복음으로부터 돌아서는 무관심의 사람들이 있다(요 18:38). 거기에 역시 자랑하는 바리새인들이나 지혜로운 헬라인들과 같이 그리스도의 십자가 안에서 어리석음과 모욕을 느껴 맹렬한 적의와 증오에 불타는 사람들이 있다(마 12:24; 요 8:22; 고전 1:23). 또한 믿기는 믿어도 드러나게 말하지 못하고 사람의 영광을 하나님의 영광보다 더 사랑하는 자들이 있다(요 12:42, 43). 그들의 죽음에 이르기까지 전 생애 동안 계속 말씀을 들으나, 그 말씀을 행하지 아니한 자들이 있다(마 7:26; 요 13:17; 롬 2:13; 약 1:23). 사마리아의 시몬처럼 그를 통하여 역사되는 표적들과 커다란 능력 때문에 복음을 받아들이는 자들이 있다(행 8:13 이하). 아그립바처럼 그들 생애의 어떤 순간에는 거의 그리스도인이 될까 하는 마음이 떠올랐던 자들이 있다(행 26:27, 28). 데마처럼 오랫동안 복음을 전파하다가 다시 이 세상을 사랑하는 자들도 있다(딤후 4:10). 거기에는 여러 가지 신앙들이 있다. 역사적 신앙, 일시적 신앙, 기적적 신앙이 있다. 이들은 이름뿐이지 실재는 없으며 경건의 모양은 있으나 경건의 능력을 부인하는 자들이다(딤후 3:5).

참된 구원의 신앙은 세 가지 점에서 열거된 모든 신앙의 형태들과 구별된다. 첫째로 그것은 다른 근원을 갖는다. 역사적 신앙, 일시적 신앙, 기적적 신앙들은 본질적으로 잘못된 것이 아니다. 완전 불신앙과 심한 적의보다는 더 낫다. 즉 일시적 효용이 있을 뿐이다. 그럼에도 불구하고 그들은 하나님의 일반은총의 선물들이고 자연인에게도 주시는 것이다. 그러나 구원의 신앙은 구원 전체와 같이 하나님의 선물이요(엡 2:8), 하나님의 특별은총의 선물이며(빌 1:29), 선택의 결과요(행 13:48; 롬 8:30; 엡 1:5), 성령의 역사요(고전 12:3), 회개의 열매이다(요 1:12-13).

자연적 탄생에만 참여하는 자들은 세상에 속하여 있고 아래로부터 난 자들이요 빛보다 어둠을 더 사랑하는 자들이며 하나님도 알지 못하고 그의 말씀도 깨닫지 못하는 자들이다(요 1:11; 3:3, 19, 20; 6:44; 8:47; 롬 8:7; 고전

2:14 등). 그러나 중생은 어떤 사람이 왜 복음의 소명에 순응하고 그리스도를 영접하는지에 대해서 설명해 준다(요 1:12, 13). 그들은 참으로 하나님으로부터 났으며 진리로부터 났고 아버지를 통하여 그리스도로 인도되고 그의 소리를 들으며 그의 말씀을 깨닫고 그를 따른다(요 3:3, 5; 6:44; 8:47; 10:5, 27). 그들을 낳으신 성령께서 그들의 영과 더불어 그들이 하나님의 자녀임을 증거하고(롬 8:16), 그리스도께서 그들의 주님이심을 그들의 입으로 고백케 하신다(고전 12:3).

두번째로 이런 근원 때문에 참된 구원의 신앙은 다른 모든 신앙과 본질적으로 구별된다. 의심할 것도 없이 그 안에 지식의 요소가 있다. 왜냐하면 그것은 우리 자신이 지각한 일이 없고 지각할 수 없는 영원하고도 불가시적인 것에 대한 증거와 관련되어 있기 때문이다. 그것은 진리를 중생된 생명으로부터 세울 수 없고 역시 종교적인 경험이나 종교적 감정의 체험에서 이끌어낼 수 없다. 왜냐하면 신자들이 거룩한 영(즉 그리스도)의 기름부음을 받았고 모든 것들을 알지만(요일 2:20), 그들은 이 성령을 그리스도에게만 돌리며 처음부터 그들이 들으셨던 진리의 말씀(요 2:21-24)에 제한되어 있고, 전체 교회와 더불어 그들은 사도들과 선지자들의 터 위에 세움을 입었기 때문이다(엡 2:20).

그러나 구원의 신앙에 고유한 지식은 특별한 종류의 것이다. 그것은 오성과 기억으로만 소여되고, 특별히 사람을 냉랭하게 하는 순전히 이론적인 지식이 아니다. 그것은 과학에서 탐구와 반성을 통하여 얻어지는 그런 지식과 동일시될 수 없고 과거에 일어났던 어떤 역사적인 기록을 받아들이는 그런 지식이 아니다. 신앙의 지식은 실천적 지식이요 머리보다 마음의 지식이며 인격적으로 깊은 관심이 있으며 전 영혼을 사로잡는 지식이다. 왜냐하면 그 지식은 나 자신이 나의 본질의 중심 속에 관여되어 있고, 나의 존재와 생명과 나의 영혼과 나의 구원이 의존하고 있는 어떤 것에 대한 것이기 때문이다. 그러므로 그 신앙은 참된 찬동이요 영접이며 자신에게 오는 증거의 확신과 지식이다. 그러나 그것은 그 증거를 자기 자신에게 적용하는 영접이요, 하나님의 선포의 말씀을 사람의 말이 아니라 하나님의 말씀으로 받아들이는 것이요(살전 2:13), 하나님께서 개인적으로 자신에게 보내시는 메시지로서 복음을 자신의 것으로 하는 것이다.

이와 관련하여 세번째로 구원의 신앙과 다른 신앙과의 차이는 그 대상에 있다. 왜냐하면 역사적 신앙은 사실적인 기록에 머물러 있고 더 깊이 사무치지 않는 신앙이다. 일시적 신앙은 그 기록에서 어떤 아름다움을 느끼고 그 안에서 즐거워하지만, 그것에 대한 본질적인 내용에 대해서는 무시하는 것이다. 이적 신앙은 표적들과 능력들에 대해서는 관심을 갖지만 이들을 일으킨 그분에 대해서는 근본적으로 무관심한 신앙이다. 우리가 복음을 진정한 마음으로, 하나님께서 우리 개인에게 주신 말씀으로서 받아들일 때 그런 구원의 신앙은 우리로 공허하고 열매가 없도록 내버려두지 않는다. 여행하는 동안에 자신의 가족이 큰 위험에 처해 있다는 사실을 알고 조용히 자신의 여행을 즐기는 사람은 거의 없는 것처럼, 참으로 복음을 자신에게 적용하여 자기가 죄인이며 타락하였기 때문에 오직 예수 그리스도 안에 구원이 있음을 알고 있는 자가 그것에 계속 냉랭하고 무관심하는 자는 거의 없다. 오히려 참된 신앙은 직접 그것을 받아들이는 그런 사람들에게 작용하기 시작한다. 그것은 그들을 쉬도록 내버려두지 않고 그들로 그리스도를 향하여 계속 나아가게 한다. 따라서 그것은 증거에 있어서 역사적인 기록으로서만 남아 있지 않고 그 증거가 향하여 말하는 그 인격 안을 꿰뚫는다.

그런 신앙이 이미 구약에도 있었다. 우리 앞에 제시된 성도들은 항상 하나님 자신과 동행하였다. 종종 이것을 믿음이라 불렀다(창 15:6; 14:31; 대하 20:20; 28:16; 합 2:4). 그러나 그때 그 신앙은 하나님이 존재한다는 것을 합리적으로 확신하는 것이 아니고, 온 영혼을 하나님께 맡기며 그의 말씀에 의지하는 신앙이다. 그 때문에 신앙은 여러 가지 다른 말로 바꿀 수 있다. 성도들에 대해서 그들이 하나님을 믿었고, 그 안에 안식처를 두었으며, 그를 소망하고, 그를 두려워하며, 그로부터 모든 것을 바라며, 그에게 기대하며, 그에게 기대며, 그에게 맡기고 따른다 등으로 자주 언급되어 왔다. 그들의 생애란 하나님과 항상 동행하는 생활이요 그의 곁에서 그와 항상 교제하는 생활이다. 신약에서도 마찬가지이다. 우리를 위해서 신약성경을 쓴 사도들은 일반적인 그 말의 의미에서 어떤 역사 기자가 아니라, 생명의 말씀에 관하여 그들이 보고 듣고 만지며 접촉하였던 것을 증거하는 증인들이다. 믿는 것은 그리스도를 받아들이는 것이지 그분에 대해서 사도들을 통해서 기록된 증거들을 받아들이는 것이 아니다. 그것은 그리스도 자신을 받아들이는 것이다(요 1:12). 옷을 입듯이 그리스도를 옷 입는 것을 말한다(갈 3:27). 그것은 또한 그리스도와 함께 죽고 사는 것이요(롬 6:4), 그와의 교제의 생활이며(갈 2:20), 포도나무처럼 그 안에 머물러 있는 것이다(요 15:4). 그리스도를 통하여 그리스도 안에서 하나님이 그들의 아버지가 되고 그들은 그의 자녀들이 되는 것을 말한다(고후 6:18).

짧게 말해서 구원의 신앙은 하나님의 말씀으로서 선지자들과 사도들의 증거에 대한 확실한 지식이요 확고한 확신이요 의심할 수 없는 확실성일 뿐만 아니라, 하나님에 의해서 그 안에 계시된 은혜와 진리의 충만으로서 그리스도 자신을 인격적으로 확고히 믿는 믿음이다. 하나는 다른 하나에 분리할 수 없이 연결되어 있다. 지식 없이는 믿을 수 없다. 왜냐하면 우리가 알지 못하는 그분을 믿을 수 없기 때문이다. 그러나 그 반대로 지식이 믿음으로 인도되지 않았을 때, 그것은 올바른 지식이 될 수 없다. 여호와의 이름을 아는 자가 그를 믿는다 (시 9:11). 그를 믿지 않는 자는 아직도 실제 있는 그대로 그의 말씀으로부터 배워 알지 못한 사람이다. 그의 말씀 밖에서 성령을 통해서만 그리스도를 찾는 자는 누구든지 영들을 분별하는 규범을 잃은 자들이요, 결과적으로 자신의 영과 그리스도의 영을 동일시하는 데까지 이른다. 반면 그리스도의 영 없이 말씀을 탐구하는 자는 누구든지, 초상을 연구만 하고 그것이 가리키는 그 인물에 대해서는 무시하는 자이다.

그것이 그리스도께서 그의 말씀과 그의 영 모두를 주신 이유이다. 성경의 말씀과 신자들의 마음속에서 동일하게 증거되게 하시는 분이 그리스도의 영이시다. 중생 시 말씀을 우리의 마음에 심으신다(약 1:18, 21; 벧전 1:23, 25). 신자들의 영적 생활을 주도할 때, 그의 본성에 따라서 항상 말씀에로 돌아가 그것으로 먹이시고 강화하신다. 이 땅에서는 성경을 넘어 서서 우리가 결코 자라지 못한다. 그 이유는 이 성경이 우리로 하여금 십자가에 달리셨다가 이제 하나님의 우편에 앉아 계시는 살아 계신 그리스도와 교제케 하는 유일한 수단이기 때문이다. 기독교는 역사적인 종교이지만 역시 현재의 종교이다. 기독교 안에서 그리스도의 초상을 그려주는 말씀이 있고, 또한 그로 말미암아 살아 계신 그리스도 자신이 우리 마음에 거하시는 성령이 있다. 그 때문에 신앙은 지식이요 동시에 믿음이다. 그것은 성경이란 옷을 걸치신 그리스도 자신을 받아들이는 것이다.

신앙은 의식 면에서 중생의 열매인 동시에, 회개는 의지 면에서 새 생명의 표현이다. 구약책에서 이에 대한 말을 빈번히 발견한다. 주께서 이스라엘을 애굽에서 구원하신 후 시내산으로 인도하사 그들과 언약을 세우셨다. 하나님의 백성으로서 이스라엘은 그 언약을 지켜야 하고 그 소리에 순종해야 한다. 이스라엘은 제사장 같은 나라요 거룩한 백성이 되어야 한다(출 19:5, 6). 그러나 이미 광야에서 불신앙과 불순종의 죄를 범하였다. 가나안 땅 이방 백성 가운데 이 배교가 더해 갔다. 첫째 세대 사람들은 다 죽고 그 후 다른 세대로 교체되었을 때 그들은 여호와를 알지 못하고 주께서 이스라엘에게 행하셨던 일도 알지 못했고 이때 이스라엘 자손들이 여호와 앞에 악을 행하여 바알들을 섬겼다(삿 2:10, 11).

이로 인하여 회개의 설교가 이스라엘에게는 필요하게 되었다. 첫 시기에는 여호와께서 사사들을 세우사 그 백성을 대적의 손으로부터 건져내시고 여호와를 섬기도록 돌아오게 하셨다. 후에 사무엘 이후부터 선지자들을 세우사 이스라엘을 경계하여 그들의 죄악을 회개케 하고 주께서 그들의 열조에게 주셨던 율법대로 하나님의 명령과 규례를 지키도록 하셨다(고후 17:13). 사무엘로부터 시작하여(삼상 17:3) 모든 선지자들이 이같이 선포하였다. 즉 그들 모두가 회개와 회심의 선포자들이요, 이 길에 섰을 때만 더 죄의 용서와 완전한 구원적 선포자들이 되었다(렘 3:12, 14; 18:11; 25:5; 겔 14:6; 18:30-32; 33:11; 호 12:7; 14:3; 욜 2:12, 13). 그때 종종 백성 가운데 회개가 일어나기도 했다. 그들의 대적에게 종이 되어 압제받았을 때 그들은 주께 부르짖었다(삿 3:9, 15; 4:3 등). 경건한 왕들인 아사 왕, 여호사밧 왕, 요시아 왕, 히스기야 왕은 다소의 종교개혁을 이루었다(왕상 15:11 이하; 22:47; 왕하 23:15; 대하 30:6, 9). 요나 자신이 니느웨로 갔을 때, 그의 설교로 니느웨 백성들이 하나님을 믿었고 금식을 선포하여 굵은 베옷을 입고 그들의 악한 길에서 돌이켰다(욘 3:5, 10). 아합에 대해서 이르기를, 그가 엘리야의 심판의 소리를 들은 후 여호와 앞에 겸비하였다고 기록되어 있다(왕상 21:27, 29). 므낫세에 대해서는, 그가 그의 생애 마지막에 여호와의 얼굴을 찾아 여호와께서 하나님이신 줄을 깨달았다고 기록되어 있다(대하 33:12).

약간의 사람들의 경우 그 회개가 확실하고 진지하며 마음에서 우러나온 것일지라도, 대다수의 백성의 경우 전혀 외적인 변화가 없었다. 예레미야의 말씀과 같이 그들은 진심으로 돌아오지 않고 거짓으로 할 뿐이었다(렘 3:10). 그 때문에 선지자들은 회개의 선포를 계속하였다. 그들은 백성들에게 회개의 요구와 의무를 강조하였다. 그 백성 전체뿐만 아니라, 각 개인들이 그들의 죄악된 길에서 돌이켜 그들의 하나님 여호와께 돌아오라고 강요하였다(겔 18:23, 32; 33:11). 백성들이 이런 경고들을 계속 무시하였을 때, 선지자들 사이에 그들의 설교가 백성들에게 심판이 될 것이고(사 6:10), 이스라엘은 야생 포도나무가 되었으며(렘 2:21), 구스인들이 그 피부를, 표범이 그 반점을 변할 수 없는 것처럼 돌이킬 수 없으며(렘 13:23), 하나님이 회개케 하시고 새 마음을 주셔야만 한다(시 51:12; 렘 31:18; 애 5:21)는 생각들이 무르익었다. 그리고 그들은 하나님께서 새 언약을 세우시고 백성들의 마음에 할례를 행하시며 그들 속에 그의 율법을 두실 그날을 갈망하였다(신 30:2, 6; 시 22:28; 호 3:5; 렘 24:7; 32:33 등).

그날의 동이 트고 세례 요한과 예수님이 선포를 시작하면서 하늘 나라가 가까이 임하였다. 이들은 그때 율법을 지키고자 하는 노력이나 바리새적인 자기의 의에 의해서 모든 은택들과 그 나라에 들어갈 문이 열리는 것이 아니라, 오직 회개와 신앙에 의해서 열림을 선포하였다(막 1:4, 15). 이런 회개를 표현하기 위해서 신약에서 두 가지 헬라어가 사용된다. 그 하나는 독립명사나 동사로서 사용되며(마 3:2, 8, 11; 9:13; 11:20; 행 2:38; 고후 7:9, 10), 내적이고 영적인 변화, 도덕적인 성향에 있어서 변화를 알려 주는 단어들이다. 다른 하나는 예를 들어 마태복음 13:16; 누가복음 1:16, 17; 22:32; 사도행전 9:35; 11:21; 14:15; 15:19; 26:18, 20 등에 나타나는데 이 단어들은 외적인 회심이나 생의 방향에 있어서 변화, 곧 내적인 변화의 표현이요 결과인 어떤 변화를 의미한다. 사도행전 3:18; 26:20에서는 두 단어가 서로 결합하여 나타난다. 즉 회개하고 돌이켜라, 곧 너희의 마음과 행동을 변경함이요 잘못을 뉘우쳐 돌이키라는 말이다.

  사도시대의 복음은 유대인들과 이방인들에게 선포되었고 그들에 의해서 받아들여졌기 때문에 그것은 다른 사람들에게도 지각될 수 있는 외적인 변화를 요구했다. 유대인들은 모세의 율법을 지키는 일, 특별히 할례와 각 제사드리는 일과 결별해야 했고, 이방인들은 그들의 우상이나 우상숭배와 종교적인 실천을 버려야 했다. 기독교로 전환하기 위해서는 수많은 자기 부정과 용기가 요구되었다. 그런 일을 행하는 자는 항상 엄격하고 참되게 마음의 확신에 의해서 그것을 행했다. 왜냐하면 그것에 의해서 명예나 유익이 얻어지는 것이 아니기 때문이다. 회심에 대한 두 가지 단어에 의해서 표현된 두 가지 사실은 일반적으로 아주 밀접히 연결되어 있다. 내적 변화와 외적 변화가 병행해 간다.

  내적, 외적인 이런 근본적인 전환은 그 표징을 거룩한 세례에서 얻는다(행 2:38). 세례에 임하는 자는 그의 모든 과거를 청산하고 그의 친척을 버리고 세상에서 십자가에 못박혀 그리스도와 함께 죽고 세례 시 그와 함께 장사지낸 바 된다. 동시에 그는 그리스도와 더불어 새로운 생명으로 일어났고 그리스도로 옷 입게 되었고, 즉 그가 친히 세상에 나타내 보이시는 새롭고 다른 옷을 입게 되었고, 이제 제자요 동역자요 종이요 그리스도의 군사요 그의 몸의 지체요 성령의 전이 되었다(롬 6:3 이하; 갈 3:27; 골 2:11, 12 등). 기독교가 유대세계와 이방세계로 퍼짐에 따라서 회개는 내적인 변화였을 뿐만 아니라, 외적인 변화, 즉 말 못하는 우상을 섬기는 일을 그만두고(고전 12:2; 살전 1:9) 천하고 약한 종교의 원리들과 요소들을 버리며(갈 4:3, 9; 골 2:8, 20) 죽은 행실(히 9:14; 살전 1:9)과 공공연한 죄와 악행을 버리는 일이었으니, 이때로부터 계속 사시고 참되신 하나님을 섬기고(히 9:14; 살전 1:9) 여호와를 의존하게 하려 함이다(고전 6:15-20).

  이런 선교의 시기가 지나고 교회가 조상들로부터 자녀들에게 세대를 따라 존속하게 되었을 때에도, 회심은 그 본질에 있어서 변하지 않았지만, 환경 때문에 일찍이 밖을 향하여 나타내게 한 이런 외적 형태를 벗어났다. 자녀들은 그들이 태어날 때부터 언약상태에 들어갔고 이것에 대한 표징으로 거룩한 세례를 받았다. 그래서 그들은 그들의 개인적인 의식과 만족을 느끼기 전에 그리스도의 교회로 합하여졌다. 자연히 교회의 회원들 중 나이가 들어서나 어린아이로서 세례를 받았다가 후에 가벼운 혹은 중한 죄를 범하는 일이 자주 일어났다. 몬타누스주의자들과 노바투스주의자들과 같은 분파들은 중죄들이 교회에 의해서 용서되어서는 안 되고 용서될 수 없다고 생각하였지만, 교회 자체는 다른 입장을 취하여 배교하고 타락하였을지라도 그들이 회개하고 돌이켜 그들의 죄를 고백하며 스스로 교회의 징책에 복종할 때, 그의 회에 다시 돌아오는 것을 인정하였다.

　이때로부터 점점 고해성사 예식이 나왔다. 이 예식에서 경중의 여러 죄들을 범한 신자들이 이를 사제 앞에서 공공연히 고백하고 동시에 완전한(하나님의 마음을 상하게 하기 때문에 죄를 통회하는 경우) 혹은 불완전한(그 진노가 두려워서 죄를 통회하는 경우) 회개를 보이며, 마지막으로 고해신부들이 참회의 기준으로 기도와 선행을 이루었던 것이다. 이와 같이 로마교회의 회심은 완전히 외형화되어 버렸다. 그 중심점이 내적인 성향의 변화 대신에 고백과 만족(de voldoening)에 있게 되었다. 왜냐하면 불완전한 회개도 죄의 용서함을 얻는 데 만족하기 때문이다. 규정된 일시적인 형벌로부터의 탕감이 면죄에 의해서 누구에게나 골고루 돌아갈 수 있었기 때문이다.

　특별히 루터개혁의 출발은 이 점에 있었다. 그가 신약을 읽을 때 발견한 사실은, 성경에서의 회심은 참회, 곧 카톨릭이 만들어 낸 회개(penitentie)와는 다른 것이라는 사실이다. 그러나 루터의 경우도 회심과 신앙을 너무 많이 분리했다. 그는 그의 양심 속에서 율법의 저주를 느꼈고 오직 믿음에 의해서 죄인을 의롭다 하시는 데서 위로를 발견하였다. 그 때문에 그는 회개, 참회, 회오(悔悟)의 의미인 회심은 율법을 통하여 야기되고, 신앙은 복음을 통하여 야기된다고 생각하였다. 후에 칼빈은 이 관계를 더 잘 보았고 그에 대한 전혀 다른 설명을 주었다. 그는 성경에 따라서 거짓된 회개와 참된 회개(렘 3:10), 세상의 슬픔과 하나님의 뜻에 따른 슬픔(고후 7:10), 죄악행위에 대한 회한 또는 회개와 우리가 우리의 죄로 인하여 하나님을 진노케 하였다는 진심어린 회오 사이를 구별하고 있다. 죄악행위에 대한 회개는 세상 사람들에게도 있다. 죄가 기대하였던 것과는 전혀 다른 결과를 초래했거나 그것이 손실과 해를 끼쳤을 때, 세상은 종종 회한을 느낀다. 가인(창 4:13)과 에서(히 12:17), 유다(마 27:3)가 이를 증명하고 있다. 그런 회오는 참된 회심으로 인도되지 않고 죽음을 이루고 절망과 비통과 마음의 강팍함을 가져온다.

그러나 참된 회심은 죄의 결과인 슬픔에 찬 회개에 있지 않고 내적인 상한 심령에(시 51:19; 행 2:37) 있고, 죄는 하나님의 뜻과 충돌되며 그의 진노를 불러일으키기 때문에 그 자체에 대한 애통에 있으며, 죄에 대한 진심에 찬 회오와 증오와 그것과의 단교에 있다. 그것이 구원의 신앙의 전제요 열매이다. 그것이 하나님이 원하시고 역사하실 만한 회오요, 따라서 그것은 직접 하나님을 향하고 구원에 이르는 회개할 수 없는 회심(혹은 회개할 수 없는 구원에 이르는 회심, 고후 7:10)을 이룬다. 탕자가 후회하고 돌아갈 것을 결정하고 한 말이 "내가 일어나 아버지께 가서 이르기를 아버지여 내가 하늘과 아버지께 죄를 얻었사옵니다"라는 말이다(눅 15:18). 비록 그가 아버지로부터 멀리 떠나 있을지라도 아버지의 이름을 입술에 두었다. 그는 감히 아버지께 가서 그의 앞에서 자기의 죄들을 고백할 수 있다. 왜냐하면 그 아버지가 자기의 아버지임을 그의 마음 깊숙이 신앙하고 있기 때문이다. 우리가 아버지로서 그분이 우리의 죄의 고백을 받으시고 우리를 용서해 주실 것을 성령을 통하여 내적으로 우리의 영혼으로 신앙하지 않는다면, 우리가 감히 하나님께 되돌아갈 수 없었을 것이다. 참된 회심은 참된 구원의 신앙과 분리할 수 없다.

그 때문에 사람의 회심에 대한 충분한 취급은 가난과 구원의 교리에 속하지 않고 감사의 교리에 속해 있다(하이델베르크 요리문답 서른 세번째 주일). 종종 회심이란 말은 넓은 의미를 가져 하나님의 자녀와 그의 나라의 시민이 되기 위해서 한 사람 안에 일어나야 할 모든 변화를 의미한다. 구원에 이르는 길로서 예수님은 요한복음 3장에서는 중생에 대해서, 다른 곳, 예를 들어 마가복음 16:16에서는 믿음에 대해서 말씀하셨던 것처럼, 마태복음 4:17에서는 회개에 대해서 말씀하셨다. 특별히 사람이란 다른 사람 없이 축복을 소유할 수 없다. 중생의 새 생명 안에 원리적으로 신앙과 회심이 내포되어 있고 그것들은 때가 되면 필연적으로 그로부터 발생한다. 그러나 이들은 서로 분리할 수 없을지라도, 서로 구별할 수 있다. 회심은 중생의 열매요 동시에 그것은 신앙을 전제한다. 그것은 언제나 하나님의 선물이요 역사로서 처음뿐만 아니라, 계속된 과정에서도 그렇다(렘 31:18; 애 5:21; 행 5:31; 11:19). 동시에 부어 주신 새 생명에 기인한 인간의 행위로서(행 2:38; 11:21; 계 2:5, 16 이하) 한 순간에 제한되지 않고 일생 동안 계속된다.

회심은 그 본질에 있어서 하나이지만, 그것이 일어나는 사람들에 따라서, 그리고 그것이 일어나는 환경에 따라서 그 양식이 천차만별이다. 하나님의 자녀들이 걸어가는 길은 하나지만, 그것으로 인도되는 방식은 다양하고 각각 경험하는 바도 여러 가지다. 하나님께서 여러 족장들을 인도하시는 그 인도에는 차이가 있지 않은가! 므낫세, 바울, 디모데의 회심들 사이에 구별이 있지 않은가! 다윗과 솔로몬, 요한과 야고보의 경험들이 얼마나 다른가! 이런 차이들은 성경 밖의 교부들, 개혁자들, 모든 성도들의 생애 속에서 발견될 수 있다. 우리의 눈이 이런 영적 생활의 부요성을 향하여 열리자 마자, 우리는 다른 사람들을 우리의 좁은 마음의 기준에 따라서 판단하는 것을 중지한다. 하나의 방법만 알고 다른 사람들이 자기들이 경험했고 그렇게 주장하는 꼭같은 경험을 이야기할 수 없다고 해서, 그들을 회개하지 않은 사람들로서 생각하는 사람들이 있다. 그러나 성경은 그들의 편협한 마음보다 훨씬 부요하고 넓다. 여기에서도 적용되는 말이 은사는 여러 가지나 성령은 같고 직임은 여러 가지나 주는 같으며, 또 역사는 여러 가지나 모든 것을 모든 사람 가운데서 역사하시는 하나님은 같다는 말씀이다(고전 12:4-6). 참된 회심은 사람이 그것에 대해서 만들어낸 것에 있지 않고 하나님께서 그것에 대해서 말씀하신 것에 있다. 그것은 다양한 모든 인도와 경험에 있고 옛 사람을 죽여 버리고 새 사람이 살아나는 것에 있음에 틀림없다. 옛 사람이 죽는다는 것이 무엇인가? 그것은 우리가 우리의 죄로 말미암아 하나님의 진노를 불러일으켰다는 진심의 회오요, 점점 더 그 죄를 미워하고 그로부터 끊어버리는 것이다. 그리고 새 사람이 살아난다는 것은 무엇인가? 그것은 진심으로 그리스도로 말미암아 하나님 안에서 기뻐하는 것이요 하나님의 뜻을 향하여 모든 선한 행실로서 살려는 욕망과 사랑이다.

# 제21장

# 칭의

　　신앙과 회심이란 열매로 나타나는 중생은 하나님의 나라에 이르는 길을 연다. 이런 나라의 시민이 된 자는 누구든지, 그 나라의 내용이며 그것들을 의와 거룩과 축복, 이 세 가지로 포괄할 수 있는 모든 은택들에 직접 참여한다.
　　의란 일반적으로 각자에게 주어진 합리적인 존재의 확고부동한 의지로 정의된다. 그것은 첫째로 어떤 사람에게 수여된 도덕적 성향(성질, 상태)을 포함하고, 둘째로 다른 사람에 대한 반대 입장과 그 성향으로부터 발전하며 그들 자신에게 속한 권리 안에서 자신들을 인정, 인식시키는 다른 사람들의 태도를 포함한다. 우리가 보게 될 것이지만, 성경이 이런 의의 개념으로의 독특한 변형을 소개해도, 그것 역시 같은 기초사상에서 나왔다. 의란 어떤 개인 자신이 소유한 공의성이요 그가 다른 사람들을 대하는 공의로운 태도이다.
　　이런 의미에서 구약은 그 공의를 하나님께 돌린다. 그는 그 역사가 완전하신 반석이시니, 이는 그 모든 길이 공평함이다. 하나님은 진리시요 불의가 없으시며 공의로우시고 바르시다(신 32:4). 그러나 이런 의는 성경에서 신적 본성에 대한 반성으로부터 연역된 것이 아니고, 그것은 그의 계시에 기초하여 하나님의 것으로 돌려진 것이다. 그와 같이 처음부터 자기 백성에게 자신을 알리셨다. 그는 땅의 어두운 장소에서 은밀히 말하지 아니하였으며 야곱의 자손에게 나를 헛되이 찾으라고 이르지 아니하였다. 나 여호와는 의를 말하고 공의로운 것을 고하노라. 이방인들은 능히 구원치 못하는 신에게 경배하였지만, 그가 친히 이스라엘에게 그 외에 다른 신이 없고 공의의 하나님이요 구원인 여호와로 자신을 알리셨다(사 45:19-21). 공의로운 여호와로서 이스라엘 가운데 거하시사 불의를 행치 아니하시고 아침마다 자기의 공의를 나타내셨다(습 3:5).
　　이런 하나님의 의는 첫째로 그의 백성에게 주셨던 율법에서 나타났다. 우리에게 있어서 공의란 우리의 존재와 우리의 행위가 어떤 율법에 일치하는 한에서의 공의에 대해서 말한다면 어떻게 말할 수가 없다. 왜냐하면 그를 초월하여 그에게 꼭 일치하는 법이 없기 때문이다. 그의 공의는 자기 자신과 완전히 조화되는 곳에 있다. 한편 모든 정의와 법은 그 안에 그 근원을 갖는다. 이 모든 법들은 공의롭다. 왜냐하면 그가 그 자신의 존재와 뜻에 일치하도록 그것을 주셨기 때문이다. 오늘날 내가 너희 앞에 선포하는 이 전체 율법만큼 그렇게 공의로운 규례와 법도를 가진 큰 나라가 어디 있느냐고 모세가 선포했다(신 4:8). 성도들도 그에 대해 대답한다. 즉 여호와의 율법은 완전하여 영혼을 소성케 하고 여호와의 증거는 확실하여 우둔한 자로 지혜롭게 하며 여호와의 교훈은 정직하여 마음을 기쁘게 하고 여호와의 계명은 순결하여 눈을 밝게 하도다. 여호와를 경외하는 도는 정결하여 영원까지 이르고 여호와의 규례는 진리요 다 공의로우니 금, 곧 많은 정금보다 더 사모할 것이며 꿀과 송이 꿀보다 더 달도다(시 19; 8-11; 119편).

그러나 하나님의 의는 특별히 그가 이 율법을 보존하시고 그의 백성으로부터 이를 따라 생활할 것을 요구하시는 데에서 나타난다. 첫 사람에게 이미 그의 계명을 주셨다(창 2:16). 타락 이후에도 그가 모든 피조물에게 주셨던 그 계명을 결코 철회하지 않았다. 대홍수와 언어혼란과 같은 그런 심판이 이를 증거하고 있고 이방인들로 하여금 그들의 양심이 그들의 율법이 되게 하셨다(롬 1:20, 32; 2:15). 특별히 그의 값없으신 사랑에 의해서 자기 소유로 삼으시고 따라서 그들에게 자기 언약을 지키고 그의 목소리에 순종하며 자기의 길로 행해야 함을 그의 백성 이스라엘에게 권리를 주장하신다(출 19:5). 그와 동시에 주께서는 보증되지 않는 것에 대해서 백성으로부터 요구하시지 않는다. 왜냐하면 그의 편에서 그의 포도원에 값진 모든 것들을 심으셨고 좋은 포도가 맺기를 바랬기 때문이다(사 5:4). 여호와께서 선한 것이 무엇임을 그들에게 보이셨나니, 주께서 요구하시는 것이 오직 공의를 행하며 인자를 사랑하며 겸손히 그들의 하나님과 함께 행하는 것이 아닌가?(미 6:8; 암 5:14, 15; 사 1:16, 17).

마지막으로 그의 의는 주께서 모든 백성과 그의 백성 이스라엘을 엄격한 공의로 심판하고 심판하실 것이라는 사실에서 나타난다. 하나님은 율법을 세우신 자요 왕이실 뿐만 아니라, 재판장이시니(사 53:22), 온 땅을 심판하시는 이로서 오직 공의로 행하실 수 있다(창 18:25). 종종 하나님께서 자신이 의롭다 하시기 위해서 심판하신다고 불평하는 백성에 대해서(욥 40:3), 그의 행위에 절대적 주권을 주장하시고 땅의 모든 거민을 없는 것같이 여기시며 하늘의 군사에게든지 땅의 거민에게든지 그는 자기의 뜻대로 행하시나니, 아무도 그의 손을 금할 수 없고 그에게 당신은 무엇을 하느냐 할 자가 없다(단 4:35). 주는 만물을 지으신 자로서 그에게 어떤 피조물도 변론할 수 없다(사 45:9). 진흙이 토기장이의 손에 있는 것처럼 이스라엘이 그의 손에 있다(렘 18:6; 사 10:15). 그럼에도 불구하고 이런 표현들은 역사를 자의로 이끌어 가는 군주로서 하나님을 생각하게 하는 표상으로서는 부족하다. 차라리 그들이 하는 역할은 인간으로 하여금 스스로 겸비하게 하고 하나님의 생각이 지극히 높으심과 그의 길이 헤아릴 수 없다는 사실 아래 부복하게 함에 있다(사 55:8, 9). 주께는 두려운 영위와 권능이 있으나, 그럼에도 아무도 무시치 아니하시고 인간에게 관심을 가지사 그를 공의로 다루신다(욥 36:5; 37:23).

그리고 주께서 그렇게 행하실 수 있는 것은, 그가 전능하시고 지극히 공의로우시기 때문이다. 세상 재판자들의 경우에는 종종 전혀 다르다. 그리고 그 때문에 계속해서 재판을 외모로 보지 말고(신 1:17; 레 19:5; 잠 24:23), 뇌물을 받지 말며(신 16:19; 출 23:8; 사 5:23), 가난한 자와 나그네, 고아와 과부를 압제하지 말고(출 23:6, 9; 시 82:2-4; 사 1:12), 의인은 의롭다 하고 불신앙자를 심판하며 백성을 의의 심판으로 재판하라고 경고되어 있다(신 16:19; 25:1). 이는 악인을 의롭다하며 의인을 악하다 하는 이 두 가지는 다 여호와의 미워하심을 입으며(잠 17:15, 26; 18:5; 24:24), 여호와는 참으로 공의로운 재판장이시요 주는 의로운 일을 사랑하시고(시 11:7; 33:5; 99:4; 렘 9:23), 주의 오른 손에는 의로 충만하시며(시 48:11), 의와 공의가 주의 보좌의 기초이며(시 89:14; 97:2), 주는 편벽됨이 없으시고 사람을 외모로 보지 아니하시고 뇌물을 받지 아니하시니(신 10:17; 대하 19:7), 부자나 가난한 자가 모두 그의 손으로 지은 바 되었기 때문이며(욥 34:19), 주는 외모를 보지 아니하시고 그 마음을 보시며(삼상 16:6; 대상 28:9), 주는 마음을 감찰하시며(시 7:10; 렘 11:20; 20, 12), 의로 세상을 심판하실 것이요, 정직으로 만민을 심판하실 것이며(시 9:9; 96:13; 98:9), 주는 공의로 높임을 받으시고 의로 거룩하다 함을 받으시기 때문이다(사 5:16).

참으로 주께서 공의로 엄하게 다루시고 모든 사람들을 그의 거룩한 율법의 기준에 따라서 판단하신다는 사실에 하나님의 의가 있다면, 과연 어떤 사람이 하나님에 의해서 죄책으로부터 자유롭다 선포되며, 영생을 얻을 권리를 어떻게 그로부터 얻을 수 있겠는가?

확실히 모든 사람들에게 예외없이 하나님의 율법을 범죄한 죄책이 있고 이런 범죄로 인하여 해당된 형벌을 받을 만하다는 사실에 대해서 의심이 있을 수 없다. 아담이 불순종한 이래, 불의의 흐름은 인류 중에 세차게 흘러내려 왔다. 인간의 마음의 계획하는 바가 어려서부터 악하고(창 6:5; 8:21), 모두가 깨끗하지 못하게 태어났고(욥 14:4; 25:4-6; 시 51:7), 다 치우셨으며 선을 행하는 자가 없으니 하나도 없도다(시 14:3). 범죄치 아니하는 자가 없으니, 내가 내 마음을 정하게 하였고 죄로부터 자유하였다 할 자가 아무도 없다(왕상 8:46; 잠 20:9; 전 7:20). 하나님께서 불의를 감찰하시면, 아무도 그 앞에 설 수 없다(시 130:3; 143:2). 사람의 모습이 실제 이와 같다면, 그가 어떻게 하나님과 더불어 자기 의에 대해서 말할 수 있겠는가?

인류의 죄성과 가증상을 그렇게 명백히 선포했음에도 불구하고 같은 구약에 동시에 광포가 가득한 세상 중에 사는 의롭고 마음이 정직한 자에 대해서 언급되어 있다(창 6:9; 7:1). 욥은 하나님 자신으로부터 정직하고 경건하여 하나님을 경외하며 악에서 떠난 그와 같은 자는 세상에 없다는 증거를 받은 자이다(욥 1:1, 7; 2:3). 시편에는 악인들과 대하여 있고 그들의 압제를 당하고 있는 소수의 의인들의 회중에 대해서 자주 말하고 있다(시 1:5; 14:5; 32:11; 33:1; 34:16 등). 잠언 역시 사람들 사이의 이런 대조에 대해서 계속 전념하고 있다(2:20-22; 3:33; 4:18; 10:3, 6 등). 선지자들도 이같이 여호와를 계속 신앙하고 있는 소수의 핵심 백성들과 우상과 불의에 빠진 대다수의 사람들 사이를 구별하고 있다(왕상 19:18; 사 1:8, 9; 4:3; 6:5 등). 특별히 에스겔은 의인과 악인을 날카롭게 대조시켰고, 이를 행할 때 백성 중에 있는 그런 무리를 생각한 것이 아니고 각 개인을 생각하고 있다(3:18 이하; 18:5 이하; 33:8 이하).

그러나 우리가 구약에서 조우하는 것이 이런 것만이 아니다. 더욱더 놀라운 사실은, 이런 의인들은(마음이 정직하고 경건한, 어떻게 부르든지 간에) 하나님의 의 앞에 결코 흔들리지 않고 그들이 그의 심판을 통하여 궤멸될지 모른다는 두려움을 결코 품지 않는다는 사실이다. 참으로 악인들에게 이런 의가 두려운 것이 될 것이다(사 56:16-18; 렘 11:20; 20:12; 시 7:12, 13; 9:5, 6; 28:4; 129:4) 그러나 경건한 자들은 거기에 구실이 있고 그 안에서 부르심을 입었다. 그들이 응답과 구원을 위해 기도하는 것은 하나님이 의의 하나님이시기 때문이다(시 4:1; 143:1). 그분이 그들의 심장을 감찰하시는 의로운 하나님이시기 때문에 그가 그들을 세울 것이고(시 7:9), 구원하시며(시 31:2), 해방하신 것이며(시 34:23), 공히 판단하시며(시 35:23), 용서하시며(시 51:16), 응답하시며(시 65:6), 소성케 하시며(시 119:40), 들으시며(시 143:1), 환난으로부터 끌어내실 것(시 143:11)을 기대한다.

경건한 자들이 이렇게 하나님의 의에 호소하는 태도는 종종 한 걸음 더 나아가, 하나님께서 자기들의 의에 따라 응답하시고 구원하셔야 할 것이라는, 처음에는 우리에게 납득이 되지 않을 수 있는 형식을 취한다. 욥은 자기가 죄인임을 인정할 수 없었고(29:12 이하; 31:1 이하) 마지막으로 친구들에 대해서 여호와의 태도도 마찬가지로 욥을 인정하셨다(42:7). 시편에서도 여러 번 여호와여 나의 의와 나의 성실을 따라서 나를 판단하소서라고 외치고 있다(7:9; 17:1-5; 18:20-25; 24:4-6; 26:1; 37:18, 19 등). 이사야에게 나의 길이 여호와 앞에 숨겨졌으며 나의 송사가 하나님에게서 수리하심을 받지 못하였다라고 백성이 탄원하고 있다(사 40:27). 그러나 그들에게 선지자를 보내신 것은 그것이 진상이 아님을 여호와의 이름으로 선포하기 위함이니, 이는 시련 후에는 구원이 오기 때문이다. 싸움은 끝나고 불의가 용서될 것이다(사 4:2). 여호와께서 그의 의를 가깝게 하시며 그의 구원을 지체치 아니할 것이다(사 46:13). 주께서 성도를 구원하시면서 그들의 생애에 항상 간섭하시사, 그들의 판단을 그의 앞에서 내게 하시며(시 17:2), 빈곤하고 가난한 자들의 송사를 판단하시는 것처럼(시 103:6; 140:13; 146:7), 결국에는 그의 백성의 싸움에 더불어 싸우실 것이다(사 49:25; 51:22; 렘 50:34; 51:36; 미 7:9). 주께서 열방의 목전에서 그 거룩한 팔을 나타내시고 그의 입에서 의의 말이 나가며 의를 통하여 그의 백성을 세우실 것이다(사 45:23; 51:5; 52:10; 54:15). 그분은 의로운 하나님이시요 따라서 구주시다(사 45:21). 이스라엘의 전 자손이 여호와로 의롭다 함을 얻고 자랑할 것이다(사 45:24, 25; 54:17).

그러므로 구약에서 분명한 사실로 남아 있는 것은 이스라엘 중에는 의인들이 있을 뿐만 아니라, 이들은 그들의 구원과 축복들을 바로 하나님의 의로부터 기대한다는 사실이다. 우리가 하나님의 의와 하나님의 긍휼을 대조시키기 때문에, 이런 사실이 우리에게 이상한 감을 준다. 그리고 그때 우리는 하나님의 의에 의해서 심판받고 하나님의 긍휼에 의해서 구원받는다고 생각한다. 그러나 구약의 성도들은 그런 대조를 하지 않았다. 그들은 하나님의 의를 그의 은혜와 긍휼, 그의 선과 진리, 그의 사랑과 신실과 아주 밀접하게 연결하고 있다(시 33:5; 40:11; 51:16; 89:15; 103:17; 143:11, 12; 145:7, 17; 렘 9:24; 호 2:18). 여호와는 은혜로우시고 의로우시다(시 112:4; 116:5). 구원이 그의 의의 증거들이다(삿 5:11; 삼상 2:7; 미 6:5). 그러므로 이런 의는 하나님의 긍휼 못지않게 성도들에게 있어서 계속적인 찬송과 찬양의 대상이다(시 7:18; 22:32; 35:28; 40:10; 51:16; 71:15, 19 등).

그러면 어떻게 이런 모든 것이 가능한가? 그 모두가 죄인들인 사람들이 거룩한 하나님 앞에서 어떻게 의로운 자로 서 있을 수 있는가? 그들이 그들 편에서 어떻게 공의를 가질 수 있고 하나님의 의에 따라 그들이 어떻게 그들의 죄로부터 깨끗하게 되었으며 그의 축복된 교제에 이끌어지게 되었는가?

이것이 혹시 구약시대에 이스라엘은 하나님의 백성이었기 때문인가? 그들 가운데 성전이 있었기 때문인가? 혹시 열성적으로 수송아지들과 숫소를 제사드렸기 때문인가? 그들의 신앙을 거기에 두고 악이 그들을 가까이하지 않을 것으로 결론지었던 자들이 이스라엘 중에는 많이 있었다. 그러나 여호와의 이름으로 일어났던 선지자들은 전혀 다르게 백성을 가르쳤다. 이스라엘이 그의 외적인 특권으로 자만하였을 때, 선지자들은 만장일치로 이들은 그것에 의지하면 손에 찔러 들어가는 불신앙적인 갈대 지팡이라고 선포하였다. 아모스를 통해서 여호와께서(암 9:7) "이스라엘 자손들아 너희가 나에게 하는 것이 구스 자손들과 같지 아니하느냐? 내가 이스라엘을 애굽 땅에서, 블레셋 사람을 갑돌에서, 아람 사람을 길에서 올라오게 하지 아니하였느냐?"라고 증거하셨다. 예레미야는 이것이 여호와의 전이라, 여호와의 전이라, 여호와의 전이라 하는 거짓말을 믿는 자들에게 대하여 여호와께서 내 이름으로 일컬음을 받고 그들이 그것에 의뢰하는 이 집에, 실로에게 행함과 같이 행하겠다고 선포했다(7:14). 제사에 대해서 이스라엘 중 경건한 자들은 이것들이 본질적으로 여호와를 기쁘시게 할 수 없음을 아주 잘 알고 있었다(시 40:9; 51:6). 선지자들의 입을 통해서 주께서 친히, 나는 수양의 번제와 살진 짐승의 기름에 배불렀고 나는 수송아지나 어린양이나 수염소의 피를 기뻐하지 아니하노라 하였다(사 1:11; 66:2, 3; 렘 6:20; 호 6:6; 암 5:21; 미 6:6-8; 잠 15:8; 21: 27 등).

그러면 혹시 구약 성도들에게 있어서 구원의 소망의 근거가 그들 자신의 의에 있었는가? 그들에게 미래에 대한 그런 훌륭한 소망이 있었던 것이, 그들의 선행을 가지고 하나님의 심판 앞에 설 수 있다고 생각하였기 때문인가? 우리가 보듯이 우리에게 순간적으로 다음과 같은 생각이 떠오를 수 있다. 즉 예를 들어 욥과 같은 그런 인물들은 자기들의 무죄성을 강하게 인정하고 있다는 것(욥 29:12 이하; 31:1 이하), 계속 반복해서 그들은 자신들의 정직과 신실성과 의에 호소하고 있다는 것(시 7:9; 18:21, 22; 26:1, 11; 101:2; 35:24; 43:1; 사 40:27 등), 여호와께서 친히 그들을 의롭다고 생각하셨다는 것(창 7:1; 욥 1:7; 2:3) 등이다. 그러나 우리가 오히려 더 깊이 통찰한다면 바로 이런 근거가 사라진다.

무엇보다 더 구약 성도들에게 있어서 자신들의 의에 이렇게 호소하는 것은 그들의 죄에 대한 가장 겸손한 고백과 이어져 있다. 욥은 자기가 어렸을 때의 죄들에 대해서 말할 뿐만 아니라, 마지막에는 자신을 증오하고 티끌과 재 가운데서 회개하고 있다(욥 13:26; 42:6). 다윗이 시편 7:9에서 자신의 의에 대해서 말하였지만 다른 곳에서는 자신의 모든 의를 던져버리고 여호와 앞에서 자신의 모든 죄악들을 고백하며 다만 죄 용서하심에 영광을 돌리고 있다(시 32:11). 다니엘은 그의 간구를 자신의 의에 의지하여 기도하는 것이 아니고 주의 큰 긍휼을 의지하여 기도하고 있다(단 9:18). 이사야 53:4-6; 59:12; 64:6에서 경건한 이스라엘 사람들은 그들의 의가 다 더러운 옷 같으며, 그들은 다 양 같아서 그릇 행하여 각기 제길로 갔거늘 여호와께서 그들의 모든 죄악을 그의 종에게 담당 시키셨도다라고 하였다. 시편 130:3, 4에서 시인은 주께서 죄악을 감찰하실진대 아무도 주 앞에 설 수 없고 그러나 사유하심이 주께 있음은 주를 경외케 하심이라고 말하였다. 그들 모두가 이스라엘의 형벌 가운데서 하나님의 의를 깨닫고 있다. 그들과 그들의 조상들이 범죄하였고 그의 입의 말을 거역하였다(암 3:2; 애 1:18; 스 9:6, 7; 느 9:33; 단 9:14 등) 한다.

이스라엘의 경건한 자들이 그들의 의에 대해서 말하였을 때, 그들은 여호와 앞에 그들의 정직을 생각하였음이 아주 확실하고, 마음을 감찰하시는 여호와께서 그들의 이런 정직을 살피시고 찾으시기를 기도하기까지 하고 있다(시 7:9, 10; 17:3; 18:21-25 등). 그러나 이런 이들은 후에 바리새인들이 말하는 그런 도덕적 완전성의 의미에서 의도된 것이 아니다. 적어도 그들은 거기에서 그것의 근거와 근원이 종교적인 의, 다른 말로 하면 신앙의 의속에 있는 도덕적 의를 생각하고 있다. 의인(정직한 자, 경건한 자)은 종종 가난한 자, 곤고한 자, 인정있는 자, 신실한 자, 겸손한 자, 온유한 자, 여호와를 경외하고 그 외에 다른 이에게 소망을 갖지 않는 자로 표현된다는 사실에서 분명하다. 후에 예수님이 심령이 가난한 자, 애통하는 자, 의에 주리고 목마른 자, 곤비하고 무거운 짐을 진 자, 어린아이들이라 부른 자들과 같은 자들이다(마 5:3 이하; 11:25, 28).

이런 사람들의 표지는 그들이 죄에서 해방되었다는 데 있지 않고 그들이 세상 편에서 드러내게 되는 압제와 핍박 중에서도 그들의 의뢰하는 바를 여호와께 두고 그분 안에서만 구원과 축복을 찾는 데 있다. 그들에게 해방이 있는 곳은 아무 곳에도 없다. 그들 자신에게나 어떤 피조물에게도 없고, 오직 그들의 하나님 여호와께 있다. 그때에 역시 그 하나님이 그들의 하나님이요, 그들의 태양과 방패시요, 그들의 피난처와 높은 요새시요, 그들의 바위와 산성이시요, 그들을 건지시는 구주시요, 그들의 영광과 그들의 능력이시며 그들의 유일한 모든 것이다(시 18:3; 73:25, 26 등). 그들은 그의 백성이요, 그의 초장의 양이요, 그의 종과 은택을 받은 자라(시 33:12; 95:7; 100:3 등). 그들은 그의 구원에 소망을 두고 그의 말씀에 착념하며 그의 율법 안에서 즐거워하며 그에게서 모든 것을 기대한다. 그들은 후에 바리새인들처럼 하나님을 대적하여 서서 자신들의 요구와 권리들을 주장하는 백성이 아니고 하나님 편에 서서 그와 동조하여 그와 그들의 대적을 향하여 서 있는 백성들이었다.

그런 백성이 기도와 간구 시 그 자신과 여호와의 의에 호소하였을 때, 여호와께서 그의 언약에 따라서 그의 이름으로 칭함을 받고 그를 경외함으로 행하는 백성에게 그의 상대편을 대면하여 반드시 공평히 행하실 것을 표현한 것일 것이다. 하나님의 일이 그들의 일이요, 그들의 일이 하나님 자신의 일이다. 그가 그의 백성을 택하셨던 것은 그들의 수효가 많은 연고도 아니고 그들의 의나 정직으로 인함이 아니요, 오직 여호와께서 자발적으로 사랑하셨고 열조에게 하신 맹세의 뜻으로 인함이다(신 7:7 이하; 9:5, 6). 그 백성과의 언약은 그의 기뻐하신 뜻에 의존한다. 그러나 그 언약을 통하여 그는 역시 그 백성과 결속하며, 말하자면 스스로 그 백성을 보존하고 지키며 그가 아브라함에게 말씀하셨던 내가 내 언약을 나와 너와 네 대대 후손의 사이에 세워서 영원한 언약을 삼고 너와 네 후손의 하나님이 되리라 약속하셨던 그런 모든 축복을 주시겠다는 의무를 지우셨다(창 17:7).

따라서 경건한 이스라엘 사람이 그의 환란시 계속 호소했던 하나님의 의는 여호와께서 그의 언약에 따라서 필히 그의 백성을 모든 그의 대적으로부터 구원하시고자 하시는 속성이다. 그것은 그의 백성 때문에 하나님께 지운 의무가 결코 아니니, 이는 그 백성은 어떤 권리를 얻을 만한 가치가 있을 수 없기 때문이다. 그 의무는 여호와 자신 때문에 자기에게 지우신 의무다. 그는 더 이상 자유롭지 않다. 주께서 친히 자발적으로 그의 백성과 결속하셨고 그와 같이 그들의 모든 불의에도 불구하고 그의 백성의 하나님으로 남아 있을 것을 그 자신과 그 자신의 언약과 맹세에, 그리고 그의 자신의 말씀과 약속에 책임을 지웠다. 그러므로 계속 하나님은 그의 이름으로, 그의 언약으로, 그의 영광과 존귀로 그가 그들에게 약속하셨던 축복들을 그의 백성에게 주실 것에 대해서 언급하시고 있다(시 25:11; 31:4; 79:9; 106:8; 109:21; 143:11; 사 48:9, 11; 렘 14:7, 21; 겔 20:9, 14, 22, 44; 단 9:19 등). 비록 백성은 신실치 못하고 배교하였을지라도, 그는 그와 언약을 기억하시사 영원히 지키신다(시 105:8; 111:5; 사 54:10). 경건한 이스라엘이 호소하는 하나님의 의는 그의 선과 거룩과의 대조를 이룩하는 것이 아니고 오히려 친숙하며 그의 진리와 신실과도 밀접하게 연결되어 있다. 그것이 하나님으로 하여금 자기의 말씀과 약속에 견고히 서게 하고 그로 하여금 그의 백성들을 순전한 은혜로 말미암아 모든 압제로부터 구원케 하신다.

하나님은 친히 지난 날 이스라엘을 그의 모든 대적으로부터 종종 계속 구원하셨을 때 이에 준하여 행동하셨다(출 2:24; 삿 2:1; 사 37:20). 그러나 아직 주께서 장차 그들 중에 그의 나라를 세우시는 그때에 아주 풍부하게 계시하실 것이다. 자신의 의에 의해서 그리고 그분이 의의 하나님이요 신실과 진리의 하나님이기 때문에 그들과 새 언약을 세우실 것이고, 그들의 죄를 용서하시며 그들 위에 그의 영을 부어주시사 그들로 하여금 자신의 길로 행하게 하실 것이다 (렘 31:31-34 등). 그러나 그가 이를 행하심은 그들을 위함이 아니요 자신, 곧 자신의 크신 이름을 위함이다. 나, 곧 나를 위하여 네 허물을 도말하는 자니 네 죄를 기억치 아니하리라(사 43:25). 하나님의 의가 이스라엘 의의 유일한 원천이다. 이스라엘이 필요로 하는 의는 주께서 친히 가져오신 것이다(사 45:24, 25; 46:131; 54:17). 주께서 새 하늘과 새 땅을 창조하나니, 이전 것은 더 이상 생각되지 않을 것이라(사 65:17). 그날에 유다는 구원을 얻겠고 이스라엘은 평안히 거할 것이다. 열방이 그들의 공의를, 열왕이 그들의 영광을 볼 것이요, 그들이 여호와의 입으로 정하실 새 이름으로 일컬음이 될 것이니, 그 이름은 여호와가 우리의 의라 하게 될 것이다(사 62:2; 렘 23:6; 33:16).

하나님이 친히 그의 백성에게 의를 주시고 그로 인하여 그들을 의롭다 하시는 사상은 그리스도께서 땅에 나타나시사 그의 생과 죽음을 통하여 모든 의를 교회 앞에 이루시는 때인 신약시대에 아주 풍부하게 발전되고 있다.

예수님이 친히 오셔서 때가 찼고 하나님의 나라가 가까이 왔다고 설교하셨다(막 1:15). 이 말이 의미하는 바는 그 나라가 머지않아 임할 것이고 원리적으로는 그의 인격과 사역 속에서 이미 임하였다는 말이다. 왜냐하면 그 안에서 여호와의 종에 관한 구약의 예언이 성취되고(눅 4:17-21), 특별히 그의 사역을 통하여 이것이 증명되는 메시아이기 때문이다. 그가 병자를 고치시고 죽은 자를 일으키시며 귀신을 쫓아내시며 가난한 자들에게 복음을 선포하시며 죄를 용서하실 때, 그가 예언으로 약속된 그분이며 하나님의 나라가 땅에 임하였음을 증명하는 논박할 수 없는 증거이다(마 9:2, 6; 10:7, 8; 11:5; 12:28). 그리스도께서 주신 은택인 영적이고 육적인 구원 안에 하나님의 나라의 보물이 계시되어 있다.

이런 나라의 보물 중에서 특별히 예수님은 의에 대해서 말씀하셨다. 마태복음 6:33에서 이 의가 그 나라와 아주 밀접히 연결되어 있다. 예수님께서 그의 제자들에게 말씀하시기를 먼저 하나님의 나라와 그의(즉 하나님의) 의를 구하라고 하였다. 혹은 다른 식으로 읽으면 먼저 그의 나라와 의를 구하라, 즉 32절에 언급된 하늘의 아버지의 나라와 의를 구함이다. 나라와 같이 그 나라의 의 역시 하나님께서 그리스도를 통하여 분배하시는 하나님의 소유요 선물이다. 하나님의 나라를 구하고 얻는 자는 동시에 그 나라의 시민에게 필요한 의를 받는다.

그 때문에 예수님은 다른 곳에서 역시 이런 의를 소유함이 하나님의 나라에 들어가는 조건이라고 말씀하셨다. 너희 의가 서기관과 바리새인보다 더 낫지 못하면 결단코 천국에 들어가지 못하리라 하셨다(마 5:20; 7:21, 고전 6:10; 갈 6:18-21; 엡 5:5; 계 22:15 참조). 예수님이 그의 제자들에게 요구하신 이런 의는 유대인들이 그것으로 만족하였던 외적 법 이행과는 전혀 다르고 훨씬 깊고 내적인 의다. 그것은 영적으로 완전한 의요 아버지의 의와 같이 완전한 의다(마 5:20, 48). 그러나 예수님께서 그 나라에 들어가기 위해서 그런 의가 필요하다고 했을 때, 사람이 무엇보다 우선 자신의 힘으로 그것을 이루어야 한다는 의미가 아니다. 만약 그렇다면 그는 메시야가 아니었을 것이고 그의 복음은 기쁜 소식이 되지 못하였을 것이다. 그러나 그 목적은 하나님의 나라의 본성이요 영적인 성격을 지닌 그 완전성을 나타내기 위해서다. 하나님의 율법과 완전히 일치하고 완전한 의를 소유한 자가 아니면 아무도 들어갈 수 없다.

한편으로 하나님의 나라에 이르는 요구요 조건인 이 의가 다른 한편으로는 그 나라의 선물이다. 그리스도가 그 나라의 모든 은택들과 그 나라의 의를 분배하는 본인이시다. 그것이 하나님의 나라요 그 의가 하나님의 의다(마 6:33). 그러나 아버지께서 그에게 그 나라를 맡기신 것처럼 그도 제자들에게 그 나라를 맡기셨다(눅 22:29; 12:82). 왜냐하면 아버지께서 아들을 사랑하셔서서 그에게 모든 것을 주셨기 때문이다(마 11:27; 요 3:35; 13:3; 16:15). 그럼에도 불구하고 아버지께서 그에게 만물을 주신 것은 그가 사람의 아들이기 때문이다(요 5:27). 즉 그가 죽음에 이르는 순종에 의해서 자신을 위해 그것을 성취하도록 하기 위함이다. 그가 온 것은 섬김을 받으려 함이 아니라, 도리어 섬기려 하고 자기 목숨을 많은 사람의 속전(대속물)으로 주려 함이다(마 20:28). 십자가에 죽으심으로 자기 몸을 떼시고 그의 피를 흘리셨으니, 새 언약을 세우시고 그 백성의 모든 죄를 용서하시기 위함이다(마 26:26-28).

아버지의 청탁과 자신의 제사에 기초하여 그는 그의 죽음의 전과 후 모두, 그 나라의 모든 은택들을 그의 제자들에게 나누어 주셨다. 그는 병자를 고치셨고 죄를 용서하셨으며 영생을 주셨다. 그가 이런 축복을 나누실 때 스스로 의롭다 하는 바리새인들에게 주신 것이 아니라, 세리들과 죄인들, 곤비하고 무거운 짐을 진 자, 심령이 가난한 자, 의에 주리고 목마른 자에게 주셨다. 그가 오신 것은 의인을 부르러 오신 것이 아니라 죄인을 불러 회개시키기 위해서 오셨고(마 9:13), 잃어버린 자를 찾아 구원하러 오셨다(눅 19:10). 자신의 의가 아니라, 중생과 신앙과 회개에 의해서 그 나라에 이르는 문이 열리고 그것의 모든 은택들을 얻는다. 중생이 바로 성령의 선물이요 역사다(요 3:5).

오순절 날 성령을 부어주시자 마자, 제자들은 곧바로 십자가에 달리셨던 그리스도를 하나님에 의해서 높이사 임금과 구주로 삼으신 자로 전파하여, 이스라엘을 회개시키고 죄 용서를 주셨다(행 2:36; 38:5; 30, 31). 그리스도의 죽음에서 구원의 사건이 일어난 후 그것에 대한 의미는 부활의 빛과 성령의 인도하심을 따라 사도들에 의해서 완전히 벗겨졌다. 그리고 이것이 직접 사도들을 통해서라기보다는, 8일 만에 할례를 받았고 이스라엘의 족속이요 베냐민의 지파요 히브리인 중 히브리인이요 율법으로는 바리새인이요 열심으로는 교회를 핍박하고 율법의 의로는 흠이 없는 자이지만, 그에게 유익하던 것을 그리스도를 위하여 다 해로 여겼던 바울을 통하여(빌 3:5-7) 더 부유하고 분명하게 나타났다.

자신의 증거에 따르면 바울은 율법에 속한 의를 위해서 수년 동안 많은 열심을 가지고 싸웠다. 그 길로 멀리까지 나아갔다. 율법에 기초를 두었고(빌 3:6), 율법에서 얻은 바(빌 3:9; 롬 10:5; 9:32 참조), 그 의에 따르면 사람의 판단에 흠이 없다. 그에게는 나무랄 만한 것이 없다. 오히려 그는 존경을 받았고 명성과 존귀히 여김을 받았다. 그가 이 길로 계속 간다면, 백성 중에서 유명한 생애를 열었을런지도 모른다. 그는 큰 성공을 거두었다(7절). 그러나 하나님께서 그 안에 그의 아들을 계시하기를 기뻐하셨을 때, 그는 그리스도를 아는 지식이 가장 고상함을 인하여 모든 것을 해로 여기고 유익치 못한 것으로 생각하였으며 잃어버리고 무익한 배설물로 여겼으니, 이는 그가 그리스도를 얻고 그 안에 발견되려 함이며 그가 가진 의는 율법에서 난 의가 아니요 그리스도를 믿는 믿음으로 말미암은 것이요 믿음으로 하나님께로서 난 의다.

율법의 행위에서 난 의가 왜 불충분한지에 대해서 사도는 다른 곳에서 더 설명하고 있다. 율법은 참으로 거룩하고 의롭고 신령하고 선하지만, 인간은 육체적이어서 노예와 같이 죄의 권세 아래 팔렸다(롬 7:12, 14). 그것은 능히 살게 하지 못하고 그것의 심판으로 말미암아 죄를 없이 하지 못하는 것은 그것이 육신으로 말미암아 연약하여 할 수 없기 때문이다(롬 8:3; 갈 3:21). 그것은 요구하지만, 아무것도 얻지 못한다. 그것은 다만 이 일을 행하는 사람이 그것으로 살 것이라고 말한다(롬 10:5; 갈 3:10, 12). 그러나 그것이 이 길에서는 생명 되게 할 수 없으니, 이는 육체는 하나님의 법에 굴복치 아니할 뿐만 아니라, 그렇게 할 수 없기 때문이다(롬 8:7). 정의와 생명을 주는 대신에 율법은 지금도 죄의 힘이다(고전 15:56). 진정 율법이 없는 곳에는 죄도 없고 범죄함도 없다(롬 4:15; 7:8). 그러나 인간의 죄악된 상태에서는 율법이 죄를 일으키고 정욕을 자극시키며 인간으로 금지된 것을 욕망하도록 하며 그렇지 않으면 오히려 인간 안 에 거하는 죄가 기회를 타서 계명으로 말미암아 그 마음에 각종 정욕을 일으키고 죄로 심히 죄 되게 한다(롬 5:20; 7:8, 11, 13; 갈 3:19). 그러므로 율법이 행할 수 있는 것은 죄를 깨닫게 하는 일이요(롬 3:20; 7:7), 진노를 이루게 하는 일이요(롬 4:15), 저주 아래 있고(갈 3:10), 그 일로 인하여 어떤 사람도 의롭다 함을 받을 수 없으며(행 13:39; 롬 3:20, 28; 8:3, 8; 갈 2:16; 3:11), 율법에 의해서 판단된다면, 온 세상이 하나님 앞에 정죄되고 그 형벌에 복종함이니, 이는 하나님의 진노가 사람들의 모든 경건치 않음과 불의에 대하여 하늘로 좇아 나타나기 때문이다(롬 1:18; 엡 5:6; 골 3:6).

그러나 하나님께서 율법에 따라서 인간에게 나타내시는 공의로운 심판이 있다면, 어떻게 구원받을 수 있겠는가? 예수님께 하신 말씀과 같이(마 19:26), 바울도 이에 대답해 주기를, 사람으로 불가능한 그 일이 하나님께는 모든 것이 가능하다. 하나님께서는 불가능한 것이 가능하니, 그는 경건치 아니한 자를 의롭다 하시고, 이때에 스스로 완전한 의로움을 나타내신다라고 하였다(롬 3:26; 4:5). 하나님이 그의 거룩한 율법에서 가장 엄밀하게 정죄하신 것, 즉 불경건한 자를 의롭다 하는 것(신 25:1; 시 82:2; 잠 17:15; 사 5:23), 주께서 스스로 결코 행하지 않겠다고 말씀하신(출 23:7) 그 일을 행하셨으되, 자신의 의를 보존함으로 이를 행하셨다. 이것이 복음의 기적이다.

참으로 하나님은 율법 안에서 자기 의를 선포하였을 뿐만 아니라, 복음 안에서도 자기 의를 선포하셨다. 복음 안에서 계시된 의는 율법 없이, 그것과 상관없이, 그것과 아주 별개로, 분명히 그것과 역행하여 계시되었다(롬 1:17; 3:20). 이 복음은 오래 전에 존재해 왔다. 그것의 시작은 낙원에서부터다. 복음 안에 계시되었던 하나님의 의는 율법과 선지서들의 증거요 전 구약성경의 증거이다(롬 3:21). 아브라함은 아직 할례받기 전에 이미 의롭다 함을 받았다(롬 4:1 이하). 다윗 역시 일한 것이 없이 하나님께 의로 여기심을 받는 사람의 행복에 대해서 말하였다(롬 4:6). 하박국은 일반적인 진술로 의인은 믿음으로 산다고 하였다(롬 1:17; 갈 3:11). 그러나 이제 오늘날(롬 3:21, 26) 이런 하나님의 의가 훨씬 분명하게 비쳐졌으니, 그리스도께서 나타나시사 하나님으로부터 우리에게 의가 되셨다(고전 1:30).

이스라엘에게 주신 율법은 그 자체가 복음 속에 나타난 하나님의 의의 충만한 계시를 위해서 봉사한다. 왜냐하면 죄를 자극하고 죄로서 깨닫게 함으로, 그리고 진노를 이루게 하고 저주 아래 있게 함으로 그것은 그리스도에게 이르게 하는 몽학선생과 인도자가 되어, 그의 교습 아래 있는 자들은 때가 차면 그리스도에게로 인도되고 믿음으로 의롭다 함을 받기 때문이다(갈 3:22-25). 그렇게 사람들은 그들 편에서 율법의 견습을 통하여 복음의 나타남을 준비한다. 그러나 하나님 편에서 율법은 그의 약속을 성취케 하는 데 이바지한다. 왜냐하면 그리스도께서 오시기 전까지 길이 참으시는 중에 하나님은 이방인들로 하여금 제 길로 가도록 내버려두셨고(행 14:16), 주께서 내키신 대로 벌하지 않으셨다는 이런 의미에서 그의 백성 이스라엘의 죄들을 간과하시고 허용하셨기(롬 3:25) 때문이다. 그 때문에 주께서 필요로 하셨던 것은 자신의 의를 다른 방식, 곧 율법과는 독립적인 복음 안에서 계시함을 필요로 하셨다(롬 3:25, 26). 기업의 약속을 율법의 행위로 말미암지 않고 오직 예수 그리스도를 믿는 믿음으로 말미암아 신자들에게 주시기 위해서 만물을 율법을 통하여 죄의 주관 아래 있게 하셨다(갈 3:22; 롬 3:9, 19; 11:32).

그러므로 하나님께서 복음 안에 계시하신 의는 독특한 성격을 띠게 되었다. 그 의는 율법 없이 나타났지만 그럼에도 불구하고 율법과 일치해야 한다(롬 3:21). 그것은 심판해야 하고 동시에 보존해야 한다. 그것은 그의 공의의 계시요 동시에 그의 은혜의 계시다(롬 3:23, 24). 그것은 하나님께서 불경건한 자를 의롭다 하실 수 있고 그럼에도 여전히 그 안에 완전한 의로움을 나타내시는 그런 의임에 틀림없다(롬 3:26; 4:5). 이것은 객관적으로 그리스도를 그의 피 안에서 화목제물로 제시함에 의해서, 주관적으로는 그런 그리스도를 믿는 믿음을 의롭다 하심에 의해서 나타난다(롬 4:4; 갈 3:6). 하나님께서 복음 안에 계시하신 의는 한마디로 신앙의 의를 보내주심에 있으니, 이 의는 율법의 행위로 말미암은 의나 인간 고유의 의와는 정면으로 반대되는 의다(롬 3:21; 4:2-6; 9:32; 10:3; 빌 3:9). 그리스도를 믿는 신앙으로 말미암은 하나님에게서 난 의다(빌 3:9).

그러므로 죄인을 의롭다 하시는 성경의 교리에서 강조하는 전체 강조는 우리를 죄책과 형벌로부터 해방되게 하는 그 의는 하나님으로부터 주어진 것이란 사실에 있다. 율법의 행위로 말미암아 의롭게 되고 율법의 계명을 지킴으로 의롭게 된다면, 우리는 하나님의 심판대 앞에서 자신이 이룩해 놓은 의, 곧 자신의 의를 가지고 나타날 수 있고 어떤 의미에서는 자신에게 영광을 얻을 근거를 가질지 모른다(롬 4:2). 그러나 성경은 다르게 가르친다. 아브라함은 하나님께 영광을 얻을 만한 것이 없다. 왜냐하면 행위가 아니라 그의 신앙에 의해서 의로 여김을 받았기 때문이다. 그에게 내린 상급은 죄책에 따른 것이 아니고 은혜에 따른 것이다(롬 4:4, 5). 하나님께서 그리스도 안에 주셨고 그것으로 우리가 그의 목전에 설 수 있는 그 의는 좁은 의미에서 우리의 노동의 열매요, 넓은 의미에서 하나님의 선물이요 그의 은혜의 선물이다. 우리는 그리스도 예수 안에 있는 구속으로 말미암아 하나님의 은혜로 값없이 의롭다 하심을 얻었다(롬 3:24).

하나님의 은혜가 우리의 칭의의 깊은 근거요 마지막 원인이다. 그러나 이 은혜가 하나님의 의와 모순을 이루지 않고 오히려 아주 밀접히 연결되어 있다. 특별히 바울이 반복해서 하나님의 의가 복음 안에서 계시되었다고 했고(롬 1:17; 3:5, 21, 22, 25, 26; 10:3), 그와 똑같이 요한도 그의 첫째 편지에서(1:9) 하나님은 미쁘시고 의로우시사 우리가 우리 죄를 자백하면 우리 죄를 용서하시고 모든 불의에서 깨끗하게 하실 것이라고 했다. 베드로도 그의 두번째 서신에서 (1:1), 우리는 우리 하나님과 구주 예수 그리스도의 의를 힘입어 믿음을 받았다고 했다.

여기에 내포된 관념은, 공의의 하나님이신 그분이 율법 안에서 나타내셨던 그것과 다른 공의의 서정, 즉 공의의 관계를 복음 안에서 창조하셨다는 것이다. 후자 역시 하나님의 의를 나타내지만, 그가 인간에게 그의 율법을 주시고 그로 하여금 그 율법에 의무적으로 순종케 하시며 마지막에는 그의 행위에 따라서 그를 판단하셔서 상급을 주시든지 형벌을 내리시든지 하는 그런 식이다. 참으로 그런 율법이 죄로 말미암아 무기력하게 되었기 때문에 인간들이 필히 그것에 복종해야 하는 다른 공의의 서정을 복음 안에서 세우셨다(롬 10:3). 그것 자체는 하나님의 보좌 앞에 나설 수 있기 위해서 필요한 그런 의를 신앙으로 주시는 공의의 서정이다. 그러므로 복음은 공의의 서정이요 은혜의 서정이다. 은혜란 우리를 율법에 고착시킬 수 있고 그 율법에 따라서 우리를 판단하실 수 있는 하나님이 그리스도 안에 의와 생명에 이르는 다른 길을 여셨다는 데 있다. 그리고 공의란 하나님께서 우리를 의나 성결에 관계없이 그의 왕국으로 인도하신 것이 아니라, 그리스도의 제사로 말미암아 완전한 의를 이루셨고 이를 은혜로부터 우리에게 주시고 전가시키셨다는 데 있다. 그리스도는 하나님의 사랑의 선물이요 (요 3:16; 롬 5:8), 동시에 그의 의의 표현으로(롬 3:25), 골고다의 십자가상에서 그의 공의와 은혜가 서로 만나고 있다. 칭의는 공의로운 하나님의 행위요 동시에 은혜의 행위시다.

공의와 은혜의 통일은 그리스도와 그의 모든 은택의 덕택이니, 특별히 우리가 신적 법정에 설 수 있기 위해서 필요한 의의 은택이 그렇다. 신앙 안에서 우리에게 보내주신 이런 의는 엄연히 하나님의 존재의 속성으로서 의나 그리스도의 인성 혹은 신성과 구별된다. 왜냐하면 하나님 혹은 그리스도의 존재론적 의가 우리의 칭의의 근거라고 한다면, 그리스도의 전체 고난과 죽음이 그 가치를 잃을 뿐만 아니라, 창조자와 피조물 사이의 경계선이 희미해지게 될 것이고 두 본성이 범신론적으로 혼돈될 것이다. 신앙을 통하여 우리에게 나누어 주시고 하나님 앞에서 우리를 의롭게 하신 의는 참으로 그리스도의 고난과 죽음을 통하여 얻어진 것이다. 무엇보다 더 하나님은 그리스도를 그의 피를 믿는 믿음을 통하여 화목케 하기 위해서, 즉 흘리신 피의 능력을 통하여 그리고 신앙의 수단을 통하여 죄를 화목케 하는 일을 이루는 화목의 수단으로 세우셨다(롬 3:25). 그는 우리 대신 죄인이 되시고 우리 대신 저주받으셨으니, 이는 그가 우리를 율법의 저주로부터 구속하고 우리가 그 안에서 하나님의 의가 되기 위함이다(고후 5:21; 갈 3:3). 그리스도와 그의 백성 사이에 교체가 이루어졌다. 그리스도는 그들의 죄를 담당하셔서 저주받으시고 게다가 그들에게 그의 의를 대신 주셨다. 그는 하나님께로서 나와서 그들에게 지혜와 의와 거룩과 구원이 되셨다(고전 1:30).

그리스도의 이런 의는 완전하고 충분하여서 우리 편에서의 보충을 결코 필요로 하지 않는다. 어떤 방식에서든지 적어도 우리를 통하여 그 의가 증가되거나 보충되는 것이 아니다. 왜냐하면 그것은 하나의 유기적 전체이기 때문이다. 율법이 전체적이어서 누구든지 그 전체를 지켰다가 그 하나에 거치면 모든 계명을 범한 자가 되는(약 2:10) 것처럼, 율법의 요구에 만족하는 의도 예수님이 빼앗겼던 위에서부터 통으로 짠 속옷처럼(요 19:23) 완전한 통일체다. 이 의는 부분이나 조각으로부터 모아진 것이 아니고, 그것은 존재하거나 존재하지 않거나 둘 중에 하나다. 사람이 그것을 부분적으로 얻을 수 없고 자신의 노동으로 말미암아 결점을 보충할 수 없다. 게다가 우리 편에서 그런 보충할 수 있을 만한 것으로 무엇이 있는가? 우리가 신앙을 위해서 이룰 선행에 대해서 할 말이 없다. 왜냐하면 그런 선행이란 없기 때문이다. 성경은 아주 명료하게 인간의 마음의 계획하는 바가 어려서부터 악함과 육체로 난 것은 육체며 육체의 생각은 하나님을 대적하고 스스로 그의 율법에 복종하지 않고 그의 모든 의란 더러운 옷을 입은 것과 같다고 하였다.

선행이 그리스도께서 이루셨던 의를 보충해야 한다면, 중생한 사람이 신앙으로부터 이룩한 그런 선행이 우선 고려될 수 있다. 좋은 나무가 좋은 열매를 맺는 것처럼 선한 사람이 마음의 선한 보고로부터 선한 것을 낸다(마 12:35). 하나님의 영으로 새롭게 될 경우 속사람으로 하나님의 법을 즐거워한다(롬 7:22). 그러나 첫째로 신앙으로부터 나온 이 모든 행위는 아직도 아주 불완전하고 죄로 오염되어 있다. 신자가 선한 것을 행하기를 원함과 동시에 그에게 악이 함께 있는 것을 발견한다(롬 7:21). 둘째로 이런 모든 선행들은 이미 그리스도께서 주셨고 신앙 안에서 취한 의를 전제한다. 신자는 하나님께서 예비하셨던 선행 가운데 오직 행하고 이를 위해서 하나님의 만드신 바와 같이 그리스도 예수 안에서 창조되었다(엡 2:10).

그러므로 칭의 가운데 있는 우리의 위로는 우리가 필요로 하는 모든 의가 우리 밖에 그리스도 예수 안에 있다는 데 있다. 우리가 그 일을 성취해야 한다는 것이지, 할 수 있다는 것이 아니다. 그러나 하나님은 복음 안에 있는 그의 의를 계시하실 때, 그가 친히 한 의를 그리스도의 제사를 통하여 제공하는 식으로 계시하셨다. 우리를 의롭게 하시는 의는 하나님으로부터 나온 의요, 그리스도 안에서 신앙으로 말미암은 의다. 그것은 그 전체에 있어서나 그 부분에 있어서도 우리의 사역으로부터 난 것이 아니고, 온 전체가 완전하고 충분하게 하나님의 선물이요 값없이 은혜로 주신 것이다(빌 3:9; 딤후 1:9; 딛 3:5). 만일 은혜로 말미암았으면 행위로 말미암지 않음이니, 그렇지 않으면 은혜가 은혜 되지 못한다(롬 11:6). 한마디로 말해서 그리스도 자신이 의다. 우리는 그것을 가지고만이 하나님 앞에 설 수 있다(고전 1:30). 그는 그의 고난과 죽음을 통하여 자신과 자신의 백성을 위하여 모든 죄책과 형벌로부터 자유로운 영생에 들어가고 하나님의 오른편에 있는 장소를 취할 권리를 얻었다.

그러므로 우리를 의롭게 하시는 의는 그리스도의 인격으로부터 분리될 수 없다. 그것을 구성하는 물질적인 선물이든, 영적 선물이든 그것을 그리스도께서 자기와 상관없이 줄 수 없고 우리 또한 그리스도의 인격에 관계없이 그것을 받을 수 없다. 그의 인격과의 교제 없이는 그리스도의 은택들과의 교통이 없다. 전자는 항상 필연적으로 후자를 동반한다. 하나님의 심판 앞에 서기 위해서, 모든 죄책과 형벌로부터 해방받기 위해서, 하나님의 영광과 영생에 참여하기 위해서 우리는 그리스도를 소유해야 하는데, 그것도 그분의 어떤 것을 소유하는 것이 아니고 그리스도 자신을 소유해야 한다. 우리는 그의 은혜와 진리로 충만한 중에 그의 신성과 인성에 따라서 그의 비하와 승귀의 모습 그대로의 그리스도를 소유해야 한다. 십자가에 달리시고 영광을 얻으신 그리스도는 하나님께서 우리에게 은혜로 의롭다 하심으로 주신 의다. 하나님께서 이 그리스도를 그의 모든 은택과 함께 은혜로 우리 편에서 어떤 공로도 없이 신앙의 길에서 우리에게 주심과 동시에 우리를 의롭다 하셨으니, 곧 모든 죄책과 모든 형벌로부터 우리를 자유롭게 하시고 우리에게 영생과 하늘의 영광과 자신의 축복된 영원한 교제에 참여할 권리를 주셨다. 그때 우리는 마치 우리가 죄도 없고 죄를 행하지 않았던 것처럼, 참으로 그리스도께서 우리를 위해서 성취하셨던 그 모든 순종을 우리 자신이 성취하였던 것처럼, 그렇게 자유롭게 그와 면전에 서 있을 수 있게 된 것이다.

그러나 어느 것이든 우리가 받을 수 있는 길은 두 길이 있다. 우리는 그것을 법적인 선언에 의해서 소유할 수 있고 그런 법적인 선언에 기초하여 그 전이나 그 후에도 우리는 소유할 수 있다. 법적인 유언에 상속인으로 녹명된 자는 누구든지 이미 장차 유산된 재산들을 얻을 권리를 가지고 있지만, 사실 그것을 소유할 수 있게 되는 때는 몇 년 후에 가능할 수 있다. 법과 현실이 같은 순간에 일치될 때라도, 본질적으로 둘 사이에는 큰 차이가 존재한다. 소유(eigendom)는 사실에 대한 법적인 힘이요 소지(bezit)는 사실에 대한 실제적 힘이다. 동물들의 경우에는 이런 구별을 우리가 하지 않거나, 적어도 이런 식이나 이런 정도로는 구별하지 않는다. 동물은 그가 얻을 수 있는 것을 취한다. 그러나 인간의 경우는 다르다. 하나님의 형상으로 창조되었기 때문에 그는 어떤 것을 소유하고 사용할 수 있는 권리를 가지고 있음에 틀림없다. 그의 명예와 특권이란 탈취에 의해서 사는 것이 아니라, 손수 노력하여 자신의 빵을 먹는 일이다.

그 모든 것이 영적인 영역에도 적용이 된다. 왜냐하면 우리는 하나님과의 여러 가지 관계에 있다. 그는 우리의 창조주요 우리는 그의 피조물이다. 그는 도자기공이고 우리는 그의 손에 쥐어진 진흙이다. 그가 건축가요 공인이라면 우리는 그의 성전이다. 그는 신부이고 우리는 그의 포도나무의 가지들이다. 그는 우리의 아버지요 우리는 그의 자녀들이다. 세상에 존재하는 신랑과 신부, 남자와 여자, 부모와 자녀, 왕과 신하 사이 등 모든 관계들이 성경에서 일반적인 사람, 특히 신자들과 그와의 풍부하고 다양한 관계를 깨닫게 하기 위해서 동원되고 있다. 우리가 이런 내적 관계의 내용에 해를 끼치지 않는다면, 그중 어떤 것도 거절될 수 없다. 그와 같이 우리가 하나님과의 자녀적인 관계에 있기도 하다. 탕자는 그의 타락의 경우에도 아들의 이름을 붙이고 다니나, 그는 잃어버리고 죽은 아들이요 그가 죄를 고백하고 아버지에게 돌아왔을 때 비로소 다시 발견되었고 살게 되었다.

그와 동시에 우리는 하나님과 법적인 관계에 있기도 하다. 그는 우리의 창조자요 그것 때문에 역시 우리의 입법자요 왕이요 재판관이시다. 성경이 그것을 명백히 표현했을 뿐만 아니라(창 18:25; 시 47:3, 8; 사 33:22; 히 4:12; 약 4:12), 우리 자신의 마음이 그것에 대해서 증거한다. 법의 의미는 우리의 영혼에 깊이 자리하고 있고 모든 민족과 인간에게 소유되어 있다. 법의 개념은 모든 장소와 모든 시대에 걸쳐 동일하다. 법의 내용, 규례와 율례에 관한 차이는 있으나, 법의 개념 자체는 시간, 장소, 운동, 삶, 선, 악의 개념과 똑같이 역사(geschiedenis)가 없다. 그것은 인간본성 속에 심어져 있고 점점 더 의식화되는 개념에 속해 있다. 그렇게 원시적인 민족은 없다. 있다고 해도 제한된 경우 자기 권리에 있어서 침해당한 감을 느끼거나 자기의 권리를 옹호하기 위해서 무기들의 덫에 빠져 있다. 그리고 가장 넓은 의미에 있어서 하나님과의 관계 역시 그런 권리 아래 포괄되고 있다. 각 사람은 자기 양심 속에서 하나님을 경배하고 자기의 양심의 법에 따라 살아야 하는 의무감을 느끼고 있다. 또한 모든 사람이 이를 행하지 못할 때 죄책감을 느끼고 형벌을 받음이 마땅하다고 의식하고 있다. 깨어진 행위언약의 법이 각자 마음속 가까이에 동(動)하고 있다. 시내산에서 하나님에 의해서 선포된 도덕법은 그 계명들의 내용만이 아니라 그들이 지켜야 할 의무를 더 무겁게 하였다.

이런 법의 관계가 많은 사람들의 생각의 경향과 같이 복음에서 없이 된 것이 아니라, 오히려 회복되고 완성되었다. 율법 안에서는 하나님이 심판자로만, 복음 안에서는 아버지로서만 나타났다는데 율법과 복음 사이의 차이가 있는 것이 아니다. 율법과 복음의 차이가 신약과 구약의 차이보다 훨씬 덜 동일할 수 있다. 왜냐하면 구약에서도 하나님은 그의 백성 이스라엘에게 그의 은혜와 긍휼의 복음을 계시하셨기 때문이다. 율법은 은혜언약에 이바지하는 입장에 있고 약속에 뒤따르며 약속에 종속되어 있고 그런 한에서 그의 아버지와 같은 은총과 그의 양육하시는 지혜의 선물이다. 진실로 그리스도의 품위 안에 하나님의 긍휼의 심오한 것이 구약에서보다 더 명백히 나타나 있을지라도, 한편으로 은혜의 복음이 이스라엘 가운데 알리시지 않으신 것이 아니고 그렇다고 그리스도 안에 나타난 복음의 충만이 전무한 것이 아니라, 율법과 선지자들의 글의 성취이다 (마 5:16; 롬 3:31).

사도 바울은 복음 안에 하나님의 의가 계시되어 있음을 아주 강하게 말하는 듯하다(롬 1:17; 3:21-26). 율법과 복음 사이의 통일과 일치는 이 두 가지 안에 같은 하나님의 의가 계시되어 있다는 데 있다. 반면 차이가 있다면, 율법 안에 그런 의가 이것들을 행하는 자마다 살 것이라는 원칙에 따라 계시되어 있고, 복음 안에서는 이런 의가 율법 없이 일을 아니할지라도 경건치 않는 자를 의롭다 하시는 이를 믿는 자에게는 그 믿음을 의로 여기신다는 원칙에 따라서 계시되어 있다(롬 4:5). 율법 안에는 자기 자신의 완전하고 충분한 의가 요구되어지고, 복음 안에서는 같은 완전하고 충만한 의가 하나님으로 말미암아 은총으로부터 그리스도 안에서 보내어진 것이다. 인간이 그의 율법 속에 나타낸 하나님의 공의를 보존하려고도 않고 보존할 수도 없었기 때문에, 하나님 자신이 그리스도 안에 있는 의의 선물을 통하여 그의 공의를 회복하고 확증하였다. 그는 그의 사랑과 자비가 그의 의에 봉사하도록 하였다. 자신을 주심으로 자신의 공의를 이루셨다. 은혜로부터 그리스도의 의를 전가하셨으니, 이는 우리가 그의 율법의 공의를 충만히 이루고 우리 모든 죄의 완전한 용서, 하늘 나라의 자유로운 입국을 얻기 위함이다.

그러므로 칭의는 확실히 하나님의 은혜로운 행위요 법적인 행위, 곧 하나님께서 재판관으로서 우리를 죄책과 형벌로부터 해방시키고 영생을 얻을 권리를 주시는 선언이다. 인간의 의롭다 하시는 근거를 전체적으로, 혹은 부분적으로 인간 자신 안에서(그의 신앙, 그의 선행, 우리 안에 있는 그리스도, 새 생명의 원리에서) 찾는 로마 카톨릭이나 그의 다른 모든 사람들에 의해서 이런 법적으로 의롭다는 선언에 대한 반대, 즉 그런 법적인 선언은 비실제적이고 하나님께 무가치하다는 이런 반대가 제기되었다. 그들의 말에 의하면 우리의 의롭다 하심의 근거가 전적으로 우리 밖의 그리스도에게 있고, 하나님 앞에 우리의 의의 부분으로서 소위 신앙과 선행이 고려되지 않는다면 의롭다 함을 받은 인간은 현실적으로 의로운 것이 아니며 하나님은 그런 인간에 대해서 비진리적이고 부당한 판단을 내리는 것이 되니 이는 그가 실제로 그런 존재로 선포된 그대로의 존재가 아니기 때문이라는 것이다.

이런 반대에 대한 대답은 성경이 칭의에 대해서 법적 행위임을 계속 상기시키고 있다는 이런 모든 진술에서 충족된다. 성경은 계속 하나님 앞에서 죄인을 의롭다 하심에 대해서 말하면서 그때 법정에서 가져와 계속 법적인 의미가 있는 말을 사용한다. 이스라엘의 재판장들에게 의로운 자를 의롭다하고 불의한 자들을 정죄할 것을 하나님은 명령하셨고(신 25:1; 시 82:2, 3; 잠 17:15; 24:24; 사 5:23), 친히 그가 악인을 의롭다 하지 않으시고 의인을 죽이시지 않는 데서 그의 의를 나타내셨다(창 18:25; 출 23:7; 대하 6:23). 이 말이 영적인 영역에 적용될 때도 그 의미를 그대로 유지하고 있다. 예를 들어, 예수님은 그 안에 나타난 지혜가 그의 자녀들의 편으로부터 의롭다 함, 즉 지혜로서 인정함을 받는다고 말씀하셨고(마 11:19), 누가복음 7:29에서도 요한의 말을 듣는 사람들과 그의 세례로 세례받은 세리들은 하나님을 의롭다, 즉 하나님을 의로운 자로 인정하였다고 기록되어 있다. 이 두 본문에서 의롭다 혹은 거룩하다 함이라는 도덕적 의미가 전혀 배제되어 있다.

죄인을 구원한다는 경우에 사용된 말의 경우도 마찬가지이다. 바울은 복음 안에서 하나님의 의가 계시되었다고 말하였을 뿐만 아니라(롬 1:19; 3:20 이하), 하나님은 믿는 자를 의롭다 하시고 동시에 친히 의롭게 남아 계시며(롬 3:26), 일을 하지 아니하였을지라도 경건치 아니한 자를 의롭다 하시는 그분을 믿는 자에게는 그 믿음을 의로 여기신다(롬 4:5)고 선포하고 있다. 그는 의인을 송사자와 정죄자와 대조하여 이르기를 누가 능히 하나님의 택하신 자들을 송사하리요 의롭다 하시는 이는 하나님이시니 누가 정죄하리요(롬 8:33, 34)라고 하였다. 의롭다 하다를 의로 여기다(4:3, 6, 11)와, 또한 의롭다 함을 받는다 (5:19)와 바꾸어 사용하고 있다. 로마서 5:18에서 (아담의) 한 범죄로 많은 사람이 정죄에 이른 것과 같이, 의의 한 심판(그리스도에 대한)으로 많은 사람이 의롭다 하심을 받아 생명에 이르렀다고 표현하고 있다. 그러므로 특별히 의롭다 함은 하나의 법적 행위요, 하늘의 재판장을 통하여, 율법의 규례에 따라서는 악인이지만 하나님 자신을 통하여 그리스도 안에서 보내신 의를 신앙에 의해서 받아, 그 후 의로운 자로 재판받은 죄인에게 내리시는 무죄의 선고이다.

성경이 칭의를 아주 명백히 하나의 법적 행위로 파악하고 있다는 사실 외에도 그 반대자들은 그 성격에 대해서 전혀 잘못된 생각을 가지고 있다. 그들은 인간 밖의 한 의에 기초한 인간의 무죄선고란 무가치하고 인간 자신은 전혀 변동되지 않는 것으로 말하고 있다. 지금의 이런 죄명은 다시 그들 자신들에게 떨어진다. 왜냐하면 그들이 사람을 그 안에 있는 어떤 의에 근거하여 무죄하다 하면, 그들 자신이 이 땅에서 사람 안에 있는 이런 의란 항상 유오하고 불완전하다는 사실을 인정해야 하고, 따라서 하나님은 사람을 매우 불충분한 의에 기초하여 의롭다 함이니, 하나님 자신이 잘못된 판단의 책임을 지어야 한다는 결론에 이른다. 이와 반대로 그리스도 안에 있는 의에 기초한 무죄선고는 완전히 의로운 것이다. 왜냐하면 이 의는 완전하였고 하나님 자신에 의해서 그의 사랑하는 아들 안에서 제공되었기 때문이다. 이 무죄선고가 오직 그리스도 안에 있는 의에 기초하여 일어난 것일지라도 그것을 자기의 때가 되면 역시 신앙을 통하여 인간의 의식 속에서 작용하고 거기에서 가장 큰 변화를 개시한다. 어떤 사람이 땅의 재판관 앞에서 중한 죄로 고발된 후 무죄로 선고되었을 때 이미 그는 같은 존재로 남아 있지 않고 그의 권리관계가 전적으로 변화된다. 그와 같이 하나님의 무죄선고는 사람의 의식 속에서도 과동(過動)하고 그를 모든 죄책개념으로부터 해방시킨다.

어떤 의미에서는 그런 무죄선고가 이미 선택의 작정 안에 일어났었을지도 모른다. 객관적으로는 그것이 선포된 때는 우리 죄를 위하여 내어줌이 되고 우리의 의롭다 하심을 위하여 살아나셨던 그리스도의 부활의 때다(롬 4:25). 그리고 그리스도의 죽음을 통하여 하나님은 세상과의 화목과 화평의 관계에 있음이 기쁜 소식을 포함하고 있는 복음 안에서 선포되었다(고후 5:19). 그리고 그런 무죄선고는 인간의 내적인 소명 시에 일어나고 자기 편에서 그때 신앙으로 받아들여진다. 칭의란 연속된 구원의 사슬 중 한 고리에 불과하다. 그것은 한편에는 미리 아심과 소명에 연결되어 있고, 다른 한편에는 성화와 영화가 연결되어 있다(롬 8:30). 그러므로 하나님의 법정에서의 칭의는 자기 때가 되면 신앙을 통하여 인간의 의식 속에 파동한다. 그리스도께서 이루신 의는 그리스도 밖에 있는 죽은 자본이 아니라 자신의 인격 속에 포유(包有)하고 그리스도께서 일어나셨던 것을 자기의 때가 되면 성경을 통하여 자기의 모든 은택들을 자기 백성들에게 나누어 주기 위함이다. 그리고 인간의 신앙의 눈이 열려 그것에 대해서 보게 되었을 때 그의 전 권리관계가 단번에 변화한다. 가난한 그가 갑자기 그리스도 예수 안에 있는 부요를 통하여 부요하게 된다. 하나님의 모든 계명을 어긴 범죄에 대한 죄책을 느끼고 있었던 그가 단숨에 모든 죄책과 형벌로부터 해방됨을 본다. 영원한 형벌을 받을 만하였던 그가 영생에 이르는 권리가 수여됨을 보지 않는가! 바울과 함께 그는 영광을 돌린다. 누가 능히 하나님의 택하신 자들을 송사하리요? 의롭다 하시는 이는 하나님이시니 누가 정죄하리요? 죽으실 뿐만 아니라 다시 살아나신 이는 그리스도시니, 그는 하나님 우편에 계신 자요 우리를 위하여 간구하시는 자이시다.

이제 마지막으로 하나는, 칭의와 성화는 구별되어 있고 날카롭게 구별해야 한다. 왜냐하면 이 구분을 무시하거나 도외시하는 자는 누구든지 다시 인간 속에 있는 자기 의를 내세우고, 그리스도 안에서 나타내신 하나님의 의의 완전성과 충족성을 오판하며 복음을 새로운 율법으로 바꾸며, 영혼들의 위로를 빼앗아 가고 구원을 인간의 공로에 의존시킨다. 칭의에 있어서 신앙의 역할은 받아들이는 기관, 즉 선물을 받는 손과 같은 것에 불과하여 영혼이 그리스도와 그의 의에만 신뢰하는 것에 불과하다. 참으로 성경은 자주 믿음이 의로 여김을 받는다고 말한다(창 15:6; 롬 4:3, 5, 9, 22; 갈 3:6; 약 2:23). 동시에 율법이 요구하지만 죄인은 소유하지 못하는 의를 신앙이 대신하였음을 명백히 알려 주고 있다. 그러나 이와 관련하여 물음이 일어난다. 왜 신앙이 율법을 통하여 요구되었던 의를 대신할 수 있는가? 신앙이 어떤 특별한 도덕적 가치를 가졌고 그런 선하고 덕스러운 일이기 때문인가?

신앙은 그의 내용과 대상과는 전혀 별개로 오직 그 자체의 본질적 특성에 의해서 의롭다 하는 것이라고 생각하거나 말하는 자들이 많다. 그러나 성경의 가르침은 이것이 아니다. 신앙이 그 자체의 도덕적 본성에 따라서 의롭다 했다면, 다시 하나의 행위 혹은 일로서 나타날 것이고 일과는 반대의 상태가 아닐 것이다. 바울은 가능한 한 아주 강하게 복음 안에서 신앙을 통하여 이루어지는 칭의를 율법의 행위로 인한 칭의와 직접 대조시키고 있다(롬 3:20, 28; 4:4 이하; 갈 2:16; 3:11 등). 특별히 이런 대조를 다른 것으로 바꾸어 신앙을 통한 칭의는 은혜로 인한 칭의이고, 따라서 모든 영광과 모든 공로를 배제시키고 있다(롬 3:24; 4:4 이하; 딛 3:5). 로마서 4:16에서 사도는 후사가 되는 이것이 은혜에 속하기 위하여 믿음으로 된다고 분명히 말하였으나, 마치 신앙 자체가 그 자체의 내적 가치와 능력 때문에 인간을 의롭게 했다는 것처럼, 그렇게 말할 수 없다. 결국 신앙이 이런 공로를 수행한다고 하면 그리스도는 칭의에 있어서 모든 의의를 잃어버리게 된다. 그때 오직 중요한 것은 어떤 사람이 믿었다는 것이 아니라, 그가 무엇을 믿었느냐이다. 그때의 믿음은 우상을 믿든 마귀의 능력을 믿든 거짓 선지자들을 믿든 상관없이 의롭게 하는 행위일 것이다. 그것은 마치 어떤 믿지 않는 의사가 '신앙은 치유하는 능력이 있기' 때문에 자기 환자들에게 루르데(Lourdes) 지방을 방문하라고 전하는 것과 같다.

그러나 성경은 이와 정반대의 입장에 있다. 의롭다 하는 신앙의 경우에 중요한 것은 그 내용과 대상에 있다. 믿음은 율법에 의해서 요구된 의를 대신할 수 있고 의로 여김을 받을 수 있다. 왜냐하면 그것은 그리스도 예수를 믿는 신앙이기 때문이다. 즉 그분은 하나님에 의해서 그의 피의 능력으로 인하여 화목제물로 세우심을 입은 자요(롬 3:25), 우리의 저주를 감당하셨으며(갈 3:13), 우리를 위하여 죄를 삼으셨으며(고후 5:21), 죽으실 뿐만 아니라 다시 살아나셨고 하나님의 우편에 앉아 계시사 우리를 위하여 간구하시는 분이며(롬 8:34), 하나님께로서 나서 우리에게 의가 되셨으며(고전 1:30), 저의 안에서 우리로 하여금 하나님의 의가 되게 하신 분(고후 5:21)을 믿는 것이다. 한마디로 말해서 신앙이 의롭다 하심은, 율법에 의해서 요구되었으나 이제 복음 안에서 하나님을 통하여 그리스도 안에 있는 은혜로부터 보내어 주신(빌 3:9) 완전하고 충족한 한 의에 신앙이 그리스도 안에서 참여되기 때문이다. 그것이 의롭다 하는 것은 그 자체의 내적인 가치성 때문이 아니라 그 내용, 곧 그리스도의 의 때문이다.

그러나 칭의와 성화 사이의 구별을 분명히 보여주고 명백히 주장하는 것이 아주 중요하다 할지라도, 이 두 은택들이 한 순간도 서로 분리되지 않는다. 하나님의 작정 안에서 그들은 분리되어 있지 않다. 왜냐하면 칭의란 구원의 사슬 중 한 고리에 불과하기 때문이다. 하나님이 미리 아신 자들로 또한 그 아들의 형상을 본받게 하기 위하여 미리 정하셨고, 또 미리 정하신 그들을 또한 부르시고 부르신 그들을 또한 의롭다 하시고 의롭다 하신 그들을 또한 영화롭게 하셨다(롬 8:29, 30). 그들은 그리스도의 인격과 사역 속에서도 분리되어 있지 않다. 왜냐하면 의는 그리스도 밖에 있고 그의 인격과 상관없이 받을 수 있는 어떤 것이 아니기 때문이다(고전 1:30). 사람이 그리스도의 한 은택을 다른 은택 없이 받을 수 없다. 왜냐하면 그들 모두가 그의 인격 안에 포유되어 있기 때문이다. 신앙에 의해서 그리스도를 그의 의로 받아들이는 자는 동시에 그를 그의 거룩으로 받아들인다. 그리스도는 나뉘어질 수 없고 반으로 혹은 부분으로 영접될 수 없다. 그를 소유한 자는 그의 모든 은택을 포함하여 그분 전부를 소유하는 자다. 그의 은택들이 결여된 자는 그의 인격에 역시 참여할 수 없다. 최종적으로 말하면 신앙 안에서 역시 칭의와 성화는 분리됨이 없이 서로 결합되어 있다. 전자의 은택의 경우에서 신앙은 오직, 그리고 배제적으로 그것의 종교적 성격으로부터 하나님의 은혜에 대한 신뢰로서, 그리스도와 그 안에서 하나님에 의해서 보내주신 의를 받아들이는 것으로서 고려된다. 그러나 참으로 신앙이 이것이고 이를 행한다면, 그것은 탁월한 하나님의 일인 살아 있는 구원의 신앙이요(요 6:29), 선행 안에서 그것의 실제성과 능력을 나타낸다(갈 5:6; 약 2:20 이하). 의롭다 하는 것은 살아나게 하는 것과 같은 것이 아니다. 그러나 죄와 죽음과 같이 의와 생명은 아주 밀접히 일치되어 있다. 즉 의인은 믿음으로 말미암아 산다(롬 1:17). 한 범죄로 많은 사람이 정죄에 이른 것같이 무죄의 한 선고로 많은 사람이 의롭다 하심을 받아 생명을 초래하고 생명에 이르게 하였다(롬 5:18).

이러므로 칭의에는 두 가지 은택이 포함된다. 즉 죄의 용서와 영생을 얻을 권리이다. 그들은 서로 연결되어 있고 그리스도의 사역 중 피동적 순종과 능동적 순종처럼, 서로 같은 관계 안에 서 있다. 그리스도는 아담이 그의 한 범죄로 말미암아 부패시켰던 것을 회복할 뿐만 아니라, 아담이 하나님의 계명의 보존함을 통하여 취득해야 할 것, 즉 영생을 취득하였다. 그리스도를 믿는 자는 누구든지 그로 인하여 그의 모든 죄들을 용서함받고(마 8:2; 롬 4:7; 엡 4:32), 그 같은 순간에 영생을 얻는다(요 3:16, 36).

죄의 용서에 대해서 대부분의 사람들이 아주 가볍게 생각하고 있다. 그들은 하나님께서 죄들을 용서하시고 그 결함들을 묵인한다는 것이 아주 자연스러운 어떤 것으로 생각하고 있다. 즉 마치 하나님은 죄를 용서해 주어야 하고 그렇지 않으면 사랑의 하나님이 전혀 아닌 것처럼 생각하고 있다. 그러나 인생의 경험이 그들에게 이미 잘 조명해 준다. 용서하는 것, 진정으로 용서하는 것, 마음속에 해우되는 화의 원인을 전혀 남기지 않는 그런 식의 용서란 우리 자신과의 싸움을 치러야 하고 우리 자신에 대한 승리를 의미한다. 진실로 화의 감정은 우리 안에서 종종 실수를 행한다. 우리는 우리에게 무가치한 것들에 빠져 있고 몹시 슬퍼해야 할 것에는 우리가 지나쳐 버린다. 권리와 명예의 감정은 말살되지 않았지만, 부패되고 잘못된 방향으로 인도되고 있다. 그럼에도 불구하고 우리가 이런 저런 일로 기분이 몹시 상하고 우리의 명예, 성격, 명성에 있어서 마음이 어지럽혀지는 일이 일어난다. 모든 복수와 증오를 마음으로부터 몰아내고 우리의 원수를 온전히 진정으로 용서하여 우리를 기분나쁘게 하는 원인을 잊어

버리고 더 이상 생각하지도 않기 위해서 얼마나 많은 자기 싸움을 치러야 하겠는가! 용서는 항상 법규위반을 전제하고 그것에 대한 책임을 묻는 어떤 형벌에 대한 면제를 포함한다.

　이 모든 것들이 인간들 사이에도 이미 진리가 되어 있다. 그러나 죄와 용서는 우리가 하나님께 대하여 범죄하여 하나님에 의해서 용서함을 받았을 때 훨씬 더 진지한 성격을 띤다. 하나님은 권리를 가지고 계신다. 즉 모든 시대에 걸쳐 어디에서나 만사에 모든 인류를 통하여 하나님으로서 인식되고 경배되며 영광을 받으실 권리를 가지고 계신다. 이 권리가 모든 권리와 법의 원리요 기초이다. 이 권리에 접촉하는 자는 누구든지 그것의 그 근원과 견고성을 하나님 안에 있는 그대로, 모든 법질서 곧 모든 도덕적 세계 질서에 접촉한다. 죄는 하나님의 의의 전복이다. 그런 식으로 죄에 대해서 깨달음을 받고 성경의 조명에 따라서 관조하며 하나님이 그것에 대하여 보시는 대로 어느 정도 보는 자는 용서에 대해서도 전혀 다른 생각을 갖는다. 그는 본래 그것을 믿을 수 없다. 왜냐하면 그것이 만물현상에 역행하기 때문이다.

　첫째로 거기에는 그를 정죄하고 하나님 앞에서 죄책을 느끼게 하는 그 자신의 마음이 있다. 다음으로 그에 대해서 저주를 선포하고 그가 죽어도 마땅하다고 여기는 법이 있다. 게다가 더 그를 참소하고 그의 참소에서 그에 대한 반대 권리를 주장하는 사단이 있다. 거기에는 결핍 시에 그를 홀로 내버려두고 그의 죄들을 과장하는 민중들이 있다. 그리고 이 모든 것들의 안과 뒤에서 그는 그를 찾으시며 가까이 따르시며 견고히 하시며 심판의 값을 치루시는 하나님의 의의 소리를 듣는다. 이 모든 것들을 성찰하고 경험하면서 그의 모든 죄들의 온전한 용서를 어떻게 믿어야 하고 믿을 수 있는가?

　그러나 그리스도의 교회는 그것을 감히 믿고 믿을 수 있으며 믿어도 좋다. 겸손과 마음의 흥분 속에서 다음과 같이 고백한다. 즉 나는 죄의 용서를 믿는다. 나는 그것을 보지는 못할지라도 그것을 믿는다. 나는 하나님의 모든 계명에 대해서 심히 범죄하였고 그것들 어느 것도 지키지 아니하였으며 아직도 계속 악을 행할 경향이 있다고 나의 양심이 나를 참소할지라도, 나는 그것을 믿는다고 한다. 그리고 그런 신앙 위에 교회는 확고히 기초하고 있다. 그리스도 밖에서 죄의 용서를 찾는 자는 그것에 대한 소원을 가질 수 있고 소망할 수 있지만, 그는 진정으로 그리고 확신 있게 그것을 믿을 수 없다. 그는 그것을 무시될 어떤 것과 동일시 여기고 죄의 심각성을 약화시킨다. 그러나 하나님께서 죄들을 용서하실 수 있고 용서하셨던 것은 그의 권리가 그리스도 안에서 충만히 보존되었기 때문이라고 복음은 우리에 알려 주고 있다. 만족(voldoening)이 용서와 모순을 일으키지 않고 오히려 그것을 가능하게 하고 그것을 보증하며 우리로 하여금 의심할 수 없는 확신으로 믿게 한다. 그러므로 우리 모든 죄들의 그런 용서는 그렇게 완전하여서 성경은 죄의 용서에 대해서 기억치 아니한다. 뒤에 던지다 등으로 표현되어 있다(사 38:17; 43:25; 히 8:12). 여호와는 야곱의 허물을 보지 아니하시며 이스라엘의 패역을 보지 아니하시는도다(민 23:21).

이 용서는 하나님의 예정에 함유되어 있고 그리스도의 부활 시에 온 교회 위에 공공연히 선포되었으며(롬 4:25), 일반적으로 복음 안에서 알려졌고(행 5:31) 특별히 신앙하는 각자에게 분배되고 있다. 그러나 신자는 누구나 그의 모든 죄의 용서에 참여할지라도, 계속 날마다 그것의 보증과 위로를 누리기 위해서 신앙 안에서 충용(充用)해야 한다. 우리가 한 번 회심하고 계속 회심하는 태도를 가지고 우리 자신의 마음의 기쁨대로 행할 수만 있다면 쉬울지도 모른다. 참으로 많은 사람들이 옛날 경험으로 계속 살아가고 그것에 만족한다. 그러나 그것이 그리스도인들의 의나 성령께서 우리 마음속에 섬으신 신앙은 어떤 죽은 자산이 아니다. 우리는 그리스도 자신과의 교제행위를 통하여 구원의 신앙의 역사 가운데 죄의 용서와 그것의 진리와 보증에 계속 참여자들이 된다. 그래서 예수님은 제자들에게 죄의 용서에 관한 기도를 가르쳤다(마 6:12). 우리 죄에 대한 겸손한 고백은 하나님께서 우리의 죄를 용서하시고 우리를 모든 불의에서 깨끗케 하심으로 자기의 미쁘심과 의를 증명하시는 길이다(요 1:9). 그리고 죄의 용서 시에 우리에게 주는 은택이 얼마나 큰지를 우리로 계속 깊이 지각하게 하기 위하여 그리스도께서 우리의 죄의 용서를 구하는 기도에, "우리가 우리에게 죄지은 자를 사하여 준 것같이"란 말이 첨가되고 있다. 이 첨가된 말들은 우리가 하나님으로부터 감히 우리 죄의 용서를 구하거나 구할 수 있을 만한 근거를 이루지 못한다. 그것에 따라서 우리가 우리 지식을 위해서 기원할 수 있는 규범을 그것은 주지 못한다. 그러나 그것은 용서의 은택을 받고 누리며 그 가치를 알기 위해서 기도하는 자의 마음에 현존해야 할 성찰을 묘사하고 있다. 그때 비로소 우리가 마치 모든 적의를 우리 마음속으로부터 근절하고 진정으로 우리에게 죄지은 자의 과오를 용서하는 것처럼, 인간적으로 말해서 하나님께서 죄의 용서의 선물을 그리스도 안에서 우리에게 주시기 위해서 얼마만큼의 값을 치루셨는가에 대해서 어느 정도 우리가 인지한다. 진정으로 우리의 이웃에 대해서 용서의 성향이 있는 것처럼 그때 다만 우리가 우리 영혼의 모든 진지성을 가지고 그런 용서에 대해서 가치를 평가할 수 없을 만큼 크고 귀중한 은택으로 기원할 수 있다. 그 때문에 진실로 우리 죄의 용서는 단번에 완전히 하나님 편에서 이루어지지만, 그것은 우리의 전생애를 통하여 신앙과 회개의 길에서 우리에게 적용이 된다. 성만찬이 그것에 대한 증거이다. 왜냐하면 그 안에서 우리는 계속 반복하여 그리스도께서 우리의 죄를 용서하기 위해서 자기 몸을 떼시고 그의 피를 부으셨음을 상기하기 때문이다(마 26:28).

용서의 이런 은택의 반대편이 영생을 얻을 권리이다. 그리스도를 신앙하는 자는 하나님의 진노로부터 자유로울 뿐만 아니라, 직접 영생을 받는다. 요한은 이런 영생에 대해서 특별히 하나님으로부터 나서 성령에 의해서 우리 마음 안에 심어진 새 생명을 생각하였다(요 1:13; 3:5). 그가 말한 하나님의 자녀가 되는 것(het kindschap)은 중생으로부터 나오고 특별히 하나님의 형상을 담는 일(Godegelijkvormigheid)에 있다(요 1:13; 요일 1:1-3). 그러나 바울은 일반적으로 다른 의미에서 하나님의 자녀가 되는 것을 말한다. 즉 하나님은 그리스도 안에 있는 의에 기초하여 그의 자녀들과 후사들로 우리를 받아들인다는 의미로 이해하고 있다. 로마인들 사이에는 그 가족들이 서로 강하게 분리되어 있다. 각 가족들은 자기 자신의 특권들과 특별히 자신의 종교적인 관습을 지니고 있다. 따라서 어린아이의 경우 형식적이고 법적인 기대에 의해서만 한 가족으로부터 다른 가족으로 옮겨진다. 그 기대에 의해서 친아버지는 자기 아이를 실로 자기 아이로 삼기를 원하는 다른 아버지에게 팔았다. 친아버지가 사망하였을 때 양도는 다만 공회에서 회중들의 엄중한 선포에 의해서 이루어진다. 그렇게 그 아이가 한 가족 안에서 그의 의무로부터 벗어나며 다른 가족 안의 의무에 복종하게 된다.

신자와 하나님과의 새로운 관계를 이해시키기 위해서 사도 바울은 아마 양입(자녀로 삼음)의 개념을 거기에서 발견한 것 같다. 이런 양입(adoptie)은 구약에서 이미 이스라엘의 특혜였고(롬 9:4), 따라서 이스라엘은 하나님의 아들이라 불려졌다(출 4:22, 23; 신 8:5; 호 11:1 등). 그보다 더 양입은 신약의 축복이다. 왜냐하면 구약의 신자들은 아직 율법 아래 유치되어 있었기 때문이다(갈 3:23; 4:1-3). 그러나 이제 때가 차매 그리스도께서 오셨고 율법 아래 있게 하시고 율법의 저주를 당하신 것은 그가 율법 아래 있는 자들을 구속하고 우리로 아들의 명분을 받기 위함이다(갈 4:4, 5). 그리스도께서 그의 죽음을 통하여 우리를 율법과 죄의 속박으로부터 속량하셨기 때문에 우리는 이제 다른 사람, 즉 죽음에서 일어나신 그에게 속해 있고(롬 7:1-4), 하나님을 통하여 그의 자녀들과 후사들로 삼아졌다(갈 4:7). 그와 같이 우리가 아들의 영, 곧 자녀로 삼는 영으로 양입할 경우에 일하는 영을 받았다. 이런 영에 의해서 그들은 그들이 양자됨을 의식하게 되고 하나님을 아바 아버지라 부를 수 있는 담대함을 받으며 그들은 계속 인도된다(롬 8:14-16; 갈 4:6). 참으로 그런 양자로 삼으심이 하나님의 영원한 예정 안에 뿌리를 박고 있는 것처럼(엡 1:5), 그것 역시 미래를 향하여 멀리 뻗어 나간다. 왜냐하면 신자들이 이미 자녀들이고 모든 유업의 권리들을 소유하고 있을지라도(롬 8:17; 갈 4:7), 그러나 아직도 모든 피조물과 더불어 하나님의 아들들의 나타남, 그들의 영광의 자유, 자녀로 삼으심, 즉 그들의 몸의 구속을 기다리고 있기 때문이다(롬 8:18-23). 몸도 완전히 구원받을 때인 죽은 자로부터의 부활 시에 자녀로 삼으심이 완성된다.

오직 믿음을 통한 칭의의 은택은 그리스도인에게 풍부한 위로를 함유하고 있다. 그의 죄들의 용서, 미래에의 소망, 영원한 구원에 관한 보증은 그가 생애 속에서 이루어 놓은 거룩의 정도에 의존하지 않고 하나님의 은혜와 그리스도 예수 안에 있는 구속에 확고히 서 있다. 이 은택들의 보증이 그리스도인들의 선행으로부터 나왔다면, 그들은 죽음에 이르기까지 항상 불확실하게 남아 있을 것이다. 왜냐하면 인간의 최대의 거룩조차도 완전한 순종의 조그마한 부스러기에 불과하기 때문이다. 그리고 신자들은 계속 굴곡 있게 두려움과 걱정에 의해 휘말려 있을 것이고, 그리스도께서 그들을 자유롭게 하신 그 자유 가운데 결코 설 수 없고, 그렇다고 전혀 확신 없이는 살아갈 수 없기 때문에, 교회와 사제, 제단과 성례, 종교 의식과 행동으로 도피해야 했다. 그것이 참으로 로마교회 안과 밖으로 수천의 그리스도인들의 상황이다. 그들은 값없이 주신 칭의의 영광과 위로도 이해하지 못하고 있다.

그러나 이 은택의 부유성에 눈이 떠 있는 신자들은 전혀 다르게 본다. 그는 감정적인 흥분이 되었든, 영혼의 경험들이나 외적 행위들이 되었든 간에 선행이란 신앙의 기초가 될 수 없고 신앙의 열매라는 것을 겸손히 깨닫게 된다. 그의 구원과 축복을 자기 밖에 그리스도 예수와 그의 의에 확고히 두니 더 이상 결코 방황할 수 없다. 그의 집은 바위 위에 세워졌기 때문에 비가 오고 창수가 나며 바람이 불지라도 넘어질 수 없다. 물론 이 고백도 다른 모든 신앙의 조항과 같이 오용될 수 있다. 그리스도와 그의 의를 영접한 신앙이 역사적 진리에 대한 합리적인 찬동으로서 이해된다면 인류는 차고 무관심하게, 그리고 죽은 그 상태로 남아 있을 것이다. 그리고 그때 그는 그 신앙으로부터 선행들을 산출하지 못하고 진실로 그리스도의 인격을 더불어 영접하지 못할 것이다. 그러나 죄책의식으로 허둥대고 낙담하는 인류를 그리스도 자신에게로 몰고가는 참된 신앙은 하나님의 은혜, 오직 그 은혜에만 견고히 매여 있고 값없이 주신 죄책의 사면의 영광을 누리고 바로 그 순간에 이미 선행들을 산출하고 있다.

참으로 오직 그리스도 안에 있는 하나님의 은혜에 의존하고 있고 그것을 통해 죄의 용서에 대해서 의식하고 있는 그 신앙은 참 선행을 행할 수 있는 능력이 있다. 왜냐하면 우리가 죄의 용서를 전적으로 혹은 부분적으로 우리가 즐기는 감정적 흥분이나 우리가 행하는 선행에 의존하도록 하는 한, 계속해서 다소간 불안과 두려움 가운데 있게 된다. 그때 아직 우리는 사랑에 기인하여 선을 행하는 어린아이들이 아니라, 보상 때문에 그것을 행하는 종들이다. 우리가 선을 기르는 것이 아직 순수하지 않고 오직 선 자체, 즉 하나님의 뜻을 위한 것이 아니라, 아직도 다소 자신의 기호로부터 스스로 총애를 받기 위해서, 그리고 우리가 하나님의 마음에 차게 하기 위해서다. 그러나 우리가 신앙에 의해서 우리의 구원이 배제적으로 하나님의 은혜와 그리스도의 의에 있음을 이해할 때 이 모든 것들이 바꾸어진다. 그때 우리는 자신의 의를 높이는 일을 그만두고 우리 자신의 구원에 이르는 선행으로 고통하지 않는다. 왜냐하면 이들이 흔들림이 없이 확고히 그리스도 예수 안에 두고 있기 때문이다. 그리스도 안에서 그 구원에 대해서 확신하는 가운데, 이제 우리의 모든 관심이 그것을 통하여 아버지께 영광을 돌리기 위해서 선행을 행해야겠다는 생각으로 기울 수 있다. 우리가 그것을 이루는 것은 더 이상 우리 자신을 위함이 아니요, 여호와의 뜻을 위함이다. 우리가 죽은 자 가운데서 살아나신 그리스도에게 속하는 것은 우리도 하나님을 위하여 열매를 맺게 하려 함이다(롬 7:4). 우리가 율법으로 말미암아 율법을 향하여 죽은 것은 하나님을 향하여 살려 함이다(갈 2:19). 그것이 비로소 신앙에 의해서 하나님의 뜻대로 그의 영광을 위해서 행한 참된 선행들이다.

그리고 역시 그리스도인이 칭의로 말미암아 참여하게 되는 그 자유는 그가 율법의 요구와 저주로부터 해방되었다는 데 있다. 신자가 자신의 마음의 정욕대로 살 수 있고 요즘 사람들이 생각하듯이 그가 스스로 자신의 죄악된 본성의 성향에 따라서 생을 살아갈 수 있다는 의미에서 자유로워졌다는 것이 아니다. 그 반대로 신자는 전의 경우보다 훨씬 더 확고하게 율법에 매여 있다. 왜냐하면 믿음은 율법을 폐하지 않고 율법을 굳게 세우기 때문이다(롬 3:31). 그 율법은 육신을 좇지 않고 영을 좇아 행하는 자 안에서 성취되었다(롬 8:4). 죄에 대하여 죽은 그들이 어찌 그 가운데 더 살리요?(롬 6:2) 그러나 신자가 율법에 대하여 처하여 있는 관계는 이전에 그가 율법과 가진 관계와는 전혀 다르다. 그는 감사의 법에 의해서 그것에 연결되어 있다. 즉 참으로 그는 그것의 요구와 저주로부터 자유로워졌다.

이 점에 있어서 신약의 성도들은 사실 구약의 성도들보다 상당히 우월하다. 구약에 있어서 종교는 계속 대부분 여호와를 경외하는 것으로 묘사되어 있고 성도들은 종종 여호와의 종이라 칭하였다. 그들은 참으로 자녀들이지만 손아래의 자녀들이고, 따라서 그 아버지께서 정한 때까지는 후견인과 청지기 아래 있는 종과 다름이 없다(갈 4:1-2; 3:23-24). 그러나 때가 차매 하나님이 그 아들을 보내사 여자에게 나게 하시고 율법 아래 있게 하셨다(4:4). 스스로 우리 대신 모든 의를 이룸으로(마 3:15), 우리를 위하여 저주를 받음으로(갈 3:13), 스스로 우리를 대신하여 죄를 삼으심으로(고후 5:21), 그리스도께서 우리를 율법의 저주로부터 구속하시고 그의 요구로부터 완전히 해방시켰다. 더 이상 우리는 율법의 종들이 아니며 우리는 율법으로 말미암아 율법을 향하여 죽었고 이제 우리는 그리스도의 종들이요 하나님을 향하여 산다(롬 7:1-4; 2:19). 우리는 더 이상 율법 아래 있지 않고 은혜 아래 있다(롬 6:15). 우리는 그리스도께서 우리를 자유케 하셨던 그 자유의 신분들이다(갈 5:1). 이것을 행하라, 그러면 살 것이라는 법칙은 더 이상 우리에게 타당하지 않다.

질서는 완전히 바꾸어졌다. 즉 우리는 신앙을 통하여 살고 우리가 내적 인간에 따라서 그 가운데 즐거움을 갖기 위해서 율법을 행한다. 그래서 율법은 신자들에 대해서 무력하게 되었다. 즉 율법은 더 이상 그들을 참소할 수 없다. 왜냐하면 그것의 죄책을 그리스도께서 담당하셨고 그것의 요구가 그리스도를 통해서 성취되었기 때문이다. 그것이 더 이상 그들을 정죄할 수 없으니, 이는 그리스도께서 그것의 저주를 자신 위에 지우시고 그 모든 형벌들을 견디셨다. 사단조차도 형제들을 참소하기 위해서 그것을 수단으로 사용할 수 없다. 왜냐하면 아무도 하나님의 택하신 자들을 송사할 수 없으니, 의롭다 하시는 이는 하나님이시고 죽으실 뿐만 아니라, 영광을 받으신 그리스도께서 하늘에서 우리를 위해서 기도하기 때문이다. 칭의가 신자들과 율법과 그것의 요구와 저주와의 관계에 있어서 초래하였던 변화와 더불어 만물과 전세계와의 관계도 변화시켰다. 우리가 하나님과 화목하였을 때 만물과도 화목해진다.

우리가 하나님과 바른 관계에 들어갔을 때, 역시 세상과도 바른 관계에 들어간다. 그리스도 안에서의 구속은 죄책과 죄의 형벌로부터의 구속이요 역시 우리를 그렇게 제한하고 압박하는 세상으로부터의 구속이다. 아버지는 참으로 세상을 사랑하셨고 그리스도는 세상을 이기셨으니, 이는 세상이 아직도 우리를 압박하고 있으나, 우리의 담대함을 빼앗을 수 없다(요 16:33).

하늘의 아버지의 자녀로서 신자들은 무엇을 먹을까 무엇을 마실까 무엇을 입을까 염려하지 않는다. 왜냐하면 하나님께서 그들에게 이 모든 것들이 필요한지 아시기 때문이다(마 6:25 이하). 그들은 보물을 땅에 쌓지 않고 좀이나 동록이 해하지 못하며 도적이 구멍을 뚫지도 못하고 도적질도 못하는 하늘에 그들의 보물을 쌓아둔다(마 6:19, 20). 그들은 무명한 자 같으나 유명한 자요, 죽은 자 같으나 산 자요, 징계를 받은 자 같으나 죽임을 당하지 아니하고, 근심하는 자

같으나 항상 기뻐하고, 가난한 자 같으나 많은 사람을 부요하게 하고, 아무것도 없는 자 같으나 모든 것을 가진 자다(고후 6:9, 10). 그들은 붙잡지도 말고 맛보지도 말고 만지지도 말라는 태도로 자신을 괴롭히지 않고 하나님의 모든 피조물을 선하게 생각하며 감사함으로 취한다(골 2:20; 딤전 4:4). 그들은 부르심을 받은 그 부르심 그대로 지내고 일하고 사람의 종으로 있지 않고 그리스도의 종으로만 있다(고전 7:20-24). 그들은 그들이 당하는 환난 가운데서 형벌을 보는 것이 아니고, 징계를 보고 하나님의 사랑의 증거를 본다(히 12:5-8). 그들은 모든 피조물에 대해서 자유로우니, 이는 아무것도 그들을 그들의 주 예수 그리스도 안에 있는 하나님의 사랑에서 끊을 수 없기 때문이다(롬 8:35, 39). 참으로 만물이 그들의 것이니, 이는 그들이 그리스도의 것이기 때문이다(고전 3:21-23). 그리고 하나님을 사랑하는 자, 곧 그 예정대로 부르심을 입은 자들에게는 모든 것이 합력하여 선을 이룬다(롬 8:28). 그리스도 안에서 의롭다 함을 받은 신자는 세상에서 가장 자유로운 피조물이니 적어도 그렇게 되어야 한다.

# 제22장

# 성화

　하나님의 형상은 지식과 의로만 구성되어 있지 않고, 그것에 거룩이 포함되어 있기 때문에, 인간의 회복이란 하나님과의 올바른 관계를 회복해야 할 뿐만 아니라, 동시에 그의 거룩한 율법의 요구에 따라 자신을 내적으로 새롭게 해야 한다. 죄는 죄책과 오염을 포함한다. 칭의는 그로 하여금 죄책으로부터 자유롭게 하고, 성화는 그로 하여금 죄의 오염으로부터 해방한다. 전자에 의해서는 그의 의식이 변하고 후자에 의해서는 그의 존재가 변한다. 첫번째에 의해서 인간은 다시 선한 신분이 되고 두번째에 의해서 그는 다시 선한 존재가 되고 선한 일을 행한다.

　거룩이란 말은 거의 성경의 각 장마다 나타난다. 우리 역본에서 거룩이라 번역되어 있는 히브리말의 근원적인 본래의 의미가 무엇인지는 확실히 규명할 수 없다. 왜냐하면 성경에서 그 말이 이런 의미로 사용된 일이 없고 항상 종교적인 의미에서 사용되고 있기 때문이다. 그러나 아마 그 의미가 잘라내다, 분리시키다라는 어근에서 나왔지 않나 한다. 게다가 어떤 의미에서 그 말이 종교적인 영역으로 전용되었는지 뚜렷이 말할 수 없다. 혹자에 따르면 처음 인물들과 사물들이 거룩하다고 불려졌는데, 이는 그들이 다른 인물들이나 사물들과 구별되고 일반적인 용도에 기피되고 있기 때문이라고 한다. 그래서 거룩한의 반대는 부정한, 불결한, 부끄러운, 불경스러운 등이다(레 10:10; 삼상 21:5; 겔 22:6). 다른 사람에 따르면 어떤 인물들과 사물들이 하나님과 일정한 방식으로 관계를 맺고 있고, 따라서 다른 인물들이나 사람들과는 구별됨을 표시하는 것을 원초적인 의미로 이해하였다. 후자의 견해의 경우 인물들과 사물들이 본질적으로 거룩하지는 않지만, 그가 해내는 어떤 일정한 행실에 의해서 비로소 이렇게 될 수 있다고 주장한다. 역시 그들 스스로를 거룩하게 할 수 없다. 왜냐하면 모든 거룩과 거룩히 되는 일은 하나님으로부터 나오기 때문이다. 여호와께서 거룩하시니 거룩한 백성과 거룩한 제사직과 거룩한 처소를 원하신다(출 19:6; 29:43; 레 11:44; 19:2 등). 그가 누가 자기에게 속했는지, 거룩한 자가 누구인지를 보이신다(민 16:5).

그래서 구약은 셀 수 없을 만큼 여러 번 하나님을 거룩한 자라 부르고 있다. 다만 다니엘 4:8-9, 18과 5:11에서만 느부갓네살이 자기의 거룩한 신들에 대해서 말하고 있다. 신적 존재가 다른 존재와 공유하고 있는 특별한 속성을 표시하는 데 그것이 사용되지 않고 특별히 신적인 위대성, 지고성, 권위, 도저히 접근할 수 없는 속성을 표시하는 데 사용되고 있다. 여호와와 같이 거룩하신 자는 없으니 이는 주밖에 다른 이가 없기 때문이다(삼상 2:2). 주는 하나님이요 사람이 아닌 거룩한 자시며(호 11:9), 그 앞에 아무도 설 수 없다(삼상 6:20). 그는 신들 중에 지극히 높으신 분이요 거룩함에 영광스러우며 찬송할 만한 위엄이 있으며 기이한 일을 행하시는 자다(출 15:11). 그의 위엄스러움이 성소에서 나온다(시 68:35). 그의 이름이 크고 위엄스러우며(시 99:2, 3), 그의 거룩함을 가리켜 맹세함이 자신을 가리켜 맹세함이다(암 4:2; 6:8). 한마디로 말해서 거룩성이 하나님을 모든 피조물로부터 구별시키고 모든 피조물보다 지극히 높음을 표시한다. 그는 하나님이시기 때문에 거룩한 분이시다. 특별히 이사야는 이 말을 즐겨 사용하였다(사 5:16; 6:3; 29:23; 30:11, 12 등-겔 37:28; 39:7; 합 1:12; 3:3 등과 비교).

하나님의 이런 거룩성은 그가 자신의 백성들과 서 있는 모든 관계 안에서 계시되고 있다. 이스라엘의 전 입법화는 그 원리가 여호와의 거룩성에 있고 그 목적은 백성을 거룩하게 함에 있다. 그의 전 계시와 그로부터 나오는 모든 것에 있어서 그는 거룩하시다. 그의 이름이 거룩하시고(레 20:3), 그의 팔이 거룩하시며(시 98:1), 그의 언약(단 11:28), 그의 말씀(시 105:42), 그의 영(시 51:11; 사 63:10, 17)이 거룩하시다. 그러므로 주께서 바라는 것은 그의 백성이 거룩히 되는 것이요(출 19:6; 29:43-46; 레 11:44; 19:2), 그 백성 중에 더 특별히 거룩한 일로 섬기고 특별한 의식을 통하여 그들의 직분에 위임되는 제사장들과 레위인들이(출 29장), 실로 하나님을 섬기는 일과 관련된 모든 것들, 즉 장소와 때와 제물, 제사장의 의복, 성전 등 모든 것이 여호와께 바쳐져야 하고 거룩해야 한다. 전 입법의 목적하는 바는 이스라엘이 여호와 앞에 제사장 나라가 되고 거룩한 백성이 되는 것이다(출 19:6). 무슨 일에든지 백성이 여호와께서 주셨던 그 율법에 응하면, 그 백성은 거룩하다.

이스라엘의 이런 율법은 도덕적인 계명뿐만 아니라 시민적 율례와 의식적 규례를 포함한다. 그러므로 거룩이란 참으로 완전에 있고 율법과의 전적으로 일치함에 있다. 그러면서도 이 완전에는 도덕적인 성격이 있을 뿐만 아니라, 시민적, 의식적인 성격이 있다. 그러나 그 백성은 자주 한 쪽으로 추향락(趨向落)하여 외적이고 레위적인 순수함에 종교의 본질을 찾았다. 그래서 선지자들이 반기를 들고 일어나, 순종이 제사보다 낫고 듣는 것이 수양의 기름보다 낫다고 선포하였고(삼상 15:22), 여호와께서는 인애를 원하고 제사를 원치 아니하며, 번제보다 하나님을 아는 것을 원하며(호 6:6), 여호와께서 구하시는 것은 오직 공의를 행하며 인애를 사랑하며 겸손히 하나님과 동행하는 것이라 하였다(미 6:8). 특별히 하나님의 거룩성은 자신의 도덕적 완전성, 피조물을 초월하는 그의 지고성, 그들의 죄악성과의 대조에 있음을 밝히고 있다(사 6:3-7). 인간은 그의 이름과 언약에 거룩치 못하나, 주께서는 공평과 의의 길에서 스스로를 거룩히 하신다(사 5:16; 겔 28:22). 거룩한 분으로서 그는 참으로 대적들을 벌하시사, 그들로 하여금 그가 여호와이심을 알도록 하신다(렘 50:29; 겔 36:23; 39:7). 그러나 그는 모든 불의로부터 정결케 하고 새 언약을 세우사 새 마음을 가지고 자기의 길을 행하게 하심으로 그의 백성을 구원하실 것이다(겔 36:25-29 등). 그가 이렇게 행하심은 이스라엘을 위함이 아니요 자신의 크신 이름을 위함이다(사 43:25; 겔 36:22, 32 등).

신약에서 하나님이 그리스도 안에서 그의 백성에게 의를 주셨던 같은 방식으로 그의 사랑하는 아들 안에서 역시 그들에게 거룩을 선물하셨다. 그리스도께서 우리의 지혜가 되시고 우리의 구원이 되시는 같은 의미와 방식에서 그리스도는 우리의 거룩이 되신다. 맨 먼저 주께서 인격적인 거룩에 참여하셨으니, 이는 다른 방식으로는 우리를 위한 거룩을 이룰 수 없기 때문이다. 마리아의 몸에서 성령으로 잉태되어 그녀로부터 나신 바 그 거룩한 자는 하나님의 아들의 이름을 받았다(눅 1:35). 후에 그는 세례받을 때 성령을 넘치게 받았고 성령으로 충만하였다(눅 3:22; 4:1). 귀신들린 자들도 그를 하나님의 거룩한 자로 알았고(막 1:24; 눅 4:34), 제자들은 베드로의 입을 빌어 "주여 영생의 말씀이 계시매 우리가 뉘게로 가오리이까? 우리가 주는 하나님의 거룩하신 자신 줄 믿고 알았삽나이다"라고 고백하였다(요 6:69 - 다른 역본에 따라). 사도행전 4:21(3:14과 비교)에서 같은 사도가 주에 대해서 하나님의 거룩한 소자(혹은 하나님의 거룩한 종)라 하였고, 요한계시록 3:7에서도 주께서 자신을 거룩한 자, 진실한 자라 하였다. 그리스도 자신이 그의 무죄성을 의식하고 있었던 것처럼(마 12:50; 요 4:34; 8:46), 그의 모든 사도들 역시 불의를 행치 아니하고 그의 입에 궤사가 없었다 하였다(고후 5:21; 히 4:15; 7:26; 벧전 1:19; 2:22; 3:18; 요일 2:1; 3:5).

그리스도의 경우 그가 본성으로 소유하고 있었던 거룩과 그의 완전한 순종에 의해서 이룬 순종 사이는 바로 구별되어야 한다. 그의 거룩한 잉태와 탄생은 우선 그가 우리의 중보자가 될 수 있다는 유익이 있고(하이델베르크 요리문답 제16답), 다음으로 더 이미 잉태의 순간부터 우리의 중보자이신 그분이 자신의 무죄와 완전한 거룩에 근거하여, 그 안에서 잉태하고 태어나는 그 죄를 우리가 하나님 앞에서 덮으신다는 이런 힘이 있다(하이델베르크 요리문답 제36답). 그가 태어나는 상태인 그 거룩도 직접 그로 말미암아, 즉 죽음에 이르기까지의 그의 모든 생애를 통하여 그가 이루어야 할 그런 거룩에 한 구성분이 되고 있다. 무엇보다 더 아버지는 그를 육체로 보내심을 통하여 이미 그를 거룩히 하였고 중보직으로 위임하였으며 그런 목적하에서만 그를 세상에 보내셨다(요 10:36). 그리스도는 마리아의 몸에 잉태하여 태어나기 전에 자신을 거룩히 하였고 아버지의 뜻에 자신을 버리셨다. 그가 육체가 되심이 이미 아버지의 뜻의 성취요 거룩히 하는 행위다(히 10:5-9). 그리스도는 거룩하셨다로 충분하지 않았고 오히려 탄생으로부터 그의 죽음의 시간까지 자신을 더 거룩히 하여야 했다.

먼저 중보자로되 그는 가장 엄한 시험과 유혹에 복종하게 되었고 특별히 세례를 받으신 후 성령으로 기름부음을 받아 공공연히 그의 직책을 수행하기 시작했다. 우리가 복음서들 안에서 읽는 시험은 갈등이 많은 한 생애의 초기였다. 그가 그 시험을 다 마친 후 마귀가 잠시 동안 떠났다고 하였다(눅 4:13). 우리가 이 시험에 관해서 명확한 표상을 얻을 수 없으나 분명한 것은 그가 범사에 형제들과 같이 되었고 모든 일에 우리와 한결같이 시험을 받은 자로되, 죄는 없으셨다는 사실이다(히 2:17; 4:15). 우리에게 연약함이 있다면 그가 그것을 알고 계시고 시험이 있다면 그가 오셔서 도우실 수 있다. 그러나 우리는 매순간마다 좌절될지라도, 그는 끝까지 신실하시다. 그는 범사에 시험을 받으셨으나 죄는 없으시고 죽기까지 순종하셨으니, 곧 십자가에 죽으심이다(빌 2:8). 그는 죽음을 면하도록 기도하신 것이 아니고, 그가 고난 중에도 굳세게 남아 그의 죽음에 의해서 생명을 이루기 위해서 죽음에서 그를 구원하실 수 있는 그분께 심한 통곡과 눈물로 간구와 소원을 올렸다. 그리고 이 기도에 들으심을 얻었다(히 5:7).

그러나 그가 아들이시더라도 받으신 고난으로 순종함을 배웠다(히 5:8). 그는 처음부터 순종하였고 순종하기를 원했다. 아버지의 뜻을 행하는 것이 그의 양식이다(요 4:34). 그러나 그의 고난 속에서 그런 순종을 내보일 기회를 얻었다. 그 고난을 통하여 줄곧 순종하고자 하는 그의 성향과 의지를 행동으로 옮겨야 했다. 이와 같이 그는 고난으로 거룩히 되었다(히 2:11; 5:9). 즉 도덕적 의미에서 거룩히 된 것이 아니라 완전히 되었고, 그가 목표로 하였던 목표에 이르렀으며, 죽음의 고난받으심을 인하여 영광과 존귀로 관쓰셨으며(히 2:9; 12:2), 하나님의 자녀들의 구원을 인도하는 주와 그들의 믿음의 완성자로 형성되셨다(히 2:10; 12:2). 그가 낮아지신 이후 그에게 고대하는 그 기쁨을 바라봄으로 십자가를 참아내고 그 수치를 멸시하였기 때문에 그는 자신의 백성의 구원의 주장자요 대장이며, 주역이시며 동시에 그들 중에 신앙을 시작하고 완성하는 자가 되셨다. 자신을 순종의 길에서 완전케 하시고 가장 깊은 비하에 의해서 하나님의 우편에 있는 영광을 추구함에 의해서 그는 그에게 순종하는 모든 자들에게 영원한 구원의 근원이 되셨다(히 5:9). 자기의 제자들을 진리로 거룩히 하기 위해서 그는 자신을 거룩히 하였고 죽음의 제물로 자신을 넘겨 주셨다(요 17:19). 그와 같이 그는 하나님께로부터 나와서 우리에게 우리의 거룩함이 되고 있다(고전 1:30).

신자들의 성화를 잘 이해하기 위해서 그리스도께서 우리의 의가 되시는 것과 같은 의미에서 우리의 거룩함이 되신다는 사실을 좀더 분명하게 볼 수 있어야 한다. 그는 완전하고 충족한 구주시다. 그는 그의 사역을 반만 완성하시지 않고 현실적으로 완전하게 우리를 구원하신다. 그는 우리로 하여금 영생과 하늘의 영광에 온전히 참여토록 하기 위해서 쉬지 아니하신다. 그러므로 그는 그의 의로 말미암아 하나님의 심판에도 책망받을 일이 없는 의로운 상태로 회복하고 그 이상의 것은 이제 우리 자신에게 맡겨 버리셔서, 우리가 선행을 행함으로 말미암아 하나님의 형상을 다시 형성하여 영생을 얻도록 하신 것이 아니다. 오히려 그리스도는 우리를 위해 모든 것을 이루셨다. 그는 우리를 위해서 죄책과 죄의 형벌을 담당하셨고 동시에 우리를 위해 율법을 지키시고 영생을 얻으셨다. 그의 순종은 '수동적'이고 동시에 '능동적'이다.

그것에 대해서 부활이 증명해 주었다. 참으로 하나님은 그의 영혼을 음부에(이곳은 저주받은 장소가 아니다. 왜냐하면 그리스도의 영혼은 그의 죽음 이후 낙원에 있었기 때문이다〈눅 23:43〉. 오히려 무덤, 혹은 그리스도가 죽음의 상태로 남아 있는 영역이다) 내버려두시거나 그 거룩한 자를 육체에 따라 부패하게 넘겨버리는 것이 아니라, 그에게 생명의 길을 알리셨고 주의 앞에서 그로 하여금 기쁨으로 충만하게 하셨다(행 2:27, 28; 13:35-37). 하나님으로 말미암아 그 안에 거하는 거룩한 영에 따라 죽은 가운데 부활하여 능력으로 하나님의 아들로서(롬 1:3) 인정되었고, 이스라엘로 회개케 하사 죄사함을 얻게 하시려고 임금과 구주로(행 5:31) 인정되셨으며 영생을 이루시고 이제 자기 백성들에게 분배하시는 주로서 (행 3:15) 인정되셨다.
    그러나 그리스도께서 그의 교회를 위해서 이루셨던 이런 거룩은 우리 밖에 머물러 있는 것이 아니라 실제적으로 우리에게 분배되고 있다. 칭의에 있어서 우리가 우리 밖 그리스도 예수 안에 있고 하나님의 은혜로 말미암아 우리에게 전가되어 우리 편에서 신앙으로 취하게 되는 한 의에 기초하여 죄책과 형벌로부터 무죄선고를 받게 되었다. 성화에 있어서 진실로 성령으로 말미암아 충족히 우리에게 부어지는 것은 그리스도의 거룩이다. 그래서 로마 카톨릭이 우리에게 부어지는 은혜에 대해서 말할 때, 우리는 그것 자체에 대해서 반대하지는 않는다. 다만 부어주신 이런 은혜가 하나님으로 말미암아 우리가 무죄함을 받은 그 근거인 의의 한 부분으로 사려되고 있다는 사실에 대해서 우리는 반대한다. 왜냐하면 그럴 경우 칭의와 성화인 죄책으로부터 자유와 부패로부터 회복이 서로 혼란될 것이고, 그리스도에게서 그가 이루셨던 그의 의의 완전성을 빼앗고 경건한 영혼들에게 그것의 위로와 보증을 빼앗아가는 것이 될 것이기 때문이다. 게다가 실제적으로 부어주시는 은혜라는 것이 있고, 우리를 위한 그리스도가 계시는 것처럼 우리 안에 있는 그리스도가 계시며, 의의 상태에의 전환이 있는 것처럼 아주 확실하게 하나님의 형상을 따른 갱신이 있다. 우리와 하나님과의 관계에 있어서와 마찬가지로 우리의 도덕적 상태에 있어서의 변화가 있다.
    참으로 이런 성화는 칭의와 더불어 견고하고 힘있게 보존되어야 한다. 죄의 용서를 그리스도의 하나의 큰 축복으로 생각했거나, 하나님의 형상에 따라 내적으로 사람을 갱신하는 것을 부정하거나 거절하고 왜소시키는 자들이 항상 있어 왔다. 이들은, 어떤 사람이 의롭게 되어 신앙으로 이를 의식하고 있다면, 그에게 일어나야 할 것은 더 이상 없다고 생각하고 있다. 죄의 용서에 대한 의식을 통하여 그는 전혀 다른 인간이 되고 있다는 것이요, 칭의와 성화는 같은 변화에 대한 두 가지 다른 이름이라고 한다.
    참된 신앙을 가지고 그의 모든 죄들을 순전히 은혜로부터 오직 그리스도의 공로 때문에 용서함 받았다고 믿는 그리스도인들은 이런 의식을 통하여 참으로 다른 인간이 되고 있다는 사실은 전적으로 진실이다. 그 스스로가 모든 죄책으로부터 자유로움을 느끼고 있고 믿음으로부터 의롭게 되었기 때문에 하나님과의 화평을 소유하고 그리스도에게서 그를 자유롭게 하신 자유 안에서 있으며, 다윗과 함께 그는 "허물의 사함을 얻고 그 죄의 가리움을 받은 자는 복이 있도다. 여호와께 정죄를 당치 않은 자는 복이 있도다"라고 하며 즐거워할 수 있다. 그런 변화는 어떤 의미에서는 중생이라, 의식을 새롭게 함이라고 불려질 수 있다.
    그러나 이로부터 계속 칭의와 중생이 전적으로 같은 것이라고 추론한다면, 그런 결론이란 아무런 근거가 없고 성경의 증거와는 결정적으로 충돌이 된다. 무엇보다 더 그리스도의 의를 받아들이며 죄의 용서를 스스로 의식하게 되는 참된 구원의 신앙은 자연인으로부터는 일어나지 않고 중생의 열매이며, 따라서 성령을 통하여 사람 안에 일어나는 어떤 영적인 변화를 전제한다. 신자들이 그들의 죄의 용서의 보증으로 누리는 마음에서 우러나오는 기쁨과 평화는 그리스도와 연합하여 죄의 죽음으로부터 일어난 신령한 사람들의 속성들이다.

더구나 어떤 사람이 위치해 있는 신분과 그가 처해 있는 조건 사이에는 차이가 있다. 이 두 가지, 곧 종종 무죄한 자가 견책되고 정죄된다는 사실과 죄인이 재판장에 의해서 무죄선고되는 사실 사이는 아주 멀리 떨어져 있다. 그 때문에 어떤 사람의 신분이 그 사람의 조건을 변경시키든 못하든 그 역시도 마찬가지이다. 이것은 자연적 영역에서도 타당하고 영적인 영역에서도 타당하다. 죄는 죄책과 부패를 포함한다. 우리는 칭의에서 전자로부터 자유롭게 되고 성화에서 후자로부터 자유롭게 된다. 완전한 구원은 지식과 의로만 구성되어 있지 않고 거룩과 구속으로도 구성되어 있다. 따라서 그리스도는 두 가지 모두 죄 용서와 영생을 제공하셨다.

이 모든 것으로부터 결론하여 성경은 가능한 한 아주 명확하게 칭의와 중생을 구별하고 있다. 구약의 약속 안에는 새 언약에서 여호와는 그의 백성의 불의를 용서할 것이라는 관념뿐만 아니라, 새 마음을 주시사 그 안에 율법을 기록할 것이라는 약속을 포함한다(렘 31:33, 34; 겔 36:25, 26). 그는 그의 영을 그들의 가장 깊숙한 곳에 주시고 그들로 그의 율례를 행하고 그의 규례들을 지켜 행하게 하실 것이다(겔 35:27). 이 약속을 성취하기 위해서 그리스도는 그의 영혼을 많은 사람의 대속물로 주셨을 뿐만 아니라, 하나님 우편에 올라가신 이후에도 성령을 보내시사, 그가 교회 안에 거하시고 역사하신다. 그가 일하시는 것이 무엇인지를 이미 전에 우리가 보았다. 성령 안에서 성령을 통하여 그리스도는 자신과 자신의 모든 은택들을 교회에 나누신다.

그 때문에 바울은 로마서에서 처음 칭의에 대해서 취급하고 6장에서 성화로 넘어가고 있다. 후대에서와 같이 사도시대에도 이미 무위로 주신 칭의교리가 도덕적 삶에 해를 끼칠 것을 우려하는 사람들이 있었다. 그들이 두려워하는 것은 사람들이 그로부터 선을 내고 그것을 통하여 은혜를 더하게 하자는 그런 고백으로 죄를 행할까 함이다(롬 3:8; 6:1). 바울은 이런 비난을 거절하고 죄에 대해서 죽은 그들이 그 가운데서 산다는 것은 불가능하다 하고 있다(롬 6:2).

그들의 신앙을 통하여 죄 용서와 하나님과의 화평을 얻은 신자들은, 그들의 세례로부터 나타나는 대로, 그리스도의 죽음으로 장사지낸 바 되었다가 그와 더불어 새로운 생명으로 살아났다는 이것으로 그는 이를 증명하고 있다(롬 6:3-11). 바울에게 있어서 신자들은 항상 그리스도 안에 있는 하나님의 의가 그들의 죄의 용서함을 입게 하였을 뿐만 아니라, 개인적으로 그리스도와 연합하여 죽었다가 살아났으며, 따라서 죄에 대해서는 죽고 하나님에 대해서 살아 있는 그런 사람들이다(갈 2:20; 3:27; 골 2:12). 그리스도의 죽음은 명목상 의롭게 하는 능력일 뿐만 아니라, 거룩하게 하고 살리는 능력이다(고후 5:15). 그리스도께서 참되게 인맞은 자의 신앙을 의로 여길 뿐만 아니라 거룩으로써 받으신다. 어느 하나도 다른 것 없이 불가능하다. 왜냐하면 그리스도가 그의 인격으로부터 나누어질 수 없고 그 은택들 역시 분리될 수 없기 때문이다. 그는 우리의 지혜와 의인 동시에 우리의 거룩이요 구원이시다(고전 1:30). 그와 같이 그는 하나님으로부터 보내어졌고 그와 같이 하나님을 통하여 보내어지고 있다.

따라서 우리가 참여해야 하는 거룩은 우리를 위해 그리스도 안에서 완전하게 성취되고 있다. 적어도 생활실천에서 그와는 전혀 다르게 생각하는 그리스도인들이 많다. 그들이 그리스도께서 이루셨던 의에 의해서 의롭게 되었다는 사실을 인식하고 있으나, 그들이 주장하고 행하는 것은 마치 그들 자신들이 수행해야 할 어떤 의에 의해서 거룩하게 되어야 되는 것처럼 행하고 있다. 그 경우가 사실이라면, 사도적 증거와 모순되게(롬 6:14; 갈 4:31; 5:1, 13) 우리는 은혜 아래 있거나 자유의 상태에 있지 못하고, 항상 율법 아래 있게 된다. 복음 안에 계시된 하나님의 의가 내용에 있어서가 아니라, 전달방식에 있어서 율법에서 요구되는 의와 구별되는 것처럼 복음적인 성화는 율법적인 성화와 엄격히 구별되고 있다. 그것은 하나님께서 우리에게 그리스도 안에서 의와 함께 완전한 거룩도 주셨고 성령의 중생시키고 새롭게 하는 역사를 통하여 내적으로 이를 우리에게 전달하심에 있다.

그러므로 성화는 하나님의 사역이요 의와 은혜의 사역이다. 우선 먼저 하나님은 그의 모든 은택들과 함께 그리스도를 우리에게 전가하셨고 그 이후 그 그리스도를 그 안에 있는 모든 충만과 더불어 우리에게 전달하셨다. 특별히 주는 마음에 할례를 베푸신 분이요(신 30:6), 돌과 같은 마음을 제하고 부드러운 마음을 주시는 분이며(겔 11:19), 그들 위에 성령을 부어주시는 분이요(욜 2:28), 그들 속에 새 영을 주시며(겔 11:19; 36:26), 그들 마음에 율법을 기록하시사 그들로 하여금 그의 길로 행하게 하며, 그들을 그의 백성이 되게 하시는 분이다(렘 31:33; 32:38; 겔 36:27, 28). 될 수 있으면 더 강하게 신약에서도 부르기를, 신도들은 그리스도 예수 안에 피조된 하나님의 만드신 것이요(엡 2:10), 새로운 피조물이며(고후 5:17; 갈 6:15), 하나님의 사업이며(롬 14:20),

하나님의 밭과 하나님의 집이며(고전 3:9; 엡 2:20; 골 2:7; 벧전 2:5), 모든 것이 하나님께 났음(고후 5:18)이라 한다. 그들이 그리스도와 함께 죽었다가 살아났을 때, 역시 그 안에 씻음과 거룩함을 얻었고(고전 1:2; 6:11; 딛 3:5), 그들은 계속 거룩하여질 것이니(요 17:17; 고후 3:18; 살전 5:23; 엡 5:26; 딛 2:14; 히 13:20, 21), 그들이 아들의 형상을 충만히 닮을 때까지라(롬 8:28; 고전 15:49; 빌 3:21). 구원의 사슬은 끊어질 수 없으니 이는 처음부터 마지막까지 하나님의 역사이기 때문이다. 그가 미리 아시고 부르시며 의롭다 하셨던 그들을 또한 그가 영화롭게 하신다(롬 8:30).

하나님께서 그리스도의 영으로 말미암아 교회 안에서 이루시는 이런 정화의 역사에 근거하여 성경에서 신자들이 종종 성도란 이름으로 불려졌다. 이미 옛날 이스라엘이 그렇게 불려졌다(출 19:6). 이스라엘은 만민 중에 구별되었으니, 이는 여호와의 소유가 되기 위함이요(레 20:26), 그의 길로 행하게 하려 함이며(출 19:5), 장차 하나님께서 새 언약을 세우실 때, 훨씬 더 바르고 아주 더 깊은 의미에서 거룩한 백성이라, 여호와의 구속하신 자라 일컫기 위함이다(사 62:12; 욜 3:17; 옵 17절; 슥 8:3; 14:20). 신약시대에 대제사장이 자기 백성을 위해 그들로 진리 안에 거룩함을 얻도록 스스로를 거룩히 하였을 때, 그때 바로 신자들은 성도의 이름을 받았다(행 9:13, 32, 41; 26:10; 롬 1:7; 고전 1:2 등). 그들이 도덕적인 의미에서 모든 죄로부터 자유롭고 모든 죄들을 초월해 있다는 의미에서가 아니라, 신약적 교회가 구약의 이스라엘을 대신하였고 여호와의 소유가 되었다는 의미이니(고후 6:16; 갈 6:16; 벧전 2:5), 이는 그들이 그리스도 안에서 거룩하게 되었고 성령의 전이기 때문이다(요 17:19; 고전 1:30; 3:16; 6:11, 19).

그러나 교회에 보내셨고 성령을 통하여 처음으로 교회에 전달된 이 거룩은 신자들에게 무거운 의무를 지우고 있다. 성화는 하나님의 사역이지만 오히려 그 때문에 하나님의 능력 안에서 신자 자신들도 더불어 일하는 사역이 되도록 의도되었다. 구약에서 한 곳에서는 여호와 자신이 그의 백성을 거룩히 한다 하고(출 31:13; 레 20:8; 21:8 등), 또 다시 백성 자신이 자신을 거룩히 해야 함을 본다(레 11:44; 20:7; 민 11:18 등). 종종 읽는 것은 여호와께서 마음에 할례를 베푸셨다 하고(신 30:6), 다른 데서 또한 이스라엘 자신이 부름을 받아 스스로 마음의 표피에 할례를 행하라 하고 있다(신 10:16; 렘 4:4). 회개는 한편 하나님의 사역이고(렘 31:18; 애 5:21) 동시에 인간의 책임이다(렘 3:12, 13 등). 그와 똑같이 신약에서도 성화는 그리스도 안에 있는 하나님의 선물로서, 그리고 그것에 의해서 신자들이 거룩히 되는 성령의 사역으로서 나타나고 있다(요

17:17, 19; 고전 1:2; 살전 5:23 등). 그럼에도 불구하고 신자들은 계속 반복하여 하늘의 아버지께서 완전하신 것처럼 그들도 완전할 것을(마 5:48), 선한 행실을 내어 아버지께 영광을 돌릴 것을 권고받고(마 5:16; 요 15:8), 그들의 지체들을 의에게 종으로 드려 거룩함에 이르고(롬 6:19), 그들의 모든 행실에 거룩한 자가 되며(벧전 1:15; 벧후 3:11), 하나님을 두려워하는 가운데 성화를 추구하고 그것을 완전히 이룰 것을 권고받고 있으니(고후 7:1; 살전 3:13; 4:3), 이것이 없이는 아무도 주를 볼 수 없기 때문이다(히 12:14).

그들 둘이 서로 절대 모순되지 않는다. 오히려 자신들의 성화에 있어서 신자들의 행사란, 그것이 하나님의 사역인 관계로 그가 그들 가운데 이루심을 통하여만 가능하게 된다. 참으로 은혜는 자연을 없이 하지 않고 오히려 그것을 회복한다. 인간이 죄로 말미암아 여호와의 길에서 행하고자 하는 소원과 능력을 잃어버렸을지라도, 그는 재창조에서 다시, 적어도 원시적인 면에서 하나님의 계명의 어떤 일부에서만 아니라 그 전부에 있어서 올바르게 살고자 하는 성향과 능력을 얻었다. 하나님께서 중생시키는 성령의 능력의 활동으로 인간의 가장 깊숙한 부분 속에 개입하였을 때 그는 닫혀진 마음을 여시고 굳은 마음을 부드럽게 하며 할례받지 않은 것에 할례를 행하신다. 그는 의지 안에 새로운 능력을 심어주고 죽은 의지를 다시 살도록 하신다. 악한 의지가 선한 의지가 되고 원치도 않은 의지가 이제 능동적인 의지가 되었다. 반항하는 의지가 순종하는 의지가 되었다. 그는 선한 나무가 선한 열매를 맺듯이 그것이 선한 행실을 낼 수 있는 식으로 이 의지를 동하고 강하게 한다.

개혁교회가 스스로 자신의 고백 가운데서 이와 같이 표현하였을 때(도르트 신조 제3장 제4절 11항), 그것을 성경에 기초하였고 그것의 명확한 지지를 사도 바울의 의미심장한 말인, "두렵고 떨림으로 너희 구원을 이루라 이는 너희 안에서 행하시는 이는 하나님이시니 자기의 기쁘신 뜻을 위하여 너희로 소원을 두고 행하게 하신다"는 말씀에 두고 있다(빌 2:19, 13). 칭의에 있어서 그리스도 안에서 완전히 성취된 죄 용서는 다만 우리 편에서 살아 있고 능동적인 신앙을 통하여 받고 만끽될 수 있는 것처럼, 하나님은 성화를 우리 안에서 우리를 통해서만 이루신다. 그는 우리의 인격을 결코 없이하지 아니하시고 그것을 높이 세우신다. 그는 우리의 이성과 의지와 성향을 죽이시는 것이 아니라, 오히려 그들이 죽어 있기 때문에 그들을 소생시키고 그들로 일을 하게 한다. 그는 우리를 그의 동맹자와 동역자로 만들고 있다.

그럼에도 신자들의 이런 성화는 잘 이해되어야 한다. 그것은 결코 법적인 성화가 되어서는 안 되고 복음적 성화이며 그런 성화로 남아 있어야 한다. 그것은 신자들 자신들이 새롭게, 그리고 처음 창출한 거룩이나 이미 존재한 거룩에 의해서 자신들을 거룩히 하였다는 데 있지 않고 그들 자신의 노력과 선행으로 말미암아 소유되게 해야 했던 거룩에 의해서 그렇게 된 것이다. 하나님으로 말미암아 복음 안에서 계시된 거룩은 그리스도 안에서 완전히 성취되었을 뿐만 아니라, 그의 영을 통해서 우리 마음에 적용되고 역사된다. 바울은 이미 에베소서 2:10에서 그와 같이 말하고 있다. 우리들은 하나님의 만드신 바요 그리스도 예수 안에서 선한 일을 위하여 지으심을 받은 자니 이 일은 하나님이 전에 예비하사 우리로 그 가운데서 행하게 하려 하심이니라. 첫째 창조가 말씀을 통하여 이루어졌던 것처럼 재창조도 그리스도의 교통 가운데서 존재함을 얻는다. 그리스도와 연합하여 신자들은 십자가에 달리시사 죽으시고 장사지낸 바 되었다가 일으킴을 받았고 새로운 생으로 다시 태어났다.

그리고 그런 재창조는 명백한 목적을 갖는다. 즉 그것은 신자들이 내는 선행에서 그 최종목적을 찾는다. 하나님은 나무도 아니요 열매도 아니며 그 열매 안에서의 그의 영광을 위한다. 그러나 그런 선행들은 신자들을 통하여 독립적이고 새로이 발생된 것이 아니다. 그들은 그들 모두를 위해서, 그리고 그들 각자 개인을 위해서 하나님의 의논의 작정 안에 준비되어 있었다. 그들을 대신하여 모든 의와 전체 율법을 완성하였던 그리스도로 말미암아 그것들이 그들을 위해 성취함을 얻게 되었다. 그리스도로부터 모든 것을 취하여 자신의 뜻대로 각자에게 분배시키는 성령으로 말미암아 그들 안에서 그것들이 경영된다. 교회, 곧 모든 신자들 전체와 각 개개인의 모든 선행들과 거룩이 신자들을 통하여 처음 발생한 것이 아니다. 그들의 앞서 이미 오래 전에 아버지의 기쁘신 뜻과 아들의 사역과 성령의 적용 안에 존재했다. 그러므로 인간 편에서의 모든 영광은 성화에 있어서도 배제된다. 우리가 선행을 행하였을 때, 하나님께서 우리에게 빚을 지신 것도 아니고 우리에게 감사할 만한 것도 없다. 오히려 그 반대로 우리가 행한 바 그 선행에 대해서 그에게 감사해야 한다(화란 신앙고백 24항).

이로부터 성화에 있어서 신앙의 역할의 중요성이 따른다. 칭의에 있어서 뿐만 아니라 성화에 있어서도 똑같이 신앙 외에 어떤 방식으로도 구원받을 수 없다. 왜냐하면 우리 편에서 신앙을 통하지 않고는 그리스도와 그의 은택들을 취하거나 소유로 삼을 수 없기 때문이다. 의와 거룩이 율법에 기인한 것이었다면, 우리가 선행을 행함으로 말미암아 그 둘을 이루어야 한다. 그러나 복음 안에서 그들은 하나님의 선물이요 그리스도의 인격 안에서 우리에게 보내신 것이다. 그 안에 은혜와 진리의 충만이 있고(요 1:17), 지혜와 지식(골 2:3), 의나 거룩의 충만이 있다(고전 1:30). 그 안에 모든 영적인 축복들이 포함되어 있고

(엡 1:3), 신성의 모든 충만이 육체 안에 거하신다(골 2:9). 이 그리스도께서 자신을 성령으로 말미암아 우리에게 전달하시고 우리와 내적으로 그렇게 밀접히 하나가 되심이 포도나무와 그 가지와 같고(요 15:2 이하), 머리와 몸과 같으며(엡 1:22, 23), 남편과 아내와 같으며(엡 5:32), 그 자신의 중보자로서 아버지와 하나 됨과 같다(요 14:20; 17:21-23). 신자들은 그와 한 영이고(고전 6:17) 한 육체다(엡 5:30, 31). 그리스도는 그들 가운데 사시고 그들은 그리스도 안에 산다(갈 2:20). 그리스도는 그들 모두 안에 있는 만유이시다(골 3:11).

우리 안에 이런 식으로 그리스도께서 우리의 거룩의 주역자가 되시는 한, 우리 편에서 신앙을 통하여 성화의 사역은 이루어질 수 있다. 왜냐하면 거룩도 다른 모든 은택들과 마찬가지로 그리스도의 인격과 뗄 수 없이 연결되어 있기 때문에, 그리스도 자신과의 연합 안에서만 그 은택을 받을 수 있고 우리 편에서 참된 신앙을 통하여 얻을 수 있고 누릴 수 있다. 게다가 신앙을 통하여 그리스도께서 우리 마음에 거하시고(엡 3:17), 우리가 그리스도 안에 살며(갈 2:20), 우리가 하나님의 자녀가 되고(갈 3:27), 성령의 약속을 받으며(갈 3:14), 죄의 용서함과(롬 4:6) 영생을 얻는다(요 3:16). 신앙을 통하여 산다는 것은 그리스도께서 우리 안에 거하신다는 것의 뒷면이다(고후 13:5; 갈 2:20). 그러므로 그리스도의 전생애가 신앙의 생활이다. 히브리서 11장에서의 성경의 인물들은 신앙의 용사들로서 우리에게 제시된 것처럼, 우리로 하여금 믿음으로 말미암아 살고(히 10:38), 믿음으로 행하며(고후 5:7), 믿음이 사랑을 통하여 역사되게 하며(갈 5:6), 믿음의 방패를 가지고 악한 자의 모든 화전을 소멸하고(엡 6:16), 세상을 이기도록(요일 5:4) 권유하고 있다. 이 모든 권유들이 사실 신자들에게 제시한 다른 권유들, 즉 육체를 좇지 말고 영을 좇아 행하고(롬 8:4 이하), 옛 사람을 벗어버리고 새 사람을 입으며(엡 4:22-24; 골 3:10; 롬 6:4 이하), 그리스도를 주로 받아들이고 그 안에서 행하며(골 2:6; 벧전 3:16), 주 예수로 옷 입고 그의 이름으로 모든 것을 이루며(롬 13:14; 골 3:17), 주 안에서와 그의 강한 능력의 힘 안에서 강하여지고(엡 6:10; 딤후 2:1) 우리 주, 곧 구주의 은혜와 지식에 자라는(벧후 3:18) 권유들과 일치한다. 한마디로 말해서 복음적인 의미에서 성화는 신앙의 계속적인 활동이요 실천이다.

이런 성경의 교리에 대해서 많은 사람들이 반대하고 있다. 그들은 그것을 일방적이고 도덕생활에 위험스럽다고 생각한다. 종종 그들은 칭의에 있어서 율법은 배제되고 신앙만 나타난다고 여긴다. 그러나 그들이 성화에 대해서 취급할 때, 신앙만으로 불충분하고 모든 명령과 금령, 모든 저주와 형벌을 포함한 율법이 거룩한 행위와 선행을 행함에 풍성하도록 자극하기 위해서 곁들여져야 한다고 주장한다. 참으로 율법이 그리스도인에게 생활규범임은 진리라고 할지라도, 복음은 거룩한 행위에의 권유를 율법의 공포로부터 취한 것이 아니고, 신자들이 그리스도 안에서 부르심을 받는 높은 소명으로부터 취한 것이다. 하늘에 계신 너희 아버지의 온전하심과 같이 너희도 온전하라(마 5:48). 예수님은 포도나무 요 그의 제자들은 가지다. 저들이 그 안에 있으면 풍성한 열매를 맺으니, 이는 그분 없이는 아무것도 할 수 없기 때문이다(요 15:5). 신자들은 죄에 대하여 그리스도와 함께 죽은 자들이요, 그 안에서 하나님께 대하여 산 자들이다(롬 6:11). 그들은 율법 아래 있지 아니하고 은혜 아래 있으니, 죄가 그들을 주장할 수 없다(롬 6:14). 그들은 율법으로 말미암아 율법에 대하여 죽임을 당하고 그리스도에게 속하여 그들로 하나님에 대하여 열매를 맺게 하려 함이다(롬 7:4; 갈 2:19). 그들은 육체 안에 있지 않고 성령 안에 있으니 성령을 좇아 행한다 (롬 8:5). 밤이 깊고 낮이 가까왔으니, 그러므로 어두움의 일을 벗고 빛의 갑옷을 입어야 한다(롬 13:12). 신자들의 몸이 그리스도의 지체들이요, 성령의 전들이기 때문에 음행의 죄를 피하여야 한다(고전 6:15 이하). 그들은 값지게 산 것들이기 때문에 하나님의 것인 그들의 몸과 영으로 하나님께 영광을 돌려야 한다 (고전 6:20). 그리스도께서 그들을 자유케 하신 그 자유의 신분으로 있으니, 그런 그리스도 안에서는 사랑으로 역사하는 믿음 외에 어떤 것도 힘이 없다(갈 5:1, 6). 그런 그리스도에게 그들이 속해 있고 그로 말미암아 가르침을 받았으니, 옛 사람을 벗어버리고 하나님을 따라 참된 의와 거룩으로 지음을 받은 새 사람을 입어야 한다(엡 4:21 이하). 사랑을 입은 자와 같이 그들은 하나님을 본받는 자가 되어야 한다(엡 5:1). 그리스도께서 그들을 사랑하신 것같이 그들은 사랑 가운데서 행해야 한다(엡 5:2). 그들은 주 안에 빛이니, 빛의 자녀들처럼 행해야 한다(엡 5:8).

신자들로 하여금 거룩한 행로로 가도록 재촉하는 동인들을 완전히 간추리려면, 신약에 나타난 도덕적인 모든 권고들을 기록해야 한다. 그러나 열거한 모든 본문으로도 그것들 모두가 율법으로부터가 아니라, 복음으로부터 나온 것임을 증명하기에 충분하다. 사도들이 말하는 대상이 남자든 여자든, 나이든 자든 어린아이든, 주인이든 종이든, 부인이든 여종이든, 지배자이든 신하이든 간에, 그들은 그들 모두에게 주 안에서 권고하고 있다(엡 5:22 이하; 6:1 이하; 골 3:18 이하; 벧전 2:13 이하; 3:1 이하). 하나님의 견고한 터에 서서 이런 인을 쳤으니, 그리스도의 이름을 부르는 자마다 불의에서 떠나라 함이다(딤후 2:19).

그와 같이 신앙은 그리스도인들이 성화에 있어서 복음의 원리에 따라 이룩해야 할 하나의 큰 일이다(요 6:29). 비록 성화에 있어서 신앙은 칭의에 있어서의 신앙과는 다른 방식에서 일어나고 다르게 보여지지만, 그럼에도 불구하고 이 두 은택에 있어서 우리가 참여하게 되는 유일하고 충분한 수단이다. 복음은 신앙, 곧 그리스도 안에 있는 하나님의 은혜에 대한 마음의 신뢰 외에 다른 것을 묻지 않는다. 그 신앙이 우리를 의롭다 하실 뿐만 아니라, 우리를 거룩하게 하고 구원시킨다. 그리고 신앙의 성화하는 힘은 다음 성찰을 통해서 더 밝히 드러난다.

첫째로 상고해야 할 것은 참되고 진실한 신앙은 거짓된 자기 확신을 우리 안에 부수고 우리의 교만을 그 뿌리로부터 근절하고 자신의 모든 의를 종식시킨다는 사실이다. 하나님이나 그의 명령에 대해 염려하지 않거나 죄를 물먹듯 마시는 자들을 고려 밖에 두고 형벌이나 손해, 혹은 수치에 대한 두려움 없이 외적인 선만을 행하는 자들을 제외하더라도, 아직 진지하게 도덕법의 요구들을 자신의 힘으로 이루고자 하는 그런 자들이 남아 있다. 그러나 그들이 그 일을 행해봐도 그런 도덕법에 대해서 그들이 납득할 만한 정당한 입장을 발견할 수 없고, 더구나 그들이 그로부터 그것을 이루어야 할 확실한 원리를 찾을 수 없다. 그들은 그것 위로 가거나 그 아래에 서서 율법이 자신들에게 예속되게 하거나 자신들을 율법에 예속되게 한다. 첫번째 경우의 사람들은 선이 행해져야 되는 것이 개인이나 집단을 위해서 그것으로부터 초래되는 이익과 복 때문이라 한다. 후자의 경우의 사람들은 도덕법을 인간 위에 높이 두고 그것을 더 심각하게 여김에 따라서 그것의 성취란 더 불가능한 것으로 만든다. 자연인들은 사두개주의와 바리새주의 사이, 자유와 권위 사이에 이리저리 요동한다. 그들은 도덕법의 규범과 인간의 의지 사이에 조화를 발견할 수 없다.

그러나 신앙은 이런 요동을 종결시킨다. 그것은 우리로 하여금 도덕법은 우리를 초월해 있으며 무조건적인 순종을 요구하지만, 그것은 실제로 성취될 수 있고 우리에게 영생을 줌을 보게 한다. 거의 조화할 수 없는 그런 모순되는 관계 속에서 그것은 하나님의 은혜에 탐닉하고 그의 긍휼을 신뢰하며 그분 자신을 통하여 소개된 의 안에서 영광을 돌린다. 참된 신자들은 율법의 요구를 부당히 취급하거나 그것을 자신의 평계조건으로 삼는 일을 버린다. 그는 도덕적 이상을 그것의 모든 고절(高絶)한 요구에 세워두나 동시에 그가 자신의 힘의 노력을 통해서 그것에 응종(鷹從)할 수 있다는 기대를 버린다. 그와 같이 그는 율법에서 뿐만 아니라, 그 후 복음 안에서도 그의 의를 계시하셨던 하나님께 그 기대를 확고히 고정한다. 결과적으로 그런 신앙이 직접 수많은 덕의 모태가 되어 인간 속에서 겸손과 의존성, 신실 등 도덕생활에 가장 큰 의미를 주는 모든 품성과 속성이 자라게 한다. 종교에 있어서 선을 행하는 일은 확고한 기초를 얻는 것이요 멸할 수 없는 힘을 얻는 것이다.

이런 덕에 직접 다른 것이 더 수반되고 있다. 하나님 자신이 교회 안에 제정하신 질서에 따르면 복음의 약속이 율법의 명령을 앞선다. 먼저 그는 우리에게 그의 은총과 죄 용서와 성도들에게 부여된 유산을 보증하시고 그 후 우리를 그의 증거와 율례의 길로 인도하신다. 선한 나무가 선한 열매에 앞선다. 우리는 선행을 통하여 사는 것이 아니라, 선행을 위해서 산다. 우리는 영생을 위해서 율법을 이루는 것이 아니라, 믿음으로 말미암아 우리 마음속에 심어진 영생으로부터 율법을 이룬다. 이런 서정에 따라야만 참된 도덕생활에 이른다. 그 질서를 역행하고 위로와 보증과 구원을 자신의 행위로부터 이끌고자 하는 자는 그 목적에 이르지 못하고 의심으로 말미암아 이리저리 동요상태에 있게 되며 그의 생의 모든 날 동안 두려움 속에 있게 된다. 하나님은 다른 길을 취하신다. 그는 복음 안에 죄 용서, 죄책의 화목, 형벌의 면제, 구원과 영지(de heerlijkheid) 등의 그 모든 것을 거저 주셨다. 우리를 신앙을 통하여 그의 은총에 완전히 맡길 수 있고 이로써 성령의 증거를 통해 우리에게 보증을 주셨다. 그러므로 신앙은 자신의 본성 때문에 위로와 화평과 기쁨과 복을 가져오고 거꾸로 이것은 도덕 생활에 무한한 가치를 가지고 있다. 그들 모두가 함께 거룩한 행위의 원리들이요 동인들이다. 양심을 죽은 행실로부터 깨끗이 하는 것은 그 종착과 목적이 살아계신 하나님을 섬기는 데 있다(히 9:14). 하나님을 통해 위로받은 후 그를 통해 모든 선한 일과 말로 강화된다(살후 2:17). 여호와 안에서 기뻐하는 것이 그의 백성의 힘이다(느 8:10).

두번째로 그리스도 안에서 하나님의 은혜에 맡기는 구원의 신앙에 있어서 분리하고 충용(充用)하는 역사와 아울러 파괴하고 건설하는 역사가 특별한 것이다. 그것이 탕자로 하여금 그의 죄악된 생활로부터 돌아서서 아버지 집으로 되돌아오도록 한다. 그것이 우리로 그리스도의 죽음과 부활에 연합하게 한다. 우리를 십자가에 못박고 새로운 생명으로 다시 일으킨다. 진실로 그리스도를 신앙하는 자는 죄에 대해서 죽는다. 그는 진정으로 그것에 대해서 후회한다. 왜냐하면 그가 그로 말미암아 하나님을 격노케 하고 따라서 그는 그것을 미워하고 피하기 시작하기 때문이다. 그는 죄와 자신 사이를 분리시키는 일을 한다. 그래서 그는 다음과 같이 올바르게 말할 수 있다. 즉 내가 원하는 바 선은 행치 아니하고 도리어 원치 아니하는 바 악은 행하도다(롬 7:19). 다른 면에서 신앙은 그리스도를 그의 의와 거룩과 함께 충용한다. 그것은 그리스도 자신을 마음에 거하게 하고 계속 견고히 그와의 연합 안에 살도록 한다. 그것은 그리스도가 우리 안에서 어떤 형태를 얻도록 하며 우리를 변형하여 시간을 따라 점점 더 그의 형상에 닮아가도록 한다. 한마디로 말해서 내게 능력을 주시는 그리스도를 통하여 모든 것을 할 수 있다고 하는 바울의 말을 신자들이 반복할 수 있다(빌 4:13).

마지막 세번째로 더 이상 말할 것도 없이 신앙은 종종 바르게 한 손에 비유된다. 손이란 어떤 것을 취해서 우리의 소유로 삼는 기관일 뿐만 아니라, 그것을 통해서 우리의 사상과 우리의 뜻을 밖으로 구현하는 수단이다. 신앙 역시 받아들이는 기관이요 역사하는 힘이다. 의롭게 하고 구원시키는 신앙은 죽은 신앙이 아니라 살아 있는 신앙이다. 신앙은 그의 본성으로부터 선한 행위의 열매를 낸다. 그것은 사랑으로 역사한다(갈 5:6). 인간이 사랑을 통하여 의롭게 되는 것이 아니고 그를 의롭게 하는 신앙이, 그의 살아 있는 역사의 힘이 사랑에서 나타난다. 사랑이 없는 그 신앙은 참된 구원의 신앙이 아니다(고전 13:1). 사랑의 수고는 항상 참된 신앙과 연결되어 있다(살전 1:3). 왜냐하면 명령의 목적(모든 사도적 설교의 목적)이 청결한 마음과 선한 양심과 거짓 없는 믿음에서 난 사랑이기 때문이다(딤전 1:5). 이 사랑이 신앙의 열매로서 두려움을 내어쫓는 온전한 사랑이다(요일 4:18). 동시에 그것은 율법의 완전한 성취다(마 22:37-40; 롬 13:8-10; 갈 5:14; 약 2:8).

따라서 복음이 율법을 없이 하는 것이 아니고 그것을 회복하고 확증한다. 참으로 율법의 요구와 저주는 그리스도께서 자신을 율법 아래 두고 그 저주를 받으셨기 때문에 끝났다(마 3:15; 갈 3:13; 4:4). 그러므로 우리는 더 이상 종이 아니고 자유하였고 성령 안에서 행한다(롬 7:1-6; 갈 4:5, 26 이하; 5:1). 주의 영이 있는 곳에 자유가 있다(고후 3:17; 갈 5:18). 그러나 이런 신앙의 자유는 율법을 복구하는 것이 아니라, 차라리 그것을 성취케 된 것이다. 율법의 의, 곧 율법이 그 명령 안에서 요구하는 것이 바로 육체를 따라 행하지 않고 성령을 따라 행하는 자들 안에서 성취되고 있다(롬 8:4). 육체가 율법에 복종할 수 없고 복종하려고도 하지 않기 때문에 육체가 그것을 무력하게 할지라도(롬 8:3, 7), 바로 인간을 살리는 분은 성령이며(고후 3:6), 그분이 하나님의 선하시고 기뻐하시고 온전하신 뜻이 무엇인지 분별하도록 이성을 조명한다(롬 12:2; 엡 5:10; 빌 1:10).

위와 같은 의미에서의 율법은 폐하여졌을지라도, 예수님과 사도들의 경우 그런 하나님의 뜻이 계속 구약으로부터 알려질 수 있었다. 예수님이 오신 것은 율법과 선지자를 폐하러 온 것이 아니라, 그것들을 온전케 하러 왔다(마 5:17). 그는 도시와 성전의 무너짐과 시민통치와 예배의 종말을 예언한 것 외에(마 24장; 요 4:21-24), 율법의 폐함에 대한 말을 사용한 적이 없다. 오히려 유대학파에서 첨가된 인간적인 가르침에서 그것을 정화시켰다(마 5:20 이하). 그는 율법의 이해에 있어서 바리새인으로부터 선지자들에게로 돌아가게 했고 그 율법의 내적 특성을 꿰뚫었으며 외적인 것보다 내적인 것을 위에 두고(마 7:15), 제사보다는 긍휼을 위에 두었으며(마 9:13; 12:7), 율법과 선지자들을 하나님과 이웃에 대한 사랑의 계명 안에 하나로 모으셨다(막 12:28-34와 마 7:12과 비교). 도덕명령은 그 힘을 보존하고 있다.

율법과 선지자들에 대해서 모든 사도들은 같은 태도를 취하였다. 구약은 그들에게 신적 권위를 보존하고 있다. 그것은 하나님에 의해서 주어진 것이고(딤후 3:15), 하나님의 영의 인도 아래 거룩한 사람들에 의해서 기록된 것이며(벧후 1:21), 우리의 교훈과 위로를 위해서 주어진 것이라(롬 15:4; 고전 10:11; 딤후 3:15; 벧전 1:12) 한다. 매순간마다 그 구약이 하나님의 뜻을 그리스도 교회에게 알리기 위해서 인용되고 있다. 예를 들면, 바울은 고린도전서 14:34에서 아내가 남편에게 복종해야 함을 위해 창세기 3:16에 호소하고 있다. 고린도후서 9:9에서 관대한 연보를 위해 시편 112:9에 호소하고, 고린도전서 1:31에서 주 안에서만 자랑하라는 권고를 위해 예레미야 9:23에 호소하고 있다. 즉 그 내용에 관한 한 도덕법은 신구약에서 전혀 동일하다. 그것이 사랑의 한 계명 안에 포괄된다(롬 13:8-10; 갈 5:14; 약 2:8). 참으로 그리스도께서 제자들 상호간에 실천해야 할 사랑에 대해서 말씀하셨을 때 새 계명으로 말씀하셨다(요 13:34와 요 15:12; 살전 4:9; 벧전 4:8; 요일 3:23; 4:21; 요이 5절과 비교). 그러나 이것이 신자들 사이에 서로 사랑하라는 계명이 전에 한 번도 알려지지 않았다는 말이 아니다. 왜냐하면 레위기 19:18의 가르침이 명백히 이를 반대하고 있고, 시편 133편은 형제들이 함께 동거함에 대한 사랑스러움을 말하고 있다.

그러나 신자들 상호간을 맺어주어야 할 그 사랑이 신약에서 그 성격을 달리 하고 있다. 구약시대에는 교회와 국가가 일치하였기 때문에 형제들의 사랑과 이웃에 대한 사랑 사이의 구별이 분명히 구별될 수 없었다. 그러나 신약시대에서 상황이 달라졌다. 교회는 이스라엘 국가라는 민족공동체로부터 분리되었고 그것으로 독립적인 공동체가 되었으며 성령 안에서 자신의 생명의 원리를 받았다. 이때로부터 형제들 사이의 사랑과 모든 사람에 대한 사랑 사이가 분리되었다(갈 6:10; 살전 3:12; 벧후 1:7). 그런 의미에서 형제 사랑이란 새 계명이라 할 수 있다. 그것이 세상과 구별되게 성도들을 함께 결합한다. 그 나머지에 있어서는 구약에서나 신약에서나 한 종교, 한 도덕법이 있다. 거기에는 해명이 있고 설명이 있으며 역시 다른 역사와 적용이 있지만, 외적인 첨가나 어떤 기계적인 확장은 일어나지 않는다. 그리스도는 모세와 나란히, 그리고 넘어선 새로운 입법자가 아니다. 그가 친히 율법을 그의 삶과 죽음 안에서 성취하였고 그의 영을 통해 그의 제자들인 모든 사람들 안에서 그것이 성취되게 한다.

비록 그리스도와 그의 제자들은 반복해서 구약의 도덕법을 하나님과 이웃에 대한 사랑과 연관시켰을지라도, 기독교 도덕론에서 사람의 덕과 의무를 십계명에 기초하여 설명하는 습관이 점점 일어났다. 특별히 이런 경향이 종교개혁자들 사이에 받아들여졌다. 왜냐하면 그들은 선행의 정표의 하나를 그것들이 하나님의 뜻에 따라 생긴 것이냐에 두었기 때문이다. 이로써 그들은 인간의 칙령에 기초한 그런 행위들을 역시 선행으로 인식한 로마교회에 대한 반대입장을 취하였다(하이델베르크 요리문답 제91문).

로마교회는, 즉 계명과 충고 사이를 구별하지 않고 새롭고 더 높은 입법자이신 그리스도를 통하여 후자가 모세의 율법에 첨가되었다고 생각하고 있다. 첫 세기 그리스도 교회는 이 차이를 아직 인식하고 있지 않았다. 교회에 대한 핍박의 시대가 지나가고 위세와 명성 때문에 그 연한만 추구하였던 교회에 여러 부류의 사람들이 가입하였을 때 도덕적 수준은 하락하였고 진지한 성향의 사람들은 은둔해 버렸다. 그와 더불어 생겨난 수도원 운동이 도덕적 이상을 붙들려고 하였으나, 가정과 직업 속에서 살아야 하는 일반 그리스도인들로서 이를 따를 수 없는 방식으로 이를 행하였다. 따라서 점점 더 수도자들(영적인 사람)과 평신도 사이에 구별이 심해졌고 그것으로 더 높은 도덕과 더 낮은 도덕 사이, 즉 계명과 충고 사이가 결속해 왔다. 십계명에 내포된 계명들은, 예를 들어 모든 그리스도인들의 의무이고 충고들은 각자 자유로운 선택에 맡겨졌다.

그런 충고 아래 점점 더 소위 정절(kuischheid) 혹은 독신이 마태복음 19:11, 12과 고린도전서 7:7 이하에 기초하여 고려되고 있고, 마태복음 19:21과 고린도전서 9:14에 호소하여 청빈 혹은 모든 땅의 소유를 버리는 것, 마태복음 16:24과 누가복음 14:26-27을 참고로 하여 각자가 그의 지도 아래 서 있는 그 수도원장에게 절대 복종이 고려되었으나 수도원 계율 안에는 이것들 외에 더 여러 가지 절제들, 고행들, 징책들이 마태복음 5:29, 39, 42 등에 호소하여 첨가되고 있다. 그 경우에서 참으로 로마교회에 의해서 주장되고 있는 것은, 도덕적 완전의 이상은 모든 신자들에게 동일하게 해당하고 명령에 대한 순종으로 그들 모든 사람들에 의해서 추구되어야 한다는 것이다. 그러나 계명에 권고들을 더한 자는 누구든지, 그 목적에 도달하기 위해서 더 빠르고 안전한 길을 걸어서 동시에 좀더 큰 가치와 더 많은 보상을 얻고자 하였다. 율법을 행하는 일반신자들은 다만 그가 하여야 할 것을 했던 것뿐인 무익한 종으로 남아 있지만(눅

17:10), 역시 권고들을 따랐던 그리스도인은 예수님을 통하여 착하고 충성된 종으로서 적은 일에 충성하였으매 많은 것으로 맡기리라고 말씀하시는 것을 듣게 될 것이다(마 25:21).

종교개혁도 이런 구별을 망각할 만큼 그것은 자연스러운 말이다. 인간의 본성의 부패성을 깊이 인식한 이후에 비로소 중생한 자도 율법을 완전히 지킬 수 없고 그들의 최선의 선행들도 아직 죄로 오염되어 있으며 가장 고상한 성자들이 이를 수 있는 것은 고작 완전한 순종의 미미한 초보에 불과하다고 가르쳤다(하이델베르크 요리문답 62, 114답). 신자들은 권고들을 성취할 수 있는 점까지도 도달할 수 없다. 왜냐하면 그는 해야 될 일이 계명의 성취로도 이미 충분하기 때문이다. 게다가 하나님은 도덕법에서 우리가 우리의 마음을 다하고 힘을 다하여 그를 사랑하고 이웃을 우리의 몸과 같이 사랑할 것을 요구하신다(마 22:37; 눅 10:27). 충고 하나라도 그런 계명에 어떻게 더할 수 있겠는가? 하나님이 모든 시대와 모든 장소에서 우리 전체를 온전히 섬기도록 요구하실 때, 우리가 마음대로 처리하고 우리의 자유로운 선택에 따라서 그에게 주고 철회할 수 있을 만한 것을 아무것도 남기시지 않으셨다.

역시 그리스도께서 모세율법의 필연적인 계명에 자유의 법인 권고가 더 첨가되었다는 사실에 대한 보증할 만한 근거가 없다. 왜냐하면 비록 어떤 사람이 결혼을 그만두고 자기 재산들을 자선해 버리며 자기의 주위환경과 직업을 버려야 할 경우가 있을지라도, 그의 자유로운 선택에 따라서 따르거나 따르지 않을 수 있는 그런 특별한 권고란 그에게 일어나지 않고, 다만 한 가지 같은 법이 상황의 성질에 따라서 특별한 적용을 요구하고 있는 것이고 이것을 의무화하는 상태다. 부자 청년이 그리스도로부터 그가 거절하고 받아들일 수 있는 어떤 권고를 받은 것이 아니라, 정직의 시금석이요 그의 마음의 결정을 위해 그의 모든 재산을 팔아 가난한 자들에게 주라는 한 계명을 받은 것뿐이다. 이것으로부터 그가 참으로 그리스도와 그의 나라를 위해서 모든 것을 버리는지가 분명해질 것이다. 그러므로 법과 의무 사이의 구별이 있어야 한다. 법은 모든 사람들에게 같은 하나의 법이지만, 의무는 보편의 도덕법으로부터 각자에 의해서 그의 본성과 조건에 따라 적용되어야 하는 구체적인 행동 방식이다.

그래서 종교개혁자들은 사람들의 결정(het goeddunken)이나 교회 규정에 근거한 모든 행위들을 거절하고 선행의 규범으로서 하나님의 뜻으로 돌아갔다. 이런 뜻이 간결하고 근본적인 십계명에서 표현되어 있음을 발견했다. 그러나 10가지 말씀의 법이 그 자체로 독립적으로 있는 것이 아니다. 그들은 부요한 환경 한가운데 위치하고 있다. 그것은 그 요점되는 내용에 있어서 근원적으로 하나님의 형상에 따라 창조된 인간의 마음속에 새겨져 있다. 모든 사람들이 본성적으로 율법의 일을 계속 행하고 있는 한 그것이 거기에 부분적으로 보존되어 있고 이것을 통하여 율법의 일이 그들 마음속에 새겨져 있음을 증명한다(롬 2:14, 15). 각 사람이 그의 존재와 행위에 앞서 일정한 도덕법칙에 매여 있음을 의식하고 있고 범죄할 경우 스스로 자신의 양심을 통하여 죄책을 느끼고 있다. 이스라엘 중에 있는 율법은 특별계시를 통하여 그 순수한 대로 회복될 것이며 은혜언약에 종속되게 하였으니, 서론적인 말씀에 따르면 그 언약을 하나님께서 그의 백성과 싸우셨던 것이요, 백성의 전 생활을 다스려야 했던 율례와 규례의 구조물 안에 포함시켰던 것이다. 게다가 이스라엘 역사 속에 시편 기자들과 잠언 기자들과 선지자들에 의해서 여러 가지 방식으로 그것이 해석되고 구현되며 적용되었기 때문에, 예수께서는 하나님과 이웃을 사랑하라는 이 두 계명이 온 율법과 선지자적 강령이라 말하실 수 있었다(마 22:40).

그리고 그리스도께서 구약의 모든 구원의 약속들을 성취하셨을 때 율법을 폐하시는 것이 아니었고 그 모든 의를 이루는 것이었다. 그는 완전한 순종의 길을 걸으셨고 성령 안에서 능력을 보내시사 제자들이 그것으로 율법의 모든 계명대로 원리에서부터 행할 수 있도록 하셨고 그렇게 하고자 하였다. 전 복음이 지향하고 있는 것은 율법의 의가 육체를 따라 행하지 아니하고 성령을 따라 행하는 자들 안에서 성취되는 일이라 말할 수 있다. 중생한 자의 신령한 생활이 도덕생활의 회복에 도움이 되고 있다. 사도들이 규칙적으로 그들의 서신들을 결론하는 긴 권고의 말들은 여호와의 거룩한 율법의 확장이요 적용이다. 그 의도가 신자들로 하여금 그들의 모든 관계들과 환경들 안에서 하나님의 뜻과 그의 이름의 영광을 따라 살도록 함에 있다. 이런 부요한 연관으로부터 십계명의 법은 소실될 리가 없다. 즉 십계명은 자연과 성경 안에 있는 하나님의 전 계시의 조명 하에 관조되고 해석되어야 한다는 말이다.

그렇게 이해할 때 십계명은 기독교 윤리와 우리의 생을 위한 뛰어난 규범의 짧은 요약이 된다. 아직도 우리와 연관된 다른 많은 법들이 있다. 하나님은 또한 우리의 사고와 미에 대한 우리의 쾌감, 다른 사람들과 우리의 교제, 자연의 재료를 다루는 우리의 연구를 위해서 법을 주셨다. 그는 모든 피조물과 하늘과 땅, 태양과 달과 별들, 낮과 밤, 여름과 겨울, 씨 뿌리는 시기와 수확기에 대한 질서들을 정하셨다(창 6:22; 렘 31:35; 33:25). 그러나 도덕법은 이런 모든 질서보다 뛰어나 초월하고 있다. 왜냐하면 이런 모든 것들과 다르게 그것이 향해 있는 방향이 인간의 의지 혹은 오히려 의지하는 존재로서의 인간 자신을 향하고, 따라서 그의 존재의 가장 깊은 곳, 즉 그의 인격의 핵심을 향하고 있기

제22장 성화 475

때문이다. 그리고 그것은 그의 말과 행위에서만이 아니라, 그의 사상과 욕망에 있어서, 그의 특성과 본성에 있어서 그런 규칙에 완전히 응할 것을 요구한다. 율법은 신령하다(롬 7:14). 하늘에 계신 아버지의 온전하심과 같이 우리는 온전하여야 한다(마 5:48). 십계명 안에서 율법은 죄의 뿌리와 정욕까지 감찰하고 있고 이것은 역시 하나님 앞에서 죄책과 부정함을 선포한다.

더구나 그 율법은 인간이 하나님과, 다른 동료와, 그 자신과, 자연 전체와 처해 있는 모든 관계들을 포섭하고 있다. 하나님과의 관계는 그의 존재와 그의 섬김과 그의 계시와 그의 날과의 관계이고, 다른 동료와의 관계는 그들의 다양한 지위와 신분, 그들의 생과 덕과 소유와의 관계이며, 자신과의 관계는 자신의 이성의 진리성과 그의 마음의 순수성과의 관계이며, 그를 둘러싼 전 자연과 그의 직책과 직업, 그의 노동과 오락, 창조된 전 유기체와 무기체와의 그런 모든 관계를 포섭하고 있다. 그리고 그런 부요한 모든 관계에서와 마찬가지로 그런 내적인 관계에서 역시 도덕법은 인간이 무슨 일을 하든 하나님의 영광을 위해서 해야 할 것을 요구하고 있다(고전 10:31; 골 3:17).

우리가 율법의 그런 깊고 영적인 의미를 이해할 때, 우리는 처음 좌절되고 그 일을 성취하는 데 절망을 느낀다. 우리가 율법이 우리에게 요구하는 의 외에 다른 의에 대해서 알지 못했다면, 우리가 그것을 성취하기에는 묘연할 것이고 그럴 의욕도 갖지 못할 것이다. 그래서 우리는 항상 율법이 갖는 영적인 내용을 벗기고 그것을 형식화하였으며 우리의 타락한 조건에 맞추게 하였고, 우리 스스로 덕망이 높은 시민생활로서 그런 엄격한 요구에 만족을 줄 수 없다고 믿도록 하였다. 자연인은 영적인 의미, 즉 율법의 완전성에 대해 불쾌하게 생각한다. 그는 내적으로 그것이 요구하는 절대적 의와 거룩에 대해 노한다. 그러나 우리가 하나님이 그리스도 안에서 주셨고 신앙을 통해서 우리의 소유로 삼는 다른 의와 거룩을 알게 되었을 때, 율법에 대한 우리의 태도와 그것에 대한 생각이 단번에 변한다. 그때 참으로 우리는 바울과 같이 아직도 우리가 육체적으로는 죄 아래 팔려 있으나, 율법을 그 고상한 위치에 내버려두고 더 이상 그것을 낮주고자 하지는 않겠다고 그것에 대해서 탄식할 수 있다. 그것은 하나님의 법이기 때문에 그 거룩하고 의롭고 선한 그대로 우리는 찬양하는 것이다. 우리는 그것을 사랑해야 한다. 왜냐하면 바로 그것은 그만큼 영적이기 때문이다. 내적인 사랑에 따라 그 안에서 즐거워해야 한다. 하나님께 감사하되, 그의 복음뿐만 아니라 그의 율법, 곧 거룩하고 의롭고 완전한 율법에 대해서 감사해야 한다. 역시 그것은 우리에게 그의 은총의 계시요 선물이 되고 있다. 당신의 법을 내가 얼마나 사랑하는지, 종일 나의 심중(betrachting)에 있나이다.

비록 신자들이 중생 시에 직접 모든 선행에 있어서 하나님의 뜻대로 살고자 하는 내적인 의욕과 사랑을 갖지만, 그들이 단번에 완전해지지 않고 이생에선 그런 완전성 자체에 도달할 수 없다. 성화는 칭의와 구별된다. 이 후자는 단번에 이루어지는 하나님의 무죄선고로 이루어진다. 그것은 계속 반복되고 양심에 적용이 되지만, 확장되거나 증가되지 않는다. 그러나 성화의 생활은 모든 피조물의 생태와 같이 발전(ontwikkeling)의 법칙을 따른다. 그것은 중생에서 시작이 되고 강건하여지고 자랄 만한 양분을 필요로 하며 그리스도로 완전히 계시된 높은 점까지 이른다.

구약에서 이미 메시야에 대해서 그는 목자와 같이 양무리를 먹이시며 어린양을 그 팔로 모아 품에 안으시며 젖먹이는 암컷들을 온순히 인도하시리로다 라고 하였다(사 40:11). 다른 곳에서 그에 대해서 더 확장하여 이르기를, 주께서 그에게 기름을 부으사 가난한 자에게 아름다운 소식을 전하게 하시고, 마음 상한 자를 고치시며, 포로된 자에게 자유를, 갇힌 자에게 놓임을 전파하며, 모든 슬픈 자를 위로하며, 시온에서 슬퍼하는 자에게 그 재 대신 화관을, 슬픔 대신 희락의 기름을, 그 근심의 영 대신 찬송의 옷을 주시겠다 하심은 그들로 의의 나무, 곧 여호와의 심으신 바 그 영광을 나타낼 자라 일컬음을 얻게 하려 함이라 하였다(사 61:1-3과 겔 34:16과 비교).

이것에 따라 그리스도께서 그의 공생애 기간 동안 이스라엘 중 장성한 자에게만 아니라 어린아이들에게도 관심을 가지사, 하늘나라를 그들의 것이라 하였다(마 18:1-6; 19:13, 14). 그는 고라신과 벳새다, 가버나움과 예루살렘 거민들에게만 회개하라고 부르신 것이 아니라, 세리와 죄인들에게도 회개하도록 부르셨고 곤고하고 무거운 짐진 자들 모두를 그에게 초대하여 그들에게 안식을 주셨다. 나라의 후사들을 여러 가지 이름으로 불러 말씀하시기를, 가난한 자, 애통하는 자, 주린 자, 목마른 자, 온유한 자, 화평한 자라 하였고(마 5:3-9), 또한 그 나라에서 큰 자와 작은 자, 먼저된 자와 나중된 자를 구별하셨다(마 11:11; 20:16). 그는 종종 제자들의 믿음이 적음과 소심함과 미련함을 보고 탄식하셨다(마 6:30; 8:26; 14:31; 16:8; 눅 24:25). 그는 또한 어떤 사람들 가운데 큰 믿음을 발견하고 기뻐하였다(마 8:10; 15:28). 모든 사람들을 향하여 자신이 그의 모든 양떼들을 한 우리로 모으고 그들에게 모든 생명과 풍성한 것을 주시고 그들 모두를 보호하여 그들 중 한 마리도 잃지 않게 하는 선한 목자임을 증거하였다(요 10:1-30).

사도시대 교회의 신자들 사이에 유사한 구별들이 생겼다. 구약시대의 신자들은 아직 미숙한 어린아이들로서 후견인과 청지기 아래 있으며 그러한 면에서 종과 다름이 없는 자들이다(갈 4:1, 2). 그들과 비교해서 신약의 신자들은 자유한 자녀들로서 하나님에 의해서 그의 자녀와 후사로 영접된 자들이며 그리스도께서 그들을 자유롭게 하게끔 한 그 자유 안에 있는 신분들이 되었다(갈 4:4-7). 그럼에도 불구하고 아직 그들 사이에 여러 가지 구별이 있었다. 교회의 각 지체들에게 보내주신 믿음은 모든 사람들에게 동일한 것이지만, 각자의 기질에 따라 그 분량대로 각자에게 보내신다(롬 12:3). 성령이 교회 안에서 분배하는 은사들은 여러 가지다(롬 12:6-8; 고전 12:4-11). 교회 안에 각 지체가 점유하는 위치들도 사람의 몸 안에 있는 지체의 위치들처럼 천차만별이다(롬 12:4, 5; 고전 12:12 이하). 그러나 은사와 직분에 있어서 이런 차이와는 달리 역시 신자들 사이에는 연약한 자와 강인한 자의 차이가 있고(롬 14:1 이하; 15:1; 고전 8:7 이하; 9:22; 10:25), 또한 아직도 육체에 속한 자와 신령한 자의 차이가 있으며(고전 3:1-3; 갈 6:1), 초보자 곧 아직도 젖을 필요로 하는 어린아이와 (고전 3:2; 히 5:12; 벧전 2:7), 온전한 자 곧 단단한 음식을 먹을 수 있고 분별의 기술을 사용하여 선과 악을 분별할 수 있는 능력을 갖춘 장성한 자(고전 2:6; 3:2; 14:20; 빌 3:15; 히 5:14) 사이의 차이가 있으며, 참으로 악한 자를 이겼지만 그럼에도 불구하고 이 승리를 잃지 않도록 조심해야 할 청년들과 등뒤로 이룬 그런 긴 싸움을 거쳤고 주, 곧 태초에 계셨던 그리스도에 대한 지식에 있어서 좀더 깊은 통찰을 얻은 아비들 사이의 차이가 있다(요일 2:12-14). 그 모든 차이에 덧붙여서 이미 사도시대에도 신앙이 견고하고 사랑이 풍부하며 환난에 인내하는 교회, 혹은 신자들과 여러 가지 잘못을 통해 자신을 그르치게 하고 여러 가지 죄에 굴복되어 버린 교회나 신자들 사이에 차이가 있었다. 사도들의 편지들과 특별히 소아시아 일곱 교회에 보낸 그리스도의 편지(계 1장에서 3장까지)가 이런 다양한 환경과 더불어 우리에게 자세히 알려 주고 있다.

    이 모든 것들이 인간은 육체적 생활에서와 마찬가지로 영적 생활에서도 작고 연약하여 도움을 필요로 하는 자로 태어나게 되고 우리 주, 곧 구주 예수 그리스도의 은혜와 지식에 있어서 점점 자라야 함을(벧후 3:18) 가르친다. 영적 생활이 건강하고 정상적으로 자라 그리스도이신 신령한 식물을 먹고 신령한 음료를 마시면(요 6:48 이하; 고전 10:3, 4) 은혜 안에서 계속되는 강건함과 굳세어짐이 일어나고 그리스도의 형상에 따라 계속 새로워짐이 일어난다(롬 12:2; 고후 3:18; 4:16; 엡 3:16; 벧전 5:10). 그러나 이런 정상적인 성장을 여러 가지 장애가 방해한다. 그리스도인의 생활이란 조용한 성장이 아니다. 그것은 계속되는 싸움이요 밖으로부터 오는 대적과의 싸움이며 그와 못지 않게 자신의 품에 거하는 대적과의 싸움이다.

이런 싸움을 잘 이해하기 위해서 처음 우리가 관심을 가져야 할 것은 중생치 못한 자들에게서도 종종 어떤 싸움이 현존하고 있다는 사실이다. 그러나 이것은 영적인 싸움은 아니지만 합리적인 싸움, 즉 한편에서는 인간 이성과 양심 사이의 갈등이요, 다른 한편에서는 그의 의지와 욕망 사이의 갈등이다. 그의 이성과 양심을 통하여 인간은 아직도 도덕법과 볼 수 없고 영원한 것들의 세계에 매여 있게 된다. 아직도 그의 마음속에서는 '너는 할지라' (gij zult)라는 소리가 가까이 울리고 있다. 그가 악을 행하고자 하는 순간 더 선한 지각이 이에 반항하고 그에게 경고하며 그것을 훼방하려고 한다. 그의 존재 안에 이런 둘 사이의 갈등에 대해 아무것도 알지 못할 만큼 그렇게 멀리 벗어나 버렸거나 그렇게 깊게 침수해 버린 사람이란 없다. 이런 갈등 속에서도 유복한 환경 아래서 참으로 사람이 승리를 얻을 수 있다. 그는 그의 이성을 가지고 정욕을 저지하고 억누르며 침묵을 지키게 할 수 있다. 그때 그는 용감하고 덕스러운 인간이 되고 존경할 만한 생을 이끌어간다. 그러나 그것은 참된 도덕성이 아니고 기독교적 성화가 아니다. 왜냐하면 자연인 안에서의 싸움은 이성과 정욕, 의무와 욕망, 양심과 욕구 사이의 계속된 갈등에 불과하기 때문이다. 그는 모든 죄에 대해서 수행한 것이 아니고 그중 약간에 대해서이고, 대부분 소수의 밖으로 드러나고 격분되는 죄에 대해서만 수행한다. 죄가 죄로서 하나님을 격노케 하기 때문에 그가 싸움을 수행하는 것이 아니라, 세상에서 높이 비난되고 손실이나 부끄러움이 동반되는 소수의 죄에 대해서 수행한다. 최호(最好)상태에서는 참으로 악의 성향을 억제하고 저지하나, 그것을 근절하거나 인간의 마음속에 내적인 변화를 야기하지는 못한다. 신자들이 그들의 영혼 속에서 치루어야 할 영적 싸움은 전혀 다른 성격을 띠고 있다. 그것은 이성과 정욕의 싸움이 아니라, 육체와 영, 옛 사람과 새 사람, 계속 신자들 속에 거하고 있는 죄와 그의 마음속에 심어진 신령한 생명의 원리 사이의 싸움이다(롬 6:6; 7:14-26; 8:4-9; 갈 5:17-26; 엡 4:22-24; 골 3:9, 10). 신자 안에 있는 한 부분, 예를 들어 이성은 중생되고 그 안의 다른 부분, 예를 들어 마음은 중생되지 못하는 것처럼 그들 안에서 이 두 세력이 공간적으로 분리되어 있는 것이 아니다. 그들은 전인과 그의 모든 능력과 힘 위에 퍼져 있기 때문에, 그들 중에 어느 하나든 한 인간이라 부를 수 있다. 즉 하나는 옛 사람이요, 다른 하나는 새 사람이라 부를 수 있다.

바울은 일반적으로 이런 식의 대조를 표현했지만, 로마서 7장에서는 다른 명칭을 사용하고 있다. 거기에서 그는 영적인 새 사람을 표시하기를, 선을 사랑하고 그것을 행하고자 하는 의지라, 하나님의 법을 즐거워하는 속 사람이라 하였고, 옛 사람을 그는 육체라, 그 안에 거하는 죄라, 그의 마음의 법과 싸우고 그의 지체 속에 있는 죄의 법 아래로 그를 사로잡는 그의 지체 속의 다른 법이라 부르고 있다. 여기에는 표현에 차이가 있을 뿐 사실 자체에는 차이가 없다. 왜냐하면 바울의 경우 종종 육체가 신자들 속에도 계속 남아 있고 아주 확실히 속 사람과 그의 영과 마음과 혼에 상주하고 있는 모든 죄악된 것을 표시하는 명칭이기 때문이다. 육체의 일은 음행과 간음 등뿐만 아니라, 우상숭배와 적의와 분쟁과 분냄 등이다(갈 5:19-20). 속 사람의 경우 사도가 생각한 것이 사람의 속에 아직도 감추어져 있고 어떤 방식이든지 밖으로 표출되지 않는, 속에 있는 어떤 것을 생각한 것이 아니다. 왜냐하면 그가 신자들은 성령을 따라 행하고 각 지체들을 의의 무기들로 세우셨다고 분명히 말하고 있기 때문이다. 그는 여기의 이런 맥락에서 새 사람을 속 사람이라 하고 있기 때문에 육체와의 팽팽한 싸움에서 그는 종종 그와 같이 파묻히기도 하고 드물게 그와 같이 나타나기도 한다.

두 힘 사이의 싸움은 바로 여기에 있다. 즉 신자들 속에 거하시는 그리스도의 영이 여러 가지 좋은 사념과 성찰과 경향과 운동(사랑과 희락과 화평 같은 것, 갈 5:22)을 그들의 이성과 마음과 의지에 일으키려 하고, 그와 반대로 육체는 직접 그 소리를 높여 전인을 그의 악한 정욕과 욕망으로 부정케 하려고 한다(갈 5:19, 20). 이런 육체는 계속 강한 힘으로 남아 그런 방식과 수단으로 신자들이 하기를 원하는 것을 행하지 못하게 한다(갈 5:17).

그가 선을 행하고자 원할 때, 악이 그와 함께 있다(롬 7:21). 영은 원이로되 육신은 약하다(마 26:41).

그와 같이 이성과 의지, 의무와 성향 사이에 싸움이 있는 것이 아니라, 전혀 다르게 내적인 성향과 그 안에서 방해하고 있는 죄악의 힘 사이, 하나님을 따라 참된 의와 거룩으로 재창조된 마음의 속 사람과 중심의 위치는 잃어버렸을지라도, 그의 존재 안에서 자신을 주장하려 하고 그가 자기의 땅을 점점 더 잃으면 잃은 것만큼 더 맹렬히 싸우는 옛 사람 사이에 싸움이 있다. 머리와 마음, 이성과 감정, 영혼과 몸 사이에 싸우는 경우와 같이 두 능력이나 부분 사이에 싸우는 것이 아니라, 인간의 인격성 전 영역을 걸쳐 두 힘이 무기를 들고 서로 대적하고 있는 것이다. 같은 인간의 같은 오성 안에 신앙과 불신앙, 진리와 거짓 사이의 전투가 있다. 같은 마음속에 정한 감정과 부정한 감정, 정한 욕망과 부정한 욕망 사이에 대적이 있다. 같은 의지 안에 악한 소욕이 선하고 순수한 성향에 대치하고 있다. 참으로 같은 인간 속에 있는 두 사람 사이의 싸움이다.

심리학적으로 이것은 의식의 영역 안에는 관념의 두 집단, 마음과 감정의 영역에서는 두 계열의 욕망들이 일어나 서로 싸우고 있다는 식으로 설명된다. 참으로 우리가 말하고 있는 것은 신자 가운데 있는 새 사람과 옛 사람에 대한 것이고 새생명이 원리적으로 전인을 변화시켰지만 아직도 죄의 힘이 그의 모든 능력과 지체 안에 상주하고 있다는 식으로 표현하고 있다. 그러나 두 그룹의 관심들과 관념들, 성향들, 기질들의 특징은 서로 싸움을 해대고 있다는 것과 그들 중 어느 하나도 인간의 어떤 능력으로부터 완전히 통제될 수 없었다는 것이다. 하나님의 진리가 신자들의 의식을 완전히 사로잡으면, 거짓과 오류가 들어갈 자리들이 남아 있지 않을 듯하다. 그리고 하나님의 사랑이 온 마음을 충만히 채우면, 미움, 시기, 분냄 등을 위한 공간이 더 이상 용인될 수 없을 듯하다. 그러나 각자의 경험에서 알 수 있듯이 그렇지 않다. 성경은 우리가 이 세상에서 그런 완전한 상태를 기대해서는 안 된다고 말한다. 끝까지 싸움이 계속된다. 그래서 믿음과 소망과 사랑과 모든 기독교의 덕들은 이생에서 결코 완전케 되지 않고 우리의 영혼 속에 불신앙, 의식, 좌절, 두려움 등을 위한 자리들을 남겨놓고 있다.

그러므로 신자들의 모든 명상과 행위 속에 참으로 선과 악이 꼬여 혼합되어 있다. 어떤 사상이나 행위에 그 두 가지가 현존해 있는 정도는 아주 다양하지만, 모든 관념과 행동 속에 옛 사람과 새 사람에 속한 어떤 것이 자리하고 있다. 그러므로 모든 사상들과 말들과 행실들이 죄로 오염되어 화해와 정화를 필요로 하지만, 그들이 신앙과 혼합되어 있는 한 선행이라 부를 수 있다. 이런 모든 이유 때문에 반율법주의에 대해서 경계를 해야 한다. 왜냐하면 신자들 사이에 옛 사람과 새 사람을 구별하고, 예를 들어 영과 물질이, 혼과 몸이 대치되듯이, 서로를 공간적으로 대치시키기 때문이다.

그 결과 죄악된 생각과 행위들은 옛 사람에게 고려되는 것이고 새 사람에게는 상관이 없는 것들이라는 유해한 교리에 이르게 된다. 그와 반대로 성경과 경험은 분명히 신자는 두 사람의 외적 결합이 아니라, 한 자아, 한 의식, 한 마음, 한 의지를 가진 한 사람으로 남아 있으며, 두 가지 독립된 존재가 아니라, 두 그룹의 욕망들과 성향들이 그 안에서 서로 싸움을 해대고 있다고 가르치고 있다.

그 싸움의 심각성이 이미 새 사람을 통하여 승리를 얻을 때까지는 긴 시간이 걸릴 것을 짐작하게 한다. 그럼에도 불구하고 많은 그리스도인들이, 신자들은 이미 땅에서 완전성에 도달하고 모든 죄악행위와 성향을 극복할 수 있다고 생각한다. 펠라기우스주의자들은 이미 그렇게 가르쳤다. 트리엔트 종교회의에서 로마교회는 같은 정신 속에 맴돌았고 많은 신교영역들도 견해를 같이 하고 있다. 그것은 주로 성경이 그리스도인의 신분에 대해서 자주 그런 영광스러운 말씀, 예를 들어 베드로전서 2:9, 10; 베드로후서 1:4; 요한일서 2:20의 말씀에서 말씀하실 내용에 호소되고 있다. 그리고 바울의 구원은 그의 회심 후 얻은 바울이란 이름으로 보증되었고 자신의 과거의 죄들이 기억 속에 아직 남아 있었다는 사실, 성도들에게 한 권고들인 흠 없는 행위는 절대적으로 가능하고(마 5:48의 예) 온전함에 도달할 가능성을 가정한다는 것(빌 2:5; 살전 2:10; 3:13), 기도를 통하여 받을 수 있는 하나님의 은혜는 모든 것을 가능하게 한다는 것(요 14:13, 14; 엡 3:20; 고후 12:10; 빌 4:13)에 호소되고 있다. 거기에 더 추가되어 만약 신자들이 이생에서 도덕적 완전성에 도달할 수 없다고 생각한다면 하나님의 전능과 그의 사랑의 부유성에 대해서 부당하게 취급하는 것이 될 것이고, 동시에 온 힘을 다해 이 완전성을 이루고자 노력하는 강한 자극제를 신자들에게서 빼앗아가는 결과가 될 것이라 한다.

진실로 성경이 하나님의 백성의 특권과 신분에 대해서 가장 인상적으로 말하고 있다는 사실에 대해서는 의심이 없다. 성경은 구약에서 이스라엘을 하나님께서 땅의 모든 민족으로부터 그의 소유로 택한 제사장 나라요 그의 사랑의 대상이며, 그의 분깃과 그의 영광이며, 그의 자녀와 종, 그가 분장하였고 그를 통해 그녀에게 입혀진 영광으로 완전케 하신 그의 신부라 칭하였다(출 19:5, 6; 29:43; 신 7:6 이하; 32:6 이하; 사 41:8 이하, 겔 16:14 등). 신약에서는 성도들을 땅의 소금(마 5:13), 세상의 빛(마 5:14), 하나님으로부터 나서 그에 의해서 영접된 하나님의 자녀들(요 1:13; 갈 4:5), 택한 자들, 부르심을 입은 자들, 거룩하고 거룩함을 입은 자들(고전 1:2), 택하신 족속이요 왕 같은 제사장(벧전 2:9, 10), 신의 성품에 참여하는 자들(벧후 1:4), 성령으로 기름부음을 받은 자들(요일 2:20), 그리스도를 통하여 왕들과 제사장들로 삼으신 자들(계 1:5), 하나님의 후사요 그리스도와 함께 한 후사들이라 부르고 있다(롬 8:17). 눈으로 보지 못하고 귀로 듣지 못하고 사람의 마음에 생각지 못한 그것을 이제 신약시대에 하나님이 자기를 사랑하는 자들을 위하여 예비하신 것이다(고전 2:8, 9).

죄와 은혜에 대한 성경의 교리를 거절하는 자마다 여기에서 터무니없는 과장만을 볼 수 있다. 그럴 경우 칭의와 중생에서 일어나는 변화와 같은 어떤 근본적인 변화가 필요치 아니하고 불가능하다. 그러나 성경의 경우 사람이 신앙과 회개에서 겪는 변화는 어둠에서 빛으로, 죽음에서 생명으로, 속박에서 자유로, 거짓에서 진리로, 죄에서 의로, 하나님의 진로를 기다림에서 그의 영광의 소망으로의 전환이다. 신구약에서 우리 앞에 나타나는 이런 변화를 의식하고 있는 신자들은 그들의 구원의 하나님 안에서 영화를 누리고 그와의 교제 안에 즐거워하고 있다. 이런 신앙의 기쁨을 누리고 있는 그들에 비해 우리는 얼마나 멀리 뒷전에 서 있는가!

더욱이 성경은 신자들에게 항상 가장 높은 도덕적 이상을 강조하고 있다. 그 이상이 현재 모든 면에서 삭감절하되고 있다. 기독교가 원하는 도덕적 생활이란 일방적이고 초정신적이며 거의 배제적으로 하늘을 향해 있고 세상적인 쾌락을 추구하는 데 혐오적이며 문화에 적대적이고 동전 한푼으로 영원에서 위로하는 가난하고 궁핍한 자들이지만, 땅에서 그들의 조건을 개선함에 대해서는 무관심하며 아마 피동적인 덕이나 복종, 오래 참음, 안내에 대한 규정은 풍부할지 모르나, 세계의 정복과 개혁으로 인도할 수 있는 능동적인 덕들에는 빈약한 자들이라 한다. 그래서 역시 많은 사람들이 다른 더 좋고 높은 도덕, 즉 인간성을 섬기는 데 헌신하는 것을 최고의 의무로서 내세우고 그 지평을 땅의 생활에 제한하는 도덕론을 추구하고 있다.

세상적인 관심의 추구가 본질적으로 기독교 윤리와 조금도 충돌되지 않는 것은 기독교 윤리가 오히려 하나님의 형상에 따른 인간의 창조에 기초하고 있고 보증받고 있기 때문이다. 어떤 의미에서는 과거나 현재나 사람은 하나님의 형상의 전달자이며, 따라서 땅을 정복하고 바다의 고기와 공중의 새와 땅에 기어다니는 모든 생물을 다스리라는 소명을 받았다(창 1:26, 28; 시 8편). 성경만큼 전 자연에 대해 솔직한 책은 없다. 이교주의는 항상 세상의 거리낌없는 오용과 그것의 신비적인 힘에 대한 노예적이고 미신적인 두려움 사이에 이리저리 배회하고 있다. 그러나 모세와 선지자, 그리스도와 사도들은 세상에 대해서 완전히 자유로운 상태에 있었으니, 이는 그들이 하나님과의 교제로 말미암아 그 위에 높이 세워져 있었기 때문이다. 그리고 모든 것에 있어서 하나님의 나라를 추구할 것을 주장한 것이 사실이었고 비록 적은 무리들일지라도 초대 그리스도인들은 그때의 세계 안의 모든 것이 이방정신으로부터 강압받았기 때문에, 많은 영역들에서 물러나야 했고 많은 것으로부터 절제해야 했던 것이 사실이지만, 기독교는 원칙적으로 그 자체 안에 세상을 정복하고 땅을 다스리기 위한 자유뿐만 아니라, 권리와 소명을 주었던 모든 요소들을 내포하고 있다.

무엇보다 더 기독교 윤리는 십계명에 포괄된 짧고 중점적인 것과 좀더 전 성경을 통하여 조명되고 해석된 것에 불과하다. 이런 계명들 안에 하나님에 대한 사랑이 배경을 이루고 있지만 이웃에 대한 사랑도 그것과 동일한 두번째 계명이다. 그것이 잘 이해되는 한 이웃에 대한 그런 사랑 안에 불교에는 없는 수동적인 의미가 있고, 또한 그 안에 기독교적인 능동적 성격, 곧 선교의 의무, 개혁과 문화의 의무가 포함되어 있다. 선교는 기독교가 소유한 종교적이고 도덕적인 자산들을 아직도 그것들에 궁핍한 모든 사람들과 민족들에게 가져다 주는 것이다. 그리스도 교회 안의 짧은 시대나 그리스도인의 생활 중 한 순간에 제한되지 않고 항상 어디에서나 행해져야 할 개혁은 마음과 생활, 가정과 국가를 여호와의 뜻에 따라 계속 새롭게 하는 것이다. 그리고 문화란 인간의 손에 의한 땅의 정복이요 영이 물질을, 이성이 자연을 지배하는 것이다.

맨 먼저 추구되어야 할 하나님의 나라는 다른 모든 것을 수반한다(마 6:33). 경건은 범사에 유익하니 금생과 내생에 약속이 있다(딤전 4:8). 무엇이든지 본질적으로 속된 것이 없으니, 이는 하나님의 지으신 모든 것이 선하고 감사함으로 받으면 버릴 것이 없기 때문이요, 하나님의 말씀과 기도로 거룩하여졌기 때문이다(롬 14:14; 딤전 4:4). 하나님의 형상에 따른 인간의 창조에서 모든 문화의 기초를 찾고 그리스도의 부활에서 그 회복을 가르치는 기독교는 신실한 고백자들로 하여금 무엇에든지 참되며 무엇에든지 경건하며 무엇에든지 의로우며 무엇에든지 정결하며 무엇에든지 사랑할 만하며 무엇에든지 칭찬할 만하며 무슨 덕이 있든지 무슨 찬양이 있든지 이것들을 성찰할 것을 일깨운다(빌 4:8).

복음 안에서 우리에게 선포된 것보다 더 높은 도덕이나 종교란 생각할 수 없다. 사람마다 다른 것을 추구할 수 있지만 그러자 마자 곧 옆길로 빗나간다. 우리가 살고 있는 시대가 그것에 대한 강한 증거를 제공하고 있다. 성경의 도덕이 거절되면 그 대신 일어나는 일은 도덕생활의 가장 단순한 규칙들과의 계속적인 충돌이다.

먼저 사람들은 하나님에 대한 사랑과 관계되는 모든 계명들을 도덕론에서 추방하기 시작했다. 하나님과 그의 이름에 대한 사랑, 그의 진리와 그의 이름에 대한 사랑, 그의 진리와 그의 섬김에 대해서 더 이상 거의 언급이 없게 된다. 사람들이 그의 인식 가능성과 그의 계시, 그의 존재까지도 의심하거나 부정한다면, 어떻게 하나님을 사랑할 수 있겠는가? 그러나 그것으로 인하여 두번째 돌판의 계명에 대한 뿌리가 근절되어지고 만다. 왜냐하면 나에게 이웃에 대한 사랑의 의무를 지우는 하나님이 없다면 그때 그런 사랑에 대한 무슨 근거가 존재할 수 있는가? 그럴 경우 역시 종교로부터 독립적인 도덕론을 제한하는 자들은 무슨 원리로부터 동료에 대한 사랑이 추론될 수 있고 어떤 원리로부터 추론되어야 하는가에 대한 물음에 즈음하여 좋은 결과를 바랄 수 없이 나누어지게 된다. 어떤 사람은 그것을 자신의 쾌락 위에, 다른 사람은 행복 위에, 세번째 사람은 자비 위에, 네번째 사람은 양심 위에 세워보려고 할 것이나, 그들 모두가 신적 권위 없이 양심 속에서 나에게 연접된 의무에 대해서 아무말도 할 수 없음을 증명할 뿐이다.

그 결과 역시 사람들은 이웃에 대한 사랑이 그 안에서 더 자세히 적용되고 둘러싸이게 되는 각 계명에도 어려움을 만나게 된다. 일반적으로 말해서 인간들 사이에 종교에 있어서 차이는 있으나 도덕의 영역에서는 서로 가까이 있다고 한다. 여기에 어떤 진리가 있다고 할 수 있다. 왜냐하면 자연은 행복하게도 이론보다 더 강하고 각자의 마음에 율법의 일이 새겨져 있기 때문이다. 그러나 나머지 현실은 전혀 다른 것을 우리에게 가르친다. 우리의 시대에 도전받지 않는 채로 남아 있는 계명은 두번째 돌판에 있는 단 하나의 계명만 아니다. 아버지, 어머니 그리고 우리 위에 있는 신분을 가진 모든 사람들의 권위가 공공연히 공격 받고 거절되고 있다. 살인은 시간이 지나갈수록 덜 심각하게 생각되고 있고, 자살의 경우 종종 덮어두고, 생명의 잉태의 경우 결코 옹호되지 않고 있다. 결혼은 잠정적인 기간 동안만 유효한 계약으로서 생각되고 간음과 음행이 많은 사람들의 옹호와 대변되고 있다. 많은 사람들의 말을 경청하면 소유란 도둑질의 다른 명칭이다. 진리는 공리성에 이바지되고 진화에 의존한다고 생각되고 있으며 시간과 장소, 형식과 정도에서만 거짓과 구별되고 있다. 탐욕에 관해서는 우리 시대의 배금주의적 정신에서 그 영광을 찬양하고 있다.

　이런 모든 도덕의 저질화에 반대하여 성경은 도덕적 이상을 완전하고 강하게 주장하고 있다. 성경이 그 이상을 하나님의 거룩과 그의 율법의 거룩과 전혀 일치하지도 않게 팽개치는 것이 아니라, 이를 인간의 양심들 앞에서 그 모든 권좌를 앉히고 있다. 예수께서 하늘에 계신 너희 아버지의 온전하심과 같이 너희도 온전하라고 제자들에게 말씀하신 그 말씀이 신자들에게 보내는 권고에서 모든 사도들을 통하여 다른 말로 선포되고 있다. 적어도 그리스도의 이름으로 칭함을 받은 자들 가운데서 죄란 존재할 권리가 전혀 없다. 적어도 그리스도와 함께 죽었다가 새 생명으로 일으킴을 받든 자들로 말미암아 도덕적 율법의 요구 중 어떤 것도 삭감될 수 없다. 그런 경우에도 불구하고 하나님의 섭리대로 신자들 안에서 옛 사람은 점점 죽고 새 사람이 점점 자라 이후 완전성에 도달하였다면, 이 모든 것이 하나님의 지극히 길이 참으심과 연장을 가리킴이니, 그리스도께서 그의 의와 거룩으로 교회의 죄를 덮고 교회의 안전성을 보증하고 있기 때문에 하나님께서 이렇게 실행할 수 있는 것이다.

　비록 신자들의 생활규범인 도덕법은 그 미래와 가능성에 있어서 하나님과 이웃에 대한 사랑이면 충족할지라도, 성경에 따라 어떤 신자들도 그 완전성에 도달해 본 적이 없고 도달할 수도 없다는 사실이 아주 분명하다. 성경 인물들은 많은 점에서 실수했던 인물이며, 다윗과 베드로와 같은 인물들은 중죄에 빠졌다가 다시 깊은 참회를 했던 인물이었다. 그들의 말을 아무리 청종해 보아도, 종종 그리스도인들의 입으로부터 듣게 되는, 나는 행하지만 더 이상 죄가 없다는 표현을 그들로부터는 듣지 못할 것이다. 그 반대로 아브라함(창 12:12), 이삭

(창 26:5), 야곱(창 26:35), 모세(민 20:7-12; 시 106:33), 다윗(시 51편), 솔로몬(왕상 8:46), 이사야(사 6:5), 다니엘(단 9:4) 등 이 모든 인물들이 그들의 범죄에 대한 죄책을 느끼고 그들의 죄와 잘못을 고백하고 있다.

사도 바울의 경우도 예외가 아니다. 자신이 그리스도와 더불어 십자가에 못박히고 이제까지 성령의 새롭게 하심으로 행하며 그는 하나님 앞에 의로운 신분이며 자신의 구원에 대해 충분히 보증을 받고 있으며, 인간적으로 말해서 그는 사도의 일에 대하여 자랑할 것이 있으며 스스로 그의 신실한 직책수행에 대한 의식을 가지고 있었다(롬 15:17 이하; 고전 4:3; 9:15; 15:31; 고후 1:12; 6:3 이하; 11:5; 빌 2:16 이하; 3:4 이하, 살전 2:10 이하). 그렇지만 그 모든 것이 하나님의 은혜 탓임을 주장한다(고전 15:10; 고후 12:9; 빌 4:3). 그는 고백하기를, 자신의 육체에 선한 것이 거하지 아니하고(롬 7:18), 계속 육체의 소욕은 성령을 거스리고(갈 5:17), 그런 의지와 행위가 그 안에서 계속 싸우고 있으며(롬 7:7-26), 참으로 그는 완전성을 향하여 좇아가지만 아직도 그것을 얻지 못했다(빌 3:12)고 하고 있다.

모세와 선지자들은 이스라엘 백성에 대해서, 그리스도는 그의 제자들에 대해서, 사도들은 그들의 근심을 받은 교회에 대해서 같은 증거를 하고 있다. 예수님은 제자들을 부르시사 온전히 요구하시고(마 5:48), 그들의 죄를 용서함받으라는 기도를 그들의 입에 두었다(마 6:12). 로마에 있는 그리스도인들은 그리스도와 더불어 부활하여 새 생명 가운데 행하며(롬 6:3 이하), 그들의 지체를 의에게 종으로 드려 성화에 이르라고 권고받고 있다(롬 6:19). 고린도의 성도들은 주 예수의 이름 안에서와 하나님의 영을 통하여 씻음과 거룩함과 의롭다 하심을 얻었지만(고전 6:11), 아직 육체에 속한 자들이다(고전 3:1-4). 갈라디아 성도들도 믿음의 선포로부터 성령을 받았지만(갈 3:21), 스스로 진리에 불순종하는 꾀임에 빠졌다(갈 3:1). 빌립보교회에 착한 일이 시작되었으나 성취되지 않았다(빌 1:6). 기독교 생활에 일치하지 않는 상황들과 잘못과 부도덕이 모든 교회 안에 발생한다. 이 세상에 있는 동안 죄가 신자들에게 항상 가까이 있음을 모든 사도들 자신들이 확신하고 있다. 우리는 다 실수가 많다(약 3:21). 만약 우리가 죄 없다 하면 스스로 속이고 또 진리가 우리 속에 있지 아니하다(요일 1:8). 아직도 이 생에서 그 완전성에는 도달할 수 없을지라도, 거룩한 행위를 위한 권고들은 적어도 무용한 것이 아니며 중요하다. 이 생에서 신자들의 완전의 가능성을 옹호하는 자들은 이것에 반대하여 판단하기를, 준수될 수 없고 적어도 충만히 준수될 수 없는 권고들은 그 힘을 상실하며 신자들 사이에 열심을 약화시킨다고 한다. 그러나 그들은 그 경우에 잘못된 추론을 범했다. 당위(het moefen)로부터 가능성(het kunnen)이 결론되지 않는다. 금액 전체를 지불해야 할 사람은 적어도 항상 지불 불가능 상태에 있고 그런 무능의 경우에도 그것을 지불해야 하는 의무는 남아 있다. 그와 같이 역시 인간이 죄 때문에 성취할 수 없을지라도, 도덕법은 그것의 요구를 버릴 수 없다. 그 반대로 아주 더 정당하게 신자들의 완전 가능성을 가르치는 자는 항상 도덕적 이상의 저락에 이르고 죄에 대한 심각성을 더 감해야 함이 논증될 수 있다.

참으로 죄를 생각할 때 외부적인 죄악행위들을 생각할 뿐만 아니라, 그 아래 모든 악한 생각들과 경향들을 끌어들인다면 이 생에서 신자들은 그것으로부터 완전히 해방될 수 있다고 누가 감히 심각하게 주장할 수 있는가? 인간성의 죄악된 본성을 전혀 참작함이 없이, 그리고 죄악된 생각들과 경향들을 죄로서 보지 않아 율법의 절대적 거룩에 부당행위를 함으로 말미암아 완전 가능성만 가르칠 수 있다. 개혁교회의 성만찬 규정에서, 아직도 우리의 뜻에 거스려 우리 중에 남아 있는 어떤 죄나 약점도 우리가 하나님을 은혜 가운데 영접할 수 없도록 방해할 수는 없음을 우리가 확실하고 분명히 해야 한다고 언급되어 있다. 중생된 자가 단순히 연약함으로 인하여 발생하는 것이 아니고 의도적인 성격을 띠기 때문에 사악죄(boosheidszonden)라 부르는 그런 죄에 빠질 수 있는지에 대해서 많은 논쟁이 있어 왔다. 적어도 두 가지 점만은 의심할 것도 없이 확실하다. 첫째는 실제 중생된 자들 속에 있는 양심과 새 생명, 기질과 의지가 각양의 차이는 있지만, 그런 죄와 반대되는 것은 아니라는 사실, 둘째로 우리의 뜻에 거스려 행하는 특별한 연약죄(zwakheidszonden)도 죄들이며 율법의 거룩성과 충돌한다.

그러나 무엇보다 더 거룩한 행위를 위한 권고들이, 하나님께서 그리스도 안에서 주신 의와 거룩을 신자들 안에 적용하시고 발효하시는 수단들에 불과할 만큼 그렇게 무익한 것이 아니다. 예수님 자신이 그의 대제사장적인 기도에서 아버지께서 그의 제자들을 진리로, 즉 진리이신 그의 말씀의 수단으로 거룩하게 하옵기를 기도하였다(요 17:17과 요 15:3와 비교). 실로 하나님께서 우리에게 주신 말씀은 우리의 성화를 이루는 가장 중요한 수단이다. 공적인 설교에서뿐만 아니라, 홀로 혹은 가정의 영역에서 그리스도적인 생활의 양육을 위해서 그 말씀을 읽고 연구하며 묵상함에서 기인하는 축복들은 단순하게 측량될 수 없다. 성화의 수단으로서 이 말씀과 더불어 예수님의 이름으로 하는 기도가 있다(요 14:13; 14:16; 23, 24). 그것이 우리에게 신적 권위에 이르는 통로를 열어주고 우리를 확신으로 가득 채우신다. 이는 하늘에나 땅 위에나 예수 그리스도보다 더 우리를 사랑하는 자는 아무도 없기 때문이다(화란 신앙고백 26항). 게다가 시편의 노래와 찬미와 신령한 노래가 있다(엡 5:19; 골 3:16). 이것들은 마음의 분위기와 의지의 자발성에 깊은 영향을 끼친다. 그리고 역시 간구와 금식이 있다(마 17:21; 26:41; 엡 6:18; 4:3). 이들은 잘못하여 거의 전체가 오용되고 있다. 성화에 이르는 이 모든 수단들이 하나님은 그의 이런 사역에서도 수단의 사용을 멸시치 아니하신다는 사실을 증명하고 있다.

 당연히 전능하신 하나님은 중생 시에 일시적으로 모든 자녀들을 완전히 거룩하게 할 수 있었을 것이다. 그러나 분명히 그것은 그의 뜻이 아니었다. 재창조 시에도 자신이 창조자임을 부정하지 않는다. 피조된 모든 생명이 태어나 자라고 점점 그것의 성숙에 도달한다. 영적인 생명이 실질적인 생명이기 때문에 같은 식으로 발생하고 발달한다. 하나님은 그리스도의 의와 거룩을 우리 안에 항아리에 물붓듯 기계적으로 주입하시는 것이 아니라, 그는 우리 안에 우리를 통해서 유기적으로 그것을 수행하신다. 따라서 그와 같이 성경이 계속 마치 신자들은 그들의 있는 그대로 그렇게 되어야 하는 것처럼 그것을 표상할 때 어느 하나가 다른 것과 서로 충돌하지 않는다. 하늘나라는 하나님의 선물이고(눅 12:32), 추구되어야 할 큰 가치의 보물이다(마 6:33; 13:46). 신자들은 그리스도 없이 아무것도 행할 수 없는 포도나무의 가지들이므로 그와 그의 말씀과 그의 사랑 안에 머물러야 할 것이 권고되고 있다(요 15장). 그들은 창세 전에 그리스도 안에서 택함을 받았으나, 그들의 소명과 선택을 확고히 하기 위해서 부지런해야 한다(엡 1:4; 벧후 1:19). 그들은 그리스도의 한 제사로 말미암아 거룩하게 되었지만 성화를 좇아야 한다. 이것 없이는 아무도 주를 볼 수 없다(히 10:10; 12:14). 그들은 그리스도 안에서 온전해진 사람들이지만 계속 온전하게 함이 필요하다(골 2:10; 벧전 5:10). 그들이 이미 새 사람을 입었지만 계속 새 사람을 입어야 한다(엡 4:24; 골 3:10). 그들은 그 소욕과 함께 육체를 십자가에 못박았으나, 아직도 땅 위에 있는 그들의 지체들은 죽어야 한다(갈 5:24; 골 3:5). 그들 안에 역사하시는 이는 하나님이시요 자기의 기쁘신 뜻을 따라 소원하시고 역사하시는 자이시지만, 그들 자신들이 두렵고 떨림으로 그들의 구원을 이루어야 한다(빌 2:12, 13).

 이 모든 것들 사이에 서로 충돌이 없다. 전자가 후자의 기초요 보증이다. 전 구원과 마찬가지로 성화는 하나님의 사역이기 때문에 우리는 새로운 순종으로 훈계받고 의무화할 능력을 가지고 있다. 그가 풍부한 은혜로 주신 것은, 일순간 혹은 갑자기 거룩히 하여 이 거룩 안에 계속 안식하도록 함이 아니다. 싸움 가운데 보존하시고 영구히 지속하시기 위함이다. 그는 우리 기도를 듣고 청종하시나, 그가 영적 생명을 위해서 정하신 질서와 법에 일치하도록 행하신다.

따라서 우리는 항상 참된 용기를 소유하고 있다. 왜냐하면 우리 안에 선한 일을 시작하셨던 그가 예수 그리스도의 날에 그것도 완성하실 것이기 때문이다. 신자들이 그리스도 안에서 거룩한 것처럼 그들은 거룩하게 될 수 있고 될 것이다.

그러나 그것은 너무 대담하게 말한 것이 아닌가? 신자들은 참으로 자신들이 그리스도 교회의 살아 있는 지체들일 뿐만 아니라, 영원히 그렇게 머물러야 할 것이라고 고백할 수 있지 않는가? 그 문제는 많은 사람에 의해서 도전이 되고 있다. 일반적으로 이 생에서 성도들의 완전 가능성을 제안하는 자들은 동시에 그들의 배교의 가능성을 옹호하는 자들이다. 참으로 전자의 입장은 후자의 입장과 밀접히 연결되어 있고 같은 뿌리에서 나온 것이다. 사람의 성화는 자신의 일이고 그의 뜻으로 말미암아 이루어져야 한다는 관념은 두 가지 견해에 기초하고 있다. 신자가 은혜의 도움으로 그의 의지를 잘 사용하고 그의 모든 힘을 기울인다면, 이 생에서도 그 온전함에 이를 수 있다. 그 반대로 그가 열심히 이완되고, 죄에 떨어지며 죄에 빠졌을 때, 그가 처음 취함을 입은 은혜의 상태로부터 그 자신을 다시 내던질 수 있고 영원히 상실해 간다. 두 견해가 성화에 있어서 사람의 뜻과 사역에 관한 이런 오류로부터 발생하는 것처럼, 그들 모두가 같은 두려움에 의해서 지지된다. 즉 성도의 견인이 가르쳐지면, 도덕생활이 손해를 입고 열심과 노력의 동기를 빼앗아 가며 한 번 잃으면 항상 잃는다는 구호 아래 불신앙이 장려되고 있지는 않은가!

우리가 지금 성도의 이런 견인교리의 경우에 의지에 있어서 우리의 강함과 인간의 능력을 추구한다면, 우리 발 밑의 모든 근거를 상실할 것이고 각 신자의 견고함을 의심해야 할 것이다. 왜냐하면 성도들의 순종은 완전한 순종의 미미한 시작에 불과하기 때문이다. 즉 그들 자신의 양심의 증거에 따라 아직도 계속 그들은 모든 사악에 기울어져 버리고 매일 많은 일에 있어서 죄를 범할 것이다. 매순간마다 그들은 죄를 짓고 그들에게 주신 은혜를 박탈당할 것이다. 그 문제가 오직 그들에게 달려 있게 하면, 단 한 사람의 신자도 그 목적까지 견인하지 못한다. 견인에 대한 고백을 반대하는 자들은 다만 죄와 죄 사이를 구별함으로 말미암아 신자들이 아직도 하나님의 율법에 대한 여러 가지 범죄의 죄책을 느끼고 있는 이상, 본래 성도들의 배교는 가능할 뿐만 아니라, 현실적으로 많은 사람들의 경우임을 그들은 가르쳐야 할 것이다. 그러나 그들이 약간의 성도들, 많은 성도들 혹은 대부분의 성도들이 받은 은혜를 지금도 보존하고 있다고 깨닫는다면, 오직 사망의 죄(doodzonden)와 용서받을 수 있는 죄(vergeeflijke zonden) 사이를 구별하여 후자가 아니라, 전자의 죄로 말미암아 은혜를 잃어버린다는 생각을 통하여 이를 존속시킬 수 있다.

이와 동시에 죄의 교리에 있어서 고도의 심각한 차별이 소개되고 있다. 왜냐하면 여러 가지 다른 죄들이 자체적으로 매이지 않거나 서로 독립적인 것이 아니라, 그들 모두가 하나의 부정한 샘으로부터 흘러나온 것이고 따라서 모두가 죽음으로 인도될 것이지만, 그럼에도 불구하고 성령훼방죄를 제외하고 모두가 예수 그리스도 안에 있는 하나님의 은혜로 말미암아 다시 용서받을 수 있을 것이기 때문이다. 그러나 무엇보다 더 누가 과연 자신에 대해서, 혹은 어떤 제사장이 과연 다른 사람에 대해서 어떤 경우에 그가 소위 사망죄 아니면 용서받을 죄를 범하였는지, 따라서 은혜를 잃어버렸는지 아니면 아직도 계속 유지하고 있는지를 결정할 수 있겠는가? 사람들에게 작고 미미한 것으로 여겨지는 범죄들도 종종 마음을 감찰하시고 깊은 내부까지 시험하시는 하나님의 눈에는 큰 죄가 된다. 긍휼이 없는 차디찬 세계들이 수치로 인정하는 죄들이 모든 환경들과 상황들을 아시는 하나님에 의해 전혀 다르게 판단되기도 한다.

그 결과는 다만 신자들이 계속 두려움 가운데 방황하거나 혹은 종종 소위 사망죄를 짓고 은혜를 잃어버렸거나, 아니면 잘못된 마음의 평안 가운데서 제사장의 선고에 내맡겨 버리는 그런 결과가 될 수 있다.

이 모든 의혹들과 불확실성은 성도의 견인이 인간 의지의 행위가 아니라, 처음부터 마지막까지 그를 통해서 이루어지는 하나님의 사역이라 생각할 때 단번에 사라진다. 다른 말로 그것이 사랑의 견인이 되기에 앞서 그것은 하나님의 보존이라고 생각할 때 쉽게 사라진다. 성경은 이에 대해서 전혀 의심된 바가 없으며, 다만 아버지와 아들과 성령의 사역 안에서 그의 모든 축복들을 포함하는 은혜언약 속에서 넘치는 증거들을 우리에게 제시하고 있다.

아버지는 창세 전에 그리스도 안에서 신자들을 택하셨고(엡 1:4), 그들에게 영생을 주기로 작정하셨으며(행 13:48), 그의 아들의 형상을 닮아가도록 정하셨으며(롬 9:29), 이 선택은 불변하시며(롬 9:11; 히 6:7), 자기의 때가 되면 부르시고 의롭다 하시며 영화롭게 하신다(롬 8:30). 그 안에서 하나님의 모든 약속들이 예와 아멘인 그리스도께서(고후 1:20), 아버지께서 그에게 주신 자들을 위해서 죽으셨으니(요 17:6, 12), 이는 그가 그들에게 영생을 주시고 그들을 잃어버리지 않으시기 위함이다(요 6:39, 40; 10:28; 17:2). 그들을 중생시키는 성령은 영원토록 그들과 함께 있을 것이고(요 14:16), 구원의 날까지 인치실 것이다(엡 2:13; 4:30). 은혜언약은 확고하여 맹세로 확정되었고(히 6:16-18; 13:20), 결혼과 같이(엡 5:31, 32) 혹은 유언과 같이(히 9:17) 변치 아니한다. 그 언약을 따라서 하나님은 그의 택자들을 부르시고 그들 깊숙한 곳에 법을 기록하시며 그들의 마음에 두려움을 주시며(히 8:10; 10:14 이하), 그들의 능력

이상의 시험을 받도록 하지 아니하시며(고전 10:13), 그가 그들 속에 시작하셨던 착한 일을 확증하시고 이루시며(고전 1:9; 빌 1:6), 그들도 하늘의 기업에 참여토록 하시는 그리스도의 미래를 위해서 그들을 보존하신다(살전 5:22; 살후 3:13; 벧전 1:4, 5). 그리스도께서 아버지와의 중보기도를 통하여 항상 그들의 믿음이 떨어지지 않도록 그들을 대신하여 활동하시며(눅 22:32), 세상에서 그들은 악으로부터 보존되며(요 17:11, 20), 온전히 구원되어(히 7:25) 죄 용서함을 받으며(요일 2:1), 장차 그들 모두가 그와 함께 있어 그의 영광을 보게 할 것이다(요 17:24). 마지막으로 성령께서 그들로 참여케 하시는 그리스도의 은택들 모두가 후회됨이 없고(롬 11:29), 상호 깨뜨릴 수 없이 연결되어 있다. 즉 부르신 자들 또한 의롭다 하시고 영화롭게 하시며(롬 8:30), 하나님의 자녀로 택하심을 입은 자가 영생의 유업을 이을 자요(롬 8:17; 갈 4:7), 믿는 자가 여기에서 이미 직접 영생을 취한다(요 3:16). 그 생명은 영원하기 때문에 잃어버릴 수 없으며 범죄할 수 없으며(요일 3:9) 죽을 수도 없다(요 11:25, 26).

    그러나 성화와 마찬가지로 성도의 보존이 그들 안에 있는 성령으로 말미암아 그렇게 적용되고 발효되되 그들 역시 하나님께서 그들에게 주시는 은혜 안에서 스스로 견인한다. 하나님은 강압하시지 않고 합리적인 방식으로 인간과 더불어 행하신다. 중생 안에서 그는 새로운 기질들을 주입시키시고 그가 결코 의도했던 것이 아니지만, 그가 실제적으로 의도하는 그런 식으로 의지를 형성하신다. 그리고 영적인 방식으로 그는 신자들의 마음속에서 계속 역사해 가신다. 즉 그는 잘못된 의미에서 그들을 수동적으로 만들지 않으시고 오히려 그들을 일으키시고 그들을 위해 준비하시사 그들 스스로 선행을 행하도록 하신다. 이 일을 행함에 있어 그는 말씀을 수단으로 사용하신다.

    그는 쉬지 않고 그들을 권고하시사, 그들로 끝까지 견디며(마 10:22; 24:13; 롬 2:7, 8), 그리스도 안과 그의 말씀과 그의 사랑 안에 머물며(요 15:1-10; 요일 2:6, 24, 27; 3:6, 24; 4:12 이하), 깨어 근신하며(마 24:42; 25:13; 살전 5:6; 벧전 5:8), 신앙을 보존하고 죽도록 충성하라고 하신다(골 1:23; 히 2:1; 3:14; 6:11; 계 2:10, 26 등). 그는 높은 마음에 대해서 경고하고 불신앙의 경우 무거운 형벌로 위협하고 있지만(요 15:2; 롬 11:20-22; 딤후 2:12; 히 4:1; 6:4-8; 10:26-31; 벧후 2:18-22), 역시 성화와 견인에는 풍부한 보상의 약속이 이어져 있다(마 5:12; 6:4; 10:22; 16:27; 24:13; 25:21 이하, 31 이하; 롬 2:7; 계 2:7, 10 이하; 22:12 등). 베드로와 다윗의 인격 안에서 깊은 타락의 예를 우리에게 보여주고 후메내오와 알렉산더란 인물 가운데(딤전 1:19, 20; 딤후 2:17, 18), 데마(딤후 4:10)와 다른 사람들에게서(히 6:4-8; 딤전 4:1; 벧후 2:1) 완전한 배교의 예들을 우리에게 보여주고 있다.

그러나 이 모든 권고들과 경고들은 참되게 성화된 사람의 배교에 대해서 증명하지 못한다. 왜냐하면 후자의 경우의 예들에 대해서 그들은 교회에서 나간 자들이나 진정으로 교회에 속하자 않았던 요한의 말씀이 타당하기 때문이다(요일 1:19). 다윗과 베드로라는 두 인물이 우리에게 분명하게 보여주는 것은, 그들이 타락했던 잠시 동안 하나님의 은혜가 보류되었다는 것이 아니라, 반대로 그들을 보증하셨고 다시 뒤로 죄책의 고백과 회개로 인도하셨다는 사실이다. 그들은 우리에게 경고가 되게 할 뿐만 아니라, 우리가 잠시 연약하여 죄 아래 떨어졌을 때, 하나님의 은혜에 대해서 의심을 품지 않도록 하며, 죄 아래 머물지 않도록 우리에게 위로가 되고, 그리고 우리로 하여금 영원히 하나님과 은혜의 언약을 맺고 있다는 생각을 품게 함으로써 오히려 더 우리를 강하게 한다. 그런 언약의 길에서 그분은 그의 말씀과 성령을 통하여 그들의 길을 행하도록 하신다. 성도의 배교를 가르치는 자는 누구든지 하나님의 신실성에 대해서 부당한 행위를 하는 것이고 견인과 구원을 사람에게 의존시키고, 따라서 그것들을 변화무쌍하고 불확실하게 만들며 영적 생활의 통일과 성숙을 오해한 것이다. 즉 이런 생은 몇 번이고 결정적으로 타락될 수 있고 다시 몇 번이고 새로운 생이 시작될 수 있다고 말하는 입장이어야 한다. 그러나 성도의 보증을 신앙하는 자는 누구든지, 그의 입장과 안식처를 하나님의 은혜 안에서 발견하고 그의 진실성에 영광을 돌리고 동시에 영적 생과 영생의 긴밀한 연합성을 보존한다. 왜냐하면 비록 옛 사람이 그 안에 아직도 거하고 있는 이상, 신자들의 이런 생활이란 여러 가지 변화를 감수해야 할지라도, 그 본성에 있어서 결코 파괴될 수 없는 성질의 것이기 때문이다. 하나님께서 심으신 씨는 항상 그 안에 머물러 있기 때문이다(요일 3:9).

그러나 그때 하나님의 보증에 대한 이런 신앙이 참된 신자들을 교만하게 만들거나 육체적으로 무관심하게 만들기는커녕, 오히려 그 반대로 겸손과 어린 아이와 같은 경애, 참된 경건, 모든 싸움에서의 인내, 열렬한 기도, 십자가에서나 진리의 수호에 있어서 시종일관성의 참된 뿌리요 동시에 하나님 안에서 확고한 기쁨의 참된 뿌리도 되며, 이런 은택들에 대한 성찰은 성경의 증거들과 성도들의 모범으로부터 보여지는 대로 그들에게 감사와 선행들의 진지하고도 영속적인 수행을 위한 유인이다(도르트 신조 5장 12절).

이런 값진 열매를 맺기 위해서 성도들의 보존이 하나님께서 우리로 믿도록 원하시는 대로 신앙되어져야 한다. 우리가 그것을 교리의 한 부분으로서 받아들이고 다른 사람들에 대항하여 이것은 건전한 교훈이요 순수한 진리임을 교리로서 받아들일 뿐만 아니라, 다른 사람들에 대해서 주장할 만큼, 과연 하나님은 그의 말씀에서 그것을 계시하셨는가? 참으로 그의 계시에서 하나님은 이것을 목적하셨고 의도하셨다. 왜냐하면 진리란 그 자체가 이미 큰 가치를 지니고 있기 때문이다. 그럼에도 불구하고 이것만이 유일하고 가장 중요한 의도가 아니다. 왜냐하면 우리가 성도의 견인을 참된 신앙으로 둘러쌀 때, 하나님은 그와 같이 아직도 항상 그의 자녀들과 함께 일해 가신다는 고백을 포용하게 되기 때문이다. 성도의 견인은 역사적 진리, 곧 과거 어떤 장소에서 한 번 일어났던 사실이 아니다. 그것은 또한 덧셈이나 곱셈의 결과와 같이 과학적 진리가 아니다. 그러나 그것은 영원한 진리, 곧 하나님이 친히 세세대대로 간직하시는 진리요, 우리가 그것으로 사는 실재요, 하나님께서 그의 모든 자녀들의 생애 속에서 이루시고 보존하시는 진리다.

이런 의미에서 자신을 그것의 대상으로 알고 그것의 실재를 경험에 의해서 깨닫는 자들만이 성도의 견인을 믿을 수 있다. 자명하게도 그와 같이 자신의 보존을 포함한 성도의 보존을 믿는 자는 누구나 자신의 고백을 그리스도가 참된 신앙을 통하여 심어진 자와 같이 감사의 열매들을 맺을 수 없듯이, 육체의 경우를 위해 오용할 수 없다.

그런 경우에도 다른 것이 추론된다. 만약 성도의 견인이 계속 모든 성도들의 마음과 생활 속에 수행되는 하나님의 사역이라면, 이로부터 때가 되면 그들의 의식 속에 확고한 보증을 얻는다는 결론에 이른다. 성도의 견인과 같은 그런 일이 없다면 한 순간도 자신의 구원에 대하여 완전한 확신을 가질 신자는 없다. 왜냐하면 그는 계속 두려움 가운데 살거나 당장 하루 이틀 후에 어떤 중죄로 인하여 하나님의 은혜를 상실할 것이 아니기 때문이다. 그러나 하나님께서 자신의 백성들을 보증하시면 신자는 그의 마음속에 확고한 확신을 얻을 수 있을 뿐만 아니라, 얻어야 하며 얻을 것이다. 왜냐하면 그런 구원의 확신 없이는 생활실천에서 신자들을 위한 성도들의 보증은 그 가치를 잃을 것이기 때문이다. 만약 하나님의 자녀들이 자기들이 그의 자녀임을 확신 있게 깨달을 수 있다면 성도의 견인의 교리가 그들에게 무슨 소용이 있겠는가! 그러므로 성도의 보증과 구원의 확신은 분리될 수 없이 서로 연결되어 있다. 전자 없이 후자가 불가능할 것이고, 후자는 전자를 신자들을 위한 실제적 대들보로 만들고 그들의 마음에 위로가 되게 한다.

신구약에서 우리 앞에 등장하는 모든 성도들 역시 그런 구원의 확신에 참여하고 있다. 아브라함(창 15:6; 롬 4:18 이하), 야곱(창 49:18), 다윗(삼후 22:2 이하), 하박국(합 3:17-19) 뿐만 아니라, 시편 기자들이나 잠언 기자들과 선지자들이 그 환경에 대해서 묘사하고 모든 신자들이 그렇다. 그들은 종종 심한 빈곤에 처하기도 했고 그들의 대적들에 의해서 압제받으며 핍박받고, "지금 당신의 하나님이 어디 있느냐? 당신이 주를 믿으니 그가 당신을 구원해 낼 것이 아닌가!" 하는 조롱을 당하기도 한다(시 22:9; 42:4; 71:11). 가끔 하나님이 그들을 잊으셨나, 노하심으로 그 긍휼을 막으셨는가 하는 의심이 그의 영혼을 휘몰아치기도 한다(시 10:1, 11 이하; 13:2; 28:1; 44:10 이하; 77:8 이하 등). 그들은 하나님의 심판의 공의도 깨달아 그들의 죄를 고백하기도 한다(시 51:6; 느 9:33; 단 9:14 등). 그럼에도 불구하고 하나님은 그들의 아비요 그들은 그의 백성, 곧 그의 초장의 양들이다(시 97:7; 100:3; 사 63:16; 64:8). 그는 그의 이름과 그의 언약 때문에 그들을 버리실 수 없다(시 79:8, 9). 그의 노여움은 잠깐이요, 그의 은총은 평생이다(시 30:6). 그는 그들의 죄들을 따라 행치 아니하시며, 그들의 죄악을 따라 갚지 아니하신다(시 103:10). 주는 그들의 허물들을 사하시고 그들의 죄들을 가리우신다(시 32:1). 여호와는 그들의 바위와 산성이시요, 그들의 요새와 높은 망대시며, 그들의 방패와 구원의 뿔이시요, 그들의 유일한 것이요 모든 것이다(시 18:3; 73:25 등).

신약의 사도들과 신자들이 그들의 구원에 대해서 말하는 억양까지도 확실하다. 의심하는 말이 전혀 없다. 그들은 하나님께서 자기 아들을 아끼지 아니하시고 그들 모두를 위해서 그를 내어주셨고 그와 함께 모든 것을 그들에게 주실 것이라는 것(롬 8:32), 그들은 신앙으로 의롭다 하심을 얻었으며 하나님으로 화평을 누리며 아무에게든지 정죄될 수 없다는 것(롬 5:1; 8:33), 그들은 거듭나 산 소망이 있게 되었고 사망에서 옮겨 생명으로 들어갔다는 사실(벧전 1:3; 약 1:18; 요일 3:14), 그들은 양자의 영을 받았으며 그 영이 그들 자신의 영과 더불어 그들이 하나님의 자녀들임을 증거하신다는 사실을 알고 있다(롬 8:15, 16).

그리고 그들의 이런 지식은 현재, 곧 그들이 지금 있는 그대로의 상태에 관련된 것만이 아니라, 미래, 곧 그들이 앞으로 존재할 양태에까지 뻗치고 있다. 왜냐하면 하나님께서 미리 아시고 부르시며 의롭다 하신 자들을 또한 영화롭게 하실 것이기 때문이다(롬 8:30). 그들이 자녀들이면 또한 후사들이다(롬 8:17). 그들은 신앙 안에서 지금 이미 영생을 얻었고 그것을 결코 잃을 수 없다(요일 3:9; 5:1). 그들은 거듭나 산 소망을 얻었고 예비하신 구원을 위하여 하나님의 능력으로 보증된다(벧전 1:3-5). 그들 속에 시작된 선한 일이 하나님에 의해서 예수 그리스도의 날까지 이루어질 것이다(빌 1:6). 한마디로 말해서 그들은 징표와 보증인 성령으로 인치심을 받았다(롬 6:23; 고후 1:22; 5:5; 엡 1:13, 14; 14:30).

그들이 항상 이런 신앙의 확고한 보증 아래 서 있으면, 더 큰 힘과 영이 신자들로부터 나올 것이다. 그러나 가끔 그들 자신들의 일에 대해서 확신하지 못하고 있다. 즉 그때 과연 그들이 어떻게 열렬히 말할 수 있고 그에게 기쁨이 되는 증거들에 의해서 세상을 흥분케 할 수 있는가 하는 의심이 있다. 로마 카톨릭에서는 확실성조차도 신앙에서 거절되고 있다. 즉 신자들이 자기 구원에 대해서 절대 확신을 가질 수 있는 방식은 오직 소수인들에게 보내시는 특별계시로 말미암는다는 것이다. 다른 모든 신자들은 가정하고 기대함이요 가상일 뿐이라는 것이다. 그리고 로마 카톨릭은 이것이 결코 해가 아니라 유익이라 생각한다. 왜냐하면 이를 통하여 신자들 안에 구원받을 수 있을까 하는 두려움이 보존되고 성화에 대한 자극을 일으키기 때문이라 한다. 로마 카톨릭의 그리스도인들은 자신의 마음속에 있는 성령의 증거를 의지하는 것이 아니라, 사제의 선고, 즉 교회가 그의 구원에 대해서 그에게 주는 보증에 의지한다. 일반적으로 이것이 그에게 높은 확신을 준다.

종교개혁자들은 칭의와 신앙은 물론 구원의 확신도 전혀 다르게 이해하고 있다. 로마 카톨릭의 경우 신앙은 교회의 가르침의 찬동에 불과하다. 칭의라는 것도 초자연적인 은혜를 부어 주시는 것이며 인간으로 다시 선행을 행하도록 하고, 그래서 영생을 얻도록 하는 데 이바지하는 것이다. 그러므로 본질상 신앙은 구원에 관한 확실성을 제공하지 못한다. 그것의 가능한 정도는 다만 그들의 사랑, 그들의 선행으로부터 추론될 수 있을 뿐이어서 절대적 확신은 불가능하고 항상 좀더 약하거나 좀더 강한 정도의 가능성과 기대로 남아 있다. 그러나 종교개혁자들은 칭의 안에서 독립적인 의미를 깨달았고 그 안에서 인간과 하나님 사이의 관계의 회복을 보았고, 따라서 신앙 안에서 단순한 진리에 대한 찬동과 다르면서 그 이상의 것을 발견해야 했다. 즉 그리스도 예수 안에 있는 하나님의 은혜에 대한 인격적인 마음의 신뢰가 포함되었음을 보았다.

이런 신앙은 그 자체 안에 확신을 포함한다. 그러나 루터파에 사람들과 항론주의자들(de Remonstranten)은 이런 확신이 현재에만 관련되는 것으로 생각하였다. 즉 신자는 그가 지금 신앙하고 있다고 절대적으로 확신할 수 있지만, 그가 마지막까지 계속 신앙할 것이고 따라서 그는 실제로 구원받을 것이라고는 확신할 수 없다는 것이다. 그러나 개혁주의 교회는 엄격히 신앙의 확신 안에 미래에 대한 것도 포함시킨다. 그리고 그 때문에 개혁주의를 고백하는 경건한 자들의 생애에 있어서 구원의 확실성에 대한 추구가 그렇게 큰 위치를 차지하는 것이다. 소생시키고 능력 있는 신앙생활을 꽃피웠던 최초 시기에는 확신에 대한 그런 의도적인 추구가 불필요하였다. 우리의 신앙고백서들과 규정문들과 기도들에서 아주 명백히 들을 수 있듯이, 사람은 마음의 부유성으로부터 살고 말하였다. 그러나 그 후 신앙이 쇠퇴하였을 때 신앙에 대해서 묵상하고 그것의 표징들에 대한 추구가 뒤따랐다. 확실성을 발견하기는커녕 오히려 점점 더 그런 의심의 혼란 가운데 빠지게 되었다. 왜냐하면 신앙의 확실성은 어떤 추론이나 논리적 귀결로 얻어질 수 없기 때문이다. 그것은 다만 신앙 자체로부터 나온다. 이것이 강하고 충분해질 때, 신앙은 그 자체로 확실성을 동반한다. 그와 반대로 신앙이 약해지고 감추어지면 확실성도 마음으로부터 사라지고, 어떤 인위적인 수단에 의해서도 그것을 회복할 수 없다.

도르트 신조에 항목된 고백은 다음과 같이 그것을 아름답게 말하고 있다. 즉 구원을 위한 그들의 이런 영원하고 불변하는 택하심에 대해서, 비록 방향이 다르고 수단이 여러 가지일지라도, 자기의 때가 되면 이루어지는 선택이 보증이 된다. 그들이 하나님의 비밀과 깊은 것을 호기심으로 탐구하였을 때가 아니라, 그들이 하나님의 말씀 안에 지시된 선택의 무오한 열매들(그리스도 안에 있는 참된 신앙, 자녀로서의 하나님에 대한 두려움, 하나님을 향한 죄에 대한 슬픔, 의에 주리고 목마름 등과 같은 것들)을 자신 속에서 영적인 기쁨과 거룩한 희락으로 지각하였을 때다(제1장 12항).

제5장 9항과 10항에서 이것은 더 넓게 전개되고 있다. 즉 구원을 위한 선택의 보증과 참 신자들의 신앙의 견인에 대해서 신자 자신들이 보증이 될 수 있고, 그들이 확실하게 믿는 그 신앙 정도에 따라서 그들이 교회의 참되고 살아 있는 지체들이며 항상 그렇게 남아 있어야 된다는 것, 그들은 죄 용서함을 받고 영생을 취하였음이 보증되고 있다. 그러므로 이런 보증은 말씀 밖 혹은 말씀 없이 일어나는 어떤 특별계시로부터 생기는 것이 아니라, 하나님이 그의 말씀 속에서 우리의 위로를 위해 풍부하게 계시하셨던 주의 약속에 대한 신앙으로부터 생긴다. 즉 우리의 영과 더불어 우리가 하나님의 자녀들이요 그의 후사들임을 증거하시는 성령의 증거로부터 생기며, 결국 착한 양심과 선행에 대한 진지하고 거룩한 수행으로부터 생긴다는 말이라 하였다.

따라서 구원의 보증은 어떤 식으로든 신앙생활에 첨부된 외부로부터 나오지 않고 신앙생활 자체로부터 피어나며 그와 함께 결속하며 그와 더불어 나란히 나아간다. 그러므로 보증은 '신앙의 정도에 따라서' 다르다. 신자들은 이 생에서 육체의 여러 가지 의혹들과 싸우고 종종 비통에 빠지기도 하며, 그리고 그 때문에 그들은 신앙의 전적인 신뢰나 견인의 보증을 항상 느끼지 못한다(도르트 신조 제4장 11항과 비교).

그러나 성경에서 이미 기록하였고 종교개혁 시대에 다시 회복하였던 대로, 구원케 되는 신앙은 그것의 내적 본성에 따라 보증이며 보증에 있어서 증가하여 그 신앙 자체의 정도에 따라서 점점 더 강하게 된다는 사실을 그 모든 것들이 없애지는 못한다. 신앙은 지식에 대한 반대상태가 아니라, 모든 의심에 대한 반대상태다. 의심은 새 사람으로부터 나오지 않고 옛 사람으로부터 나오며, 성령으로부터 나오는 것이 아니라 육체로부터 나온다. 신앙은 하나님의 약속에 대하여 예와 아멘이라 하고 그것을 포용하며 거기에 의존한다. 그리고 이 일을 행하였을 때 그 행한 정도에 따라서 신앙 속에 있는 '안식하는' 신뢰가 직접 "보증된 신뢰로 넘어가며, 또한 그것은 신자들에게 그 모든 하나님의 약속들을 자신에게" 적용하고 자신에게 충용할 수 있는 자유를 준다. 다른 사람들뿐만 아니라, 나에게도 죄 용서와 영원한 의와 하나님의 구원이 순전한 은혜로부터 오직 그리스도의 공로 때문에 은사로 주어진다는 사실을 확고히 신뢰하게 된다.

그리고 이런 신뢰는 본질적으로 어떤 인위적인 추론에 의하지 않고 그의 본성과 본질에 따라서 미래까지 뻗치고 있다. 지금은 내가 하나님의 자녀이지만, 내일도 그런 존재로 있을지는 확신할 수 없다고 말한다면, 그것은 괴상한 신앙일 것이다. 그 신앙이 진실하고 능력 있는 것이라면, 저절로 "여호와는 나의 목자시니 내가 부족함이 없으리로다. 내가 사망의 음침한 골짜기로 다닐지라도 해를 두려워하지 않을 것은 주께서 나와 함께 하심이라. 주의 지팡이와 막대기가 나를 안위하시나이다"라며 기뻐할 것이다. 그와 같이 신앙이 증거하고 기뻐하는 것은 그것이 그 자체를 신뢰하기 때문이 아니라, 그것이 하나님의 약속들을 신뢰하기 때문이다. 그 약속이 바로 "나는 지금과 영원히 너희 하나님이 되고 나는 너를 영원한 사랑으로 사랑하였으며 너를 결코 내버리거나 저버리지 않을 것이다"라는 여기에 있다. 현재나 미래에 대한 보증이 아닌 신앙은 하나님의 약속의 진리성과 그의 사랑의 신실성에 대하여 부당하게 행하는 것이다.

이제 두번째로 거기에는 성령의 증거들이 있다. 성령은 그리스도에 대한 크고 전능한 증인이시요, 우리의 마음속에서 그리스도를 대신하시는 분이요, 우리로 그의 이름을 믿도록 하시는 분이며, 우리로 또한 그런 그리스도 안에서 하나님으로부터 받은 것들을 깨닫게 하시는 분이다(요 15:26; 16:13-15; 고전 12:3; 고후 4:3-6 등). 그러나 그런 그리스도의 영은 동시에 우리로 우리 자신, 곧 우리의 죄책과 부정함뿐만 아니라, 우리의 그리스도와의 연합과 그리스도에게 있는 우리의 분깃에 대해서 깨닫게 하신다. 그는 우리 자신에 대한 우리의 신앙에서도 우리를 나타내셨다. 그는 처음 죄와 의와 심판에 대해서 우리에게 증거하셨고 신앙의 영으로서(고후 4:13), 우리 안에 신앙을 역사하신 후에 우리에게 우리의 신앙에 대해서 보증하시는 일이 일어났다. 그는 양자의 영이 되셨으니(갈 4:6), 곧 자녀들을 돌보고 그 자녀들 안에 거하시는 그대로의 영이 되셨으며(롬 8:15), 그는 우리의 양자 됨을 우리로 의식하게 하신다.

그는 다양한 방식과 길을 따라서 그것을 행하신다. 우리가 하나님의 자녀임을 우리의 영과 더불어 증거하심으로 그 일을 행하시며(롬 8:16), 능력 있게 우리로 즐거이 아바 아버지라고 고백케 하심으로 이 일을 행하시며(롬 8:15; 갈 4:6), 하나님으로 더불어 화평을 주시며, 하나님의 사랑을 우리 마음속에 부어 주심으로(롬 5:1, 5), 새 생명을 우리 안에 야기하여 계속 우리를 인도하여 우리의 영혼을 전에는 알지 못했던 기쁨으로 충만케 하심으로 이 일을 행하신다(롬 8:10, 11; 14:17; 15:13). 더 말할 것도 없이 구원의 날까지 우리를 인치심을 통하여 그 일을 행하신다.

인치는 일이 종종 인물이나 사물(편지 등)들을 다른 영역 밖에서 대신하고 해로부터 보존하기 위해서 일어난다(신 32:34; 아 4:12; 사 8:16; 29:11; 단 6:18; 12:4; 겔 9:1-6; 마 27:66; 계 5:5, 6; 7:1-4; 20:3; 22:10). 어떤 경우 인물들이나 증거들을 참된 것으로 인증하고 확증하기 위해서 일어난다(에 3:12, 13; 8:8, 10; 왕상 21:8; 느 9:38; 렘 32:10; 요 3:13; 6:27; 롬 4:11; 고전 9:2). 이 후자의 의미에서 신자들은 구원의 날까지 보증으로서 성령으로 인치심을 받았다(롬 8:33; 고후 1:22; 5:5; 엡 1:13, 14; 4:30). 신자들에게 보내 주셨고 그들 안에 신앙을 심으시사 계속 보존하시며 그들 안에서 증거하시고 그들을 인도하시는 성령, 그분이 바로 이 모든 것 안에서와 그것들을 통하여 신자들에게 보증과 징표임을 증명하사 그들이 구원의 날까지 보존되며 하늘의 축복을 유산받도록 하셨다. 왜냐하면 그 성령은 결코 그들을 떠나지 않으시고 오히려 영원히 그들과 함께 머물러 계시며(요 14:16), 그 영을 소유한 자마다 그리스도께 오고 그의 소유이며(롬 8:19), 그를 통하여 영원에 이르기까지 보존될 것이기 때문이다(요 17:24). 하늘에 있는 그리스도와 땅에 있는 성령이 선택된 자들의 구원을 위한 보증으로 있고 그들의 마음속에서 그들을 보증하신다.

그에 따라서 구원의 확실성이 신자들 사이에 생기는 이 두 가지 길은 본질적으로 두 길이 아니고 각각 제 길로 병행하여 달리는 것이 아니다. 그들은 한 길이며 보는 양상의 차이이다. 성령은 신앙과 별개로, 혹은 그 밖에서 역사하시거나 증거하시거나 인치시거나 하시지는 않고 항상 신앙의 수단 안에서 그것을 통하여 행하신다. 그 신앙은 엄연히 죽은 신앙이 아니며, 산 신앙이며 선행 안에서 그 본질을 나타내며 그 안에서 그 힘을 드러낸다.

그러므로 이 선행에 대해서, 하나님의 약속에 대한 신앙과 성령의 증거와 더불어서 세번째 더 주시할 것으로, 하나님께서 신자들로 하여금 그들의 양자됨을 보증하시는 수단이라 말할 수 있다(하이델베르크 요리문답 제86문, 도르트 신조 제5장 10항). 그러나 그때 조심해야 할 것은, 보증에 대한 추구와 함께 이런 선행으로 시작될 수 없다는 것, 신앙이 그들의 확고한 보주나 지주가 될 수 없다는 것, 우리가 그것들을 통하여 보증에 이르고자 하는 그런 목적을 가지고는 선행들이 불완전하며 그것들이 강약의 신앙에 따라서 발생하는 정도에 있어서 다소의 완전함이 있기 때문이다. 그러나 그것들이 신앙으로부터 나오는 이상, 우리의 보증이 보조수단으로서 이바지할 수 있다. 신앙이 그들 안에서 나타나고 증거되는 것처럼, 그것들을 통하여 신앙이 확증되고 강화된다. 그리고 사람들이 우리의 선행들을 볼 때, 그들이 하늘에 계신 아버지께 영광을 돌린다.

# 제23장

# 그리스도의 교회*

그리스도께서 지상에 있는 신자들에게 모든 부요한 혜택들을 베푸시는데 이 혜택들은 사망 시에는 부분적으로 이루어지나 심판의 날 이후에는 최고 절정에 이르는 영화의 상태에서 성취되고 완성된다. 그러나 이 영화(glorification)의 혜택에 대해서는 우리가 아직 논의할 때가 아니다. 왜냐하면 우리는 먼저 그리스도께서 소명과 중생, 신앙과 회심, 칭의와 양자, 갱생과 성화를 지상에 있는 그의 신자들에게 가져오고 유지하고 보강하는 그 방식들에 대하여 관심을 가져야 하기 때문이다.

우리는 이미 그리스도께서 이 모든 은덕들을 그분의 말씀과 성령을 통하여 허락하셨음을 살펴보았다. 이제는 그분이 모든 신자들을 함께 결속시키는 그 공동체에서도 이 은덕들을 역시 허락하신다는 사실을 알아보아야 한다. 그리스도는 그 은덕들을 개별적인 개인들 혹은 소규모의 개인들에게 분배하지 않고 다만 큰 무리, 즉 창세 전에 성부에 의해 그리스도 안에서 선택받은 새 인류 전체에게 분배하신다(엡 1:14).

그러므로 신자는 결코 단독으로 설 수 없으며 결코 혼자일 수 없다. 자연계에 있어 모든 인간은 그의 부모와의 관계 속에서 출생하여 자신의 노력 여하에 상관없이 한 가족과 한 민족의 구성원이 되며 또한 인류 전체의 구성원이 되는 것이다. 영적 세계에서도 마찬가지이다. 신자는 위로부터, 즉 하나님으로부터 출생하지만 그리스도께서 그 머리가 되시며 동시에 그 성취가 되시는 은혜언약의 관계 속에서만 새 생명을 얻는다. 만약 이 중생을 통하여 하나님이 신자들의 아버지가 되신다면 교회는 신자들의 어머니가 되는 것이다. 그리스도의 교

---

* 본서의 제23장 "그리스도의 교회"와 제24장 "영생"은 김점옥(총신대학 대학원 Th. M.) 목사가 번역하였다.

회에 의해 파송받은 신자들의 선교를 통하지 않고는 이방세계에 절대로 신자나 신자의 모임이 존재할 수 없다. 그러므로 이 중생의 첫 순간부터 신자는 자신의 의지와 자신의 행위와는 관계없이 전체 무리와 연합하여 풍성한 교제 속으로 인도받으며 또한 새 민족의 일원과 영적 왕국의 시민이 되며 그들의 왕은 많은 백성들 속에서 영광을 받게 된다(잠 14:28).

이 공동체는 모든 개별적인 신자들을 강력하게 붙잡아준다. 심지어 우리가 홀로 있을 때, 또는 루터의 진술처럼 지붕 위의 기와처럼 많은 악마가 존재할 때에도, 우리의 신앙은 의심하거나 두려워할 만큼 그렇게 약하지 않다. 만일 하나님이 우리를 위하면 누가 우리를 대적하겠는가, 만일 주님이 우리와 함께 하시면 사람들이 우리에게 어떻게 하겠는가?(시 56:12; 118:6; 롬 8:31). 우리는 일반적으로 독립, 소외감 또한 고독과 같은 상태에 있지 않다. 그러나 한 사람이 주의 음성을 좇아 그의 전체 환경과 결별하고 또 그의 세대에 이의를 제기하도록 부름받은 특별한 상황과, 또한 예를 들어 하나님이 아브라함, 모세 그리고 엘리야에게 주셨던 그런 특별한 은혜와 예외적인 능력을 허락하기 위해 필요한 특별한 상황들이 존재하기 마련이다. 그러나 심지어 그때에도 고독은 괴로운 것이다. 엘리야는 신실한 자들 중에서 자신만 홀로 남았다고 불평했고(왕하 18:22; 19:10), 바울은 그 생의 마지막 때 그가 모든 사람으로부터 버림받았다는 사실을 알았을 때 마음속으로 슬퍼했다(딤후 4:10). 인간은 사교적인 피조물이며 홀로 있는 것을 좋아하지 않는다.

선택은 모든 세대들, 방언들, 민족과 나라들로 이루어지고 또한 심히 많은 무리로 형성되는 것이다. 참으로 선택은 인격적인 것이고, 개인적인 것이며, 각 대상의 이름이 하나님께 알려진 구체적인 인류들로 구성되어 있으나, 그것은 그들이 하나님의 성전, 즉 그리스도의 몸과 신부를 형성할 수 있는 그런 방식으로 이루어진다. 선택의 목적은 유기적 조직체의 창조, 즉 하나님의 위대성을 선포하고 그 이마에 그분의 이름을 지니고 있는 거듭난 인류의 구속이요 갱생이요 영화이다. 하나님이 시간 내에서 이 선택을 실행하실 때, 하나님은 오직 은혜언약을 통해서만 이 일을 수행했으며, 또한 하나님은 모든 다른 사람들과 독립되어 있는 개인을 그 언약 속에 포함시키는 것이 아니고 다만 한 사람 안에서 한 가정과 세대를 동시에 부르신다.

하나님은 아담, 노아 그리고 아브라함에게도 이와 같은 방식으로 역사하셨고, 또한 세상의 섬김으로부터 그분의 교제로 옮겨진 모든 자들에 대해서도 여전히 같은 방식으로 행하신다. 또한 하나님은 아브라함과 같은 그런 한 개인과 그의 후손과 언약을 맺으시고 그 언약을 세세토록 확증하신다.

모든 신자들은 하나님의 유기적인 활동에 부응하여 그 마음 안에 사회적인 경향, 즉 사회적인 경향에 부합되는 공동체성에 대한 갈망을 가지고 있다. 한편으로 사람들을 이만큼 심각하게 분열시키는 힘은 이 세상에 결코 존재하지 않으며, 또한 다른 한편으로 사람들을 이만큼 능력 있게 결합시키는 힘도 이 세상에 존재하지 않는다. 그러나 기독교 외부에 있는 종교적인 집단도 거의 언제나 인종과 부족의 통일성과 함께 발생하는데, 바꿔 말하면 종교는 외관상으로 볼 때 부족의 도움이 없이는 지탱될 수 있을 만큼 강하지 못하다는 의미이다. 그러므로 교회란 단어의 고유한 의미에서 볼 때, 교회는 이교도 나라에서 결코 존재할 수 없다. 그러나 기독교국에서는 이 상황은 매우 다르다.

이스라엘의 경우 그 국가와 교회는 공존하였으나 처음부터 그 국가의 통일성은 종교적인 통일성에 더 의존하였고 그 역은 결코 성립하지 않았다. 이삭의 기적적인 출생은 이 사실을 증거하는 데 도움이 되며 또한 은혜언약은 시조 아브라함과 함께 특유의 한 민족을 창조한다.

이 족장 안에서 전능한 자이신 하나님은 자연이 은혜에게 봉사하도록 만들었다. 그러므로 구약성경에서 언약의 하나님, 이스라엘 백성 그리고 가나안 땅은 아주 밀접하게 관련되어 있다.

이스라엘은 그의 국가와 단일성을 하나님께서 그 백성을 선택하셨다는 사실에 근거하고 있으며(출 19:5; 신 4:20; 7:6), 또한 가나안은 값없는 은혜로서 아브라함과 그의 후손들에게 그들의 유업으로 주신 주의 땅(레 25:23; 삼상 26:19)이다(창 12:7 그리고 레 20:24). 룻이 그의 시어머니와 함께 유다 땅으로 돌아가면서 "당신께서 가시는 곳에 나도 가고 당신이 유숙하시는 곳에서 나도 유숙하겠나이다 당신의 백성이 나의 백성이요 당신의 하나님이 나의 하나님이 되신다"라고 언급했을 때 바로 이 사실을 표현하는 것이다. 또한 그 백성들이 점점 더 타락하여 마침내 포로상태로 끌려가 추방되었을 때, 그럼에도 불구하고 하나님과 그분께 드리는 예배에 신실했고 또 무수한 백성들 중에서도 참 이스라엘이며 아브라함의 진정한 후손으로 남아 있었던 자들은 결코 사라지지 않았다(암 5:15; 사 1:9; 4:3; 8:18 그리고 그 이외의 구절). 이 성도들이 불경건한 자들로부터 분리되었을 때, 그들은 상대방에 대하여 상호 관심을 보였으며 서로의 교제를 통해서 힘을 얻었다(시 1:1; 16:3; 22:23; 26:4-12; 35:18; 40:10; 66:16; 122:1 이하; 133:1 이하).

이 분리는 계속적으로 진행되어 신약시대에 완성되었다. 세례 요한이 회개와 죄사함에 대한 설교를 통해 그 길을 준비한 후에 예수 자신은 그의 사역을 시작하셨고 처음에는 그의 사역을 이스라엘 백성 가운데서 행하셨다. 그분은 갈릴리와 유대의 도시들과 마을에서 가르쳤으며 전국에 걸쳐 선을 행하고 마귀에게 억압받는 모든 자들을 치료하셨다(행 10:38).

그러나 그분은 서기관과 바리새인들의 지도하에 있는 그 백성들이 그의 메시야직과 영적 왕국에 관하여 아무것도 들으려고 하지 않는다는 사실을 그의 경험을 통해 곧 알게 되었고, 또한 그분의 사역이 더 계속될수록 그의 백성들은 더 적대적인 반응을 일으켜서 결국 그분을 십자가에 못박히도록 넘겨주었다. 이 최후가 더 가까이 다가올수록, 예수는 더욱 고라신과 벳새다와 가버나움(마 11:20 이하), 바리새인과 서기관(마 23:13 이하), 예루살렘과 그 자녀들(마 23:37), 이스라엘 백성(마 21:19 이하와 눅 23:28 이하), 성전과 그 도시(마 24장)가 그분의 무서운 심판을 받게 될 것임을 선언하셨다. 이스라엘은 그들의 매시야를 거절했고 그러므로 다른 자들이 그들을 대신하게 되었다.

처음에 단지 제자들의 작은 그룹만이 예수를 그들의 주로 고백했으나 이 고백은 주님이 그들을 두고 떠나가신 후에도 그들이 기도와 간구 속에서 일치를 계속 유지할 수 있도록 그들을 결속시켰다(행 1:14). 오순절 날 그들은 위로부터 내려온 능력으로 덧입혀졌으며, 또한 그들은 성령 안에서 모든 나라의 결박으로부터 자유롭게 되어 세계에서 아주 독특한 공동체, 즉 모든 민족이나 국가로부터 독립되어 있는 공동체를 조직하게 하는 삶의 독자적인 원리를 부여받게 되었다. 성령의 부어주심을 통해 그리스도의 교회는 독립적인 존재가 되게 되었다.

예수를 그들의 주로 고백한 신자들의 모임은 처음부터 영적 단체 혹은 교회란 이름으로 호칭되었다. 히브리어 구약성경은 이스라엘 백성들의 모임을 표시하는 단어들을 두 가지로 사용하고 있으나 두 단어에 대해 분명한 구별은 하지 않는다.

후기시대의 유대인들은 첫번째 단어가 현실적 상황하에 있는 교회를 지시하고, 두번째 단어가 하나님에 의해 그분의 구원으로 부름받은 백성들의 모임을 나타내는 이상적인 상태하에 있는 교회를 지시한다고 하는 그런 방식으로 두 용어들을 구별했다. 그래서 전자의 단어는 쉬나고게(synagogue)란 헬라어 단어로 번역되며, 후자의 단어는 에클레시아(ecclesia)로 번역된다. 이미 유대인들 가운데서 행해졌던 이 구별은 기독교인들이 둘째 단어를 더 선호한 이유 때문이었다. 기독교회는 곧 옛 이스라엘을 대신한 하나님의 선택적인 사랑의 사상을 실현한 그 신자들의 모임이었다. 유대인들과 그리스도인이 영원히 갈라서게 되었을 때 그 용법은 점차 발달하여 유대인들의 모임은 쉬나고게로, 그리고 그리스도인들의 집회는 에클레시아(신자들의 공동체 혹은 교회)로 나타내게 되었다.

그리고 이 용법은 현재까지 계속 사용되고 있다. 본래 두 용어를 특징짓는 의미에는 그러한 차이가 존재하지 않는다. 야고보서 2:2(그리고 히 10:25)에서 쉬나고게라는 단어가 기독교회의 모임을 나타내는 말로 그리고 사도행전 7:38(그리고 히 2:12)에서는 에클레시아라는 말이 이스라엘의 집회를 언급하는 말로 사용되고 있다.

사실 사도행전 19:32, 39 그리고 41절에서는 후자의 단어가 일반적이고 통상적인 모임을 지칭하는 말로도 사용되고 있다. 그러나 유대인들과 그리스도인들이 그 의미를 구별시킴으로 인해 두 단어는 서로 다른 의미들을 갖게 되었다.

예루살렘의 예수의 제자들은 또한 오순절 이후에도 종종 유대인들의 관계에 따라 거룩한 기도 시간을 지키며 동시에 사람들에게 복음을 전하기 위하여 성전이나 혹은 부속건물에서(행 2:46; 3:1; 그리고 5:12) 계속 모임을 가졌다. 오순절 당시와 그 후 오랫동안 계속된 사도들의 설교는 부유한 은총을 내려 주었다. 구원받은 수많은 사람들이 교회에 가입하였다(행 2:41; 2:47; 4:4 그리고 6:7).

그러나 최초의 순교자인 스데반이 돌에 맞아 죽음으로써(행 6:8-7:60) 절정에 달했던 핍박이 발생하자 예루살렘에 있는 제자들은 유대와 사마리아의 지경에 걸쳐 분산되었으며 베니게와 구브로와 안디옥까지 흩어지게 되었다(행 8:1; 11:19). 그 제자들은 그 지방의 여러 도처에서 많은 유대인들을 회심시켜 많은 교회들을 설립하였으며, 또한 이 교회들은 잠시 동안 평화를 누렸고 그 수는 크게 증가되었다(행 8:4, 14, 25; 25:31, 35와 38). 기독교인으로 개종한 유대인들이 계속해서 오랫동안 이스라엘의 온 백성들이 주께로 돌아오게 될 것이라는 소망을 마음속에 품어 왔음을 언급하고 있다(행 3:17-26). 그러나 그 소망은 점점 더 사라져 갔고 점차로 중력의 중심이 유대계 기독교인들에게서 이방 기독교 교회로 쏜살같이 이동해 갔다.

이미 예수의 생애 동안에도 명절에 예배하러 올라와서 예수를 만나기 원하는 열망을 표현했던 소수의 헬라 지역의 개종자들이 있었다(요 12:20 이하). 예루살렘교회의 회원 중에는 아마도 스데반처럼 성전과 그 율법에 대한 기독교인들의 관계를 좀더 느슨한 개념으로 이해하였던 헬라파 기독교인들도 역시 있었다(행 6:1; 6:13, 14). 예루살렘 출신의 제자들은 분산되는 과정에서 사마리아인들(행 8:5 이하), 에디오피아 내시(행 8:26 이하), 로마의 백부장(행 10장)과 안디옥 헬라인들(행 11:20)에게 복음을 전하였다.

이 모든 사건들은 바나바와 함께 바울이 성령의 강권하심으로 안디옥 교회에 의해 안수를 받고 파송된 후에 성취하게 되는 위대한 선교사역을 위한 준비가 된다(행 13:2 이하). 이 선교사역에서 바울은 먼저 유대인들에게 복음을 전하는 규칙을 따른다(행 13:5과 14; 롬 1:16; 2:9; 3:1; 9:3; 11:13 이하; 고전 1:22 이하와 9:20 참조). 그러나 이들이 예전에 항상 행하던 대로 그의 설교를 경멸하자 그는 이방인에게로 돌아섰다(행 13:46; 17:17; 18:4, 6과 28:25-28). 혈육을 따라 난 그의 형제들이 그리스도의 십자가에 방해거리가 되고 그들 자신의 의를 세우려고 추구하는 것은 그에게 가장 큰 비탄이요 계속적인 슬픔이었다(롬 9:2). 그는 그들이 시기하도록 자극하여 그들 중 얼마를 구원하기 위한 노력을 중단한 적이 없었다(롬 11:4). 그리고 아직도 은혜의 선택을 따라 남은 자들이 존재하며, 또한 바울 자신이 이에 대한 생생한 증거가 된다(롬 11:1-5).

그러나 이방인의 충만한 수가 들어오기까지 이스라엘이 부분적으로 완악해졌다는 사실은 부인될 수 없다(롬 11:25). 나무의 원가지에서 불신앙 때문에 찍힘을 받고 그들 대신에 돌감람나무의 가지들이 접붙임을 받았다(롬 11:17-24). 육체를 따라 난 이스라엘과 성령을 따라 난 이스라엘 사이에 차이점이 있다(롬 2:28-29; 9:8과 고전 10:18). 그리스도의 교회는 이제 아브라함의 진정한 후손이요, 하나님의 백성이요, 하나님의 이스라엘이다(행 15:14; 롬 9:25-26; 고후 6:16-18; 갈 3:29; 6:16; 히 8:8-10; 약 1:1, 18:1; 벧전 2:9 그리고 계 21:3, 12). 그리스도를 거절하는 유대인들은 참 유대인들이 아니며, 할례당들이 아니라 다만 분리주의자들일 뿐이며 부당하고 헛된 말쟁이요 기만자요 신자들을 핍박하는 자들이다(살전 2:14-16과 딛 1:10-11). 서머나 교회를 괴롭혔던 자칭 유대인들이라 칭하는 자들은 유대인이 아니요 다만 사단의 회(會)이다(계 2:9과 3:9). 그러므로 유대인들과 기독교인들 각자는 그들의 독자적인 길을 걸었던 것이다. 비록 그리스도의 고백자들이 처음에 유대교인으로 간주되었을지라도(행 24:5, 14과 28:22), 그들은 안디옥에서 그리스도인이라는 그들 자신의 칭호를 얻게 된다(행 11:26). 유대인의 집회와 기독교인의 집회 사이에 구별이 이루어지기 시작했고 언어학적으로 이것은 전자를 회당(synagogue)으로, 후자를 에클레시아(신자의 공동체 혹은 교회)로 부르도록 유도하였다.

에클레시아(ecclesia)란 단어는 성경에서 '교회'로 번역되며, 고백자들의 무리를 위하여 그리스도 자신이 최초로 사용하셨다(마 16:18과 18:17). 우리가 만약에 예수에 의하여 채용된 히브리어 단어가 구약성경에서 반복적으로 나타나 있고 또한 일반적으로 알려져 있었다는 사실을 안다면 이것은 전혀 이상스러운 일이 아니다. 교회를 새롭게 해석한 점은 예수께서 교회를 그분의 제자들의 집단에 적용시켰다는 것과 그분의 교회가 이스라엘 백성의 집단을 대치시켰다고 선언했다는 것이다. 뿐만 아니라 예수는 특별한 장소 내에 있는 신자들의 모임을 지시하는 용어를 사용하지 않고 사도들의 말씀에 의하여 언젠가는 그분을 믿게 될 모든 자들을 교회의 영역 속에 포함시키신다. 그분은 가능한 한 가장 포괄적인 방식으로 그 용어를 사용하신다. 이 단어가 좀더 특수한 의미의 형태를 띠게 되는 것은 교회의 발전, 그 이후의 일이다.

사도행전 2:47, 5:11, 8:1 그리고 11:22에서 교회의 칭호가 예루살렘에 있는 신자들의 지역모임에 적용된다. 그 당시 예루살렘교회는 실제적으로 단지 하나였다. 물론 유대, 사마리아 그리고 갈릴리 곳곳에 제자들이 살고 있었으며 또한 핍박이 예루살렘에 발생하여 제자들이 사방으로 흩어졌을 때 유대인 선교의 거점을 구성하고 있었던 일부 제자들이 존재하고 있었다는 추측은 매우 개연성이 있다. 그럼에도 불구하고 신자들의 모임, 즉 교회는 최초에 예루살렘에만 존재하였다. 그러나 그런 모임들이 제자들의 말씀 선포를 통하여 곳곳에 일어나게 되자, 교회란 용어는 이런 지역의 집단들에도 적용되었던 것이다. 예루살렘교회는 곳곳에 지교회를 형성하는 그런 조직체가 아니다. 오히려 예루살렘교회와 병행적으로 교회라고 불려지는 다른 신자들의 모임들이 성장하였던 것이다.

그러므로 예를 들어 안디옥 교회(행 11:26; 13:1)와 루스드라 교회, 더베 교회 그리고 주변지역의 교회들(행 14:23)에 대한 언급이 나타난다. 바울은 계속적으로 교회 명칭을 로마, 고린도, 에베소, 빌립보, 골로새 그리고 기타 지역에 있는 신자들 각자의 모임에 적용시키며 또한 그는 이런 관행과 일치되도록 갈라디아(갈 1:2)와 유대(갈 1:22) 지역에 있는 교회들을 복수로 언급한다. 이것이 전부가 아니다. 특정 지역에 살고 있는 신자들은 곧 정규적으로, 즉 어떤 때는 매일(행 2:46) 그러나 일반적으로 주일날 적당한 때(고전 16:2; 행 20:7; 계 1:10)에 회집을 갖기 시작하였다. 그러나 그들은 자신들의 교회건물을 가지지 못하였으므로—추측컨대 야고보서 2:2에서 회당(assembley)이란 단어는 신약성경에서 특정 장소에 대한 언급의 첫번째 사례인 것 같다—회집을 위한 목적에 가장 적합한 형제나 자매의 가정을 찾아내어 함께 모였던 것이다.

예루살렘에서 그들은 처음 얼마 동안은 성전에서 여전히 모였지만(행 2:1, 46; 3:11; 5:12, 20, 42) 이 이외에도 그들 동료들의 가정에서(행 2:46과 5:42) 특별한 모임들(행 1:14과 2:42)을 가졌다. 그래서 처음에는 마가 요한의 어머니, 마리아의 가정이(행 12:12) 그리고 후기에는 야고보의 가정이(행 21:8) 예루살렘의 교회 생활의 중심지가 되었다. 교회는 규모가 컸기 때문에 그룹들로 나뉘었으며, 또한 다른 시간에 동일한 가정에서 모이기도 하고, 동일한 시간에 다른 가정에서 모이기도 했다. 이런 관행은 데살로니가(행 17:11), 드로아(행

20:8), 에베소(행 20:20), 고린도(고전 16:19), 골로새(몬 2절), 라오디게아(골 4:15) 그리고 로마(롬 16:5, 14과 15)에 있는 다른 지역에서도 마찬가지였다. 이 다양한 가정교회 혹은 가옥교회(house-church) 모두에게도 명확하게 교회의 명칭이 주어졌다는 점은 괄목할 만한 일이다(롬 16:5; 고전 16:19; 골 4:15과 몬 2절). 한 교회는 다른 교회에 부속되지 않으며 그것들 각자는 독립적이고 다른 교회들과 동일한 권리를 소유하였다.

그럼에도 불구하고 그 교회들은 모두 하나이다. 예수는 공동으로 취해진 그 제자들 모두를 그분의 교회로 언급하였으며(마 16:18과 18:17) 또한 사도들도 그 동일한 방식으로 신자들의 몸에 관하여 언급하였는데 특히 바울이 그렇게 언급하였다. 전체로서 부름받은 교회는 그리스도의 몸이며 또한 그리스도는 그들의 머리이다(엡 1:22-23; 4:15 그리고 골 1:18, 24). 교회는 그의 신랑을 위해 단장한 어린양의 신부이며(엡 5:32; 고전 11:2과 계 21:2), 그리스도의 터 위에 사도들에 의하여 세워지고(고전 3:10-16) 혹은 (동일한 인물들의 다른 묘사에 따르면) 사도들과 선지자들의 터 위에 세워진 하나님의 집이요 성전이며 또한 그리스도 자신은 모퉁이돌이요 신자들은 산 돌이다(엡 2:20-22; 딤전 3:15; 벧전 2:5과 계 21:3). 교회는 택하신 족속이요 왕 같은 제사장들이요 거룩한 나라요 그의 소유된 백성이요 어두운 데서 불러내어 그의 기이한 빛에 들어가게 하신 자의 아름다운 덕을 선전하도록 부름받은 자들이다(벧전 2:9). 어떤 관찰자들은 사도들이 교회의 속성으로 간주하는 그 영광스러운 덕목들을 염두에 두고서 경험적 교회와 이상적 교회 사이를 구별하기 원한다. 그러나 그런 서구적인 사고방식의 구별은 신약성경에 생소한 개념이다. 사도들은 그리스도의 예를 따라서 교회를 특히 요한복음 14-17장에서 매우 영광스러운 것으로 진술할 때, 오직 추상 속에서나 혹은 관념 속에서 존재하는 어떤 것을, 혹은 후에 도래하여 현재에는 결코 성취될 수 없는 이상적인 것을 지시하지 않는다. 오히려 사도들은 항상 완전하면서도 현실적인 교회, 즉 다양한 지역들과 국가들 그리고 다양한 시대에 존재하는 신자들의 모임들이 구체적으로 출현되는 교회의 몸을 염두에 두고 있다. 그러나 이 계시체(revelation: 교회를 언급함—역자 주) 모두가 여전히 허물을 가지고 있는 것도 사실이며, 또한 사도들도 그들의 모든 서신에서 이 점을 명백히 하였다. 그럼에도 불구하고 교회는 교회의 기반이 되는 실재의 계시들이며 세세토록 수행되어지는 하나님의 모략의 현실화이다.

하나님은 그 모략과 신의(神意)에서 그리스도 이전의 모든 교회를 완전한 것으로 간주하며, 그리스도 안에서 그분의 피로 교회를 사셨다. 또한 그 교회는 그 씨 안에 열매를 포함한 것으로 이해하고, 모든 것을 그리스도로부터 취하시는 성령 안에 교회의 존재와 그 성취에 대한 보증의 근거를 두신다. 그러므로 교회는 관념(idea)이나 혹은 이상(ideal)이 아니라 현재 존재하고 있는 실재요 또한 이미 존재하고 있기에 미래에도 존재하게 될 실재이다. 그러므로 교회는 부단한 변화를 계속할 것이며 또한 신자는 세상의 태초부터 세상의 끝날까지 교회 속으로 부름받을 것이다. 싸움을 싸우고 믿음을 지키며 의의 면류관을 얻으며 또한 교회를 승리하게 하며 교회의 첫 열매이며 완전케 된 의인들(히 12:23)인 신자들은 날마다 세상으로부터 분리된다. 매일 새로운 회원들이 지상 교회, 즉 지상에 있는 전투적인 교회에 덧붙여지며 또한 이들은 교회 자체 안에서 태어나기도 하고 선교의 역사들을 통해 회심하기도 한다.

교회는 두 부분으로 구성되어 한 교회를 이룬다. 그들은 그리스도의 위대한 군사들의 선두주자들과 후속주자들이다. 앞서간 사람들은 우리 주위에서 구름떼와 같은 허다한 증인들을 형성하고 있으며 또한 그 생애 동안에 그들의 신앙을 고백하였으므로 이제는 우리에게 신실함과 인내에 대하여 권고한다. 앞서 간 자들은 우리가 없이는 완전해질 수 없으며 또한 그들 없이 우리는 완전해질 수 없다(히 11:40). 오직 모든 성도들이 다 함께 그리스도의 위대하신 사랑을 충분히 파악하고 하나님의 충만으로 채워질 수 있다(엡 3:18-19). 그러므로 역사는 우리 모두가 하나님의 아들을 믿는 것과 아는 일에 하나가 되기까지 계속하여 완전한 인간, 즉 그리스도의 장성한 분량에 이를 때까지 계속될 것이다(엡 4:13).

사도들은 전체 교회에 영광스러운 속성들을 귀속시킬 때 관념이나 혹은 이상을 염두에 두지 않는다. 다만 그들이 위와 같은 방식으로 각 지역 교회와 신자 개인에 대하여 언급하였다는 사실을 참고해 볼 때, 실재를 아주 명백하게 지시하고 있는 것이다. 예를 들어, 고린도 지역 교회는 많은 오류들과 결점들에도 불구하고 성령이 거하시는 곳인 하나님의 성전이며 그리스도의 몸(고전 3:16과 12:27)으로 호칭되고 있다. 마찬가지로 우리는 신자의 몸이 성령의 전이며, 신자들의 몸과 영혼이 하나님께 속해 있다는 기록(고전 6:19-20)을 읽을 수 있다. 그것들 모두, 즉 전체 교회, 각 지역 교회 그리고 신자 개인은 동일한 혜택을 나누며, 동일한 그리스도와 함께 하며, 동일한 성령을 소유하게 되며, 또한 그 성령에 의하여 동일하신 아버지께 인도받는다(고전 8:9; 엡 2:18 그리고 4:3-6). 그리스도가 각 신자들에게 허락하신 은혜의 분량에는 차이가 있으며(롬 12:6; 엡 4:7), 또한 은사(gift), 직임(admini-stration), 작용(operation)과 역사(working)에도 차이가 존재한다(고전 12:4-6). 그러나 이 차이는 신자들의 통일성에 장애가 되지 못하며 오히려 그것을 견고하게 하고 강화시킨다.

만약 교회가 참으로 한 유기체이고 살아 있는 몸이라면, 이것은 교회가 많고 다양한 구성원들, 즉 그들 각자는 전체 안에서 자기 자신의 이름과 지위, 자기 자신의 역할과 부르심을 받은 자들로 구성되어 있음을 암시한다. 만약 그들 모두가 한 기관이며 한 지체뿐이면 몸은 어디겠는가?(고전 12:12). 따라서 규모가 크든 작든 교회의 모든 지체들은 그 자신의 은사를 그리스도로부터 공급받으며 또한 각 지체는 그 은사를 가지고 자신을 섬기는 것이 아니라 교회를 섬긴다. 각 지체가 받은 그 은사의 특성에 의하면 은사받은 자는 하나님의 각양 은혜를 맡은 선한 청지기처럼 형제들간에 봉사해야만 한다(벧전 4:10). 그가 능력을 받은 것은 자신을 위해서가 아니라 타인을 유익하게 하기 위해서(고전 12:7), 교회의 덕을 세우기 위해서(고전 14:12), 자신을 돌보는 것과 같이 타인들을 돌보기 위해서이다.

그러므로 교회의 다양한 색깔에도 불구하고 그리스도의 교회는 통일성을 유지한다. 이것은 단지 언제나 하나의 교회만 존재해 왔고 또 언제나 하나의 교회만이 존재하게 된다는 것이 아니라 단지 이 교회는 언제나 그리고 어디서나 동일하며, 동일한 혜택, 특권과 행복을 소유한다는 의미이다. 이 통일성은 외부로부터 교회에 강제로 부과되는 것이 아니고 또한 계약적인 협의에 의해 실행되거나 혹은 공동의 적을 대항하기 위하여 일시적으로 조직되는 것이 아니다. 심지어 이것은 종교적인 삶의 사회적 본능으로부터 유래되는 것도 아니다. 오히려 그것은 성격상으로 영적인 통일성이다. 그것은 성부와 중보자이신 그리스도 사이에 존재하는 그 통일성(요 17:21-23) 안에서 그 근거와 예를 가지고 있으며 또한 이 통일성에 의존하고 있다. 온 몸이 머리 안에서 성장되고(엡 4:16), 모든 가지들이 포도나무에서 생산되고 양육되는 것처럼(요 15:5), 통일성은 그리스도로부터 제공되는 것이며, 또한 우리 모두를 한 하나님으로 인도하는 그 성령에 의해 결과되어진다(고전 12:13; 엡 2:18과 4:4). 아버지의 사랑, 아들의 은혜와 성령의 교제는 모든 신자, 모든 지역교회, 또한 전체교회에 할당된 몫이다. 교회의 심오하고 불변적인 통일성은 이 안에 존재한다.

그러나 지상교회에서 성취되는 통일성은 결점투성이이고 불완전하다. 교회와 마찬가지로 그 통일성도 생성의 과정 중에 있으며 또한 그것이 현재 존재하고 있지만 점차 역사되어 적절하게 실현될 것이다. 예수는 통일성을 위해 기도하셨고(요 17:21), 바울 사도는 그것을 오직 미래에만 성취될 수 있는 성격으로 규정하였다(엡 4:13). 그럼에도 불구하고 그 통일성은 단지 실재에 대한 어떤 근거가 없는 상상의 유희에 불과한 것이 아니다. 반대로 그 통일성은 현재

제23장 그리스도의 교회 509

존재하며 교회 생활에서 다소간 표현된다. 또한 그것은 불가시적인 교회에서뿐만 아니라, 가시적인 교회에서도 표현된다. 예루살렘교회에서 세례에 의해 교회에 가입한 모든 형제들과 자매들은 사도들의 가르침과 교제 안에서, 떡을 뗌과 기도 안에서(행 2:42) 보존되고 한 마음과 한 뜻이 되어 서로 필요한 것을 나누게 되는(행 2:44; 4:32-35) 방식으로 그 통일성을 나타낸다. 교회들이 후에 다른 지역에 설립되는 때에도 역시 신자들의 이 통일성은 계속 유지된다.

　동시에 교회는 유대계 출신의 기독교인들과 이방인계 출신의 기독교인들의 다양한 배경들과 관습들로 인하여 이 통일성에 커다란 장애를 겪게 되었으며 종종 두 그룹들은 서로 혼합된 교회에서 상대에 대하여 첨예하게 대립하는 자세를 취했으며, 사실 때때로 둘 사이에 공개적인 갈등이 존재했었다. 심지어 안디옥 교회에서 베드로는 그 갈등이 나타나는 상황으로 인해 스스로 약해져서 바울의 책망을 초래하게 되었다(갈 2:11-14). 그러나 유대인들에게 유대인처럼 모든 사람들에게 모든 사람들처럼 행했던 이방인들의 사도는 실제로 통일성의 위대한 목표를 견고하게 유지하였으며 또한 모든 교회에게 사랑하고 화평하라고 권고했다. 그는 그들에게 몸도 하나요 성령도 하나요 주도 하나요 세례도 하나요 믿음도 하나이다라고 말하였다(엡 4:4-6). 신자들 모두는 정확히 동일하지 않다. 왜냐하면 한 몸은 다른 지체들로 구성되어 있는 것을 전제하며 또한 각자는 자신의 독특한 능력으로 전체에 봉사하기 때문이다(고전 12:44). 그들은 서로의 자유를 존중해야만 한다(롬 14장). 중간에 막힌 분리의 담이 그리스도의 죽음으로 인해 무너졌으며 또한 유대인들과 기독교인들도 둘은 서로 화해하며 새 인류가 되었다(엡 2:14 이하). 그리스도를 주로 고백하는 그들은 하나이며(고전 12:3) 또한 그들 모두는 한 가지 책임, 즉 하나님의 영광을 위하여 모든 것을 해야 하는 책임을 지게 되었다(롬 14:6-8; 고전 10:31 그리고 골 3:17). 그리고 바울은 그의 이 사역에서 축복을 받아 둘 사이의 대립을 점차로 해소시켜 교회의 통일성을 이루는 데 도움이 되었다.

　그러나 후에 그리스도의 교회는 계속되는 시대에서 여러 종류의 이단과 분파로 인해 분열되었다. 현시대에 존재하는 무수한 교단들과 교파들은 불일치의 아주 슬픈 장면을 설명해 준다. 모든 기독교 교회들이 하나의 동일한 세례에 의해 세상으로부터 여전히 분리되어 있고 12사도의 신앙고백 안에서 여전히 사도들의 가르침을 받으며 또한 교회가 비록 다른 형태들임에도 불구하고 여전히 떡을 떼고 기도함으로 연합하고 있기 때문에, 본래적인 통일성이 부분적으로나마 계속적으로 나타나고 있다. 통일성 안에 있는 교회는 우리 신앙의 대상이 되며 또한 우리가 비록 그 통일성을 볼 수 없거나 혹은 우리가 마땅히 기대하는 정도의 통일성을 명백히 볼 수 없을지라도 그 통일성은 지금도 존재하며 언젠가는 완전하게 드러날 것이다.

교회는 또 다른 특징, 즉 거룩성을 소유한다. 교회에 접근하는 유일한 방법은 역사의 처음부터 믿음과 회개에 의한 것이며 또한 회개하는 자는 누구든지 세례를 받고 죄사함과 성령의 선물을 받는다(행 2:38). 비록 예수 자신이 세례를 주는 것이 아닐지라도 또한(요 4:2) 사도들이 세례를 정규적으로 행하지 않았을지라도(행 10:48과 고전 1:14-17), 세례는 교회에 속하기 원하는 모든 자들에게 집행되었다. 그러나 이 세례는 즉시로 육체의 더러움을 제거하고 하나님을 향하여 선한 양심이 응답하게 함으로써(벧전 3:21) 가시적인 표와 불가시적 영적 의미의 연합으로 언제나 이해되었으며 할례를 대치하게 되었다. 이런 관점에서 볼 때 세례는 노아를 구원하고 보존했던 방주처럼 사실상 보존을 의미하며(벧전 3:20-21), 또한 그리스도와 함께 죽고 다시 사는 것이며(롬 6:3-4), 죄를 제거하는 것이며(행 22:16), 세상으로부터의 결별과 새로운 교제 속으로의 참여를 상징한다.

그러므로 세례는 세상에 대해 전적으로 다른 태도를 견지할 것과 또한 사람이 자신을 복종시켜 그리스도 교회에 연합하기 위해서는 큰 용기가 필요함을 의미한다. 교회는 대부분 평범한 사람들로 구성되어 있으며 또한 종종 경멸과 핍박을 겪는다. 처음에는 이런 적대와 핍박은 유대인들, 즉 유대의 권세자들이나(행 4:1 이하; 5:17 이하; 6:12 이하; 9:1 이하) 또는 이방인들을 선동하여 박해와 소동을 일으키는 사람들로부터 임하였다(행 9:23 이하; 13:50; 14:2; 17:5과 등). 때때로 이방인들은 그들 자신의 동기로 인하여 기독교인들을 박해하였으나 이것은 이례적인 경우였고 또한 정부도 대부분 기독교인들을 불쾌하게 생각하지는 않았다(행 17:9; 18:17; 19:35 이하; 21:32과 23:17 이하).

로마 당국은 교회에 핍박을 가했는데, 이것은 AD 69년에 처음으로 네로 통치하에서 시작되었다. 그 이후로 기독교인들은 로마 당국으로부터 핍박이 아니라 오히려 보호를 기대하였고(행 16:37; 22:25; 25:10 그리고 살후 2:7), 또한 로마 정부의 신적인 권위를 인정하여 사람들로 하여금 국가의 법에 복종하고 로마 정부의 안녕을 위해 기도하도록 권면했다(롬 13:1-7; 딤전 2:2; 딛 3:1과 벧전 2:13-17).

사회생활에 관해서 사도들은 신자들이 형제나 자매의 배우자를 버리지 말 것을 충고했으나(고전 17:12과 벧전 3:1) 결혼할 때는 주 안에서 결혼할 것을 권고했다(고전 7:39과 고후 6:14). 또한 사도들은 남종이든 여종이든 모든 사람들이 자신이 부름받은 상태와 그 동일한 부름 안에 계속 머물 것과, 신자들은 불신자와의 접촉을 피할 수 없는 것과(고전 5:10), 또한 그들은 양심과 모범을 위하여 우상에게 바쳐진 제물을 먹지 말 것을(고전 10:27, 28; 8:12 그리고 10:20) 충고하였다. 더 나아가 사도들은 신자들이 (모든 사람들과) 화평하고 사랑하는 가운데 살아가야 하며 원수에게도 이와 같이 행할 것을 가르친다. 또한 하나님의 모든 창조물은 선하기 때문에 신자들은 사물 그 자체를 부정한 것으로 여기지 말 것을 가르쳤다(롬 14:14과 딤전 4:4).

따라서 세상에 대한 교회의 관계는 자유의 관계이며 동시에 모든 거짓되고 부자연스러운 고집이나 도피로부터 자유하지만 오직 이 자유는 교회가 그의 부르심을 의식하고 하나님의 면전에서 거룩하게 행하는 동안에만 가능한 것이다. 교회는 거룩한 백성이며 또한 신자들은 거룩한 사람들 혹은 성도들이다(롬 1:7과 고전 1:2). 왜냐하면 신자들은 단체적으로나 개인적으로 성령의 전이고(고전 3:16-17과 6:19), 또한 그 성령에 의하여 그리스도 예수 안에서(요 17:17; 고전 1:2; 6:11과 엡 26:27) 씻음받고 성화되어 모든 죄와 모든 육체의 행위들 그리고 모든 세속적인 욕망들을(갈 5:19; 골 3:5과 히 12:1과 4) 대항하며 죽음을 피하기도 하고, 죽음과 싸우기도 하며, 이와 반대로 선한 모든 것을 선전하거나 모든 덕들을 행하기 때문이다(갈 5:22; 빌 4:8; 골 3:12; 딛 2:14과 등). 기독교인들이 추구해야 할 삶은 사랑의 생활이다. 왜냐하면 사랑은 가장 큰 덕목이며(고전 13:13), 온전하게 매는 띠이며(골 3:14) 율법의 완성(롬 13:10)이기 때문이다.

그리고 교회가 그의 거룩한 속성을 보존하기 위하여, 그리스도는 교회에게 징계라는 수단을 허락하신다. 이 징계는 한 형제가 다른 형제에게 비밀리에 집행하기도 하며(마 18:15-22; 살전 5:14과 히 10:24), 공개적인 죄의 사건인 경우, 교회에 의해 각 회원들에게 적용된다(마 18:17; 고전 5:5; 고후 2:5-10과 딛 8:10). 이 거룩성은 여러 서신들이 모두 보도하고 있듯이 사도시대에 대부분 상실되었으며 또한 후기시대에도 심각한 종교적, 도덕적 부패로 인하여 상실되었다. 그러나 실책과 부패가 있은 후에 그리스도의 성령은 다시 부흥과 갱신을 일으켰다. 교회의 이 거룩성은 그리스도가 교회에 대하여 가지는 속성이며 또한 그분이 교회 안에서 그리고 교회를 통해서 수행하시는 속성이다.

마지막으로, 교회는 보편성(catholicity) 혹은 우주성(universality)의 속성을 가진다. 이 속성의 명칭은 처음으로 속사도 저작 단편에 나타나며, 또한 그 의도는 모든 종류의 이단과 분파에 대항하여 전우주적 공교회는 그리스도 안에서 하나이기 때문에 참 교회는 감독에게 복종하고 본체에 붙어 있는 하나이다라고 선포하는 것이다. 후기의 모든 종류의 다른 설명들이 이 속성과 관련되어 있으며, 신자들은 교회가 전세계에 흩어져 있고, 처음부터 현재까지 모든 시대의 신자들을 포함하고 있으며, 교회가 참 진리와 은혜에 동참하고 있는 한 모든 사람을 위한 구원의 정확한 수단이 된다는 의미로 보편성의 속성을 이해하였다. 만약 사람들이 여기에서 단지 하나의 교회 조직체, 예를 들어 로마 카톨릭 교회를 생각하는 것이 아니라면 이 설명들은 결코 오류가 아니다. 그것은 모든 교회들과 함께 하는 가운데 매우 다른 정도의 순수성과 거룩성을 나타내는 기독교 교회에 관하여 언급하는 것이다. 교회는 사실상 보편적 교회(공교회)이다. 구약성경에서 모체가 되는 약속(mother-promise)은 아담과 하와에게 주어졌으므로 전인류에게 주어진 것이다. 만약 이후의 시대에서 특별한 백성이 아브라함 안에서 계시의 담지자로 봉사하기 위하여 선택되었다고 할지라도, 그럼에도 불구하고 그 계시는 모든 인류를 위해 의도된 것이다. 아브라함의 씨 안에서 지상의 모든 세대들이 축복을 향유할 것이다(창 12:2). 선지서는 이 구속의 전반적 미래에 대하여 일관성 있게 초점을 맞추고 있다(욜 2:32; 미 4:1-2; 습 2:11과 사 25:6-10).

그리스도가 그의 사역을 시작하실 때, 그분이 오직 이스라엘의 잃어버린 양들에게만 보내심을 받았다고 말씀하신 것은 사실이나 그럼에도 불구하고 그분이 선포하신 왕국은 보편적이고 어떤 국가적인 제한에서 완전히 자유하며 또한 믿고 회개하는 모든 자들(막 1:15)에게 개방되어 있다. 만약 유대인이 그분의 복음을 거절한다면 그 왕국의 자녀들은 추방될 것이며 또한 많은 사람들이 동방과 서방으로부터 와서 아브라함과 이삭과 야곱의 자리에 앉게 된다고 예수님은 말씀하신다(마 8:11-12). 그분은 스스로 땅에 떨어진 한 알의 밀알이 되어 죽으셨지만 후에 많은 열매를 생산하셨다(요 12:24). 그분은 이스라엘 외에 다른 양떼들을 치셨으며 또한 그 양들이 한 목자 안에서 한 우리 안에 있게 하기 위해서(요 10:16과 11:52) 이들을 인도하신다. 예수는 부활하신 후에 그 제자들에게 복음을 모든 족속에게 선포하여 모든 나라를 그분의 제자로 삼으라는(마 28:19과 막 16:15) 사명을 위임하셨다. 그 사도들은 그 명령을 수행하여 예루살렘과 유대, 사마리아 땅끝까지 이르러(행 1:8) 그분의 증인으로 역사하였다.

예수께서는 하늘나라에 관하여 계속적으로 언급하셨지만 교회에 관해서는 겨우 몇 번 언급하셨다. 반면에 사도들이 하나님의 나라에 관하여 거의 언급하지 않고 그리스도의 교회에 관하여 상세하게 언급한다는 것은 주의를 요하는 사실이다. 이 사실에 대한 설명이 이렇게 주어질 수 있다.

예수께서 언급하신 하늘나라는 결국 일차적으로 사람들의 모임, 즉 시민국가가 아니라 다만 선과 축복, 보물(마 13:44), 진주(마 13:45), 의, 평화 그리고 성령 안에서의 희락(마 6:33과 롬 14:17)의 연합체이다. 그 나라는 하늘로부터 유래하였으며 그것은 현재 그리스도와 함께 지상에 임하고 있는데, 왜냐하면 아버지는 그리스도 안에서 모든 축복들과 선을 분배하시기 때문이다(눅 22:29). 아버지는 그 나라를 그리스도께 위임하셨고 그 다음에 그리스도는 그 나라를 제자들에게 위임하셨다(눅 22:29). 그리스도는 지상에서 이미 이 일을 수행하셨고 또한 그리스도가 하나님의 성령을 통하여 마귀를 추방하셨던 것은 하나님의 나라가 임하시는 증거가 되는 것이다(마 12:28). 또한 이 나라와 이 나라가 소유하는 보배들이 믿음의 방법을 통해 분배되게 될 때 이 나라는 계속 임하여 성장하는 나무처럼 혹은 온 덩어리를 부풀게 하는 누룩처럼 전진하며, 그리스도가 미래에 재림하실 때에는 충만하게 성취될 것이다(마 5:3 이하; 6:10; 눅 12:32; 행 14:22; 고전 15:24-28; 살후 1:5 등).

이와 같이 이해되는 하늘나라는 그럼에도 불구하고 그리스도의 초림부터 그리스도의 재림 시까지 물과 성령으로 거듭나고 그리스도의 이름을 믿는(요 1:12-13과 3:3-5) 그런 자들에게만 주어진다. 이 나라가 열매를 맺기 위하여 땅에 심겨진 한 알의 씨의 그림으로 혹은 모든 종류의 물고기를 잡기 위하여 바다에 던져진 그물의 그림으로 상징화되는 이유는 이것 때문이다. 사도들은 그물을 가지고 나가서 사람을 모아 그들을 그 나라의 현재와 미래의 축복 속에 참여시키는 어부들이다.

그러므로 예수께서는 그 나라의 복음을 선포하고 그 나라의 본질, 성격과 발전을 설명하는 반면에, 사도들은 소명을 받고 예수님에 의해 자격을 얻어 그 나라의 복음을 수단으로 하여 교회 — 그 나라의 보물들에 참여하여 언젠가는 그것들 모두를 충만하게 받고 향유하는 교회 — 를 설립하기 위해 일하였다. 하나님의 나라는 특별히 그리스도 안에서 아버지가 분배하시는 그 보물들, 행복들, 축복들에 우리의 관심을 갖도록 한다. 그러나 이 교회는 우리로 하여금 이 행복들을 수납하고 그것들을 충만하게 향유하기 위해 움직이는 사람들을 생각나게 하는 모임과는 구별되는 것이다. 환언하면 교회는 그리스도 안에서 하나님의 소유자요, 점유자요, 유지자요, 분배자요 그리고 상속자가 된다. 이것이 교회의 보배요, 영광이다. 교회는 이 외에 다른 가치를 지니지 않는다. 교회는 베드로가 행한 진술을 이 후에도 동일한 방식으로 반복하고 있다. "은과 금은 내게 없거니와 내게 있는 것으로 네게 주노니 곧 나사렛 예수 그리스도의 이름으로 걸어라"(행 3:6).

교회가 소유하고 있는 그 나라의 모든 보물들이 성격상 영적이며, 금이나 은이나 권력으로 구성된 것이 아니라, 오직 성령을 통한 의, 평화와 기쁨으로 구성되어 있기 때문에 보편성이라는 특징적인 속성이 교회에 현현된다. 교회는 땅이나 혹은 백성, 시간이나 공간, 어떤 특정 세대, 돈이나 자원에 속박되지 않으며 모든 지상적인 특징들로부터 독립되어 있다. 교회는 모든 족속에게 복음을 전했으며 그 복음은 항상 동일한 복음이며, 모든 조건, 모든 상황하에 있는 모든 시대의 모든 사람들에게 적합하고 필요한 기쁜 소식이다. 하나님의 나라는 그 어느 것도 반대하지 않지만 오직 죄는 반대한다.

처음부터 신자들의 모임으로 간주되었던 이 교회는 특별한 조직을 가진다. 인간의 모든 조직체는 혼돈과 붕괴를 피하기 위하여 또한 조직의 설립목적에 타당하기 위하여 그 모임과 활동을 규제하는 규칙들을 가진다. 그리스도의 교회 역시 인간 사회의 이 일반법에 예속된다. 하나님은 무질서의 하나님이 아니요, 오직 화평의 하나님이시다. 하나님은 모든 인류를 위하여 규례를 작정하셨고 또한 그 교회 안에서도 질서있게 만사가 진행하도록 의도하셨다(고전 14:33, 40). 하나님은 규례제정을 특수한 목적으로 사용하기 원하셨기 때문에 그런 규례를 제정하는 것은 교회 생활에 대단히 필요하다. 결국 교회는 지상에 존재하는 한 여전히 불완전하며, 교회 구성원 각자와 전체는 끊임없이 죄와 싸워야 하고 거룩함을 좇아야 하며 또한 교훈, 인도, 지시, 강화, 위안, 권면과 연단을 필요로 한다. 뿐만 아니라 교회는 대대로 재생산되며 또한 그것은 항상 동일한 구성원을 가지는 것이 아니다. 왜냐하면 교회는 승리적 교회로 들어가는 자들을 날마다 잃어버리는 반면, 교회 안에서 양육받으며 교회의 삶을 시작하는 새로운 구성원들로 인하여 증가되기 때문이다. 게다가 교회는 전세계와 전인류에게 복음을 전해야 하는 명령을 그리스도로부터 받았다. 그러므로 교회 안에서뿐만 아니라 교회 밖에서도 교회는 거룩하고 막중한 소명을 수행해야만 한다.

하나님이 이 명령을 교회에 맡기실 때, 하나님은 동시에 교회에게 그것을 수행할 만한 자격들과 장비를 주셨다. 하나님은 만사를 이런 방식으로 지도하시며 또한 교회가 부여된 임무를 수행하는 데 필요한 은사, 능력과 행정규례를 교회에게 주신다. 바울이 표현하듯이 하나님은 교회에게 전도자, 목사와 교사를 주어 이들로 하여금 교회에서 사역을 수행하도록 하여 그리스도의 몸을 세우고 성도들을 온전하게 한다. 또한 이 모든 연속적인 준비들은 우리가 다 하나님의 아들을 믿는 것과 아는 일에 하나가 되어 온전한 사람을 이루어 그리스도의 장성한 분량이 충만한 데까지 이르는 목적을 이룰 때까지 계속 유효하다(엡 4:11-13). 환언하면 신자의 모임으로서의 교회는 지상에서 성취해야만 하는 그 소명을 기대하면서 특별한 제도와 은사와 능력, 직무들과 봉사의 특수한 장비들을 그리스도로부터 받으며, 또한 교회는 이것들을 통하여 그 부르심에 응답하는 것이다. 법과 규례들의 제도가 후에 교회에 덧붙혀진 것이 아니고 처음부터 교회 속에 존재하였다. 모든 것이 동시에 의논될 수 없기 때문에 먼저 신자의 모임으로서의 교회를 토론하고 이후에 교회 생활과 그 활동들을 통제하는 규례들에 관하여 언급하는 것이 적절하다. 그러나 이것은 교회가 그 제도들이 존재하기 전에 이미 얼마 동안 그 제도들이 없이 존재했다는 것을 의미하지는 않는다. 하나님은 세상 안에서 요구되는 교회의 위상과 임무에 적합한 방식으로 즉시 교회를 설립하셨다.

그러나 양자 사이에 시간상의 차이점이 존재하지 않는다고 할지라도 한 가지 차이점은 존재한다. 이것은 교회에게 주어진 그 제도가 시대의 과정 속에서 현저하게 변한다는 사실로부터 분명히 나타난다. 신자들은 낙원시대부터 이 땅에 존재하였으며 그들은 역시 관계를 맺으며 살았다. 우리는 창세기 4:26에서 에노스시대에 사람들이 여호와의 이름을 불렀으며 이것은 가인 계열에서 셋 계열이 분리되어 집회를 개최하여 주의 이름을 고백했다는 사실에서 의심할 여지가 없다. 그 이후로 공적인 예배가 존재하였다. 그 예배는 주로 설교, 제사와 기도로 구성되어 있었다. 그러나 예배의 나머지 부분이 체계적으로 조직화되었다는 언급은 전혀 없다. 그 당시 교회는 가정에 그 중심을 두었다. 족장시대에는 아버지가 왕이며 가정의 제사장이었으며 또한 할례를 집행하고(창 17:23) 제사를 드렸다(창 22:2과 26:1).

율법이 시내산에서 주어졌을 때 또한 하나님이 그의 백성과 언약을 수립했을 때, 큰 변화가 일어났다. 그때 제사장과 레위법의 제도가 제정되었다. 그 제사를 드리는 명확한 장소와 시간이 구체적으로 지정되었다. 제물들은 서로 구별되었으며 또한 일정한 순서를 따라 드려졌다. 정결한 사람, 시간, 장소와 행동과 관계가 있는 모든 사항이 엄격하게 규정되고 상세하게 묘사되었다. 율법은 짊어지기 힘든 멍에였지만(행 15:10), 그 당시에 죄의 감각을 예리하게 하고 죄사함의 필요를 절감하게 하며 제사의 의미와 필요성을 인식하게 하여 그리스도에게 그 길을 인도하기 위해서 필요하였다.

그러나 이 직무와 법에 대한 규정과 함께 이스라엘은 종교생활의 또 다른 조직화가 점점 이루어졌다. 우리는 이 백성들이 가나안 전역과 요르단 맞은편 지역에 살았다는 사실을 기억해야 한다.

사실은 단지 이 백성의 비교적 소수의 사람만이 중요한 절기에 예루살렘에 올라갔다는 것을 말해준다. 게다가 그들 모두는 안식일을 엄격하게 지켰으나 주로 자기 자신의 거주지에서 경축했던 것이다. 이날에 신자들이 종교적인 집회를 개최하고 율법을 묵상하고 찬양하고 기도했다는 추측은 그럴듯하다. 또한 우리는 예로부터 각 성에서 모세를 전하는 자가 있어 안식일마다 그 글을 읽었다는 사실을 사도행전 15:21을 통해 알 수 있다.

이 회당의 기원은 우리에게 알려져 있지 않다. 아마 시대를 거슬러 올라가 유대인들이 온 땅에 흩어져서 그들의 고국과 성전을 떠나 살았던 포로기 이후에 이 회당은 새롭고 중요한 의의를 지니게 된 것이 확실하다. 유대인들은 거주하던 지역마다 회당을 지었으며 또한 그들은 거기서 안식일, 절기와 매주일의 정한 시간에 하나님께 기도하고, 율법과 선지서를 봉독하고, 형식에 매이지 않은 설교(눅 4:2)를 경청하고, 제사장의 축복을 받았다. 장로회는 징계와 출교의 권리를 행사하고 또한 예배의 다양한 부분을 주관하고 종교적인 봉사를 관장함으로써 교회의 규례를 세워 나갔다(막 5:22, 35 이하; 눅 8:49과 13:14). 그 직무들 중에는 구제를 위하여 헌금을 수납하는 회계와 성경책을 가져오고 다시 가져가는 일을 행하는 관리인이 있었다(눅 4:20). 회당의 모든 관리 규례는 유대인 종교 생활에 대단히 중요한 것이며 이 규례는 기독교 교회 조직의 모본을 구성하는 데 여러 방면으로 도움을 주었다.

예수께서는 회당의 회원들을 방문하는 습관이 있었으며 또한 모세 율법의 모든 규례에 친히 복종하셔서 모든 의를 성취하셨다(마 3:15). 그러나 예수께서는 율법을 준수함으로써 그것을 완성하시고 또한 율법의 무거운 멍에의 짐과는 차원이 다른 짐을 제자들의 어깨 위에 지워주시기 위하여 오신 것이다. 이 다른 짐은 부드럽고 가벼워서 그들 영혼들에게 쉼을 준다(마 11:29-30). 예수는 하나님 나라의 복음을 선포하셨고 또한 예수를 주로 고백하고 점차로 예수의 인격과 사역에 대한 지식을 더 깊이 인식하는 제자들을 불러 모았다.

그리스도는 이스라엘의 12족속에 대한 안목을 가지고 제자들의 무리 중에서(마 19:28) 사도들이란 칭호를 허락받은 12명을 선택하셨다(눅 6:13). 이 선택의 진지성과 중요성은 예수께서 산 위에서 홀로 하나님께 기도하면서 하룻밤을 지새운 후에 이 선택이 이루어졌다는 사실을 볼 때 명백해진다(눅 6:12). 예수께서 하나님 나라의 장래에 대한 많은 부분을 제자들에게 친밀하게 말씀하신 것도 이 선택에 근거한다. 예수께서 12제자들 각자에게 주었던 사도란 칭호는 대사, 메신저 혹은 선교사를 의미하며 그 당시에는 생소했던 단어가 아니었다. 아마 예루살렘으로부터 파송을 받아 성전을 위한 기금을 모금했던 유대인들에게 사도들이란 칭호가 지정된 것 같다. 신약성경에서 예수 자신은 사도로 불려지며(히 3:1), 바나바도 역시 그렇게 불려지고 또한 이곳 저곳에서 다른 복음의 종들에게도 그렇게 지시된 것 같다. 그러나 머지 않아 사도란 칭호는 예수에 의하여 선택받은 12제자들에게 또한 후에 특별한 형식으로 이방인의 사도로 부름받은 바울에게만 제한적으로 사용되었다(행 1:2; 2:37; 갈 1:17; 고전 9:5; 15:7; 계 2:2; 18:20과 21:4). 사도를 선택한 직접적인 목적은 그들이 예수와 함께 있으며 예수에 의해 보냄을 받아 선포하고 병든 자를 고치도록 하기 위해서였다(마 3:14-15). 마태복음 10:1 하반절(마 6:7 이하와 눅 9:1 이하)에 따르면 예수는 이와 같이 그들을 파송하여 갈릴리 여러 마을과 도시에 가게 했다. 이 선교를 통해 예수는 자신이 미칠 수 없는 유대인들에게 복음을 전파하게 하셨을 뿐만 아니라 동시에 미래의 소명을 위하여 그 제자들을 준비하게 하셨던 것이 확실하다. 그 미래의 소명은 예수의 승천 후에 제자들이 세상 가운데 예수의 증인으로 서서 그분의 증언에 기초하여 그분의 교회를 세우는 것 이외에는 아무것도 없다. 예수는 제자들과 함께 출입함으로써 제자들을 예수의 말씀과 사역, 그 생애와 수난, 그 죽음과 특별히 부활의 증인이 되게 하고(행 1:8, 22; 2:32; 3:15 등), 또한 그들을 진리 가운데 인도하여 그들을 위로하고 그들과 함께 영원히 거하시는 진리의 영을 보내어 주시겠다고 약속함으로써 이 사명을 수행하도록 제자들을 준비시키셨다(요 14:17; 15:26; 16:17과 20:23). 이 준비와 더불어 예수는 그들에게 특별한 능력 즉 설교하는 능력과 가르치는 능력, 특별한 방식으로 각종 병자를 치료하는 능력, 세례와 성만찬을 집례하는 능력, 징계를 행사하는 능력 또한 죄를 용서하거나 용서하는 것을 거절함으로써 하늘문을 닫고 열 수 있는 능력을 그들에게 주셨다(마 16:18; 18:18; 28:19과 요 20:23). 사도들은 그리스도의 종들이며 하나님의 비밀을 맡은 청지기들이다(고전 4:1).

사도들 중에서 베드로가 첫번째 지위를 점유하였다. 그는 요한의 아들이며 벳새다의 어부이며(요 1:43-44) 또한 가버나움에서 예수가 그를 알기 전에 이미 결혼을 했었다(막 1:21, 29). 그의 이름은 원래 시몬이었지만 예수와의 첫번째 만남에서 반석을 의미하는 게바 혹은 베드로란 이름으로 즉시 개칭되었다. 그 이름은 그의 성격, 과업, 독립심, 솔직성과 확고부동함을 표현한다. 성경은 예수의 생애 당시 베드로의 모습에 관하여 이렇게 기록한다. 그는 사도들 중에서 선택받은 최초의 인물이었으며(막 3:13) 제자들의 대표와 대변자의 역할을 수행하였다. 그의 확고부동함은 예수의 수난기에도 증명되어야 했으나 치욕스러운 부인을 통하여 굴절되고 말았다. 그러나 예수에 의해 다시 회복된(눅 22:32과 요 21:14 이하) 그는 그의 형제들을 굳게 하였다(눅 22:32). 그러므로 그는 예수의 승천 후에 곧 지도권을 다시 회복하였고 맛디아의 선택과정에서(행 1:15 이하), 오순절 설교에서(행 2:14 이하), 기적을 수행하는 사역에서(행 3:6), 공회 앞에서 교회를 변호함에 있어서(행 4:8 이하), 아나니아와 삽비라에 계 심판을 선언함으로써(행 8:14), 복음을 이방인에게 전파함으로써(행 10:1 이하) 또한 예루살렘에서 개최된 대회 혹은 모임에서(행 15:7) 이 지도권을 행사하였다.

로마 카톨릭은 베드로가 다른 사도들에 비해 상위 계열에 속하였으며 또한 그 후에 그는 로마에서 첫번째 교황이 되었다는 이 모든 가설로부터 자신들의 주장을 편다. 그러나 이것에 대한 근거는 없다. 그가 그의 동료들에 비해 중요한 인물이었음에 틀림없지만 그는 결코 동료들보다 우위의 서열이나 권세를 소유하지는 않았다. 다른 열한 제자들은 그와 동등한 사도들이다. 설교, 가르침, 세례와 성만찬 집례, 하늘의 문을 닫고 여는 권세는 단지 그에게만 주어진 것이 아니라(마 16:19), 다른 제자들에게도 주어졌다(마 18:18; 28:19과 요 20:23). 사실상 사도행전 15장 이후에 베드로는 배후로 후퇴하여 그에 관하여 알려진 것들은 이 기록밖에 없다. 그는 안디옥(갈 2:11)과 바벨론(벧전 5:13)에 있었고 후에 로마에서 순교하였다(요 21:18-19). 게다가 사도들 중에 지극히 작은 자라고 자신을 부르는(고전 15:9) 반면, 그 서열, 직무, 능력, 역사에서 조금도 그들에 비해 열등하지 않으며 또한 안디옥에서 베드로를 책망한 적이 있다는(갈 2:11) 바울의 주장에 의해 베드로는 뒷전으로 밀리게 된다(고전 15:10; 고후 11:23 이하와 12:11).

우리는 베드로가 예수의 메시야 됨을 용기 있고 명료하게 고백한 이후에 예수께서 그에게 "너는 베드로라 내가 이 반석 위에 내 교회를 세우리니"라고 말씀하신 사건을 마태복음 16:18에서 읽을 수 있다. 이 말씀을 하실 때 예수는 베드로의 인격이나 혹은 그가 방금 자신의 인격과 무관하게 행하였던 그의 고백을 염두에 두신 것이 아니다. 다만 고백하는 베드로(고백자로서의 베드로, 좀더 특별하게 표현하자면 모든 사도들의 이름으로 고백한 그리스도의 고백자로서의 베드로)를 염두에 두신 것이다. 그리고 베드로는 유일한 고백자가 아니었다. 다른 사도들도 역시 고백했다. 그러므로 교회는 단지 베드로 위에 세워진 것이 아니라 사도들 위에 세워진 것이다(엡 2:20과 계 21:14). 사도권은 교회의 기초이며 또한 사도들과 그 말씀과의 교제를 통하지 않고는 그리스도와의 교제는 불가능하다.

이 사도들은 예수의 승천 후에 즉시 예루살렘교회의 중요한 인물이 되었으며 또한 이른바 예루살렘교회의 종교회의를 주재하였다. 그들은 모든 권세를 가지고 있었다. 그들은 그 권세를 교회로부터 받은 것이 아니라, 그리스도 자신으로부터 받았다. 그러나 베드로 자신이 후에 묘사하듯이 그 권세는 하나님의 양을 치기 위해 계획된 것이며 부득이함으로 하지 않고 오직 하나님의 뜻을 좇아 자원함으로 하며 더러운 이를 위하여 하지 않고 오직 양무리의 본이 되는 권세이다(벧전 5:2-3). 사도적인 권세는 교회 위에 있으나 동시에 교회의 봉사와 그 유익을 위하여 의도된 것이다. 사도적 지위는 교회를 위하여 제정되었다(엡 4:11-12). 우리는 예루살렘교회에서 이 사실을 명백하게 이해할 수 있다. 사도들은 신자의 모임을 인도하며(행 1:15), 설교하며, 세례를 주고(행 2:38), 진리의 순수성을 보존하고, 떡을 떼고 교제하고 기도하는 일을 확고하게 한다(행 2:43). 또한 가난한 형제들과 자매들에게 선물(구제)을 나누어 주었다(행 4:37과 5:2). 교회는 처음에 사도직 외에 다른 직무를 가지지 않았다. 그들이 오늘날 교사들과 목사들 또는 장로들과 집사들에 의하여 행해지는 모든 일을 다 행하였다.

그러나 이 상태는 오래 계속되지 않았다. 교회가 확장되고 특히 교회들의 수가 예루살렘 지역 외부에 있는 유대, 사마리아, 갈릴리 그리고 후에 이방 지역에서 증가됨에 따라 지도와 원조가 제공되어야만 했다. 이것은 두 가지 방식, 즉 모든 교회들이 한 단위로 간주되고 또한 각 교회는 개별교회로 간주되는 방식 안에서 발생되었다.

예루살렘 외부의 다른 도시들과 마을들에서 점차 성장하게 된 여러 교회들은 예루살렘교회에 종속되지 않고 예루살렘교회와 독립적으로 대등한 위치를 가졌다. 우리는 예루살렘교회가 첫번째 교회이고 다른 교회들이 그 교회의 선교적인 노력을 통하여 탄생했다는 점에서 예루살렘교회를 모교회(mother church)로 부르는 것이 정당하다고 본다. 그러나 우리가 다른 교회들은 예루살렘교회에 의존관계에 있다는 의미로 받아들인다면 이 호칭은 잘못이다. 이런 의미의 모교회는 존재하지 않으며 또한 존재할 수도 없다. 왜냐하면 비록 각 교회가 지극히 작고 열악하다고 할지라도 혹은 선교의 수단을 통해서 설립되었다고 할지라도 모든 교회는 자신의 기원과 존재를 그리스도와 성령으로부터 유일하게 그리고 직접적으로 부여받았기 때문이다. 그러므로 모든 교회는 그리스도의 교회이며 예루살렘교회든 로마교회든 간에 다른 교회의 일부분이나 혹은 가지(branch)가 아니다. 그러나 팔레스타인과 그 나라 외부에서 점차 성장한 교회들이 비록 예루살렘교회의 자매 교회요 결코 딸의 교회가 아니라 할지라도 그 교회들 모두는 구별 없이 그리고 동일한 의미에서 사도들 권위에 의존하고 복종하였다.

사도들은 지방 종교회의보다 우월한 권위를 가지며 또한 교회가 설립되어 있는 지역의 전체 기독교의 종교회의를 주재한다. 그러므로 사마리아가 하나님의 말씀을 받자 마자 사도들이 베드로와 요한을 그곳으로 파송하여 신자들을 위하여 기도하고, 성령을 받게 하기 위하여 그들에게 안수하고 더 나아가 그들에게 말씀을 선포하였다(행 8:13-25). 후에 베드로는 유대, 사마리아와 갈릴리의 모든 새 교회들을 순회함으로써 그들을 강화시키고 그들 모두의 상호간의 교제를 육성하였다(행 9:31-32). 그래서 각 교회들은 다른 교회와 견고하게 연합하였으며 또한 자기 자신의 운명과 변덕에 임의대로 맡겨지지 않고 그 대신에 사도들의 기초와 중심성을 유지하였다.

그러나 이것은 사도들의 업무를 급속도로 증가시키는 사태를 빚게 되어 사역의 분담뿐만 아니라 사역자들의 증가가 필요하게 되었다. 예루살렘 공회에서 사도들은 예루살렘 유대인들에게 가고, 바울은 이방인들에게 갈 것(갈 2:6-9)을 상호 승인하여 가결함으로써 사역의 분담이 이루어졌다. 그러나 이 사역의 분담은 바울이 결단코 유대인들에게 전할 수 없거나 혹은 예루살렘 유대인들이 결코 이방인들과 함께 사역할 수 없을 정도로 엄격하게 의도된 것은 아니다. 바울은 그가 뜨겁게 사랑하는 자기 자신의 민족에 우선적으로 관심을 계속 나타냈으며, 또한 베드로, 요한과 야고보는 서신을 통하여 이방인계 기독교인들을 대상으로 적극적인 활동을 전개하였다. 그럼에도 불구하고 이것은 일반적인 경계를 계획하고 양 팀에 사역의 편리와 자유를 제공하는 사역의 분담이었다.

우리는 두번째로 사도들이 다채로운 활동에서 서로 지원하는 동역자 관계를 유지하였다는 고찰을 덧붙일 수 있다. 이런 사람들은 바나바(행 13:2), 마가와 누가(행 12:25; 13:15과 몬 24절), 디모데(롬 16:21과 살전 3:2), 디도(고후 8:23)와 실라(행 15:40)와 같은 인물들이다(롬 16:9; 빌 2:25; 4:3과 골 4:10-11과 비교하라). 때때로 빌립과 같은(행 5:8, 40과 21:8) 사람들은 전도자라고 불려졌다(엡 4:11과 딤후 4:5). 또한 사도들은 특수 직책은 아니지만 하나님으로부터 특별한 은사를 받은 선지자들로부터 도움을 받았다. 아가보(행 11:28과 21:10)와 빌립의 딸들(행 21:9)이 이런 유에 속한다. 이들은 역시 교회를 계몽하고 교회를 진리 가운데 세우도록 도와주었다.

이런 직책들 모두—사도, 선지자 그리고 전도자—는 이 직책을 수행하던 자들이 죽음으로써 사라지게 되었고 또한 그들의 직무는 다른 사람들에 의하여 대행되지 못하였다. 그들은 교회가 지상에 설립되는 비상시기에 필요한 인물이었다. 그러나 그들의 사역은 주님과 무관하지 않았다. 그 이유는 첫째, 그들이 예수 그리스도의 유일한 기초 위에 교회를 세웠으며(고전 3:11) 둘째, 그들의 증언은 참으로 전교회가 현시대에 이르기까지 의존하고 있는 복음서와 서신서들, 사도행전과 계시록이 기록된 신약성경에 기초하였기 때문이다. 이 증언의 덕택으로 교회는 항상 사도들의 가르침을 받아 서로 교제하며 떡을 떼고 기도하는 것을 보존하였다(행 2:42). 처음에는 말로, 그 후에는 기록으로 전파된 사도들의 말씀은 전세계에 퍼지고 전시대에 확장됨에 따라 교회의 통일성을 지탱하고 보증하게 되었다.

사도들이 전체 교회를 주관하는 사역에서 특별임용 직책인 선지자들과 전도자들의 도움을 받았듯이, 각 지역 교회를 돌보는 과정에서도 그들은 장로들과 집사들의 봉사를 통하여 원조를 받았다. 우리는 사도들이 처음에는 구제헌금을 친히 분배하였다는 사실을 기억해야만 한다(행 4:37과 5:2). 그러나 교회가 현저하게 대형화됨에 따라 그들은 더 이상 이 일을 스스로 감당할 수 없었다. 매일의 구제에 대해 교회에서 야기된 분쟁의 상황을 맞이하자 사도들은 믿음과 성령이 충만한 일곱 사람을 이 공궤하는 일에 사역하도록 선택하기를 제안하였다(행 6:1-6). 이 사건이 집사직 제도에 관한 기사인지 아닌지에 관하여 상당한 견해의 차이가 늘 있어 왔다. 사도행전 6장에서 사도들에 의해 조직된 일곱 사람의 직무는 후에 집사의 직책이 수행한 것보다 더 많은 봉사와 사역을 감당하였다. 그럼에도 불구하고 우리는 사도들이 스스로 말씀의 사역과 기도의 봉사를 감당하였고(행 6:4), 또한 새로운 일곱 사람들은 식탁봉사, 즉 정규식사와 혹은 연회-일반적으로 성만찬 기념과 관계가 있다--와 관계있는 모든 일에 대한 규칙을 제정하는 일과 신자들에 의해 연회에 초대되고 또한 음식, 음료수나 돈이 필요한 가난한 자들에 대한 구제사업을 주관하였다는 기록을 명백히 읽을 수 있다.

다른 교회에서도 역시 집사직이 제정되었다. 우리는 빌립보(빌 1:1)와 에베소(딤전 3:8; 롬 12:8과 고전 12:28과 비교하라), 또한 디모데전서 3:8에서 집사에 관한 기록을 볼 수 있다. 바울은 집사가 충족시켜야 하는 자격들을 요약해 준다. 예루살렘 사도들도 역시 이같이 행하였다. 그들은 일곱 사람이 선택되어야 한다는 제안을 교회에 제출하였고 또한 요구조건과 그 직책의 성격과 역할을 지시하였다. 그 이후에 교회는 선출하였다. 그러나 최종적으로 안수함으로 그들에게 직책을 위임시킨 자들은 역시 사도들이었다.

집사들과 병행하여 장로들이 그들의 지위를 점하고 있었다. 우리는 이 직책의 기원에 관하여 아무것도 모른다. 그러나 우리가 유대인 중에는 장로에 의한 통치가 공공생활이나 혹은 회당의 일반적인 관행이었다는 사실을 회고해 볼 때 교회의 회원들로부터 몇 명의 장로들이 감독과 징계의 의무를 수행하기 위하여 선택되었다는 사실은 결코 놀라운 일이 아니다. 우리는 바울과 바나바가 유대에 사는 형제들에게 부조를 전달하기 위해 장로들에게 위탁하는 기록이 나타나는 사도행전 11:30에서 장로에 관한 기록을 처음으로 읽을 수 있으며, 또한 사도행전 15:2 하반절에서 그들은 유대인과 이방인들 중에서의 선교사역의 규칙제정을 위하여 소집된 모임에서도 나타난다.

　장로의 직책은 또한 다른 교회들에도 급속도로 도입되었다. 바울과 바나바는 그들의 선교 여행 시에 설립한 모든 교회에서 장로들을 선택하였다(행 14:23; 21:18과 비교하라). 우리는 에베소(행 20:28)에서, 또한 빌립보(빌 1:1)에서 그들을 발견할 수 있다. 이 경우에 그들은 감독(bishops)이라고 불려졌다. 고린도전서 12:28에서 우리는 장로가 다스리는 자란 명칭으로 언급되는 것을 발견할 수 있고 에베소서 4:11에서 목사와 교사로서의 장로에 관한 기록을 만나게 된다(살전 5:12; 고전 16:15-16; 롬 12:8; 히 13:7; 벧전 5:1; 약 5:14-16; 딤전 4:14; 5:17-22과 딛 1:5-9). 디모데전서 3:1과 디도서 1:6-9에서 바울은 그들의 자격을 규정하고 있으며 디도서 1:5에서 그는 디도에게 각 교회에 장로를 임명하라고 요구한다. 이 장로들은 교회에 대한 감독을 주관하고(행 21:28; 엡 4:11과 벧전 5:2) 또한 심지어 사도시대에도 다스리면서 말씀사역과 진리교육에 봉사하는(딤전 5:17; 히 13:7; 벧전 4:11과 딤전 3:2) 자들로서 두드러지게 되었다. 요한삼서 9절에 따르면 교회에서 높은 지위를 점유하고 있지만 그의 권력을 남용하는 디오드레베와 일곱 교회의 사자들(계 2:1-8)은 그들 동료 장로들과 구별되게 말씀사역을 담당하므로 가장 중요한 지위를 차지하는 자들로 인정되었다.

　이 직책은 교회를 다스리기 위하여 사도들이 발전시킨 단순한 정치였다. 그들이 제정한 직택들은 그 수가 매우 적었다. 이 직책들은 겨우 두 가지였다. 비록 장로가 가르치는 장로와 다스리는 장로로 세분화된다고 할지라도 장로와 집사의 직책밖에 없었다. 이들 직책은 실제로 사도들에 의하여 정해졌고 또한 사도들은 그들의 의무와 자격조건을 규정했으나 선택하는 과정에서는 교회와 협의하였으며 일단 이런 방식으로 선택되면 그들에게 안수함으로써 그 직책을 수여하였다. 그러나 이 직책은 지배권을 행사하는 행위가 아니다. 그리스도만이 유일하게 교회의 머리(엡 1:22)요 주인(마 23:8-10)과 주님이시기 때문에, 그리스도의 권세를 상위하거나 혹은 대등하게 존재하는 어떤 유일한 권세도 교회에 결코 일어나지 못한다. 다만 그리스도에 의해 위임되고 제한되는 권세만 일어날 뿐이다.

　이 사실은 교회가 세상에 설립되기 이전인 1세기에 제정되었던 사도들, 전도자와 선지자의 임시직에서도 해당된다. 비록 이들이 교회의 봉사를 위하여 주어진 권세를 활용한다고 할지라도(마 20:25-27과 벧전 5:3) 이들의 직책과 권세는 교회가 아닌 그리스도로부터 받은 것이다. 이 동일한 현상은 교회에서 지금까지 존재하고 있는 항존직에서도 훨씬 더 강한 의미에 해당된다. 목사와 교사, 장로와 집사들도 역시 이 직책을 제정하시고 계속적으로 그 직책을 지탱하시며 인격과 은사들을 허락하시고 또한 교회에 의하여 그들이 지정되도록 역사하신 그리스도에게서 그들의 직책과 권위를 부여받았다(고전 12:28과 4:11). 이 은사와 권위는 교회의 유익을 위하여 사용되어야 하며 또한 성도들을 온전케 할 목적으로 역사되어야 한다(엡 4:12). 그러므로 이 직책은 교회가 사도들의 가르침을 받아 서로 교제하며 떡을 떼며 기도하는 일을 보존하기 위하여 제정되었다(행 2:42).

그러나 이 전체 규정 혹은 정치가 아무리 간단하고 아름다운 것이라 할지라도 사도시대가 마감되자 마자 곧 왜곡되고 성격이 바뀌었다. 제일 먼저 감독자, 즉 소위 말하는 감독제도(episcopacy)의 성격이 달라졌다. 신약성경에서 그리고 어떤 속사도시대의 저작에서, 장로(presbyster)와 감독(bishop)은 여전히 동일한 한 인물을 지시하는 데 사용되었다. 감독의 역할, 즉 감독과 징계의 역할은 선택된 최고령자들(혹은 장로들)에게 주어진 확정된 과업이었다(행 20:17; 행 20:28; 딛 1:5, 7과 벧전 5:1-2과 비교하라).

2세기 초기에 양자 사이에 구별이 일부 교회에서 이미 행해지고 있었다. 감독(overseer or bishop)은 서열상 장로와 집사보다 상위에 위치하였으며 또한 특별한 직무의 담지자로서, 사도들의 계승자로서, 교리의 순수성의 보존자로서 그리고 교회의 머릿돌로서 간주되었다. 결국 이것은 성직계급구조를 형성하여 한편으로는 장로와 집사에게서 그 모든 독립성을 박탈하고, 신자들을 단지 미성숙한 평신도의 수준으로 전락시켰으며, 다른 한편으로는 감독과 성직자들을 교회 위에 올려 놓았다. 특히 그들 중에서도 로마의 감독은 전체 교회의 군주 역할의 지위까지 올려 놓은 상황으로 이끌어 갔다. 베드로의 계승자로 자처하는 로마의 감독은 하나님 나라의 열쇠를 담지하고 그리스도의 지상 대리자로 행세하였으며 또한 교황으로서 신앙과 삶의 문제에 있어서 신적이고 무오한 권력의 옷을 입은 것으로 간주되었다.

그리스도의 교회에 있어 성직자의 역할에 대한 이 사상의 발전은 모든 시대마다 계속하여 반대와 장애에 부딪혔다. 그러나 이 갈등이 증폭되어 기독교가 두 부분으로 나뉘어진 시기는 종교개혁시대였다. 재세례파와 같은 무리들은 더 급진적인 극단까지 밀고 나가 직책, 권위 혹은 권세의 모든 형식을 그리스도의 교회와 충돌하는 것으로 주장했다. 영국 국교회(Anglican Church)와 같은 이들은 로마 교황과 관계를 끊고 감독제를 실시하였다. 루터교는 설교직을 회복시켰으나 교회의 규율과 빈민구제에 대한 사명을 시민 정부의 권위하에 예속시켰다. 교회 정치를 위한 모든 종류의 조항들은 상호 병행하여 존재하였다. 오늘날까지 여러 기독교 교단들은 교회의 신앙고백에 관한 것보다도 교회 정치에 관하여 의견의 차이를 보이고 있다.

칼빈은 로마 성직 계급제도에 대항하여 투쟁하는 동안에 설교직뿐만 아니라 장로와 감독의 직책을 회복시켰다는 점에서 칭찬을 들을 만하다. 그를 통하여 교회는 그 자신의 영역과 그 자신의 독자적인 기능을 확보하게 된 것이다. 그는 교회의 독립을 위하여, 말씀과 성례의 집행에서의 순수성의 유지를 위하여 수년 간 격렬하게 싸워왔다. 교회관에 있어서, 그는 무엇보다 먼저 교회를 조직으로 간주하지 않고 신자들의 고백과 삶을 통하여 하나님의 백성으로 증명되었고 또한 모두가 그리스도로부터 기름부음을 받아 선지자들, 제사장들과 왕들이 된 신자들의 모임 혹은 교제로 간주하였다.

교회는 신자들의 어머니요 공동체이다. 교회는 설교를 듣기 위해서 주일날 한 장소에 함께 모여있는 무리 그 이상의 집단이며, 그 무리들과는 다른 종류이며 또한 그것은 한 주간 내내 교회 밖에서 혹은 안에서 그 영향력을 체험하는 공동체요 교제이다. 설교직은 단지 여러 직책들 중 하나이며, 그것과 병행하여 신자의 가정 방문과 감독과 징계를 통하여 사역을 시행하는 장로직이 존재하며, 더 나아가 가난한 자들과 병든 자들에게 자비를 베푸는 집사직이 존재한다. 또한 최종적으로 이 진리를 발전시키고 진리를 교훈하고 변호하는 교사직도 존재한다.

각 교회가 그 기초와 존재, 그 은사와 권세, 그 직책과 집행을 오직 그리스도에게만 귀속시킨다면 각 교회는 또한 그 동일한 근거에 의해 지교회와 조화되는 전체 교회와 긴밀한 관계를 맺는다. 이 사실은 사도시대에도 해당된다. 모든 교회는 적든 크든 간에 그리스도의 교회요 그분의 몸이요 성전이지만 또한 모든 교회는 처음부터 스스로 판단하고 결정함이 없이 다른 모든 교회들과 함께 영적인 통일성 속에 가입된 것이다. 모든 교회들은 함께 하나의 교회를 구성하고 있으며(마 16:18) 또한 그것들 모두는 말씀에 의해 전체 교회의 터를 닦은 사도들의 권위에 예속된다(엡 2:20). 교회들은 그 신앙과 고백에서 하나이며 또한 그것들 모두는 한 세례, 한 믿음, 한 성령, 한 주, 한 하나님과 믿음 위에 또한 만물 안에 계시는 한 하나님 아버지를 모시고 있다(엡 4:3-6). 교회들은 순례 교인들(예를 들어, 브리스길라와 아굴라, 행 18:2, 18; 롬 16:3과 딤후 4:19)에 의해서, 상호간의 문안 편지에 의하여(롬 16:16; 고전 16:20; 고후 13:12 등), 은사와 사랑을 가지고 서로를 섬김에 의하여(행 11:29; 고전 16:1; 고후 8:1; 9:1과 갈 2:10) 서로간의 교제를 유지한다. 교회들은 역시 사도들이 보낸 편지들을 서로 교환했으며(갈 4:10) 곤란한 사건의 경우에 처음부터 공동

제23장 그리스도의 교회 525

으로 그 문제를 의논하였으며 또한 공동 결정을 내리기도 하였다(행 15장).

교회 체제의 모든 형식 중에서 칼빈에 의해 회복된 장로 정치가 사도시대의 정치에 가장 적합한 형태이다.

그리스도가 그 교회에 대해 제정하신 모든 집행들과 직책들은 말씀에 그 중심을 둔다. 그리스도는 제자들에게 세속적인 권세를 주신 적이 없으며(마 20:25-27), 또한 세상적 주권을 주시지 않으셨다(벧전 5:3). 왜냐하면 그들은 모두 영적인 인물이며(고전 2:10-16), 성령에 대해 기름부음을 받았으며(요일 2:20) 또한 함께 왕 같은 제사장을 구성하기 때문이다(벧전 2:9). 은사들과 직책들은 이것들을 받은 자들이 사랑 안에서 서로를 섬겨야 한다(롬 13:18과 갈 5:13)는 오직 한 가지 목적을 위해 존재한다. 싸움의 병기들은 성격상 완전히 영적이며(고후 10:4), 그것들은 진리의 허리띠, 의의 흉배, 믿음의 방패, 구원의 투구와 성령의 검으로 구성되어 있다(엡 6:14-17).

이 이유로 인하여 말씀은 그리스도 교회의 진리성과 순수성을 식별하는 표지가 된다. 교회의 모든 구성원들이 거듭나서 믿음과 회개에 이르고 정화되고 성화되며 모아지고 설립되는 근거는 오직 말씀을 통해서이며, 또한 그 구성원들은 그 말씀을 보존하고(요 8:31과 14:23), 연구하고(요 5:39), 그것으로 영들을 시험하고(요일 4:1) 말씀을 배우지 않은 자들과 관계를 절교하도록 부름받았다. 칼빈의 표현을 사용하자면 하나님의 말씀은 사실상 교회의 영혼이 된다.

하나님의 말씀은 조직체로서의 교회에게, 직책 수행자들에게만 배타적으로 주어진 것이 아니라, 인내로 또는 성경의 안위로 소망을 가지기 위하여(롬 15:4) 그리고 상호 가르치고 권면하기 위하여 모든 신자들에게 주신 것이다. 로마는 이 사실을 왜곡시켰지만 종교개혁은 성경을 모든 사람의 손에 다시 복귀시켰으며, 이로 말미암아 가정과 학교, 과학과 예술, 사회와 국가 또한 각 개별 신자들이 가르침과 교훈을 위하여 성경 자원에 이를 수 있는 가능성을 주었다. 이 외에도 하나님은 말씀의 공식적인 봉사자들을 교회에 주신다. 하나님은 공중에서나 가정에서 말씀을 선포하고(행 20:20), 교회의 미성숙한 교인에게는 우유로, 성숙한 교인에게는(고전 3:2; 히 5:12; 벧전 2:2) 고기로 그 말씀을 먹이는 목사와 교사를(고전 12:28; 엡 4:11; 딤전 5:17과 딤후 2:2) 교회에 주시며 또한 그들은 특수한 상황에 처해 있는 각 교회와 각 신자와 민족들의 욕구에 조화되도록 이 사역을 수행한다(행 20:20, 27; 딤후 2:15과 4:2). 환언하면 말씀의 봉사는 보존, 번역, 해석, 전파, 변호와 만민에 대한 선포를 포함한다. 그러므로 교회는 사도와 선지자들의 터 위에 건축되며(엡 2:20), 진리의 기둥과 터가 되는 것이다(딤전 3:15).

말씀은 은혜 언약의 표(sign)와 인(seal)이 되며 그러므로 신앙을 강화하는 데 도움이 되는 성례 안에서 확증된다. 구약성경에서 하나님은 이 목적을 위해 할례(창 17:7)와 유월절(출 12:7 이하)을 채용하신다. 두 표는 영적인 의의를 지니는데, 왜냐하면 할례는 믿음의 의(롬 4:11)와 마음의 할례(신 30:6과 롬 2:28-29)의 인침이기 때문이다. 그리고 유월절은 속죄제와 희생제물로서 그리스도를 지시한다(요 1:29, 36과 19:33, 36). 따라서 양자는 그리스도의 수난과 죽음 안에서 성취되었으며(골 2:11과 고전 5:7), 신약성경의 세례(마 28:19)와 성만찬(마 26:17)에 의해 대치되었다. 일반적으로 성례(비밀, 고전 4:1)로 알려진 이 두 표들에 다섯 가지 성례(고백, 고해성사, 혼인안수, 서품, 임종도유) 외에 무수한 의식들이 덧붙여지는 것은 성경적인 보증이 없다. 또한 이것들은 그 자체 안에 공간과 물질적으로 하나님의 은혜를 포함하고 있다고 볼 수 없다. 다만 하나님이 성령을 통하여 신자들의 마음에 주시는 은혜의 회상이요 확증이다. 환언하면 이 두 성례들은 은혜 언약의 모든 혜택들을 소유하는 것이며, 또한 그 내용은 그리스도 자신이시므로 그 어떤 유익들도 믿음의 경로를 통하지 않으면 결코 전달될 수 없다. 따라서 성례들은 신자들을 위하여 제정되었으며, 또한 이것들은 그리스도 안에서 부여받은 신자들의 분깃을 신자들에게 확증시켜 준다. 성례들은 말씀보다 우선하지 못하며 단지 말씀을 쫓아가며, 또한 말씀에 의하여 주어질 수 없거나 혹은 믿음에 의하여 수납될 수 없는 특별한 은혜를 허락할 능력이 없고 오히려 하나님 편에서의 은혜 언약의 제정과 인간 편에서의 그 언약의 확증에 의존한다.

특히 세례는 사죄의 유익(행 2:38과 22:16)과 중생(딛 3:5)에 대한 표와 인침이며, 또한 그리스도와 그의 교회와의 교제에 참여하는 것을 의미한다(롬 6:4). 그러므로 세례는 선교사역을 통하여 그리스도께 회심한 성인들에게뿐만 아니라 신자들의 자녀들에게도 집행된다. 왜냐하면 그들은 그 부모들과 함께 은혜 언약 속에 포함되어 있으며(창 17:7; 마 18:2-3; 19:14; 21:16과 행 2:39), 교회에 속해 있으며 또한 주님과 교제하도록 부름을 받았기 때문이다(엡 6:1과 골 3:20). 또한 그 자녀들이 성장하여 공식적인 고백을 통하여 개인적으로 그 언약을 인정하고 분별할 수 있게 될 때, 그들은 전교회와 더불어 주가 오실 때까지 주의 죽으심을 전파하고 그리스도와의 교제 안에서 강화되도록 부름을 받는다. 비록 세례와 성만찬이 동일한 은혜 언약을 그 내용으로 가지고 있고 또한 양자가 사죄의 유익을 보증한다고 할지라도 성만찬은 그리스도와 그 구성원들과의 교제 안에서 양육받고 강화되는 표와 인침이라는 점에서 세례와 구별된다.

말씀과 성례의 집행 이외에 권징(discipline)시행과 구제의 봉사가 최종적으로 덧붙여질 수 있다. 종종 열쇠의 권세라고 불려지며 또한 최초로 베드로에게 주어지고(마 18:18과 요 20:20) 그 후에 공식적인 조직체인 전교회에게 주어진 권징은 교회가 공식적인 교회의 직책 수행자를 통하여 의인에게는 주의 이름으로 형통하라고 선언하고 또한 불경건한 자들에게는 행한 대로 그 열매를 거두라고(사 3:10-11) 선언하는 것을 통해 실시된다. 교회는 일반적으로 그리고 공식적으로 신자들의 매모임 시에 말씀의 집행을 통하여 이 일을 수행한다. 또한 교회는 공식적 가정 방문을 통하여 특별하게 그리고 개인적으로 이 권징을 수행한다. 개혁 교회에서 이 권세는 로마의 고해성사를 대치하게 되며 또한 이것은 사도적인 사례에 기초하고 있다(마 10:12; 요 21:15-17; 행 20:20과 히 13:17). 그리고 교회는 회개치 않은 상습 범죄자에게 특별 권면(particular admonishment)과 교제로부터의 추방을 선언함으로써 이 권징을 집행한다(마 18:15-17; 롬 1:16-17; 고전 5:2; 5:9-13; 고후 2:5-10; 살후 3:6; 딛 3:10; 요이 10절과 계 2:2).

이와 같이 교회는 그리스도의 이름으로 주의 성찬을 보호하고 죄인들을 교회 교제로부터 추방하는 반면에 또한 가난한 자들과 병든 자들을 큰 자비심으로 동정하고 그들의 영적이고 육체적인 결핍을 채울 수 있는 것들을 그들에게 제공한다. 그리스도 자신도 이 일을 행하셨고(마 11:5) 또한 그 제자들도 이 일을 행하라고 명령하고 있다(마 5:42-45; 6:1-4; 25:34 이하; 막 14:17과 기타구절). 교회의 구성원들은 성도의 쓸 것을 공급해야만 하며(롬 12:13), 순진함으로 분배를 행하고 즐거운 마음으로 자비를 베풀어야만 하며(롬 12:8), 고통당하는 과부와 고아들을 방문해야만 하며(약 1:27), 병든 자들을 위해 주의 이름으로 기도해야 하며(약 5:4), 또한 관대함으로 서로의 짐을 지고 그리스도의 법을 성취해야 한다(롬 12:15과 갈 6:2).

믿음과 사랑은 주의 교회의 힘이며 또한 이 두 가지 외에 소망이 덧붙여질 수 있다. 가는 방향을 알지 못하고 실망과 절망으로 인해 썩어져가는 이 세상의 한가운데서 교회는 자신의 기쁜 소망을 보여주어야 한다. 나는 죄사함, 육체의 부활 그리고 영생을 믿는다.

# 제24장

# 영생

    만물의 마지막과 운명은 그것의 시작과 존재와 마찬가지로 침침한 안개 속에 가리워져 있어서 인간이 추구하는 이성으로는 감지할 수 없다. 과학의 빛을 통하여 이 신비를 이해하려고 시도하는 자들은 곧 현대의 학자들이 토로했던 고백(acknowledgment)의 자리에 설 수밖에 없다. 나뿐만 아니라 어느 누구도 역사의 목적과 마지막이 무엇인지를 이해하지 못한다.

    그럼에도 불구하고 새로운 모험들이 이 복잡한 문제들에 대한 해답을 찾기 위하여 혹은 문제 자체를 제거해 버리고 그것들을 인간의 마음에서 지우기 위하여 부단히 시도되고 있다. 많은 학자들이 이런 입장을 취한 것은 근래의 일이다. 당시에는 물질주의가 풍미했었고, 죽음은 모든 것의 마지막이며, 또한 불사성에 대한 믿음이 한낱 웃음거리에 불과하다고 큰 소리로 선언되었다.

    이 대변자들 중 한 사람이 공언하기를 과학은 내세를 믿는 신앙과 싸워야 하며, 가능하다면 정복시켜야만 하는 마지막 원수라고 하였다. 또한 이 가시적이고 감각적인 세계는 단지 존재하는 세계이며 어느 누구도 이 세계의 기원이나 혹은 마지막에 관하여 언급할 수 없는데, 왜냐하면 세계는 영원한 미로 가운데서 배회하기 때문이라는 것이다.

    피상적이고 위안이 없는 이 교리의 실제적인 결과는 영원성을 설명하고자 하는 모든 노력을 무익하다고 선언하고 또한 인간은 가능한 한 육정적인 삶을 최대한 즐겨야 한다고 추천하는 것이었다. 그래서 "먹고 마시자, 내일이면 죽을 터이니!"라고 말하는 것이다.

    물론 이런 방식으로 생각하고 행동하는 자들 중에도 여전히 선한 사람들이 많이 존재하지만 그럼에도 불구하고 단지 방향만 다를 뿐이다. 더 면밀히 연구하기 위해 노력을 한다 해도 영원의 문제는 결코 어리석고 무익한 것이라 할 수 없다. 또한 간단하게 생각하여 대답할 수 있을 만큼 쉬운 문제들도 아니다. 여리 민족들의 종교들을 연구해 보면 불사성에 대한 믿음은 모든 사람들에게 공통적이며 심지어 야만족이나 원시부족들에게도 존재한다는 사실을 알 수 있다. 이 학문 분야에서 뛰어난 명성을 획득한 어떤 독일 학자는 어떤 철학적인 사색이 불사성의 개념을 손상시키지 않거나, 혹은 다른 원인들이 그것을 억압하지만 않는다면 모든 민족들과 문명발전의 모든 단계에서 우리는 불사성의 의식을 발견할 수 있다고 몇 년 전에 증명하였다.

또한 그는 더 나아가 불사성의 의식은 모든 종교와도 연결되어 있다고 언급하기도 했다. 참으로 모든 종족들과 민족들은 인간이 원래 불사적이었으나 그 불사성은 입증되지 않고 오히려 설명될 수 없는 죽음만이 존재한다는 신념하에서 행동하였다. 죽음은 어느 곳에서나 부자연스러운 것으로 느껴진다. 많은 민족들의 신념에 의하면 죽음이란 적대적인 영의 역사라고 이해되었다. 이들의 주장을 환언하면, 죽음이 존재하지 않고, 또한 혼란되지 않고 깨어지지 않는 삶이 인류에게 주어졌던 시대가 과거에 존재했다는 것이다.

죽음 후의 영혼의 상태에 관하여 이교 세계는 아주 상이한 표현들을 사용한다. 어떤 사람들은 영혼이 무덤 안에 있는 시체 속에 남아 있어 산 사람들과 교제하기도 하고 그들에게 영향을 주며 현시하기도 한다고 주장한다. 다른 사람들은 사후의 모든 영혼들이 한 거대한 사지(死地)에 집결하여 창백한 혼령의 상태로 존재하거나 혹은 완전히 무의식이나 수면상태에 침몰된다고 주장한다.

또한 인간의 몸을 빠져나간 영혼들은 생전에 무엇을 하였는가 또는 어떻게 살았는가에 따라서 나무의 몸을, 동물의 몸을, 인간의 몸을, 혹은 더 고등한 피조물의 몸을 입는다는 사상 역시 아주 광범위하게 퍼져 있었다. 그리고 마지막으로 이 불사성의 개념은 선인과 악인이 사후에 각각 다른 운명을 맞이하여 다른 처소에서 그들의 존재를 계속한다는 형식 안에서 종종 표현되기도 한다. 사람들은 사후 영혼의 상태와 신분을 어떻게 생각하느냐에 따라서 매장법이나 죽은 자를 다루는 집례법이 판이하게 달랐다. 때때로 이교도의 모든 종교는 실제로 선조들을 경배하는 형식을 취한다. 종종 이교도의 시야가 거의 사후 영혼의 상태에 제한되어 있지만 가끔 그 비전이 확장되어 세계의 종말이 죽은 영혼들의 영향을 받게 된다는 사상을 취하기도 한다.

기독교에 의해 극복되고 혹은 정화되어야 할 이 모든 이교도의 상징들은 근대시대에 또 다시 등장하여 수천 명의 추종자들을 가진다. 물질주의가 겨우 소수의 사람들을 만족시켰기 때문에 일부 사람들은 반대 극단으로 이동하게 되었다. 인간은 여전히 동일하며, 그의 마음은 변하지 않으며 또한 인간은 소망 없이는 존재하지 못한다. 영혼들이 사후에 계속 존재한다는 것, 그 영혼들이 살아 있는 자들에게 현현하고 계시한다는 것, 그들은 죽음 후에 즉시 생전에 행했던 대로 다른 육체를 취하고 그 안에서 더 발전된다는 이 모든 사상들은 많은 계층에서 새로운 지혜와 최상의 지혜로 현재 환영받고 있다. 사실상 어떤 경우에는 죽은 자가 다시 소환되어 경배되고 경외의 대상이 될 수 있으며 또한 영들 숭배, 혹은 영물주의가 유일하신 참 하나님의 예배를 대신하려고 시도하기도 한다.

영들 숭배가 진화론 교리와 긴밀하게 연결된다는 사실은 이 시대의 현저한 동향(sign)이다. 처음에 인간은 이 연결을 이상한 것으로 생각하였다. 인간은 동물로부터 발전해 온 것으로 받아 들이는 자들이 어떻게 사후에 영혼의 계속적인 존재를 믿을 수 있는가? 그러나 심사숙고한다면 이 연결은 아주 단순하며 자연스러운 것이다.

만약 과거에 산 자들이 죽은 자들로부터 나오고 또한 영혼이 물질로부터 유래하고, 인류가 동물로부터 유래한다고 믿는다면, 미래에 인류가 더 높은 경지로 발전하여 지상이 아닌 무덤의 저 건너편에서 존재한다는 것이 왜 불가능한 일인가? 만약 생명이 죽음으로부터 나온다면, 죽음은 역시 생명의 더 높은 단계로 인도받을 수 있다. 만약 동물이 인간이 될 수 있다면, 인간은 역시 천사와 같은 존재가 될 수 있는 것이다. 진화론이 모든 것을 가능하게 만들며 모든 것을 설명하는 것처럼 보인다.

그러나 이 종이집이 용의주도하게 건축되고 또 그렇게 되고자 하는 소망이 있을지라도, 그 집을 떠받치고 있는 기초는 갸우뚱거릴 수밖에 없다.

사실 불사성과 진화론을 지지하는 옹호자는 죽음과 무덤, 심판과 형벌에 대한 성경 교리에 귀를 기울이려고 하지 않는다. 죽음은 그들이 판단하기에 죄에 대한 형벌, 즉 심판이 아니라 단지 더 고차원적이고 선한 삶에 이르는 과도기적 수단일 뿐이다. 모든 사람은 그의 의지와 행위에 대한 결과를 책임져야 한다는 의미를 제외하고는 죽음에 심판적인 성격이 존재하지 않는다. 모든 사람이 진화의 과정에 붙잡혀있고 또한 오류와 탈선의 다소간의 기간 후 적절한 시점에서 다시 풀려나기 때문에 처소로서의 지옥은 존재하지 않는다.

만약 영생, 즉 평화로운 축복과 영광의 삶이 가능한가를 묻는다면, 이 주장자들은 갑자기 침묵하고 만다. 그들은 죽음과 무덤, 심판과 형벌에 관한 기독교 교리들에 너무 오랫동안 반대해 왔고 또한 이 교리들을 부정하는 일에 너무 오랫동안 만족해 있었다. 그러므로 이들은 기독교 교리가 포기되면 영생과 영원한 축복의 소망도 역시 사라지게 된다는 이 문제를 전혀 고려하지 않는다. 만약 이 문제를 고려하게 된다면, 기독교 교리가 포기되는 순간 영생의 소망도 곧 사라지고 만다는 것이 확실하다. 그러므로 인간의 마음으로부터 모든 두려움을 제거하기 위하여 사용되었던 그 칼은 동일하게 인간의 모든 소망을 또한 제거하고 만다.

만약 진화가 세상, 인류, 현재와 미래에 대한 유일한 지배적 법칙이라고 확신한다면 이 영생의 소망은 모든 확실한 근거를 상실당하고 만다. 최종적으로 만물은 만족스러운 상태에 이르게 될 것이라는 사상은 이미 그 자체가 추측에 불과하며 또한 성경 안에서와 양심에서, 자연에서와 역사에서도 그 유례를 찾을 수 없는 것이다. 그러나 이 추측이 옳다고 일시적으로 가상한다고 할지라도, 이것은 결코 계속적으로 그 상태를 유지할 수 없다. 왜냐하면 이전에 작용해 왔고 또 이 새로운 상황을 야기시키는 발전의 동일한 법칙은 계속 작용하여 인류를 새롭고 다른 상황으로 옮겨 가게 하기 때문이다. 진화론의 그 어디에도 휴식상태나 마지막이나 목적이 존재하지 않는다면, 많은 사람의 기대를 따라 성취된 축복도 항상 변화의 과정 속에 있을 뿐이다. 영원한 축복된 삶과 같은 것은 존재할 수가 없다.

그러므로 안식상태의 불가능성을 깨닫게 된 일부 사람들은 다시 만물의 영원한 귀환에 대한 고대 동양 이교도의 교리에 몰두하여 이 새로운 개념을 세계 문제의 해결책으로 제시한다. 만약 존재하는 세계가 그 발전의 절정에 도달한다면 그 세계는 다시 붕괴되고 만물은 갱신됨으로써 새롭게 시작될 것이다. 조수의 밀물은 썰물이 되고 썰물은 다시 밀물의 원인이 되며, 발전이 퇴화가 된 이후에 또한 그 퇴화는 새롭게 발전을 야기시키게 될 것이다. 그리고 이것은 끊임없이 반복적으로 행해질 것이다. 단지 시간만 존재할 뿐이며 영원은 존재하지 않는다. 오직 운동만 있을 뿐 휴식은 존재하지 않는다. 오직 생성(becoming)만 존재할 뿐 존재(being)는 존재하지 않는다. 오직 피조물은 존재할 뿐 지금도 있고 과거에도 있었고 미래에 있을 창조자는 존재하지 않는다.

그리스도 밖에 있었고 이스라엘 나라 밖에 있고 약속의 언약들에 대하여 외인이었던 자들은 세상에서 소망이 없고 하나님도 없다는 성경의 말씀은 이 모든 사실을 확인시켜 준다. 그들은 자신들의 주장이 참이라고 추측하고 또한 그렇게 되기를 원하면서 그 주장을 결코 중단하지 않지만 결코 소망의 견고한 근거는 소유하지 못한다. 그들에게는 기독교인의 소망에 대한 확실성이 결여되어 있다.

그러나 우리가 이스라엘에 관심을 갖게 되는 순간 아주 다른 의식세계로 인도받게 된다. 구약성경은 소위 영혼의 불사성에 관하여 언급하지 않고 또한 이 사상에 대한 단 하나의 증거도 포함하고 있지 않다. 그러나 구약성경은 삶과 죽음에 대한 개념을 진술하고 있는데 그것은 그 어디에서도 찾아 볼 수 없는 개념이며 또한 그 미래를 아주 색다른 빛으로 조명해 주는 개념이다.

성경에서 죽음은 멸절(annihilation) 혹은 비존재와 동등하지 않으며, 또한 죽음과 죽음의 상태는 현재의 지상에서 하나님과 교제하였던 인간의 원래의 상태로서의 전체의 삶, 풍성한 삶, 충만한 삶에 대한 대조로서 사용된다. 그러므로 인간은 죽을 때 몸과 영혼이 동등하게 고통당한다. 인간은 죽자 마자 죽음의 상태에서 몸과 영혼으로 존재하는 것이며, 또한 인간은 더 이상 땅에 속하지 않고 죽은 자들의 영역(스올: sheol)에 거하는 자들이 되는데, 이 처소는 땅의 깊음, 즉 바다와 언덕 아래에 위치한 것으로 간주되었다(민 16:30; 신 32:22; 욥 26:5; 시 63:10). 참으로 이 죽은 자들은 여전히 거기서 존재하고 있지만 이 존재는 더 이상 생명으로 불리워질 수 없고 다만 비존재와 같은 것이다(욥 7:21; 14:10과 시 39:13).

그들은 약하며 무기력하고(시 88:5과 사 14:10), 침묵하며(욥 3:13, 18; 시 94:17과 115:17), 또한 어둠(욥 10:20-21)과 멸망의 땅에서 존재한다(욥 26:6과 28:22). 모든 생명체가 거기서 중단되며 하나님도 사람도 더 이상 볼 수 없다(사 38:11). 거기서는 주님을 찬양하지 않으며 감사하지도 않으며(시 6:5과 115:17), 주님의 탁월성이 거기서 더 이상 선포되지 않으며 주님의 기사들도 더 이상 볼 수 없다(시 88:11-13). 죽은 자들은 지식을 가지지 않으며, 지혜도 과학도 가지지 않으며 해 아래에서 일어나는 모든 것을 행하거나 공유하지 않는다(욥 14:21; 전 9:5, 6과 10). 그곳은 망각의 땅이다(시 88:13). 그러므로 이스라엘 성도들에 의하면 그 죽음은 생명과 빛의 영역으로부터 철폐된 곳으로 인식된다. 이것과 반대하여 생명은 충만한 부요와 구원으로 가득 찬 곳으로 간주된다.

생명은 추상적으로 철학적인 방식으로 이해되어 일종의 벌거벗은 실존 상태로 간주될 수 없다. 생명은 본질상 충만한 축복으로 구성되어 있다. 그래서 무엇보다 먼저 하나님과의 교제, 그 다음 하나님의 백성과의 교제와 주님이 그의 백성에게 주셨던 땅과의 교제를 중시한다. 인간의 부요하고 풍성한 생명의 실존은 인간의 영혼과 몸의 통일, 하나님과의 하나 됨 그리고 주위 환경과의 조화를 이루는 것을 포함하며 또한 축복, 영광, 미덕, 행복, 평화 그리고 기쁨을 모두 포함한다. 만약 인간이 하나님의 명령에 순종하는 상태에 계속 머물러 있었다면 그는 부요한 생명을 경험했을 것이며 죽음을 보지 않았을 것이다(창 2:17). 그렇게 되면 인간의 몸과 영혼 사이에 분리가 존재하지 않게 되고 또한 하나님, 인류, 땅과의 결속은 깨어지지 않았을 뿐 아니라, 인간은 최초에 그가 소유했던 부요한 교제 가운데서 영원히 살게 되며 또한 자신의 존재의 통일성과 풍성함 가운데서 불사적인 존재가 되었을 것이다.

죽음이 죄로 인해 세상에 들어 옴으로써 하나님은 오직 은혜 안에서만 인간과의 교제를 회복하시고 이스라엘과 언약을 설정하신다. 이 언약 안에서 충만한 교통(communion)이 원리적으로 재설정된다. 구약성경에 나타나 있듯이 이 언약은 하나님과의 교제로 구성되어 있지만 결과적으로 그의 백성과 그의 나라와의 교제도 역시 포함한다. 하나님과의 교제는 언약의 가장 우선적인 혜택이며 이것이 없이는 참으로 생명에 관하여 말할 수 없다. 하나님은 너와 네 후손의 하나님이 되리라고(창 17:7) 말씀하심으로써 아브라함과 그의 후손을 언약 안에서 자신과 결속하셨다. 하나님은 이스라엘을 애굽에서 인도하여 시내산에서 이스라엘과 언약관계를 맺으셨다(출 19:5; 20:2; 겔 16:8).

그러므로 이스라엘 민족과 그 민족의 구성원에게는 주님과의 교제 외에 그 어떤 기쁨도 존재할 수 없었다. 불경건한 자들은 이 사실을 이해하지 못하고 언약을 파괴하여 그들 자신의 방식대로 생명과 평화를 추구하였다. 그들은 생수의 근원을 버리고 스스로 웅덩이를 팠으나, 그것은 물을 담을 수 없는 깨어진 웅덩이었다(렘 2:13). 그러나 성도들은 하나님과의 교제가 생명임을 알고 그것을 기도와 찬양을 통해 표현하였다. 주님은 성도들의 유업의 분깃이며, 그들의 반석이요 요새이며, 그들의 피난처요 망대이시다(시 16:5과 18:2). 하나님의 인자하심은 그들에게 있어 생명보다 귀하다(시 63:3). 하나님은 그들의 최고의 선이시며, 하늘에도 땅 위에도 주밖에 사모할 자가 없다(시 73:25). 그들이 모든 사람들로부터 버림을 받고 적들에 의해 추격을 받으며 또한 그 적들에 의해 정복을 당한다고 할지라도, 그들은 하나님 품에 안기워서 구원의 하나님을 즐거워한다(합 3:18). 하나님과의 이 교제 안에서 그들은 이 지상적 삶의 모든 재난을 초월할 수 있고 또한 죽음의 두려움과 공포 그리고 스올의 암흑을 초월할 수 있다. 불경건한 자들은 일시적인 번영을 경험하였으나 결국에는 소멸된다(시 73:18-20). 그들의 길은 즉시 죽음으로 직행하지만(잠 8:36과 11:19), 주에 대한 성도들의 경외심은 생명의 샘이다(잠 8:35과 14:27). 하나님은 성도들을 이 생명 안으로 종종 구출해 내시고 또한 죽음의 영역을 권세로 다스리시고 성령과 함께 그곳에도 역시 존재하신다(시 139:7-8). 하나님으로부터 은폐될 수 있는 것은 아무것도 없으며 심지어 인간의 마음속에 있는 것들도 숨기워질 수 없다(욥 26:6; 38:17; 전 15:11). 주님은 망하게도 하시고 살리기도 하시며 음부에 내리시기도 하며 그곳에서 올리시기도 한다(신 32:39; 삼상 2:6; 왕하 5:7). 하나님은 에녹과 엘리야를 죽음에 이르게 하지 않고 자신에게 취하여 올리셨으며(창 5:24과 왕하 2:11) 또한 죽은 사람에게도 다시 생명을 주시기도 한다(왕상

17:22; 왕하 4:34과 13:21). 사실상 하나님은 죽음을 멸하실 수 있으며 또한 죽은 사람을 죽음으로부터 일으킴으로써 죽음을 완전히 정복하신다(욥 14:13-15; 19:25-27; 호 6:2; 13:14; 사 25:8; 26:19; 겔 37:11-12과 단 12:2).

비록 구약의 신자들이 주님과의 교제가 죽음, 무덤과 또한 죽음의 상태에 머문다고 해서 파괴될 수 없는 것이며 심지어 일시적으로나마 깨어질 수 없음을 어느 정도 인식하고는 있었다고 하더라도, 그들 대부분은 다른 사상의 분위기 속에서 살았다. 그들은 우리가 느끼는 것과 아주 다른 방식으로 이 문제를 인식하였던 것이다. 우리가 미래에 관하여 생각할 때, 우리는 죽으면 오직 우리 영혼만이 천국에 들어간다는 가정하에서 생각한다. 그러나 이스라엘은 우리의 개념보다 훨씬 생명에 관한 풍부한 개념을 소유하고 있었다. 그들에게 있어서 하나님과의 교제에 대한 개념은 하나님의 백성과 땅과의 교제와 결합되어 있다. 참되고 풍성한 삶은 모든 분리에 대한 승리이며 인간이 원래 소유하도록 창조된 풍성한 교제에 대한 회복이며 확증이다. 언약은 하나님에 의해 오직 한 사람과 체결된 것이 아니고 하나님의 백성과 또한 하나님이 그의 백성에게 유업으로 주신 그 땅과 체결된 것이다. 그러므로 죽음은 완전히 극복되어야 하며 동시에 오직 미래에 주님이 친히 이스라엘 가운데 거하시고 그들의 불의를 정화시키고 그들에게 모든 적에 대한 완전한 승리를 허락하며 그들로 하여금 번영과 평화의 땅에서 안전하게 살게 해 줄 때, 비로소 생명은 빛 가운데 인도받는 것이 된다. 그러므로 이스라엘인들의 믿음의 시선이 자신의 개인적인 삶의 목적을 지향하는 경우는 거의 드문 일이다. 개인의 관점은 대체로 훨씬 더 많은 것을 포함하며 또한 그 나라와 그 백성의 미래에 대한 것을 포함한다. 개인은 언제나 자신을 전체의 한 부분으로, 또한 하나님은 가정, 인종, 부족과 언약을 체결하시는 분이므로 결코 포기하거나 파괴될 수 없는 그 나라의 한 일원으로서 인식한다. 그리고 그 민족의 장래에 관하여 구약의 신자들은 자기 자신의 미래를 확정적인 것으로 이해하며, 또한 그의 불사성과 영생은 신정정치 안에 보장된 몫으로 간주한다. 주님의 저주는 잠깐이지만 주님의 인자하심은 그 민족 위에 영원히 임하실 것으로 보았다. 그러나 현 시대는 하나님이 그의 백성을 잊고 계시며 그들의 권리를 무시하는 상황이지만 결국 연단 후에 하나님은 도로 찾아오셔서 결코 파기되지 않는 새 언약을 세우실 것이다. 이스라엘 성도들의 바람은 온 영혼의 갈망으로 그 미래에까지 뻗쳐 있으며, 그들은 소망의 민족이며 또한 메시야의 약속은 모든 기대들의 핵심이 된다.

이 모든 기대들은 하나님이 그 백성과 세우신 언약에 그 근거와 기초를 두고 있다. 이스라엘은 주님의 목소리에 불순종하고 자기 자신의 길로 행하게 될 때 주님에 의해 혹독하게 형벌을 받았으며 언약의 율법에 의해 각종 전염병에 시달려야 했다. 이스라엘의 성도들은 땅의 모든 족속들 중에서 선택되었기에 하나님은 그들을 그 죄악으로 인하여 보응하신 것이다(암 3:2). 그러나 이 연단은 일시적이었고 그 연단이 완성된 후에는 주님이 그 백성에게 긍휼을 베푸시고 구원을 베풀어 주셨다(레 26:42 이하; 신 4:29 이하; 30:1-10과 32:15-43).

주님은 자신의 언약을 잊을 수 없었다(레 26:42). 비록 주님께서 압제를 통해 그 백성들을 연단하고 버리셨을지라도 그것은 잠깐 동안의 일이었다(사 27:7 이하; 57:7-8과 렘 30:11). 주님은 영원한 사랑으로 그 백성을 사랑하셨고(미 7:19와 렘 31:3과 20) 그 평화의 언약은 변경되지 않을 것이다(사 54:10). 주님은 형벌 기간이 끝나면 그의 백성을 다시 구속하시고 모든 대적들에 대한 그 백성들의 승리를 쟁취하기 위하여 이방인 가운데서 자신의 이름과 영광을 나타내실 것이다(신 32:27; 사 43:25; 48:9과 겔 36:22).

따라서 '주의 날', 즉 크고 두려운 날(욜 2:11, 31과 말 4:5)이 임하게 되면 주님은 그의 백성에게 자비를 베푸시고 그의 적들에 대해 보복을 감행할 것이다. 주님이 그때 세우실 나라는 백성들의 도덕적인 힘을 통한 점진적인 발전에 의해 이루어지기보다는 오히려 위로부터, 하늘로부터 임하며 또한 주의 기름부음을 받은 자에 의해 지상에 도래한다. 그 기름부음을 받은 자에 대한 약속은 이스라엘과 모든 인류의 역사를 통하여 최초의 시대에까지 거슬러 올라간다. 이미 낙원에서 여인의 후손과 뱀의 후손간의 투쟁이 선언되었고 그 승리가 전자에게 약속되었다(창 3:15). 아브라함은 자신 안에서 지상의 모든 족속들이 축복을 받게 될 것이라는 말을 들었다(창 13:3과 26:4). 유다는 그의 형제들 위에 뛰어나 칭송을 받게 되는데, 왜냐하면 모든 나라들이 순종하게 될 실로가 그로부터 나오기 때문이다(창 49:10).

이 약속은 다윗이 모든 이스라엘 위에 왕으로 임명되고 그의 집이 영원히 존속된다는 말을 듣게 될 때 특별히 견고한 형식을 취한다(삼하 7:6과 23:5). 예언서는 이에 근거하여 아주 상세하게 이 약속을 선포한다. 하나님이 그 왕국을 세우도록 임명된 통치자는 베들레헴에서 다윗의 왕가로부터 태어날 것이다(마 5:1-2). 그 통치자는 줄기에서 싹이 나오는 것처럼(사 11:1-2), 다윗의 가지에서 나올 것이다(사 4:2; 렘 23:5-6; 33:14-17; 슥 3:8과 6:12).

그는 가난한 환경에서 성장할 것이며(사 7:14-17), 온유하고 겸손하여 나귀새끼를 타실 것이며(슥 9:9), 또한 주의 고난받는 종으로써 그는 그의 백성의 죄악을 담당하실 것이다(사 53장). 그리고 다윗의 겸손한 이 후손은 동시에 다윗의 주가 되실 것이며(시 110:1과 마 22:43), 또한 기름 부음 받은 자 혹은 메시야이신 이스라엘의 참 왕은 그 왕권을 선지직과 제사직과 함께 결합하실 것이다(신 18:15; 시 110편; 사 11:2; 53:1 이하; 6:13; 말 4:5 등). 그는 모든 나라들이 복종하는 통치자이시며(창 49:10과 시 2:12), 또한 임마누엘, 기묘자, 모사, 전능하신 하나님, 영존하시는 아버지 그리고 평강의 왕이란 칭호를 얻게 될 것이다(사 7:14; 9:5과 렘 23:6).

이 메시야가 건설하실 왕국은 의와 평강의 나라이며 또한 영적이고 물질적인 축복을 그 나라 안에 간직하게 될 것이다. 시편과 예언서는 메시야 왕국의 영광으로 가득 차 있다. 그 기름부음 받은 자를 통하여 주님은 그의 백성을 포로상태에서 귀환시킬 것이며 이 귀환과 더불어 동시에 그들에게 참된 회개의 마음을 허락하실 것이다. 그러나 그들 모두가 돌아오지 않을 것이고 또한 주님께 돌이키지 않을 것이며 많은 사람들이 그 백성에게 임하게 될 그 심판하에서 멸망받을 것이다(암 9:8-10; 호 2:3과 겔 20:33 이하).

그럼에도 불구하고 은혜의 선택에 따라 남은 자가 존재할 것이다(사 4:3; 6:13; 렘 3:14; 습 3:20; 슥 13:8, 9). 그리고 이 남은 자는 주님께 거룩한 백성이 될 것이며 주님은 그들에게 영원히 신실하실 것이다(호 1:19; 2:15; 사 4:3과 1:9). 주님은 그들과 새 언약을 세우시며, 그들의 죄를 사유하시며, 그들에게서 모든 부정을 제거하시며, 그들에게 새 마음을 허락하시며, 그들 마음에 주의 율법을 기록하시며, 또한 그들 위에 성령을 부으셔서 자신이 그들 가운데 거하실 것이다(욜 2:28; 사 44:21 이하; 43:25; 렘 31:31; 겔 11:19; 36:25 이하 등).

모든 종류의 모든 혜택들뿐만 아니라, 모든 종류의 물질적인 축복도 그 왕국과 함께 주어질 것이다. 더 이상 전쟁이 존재하지 않을 것이며 칼은 보습으로, 낫은 쟁기로 변할 것이며 또한 그들 모두는 그들 자신의 포도나무와 무화과나무 아래에서 평강 가운데 거할 것이다. 그 땅은 비범할 정도로 생산물을 낼 것이며, 동물은 이전의 성질과 다르게 변할 것이며 하늘과 땅은 갱신될 것이며 또한 더 이상 질병, 슬픔과 눈물이 없을 것이며 죽음은 승리 안에서 삼키워질 것이다. 죽은 이스라엘인들은 또한 죽은 자들로부터 일어날 것(사 26:19과 단 12:2)이라는 점에서 이 축복들에 동참할 것이며 이방민족들도 결국 주님이 알고 하나님이심을 알고 그를 자랑할 것이다(렘 3:17; 4:2; 16:19; 겔 11:19; 36:25 이하 등). 성도들의 나라는 지상의 모든 나라들 위에 우위권을 부여받을 것이며(단 7:14, 27), 또한 다윗집의 기름부음을 받은 왕은 모든 바다에서 모든 땅의 끝까지 통치할 것이다(시 2:8; 22:28과 72:8 이하).

구약성경의 모든 약속에 대한 성취는 그리스도가 육체를 입고 오심으로 시작된다. 왜냐하면 그리스도의 인격 안에서 그리고 그리스도의 사역을 통하여 전 시대에 걸쳐 기대되어 왔던 하나님 나라는 지상에 건설되었기 때문이다. 그리스도는 자신의 피로 인하여 주님이 그의 백성과 과거에 세웠던 새롭고 더 좋은 언약을 확증하셨고 오순절 날에 은혜와 기도의 성령을 파송하여 교회를 모든 진리 가운데서 인도하여 마지막까지 완전케 하신다.

그러나 하나의 큰 그림으로 이해할 수 있는 구약의 예언이 후에 여러 부분들로 나누어졌는데 이런 저런 것들이 그것과 나란히 생기게 된 것이다. 예언은 한 순간 혹은 한 날에 실현되는 것이 아니라, 긴 시간을 통하여 조금씩 성취되었다. 더욱 특별히 우리는 신약성경을 통하여 선지자들에 의해 예언되었던 메시야의 한 번의 임하심이 초림과 재림으로 분리되어야 한다는 사실을 배운다. 예언대로 메시야는 구속과 심판의 목적을 위하여, 즉 그 백성의 구속과 그 적들에 대한 심판을 위하여 오셔야만 했었다. 그러나 이 예언이 성취되게 될 때에, 그리스도는 아직 이루어지지 않은 예언들 각각을 성취하기 위하여 다시 한 번 특별하게 임하셔야만 한다는 것이 자명해진다.

결국 예수는 지상에 머무르는 동안 반복하여 자신이 현재 잃어버린 자를 찾아 구원하기 위해서 오셨고(눅 19:10), 또한 많은 사람을 위하여 그의 영혼을 대속물(ransom)로 허락하여(마 20:28) 세상을 심판하지 않고 구원하기 위하여 오셨다는 사실을 표명하셨다(요 3:17; 12:47과 요일 4:14). 그러나 동시에 예수는 자신이 비추신 빛을 통하여 세상에 심판과 분리를 가져왔으며(요 3:19과 9:39), 또한 언젠가는 신자와 죽은 자를 심판하기 위하여 다시 재림하실 것(요 5:22와 27-29)을 명백하게 그리고 힘있게 말씀하셨다. 예수는 십자가에 못박혀 죽어야만 하지만 오히려 이로 인하여 다시 그는 부활하셨으며 또한 종말에 다시 오셔서 만민을 그 앞에 모으시고 그 행위에 따라 상주시기 위하여 다시 하늘로 승천하셨다(마 16:21와 요 6:62).

따라서 주의 두 번에 걸친 강림 사이에는 큰 차이점이 존재한다. 그리스도는 초림 시에 육체의 연약함과 종의 형상으로 나타나 그의 백성의 죄를 위하여 고난을 받고 죽으셨지만(빌 2:6-8), 재림 시에는 자신을 큰 능력과 영광 안에서 정복하시는 왕으로서 만민에게 계시하실 것이다(마 24:30; 계 6:2과 19:11). 그럼에도 불구하고 두 번에 걸친 주의 임하심은 밀접하게 상호 연관되어 있다. 초림은 재림을 위한 길을 예비한다. 왜냐하면 성경의 사상과 하나님 나라의 기본적인 법에 의하면 초림은 영광으로 인도하는 고난이며, 면류관으로 인도하는 십자가이며, 또한 승귀로 인도하는 비하이기 때문이다(눅 24:26).

그리스도는 초림 시에 기초를 닦았고 재림 시에 하나님의 집을 완성시키며, 또한 초림은 시작이며 재림은 중보자로서의 자신의 사역을 마감하신다. 그리스도는 구원의 가능성뿐만 아니라 실제성을 가져오신 완전한 구원자이시기 때문에, 그분은 그리스도께 소유된 사람들을 자신의 피로 사서 성령으로 회복시켜 그의 현 위치에서 그분의 영광의 목격자와 참여자가 되도록 인도하신다(요 14:3과 17:24). 그리스도는 아버지께서 자신에게 주신 자들에게 영생을 주시며(요 6:39과 10:28), 점이나 흠이나 이런 것들이 없이 자신의 교회를 아버지께 드리며(엡 5:27) 또한 그 나라를 온전히 완성하고 성취하신 후에 아버지께 바칠 것이다(고전 15:23-28).

그리스도의 초림과 재림이 서로 밀접하게 관련되어 있고 또한 전자는 후자 없이는 한 순간도 생각할 수 없기 때문에 성경은 양자 사이에 경과하는 시간의 장단(長短)에 관하여 거의 강조점을 두지 않는다. 성경에서 시간상의 관계성은 주제의 관련성에 비해 훨씬 덜 중요하다. 양자 사이에 개입하는 시간은 종종 아주 짧은 것으로 표현된다.

신약의 신자들은 시대의 말기에(고전 10:11), 말세에(벧전 1:20), 마지막 때에(요일 2:18) 살고 있다. 그들은 잠시 동안만 고난받을 것이다(벧전 1:6과 5:10). 왜냐하면 그날이 다가오고 있으며(히 10:25과 37), 그 미래는 가까우며(약 5:8), 그때는 곧 임하며(계 1:3과 22:10), 심판자는 문 밖에 서 계시며(약 5:9) 또한 그리스도는 급히 임하시기 때문이다(계 3:11과 22:7과 20). 바울은 자신과 그의 동료들이 그리스도의 재림을 볼 때까지 생존하는 것을 불가능한 일로 간주하지 않았다(살전 4:15과 고전 15:51).

그리스도의 귀환을 언급함에 있어 성경은 그 중간시기에 관한 어떤 특별한 교훈을 우리에게 주지 않는다. 왜냐하면 성경은 그날과 그때가 사람과 천사에게 숨겨져 있고 오직 아버지에 의해, 그 주권에 결정된다는 것(마 24:36과 행 1:7)을 우리에게 성경은 여러 구절을 통해 명백하게 가르쳐 주고 있기 때문이다. 그 미래의 시점을 산술화하는 모든 노력은 보장 받을 수 없고 비생산적이다(행 1:7). 왜냐하면 주의 날은 사람들이 알지 못하는 시간에 밤의 도적같이 임하기 때문이다(마 24:42-44; 살전 5:2, 4; 벧후 3:10; 계 3:3과 16:15).

사실상 그날은 복음이 만민에게 전파될 때까지(마 24:14), 하나님 나라가 모든 것을 부풀게 할 때까지(마 13:33) 그리고 불법의 사람이 나타날 때까지(살후 2:2 이하) 임하지 않는다. 주님은 시간을 측정하는 데 있어 우리와 다른 규범을 소유하고 계시기 때문에 한 날이 그에게 천 날과 같고 천 날은 한 날과 같다. 주님의 지연(postpoenment)은 한 사람도 잃지 않고 오히려 모든 사람이 회개에 이르도록 하기 위하여 오래 참기 때문이다(벧전 3:8-9).

성경이 그리스도의 임하심 사이에 개입하는 기간에 관한 다양한 언급들을 통하여 우리를 가르치고자 하는 바는 초림과 재림은 서로 밀접하게 관계된다는 사실이다. 아버지께서 그리스도께 행하라고 당부하신 그 사역은 오직 하나이며 그 사역은 모든 시대에 뻗쳐 있고 인류의 전 역사를 구성한다. 그 사역은 영원에서 시작되었고 시간 내에서 계속되며 다시 영원에서 마감될 것이다.

그리스도가 지상에서 육체 가운데 사신 짤막한 기간은 그리스도가 주와 또 왕으로 임명되신 시대들 중 아주 작은 부분에 불과하다. 그리스도는 자신의 수난과 죽음으로서의 기간 동안에 성취하신 것을 자신의 말씀과 성령을 통하여 승천의 시점 이후로 그의 교회에 계속 적용하고 계시며 또한 재림 시에 그 성취하신 바를 완성하실 것이다. 참으로 그리스도는 그분 자신에게 더 가까이 가기 위하여, 계속하여 그들과 긴밀하게 관계하기 위하여 또한 언제나 그들 가까이 머물기 위하여 하늘로 승천하셨다.

그리스도가 육체 가운데 각종 현시들과 지침들을 전달하기 위하여 임하셨던 구약시대와 마찬가지로 현재에도 심판과 분리―그리스도가 인간 세상에 자신의 말씀과 성령을 통하여 가져 오신 심판과 분리―를 수행하기 위하여 그의 재림을 바삐 준비하고 계신다. 신약의 신자들이 증언하고 있는 바는 그리스도의 연속적인 임하심이다. 그들은 하나님의 능력의 우편에 좌정하시고 또한 하늘 구름을 타고 임하시는 인자를 볼 것이다(마 26:64). 그들은 그리스도의 말씀의 설교와 성령의 역사 안에서 그리스도의 임하심을 본다(요 14:18-20과 16:16, 19 이하). 그리스도가 한 번 지상에 임하셨다고 말하는 것은 참이 아니며 오히려 그분은 계속적으로 임하시며 또한 현재 임하시는 자요 미래에 임하실 자라고 말하는 것이 참이다(히 10:37과 계 1:4, 8).

이런 이유로 인하여 신약의 신자들은 대단한 열망을 가지고 그리스도의 재림을 기대하고 있다. 구약의 성도들과 마찬가지로 신약의 성도들도 죽음 안에서 이루어지는 개인적인 종말에 관하여 생각하거나 언급하는 사례가 거의 드물었다. 그들의 모든 기대는 그리스도의 재림과 하나님 나라의 성취에 있었다. 그들은 자신들이 성취의 시대에, 구약의 예언이 위대하고 화려한 주님의 날로 묘사하고 있는 시대에 또한 그리스도의 승천으로부터 재림에까지 뻗어 있는 시대에 살고 있다는 것을 분명하게 인식하였다.

그들이 생각하기에 그 재림의 임박함은 다만 자신들이 재림을 기다리고 있다는 그 절대적인 확실성에 대한 또다른 표현일 뿐이었다. 그들의 강한 신앙은 흔들리지 않는 소망의 뿌리였다.

예수께서 그 제자들과 함께 체류할 당시에 믿음과 사랑에 관하여 많은 언급을 하셨지만 소망에 관해서는 거의 언급하지 않으셨다. 왜냐하면 그 당시 제일 중요한 것이 제자들의 관심이 예수의 인격과 사역에 고정되어야만 했기 때문이다. 그러나 예수는 자신의 부활과 승천, 성령의 보내심과 영광 중의 재림에 관하여 많은 약속들을 하셨다.

그리스도의 수난과 죽음을 통하여 제자들은 잠시동안 기가 꺾이고 자신들이 기대했던 것들이 무너지자 크게 실망하였으나 그리스도의 부활을 통하여 산 소망으로 다시 거듭났다(벧전 1:3과 21). 그리스도 자신은 이제 그들의 소망이며 또한 그들의 모든 기대들의 대상이며 내용이다(딤전 1:1). 그리스도는 재림하실 때 자신의 모든 약속들을 성취하시며 그 고백자들에게 완전한 구원과 영생을 허락할 것이다. 그러므로 그들은 소망 가운데 살며 또한 그들의 위대하신 하나님과 구원자 예수 그리스도의 영광의 복된 소망과 나타남을 끊임없이 기대한다(딤전 2:13). 그리고 이 기대는 허무한 데 굴복하여 탄식하는 전 피조물에 의해서도 공유되고 있으며 또한 그 피조물들은 썩어짐의 종노릇에서 해방되어 하나님 자녀들의 영광의 자유에 들어가기를 원한다(롬 8:21).

그럼에도 불구하고 신약의 신자들이 비록 실제적으로 그리스도의 재림에 그들의 모든 관심을 두었다 할지라도, 확실한 세부적인 내용들은 죽음의 상태에 관하여 빛을 던져주는 신약성경 안에서 그들 나름의 해석을 통해 주어진다. 로마교회에 따르면 지상에서 성도나 순교자들이 아무리 선행을 많이 해도 그들이 사망 시에 곧장 천국으로 올라갈 수는 거의 없다고 한다. 이 견해에 따르면 신자들의 대다수가 사망 시에 자신들의 죄로 말미암아 이 지상의 삶에서 더 이상 치를 수 없었던 세상의 형벌을 받기 위하여 연옥(purgatory)에서 다소간의 기간을 보내야만 한다는 것이다.

연옥은 그러므로 불신자들과 불경건한자들에게 여전히 구원얻을 수 있는 기회가 주어지는 회개의 장소가 아니다. 왜냐하면 불신자들과 불경건한 자들은 즉시 지옥으로 내려가기 때문이다. 그곳은 참으로 정화와 성화의 장소가 아니다. 왜냐하면 연옥에 내려가는 신자들은 어떤 우월성이나 혹은 공로를 성취할 수 없기 때문이다. 오히려 연옥은, 한편으로는 축복받은 영혼이 거하는 처소이고, 다른 한편으로는 빈곤한 영혼을 소유한 신자들이 그들의 세상적인 형벌의 양이 채워지기까지 물리적인 불에 의하여 오랜 기간 동안 처벌받는 형벌의 장소이기도 하다.

그러므로 로마교회에 따르면 지상의 전투적인 교회와 천상의 승리적인 교회 외에도 연옥의 수난을 받는 교회가 존재하는 것이다. 사람들은 기도, 선행, 금욕 그리고 특히 특별한 미사의 헌금을 통하여 연옥에 있는 자들을 도울 수 있으며, 또한 연옥에 있는 자들은 신자들보다 우월하고 구원에 더 가까이 있기 때문에, 이들은 천상의 천사들이나 성도들처럼 도움과 원조를 위하여 부름을 받을 수 있다.

로마교회의 신앙고백을 적절히 이해하지 못하기 때문에, 많은 자들이 이 연옥교리를 종종 과도하게 예찬하거나 사후에 신자들의 계속적인 정화를 변호하기 위하여 이 교리를 사용한다. 이런 사람들은 죽는 그 순간까지 불완전할 뿐 아니라 모든 악에 치우칠 경향이 있는 믿는 성도들이 죽음과 동시에 모든 죄로부터 구원을 받으며 천국으로 갈 준비가 되어있음을 도무지 이해하지 못한다. 그리고 다른 어떤 이들은 이보다 훨씬 못한 생각을 갖고 있는데 그들은 진화의 개념을 사후의 세계에도 역시 적용시키며 또한 모든 사람들은 그 누구도 예외없이 그들의 지상에서 그리고 아마 또한 전생에서 시작한 직선적인 삶을 내세에서도 계속한다는 식으로 이 문제를 설명한다. 그러므로 죽음은 이생과의 절교가 아니며 또한 죄에 대한 형벌이 아니라, 다만 유충이 나방이 될 때처럼 한 종류의 존재상태에서 다른 종류의 존재상태로 이전하는 것이다. 그리고 이 진화론은 만물이 다시 바르게 정착되거나 혹은 무(nothingness)로 돌아갈 때까지 그렇게 오랫동안 계속될 것이다.

그러나 성경은 위로를 주지 못하는 이 모든 교훈을 전혀 알지 못한다. 성경은 이 지상이 회개와 정화를 위한 유일한 장소임을 여러 곳에서 진술하고 있다. 그 어느 곳에서도 사후 저편에서의 복음전파에 관한 언급을 찾아 볼 수 없으며 또한 마태복음 12:32; 베드로전서 3:18-22; 베드로전서 4:6도 마찬가지이다. 죄에 대한 형벌로서의 죽음은 지상의 삶과의 완전한 단절이며 최후의 심판 시에 있을 연옥과 같은 중간기가 있음은 결코 고려될 수 없다. 심판은 선행이든 악행이든 오직 육체 가운데서 일어났던 것과 관계된다(고후 5:10). 그러나 그리스도를 신앙하는 자들에게 죽음과 심판 양자는 더 이상 공포의 대상이 아니다. 왜냐하면 예수 그리스도 우리 주를 통하여 하나님과 교제함으로 인해 죽음은 더 이상 죽음이 아니기 때문이다. 하나님이 은혜 안에서 자신의 백성들과 설정하신 언약은 완전한 구원과 영생을 보증하신다. 하나님은 죽은 자의 하나님이 아니요, 다만 산자의 하나님이시다(마 22:32). 그리스도를 믿는 자는 비록 죽었음에도 불구하고 살아 있으며 또한 살아서 그를 믿는 자는 영원히 죽지 않으며(요 11:25-26), 심판에 이르지 아니 하나니 이는 죽음에서 생명으로 옮겨졌기 때문이다(요 5:24).

그러므로 사망 시에 신자들의 영혼은 즉시 그리스도와 함께 천국으로 올라간다. 만약 칭의와 성화가 인간의 역사이고, 자신의 힘과 인간에게 부어진 초자연적인 은혜의 힘에 의하여 성취되는 것이라면, 인간이 이생의 짧은 기간 내에 이 역사를 성취한다는 것은 도저히 이해될 수 없다. 그러므로 이렇게 생각하는 자들은 연옥과 사후의 계속적인 정화의 개념을 상정하게 되는 것이다. 그러나 그리스도는 자기 백성들을 위하여 모든 것을 성취하셨다. 그리스도는 그 백성들을 위하여 형벌을 당하시고 또한 그들의 모든 죄를 완전히 사유하셨을 뿐만 아니라, 그들 대신에 율법을 성취하셨고 썩지 아니하는 영생을 가져오신 것이다.

믿는 자들은 즉시 하나님의 저주로부터 구출받으며 영생의 상속자가 되는 것이다. 믿는 바로 그 순간에 그에게 천국이 예비된다. 만약 신자가 지상에 남아 있다면 그것은 그가 더 완전해져야만 하고 선행을 통하여 영생을 얻어야만 하기 때문이 아니고, 오히려 그 이유는 하나님께서 작정하신 선을 행하게 하기 위해, 즉 형제들을 돕기 위해서이다(빌 1:24과 엡 2:10). 심지어 사람이 여전히 이 지상에서 겪어야 하는 고난도 처벌이나 형벌이 아니고 오히려 인간의 성질을 고치는 연단이며(히 12:5-11), 또한 그리스도의 남은 고난을 그의 몸된 교회를 위하여 자신의 육체에 채워서 교회를 진리 가운데 세워서 건축하기 위해서이다(골 1:24).

그러므로 그리스도의 완전한 역사에 근거하여 천국은 신자들에게 사후에 즉시 열려진다. 신자들은 그들 자신의 죄 때문에 연옥에서 더 이상 벌을 받지 않아도 된다. 왜냐하면 그리스도는 모든 것을 완성하셨고 또 모든 것을 성취하셨기 때문이다. 누가복음 16장의 비유에 따르면 가난한 나사로는 죽음 즉시 아브라함과 함께 교제하며 영원한 복을 누리기 위하여 천사들에 의하여 아브라함의 품으로 옮기워졌다. 예수께서 십자가에 죽으셨을 때 자신의 영혼을 아버지의 손에 맡기셨으며 또한 바로 전에 그 강도에게 오늘 자신과 함께 낙원에 있으리라고 약속하셨다(눅 23:43, 46). 기독교 최초의 순교자, 스데반은 돌로 맞아 쓰러질 때 주님께 외쳤으며 또한 자신의 영혼을 받아 달라고 주님께 기도했다(행 7:59).

바울은 육신의 장막이 무너질 때 그리스도와 함께 있으며 주와 함께 거한다는 사실을 확신했다(고후 5:8과 빌 1:23). 계시록 6:8과 7:9과 기타 여러 구절에 의하여 순교자들과 천상의 구원받은 자들은 하나님의 보좌 앞과 어린양 앞에 있으며 흰 두루마리를 입고 그들의 손에는 종료나무를 들고 있다. 축복받은 자들은 이 시간 이후로 주 안에서 죽은 자들이며 그들은 땅에서 행하던 모든 수고로부터 그리고 그들을 늘 따라다니던 일들로부터 안식을 얻게 되며, 또한 그리스도의 재림까지 항상 그리스도와 함께 살며 통치한다(계 20:4, 6).

비록 신자들이 죽는 즉시 그들의 영혼에 걸맞는 천상의 축복을 분배받는다고 할지라도 그들의 상태는 어떤 의미에서 여전히 예비적이고 여전히 불완전하다. 결국 그들의 몸은 여전히 무덤 안에 있으며 부패에 예속되어 있으며 또한 영혼과 몸이 여전히 분리되어 있고 영혼과 몸이 서로 연합된 상태로 영적인 축복에 참여하지 못한다. 그러므로 전체적으로 고려한다면 신자들은 이 중간기에 여전히 자신들이 죽음의 상태에 있음을 알게 되는데, 이는 예수의 영혼이 비록 낙원에 올라갔음에도 불구하고 그가 죽으시고 그의 부활이 이루어지기 전에 계속 죽음의 상태에 계셨던 것과 마찬가지이다. 따라서 죽음 상태에 있는 신자들은 그리스도 안에서 자는 자들 혹은 그리스도 안에서 죽었던 자들로 불려지며 (살전 4:14, 16과 고전 15:18), 그들의 죽음은 자는 것으로(요 11:11과 고전 11:30) 또한 썩음을 당한 것으로(행 13:36) 불려진다. 이 모든 것을 통해 볼 때 중간기 상태는 아직 최종적인 상태가 아님을 증명하는 것이다.

그리스도는 완전한 구원자이기 때문에 영혼의 구원만으로 만족하지 않으시고 몸의 구속까지도 이루신다. 그러므로 하나님 나라는 오직 그리스도가 모든 정사와 권세와 능력을 진압하고 모든 원수들을 자신의 발 앞에 두고 최후의 원수인 사망을 정복하게 될 때 완성된다(고전 15:24-26).

따라서 천상에서나 지상에서나 마지막 일침을 가하게 되어 완전한 승리를 성취하게 되는 그 미래를 향한 열망이 존재한다. 천상의 순교자들의 영혼은 큰 목소리로 외치기를, "거룩하고 참되신 대 주재여 땅에 거하는 자들을 심판하여 우리 피를 신원하여 주지 아니하시기를 어느 때까지 하시려나이까"(계 6:10), 그리고 지상에 있는 성령과 신부가 말씀하시기를, "주 예수여 오소서, 속히 오소서!"(계 22:17)라고 외친다.

그리고 이뿐만 아니라 그리스도 자신이 자신의 임하심을 준비하며 지상과 천상에서 그 임하심을 준비한다. 아버지의 집에서 그리스도는 그 백성들의 처소를 예비하시며 또한 그가 그 집을 예비하시면 다시 와서 그 백성들을 자신에게 인도하여 그가 계신 곳에 그들도 역시 있게 하실 것이다(요 14:2-3). 그리고 지상에서 그리스도는 모든 택한 자들을 모으고 모든 그의 원수들을 정복하실 때까지(고전 15:25) 교회 안에서는 그의 은혜로, 그리고 세상에서는 그의 권세로 통치하신다. 그리스도는 쉬지 아니하시고 항상 역사하시며 그의 역사 안에서 이 사실을 역시 다음처럼 표현하셨다. 보라 내가 속히 오리니 내가 줄 상이 내게 있어 각 사람에게 그의 일한 대로 갚아 주리라(계 22:12-20).

예수의 승천과 재림 사이에 개입되는 세계의 역사는 그리스도의 계속적인 임하심이며 지상교회의 점진적인 성장이며 그 원수들의 계속적인 복종이다. 종종 우리는 이 사실을 목격하지 못하고 이 사실을 이해하지 못하지만 그리스도는 사실 모든 시대의 주인이시요 모든 세대의 왕이시며 알파와 오메가요, 처음과 나중이요, 시작과 끝이시다(계 22:13). 왜냐하면 아버지는 아들을 사랑하셨기에 아들 안에서 세상을 창조하셨고 또한 교회와 그에게 주신 자들을 선택하여 아들에게 주신 그분의 영광을 목격하도록 하셨기 때문이다(요 17:24).

그러므로 하나님 나라의 완성은 인격의 점진적인 발전의 결과가 아니며 또한 인간의 노력의 산물도 아니다. 왜냐하면 하늘나라가 비록 겨자씨와 누룩과 한 알의 밀알과 같을지라도 그럼에도 불구하고 그것은 인간의 지식과 공헌이 없이도 성장하기 때문이다(막 4:27). 바울은 심었고 아볼로는 물을 주었으나 오직 하나님은 자라나게 하신다(고전 3:6). 성경은 자충족적인 성격을 가진 자율적인 인간에 관하여 전혀 알지 못하며, 다만 언제나 세계를 유지하고 역사를 만드는 이는 오직 하나님이시라는 사실만을 기록한다.

특별히 마지막이 가까이 오면 그리스도는 예외적인 방식으로 역사 속에 개입하시고 그리스도의 출현에 의하여 역사를 여전히 지속하게 하시고 시간이 영원으로 넘어가도록 역사하신다. 아버지에 의해 보내심을 받은(행 3:20과 딤전 6:15) 그리스도가 하늘 구름을 타고 나타나실 때 이것은 두려운 사건이 될 것이다. 그리스도께서 지상을 떠나 하늘로 올라가셨던 것처럼 그는 재림 시에도 그렇게 하늘로부터 지상으로 임하실 것이다(빌 3:20). 승천 시에 구름이 그리스도를 제자들의 시야에서 가리웠고 또한 승리의 마병처럼 그리스도 주위에 구름이 운집함으로써 그분은 지상에 귀환하실 것이다(마 24:30과 계 1:7). 그리스도가 지상에 초림하실 때는 종의 형상이셨지만 재림 시에 그리스도는 큰 능력과 영광을 가지고 만왕의 왕으로 그리고 만주의 주로서 백마를 타시고 입에서 나오는 날센 검으로 천사들과 성도들에 의해 둘러쌓여 임하실 것이다(마 25:31; 살전 3:13과 계 13:14). 그리고 그리스도는 천사장의 소리와 천사들의 나팔소리로 호위를 받을 것이다(마 24:31; 고전 15:52과 살전 4:16).

그리스도가 나타나실 때의 엄위와 영광의 인상을 우리에게 주기 위하여 성경은 우리가 이해할 수 있는 모든 단어와 상징들을 사용하고 있고 또 사용해야만 한다. 그리고 우리는 실재 그 자체와 실재에 관하여 주어지는 그 상징 사이를 구별하는 것이 종종 어려울 때가 있다. 그러나 대부분은 다음처럼 매우 확실하다. 그리스도는 다시 오실 것이며 그는 동정녀에게서 나시고 본디오 빌라도에게 고난받으시고 십자가에 죽으시고 승천하시는 그리스도와 동일하시지만 재림 시에는 영광중에 신자와 죽은 자를 심판하시기 위하여 오실 것이다. 강림하시는 그리스도는 하늘 위로 승천하신 그리스도와 동일하시며 또한 만물을 완성하실 것이다(엡 4:10).

신분을 낮추시고 비하하신 그리스도를 하나님이 지극히 높이시고 또한 모든 이름 위에 뛰어난 이름을 주사 예수의 이름으로 땅 아래 있는 것이나 땅 위에 있는 것이나 하늘에 있는 것이나 하늘에 있는 자들로 모든 무릎을 꿇게 하시고 모든 입으로 예수 그리스도를 주라 시인하여 하나님 아버지께 영광을 돌리게 하시는 자와 동일한 분이시다(빌 2:6-11). 많은 사람의 죄를 담당하시려고 단번에 희생하신 그리스도는 구원에 이르게 하기 위하여 죄와 상관 없이 자기를 바라는 자들에게 두번째 나타나시리라(히 9:28). 마라나타(Maranatha)는 교회의 위로이며, 또한 영원부터 교회를 사랑하시고 그 교회를 위하여 자신을 죽음에 내어주신 그리스도는 교회를 자신에게로 취하고 또한 교회로 하여금 자신의 영광을 영원히 나누게 하기 위하여 재림하실 것이다. 교회의 구원자와 심판자는 동일한 한 인격이다.

그러나 신자들의 위로는 전천년설 교리의 주창자들인 소위 천년왕국주의자들에 의해 현저하게 바뀌게 되었다. 그들은 그리스도의 귀환을 일차 귀환과 이차 귀환으로 구분한다. 일차 귀환 시에 그리스도는 적그리스도 세력을 정복하고 사단을 결박하고 신자들을 죽음에서 일으키며, 교회 특히 참회하는 이스라엘의 교회를 모으시고 이 교회 안에서 그리고 이 교회를 통하여 나라들을 다스릴 것이다. 이 나라가 얼마간의 시간동안 존재하고 사단이 다시 풀려난 후에 그리스도는 다시 한 번 귀환하셔서 죽은 자들로부터 모든 사람을 일으키고 그들에게 심판을 인도하시고 또한 새 땅 위에 완전한 하나님 나라를 건설하실 것이다.

두 종류의 그리스도의 귀환 사이의 이 구별로 인하여 세계역사의 마지막은 긴 시간 동안 연기되었다. 그리스도가 하늘 구름을 타고 귀환하실 때 시대의 마지막은 아직 임하지 않았으며 다만 주권과 능력, 영적이고 물질적인 축복의 예비적인 기간, 천년 왕국주의자들 자신들도 그 명확한 개념을 확정하기가 어려운 그 기간에 관하여 그들 사이에 심각한 의견의 차이가 존재한다.

이 천년 왕국 교리가 진리로부터 이탈된 근본적인 오류는 구약과 신약성경 사이의 관계에 대한 잘못된 개념 때문이다. 아브라함과 그의 후손을 선택하신 것은 미래의 어느 날에 혹은 심지어 완성된 하나님의 나라에서 이스라엘 민족을 만방의 머리로 삼으시려는 목적 때문이 아니라, 오히려 아브라함의 진정한 후손이신 그리스도 안에서 땅의 모든 족속에게 복을 주시기 위함이었다(갈 3:16; 창 12:32 그리고 갈 3:8, 14).

이스라엘은 인류를 희생시키기 위해서가 아니라 오히려 인류의 유익을 위해서 선택되었다. 따라서 그리스도가 지상에 현현하셨을 때 구약의 모든 약속들은 그의 교회 안에서 성취되기 시작했다. 이 약속들은 신약시대를 걸쳐 단지 성취를 정적(情的)으로 기다리는 것이 아니라, 그리스도의 초림과 재림 사이에 끊임없이 성취되는 것이다. 그리스도는 그 인격 안에서 참 선지자요 제사장이요 왕이시고 주의 참된 종이시며, 그리스도의 제사는 진정한 속죄제요 진정한 할례요 진정한 유월절이며(롬 3:25과 고전 2:11 등), 또한 그리스도의 교회는 아브라함의 진정한 후손, 진정한 이스라엘, 진정한 하나님의 백성, 진정한 성전 또한 진정한 시온이다. 아브라함의 모든 축복들과 구약성경의 모든 약속들은 그리스도 안에서 교회에게 적용되었으며 몇 세기의 과정을 통해 교회 안에서 적용된다(롬 9:25-26; 11:7; 고후 6:16-18; 갈 3:14, 29 등).

그러나 그리스도의 생이 비하와 승귀의 신분으로 구분된 것처럼 그리스도의 교회와 모든 신자들도 역시, 고난의 학교를 통하지 않고는 영광의 나라에 입성할 수가 없다. 로마교회가 주장하는 것처럼 연옥의 수난받는 교회는 별도로 존재하는 것이 아니며 수난 받는 교회는 지상에 있는 전투적인 교회와 동일한 것이다. 신약성경 중 어느 부분을 읽어 보아도 신자들이 다시 한 번 연옥에 가서 능력과 주권을 행세하게 될 것이라는 기대를 갖게 하는 부분은 없다. 반대로 제자는 선생보다 크지 못하며 또 종이 주인보다 크지 못하며, 만약 세상이 예수를 핍박했다면 예수의 제자들도 핍박하지 않겠는가?(요 15:19-20) 세상에서 제자들은 핍박을 받을 것이다(요 16:33). 그리고 오직 도래하는 시대에 그들은 영생을 받을 것이다(막 10:30).

왜냐하면 만약 그들이 그리스도와 함께 고난을 받는다면 또한 그리스도와 함께 영광도 받을 것이기 때문이다(롬 8:17).

사실상 신약성경은 반복적으로 말세에 사악함이 증가하고 배도가 더 무성해질 것이라고 기록하고 있다(마 24:37 이하; 눅 17:26 이하; 18:8). 그리스도의 날 이전에 발생하는 것은 큰 배도, 불법의 사람과 적그리스도의 출현이며(살후 2:3 이하), 이 적그리스도는 많은 거짓 선지자들과 거짓 그리스도들에 의해 미리 준비되는 것이 사실이지만 최후에 그 자신만이 나타날 것이며, 또한 그는 세상나라 안에(계 11:7, 13 그리고 1-10절에서 기록된 바다와 무저갱에서 나오는 짐승) 모든 자신의 능력을 집중시킬 것이며, 거짓 종교들(계 13:11-18에 기록된 땅에서 올라오는 짐승)에 의해 지원을 받게 되어 바벨론 안에 자신의 보좌를 베풀 것이며(계 17장과 18장), 그 이후에 그리스도와 그의 나라에 마지막 치명적인 공격을 퍼부을 것이다.

그리스도는 자신의 영광 중의 출현을 통하여(계 19:11-16) 바다와 땅에서 올라온 짐승의 권세를 무효화시키고(계 19:20) 또한 사단을 정복한다. 그러나 이 마지막 사건은 다음처럼 두 가지 측면을 가진다. 첫째, 기독교인들을 미혹하던 사단이 사로잡혀 결박될 것이며(계 20:1-3; 12:7-11과 비교하라), 그 후에 땅의 사방에 거하는 나라를 미혹하는 자로서의 사단도 결박된다(계 20:7-10). 예수의 증언과 하나님의 말씀으로 인해 죽음을 당한 신실한 신자들은 줄곧 왕들로서 하늘에서 그리스도와 함께 살고 다스리게 되는 반면에(계 20:3-4에서 천년으로 상징적으로 묘사된 기간), 사단은 이 기간 동안 교회가 퍼져 있는 나라들로부터 추방당하게 되고 또한 이교도들의 중심지에서 하나님의 나라를 대적할 새로운 세력을 규합하게 될 것이다(계 20:4과 2:26과 비교, 그리고 3:21).

첫 부활은 그리스도와의 동행적인 삶과 다스림으로 구성되어 있고, 짐승과 그 형상을 따르던 다른 죽은 자들은 살지 못하고 다스리지도 못하지만 첫번째 부활에 참여한 자들은 살아서 다스리며 둘째 사망, 즉 지옥의 형벌을 두려워하지 않으며 언제나 하나님과 그리스도의 제사장이 되며(계 20:6), 또한 부활과 세상의 심판 후에 그들은 새 예루살렘의 시민으로 인정받게 된다.

그리스도의 출현 이후에 죽은 자의 부활이 뒤따른다. 비록 죽은 자의 부활이 일반적으로 하나님께 귀속된다고 할지라도(고전 6:14과 고후 1:9), 그럼에도 불구하고 이 역사는 특별히 아버지께서 생명을 주어 그 속에 있게 하시고(요 5:26), 그 자신이 부활이요 생명이고(요 11:25), 또한 그의 음성을 통하여 죽은 자들을 무덤에서 일으키는 권세를 부여받은(요 5:28-29) 아들의 역사시다. 이 모든 사실을 여기에서 뿐만 아니라 기타 여러 구절에서 명백히 가르치고 있기 때문에(단 12:2; 마 10:28; 행 24:15과 계 20:12-13), 불의한 자뿐만 아니라 의로운 자를 포함하는 모든 인간의 부활이 있게 된다.

그럼에도 불구하고 양자 사이에는 큰 차이가 존재한다. 전자의 부활은 예수 그리스도의 능력과 의의 증거이며, 후자의 부활은 그리스도의 자비와 은혜의 현현이다. 전자는 단지 영혼과 몸의 재연합으로 구성되어 있고 또한 심판이 발생되지만(요 5:29), 두번째 부활은 생명에 이르는 부활이요 모든 인간의 깨어남이요 그리스도와의 교제 안에서 또한 그리스도의 성령을 통하여 영혼과 몸이 갱신되는 부활이다(요 5:29; 롬 8:8과 빌 3:21). 이것은 두 부활의 시점이 다르다는 것과 의로운 자의 부활이 불의한 자의 부활에 비해 다소 앞선다는 것을 의미하지 않으며, 다만 전자의 성격과 특징이 후자의 것과 매우 다르다는 것을 말해 주는 것이다. 오직 첫번째 부활은 축복받은 부활이며 그리스도의 부활에서 그 원인과 확실성을 가지며 또한 그리스도는 죽은 자의 첫출생, 첫열매이어서 그리스도의 재림 시에 그리스도 안에 있는 자들은 그리스도를 뒤따르게 된다(고전 15:20-23).

이 부활에서 인격, 즉 영혼과 몸의 통일은 보존된다. 이 사건이 죽음의 두려운 대이변을 통하여 어떻게 발생하게 되는지를 우리는 알지 못한다. 그러므로 많은 사람들은 몸의 부활을 거절하고 사후에 영혼이 다른 육체, 즉 인간의 몸이나 혹은 동물의 몸, 더 정교한 몸이나 혹은 조잡한 몸을 취하게 될 것이라고 주장한다. 그러나 이런 주장을 함으로써 이 사람들은 영혼의 통일성의 보존 문제가, 그것이 비록 종류는 다르다고 하더라도, 근본적으로 동일한 엄청난 난제에 부딪힘을 망각하고 있다. 그러므로 많은 사람들은 다만 인간의 영혼이 의식의 통일성이 보존되지 않은 채 계속 생존한다는 의미에서 영혼의 불사성을 가르친다. 그러나 이 견해는 불사성을 사칭한 것에 불과한데, 왜냐하면 만약 자의식과 기억이 죽음과 동시에 완전히 사라져 버린다면 계속 생존하는 그 인간은 더 이상 지상에서 살았던 자와 동일한 자가 아니기 때문이다.

그러나 인간 존재의 자의식은 영혼뿐만 아니라 육체의 물질도 포함한다. 몸은 영혼의 감옥이 아니라 인간 본질에 속한 것이다. 이것이 완전한 구원자이신 그리스도에 의하여 영혼뿐만 아니라, 육체까지도 구속받아야 할 이유가 된다. 전 인간이 하나님의 형상대로 창조되었을 뿐 아니라 또한 그 전 인간이 부패한 인간이 되었다. 그러므로 전 인간이 그리스도에 의하여 죄와 사망으로부터 구속받아야 하며 하나님의 형상을 따라 재창조되어야 하며 또한 그리스도의 나라로 안내 받아야 한다. 그러나 신자들이 부활 시에 받은 몸은 외적인 형태나 우연적인 특징들이나 물질적인 성질에서가 아니라, 다만 그 본질에 있어서 땅의 몸과 부합되는 것이다. 그 몸은 자연적인 몸이 아니라, 물리적인 몸이다. 그 몸은 성적인 생활(마 22:30), 먹는 것과 마시는 것(고전 6:13)을 초월하여 양육받는다. 그 몸은 불사적이며, 불부패적이고, 영화되며, 영광스러워지며(고전 15:42-44) 또한 그리스도의 부활체와 같다(빌 3:21).

이 부활은 심판 이전에 일어난다. 하나님이 처음부터 여자와 뱀 사이에 증오관계를 설정하셨기 때문에, 사람들은 여자의 후손과 뱀의 후손 사이에서 커다란 분리를 경험하게 된다(창 3:15). 구약성경에서 이 분리는 셋과 가인, 셈과 야벳, 이스라엘과 나라들 사이를 분리시켰고 또한 이스라엘 자체 내에서도 약속의 자녀들과 육체의 자녀들을 분리시켰다. 그리스도는 지상에 임하셨을 때 그의 초림이 정죄의 목적이 아니라 세상을 구원할 목적을 지녔음에도 불구하고(요 3:17), 그리스도는 이 분리를 확인시키셨고 더 예리하게 하셨다. 그리스도의 말씀과 인격을 통하여 그분은 사람들 중에 심판과 분리를 가져오셨다(요 3:19-21). 이 분리는 심판을 통하여 현재까지 계속되고 있으며 또한 그것은 마지막 심판 시에 최고 절정에 이를 것이다.

사실상 모든 백성들, 족속들, 가족들과 사람들의 역사를 통하여 심판이 수행되어 왔다. 만약 인간 마음의 비밀한 부분이 우리에게 알려진다면 우리는 그 것에 대해 훨씬 더 많이 알게 되고 또한 더 깊이 그것을 확신할 것이다. 그럼에 도 불구하고 세계역사는 그 최초의인 심판이 아니다. 역시 많은 부정들이 아직 처벌받지 않았으며, 너무 많은 선행들이 보상받지 못했으며 또한 우리의 양심은 이 점에 관한 한 현세대에 만족할 수 없다. 인류의 지성과 마음, 이성과 양심, 철학과 종교, 세계의 전체 역사는 최종적이고 외롭고 명확한 심판을 요청하고 있다.

성경의 증언에 따르면, 우리가 움직이는 방향은 심판을 향해서라고 한다. 한 번 죽는 것은 사람에게 정하신 것이요 그 후에 심판이 있다고 한다(히 9:27). 비록 하나님만이 유일하게 율법의 수여자요 만민의 심판자라 할지라도 (창 18:25; 시 50:6; 사 33:22과 약 4:12), 최후의 심판은 그럼에도 불구하고 아버지로부터 위임받은 인자되신 그리스도에 의해 더 특별히 수행된다(요 5:22; 행 10:42; 17:31과 롬 14:9). 산 자와 죽은 자의 심판은 중보자로서의 그리스도 사역의 완성이며 승귀의 마지막 단계이다.

이 심판을 통해 그리스도는 아버지께서 그에게 행하라고 주신 모든 일을 완전히 성취하시며 또한 그리스도는 발등상 아래 그 모든 원수들을 두시고, 또 한 완전히 그리고 영원히 그의 전체 교회를 구속하셨다는 사실을 명백히 나타내신다.

그리스도가 심판을 행사하실 때, 우리는 또한 그것이 어떤 종류의 심판인가를 안다. 즉 자비로우며 또한 은혜로우며 동시에 절대적으로 정의로운 심판이다. 그리스도는 인간의 본성과 그 안에 있는 모든 것을 알고 있으며, 마음의 비밀스러운 부분을 알고 그 안에 있는 모든 악과 탈선을 발견하며, 또한 인간 안에 존재하는 지극히 적은 부분의 믿음과 사랑까지도 볼 수 있기 때문이다. 그리스도는 외모를 따라 심판하지 않으시며 또한 인간을 존중하지도 않으시며 단지 진리와 의에 따라 심판하신다.

그리스도는 규범으로서 율법과 복음을 사용하여 인간의 행위(마 25:35 이하), 인간의 말(마 12:36)과 인간의 생각(롬 2:16과 고전 4:5)을 심판하실 것이다. 왜냐하면 아무것도 숨기지 못할 것이며 모든 것이 계시되기 때문이다(마 6:4과 10:20). "내가 당신을 사랑하는 줄 당신이 아시나이다"라고 말하는 베드로처럼 말하는 모든 자에게 이 심판은 위로의 원천이다. 그러나 그리스도가 그들의 왕됨을 원치 아니하는 자들에게 이 심판은 두려움과 무서운 공포의 원천이다.

이 심판은 인간들 사이의 완전하고 영원한 분리를 동반한다. 마치 이스라엘 중에서 "너희가 말로 여호와를 괴로우시게 하고도 이르기를 우리가 어떻게 여호와를 괴로우시게 하였나 하는도다 이는 너희가 말하기를 모든 행악하는 자는 여호와의 눈에 선히 보이며 그에게 기쁨이 된다 하며 또 말하기를 공의의 하나님이 어디 계시냐 함이니라"(말 2:17)라고 말하는 자들이 존재했던 것처럼, 최후의 심판은 존재하지 않는다고 하며, 이생 후에 그리고 세계역사의 결국 후에도 회개의 가능성이 열려 있으므로 결국 모든 인간들 심지어 마귀들까지도 구원에 동참한다고 하며, 혹은 죄 가운데서 계속해서 스스로 강퍅케하는 불경건한 자들은 영원히 멸절된다고 하는 사상하에서 잘난척하는 사람들이 현재도 존재한다.

그러나 양심과 성경이 동시에 이 공허한 상상에 관하여 이의를 제기한다. 심판의 밤에 두 사람이 한 침대에 누워 있다가 한 사람은 데려감을 받고 다른 사람은 남겨질 것이며, 두 사람이 밭에서 일을 하다가 한 사람은 데려감을 받고 다른 사람은 버려둠을 당할 것이다(눅 17:34-36). 의로운 자들은 영생에 들어가지만 불경건한 자들은 영원한 고통에 넘겨질 것이다(마 25:46). 영광의 하늘이 존재하지만 동시에 버러지도 죽지 않고 불이 꺼지지 않는 곳(막 9:44), 슬피 울며 이를 가는 곳(마 8:12), 어두움과 부패와 죽음이 영원히 다스리는(마 7:13; 8:12과 계 21:8) 지옥, 즉 게헨나(Gehenna)도 존재한다. 그곳은 하나님의 저주가 최고의 공포 안에서 나타나는 처소이다(롬 2:8; 9:22; 히 10:31과 계 6:16-17).

그럼에도 불구하고 사악한 모든 자들에게 임하는 영원한 형벌 사이에 큰 차이, 즉 정도 혹은 강도의 차이가 존재한다. 모세의 율법을 알지 못하고 다만 본성으로 그들에게 알려진 율법을 대적하여 범죄한 이방인들은 그 같은 율법이 없이 망할 것이다(롬 2:12). 소돔과 고모라, 두로와 시돈이 심판 날에 가벼움과 예루살렘보다 더 견디기 쉬울 것이다(마 10:15과 11:22, 24). 주의 뜻을 알고도 행치 않는 자들은 두 배로 더 맞을 것이다(눅 12:47).

악한 영혼들 중에도 그 악행의 정도에 따라 구별이 이루어진다(마 12:45). 그러므로 모든 사람들은 자신이 행한 대로 그 상급을 받을 것이다(마 16:27; 롬 2:6과 계 22:12). 심판은 완전히 공정하기 때문에 아무도 어떤 이유로 그것을 비난할 수 없으며, 또한 그 자신의 양심은 그것을 인정해야만 될 것이다. 그리스도가 지상에서 다른 무기가 아닌 오직 영적인 무기로 싸우셨던 것처럼, 심판 날에도 자신의 말씀과 심판으로 모든 자의 의식 앞에서 자신을 스스로 의롭다 하실 것이다.

우리는 그리스도가 다른 방식이 아닌 오직 의로운 방식으로 전쟁을 수행하신 신실하고 참된 분이시며, 또한 그 입에서 나오는 날카로운 검이 말씀의 검이라는 사실을 안다(계 19:11, 15, 21). 그러므로 마지막 때에 의지적이든 비의지적이든 모든 무릎이 예수의 이름으로 꿇어질 것이며 또한 모든 입이 그리스도는 주라하여 하나님께 영광을 돌릴 것이다(빌 2:11). 사악한 자에 대한 형벌은 그 자체 안에서 최종적인 목적이 아니며 다만 그리스도의 승리 안에서 모든 원수들에게 현시되는 하나님의 영광이다. 죄인들은 지상으로부터 소멸될 것이며 악한 자들은 더 이상 존재하지 않을 것이다. 내 영혼아 여호와를 송축하라 할렐루야(시 104:35).

사악한 자들에 대한 마지막 심판과 추방 후에는 이 세상에 대한 갱신이 뒤따른다. 성경은 종종 이 부분에 대하여 아주 강한 어조로 이야기하며 그리고 하늘과 땅은 연기처럼 사라질 것이며 의복처럼 낡을 것이라고 우리들에게 이야기한다. 그런 까닭에 하나님께서 새 하늘과 새 땅을 창조하실 것이라고 이야기한다(시 102:27; 사 34:4; 51:6; 65:17; 66:22; 마 24:35; 히 1:11-12; 벧후 3:10; 12-13; 요일 2:17 그리고 계 21:1). 현재의 하늘과 땅의 형적은 다 지나가며(고전 7:31), 또한 홍수에 의해 멸망된 옛날의 땅과 같이 이것들도 불에 의해 태워지고 정화된다(벧후 3:6, 7과 10절)는 것은 사실이다.

그러나 인간 자신이 비록 그리스도에 의해 참으로 재창조되었으나 절멸이 아니라 이를 근거로 하여 다시 창조되었던 것처럼, 그 세계가 비록 그 형태상에 큰 변화를 겪어 새 하늘과 새 땅이라고 불리워질 수 있다고 할지라도 세계는 본질적으로 동일하게 보존된다. 이 세계 역시 완전히 변화하여 위대한 갱신의 날에 이르게 될 것이다(마 19:28).

그리고 이 새 창조에서 하나님은 그 나라를 건축하실 것이다. 그리스도는 중보자로서 그에게 행하라고 주어진 사역을 완성하셨고, 모든 원수를 발 아래 둘 때까지 왕노릇하실 것이며 또한 아버지께서 그에게 주신 모든 자들을 생명으로 일으키실 것이다.

이 일 후에 그리스도는 영원히 교회의 머리로 계실 것이며, 또한 그의 충만을 가지고 교회를 채우시고, 그 교회에 그 영광을 목도하도록 허락하실 것이다(요 17:24과 엡 1:23). 그럼에도 불구하고 그리스도의 구속 사역은 그 과정 중에 있으며, 그 나라를 성취하고 계시며 또한 현재 만물을 복종케 하시는 자들의 중보자로서의 자신을 복종시키기 위하여, 하나님께서 만유의 주로서 만유 안에 계시기 위하여 그 나라를 하나님께 바치신다(고전 15:24-28).

그 나라는 하늘과 땅으로 구성되어 있으며 또한 그 나라 안에 영적이고 물질적인 축복의 풍성함을 소유한다. 구약뿐만 아니라 신약성경도 성도들은 땅을 기업으로 얻을 것이라고 분명히 가르친다(마 5:5). 전 피조물이 언젠가는 부패의 썩어짐으로부터 구출받아 하나님의 자녀들의 영광스러운 자리에 이를 것이다(롬 8:21). 위에 있고 또한 하나님이 그 백성들과 함께 거하는 그 도시를 가르키는 하늘의 예루살렘은 땅에 임할 것이다(계 21:2). 하나님의 직접적인 임재 하에 있는 이 새 예루살렘에는 더 이상 죄도 어떤 병도 죽음도 존재하지 않고, 다만 영광과 불부패성이 물질 세계 안에서 역시 다스릴 것이다(고전 15:42-44; 계 7:16-17과 21:5). 이것은 또한 그 도시의 모든 시민들이 하나님과 교제 안에 참여하는 영원하고 거룩하고 축복된 삶에 대한 계시이다(고전 13:12; 요일 3:2; 계 21:3과 22:1-5).

이 나라에서 이루어지는 교제의 일치성 안에는 다양성과 차이성이 존재한다. 거기에는 작은 자와 큰 자가 존재하며(계 22:12) 또한 처음된 자와 나중된 자도 존재한다(마 20:16). 각 사람은 지상에서 행한 믿음과 사랑의 행위와 조화되도록 자기의 이름과 처소를 받게 된다(계 2:17). 적게 씨를 뿌린 자는 적게 수확할 것이며 또한 풍성하게 뿌린 자는 역시 풍성하게 수확할 것이다(고후 9:6).

천국에는 예수의 제자들이 예수를 위하여 그 이름으로 행하는 모든 행동을 위하여 겪었던 모든 핍박에 대한 상급이 존재한다(마 5:12과 6:1, 6, 8). 사람이 그에게 주어진 달란트를 사용하는 데 있어 신실한 정도에 비례하여 하나님의 나라에서 더 큰 영예와 권세를 받을 것이다(마 25:14 이하). 심지어 예수의 이름으로 지극히 작은 자 하나에게 준 냉수 한 그릇도 심판의 날에 잊혀지지 않을 것이며, 또한 그리스도는 그리스도 안에서 그리고 그리스도를 통하여 행해진 선행을 갚아 주시고 상주실 것이다. 그러므로 모든 사람은 동일한 축복, 동일한 영생 그리고 하나님과의 동일한 교제에 참여한다는 것이 사실이다. 그러나 그럼에도 불구하고 찬란함과 영광에 대하여 그들 사이에 차이가 존재한다. 그들의 신실함과 열정에 비례하여 교회들은 주님과 왕으로부터 다른 면류관과 상급을 받을 것이다(계 2-3장). 아버지의 집에는 거할 곳이 많다(요 13:2).

서열과 위치와 과업의 차이에 따라 성도들의 교제는 부요해질 것이다. 마치 찬송의 조화가 그 목소리의 질에 의해 고양되고, 또한 빛의 아름다움이 그 색깔과 명암의 풍성함 안에서 배가 되는 것처럼, 그리스도 역시 무수한 성도들 안에서 단번에 영광스러워지시고 또한 그 이름을 믿는 수천의 사람들 앞에서 수천 번씩 경이롭게 되실 것이다.

새 예루살렘의 모든 거주자들이 하나님의 얼굴을 목격하고 또한 그들의 이마에는 하나님의 이름이 새겨질 것이다. 그리고 이와 함께 그들은 그 보좌 앞에서 모세의 노래와 어린 양의 노래를 부를 것이며 또한 각자는 그 자신의 방법으로 다음처럼 하나님의 위대한 역사를 선포할 것이다. "주 하나님 곧 전능하신 이시여 하시는 일이 크고 기이하시도다 만국의 왕이시여 주의 길이 의롭고 참되시도다 주여 누가 주의 이름을 두려워하지 아니하며 영화롭게 하지 아니하오리이까?" (계 15:3-4) 만물이 그에게서 나오고 그로 말미암고 그에게로 돌아가리니 그에게 세세토록 영광이 있을지어다! 아멘.

# CLC 헤르만 바빙크 도서

# 바빙크의 중생론

헤르만 바빙크 지음 | 이스데반 옮김 | 신국판 | 412면 | 20,000원

성령의 직접 사역과 은혜의 방편 사이의 관계를 교리사적, 성경신학적, 실천신학적으로 해설해 삼위일체 하나님의 구원의 주권을 높이고 인간에게 주신 은혜의 방편의 사용을 값진 것으로 여기도록 독자들을 이끈다.

## Herman Bavinck

## 바빙크 시대의 신학과 교회

헤르만 바빙크 지음 | 이스데반 옮김 | 신국판 | 208면 | 12,000원

비빙크의 논문 세 편을 엮은 것으로서 바빙크 시대 네덜란드 내에서의 신학의 흐름과 개혁교회의 정착 과정, 그 가운데 칼빈주의가 미친 영향과 전망을 소개해 주고 있다.

## 하나님의 큰 일
**Magnalia Dei**

1984년 09월 15일 초판 발행
2024년 10월 20일 초판 12쇄 발행

지 은 이 | 헤르만 바빙크
옮 긴 이 | 김영규

펴 낸 곳 | (사)기독교문서선교회
등    록 | 제16-25호(1980.1.18.)
주    소 | 서울특별시 동대문구 천호대로71길 39
전    화 | 02-586-8761~3(본사) 031-942-8761(영업부)
팩    스 | 02-523-0131(본사) 031-942-8763(영업부)
이 메 일 | clckor@gmail.com
홈페이지 | www.clcbook.com
송금계좌 | 기업은행 073-000308-04-020 (사)기독교문서선교회

ISBN 978-89-341-0037-9 (03230)

* 낙장 파본은 교환해 드립니다.